Kulturgeschichte

WILL UND ARIEL DURANT

KULTURGESCHICHTE DER MENSCHHEIT

BAND 5

ULLSTEIN

WILL DURANT

WELTREICHE DES GLAUBENS

ULLSTEIN

Kulturgeschichte
Ullstein Buch Nr. 36105
im Verlag Ullstein GmbH, Frankfurt/M – Berlin – Wien
Titel der amerikanischen Originalausgabe
»The Story of Civilization«
Caesar and Christ IV–V
The Age of Faith I–II
Übersetzt von Dr. Ernst Schneider
Redaktion: Hans Dollinger

Ungekürzte Ausgabe

Umschlagentwurf: Hansbernd Lindemann
Umschlagfoto: »Reliquienkreuz des Papstes Paschalis I.«
(Biblioteca Apostolica Vaticana, Museo Sacro, Rom)

ISBN 3 548 36105 6

Oktober 1981

CIP-Kurztitelaufnahme der Deutschen Bibliothek

Durant, Will:
Kulturgeschichte der Menschheit / Will u. Ariel Durant. –
Ungekürzte Ausg. – Frankfurt/M; Berlin; Wien: Ullstein
(Ullstein-Buch; ...)
Einheitssacht.: The story of civilization ⟨dt.⟩

NE: Durant, Ariel:

Bd. 5. Weltreiche des Glaubens / Will Durant.
[Übers. von Ernst Schneider]. – 1981.
(Ullstein-Buch; Nr. 36105: Kulturgeschichte)
ISBN 3-548-36105-6

NE: GT

Vorwort

Der letzte Abschnitt des vielfältigen Panoramas der Kulturgeschichte des alten Rom, nämlich die am Anfang dieses Bandes stehende Darstellung des Römischen Weltreiches mit der hellenistischen Renaissance und der Konfrontation Roms mit Judäa, leitet direkt über in die Frühzeit des Christentums und damit zum ersten Weltreich des Glaubens. Die Leser des Bandes 4 «Das alte Rom» können deshalb auch leicht die Fäden der Durantschen Darstellung vom Übergang der Antike zum Mittelalter in diesem Band aufnehmen, denn «so wie Judäa dem Christentum eine Ethik und Griechenland ihm eine Theologie gegeben hatten, so gab ihm nun Rom die Organisation; alle diese Bestandteile, zusammen mit einem Dutzend absorbierter und rivalisierender Kulte, machten die christliche Synthese aus.»

Philosophisch gesehen war der Sieg des ersten Weltreichs des Glaubens, des Christentums, der Sieg Platons über Aristoteles. Durch die Vermittlung der Philosophen des Hellenismus und frühen Christentums bis Augustin wurde die kirchliche Theologie zutiefst beeinflußt. Durant zieht daraus folgende Konsequenz: «Die Kluft zwischen Philosophie und Religion schloß sich, und die Vernunft ließ es sich tausend Jahre lang gefallen, der Theologie Handlangerdienste zu leisten.» Erst mit der Spaltung der christlichen Kirche durch die Reformation im 16. Jahrhundert erwachte die Vernunft wieder zu eigenständigem Denken und Handeln.

Von Anfang an aber folgte die römische Kirche den Fußstapfen des alten römischen Staates; sie unterwarf die Provinzen, verschönerte die Hauptstadt und sicherte ihre Einheit von Grenze zu Grenze. Roms Anteil am äußeren Erscheinungsbild der Kirche erschöpfte sich also nicht darin, daß die Kirche religiöse Bräuche und Kultformen aus dem vorchristlichen Rom übernahm (Stola, Weihrauch, Weihwasser, Kerzen, Ewiges Licht, Altar, Heiligenkult, Architektur der Basilika, römisches Recht im kanonischen Recht, Titel Pontifex Maximus für den «Vater» und Bischof, später den Papst, Latein als Ritualsprache), Rom legte mit dem überkommenen Rahmen seiner Regierungsführung das Grundgefüge für die Herrschaft der Kirche zu einem Zeitpunkt, als der Niedergang der weltlichen Herrschaft Roms endgültig vollzogen war: «Rom starb und schenkte dabei der Kirche das Leben; die Kirche reifte an der Übernahme der Verantwortlichkeit von Rom heran.»

Die letzten Römer aber saßen nicht in Rom, sondern in Byzanz, es waren Justinian und sein Feldherr Belisar. Die Weltgeschichte wäre sicher anders verlaufen, wenn Byzanz im Osten mit den aufstrebenden Nationen und ihren Glaubensbekenntnissen im Westen, vor allem mit den Ostgoten in Italien, die das Erbe des alten Rom gut regierten, eine föderative Union in Freundschaft hätte errichten können. Dann hätte Byzanz als «bewahrender Mittler» dienen und so die antike Kultur ungebrochen auf die neugeborenen Staaten übergehen können. Aber das Weströmische Reich ging bereits im 5. Jahrhundert unter, und Ostrom markierte mit Justinians Tod im Jahre 565 endgültig das Ende des Altertums. Trotz der Leistungen der byzantinischen Kultur zerfiel nach Justinian das oströmische Erbe Roms innerhalb eines Jahrhunderts. Es verlor in dieser Zeit mehr Boden, als Belisar vorher gewonnen hatte: Italien fiel an die Langobarden, und der halbe Mittelmeerraum mit Nordafrika und Spanien wurde eine Beute des neuen Glaubens aus Arabien, des Islam.

Die islamische Kultur hat Durant in diesem Band entsprechend ihrer welthistorischen Bedeutung ausführlich und detailliert dargestellt – ein besonderes Verdienst des Autors. Zweifellos war ja der Siegeszug des Islam, die explosionsartige Eroberung und Bekehrung des halben Mittelmeerraums durch Mohammed und seine Nachfolger, das spektulärste Ereignis an der Schwelle zum frühen Mittelalter. Interessant ist in diesem Zusammenhang auch die Tatsache, daß alle drei Bücher, die diese ersten Weltreiche des Glaubens schufen und erfüllten, nämlich die Bibel, der Talmud und der Koran, semitischen Ursprungs und zum überwiegenden Teil jüdisch sind. Bibel und Koran haben wir in diesem Band kennengelernt, den Talmud stellt uns Durant im nächsten vor. Der geistige Wettbewerb dieser drei Schriften und der Zusammenprall ihrer Glaubensbekenntnisse werden in den nachfolgenden Bänden die mittelalterliche Bühne der Weltgeschichte beherrschen. Und sogar noch heute trifft Durants Feststellung zu: «Außer dem Brot ist der Menschheit nichts so kostbar wie der religiöse Glaube, denn der Mensch lebt nicht vom Brot allein, sondern auch von dem Glauben, der ihm Hoffnung läßt. Darum trifft der tiefste Haß denjenigen, der ihn in seiner Nahrung und seinem Glauben zu treffen sucht.»

München, im Sommer 1977 *Hans Dollinger*

Inhaltsverzeichnis

ERSTES BUCH
DAS RÖMISCHE WELTREICH
(146 V. CHR.–192 N. CHR.)

Fünftes Kapitel: Rom und Judäa

ZWEITES BUCH
DIE FRÜHZEIT DES CHRISTENTUMS
(4 V. CHR.–325 N. CHR.)

DRITTES BUCH
BYZANZ AUF DEM HÖHEPUNKT
(325–565)

ZEITTAFEL

VIERTES BUCH
DIE KULTUR DES ISLAM
(569–1258)

Siebentes Kapitel: Glanz und Niedergang des Islam

Erstes Buch

DAS RÖMISCHE WELTREICH

[146 V. CHR.–192 N. CHR.]

ZEITTAFEL ZUM ERSTEN BUCH

V. CHR.

1200: Goidelische Kelten dringen in England ein
900: Britische und belgische Kelten dringen in England ein
350: Pytheas von Massilia erforscht die Nordsee
247: Beginn der Arsakidendynastie in Parthien
241–210: Sizilien wird Provinz
238: Sardinien und Korsika
211–190: Arsakes II. von Parthien
197: Spanien
170–138: Mithridates I. von Parthien
168: Makedonien
167: Illyricum
146: Achaia, Afrika, Epeiros
145–130: Ptolemaios VII.
135–105: Johannes Hyrkanos I. König von Judäa
135–51: Poseidonios
133: Attalos III. vermacht Pergamon an Rom
124–88: Mithridates II. von Parthien
121: Gallia Narbonensis
112–105: Der Jugurthinische Krieg
110: Philon von Byzanz, Physiker
104–78: Alexander Jannai König von Judäa
102: Kilikien, Pamphylien
88–84: Erster Mithridatischer Krieg
88: Massenmord an Römern im Vorderen Orient
83–81: Zweiter Mithridatischer Krieg
78–69: Alexandra Königin von Judäa
76: Timomachos von Byzanz, Maler
75–63: Dritter Mithridatischer Krieg
74: Bithynien
74–67: Kyrene und Kreta
69–63: Aristobulos II. König von Judäa
64: Syrien
63: Pontos und Judäa werden römische Provinzen
63–40: Hyrkanos II. König von Judäa
58: Cypern
58–50: Caesar erobert Gallien
55, 54: Caesar in Britannien

V. CHR.

50: Heron von Alexandrien; Meleagros von Gadara
46: Numidien
40: Parther dringen in Syrien ein
37–4: Herodes der Große
30: Ägypten
25: Galatien
25–24: Expedition des Aelius Gallius in die Arabia Felix
17: Germania Superior und Germania Inferior
15: Noricum; Raetien
14: Seealpen
11: Moesien
7: Blütezeit des Geographen Strabon
4 (?): Christi Geburt
4 v. Chr.–6 n. Chr.: Archelaos König von Judäa; Herodes Antipas, Tetrarch von Galiläa

N. CHR.

17: Kappadokien
40: Mauretanien
43: Britannien
47: Aufstand des Caratacus
50: Dioskorides, Pharmakologe
51–63: Krieg zwischen Parthien und Rom
55–60: Corbulo unterwirft Armenien
61: Aufstand in Britannien
64: Cottische Alpen
70–80: Rom erobert Wales
77–84: Agricola, Statthalter von Britannien
89: Plutarch in Rom
90: Epiktet
95: Dion Chrysostomos
100: Apollodoros von Damaskus, Architekt
105: Arabia Petraea
107: Dakien
114: Armenien, Assyrien, Mesopotamien
115: Soranos von Ephesos, Arzt
117: Hadrian entläßt Armenien und Assyrien aus dem Reichsverband
120: Marinos von Tyros, Geograph
122: Hadrianswall in England

N. CHR.

130: Aelia Capitolina auf den Trümmern Jerusalems gegründet; Theon von Smyrna, Mathematiker; Arrianos von Nikomedeia, Historiker; Claudius Ptolemaeus, Astronom

142: Wall des Antoninus Pius in England

N. CHR.

147–191: Vologeses III. von Parthien

150: Lukian; Aelius Aristeides

160: Galenos, Arzt; Pausanias, Geograph

190: Sextus Empiricus, Philosoph

227: Ende der Arsakidendynastie

ERSTES KAPITEL

Italien

I. EIN STÄDTEVERZEICHNIS

Wir wollen an diesem gefährlichen Gipfelpunkt anhalten und uns darüber klar zu werden versuchen, daß das Reich größer war als Rom. Wir haben ungebührlich lange bei dieser prächtigen Weltstadt verweilt; sie zieht die Geschichtsschreiber geradeso in ihren Bann wie seinerzeit die Bewohner der Provinzen. In Wirklichkeit ruhte die Lebenskraft des großen Reiches nicht mehr in der verderbten und absterbenden Hauptstadt; die verbleibende Gesundheit und Kraft, ein guter Teil der Schönheit, der größte Teil des geistigen Lebens war nun in den Provinzen und in Italien zu finden. Wir gewinnen keine richtige Vorstellung von der Bedeutung Roms oder von seiner erstaunlichen organisatorischen oder friedenserhaltenden Leistung, solange wir es nicht verlassen und eine Rundreise durch die tausend Städte des römischen Weltreiches unternehmen.

«Aber wie soll ich es anfangen», beginnt der ältere Plinius seine Beschreibung Italiens, «da der Ruhm aller Orte, auf welche man trifft, und der Glanz aller einzelnen Gegenstände und Völker so groß ist?»[1] Rings um Rom und südlich der Stadt lag Latium, einst Roms Mutterland, dann sein Feind, dann seine Kornkammer, dann ein Paradies von Vororten und Landsitzen für Römer, die Geld und Geschmack besaßen. Südlich und westlich der Stadt führten gute Straßen und der Tiber zu den Konkurrenzhafen Portus und Ostia am Tyrrhenischen Meer. Ostia erlebte seine große Zeit im zweiten und dritten Jahrhundert unserer Zeitrechnung. Händler und Hafenarbeiter bevölkerten seine Straßen und Theater; seine Ein- und Mehrfamilienhäuser waren denjenigen des heutigen Rom bemerkenswert ähnlich; noch im fünfzehnten Jahrhundert bewunderte ein Reisender aus Florenz den Reichtum der Stadt und ihre prächtigen Zieranlagen. Einige erhaltene Säulen und ein eleganter Altar mit feinen Pflanzenmustern beweisen, daß auch die Händlerbevölkerung dieser Stadt von der klassischen Auffassung vom Schönen ergriffen war.

Weiter südlich an der Küste lag Antium (Anzio), wo die vermögendsten Römer, viele Kaiser und begünstigte Götter Paläste oder Tempel besaßen, die ins Mittelmeer hinausreichten und jeden kühlenden Lufthauch auffingen. In den Ruinen dieser Stadt (die sich über fast fünf Kilometer erstrecken) fand man Meisterwerke der Bildhauerei wie den *Borghesischen Gladiator* und den *Apollo Belvedere*. Nicht weit davon meldet uns ein erhaltenes Denkmal, daß «ausgezeichnete Bürger» – sie sind seit tausendneunhundert Jahren tot – das vergnügliche Schauspiel genießen konnten, wie elf Gladiatoren von zehn wilden Bären umgebracht wurden. Weiter nördlich, hinter den Küstenbergen, brachte Aquinum den Iuvenal hervor und rühmte sich Arpinum seines Marius und seines Cicero. Dreißig Kilometer von Rom entfernt lagen auf Terrassen an den Berghängen die schönen Häuser der Stadt Praeneste (Palestrina) mit ihren Gärten, die ihrer Rosen wegen berühmt waren. Der Bergrücken trug einen berühmten Tempel, den der Göttin Fortuna Primigenia, welche den Frauen im Kindbett Glück brachte und gegen klingende Münze Orakel verkündete. Tusculum, fünfzehn Kilometer von Rom, besaß ebenfalls zahlreiche Gärten und Villen; hier wurde der ältere Cato geboren, und hierher verlegte Cicero seine *Tusculanae disputationes*. Der berühmteste Vorort von Rom war Tibur (Tivoli), wo Hadrian seinen Landsitz baute und Zenobia, die Königin von Palmyra, in Gefangenschaft weilte.

Etrurien, nördlich von Rom, erlebte unter dem Principat ein bescheidenes Wiederaufleben. Perusia war weitgehend zerstört und wurde von Augustus teilweise wieder aufgebaut; dessen Künstler versahen dort einen altetruskischen Bogen mit Skulpturen. Arretium gab Rom den Maecenas und der Welt Töpferwaren. Pisae konnte schon auf ein ehrwürdiges Alter zurückblicken: Es führte Namen und Entstehung auf eine Siedlung von Griechen aus Pisa in der Peloponnes zurück und fristete sein Leben, indem es den Holzhandel am Arnus organisierte. Weiter flußaufwärts lag am Arnus eine junge römische Siedlung, Florentia, die dadurch unter den Städten hervorsticht, daß sie wahrscheinlich ihre künftige Bedeutung unterschätzte. An der Nordwestecke Etruriens lagen die Steinbrüche von Carrara; Roms schönster Marmor wurde von dort nach Luna und von Luna auf Schiffen in die Hauptstadt gebracht. Genua diente schon seit langem als Ausfuhrhafen für die Waren Nordwestitaliens; bereits im Jahre 209 v. Chr. wurde die Stadt in einem unbarmherzigen Handelskrieg von den Karthagern vernichtet; seitdem wurde sie immer wieder zerstört und erstand stets um so schöner aus den Trümmern.

Im Schatten der Alpen lag Augusta Taurinorum, das von den taurinischen Galliern gegründet und von Augustus zu einer römischen Kolonie gemacht worden war; unter den Straßen von Turin sind heute noch die antiken Pflaster und Entwässerungsanlagen zu erkennen, und ein wuchtiges Tor aus augusteischer Zeit erinnert uns daran, daß die Stadt einst eine Festung gegen Eindringlinge aus dem Norden war. Der Po, der aus den Cottischen Alpen herunterkam, wandte sich hier nach Osten, um in 400 Kilometer langem Lauf das Norditalien der Republik in die Gallia Transpadana und die Gallia Cispadana aufzuteilen. Die Poebene war das fruchtbarste, volkreichste und bestbewirtschaftete Gebiet der ganzen Halbinsel. Am Fuß der Alpen lagen die Seen – Verbanus (Maggiore), Larius (Como) und Benacus (Garda) –, damals wie heute eine Augen- und Seelenweide. Von dem Comum des jüngeren Plinius führte eine Haupthandelsstraße südwärts nach Mediolanum (Mailand). Bereits im fünften vorchristlichen Jahrhundert war der Ort von Galliern besiedelt, und zu Vergils Zeit war er ein bedeutendes Handels- und Bildungszentrum; im Jahre 286 n. Chr. sollte er Rom als Hauptstadt des Westreiches verdrängen. Verona kontrollierte den Handelsverkehr über den Brenner und war reich genug, sich ein vor einigen Jahren restauriertes Amphitheater mit 25000 Sitzplätzen zu leisten. Dem Po entlang entstanden Placentia (Piacenza) Cremona, Mantua und Ferrara – ursprünglich Grenzstädte und Trutzfestungen gegen die Gallier.

Nördlich des Po und östlich der Etsch lag die Provinz Venetia; ihren Namen hatte sie von den Venetern, Einwanderern, die schon früh aus Illyrien gekommen waren. Herodot weiß zu berichten, daß die Führer dieser Stämme alljährlich die heiratsfähigen Mädchen in den Dörfern zusammenkommen ließen, für jede je nach ihrer Schönheit einen Preis festsetzten, sie an den Mann verheirateten, der den Preis zahlte, und das Geld zu begehrenswerten Mitgiften für weniger begehrenswerte Mädchen verwandten. Venedig selbst war noch nicht geboren, aber in Pola auf der istrischen Halbinsel, in Tergeste (Triest), Aquileia und Patavium (Padua) krönten bedeutende Städte das Haupt der Adria. In Pola stehen aus römischer Zeit noch ein prächtiger Triumphbogen, ein anmutiger Tempel und ein Amphitheater, das seinem Vorbild, dem Colosseum, nur wenig nachstand. Südlich des Po verlief eine Reihe bedeutender Städte von Placentia über Parma, Mutina (Modena), Bononia (Bologna) und Faventia (Faenza) nach Ariminum. Hier, in Rimini, steht die besterhaltene der unzähligen Brücken, die römische Baumeister geschlagen haben; sie führte die Via Flaminia durch einen Torbogen, so kraftvoll und beherrschend wie der römische Charakter, in die Stadt hinein. Eine Abzweigung führte von Bononia nach Ravenna, dem Venedig der römischen Zeit, das auf Pfählen in die Sümpfe mehrerer Flüsse, die dort in das Adriatische Meer mündeten, erbaut war; nach Strabon konnte man nur auf Brücken und Kähnen dorthin gelangen. Augustus hatte an dieser Stelle seine Adriaflotte stehen, und mehrere Kaiser des fünften Jahrhunderts schlugen in der Stadt ihren Regierungssitz auf. Die größere Fruchtbarkeit Norditaliens, sein gesünderes und anregenderes Klima, seine Bodenschätze, das mannigfaltige Gewerbe und der billige Handelsverkehr auf den Flüssen verschafften dem Gebiet im ersten Jahrhundert unserer Zeitrechnung die wirtschaftliche Vorherrschaft über Mittelitalien und im dritten Jahrhundert die politische Führung. Die felsige, stürmische und hafenlose Ostküste südlich von Ariminum ließ bis Brundisium nur wenige Städte von Bedeutung hochkommen. Und doch gab es in Umbrien, Picenum, Samnium und Apulien viele Kleinstädte, deren Reichtum und Kunst nur durch die Kenntnis von Pompeii zu beurteilen sind. Asisium war der Geburtsort nicht nur des heiligen Franziskus, sondern auch des Dichters Propertius; Plautus kam aus Sarsina, Sallust aus Amiternum, Ovid aus Sulmo, Horaz aus Venusia. Beneventum war nicht nur einer Pyrrhischen Niederlage, sondern auch der großen Triumphbögen Traians und Hadrians wegen berühmt; in kraftvollen Reliefs berichtet dort Traian die Geschichte seiner Errungenschaften in Krieg und Frieden. An der Südostküste beherrschte Brundisium den Verkehr mit Dalmatien, Griechenland und dem Osten. Tarentum auf dem Absatz des Stiefels, einst ein stolzer Stadtstaat, hatte nun nur noch als Winterkurort für römische Magnaten und Adelige eine Bedeutung. In Süditalien waren die meisten Ländereien im Großgrundbesitz aufgegangen und in Weideland umgewandelt worden; die Städte verloren ihre bäuerliche Kundschaft, und ihr Wirtschaftsleben siechte dahin. Die griechischen Gemeinden, die in früherer Zeit ihren sybaritischen Reichtum zur Schau getragen hatten, waren der Durchdringung durch die Barbaren und dem Zweiten Punischen Krieg zum Opfer gefallen; sie waren jetzt unbedeutende Kleinstädte, in denen das Lateinische langsam das Griechische verdrängte. Rhegium (Reggio) auf der «Zehe» besaß einen guten Hafen und betrieb einen gedeihlichen Handel mit Sizilien und Nordafrika. In Velia, weiter die Westküste hinauf, war wenig mehr davon zu merken, daß dort dereinst, als es noch Elea hieß, des Parmenides metaphysische Dichtkunst und Zenons schelmische Paradoxa erklungen waren. Poseidonia, das noch heute durch seine majestätischen Tempel die Besucher in Erstaunen versetzt, war von der dort ansässigen römischen Kolonie in Paestum umbenannt worden; seine griechische Stammbevölkerung ging in der vom Lande zuströmenden «barbarischen» – hier italischen – Bevölkerung auf. In Italien hatte sich die griechische Kultur nur in der Campania erhalten können.

Geographisch gehört die Campania – die Berge und die Küste rund um Neapel – zu Samnium; wirtschaftlich und kulturell bildete sie eine Welt für sich, die industriell fortgeschrittener und finanziell mächtiger war als Rom und auf einem engen Raume ein intensives Leben politischen Aufruhrs, literarischen Wettstreits, künstlerischen Überschwanges, epikureischen Schwelgens und aufregender öffentlicher Spiele zusammendrängte. Das Land war sehr fruchtbar und erzeugte die besten Oliven und Weintrauben von Italien; die berühmten Sorrentiner und Falerner Weine kamen von dort. Vielleicht hatte Varro die Campania im Sinn, als er die Frage an die Welt richtete: «Sie haben manches Land durchreiset, meine Herren, haben sie eines gefunden, das besser angebaut ist als Italien?»[2] Am Südende der Campania erstreckte sich eine steil ins Meer abfallende Halbinsel von Salernum bis Surrentum. Landhäuser schmiegten sich in die Weinberge und Obsthaine auf den Hügeln und reihten sich der Küste entlang auf. Surrentum war so schön wie Sorrento heute; der ältere Plinius nannte es «ein Werk, das die Natur zu ihrer Freude geschaffen hat»[3]. Im Laufe von zweitausend Jahren scheint sich dort kaum etwas verändert zu haben; das Volk und seine Lebensart sind wahrscheinlich gleich geblieben, fast gleich die Götter, und die Klippen halten immer noch dem ewigwährenden Ansturm des Meeres stand.

Gegenüber dieser Felsenhalbinsel lag die Insel Capreae (Capri). An der Südseite des Meerbusens rauchte der Vesuv, während Pompeii und Herculaneum unter ihrer Lavaschicht schlummerten. Dann kam Neapolis, «Neustadt», zu Traians Zeit die griechischste Stadt Italiens; in der lässig-trägen Lebensweise Neapels erkennen wir noch einen Nachhall der einstigen Hingabe dieser Stadt an Liebe, Sport und Kunst. Blutmäßig war die Bevölkerung italisch, aber Kultur, Spiele und Lebensweise waren griechisch. Hier waren die schönen Tempel, Paläste und Theater zu finden; hier fanden alle fünf Jahre die Musiker- und Dichterwettkämpfe statt, bei denen Statius einen Preis errungen hatte. An der Westecke des Meerbusens lag der Hafen von Puteoli (Pozzuoli), das seinen Namen von dem Gestank seiner Schwefeltümpel hatte. Der Ort führte ein gedeihliches Leben von Roms Handel und von der Erzeugung von Eisen-, Töpfer- und Glaswaren; ein Amphitheater läßt uns mit seinen gut erhaltenen unterirdischen Gängen erkennen, wie Gladiatoren und Raubtiere in die Arena befördert wurden. Jenseits des Hafens von Puteoli funkelten die Landsitze von Baiae, doppelt reizvoll in ihrer prachtvollen Lage zwischen Meer und Berg; hier spielten Caesar, Caligula und Nero, und hier nahmen rheumatische Römer ihre Bäder in den Mineralquellen. Der Ort zog Gewinn aus dem Ruf einer Spielhölle und eines Sündenpfuhls; Varro weiß zu melden, daß die Mädchen Gemeinbesitz waren und viele Knaben die Rolle von Mädchen spielten. Nach Clodius' Ansicht hatte sich Cicero damit einen unverwischbaren Schandfleck zugezogen, daß er einmal dorthin ging. «Meinst du etwa», fragt Seneca, «Cato würde jemals ein zierliches Landhaus bezogen haben, um die vorüberfahrenden Dirnen zu zählen und das bunte Gewirr der in den verschiedensten Farben prangenden Gondeln zu durchmustern und die rings im See schwimmenden Rosen zu betrachten?»[4]

Einige Meilen weiter nördlich lag im Krater eines erloschenen Vulkans der Averner See; ihm entstiegen so mächtige Schwefeldämpfe, daß nach der Sage kein Vogel den See lebend zu überfliegen vermochte. Dort war die Höhle zu finden, durch die Aeneas im Vergilischen Epos seinen *facilis descensus Averni* in den Tartarus unternommen hatte. Nördlich des Sees lag die alte Stadt Cumae, die nun infolge der größeren Anziehungskraft ihrer Tochterstadt Neapolis, der besseren Häfen von Puteoli und Ostia und den Gewerbebetrieben von Capua langsam dahinwelkte. Capua lag fast fünfzig Kilometer entfernt im Landesinneren, in einem fruchtbaren Gebiet, das manchmal vier Ernten im Jahre trug; seine Bronze- und Eisenwaren fanden in Italien nicht ihresgleichen. Rom hatte es wegen seiner Hilfeleistung an Hannibal mit dermaßen schweren Strafen belegt, daß es zwei Jahrhunderte lang nicht mehr recht in die Höhe kam, und Cicero nannte es eine «Wohnstätte der politisch Erledigten»[5]. Caesar brachte ihm mit Tausenden von Kolonisten neues Leben, und zu Traians Zeit stand es wieder in Blüte.

In einer so kurzen Aufzählung sind die bedeutendsten Städte des klassischen Italien weiter nichts als Namen; wir sehen in ihnen nur Worte, die auf einer Landkarte stehen, und haben kaum mehr ein Gefühl dafür, daß sie lärmerfüllte Wohnstätten sinnenhafter Menschen waren, die eifrig nach Speise und Trank, nach Frauen und Gold jagten. Wir wollen eine römische Ortschaft aus der Asche hervorholen und versuchen, aus ihren seltsam erhaltenen Spuren etwas von dem Leben zu erhaschen, das einst diese Straßen durchpulste.

II. POMPEII

Pompeii zählte zu den unbedeutenderen Städten Italiens; in der lateinischen Literatur findet es kaum Erwähnung – gerade daß von seinen Fischsaucen, seinem Kohl und seiner Begräbnisweise gesprochen wird. Osker hatten es gegründet, wahrscheinlich bereits zur Gründungszeit Roms, griechische Einwanderer hatten es bevölkert, Sulla hatte es erobert und in eine römische Siedlung umgewandelt, und ein Erdbeben hatte es im Jahre 63 n. Chr. teilweise zerstört; es war gerade im Wiederaufbau begriffen, als der Vesuv ihm den Untergang brachte. Am 24. August 79 erfolgte ein heftiger Ausbruch des Vulkans, Staub und Felsbrocken wirbelten durch schwere Rauchwolken und flammende Feuerbrände hindurch hoch in die Luft. Schwere Regengüsse verwandelten die emporgeschleuderten Gesteinsmassen in einen Sturzbach aus Lehm und Stein, der im Laufe von sechs Stunden Pompeii und Herculaneum in einer bis drei Meter hohen Schicht begrub. Den ganzen Tag lang und auch noch am nächsten Tage bebte die Erde und stürzten Gebäude ein. In den Theatern wurde das Publikum von der Katastrophe überrascht und in den Trümmern begraben, zu Hunderten erstickten Menschen in Staub und Rauch, und der Fluchtweg über das Meer war durch heftige Sturmfluten verlegt. Der ältere Plinius befehligte zu dieser Zeit die westliche Mittelmeerflotte bei Misenum, in der Nähe von Puteoli. Die Hilferufe und sein wissenschaftliches Interesse, die Vorgänge von der Nähe aus zu betrachten, bewogen ihn, in einem kleinen Schiff an die Südküste des Meerbusens überzusetzen und dort an Land zu gehen. Es gelang ihm, mehrere Menschen zu retten, er selbst fiel aber auf der Flucht den vordringenden Rauchschwaden und Hagelschlägen zum Opfer; er stürzte, vermochte sich nicht mehr zu erheben und starb. Am nächsten Morgen schlossen sich seine Frau und sein Neffe der Menge an, die verzweifelt die Küste hinabfloh, während von Neapel bis Sorrent die ständigen Vulkanausbrüche den Tag verfinsterten. Viele Flüchtlinge suchten nach ihren Familienangehörigen und verschlimmerten das Grauen nur noch mit ihren Klagen und Rufen. Manche beteten zu verschiedenen Göttern um Hilfe, andere riefen aus, alle Götter seien tot und das längst vorausgesagte Ende der Welt sei nun gekommen. Als am dritten Tag der Himmel endlich aufhellte, lag Pompeii bis an die Dachfirste in Lava und Lehm begraben, und Herculaneum war vollständig verschwunden.

Von den etwa zwanzigtausend Einwohnern von Pompeii kamen wahrscheinlich über 2000 ums Leben. Einige Leichen blieben durch eine Art vulkanische Einbalsamierung erhalten: Der Bimsstein, der auf sie niederfiel, bildete im Regen einen Zement, der sich beim Trocknen härtete. Mit diesen von der Natur geschaffenen Gußformen hat man grauenerregende Gipsabgüsse herstellen können. Einige Überlebende gruben in den Trümmern nach Wertsachen, dann wurde der Ort gänzlich verlassen; mit der Zeit legte sich eine Geröllschicht darüber. Im Jahre 1709 ließ ein österreichischer General in Herculaneum einen Schacht anlegen, die Tuffschicht erwies sich aber als so dick (an manchen Stellen 21 Meter), daß die Ausgrabungen ein langwieriges und kostspieliges Untertunneln erforderten. Die Ausgrabungen in Pompeii begannen 1749 und wurden mit Unterbrechungen bis zum heutigen Tag fortgesetzt. Bis heute ist mehr als $^3/_5$ des Stadtgebietes freigelegt; so viele Häuser, Gegenstände und Inschriften sind ans Tageslicht gekommen, daß wir Pompeii in gewissem Sinne besser kennen als Rom.

Wie in jeder italischen Stadt hatte das Leben seinen Mittelpunkt auf dem Forum. Zweifellos waren dereinst an den Markttagen die Bauern mit ihren Erzeugnissen dort zusammengekommen; Spiele wurden auf dem Forum abgehalten, Theaterstücke aufgeführt. Dort hatten die Bürger ihren Göttern Tempel errichtet, am einen Ende dem Iupiter, am anderen dem Apollon und unweit davon der Schirmgöttin der Stadt, Venus Pompeiana. Es war aber nicht gerade ein religiöses Volk; Gewerbe und Politik, Spiel und Jagd nahmen seine Zeit zu sehr in Anspruch, als daß es noch viel für Kulthandlungen hätte erübrigen können, und selbst im Kult verehrte es den Phallus als die Krönung seines dionysischen Rituals. Als Umfang und Würde des Wirtschafts- und Staatslebens zunahmen, entstanden rings um das Forum pomphafte Gebäude für Verwaltung, Unterhaltung und Tausch.

Moderne italienische Städte vermitteln uns eine Vorstellung von dem Lärm, den das Feilschen der Straßenhändler, die Dispute zwischen Käufern und Verkäufern, die Arbeit der Handwerker und das Geschrei der Nachtbummler in den angrenzenden Straßen verursachten. In den Ruinen der Kaufläden kamen bei der Ausgrabung einige der verkohlten und versteinerten Nüsse, Brotlaibe und Früchte zum Vorschein, die dem Verkauf so knapp entgangen waren. Weiter straßenabwärts lagen die Kneipen, Spielhöllen und Bordelle, ein jedes bemüht, alles in einem zu sein.

Die Impulsivität des pompeianischen Lebens wäre uns kaum voll zum Bewußtsein gekommen, hätte das Volk nicht seinen Gefühlen auf den Mauern und Wänden Ausdruck gegeben. Dreitausend *graffiti* sind aus Pompeii bekannt; wahrscheinlich gab es noch Tausende weiterer solcher Inschriften. Manchmal bestanden sie nur aus einem Namen oder einer gewagten Unanständigkeit, wie man sie noch heute irgendwo hingekritzelt finden kann; manchmal gaben sie einem Feinde hoffnungsfreudige Anweisungen, wie zum Beispiel *Samius Cornelio, suspendere* – «Samius an Cornelius: Häng dich auf!» Viele Inschriften vermittelten Liebesbotschaften, oft in Versform: Romula kritzelt hin: «Hier hielt ich mich mit Stephylus auf», und ein hingebungsvoller Jüngling malt an die Wand: *Victoria vale, et ubique es, suaviter sternutas* – «Leb wohl, Victoria, und niese sanft, wo du auch seist.»[6]

Nicht minder zahlreich als diese hingekritzelten Botschaften sind die gemalten oder gemeißelten Ankündigungen öffentlicher Ereignisse oder privater Angebote. Vermieter schrieben leerstehende Zimmer aus, Verlierer beschrieben die verlorenen Gegenstände; Zünfte und andere Korporationen erklärten sich für ihre Kandidaten bei den Gemeindewahlen: «Die Fischer schlagen Popidius Rufus als Aedilen vor»; «die Holzarbeiter und Holzkohlenverkäufer bitten euch, Marcellinus zu wählen.»[7] Einige *graffiti* zeigten Gladiatorenspiele an, andere rühmten den Mut berühmter Gladiatoren wie des Celadus, *suspirium puellarum*, des «Seufzers der Mädchen», oder bezeugten die Verehrung für einen beliebten Schauspieler: «Actius, Liebling des Volkes, komm bald wieder!»[8] Pompeii wollte sich unterhalten. Es besaß drei Thermen, eine Palaestra, ein kleines Theater mit 2500 Sitzplätzen, ein größeres mit 5000 Plätzen und ein Amphitheater, worin 20000 Zuschauer an anderen die Agonie des Todes erleben konnten. Eine Inschrift lautet: «Dreißig Gladiatorenpaare, vom Duumvir beschafft, ... werden am 24., 25. und 26. November in Pompeii kämpfen. Es gibt eine Hatz (*venatio*). Hoch Maius! Bravo Paris!» Maius war ein Duumvir oder ein führender Beamter der Stadt, Paris der führende Gladiator.

Die erhaltenen Überreste der Innenausstattungen lassen ein Leben soliden Komforts und vielgestaltiger Kunst erkennen. Fenster zählten zu den Seltenheiten, auch Zentralheizungsanlagen gab es nicht viele; in den reicheren Villen gab es Badezimmer, und ein paar Häuser besaßen einen Badeteich in einem von Säulengängen umstellten Garten. Die Fußböden bestanden aus Zement oder Stein, manchmal waren sie mit Mosaiken ausgelegt. Ein Geldverleiher ließ seinen Fußboden mit den Worten *Salve lucrum* – «Es lebe der Gewinn» – auslegen, ein anderer zog die Worte *Lucrum gaudium* – «Der Gewinn ist meine Freude» – vor.[9] Von den Möbeln der Antike ist wenig zum Vorschein gekommen; fast alle waren aus Holz gefertigt und überdauerten die Zeit nicht; einige wenige Tische, Ruhebetten, Stühle und Lampen aus Marmor oder Bronze sind erhalten. In den Museen von Pompeii und Neapel sind Gebrauchsgegenstände des häuslichen Lebens zu sehen: Federn, Tintenfässer, Wagen, Küchengeräte, Toilettenartikel und Musikinstrumente.

Die in oder bei Pompeii aufgefundenen Kunstgegenstände lassen vermuten, daß nicht nur die Aristokraten in den vornehmen Villen, sondern auch die Kaufleute des Geschäftsviertels an den Errungenschaften des kulturellen Lebens teilhatten. Eine in Herculaneum ausgegrabene Privatbibliothek umfaßte 1756 Bände oder Rollen. Wir brauchen nicht zu wiederholen, was wir bereits über die Boscoreale-Pokale und die reichen Landschaften oder anmutigen Frauenbildnisse auf den Wänden von Pompeii gesagt haben. In vielen Häusern standen ausgezeichnete Skulpturen, auf dem Forum allein 150 Statuen. Im Iupitertempel wurde ein Kopf des Gottes aufgefunden, der von Pheidias selbst geschaffen sein könnte – Kraft und Gerechtigkeitssinn in einen Rahmen von reichem Kopf- und Barthaar hineingemeißelt. Im Apollontempel stand eine Dianastatue mit einer Öffnung im Hinterkopf, durch die ein verborgener Ministrant Orakelsprüche verkünden konnte. In einer einzigen Villa von Herculaneum hat man genügend ausgezeichnete Bronzen aufgefunden, um einen berühmten Raum im Museum von Neapel auszustatten. Die besten Stücke dieser Sammlung – der *Ruhende Mercur*, der *Narkissos* oder *Dionysos*, der *Trunkene Satyr* und der *Tanzende Faun* – waren vermutlich in Griechenland oder von griechischen Meistern verfertigt; sie lassen die kunstvolle Technik, die unverhüllte Freude am gesunden Körper der Kunst eines Praxiteles erkennen. Eine dieser Skulpturen allerdings, eine Bronzebüste von mutiger Realistik, zeigt den Kahlkopf und das scharfgeschnittene, aber nicht unfreundliche Gesicht des L. Caecilius Iucundus, eines pompeianischen Auktionärs, dessen Geschäftseintragungen auf 154 Wachstäfelchen in seinem Hause in Pompeii aufgefunden wurden. Dieses Werk eines zeitgenössischen – vielleicht italischen – Bildhauers ist in seiner Mischung von Rauheit und Intelligenz, von Weisheit und Warzen, ein willkommener Hintergrund zu den glatten Gesichtern der Götter und Göttinnen, die es im Museum von Neapel umstehen und die mit ihren glatten und gefälligen Gesichtszügen beweisen, daß sie niemals Leben in sich hatten.

III. DAS LEBEN IN DER GEMEINDE

Niemals ist das Leben – sei es im Privaten oder im Öffentlichen, im Einzelnen oder im Gemeinschaftlichen – intensiver gelebt worden als im antiken Italien. Die Ereignisse unserer eigenen Zeit sind aber zu eindringlich und zu fesselnd, als daß uns noch Zeit für ein Interesse an den Einzelheiten der Gemeindeorganisation unter den Caesaren bliebe; die verwickelte Mannigfaltigkeit der Verfassungen und die eifersüchtig gehüteten Abstufungen des Bürgerrechts zählen nicht mehr zu der lebendigen Vergangenheit, die ja Nährboden und Gegenstand dieses Buches ist.

Charakteristisch für das Römische Reich ist, daß es zwar in Provinzen aufgegliedert, jedoch im wesentlichen ein Verband verhältnismäßig selbständiger Stadtstaaten mit ausgedehntem Hinterland war. Vaterlandsliebe bedeutete recht eigentlich Liebe zu der Vaterstadt, nicht zu dem Reich. Für gewöhnlich begnügten sich die Freien jedes Gemeinwesens mit der Ausübung eines örtlich begrenzten Bürgerrechtes, und die Nichtrömer, denen das römische Bürgerrecht verliehen worden war, gingen selten nach Rom, um von ihrem Stimmrecht Gebrauch zu machen. Wie das Beispiel Pompeiis zeigt, war der Verfall der Volksversammlungen in Rom nicht von einem gleichen Niedergang in den Städten der Provinz begleitet. Die meisten Gemeinden in Italien besaßen einen Senat *(curia)* – und die meisten Städte des Ostens einen Rat *(bule)* –, der Verordnungen erließ, und eine Volksversammlung *(comitia, ekklesia)*, die die Beamten wählte. Von jedem Beamten erwartete man, daß er seiner Stadt für das Vorrecht seines Dienstes eine beträchtliche Geldsumme verehrte *(summa honoraria*, von *honos*, Amt); der Brauch wollte außerdem, daß er von Zeit zu Zeit für öffentliche Wohlfahrtseinrichtungen oder Spiele aufkam. Da mit dem Amt keine Gehaltszahlung verbunden war, lief die Demokratie – oder Aristokratie – der Freien fast überall in eine Oligarchie der Reichen und Mächtigen hinaus.

Zweihundert Jahre lang, von Augustus bis Marc Aurel, blühten und gediehen die Gemeinden Italiens. Natürlich gehörte die Mehrzahl ihrer Bürger zu den Minderbegüterten, dafür hatten Natur und Privileg gesorgt; soweit die Geschichte lehrt, haben aber niemals vorher oder nachher die Reichen so viel für die Mittellosen getan wie damals. Nahezu die gesamten Kosten der Stadtverwaltung, der Theateraufführungen, der Schaustellungen und Spiele, des Baues von Tempeln, Theatern, Palaestren, Bibliotheken, Basiliken, Aquädukten, Brücken und Thermen, der Verschönerung dieser Bauten mit Säulengängen, Bögen, Bildwerken und Statuen gingen zu Lasten der Begüterten, und in den ersten beiden Jahrhunderten des Kaiserreiches wurde diese philanthropische Tätigkeit in einem Geiste patriotischen Wettbewerbs ausgeübt, der in einigen Fällen zum finanziellen Ruin der Familien, die die Bauten stifteten, und der Gemeinden, die für ihren Unterhalt zu sorgen hatten, führte. In Zeiten der Hungersnot war es üblich, daß die Reichen unentgeltlich Nahrungsmittel an die Armen austeilten; bei Gelegenheit sorgten sie für Öl- und Weinspenden oder für öffentliche Speisungen oder für Geldgeschenke an alle Bürger, manchmal an sämtliche Einwohner. Erhaltene Inschriften zeugen in reichem Maße von solchen Taten der Freigebigkeit. Ein Millionär schenkte Altinum in der Venetia 1 600 000 Sesterzen für

Badeanlagen; eine vermögende Dame baute einen Tempel und ein Amphitheater für Casinum; Desumius Tullus ließ in Tarquinii Thermen bauen, die ihn fünf Millionen Sesterzen kosteten; Cremona, das von Vespasians Truppen zerstört worden war, wurde aus den Beiträgen einzelner Bürger sehr schnell wieder aufgebaut; zwei Ärzte ließen ihr Vermögen in Gaben an die Stadt Neapel zerrinnen. In dem volkreichen Ostia lud Lucilius Gemala sämtliche Einwohner zu Gastmählern; er ließ eine lange und breite Allee pflastern, sieben Tempel ausbessern oder restaurieren, die städtischen Thermen wieder aufbauen und vermachte der Stadt drei Millionen Sesterzen. Es war üblich, daß Begüterte zahlreiche Bürger zu einem Fest luden, wenn sie Geburtstag hatten oder in ein Amt gewählt wurden oder wenn ihre Tochter heiratete oder ihr Sohn die *toga virilis* der Volljährigkeit anlegte oder wenn ein Gebäude geweiht wurde, das sie für die Gemeinde hatten errichten lassen. Als Gegengabe für diese Gefälligkeiten billigte die Stadt dem Geber ein Amt, eine Statue, ein Preislied oder eine Inschrift zu. Die Unbegüterten waren von all diesen Wohltaten nicht gerade überwältigt; sie beschuldigten die Reichen, die Mittel für diese Menschenfreundlichkeit durch Ausbeutung erworben zu haben, und verlangten weniger Ziergebäude, dafür billigeres Brot, weniger Bildwerke, aber mehr Spiele.

Wenn wir zu dieser privaten Wohltätigkeit noch die Gaben der Kaiser an die Städte – die Gebäude, die mit kaiserlichen Geldern errichtet, die Katastrophenschäden, die mit ihnen behoben wurden – und die öffentlichen Arbeiten und Leistungen, die aus Mitteln der Gemeinden finanziert wurden, treten lassen, dann erhalten wir eine kleine Vorstellung von der Pracht und dem Stolz der italischen Städte unter dem Principat. Straßen wurden gepflastert, entwässert, verschönert und polizeilichem Schutz unterstellt; die ärztliche Behandlung war für die Minderbemittelten frei; Privathäuser erhielten gegen eine geringe Gebühr Frischwasser durch Rohrleitungen; Nahrungsmittel wurden an Unbegüterte zu niedrigen Preisen abgegeben; der Eintritt in die Thermen war infolge privater Stiftungen oft völlig frei; Familien in mißlichen finanziellen Verhältnissen erhielten zur Erziehung ihrer Kinder *alimenta;* Schulen und Bibliotheken entstanden, Schauspiele wurden aufgeführt, Konzerte gegeben und Spiele veranstaltet, alles in unermüdlicher Nacheiferung Roms. Die Kultur in den italischen Städten hatte nicht das materialistische Gepräge, das sie in der Hauptstadt zeigte. Die Städte wetteiferten im Bau von Amphitheatern; sie errichteten aber auch prächtige Tempel, die manchmal den schönsten Tempeln Roms nicht nachstanden, und belebten den Monatslauf mit malerischen religiösen Feierlichkeiten. Sie gaben viel Geld für Kunstwerke aus und sorgten dafür, daß Vorleser, Dichter, Sophisten, Rhetoren, Philosophen und Musiker Säle für ihre Darbietungen fanden. Sie schufen für ihre Bürger Einrichtungen zur Gesundheits- und Körperpflege und sorgten für ihre Erholung und für ein lebendiges Kulturleben. Von den Landstädten, und nicht von Rom, kamen die meisten bedeutenden römischen Dichter und Schriftsteller, von ihnen stammen einige der schönsten Meisterwerke der Bildhauerei unserer Museen, wie die *Nike* von Neapel, der *Eros* von Centumcellae, der *Zeus* von Otricoli. Sie wiesen eine Bevölkerungszahl auf, die derjenigen ihrer neuzeitlichen Nachfolgerinnen vor unserem Jahrhundert durchaus nicht nachstand, und genossen eine Sicherheit vor Kriegen, die ihresgleichen sucht. Das Leben der großen Halbinsel hatte seinen Höhepunkt in den beiden ersten Jahrhunderten unserer Zeitrechnung.

ZWEITES KAPITEL

Kulturträger im Westen

I. ROM UND DIE PROVINZEN

Ein Makel hing dem Wohlstand Italiens an – wenn man von der Sklaverei absehen will, die allen Staaten der Antike gemein war –: Er rührte zum Teil von der Ausbeutung der Provinzen her. Italien war frei von Steuern, weil es von den Provinzen viel Beutegut und reiche Tribute eingeheimst hatte, und ein guter Teil des Wohlstandes, der sich in den italischen Städten breitmachte, hatte in den Provinzen seinen Ursprung. In der Zeit vor Caesar behandelte Rom die Provinzen ganz offen als eroberte Gebiete. Alle ihre Einwohner waren römische Untertanen, nur wenige römische Bürger; der ganze Grund und Boden war Eigentum des römischen Staates und den jeweiligen Besitzern von der Regierung des Reiches nur auf Widerruf übertragen. Um Aufstandsmöglichkeiten einzudämmen, zerlegte Rom die eroberten Gebiete in kleinere Staaten, untersagte den Provinzen gegenseitige politische Vereinbarungen und unterstützte überall die Geschäftswelt gegen die unteren Volksschichten. *Divide et impera* – das war das Geheimnis der römischen Herrschaft.

Cicero stellte in seiner Anklagerede gegen Verres die Verzweiflung der Mittelmeervölker jedenfalls mit einiger Übertreibung dar: «Es trauern alle Provinzen, es klagen alle freien Völker, ja alle Königreiche begehren wegen unserer Gier und unserer Rechtsverletzungen mit uns auf. Bereits gibt es innerhalb des Ozeans keinen so entfernten, keinen so abgelegenen Ort mehr, wohin nicht in diesen Zeiten die Willkür und Unbilden der Unsrigen gedrungen wären.»[1] Der Principat befleißigte sich den Provinzen gegenüber einer größeren Freisinnigkeit, nicht so sehr aus Großzügigkeit als aus wirtschaftlichen Erwägungen. Die Steuerlasten wurden tragbar, Religion, Sprache, Sitten und Gebräuche der einzelnen Regionen wurden geachtet; soweit sie sich nicht gegen die Oberherrschaft richtete, wurde Redefreiheit gewährt, und die örtlichen Gesetze blieben unangetastet, solange sie nicht mit dem Gewinnstreben und der Machtentfaltung der Römer in Konflikt gerieten. Eine geschickt angebrachte Nachgiebigkeit führte dazu, daß die unterworfenen Staaten unter sich in ihrem Inneren eine Vielfalt an Rangstufen und Privilegien schufen, die Rom sehr gelegen kam. Gewisse Gemeinwesen, wie Athen und Rhodos, waren «freie Städte»; sie zahlten keine Tribute, waren keinem Provinzstatthalter untertan und durften sich selbst regieren, solange sie Frieden hielten und für eine störungsfreie Gesellschaftsordnung sorgten. Einige alte Königreiche, wie Numidien und Kappadokien, durften ihre Könige als «Klienten» von Rom behalten; damit waren sie vom römischen Schutz und von der römischen Politik abhängig und mußten Rom auf dessen Verlangen mit Menschen und

Material zu Hilfe eilen. In den Provinzen vereinigte der Statthalter (ein Proconsul oder Propraetor) die legislative, administrative und richterliche Gewalt in seiner Person; seine Macht war nur durch die Existenz freier Städte, durch das Recht des römischen Bürgers, an den Kaiser zu appellieren, und durch die finanzielle Aufsicht, die der Quaestor oder Procurator der Provinz ausübte, begrenzt. Diese nahezu völlige Allmacht forderte den Mißbrauch geradezu heraus. Die Verlängerung der Amtsdauer des Statthalters unter dem Principat, die hohen Bezüge und Entschädigungen, die er erhielt, und seine finanzielle Verantwortlichkeit vor dem Kaiser schoben zwar gesetzwidrigen Handlungen einen Riegel vor, die Briefe des Plinius und einige Tacitusstellen lassen aber doch erkennen, daß auch am Ende des ersten Jahrhunderts Erpressung und Korruption keine Seltenheiten waren.

Das Steuerwesen war eine der wichtigsten Aufgaben des Statthalters und seiner Amtsstellen. Unter dem Kaiserreich wurde in jeder Provinz eine Volkszählung und Vermögensaufnahme durchgeführt, damit die Grund- und Besitzsteuer – Tiere und Sklaven wurden als Besitz versteuert – festgesetzt werden konnte. Um die Produktion anzuregen, wurde an Stelle des Zehnten eine feste Abgabe erhoben. Die *publicani* fungierten nicht mehr als Steuereinnehmer; sie hatten aber immer noch den Einzug der Hafengebühren und die Verwaltung einiger staatlicher Wälder und Minen und die Leitung einiger öffentlicher Arbeiten in ihrer Hand. Zur Thronbesteigung jedes neuen Kaisers hatten die Provinzen eine neue goldene Krone aufzubringen; die Kosten der Provinzverwaltung lagen ihnen zur Last, und in einigen Fällen hatten sie schwere Getreidesendungen an Rom zu leisten. Der alte Brauch der Leiturgien wurde im Osten beibehalten und breitete sich auch im Westen aus; dieser Brauch gestattete es dem römischen Statthalter, vermögende Männer um Kriegsanleihen, Schiffe für die Flotte, Baulichkeiten für Staatszwecke, Nahrungsmittel für Opfer von Hungersnöten oder Chöre für Feiern und Schauspiele zu «bitten».

Als Cicero zu der Regierungspartei gestoßen war, beschwerte er sich, die Steuereingänge von den Provinzen genügten kaum, die Kosten der Verwaltung und der Verteidigung zu decken; zur «Verteidigung» gehörte die Unterdrückung von Aufständen, zu den «Verwaltungskosten» zählten wahrscheinlich die Nebeneinnahmen, die so viele Römer zu Millionären machten. Wir müssen uns mit der Wahrscheinlichkeit abfinden, daß eine Macht, die irgendwo Ordnung und Sicherheit schafft, stets Steuereinnehmer senden wird, die etwas mehr eintreiben, als zur Deckung der nackten Kosten notwendig ist. Trotz aller Abgaben erfreuten sich die Provinzen unter dem Principat eines blühenden Wirtschaftslebens. Kaiser und Senat überwachten die Provinzbeamten sorgfältig und belegten diejenigen, die sich übermäßig bereicherten, mit schweren Strafen. Letzten Endes floß der den Provinzen entzogene Überschuß an Geldmitteln zur Bezahlung ihrer Warenlieferungen wieder an sie zurück, und schließlich ließ die solcherart hochgezogene Wirtschaft die Provinzen stärker werden als Italien mit seinem gefährlich parasitenhaften Leben. Nach Plutarch oblag es einer Regierung, dem Volke vor allem zwei Segnungen zugute kommen zu lassen: Freiheit und Frieden. «Nun brauchen die Staaten in unseren Zeiten, in denen keine Gedanken an Kriege ... mehr aufkommen können, keinen geschickten Staatsmann mehr, der den Frieden erhält; an Freiheit haben die Städte so viel, wie die Oberherren ihnen lassen, und mehr wäre ihnen vielleicht auch unzuträglich.»[2]

II. AFRIKA

Korsika und Sardinien waren in einer Provinz zusammengefaßt und galten nicht als Teil Italiens. Korsika war größtenteils eine Gebirgswildnis, in der die Römer die einheimische Bevölkerung mit Hunden zusammentrieben und in Sklaverei abführten. Sardinien lieferte Sklaven, Silber, Kupfer, Eisen und Getreide; es besaß Straßen in einer Gesamtlänge von 1600 Kilometern und einen einzigen guten Hafen, Carales (Cagliari). Sizilien war nur noch eine fast rein landwirtschaftlich genutzte Provinz, eine der «Kornkammern» Roms; nun ging sein anbaufähiger Boden großenteils in Latifundien auf, die ganz der Viehzucht dienten und von Sklaven bewirtschaftet wurden; diese Sklaven waren dermaßen schlecht gekleidet und ernährt, daß sie sich immer wieder in Aufständen erhoben oder flohen und Räuberbanden bildeten. Zu Augustus' Zeit war die Insel etwa von 750000 Menschen bewohnt (1939 waren es 3972000). Die blühendsten ihrer fünfundsechzig Städte waren Catana, Syrakus, Tauromenium (Taormina), Messana, Agrigentum und Panormus (Palermo). In Syrakus und Tauromenium standen prächtige Theater, die heute noch benutzt werden. Trotz aller Ausplünderungen durch Verres verfügte Syrakus immer noch über so zahlreiche Prachtbauten, berühmte Bildwerke und geschichtliche Gedenkstätten, daß Berufsführer aus dem Reisendenverkehr reichen Gewinn zogen und Cicero die Stadt für die schönste der Welt halten konnte. Die meisten vermögenden Stadtfamilien besaßen Landgüter oder Obstgärten. Ganz Sizilien war damals wie heute vom Duft unzähliger Obstbäume und Weinberge erfüllt.

Alles, was Sizilien durch die Römerherrschaft verlor, kam der Provinz Afrika zugute. Nach und nach nahm sie als unfreiwillige Kornkammer Roms die Stelle Siziliens ein; als Gegengabe verhalfen ihr aber römische Soldaten, Siedler, Geschäftsleute und Ingenieure zu einem kaum mehr vorstellbaren Wohlstand. Zweifellos hatten die neuen Eroberer bereits gewisse Regionen in wirtschaftlicher Blüte angetroffen; zwischen den Höhenzügen am Mittelmeer und dem Atlas, der die Sahara fernhielt, verlief ein subtropisches Talstück, das von den Wassern des Bagradas (Medscherda) und von zweimonatigen Regenfällen genügend Feuchtigkeit erhielt, um den geduldigen Ackerbau, den Mago gelehrt und Massinissa erzwungen hatte, gewinnbringend zu gestalten. Aber Rom verbesserte und erweiterte das Vorgefundene. Seine Baumeister errichteten Dämme quer durch die Flußläufe, die von den Südhängen herunterkamen; sie sammelten das Wasser in der Regenzeit in Behältern und leiteten es in der Trockenzeit in Bewässerungskanäle. Rom erhob keine höheren Steuern als zuvor die einheimischen Häuptlinge, aber seine Legionen und Befestigungen gewährten einen besseren Schutz gegen die Überfälle der Nomaden aus den Bergen. Meile um Meile wurde der Wüste oder der Verwilderung fruchtbarer Boden entrissen und anbau- und besiedelungsfähig gemacht. Das Tal brachte so viele Oliven hervor, daß die Araber im siebenten Jahrhundert, wie sie erstaunt feststellten, von Tripolis nach Tanger reiten konnten, ohne je schattenspendende Olivenpflanzungen verlassen zu müssen. Immer mehr Städte und Städtchen entstanden, die Baukunst trug zu ihrer Verschönerung bei, die Literatur fand in ihnen eine neue Stimme. Die Ruinen römischer Foren, Tempel, Aquädukte und Theater in heute trockenen und wüsten Gebieten zeugen von der Ausdehnung und dem Wohlstand der römischen Provinz Afrika. Diese Felder verfielen und wurden zu totem Sand, nicht weil in den klimatischen Bedingungen ein Wechsel eingetreten wäre, sondern weil die politischen Verhältnisse sich änderten, weil aus einem Staat, der für wirtschaftliche Sicherheit, Ordnung und Disziplin gesorgt hatte, ein Staat wurde, der die Straßen, Wasserbehälter und Kanäle dem Chaos und der Vernachlässigung preisgab.

Hauptträger dieses erneuerten Wohlstandes war das wiederauferstandene Karthago. Nach der Schlacht von Actium nahm Augustus die vereitelten Pläne des Gaius Gracchus und Caesars wieder auf und siedelte eine Reihe von Soldaten in Karthago an, deren Treue und Tapferkeit er mit Grundbesitz belohnen wollte. Die geographisch günstige Lage, der ausgezeichnete Hafen, das fruchtbare Bagradasdelta, die von römischen Technikern erbauten oder wieder in Stand gesetzten Straßen befähigten Karthago bald, Utica den Import- und Exporthandel des Gebietes wieder zu entreißen; ein Jahrhundert nach seiner Neugründung war Karthago bereits die größte Stadt der westlichen Provinzen. Reiche Kaufleute und Grundbesitzer bauten sich Paläste auf der historischen Byrsa oder Villen in den blühenden Vorstädten, während Bauern, denen die Konkurrenz der Latifundien den Boden entzogen hatte, zu der Masse der Proletarier und der Sklaven in den Elendsvierteln stießen, deren übergroße Armut später das klassenlose Evangelium des Christentums freudig willkommen hieß. Es gab sechs- und siebenstöckige Häuser, öffentliche Bauten schimmerten von Marmor, und die Straßen und Plätze waren mit Statuen in gutem griechischem Stile reich ausgestattet. Den alten karthagischen Gottheiten wurden wieder Tempel errichtet, und Melkart wurden noch im zweiten Jahrhundert unserer Zeitrechnung lebende Kinder als Opfer dargebracht. Das Volk tat es den Römern in der Freude am luxuriösen Leben, an Schönheitsmitteln, Schmuck, gefärbtem Haar, an Wagenrennen und Gladiatorenspielen gleich. Zu den Sehenswürdigkeiten der Stadt gehörten die großen Thermen, die Marc Aurel errichten ließ. Es gab Vortragssäle, Rhetoriker-, Philosophen-, Ärzte- und Rechtsschulen; als Universitätsstadt nahm Karthago nach Athen und Alexandrien die dritte Stelle ein. Hierher kamen Apuleius und Tertullian, um alle Fächer zu studieren, hier wunderte sich der heilige Augustin über die Possen und Schandtaten der Studenten, deren menschenfreundlichste Tat es noch war, in die Hörsäle einzubrechen und die Professoren samt ihrem Auditorium hinauszuwerfen.

Karthago war die Hauptstadt der Afrika genannten Provinz, des heutigen östlichen Tunis. Südlich der Stadt ließ der Handel an der Ostküste zahlreiche Städte entstehen, deren antiker Wohlstand nach zwölf Jahrhunderten wieder am Aufleben war, als der Krieg sie in unserer Zeit traf: Hadrumetum (Susa), Leptis Minor, Thapsus und Tacapae (Gabes). Weiter ostwärts lag an der Mittelmeerküste ein Bezirk, der seinen Namen Tripolis nach einem Bunde dreier Städte hatte: Oea (Tripolis), das 900 v. Chr. von den Phoinikern gegründet worden war, Sabrata und Leptis Magna (Lebda). In Leptis Magna wurde der Kaiser Septimius Severus geboren (146 n. Chr.); er lohnte es der Stadt mit einer Basilika und einer Thermenanlage, deren Ruinen noch heute Reisende und Soldaten in Erstaunen versetzen. Gepflasterte Straßen waren von Kamelkarawanen belebt und verbanden die Häfen mit den Städten im Landesinneren: Sufetula, heute ein winziges Dorf mit den Überresten eines großen römischen Tempels; Thysdrus (El Dschem), das ein Amphitheater mit 60000 Sitzplätzen besaß, und Thugga (Dougga), dessen Theaterruinen mit ihren anmutigen korinthischen Säulen den Reichtum und den Geschmack seiner Bürger beweisen.

Nördlich von Karthago lag dessen alte Mutterstadt und unerbittliche Rivalin, Utica (Utique). Wir bekommen eine kleine Vorstellung von dem Reichtum Roms, wenn wir hören, daß im Jahre 46 v. Chr. 300 römische Bankiers und Großkaufleute dort Zweigniederlassungen unterhielten. Der Bezirk Utica reichte im Norden bis Hippo Diarrhytus, dem heutigen Bizerte; von dort aus führte eine Straße nach Westen bis Hippo Regius (Bône), das bald Augustins Bistum werden sollte. Im Süden lag weiter gegen das Landesinnere zu Cirta (Constantine), die Hauptstadt der Provinz Numidia. Westlich davon lag Thamugadi (Timgad); diese Stadt ist fast so gut erhalten wie Pompeii und weist gepflasterte Straßen mit Säulengängen, unterirdische Wasserabzugsanlagen, einen elegant gemeißelten Triumphbogen, ein Forum, ein Senatsgebäude, eine Basilika, Tempel, Thermen, Theater, eine Bibliothek und zahlreiche Wohnhäuser auf. Auf dem Pflaster des Forums sind in einem schachbrettförmigen Muster die Worte *venari, lavari, ludere, ridere, hoc est vivere* eingelegt – «jagen, baden, spielen, lachen – das ist Leben!»[3] Thamugadi wurde um 117 n. Chr. von der dritten Legion, der einzigen Schutztruppe Nordafrikas, gegründet. Um 123 schlug die Legion ein mehr auf Dauer bestimmtes Quartier einige Meilen weiter gegen Westen auf und ließ dort die Stadt Lambaesis (Lambèse) entstehen. Die Soldaten heirateten und ließen sich dort nieder und nahmen in Privathäusern, nicht im Lager, Wohnsitz; aber auch ihr *praetorium* war ein prächtiges Gebäude, dessen Bäder es mit allen Thermen Nordafrikas aufnehmen konnten. Außerhalb des Lagers beteiligten sich die Legionäre am Bau von Tempeln, Triumphbögen, eines Capitols und eines Amphitheaters, in welchem Kampf und Tod die Eintönigkeit ihres friedvollen Lebens linderte.

Der Umstand, daß eine einzige Legion genügte, um ganz Nordafrika gegen die räuberischen Nomadenstämme des Landesinneren zu schützen, war dem ausgedehnten Straßennetze zu verdanken, das zu militärischen Zwecken gebaut worden war, aber schließlich Handelszwecken diente und Karthago mit dem Atlantischen Ozean und die Sahara mit dem Mittelmeer verband. Die wichtigste Straße verlief in westlicher Richtung über Cirta nach Caesarea, der Hauptstadt von Mauretania (Marokko). Hier zivilisierte König Iuba II. die Mauren, von denen die Provinz ihren damaligen und heutigen Namen hat. Er war der Sohn des Iuba, der bei Thapsus gefallen war. Die Römer hatten ihn nach der Schlacht nach Rom mitgenommen, damit er dort eine Zierde von Caesars Triumphzug bilde; man hatte ihn am Leben gelassen, er war zum Studium in Rom verblieben und einer der gebildetsten Gelehrten seiner Zeit geworden. Augustus hatte ihn als Klientenkönig über Mauretania eingesetzt und ihn beauftragt, die klassische Kultur, die er sich mit solchem Eifer angeeignet hatte, unter seinem Volke zu verbreiten. In achtundvierzigjähriger Regierungszeit führte Iuba seine kulturelle Mission mit Erfolg durch; seine Untertanen waren höchst erstaunt, daß ein Mensch Bücher schreiben und doch so gut regieren konnte. Sein Sohn und Erbe wurde nach Rom gebracht und dort von Caligula dem Hungertode ausgeliefert. Claudius eignete sich das Königreich völlig an und unterteilte es in zwei Provinzen, die Mauretania Caesariensis und die Mauretania Tingitana, die ihren Namen von der Hauptstadt Tingis, unserem Tanger, hatte.

Diese afrikanischen Städte verfügten über viele Schulen, die arm und reich gleicherweise offenstanden. Wir hören von Stenographiekursen, und Iuvenal nennt Afrika die *nutricula causidicorum*, die «Amme der Redebeflissenen»[4]. Es brachte zu dieser Zeit einen bedeutenden und einen weniger bedeutenden Schriftsteller hervor – Apuleius und Fronto; erst in ihrer christlichen Blütezeit sollte die nordafrikanische Literatur eine führende Stellung in der Welt einnehmen. Lucius Apuleius war ein seltsamer und pittoresker Mensch, weit mehr noch als Montaigne «vielbewegt und buntschillernd». Er wurde als Sohn einer hochstehenden Familie 124 n. Chr. in Madaura geboren, studierte dort sowie in Karthago und Athen, verjubelte eifrig ein großes Erbe, wanderte von Stadt zu Stadt und von Religion zu Religion, ließ sich in verschiedene Mysterien einweihen, spielte mit Magie, schrieb viele Bücher über Themen, die sich von der Theologie bis zum Zahnputzpulver erstreckten, hielt in Rom und anderswo über Philosophie und Religion Vorträge, kehrte nach Afrika zurück und vermählte sich in Tripolis mit einer Dame, die an Geld und Jahren erheblich gesegneter war als er selbst. Ihre Freunde und hoffnungsvollen Erben strengten einen Prozeß an, um die Ehe für ungültig erklären zu lassen; Apuleius habe die Witwe durch magische Künste an sich gezogen. Er verteidigte sich vor Gericht mit einer *Apologia*, die uns in aufpolierter Form erhalten ist. Er gewann den Prozeß und die Frau, das Volk sah aber weiterhin in ihm einen Zauberer, und die heidnische Nachwelt suchte Christus in den Schatten zu stellen, indem sie die Wundertaten des Apuleius wiedererzählte. Er verbrachte den Rest seines Lebens in Madaura und Karthago, betätigte sich als Arzt und Rechtsanwalt, Literat und Rhetor. Der größte Teil seiner Schriften behandelte naturwissenschaftliche und philosophische Themen; es würde ihm bestimmt großen Kummer bereiten, wenn er auf die Erde zurückkehren könnte und feststellen müßte, daß er nur noch durch seinen *Goldenen Esel* bekannt ist.

Es ist ein dem *Satyrikon* des Petronius verwandtes Werk, ja übertrifft dieses noch an Groteskheit. Es trug ursprünglich den Titel *Metamorphoseon Libri XI – Elf Bücher Verwandlungen* – und spann in phantastischer Weise die Erlebnisse des Lucius von Patras aus, der sich in einen Esel verwandelte. Es ist eine lose Aneinanderreihung von Abenteuern, Schilderungen und nicht dazugehörigen Episoden, gewürzt mit Magie, Schrecknis, Zotenhaftigkeit und verschrobener Frömmigkeit. Der Lucius der Erzählung berichtet, wie er nach Thessalien kam, sich dort mit mehreren Mägden vergnügte und um sich herum überall eine zauberhafte Atmosphäre witterte.

«Sobald verstoßen die Nacht war und die neue Sonne den Tag machte, begann ich, zugleich aus dem Schlaf und dem Bettchen tauchend, übrigens unruhig und gar begierig, kennenzulernen, was rar und mirakulos ... Und nicht gab es in dieser Stadt etwas, das erblickend ich für das hätte halten mögen, was es war, sondern durchaus alles erschien mir durch todbringendes Murmeln in andere Bilder transformiert, also daß ich die Steine, an denen ich mich stieß, aus Menschenleibe verhärtet, und die Vögel, die ich hörte, ebendaraus befiedert, und die Bäume, die den Zwinger umgaben, auf ähnliche Weise beblättert, und die Fluten der Brunnen aus menschlichen Körpern entflossen meinte; Ja, daß ich schon die Gemälde und Statuen im Schreiten, die Wände im Schwätzen, die Küh und Vieh solcher Art im Verkünden von Weissagungen begriffen, vom Himmel selber sogar und der Sphäre des Glanzes ein plötzliches Orakel kommend glaubte.»[5]

Lucius ist nun zu jedem Abenteuer bereit und reibt sich mit einer Zaubersalbe ein, um in einen Vogel verwandelt zu werden; während er aber reibt, verwandelt er sich in einen ausgewachsenen Esel. Von da an berichtet die Geschichte von den Kümmernissen eines Esels, der «Sinnen und Verstand eines Menschen» hat. Sein einziger Trost sind ihm die «langen Ohren, mit denen ich Dinge auch aus weiter Ferne hören kann». Er erfährt, daß er seine menschliche Gestalt wiedererlangen wird, sobald er eine Rose findet und ißt. Nach einer langen wildbewegten *Asineis* kommt er zu seinem Rosenmahl. Er hat die Liebe zum Leben verloren, wendet sich zuerst der Philosophie und dann der Religion zu und verfaßt ein Dankgebet an Isis, das eine erstaunliche Ähnlichkeit mit einer christlichen Hymne an die Gottesmutter hat. Er läßt sich das Haupthaar abrasieren, wird in den dritten Grad der Isisjünger aufgenommen und bahnt sich einen Weg zum irdischen Leben zurück, indem er einen Traum offenbart, in dem Osiris, «der erhabenste Gott», ihm befiehlt, heimzukehren und eine Rechtspraxis auszuüben.

Wenige Bücher enthalten so viel Unsinn, noch weniger aber haben dem Blödsinn ein so liebenswürdiges Gewand gegeben. Apuleius versucht sich an jeder Stilart und hat in jeder Erfolg; er liebt eine reiche und phantastische Diktion mit Alliterationen und Assonanzen, einen pittoresken Jargon und eine archaische Redeweise, gefühlvolle Verkleinerungsformen, eine rhythmische und manchmal poetische Prosa. Eine orientalische Farbenfreude ist hier mit orientalischem Mystizismus und orientalischer Sinnlichkeit vereint. Vielleicht wollte Apuleius auf Grund seiner eigenen Erfahrung andeuten, daß die sinnliche Ausschweifung ein berauschender und vergiftender Gärstoff ist, der uns in Tiere verwandelt, und daß wir erst durch die Rose der Weisheit und Frömmigkeit wieder zu Menschen werden können. Von seiner besten Seite zeigt er sich in den beiläufigen Erzählungen, die seine mächtigen und weitschweifenden Ohren aufgefangen haben; eine alte Frau tröstet beispielsweise ein entführtes Mädchen mit der Erzählung von Amor und Psyche: wie der Sohn der Venus sich in ein hübsches Mädchen verliebt, ihr jede Freude gewährt und ihr nur seinen Anblick vorenthält, in seiner Mutter eine grausame Eifersucht entfacht und schließlich zu einem glücklichen Ende im Himmel kommt. Trotz vieler Versuche hat noch kein Maler vermocht, die Sprache des alten Weibes in der Darstellung dieser alten Sage zu übertreffen.

III. SPANIEN

Wir setzen von Tanger aus über die Meerenge und gelangen aus einer der neuesten in eine der ältesten römischen Provinzen. In seiner strategisch günstigen Lage an den Pforten des Mittelmeers, mit Edelmetallen gesegnet und verflucht, weil sie seinen Boden mit dem Blut der Habgier durchtränkten, von Gebirgszügen durchschnitten, die Verkehr, Assimilation und Einheit verhinderten, lebte Spanien fiebrig sein Leben seit der Altsteinzeit, da Künstler Büffel auf die Wände der Höhlen von Altamira malten, bis in unsere eigene wirre Zeit. Seit dreißig Jahrhunderten sind die Spanier ein stolzes, kriegliebendes Volk, schlank und zäh, von stoischer Tapferkeit, hartnäckig und melancholisch, genügsam und gastfreundlich, höflich und ritterlich, leicht zu Haß, noch leichter zu Liebe entflammbar. Bei ihrer Ankunft fanden die Römer eine Bevölkerung vor, die bereits damals von einer äußerst verwickelten Buntheit war: Iberer aus Afrika (?), Ligurer aus Italien, Kelten aus Gallien und eine Oberschicht aus Karthagern. Wenn wir den Eroberern Glauben schenken dürfen, führten die vorrömischen Spanier eine nahezu barbarische Lebensweise; die einen lebten in Häusern in den Städten, die anderen in Katen und Hütten und Höhlen, wo sie auf dem Boden oder auf freier Erde schliefen und ihre Zähne mit sorgfältig abgestandenem Urin putzten. Die Männer trugen schwarze Umhänge, die Frauen «lange ärmellose Mäntel und buntfarbige Gewänder». Strabon weiß vorwurfsvoll von Orten zu berichten, wo «auch Weiber mit Männern vermischt tanzen, indem sie sich gegenseitig bei den Händen fassen»[6].

Bereits 2000 v. Chr. hatten die Bewohner des südöstlichen Spanien in Tartessos, dem phoinikischen Tarschisch, eine Bronzeindustrie entwickelt, deren Erzeugnisse im ganzen Mittelmeerraum Absatz fanden. Mit diesem Hintergrund schuf Tartessos im sechsten vorchristlichen Jahrhundert eine Literatur und eine Kunst, die ein Alter von sechstausend Jahren zu haben vorgab. Außer einigen rohen Statuen und einer seltsamen vielfarbigen Sandsteinbüste, der *Elchebüste*, die nach griechischen Vorbildern in einem markanten und flüssigen keltischen Stil gemeißelt ist, hat sich nur wenig von dieser Kunst erhalten. Um 1000 v. Chr. begannen die Phoiniker, den Mineralreichtum Spaniens anzuzapfen; um 800 waren sie im Besitz von Cádiz und Malaga, wo sie gewaltige Tempel bauten. Gegen 500 v. Chr. ließen sich griechische Siedler entlang der Nordostküste nieder. Etwa um dieselbe Zeit eroberten die Karthager, die von ihren phoinikischen Blutsverwandten zur Hilfeleistung gegen einen Aufstand herbeigerufen worden waren, Tartessos und ganz Süd- und Ostspanien. Die rasche Ausbeutung der Halbinsel durch Karthago zwischen dem Ersten und dem Zweiten Punischen Krieg öffnete den Römern die Augen für die wirtschaftlichen Möglichkeiten Iberias (wie sie das Land nannten), und der Durchzug Hannibals nach Italien fand schließlich sein Gegenstück im Zuge der Scipionen nach Spanien. Die unter sich uneinigen Stämme kämpften erbittert um ihre Freiheit und Unabhängigkeit; Frauen töteten ihre Kinder, damit sie den Römern nicht in die Hände fielen, und Gefangene sangen ihre Kriegslieder, während sie an Kreuzen den Tod fanden. Es dauerte zwei Jahrhunderte, bis die Eroberung vollzogen war, dann aber erwies sie sich als durchgreifender als in den meisten anderen Provinzen. Die Gracchen, Caesar und Augustus änderten die Politik der Unbarmherzigkeit, die von der Republik geübt worden war, in eine Politik des Anstandes und der Rücksichtnahme um – mit guten und dauerhaften Ergebnissen. Die Romanisierung machte rasche Fortschritte; das Lateinische wurde angenommen und den örtlichen Verhältnissen angepaßt, das Wirtschaftsleben nahm einen großen Aufschwung, und bald sandte Spanien Dichter, Philosophen, Senatoren und Kaiser nach Rom.

Von Seneca bis Marc Aurel war Spanien in wirtschaftlicher Hinsicht die Hauptstütze des Reiches. Nach Tyros und Karthago war nun Rom der Nutznießer des spanischen Reichtums geworden; Spanien hatte für Rom die gleiche Bedeutung wie später Mexico und Peru für Spanien. Gold, Silber, Kupfer, Zinn, Eisen und Blei wurden damals ebenso gründlich abgebaut wie heute; in Rio Tinto kann man noch die Schächte sehen, die die Römer durch festes Quarzgestein tief in die Erde hineintrieben, und römisches Abraumgestein, in dem ein erstaunlich geringer Prozentsatz an Kupfer verblieben ist. In diesen Minen werkten Sklaven Tag um Tag, oft monatelang, ohne das Tageslicht zu erblicken. In der Nähe der Minen entstanden große metallverarbeitende Betriebe. Daneben erzeugte der spanische Boden trotz seiner Gebirge und trockenen

Wüsteneien Espartogras für Schnüre, Seile, Körbe, Matratzen und Sandalen, Futter für preisgekrönte Schafe (die Grundlage für eine berühmte Wollindustrie) und die besten Oliven, das beste Öl und den besten Wein der Antike. Der Guadalquivir, der Tagus, der Ebro und kleinere Flüsse unterstützten ein Netz von Römerstraßen im Transport der spanischen Produkte zu den Häfen und in die zahllosen Städte.

Das bemerkenswerteste und kennzeichnendste Ergebnis der Römerherrschaft war nämlich hier wie anderswo die Vielzahl an Städten, die allerorts emporwuchsen. In der Baetica (Andalusien) lagen Carteia (Algeciras), Munda, Malaca, Italica (der Geburtsort von Traian und Hadrian), Corduba, Hispalis (Sevilla) und Gades (Cádiz). Corduba war im Jahre 152 v. Chr. gegründet worden und hatte sich zu einem literarischen Zentrum entwickelt, das um seiner Rhetorenschulen willen berühmt war. Hier wurden Lucan, die Senecas und Paulus' Gallion geboren. Diese Tradition der Gelehrsamkeit währte das ganze Mittelalter hindurch und machte Corduba zur größten Gelehrtenstadt Europas. Gades war die volkreichste spanische Stadt und seines Reichtums wegen berühmt. Durch seine Lage an der Mündung des Guadalquivir beherrschte es den Handel mit Westafrika, Spanien, Gallien und Britannien, soweit er den Schifffahrtsweg über den Atlantischen Ozean benutzte. Seine lebenslustigen Tanzmädchen *(puellae Gaditanae)* trugen zu seinem Ruhme bei.

Portugal war in Rom als die Provinz Lusitania bekannt, und Lissabon als Olisipo. In Norba Caesarina, dem die Araber später den heutigen Namen Alcantara («Die Brücke») gaben, schlugen Traians Ingenieure die vollkommenste der erhaltenen römischen Brücken über den Tagus; ihre majestätischen Bögen haben eine Spannweite von 30 Metern und eine Höhe von 54 Metern und tragen noch heute eine vielbefahrene Straße. Die Hauptstadt von Lusitania war Emerita (Mérida), das sich einiges auf seine vielen Tempel und auf die drei Aquädukte, den Circus, das Theater, seine Naumachia und seine 750 Meter lange Brücke zugute tat. Weiter östlich, in der Provinz Tarraconensis, steht Segovia noch heute im Genuß des frischen Trinkwassers, das ein unter Traian erbauter Aquädukt ihm zuträgt. Südlich davon lag Toletum (Toledo), das in der Römerzeit seiner Eisenwaren wegen berühmt war. An der Ostküste entstand die bedeutende Stadt Nova Carthago (Cartagena), die von Bergbau, Fischfang und Handel reich wurde. Draußen im Mittelmeer lagen die Balearen mit Palma und Pollentia, die damals schon alte und blühende Städte waren. Weiter gegen Norden waren an der Küste Valentia, Tarraco (Tarragona), Barcino (Barcelona) und am Fuß der Pyrenäen die alte griechische Stadt Emporiae. Eine kurze Seefahrt um den östlichen Ausläufer der Berge, und der Reisende befand sich auf gallischem Boden.

IV. GALLIEN

Damals, als alle Schiffe nur einen geringen Tiefgang hatten, konnten auch Meerfahrer mit ihren Schiffen die Rhône von Marseille bis Lyon befahren; kleinere Fahrzeuge konnten die Fahrt bis auf eine Entfernung von fünfzig Kilometern vom Rhein fortsetzen; nach einem kurzen Transport über flaches Land konnten die Waren auf dem Wasserwege an hundert Städten und tausend Weilern vorbei bis in die Nordsee gelangen. Gleiche Sprünge über Land führten von der Rhône und der Saône zur Loire und zum Atlantischen Ozean, von der Aude zur Garonne und nach Bordeaux, von der Saône zur Seine und zum Kanal. Der Handel hielt sich an diese Wasserstraßen und ließ an den Kreuzungen Städte entstehen. Frankreich war wie Ägypten das Geschenk seiner Ströme.

In gewissem Sinne setzte die französische Kultur mit dem Aurignac-Menschen ein – 30 000 Jahre vor Christus; denn damals schon erwiesen sich, wie die Höhlenmalereien von Montignac bezeugen, Künstler einer reichen Farbengebung und einer lebendigen Linienführung fähig. Von dieser Altsteinzeit der Jagd und der Viehzucht ging Frankreich etwa um 12 000 v. Chr. zum seßhaften Leben und dem Ackerbau der Jungsteinzeit über, dann, nach zehn langen Jahrtausenden, zur Bronzezeit. Um 900 begann eine neue, «alpine» Rasse von Rundköpfen von Germanien aus nach Frankreich vorzudringen und sich über ganz Frankreich, nach Britannien und Irland und bis nach Spanien hinein auszubreiten. Diese «Kelten» brachten die Hallstattkultur aus Österreich mit und führten um 550 v. Chr. aus der Schweiz die weiterentwickelte Eisentechnik von La Tène ein. Als Rom von Frankreich Notiz nahm, nannte es das Land *Celtica*; erst in Caesars Zeit kam der Name *Gallia* auf.

Die Einwanderer unterwarfen die einheimische Bevölkerung oder verdrängten sie durch größere Fruchtbarkeit und siedelten sich als unabhängige Stämme an, deren Namen noch in den von ihnen gegründeten Städten zu erkennen sind*. Die Gallier waren nach Caesar hochgewachsen, kräftig und muskulös. Sie kämmten sich ihr reiches blondes Haar in den Nacken; manche trugen Bärte, viele ließen sich mächtige Schnurrbärte stehen. Aus dem Osten, vielleicht von den Iraniern, hatten sie den Brauch mitgebracht, Kniehosen zu tragen; dazu trugen sie buntfarbige und mit Blumen bestickte Kittel und gestreifte Mäntel, die an den Schultern befestigt wurden. Sie waren von Schmuck sehr eingenommen und trugen auch im Krieg Goldzierat – manchmal als einziges Kleidungsstück. Sie liebten reichliche Fleischnahrung, viel Bier, unverdünnten Wein und waren – wenn wir Appian glauben dürfen, «von Natur aus unmäßig»[7]. Strabon schildert sie so: «Sie sind unerträglich als Sieger, aber verblüfft als Besiegte ... Zu ihrer Geradheit und Leidenschaftlichkeit gesellt sich Torheit, Prahlerei und Putzsucht»[8]; es ist aber nicht immer von Vorteil, wenn Feinde Bücher schreiben. Poseidonios war über die Feststellung entsetzt, daß sie die abgeschlagenen Häupter ihrer Feinde am Hals ihrer Pferde aufreihten. Leicht gerieten sie in Streit und Kampf, und manchmal fochten sie, rein zum Vergnügen, bei Gastmählern Duelle mit tödlichem Ausgang aus. Nach Caesar waren Römer und Gallier «an Zahl und Tüchtigkeit im Kampf einander gewachsen»[9]. Ammianus Marcellinus berichtet von ihnen:

«Zum Krieg ist jedes Alter geschickt, und mit gleicher Kraft zieht der Greis ins Gefecht wie der junge Mann ... Wenn einer Händel anfängt und dabei von seiner Frau, welche weit stärker

---

* Die Ambiani in Amiens, Bellovaci in Beauvais, Bituriges in Bourges, Carnutes in Chartres, Parisii in Paris, Pictones in Poitiers, Remi in Reims, Senones in Sens, Suessiones in Soissons usw.

und blauäugig ist, unterstützt wird, so wird es ein Haufe von Fremden nicht mit ihm aufnehmen können, besonders wenn das Weib, den Nacken in die Höhe werfend und vor Wut schäumend, die ungeheuren weißen Arme schwingt und Faustschläge mit Fußtritten vermischt, gleich den Geschossen der schweren Wurfmaschinen, auszusenden beginnt.»[10]

Die Gallier glaubten an viele Götter, die heute zu tot sind, als daß man sie noch aus der Vergessenheit zu holen brauchte. Der Glaube an ein freudvolles Leben nach dem Tode war so ausgeprägt, daß er nach Caesars Ansicht viel zu der Tapferkeit der Gallier beitrug. Auf Grund dieses Glaubens liehen Geldgeber nach Valerius Maximus Geld aus, das erst im Himmel rückzahlbar war. Poseidonios behauptet, Gallier gesehen zu haben, die bei einer Bestattung Briefe an ihre Freunde in der anderen Welt schrieben und sie auf den Scheiterhaufen warfen, damit der Tote sie ihnen mitbringen konnte; schön wäre es, wenn wir die Ansicht eines Galliers über diese Erzählung hören könnten. Die Druiden, ein Priesterstand, hatten die gesamte Erziehung in Händen und sahen streng auf die Beachtung der religiösen Glaubenssätze. Sie leiteten ein buntes Ritual, das öfter in Hainen als in Tempeln abgehalten wurde. Zur Besänftigung der Götter brachten sie Menschen als Opfer dar, die wegen Verbrechen zum Tode verurteilt worden waren; dieser Brauch wird manchem, der keine Hinrichtung auf einem elektrischen Stuhl erlebt hat, barbarisch erscheinen. Die Druiden waren die einzigen Gebildeten, vielleicht die einzigen des Lesens und Schreibens Kundigen des ganzen Volkes. Sie verfaßten Hymnen, Gedichte und historische Berichte; sie stellten «weitgehende wissenschaftliche Erörterungen an über die Sterne und deren Bewegungen, über die Größe des Weltalls und der Erde, ferner über die Natur»[11], und schufen einen brauchbaren Kalender. Sie amtierten als Richter und übten an den Gerichten der Stammeskönige großen Einfluß aus. Das vorrömische Gallien war wie das mittelalterliche Frankreich ein politischer Feudalismus in theokratischem Gewande.

Unter diesen Königen und Priestern erlebte Gallien im vierten vorchristlichen Jahrhundert seine Blütezeit. Die Bevölkerungszahl nahm zugleich mit der Produktivität der La-Tène-Technik zu; die Folge war eine Reihe von Kriegen um Landgewinn. Um 400 v. Chr. eroberten die Kelten, die schon im Besitze des größten Teils von Mitteleuropa und Gallien waren, Britannien, Spanien und Norditalien. Im Jahre 390 stießen sie nach Süden vor und kamen bis nach Rom; 278 plünderten sie Delphoi und eroberten Phrygien. Ein Jahrhundert später begann ihre Energie nachzulassen, teils infolge des schwächenden Einflusses des Reichtums und der griechischen Lebensart, teils infolge der politischen Zersplitterung der Feudalherren. Im mittelalterlichen Frankreich brach der König die Macht der Lehnsherren, um einen Einheitsstaat aufzubauen; gerade das Entgegengesetzte ging im Jahrhundert vor Caesar vor sich: Die Feudalherren brachen die Macht der Könige und hinterließen Gallien in größerer Aufsplitterung als zuvor. Die Keltenfront wurde, außer in Irland, überall zurückgedrängt; die Karthager unterwarfen die Kelten in Spanien, die Römer vertrieben sie aus Italien, die Kimbern und Teutonen überrannten sie in Germanien und Südgallien. Im Jahre 125 v. Chr. eroberten die Römer, im Bestreben, die Straßen nach Spanien in ihre Hand zu bekommen, Südgallien und machten es zu einer römischen Provinz. 58

v. Chr. ersuchten die gallischen Führer Caesar, ihnen im Kampf gegen einen Germaneneinbruch beizustehen. Caesar kam ihren Wünschen nach und holte sich seine Belohnung selbst.

Caesar und Augustus teilten Gallien neu auf und bildeten vier Provinzen: die Gallia Narbonensis im Süden, in Rom unter dem Namen *Provincia* und uns als Provence geläufig, damals weitgehend durch die griechischen Siedlungen an der Mittelmeerküste hellenisiert; Aquitania im Südwesten mit hauptsächlich iberischer Bevölkerung; in der Mitte die Gallia Lugdunensis, vorwiegend keltisch; im Norden Belgica, vorwiegend germanisch. Rom anerkannte und hegte diese volkstumsmäßigen Trennungen, um einem gemeinschaftlichen Aufstand zuvorzukommen. Die Stammesbezirke wurden als Verwaltungsbezirke beibehalten; die Regierungsbeamten wurden aus dem Stande der Begüterten gewählt, da man ihrer Anhänglichkeit an Rom, das sie gegen die unteren Stände schützte, sicher sein konnte. Treubewährten und für Rom nützlichen Galliern wurde als Anerkennung das römische Bürgerrecht gewährt. Eine Provinzversammlung von Vertretern jedes Bezirkes kam alljährlich in Lyon zusammen. Zunächst begnügte sie sich vorsichtigerweise mit dem Ritual des Augustuskultes; bald aber drang sie mit Gesuchen, dann mit Empfehlungen, schließlich mit Forderungen zu den römischen Statthaltern vor. Die Rechtspflege wurde den Druiden entzogen, die Druidenschaft aufgelöst und Frankreich dem römischen Recht unterstellt. Fast ein Jahrhundert lang unterwarf sich Gallien friedlich dem neuen Joch. Einen Augenblick lang flackerten 68 und wiederum 71 n. Chr. Aufstände unter Vindex und Civilis auf; das Volk unterstützte diese Bewegungen aber kaum, und die Freiheitsliebe wich dem Genuß von Wohlstand, Sicherheit und Frieden.

Unter der *Pax Romana* wurde Gallien eine der reichsten Provinzen des Reiches. Rom wunderte sich über den Reichtum der gallischen Edlen, die unter Claudius in den Senat kamen, und ein Jahrhundert später verglich Florus das blühende Wirtschaftsleben Galliens mit dem Verfall der Wirtschaft in Italien. Wälder wurden gerodet, Sümpfe trockengelegt, die Ackerbaumethoden verbessert, sogar eine Mähmaschine wurde eingeführt, und Rebberge und Olivenpflanzungen breiteten sich in allen Bezirken aus. Bereits im ersten Jahrhundert rühmten Plinius und Columella die Burgunder- und Bordeauxweine. Es gab große Güter, die von Sklaven und Leibeigenen bewirtschaftet wurden und den Vorläufern der mittelalterlichen Feudalherren gehörten; es gab aber auch viele Kleinbauern, und das Volksvermögen war im antiken Gallien gleichmäßiger verteilt als in irgendeinem anderen zivilisierten Staate. Besonders im Gewerbe wurden rasche Fortschritte erzielt. Um 200 n. Chr. setzten sich gallische Töpfer und Eisenarbeiter in den Besitz der Märkte in Germanien und im Westen, die bisher in italischen Händen gelegen hatten, gallische Weber waren im Textilgewerbe des Reiches führend, und die Werkstätten von Lyon erzeugten nicht nur Gebrauchsgläser, sondern auch Glaswaren in ausgezeichneter künstlerischer Arbeit. Die gewerblichen Verfahren gingen vom Vater auf den Sohn über und bildeten einen wertvollen Teil des klassischen Vermächtnisses. Auf Straßen in einer Gesamtlänge von mehr als 20000 Kilometern, die römische Ingenieure angelegt hatten, wickelte sich ein lebhafter Handels- und Reiseverkehr ab.

Durch diesen Wirtschaftsaufschwung reich geworden, entwickelten sich die Städtchen der früheren Celtica zu den Großstädten des römischen Gallien. In Aquitanien besaß die Hauptstadt Burdigala (Bordeaux) einen der geschäftigsten Atlantikhäfen; Limonum (Limoges), Avaricum (Bourges) und Augustometum (Clermont-Ferrand) waren bereits reiche Städte; die zuletzt genannte zahlte an Zenodoros 400000 Sesterzen für einen Kolossalmercur. In der Gallia Narbonensis gab es so zahlreiche Städte, daß man nach Plinius eher den Eindruck hatte, in Italien als in einer Provinz zu sein. Am weitesten westlich lag Tolosa (Toulouse), seiner Schulen wegen berühmt. Narbo (Narbonne), die Provinzhauptstadt, war im ersten nachchristlichen Jahrhundert die größte Stadt Galliens, der Haupthafen für die gallische Ausfuhr nach Italien und Spanien; «hier», stellte Sidonius Apollinaris in späterer Zeit fest, «gibt es Mauern, Promenaden,

Tavernen, Bögen, Säulengänge, ein Forum, ein Theater, Tempel, Thermen, Märkte, Matten, Seen, eine Brücke und das Meer»[12]. Östlich davon lag, an der großen Via Domitia von Spanien nach Italien, Nemausus (Nîmes). Seine hübsche Maison Carrée wurde von Augustus und der Stadt gemeinschaftlich zum Gedächtnis an Lucius und Gaius Caesar, die Enkel des Augustus, erbaut; die innere Kolonnade ist bedauerlicherweise in die Wand der Cella eingelassen, aber die freistehenden korinthischen Säulen sind so schön wie sonst nur in Rom. Das Amphitheater mit seinen 20000 Sitzplätzen ist heute noch der Schauplatz zeitweiliger Veranstaltungen. Der römische Aquädukt, der Nîmes mit Frischwasser versorgte, wurde mit der Zeit zum Pont du Gard. Heute steht er als eine gigantische Ruine in dem zerklüfteten Landstrich hinter der Stadt, und seine massigen unteren Bögen kontrastieren effektvoll mit den kleineren oberen Bögen; der Bau ist ein aufschlußreicher Zeuge von Roms Ingenieurkunst.

Weiter östlich gründete Caesar an der Rhônemündung Arelate (Arles); er hoffte, die Stadt werde das aufrührerische Massilia als Schiffbau- und Hafenplatz ersetzen. Massilia (Marseille) war schon alt, als Caesar geboren wurde, und blieb in Sprache und Kultur bis zu dessen Tode griechisch. Über den Hafen der Stadt waren Ackerbau, Obstbau, Weinbau und Kultur von Hellas nach Gallien gelangt; er war der Hauptumschlagplatz der Waren Westeuropas und des klassischen Bereiches. Marseille besaß eine der berühmten Universitäten des Reiches; besonders seine Rechtsschule hatte einen guten Ruf. Nach Caesar setzte der Niedergang ein; Marseille behielt aber seine Rechte einer freien, vom Statthalter unabhängigen Stadt. Weiter gegen Osten lagen im Seealpengebiet Forum Iulii (Fréjus), Antipolis (Antibes) und Nicaea (Nizza). Der Reisende, der von Arelate aus die Rhône hinauffuhr, kam nach Avennio (Avignon) und Arausio (Orange); hier steht noch ein mächtiger Bogen aus augusteischer Zeit, und in einem gewaltigen römischen Theater werden noch antike Schauspiele aufgeführt.

Die größte gallische Provinz war die Gallia Lugdunensis, die ihren Namen von Lugdunum (Lyon), ihrer Hauptstadt, hatte. Die günstige Lage an der Einmündung der Saône in die Rhône und am Kreuzungspunkt der großen Überlandstraßen, die Agrippa angelegt hatte, ließ die Stadt zum Handelsmittelpunkt eines reichen Landstriches und zur Hauptstadt ganz Galliens werden. Das Eisen-, Glas- und Keramikgewerbe trug zum Unterhalt einer Einwohnerschaft bei, die im ersten Jahrhundert unserer Zeitrechnung 200000 Seelen umfaßte. Nördlich lagen Cabillonum (Chalons-sur-Saône), Caesarodunum (Tours), Augustodunum (Autun), Cenabum (Orléans) und Lutetia (Paris). «Ich habe», schreibt Kaiser Iulianus, «einen Winter» (es war der von 357 auf 358) «in dem lieben Lutetia verlebt, denn so nennen die Gallier das Städtchen der Pariser, eine kleine Insel im Flusse gelegen ... und es wächst bei ihnen guter Wein.»[13]

Die Belgica, zu der Teile Frankreichs und der Schweiz gehörten, widmete sich fast ausschließlich der Landwirtschaft; Gewerbebetriebe fanden sich zur Hauptsache auf den Landsitzen, deren zahllose Überreste ein lehnsherrliches Leben in Komfort und Luxus vermuten lassen. In dieser Provinz gründete Augustus die heute als Soissons, St-Quentin, Senlis, Beauvais und Trier bekannten Städte. Trier, Augusta Treverorum, erlangte Bedeutung als Hauptquartier der Legion, die den Rhein zu verteidigen hatte; unter Diocletian wurde es an Stelle von Lyon Hauptstadt Galliens, und im fünften Jahrhundert war es die größte Stadt nördlich der Alpen. Es ist noch viel aus klassischer Zeit in Trier erhalten: die Porta Nigra in der römischen Stadtmauer, die Barbarathermen, die Grabstätte der Secundini im nahegelegenen Igel und die rohen Reliefs an den Burganlagen des benachbarten Neumagen.

Das Leben in diesen Städten und um sie herum nahm allmählich ein anderes Antlitz an und erneuerte sich beständig in seinen Grundlagen. Die Gallier behielten ihr Wesen, ihre Kniehosen und – drei Jahrhunderte lang – ihre Sprache. Das Lateinische setzte sich im sechsten Jahrhundert durch, hauptsächlich durch seine Verwendung in der Kirche; es nahm aber schon den nasalen und endungslosen Charakter des Französischen an. In Gallien erlebte Rom seinen größten Triumph als Kulturbringer. Bedeutende französische Historiker wie Jullian und Funck-Brentano sind der Ansicht, Frankreich wäre besser gefahren, wenn es nicht von den Römern erobert worden wäre; aber ein noch bedeutenderer Geschichtsforscher meint, ohne die römische Eroberung wäre Gallien den Germanen in die Hände gefallen. Hätte Caesar nicht gesiegt, dann wäre nach Mommsen

«die sogenannte Völkerwanderung vierhundert Jahre früher eingetreten, als sie eingetreten ist, und eingetreten ... zu einer Zeit, wo die italische Zivilisation sich weder in Gallien noch an der Donau noch in Afrika und Spanien häuslich niedergelassen hatte. Indem der große Feldherr und Staatsmann Roms mit sicherem Blick in den deutschen Stämmen den ebenbürtigen Feind der römisch-griechischen Welt erkannte; indem er das neue System offensiver Verteidigung mit fester Hand selbst bis ins einzelne hinein begründete und die Reichsgrenzen durch Flüsse oder künstliche Wälle verteidigen ... lehrte, gewann er der hellenistisch-italischen Kultur die nötige Frist, um den Westen ... zu zivilisieren.»[14]

Der Rhein bildete die Grenze zwischen klassischer und primitiver Kultur. Gallien war zur Verteidigung dieser Grenze nicht fähig, wohl aber Rom; diese Tatsache wurde für die Geschichte Europas bis auf den heutigen Tag bestimmend.

V. BRITANNIEN

Um 1200 v. Chr. setzte eine Volksgruppe der Kelten von Gallien nach England über und ließ sich dort nieder. In England stießen diese Kelten auf eine Mischbevölkerung aus dunkelhaarigen Menschen, wahrscheinlich Iberern, und hellhaarigen Skandinaviern. Sie unterwarfen diese einheimische Bevölkerung, vermischten sich mit ihr und breiteten sich über ganz England und Wales aus. Um das Jahr 100 v. Chr. (der Zeitraffer der Geschichte entzieht dem überlasteten Gedächtnis ereignisreiche Jahrhunderte) setzte eine andere keltische Volksgruppe vom Kontinent nach England über und nahm ihren Volksgenossen in Süd- und Ostengland den Grund und Boden weg. Caesar fand die Insel bei seinem Eintreffen von mehreren unabhängigen Stämmen bewohnt, ein jeder mit einem eigenen König, der gerne seinen Machtbereich erweitert hätte. Er belegte die gesamte Bevölkerung der Insel mit dem Namen *Britanni*, nach dem Namen eines gallischen Stammes am Südufer des Kanals; er war der Meinung, beide Ufer des Kanals seien vom selben Stamm bewohnt.

Das keltische Britannien unterschied sich in Sitten und Gebräuchen, Sprache und Religion nicht wesentlich vom keltischen Gallien, außer daß seine Kultur noch auf einer niedrigeren Stufe stand. Es ging etwa sechs Jahrhunderte vor Christus von der Bronze zum Eisen über, also etwa drei Jahrhunderte nach Gallien. Pytheas, der Entdeckungsreisende aus Marseille, der um 350 v. Chr. über den Atlantischen Ozean nach England segelte, fand bei den Cantii in Kent bereits Ackerbau, Gewerbe und Handel in Blüte. Der Boden war durch ausgiebige Regenfälle fruchtbar und enthielt reiche Kupfer-, Eisen-, Zinn- und Bleiadern. Zu Caesars Zeit war das einheimische Gewerbe imstande, einen aktiven Handelsverkehr der Stämme untereinander und mit dem Kontinent zu unterhalten; Bronze- und Goldmünzen waren im Umlauf. Caesars Invasionen waren Aufklärungszüge; er kehrte mit der doppelten Gewißheit zurück, daß die Stämme unfähig waren, gemeinsam Widerstand zu leisten, und daß die Ernten ausreichten, eine Invasionsarmee, die zum rechten Zeitpunkt übersetzte, zu ernähren. Ein Jahrhundert später (43 n. Chr.) setzte Claudius mit 40 000 Mann über den Kanal, deren Bewaffnung, Disziplin und Kriegstüchtigkeit den Widerstand der einheimischen Bevölkerung brach; die Reihe war nun an Britannien, römische Provinz zu werden. Im Jahre 61 führte eine Stammeskönigin, Boudicca oder Boadicea, einen gewaltsamen Aufstand an, den sie damit begründete, daß römische Beamte ihre beiden Töchter entehrt, ihr Königreich ausgeplündert und viele Freigeborene als Sklaven verkauft hätten. Während der römische Statthalter Paulinus damit beschäftigt war, die Insel Man zu erobern, überwältigte Boudiccas Heer die einzige Legion, die sich ihm entgegenstellte, und marschierte auf Londinium zu, das schon damals «durch die Menge der Kaufleute und des Verkehrs vorzüglich lebhaft war»[15]. Jeder Römer, der den Aufständischen dort und in Verulamium (St. Albans) begegnete, wurde umgebracht; 70 000 Römer oder römische Verbündete fanden den Tod, bevor Paulinus mit seinen Legionen den Kampf mit der Streitmacht der Aufständischen aufnehmen konnte. Boudicca kämpfte mit ihren Töchtern heldenmütig vom Streitwagen aus, bis die Niederlage vollständig war, dann nahm sie Gift. 80 000 Briten wurden niedergemacht.

Tacitus berichtet, wie sein Schwiegervater Agricola als Statthalter Britanniens (77–84 n. Chr.) einem «rohen, zersplitterten und kriegslustigen Volke» die Kultur brachte, indem er Schulen gründete, den Gebrauch des Lateinischen einführte und Städte und vermögende Einzelpersonen dazu ermunterte, Tempel, Basiliken und Thermen zu bauen. «Allmählich», bemerkte sarkastisch der Geschichtsschreiber, «verstand man sich selbst zu den Lockungen der Laster, zu Säulenhallen, Bädern, der Gelage feinem Glanze; und das wurde bei den Kurzsichtigen Bildung genannt, während es eigentlich schon Knechtschaft war.»[16] In rasch ausgetragenen Feldzügen brachte Agricola diese Künste und die Römerherrschaft bis an Clyde und Forth, schlug ein Heer von 30 000 Schotten und wollte weiter vordringen, als Domitian ihn zurückrief. Hadrian baute quer durch die Insel einen 112 Kilometer langen Wall vom Solway Firth bis zur Tyne-Mündung, um gegen die nicht ganz arglosen Schotten gesichert zu sein (122–127); zwanzig Jahre darauf ließ Lollius weiter im Norden den 53 Kilometer langen Antoninuswall zwischen dem Firth of Clyde und dem Firth of Forth aufwerfen. Über zwei Jahrhunderte lang sicherten diese Befestigungsanlagen Britannien der römischen Herrschaft.

Sobald Rom seiner Herrschaft gewiß war, zeigte es sich milder. Die Verwaltung der Städte lag in den Händen eines Senates, einer Volksversammlung und von Behörden aus Angehörigen der einheimischen Bevölkerung, und das flache Land wurde wie in Gallien den Stammeshäuptlingen überlassen, die sich der römischen Überwachung zugänglich erwiesen. Die Kultur Britanniens war nicht so weltmännisch wie in Italien oder so reich wie in Gallien; es geschah aber doch unter dem Schutz und auf Anregung der Römer, daß die meisten britischen Städte gegründet wurden. Vier Städte waren römische «Kolonien», deren Bürger das römische Bürgerrecht besaßen: Camulodunum (Colchester), die erste römische Hauptstadt Britanniens und Sitz des Provinzrates; Lindum, dessen heutiger Name *Lincoln* auf sein antikes Privileg hinweist; Eburacum (York), eine bedeutende Garnison; und Glevum, dessen heutiger Name Gloucester *Glevum* mit *chester*, dem angelsächsischen Wort für «Stadt»*, vereint. Chester, Winchester, Dorchester,

* So Haverfield; verbreiteter ist die Ableitung von dem lateinischen *castrum*, «Kastell», oder *castra*, «Lager». Die meisten römisch-britischen Städte waren nach dem Schachbrettmuster der römischen Lager angelegt.

Chichester, Leicester, Silchester und Manchester scheinen in den ersten beiden Jahrhunderten der Römerherrschaft entstanden zu sein. Es waren kleine Städtchen von je etwa 6000 Einwohnern; sie besaßen aber gepflasterte Straßen, Foren, Basiliken, Tempel und Häuser mit steinernen Grundmauern und Ziegeldächern. Viroconium (Wroxeter) besaß eine Basilika, in der 6000 Menschen Platz hatten, und Thermen, in denen Hunderte gleichzeitig baden konnten. Aquae Salis («Salzwasser»), heute Bath, war, wie die Thermenruinen zeigen, wegen seiner heißen Quellen in der Antike ein mondäner Badeort. Londinium verdankte seine wirtschaftliche und militärische Bedeutung seiner Lage an der Themse und am Kreuzungspunkt zahlreicher Straßen. Bald hatte es 60000 Einwohner und ersetzte Camulodunum als Hauptstadt von Britannien.

Die meisten Häuser des römischen London waren aus verputzten Backsteinen erbaut, die Häuser kleinerer Städte waren aus Holz. Das Klima bedingte die Architektur: ein Giebeldach gegen Regen und Schnee und viele Fenster, die jedes Sonnenlicht, das nur je blinkte, einließen; denn «selbst bei heiterem Himmel hält der Nebel lange Zeit an» – so schrieb Strabon –, «so daß man während eines ganzen Tages nur auf drei oder vier Stunden ... die Sonne am Himmel sieht»[17]. Die Inneneinrichtung folgte aber dem römischen Stil: Mosaikböden, große Badezimmer, Wandmalereien und (weit mehr als in italischen Häusern) Zentralheizung durch Warmluftleitungen in Böden und Wänden. Kohle – im Tagbau gewonnen – diente nicht nur zum Heizen, sondern auch zu gewerblichen Zwecken wie zum Schmelzen von Blei. Offenbar standen die Minen des antiken Britannien in Staatsbesitz, wurden aber an Privatunternehmer verpachtet. Bath besaß eine Fabrik (*fabrica*), in der Eisenwaffen erzeugt wurden. Wahrscheinlich hatte die Erzeugung von Töpferwaren, Backsteinen und Ziegeln ebenfalls bereits das Fabrikstadium erreicht; die meisten handwerklichen Arbeiten wurden aber als Heimarbeit oder in kleinen Werkstätten oder auf den Landsitzen ausgeführt. Ein Straßennetz von fast 8000 Kilometer Länge und unzählige Wasserwege waren die Adern eines lebhaften Binnenhandels. Ein bescheidener Außenhandel führte – ganz im Gegensatz zur heutigen Gepflogenheit Britanniens – Rohstoffe aus, um sie gegen Fertigwaren auszutauschen.

Wie weit durchdrang die römische Kultur in den vier Jahrhunderten ihrer Herrschaft Leben und Seele Britanniens? Das Lateinische wurde zur Sprache der Politik, des Rechts, der Literatur und der wenigen Gebildeten. Auf dem Lande und bei vielen Arbeitern der Städte blieb jedoch die keltische Sprache erhalten; heute noch behauptet sie sich in Wales und auf der Insel Man. Römische Schulen sorgten in Britannien für die Kenntnis des Lesens und Schreibens und bestimmten die römische Gestalt des englischen Alphabetes; ein wahrer Strom von lateinischen Wörtern drang in die englische Sprache ein. Tempel entstanden für römische Götter, der gemeine Mann jedoch feierte seine keltischen Gottheiten und Feste. Selbst in den Städten vermochte Rom keine dauerhaften Wurzeln zu schlagen. Das Volk unterwarf sich stumpf einer Herrschaft, die ihm einen fruchttragenden Frieden und einen Wohlstand brachte, den die Insel erst wieder zur Zeit der industriellen Umwälzung erleben sollte.

VI. DIE BARBAREN

Der Entschluß, den Augustus und Tiberius faßten, keine Versuche zur Eroberung Germaniens zu unternehmen, gehört zu den Angelpunkten der europäischen Geschichte. Wäre Germanien so wie Gallien erobert und romanisiert worden, dann hätte ganz Europa westlich von Rußland eine einheitliche Organisation, eine einzige Regierung, eine einzige klassische Kultur und vielleicht eine einzige Sprache besessen, und Mitteleuropa hätte als Schutzwall gegen den Ansturm der Horden aus dem Osten dienen können, deren Druck auf die Germanen den Einbruch dieses Volkes in Italien bewirkte.

Die Bezeichnung «Germanen» wurde von den Germanen selbst nie gebraucht, und niemand weiß, woher sie kommt*. Zur klassischen Zeit bewohnte dieses Volk als ein Gemisch selbständiger Stämme das Gebiet zwischen Rhein und Weichsel und zwischen Donau und Nord- und Ostsee. In den zwei Jahrhunderten von Augustus bis Marc Aurel ging es allmählich von nomadisierender Jagd und Viehzucht auf den seßhaften Ackerbau über, blieb aber insofern nomadisch, als es das bebaute Land schnell erschöpfte und weiterzog, um neuen Boden mit dem Schwerte zu erobern. Wenn wir Tacitus glauben dürfen, lag ihm die Kriegführung in Fleisch und Blut:

«Man kann die Germanen leichter dazu bringen, den Feind herauszufordern und sich Wunden zu holen, als das Feld zu pflügen und dann auf die Ernte zu warten. Mit Schweiß verdienen, was man durch Blut erwerben kann, gilt bei ihnen als Feigheit und Faulheit.»[18]

Der römische Geschichtsschreiber, der die Entartung in Luxus und Frieden des eigenen Volkes anprangern wollte, beschrieb die kriegerischen Eigenschaften der Germanen und die Hitzigkeit der Frauen, die die Männer in der Schlacht anfeuerten und oft mitkämpften, mit der Übertreibung des Moralisten. Die Flucht vor dem Feinde bedeutete Schmach auf Lebenszeit, oft Selbstmord. Nach Strabon waren die Germanen «wilder und größer als die Gallier»[19], und Seneca kommt, wie wenn er Tacitus gelesen hätte, zu bedenklichen Schlußfolgerungen: «Gib diesen Körpern, gib diesen Seelen, die von Wollust, Üppigkeit, Reichtum nichts wissen, gib ihnen vernünftige Einsicht, gib ihnen regelnde Zucht – ich will nichts weiter sagen: Es bleibt uns dann wohl nichts übrig, als die alte römische Sittenzucht wieder zu Ehren zu bringen.»[20]

In Friedenszeiten waren diese Krieger nach Tacitus' Darstellung von einer entsprechenden Trägheit. Sie verbrachten ihre Zeit (vermutlich nach der Jagd oder der Ernte) mit Gelagen, bei denen Berge von Fleisch verzehrt und Ströme von Bier getrunken wurden, während die Frauen und Kinder zu Hause die ganze Arbeit verrichteten. Der Germane erkaufte sich seine Braut von ihrem Vater mit einem Geschenk, das gewöhnlich aus Vieh oder Waffen bestand; er hatte Macht über Tod und Leben über sie und seine Kinder, war aber dabei von der Zustimmung der Sippenversammlung abhängig. Die Frau wurde aber doch hoch in Ehren gehalten; oft wurde sie beigezogen, um Streitigkeiten zwischen Stämmen zu schlichten, und sie hatte das gleiche Recht der Ehescheidung wie ihr Gatte. Einige Stammesführer hatten mehrere Ehefrauen; die gewöhnliche Germanenfamilie war jedoch monogam und soll im ehelichen Leben eine hohe Moral bezeugt haben. Von Ehebruch hörte man selten; einer Ehebrecherin wurden die Haare geschoren, worauf sie nackt durch die Straßen gejagt und mit Peitschenhieben bedacht wurde. Es stand der Frau frei, ihre Frucht abzutreiben; gewöhnlich aber schenkte sie vielen Kindern das Leben. Kinderlosigkeit war so selten, daß es keine Testamente gab; es galt als selbstverständlich, daß der Familienbesitz sich von Vater zu Sohn, von Generation zu Generation vererbe.

Die Bevölkerung setzte sich aus vier verschiedenen Schichten zusammen: erstens Knechte (einige davon Sklaven, die meisten Leibeigene), die an die Scholle gebunden waren und dem Grundbesitzer Bodenerzeugnisse abliefern mußten; zweitens Freigelassene – Pächter ohne politische Rechte; drittens Freie – Bauern und Krieger; viertens Edle – Grundbesitzer, die ihren Stammbaum von den Göttern herleiteten, ihre Macht aber auf große Besitztümer und bewaffnete Leibwachen (*comites*, «Genossen», davon französisch *comte*, englisch *count*) stützten. An den Stammesthings nahmen die Edlen, die Mannen der Wachen und die Freien teil; sie erschienen in Waffen, wählten den Führer oder König, nahmen die vorgelegten Anträge an, indem sie ihre Speere zusammenschlugen, oder verwarfen sie durch mehrheitliches Murren. Der zweite und der dritte Stand waren teilweise als Handwerker und im metallverarbeitenden Gewerbe

* Das Eigenschaftswort *germanus* (von *germen*, «Sproß») bedeutet im Lateinischen «von gleichen Eltern geboren», «leiblich»; vielleicht ließen sich die Römer durch die sippschaftliche Organisation der teutonischen Stämme dazu bewegen, das Wort auf die Germanen anzuwenden.

tätig, worin die Germanen sich auszeichneten; der vierte Stand gab die Grafen und Ritter und Herren des feudalen Germanien und Deutschland ab.

Diese einfache Gesellschaftsordnung trug nur einen schwachen kulturellen Oberbau. Die Religion war zu dieser Zeit kaum erst der Naturverehrung entwachsen und zu einem Kult anthropomorpher Gottheiten geworden. Tacitus nennt die Götter Mars, Mercur und Hercules – wahrscheinlich Ziu (Tyr), Wotan (Odin) und Donar (Thor). Ziu und Donar sowie die Göttin der Liebe, Freya, leben in den Bezeichnungen dreier Wochentage weiter, ohne daß wir dessen achteten; im Englischen gibt es immer noch einen Wotanstag, Wednesday. Tacitus beschreibt auch eine jungfräuliche Göttin Nerthus (Mutter Erde), die von einem Himmelsgott schwanger war. Jeder Einbildungskraft und jedem Bedürfnis kam eine vielfältige Schar von Feen, Elfen, Nixen, Riesen und Zwergen entgegen. Wotan wurden Menschenopfer dargebracht, anderen Göttern vielleicht schmackhafteres Fleisch. Die Kulthandlungen fanden im Freien statt, in Wäldern und Hainen, da es den Germanen unsinnig vorkam, eine Naturgottheit in Gebäuden von Menschenhand zu verehren. Es gab keine mächtige Priesterschaft nach Art der Druiden Galliens oder Britanniens, wohl aber Priester und Priesterinnen, die den religiösen Veranstaltungen vorstanden, in Straffällen als Richter amtierten und aus den Bewegungen und den Eingeweiden weißer Pferde die Zukunft deuteten. Wie in Gallien sangen Barden in rauhen Versen die Sagen und die Geschichte ihres Stammes. Einige wenige konnten lesen und schreiben und übernahmen das griechische Alphabet für ihre Runen, aus denen sich die gotischen Buchstaben des Deutschen entwickelten. Die Kunst war primitiv; in Goldschmiedearbeiten waren die Germanen jedoch geschickt.

Als Rom seine Legionen aus Germanien zurückzog, wahrte es sich doch die Herrschaft über den Rhein von den Quellen bis zur Mündung; es teilte das majestätische Tal in zwei Provinzen ein: in die Germania Superior und die Germania Inferior, Obergermanien und Niedergermanien. Zur Germania Inferior gehörten Holland und das Rheinland südlich von Köln. Diese einst so schöne Stadt war den Römern unter dem Namen Colonia Agrippina bekannt; sie war (50 n. Chr.) zu Ehren von Neros Mutter, die dort geboren worden war, zur Kolonie erhoben worden; schon nach einem halben Jahrhundert war es die reichste Siedlung am Rhein. Die Provinz Germania Superior folgte dem Rhein nach Süden über Mogontiacum (Mainz), Aquae Aureliae (Baden-Baden), Argentoratum (Straßburg) und Augusta Rauricorum (Augst) bis Vindonissa (Windisch). Fast alle diese Städte besaßen die üblichen Tempel, Basiliken, Theater, Thermen und öffentlichen Bildwerke. Viele der Legionäre, die von Rom mit dem Schutze der Rheinlande beauftragt waren, wohnten außerhalb der Lager, verheirateten sich mit germanischen Mädchen und blieben als Bürger dort, wenn ihre Dienstzeit abgelaufen war. Das Rheinland war wahrscheinlich ebenso dicht besiedelt und ebenso reich zur Römerzeit wie sonst jemals bis zum neunzehnten Jahrhundert.

Zwischen Rhein und Donau legten Roms Ingenieure, wie wir schon gehört haben, eine befestigte Grenzstraße *(limes)* mit einem 548 Kilometer langen Wall und mehr als 1000 Wachttürmen und über 100 hinter der Grenzlinie liegenden Kastellen an. Diese Grenzbefestigung leistete Rom ein Jahrhundert lang gute Dienste, war aber nicht mehr von großem Nutzen, als die römische Geburtenziffer zu tief unter die germanische sank. Eine noch schwächere Grenze war die Donau, die in den Augen der Antike der längste Fluß der Welt war. Südlich der Donau lagen die halbbarbarischen Provinzen Raetia, Noricum und Pannonia ungefähr auf dem Gebiet des ehemaligen Österreich-Ungarn und Serbien. An der Stelle des heutigen Augsburg legten die Römer eine Kolonie an, Augusta Vindelicorum, die als Haupthaltepunkt auf der Straße von Italien über den Brenner zur Donau dienen sollte. Am Fluß selbst legten sie zwei befestigte Städte an, Vindobona, heute Wien, und Aquincum an der Stätte, wo man heute Budapest sieht. Im südöstlichen Pannonien lag an der Sau westlich des heutigen Belgrad die Stadt Sirmium (Mitrovica); zu Diocletians Zeit wurde sie eine der vier kaiserlichen Hauptstädte. Südlich von Pannonien, in der Provinz Dalmatia, hatte der Handelsgeist der Griechen, Römer und

Einheimischen die Adriahäfen Salona (Spalato), Apollonia (bei Valona) und Dyrrhachium (Durazzo) entstehen lassen. Aus diesen Provinzen südlich der Donau kamen Roms kräftigste Soldaten und, im dritten Jahrhundert, die martialischen Kaiser, die sich zweihundert Jahre lang der Sturmflut der Barbaren entgegenstemmen sollten. Östlich von Pannonien lag Dacia (Rumänien) mit seiner heute vom Erdboden verschwundenen Hauptstadt Sarmizegetusa. Im Süden und Osten von Dacia rühmte sich Moesia (Teile Jugoslawiens, Rumäniens und Bulgariens) zweier Donaustädte – Singidunum (Belgrad) und Troesmis (Iglitza) –, einer Stadt unweit des Iskers – Serdica (Sofia) –, und dreier größerer Städte am Schwarzen Meer – Istrus, Tomi (Constanza) und Odessus (Varna). In diesen bedrängten Siedlungen rangen die griechische Kultur und die römischen Waffen vergeblich um den Fortbestand gegen die Goten, Sarmaten, Hunnen und andere Barbarenstämme, die nördlich des großen Stromes hausten und wanderten.

Es war die Unfähigkeit Roms, diese Provinzen südlich der Donau zu zivilisieren, die ihm den Untergang brachte. Die Aufgabe war zu gewaltig für ein Volk, das bereits an Alterserscheinungen krankte; die Lebenskraft der Herrenrasse verebbte in unfruchtbarer Bequemlichkeitssucht, während die Völkerschaften des Nordens in unerschütterlichem Lebensschwung vordrangen. Als Traian die Sarmaten bestach, damit sie Frieden hielten, bedeutete das den Anfang vom Ende; als Marc Aurel die Germanen zu Tausenden im Römischen Reich ansiedelte, waren die Deiche eingerissen. Germanische Soldaten wurden gerne in die römische Armee aufgenommen und besetzten Kommandostellen; germanische Familien vermehrten sich in Italien, während italische Familien ausstarben. Mit diesem Vorgang kehrte sich die Romanisierungsbewegung um: Die Barbaren begannen Rom zu barbarisieren.

Und doch war es eine großartige und wertvolle Leistung, daß der Westen, wenn auch nicht der Norden, dem klassischen Erbe gewonnen war. Dort zumindest waren die Künste des Friedens aus dem Aufruhr des Krieges hervorgegangen, dort konnten die Menschen ihre Schwerter in Pflugscharen wandeln, ohne in weltmännischem Müßiggang zu entarten und in Elendsvierteln zu verkommen. Aus der erdhaften Kraftfülle Spaniens und Galliens sollte nach dem Abebben der Barbarenflut eine neue Kultur emporwachsen, und der Same despotischer Jahrhunderte sollte Frucht tragen und Vergebung finden in den Ländern, denen die unbarmherzigen Legionen das Recht Roms und die leuchtende Fackel Griechenlands zugetragen hatten.

DRITTES KAPITEL

Griechenland unter den Römern

I. PLUTARCH

ROM war eifrig und nicht ganz erfolglos bemüht, sich gegenüber Griechenland großzügig zu erweisen. Die neue Provinz Achaia blieb von Garnisonen verschont und hatte weniger zu zahlen, als die eigenen Steuereinnehmer zuvor verlangt hatten. Die Stadtstaaten durften sich nach ihren altüberlieferten Verfassungen und Gesetzen selbst regieren, und viele – Athen, Sparta, Plataiai, Delphoi und andere – waren «Freie Städte», die im Besitze aller Freiheiten waren; nur Krieg führen oder eine Revolution machen durften sie nicht.

Griechenland dürstete aber doch nach den alten Freiheiten und fühlte sich von den römischen Feldherren, Geldverleihern und Geschäftsleuten, die sich darauf verstanden, billig einzukaufen und teuer zu verkaufen, ausgesaugt; es beteiligte sich darum am Aufstand des Mithridates und mußte es schwer büßen. Athen machte eine vernichtende Belagerung durch, und Delphoi, Elis und Epidauros verloren ihre Tempelschätze. Ein Menschenalter später fochten Caesar und Pompeius und dann Antonius und Brutus ihre Kämpfe auf griechischem Boden aus. Sie füllten ihre Heere mit Griechen auf, beschlagnahmten die Ernten und das Gold Griechenlands, zogen die Steuern von zwanzig in zwei Jahren ein und ließen die Städte in einer furchtbaren Notlage zurück. Unter Augustus erholte sich das griechische Asien wieder, aber Griechenland selbst verharrte in Armut; sein Untergang wurde nicht so sehr durch die römische Eroberung verursacht als durch einen erstickenden Despotismus in Sparta, eine chaotische Freiheit in Athen und eine todbringende Unfruchtbarkeit von Boden und Mensch im ganzen Land. Seine unternehmungslustigsten Söhne ließen Griechenland im Stich und wanderten in jüngere und reichere Länder aus. Das Hochkommen der neuen Mächte Ägypten, Karthago und Rom und die gewerbliche Entwicklung des hellenistischen Ostens ließen das Mutterland des klassischen Geistes verelenden und vereinsamen. Rom überschüttete Griechenland mit Lobsprüchen und beraubte es seiner Kunstwerke: Scaurus holte sich 3000 Statuen für sein Theater, Caligula befahl dem Gatten seiner Geliebten, Griechenland nach Skulpturen zu durchkämmen, und Nero allein nahm sich die Hälfte aller Bildwerke von Delphoi. Erst unter Hadrian durfte Athen wieder aufatmen.

Epeiros bekam in den makedonischen Kriegen die Hauptwucht des römischen Zornes zu spüren; der Senat gab das Gebiet den Soldaten zur Plünderung frei, und 150000 Epeiroten wurden als Sklaven verkauft. Augustus baute mit Nikopolis eine neue epeirotische Hauptstadt, um seinen Sieg bei dem nahegelegenen Actium zu feiern; der Kultur muß dort einiger

Tribut gezollt worden sein, denn die «Stadt des Sieges» bot Epiktet eine Zuhörerschaft und eine Heimstätte. Makedonien fuhr besser als sein treubeständiger Nachbar; es besaß reiche Bodenschätze und viel Holz, und sein Wirtschaftsleben schlug Nutzen aus der beschleunigenden Wirkung der Via Egnatia, die sich von Apollonia und Dyrrhachium durch Makedonien und Thrakien nach Byzantion erstreckte. An dieser Überlandstraße lagen die wichtigsten – teilweise noch erhaltenen – Städte der Provinz: Edessa, Pella und Thessalonike. Die zuletzt genannte, uns als Saloniki, den Neugriechen unter ihrem antiken Namen («Sieg von Thessalien»), bekannt, war Hauptstadt der Provinz, Sitz des Provinzrates und einer der großen Handelshäfen zwischen der Balkanhalbinsel und dem Vorderen Orient. Thrakien, weiter im Osten, war mit Ackerbau, Viehzucht und Bergbau beschäftigt; es besaß aber die bedeutenden Städte Serdica (Sofia), Philippopolis, seine Hauptstadt, Adrianopolis, Perinthos und Byzantion (Istanbul). Hier am Goldenen Horn wurden die Kaufleute und Fischhändler reich, während die griechischen Siedler des Hinterlandes dem Druck der Barbaren weichen mußten; das ganze Getreide des Landesinneren ging über seinen Hafen, der ganze Handel von und nach Skythien und dem Schwarzen Meer hatte Durchgangszölle zu entrichten, und die Fische sprangen geradezu ins Netz, wenn sie sich durch den schmalen Bosporus drängten. Bald sollte Constantin in dieser Stadt den Schlüsselpunkt der klassischen Welt erkennen.

Thessalien, südlich von Makedonien, spezialisierte sich auf Weizen und schöne Pferde. Euboia, die große Insel, die ihren Namen wie Boiotia von ihrem schönen Vieh hatte, verfiel, wie Dion Chrysostomos berichtet, im zweiten nachchristlichen Jahrhundert langsam wieder der Barbarei. Hier war es vor allem, daß die Zusammenfassung des Grundbesitzes und des Reichtums in den Händen weniger Familien die Unbegüterten zur Verzweiflung getrieben, die ständig wachsenden Steuern und Leiturgien den Begüterten die Schwungkraft genommen hatte, so daß eigensüchtiger Reichtum und auswegslose Armut die Geburtenziffern sinken ließen und eine einst blühende Bauernbevölkerung zum Verschwinden brachten; innerhalb der einstigen Stadtmauern von Chalkis und Eretria weidete jetzt das Vieh. Boiotien hatte sich von dem Massensterben und der Steuerlast, die Sullas Feldzüge ihm eingetragen hatten, noch nicht erholt. Nach Strabons Bericht war Theben nur noch ein Dorf, das sich an die einstige Kadmeia, seine Burg, anschmiegte. Ein Jahrhundert des Friedens trug indessen Plataiai einigen Wohlstand ein, und Chaironeia, auf dessen Ebenen Philipp und Sulla Reiche errungen hatten, hatte sich genügend Reize bewahrt, um seine berühmtesten Bürger zum Bleiben zu veranlassen; es war so klein geworden, daß Plutarch, wie er sagte, es nicht noch durch seinen Weggang weiter verkleinern wollte. In Plutarchs ruhiger Laufbahn und mitfühlendem Denken finden wir die freundlichere Seite eines düsteren Bildes, einen anständigen Mittelstand, der noch an den alten Tugenden hing und der Hingabe an den Staat, einer innigen Freundschaft und Liebe fähig war. Kein liebenswerterer Charakter findet sich in unserem Bericht als Plutarch von Chaironeia.

Er wurde in diesem Städtchen etwa um 46 n. Chr. geboren und starb am gleichen Ort um 126. Er studierte in Athen, als Nero in Griechenland seine Siegeskränze einheimste. Er muß ein recht gutes Auskommen gehabt haben, denn er bereiste Ägypten und Kleinasien und zweimal Italien; er hielt griechische Vorträge in Rom und scheint sein Land in irgendeiner diplomatischen Mission vertreten zu haben. Von der großen Hauptstadt des Reiches und den guten Manieren und dem ehrenwerten Leben ihres Neuadels war er sehr eingenommen; er bewunderte dessen stoische Lebensanschauung und war mit Ennius einer Meinung, daß Rom durch Sitten- und Charakterstärke groß geworden sei. Bei der Betrachtung dieser lebenden Edeln und edeln Toten kam ihm der Gedanke, die Helden Roms mit den Heroen Griechenlands zu vergleichen. Er wollte nicht nur Geschichte oder gar nur Biographie betreiben, sondern mit historischen Beispielen Tugend und Heroismus lehren; auch seine *Lebensbeschreibungen* waren nach seiner Planung *Moralia*. Er war immer lehrhaft und verpaßte keine Gelegenheit, mit seiner Erzählung eine Moral zu verknüpfen; wer hat das aber je mit solcher Anmut zu tun vermocht? In seinem «Alexander» weist er darauf hin, daß Charaktere ihn mehr fesseln als der geschichtliche Ablauf; er hofft mit der Gegenüberstellung großer Römer und großer Griechen seinen Lesern eine moralische Anregung, einen heroischen Auftrieb, vermitteln zu können. Mit entwaffnendem Freimut gesteht er, daß er selbst in der Gesellschaft ausgezeichneter Menschen ein besserer Mensch geworden sei.

Wir dürfen von ihm nicht die Gewissenhaftigkeit und Genauigkeit des wahren Historikers erwarten; oft irrt er sich in Namen oder Orten, und gelegentlich versteht er die Ereignisse falsch (wenn uns hier ein Urteil zusteht). Zwei der wichtigeren Aufgaben vermag er nicht zu erfüllen, nämlich die Herleitung von Charakter und Werk seiner Personen aus der Erbmasse, der Umwelt und der Sachlage, und die Entwicklung eines Charakters durch Wachstum, Verantwortlichkeit und Leid; für Plutarch wie für Herakleitos bedeutet Charakter unumstößliches Schicksal. Niemand aber, der die *Lebensbeschreibungen* liest, wird sich ihrer Mängel bewußt; diese gehen ganz unter in der lebhaften Erzählung, den spannenden Episoden, den fesselnden Anekdoten, den klugen Bemerkungen, dem edlen Stil. In dem ganzen dicken Buch findet sich keine einzige leere Phrase; jeder Satz hat etwas zu sagen. Hundert bedeutende Menschen – Generäle, Dichter und Philosophen – haben für das Buch Zeugnis abgelegt; «es ist eine Weide großer Seelen»[1], meint Mme Roland. «Ich könnte nicht auskommen ohne Plutarch», schreibt Montaigne, «er ist mein Brevier.»[2] Shakespeare hat sich manche Fabel bei Plutarch geholt, und seine Vorstellung von Brutus geht über Plutarch auf den altrömischen Adel zurück. Napoleon trug die *Lebensbeschreibungen* fast überall bei sich, und Heine fühlte sich bei ihrer Lektüre hingerissen, das Pferd zu satteln und auszuziehen, Frankreich zu erobern. Griechenland hat uns kein wertvolleres Buch hinterlassen.

Nach seiner Rundreise durch den Mittelmeerraum kehrte Plutarch nach Chaironeia zurück, erzog dort vier Söhne und eine Tochter, hielt Vorträge und schrieb, reiste dann und wann nach Athen, führte aber bis zum Lebensende zumeist das einfache Leben seiner Vaterstadt. Er hielt sich für verpflichtet, die gelehrten Forschungen mit öffentlichen Ämtern zu verbinden. Seine Mitbürger wählten ihn zum Bauinspektor, dann zum Oberrichter und schließlich zum Boiotarchen, zum Mitglied des boiotischen Rates. Er führte an Zeremonien und Feiern der Stadt den Vorsitz und betätigte sich in seinen freien Augenblicken als Priester am wiedererstandenen Orakel von Delphoi. Er hielt es nicht für klug, den alten Glauben fahren zu lassen, weil er sich nicht mit der Vernunft vertrage; wesentlich sei nicht das Glaubensbekenntnis, sondern die Stütze, die es der schwachen Moral des Menschen gewähre, das einigende Band, das es um die Glieder und Generationen der Familie und des Staates schlinge. Der Schauer des religiösen Erlebnisses ist nach seiner Ansicht von tiefster Bedeutung für das Leben. Er war ebenso tolerant wie fromm und war nahe daran, mit seinen Abhandlungen über die römischen und ägyptischen Kulte die vergleichende Religionswissenschaft zu begründen. Für ihn sind alle Gottheiten nur die verschiedenen Seiten eines und desselben zeitlosen, unbeschreibbaren höchsten Wesens, das so erhaben ist über alle irdischen und zeitlichen Angelegenheiten, daß vermittelnde Geister *(daimones)* die Welt erschaffen und führen müssen. Er erkennt auch böse Geister an, die irgendeinem obersten Dämon unterstehen, einem Oberteufel, der Quelle und Seele allen Chaos, aller Unvernunft und aller Lasterhaftigkeit in Natur und Mensch. Nach Plutarch ist es gut, an eine persönliche Unsterblichkeit zu glauben, an einen belohnenden Himmel, ein reinigendes Fegefeuer, eine strafende Hölle; es erschien ihm tröstlich, daß sogar ein Nero durch einen Aufenthalt im Fegefeuer geläutert werden könnte und nur sehr wenige auf ewig der Verdammnis anheimfielen. Den Aberglauben mit seinen Ängsten griff er heftiger an als den Unglauben; er glaubte aber selbst an Weissagungen, Orakel, Geisterbeschwörung und den prophetischen Gehalt der Träume. Er gab nie vor, eine eigene Philosophie zu formen; wie Apuleius und so viele andere Denker seiner Zeit stellte er sich als Anhänger Platons dar. Den Epikureern war er gram, weil sie die Angst vor der Hölle durch die Düsterkeit der völligen Vernichtung ersetzten, und den Stoizismus kritisierte er wegen seiner «Widersprüche»; er teilte aber die Ansicht der Stoiker, es sei ein und dasselbe, Gott zu folgen und der Vernunft zu gehorchen.

Seine Vorträge und Schriften sind berechtigterweise unter dem Titel *Moralia* zusammengefaßt, denn sie sind meistenteils einfache und liebenswürdige Lebensweisheiten. Alles ist in ihnen behandelt, von der Ratsamkeit, alte Männer in Ämtern zu belassen, bis zur Frage, wer zuerst war, das Huhn oder das Ei. Plutarch ist von seiner Bibliothek sehr eingenommen, gibt aber zu, daß Gesundheit wertvoller ist als gute Bücher:

«Es gibt manche, die ... zu Saufgelagen eilen, wie wenn sie sich zu einer Belagerung mit Vorrat versehen wollten ... Eine geringere Kost ist gesunder für den Körper ... Der Wein ist unter den Getränken das Nützlichste, unter den Arzneimitteln das Süßeste und unter den Speisen das Angenehmste, wenn man beim Genusse mehr auf Zeit und Umstände als auf die Mischung mit Wasser sieht ... Hauptsächlich aber muß man sich vor der vom Genusse des Fleisches herrührenden Unverdaulichkeit hüten; denn sie beschwert gleich im Anfange den Körper sehr und läßt überdem nachteilige Folgen zurück. Daher ist es am besten, den Körper nicht an das Bedürfnis von Fleischspeisen zu gewöhnen. Denn die Erde bringt nicht bloß vieles hervor, was zur Nahrung, sondern auch, was zu einem angenehmen Genusse hinreicht ... Denn da die Gewohnheit gewissermaßen das Widernatürliche zur anderen Natur gemacht hat, ... muß man das Fleisch gleichsam zur Stütze und Unterlage der Nahrung nehmen und zugleich andere Lebensmittel und Speisen genießen, die auch dem Körper mehr gemäß und der Natur angemessen sind und die weniger die Denkkraft der Seele schwächen, welche gleichsam an der dünnen und leichten Materie ihr Licht eher anzündet.»[3]

Im Gefolge Platons spricht er sich für die Gleichberechtigung der Frau aus; er führt viele Beispiele von feingebildeten und kultivierten Damen des Altertums an (in seinem eigenen Kreise fanden sich solche). Den Ehebruch des Mannes behandelt er aber mit der ganzen Nachsicht des männlichen Heiden:

«Wenn sich ein Privatmann in einem Anfall von Geilheit und Ausgelassenheit an einer Dirne oder Magd vergeht, so soll die Frau nicht böse darüber werden und nicht scheel gucken; sie soll sich damit trösten, daß er aus Respekt gegen sie seine Trunkenheit und Geilheit an einer anderen ausließ.»[4]

Die Lektüre dieser reizvollen Schriften entläßt uns innerlich erwärmt aus der Gesellschaft eines wahrhaft menschlichen, durchaus gesunden und vollendeten Mannes. Die Hausbackenheit seiner Gedanken stört uns nicht, seine Mäßigung ist uns ein willkommenes Gegengift gegen die ideologische Hysterie unserer eigenen Zeit; sein gesunder Menschenverstand, sein freundlicher Humor, seine reizvollen Charakterzeichnungen tragen uns auch über die Sandbänke seiner Plattheiten unbehindert hinweg. Es tut wohl, einem Philosophen zu begegnen, der so weise ist, daß er auch glücklich sein kann. Er rät uns, die gewöhnlichen Segnungen und Vorteile des Lebens dankbar hinzunehmen und doch ihres beständigen Daseins froh zu gedenken:

«Aber auch die allgemeinen Güter darf man nicht übersehen, sondern muß sie mit in Rechnung stellen und sich darüber freuen, daß wir leben, gesund sind und die Sonne schauen ... Hält denn ein rechtschaffener Mann nicht jeden Tag für einen Festtag? ... Denn das Weltall ist der heiligste und des Gottes würdigste Tempel. In diesen wird der Mensch durch die Geburt eingeführt nicht zur Beschauung von Bildern, die von Händen hergestellt und unbeweglich sind, sondern die der göttliche Geist ... zur Erscheinung brachte ... Sonne, Mond, Sterne, Flüsse als Spender immer wieder frischen Wassers und das Erdreich als den Nährboden für das Pflanzenreich. Das Leben aber als die höchste Heiligung und Weihung dazu soll darum des Seelenfriedens und des Frohsinns die Fülle haben.»[5]

II. NACHSOMMER

Plutarch ist beispielhaft für zwei Bewegungen seiner Zeit: für die Rückkehr zur Religion und für die kurzwährende Wiedergeburt der griechischen Literatur und Philosophie. Diese war allgemein, jene beschränkte sich auf Athen und den griechischen Osten. Sechs Städte der Peloponnes erlebten eine wirtschaftliche Blüte, trugen aber nicht viel zum griechischen Denken bei. Der Handel mit dem Westen und ein geschäftiges Gewerbe erhielten Patrai über die Römerherrschaft und das Mittelalter hinweg bis in unsere Zeit am Leben. Olympia führte ein gutes Leben aus den Einkünften des Touristenverkehrs, der sich um Pheidias' Zeus und die Olympischen Spiele abwickelte. Es ist eine der erfreulichsten Seiten der griechischen Geschichte, daß diese Wettkämpfe von 776 v. Chr. bis 394 n. Chr. (der Zeit, wo Theodosius sie aufhob) alle vier Jahre abgehalten wurden. Wie zur Zeit des Prodikos und Herodots kamen Philosophen und Geschichtsschreiber, um vor der festlich versammelten Menge Ansprachen zu halten. «Hier gewaltige Redner, dort allerliebste Verfasser von Werken in gebundener und ungebundener Rede, dann wieder die vielen Pfauen, die buntgeschmückten Sophisten, die sich mit ihrem Ruhm ... wie jene Vögel mit ihrem Gefieder brüsten»[6], sagt Dion Chrysostomos; selbst erwies er sich keineswegs schweigsamer als die anderen. Epiktet berichtet von den Zuschauern, die in Schweiß gebadet eng zusammengedrängt in den schattenlosen Sitzreihen schmachten, von der Sonne geröstet und vom Regen durchweicht, aber alles in dem Tumult vergessen und in den Endstadien jedes Kampfes oder Rennens in begeistertes Gebrüll ausbrechen. Die alten Nemeischen, Isthmischen, Pythischen und Panathenäischen Spiele wurden immer noch abgehalten; neue Spiele kamen dazu, wie Hadrians Panhellenische Spiele. Viele umfaßten auch Wettbewerbe in Dichtkunst, Beredsamkeit und Musik. Von der römischen Kolonie in Korinth wurden Gladiatorenkämpfe in Griechenland eingeführt; sie kamen auch in anderen Städten in Mode, bis sich sogar das Dionysostheater zu solchen Metzeleien hergab. Viele Griechen – Dion Chrysostomos, Lukian, Plutarch – erhoben gegen diese Entweihung Einspruch; Demonax, der kynische Philosoph, bat die Athener, erst den Altar des Mitleids in Athen wegzuschaffen, bevor sie diese Neuerung einführten. Die römischen Spiele hielten sich aber in Griechenland, bis die Zeiten vorwiegend christlich wurden.

Sparta und Argos zeigten noch ein bescheidenes Leben, und Epidauros zog Reichtümer aus den Besuchen, die an Leib und Seele Kranke dem Heiligtum des Asklepios abstatteten. Korinth, das den Handelsverkehr über den Isthmos kontrollierte, war bereits ein halbes Jahrhundert nach seiner Neugründung durch Caesar die reichste Stadt Griechenlands. Seine Mischbevölkerung aus Römern, Griechen, Syrern, Juden und Ägyptern, von denen die meisten keine Wurzeln in Heimat und Sitte mehr hatten, war ihrer Geschäftstüchtigkeit, ihres Wohllebens und ihrer schlechten Moral wegen berühmt. Der alte Tempel der Aphrodite Pandemos erfreute sich weiterhin eines unverminderten Zuspruchs als Heiligtum und Sammelpunkt der korinthischen Prostituierten. Apuleius beschreibt ein prächtiges Ballett, das er in Korinth zu sehen bekam; es stellte das Urteil des Paris dar: «Venus trat ein, mit nacktem und unbedecktem Leib, vollkommene Schönheit dartuend, nur daß sie mit einer spärlichen Seidenhülle die sichtbare Scham überschattete. Dies Gewand blies ein neugieriger Windhauch zärtlich genug lüstern zurück.»[7] Korinth hatte sich in seiner Lebensart seit Aspasia nicht verbessert.

Wenn man durch Megara nach Attika kam, so bot sich einem ein Landschaftsbild von großer Armut dar. Entwaldung, Erosion und Erschöpfung der Bodenschätze hatten im Verein mit Krieg, Auswanderung, Besteuerung und Rassenselbstmord aus dem römischen Frieden eine Wüstenstille werden lassen. Nur zwei Städte in Attika zeigten ein blühendes Wirtschaftsleben: Eleusis, dessen Mysterien alljährlich wohlbegüterte Massen anlockten, und Athen, der geistige und Bildungsmittelpunkt des klassischen Altertums. Seine alten Einrichtungen – Rat, Volksversammlung und Archonten – waren immer noch in Funktion, und Rom hatte dem Areopag seine ursprüngliche Autorität als Gerichtssitz und Schutzfeste der Besitzrechte wiedergegeben. Herrscher wie Antiochos IV., Herodes der Große, Augustus und Hadrian und Millionäre wie Herodes Atticus waren eifrig bestrebt, die Stadt mit Wohltaten zu überschütten. Herodes ließ das Stadion in Marmor wieder aufbauen und erschöpfte damit beinahe den Pentelikon; außerdem ließ er ein Odeion, einen Konzertsaal, am Fuße der Akropolis errichten. Hadrian brachte Geldmittel zur Fertigstellung des Olympieions auf, und Zeus, der nun bereits mit einem Fuß im Grabe stand, erhielt eine Heimstätte, die seiner Casanova-Jugend würdig gewesen wäre.

Zugleich brachte der unübertroffene Ruf Athens als einer Stadt der Literatur, der Philosophie und der Bildung einen Strom reicher Jünglinge und mittelloser Gelehrter an seine Schulen. Die Universität von Athen verfügte über zehn Professuren, die von der Stadt oder vom Kaiser gestiftet worden waren, und über ein Heer von Lektoren und Privatdozenten. Gelehrt wurden Literatur- und Sprachwissenschaft, Rhetorik, Philosophie, Mathematik, Astronomie, Medizin und Recht, gewöhnlich in Gymnasien oder Theatern, manchmal in Tempeln oder Privathäusern. Außer beim Studium des Rechtes und der Beredsamkeit sah der Lehrplan nirgends Fächer vor, die den Studenten auf den Geldverdienst vorbereitet hätten; er wollte vielmehr ihren Verstand schärfen, ihr Wissen vertiefen und ihnen ein Leitgesetz für ihre sittliche Haltung auf den Weg mitgeben. Damit bildete er viele scharfsinnige Geister heran, aber auch unzählige Phantasten, die Philosophie und Religion in einen Wirrwarr widersprüchlicher Theorien verwandelten.

Da Athen seine Einkünfte zu einem guten Teil von den Studenten bezog, fand es sich geduldig mit ihrem tollen Treiben ab. Mit den «Füchsen» trieb man wilde Späße, die manchmal auch brave Bürger in Mitleidenschaft zogen. Die Studenten rivalisierender Professoren bildeten grimmige Parteien und fielen gelegentlich in «solemnen Keilereien» übereinander her. Einige Studenten hatten den Eindruck, sie könnten bei den Dirnen und Glückspielern der Stadt mehr lernen als bei den Philosophielehrern, und wir erfahren von Alkiphron, daß die betreffenden Damen in den Professoren stumpfsinnige und unfähige Konkurrenten erblickten. Oft aber verband eine herzliche Freundschaft Lehrer und Lernende; viele Professoren luden Studenten zum Essen, leiteten sie in ihrer Lektüre, besuchten sie am Krankenbett und gaben ihren Eltern ein falsches Bild von ihren Fortschritten. Die meisten Dozenten lebten von den Hörgeldern; einige wenige Professoren bezogen ein Gehalt vom Staate, und die Leiter der vier Philosophenschulen erhielten jährlich 10000 Drachmen von der kaiserlichen Kasse ausbezahlt.

Unter diesen Anregungen entwickelte sich die Zweite Sophistik – eine Art Wiedergeburt der Redner-Philosophen, die von Stadt zu Stadt zogen und sich dort niederließen, wo die besseren Honorare winkten, Unterricht erteilten, vor Gerichten plädierten, als geistige Berater in den Häusern der Reichen lebten und manchmal als hochgeehrte Sondergesandte ihres Stadtstaates wirkten. Diese Bewegung war in den ersten drei Jahrhunderten unserer Zeitrechnung über das ganze Reichsgebiet, besonders aber im griechischen Bereich, verbreitet; nach Dion Chrysostomos konnte man so viele Philosophen finden wie Steine am Meer. Die neuen Sophisten besaßen – wie die alten – keine gemeinsame Lehre; sie wußten ihrer jeweiligen Doktrin beredten Ausdruck zu geben, lockten ein großes Publikum an und gelangten in vielen Fällen zu einer hohen gesellschaftlichen Stellung, zur Gunst des Kaisers oder zu großem Reichtum. Von den früheren Sophisten unterschieden sie sich darin, daß sie Religion und Moral nicht als fragwürdig angriffen. Sie waren eher an Form und Stil interessiert, an Sprechtechnik und Redegewandtheit, als an den großen Problemen, die den Glauben oder die sittlichen Grundlagen der Welt erschüttert hatten; ja, die neuen Sophisten setzten sich sogar warm für die alten Glaubensbekenntnisse ein. Philostratos schildert das Leben einiger führender Sophisten seiner Zeit. Ein Beispiel mag genügen: Hadrian von Tyros studierte Rhetorik in Athen und wurde dort Inhaber des staatlichen Lehrstuhles für Rhetorik; seine Antrittsvorlesung begann mit den stolzen Worten: «Wieder aus

Phoinikien kommen Wissenschaften.»[8] Man konnte ihn in reicher Gewandung und mit Juwelen behangen zu seinen Vorlesungen fahren sehen. Marc Aurel stellte einmal in Athen den Hadrian auf die Probe und befahl ihm, eine Rede über ein schwieriges Thema aus dem Stegreif zu halten. Hadrian bestand die Probe so glänzend, daß Marc Aurel ihn überreich mit Ehren, Silber und Gold, Häusern und Sklaven bedachte. Er wurde auf den Lehrstuhl für Rhetorik nach Rom berufen, und seine Vorlesungen hatten, obgleich in Griechisch vorgetragen, einen solchen Zuspruch, daß Senatoren ihre Sitzungen verschoben und die Volksmassen die Pantomimen verließen, um sich seine Ausführungen anzuhören. Eine derartige Laufbahn ist fast als Anzeichen des Untergangs der Philosophie zu werten; sie versank in einem Ozean der Beredsamkeit und verzichtete auf das Denken, als sie das Sprechen erlernte.

Das Gegenstück dazu gaben die Kyniker ab. Wir haben sie bereits beschrieben: ihren zerfetzten Überwurf, das ungekämmte Haar und den ungepflegten Bart, den Bettelsack und den Wanderstab, das einfache, manchmal jeden Anstandes bare Leben. Die Kyniker lebten als Bettelmönche und besaßen eine hierarchische Organisation mit Novizen und Oberen, wichen der Ehe und der Arbeit aus, verachteten die Konventionen und Künstlichkeiten der Zivilisation, bezeichneten alle Regierungen als diebisch und überflüssig, lachten über alle Orakel, Mysterien und Götter. Jedermann machte sich über sie lustig, am heftigsten Lukian; derselbe Lukian bewunderte aber doch Demonax, einen kultivierten Kyniker, der ein Leben des Wohlstandes aufgab, um in philosophischer Armut zu hausen. Sein Leben, das gerade ein Jahrhundert währte (50–150 n. Chr.), weihte er der Hilfeleistung an andere, der Schlichtung von Streitfällen zwischen Einzelbürgern und zwischen Staaten; selbst Athen, das sich sonst über alles lustig machte, brachte ihm Achtung entgegen. Als er einmal vor einem athenischen Gericht angeklagt wurde, er habe sich geweigert, den Göttern zu opfern, erklärte er nur schlicht, die Götter bedürften keiner Opfer und die Religion bestehe im freundlichen Verhalten zu allen Wesen; er wurde freigesprochen. Als in der athenischen Volksversammlung ein heftiger Parteienzwist entbrannte, genügte sein bloßes Erscheinen, um den Disput zum Schweigen zu bringen, worauf er die Versammlung verließ, ohne auch nur ein Wort gesagt zu haben. Als alter Mann pflegte er ungeladen irgendein Haus zu betreten und dort zu essen und zu schlafen, und jedermann, den er besuchte, rechnete es sich zur Ehre an. Weniger Sympathie bringt Lukian für Peregrinus auf, der es mit dem Christentum versuchte, dieses zugunsten der kynischen Lebensweise aufgab, heftige Schmähungen gegen Rom vorbrachte, Griechenland zum Aufstand aufwiegelte und die zu den Spielen versammelte Menge in Olympia in Erstaunen versetzte, indem er einen Scheiterhaufen errichtete und anzündete, hineinsprang und sich von den Flammen verzehren ließ (165 n. Chr.). Mit ihrer Verachtung des Reichtums und des Lebens ebneten die Kyniker dem Mönchstum der christlichen Kirche den Weg.

Als Vespasian, Hadrian und Marc Aurel in Athen Lehrstühle für Philosophie errichteten, übergingen sie die Kyniker und Skeptiker und erkannten nur vier Denkrichtungen an: die Platonische Akademie, das Aristotelische Lykeion, die Stoiker und die Epikureer. Die Akademie hatte Platons stolzen Glauben an die Vernunft verwässert, bis sie zu Karneades' Zweifel an allem gelangte; nach dem Tode des Karneades aber kehrte die Schule zur Orthodoxie zurück, und Antiochos von Askalon, der Cicero an der Akademie unterrichtete (79 v. Chr.), wandte sich wieder der Platonischen Begriffswelt von Vernunft, Unsterblichkeit und Gott zu. Das Lykeion widmete sich nun, der Tradition Theophrasts folgend, ganz der Naturwissenschaft oder der ehrfürchtigen Kommentierung von Aristoteles' Werken. Die Schule Epikurs verlor in dieser religiös eingestellten Zeit an Boden; nur wenige wagten ihre Lehren ohne diplomatische Vorbehalte vorzutragen. Fast überall im griechischen Asien waren die Worte *Epikureer*, *Atheist* und *Christ* gleichbedeutend mit Greuel und Entweihung.

Die vorherrschende philosophische Richtung war schon seit langem der Stoizismus. Das strenge Vollkommenheitsstreben der Frühzeit war von Panaitios und Poseidonios – beide Bürger von Rhodos – gemildert worden. Als Panaitios nach Scipios Tod (129 v. Chr.) nach Athen zurückkehrte, definierte er, der nun Haupt der Stoa geworden war, Gott als körperhaften Geist oder Hauch *(pneuma)*, der alle Dinge durchdringt, in den Pflanzen als Wachstumsfähigkeit, in den Tieren als Seele *(psyche)* und im Menschen als Vernunft *(logos)* erscheint. Seine Nachfolger entwickelten diesen unbestimmten Pantheismus zu einer festgefügten religiösen Philosophie. Die stoische Theorie der sittlichen Disziplin näherte sich der kynischen Askese an, und im zweiten nachchristlichen Jahrhundert unterschied sich der Kynismus, wie sich ein Beobachter ausdrückte, vom Stoizismus nur noch durch die Risse im Mantel. In Epiktet und Marc Aurel erleben wir, wie beide Bewegungen eine Richtung auf das Christentum zu einschlagen.

III. EPIKTET

Epiktetos wurde um 50 n. Chr. im phrygischen Hierapolis als Sohn einer Sklavin geboren und war darum selbst Sklave. Er hatte nur wenig Gelegenheit, sich zu bilden, denn er wechselte oft Besitzer und Wohnort, bis er Eigentum des Epaphroditos wurde, eines mächtigen Freigelassenen an Neros Hofe. Er war von zarter Gesundheit und lahm, offenbar infolge der Grausamkeit eines seiner Herren, erreichte aber doch das übliche Alter von sechs Dutzend Jahren. Epaphroditos gestattete ihm, die Vorlesungen des Musonius Rufus zu besuchen, und gab ihm später die Freiheit. Epiktet muß sich als Lehrer in Rom niedergelassen haben, denn er zählte zu den Fliehenden, als Domitian die Philosophen auswies. Er ließ sich in Nikopolis nieder und sah Studenten aus vielen Teilen des Reiches in seinen Vorlesungen. Einer war Arrian aus Nikomedeia, der spätere Statthalter von Kappadokien; Arrian schrieb die Worte Epiktets nieder, wahrscheinlich stenographisch, und veröffentlichte sie als *Diatribai* – «Abreibungen», das heißt Nachschriften –, die nun als die *Gespräche* überall zu den besten Büchern der Welt gezählt werden*. Es ist nicht eine langweilige formelle Abhandlung, sondern ein klassisches Lehrbuch in einfacher Sprache und mit derbem Humor, das

* Arrian gab später ein *Encheiridion*, ein synoptisches «Handbüchlein» Epiktets, heraus.

einen bescheidenen und liebenswerten, aber doch wachsamen und kraftvollen Charakter treffend zum Ausdruck bringt. Epiktet wandte seine kräftigen Sarkasmen auf sich selbst so gut wie auf die anderen an und machte sich über seinen eigenen rauhen Stil lustig. Er nahm es nicht übel, als Demonax ihn, der als alter Junggeselle die Ehe befürwortete, sarkastisch um die Hand seiner Tochter bat, sondern entschuldigte sich nur, er leiste den Menschen keinen geringeren Dienst, wenn er sie Weisheit lehre, als wenn er «zwei oder drei rotznäsige Gören in die Welt» setze[9]. Als älterer Mann nahm er sich eine Frau, die ihm bei der Pflege eines Säuglings beistand, den er vor der Aussetzung bewahrt hatte. In dieser Zeit war er schon im ganzen Reich berühmt, und Hadrian zählte ihn zu seinen Freunden.

Epiktet kümmerte sich wie Sokrates, dem er in mancher Hinsicht ähnlich war, zu wenig um Physik und Metaphysik, um ein Gedankengebäude zu errichten; sein einziges Thema und seine einzige Leidenschaft waren das anständige Leben. «Was kümmert es mich», fragt er, «ob aus Atomen oder dem ‚Unendlichen' oder aus Feuer und Erde die Welt besteht? Ist es nicht genug, wenn man das Wesen des Guten und Bösen ... kennenlernt?»[10] Philosophieren heißt nicht, Bücher über die Weisheit lesen, es bedeutet, sich zum praktischen Leben der Weisheit heranbilden. Das Wesentliche ist, daß man sein Leben und sein Verhalten so gestaltet, daß das Glücklichsein so wenig wie möglich von Äußerlichem abhängt. Dazu ist nicht die Zurückgezogenheit des Eremiten erforderlich, im Gegenteil, die «Epikureer und Schufte» sind zu verurteilen, weil sie Menschen vom Dienst an der Öffentlichkeit fernhalten; der Gute wird an den Angelegenheiten des Staatswesens aktiv Anteil nehmen. Er wird aber mit Gleichmut alle Wechselfälle des Glückes hinnehmen: Armut, Verlust seiner Angehörigen und Freunde, Demütigung, Schmerz, Sklaverei, Gefängnis oder Tod; er wird zu «dulden und zu verzichten» wissen.

«Sage nie von einer Sache: ‚Ich habe sie verloren', sondern: ‚Ich habe sie zurückgegeben'. Ein Kind ist dir gestorben: Du hast es zurückgegeben. Dein Weib ist dir gestorben: Es ward zurückgegeben. Dein Grundstück wurde dir genommen: Auch das ward nur zurückgegeben. Aber der ist doch ein Bösewicht, der es mir nahm? Was geht das dich an, durch wen es der zurückforderte, der es dir einst gab? Solange er es dir überläßt, behandle es als fremdes Gut wie ein Wanderer die Herberge.[11] ... ‚Daß ich auch ein verkrüppeltes Bein haben muß!' – Du Sklavenseele, da willst du wegen eines erbärmlichen Beins über die Weltordnung schimpfen? Willst es nicht gern dem Weltall opfern?[12] ... Ich soll verbannt werden. Hindert mich jemand darum, dabei zu lachen, guten Mutes und wohlauf zu sein? ... ‚Ich werde dich ins Gefängnis werfen!' Meinen sterblichen Leib ... Sterben muß ich einmal. Brauche ich deshalb dabei zu stöhnen? ... In solchen Gedanken müssen sich die Jünger der Philosophie üben, solche Gedanken sich täglich einprägen, in ihnen sich stählen[13] ... Richterstuhl und Kerker ist jedes ein Ort, der eine ein hoher, der andere ein niedriger. Dein Wille hingegen kann in der Gleichheit behalten werden, wenn du ihn für beide Örter gleich behalten willst[14].»

Der Sklave kann geistig frei sein, wie Diogenes; der Gefangene kann frei sein, wie Sokrates; der Kaiser kann ein Sklave sein, wie Nero. Selbst der Tod ist für das Leben des Guten nicht von großer Bedeutung. Er kann sein Kommen beschleunigen, wenn er meint, das Übel des Lebens sei erheblich größer als das Gute; auf jeden Fall wird er dem Tod als einem Teil der vorborgenen Weisheit der Natur mit Ruhe entgegensehen.

«Warum wachsen die Ähren? ... Müßten sie nun wohl, wenn sie sich ihrer selbst bewußt wären, wünschen, daß sie nimmer abgeschnitten würden? ... So sollte man auch erkennen, daß es ein Fluch für die Menschen wäre, nie zu sterben[15] ... Doch da sinkt auch schon das Schiff! – Was habe ich da zu tun? Nur das tue ich, was in meiner Macht steht: daß ich nicht voll Todesangst ertrinke, nicht schreie und nicht Gott lästere, sondern daß ich mir bewußt bleibe, daß alles, was entstanden ist, auch vergehen muß. Ich bin ja nicht ewig, sondern ein sterblicher Mensch, nur ein Teilchen des Weltalls, wie die Stunde ein Teilchen des Tages. Ich muß kommen wie die Stunde und vorübergehen wie die Stunde[16] ... Verlange nicht, daß alles so geschieht, wie du es wünschest, sondern wolle, daß alles so geschieht, wie es geschieht, und es wird dir gut gehen[17].»

Wenn Epiktet auch oft von der Natur als von einer unpersönlichen Kraft spricht, so läßt er doch oft Persönlichkeit, Verstandeskraft und Liebe an seiner Begriffswelt teilhaben. Die religiöse Atmosphäre, die seine Zeit durchdringt, verhilft seiner Philosophie zu einer Wärme und selbstverleugnenden Frömmigkeit, eng verwandt der Frömmigkeit des Kaisers, der ihn bald lesen und seinen Gedanken ein Echo geben sollte. Er spricht mit feinsinniger Beredsamkeit von der majestätischen Ordnung, die in Ort und Zeit herrscht, von den Anzeichen der Planmäßigkeit in der Natur; er kommt aber zu dem Schluß: «Gott hat jeder einzelnen Tiergattung verschiedene Bestimmungen gesetzt; die einen bestimmte er dazu, von uns gegessen zu werden, die anderen zur Dienstleistung beim Ackerbau, die anderen, Käse zu produzieren.»[18] Der Geist des Menschen ist an sich schon ein so wundersames Werkzeug, daß nur ein Schöpfergott ihn erschaffen haben kann; insofern wir Vernunft haben, sind wir Teil der Weltvernunft. Könnten wir unsere Ahnenschaft bis zum ersten Menschen zurückverfolgen, so würden wir feststellen, daß er von Gott erzeugt war; Gott ist darum buchstäblich unser aller Vater, und alle Menschen sind Brüder.

«Wer nun die Gründe der Weltregierung mit seinem Geist erfaßt und erkannt hat, daß das Bedeutendste, Maßgebendste und Umfassendste von allem die Gemeinschaft der Menschen mit Gott ist und von ihm die Samenkörner herniedergefallen sind ... in alles, was auf Erden erzeugt wird und wächst, vorwiegend aber in die vernünftigen Wesen ... warum soll sich einer da nicht Bürger der Welt nennnen? Warum nicht Sohn Gottes?[19] ... Willst du nicht daran denken, wenn du issest, wer du bist, der da ißt? ... Wenn du dich vermählst, wer du bist, der dies tut? ... Einen Gott trägst du mit dir herum, du Unglücksmensch, und weißt es nicht![20]»

In einer Textstelle, die von Paulus stammen könnte, ermahnt Epiktet seine Studenten, nicht nur ihren Willen vertrauend Gott zu unterwerfen, sondern Apostel Gottes vor der Menschheit zu sein:

«Wie, wenn er selbst zu dir sagte: Geh her und sei mein Zeuge[21] ... Denn wie groß ist das, wenn du zu dir selbst sagen kannst: ... er hat selbst erfahren wollen, ob er einen rechtschaffenen Soldaten, einen rechtschaffenen Bürger an mir habe, und mich anderen Menschen als einen Zeugen aufstellen wollen, ... daß ich durch mein Exempel lehre: Sehet wie eitel eure Furcht ist; sehet, wie vergebens ihr nach denen Dingen gelüstet, wonach ihr gelüstet ... Zu dem Ende geschieht es, daß er mich bald hieher führt, bald dorthin schickt, daß er mich den Menschen in Armut, in Niedrigkeit, in Krankheit zeigt, daß er mich nach Gyara schickt und ins Gefängnis führt ... er tut es, weil er mich prüfen und mich anderen zu einem Zeugen und Beispiel brauchen will. Sollte ich nun, da ich eine solche Bedienung zu bekleiden habe, mich noch darüber bekümmern, wo ich sei, bei was für Menschen ich sei, oder was man von mir sage? Sollte ich nicht mein Absehen unverwandt auf Gott, auf seine Aufträge und Befehle richten?[22]»

Und er ist von Ehrfurcht und Dankbarkeit erfüllt angesichts des Mysteriums und der Pracht der Dinge, und er intoniert ein heidnisches *Magnificat* an den Schöpfer, das zu den erhabensten Aussprüchen der Religionsgeschichte zählt:

«Welche Worte reichten aus, die Vorsehung nach Gebühr zu schildern und zu preisen? Denn wenn wir Verstand hätten, sollten wir da etwas anderes tun – alle zusammen und ein jeder für sich – als die Gottheit rühmen und preisen und die Gefühle unseres Dankes zu vollstem Ausdruck bringen? Sollten wir nicht beim Hacken des Feldes, beim Pflügen und beim Essen den Hymnus auf die Gottheit singen? ... Doch wie steht es hiermit? Wo ihr, die große Masse, mit Blindheit geschlagen seid, sollte da nicht einer sein, der dies Amt versieht und für alle den Lobgesang auf Gott singt?»[23]

Wenn hier auch nicht von Unsterblichkeit die Rede ist und wir dieses ganze Gedankengut auf die Stoiker und Kyniker zurückführen können, so finden wir doch in ihm bemerkenswerte Parallelen zu mancher Geisteshaltung des Frühchristentums. Epiktet geht manchmal sogar über das Christentum hinaus: Er wendet sich gegen die Sklaverei und gegen die Todesstrafe und will die Verbrecher als Kranke behandelt sehen. Er empfiehlt eine tägliche Gewissensüberprüfung und spricht eine goldene Regel aus: «Was du nicht selbst erleiden willst, das lasse andere nicht leiden.» Und er fügt hinzu: «Wenn dir jemand hinterbringt, daß der oder jener gehässig über dich spricht, so verteidige dich nicht, sondern antworte: Er wußte wohl die anderen Fehler nicht, die mir noch anhaften, sonst hätte er nicht bloß diese angeführt.»[24] Er rät, Böses mit Gutem zu vergelten, hin und wieder zu fasten und sich der Dinge zu enthalten, die man begehrt. Manchmal spricht er vom Körperlichen mit der blasphemischen Verächtlichkeit des ungewaschenen Einsiedlers: «Den Körper wenigstens, von allen Dingen das unerfreulichste und schmutzigste, lieben und pflegen wir ... Es ist wahrhaftig seltsam, eine Sache zu lieben, der wir täglich solche Dienste leisten müssen! – Ich fülle diesen Sack, dann entleere ich ihn. Was ist widerlicher als dies?»[25] Stellen sind zu finden, die ganz die Frömmigkeit eines Augustin und die Beredsamkeit eines Newman in sich tragen: «Mache nun mit mir, was du willst, ich lasse mir alles gefallen, es ist mir einerlei, ich will nichts verbitten, was dir zu verhängen gut däucht. Führe mich, wohin du willst; kleide mich, in welches Gewand du willst.»[26] Und wie Jesus heißt er seine Jünger nicht an das Morgen denken:

«Soll uns die Tatsache, daß wir Gott als unseren Schöpfer und Vater und Beschützer haben, nicht von allen Schmerzen und Ängsten befreien? – ‚Und woher soll ich was zu essen nehmen, wenn ich nichts habe?' – ... Und da soll sich der Philosoph auf seiner Reise auf andere verlassen und nicht selbst für sich sorgen, also feiger und schlechter sein als die unvernünftigen Tiere, von denen ein jedes in sich selbst sein Genügen findet und weder an der ihm eigentümlichen Nahrung Mangel leidet noch an der ihm entsprechenden Lebensweise?»[27]

Ist es verwunderlich, daß Christen wie der heilige Johannes Chrysostomos und Augustin ihn priesen und daß sein *Encheiridion* mit geringfügigen Änderungen als Leit- und Regelbuch des mönchischen Lebens anerkannt wurde? Ob Epiktet wohl in irgendeiner Form von den Aussprüchen Jesu gehört hatte und, ohne es zu wissen, zum Christentum bekehrt war?

IV. LUKIAN UND DIE SKEPTIKER

Und doch gab es in dieser Endstufe der hellenistischen Kultur Skeptiker, die die ganze Zweifelsucht eines Protagoras erneuerten, und einen Lukian, der den religiösen Glauben mit der Unverschämtheit eines Aristipp und fast mit dem Liebreiz eines Platon verlachte. Die Schule Pyrrhons war noch nicht tot; Ainesidemos von Knossos gab ihren Leugnungen im Alexandrien unseres ersten Jahrhunderts mit den berühmten zehn *tropoi* erneuten Ausdruck, den zehn Widersprüchlichkeiten, die alles Wissen in Zweifel stellen*. Gegen Ende des zweiten Jahrhunderts gab Sextus Empiricus, dessen Geburtsort und -zeit nicht bekannt sind, der skeptischen Philosophie ihre endgültige Formulierung in mehreren destruktiven Bänden, von denen drei erhalten sind. Sextus ist mit der ganzen Welt verfeindet; er teilt die Philosophen in zwei verschiedene Kategorien ein und erledigt dann alle beide. Er schreibt mit der Kraftfülle, die einem Scharfrichter gut ansteht, mit der Geordnetheit und Klarheit, die für die antike Philosophie kennzeichnend sind, manchmal mit sarkastischem Humor, und mit viel ermüdender Haarspalterei.

Jedem Argument kann man nach Sextus ein gleichwertiges Gegenargument gegenüberstellen, so daß letzten Endes nichts überflüssiger ist als das Urteilen. Die Deduktion bleibt unzuverlässig, solange sie sich nicht auf eine vollständige Induktion gründet; eine vollständige Induktion ist aber ein Ding der Unmöglichkeit, denn wir können niemals voraussehen, wann ein «negativer Fall» in Erscheinung treten wird. Die «Ursache» ist (wie auch Hume betonen sollte) lediglich ein Umstand, der einem anderen der Regel entsprechend vorausgeht, und alles Wissen ist relativ. Ebenso gibt es kein objektiv Gutes und kein objektiv Böses; die sittlichen Begriffe wechseln an jeder Grenze, und die Tugend findet je nach dem Alter eine verschiedene Definition. Alle Argumente des neunzehnten Jahrhunderts gegen die Möglichkeit eines Wissens um die Existenz oder Nichtexistenz Gottes sind hier vorgetragen, desgleichen all die Widersprüche zwischen einer wohlwollenden Allmacht und dem irdischen Leiden. Sextus ist aber in seinem Agnostizismus vollkommener als die Agnostiker, denn er behauptet, wir könnten nicht wissen, daß wir nicht wissen können; der Agnostizismus sei ein

---

* Einige seien angeführt: 1. Die Sinnesorgane (z.B. die Augen) verschiedener Tiere, sogar verschiedener Menschen, unterscheiden sich in Form und Art voneinander und liefern vermutlich verschiedene Weltbilder; wie sollen wir wissen, welches Bild der Wahrheit entspricht? 2. Die Sinne vermitteln nur einen Bruchteil des Gesamtobjektes, das heißt eine begrenzte Farb-, Ton- oder Geruchsreihe; es liegt auf der Hand, daß die Vorstellung, die wir von einem Gegenstand haben, unvollständig und unzuverlässig sein muß. 3. Eine Sinnesempfindung widerspricht manchmal einer anderen. 4. Unsere körperliche und seelische Beschaffenheit färbt oder entfärbt unsere Wahrnehmungen – je nachdem, ob wir schlafen oder wachen, jung oder alt, in Bewegung oder in Ruhe, hungrig oder satt, von Haß oder von Liebe erfüllt sind. 6. Das Aussehen eines Gegenstandes ist verschieden, je nach dem Zustand der Umgebung, ob diese hell, luftig, kalt, heiß, feucht usw. ist; welche Erscheinungsform ist die «wirkliche»? 8. Nichts ist an sich oder absolut bekannt, alles nur in seiner Beziehung zu etwas anderem, *ta pros ti*. 10. Das Denken eines Einzelwesens hängt von den Bräuchen, der Religion, den Einrichtungen und Gesetzen ab, die seine Jugendzeit bestimmten; kein Einzelwesen vermag objektiv zu denken.

Dogma. Sein Trost ist aber, daß wir gar keiner Gewißheit bedürfen. Für alle praktischen Zwecke genügt die Wahrscheinlichkeit vollauf, und der Aufschub des Urteils (*epoche*, «Zurückhaltung»; *aphasia*, «Stillschweigen») in philosophischen Fragen bringt dem Geist einen sorgenfreien Frieden *(ataraxia)*, statt ihn zu verwirren. Da ja nichts gewiß ist, ist es am besten, einstweilen den Konventionen und Glaubenssätzen des Ortes und der Zeit, in die wir gestellt sind, zu folgen und in aller Bescheidenheit die altüberlieferten Götter zu verehren.

Lukianos würde der skeptischen Schule zuzuzählen sein, wäre er so unklug verfahren, sein Urteil mit einer Bezeichnung zu versehen. Wie Voltaire, dem er in allem außer im Mitleid glich, schrieb er seine philosophischen Werke so ausgezeichnet, daß niemand auf die Idee kam, er schreibe Philosophie. Er stammte – wie um die Ausbreitung des Hellenismus darzutun – aus Samosata in der fernen Kommagene. «Ich bin Syrer vom Euphrates», sagt er von sich; seine Muttersprache war Syrisch, sein Blut wahrscheinlich semitisch. Er wurde zu einem Bildhauer in die Lehre geschickt, lief ihm davon und ging zu einem Rhetor. Nach einem Aufenthalt in Antiochien, wo er sich als Jurist betätigte, ging er als «nicht selbständiger Gelehrter» auf Reisen und verdiente sich seinen Lebensunterhalt durch Vorträge, vor allem in Rom und in Gallien; dann ließ er sich (165 n. Chr.) in Athen nieder. Der fromme, aber tolerante Marc Aurel bewahrte seine späteren Lebensjahre vor der Armut, indem er ihm eine amtliche Stellung in Ägypten zuwies. Dort starb er zu einer uns nicht bekannten Zeit.

Die Zeit hat uns sechsundsiebzig von Lukians kleinen Büchern bewahrt; viele wirken heute noch so frisch und keck wie damals, als er sie – vor achtzehn Jahrhunderten – seinen Freunden und Zuhörern vorlas. Er versuchte es mit vielerlei Dichtformen, bis er im Dialog eine ihm angemessene Form fand. Seine *Hetärengespräche* waren so frei gehalten, daß sie ein großes Publikum fanden. Aber zumindest in seinen Werken vermögen ihn die Götter mehr zu fesseln als die Hetären; er kann sich nicht genug daran tun, sie zurechtzuweisen. «In meinen Knabenjahren», sagt sein Menippos, «las ich bei Homer und Hesiod gar viel von Kriegen und Streitigkeiten der Halbgötter und sogar der Götter selbst untereinander, von ehebrecherischen Buhlschaften derselben, von Gewalttaten, Räubereien, Rechtshändeln ... Alle diese Dinge nun erschienen mir ganz löblich, und es kitzelte mich nicht wenig, in ähnlichem mich zu versuchen. Als ich aber zum Manne heranreifte, hörte ich, wie die Gesetze ganz anders als die Dichter sprachen: Man solle nicht stehlen, nicht ehebrechen, keine Händel anfangen.»[28] In seiner Verwirrung begibt sich Menippos zu den Philosophen, um von ihnen Aufklärung zu erhalten; die Philosophen sind so sehr damit beschäftigt, sich gegenseitig zu widerlegen, daß sie seine Verwirrung nur erhöhen. Darum legt er sich Flügel zu und fliegt in den Himmel hinauf, um die Sachlage selbst zu untersuchen. Zeus empfängt ihn großmütig und gestattet ihm, den Olymp in Betrieb zu sehen. Er begibt sich «nach dem Teil der Himmelsburg, wo er die Gebete der Sterblichen anzuhören» pflegt. «Es waren da der Ordnung nach eine Anzahl Öffnungen, den Mündungen von Brunnen ähnlich, angebracht, die mit Deckeln versehen waren ... Ein Schiffer bat um

Nordwind, ein anderer um Südwind, ein Bauer um Regen, ein Walker um Sonnenschein ... Zwei Parteien verlangten zu gleicher Zeit widersprechende Dinge, und beide versprachen das gleiche Opfer. So wußte er nicht, welche von beiden er erhören solle, und es erging ihm wie den Akademikern: Er konnte sich nicht erklären und sah sich genötigt auf gut Pyrrhonisch seine Meinung zurückzuhalten und sich mit einem ‚wir wollen sehen' aus der Sache zu ziehen.»[29] Der große Gott weist einige Bittgesuche zurück, genehmigt andere und legt dann das Wetter fest: Regen für Skythien, Schnee für Griechenland, einen Sturm in der Adria und «tausend Scheffel Hagel» auf Kappadokien. Zeus ärgert sich über die zahlreichen fremdländischen Götter, die sich ins Pantheon eingeschlichen haben; er dekretiert, ein Ausschuß von sieben Göttern solle über alle Ansprüche entscheiden, solange der Olymp von polyglotten Fremdlingen bevölkert sei, die eine starke Preiserhöhung für den Nektar verursacht hätten und die alten und allein wahren Götter an die Wand drängten. Im *Überführten Iupiter* fragt ein epikureischer Philosoph den Zeus, ob die Götter denn dem Schicksal auch unterworfen seien. Der heiter gestimmte Zeus bejaht das. «Wenn sich das alles so verhält, ... wofür bringen wir euch Hekatomben dar?» fragt der Epikureer. «Denn ich sehe nicht, was uns die Beobachtung dieser Zeremonien nützen sollte, da wir durch unsere Gebete weder die Abwendung irgendeines Übels bewirken noch irgend etwas Gutes aus euren Händen erlangen können.» «Ich weiß recht gut», sagt Zeus, «woher du diese sauberen Spitzfindigkeiten hast, von den verdammten Sophisten.»[30] Im *Tragischen Iupiter* ist der Gott in düsterer Laune, denn er beobachtet eine Volksmenge in Athen, die dem Epikureer Damis zuhört, der die Existenz und Fürsorge der Götter leugnet, und dem Stoiker Timokles, der sich für die Götter einsetzt. Timokles muß nachgeben und Zeus verzweifelt an seiner eigenen Zukunft. Hermes tröstet ihn: «Bleibt uns nicht eine unzählige Menge derer, die das Gegenteil glauben, die Mehrzahl der Griechen, der ganze große Haufe nämlich und sämtlicher Pöbel, und überdies alle Barbaren?»[31] Daß ein solches Buch Lukian keine Strafklage eintrug, läßt entweder auf die Duldsamkeit der Zeit oder aber auf die griechische Götterdämmerung schließen.

Lukian war aber gegenüber der Rhetorik und Philosophie geradeso skeptisch wie gegenüber der alten Religion. In einem seiner *Totengespräche* befiehlt Charon einem Redner, den er in die andere Welt übersetzt: «Werft den ungeheuren Schwall unnützer Worte, die Antithesen und die Gleichklänge, die weitschweifigen Perioden, die Barbarismen und alles übrige weg, was eure Reden so schwerfällig machte»[32] – denn sonst müßte das Boot untergehen. Im *Hermotimus* macht sich ein Student voller Begeisterung an das Studium der Philosophie, da er hofft, daß sie ihm einen Ersatz für den verlorenen Glauben geben werde; er ist aber über die Aufgeblasenheit und Eifersüchtelei der rivalisierenden Lehrer entsetzt und bleibt wegen ihrer gegenseitigen Widerlegungen geistig und moralisch schutz- und hilflos: Von nun an, beschließt er, werde er einem Philosophen «aus dem Wege gehen wie einem tollwütigen Hunde»[33]. Lukian selbst definiert die Philosophie als einen Versuch, «einen hohen Standpunkt» zu erklimmen, «von welchem aus du alles überschauen kannst»[34]. Von dieser Warte aus erscheint ihm das Leben als ein lächerliches Wirrsal, ein chaotischer Chor, bei dem jeder Tänzer seine eigenen Schritte macht und nach eigenem Gutdünken schreit, «bis der Chormeister es endlich müde wird und einen nach dem anderen von der Bühne jagt»[35]. Im *Charon* malt er ein düsteres Bild von dem menschlichen Tun und Treiben, wie es sich übermenschlichen Augen von irgendeinem himmlischen Punkte aus darbietet: die Menschlein beim Pflügen, Werken, Streiten, Prozessieren, Geldverleihen auf Wucherzinsen, Betrügen und Betrogenwerden, beim Rennen nach Gold oder irgendeiner Lust; über ihren Häuptern eine Wolke von Hoffnungen, Ängsten, Torheiten und Haß; darüber die Parzen, die für jedes Menschenatom das Gewebe des Lebens spinnen; ein Mensch erhebt sich hoch über die Masse und stürzt dann krachend wieder ab; jeden holt der Reihe nach ein Bote des Todes. Charon beobachtet zwei Heere, die sich auf der Peloponnes in der Schlacht gegenüberstehen. «O die Toren!» bemerkt er. «Sie wissen nicht, daß, wenn auch jeder einzelne von ihnen eine ganze Peloponnes besäße, er einst von Aeacus doch kaum einen Fuß breit Raum erhalten wird.»[36] Lukian ist so unparteiisch wie die Natur: Er trifft die Reichen mit seiner Satire wegen ihrer Habgier, die Armen wegen ihres Neides, die Philosophen wegen ihrer Hirngespinste, die Götter wegen ihrer Nichtexistenz. Am Ende kommt er mit Voltaire zu dem Schluß, man solle seinen Garten bebauen. Menippos trifft in der Unterwelt auf Teiresias und fragt ihn, welches das beste Leben sei. Der alte Prophet entgegnet:

> «Das beste und vernünftigste Leben ist das der Ungelehrten. Gib die Narrheit auf, den überirdischen Dingen nachzugrübeln und den Ursprung und letzten Zweck der Dinge erforschen zu wollen; verachte die künstlichen Schlüsse der Sophisten, und halte dich überzeugt, daß alle diese Dinge eitle Possen sind. Hingegen sei dein einziges Streben darauf gerichtet, die Gegenwart dir zu Nutzen zu machen, soviel du kannst: Im übrigen gehe an den meisten Dingen mit Lachen vorüber, und halte nichts für wichtig genug, um dich darum zu bemühen.»[37]

Wenn wir das griechische Denken der ersten beiden Jahrhunderte unserer Zeitrechnung in seiner Gesamtheit betrachten, müssen wir trotz Lukian seinen überwältigend religiösen Charakter feststellen. Die Menschen hatten einst den Glauben an den Glauben verloren und sich an die Logik gehalten; nun verloren sie den Glauben an die Logik und strömten zum Glauben zurück. Die griechische Philosophie hatte den Kreislauf von der primitiven Theologie über den Skeptizismus der ersten Sophisten, den Atheismus Demokrits, die versöhnliche Kunst Platons, den Naturalismus des Aristoteles und den Pantheismus der Stoa zurück zu einer Philosophie des Mystizismus, der Unterwerfung und der Frömmigkeit vollendet. Die Akademie war von den Nützlichkeitsmythen ihres Gründers über den Skeptizismus des Karneades zu der gelehrsamen Hingabe eines Plutarch gelangt; bald sollte sie in den himmlischen Visionen des Plotinos gipfeln. Die wissenschaftlichen Errungenschaften des Pythagoras waren vergessen, seine Vorstellung von der Seelenwanderung erlebte aber eine Wiederauferstehung; Neupythagoreer erforschten die Zahlenmystik, nahmen ihre tägliche Gewissensüberprüfung vor und beteten darum, nach möglichst wenigen Wiedergeburten – wenn nötig durch ein Fegefeuer hindurch – zu der seligen Vereinigung mit Gott zu gelangen. Der Stoizismus hörte auf, die stolze und verächtliche Weltanschauung von

Edelleuten zu sein, und fand seinen endgültigen und beredsamsten Ausdruck durch einen Sklaven; seine Lehre vom Weltenbrand am Ende der Zeiten, seine Verachtung aller fleischlichen Lüste, seine demütige Unterwerfung unter den verborgenen Willen Gottes bereiteten auf die Gotteslehre und Ethik des Christentums vor. Die Gefühlslage des Orients bemächtigte sich der Trutzfeste Europa.

VIERTES KAPITEL

Die hellenistische Renaissance

I. ÄGYPTEN UNTER DEN RÖMERN

Ägypten hätte das glücklichste aller Länder sein müssen, denn nicht nur erhielt sein Boden vom Nil stets neue Nahrung, sondern das Land war zudem das selbstgenügsamste des ganzen Mittelmeerbeckens: Es war reich an Getreide und Obst, brachte drei Ernten im Jahre hervor, führte seine Waren an unzählige Nationen aus, blieb in seinen Gewerben unübertroffen und wurde selten von äußeren oder inneren Kriegen heimgesucht. Und trotzdem – oder vielleicht gerade deswegen – wurde den Ägyptern «bekanntlich nicht einmal von ihren einheimischen Tyrannen ein einziger Tag der Freiheit gewährt»[1], wie Josephus meint. Fünf Jahrtausende lang führte der Reichtum Ägyptens einen Despoten oder Eroberer nach dem anderen in Versuchung, während die Ägypter in ihrer halb tropischen Lässigkeit ihnen keinen Widerstand entgegensetzten.

Rom zählte Ägypten nicht zu den Provinzen, sondern zum Besitztum des Kaisers, und regierte es durch einen Präfekten, der nur dem Kaiser verantwortlich war. Einheimische griechische Beamte verwalteten die drei Bezirke – Unter-, Mittel- und Oberägypten – und die sechsunddreißig *nomoi* oder Kreise; die Amtssprache blieb das Griechische. Es wurde nicht versucht, die Bevölkerung zu verstädtern, denn es war Ägyptens Aufgabe im Reichsverband, die Kornkammer Roms zu sein. Große Grundstücke wurden ihren Besitzern, den Priestern, weggenommen und an römische und alexandrinische Kapitalisten abgetreten, die sie als Latifundien von Fellachen bewirtschaften ließen, denen eine unbarmherzige Ausbeutung nicht Neues war. Der Staatskapitalismus der Ptolemaier wurde in abgeschwächter Form fortgeführt. Jeder Schritt des landwirtschaftlichen Produktionsprozesses wurde vom Staate geplant und kontrolliert: Ein wucherndes Beamtenheer bestimmte, was und wieviel gesät werden durfte, gab jedes Jahr das erforderliche Saatgut aus, lagerte die Ernten in den staatlichen Speichern (*thesauroi*, «Schatzkammern»), führte Roms Anteil aus, erhob Steuern in Waren und verkaufte den Rest an den Markt. Getreide und Flachs unterlagen von der Aussaat bis zum Verkauf einem Staatsmonopol, ebenso, zumindest im Fayum, die Erzeugung von Ziegeln, Duftstoffen und Sesamöl. Auf anderen Gebieten war das Privatunternehmertum zugelassen, stand aber unter ständiger Aufsicht. Alle Bodenschätze waren Staatsbesitz, und es war Vorrecht des Staates, Marmor zu brechen und Edelsteine zu fördern.

In den Städten breitete sich eine in Ägypten bereits alte Heimindustrie aus, besonders in Ptolemais, Memphis, Theben, Oxyrhynchos, Sais, Bubastis, Naukratis und Heliopolis; in Alexandrien machte sie das halbe Leben der pulsierenden Stadt aus. Offenbar hatte die Papierindustrie die kapitalistische Stufe erreicht, denn Strabon berichtet uns, die Besitzer der Papyrusplantagen hätten die Produktion eingeschränkt, um die Preise zu steigern. Priester benützten die Tempelbezirke als Fabriken und stellten feine Leinenwaren zum eigenen Gebrauch und für den Markt her. Sklaven gab es außer im Hausdienst in Ägypten wenige, da ja die «freien» Arbeiter nur gerade so viel Lohn erhielten, daß sie nicht völlig verhungerten und nicht vollständig nackt waren. Manchmal traten die Arbeiter in Streik (*anachoresis*, «Abspaltung»): Sie ließen die Arbeit liegen und flüchteten sich auf Tempelboden, von dem sie durch Hunger oder schöne Worte wieder weggelockt wurden. Gelegentlich wurden die Löhne erhöht, die Preise stiegen, und alles war wieder beim alten. Zünfte waren zugelassen, ihre Mitglieder waren aber meistens Geschäftsleute und Händler; die Regierung benutzte sie zur Steuereinziehung und für die Organisation der Zwangsarbeit bei Deich- und Kanalbauten und anderen öffentlichen Arbeiten.

Der Innenhandel war umfangreich, ging aber langsam vor sich. Die Straßen waren armselig und der Transport zu Lande wurde von Menschenkraft, Eseln oder Kamelen – die nun das Pferd als Zugtier in Afrika ersetzten – besorgt. Ein guter Teil des Verkehrs ging über die Binnenwasserwege. Ein großer Kanal von fünfzig Meter Breite, der unter Traian fertiggestellt wurde, verband das Mittelmeer und den Indischen Ozean über den Nil und das Rote Meer, von dessen Häfen Arsinoë, Myos Hormos und Berenike täglich Schiffe nach Afrika oder Indien abgingen. Das Bankensystem, das Handel und Gewerbe finanzierte, stand unter voller Staatskontrolle. Jeder Kreis hatte eine eigene Staatsbank, die die Steuern einzog und die Staatsgelder aufbewahrte. Darlehen wurden an Bauern, Geschäftsleute und Industrielle vom Staate, von Priestern (aus dem Tempelschatz) und von privaten Darlehensgenossenschaften gewährt. Steuern lasteten auf jedem Erzeugnis, jedem Verfahren, auf Verkauf, Ausfuhr und Einfuhr, sogar auf Gräbern und Beerdigungen; von Zeit zu Zeit wurden zusätzliche Abgaben erhoben, in Waren von den Armen, in Gestalt von Leiturgien von den Reichen. Von Augustus bis Traian gedieh das Land – oder gediehen seine Herren; nach dieser Blütezeit fiel es der Entmutigung und der Erschöpfung durch unaufhörliche Tributerhebungen und Besteuerungen und der Lethargie einer gelenkten Wirtschaft zum Opfer.

Abgesehen von Alexandrien und Naukratis verharrte Ägypten in ägyptischer Dumpfheit und Schweigsamkeit; die Romanisierung drang über die Nilmündungen kaum hinaus, und selbst Alexandrien, das die größte griechische Stadt gewesen war, nahm in unserem zweiten Jahrhundert Wesensart, Sprachen und Geruch einer orientalischen Großstadt an. Achthunderttausend von den achteinhalb Millionen Einwohnern Ägyptens wohnten nun in der Hauptstadt (1976 waren es 2032000). Damit stand sie an Volkreichtum nur Rom nach; in Industrie und Handel nahm sie den ersten Platz ein. Nach einem Hadrian zugeschriebenen Brief war in Alexandrien ein jeder tätig; jedermann übte ein Gewerbe aus, selbst die Lahmen und Blinden fanden Arbeit. Hier wurden neben tausend anderen Erzeugnissen Glaswaren, Papier und Leinen in großem Umfange hergestellt. Alexandrien war der Mittelpunkt für Bekleidung und Mode des Zeitalters; es bestimmte den Stil und schuf die Waren. Sein großer Hafen besaß Werften in einer Gesamtlänge von vierzehn Kilometern; von da aus wob die Handelsflotte über viele Meere ein Handelsnetz. Alexandrien war auch ein Mittelpunkt des Fremdenverkehrs und mit Hotels, Führern und Dolmetschern für die Reisenden ausgestattet, die kamen, um die Pyramiden und die majestätischen Tempel Thebens zu besichtigen. Die zweiundzwanzig Meter breite Hauptstraße war auf einer Strecke von fünf Kilometern mit Säulengängen und Arkaden versehen, und verlockende Kaufläden stellten die erlesensten Erzeugnisse des antiken Handwerks zur Schau. An vielen Kreuzungen gab es geräumige runde oder rechteckige Plätze, die *plateiai*, «breite (Wege)», genannt wurden; von diesem Worte stammt das italienische *piazza* und unser *Platz*. Mächtige Gebäude schmückten die Hauptverkehrsstraße: ein großes Theater, ein Emporion (Börse), Tempel für Poseidon, Caesar und Saturn, ein berühmtes Serapeion (Serapistempel) und eine Gruppe von Universitätsgebäuden, die in der ganzen Welt als das Museion, die Musenhalle, bekannt war. Von den fünf Stadtteilen bestand einer fast vollständig aus den Palästen, Gärten und Verwaltungsgebäuden der Ptolemaier; jetzt standen sie dem römischen Präfekten zur Verfügung. Hier lag in einem schönen Mausoleum der Gründer der Stadt, Alexander der Große, mit Honig einbalsamiert und in einen gläsernen Sarg gebettet.

Griechen, Ägypter, Juden, Römer, Araber, Phoiniker, Perser, Äthiopier, Syrer, Libyer, Kiliker, Skythen, Inder, Nubier – fast jedes Mittelmeervolk hatte Vertreter in Alexandrien. Das gab zusammen eine flüchtige und leicht entflammbare, streitsüchtige und unordentliche, intellektuell gewandte und ehrfurchtslos witzige, schamlos redende, skeptische und abergläubische, sittenlose und übermütige, fanatisch theaterfreudige, musikliebende und den öffentlichen Spielen ergebene Mischbevölkerung. Nach der Schilderung des Dion Chrysostomos war das ganze Leben in Alexandrien «ein einziges Gelage ..., wo alles herumtanzt, trillert und – von Mord trieft»[2]. Die Kanäle waren nachts von den Gondeln der Nachtbummler belebt, die nach der acht Kilometer entfernten Vergnügungsstätte Kanopos strebten. Es gab Musikwettkämpfe, die ebensoviel Aufregung verursachten und Beifall fanden wie die Pferderennen.

Wenn wir Philon Glauben schenken dürfen, bestand die Bevölkerung der Stadt zu vierzig Prozent aus Juden. Die meisten alexandrinischen Juden waren Gewerbetreibende und lebten in großer Armut; viele waren Kaufleute, einige Geldverleiher, und manche waren reich genug, um beneidenswerte Regierungsämter zu gewinnen. Ursprünglich stand ihnen nur ein einziger der fünf Stadtteile offen, aber nunmehr nahmen sie deren zwei ein. Sie hatten ihre eigenen Gesetze und ihren eigenen Ältestenrat, und Rom bestätigte die Privilegien, die die Ptolemaier ihnen gegeben hatten und die ihnen gestatteten, jede Verordnung außer acht zu lassen, die zu ihrer Religion in Widerspruch stand. Sie waren auf ihre prächtige Hauptsynagoge stolz, eine Basilika mit Kolonnaden; sie war so groß, daß man Signaleinrichtungen aufstellen mußte, damit die Gläubigen, die wegen der großen Entfernung vom Hochaltar den Priester nicht mehr hören konnten, zur rechten Zeit die rechten Responsorien gaben. Nach Josephus war die Moral der alexandrinischen Juden gegenüber der sexuellen Zügellosigkeit der «heidnischen» Bevölkerung vorbildlich. Sie führten ein reges Kulturleben und leisteten erhebliche Beiträge an Philosophie, Historiographie und Naturwissenschaft. Rassengegensätze bewegten die Stadt zu verschiedenen Zeiten. In der Abhandlung *Gegen Apion* (Apion war ein Führer der Antisemiten) des Josephus finden wir all die Gründe, Argumente und Legenden, die auch heute die Beziehungen zwischen Juden und Heiden trüben. Im Jahre 38 n. Chr. drang ein griechischer Volkshaufe in die Synagogen ein und setzte es durch, daß in jeder eine Statue Caligulas als eines Gottes aufgestellt wurde. Der römische Präfekt, Avillius Flaccus, entzog den Juden das alexandrinische Bürgerrecht und befahl denjenigen Juden, die außerhalb des ursprünglichen jüdischen Stadtteiles wohnten, innerhalb weniger Tage in diesen zurückzukehren. Als die Frist abgelaufen war, brannte die griechische Volksmenge 400 jüdische Häuser nieder und tötete oder verprügelte Juden, die sie außerhalb des Ghettos antraf; achtunddreißig

Mitglieder der jüdischen *gerusia*, des jüdischen Senates, wurden verhaftet und in einem Theater öffentlich ausgepeitscht. Tausende von Juden verloren ihre Heimstätte, ihr Geschäft oder ihre Ersparnisse. Der Nachfolger des Flaccus trug die Angelegenheit dem Kaiser vor, und zwei gesonderte Abordnungen – fünf Griechen und fünf Juden – gingen nach Rom (40 n. Chr.), um vor Caligula ihre Sache zu verfechten. Caligula starb, bevor er sein Urteil abgeben konnte. Claudius gab den Juden in Alexandrien ihre Rechte wieder, bestätigte sie in ihrem städtischen Bürgerrecht und befahl beiden Parteien auf das strengste, Frieden zu halten.

II. PHILON

Der Führer der jüdischen Abordnung an Caligula war der Philosoph Philon, der Bruder des Arabarchen, des Leiters des jüdischen Ausfuhrhandels, in Alexandrien. Nach der Schilderung des Eusebios gehörte er einer alten Priesterfamilie an. Von seinem Leben wissen wir fast gar nichts; sein frommer und edler Charakter wird aber aus den vielen Werken deutlich, die er verfaßte, um dem Griechentum die mosaische Religion zu erklären. In einer priesterlichen Atmosphäre aufgewachsen, seinem Volke von ganzer Seele treu und doch von der griechischen Philosophie angezogen, machte er es sich zum Ziele seines Lebens, die heiligen Schriften und die Bräuche der Juden mit dem griechischen Gedankengut und vor allem mit der Philosophie des «höchst heiligen» Platon in Einklang zu bringen. Zu diesem Zwecke nahm er grundsätzlich an, alle Ereignisse, Persönlichkeiten, Lehren und Gesetze des Alten Testamentes hätten neben dem wörtlichen noch einen allegorischen Sinn und symbolisierten gewisse sittliche oder psychologische Wahrheiten; auf diese Weise vermochte er alles zu beweisen. Hebräisch schrieb er mittelmäßig, aber Griechisch so gut, daß seine Bewunderer sagten, Platon schreibe wie Philon.

Er war eher Theologe als Philosoph, ein Mystiker, dessen tiefe Frömmigkeit Plotin und den mittelalterlichen Geist vorwegnahm. Gott ist bei Philon der Wesensgrund der Welt, unkörperlich, ewig, unbeschreibbar; die Vernunft kann seine Existenz ergründen, ihm aber keine Eigenschaften zuschreiben, da ja eine Eigenschaft bereits eine Begrenzung ausdrückt. Wenn man sich ihn in menschlicher Gestalt vorstellt, so ist das ein Zugeständnis an die sinnliche Einbildungskraft des Menschen. Gott ist allüberall: «wo fände der Mensch einen Ort, da Gott nicht ist?»[3] Er ist aber nicht alles: Die Materie ist ebenfalls ewigwährend und unerschaffen; sie hat aber kein Leben, keine Beweglichkeit und keine Gestalt, solange sie nicht von der göttlichen Kraft durchdrungen wird. Um die Welt zu erschaffen (indem er der Materie Gestalt gab) und um mit den Menschen in Beziehung zu treten, bediente sich Gott eines Heeres von vermittelnden Wesen, die von den Juden Engel, von den Griechen *daimones* und von Platon Ideen genannt wurden. Man kann sie sich nach Philon als Personen vorstellen, wenngleich sie nur im göttlichen Geiste als Gedanken und Kräfte Gottes wirklich existieren. Diese Kräfte machen zusammen das aus, was die Stoiker Logos nannten, die göttliche Vernunft, die die Welt erschafft und leitet. Zwischen Philosophie und Theologie, zwischen Ideen und Personifizierungen schwankend, stellt sich Philon den Logos manchmal als eine Person vor; in einem dichterischen Augenblick nennt er den Logos den «Erstgeborenen»[4] Gottes, den Sohn Gottes von der Jungfrau Weisheit, und sagt, Gott habe sich durch den Logos den Menschen offenbart. Da die Seele ein Teil Gottes ist, vermag sie durch die Vernunft zu einer mystischen Schau zwar nicht Gottes selbst, wohl aber des Logos zu gelangen. Wenn wir uns von dem Makel der Materie und der Sinne befreien und durch asketische Übungen und langandauernde Kontemplation auf einen Augenblick reiner Geist werden könnten, wäre es uns vielleicht möglich, in einem ekstatischen Augenblicke Gott selbst zu schauen.

Philons Logos war eine der einflußreichsten Ideen in der Geschichte des Denkens. Die Vorgeschichte des Begriffes bei Herakleitos, Platon und den Stoikern liegt deutlich zutage. Vermutlich kannte Philon die neuere jüdische Literatur, die die Weisheit Gottes als weltschaffendes Prinzip zu einer gesonderten Persönlichkeit gestempelt hatte; und er muß von den Verszeilen der Sprüche (8,22) beeindruckt gewesen sein, wo die Weisheit von sich sagt: «Der Herr hat mich gehabt im Anfang seiner Wege; ehe er etwas schuf, war ich da. Ich bin eingesetzt von Ewigkeit ... vor der Erde.» Philon war Zeitgenosse Christi; offenbar hörte er nie von ihm; er trug aber unwissentlich zur Ausbildung der christlichen Theologie bei. Die Rabbiner waren über seine allegorischen Auslegungen entsetzt, da man sie zur Ausrede nehmen konnte, um das Gesetz nicht wörtlich befolgen zu müssen; sie verdächtigten die Logoslehre als einen Abfall vom Monotheismus, und sie sahen in Philons leidenschaftlicher Zuneigung zu der griechischen Philosophie eine Gefahr der kulturellen Assimilation, der Verwischung der Rassenzugehörigkeit und damit des Verschwindens der Juden der Diaspora. Aber die Kirchenväter bewunderten die beschauliche Hingabe des Juden, machten reichlich Gebrauch von seinen allegorischen Grundsätzen, um den Kritiken an den Hebräischen Schriften zu begegnen, und sahen zusammen mit den Gnostikern und Neuplatonikern in der mystischen Gottschau die Krönung des menschlichen Strebens. Philon hatte versucht, zwischen Hellenismus und Judentum zu vermitteln. Vom geschichtlichen Standpunkt aus war sein Werk von Erfolg gekrönt, und das Ergebnis war das erste Kapitel des Johannesevangeliums.

III. DER FORTSCHRITT DER WISSENSCHAFT

In der Wissenschaft war Alexandrien unbestritten das Haupt des Hellenismus. Claudius Ptolemaeus zählt zu den bedeutendsten Astronomen der Antike, denn trotz Kopernikus ist die Welt in ihrer Ausdrucksweise immer noch ptolemäisch. Er wurde in Ptolemais am Nil geboren (daher sein Name) und lebte größtenteils in Alexandrien, wo er von 127 bis 151 n. Chr. seine Beobachtungen machte. In der Erinnerung der Welt ist er hauptsächlich deswegen haften geblieben, weil er die Theorie Aristarchs, daß die Erde sich um die Sonne drehe, verwarf. Dieser unsterbliche Irrtum fand seinen

Niederschlag in der *Megale Syntaxis*, der «Großen Anordnung» der Sterne, die Ptolemaeus vornahm. Die Araber sprachen von dem Werk mit einem griechischen Superlativ als von *Al-megiste*, «dem Größten», und das Mittelalter verdrehte das Wort zu *Almagest;* unter dieser Bezeichnung ist es der Geschichte bekannt. Es beherrschte den Sternenhimmel, bis Kopernikus die Welt aus den Angeln hob. Und doch behauptete Ptolemaeus nichts weiter, als daß er das Werk und die Beobachtungen seiner Vorgänger, vor allem Hipparchs, systematisch zusammengefaßt habe. Nach seiner Darstellung hat das Weltall Kugelgestalt und dreht sich täglich um eine kugelförmige, unbewegte Erde. So seltsam uns diese Ansicht vorkommt (wenn man auch nicht sagen kann, was ein Kopernikus der Zukunft uns heutigen Ptolemäern antun wird), so ermöglichte die geozentrische Hypothese doch eine genauere Berechnung der Lage der Sterne und Planeten, als die heliozentrische Auffassung beim damaligen Stand des astronomischen Wissens vermocht hätte. Ptolemaeus erklärte überdies die Planetenbahnen mit einer Theorie der Exzentrizität und entdeckte die Abweichungen der Mondbahn von der Kreisbahn. Er maß die Entfernung des Mondes von der Erde mittels der noch heute gebräuchlichen Parallaxenmethode; sie betrug nach seiner Berechnung das Neunundfünfzigfache des Erdradius. Das entspricht annähernd unserer heutigen Berechnung; nur folgte Ptolemaeus dem Poseidonios in der Unterschätzung des Erddurchmessers.

Wie die *Syntaxis* der antiken Astronomie die endgültige Gestalt gab, so faßte seine *Geographie* das Wissen der Antike von der Erdoberfläche zusammen. Auch hier gereichte es ihm zum Schaden, daß er seinen eifrig zusammengetragenen Tabellen der Längen- und Breitengrade der bedeutendsten Städte der Erdkugel die bescheidene Einschätzung der Erde des Poseidonios zugrunde legte; aber gerade dieser Irrtum, den Ptolemaeus weitergab, ermutigte Columbus in seinem Glauben an die Möglichkeit, Indien in praktisch durchführbarer Zeit über den Westen zu erreichen. Ptolemaeus verwandte als erster die Ausdrücke Parallelkreis und Meridian in der Geographie; und in seinen Karten gelang es ihm, eine sphärische Oberfläche auf eine Ebene zu projizieren. Er war aber mehr Mathematiker als Astronom oder Geograph; sein Werk bestand zur Hauptsache aus mathematischen Formeln. In der *Syntaxis* stellte er eine ausgezeichnete Sehnentabelle auf. Er teilte den Erdradius in sechzig *partes minutae primae* («erste kleine Teile») ein, die zu unseren Minuten wurden, und unterteilte jede Minute in sechzig *partes minutae secundae* («zweite kleine Teile»), die jetzt unsere Sekunden sind.

Wenn er auch viele Irrtümer beging, hatte Ptolemaeus doch den Charakter und die Geduld des wahren Wissenschaftlers. Er versuchte alle Schlüsse auf Beobachtungen zu gründen – die nur allzu selten seine eigenen waren. Auf einem Gebiet führte er eine lange Reihe von Versuchen durch: Seine *Optika*, eine Untersuchung über die Lichtbrechung, sind als «die bemerkenswerteste experimentelle Forschung des Altertums»[5] angesprochen worden. Es ist bedeutsam, daß dieser größte Astronom, Geograph und Mathematiker seiner Zeit auch eine *Tetrabiblos* schrieb, «Vier Bücher» über die Bestimmung des menschlichen Lebens durch die Sterne.

Inzwischen gab ein kleinerer Archimedes der klassischen Welt eine zweite Gelegenheit, eine industrielle Revolution zu beginnen. Ein ausgezeichneter Erfinder oder Kompilator, von dem uns nur der Name bekannt ist, Heron, gab in diesem Zeitalter* in Alexandrien eine lange Reihe von Abhandlungen über Mathematik und Physik heraus, von denen mehrere in arabischen Übersetzungen erhalten sind. Er machte seine Leser freimütig darauf aufmerksam, daß die Theoreme und Erfindungen, die er vortrug, nicht unbedingt die seinen sein müßten, sondern im Verlaufe von Jahrhunderten entstanden seien. In den *Dioptra* beschreibt er ein Instrument, das einem Theodolithen ähnlich sieht, und zeigt, wie man durch Landaufnahme die Entfernung zu unzugänglichen Punkten messen kann. In den *Mechanika* behandelt er die Verwendung und Kombination von einfachen Hilfsmitteln wie dem Rad, der Welle, dem Hebel, dem Flaschenzug, dem Keil und der Schraube. In den *Pneumatika* untersucht er den Luftdruck in achtundsiebzig Versuchen, von denen die meisten spielerische Tricks sind; er zeigt zum Beispiel, wie man aus derselben Öffnung am Boden eines Kruges entweder Wein oder Wasser fließen lassen kann, je nachdem man das eine oder das andere Luftloch oben an dem zweigeteilten Behälter verschließt.

Diese Spielereien führten ihn dazu, eine Druckpumpe, eine Feuerwehrpumpe mit Kolben und Ventilen, eine hydraulische Uhr, eine Wasserorgel und eine Dampfmaschine zu bauen. Bei dieser technischen Neuheit wurde der Dampf von erhitztem Wasser durch ein Rohr in eine Kugel geführt und entwich durch gebogene Abflußröhrchen an entgegengesetzten Enden, so daß die Kugel sich in der der Dampfrichtung entgegengesetzten Richtung drehte. Herons ausgeprägte Freude am Scherzhaften hinderte ihn daran, seine Erfindungen für technische Zwecke auszubauen. Er verwandte Dampf, um einen Ball in der Luft schwebend zu erhalten, um einen mechanischen Vogel singen und eine Statue ein Horn blasen zu lassen. Ebenso untersuchte er in den *Katoptrika* die Lichtspiegelung und zeigte, wie man Spiegel so konstruiert, daß eine Person ihren Rücken zu sehen vermag oder mit dem Kopf nach unten oder mit drei Augen, zwei Nasen und so weiter erscheint. Er lehrte die Magier, wie sie mit verborgenen Apparaten Tricks ausführen konnten. Er konstruierte einen Springbrunnen, der in Tätigkeit trat, sobald man eine Münze in eine Öffnung warf. Er baute eine verborgene Maschine, von der aus erhitztes Wasser in einen Eimer floß, dessen zunehmendes Gewicht mit Hilfe von Flaschenzügen Tempeltüren öffnete. Auf diese und hundert andere Arten vermochte er ein Wundertäter zu sein und verfehlte er es, ein James Watt zu werden.

Alexandrien war schon seit langem der Hauptort der medizinischen Ausbildung. Es gab berühmte medizinische Akademien in Marseille, Lyon, Zaragoza, Athen, Antiochien, Kos, Ephesos, Smyrna und Pergamon; aber Medizinstudenten strömten aus allen Provinzen in die ägyptische Hauptstadt. Selbst noch im vierten Jahrhundert, als Ägypten im Verfall lag, schrieb Ammianus Marcellinus, es sei «für einen Arzt statt jeden Beweises seiner Kenntnisse zur Empfehlung hinreichend, wenn er sich rühmen kann, seine Schule in Alexandrien gemacht zu haben»[6]. Das Spezialistentum machte Fortschritte; etwa um 225 n. Chr. schrieb Philostratos: «Niemand kann die ganze Medizin umfassen; sondern der eine versteht sich auf Verletzungen, der andere auf Fieber, ein

* Das Datum ist umstritten. Pauly-Wissowa setzen ihn um 50 v. Chr. an; Heiberg, Diels und Heath um 225 n. Chr.

dritter auf Augenleiden, ein vierter auf Schwindsucht.»[7] In Alexandrien wurden Leichen seziert, und es scheint Fälle von Vivisektion an Menschen gegeben zu haben. Die Chirurgie war wahrscheinlich im ersten nachchristlichen Jahrhundert in Alexandrien bereits so weit entwickelt wie in ganz Europa bis zum neunzehnten Jahrhundert. Ärztinnen waren nicht selten zu finden. Eine von ihnen, Metrodora, schrieb eine Abhandlung über Gebärmutterkrankheiten, die noch erhalten ist. Große Namen zieren die Geschichte der Medizin dieser Zeit: Rufus von Ephesos, der die Anatomie des Auges beschrieb, zwischen motorischen und sensorischen Nerven unterschied und die Methoden des Blutstillens in der Chirurgie verbesserte; Marinos von Alexandrien, der wegen seiner Schädeloperationen berühmt war, und Antyllos, der größte Augenarzt der Zeit. Dioskorides von Kilikien (40–90 n. Chr.) schrieb eine *Materia Medica*, die auf wissenschaftliche Weise sechshundert Arzneipflanzen so gut beschrieb, daß das Buch bis zur Renaissance das Hauptwerk über diesen Gegenstand blieb. Er empfahl imprägnierte Pessare zur Empfängnisverhütung, und sein Rezept, bei Operationen mit Alraun Schmerzunempfindlichkeit zu erzeugen, wurde noch 1874 mit gutem Erfolg praktiziert.

Soranos aus Ephesos veröffentlichte um 116 n. Chr. eine Abhandlung über Frauenkrankheiten, Geburtshilfe und Kinderpflege; unter den erhaltenen Werken der antiken Medizin steht es an Wert nur der Hippokratischen Sammlung und den Arbeiten Galens nach. Er beschreibt einen Vaginalspiegel und einen Entbindungsstuhl, gibt eine ausgezeichnete anatomische Darstellung der Gebärmutter, erteilt fast moderne diätetische und operative Ratschläge, wie zum Beispiel den, die Augen des Neugeborenen mit Öl zu spülen, schlägt ein halbes Hundert empfängnisverhütender Mittel vor, zumeist medikamentöse Behandlung der Vagina, und läßt (im Gegensatz zu Hippokrates) die Abtreibung in den Fällen zu, wo die Entbindung das Leben der Mutter in Gefahr bringen würde. Soranos war der bedeutendste Gynäkologe des Altertums; fünfzehnhundert Jahre lang, bis Paré, blieb er unübertroffen. Wenn alle vierzig Abhandlungen erhalten wären, die er schrieb, würden wir ihn wahrscheinlich Galen als ebenbürtig an die Seite stellen.

Der berühmteste Arzt dieses Zeitraumes war der Sohn eines pergamenischen Architekten. Er hatte den Namen Galenos, «der Friedfertige», erhalten, da der Vater hoffte, er werde nicht der Mutter nachschlagen. Mit vierzehn Jahren fand er in der Philosophie seine erste Liebe; sein ganzes Leben lang konnte er sich ihren gefährlichen Verlokkungen nicht ganz entziehen. Mit siebzehn Jahren wandte er sich der Medizin zu, studierte in Kilikien, Phoinikien, Palästina, Cypern, Kreta, Griechenland und Alexandrien (eine für antike Gelehrte typische Beweglichkeit), diente als Wundarzt in der Gladiatorenschule von Pergamon und praktizierte eine Zeitlang in Rom (164–168 n. Chr.). Dort trugen ihm seine erfolgreichen Kuren viele Patienten zu, und seine Vorträge wurden von einer vornehmen Hörerschaft besucht. Sein Ruf verbreitete sich derart, daß er aus allen Provinzen Briefe mit der Bitte um medizinischen Rat erhielt; und er gab seine Anordnungen vertrauensvoll per Post. Sein guter Vater hatte den Zweck seines Namens vergessen und ihm geraten, sich keiner Sekte und keiner Partei anzuschließen und immer die Wahrheit zu sagen. Galenos gehorchte, prangerte die Unwissenheit und Bestechlichkeit vieler Ärzte in Rom an und mußte nach wenigen Jahren vor seinen Feinden fliehen. Marcus Aurelius rief ihn zurück, übertrug ihm die Pflege des jungen Commodus (169) und wollte ihn auf einen markomannischen Feldzug mitnehmen; aber Galenos war klug genug, bald wieder in Rom zu sein. Von seinem späteren Leben kennen wir nur noch die Werke.

Er war fast ebenso schreibwütig wie Aristoteles. Von den ihm zugeschriebenen 500 Bänden sind etwa 118 erhalten, die auf 20000 Seiten alle Zweige der Medizin und manche Gebiete der Philosophie behandeln. Heute sind sie von geringem medizinischen Wert, aber sie strotzen von beiläufigen Belehrungen und von der Vitalität eines starken und polemischen Geistes. Seine Vorliebe für die Philosophie hatte ihn zu der schlechten Gewohnheit verführt, aus kleinen Induktionen große Deduktionen abzuleiten; sein Vertrauen in die eigenen Kräfte und das eigene Wissen verleiteten ihn oft zu einem Dogmatismus, der einem wissenschaftlichen Geist nicht wohl anstand, und seine große Autorität verlängerte das Leben von ernstlichen Irrtümern um Jahrhunderte. Er war aber doch ein genauer Beobachter, derjenige Arzt der Antike, der die meisten Experimente machte. «Ich kenne das Leiden, an dem ich mein ganzes Leben lang gelitten habe: keiner Behauptung ... zu trauen, ehe ich sie nicht selbst überprüft habe.»[8] Da die römische Regierung ihm untersagt hatte, am lebenden oder toten menschlichen Körper Sektionen vorzunehmen, sezierte oder vivisezierte er Tiere, und manchmal schloß er nur zu bereitwillig von der Untersuchung von Affen, Hunden, Kühen oder Schweinen auf die menschliche Anatomie.

Trotz dieser Einschränkungen lieferte Galenos der Medizin bedeutendere Beiträge als sonst ein Forscher der Antike. Er gab eine genaue Beschreibung der Schädelknochen, der Wirbelsäule, der Muskulatur, der Lymphgefäße, der Zungen- und Halsdrüsenkanäle und der Herzkammern. Er wies nach, daß ein herausgeschnittenes Herz außerhalb des Körpers weiterschlagen kann und daß die Arterien Blut enthalten und nicht Luft (wie die alexandrinische Schule vierhundert Jahre lang gelehrt hatte). Er war aber nicht ein voller Vorläufer Harveys: Er meinte, der größte Teil des Blutes ströme in den Venen ebensogut vorwärts wie zurück, während der restliche Teil, mit Luft von den Lungen vermischt, in den Arterien hin und zurück fließe. Er war der erste, der den Mechanismus der Atmung darstellte und auf den Gedanken kam, das wichtigste Element unserer Atemluft sei das, welches auch bei der Verbrennung wirksam ist. Er unterschied zwischen Brustfell- und Lungenentzündung, beschrieb die Pulsadergeschwulst, den Krebs und die Tuberkulose, deren infektiöse Natur er erkannte. Vor allem aber war er der Begründer der experimentellen Neurologie. Er machte die ersten experimentellen Rückenmarkschnitte, bestimmte die Empfindungs- und Bewegungsfunktionen jedes Segments, erkannte die Funktionen des sympathischen Nervensystems, entdeckte sieben von den zwölf Kopfnervenpaaren und führte experimentell die Sprechunfähigkeit herbei, indem er den Kehlkopfnerv durchschnitt. Er wies darauf hin, daß Verletzungen auf einer Seite des Hirnes Störungen auf der entgegengesetzten Körperseite hervorrufen. Er heilte den Sophisten Pausanias von der Empfindungslosigkeit zweier Finger der linken Hand, indem er das Nervenbündel im Arm anregte, von dem der Ulnaris ausgeht, welcher die beiden Finger kontrolliert. Er war in der Symptomatologie so bewandert, daß er seine Diagnosen lieber stellte, ohne die Patienten zu befragen. Er gab viel auf Diät, Übung und Massage, war aber auch in Heilmitteln bewandert und unternahm große Reisen, um sich seltene Medizinen zu beschaffen. Er wandte sich gegen die Verschreibung von Abfällen und von Urin, die bei seinen Zeitgenossen noch sehr im Schwang war, empfahl getrocknete Zikaden gegen Koliken, verband einen Tumor mit Ziegenmist und gab eine lange Aufzählung von Krankheiten, die sich mit einem bestimmten Gegengift heilen ließen, welches für Mithridates den Großen hergestellt worden war, täglich von Marc Aurel eingenommen wurde und Schlangenfleisch enthielt.

Er trübte seinen Ruf als experimentell arbeitender Wissenschaftler durch eine Flut überstürzter Theorien. Er lachte über Magie und Zauberei, sprach sich für das Wahrsagen an Hand von Träumen aus und war der Ansicht, die Mondphasen beeinflußten den Zustand der Patienten. Er übernahm von Hippokrates die Vorstellung von den vier Säften (Blut und Schleim, schwarze und gelbe Galle*), mischte etwas von der pythagoreischen Lehre von den vier Elementen bei und versuchte, alle Krankheiten auf eine Störung dieser Säfte oder dieser Elemente zurückzuführen. Er war ein entschlossener Vitalist, überzeugt, daß ein *pneuma*, ein Lebenshauch oder Geist, jeden Teil des Körpers durchdringe und belebe. Mehrere Ärzte hatten bereits mechanistische Erklärungen der biologischen Vorgänge vorgebracht, zum Beispiel Asklepiades, der behauptete, die Physiologie müsse als ein Zweig der Physik behandelt werden; Galenos wandte dagegen ein, eine Maschine sei lediglich die Summe ihrer Teile, wogegen bei einem Organismus die zweckbedingte Kontrolle der Teile durch das Ganze dazukomme. Und gerade wie der Zweck allein die Herkunft, das Gefüge und die Arbeitsweise der Organe zu erklären vermag, so läßt sich nach Galens Ansicht das Weltall nur als der Ausdruck und das Werkzeug eines göttlichen Planes verstehen. Gott wirkt aber nur mittels der Naturgesetze; es gibt keine Wunder, und die beste Offenbarung ist die Natur selbst.

Seine Theologie und sein Monotheismus trugen Galen die Gunst der Christen und später der Moslems ein. Fast alle seine Schriften gingen für Europa im Durcheinander der Barbareninvasionen verloren, aber im Osten wurden sie durch arabische Gelehrte erhalten; vom elften Jahrhundert an wurden sie dann vom Arabischen ins Lateinische übersetzt. Galenos wurde zur unangefochtenen Autorität, ein Aristoteles der mittelalterlichen Medizin.

Das letzte schöpferische Zeitalter der griechischen Wissenschaft ging mit Ptolemaeus und Galenos zu Ende. Das Experiment geriet in Vergessenheit, das Dogma siegte; die Mathematik brachte nur noch Neuformulierungen der Geometrie zuwege, die Biologie kam nicht mehr über Aristoteles hinaus, die Naturwissenschaft nicht über Plinius, und die Medizin kam nicht mehr vorwärts, bis die arabischen und jüdischen Ärzte des Mittelalters diese edelste aller Wissenschaften erneuerten.

---

* Vgl. den Nachdruck, den die heutige Medizin auf die Drüsenaussonderungen legt.

IV. DICHTER IN DER WÜSTE

Ägypten gegenüber lag am anderen Ufer des Roten Meeres Arabien. Weder die Pharaonen noch die Achaimeniden noch die Seleukiden noch die Ptolemaier noch die Römer hatten die rätselvolle Halbinsel zu erobern vermocht. In der Arabia Deserta waren nur nomadische Araber zu finden, aber im Südwesten gab ein Bergzug mit seinen Bächen der Arabia Felix, dem heutigen Jemen, mildere Temperaturen und eine fruchtbare Vegetation. In diesem abgeschiedenen Schlupfwinkel lag das kleine Königtum Saba, das *Scheba* der Bibel, das so reich an Weihrauch und Myrrhen, Kassie und Zimt, Aloesaft und Nardenöl, Sennablättern und Pflanzenharz und Edelsteinen war, daß die Sabäer in Mariaba und andernorts Städte mit stolzen Tempeln, Palästen und Kolonnaden erbauen konnten. Arabische Kaufleute verkauften nicht nur arabische Produkte zu hohen Preisen, sondern betrieben einen Karawanenhandel mit Nordwestasien und einen lebhaften Seehandel mit Ägypten, Parthien und Indien. Im Jahre 25 v. Chr. sandte Augustus den Feldherrn Aelius Gallus aus, das kleine Königreich dem Römischen Reiche einzuverleiben; es gelang den Legionen nicht, Mariaba zu nehmen, und sie kehrten von Krankheit und Hitze dezimiert nach Ägypten zurück. Augustus begnügte sich damit, den arabischen Hafenplatz in Adana (Aden) zu zerstören und damit die volle Kontrolle über den Handel zwischen Ägypten und Indien zu gewinnen.

Die Haupthandelsstraße, die von Mariaba aus nach Norden verlief, führte durch den Nordwestzipfel der Halbinsel, der der Antike nach der Hauptstadt Petra, die etwa vierundzwanzig Kilometer südlich Jerusalems liegt, als Arabia Petraea bekannt war. Die Stadt hatte ihren Namen von den steilen Felswänden, die sie kreisförmig umgaben und ihr eine günstige strategische Lage verschafften. Dort gründeten im zweiten vorchristlichen Jahrhundert die Nabatäer ein Königreich, das durch die durchziehenden Karawanen langsam reich wurde, bis es seinen Machtbereich von Leuke Kome am Roten Meer über Gerasa und Bostra entlang der Ostgrenze Palästinas bis nach Damaskus ausdehnte. Unter König Aretas IV. (9 v. Chr.–40 n. Chr.) erlebte das Land seine Blütezeit; Petra wurde eine hellenistische Stadt, aramäisch in der Sprache, griechisch in der Kunst, alexandrinisch in der Pracht seiner Straßen. In diese Zeit gehören die Riesengrabmäler, die außerhalb der Stadt in die Felsen gehauen wurden: rohe, aber mächtige Fassaden von manchmal fünfunddreißig Meter hohen doppelten Säulenreihen. Als Traian die Arabia Petraea in das Reich eingliederte (106), wurde Bostra die Hauptstadt der Provinz Arabia und errichtete nun ihrerseits die architektonischen Symbole des Reichtums und der Macht. Petra verkümmerte, als Bostra und Palmyra die Knotenpunkte der Karawanenstraßen durch die Wüste wurden, und die mächtigen Grabstätten verfielen und wurden zum «nächtlichen Zufluchtsort der Nomadenherden»[9].

Der auffallendste Charakterzug des großen Reiches war seine Vorliebe für eine große Zahl volkreicher Städte. Niemals wieder bis zu unserem eigenen Jahrhundert war die Verstädterung so ausgesprochen. Lucullus, Pompeius, Herodes, hellenistische Könige und römische Kaiser setzten ihren Stolz darein, neue Städte zu gründen und alte zu verschönern. Wenn man der Ostküste des Mittelmeeres entlang nach Norden ging, kam man beispielsweise kaum dreißig Kilometer weit, ohne auf eine Stadt zu stoßen: Raphia (Repha), Gaza, Askalon, Ioppe (Jaffa), Apollonia, Samaria-Sebaste und Caesarea. Diese Städte waren, wenn sie auch in Palästina lagen, in ihrer Bevölkerung halb und in Sprache, Kultur und Einrichtungen vorwiegend griechisch; sie waren hellenistische Brückenköpfe für die Invasion der Heiden in Judäa. Herodes gab viel Geld aus, um Caesarea eines Augustus, von dem es den Namen hatte, würdig zu machen; er gab ihm einen schönen Hafen, einen erhabenen Tempel, ein Theater, Amphitheater, prunkvolle Paläste und viele Gebäude aus weißem Marmor. Weiter im Landesinneren lagen andere griechisch-palästinensische Städte: Livias, Philadelphia, Gerasa (Dscherasch) und Gadara (Katra). In Gerasa stehen noch hundert Säulen der Kolonnade, die die Hauptstraße entlang führte, und die Ruinen von Tempeln, einem Theater, Bädern und einem Aquädukt künden noch von dem Reichtum der Stadt im zweiten nachchristlichen Jahrhundert.

Gadara, wo die Überreste von zwei Theatern noch die Erinnerungen an die griechischen Dramen wachrufen, war seiner Schulen, seiner Professoren und seiner Schriftsteller wegen berühmt. Hier hatte im dritten Jahrhundert v. Chr. Menippos gelebt, der kynische Philosoph und Humorist, dessen Satiren lehrten, alles außer einem aufrichtigen Leben sei eitel, und das Vorbild für Lucilius, Varro und Horaz gaben. Hier, in seinem «syrischen Athen», feilte etwa hundert Jahre vor Christus Meleagros, der Anakreon seiner Zeit, Epigramme auf schöne Damen und hübsche Knaben und führte eine nimmermüde Feder für die Liebe.

Selig lächelt der Becher. Denn sie, die Freundin der Liebe,
meine Zenophile, küßt ihn mit dem plaudernden Mund.
Glücklicher Becher! – O tränke sie mir jetzt Lippen an Lippen
in einem einzigen Zug wonnig die Seele hinab! [10]

Eine dieser Flammen verlöschte nur zu bald und leuchtete mit besonderer Helligkeit in seinem Gedächtnis nach: Heliodora, die er in Tyros geliebt hatte:

Flechten will ich Levkojen und flechten zarte Narzissen,
lächelnde Lilien zugleich flecht ich mit Myrten zum Kranz,
flechte auch lieblichen Krokos sowie Hyazinthen mit purpurn
strahlendem Schimmer und nun – Rosen, der Liebenden Lust.
Liegt dann der Heliodora das Kränzel im duftenden Haare,
leis in die lockige Pracht rieseln ihr Blüten aufs Haupt. [11]

Aber: Ach, das Reis meiner Liebe, wo ist es? Ein Raub für den Hades,
Raub ist es worden, und Staub trübt nun der Blume den Reiz.
Dich aber bitte ich, Erde, o schließ die von allen Beklagte,
Allesernährende du, sanft an dein mütterlich Herz! [12]

Meleagros sicherte sich die Unsterblichkeit, indem er die elegische Dichtung Griechenlands von Sappho bis Meleagros zu einem «Kranz» *(stephanos)* band; aus dieser und ähnlichen Sammlungen entstand durch Verschmelzung die *Griechische Anthologie**. In diesem Sammelwerk zeigt sich das griechische Epigramm von seiner besten und seiner schlimmsten Seite, geschliffen wie ein Edelstein oder leer wie eine Pose; es war ungeschickt, diese viertausend «Blüten» von ihren Zweigen zu pflücken, um einen Kranz daraus zu winden. Einige Gedichte feiern das Gedächtnis vergessener Größen oder berühmter Statuen oder verstorbener Verwandter; andere sind sozusagen Autotaphe, wie der markige Ausspruch der Frau, die an der Geburt von Drillingen starb: «Wünsche ein Weib sich danach noch Kinder!» [13] Einige Gedichte sind Spitzen gegen Ärzte, böse Weiber, Unternehmer, Pädagogen, Hahnreis; oder gegen den Geizhals, der durch den Geruch eines Geldstückes aus einer Ohnmacht erweckt wird; oder gegen den Grammatiker, dessen Enkelkind nacheinander alle drei Geschlechter entfaltet; oder gegen den Faustkämpfer, der sich zurückzieht, heiratet, und nun mehr Schläge bekommt, als er je im Kampfring einstecken mußte; oder gegen den Zwerg, der von

---

* Der *Kranz des Meleagros* wurde im sechsten nachchristlichen Jahrhundert mit der *Musa Paidike* vereinigt, einer homosexuellen Anthologie, die Strabon von Sardeis im Jahre 50 v. Chr. gesammelt hatte. Später kamen weitere Stücke hinzu, hauptsächlich christliche Dichtungen. Ihre gegenwärtige Gestalt bekam die *Anthologie* um das Jahr 920 n. Chr. in Konstantinopel.

einer Mücke verschleppt wird und meint, er erlebe den Raub Ganymeds. Ein einziges Epigramm feiert die berühmte Frau, die «für einen einzigen Mann den Gürtel löste»[14]. Andere weihen den Göttern Opfer: Lais hängt ihren Spiegel als unnütz fort, da er sie ja doch nicht mehr so zeigt, wie sie war; Nikias liefert nach fünfzigjährigem Dienst an den Männern ihren kostbaren Gürtel an Venus aus. Nach einigen Versen ist die Ausbreitung des Weines in den Adern weiser als die Weisheit selbst. Ein Lied feiert die unermüdliche Monogamie des Ehebrechers, der von einem einstürzenden Haus in den Armen seiner Geliebten begraben wird. Einige Lieder sind heidnische Klagegesänge über die Kürze des Lebens; andere sind christliche Versicherungen einer glücklichen Wiederauferstehung. Die meisten Lieder sind natürlich der Schönheit der Frauen und der Knaben geweiht und besingen die schmerzliche Verzückung der Liebe: Alles, was die spätere Literatur über die Liebessehnsucht zu sagen hatte, ist hier bereits kurz und vollständig gesagt. Meleagros macht eine Mücke zu einer Kupplerin, indem er sie mit einer Botschaft zu seiner augenblicklichen Dame schickt. Und sein Mitbürger Philodemos, der philosophische Mentor des Cicero, stimmt auf seine Xantho einen melancholischen Gesang an:

Xantho, du Schöne, du Wachsbild, du Liebling beschwingter Eroten,
plauderndes, duftiges Kind, freundliches Musengesicht,
spiel mir mit Händen, die duften von Wohlgerüchen: «Im felsgen,
steingemauerten Bett muß ich dereinsten allein
schlafen die lange, unsterbliche Zeit.» O sing mir noch einmal,
sing es, Xantharion, mir, sing mir das rührende Lied ...[15]

V. DIE SYRER

Nach Norden lagen der Küste entlang die alten Städte Phoinikiens, das mit Palästina zu der Provinz Syria gehörte. Ihre fleißigen und geschickten Handwerker, ihre begünstigte Lage als traditionelle Handelshäfen, ihre reichen und gewandten Kaufleute, die ihre Schiffe und Vertreter in alle Teile der Welt aussandten, hatten sie durch alle Wechselfälle des Schicksals hindurch tausend Jahre lang am Leben erhalten. Tyros besaß größere Wohnhäuser als Rom – und schlimmere Elendsviertel; es war vom Gestank seiner Färbereien erfüllt, tröstete sich aber mit dem Gedanken, daß die ganze Welt seine reichgefärbten Stoffe kaufte, vor allem seine Purpurseiden. Sidon hatte wahrscheinlich die Kunst der Glasbläserei entdeckt und spezialisierte sich nun auf Glas und Bronze. Berytos (Beirut) zeichnete sich durch seine Ärzte-, Rhetoriker- und Juristenschulen aus; es ist sehr wahrscheinlich, daß die großen Rechtsgelehrten Ulpianus und Papinianus von dieser Universität nach Rom kamen.

Keine Provinz des Reiches übertraf Syrien an Gewerbefleiß und Wohlstand. Wo heute drei Millionen Menschen ein kärgliches Dasein fristen, lebten zu Traians Zeit zehn Millionen. Ein halbes Hundert Städte erfreute sich hier der Versorgung mit reinem Wasser, der öffentlichen Bäder, eines unterirdischen Abwassersystems, der sauberen Märkte, der Gymnasien und Palaestren, der Vorträge und der Musik, der Schulen und Tempel und Basiliken, der Säulenhallen und

Gemäldesammlungen, die für die hellenistischen Städte des ersten nachchristlichen Jahrhunderts charakteristisch waren. Die älteste Stadt war Damaskus, auf der Höhe von Sidon jenseits des Libanon gelegen, durch die Wüste ringsum gesichert und von den sich ausbreitenden Armen und Seitenbächen eines dankbar «Goldfluß» genannten Stromes fast in einen Garten verwandelt. Hier trafen viele Karawanenstraßen zusammen und ergossen in die Basare die Erzeugnisse dreier Erdteile.

Der heutige Reisende, der über den Antilibanon zurückkehrt und sich auf staubigen Straßen nach Norden wendet, ist höchst erstaunt, wenn er in dem winzigen Dörflein Baalbek die Ruinen zweier mächtiger Tempel und eines Propylaeums findet, die einst der Stolz von Heliopolis, der griechisch-römisch-syrischen Sonnenstadt, waren. Augustus siedelte dort eine kleine Kolonie an, und die Stadt wuchs als das Heiligtum des Sonnengottes Baal und als Kreuzungspunkt der Straßen nach Damaskus, Sidon und Berytos schnell heran. Unter Antoninus Pius und dessen Nachfolgern erbauten römische, griechische und syrische Architekten an der Stelle eines alten phoinikischen Baaltempels dem Iupiter Heliopolitanus einen mächtigen Tempel. Er war aus riesigen Steinblöcken erbaut, die aus einem anderthalb Kilometer entfernten Steinbruch stammten; ein einziger Block mißt 21×5×4 Meter und enthält genügend Stein für ein geräumiges Haus. Einundfünfzig Marmorstufen von fünfzig Meter Breite führen zum Propylaeum, einer korinthischen Porticus hinauf. Hinter einem säulenumstandenen Vorhof und einem Hof erhob sich der Haupttempel, von dem achtundfünfzig Säulen immer noch einundzwanzig Meter hoch in die Luft ragen. Daneben liegen die Überreste eines kleineren Tempels, der bald Venus, bald Bakchos oder Demeter zugeschrieben wird; neunzehn Säulen und ein Portal mit hübschen Bildhauerarbeiten sind erhalten. In ihrer einsamen Erhabenheit und ihrer Leuchtkraft unter dem wolkenlosen Sonnenhimmel gehören die Säulen dieser Tempel zu den schönsten Schöpfungen von Menschenhand, die noch erhalten sind. Bei ihrem Anblick kommt uns besser noch als in Italien die Größe Roms zum Bewußtsein, der Reichtum und der Mut, die Geschicklichkeit und der Geschmack, die Tugenden, die in so vielen abgelegenen Städten größere und erhabenere Tempel erstehen ließen, als die übervölkerte und enggedrängte Hauptstadt je besaß.

Ein ähnlicher Anblick erwartet den Reisenden, der nach Osten die Wüste durchmißt und von Homs, dem antiken Emesa, nach Tadmor kommt, das die Griechen in Palmyra, «Stadt der unzähligen Palmen», umbenannten. Seine glückliche Lage und der fruchtbare Boden um zwei reiche Quellen an der Straße von Emesa und Damaskus zum Euphrat trugen ihm Reichtum zu, bis es eine der bedeutendsten Städte des Ostens wurde; und die weite Entfernung, die die Stadt von anderen Siedlungen trennte, erlaubte ihr, trotz der nominellen Unterwerfung unter die Seleukidenkönige und die römischen Kaiser praktisch unabhängig zu bleiben. Ihre breite Hauptstraße hatte zu beiden Seiten Säulengänge mit 454 Säulen, und an den vier wichtigsten Straßenkreuzungen standen mächtige Bögen, deren erhaltene Überreste auf die einstige Pracht schließen lassen. Der Stolz der Stadt war der Sonnentempel, der (30 n. Chr.) der höchsten Dreieinigkeit von Bel (Baal), Yarhibol (der Sonne) und Aglibol (dem Mond) geweiht wurde. Seine Ausmaße setzten die assyrische Tradition der Großräumigkeit fort. Sein Hof, der größte im ganzen Reiche, besaß eine unübertroffene Säulenreihe von 1350 Meter Länge, großenteils aus korinthischen Säulen in Viererreihen. Der Hof und der Tempel enthielten Skulpturen und Gemälde, deren erhaltene Stücke die künstlerische und geographische Nähe Parthiens deutlich machen.

Eine Hauptstraße, die Palmyra nach Osten verließ, erreichte den Euphrat bei Dura-Europos. Dort teilten (im Jahre 100 n. Chr.) die Kaufleute ihre Gewinne mit der Dreieinigkeit von Palmyra, indem sie einen halb griechischen, halb indischen Tempel erbauten; ein Künstler aus dem Osten zierte die Wände mit Fresken, die die orientalische Herkunft der byzantinischen und frühchristlichen Kunst deutlich werden lassen. Weiter flußaufwärts beherrschten die Städte Thapsakos und Zeugma weitere wichtige Übergänge über den großen Strom. Der Reisende, der von Thapsakos nach Westen Richtung nahm, kam über Beroia (Aleppo) und Apemeia bei

Laodikeia an das Mittelländische Meer; Laodikeia trägt in der Form Latakia immer noch seinen antiken Namen und ist immer noch ein belebter Hafen. Zwischen dieser Stadt und Apameia floß der Orontes zwischen Ufern, die großenteils Eigentum von Großgrundbesitzern waren, nach Norden, nach Antiochien (Antakia), der Hauptstadt Syriens. Der Strom und ein ausgedehntes Netzwerk von Straßen brachten die Waren des Ostens nach Antiochien, während über dessen Mittelmeerhafen, Seleukeia Pieria, das zwanzig Kilometer flußabwärts lag, die Erzeugnisse des Westens hereinströmten. Der größte Teil der Stadt lag an einem Hang; zu ihren Füßen strömte der Orontes – es war eine malerische Lage, die dazu beitrug, aus Antiochien eine Rivalin von Rhodos um den Ruf der schönsten Stadt des hellenistischen Ostens zu machen. Die Stadt besaß ein Beleuchtungssystem, das sie des Nachts strahlend und sicher machte. Die Hauptstraße hatte eine Länge von über sieben Kilometern, war mit Granitsteinen gepflastert und besaß auf beiden Seiten einen gedeckten Säulengang, so daß man von einem Ende der Stadt zum andern vor Regen und Sonne geschützt gehen konnte. Ein Wasserleitungssystem versorgte jedes Haus mit sauberem Wasser. Die Mischbevölkerung von 600000 Griechen, Syrern und Römern war ihrer Ausgelassenheit wegen bekannt. Sie war ständig auf der Suche nach Vergnügen und lachte über die hochtrabenden Römer, die kamen, um sie zu regieren; sie schwankte zwischen dem Zirkus und dem Amphitheater, den Bordellen und den Bädern, und nutzte Daphne, den berühmten Vorstadtpark, weidlich aus. Es gab zahlreiche Feiertage, und Aphrodite war an allen beteiligt. Während der Brumalia, die fast den ganzen Dezember lang dauerten, glich nach dem Zeugnis eines Zeitgenossen die Stadt einer einzigen Taverne, und die Straßen hallten des Nachts vom Lärm der Lieder und der Lustbarkeiten wider. Es gab Rhetorik-, Philosophie- und Ärzteschulen, aber Antiochien war nicht ein Bildungszentrum. Seine Bevölkerung lebte durchaus dem Tage; und wenn sie Religion brauchte, so pilgerte sie zu Astrologen, Magiern, Wundertätern und Scharlatanen.

Das allgemeine Bild Syriens unter der Herrschaft der Römer ist das eines beständigeren Wohlstandes als in irgendeiner anderen Provinz. Die meisten Arbeiter waren Freie, ausgenommen die im Hausdienst Tätigen. Die Oberschicht war hellenisiert, die Unterschicht blieb orientalisch; in derselben Stadt lebten griechische Philosophen, Tempeldirnen und Eunuchenpriester eng nebeneinander, und sogar bis zu Hadrians Zeit wurden den Göttern hin und wieder Kinder geopfert. Bildhauerei und Malerei nahmen eine halb orientalische, halb mittelalterliche Gestalt und Ausdrucksweise an. Die griechische Sprache herrschte in Verwaltung und Literatur vor, aber Eingeborenenmundarten – hauptsächlich aramäische – blieben die Sprache des Volkes. Es gab zahlreiche Gelehrte, die die Welt von ihrem Augenblicksruhm widerhallen machten. Nikolaos aus Damaskus war als Mentor von Antonius, Kleopatra und Herodes tätig und unternahm die mühselige Aufgabe, eine Weltgeschichte zu schreiben – eine Arbeit, die nach seiner Ansicht sogar Herakles gemieden hätte. Die Zeit war so zartfühlend, alle seine Werke untergehen zu lassen, wie es ihr dereinst in den Sinn kommen wird, die unseren verschwinden zu lassen.

VI. KLEINASIEN

Nördlich Syriens lag das abhängige Königreich – die spätere Provinz – Kommagene mit der volkreichen Hauptstadt Samosata, wo Lukian seine Kindheit verbrachte. Auf der anderen Seite des Euphrat lag das kleine Königreich Osroene. Rom befestigte dessen Hauptstadt Edessa (Urfa) als Ausgangsstellung gegen Parthien; in christlicher Zeit werden wir mehr von ihm hören. Westlich Syriens kam man über Alexandria Issi (Alexandrette) nach Kilikien (wie heute in die Türkei). Kilikien, Ciceros Provinz, besaß der südlichen kleinasiatischen Küste entlang eine hochentwickelte Kultur, im Tauros war sie aber immer noch barbarisch. Tarsos (Tersous), die Hauptstadt, war «keine gemeine Stadt», wie ihr Sohn Paulus sich ausdrückte, sondern ihrer Schulen und Philosophen wegen berühmt.

Gegenüber Kilikien setzte im Mittelmeer die Insel Cypern ihr stetes Leben der Kupferverhüttung, des Zypressenfällens, des Schiffbauens und des geduldigen Ertragens stets neuer Eroberer fort. Die einträglichen Minen gehörten Rom und wurden mit Sklavenarbeit ausgebeutet. Galenos schildert, wie zu seiner Zeit eine Mine einstürzte und Hunderte von Arbeitern begrub – ein stets wiederkehrender Vorfall in der geologischen Grundlage des menschlichen Wohllebens und Machtstrebens.

Nördlich Kilikiens lag das dürre und gebirgige Kappadokien. Dort wurden Edelmetalle gewonnen und Weizen, Vieh und Sklaven für den Export gezüchtet. Westlich davon war Lykaonien bestimmt, durch die Besuche des Paulus in Derbe, Lystra und Ikonion in die Geschichte einzugehen. Wieder im Norden war Galatien, dem die gallischen Stämme den Namen gegeben hatten, die es im dritten vorchristlichen Jahrhundert besiedelten; sein berühmtestes Erzeugnis war der schwarze Stein von Pessinus, den die Galater als Symbol Kybeles nach Rom schickten. Die wichtigste Stadt war Ankyra, die Hauptstadt der Hethiter vor dreieinhalb Jahrtausenden und die Hauptstadt der Türkei heute. Westlich Kilikiens zählte die Provinz Pisidia schöne Städte zu ihrem Bereich, wie zum Beispiel Xanthos, das sich gerade wieder von dem Massenselbstmord vor Brutus zu erholen begann, und Aspendos, dessen Theater so gut erhalten ist, daß man sich leicht die Zuschauer vorstellen kann, die es füllten, um Menandros oder Euripides zu lauschen.

Westlich und nördlich von Pisidia lag die Provinz Asia, mit Phrygien, Karien, Lydien und Mysien. Hier blühte die Kultur Ioniens nach tausendjährigem Leben immer noch; Philostratos zählte fünfhundert Städte mit einer Gesamteinwohnerschaft, die die heutige Bevölkerung dieses Bezirkes bei weitem übertrifft. Das Land war fruchtbar, die Handwerker hatten von Generation zu Generation an Kunstfertigkeit gewonnen, und die Häfen zogen Nutzen aus der Entwicklung reicher Märkte in Italien, Afrika, Spanien und Gallien. Phrygien war gebirgig, aber es rühmte sich großer Städte wie Apameia – das Strabon in Asia gleich hinter Ephesos einreihte – und Laodikeia, das glücklich im Besitze philanthropischer Philosophen und Millionäre war. Knidos war bedeutend genug, um ein Bündnis mit Rom einzugehen; aber Halikarnassos war von einem Herodot auf einen Dionysios – einen ausgezeichneten Literaturkritiker, aber unkritischen Historiker – abgesunken. Miletos stand nicht mehr in Blüte, wenn es auch noch ein verkehrsreicher Hafenplatz war; das Apollonorakel im nahegelegenen Didyma beantwortete nach wie vor Fragen mit Rätseln, und die Geschichtenerzähler des Bezirkes woben jene erotischen Abenteurernovellen, die *Milesischen Geschichten*, die sich bald zum griechischen Roman entwickeln sollten. Priene war eine unbedeutendere Stadt, aber seine Bürger setzten allen Ehrgeiz darein, sie mit schönen Gebäuden zu schmücken. In dieser Stadt wurde im ersten Jahrhundert v. Chr. eine Frau, Phile, in das höchste Regierungsamt gewählt; der Einfluß des Wohlstandes und Roms arbeiteten daran, die Stellung der Frau in hellenischen Gebieten zu heben. Magnesia am Maiandros hatte nach Ansicht vieler Betrachter denjenigen Tempel in Asia, der der Vollkommenheit am nächsten kam. Er war (129 v. Chr.) Artemis geweiht worden, Hermogenes, der beste Architekt der Zeit, hatte ihn entworfen. Auf dem Vorgebirge Mykale trat das *koinon* als Ioniens Religionsbund immer noch alljährlich zu einer Allgemeinen Ratsversammlung zusammen.

Von den Inseln an der karischen Küste gedieh Kos mit seiner Seidenindustrie und seiner Ärzteschule, die von der hippokratischen Tradition zehrte. Rhodos («die Rose») war selbst in der Zeit des Verfalls noch die schönste Stadt des griechischen Lebensraumes. Als Augustus nach dem Bürgerkrieg die Not der Städte des Ostens lindern wollte, indem er ihnen die Streichung aller Schulden erlaubte, weigerte sich Rhodos, diesen Ausweg einzuschlagen, und kam getreulich seinen Verpflichtungen nach. Das Ergebnis war, daß es schnell seine Stellung als Bankier des ägäischen Handels zurückgewann und erneut Zwischenhafen für den Schiffsverkehr zwischen Kleinasien und Ägypten wurde. Die Stadt war ihres gestürzten Kolosses, ihrer schönen Gebäude, ihrer berühmten Bildwerke, ihrer sauberen und ordentlichen Straßen, ihrer tüchtigen aristokratischen Regierung und ihrer vielgepriesenen Rhetorik- und Philosophieschulen wegen bestens bekannt. Hier lernten Caesar und Cicero bei Apollonios Molon jene Stilkunst, mit der sie die gesamte spätere lateinische Prosa beeinflußten.

Der berühmteste Rhodier dieser Zeit war Poseidonios, der letzte große synthetische Geist der Antike. Im syrischen Apameia 135 v. Chr. geboren, holte er sich zuerst als Langstreckenläufer Ruhm. Nachdem er unter Panaitios in Athen studiert hatte, ließ er sich in Rhodos nieder, diente als Richter und Gesandter, bereiste viele Provinzen, kehrte nach Rhodos zurück und sah Männer wie Pompeius und Cicero in seinen Vorlesungen über die stoische Philosophie. Im Jahre 83 ließ er sich in Rom nieder und starb dort ein Jahr darauf. Seine verlorene *Weltgeschichte* – die die Geschichte Roms und seiner Besitzungen von 144 bis 82 v. Chr. behandelte – wurde von den Gelehrten der Antike den Werken des Polybios als gleichwertig an die Seite gestellt. Sein Bericht über seine Reisen in Gallien und seine Abhandlung *Über den Ozean* waren die Hauptquellen für Strabon. Seine Berechnung der Entfernung der Sonne von der Erde – 84000000 Kilometer – kam unserer heutigen Zahl näher als jede andere Berechnung der Antike. Er ging nach Cádiz, um die Gezeiten zu studieren, und erklärte sie aus dem Zusammenwirken von Sonne und Mond. Er unterschätzte die Entfernung über den Ozean und meinte, man würde auf einer einzigen Fahrt von 12 800 Kilometern von Spanien nach Indien gelangen. Trotz seiner ausgedehnten naturwissenschaftlichen Kenntnisse nahm er an dem spiritualistischen Gedankengut seiner Zeit teil, an dem Glauben an *daimones*, Wahrsagerei, Astrologie, Telepathie und an die Fähigkeit der Seele, sich zu einer mystischen Einheit mit Gott zu erheben, den er als die Lebenskraft der Welt definierte. Cicero bezeichnete ihn allzu großzügig als den größten Stoiker; uns erscheint er als Vorläufer der Neuplatoniker, als Bindeglied zwischen Zenon und Plotinos.

Wenn sich ein Reisender der kleinasiatischen Küste entlang von Karien aus nach Norden wandte, kam er nach Lydien und in seine bedeutendste Stadt, Ephesos. Lydien gedieh unter den Römern wie nie zuvor. Obgleich Pergamon dem Namen nach die Hauptstadt der Provinz Asia war, wurde doch Ephesos der Sitz des römischen Proconsuls und seines Stabes; es war zugleich der Haupthafen der Provinz und der Versammlungsort der Volksversammlung. Seine vielsprachige Bevölkerung von 225000 Seelen umfaßte Menschen aller Klassen von philanthropischen Sophisten bis zu einer abergläubischen Plebs. Die Straßen der Stadt waren gut gepflastert und beleuchtet und besaßen kilometerlange schattige Säulengänge. Es gab die üblichen öffentlichen Gebäude, von denen einige erst 1894 ausgegraben worden sind: ein Museion, das heißt einen wissenschaftlichen Sammelpunkt, eine Ärzteschule, eine Bibliothek mit einer merkwürdig barocken Fassade und ein Theater mit 56000 Plätzen; hier sollte der Götzenbildner Demetrios die Volksmasse gegen Paulus aufhetzen. Der Mittelpunkt (und die Hauptbank) der Stadt war der Artemistempel; er war von 128 Säulen umgeben, von denen jede die Gabe eines Königs war. Die Eunuchenpriester wurden von jungfräulichen Priesterinnen und einem Schwarm von Sklaven bedient; die barbarische Statue, die die Göttin darstellte, hatte zwei Reihen überzähliger Brüste, die die Fruchtbarkeit symbolisierten. Das Artemisfest machte den ganzen Mai zu einem Monat des Feierns und Spielens.

Smyrna erfreute sich trotz seiner Fischereibetriebe einer besseren Atmosphäre. Apollonios von Tyana, der Vielgereiste, nannte Smyrna «die schönste aller Städte unter der Sonne»[16]. Sie war stolz auf ihre langen, geraden Straßen, ihre doppelreihigen Kolonnaden, ihre Bibliothek und ihre Universität. Einer ihrer berühmtesten Söhne, Aelius Aristeides (129–189 n. Chr.), schildert sie in Worten, die eine Vorstellung von der Pracht dieser römisch-hellenistischen Städte geben:

«Wandere von Osten nach Westen, und eine Straße schöner noch als ihr Name (Goldene Straße) führt dich von Tempel zu Tempel, von Hügel zu Hügel. Geh auf die Akropolis: dir zu Füßen das Meer, rings um dich die Vororte; dreierlei herrliche Ausblicke auf die Stadt füllen den Kelch deiner Seele ... Bis an die Küste nichts als eine schimmernde Masse von Gymnasien, Märkten, Theatern ... Bädern in solcher Zahl, daß du unschlüssig bist, wo ein Bad zu nehmen ... Brunnen und Promenaden, und in jedem Hause fließendes Wasser. Unzählig sind die Theateraufführungen, Wettkämpfe und Schaustellungen, unendlich mannigfaltig das Handwerk. Keine andere Stadt wäre besser geeignet für einen, der ein Leben in Muße und ein argloses Philosophieren schätzt.»[17]

Aelius war einer der vielen Rhetoren und Sophisten, die aus ganz Griechenland Studenten nach Smyrna lockten. Sein Lehrer Polemon war (nach Philostratos) so übermütig, «daß er einen Ton gegen Städte führte, als wäre er über sie erhaben, gegen Fürsten, als stände er ihnen nicht nach, gegen Götter, als wäre er ihresgleichen»[18]. Als er in Athen Vorlesungen abhielt, nahm Herodes Atticus, sein bedeutendster Konkurrent in üppiger Beredsamkeit, als bewundernder Schüler teil. Als Zahlung für dieses Privileg übersandte Herodes ihm 150000 Drachmen; als Polemon keinen Dank dafür aussprach, kam ein Freund auf den Gedanken, er fühle sich ungenügend honoriert; Herodes schickte nochmals 100000 Drachmen, die Philemon als ihm zukommend ohne weiteres entgegennahm. Polemon benutzte sein Vermögen zur Verschönerung seiner Adoptivstadt; er nahm an der Regierung teil, schlichtete den Parteienhader und diente als Gesandter. Nach der Überlieferung soll er seine Gicht zu beschwerlich gefunden haben: Er schloß sich in der Grabstätte seiner Vorfahren in Laodikeia ein und hungerte sich dort im Alter von sechsundfünfzig Jahren freiwillig zu Tode.

Sardeis, die alte Hauptstadt des Kroisos, war zu Strabons Zeit immer noch «eine bedeutende Stadt». Cicero war von dem Glanz und der Verfeinerung Mytilenes beeindruckt, und im dritten Jahrhundert schilderte Longos diese Stadt in einer Weise, daß man an Venedig denkt. Pergamon glänzte mit seinem großen Altar und den kostbaren Gebäuden, die die Attaliden aus Geldern erbaut hatten, welche ihnen aus der Sklavenarbeit in staatlichen Wäldern, Feldern, Minen und Fabrikbetrieben zugeflossen waren. Attalos III. kam der römischen Expansion und der sozialen Revolution zuvor, indem er im Jahre 133 v. Chr. sein Königreich an Rom vermachte. Aristonikos, der Sohn Eumenes' II. und einer Konkubine, hielt das Vermächtnis für erzwungen und verweigerte ihm die Anerkennung, rief die Sklaven und die armen Freien zur Revolte auf, schlug ein römisches Heer (132), nahm viele Städte ein und plante, nach den Anweisungen des Blossius, des Lehrers der Gracchen, einen sozialistischen Staat zu errichten. Die benachbarten Könige von Bithynien und Pontos und die Geschäftsleute der besetzten Städte schlossen sich Rom in der Unterdrückung des Aufstandes an, und Aristonikos endete in einem römischen Kerker. Dieser Aufstand und die Mithridatischen Kriege unterbrachen das kulturelle Leben Pergamons auf ein halbes Jahrhundert, und Antonius plünderte seine berühmte Bibliothek, um die Schäden, die Alexandriens Bibliothek durch den Brand während Caesars Aufenthalt erlitten hatte, wieder wett zu machen. Pergamon muß sich zu Vespasians Zeit erholt haben, denn Plinius der Ältere hielt es für die glänzendste Stadt Kleinasiens. Unter den Antoninen erfreute es sich einer erneuten regen Bautätigkeit; zu dieser Zeit entwickelte es in dem Asklepieion eine Ärzteschule, aus der Galenos hervorging, um die Welt zu heilen.

Weiter im Norden lag die Alexandria Troas; sie wurde von Augustus zur römischen Provinz gemacht – in Erinnerung an die angebliche troische Herkunft Roms, die den Römern einen bequemen Anspruch auf alle diese Gebiete gab. Auf einem nahegelegenen Hügel (Hissarlik) wurde das alte Troia als das neue Ilium wiedererbaut; der Ort wurde zum Reiseziel vieler Touristen, die sich von Führern ganz genau Ort und Stelle jeder Handlung der *Ilias* und die Höhle zeigen ließen, wo Paris zwischen Hera, Aphrodite und Athene das Urteil gesprochen hatte. An der Propontis baute Kyzikos Schiffe; die Stadt sandte eine allgegenwärtige Handelsflotte aus, die nur von der rhodischen übertroffen wurde. Hier erbaute Hadrian einen Persephonetempel, der eines der Glanzstücke Kleinasiens war. Seine Säulen waren nach Cassius Dion fünfundzwanzig Meter hoch, hatten einen Durchmesser von zwei Metern und waren doch aus einem einzigen Steinblock gehauen. Auf einem Hügel stehend, ragte der Tempel so hoch in den Himmel, daß Aelius den Leuchtturm des Hafens für überflüssig hielt.

Zwischen dem Roten und dem Schwarzen Meer blühten hundert Städte unter dem Römischen Frieden.

VII. DER GROSSE MITHRIDATES

Den Nordküsten Kleinasiens entlang dehnten sich Bithynien und Pontos aus, im Inneren gebirgig, aber reich an Nutzholz und Bodenschätzen. Hier überlagerte eine Mischung aus Thrakern, Griechen und Iraniern einen alten hethitischen Grundstock. Eine griechisch-thrakische Herrscherlinie beherrschte Bithynien, baute die Hauptstadt Nikomedeia (Is-nikmid) und größere Städte in Prusa und Nikaia (Is-nik). Um 302 v. Chr. hieb sich ein persischer Edelmann, der den frommen Namen Mithridates erhalten hatte, aus Kappadokien und Pontos ein eigenes Königreich zusammen und gründete eine Dynastie mannhafter hellenisierender Monarchen mit den Hauptstädten Komana Pontike und Sinope. Der Herrschaftsbereich dieser Könige dehnte sich aus, bis er mit den wirtschaftlichen und politischen Interessen Roms in Konflikt geriet. Die hieraus resultierenden Mithridatischen Kriege tragen passenderweise ihren Namen nach dem furchterregenden König, der Westasien und das europäische Griechenland in einem Aufstand zusammenfaßte, welcher bei siegreichem Ausgang das Gesicht der Geschichte verändert hätte.

Mithridates VI. hatte den Thron von Pontos als elfjähriger Knabe geerbt. Seine Mutter und seine Vormünder, die sich an seine Stelle setzen wollten, versuchten ihn umzubringen. Er entfloh aus dem Palast und lebte sieben Jahre lang, in Felle gekleidet, als Jäger in den Wäldern. Um das Jahr 115 v. Chr. setzte ein Staatsstreich seine Mutter ab und brachte ihn wieder an die Macht. Da er ständig die Verschwörungen zu befürchten hatte, die für einen orientalischen Hof typisch sind, traf er die Vorsichtsmaßregel, jeden Tag ein wenig Gift zu trinken, bis er gegen die meisten Giftarten, die seinen Vertrauten zugänglich waren, immun geworden war. Im Verlaufe seiner Experimente entdeckte er viele Gegengifte. Dabei erwachte sein Interesse für die Medizin; auf diesem Gebiet ließ er eine so wichtige Materialsammlung anlegen, daß Pompeius sie in das Lateinische übersetzen ließ. Sein wildes und anstrengendes Leben hatte ihm gleicherweise Körper- und Willenskraft gegeben; er entwickelte einen so mächtigen Körperbau, daß er seine Rüstung nach Delphoi schickte, um den Gläubigen damit einen Spaß zu bereiten. Er war ein kundiger Reiter und Krieger, konnte (wie behauptet wird) ein Reh im Lauf überholen, lenkte einen Wagen mit sechzehn Pferden und konnte an die 200 Kilometer an einem Tage reiten. Sein Stolz war, jedermann unter den Tisch zu essen und zu trinken, und er sorgte für einen ausgedehnten Harem. Römische Geschichtsschreiber berichten, er sei grausam und verräterisch gewesen und habe seine Mutter, seinen Bruder, drei Söhne und drei Töchter ermordet; Rom hat aber die andere Seite der Geschichte nicht überliefert. Er war ein Mann von einiger Kultur: Er konnte zweiundzwanzig Sprachen sprechen und brauchte niemals einen Dolmetscher; er studierte die griechische Literatur, liebte die griechische Musik, sorgte für die Ausschmückung griechischer Tempel und hielt griechische Gelehrte, Dichter und Philosophen an seinem Hof; er sammelte Kunstwerke und gab Münzen von ganz besonderer Schönheit heraus. Er nahm aber an der Sinnenhaftigkeit und Rauheit seiner halbbarbarischen Umgebung teil und beteiligte sich an dem Aberglauben seiner Zeit. Gegen Rom verteidigte er sich nicht mit den weitsichtigen Maßnahmen eines großen Feldherren oder Staatsmannes, sondern mit dem Augenblicksmut des gestellten Raubtieres.

Solch ein Mann konnte mit dem kleinen Königreich, das er von seiner Mutter übernommen hatte, nicht zufrieden sein. Mit der Hilfe griechischer Offiziere und Söldner eroberte er Armenien und den Kaukasus, setzte über den Kuban und die Meerenge von Kertsch auf die Krim über und brachte alle griechischen Städte an der Ost-, Nord- und Westküste des Schwarzen Meeres unter seine Gewalt. Da der Zusammenbruch der griechischen Heeresmacht diese Gemeinden fast schutzlos den Angriffen der Barbaren ihres Hinterlandes preisgegeben hatte, empfingen sie die griechischen Phalangen des Mithridates als Befreier. Zu den unterworfenen Städten gehörten Sinope (Sinob), Trapezus (Trapezunt), Pantikapaion (Kertsch) und Byzantion; die Beherrschung des Hellesponts von seiten Bithyniens machte aber den Mittelmeerhandel von Pontos von dem guten oder schlechten Willen feindlicher Könige abhängig. Als Nikomedes II. von Bithynien starb (91 v. Chr.), stritten sich seine beiden Söhne um den Thron. Der eine suchte um die Hilfe Roms nach, der andere, Sokrates, wandte sich an den König von Pontos. Mithridates nutzte den Parteienzwist in Italien aus, um in Bithynien einzudringen und Sokrates auf den Thron zu setzen. Rom, das den Bosporus nicht in feindlichen Händen sehen wollte, befahl Mithridates und Sokrates, Bithynien zu verlassen. Mithridates fügte sich, Sokrates weigerte sich. Der römische Statthalter von Asia setzte Sokrates ab und krönte Nikomedes III. Der neue Herrscher drang, vom römischen Proconsul Manius Aquilius dazu ermutigt, in Pontos ein, und der Erste Mithridatische Krieg begann (88–84 v. Chr.).

Mithridates spürte, daß seine einzige Möglichkeit, sich zu erhalten, darin lag, den hellenischen Osten zu einem Aufstand gegen seine italischen Herren zu bewegen. Er verkündete, er sei der Befreier von Hellas, und sandte Truppen aus, um die griechischen Städte Kleinasiens, wenn nötig mit Gewalt, zu befreien. Da die handeltreibenden Schichten der Städte sich ihm widersetzten, umschmeichelte er die demokratischen Parteien mit Versprechen halbsozialistischer Reformen. Inzwischen vernichtete seine Flotte von 400 Schiffen die römische Schwarzmeerflotte, und sein Heer von 290 000 Mann überwältigte die Streitkräfte des Nikomedes und des Aquilius. Um seiner Verachtung vor der römischen Habgier Ausdruck zu geben, goß der siegreiche König dem gefangengenommenen Aquilius, der gerade von seinem Triumph über die aufständischen Sklaven Siziliens gekommen war, geschmolzenes Gold in die Kehle. Die griechischen Städte Kleinasiens, die des römischen Schutzes beraubt waren, öffneten den Heeren des Mithridates ihre Tore und bekundeten ihre Anhängerschaft an seine Sache. Auf seinen Vorschlag erschlugen sie an einem vorausbestimmten Tage sämtliche Italiker – 80 000 Männer, Frauen und Kinder –, die sich innerhalb ihrer Mauern befanden (88 v. Chr.). Appian berichtet:

«Die Epheser rissen diejenigen, die in die Tempel der Artemis geflohen waren, von den umklammerten Götterstatuen weg und töteten sie. Die Pergamener schossen die in Aesculaps Tempel Geflohenen, als sie nicht weichen wollten, an den Bildsäulen angeklammert, mit Pfeilen tot. Die Adramyttener ermordeten, ins Meer hineingehend, diejenigen, welche durch Schwimmen entkommen wollten, und ersäuften die Kinder. Die Kaunier ... rissen die Italer, welche in den zur Curie gehörigen Vesta-Tempel geflohen waren, von den Altären der Göttin weg, töteten zuerst ihre Kinder vor den Augen der Mütter, hernach die Mütter selbst und nach diesen die Männer ... Man sah hieraus augenscheinlich, daß Asiens Bewohner nicht sowohl aus Furcht vor Mithridates, als vielmehr aus Haß gegen die Römer so gegen sie gehandelt haben.»[19]

Zweifellos hatten die ärmeren Volksschichten, die die ganze Last der römischen Herrschaft zu tragen gehabt hatten, bei diesem wahnsinnigen Massaker die Führung; die begüterten Schichten, die so lange von Rom beschützt worden waren, müssen bei einem so wilden Racheakt gezittert haben. Mithridates versuchte die Reichen günstig zu stimmen, indem er die griechischen Städte auf die Dauer von fünf Jahren von allen Steuern befreite und ihnen die vollständige Selbstverwaltung gab. Gleichzeitig verkündete er indessen nach Appian einen «Schuldenerlaß; er befreite die Sklaven, beschlagnahmte viele Güter und teilte den Grundbesitz neu auf»[20]. Führende Männer der Stadtgemeinden schlossen sich zu einer Verschwörung gegen ihn zusammen; er deckte sie auf und ließ 1600 Männer hinrichten. Die unteren Volksschichten rissen mit Hilfe von Philosophen und Universitätsprofessoren in vielen griechischen Städten die Macht an sich, sogar in Athen und Sparta, und erklärten Rom und den Reichen zugleich den Krieg. Die Griechen von Delos metzelten in ihrem Freiheitsrausch an einem einzigen Tage 20000 Italiker nieder. Die Flotte des Mithridates nahm die Kykladen, sein Heer besetzte Euboia, Thessalien, Makedonien und Thrakien. Der Abfall der reichen Provinz Asia ließ den Zustrom von Tributen in die römische Schatzkammer versiegen, brachte römische Geldgeber um ihre Zinsen und stürzte Italien in eine Finanzkrise, die mit ein Grund zu den revolutionären Bewegungen des Saturninus und des Cinna war. Italien selbst spaltete sich in zwei Lager auf, denn die Samniten und die Lucaner sandten an den König von Pontos Bündnisangebote.

Der Senat, der sich allseits von Krieg und Revolution bedroht sah, verkaufte die angehäuften Gold- und Silberschätze der Tempel Roms, um Sullas Truppen zu besolden. Wir brauchen nicht nochmals zu berichten, wie Sullas Truppen Athen einnahmen, die aufständischen Heere besiegten, Rom sein Reich bewahrten und Mithridates einen milden Frieden gewährten. Der König zog sich in seine pontische Hauptstadt zurück und stellte in aller Stille eine neue Flotte und ein neues Heer auf. Murena, der römische Legat in Asia, beschloß, ihn anzugreifen, bevor er erneut zu mächtig wurde. Als in diesem Zweiten Mithridatischen Kriege (83–81) Murena besiegt wurde, tadelte ihn Sulla wegen der Verletzung des Vertrages und befahl die Einstellung der Feindseligkeiten. Sechs Jahre später vermachte Nikomedes III. Bithynien an Rom. Mithridates erkannte, daß sein eigenes Reich bald verschlungen werden würde, wenn die römische Macht, die bereits den Bosporus beherrschte, die Grenzen von Paphlagonien und Pontos erreichen sollte. In dem Dritten Mithridatischen Kriege (74–64) machte er eine letzte Anstrengung, kämpfte elf Jahre lang gegen Lucullus und Pompeius, wurde von seinen Verbündeten und Adjutanten verraten und floh auf die Krim. Dort versuchte der alte Krieger, der nun in seinem neunundsechzigsten Jahre stand, eine Armee aufzustellen, um auf den Balkan überzusetzen und von Norden aus in Italien einzudringen. Sein Sohn Pharnakes erhob sich gegen seine Autorität, sein Heer verweigerte den Gehorsam und der im Stich gelassene König versuchte sich das Leben zu nehmen. Das Gift, das er nahm, verfehlte seine Wirkung, weil er seinen Körper immun gemacht hatte, seine Hände waren zu schwach, um sich das Schwert in den Leib zu stoßen, von dessen Spitze er sich den Tod ersehnte. Seine Freunde und Schützlinge, die von seinem Sohne den Auftrag hatten, ihn umzubringen, machten ihm mit ihren Schwertern und Speeren den Garaus.

VIII. DIE PROSA

Es spricht zugunsten der römischen Herrschaft, daß sich die Städte Kleinasiens so schnell von dem abträglichen Fieber dieser Kriege erholten. Nikomedeia wurde die Hauptstadt der Provinz Bithynia-Pontus und später der kaiserliche Sitz Domitians; Nikaia sollte durch das bedeutsamste Konzil der christlichen Kirchengeschichte Unsterblichkeit erlangen. Die beiden Städte wetteiferten so sehr im Bauen miteinander, daß Traian den jüngeren Plinius hinschicken mußte, um sie vor dem Bankrott zurückzuhalten. Nikomedeia leistete seinen Tribut an die Literatur mit Flavius Arrianos, der, wie wir gesehen haben, die Reden Epiktets aufzeichnete. Obgleich er sechs Jahre lang Statthalter von Kappadokien und ein Jahr Archon in Athen war, fand Arrian doch die Zeit, viele Geschichtsbücher zu schreiben, von denen *Alexanders Anabasis* mit einem Anhang zu den *Indika* erhalten ist. Er schrieb in einem klaren und einfachen Griechisch, denn er nahm sich Xenophon zum Vorbild für Stil und Leben. Mit der kühnen Eitelkeit der Antike sagt er: «Nur so viel sage ich, daß mir diese gelehrten Beschäftigungen mein Vaterland und mein Geschlecht und meine Ehrenämter sind und von Jugend auf es waren; und deshalb achte ich mich nicht zu geringe, mich selbst den ersten Meistern in griechischer Sprache an die Seite zu stellen.»

Andere Städte am Schwarzen Meer besaßen prächtige Bauten und berühmte Gelehrte. Myrleia hatte 320000 Einwohner; Amastris (Amasra) machte als «saubere und hübsche Stadt» auf Plinius Eindruck und war seiner Buchsbäume wegen berühmt; Sinope gedieh als Zentrum des Fischfangs und als Verschiffungshafen für das Holz und die Bodenschätze des Landesinneren; Amisos (Samsun) und Trapezus lebten vom Handel über das Meer mit Skythien (Südrußland), und Amaseia war Geburtsort und Heimstätte des berühmtesten Geographen der Antike.

Strabon entstammte einer reichen Familie, die, wie er behauptet, mit den Königen von Pontos verwandt war. Er litt an einer besonderen Art des Schielens, die heute noch seinen Namen trägt. Er machte weite Reisen, offenbar in diplomatischer Sendung, und nutzte jede Gelegenheit, geographische oder geschichtliche Kenntnisse zu sammeln. Er schrieb eine verlorengegangene Geschichte als Fortsetzung des Geschichtswerkes des Polybios, und im Jahre 7 v. Chr. veröffentlichte er seine große *Geographie*, deren siebzehn Bücher fast vollständig erhalten sind. Wie Arrian beginnt er mit den Vorzügen seines Werkes:

«So muß ich auch hier das Kleine und Unbedeutende weglassen und nur bei dem Berühmten und Großen und bei dem, woran etwas praktisch nützlich, leicht erinnerlich und angenehm ist, verweilen; und so wie wir bei kolossalen Bildwerken nicht im einzelnen das Vollendete aufsuchen, sondern sie mehr im allgemeinen betrachten, ob das Ganze schön sei, so muß man auch sein Urteil über dieses Buch einrichten. Denn auch dieses ist gewissermaßen ein kolossales Werk ... eines Philosophen würdig.»[21]

Er entlehnt offen von Polybios und Poseidonios, weniger offen von Eratosthenes, macht sie alle für ihre Irrtümer strengstens verantwortlich und will haben, daß man seine eigenen Irrtümer auf die Fehlerhaftigkeit seiner Quellen zurückführe. Er gesteht aber seine Quellen mit einer seltenen Offenheit ein und wählt sie gewöhnlich sorgfältig aus. Er stellt fest, daß die Ausdehnung des Römischen Reiches die geographischen Kenntnisse vermehrt hat, ist aber der Ansicht, daß noch ganze Kontinente unbekannt sind – möglicherweise im Atlantischen Ozean. Er hält die Erde für sphäroidisch (wahrscheinlich meint er allerdings mit diesem Wort nur sphärisch) und glaubt, man werde zu gegebener Zeit nach Indien kommen, wenn man von Spanien aus nach Westen segle. Er stellt fest, daß die Küstenlinien infolge Erosion oder Eruption ständig in Veränderung begriffen sind, und vermutet, daß unterirdische Bewegungen eines Tages die Landenge von Suez durchtrennen und die beiden Meere miteinander verbinden könnten. Seine Arbeit war eine tüchtige Zusammenstellung des Gesamtwissens seiner Zeit und muß zu den besten Leistungen der antiken Wissenschaft gezählt werden.

Weit berühmter als Strabon war zu seiner Zeit Dion Chrysostomos, «Dion Goldmund» (40–120 n. Chr.). Seine Familie war seit langem in Prusa bestens bekannt: Sein Großvater hatte mit Gaben an diese bithynische Stadt ein Vermögen ausgegeben und sich dann ein neues erworben; seinem Vater war es gleich ergangen, und Dion folgte in ihren Fußstapfen. Er wurde Redner und Sophist, ging nach Rom, ließ sich von Musonius Rufus zum Stoizismus bekehren und wurde von Domitian aus Italien und Bithynien verbannt (82). Da er seinen Besitz und sein Einkommen nicht antasten durfte, wanderte er dreizehn Jahre lang als mittelloser Philosoph von Land zu Land, weigerte sich, für seine Vorträge Geld anzunehmen, und verdiente seinen Lebensunterhalt hauptsächlich durch die Arbeit seiner Hände. Als Nerva auf Domitian folgte, wurde die Verbannung aufgehoben und Dion mit Ehren überhäuft; Nerva und Traian begünstigten ihn und erwiesen auf seine Bitte Prusa manche Gunst. Er kehrte in seine Stadt zurück und verwandte den größten Teil seines Vermögens zu ihrer Verschönerung. Ein anderer Philosoph beschuldigte ihn der Unterschlagung von Staatsgeldern; Plinius machte ihm den Prozeß, aber er scheint freigesprochen worden zu sein.

Dion hinterließ achtundsiebzig Reden. Für uns Heutige enthalten sie mehr Stroh als Korn; sie kranken an hohlen Aufblähungen, täuschenden Analogien und rednerischen Mätzchen; sie dehnen einen halben Gedanken auf hundert Seiten aus; kein Wunder, daß ein überdrüssiger Zuhörer sich beklagte: «Du machst so viele Fragen über alles mögliche, daß darüber die Sonne untergeht.»[22] Aber der Mann war reizvoll und beredt, sonst wäre er wohl kaum der berühmteste Redner seines Jahrhunderts geworden, um dessen Ansprachen willen man sogar einen Krieg unterbrach. «Ich verstehe nicht, was du meinst, aber ich schätze dich wie mich selbst»[23], sagte der ehrliche Traian. Die Barbaren am Borysthenes (Dnjepr) hörten ihm genauso gerne zu wie die in Olympia versammelten Griechen oder die leicht erregbaren Athener; ein Heer, das sich gegen Nerva auflehnen wollte, ließ sich durch die Stegreifrede des halbnackten Verbannten zur Umkehr bewegen.

Wahrscheinlich war es nicht sein erlesenes attisches Griechisch, das ihm die Hörer zutrug, sondern der Mut, mit dem er Anklagen vorbrachte. Fast als einziger des heidnischen Altertums verurteilte er die Prostitution; und wenige Schriftsteller seiner Zeit wandten sich so offen gegen die Sklaverei wie er. (Er war allerdings ein wenig verärgert, als er feststellen mußte, daß ihm seine Sklaven davongelaufen waren.) Seine Ansprache an die Alexandriner war eine Geißelung ihrer Verschwendungssucht, ihres Aberglaubens und ihrer Lasterhaftigkeit. Er erwählte Ilium als Bühne einer Rede, in der er behauptete, Troia habe niemals existiert und «Homer sei der größte Lügner der Geschichte» gewesen. Im Herzen Roms vertrat er die Sache des Landes gegenüber der Stadt, malte in einer lebhaften Schilderung ein ergreifendes Bild von der ländlichen Armut und machte seine Hörer darauf aufmerksam, daß das Land vernachlässigt wurde und die landwirtschaftliche Grundlage der Kultur im Verfall lag. In Olympia tadelte er inmitten einer Masse fanatischer Weltkinder die Atheisten und Epikureer der Zeit. Wenn auch volkstümliche Vorstellungen vom Göttlichen töricht sein mögen, so wird doch nach Dions Ansicht der Weise dafür Verständnis haben, daß der einfache Geist einfache Gedanken und bildliche Symbole braucht. In Wirklichkeit kann man sich von der Gestalt des höchsten Wesens gar keine Vorstellung machen, und selbst des Pheidias edles Standbild ist nur eine anthropomorphe Vermutung, die genau so unbeweisbar ist wie die ursprüngliche Identifizierung Gottes mit einem Stern oder einem Baum. Wir vermögen nicht zu erkennen, was Gott ist, wir haben aber eine innere Überzeugung, daß er existiert, und wir spüren, daß die Philosophie ohne Religion etwas Finsteres und Hoffnungsloses ist. Die einzig wirkliche Freiheit ist die Weisheit, das heißt das Wissen um das Rechte und das Unrechte. Der Weg zur Freiheit führt nicht über Politik oder Revolution, sondern über die Philosophie; und die wahre Philosophie besteht nicht in den Spekulationen der Bücher, sondern in der getreulichen Ausübung der Ehrenhaftigkeit und Anständigkeit nach der innersten Stimme, die in einem gewissen mystischen Sinne das Wort Gottes im Herzen des Menschen ist.

IX. DIE ORIENTALISCHE FLUTWELLE

Die Religion, die ihre Zeit abgewartet hatte und ihre Wurzeln trotz all des gelehrten und ehrfurchtslosen Skeptizismus der perikleischen und der hellenistischen Zeit am Leben erhalten hatte, nahm nun im zweiten Jahrhundert die Machtstellung, die sie seit unerdenklichen Zeiten innegehabt hatte, wieder ein, während gleichzeitig die Philosophie sich von der Unendlichkeit und vom menschlichen Hoffen getäuscht sah, ihre Begrenztheit eingestand und auf ihren Vorrang verzichtete. Das Volk selbst hatte seinen Glauben niemals aufgegeben; die meisten teilten die homerische Vorstellung vom Leben nach dem Tode, opferten fromm, bevor sie eine Reise unternahmen, und legten immer noch in den Mund des Toten einen Obolos als Übersetzgebühr über die Styx. Die Staatskunst der Römer begrüßte die Hilfeleistung der alteingesessenen Priesterschaften und suchte sich die Unterstützung des Volkes zu sichern, indem sie den Ortsgottheiten kostspielige Tempel baute. In ganz Palästina, Syrien und Kleinasien wuchs der Reichtum der Priesterschaft beständig. Hadad und Atargatis wurden noch von den Syrern verehrt und besaßen einen schreckenerregenden Tempel in Hierapolis; die Wiederauferstehung des Gottes Tammuz wurde in den Städten Syriens immer noch mit dem Rufe «Adonis (der Herr) ist auferstanden!» begrüßt, und seine Himmelfahrt wurde in den Schlußszenen seines Festes gefeiert. Ähnliche Zeremonien gedachten im griechischen Ritual des Leidens, Sterbens und Wiederauferstehens des Dionysos. Von Kappadokien aus hatte sich der Kult der Göttin Ma nach Ionien und Italien ausgebreitet; ihre Priester (die als zu dem *fanum*, dem Tempel, gehörig *fanatici* genannt wurden) tanzten schwindelerregende Tänze zum Klange der Trompeten und Trommeln, stachen sich mit Messern und bespritzten die Göttin und ihre Gläubigen mit ihrem Blute. Unablässig entstanden neue Gottheiten; Caesar und die Kaiser, Antinoos und viele örtliche Würdenträger wurden zu Lebzeiten oder nach dem Tode vergöttlicht (das heißt kanonisiert). Wechselweise durch Handel oder Krieg befruchtet, stand überall ein Pantheon in Blüte, und in tausend Sprachen stiegen hoffnungsvolle Gebete zu tausend Göttern auf. Das Heidentum war nicht eine einzige Religion; es war eine Wirrsal konkurrierender Glaubensbekenntnisse, die sich oft zu einem eklektischen Gemisch vermengten.

Der Kybelekult hielt sich in Lydien und Phrygien, Italien und Afrika und andernorts, und seine Priester entmannten sich nach wie vor in Nachahmung von Kybeles geliebtem Attis. Bei ihrer Frühjahrsfeier fasteten und beteten und bejammerten die Gläubigen den Tod des Attis; die Priester schnitten sich in den Arm und tranken ihr eigenes Blut, und eine feierliche Prozession trug den jungen Gott zu seinem Grabe. Am anderen Morgen aber hallten die Straßen vom fröhlichen Lärm des Volkes wider, das die Wiederauferstehung des Attis und die Erneuerung der Erde feierte. «Verzaget nicht, ihr Mysten! Der Gott ist errettet, und auch für euch kommt die Stunde der Rettung!»[24] riefen die Priester. Am letzten Tage des Festes wurde das Bild der Großen Mutter im Triumph durch die Massen getragen, die sie in Rom als *Nostra Domina*, «Unsere Herrin», begrüßten.

Noch größere Verbreitung hatte die Verehrung der ägyptischen Göttin Isis, der sorgenbeladenen Mutter, der liebenden Trösterin, der Trägerin der Gabe des ewigen Lebens. Alle Mittelmeervölker wußten, wie ihr großer Gemahl Osiris gestorben und von den Toten wiederauferstanden war; in fast allen Städten dieses geschichtsträchtigen Meeres wurde diese fröhliche Wiederauferstehung in prunkvollen Darbietungen gefeiert, und jubelnde Gläubige sangen: «Wieder haben wir Osiris gefunden!» Isis wurde auf Bildern und Statuen mit dem göttlichen Kind Horus in den Armen dargestellt, und fromme Gesänge sprachen sie als «Himmelskönigin», «Meeresstern» und «Gottesmutter» an. Von allen heidnischen Kulten kam dieser in der Zartheit seiner Geschichte, in der Verfeinerung des Rituals, der feierlichen und doch frohen Atmosphäre seiner Gotteshäuser, der ergreifenden Musik seiner Vespern, der gewissenhaften Dienstausübung seiner weiß gewandeten und tonsurierten Priester, den Ehrungen und Möglichkeiten, mit denen er die Frauen bestrickte und tröstete, und der Unterschiedslosigkeit, mit der er alle Nationen und alle Volksschichten willkommen hieß, dem Christentum am nächsten. Die Isisreligion verbreitete sich im vierten Jahrhundert v. Chr. von Ägypten nach Griechenland, im dritten nach Sizilien, im zweiten nach Italien, und dann nach allen Teilen des Reiches; ihre Ikonen wurden an der Donau, am Rhein und an der Seine gefunden, und ein Isistempel ist in London ausgegraben worden. Niemals hat die Mittelmeerseele aufgehört, die göttliche Schöpferkraft und die mütterliche Besorgtheit der Frau zu verehren.

Inzwischen dehnte sich der männliche Kult des Mithras von Persien bis an die entferntesten Grenzen des Römischen Reiches aus. In der späteren zoroastrischen Theologie war Mithras der Sohn Ahura Mazdas, des Gottes des Lichts. Auch er war der Gott des Lichtes, der Wahrheit, der Reinheit und der Ehre; manchmal wurde er mit der Sonne identifiziert und führte einen kosmischen Krieg gegen die Mächte der Finsternis, und immer vermittelte er zwischen seinem Vater und seinen Anhängern und schützte und ermutigte sie in ihrem Lebenskampf gegen das Übel, die Lüge, die Unsauberkeit und die anderen Werke Ahrimans, des Fürsten der Finsternis. Als die Soldaten des Pompeius diese Religion von Kappadokien nach Europa brachten, bildete ein griechischer Künstler Mithras ab, wie er auf dem Rücken eines Stieres kniet und dem Stier einen Dolch in den Nacken stößt; diese Darstellung wurde zum allgemeinen Symbol des Mithrasglaubens. Der siebente Tag jeder Woche galt als geheiligt und war dem Sonnengott geweiht; und gegen Ende Dezember feierten seine Anhänger den Geburtstag des Mithras als der «unbesieglichen Sonne», die an der Wintersonnenwende ihren alljährlichen Sieg über die Mächte der Finsternis errungen hatte und nun Tag für Tag mehr Licht spenden würde. Nach Tertullians Darstellung setzte sich die Mithraspriesterschaft aus einem «Hohenpriester» und ehelosen Priestern und Priesterinnen zusammen, die dem Gotte dienten; täglich erhielt er an seinem Altar ein Opfer, kommunizierten die Gläubigen mit geweihtem Brot und Wein und wurde der Höhepunkt der Zeremonie durch ein Glockenzeichen angezeigt. Vor der Krypta, in der der junge Gott bei seinem Siege gegen den Stier dargestellt war, brannte ein ewiges Licht. Die Mithrasreligion predigte eine hohe Moral und verpflichtete ihre «Krieger» zu einem lebenslänglichen Kampf gegen das Übel in jeder Gestalt. Nach dem Tode mußten nach der Lehre der Priester alle Menschen vor dem Richtstuhl des Mithras erscheinen; die unreinen Seelen würden Ahriman zu ewiger Qual übergeben werden, während die reinen durch sieben Sphären aufstiegen und auf jeder Stufe ein Stück ihrer Sterblichkeit zurückließen, bis sie von Ahura Mazda persönlich in den vollen Glanz des Himmels aufgenommen würden. Diese kraftspendende Mythologie verbreitete sich im zweiten und dritten Jahrhundert unserer Zeitrechnung über ganz Westasien und Europa (wobei sie Griechenland übersprang) und führte zum Bau von Gotteshäusern bis an den Hadrianswall im äußersten Norden. Die christlichen Kirchenväter waren entsetzt, zwischen ihrer Religion und dem Mithraskult so viele Parallelen zu entdecken; nach ihrer Ansicht waren es Diebstähle des Mithraskultes oder verwirrende Listen Satans (einer Ausprägung Ahrimans). Es ist schwer zu entscheiden, wer von wem entlehnte; vielleicht nahmen beide Gedanken auf, die in der religiösen Luft des Ostens lagen.

Jeder der großen Kulte des Mittelmeerraumes hatte seine «Mysterien»; gewöhnlich waren es Zeremonien der Reinigung, des Opfers, der Weihe, der Offenbarung und der Erneuerung, die sich um den Tod und die Auferstehung des Gottes drehten. Neue Mitglieder wurden in die Kybelegemeinde aufgenommen, indem sie nackt in eine Grube gesetzt wurden, über der man einen Stier schlachtete; das Blut des Opfertieres floß auf den Anwärter und reinigte ihn von der Sünde und gab ihm ein neues geistiges und ewiges Leben. Die Genitalien des Stieres wurden als Symbole seiner geheiligten Fruchtbarkeit in ein geweihtes Gefäß gelegt und der Göttin dargebracht. Der Mithraskult hatte einen ähnlichen Ritus, der der Antike als *taurobolion*, «Niederringen des Stieres», bekannt war. Apuleius schildert in begeisterten Worten die Grade der Initiation in den Isisdienst: das lange Noviziat des Fastens, der Enthaltsamkeit und des Gebetes, das reinigende Untertauchen in heiligem Wasser und schließlich die mystische Schau der Göttin, die ewigwährenden Segen spendet. In Eleusis mußte der Anwärter seine Sünden bekennen (was Nero entmutigte), sich eine Zeitlang gewisser Speisen enthalten, in einer Bucht zur geistigen wie zur körperlichen Reinigung baden und dann ein Opfer, gewöhnlich ein Schwein, darbringen. Drei Tage lang bejammerten die Novizen am Demeterfest mit Demeter das Verschwinden ihrer Tochter im Hades, wobei sie sich von geweihten Kuchen und einer mystischen Mischung aus Mehl, Wasser und Minze ernährten. Am dritten Tage stellte ein religiöses Drama die Wiederauferstehung Persephones dar, und der amtende Priester versprach die gleiche Wiederauferstehung jeder gereinigten Seele. Die orphische Sekte wandelte unter hinduistischem oder pythagoreischem Einfluß das Thema ab und lehrte in allen griechischen Landen, die Seele sei in einer Abfolge sündenbeladener Körper gefangen und könne aus dieser entwürdigenden Reinkarnation durch die ekstatische Vereinigung mit Dionysos erlöst werden. Bei ihren Zusammenkünften tranken die Mitglieder der orphischen Brüderschaft das Blut eines Stieres, der dem sterbenden und sühnenden Erlöser geweiht war und mit diesem identifiziert wurde. Das gemeinsame Einnehmen geweihter Speisen oder Getränke war bei den Glaubensbekenntnissen des Mittelmeeres häufig zu finden. Oft glaubte man, die Speise nehme durch Heiligung die Gotteskraft an, die dann auf magische Weise in den Kommunizierenden überging.

Alle Sekten hielten die Magie für möglich. Die Magoi hatten ihre Kunst durch den ganzen Osten verbreitet und einer alten Taschenspielerei einen neuen Namen gegeben. Im Mittelmeerbereich gab es unzählige Magier, Wundertäter, Orakel, Astrologen, asketische Heilige und wissenschaftliche Traumdeuter. Jedes ungewöhnliche Vorkommnis wurde weithin als göttliches Vorzeichen künftiger Ereignisse gedeutet. *Askesis*, mit dem die Griechen die sportliche Ertüchtigung des Körpers bezeichnet hatten, bedeutete nunmehr die Bezähmung des Fleisches durch den Geist; man geißelte sich, verstümmelte sich, hungerte sich aus oder fesselte sich mit Ketten; einige dieser Asketen starben an ihren Selbstverstümmelungen oder an der Selbstverleugnung. In der ägyptischen Wüste am See Mareotis lebte eine Gruppe von Juden und Nichtjuden, Männern und Frauen, in abgeschiedenen Zellen, vermied jede sexuelle Betätigung, traf sich am Sabbath zu gemeinsamem Gebet und nannte sich *therapeutai*, «Heiler der Seele». Millionen setzten ihren Glauben in die Schriften, die Orpheus, Hermes, Pythagoras, den Sibyllen usw. zugeschrieben wurden und von einem Gott diktiert oder eingegeben worden waren. Priester, die göttlich inspiriert zu sein vorgaben, wanderten von Stadt zu Stadt und vollbrachten anscheinend wunderbare Heilungen. Alexandros aus Abonoteichos dressierte eine Schlange dazu, den Kopf unter seinem Arm zu verbergen und sich eine halb menschliche Maske an den Schwanz befestigen zu lassen; er gab an, die Schlange sei der Gott Asklepios, der auf Erden erschienen sei, um als Orakel zu dienen; er erwarb sich ein Vermögen, indem er die Töne deutete, die von Schilfrohren stammten, welche er im Inneren des falschen Kopfes befestigt hatte.

Neben solchen Scharlatanen gab es wahrscheinlich Tausende ehrlicher Prediger des heidnischen Glaubens. Im frühen dritten Jahrhundert malte Philostratos ein idealisierendes Bild eines solchen Mannes in seinem *Leben des Apollonios von Tyana*. Mit sechzehn Jahren verschrieb sich Apollonios der strengen Regel der Pythagoreischen Brüderschaft und verzichtete auf die Ehe, das Fleisch und den Wein, rasierte sich niemals den Bart und bewahrte fünf Jahre lang vollkommenes Schweigen. Er verteilte sein Erbgut unter seine Verwandten und wanderte als mittelloser Mönch durch Persien, Indien, Ägypten, Westasien, Griechenland und Italien. Er ließ sich von der Lehre der Magoi, der Brahmanen und der ägyptischen Asketen durchdringen, besuchte Tempel jedes Glaubensbekenntnisses, flehte die Priester an, von den Tieropfern abzulassen, verehrte die Sonne, bekannte sich zu den Göttern und lehrte, daß hinter ihnen eine höchste unerkennbare Gottheit stehe. Sein Leben der Selbstverleugnung und der Frömmigkeit führte seine Anhänger dazu, in ihm den Sohn eines Gottes zu erblicken; er aber nannte sich immer nur schlicht Sohn des Apollonios. Die Überlieferung schrieb ihm vielerlei Wunderwerke zu: Er ging durch verschlossene Türen, verstand alle Sprachen, trieb Dämonen aus und erweckte ein Mädchen vom Tode.

Er war aber eher ein Philosoph denn ein Magier. Er kannte und schätzte die griechische Literatur und trug eine einfache, aber zwingende Moral vor: «Verleiht mir, ihr Götter, Kleines zu haben und nichts zu bedürfen!»[25] Als ein König ihn fragte, was er sich als Geschenk wünsche, antwortete er nur: «Brot und Früchte.» Da er die Wiedergeburt lehrte, verbot er seinen Anhängern, einem Lebewesen ein Leids zu tun oder Fleisch zu essen. Er ermahnte sie, Feindseligkeit, Verleumdung, Neid und Haß zu meiden; er sagte ihnen: «Wenn wir Philosophen sind, können wir unsere Mitmenschen nicht hassen.» Philostratos berichtet, daß er «über die Gemeinschaft der Güter sprach und die Zuhörer belehrte, daß sie sich gegenseitig, einer den anderen, ernähren müßten»[26]. Er wurde des Aufruhrs und der Hexerei angeklagt, kam aus eigenem Antrieb nach Rom, um sich vor Domitian gegen diese Anklagen zu verteidigen, wurde eingekerkert und entkam. Er starb, hoch betagt, um das Jahr 98 n. Chr. Seine Jünger behaupteten, er sei ihnen nach seinem Tode erschienen und dann in voller Körperlichkeit gegen den Himmel aufgefahren.

Welche Eigenschaften waren es denn, die halb Rom und das halbe Reich für diese neuen Glaubensbekenntnisse gewannen? Zum Teil war es ihr klassenloser, rassenloser Charakter; sie hießen alle Nationen, alle Freien und alle Sklaven willkommen und übergingen alle Unterschiede der Abstammung und des Vermögens mit tröstlicher Unbekümmertheit. Ihre Tempel waren geräumig gestaltet, um auch die Gläubigen aufzunehmen und nicht nur den Gott zu beherbergen. Kybele und Isis waren Muttergottheiten, denen die Sorge nicht fremd war, die ebenso zu klagen hatten wie Millionen ihrer Söhne beraubter Frauen; sie hatten Verständnis für etwas, was die römischen Gottheiten selten verstanden: die Leere im Herzen der Besiegten. Der Wunsch, zur Mutter zurückzukehren, ist stärker als der Antrieb, sich auf den Vater zu stützen. Es ist der Name der Mutter, der sich in Augenblicken großer Freude oder großen Leides von selbst auf die Lippen drängt; darum fanden Männer wie Frauen Trost und Zuflucht bei Isis und Kybele. Selbst heute noch wendet sich der Gläubige des Mittelmeerraumes öfter an Maria als an den Vater oder den Sohn; und das schöne Gebet, das er am häufigsten spricht, wendet sich nicht an die Jungfrau, sondern an die Mutter Maria, die gesegneten Leibes ist.

Die neuen Glaubensbekenntnisse drangen nicht nur tiefer in die Herzen ein; sie wandten sich auch farbenfreudiger an die Einbildungskraft und die Sinne mit Prozessionen und Gesängen, die zwischen Leid und Freude wechselten, und mit einem Ritual eindrucksvoller Symbolik, das den vom prosaischen Alltagsleben belasteten Geistern neuen Mut einflößte. Die neuen Priester waren nicht Politiker, die gelegentlich das Priestergewand anlegten, sondern Männer und Frauen aller Stände, die durch ein asketisches Noviziat zu ständiger Dienstausübung vorschritten. Mit ihrer Hilfe konnte die einer Übeltat bewußte Seele gereinigt werden. Manchmal vermochten sie, einen von Krankheiten verzehrten Körper durch ein inspirierendes Wort oder Ritual zu heilen. Und die Mysterien, bei denen sie amtierten, symbolisierten die Hoffnung, daß sogar der Tod überwindlich sein könnte.

Einstmals hatten die Menschen ihre Sehnsucht nach Größe und Dauer im Ruhme und der Fortdauer der Familie und der Sippe, dann des Staates, der ihre Schöpfung und ihr kollektives Ich war, sublimiert. Nun schmolzen die alten Sippschaften in der neuen Wanderlust des Friedens dahin, und der kaiserliche Staat war die Verkörperung nur der herrschenden Klasse, nicht der machtlosen Menschenmassen. Die Monarchie an der Spitze, die die Teilnahme und das Aufgehen des Bürgers im Staate zunichtemachte, ließ zutiefst und überall in den Massen den Individualismus aufkeimen. Das Versprechen persönlicher Unsterblichkeit, ewigwährender Glückseligkeit nach einem Leben der Unterdrückung, Armut, Plage oder Plackerei war der letztliche und unwiderstehliche Anziehungspunkt der orientalischen Glaubensbekenntnisse und des Christentums, das sie zusammenfaßte, absorbierte und besiegte. Alles in der Welt schien zusammenzuwirken, um Christus den Weg zu bereiten.

FÜNFTES KAPITEL

Rom und Judäa

[132 V. CHR. – 135 N. CHR.]

I. PARTHIEN

ZWISCHEN Pontos und dem Kaukasus ragten unruhevoll die Berge Armeniens auf, die nach der Sage der Arche Noah festen Halt geboten hatten. Durch die fruchtbaren Täler verliefen die Straßen von Parthien und Mesopotamien an das Schwarze Meer, Grund genug, daß Weltreiche sich um ihren Besitz stritten. Der Sprache nach waren die Armenier Indogermanen, den Phrygern und Hethitern verwandt; auf ihre anatolische Adlernase hatten sie aber nie verzichtet. Es war eine kraftstrotzende Rasse, geduldig im Ackerbau, geschickt im Handwerk, unübertrefflich in der Geschäftstüchtigkeit; aus einem schwierigen Gelände holte sie das Bestmögliche heraus, so daß sie hinreichend wohlhabend wurde, um ihre Könige im Luxus, wenn auch nicht an der Macht, zu erhalten. Dareios I. führte in der Behistun-Inschrift (521 v. Chr.) Armenien als persische Statthalterschaft an; später erkannte das Land nominell die Oberherrschaft der Seleukiden und dann wechselweise der Parther und der Römer an; es war aber so abgelegen, daß es praktisch unabhängig blieb. Sein berühmtester König, Tigranes der Große (94–56 v. Chr.) eroberte Kappadokien, gab seinem Reiche neben Artaxata noch eine zweite Hauptstadt, Tigranokerta, und schloß sich dem Aufstand des Mithridates gegen Rom an. Als Pompeius seine Unterwerfung annahm, mußte der König dem siegreichen Feldherrn 6000 Talente zahlen, ferner 10000 Drachmen an jeden Centurio und fünfzig an jeden Soldaten des römischen Heeres. Unter Caesar, Augustus und Nero anerkannte Armenien die Oberherrschaft Roms, und unter Traian war es eine Zeitlang eine römische Provinz; seine Kultur behielt aber doch ihre iranische Prägung, und für gewöhnlich lehnte es sich an Parthien an.

Die Parther saßen schon seit Jahrhunderten in dem Gebiet südlich des Kaspischen Meeres, zunächst als Untertanen der Achaimeniden-, dann der Seleukidenkönige. Sie waren skythisch-turanischer Abstammung, gehörten also rassemäßig zu den Völkern Südrußlands und Turkestans. Um 247 v. Chr. erhob sich ein skythischer Häuptling, Arsakes, gegen die Herrschaft der Seleukiden, erzwang die Unabhängigkeit Parthiens und gründete die Arsakidendynastie. Die Seleukidenkönige waren seit der Niederlage, die Rom Antiochos III. (189 v. Chr.) beigebracht hatte, so geschwächt, daß sie ihr Staatsgebiet gegen die unermüdlich anrennenden, halbbarbarischen Parther nicht zu verteidigen vermochten, und gegen Ende des zweiten vorchristlichen Jahrhunderts gehörte ganz Mesopotamien und Persien dem neuen Partherreich an. Drei verschiedene Hauptstädte gewährten, je nach Jahreszeit, dem neuen Herrscher Unterkunft: Hekatompylos in Parthien, Ekbatana in Medien und Ktesiphon am unteren Tigris. Gegenüber Ktesiphon lag die frühere Seleukidenhauptstadt Seleukeia, die sich jahrhundertelang trotz ihrer parthischen Umgebung ihren rein griechischen Charakter bewahrte. Die Arsakidenherrscher behielten den Verwaltungsapparat der Seleukiden bei, pfropften ihm aber das Feudalsystem der Achaimenidenkönige auf. Die große Masse der Bevölkerung bestand aus landwirtschaftlich tätigen Leibeigenen und Sklaven. Das Gewerbe war durchaus rückständig, nur die Eisenschmiede stellten einen guten Stahl her, und «das Brauereigewerbe war sehr einträglich»[1]. Der Staat zog seinen Wohlstand teilweise aus dem Handelsverkehr, der den großen Flüssen folgte, teils aus dem Karawanenverkehr zwischen Inner- und Ostasien und dem Westen. Von 53 v. Chr., als die Parther dem Crassus bei Carrhae eine Niederlage beibrachten, bis 217 n. Chr., als Macrinus von Artabanos den Frieden erkaufte, kämpfte Rom einen Krieg nach dem anderen um die Beherrschung dieser Handelswege und des Roten Meeres.

Die Parther waren entweder zu reich oder zu arm, um an der Literatur Gefallen zu finden. Die Adligen zogen hier wie überall die Lebenskunst dem Kunstleben vor, und die Leibeigenen waren zu ungebildet, die Handwerker zu beschäftigt, die Händler zu sehr auf Erwerb eingestellt, als daß eine große Kunst oder bedeutende Bücher hätten entstehen können. Das Volk sprach Pahlavi und schrieb mit aramäischen Schriftzeichen auf Pergament, bediente sich also nicht mehr der früher üblichen Keilschrift; es ist aber keine einzige Zeile einer parthischen Literatur erhalten. Wir wissen, daß griechische Schauspiele in Ktesiphon wie in Seleukeia geschätzt wurden, denn das Haupt des Crassus spielte dort eine Rolle in den *Bakchai* des Euripides. Die in Palmyra, Dura-Europos und Assur aufgefundenen Malereien und Skulpturen stammten wahrscheinlich aus der Hand iranischer Künstler; ihr rohes Gemenge griechischer und orientalischer Stilarten beeinflußte die spätere Kunst von China bis Byzanz. Ein erhaltenes sehr lebendiges Relief eines berittenen Bogenschützen läßt uns ahnen, daß wir vielleicht eine bessere Meinung von der parthischen Kunst hätten, wenn mehr erhalten wäre. In Hatra bei Mosul errichtete ein arabischer Lehnsmann des Partherkönigs (88 v. Chr.?) einen Palast aus Kalkstein mit sieben Sälen, die mit Bögen und Gewölben ausgestattet waren; der Stil ist eindrucksvoll, aber barbarisch. Gute Arbeit leisteten die Parther im Gravieren von Silberzeug und Edelsteinen.

Besonders taten sich die Parther in der Kunst hervor, die dem Menschen am liebsten ist – in der leiblichen Verschönerung. Beide Geschlechter trugen das Haar in Locken; die Männer pflegten gekräuselte Bärte und wehende Schnäuze und kleideten sich in Tuniken, bauschige Hosen und buntfarbige Übergewänder; die Frauen hüllten sich in feinbestickte Gewebe und schmückten sich das Haar mit Blumen. Freie Parther vergnügten sich mit Jagen, aßen und tranken reichlich und gingen nie zu Fuß, wenn sie reiten konnten. Sie waren tapfere Krieger und ehrenhafte Gegner, die ihre Gefangenen anständig behandelten, Ausländer auch zu hohen Ämtern zuließen und Flüchtlingen Unterkunft gewährten; manchmal brachten sie indessen ihren gefallenen Feinden Verstümmelungen bei, oder sie spannten Zeugen auf die Folter oder vergalten geringfügige Vergehen mit Peitschenhieben. Je nach ihren Vermögensverhältnissen hielten sie sich mehrere Frauen; die Frau mußte in der Öffentlichkeit verschleiert sein und sich sonst in ihren eigenen Gemächern aufhalten. Der Parther ahndete die eheliche Untreue seiner Gattin schwer, gestand aber beiden Geschlechtern das Recht zu, sich – fast auf den bloßen Wunsch hin – scheiden zu lassen. Als der parthische Feldherr Surenas ein Heer gegen Crassus führte, nahm er 200 Konkubinen und tausend Kamele für sein Gepäck auf den Feldzug mit. Im großen und ganzen gewinnen wir den Eindruck, daß die Parther weniger kultiviert waren als die Perser der Achaimenidenzeit und Männer von größerer Ehrenhaftigkeit als die Römer. Gegenüber religiös Andersdenkenden erwiesen sie sich als duldsam; die Griechen, Juden und Christen Parthiens durften ungehindert ihren religiösen Bräuchen nachleben. Sie selbst kehrten der zarathustrischen Rechtgläubigkeit den Rücken, verehrten Sonne und Mond und gaben Mithras den Vorzug vor Ahura Mazda, geradeso, wie den Christen Jesus mehr bedeutete als Jahve. Die Magoi, die von den späteren Arsakidenkönigen nicht recht beachtet wurden, arbeiteten auf den Sturz der Dynastie hin.

Nach dem Tode Vologeses' IV. (209 n. Chr.) kämpften seine Söhne Vologeses V. und Artabanos V. um die Thronfolge. Artabanos trug den Sieg davon und schlug dann die Römer bei Nisibis. Der Krieg, der nun drei Jahrhunderte lang zwischen den beiden Reichen geführt worden war, nahm mit einem mäßigen Siege der Parther ein Ende; auf den Ebenen Parthiens waren die römischen Legionen gegenüber der parthischen Reiterei im Nachteil. Artabanos wurde seinerseits in einem Bürgerkriege gestürzt. Der Mann, der ihn stürzte, Ardaschir oder Artaxerxes, Lehnsherr von Persien, machte sich zum König der Könige (227 n. Chr.) und gründete die Dynastie der Sassaniden. Die zarathustrische Religion wurde wieder eingeführt, und Persien trat in ein größeres Zeitalter ein.

II. DIE HASMONÄER

Im Jahre 143 v. Chr. nutzte Simon Makkabäus die Kämpfe zwischen den Parthern, Seleukiden, Ägyptern und Römern aus und erzwang von dem Seleukidenkönig die Unabhängigkeit Judäas. Eine Volksversammlung übertrug ihm die Ämter des Oberbefehlshabers und des Hohenpriesters des Zweiten Jüdischen Staates (142 v. Chr.–70 n. Chr.) und erklärte das Hohepriesteramt in der Familie der Hasmonäer für erblich. Judäa wurde wiederum eine Theokratie unter der Hasmonäerdynastie von Priester-Königen. Es war immer ein Kennzeichen semitischer Volkskörper, daß sie die geistlichen und irdischen Gewalten eng verbanden, in der Familie und im Staate; einen anderen Herrscher als Gott wollten sie nicht anerkennen.

Die Hasmonäer waren sich der Schwäche ihres kleinen Königreiches wohl bewußt und beschäftigten sich während zweier Menschenalter mit der Erweiterung seiner Grenzen, sei es mit diplomatischen, sei es mit gewaltsamen Mitteln. Um 78 v. Chr. hatten sie Samaria, Idumäa, Moab, Galiläa, Transjordanien, Gadara, Pella, Gerasa, Raphia und Gaza erobert und ihrem Staate einverleibt, so daß Palästina einen Umfang hatte wie unter Salomon. Die Nachkommen jener tapferen Makkabäer, die um die religiöse Freiheit ihr Leben eingesetzt hatten, zwangen nun ihren neuen Untertanen mit brutaler Gewalt die jüdische Religion und den Brauch der Beschneidung auf. Gleichzeitig verloren die Hasmonäer ihren religiösen Eifer und gaben trotz aller Proteste der Pharisäer den hellenisierenden Elementen der Bevölkerung nach. Königin Salome Alexandra (78–69 v. Chr.) kehrte den Spieß um und schloß Frieden mit den Pharisäern; aber noch vor ihrem Tode begannen ihre Söhne Hyrkanos II. und Aristobulos II. einen Krieg um die Nachfolge. Beide trugen ihre Ansprüche dem Pompeius vor, der zu dieser Zeit mit seinen siegreichen Legionen bei Damaskus stand. Als Pompeius zugunsten des Hyrkanos entschied, verschanzte sich Aristobulos mit seinem Heer in Jerusalem. Pompeius belagerte die Stadt und nahm ihre niedriger gelegenen Viertel ein; die Anhänger des Aristobulos flüchteten sich aber in die ummauerten Vorhöfe des Tempels und leisteten drei weitere Monate Widerstand. Ihre Frömmigkeit soll Pompeius zum Siege verholfen haben: Er merkte, daß seine Gegner am Sabbat keine Kampfhandlungen vornahmen und ließ seine Leute jeweils am Sabbatstage ungehindert die Wälle und Belagerungsmaschinen für die Angriffe des folgenden Tages herrichten. Gleichzeitig beteten und opferten die Priester im Tempel. Als die Schutzwehren überrannt wurden, kamen 12 000 Juden ums Leben; wenige leisteten Widerstand, keiner ergab sich, viele suchten den Tod durch einen Sprung von den Mauern. Pompeius befahl seinen Leuten, die Tempelschätze unberührt zu lassen, forderte aber vom Volke eine Reparationszahlung von 10 000 Talenten. Die Städte, die von den Hasmonäern unterworfen worden waren, wurden der Herrschaft Judäas entzogen und kamen unter römische Botmäßigkeit; Hyrkanos II. wurde zum Hohenpriester und nominellen Herrscher Judäas ernannt, jedoch als Mündel des Idumäers Antipater, der Rom unterstützt hatte. Die unabhängige Monarchie hatte ein Ende gefunden, und Judäa wurde ein Teil der römischen Provinz Syria.

Im Jahre 54 v. Chr. raubte Crassus – auf dem Wege nach Ktesiphon, wo er bald die Rolle des Pentheus spielen sollte – die Tempelschätze, die von Pompeius verschont worden waren und einen Wert von etwa 10000 Talenten hatten. Als die Nachricht von der Niederlage und vom Tod des Crassus nach Judäa kam, nutzten die Juden die Gelegenheit, um erneut ihre Freiheit zu fordern. Longinus, der Nachfolger des Crassus als syrischer Statthalter, unterdrückte den Aufstand und verkaufte 30000 Juden als Sklaven (43 v. Chr.). Im selben Jahre starb Antipater. Die Parther fegten über die Wüste und drangen in Judäa ein, wo sie Antigonos, den letzten Hasmonäer, als ihren Strohkönig einsetzten. Als Gegenschlag ernannten Antonius und Octavian Herodes – den Sohn Antipaters – zum König von Judäa und besoldeten seine jüdischen Truppen mit römischen Geldmitteln. Herodes vertrieb die Parther aus Judäa, schützte Jerusalem vor Plünderung, lieferte den Antigonos zur Hinrichtung an Antonius aus, ließ alle jüdischen Führer, die sich für den Strohkönig erklärt hatten, niedermachen, und trat damit glückverheißend eine Herrschaft an, die zu den buntbewegtesten der Geschichte gehört (37–4 v. Chr.).

III. HERODES DER GROSSE

Charakterlich war dieser Mann kennzeichnend für ein Zeitalter, das so viele Menschen von hoher Intelligenz, aber geringer Moral, vielen Fertigkeiten, aber wenig Skrupeln, großem Mute, aber geringer Ehrgesinnung hervorgebracht hatte. Er war in gewissem Sinne der kleinere Augustus von Judäa: Er überdeckte das Chaos der Freiheit mit einer diktatorischen Ordnung, verschönte seine Hauptstadt mit Bauwerken und Skulpturen in griechischem Stile, vergrößerte seinen Herrschaftsbereich, brachte ihn zum Blühen, erreichte mehr mit diplomatischen Mitteln als mit den Waffen, ging viele Ehen ein, zerbrach an dem Verrate seiner Nachkommen und erlebte alle Glücksfälle – nur nicht das persönliche Glück. Er besaß, nach der Beschreibung des Josephus, viel Mut und körperliche Gewandtheit: Er war ein vortrefflicher Bogen- und Speerschütze, ein gewaltiger Jäger, der «an *einem* Tage vierzig Stück Wild» erlegte; «als Krieger war Herodes unwiderstehlich.»[2] Daneben muß er noch in Umgang und Wesen persönliche Reize besessen haben, denn es gelang ihm stets, die Feinde, die ihn bei Antonius, Kleopatra oder Octavian anschwärzen wollten, durch Überredungskünste oder Bestechung von ihrem Vorhaben abzubringen. Allemal, wenn er mit den Triumvirn in Konflikt geriet, ging er mit größerer Macht und erweitertem Herrschaftsgebiet daraus hervor, bis Augustus fand, er sei «eine zu große Seele für ein so kleines Reich», und die Städte der Hasmonäer in Palästina wieder seinem Königreich einverleibte und sich mit dem Gedanken trug, Herodes die Herrschaft über Syrien und Ägypten zu übertragen. Der Idumäer war zugleich großmütig und unbarmherzig, und den Wohltaten, die er seinen Untertanen erwies, kamen nur noch die Ungerechtigkeiten gleich, die er ihnen zufügte.

Viel trug zur Ausbildung seines Charakters der Haß bei, den ihm die Menschen entgegenbrachten, die er niedergerungen oder deren Angehörige er umgebracht hatte, und die Feindseligkeit eines Volkes, das die unverblümt autokratische Herrschaft und die fremdrassige Abstammung seines Königs nicht vertragen konnte. Er war mit Roms militärischer und finanzieller Hilfe König geworden und blieb bis an sein Lebensende ein Freund und Vasall der Macht, von der das Volk unter allen Umständen frei sein wollte. Die bescheidenen Wirtschaftskräfte des Landes litten bis zum Zusammenbruch unter den Steuern, die eine verschwenderische Hofhaltung und ein im Verhältnis zum Volksvermögen unmäßiges Bauvorhaben notwendig machten. Auf verschiedene Weise, aber erfolglos, suchte Herodes seine Untertanen milder zu stimmen: In mageren Jahren erließ er die Steuern; er bewog Rom, die geforderten Tribute zu verringern; er sicherte den Juden im Ausland Vorrechte; er leitete bei Hungersnöten und anderen Notfällen unverzüglich Hilfsmaßnahmen ein, sorgte für Ordnung und Sicherheit im Inneren und nach außen und entwickelte die natürlichen Hilfsquellen des Landes. Dem Räuberunwesen machte er ein Ende; der Handel blühte auf, die Märkte und Häfen waren voll tätigen Lebens. Zur gleichen Zeit aber entfremdete sich der König der Zuneigung des Volkes durch sein sittenloses Gebaren, durch die Grausamkeit seiner Strafen und durch einen «Unfall», der dem Enkel Hyrkanos' II., Aristobulos, dem rechtmäßigen Thronerben, im Bade das Leben kostete. Die Priester, denen er alle Macht genommen hatte und deren Führer er selbst ernannte, verschworen sich gegen ihn, und die Pharisäer verabscheuten seinen offensichtlichen Entschluß, aus Judäa einen hellenistischen Staat zu machen.

Herodes war selbst weder der Abstammung noch der Überzeugung nach Jude; viele Städte, die nach Bevölkerung und Sitte mehr griechisch als jüdisch waren, unterstanden seiner Macht und beeindruckten ihn durch die Verfeinerung und Mannigfaltigkeit ihrer hellenistischen Kultur. So war es nur natürlich, daß er für sein Reich eine kulturelle Einheit erstrebte und für seine eigene Herrschaft eine achtunggebietende Fassade, und hierzu förderte er die griechische Lebensart und griechische Kleidung, Bildung, Literatur und Kunst. Er umgab sich mit griechischen Gelehrten, vertraute ihnen hohe Staatsämter an und ernannte Nikolaos von Damaskus, einen Griechen, zu seinem Ratgeber und Geschichtsschreiber. Unter großem Kostenaufwand erbaute er in Jerusalem ein Theater und ein Amphitheater; er schmückte sie mit Denkmälern für Augustus und andere Heiden und führte die griechischen athletischen und musischen Wettkämpfe und die römischen Gladiatorenspiele ein. Zur Verschönerung von Jerusalem trug er durch weitere Bauten in einem Stile bei, der dem Volke fremdartig erschien, und er ließ griechische Statuen öffentlich aufstellen, deren Nacktheit die Juden ebenso empörte wie die Nacktheit der Ringkämpfer bei den Wettspielen. Sich selbst erbaute er einen Palast, zweifellos nach griechischen Vorbildern; im Inneren stattete er ihn mit Gold und Marmor und kostbaren Möbeln aus, außen umgab er ihn nach dem Geschmack seiner römischen Freunde mit ausgedehnten Parkanlagen. Alles war entsetzt, als er bekanntgab, der Tempel, den Serubabel vor fünf Jahrhunderten erbaut hatte, sei zu klein und müsse niedergerissen und durch einen größeren ersetzt werden. Allen Einwänden und Befürchtungen zum Trotz setzte er sein Vorhaben durch und erbaute den gewaltigen Tempel, den Titus später zerstörte.

Auf dem Zionsberg wurde ein Platz von 225 Metern im Quadrat freigelegt. Rings um diesen Platz wurden Bogengänge gebaut, deren Bedachung «seltsame Schnitzereien» aufwies und die mehrfache Reihen korinthischer Säulen hatten, welche jeweils aus einem einzigen Marmorblock gefertigt und so dick waren, daß drei Menschen sie kaum mit ihren Armen umspannen konnten. In dem so gebildeten Haupthof waren die Stände der Geldwechsler untergebracht, wo die Pilger ihr Geld gegen Münzen, die dem Heiligtum genehm waren, eintauschen konnten; ferner lagen hier die Ställe, in denen man sich Opfertiere erstehen konnte, und die Räume und Säulengänge, in denen Lehrer und Schüler sich zum Studium des Hebräischen und des Gesetzes trafen und die im Orient unvermeidlichen Bettler ihren Lärm vollführten. Aus diesem «Äußeren Tempel» führte eine breite Treppenflucht zu einem inneren, von Mauern umschlossenen Raum, den kein Nichtjude betreten durfte; hier lag der «Frauenhof», in den «diejenigen, welche rein waren, mit ihren Frauen eintreten durften»[3]. Von dieser zweiten Umhegung aus kam der Gläubige über eine zweite Treppenflucht und durch mit Gold- und Silberplatten abgedeckte Tore in den «Priesterhof», in dem unter freiem Himmel der Altar stand, auf welchem Jahve Brandopfer dargebracht wurden. Eine dritte Treppe führte durch eine $22\,^1/_2$ Meter hohe und $7\,^1/_4$ Meter breite Bronzetüre, die von einem berühmten goldenen Weinstock überrankt war, zu dem eigentlichen Tempel, der nur den Priestern offenstand. Er war ganz aus weißem Marmor erbaut und an der Vorderseite mit Goldplatten belegt. Im Inneren war ein großer bestickter Vorhang in Blau, Purpur und Scharlach quer durch den Raum gespannt. Vor dem Vorhang standen der goldene siebenarmige Kerzenleuchter, der Altar für den Weihrauch und der Tisch mit dem ungesäuerten Opferbrot, das die Priester Jahve darbrachten. Hinter dem Vorhang lag das Allerheiligste, das in dem früheren Tempel die Bundeslade und ein goldenes Weihrauchfaß enthalten hatte, im neuen Tempel aber nach Josephus «völlig leer» war. In diesem Raum war nur einmal im Jahr der Schritt menschlicher Füße zu vernehmen, am Bußtag, wenn der Hohepriester allein eintrat. Die Hauptbauten dieses historischen Gebäudes waren in acht Jahren vollendet; die Arbeiten zur Verzierung dauerten jedoch noch achtzig Jahre und waren gerade abgeschlossen, als Titus mit seinen Legionen eintraf.

Der mächtige Tempel wurde den Wunderwerken der augusteischen Welt zugerechnet, und das Volk war stolz auf ihn, denn seine Pracht ließ die korinthischen Säulen der Gänge und den goldenen Adler fast vergessen, der trotz des jüdischen Verbotes, Bildwerke anzufertigen, über jedem Tempeleingang die Macht von Judäas Feind und Meister, Rom, symbolisierte. Mittlerweile brachten Juden, die von Reisen zurückkehrten, Kunde von den völlig in griechischem Stile gehaltenen Bauten, mit denen Herodes die anderen Städte Palästinas wiedererstehen ließ; sie erzählten, er gebe das Geld der Nation und (wie das Gerücht wissen wollte) das Gold, das in Davids Grabstätte verborgen gewesen war, zum Bau eines großen Hafens in Caesarea aus und verschwende viel Geld an fremdländische Städte, wie Damaskus, Byblos, Berytos, Tyros, Sidon, Antiochien, Rhodos, Pergamon, Sparta und Athen. Es war deutlich genug, daß Herodes der Abgott der Hellenen sein wollte, nicht nur König der Juden. Die Juden lebten aber von ihrer Religion, sie zehrten an dem Glauben, daß sie Jahve dereinst von Sklaverei und Unterdrückung befreien werde; der Triumph des hellenistischen Geistes über den jüdischen war ihnen das Zeichen eines Unglücks, das nicht minder groß war als die Verfolgungen des Antiochos. Man verschwor sich gegen Herodes; er deckte die Verschwörungen auf, ließ die Verschwörer gefangensetzen, foltern und hinrichten und rottete in manchen Fällen die ganze Familie eines Aufständischen aus. Nun ließ er das Volk bespitzeln und verkleidete sich auch selbst, um seine Untertanen auszuhorchen, und jedes feindselige Wort, das an sein Ohr kam, wurde hart bestraft.

Alle seine Feinde vermochte er in Schach zu halten, nicht aber seine Frauen und seine Kinder. Der Frauen hatte er zehn, zu einer Zeit neun auf einmal; Kinder hatte er vierzehn. Seine zweite Gemahlin, Mariamne, war Enkelin Hyrkanos' II. und Schwester des Aristobulos, die Herodes beide hatte umbringen lassen. Sie benahm sich nach Josephus «wohl züchtig und treu, behandelte ihn aber nach Weiberart etwas abstoßend und von oben herab, da er in Liebe zu ihr schmachtete ... Schließlich verspottete sie offen des Königs Mutter und Schwester und schmähte dieselben wegen ihrer niederen Herkunft, so daß sich zwischen den Weibern eine unversöhnliche Feindschaft entspann.»[4] Herodes ließ sich von seiner Schwester überzeugen, daß Mariamne einen Anschlag gegen sein Leben plane, worauf er vor den Mitgliedern seines Hofes Klage gegen sie erhob; sie wurde zum Tode verurteilt und hingerichtet. Herodes bekam Zweifel an ihrer Schuld und machte sich eine Zeitlang die bittersten Vorwürfe; immer wieder rief er ihren Namen aus, er schickte Bedienstete aus, die sie vor ihn bringen sollten. Schließlich ließ er alle Staatsgeschäfte fahren und ging in die Wüste, wo er in tiefster Niedergeschlagenheit weilte, bis man ihn, von Fieber durchglüht und halb wahnsinnig, in seinen Palast brachte. Mariamnes Mutter unternahm zusammen mit einigen anderen den Versuch, ihn abzusetzen; ganz plötzlich kam er wieder zu Sinnen, bemächtigte sich seines Thrones und ließ die Verschwörer hinrichten. Kurz darauf legte ihm Antipater, sein Sohn von seiner ersten Frau, die Beweise vor, daß Alexandros und Aristobulos, seine Söhne von Mariamne, sich gegen ihn verschworen hatten; er unterbreitete die Angelegenheit einem Rat von 150 Männern, der die Jünglinge zum Tode verurteilte (6 v. Chr.). Zwei Jahre später überführte Nikolaos von Damaskus Antipater selbst der Verschwörung gegen seinen Vater. Herodes ließ den Jüngling vor sich bringen, «befahl, ihn in die Mitte zu stellen, und brach in Klagen über seine Kinder aus, von denen er schon so viel gelitten»[5]. In einem Augenblicke gnädiger Stimmung ließ er den Antipater nur gefangensetzen.

Nun aber brachten Krankheit und Kummer den alternden König zum Zusammenbruch. Er litt an Wassersucht, Geschwüren, Fiebern, Krämpfen und üblem Atem. Er, der so viele gegen sein Leben gerichtete Unternehmungen vereitelt hatte, versuchte nun, sich selbst den Tod zu geben, wurde aber daran gehindert. Er erfuhr noch, daß Antipater versucht hatte, durch Bestechung freizukommen, und ließ ihn hinrichten. Fünf Tage später starb er selbst (4 v. Chr.) in seinem neunundsechzigsten Lebensjahre, dem ganzen Volke verhaßt. Seine Feinde sagten: «Herodes stahl sich zu seinem Thron wie ein Fuchs, regierte wie ein Tiger und starb wie ein Hund.»[6]

IV. DAS GESETZ UND SEINE PROPHETEN

In seinem Testament verfügte Herodes die Aufteilung des Königreiches unter seine drei restlichen Söhne. Herodes Philippos erhielt den östlichen Bezirk, Batanäa, mit den Städten Bethsaida, Kapitolias, Gerasa, Philadelphia und Bostra. Herodes Antipas bekam Peräa (Transjordanien) und, im Norden, Galiläa mit Esdraela, Tiberias und Nazareth. An Archelaos fielen Samaria, Idumäa und Judäa. In Judäa lagen zahlreiche berühmte größere und kleinere Städte: Bethlehem, Hebron, Beer Seba, Gaza, Gadara, Emmaus, Jamnia, Ioppe, Caesarea, Jericho und Jerusalem. Einige palästinensische Städte waren vorwiegend griechisch, andere syrisch; das gadarenische Schwein bezeugt die Anwesenheit von Nichtjuden in Gadara. In allen Küstenstädten außer Ioppe und Jamnia waren die Heiden in der Mehrheit, ebenso in der Dekapolis, den zehn Jordanstädten; die Dörfer des Landesinneren waren fast ausschließlich von Juden bewohnt. In dieser Rassenspaltung, die den Römern durchaus nicht ungelegen kam, lag die Tragödie Palästinas beschlossen.

Wir müssen schon zu den Puritanern Englands zurückgehen, damit wir uns einen Begriff von dem Abscheu machen können, den der Polytheismus und die Unmoral der heidnischen Gesellschaft bei frommen Juden erregte. Aus der Religion schöpften die Juden ihr Gesetz, ihren Staat und ihre Hoffnung: Es hätte für sie die Preisgabe der nationalen Eigenständigkeit bedeutet, wenn sie sie von dem anschwellenden Strom des Hellenismus hätten wegschwemmen lassen. Das war der Grund des gegenseitigen Hasses von Juden und Heiden, der die kleine Nation in einer Art wogenden Fiebers des Rassenkampfes, des politischen Aufruhrs und des stets wieder ausbrechenden Krieges hielt. Überdies verachteten die Juden von Judäa die Galiläer als unwissende Abtrünnige, und die Galiläer verachteten die Judäer als Sklaven, die sich in den Spinnweben des Gesetzes verfangen hatten. Weiter lagen die Judäer und die Samariter beständig in Fehde; die Samariter behaupteten, ihr Berg Gerizim und nicht der Berg Zion sei der Ort, den sich Jahve zu seiner Heimstätte erkoren habe, und verwarfen alle heiligen Schriften außer dem Pentateuch. Einig waren sich alle diese Gruppen im Haß gegen die römische Macht, die ihnen für das unerwünschte Privileg des Friedens einen hohen Preis abforderte.

Palästina hatte nun eine Bevölkerung von zweieinhalb Millionen Seelen, von denen vielleicht hunderttausend in Jerusalem wohnten. Die meisten sprachen aramäisch; die Priester und Gelehrten verstanden Hebräisch; die Beamten und die Ausländer und die meisten Schriftsteller bedienten sich des Griechischen. Die Bauern machten die Volksmehrheit aus; sie bebauten und bewässerten den Boden und trieben Obst- und Weinbau und Viehzucht. Zur Zeit von Jesus Christus erzeugte Palästina genügend Getreide, um noch einen kleinen Überschuß ausführen zu können; seine Datteln, Feigen, Weintrauben und Oliven, sein Wein und sein Öl waren im ganzen Mittelmeerraum hoch geschätzt. Das alte Gebot, das Land in jedem Sabbatjahr brach liegen zu lassen, wurde noch befolgt. Das Handwerk ging zumeist vom Vater auf den Sohn über und war in

Zünften organisiert. Die Juden ehrten den Arbeitenden, und die meisten Gelehrten wußten ihre Hände so gut zu gebrauchen wie ihre Zunge. Sklaven fand man hier seltener als in sonst einem Lande des Mittelmeerraumes. Der Kleinhandel stand in hoher Blüte; es gab aber noch nicht viele jüdische Händler, die über bedeutende Mittel und einen großen Wirkungsbereich verfügten. «Wir Juden bewohnen weder ein Küstenland, noch haben wir Freude am Handel und dem dadurch begünstigten Verkehr mit den Fremden»[7], sagt Josephus. Finanzielle Transaktionen von Bedeutung gab es kaum, bis Hillel, vielleicht auf Herodes' Vorschlag, das Gesetz des fünften Buches Mose (15, 1–15) widerrief, nach dem alle sieben Jahre die Schulden erlassen werden sollten. Der Tempel selbst war die Nationalbank.

Innerhalb des Tempels fand sich der Gasit-Saal, der Versammlungsort des Synhedriums, des Hohen Älterenrates von Israel. Wahrscheinlich war diese Behörde in der Seleukidenzeit entstanden, um den früheren Rat zu ersetzen, der im vierten Buch Mose (11, 16) als beratende Körperschaft von Moses erwähnt ist. Ursprünglich hatte sie aus Angehörigen des Priesteradels bestanden, die vom Hohenpriester berufen wurden; in der Römerzeit waren immer mehr Pharisäer und einige Schriftgelehrte dazugekommen. Diese einundsiebzig Männer mit dem Hohenpriester als ihrem Vorsitzenden behaupteten von sich, die höchste Gewalt über alle Juden der ganzen Welt zu haben, und die orthodoxen Juden beugten sich dieser Gewalt auch überall; aber die Hasmonäer, Herodes und Rom erkannten ihre Autorität nur dann an, wenn Juden aus Judäa das jüdische Recht verletzten. Sie hatten das Recht, in Judäa Juden wegen religiöser Vergehen zum Tode zu verurteilen, durften aber das Urteil erst vollstrecken, wenn die Zivilmacht es anerkannte.

Wie das fast immer so ist, kämpften auch in dieser Körperschaft zwei Parteien um die Vormacht: eine konservative Gruppe unter der Führung der höheren Priester und der Sadduzäer und eine liberale Gruppe unter der Führung der Pharisäer und der Schriftgelehrten. Die höhere Priesterschaft und die oberen Stände gehörten großenteils den Sadduzäern *(Sadokim)* an, die ihren Namen nach dem Gründer der Partei, Sadok, trugen; sie vertraten eine nationalistische Politik und eine orthodoxe Religion, setzten sich für die strikte Befolgung der Gesetze der Thora, des geschriebenen Rechtes, ein, verwarfen jedoch die zusätzlichen Verordnungen der mündlichen Überlieferung und die liberalisierenden Auslegungen der Pharisäer. Sie hegten Zweifel an der Unsterblichkeit und begnügten sich mit dem Besitz der guten Dinge dieser Erde.

Die Pharisäer *(Peruschim*, «Abgesonderten») hatten ihre Benennung von den Sadduzäern erhalten, weil sie sich (wie gute Brahmanen) von allen Menschen absonderten, die den Erfordernissen der rituellen Sauberkeit nicht nachkamen und darum als religiös unrein galten. Sie setzten in gewisser Weise die Chassidim der Makkabäerzeit fort, die für die strengste Befolgung des Gesetzes eingetreten waren. Josephus, selbst ein Pharisäer, sagt: «Sie gelten für besonders kundige Erklärer des Gesetzes, machen alles von Gott und dem Schicksal abhängig.»[8] Sie ergänzten das geschriebene Recht des Pentateuch durch die mündliche Überlieferung der Auslegungen und Entscheidungen anerkannter Rechtslehrer. Nach Ansicht der Pharisäer waren diese Auslegungen unumgänglich notwendig, um die Dunkelheiten des mosaischen Gesetzes aufzuhellen und um dessen Anwendung den Einzelfällen gemäß handhaben und von Zeit zu Zeit dessen Buchstaben den veränderten Lebensbedingungen und -notwendigkeiten anpassen zu können. Die Pharisäer waren zugleich streng und mild und milderten das Gesetz hie und da, wie zum Beispiel im Falle von Hillels Erlaß über den Zins, verlangten aber die volle Beobachtung der mündlichen Überlieferungen wie der Thora. Nur durch diesen unbedingten Gehorsam konnten nach ihrer Ansicht die Juden der Assimilation und damit der Auslöschung entgehen. Sie fügten sich der Römerherrschaft und suchten Trost in der Hoffnung auf körperliche und geistige Unsterblichkeit. Sie führten ein einfaches Leben, verurteilten jeden Luxus, fasteten häufig, wuschen sich emsig und waren sich gelegentlich in einer aufreizenden Weise ihrer Tugendhaftigkeit bewußt; sie bildeten aber das moralische Rückgrat des Judentums, gewannen sich die Zuneigung des Mittelstandes und vermittelten ihren Anhängern einen Glauben und eine Lebensregel, die sie vor der Zersetzung bewahrten, als die Katastrophe einsetzte. Nach der Zerstörung des Tempels (70 n. Chr.) verlor die Priesterschaft an Einfluß, die Sadduzäer verschwanden, die Synagoge ersetzte den Tempel und die Pharisäer wurden durch die Rabbis die Lehrer und Hirten eines verstreuten, aber unbesiegten Volkes.

Die radikalste jüdische Sekte war diejenige der Essener. Diese leitete ihre Frömmigkeit von den Chassidim ab, ihren Namen wahrscheinlich von den chaldäischen *aschai* («Badenden»), ihre Lehre und Lebensweise von dem Strome des Asketismus, der im letzten vorchristlichen Jahrhundert die ganze Welt durchströmte; möglicherweise waren sie durch brahmanische, buddhistische, parsische, pythagoreische und kynische Gedanken und Vorstellungen beeinflußt, die auf dem Handelsknotenpunkt Jerusalem zusammenkamen. In Palästina gab es etwa 4000 Essener; sie bildeten dort einen eigenen Orden, in dem das geschriebene und das mündlich überlieferte Gesetz gleichermaßen mit äußerster Strenge befolgt wurde. Sie besiedelten und bebauten gemeinschaftlich und in fast mönchischer Ehelosigkeit die Oase Engadi in der Wüste westlich des Toten Meeres. Ihre Hütten gehörten der Gemeinschaft, die Mahlzeiten wurden gemeinschaftlich und in vollkommenem Schweigen eingenommen; die Führer wurden in allgemeiner Wahl bestimmt, alle Einkünfte und Güter waren Gemeinbesitz, und über allem stand der chassidische Leitspruch: «Mein und dein gehören dir.»[9] Josephus schreibt: «Viele von ihnen werden – wie mir scheint, infolge der Einfachheit ihrer Lebensweise und der bei ihnen herrschenden Ordnung – über hundert Jahre alt.»[10] Jeder kleidete sich in weißes Leinen, trug eine kleine Hacke bei sich, mit der er seine Exkremente verscharren konnte, wusch sich nach der Verrichtung wie ein Brahmane und betrachtete es als Entweihung, am Sabbatstage eine körperliche Notdurft zu verrichten. Einige Essener heirateten und ließen sich in einer Stadt nieder, befolgten aber Tolstojs Regel, nur dann ihren Frauen beizuwohnen, wenn sie Kinder zu zeugen wünschten. Die Angehörigen der Sekte mieden jede Sinnenlust und suchten durch Gebet und Meditation zu einer mystischen Vereinigung mit Gott zu kommen. Ihre Hoffnung war, durch Frömmigkeit, Enthaltsamkeit und Kontemplation zu magischen Kräften gelangen und die Zukunft voraussehen zu können. Wie die meisten Menschen ihrer Zeit glaubten sie an Engel und Dämonen, stellten sich die Krankheiten als Besessensein von bösen Geistern vor und unternahmen es, diese mit Zaubersprüchen auszutreiben; einige Teile der Kabbala sind aus ihren «Geheimlehren» entstanden. Sie harrten des Messias, der ein kommunistisches egalitäres Himmlisches Königreich *(Malchuth Schamayim)* auf Erden gründen sollte; zu diesem Königreich würden nur diejenigen Zutritt haben, die ein makelloses Leben geführt hatten. Sie waren glühende Pazifisten und unterließen es, Kriegsgerät anzufertigen; als aber die Legionen des Titus Jerusalem und den Tempel der Essener angriffen, schlossen sie sich dem Verteidigungskampf der übrigen Juden an und kämpften, bis fast keiner mehr am Leben war. In der Beschreibung ihrer Bräuche und ihres Martyriums, die Josephus uns vermittelt, betreten wir bereits die Atmosphäre des Frühchristentums:

«Auf die Folter wurden sie gespannt, ihre Glieder gereckt, verbrannt, zerbrochen; mit allen erdenklichen Marterwerkzeugen quälte man sie, um sie zur Lästerung des Gesetzgebers oder zum Genuß einer ihnen verbotenen Speise zu zwingen – aber weder das eine noch das andere vermochte man durchzusetzen. Kein bittendes Wort an ihre Peiniger kam über ihre Lippen, und ihre Augen blieben tränenleer. Lächelnd unter Schmerzen spotteten sie ihrer Henker, und freudig gaben sie ihre Seelen dahin in der sicheren Hoffnung, sie einst wieder zu erhalten.»[11]

In der Generation vor Christus bildeten die Sadduzäer, Pharisäer und Essener die wichtigsten religiösen Sekten Judäas. Die Schriftgelehrten *(Hakamin*, «Gelehrten»), die Jesus so oft mit den Pharisäern in eins setzte, gehörten nicht einer Sekte, sondern einer Berufsgruppe an; es waren Gelehrte, die sich im Gesetz auskannten, die in Synagogen und Schulen Recht lehrten, öffentlich und privat über Rechtsfragen disputierten und die Gesetze auf die besonderen Fälle zur Anwendung brachten. Die meisten von ihnen waren Pharisäer, einige waren Sadduzäer, einige wenige Priester; in den zwei Jahrhunderten vor Hillel hatten sie die gleiche Bedeutung wie die Rabbis nach ihm. Sie waren die *iurisprudentes* von Judäa, deren Rechtsentscheide von den Lehrern an die Schüler weitergegeben wurden und ein Teil jener mündlichen Überlieferung wurden, die bei den Pharisäern das gleiche Ansehen genoß wie das geschriebene Recht. Unter ihrem Einfluß wucherte das mosaische Gesetz in Tausende von Einzelvorschriften aus, die für jeden besonderen Umstand die angemessene gesetzliche Bestimmung geben sollten.

Der erste dieser Lehrer des Gesetzes, der festere Umrisse annimmt, ist Hillel, aber auch er verschwindet ganz in dem Sagengewebe, das eine wohlmeinende Nachwelt um ihn spann. Er soll (75 v. Chr.?) in Babylon geboren sein und einer angesehenen, aber verarmten Familie angehört haben. Nach Jerusalem kam er als Erwachsener; er unterhielt seine Familie durch seiner Hände Arbeit. Mit der Hälfte seines Taglohnes bestritt er die Kosten des Unterrichts, den er in der Schule der beiden berühmten Rechtslehrer Schemaya und Abtolim genoß. Als er eines Tages die Zutrittsgebühr nicht zahlen konnte und abgewiesen wurde, kletterte er auf ein Fenstersims, um «die Worte des lebendigen Gottes hören zu können». Er soll vor Kälte starr in den Schnee hinuntergefallen und am anderen Morgen halb erfroren aufgefunden worden sein. Er wurde nun seinerseits ein hochgeehrter *rabbi*, «Lehrer», der wegen seiner Bescheidenheit, Geduld und Freundlichkeit angesehen war. Einmal soll jemand gewettet haben, er werde Hillel in Zorn versetzen; er verlor die Wette. Drei Grundsätze der Lebensführung waren Hillel vor allem wichtig: Menschenliebe, Friedensliebe und Achtung und Kenntnis des Gesetzes. Als ein Mann, der sich zum Judentum bekehren wollte, ihn einmal bat, ihm das Gesetz in weniger Zeit zu erklären, als ein Mensch auf einem Fuß zu stehen vermag, antwortete er: «Was dir selbst als verabscheuungswürdig erscheint, das füge auch keinem anderen zu»*[12]; es war eine vorsichtig negativ gehaltene Fassung der Goldenen Regel, die schon lange zuvor im dritten Buch Mose eine positive Formulierung gefunden hatte. Weiter lehrte Hillel: «Urteile nicht über deinen Nächsten, bevor du nicht an seiner Stelle bist.»[14] Er war bestrebt, mit sieben Regeln der Gesetzesauslegung den Streit der Sekten einzudämmen. Seine eigenen Auslegungen waren liberal; am bemerkenswertesten ist, daß er das Geldverleihen und die Ehescheidung erleichterte. Er war ein Besänftiger, kein Reformer: «Trenne dich nicht von deiner Gemeinde!» war der Rat, den er den jungen Aufständischen seiner Zeit gab. Den Herodes litt er als unvermeidliches Übel; er ließ sich von ihm zum Vorsitzenden des Synhedriums ernennen (30 v. Chr.). Bei der Pharisäermehrheit war er so beliebt, daß er bis zu seinem Tode (10 n. Chr.) Führer des Großen Rates blieb. Zu seinem Gedenken wurde das Amt in seiner Familie auf vierhundert Jahre erblich.

Seinen zweiten Ehrenplatz übertrug der Rat dem konservativen Rabbi Schammai, dem Rivalen Hillels. Schammai trat für eine strengere Auslegung des Gesetzes ein, verwarf die Ehescheidung und verlangte die wortwörtliche Befolgung des alttestamentlichen Gesetzes ohne Rücksicht auf die veränderten Zeitumstände. Diese Aufspaltung der jüdischen Lehrer in konservative und liberale Gruppen hatte schon ein Jahrhundert vor Hillel bestanden und dauerte bis zur Zerstörung des Tempels an.

V. DIE GROSSE ERWARTUNG

Die jüdische Literatur dieses Zeitalters ist, soweit sie uns erhalten ist, fast ausschließlich religiös. Geradeso, wie der Hebräer das Anfertigen eines Bildnisses der Gottheit als eine Gotteslästerung und das Ausschmücken des Tempels mit plastischen Bildwerken als eine Entweihung empfand, hielt er es auch für verfehlt, philosophische oder literarische Werke zu verfassen, die nicht den Preis und Ruhm Gottes zum letzten Zweck hatten. Natürlich gab es viele Ausnahmen, wie zum Beispiel die hübsche Erzählung von Susanna, nach der eine hübsche Jüdin von zwei abgewiesenen Greisen fälschlich der Unkeuschheit bezichtigt wurde und ihre Freiheit dem geschickten Kreuzverhör, das ein Jüngling namens Daniel anstellte, verdankte. Sogar diese Geschichte fand ihren Weg in einige Fassungen des Buches Daniel.

In diese Zeit gehört vielleicht das Buch Jesus Sirach; es zählt zu den «apokryphen», das heißt nicht authentischen Büchern, die nicht in den jüdischen Kanon des Alten

* Der Talmud läßt zu Hillels Antwort noch folgende Worte hinzukommen: «Das ist das ganze Gesetz, alles übrige ist Kommentar.»[13]

Testamentes aufgenommen wurden; wegen seiner Schönheit und Weisheit verdiente es wohl, in die Gesellschaft des Buches Hiob und des Predigers Salomo aufgenommen zu werden. In seinem vierundzwanzigsten Kapitel finden wir wiederum, wie im achten Kapitel der Sprüche Salomos, die Lehre vom Logos, dem fleischgewordenen Wort: «Vor der Welt, von Anfang bin ich geschaffen und werde ewiglich bleiben.» Zwischen 130 v. Chr. und 40 n. Chr. schuf ein alexandrinischer Jude – oder eine Anzahl hellenistischer Juden – ein Buch der Weisheit Salomos, das gleich Philon die jüdische und die platonische Lehre in Übereinstimmung zu bringen suchte und die hellenisierenden Juden in einer Prosa, die es mit jedem Prosastück seit Jesaja aufnimmt, zum Gesetz zurückrief. Ein weniger bedeutendes Werk, die Psalmen Salomos (etwa 50 v. Chr.), ist von der Erwartung eines Erlösers für Israel erfüllt.

Die Hoffnung auf einen göttlichen Erlöser, der die Juden von der Römerherrschaft und von allem irdischen Leid erretten würde, klingt in der ganzen jüdischen Literatur dieser Zeit an. Viele literarische Werke nahmen die Gestalt einer Apokalypse, einer Offenbarung, an, deren Ziel es war, die Vergangenheit dadurch verstehbar und ertragbar zu machen, daß sie sie als Vorspiel einer triumphierenden Zukunft darstellte, die von Gott einem Seher offenbart wurde. Das Buch Daniel, das um 165 v. Chr. verfaßt worden war, um Israels Mut im Kampf gegen Antiochos Epiphanes zu steigern, wurde immer noch von Juden gelesen, die nicht glauben konnten, daß Jahve sie so lange in der Knechtschaft der Heiden belasse. Das Buch Enoch, wahrscheinlich von mehreren Verfassern zwischen 170 und 66 v. Chr. entstanden, hatte die Gestalt von Visionen, die dem Patriarchen, welcher nach 1. Mose, 5, 21 «ein göttliches Leben führte», zuteil wurden. Diese Visionen erstreckten sich auf den Fall Satans und seiner Hilfsscharen, auf das Eindringen des Übels und des Leidens in das menschliche Leben, die dieser Sturz zur Folge gehabt hatte, auf die Erlösung der Menschheit durch einen Messias und auf das Kommen eines himmlischen Reiches. Um 150 v. Chr. begannen jüdische Schriftsteller mit der Veröffentlichung sibyllinischer Orakel; diese Schriften schilderten verschiedene Prophetinnen, die das Judentum gegen das Heidentum verteidigten und den Endsieg der Juden über ihre Feinde voraussagten.

Die Vorstellung von einem Erlösergott war wahrscheinlich von Persien oder Babylonien nach Westasien gelangt. Die zarathustrische Glaubenslehre stellte den ganzen Geschichtsablauf und alles Leben als einen Kampf zwischen den heiligen Mächten des Lichtes und den teuflischen Kräften der Finsternis dar; ein Erlöser sollte schließlich kommen – Schaosyant oder Mithras –, über alle Menschen zu urteilen und ein ewig währendes Reich der Gerechtigkeit und des Friedens zu errichten. Vielen Juden erschien die Römerherrschaft als ein Teil des vergänglichen Sieges des Bösen. Sie schmähten die Habgier, Verräterei, Brutalität und Idolatrie der «heidnischen» Kultur und den «atheistischen» Hedonismus einer epikureisch gesinnten Welt. Nach dem Buch der Weisheit sagen die Gottlosen:

> «Es ist ein kurz und mühselig Ding um unser Leben; und wenn ein Mensch dahin ist, so ist's gar aus mit ihm; so weiß man auch keinen, der von den Toten wiedergekommen sei ... Denn das Schnauben in unserer Nase ist ein Rauch, und der Gedanke ist ein Fünklein, das sich aus

unserem Herzen regt. Wenn es verloschen ist, so ist der Leib dahin wie Loderasche, und der Geist verflattert wie dünne Luft. Und unseres Namens wird mit der Zeit vergessen, daß niemand unseres Tuns gedenken wird. Unser Leben fährt dahin, als wäre eine Wolke dagewesen, und zergeht wie ein Nebel, von der Sonne Glanz zertrieben und von ihrer Hitze verzehrt ... Herzu nun und lasset uns wohlleben ... laßt uns die Maienblumen nicht versäumen! Laßt uns Kränze tragen von jungen Rosen, ehe sie welk werden! Unser keiner lasse es ihm fehlen mit Prangen, daß man allenthalben spüren möge, wo wir fröhlich gewesen sind!»[15]

Diese Epikureer sind nach dem Verfasser im Irrtum; sie hängen ihren Wagen an einen untergehenden Stern, da ja die Lust ein eitel und vergänglich Ding ist:

«Denn des Gottlosen Hoffnung ist wie ein Staub, vom Winde verstreut, und wie ein dünner Reif, von einem Sturm vertrieben, und wie ein Rauch, vom Winde verweht, und wie man eines vergißt, der nur einen Tag Gast gewesen ist. Aber die Gerechten werden ewiglich leben, und der Herr ist ihr Lohn, und der Höchste sorgt für sie. Darum werden sie empfangen ein herrliches Reich und eine schöne Krone von der Hand des Herrn.»[16]

Der Herrschaft des Bösen wird ein Ende gesetzt sein, nach den apokalyptischen Schriften entweder durch den unmittelbaren Eingriff Gottes oder die Niederkunft auf Erden seines Sohnes oder Stellvertreters, des Messias, des Gesalbten*. Hatte nicht Jesaja vor einem Jahrhundert geweissagt:

«Denn uns ist ein Kind geboren, ein Sohn ist uns gegeben, und die Herrschaft ist auf seiner Schulter; und er heißt ... Ewig-Vater, Friedefürst.»[17]

Viele Juden betrachteten mit Jesaja (11, 1) den Messias als einen irdischen König aus dem königlichen Geschlechte Davids; andere, wie die Verfasser der Bücher Enoch und Daniel, nannten ihn Menschensohn und stellten ihn sich als vom Himmel niederfahrend vor. Der Philosoph der Sprüche Salomos und der Dichter des Buches der Weisheit sahen in ihm, vielleicht von Platon oder der stoischen *anima mundi* beeinflußt, die fleischgewordene Weisheit, den Erstgeborenen Gottes, das Wort oder die Vernunft *(logos)*, die bald in Philons Philosophie eine so große Rolle spielen sollte. Fast alle Verfasser apokalyptischer Schriften waren überzeugt, daß der Triumph des Messias nahe bevorstand; in einer bemerkenswerten Stelle stellt Jesaja ihn so dar:

«Er war der Allerverachtetste und Unwerteste, voller Schmerzen und Krankheit ... Fürwahr, er trug unsere Krankheit und lud auf sich unsre Schmerzen ... Aber er ist um unsrer Missetat willen verwundet und um unsrer Sünden willen zerschlagen ... und durch seine Wunden sind wir geheilt ... der Herr warf unser aller Sünde auf ihn ... Er ist aber aus Angst und Gericht genommen; wer will seines Lebens Länge ausreden? Denn er ist aus dem Lande der Lebendigen weggerissen ... Er hat sein Leben in den Tod gegeben und ist den Übeltätern gleich gerechnet, und er hat vieler Sünde getragen und für die Übeltäter gebeten.»[18]

Alle waren sich aber darin einig, daß der Messias die Heidenschaft unterwerfen, Israel befreien, Jerusalem zu seiner Hauptstadt machen und alle Menschen zu Jahve und dem mosaischen Gesetz bekehren werde. Hernach wird eine Zeit der Glückseligkeit für die ganze Welt kommen: Die ganze Welt wird fruchtbar sein, jeder Same tausendfach Frucht tragen, es wird reichlich Wein geben, die Armut wird verschwinden, alle Men-

* Das Wort *Messias* (hebr. *maschiach*) ist im Alten Testament häufig zu finden. Die jüdischen Verfasser der Septuaginta (etwa 280 v. Chr.) hatten das Wort mit dem griechischen *Christos*, «Gesalbter», «der mit heiligem Öl gesalbt ist», übersetzt.

schen werden kräftig und gesund und tugendsam sein, und Gerechtigkeit, gutes Auskommen und Frieden werden auf Erden herrschen. Nach Ansicht einiger Seher mußte dieses frohmütige Zeitalter eine Unterbrechung erfahren, da die Mächte der Finsternis und des Bösen einen letzten Ansturm auf das glückselige Königreich unternehmen würden und die Welt in ein Chaos verfalle und in Flammen aufgehe. An dem jüngsten «Tage Gottes» würden die Toten auferstehen und vor den Richtstuhl Jahves oder des «Menschensohnes» treten; der Menschensohn würde dann die unbedingte und ewigwährende Herrschaft über eine erneuerte Welt, über das Reich Gottes, erhalten. Die Verdammten würden kopfüber und der Stimme beraubt in die «Hölle» hinabgestürzt, die Guten aber in die ewige Seligkeit aufgenommen werden.

Im wesentlichen verliefen die Gedankenströmungen in Israel denjenigen der zeitgenössischen heidnischen Theologie parallel: Ein Volk, das seine Zukunftspläne einst mit seinem nationalen Schicksal verknüpft hatte, verlor sein Vertrauen in den Staat und suchte die Rettung nun im Geistigen und Individuellen. Die Mysterienreligionen hatten diese Hoffnung in Millionen Herzen in Griechenland, im hellenistischen Osten und in Italien entzündet; nirgends aber war die Hoffnung so tief und das Bedürfnis so groß wie in Judäa. Die Armen und die Enterbten, die Unterdrückten und die Verachteten dieser Erde sehnten sich nach einem göttlichen Heiland, der sie von ihrer Knechtschaft und ihrem Leiden erlösen würde. Bald sollte nach den Apokalypsen der Erlöser kommen, und mit seinem Triumph sollten alle Gerechten, auch aus dem Grabe, in ein Paradies ewigwährender Glückseligkeit erhoben werden. Alte Heilige wie Simeon, mystische Frauen wie Hanna, die Tochter des Phanuel, verbrachten ihr Leben in Nähe des Tempels mit Fasten und Warten und mit dem Gebet, daß es ihnen vergönnt sein möge, noch vor ihrem Tode den Erlöser mit Augen zu schauen. Eine große Erwartung erfüllte die Herzen der Menschen.

VI. DER AUFSTAND

Kein Volk der geschichtlichen Zeit hat so hartnäckig um seine Freiheit gekämpft wie die Juden, und keinem Volk wurde es so schwer gemacht. Von Judas Makkabäus bis Simon Barkochba, ja bis in unsere eigene Zeit hat dieser Kampf um die Freiheit oft große Lücken in die Reihen der Juden gerissen, nie aber hat er ihren Geist oder ihre Hoffnung gebrochen.

Nach dem Tode Herodes' des Großen unternahmen die Nationalisten entgegen Hillels Ratschlag, Frieden zu halten, einen Aufstand gegen Herodes' Nachfolger Archelaos und verschanzten sich in Zelten rings um den Tempel. Die Soldaten des Archelaos erschlugen ihrer dreitausend, darunter viele, die zum Passahfest nach Jerusalem gekommen waren (4 v. Chr.). Am darauffolgenden Pfingstfest rotteten sich die Aufständischen wieder zusammen und mußten abermals ein großes Schlachten über sich ergehen lassen. Die Kreuzgänge rings um den Tempel wurden völlig eingeäschert, die Schätze des Heiligtums fielen den plündernden Legionen zum Opfer, und viele Juden legten in der Verzweiflung Hand an sich selbst. Auf dem Lande bildeten sich vaterländische Banden, die jedem Anhänger Roms das Leben heiß machten; eine dieser Banden, die unter dem Befehl Judas' des Galiläers stand, eroberte Sepphoris, die Hauptstadt von Galiläa. Varus, der Statthalter von Syrien, drang mit 20000 Mann in Palästina ein, machte Hunderte von Dörfern und Städten dem Erdboden gleich, kreuzigte 2000 Aufständische und verkaufte 30000 Juden als Sklaven. Eine Abordnung führender Juden ging nach Rom und bat Augustus, das Königtum in Judäa aufzuheben. Augustus zog Archelaos zurück und machte Judäa zur römischen Provinz zweiten Ranges unter einem Procurator, der dem Statthalter von Syrien verantwortlich war (6 n. Chr.).

Unter Tiberius durfte das vielgeplagte Land einen Augenblick in Frieden leben. Caligula, der aus dem Kaiserkult eine Einheitsreligion machen wollte, die das ganze Reich verbinden sollte, befahl, daß in alle Kulte die Verehrung seines Bildes aufgenommen werde, und ließ im Tempel zu Jerusalem eine Statue von sich aufstellen. Die Juden waren unter Augustus und Tiberius schon einen Kompromiß eingegangen und hatten Jahve im Namen des Kaisers geopfert; das Standbild eines Heiden in ihrem Tempel flößte ihnen aber einen solchen Abscheu ein, daß Tausende zu dem Statthalter nach Syrien gingen und, wie es heißt, baten, man möge sie umbringen, bevor man den Erlaß durchführe. Caligula starb und schaffte damit das Problem aus der Welt. Claudius ließ sich von Agrippa, dem Enkel des Herodes, beeindrucken und machte ihn zum König über fast ganz Palästina (41); aber Agrippas plötzlicher Tod löste erneute Unruhen aus, und Claudius setzte wieder einen Procurator ein (44).

Die Männer, die seine käuflichen Freigelassenen an diese Posten brachten, waren zumeist untauglich oder gemein. Felix, den sein Bruder Pallas zum Procurator gemacht hatte, «übte das Königsrecht mit Sklavenlaune»[19], wie Tacitus sich ausdrückte. Festus befleißigte sich einer gerechteren Herrschaft, starb aber während dieses Versuches. Albinus plünderte und brandschatzte unaufhörlich, wenn wir Josephus glauben dürfen, und erwarb sich ein Vermögen, indem er gegen ein hübsches Sümmchen Rechtsbrecher aus dem Kerker entließ; «nur wer nicht zahlen konnte, blieb als Übeltäter im Gefängnis»[20]. Florus benahm sich nach dem Bericht desselben Freundes und Bewunderers von Rom eher wie ein «Henker» als wie ein Statthalter, plünderte die Städte aus und stahl nicht nur für sich selbst, sondern ließ auch andere Räubereien zu, wenn er nur seinen Anteil an der Beute erhielt. Berichte dieser Art riechen etwas nach Kriegspropaganda; zweifellos hatten die Statthalter sich zu beklagen, daß die Unterdrückung der Juden sehr viel Mühe machte.

Zum Protest gegen diese Mißwirtschaft bildeten sich Banden von Zeloten und «Dolchstechern» *(sicarii)*. Ihre Mitglieder verpflichteten sich, jeden abtrünnigen Juden umzubringen, machten sich auf der Straße an die ihnen zugewiesenen Opfer heran, erstachen sie von hinten und verschwanden in dem allgemeinen Wirrwarr. Als Florus dem Tempelschatz siebzehn Talente entnahm, sammelte sich eine wuterfüllte Menge vor dem heiligen Bau an und rief nach seiner Entlassung; einige junge Leute gingen mit Körben am Arm umher und baten um Almosen «für den armen Mann». Florus schickte seine Legionen vor; sie zerstreuten die Ansammlung, plünderten Hunderte von Häusern aus und erschlugen deren Bewohner. Die Anstifter des Aufruhrs wurden ausgepeitscht und gekreuzigt; an diesem einen Tage wurden nach Josephus 3600 Juden umgebracht. Die älteren und wohlhabenden Juden rieten zur Geduld, da ja der Aufstand gegen ein so mächtiges Reich den nationalen Selbstmord bedeuten müsse; die Jüngeren und die Mittellosen klagten sie des Gewährenlassens und der Feigheit an. Die beiden Parteien spalteten die Stadt und fast jede Familie auf; die eine setzte sich in den Besitz der Oberstadt, die andere nahm die Unterstadt ein, und jede griff die andere mit jeder möglichen Waffe an. Im Jahre 68 lieferten sich die beiden Gruppen eine erbitterte Schlacht. Die Radikalen trugen den Sieg davon und erschlugen 12000 Juden, darunter fast alle Begüterten; aus dem Aufstand war eine Revolution geworden. Eine Gruppe Aufständischer umzingelte die römische Garnison von Masada, bewog sie, die Waffen niederzulegen, und metzelte sie dann Mann für Mann nieder. Am selben Tage erhoben sich die Nichtjuden von Caesarea zu einem Pogrom, in dem 20000 Juden ihr Leben ließen; weitere Tausende wurden als Sklaven verkauft. An einem einzigen Tage köpften die Heiden von Damaskus 10000 Juden. Die wutentbrannten Revolutionäre verwüsteten manche griechische Stadt in Palästina und Syrien, legten einige in Schutt und Asche, mordeten unzählige Menschen und wurden selbst in großer Zahl umgebracht. «Da füllten sich die Städte mit unbegrabenen Leichen», berichtet Josephus: «Greise sah man neben unmündigen Kindern tot dahingestreckt, und Weiber, denen man nicht einmal die Verhüllung der Scham gelassen hatte.»[21] Im September des Jahres 66 hatte die Revolution Jerusalem und fast ganz Palästina erfaßt. Die Friedenspartei geriet in Verruf, und die meisten ihrer früheren Anhänger schlossen sich nun dem Aufstand an.

Zu ihnen zählte auch ein Priester namens Josephus, damals ein junger Mann von dreißig Jahren, energisch, klug und mit einem Verstand begabt, der jeden Wunsch in eine Tugend zu verwandeln befähigt war. Er erhielt von den Aufständischen den Auftrag, Galiläa zu befestigen, und verteidigte dessen Festung Jotapata gegen Vespasians Belagerung, bis nur noch vierzig jüdische Krieger am Leben waren, die mit ihm in einer Höhle Zuflucht suchten. Josephus wollte kapitulieren, seine Männer drohten ihm aber den Tod an, wenn er es tue. Da sie den Tod der Gefangenschaft vorzogen, beredete Josephus sie, durch das Los zu bestimmen, wer jeweils von der Hand des Folgenden sterben solle; als außer ihm selbst nur noch ein einziger am Leben war, bewog er diesen, sich mit ihm zu ergeben. Sie sollten in Ketten nach Rom geschickt werden, als Josephus prophezeite, Vespasian werde Kaiser werden. Vespasian ließ ihn frei und brauchte ihn immer mehr als nutzbringenden Ratgeber in dem Krieg gegen die Juden. Als Vespasian nach Alexandrien ging, begleitete Josephus den Titus zur Belagerung Jerusalems.

Der Anmarsch der Legionen bewog die Verteidiger zu einer verspäteten und fanatischen Einigkeit. Tacitus schätzt die Zahl der Aufständischen in der Stadt auf 600000. «Wer irgendwie dienstfähig war, erschien in Waffen», und die Frauen standen den Männern an Kriegstüchtigkeit nicht nach. Josephus rief von den römischen Linien aus die Belagerten zur Kapitulation auf; sie brandmarkten ihn als Verräter und kämpften bis zum Letzten. Verhungernde Juden machten verzweifelte Ausfälle um Nahrung; Tausende wurden von den Römern gefangen und gekreuzigt. «Da es ihrer gar so viele waren», berichtet Josephus, «gebrach es bald an Raum für die Kreuze und an Kreuzen für die Leiber.»[22] Gegen Ende der fünfmonatigen Belagerung waren die Straßen von

Leichen verstopft; 116 000 Leichname sollen über die Stadtmauern geworfen worden sein. Einige Juden verschluckten Goldstücke und schlichen sich aus Jerusalem heraus; die Römer oder Syrer, die sie einfingen, schlitzten ihnen die Bäuche auf oder durchsuchten ihre Exkremente nach Münzen. Nach der Einnahme der halben Stadt bot Titus den Aufständischen Bedingungen an, die nach seiner Ansicht milde waren; die Belagerten wiesen sie zurück. Die Brandfackeln der Römer steckten den Tempel in Brand, und das mächtige Gebäude, das zur Hauptsache aus Holz erbaut war, lag bald in Schutt und Asche. Die noch überlebenden Verteidiger kämpften tapfer, von Stolz erfüllt, wie Dion berichtet, daß sie auf dem Boden des Tempels sterben durften. Einige gaben sich gegenseitig den Tod, andere stürzten sich in das eigene Schwert, wieder andere suchten den Tod in den Flammen. Die Sieger kannten kein Erbarmen, sondern erschlugen alle Juden, die ihnen in die Hände fielen. 97000 Flüchtlinge gerieten in ihre Gefangenschaft und wurden als Sklaven verkauft; viele fanden ihr Ende als widerstrebende Gladiatoren in Spielen, die bei den Triumphfeiern in Berytos, Caesarea Philippi und Rom abgehalten wurden. Josephus bezifferte die Zahl der Juden, die bei dieser Belagerung und hernach das Leben verloren, auf 1 197 000; Tacitus schätzte ihre Zahl auf 6 000 000 (70 n. Chr.).

Mancherorts wurde noch bis zum Jahre 73 Widerstand geleistet, im wesentlichen bedeutet aber die Zerstörung des Tempels das Ende des Aufstandes und des jüdischen Staates. Das Eigentum aller Juden, die am Aufstand teilgenommen hatten, wurde eingezogen und verkauft. Judäa war fast völlig von Juden entblößt, und die Verbliebenen waren am Rande des Verhungerns. Selbst die allerärmsten Juden mußten nun an einen heidnischen Tempel in Rom den halben Schekel abgeben, den fromme Hebräer früher alljährlich zum Unterhalt des Tempels in Jerusalem gestiftet hatten. Das Amt des Hohenpriesters wurde aufgehoben, das Synhedrium aufgelöst. Das Judentum nahm die Gestalt an, die ihm bis zum heutigen Tage verblieben ist: eine Religion ohne ein zentrales Heiligtum, ohne eine bedeutende Priesterschaft, ohne einen Opferdienst. Die Sadduzäer verschwanden, während die Pharisäer und die Rabbis die Führerschaft eines heimatlosen Volkes übernahmen, dem nur noch seine Synagogen und seine Hoffnungen verblieben waren.

VII. DIE DIASPORA

Die Flucht und die Versklavung von einer Million Juden beschleunigte deren Ausbreitung über den Mittelmeerraum dermaßen, daß ihre Gelehrten die *Diaspora* (griech. = Zerstreuung) seit der Zerstörung von Herodes' Tempel datieren. Wir haben gesehen, daß sie bereits sechs Jahrhunderte vorher mit der Babylonischen Gefangenschaft begonnen und mit der Ansiedlung in Alexandrien ihre Fortsetzung gefunden hatte. Da den Juden ihre Frömmigkeit und ihr Gesetz den Kinderreichtum zur Pflicht machten und die Kindstötung verboten, hatte die Ausbreitung der Juden neben den wirtschaftlichen auch biologische Gründe; die Hebräaer spielten im Handel der Welt erst eine geringfügige Rolle. Fünf Jahre vor dem Fall Jerusalems meldete Strabon mit antisemitischer

Übertreibung: «Die Juden sind schon fast in jeder Stadt des Erdkreises verbreitet, und man kann nicht leicht einen Ort in der Welt finden, der dieses Volk nicht beherbergte und nicht in seiner Gewalt wäre.»[23] Nach Philons Beschreibung (zwanzig Jahre vor der Zerstreuung) waren «die Kontinente voller jüdischer Siedlungen, ... ebenso die ... Inseln und fast ganz Babylonien».[24] Gegen 70 n. Chr. lebten Tausende von Juden in Seleukeia am Tigris und in anderen parthischen Städten; es gab ihrer viele in Arabien, und von dort zogen sie nach Äthiopien weiter; in Syrien und Phoinikien waren sie in großer Zahl anzutreffen; sie hatten große Kolonien in Tarsos, Antiochien, Miletos, Ephesos, Sardeis, Smyrna; nur wenig geringer an Zahl waren sie in Delos, Korinth, Athen, Philippi, Patrai, Thessalonike. Im Westen gab es jüdische Gemeinden in Karthago, Syrakus, Puteoli, Capua, Pompeii, Rom, selbst in Horaz' Vaterstadt Venusia. Alles in allem dürfen wir die Zahl der Juden im Römischen Reich auf sieben Millionen veranschlagen – etwa sieben Prozent der Bevölkerung, dem Anteil nach doppelt so viel als in den Vereinigten Staaten von Amerika heute.

Zahl, Kleidung, Ernährungsweise, Beschneidung, Armut, Ehrgeiz, Wohlstand, Absonderung, Intelligenz, Bilderfeindlichkeit, Beobachtung einer unbequemen Sabbatruhe: Das alles schürte einen Antisemitismus, der sich in Witzen auf der Bühne und tadelnden Bemerkungen bei Iuvenal und Tacitus, aber auch in Morden auf der Straße und Massenpogromen äußerte. Apion von Alexandrien machte sich zum Wortführer dieser Angriffe, und Josephus schleuderte ihm eine beißende Erwiderung entgegen*.

Nach dem Fall Jerusalems begab sich Josephus mit Titus nach Rom; dort begleitete er den Besieger seines Volkes auf einem Triumphzug, bei dem gefangene Juden und jüdisches Beutegut zur Schau gestellt wurden. Vespasian gab ihm das römische Bürgerrecht, eine Pension, eine Wohnung in seinem Palast und einträgliche Güter in Judäa. Als Gegenleistung nahm Josephus Vespasians Familiennamen Flavius an und schrieb eine *Geschichte des Jüdischen Krieges* (etwa 75), in der er Titus und seine Taten in Palästina verteidigte, seine eigene Abtrünnigkeit entschuldigte und die Juden durch ein kräftiges Bild der Macht Roms vor weiteren Aufständen abschreckte. Als älterer Mann, wo er seine Vereinsamung stärker empfand (etwa 93), schrieb er die *Jüdischen Altertümer*, um sich das Wohlwollen seines Volkes wieder zu erringen, indem er den Heiden ein günstigeres Bild von den Leistungen, Bräuchen und Charaktereigenschaften der Juden vor Augen hielt. Er ist klar und kraftvoll in der Erzählung, und sein Bericht von Herodes dem Großen ist so einnehmend, als ob er von Plutarch stammte; aber seine Voreingenommenheit und seine Zielgebundenheit beeinträchtigen seine Objektivität. Die *Altertümer* beschäftigten ihn viele Jahre lang und erschöpften seine Kräfte; von den zwanzig Büchern sind die letzten vier an Hand seiner Notizen von Sekretären verfaßt. Josephus zählte erst sechsundfünfzig Jahre, als das Werk erschien, aber ein abenteuerliches Leben des Streites und der inneren Vereinsamung hatte ihn frühzeitig altern lassen.

Mit der für sie bezeichnenden Beweglichkeit brachten die Juden das Wirtschafts- und Geistesleben in Palästina allmählich wieder in Schwung. Während der Belagerung Jerusalems war ein bejahrter Schüler Hillels, Jochanan ben Sakkai, der befürchtete, in dem grausigen Blutvergießen könnten alle Lehrer und Überlieferer der mündlichen Tradition ums Leben kommen, aus der Stadt geschlichen, um in einem Weinberg bei Jamnia an der Mittelmeerküste eine Akademie zu gründen. Nach dem Fall von Jerusalem stellte Jochanan einen neuen jüdischen Rat auf, der aber diesmal nicht aus Priestern, Politikern und Vermögenden bestand, sondern aus Pharisäern und Rabbis, das heißt aus Rechtsgelehrten. Dieser Rat, der *Beth Din*, besaß keine politische Macht, aber die meisten palästinischen Juden erkannten seine Autorität in allen

* Josephus erfuhr zu seinem Vergnügen, daß Apion eines Geschwüres wegen beschnitten werden mußte.

religiösen und ethischen Fragen an. Der Patriarch, den der Rat sich zum Vorsitzenden wählte, ernannte die Verwaltungsbeamten der jüdischen Gemeinde und hatte das Recht, unbotmäßige Juden zu exkommunizieren. Die strenge Disziplin des Patriarchen Gamaliel II. (etwa 100) schweißte zuerst den Rat, dann die Juden von Jamnia, dann die Juden Palästinas zu einer Einheit zusammen. Unter seiner Führung wurden die widersprüchlichen Auslegungen des Gesetzes von Hillel und Schammai revidiert und der Abstimmung unterworfen; zumeist wurden die Interpretationen von Hillel angenommen und für verbindlich erklärt.

Da das Gesetz nun das unentbehrliche Bindemittel einer verstreuten und staatenlosen Judenschaft war, wurde der Unterricht in der Gesetzeskunde zur Hauptbeschäftigung der Synagoge in der ganzen *Diaspora*; die Synagoge trat an die Stelle des Tempels, das Gebet ersetzte das Opfer, der Rabbi den Priester. *Tannaim* – «Ausleger» – legten das eine oder das andere der mündlich überlieferten Gesetze *(Halacha)* der Juden aus, untermauerten ihre Interpretation gewöhnlich mit Zitaten aus den Schriften, erweiterten das Gesetz manchmal und veranschaulichten es mit Erzählungen, Homilien und anderem Material *(Haggada)*. Der berühmteste der *Tannaim* war Rabbi Akiba ben Joseph. Als Vierzigjähriger ging er zusammen mit seinem fünfjährigen Söhnchen in die Schule und lernte lesen. Bald konnte er den ganzen Pentateuch auswendig hersagen. Nach dreizehnjährigem Studium eröffnete er seine eigene Schule unter einem Feigenbaum in einem Dorf bei Jamnia. Seine Begeisterung, sein Idealismus, sein Mut und sein Humor, sogar sein kräftiger Dogmatismus trugen ihm viele Schüler zu. Als im Jahre 95 das Gerücht umging, Domitian gedenke neue Maßnahmen gegen die Juden zu ergreifen, erhielt Akiba mit Gamaliel und zwei anderen Männern den Auftrag, bei dem Kaiser in Rom persönlich vorstellig zu werden. Während sie sich in Rom aufhielten, starb Domitian. Nerva war ihrem Ersuchen günstig gestimmt und hob den *fiscus Iudaicus* – die den Juden zum Wiederaufbau Roms auferlegte Sondersteuer – auf. Nach seiner Rückkehr begann Akiba seine Lebensarbeit: die Kodifizierung der *Halacha;* sein Schüler Rabbi Meir und ihr Nachfolger, Rabbi Jehuda (etwa 200), vollendeten das große Unternehmen. Trotzdem blieben die *Halacha* ein Bestandteil der mündlichen Überlieferung, die von Gelehrten und berufsmäßigen Auswendiglernern – lebenden Lehrbüchern – von Generation zu Generation weitergetragen wurde. Akibas Methoden waren so absurd wie seine Schlüsse richtig: Er kam zu liberalen Grundsätzen auf Grund einer seltsamen Exegese, bei der er jedem Buchstaben der Thora, des geschriebenen Gesetzes, einen mysteriösen Sinn unterschob; vielleicht hatte er die Erfahrung gemacht, daß die Menschen das Vernünftige nur in mystischem Gewande hinnehmen. Von Akiba stammten die sorgfältige Organisation und Exposition der Theologie und Ethik, die durch den Talmud an Maimonides und letzten Endes an die scholastischen Philosophen weitergegeben wurden.

In seinem neunzigsten Lebensjahr, als er schwach und reaktionär geworden war, erlebte Akiba abermals, wie in seiner Jugendzeit, die Revolution. 115–116 erhoben sich die Juden der Cyrenaika, Ägyptens, Cyperns und Mesopotamiens erneut gegen die Römer; es war an der Tagesordnung, daß Heiden Juden und Juden Heiden abschlachteten. Nach Dion kamen in der Cyrenaika 220 000, auf Cypern 240 000 Menschen ums Leben; diese Zahlen scheinen unglaubhaft, fest steht aber, daß sich die Cyrenaika nie mehr von der Verwüstung erholte und daß noch Jahrhunderte hernach kein Jude cyprischen Boden betreten durfte. Die Aufstände wurden niedergeschlagen, aber die Juden, die noch am Leben waren, klammerten sich nach wie vor an den Glauben, der Messias werde kommen, den Tempel aufzubauen und die Juden im Triumph nach Jerusalem zu führen. Römischer Unaufgeschlossenheit ist es zuzuschreiben, daß der Aufruhr wieder auflebte. Im Jahre 130 gab Hadrian seine Absicht bekannt, an der Stelle des Tempels einen Iupitertempel zu errichten; 131 erließ er ein Dekret, das den Juden die Beschneidung und die öffentliche Unterweisung im Gesetz verbot. Unter der Führung von Simon Barkochba, der vorgab, der Messias zu sein, unternahmen die Juden ihre letzte Anstrengung im Altertum, ihre Heimat und ihre Freiheit wiederzuerringen (132). Akiba, der sein ganzes Leben lang Friedfertigkeit gepredigt hatte, gab der Revolution seinen Segen, indem er Barkochba als den verheißenen Erlöser anerkannte. Drei Jahre lang kämpften die Aufständischen vergeblich gegen die Legionen; schließlich brachte ihnen der Mangel an Nahrungsmitteln und Verstärkungen die Niederlage. Die Römer zerstörten 985 Ortschaften Palästinas und machten 580000 Menschen nieder; noch mehr sollen verhungert, an Krankheit gestorben oder in den Flammen umgekommen sein; fast ganz Judäa lag in Trümmern. Barkochba selbst fiel bei der Verteidigung von Bethar. So viele Juden standen zum Verkauf als Sklaven, daß für sie nicht mehr als für ein Pferd bezahlt wurde. Tausende verbargen sich in unterirdischen Wasserläufen; sie wurden von den Römern umzingelt und erlagen einer nach dem anderen dem Hunger, während die Überlebenden die Körper der Toten verzehrten.

Hadrian war entschlossen, die sich erneuernde Lebenskraft des Judentums zu vernichten, und verbot nicht nur die Beschneidung, sondern auch die Befolgung der Sabbatruhe, die Feier jedes jüdischen Feiertages und die öffentliche Ausübung jeglicher rituellen Handlung. Eine neue und härtere Kopfsteuer wurde allen Juden auferlegt. In Jerusalem durften sie sich nur an einem einzigen vorgeschriebenen Tage des Jahres aufhalten, um vor den Ruinen ihres Tempels zu klagen. An der Stätte von Jerusalem entstand die heidnische Stadt Aelia Capitolina mit Iupiter- und Venustempeln, mit Palaestren, Theatern und Thermen. Der Rat von Jamnia wurde aufgelöst und verboten; ein unbedeutender und machtloser Rat durfte in Lydda amtieren, aber jegliche öffentliche Unterweisung im Gesetz war bei Todesstrafe verboten. Mehrere Rabbis wurden hingerichtet, weil sie gegen dieses Verbot verstießen. Akiba, der nun Fünfundneunzigjährige, setzte seinen Unterricht trotzdem fort; er wurde auf drei Jahre eingekerkert und lehrte im Gefängnis weiter. Man machte ihm den Prozeß und verurteilte ihn zum Tode. Er starb, wie berichtet wird, mit dem Glaubenssatz der Juden auf den Lippen: «Höre, o Israel! der Herr ist unser Gott, der Herr ist der eine!»[25]

Wenn Antoninus Pius auch Hadrians Erlasse milderte, vermochten sich die Juden doch jahrhundertelang nicht von der Katastrophe zu erholen. Mit dem Zusammenbruch des Aufstandes Barkochbas traten sie in ihr Mittelalter ein: Sie kehrten jedem weltlichen Wissen (mit Ausnahme der Medizin) den Rücken, sie verzichteten auf den Hellenismus in jeder Form, und sie suchten Trost und Einheit nur noch bei ihren Rabbis, ihren mystischen Dichtern und ihrem Gesetz. Kein anderes Volk mußte je so lange im

Exil leben, keines mußte ein so hartes Schicksal erleiden. Die Juden waren von ihrer heiligen Stadt ausgeschlossen und mußten sie zuerst an die Heiden, dann an die Christen abtreten. In alle Provinzen – und über diese hinaus – waren sie nun zerstreut, verarmt und erniedrigt, ohne den stützenden Trost von Philosophen und Heiligen; sie zogen sich aus der Öffentlichkeit zu privatem Studium und Kult zurück, bewahrten leidenschaftlich die Worte ihrer Gelehrten und schickten sich an, sie schließlich im Babylonischen und Palästinischen Talmud schriftlich niederzulegen. Die jüdische Religion verbarg sich in Furcht und Dunkel, derweil ihr Abkömmling, die christliche Religion, auszog, die Welt zu erobern.

Zweites Buch

DIE FRÜHZEIT DES CHRISTENTUMS

[4 V. CHR.–325 N. CHR.]

ZEITTAFEL ZUM ZWEITEN BUCH

Alle Daten vor 150 sind unsicher

V. CHR.

4: Geburt Christi

N. CHR.

30: Kreuzigung; Bekehrung des Paulus
45–47: Erste Missionsreise des Paulus
50–53: Zweite Missionsreise des Paulus
51: Paulus in Athen
53–57: Dritte Missionsreise des Paulus
58–60: Paulus von Felix gefangengehalten
61–64: Paulus in Rom eingekerkert
64: Neros Christenverfolgung; Tod von Petrus und Paulus
65: Linus Bischof von Rom
77: Anencletus Bischof von Rom
60–100: Die vier Evangelien
89: Clemens I. Bischof von Rom
90: Briefe des Johannes
98: Evaristus Bischof von Rom
106: Alexander I. Bischof von Rom
116: Xystus I. Bischof von Rom
126: Telesphorus Bischof von Rom
137: Hyginus Bischof von Rom
141: Pius I. Bischof von Rom
150: Iustins Erste Apologie
156: Anicetus Bischof von Rom
166: Martyrium des Polykarpos
175: Eleutherus Bischof von Rom
177: Märtyrer in Lyon
178: Irenaeus Bischof von Lyon
190: Victor I. Bischof von Rom
193: Pertinax und Didius Iulianus Kaiser
193–211: Septimius Severus Kaiser
194: Montanus; Clemens von Alexandrien
200: Tertullians *Liber Apologeticus*
202: Zephyrinus Bischof von Rom
203: Bogen des Septimius Severus; Origenes
205–270: Plotin
211–217: Caracalla
212: Caracalla erweitert das Bürgerrecht
215: Caracallathermen; Mani
218: Callistus I. Bischof von Rom

N. CHR.

218–222: Elagabalus Kaiser
222: Urban I. Bischof von Rom
222–235: Alexander Severus Kaiser
228: Ulpian ermordet
235–258: Maximinus Thrax Kaiser
236: Fabianus Bischof von Rom
238–244: Die Kaiser Gordianus I., II., III.
241–272: Schapur I. König von Persien
244–249: Philippus Arabs Kaiser
248: Cyprian Bischof von Karthago; Origenes' *Contra Celsum*
249–251: Decius Kaiser; der Mathematiker Diophantes
251: Cornelius Bischof von Rom
251–253: Gallus und Aemilianus Kaiser
253–260: Valerianus Kaiser
253–268: Gallienus Kaiser
254: Markomannenüberfall auf Norditalien
255: Schapur dringt in Syrien ein
257: Edikt des Valerianus gegen die Christen
259: Die Goten überrennen Kleinasien
260: Erstes Toleranzedikt
260–266: Odenathus in Palmyra
266–273: Zenobia und Longinus in Palmyra
268–270: Claudius II. Kaiser
270–275: Aurelian Kaiser
271: Barbareneinfall in Italien
275–276: Tacitus Kaiser
276–282: Probus Kaiser
282–283: Carus, Carinus, Numerianus Kaiser
284–305: Diocletian Kaiser
286–305: Maximian Mitkaiser
292: Galerius und Constantius Chlorus Caesaren
295: Diocletiansthermen
296: Marcellinus Bischof von Rom
301: Preisedikt Diocletians
303–311: Diocletians Christenverfolgungen
306: Constantin wird Caesar
307: Maxentius und Maximian Mitkaiser; Maxentiusbasilika

N. CHR.

307–309: Marcellus I. Bischof von Rom
307–310: Lactantius' *Divinae Institutiones*
307–313: Constantin und Licinius Mitkaiser
309–310: Eusebios Bischof von Rom
312: Schlacht an der Mulviusbrücke (Saxa Rubra); Edikt von Mailand (?)
313: Eusebios' *Kirchengeschichte*
313–323: Constantin und Licinius teilen das Reich auf
314: Konzil von Arles

N. CHR.

314–336: Silvester I. Bischof von Rom
315: Constantinsbogen
323: Licinius bei Adrianopel besiegt
324–337: Constantin Alleinkaiser
325: Konzil von Nikaia
326: Constantin ermordet Sohn, Neffen und Gattin
330: Konstantinopel Reichshauptstadt
337: Constantins Tod

ERSTES KAPITEL

Jesus

[4 V. CHR. – 30 N. CHR.]

I. DIE QUELLEN

Hat Jesus Christus wirklich gelebt? Ist der Bericht vom Leben des Begründers des Christentums nur ein Erzeugnis menschlichen Kummers, menschlicher Einbildungskraft, menschlichen Hoffens – ein Mythos wie die Mythen um Krischna, Osiris, Attis, Adonis, Dionysos und Mithras? Zu Beginn des achtzehnten Jahrhunderts hielt Bolingbroke in privatem Kreise Debatten um die Frage ab, ob Jesus vielleicht gar nie gelebt habe, und sogar ein Voltaire war darüber entsetzt. Napoleon stellte 1808 bei seinem Zusammentreffen mit Wieland nicht irgendwelche nebensächlichen Fragen über Politik und Kriegführung, sondern wollte wissen, ob er an die geschichtliche Existenz Jesu glaube.

Eines der bedeutsamsten Unternehmen der neuzeitlichen Geistesgeschichte war die höhere Bibelkritik. Sie führte zu ständig sich mehrenden Angriffen gegen die Echtheit und Glaubwürdigkeit der Bibel und – in Reaktion dagegen – zu dem heldenmütigen Versuch, die geschichtlichen Grundlagen des christlichen Glaubens zu retten; die Auswirkungen dieser Kritik könnten sich eines Tages als ebenso umwälzend erweisen wie das Christentum selbst. Das erste Gefecht dieses zweihundertjährigen Kampfes wurde in aller Stille von Hermann Reimarus, Professor für orientalische Sprachen in Hamburg, ausgefochten. Bei seinem Tode, 1768, hinterließ er ein Manuskript von 1400 Seiten Umfang über das Leben Christi; er hatte es vorsichtigerweise nie veröffentlicht. Sechs Jahre später gab Lessing trotz der Proteste seiner Freunde Teile des Manuskriptes in den sogenannten *Wolfenbütteler Fragmenten* heraus. Reimarus trug darin die Ansicht vor, man könne Jesus nicht als Begründer des Christentums betrachten und verstehen, sondern nur als die abschließende und beherrschende Gestalt der jüdischen Eschatologie; Christus habe nicht im Sinne gehabt, eine neue Religion zu gründen, sondern beabsichtigt, die Menschen auf den bevorstehenden Weltuntergang und auf Gottes Jüngstes Gericht über alle Seelen vorzubereiten. 1796 wies Herder auf den anscheinend unversöhnlichen Gegensatz zwischen dem Christus von Matthäus, Markus und Lukas und dem Christus des Johannesevangeliums hin. 1828 trat Heinrich Paulus in seiner 1192 Seiten umfassenden Darstellung des Lebens Christi für eine rationalistische Auslegung der Wundertaten ein; er nahm sie als wirklich geschehen an, wollte sie aber natürlichen Ursachen und Kräften zuschreiben. In einem epochemachenden Werk, dem *Leben Jesu* (1835–1836), wandte sich David Friedrich Strauß gegen diesen Kompromiß; die übernatürlichen Elemente der Evangelien seien als Mythen anzusehen, und die tatsächliche Lebensgeschichte Jesu müsse von diesen Elementen in jeder Gestalt freigehalten werden. Die wuchtigen Werke von Strauß machten ein Menschenalter lang die Bibelkritik zum Sturmzentrum des deutschen Denkens. Zur selben Zeit nahm Ferdinand Christian Baur die Paulusbriefe unter die Lupe und ließ nur die Briefe an die Galater, die Korinther und die Römer als echt gelten. 1840 begann Bruno Bauer mit der Veröffentlichung einer Reihe von leidenschaftlich polemischen Werken, in denen er beweisen wollte, daß Jesus eine mythische Gestalt sei, die Personifizierung eines Kultes, der im zweiten Jahrhundert aus einer Verschmelzung jüdischer, griechischer und römischer religiöser Vorstellungen entstanden sei. 1863 trug Ernest Renan die Ergebnisse der deutschen Bibelkritik in seiner *Vie de Jésus* zusammen, einem Buch, das durch seine rationalistische Einstellung Millionen entsetzte und mit seiner Prosa Millionen entzückte. Mit diesem Werk kam das Problem der Evangelien vor die gesamte gebildete Öffentlichkeit. Die französische Schule erreichte ihren Höhepunkt gegen Ende des Jahrhunderts in dem Abbé Loisy, welcher das Neue Testament einer derart scharfen Textkritik unterwarf, daß die katholische Kirche sich veranlaßt sah, ihn und andere «Modernisten» zu exkommunizieren. Die holländische Schule der Pierson, Naber und Matthas führte die Bewegung ins Extreme weiter, indem sie sich alle Mühe gab, die historische Wirklichkeit der Persönlichkeit Jesu zu leugnen. In Deutschland gab Arthur Drews dieser negativen Schlußfolgerung die endgültige Darstellung (1906). Namhafte Kritiker der Evangelien und der Geschichtlichkeit Jesu in unserer Zeit sind Rudolf Bultmann, Martin Dibelius, Hans von Soden, E. Käsemann und Hermann Raschke; selbst Albert Schweitzer zweifelte (Leben-Jesu-Forschung). Das Ergebnis einer über zweihundertjährigen Debatte schien die Aufhebung der historischen Persönlichkeit Jesu Christi zu sein.

Welche Tatbestände sprechen dafür, daß Jesus tatsächlich gelebt hat? Der früheste nichtchristliche Hinweis findet sich in den *Jüdischen Altertümern* des Josephus (93 n. Chr.?):

«Um diese Zeit lebte Jesus, ein weiser Mensch, wenn man ihn überhaupt einen Menschen nennen darf. Er war nämlich der Vollbringer ganz unglaublicher Taten und der Lehrer aller Menschen, die mit Freuden die Wahrheit aufnahmen. So zog er viele Juden und auch viele Heiden an sich. Er war der Christus.»[1]

In diesen seltsamen Zeilen mag ein echter Kern stecken; doch das hohe Lob, das ein Jude hier Christus spendet, ein Jude, der sonst stets bemüht ist, entweder den Römern oder den Juden, die zu dieser Zeit beide im Gegensatz zum Christentum standen, zu gefallen, macht diese Textstelle verdächtig; christliche Gelehrte sind sich einig, daß es sich höchstwahrscheinlich um eine Interpolation handelt. Im Talmud ist «Yeshu'a von Nazareth» erwähnt; die betreffenden Textstellen sind aber ganz sicher zu jung, um mehr zu sein als ein Widerhall christlichen Denkens. Die älteste uns bekannte Erwähnung des Namens Christi in der heidnischen Literatur findet sich in einem Brief des jüngeren Plinius an Traian (um 110), worin er den Kaiser fragt, wie er sich den Christen gegenüber verhalten solle. Fünf Jahre darauf gab Tacitus eine Schilderung von den Verfolgungen, die die *Chrestiani* unter Nero zu erleiden hatten; nach seiner Darstellung waren sie zu dieser Zeit (64 n. Chr.) bereits im ganzen Reichsgebiet zu finden. Der betreffende Abschnitt ist in Stil, Gedrungenheit und Vorurteilsfähigkeit so typisch Taciteisch, daß von allen Bibelkritikern nur Drews seine Echtheit anzweifelt. Suetonius erwähnt (um 125) die gleiche Christenverfolgung und berichtet von Claudius: «Da die Juden unter ihrem Anführer Chrestos *(impulsore Chresto)* beständig Unruhe stifteten, vertrieb er sie aus Rom»[2] (um 52). Diese Textstelle befindet sich in voller Übereinstimmung mit der Apostelgeschichte, die des Kaisers Claudius Weisung an alle Juden, «zu weichen aus Rom»[3], erwähnt. Nun beweisen die angeführten Textstellen eher die Existenz von Christen als die von Christus; wenn wir aber Jesus nicht als geschichtliche Persönlichkeit anerkennen, dann sind wir zu der höchst unwahrscheinlichen Hypothese gezwungen, diese Persönlichkeit sei von einer einzigen Generation erfunden worden;

überdies müssen wir annehmen, die Christengemeinde in Rom sei schon einige Jahre vor 52 entstanden, sonst hätte sie schwerlich den Kaiser zu einem Dekret veranlaßt. Um die Mitte des ersten Jahrhunderts vertrat ein Heide namens Thallus in einer Schrift, die uns fragmentarisch durch Iulius Africanus überliefert ist, die Ansicht, die unnatürliche Finsternis, welche bei Christi Tod geherrscht habe, sei eine rein natürliche Erscheinung und durchaus zufällig; die Existenz Christi zog er dabei nicht in Zweifel. Auch den eifrigsten heidnischen oder jüdischen Gegnern des werdenden Christentums scheint es nie in den Sinn gekommen zu sein, diese Existenz anzuzweifeln.

Das christliche Belegmaterial beginnt mit den Briefen, die dem Apostel Paulus zugeschrieben werden. Einige Briefe sind in der Urheberschaft ungewiß; mehrere, die vor dem Jahre 64 entstanden sind, gelten fast allgemein als im wesentlichen echt. Noch niemand hat die geschichtliche Existenz des Paulus oder seine wiederholten Zusammenkünfte mit Petrus, Jakobus oder Johannes angezweifelt, und Paulus beneidet diese Männer darum, daß sie Christus in Fleisch und Blut sehen durften. Die als echt erkannten Briefe enthalten viele Hinweise auf das Abendmahl und die Kreuzigung.

Nicht so einfach liegen die Verhältnisse bei den Evangelien. Die vier uns erhaltenen sind nur ein Teil einer einst viel größeren Zahl von Evangelien, die bei den Christen der ersten beiden Jahrhunderte in Umlauf waren. Die Bezeichnung «Evangelium» kommt von dem griechischen *euangelion*, «Heilsbotschaft», dem ersten Wort des Markusevangeliums; es ist die Botschaft, daß der Christus gekommen und das Gottesreich nahe ist. Die Evangelien nach Matthäus, Markus und Lukas sind die sogenannten «synoptischen» Evangelien: Sie lassen sich nach Inhalt und Ereignissen in Parallelreihen «zusammenschauen». Sie sind in der *koine*, der Weltsprache der hellenistischen Zeit, abgefaßt und keine Vorbilder grammatischer oder literarischer Vollendung; die kraftvolle Lebendigkeit ihrer Gleichnisse und Vorgänge, ihre Empfindungstiefe und der behandelte Stoff verleihen ihnen indessen einen einzigartigen Zauber.

Die ältesten erhaltenen Manuskripte der Evangelien stammen erst aus dem dritten Jahrhundert. Die Originale wurden offenbar zwischen 60 und 120 n. Chr. abgefaßt und waren darum zwei Jahrhunderte lang den Fehlern der Abschreiber und den möglichen Veränderungen ausgesetzt, die diese Kopisten vornahmen, um sie den religiösen Vorstellungen oder Zielen ihrer Sekte oder Zeit anzupassen. Christliche Schriftsteller vor dem Jahre 100 erwähnen das Alte, aber nie das Neue Testament. Die einzige Erwähnung, die ein christliches Evangelium vor dem Jahre 150 findet, steht bei Papias, der um 135 berichtet, ein (nicht näher identifizierbarer) «Johannes der Ältere» habe gesagt, Markus habe sein Evangelium nach den Erinnerungen des Petrus abgefaßt. Papias fügt hinzu: «Matthäus schrieb die *Logia* auf Hebräisch um»; offenbar handelte es sich dabei um eine frühe aramäische Sammlung der Aussprüche Jesu. Wahrscheinlich besaß Paulus eine solche Schrift, denn er erwähnt zwar keine Evangelien, zitiert aber doch wörtlich Aussprüche Christi*. Die Kritik setzt ziemlich einmütig das Evangelium des Markus an die erste Stelle und datiert es zwischen 65 und 70. Da es manchmal gleiche Vorkommnisse in verschiedener Form wiedergibt, ist die Ansicht verbreitet, es stütze sich auf die *Logia* und

* In den Jahren 1897 und 1903 fanden Grenfell und Hunt in den Ruinen von Oxyrhynchos in Ägypten zwölf Fragmente von solchen *Logia*, die einen lockeren Zusammenhang mit Textstellen der Evangelien besitzen. Diese Papyri stammen erst aus dem dritten Jahrhundert, können aber Abschriften älterer Manuskripte sein.

auf einen weiteren frühen Bericht, der das Original des Markus selbst sein könnte. Unser Markusevangelium war offenbar in Umlauf, als einige Apostel oder ihre unmittelbaren Schüler noch am Leben waren; es ist also unwahrscheinlich, daß es in wesentlichen Dingen von deren Erinnerung und Auslegung Christi abwich. Wir dürfen darum mit dem scharfsinnigen Schweitzer zu dem Schlusse kommen, daß das Markusevangelium im wesentlichen «echte Geschichte» ist.

Nach der orthodoxen Überlieferung wäre das Matthäusevangelium an die erste Stelle zu setzen. Irenaeus schreibt, es sei ursprünglich auf «hebräisch» – also aramäisch – abgefaßt gewesen; es ist uns nur in griechisch erhalten. Da es in dieser Fassung offensichtlich aus Markus und wahrscheinlich auch aus den *Logia* schöpft, neigt die Kritik dazu, das Evangelium einem Schüler des Matthäus und nicht diesem selbst zuzuschreiben; aber auch die skeptischsten Gelehrten weisen ihm ein Datum zu, das nicht später als 85–90 n. Chr. liegt. Matthäus steckt sich das Ziel, Juden zu bekehren; deshalb legt er größeren Nachdruck als die anderen Evangelien auf die Wunder, die Jesus zugeschrieben werden, und sucht mit einem verdächtigen Eifer zu beweisen, daß viele Prophezeiungen des Alten Testamentes in Christus ihre Erfüllung gefunden hätten. Trotzdem ist es das aufwühlendste der vier Evangelien; es ist den unbeabsichtigten Meisterwerken der Weltliteratur zuzuzählen.

Das Lukasevangelium, das allgemein dem letzten Jahrzehnt des ersten Jahrhunderts zugeschrieben wird, verkündet seine Absicht, die früheren Darstellungen von Jesus in Übereinstimmung zu bringen; es will nicht Juden bekehren, sondern Heiden. Sehr wahrscheinlich war Lukas selbst Heide, der Freund des Paulus und Verfasser der Apostelgeschichte. Er entlehnt (wie Matthäus) aus Markus. Von den 661 Versen des überlieferten Markustextes sind, zumeist Wort für Wort, 600 bei Matthäus und 350 bei Lukas zu finden. Viele Lukasstellen, die sich nicht bei Markus finden, stehen bei Matthäus, wiederum fast wortwörtlich; offenbar entlehnte Lukas sie von Matthäus, oder Lukas und Matthäus entnahmen sie einer verlorengegangenen gemeinsamen Quelle. Lukas verarbeitet diese offenen Entlehnungen mit einigem literarischem Geschick; für Renan ist dieses Evangelium das schönste Werk, das je geschrieben wurde.

Das vierte Evangelium will nicht eine Biographie Jesu sein; es stellt Christus vom theologischen Gesichtspunkt aus dar, als den göttlichen Logos, das göttliche Wort, als den Schöpfer der Welt und Erlöser der Menschheit. Zu den synoptischen Evangelien steht es in zahlreichen Einzelheiten und im allgemeinen Bilde Christi in Widerspruch. Der halb gnostische Charakter des Werkes und der Nachdruck, mit dem es metaphysische Gedanken zum Ausdruck bringt, haben viele christliche Gelehrte daran zweifeln lassen, ob sein Verfasser wirklich der Apostel Johannes sei. Die Erfahrung lehrt indessen, daß man eine alte Überlieferung nicht zu voreilig verwerfen darf; unsere Vorfahren waren nicht allesamt Narren. Neuere Untersuchungen neigen dazu, das vierte Evangelium gegen das Ende des ersten Jahrhunderts zu datieren. Wahrscheinlich ist die Überlieferung im Recht, wenn sie die Johannesbriefe demselben Verfasser zuschreibt; sie sprechen im gleichen Stile die gleichen Gedanken aus.

Im großen und ganzen ist es deutlich, daß die Evangelien viele Widersprüche enthalten, viele zweifelhafte geschichtliche Darstellungen, viele verdächtige Ähnlichkeiten mit Legenden, die von heidnischen Göttern erzählt wurden, viele Vorkommnisse, die offensichtlich die Erfüllung alttestamentlicher Prophezeiungen erweisen sollten, viele Stellen, die möglicherweise eine historische Basis für irgendeine spätere Doktrin oder Zeremonie der Kirche abzugeben bestimmt waren. Die Evangelisten teilten die Auffassung eines Cicero, Sallust und Tacitus, daß die Geschichtsschreibung ein Mittel zur Wiedergabe ethischen Gedankengutes sei. Und es ist anzunehmen, daß die Unterhaltungen und Reden in den Evangelien allen Mängeln eines ungeschulten Gedächtnisses und den Irrtümern und Berichtigungen der Kopisten ausgesetzt waren.

Aber selbst wenn man all das zugibt, bleibt noch vieles übrig. Die Widersprüche beziehen sich nur auf Kleinigkeiten, nicht auf das Wesentliche; im wesentlichen befinden sich die synoptischen Evangelien in bemerkenswerter Übereinstimmung, so daß sie ein folgerichtiges Bild Jesu geben. Im Rausche ihrer Entdeckerfreude unterzog die höhere Bibelkritik die Echtheit des Neuen Testamentes einer so strengen Prüfung, daß, nach den gleichen Kriterien gemessen, zahlreiche Persönlichkeiten des Altertums – zum Beispiel Hammurabi, David, Sokrates – völlig ins Legendäre verwiesen werden müßten*. Trotz aller Vorurteile und theologischer Voreingenommenheiten berichten die Evangelisten viele Vorkommnisse, die in gewöhnlichen Erdichtungen niemals einen Platz gefunden hätten: das Streben der Apostel nach hohen Stellen im Gottesreich, ihre Flucht nach der Gefangensetzung Jesu, Petri Verleugnung, Jesu Unfähigkeit, in Galiläa Wunder zu wirken, die Bemerkungen einiger Zuhörer über die Möglichkeit des Wahnsinns bei Jesus, dessen anfängliche Unsicherheit hinsichtlich seiner Mission, sein Bekenntnis der Ungewißheit seines künftigen Schicksals, seine Verzweiflung, sein Aufschrei am Kreuz – niemand, der diese Geschehnisse liest, kann an der Realität der Gestalt zweifeln, die hinter ihnen steht. Es wäre ein Wunder, das alle Wunder der Evangelien überträfe, wenn einige einfache Männer im Verlaufe eines Menschenalters eine so machtvolle und faszinierende Persönlichkeit, eine so erhabene Ethik und eine so begeisternde Vision von der Brüderschaft aller Menschen erfunden hätten. Auch nach zwei Jahrhunderten höherer Bibelkritik sind die Umrisse des Lebens, des Charakters und der Lehre Jesu Christi unverdunkelt geblieben, und nach wie vor bilden sie das Anziehendste, was die Geschichte des westlichen Menschen zu bieten hat.

II. JESU JUGENDALTER

Sowohl Matthäus als auch Lukas setzen Jesu Geburt zur Zeit des Königs Herodes an, also vor dem Jahre 3 v. Chr. Nach Lukas war Jesus indessen «ungefähr dreißig Jahre alt», als Johannes ihn «in dem fünfzehnten Jahr des Kaisertums Kaisers Tiberius»[5] – das heißt 28–29 n. Chr. – taufte; damit wäre Jesu Geburt in das Jahr 2–1 v. Chr. anzusetzen. Lukas fügt hinzu: «Es begab sich aber zu der Zeit, daß ein Gebot von dem Kaiser Augustus ausging, daß alle Welt geschätzt würde ... zu der Zeit, da Cyrenius Landpfleger in Syrien war.»[6] Von Cyrenius weiß man, daß er zwischen 6 und 12 n. Chr. Legat in Syrien war; Josephus berichtet von einer Volkszählung, die er in Judäa durchführte, verlegt sie aber in das Jahr 6–7; weitere Berichte über diese Volkszählung fehlen uns. Tertullian spricht von einer Volkszählung, die Saturninus, der 8–7 v. Chr. Statthalter in Syrien war, in Judäa abhielt; falls dies die Schätzung war, von der Lukas spricht, wäre Christi Geburt vor dem Jahre 6 vor unserer Zeitrechnung anzusetzen. Das genaue Geburtsdatum ist uns ebenfalls unbekannt. Clemens von Alexandrien zählt

* Ein bedeutender jüdischer Gelehrter sagt, vielleicht mit einiger Übertreibung: «Besäßen wir etwa für die Geschichte Alexanders des Großen oder Caesars so alte Quellen, wie es die Evangelien sind, würden wir nicht den geringsten Zweifel in sie setzen.»[4]

um etwa 200 verschiedene Ansichten auf, die hinsichtlich des Geburtsdatums zu seiner Zeit bestanden: Nach den einen war der 19. April der Geburtstag, nach anderen der 20. Mai; Clemens selbst nennt den 17. November des Jahres 3 v. Chr. als richtiges Datum. Bereits im zweiten Jahrhundert feierten die östlichen Christen Weihnachten am 6. Januar. Im Jahre 354 begingen einige westliche Kirchen, darunter die römische, die Feier der Geburt Christi am 25. Dezember; nach einer irrtümlichen Berechnung hatte man die Wintersonnenwende, wo die Tage wieder länger zu werden beginnen, auf diesen Tag datiert. Er war bereits der Hauptfeiertag der Mithrasreligion, der *natalis invicti solis*, der Geburtstag der unbesieglichen Sonne. Die Kirchen des Ostens beharrten eine Zeitlang auf dem 6. Januar und klagten ihre westlichen Brüder des Sonnenkultes und der Idolatrie an; aber gegen Ende des vierten Jahrhunderts setzte sich der 25. Dezember auch im Osten durch.

Nach Matthäus und Lukas ist Bethlehem, acht Kilometer südlich Jerusalems, der Geburtsort Christi; von dort aus zog die Familie nach Nazareth in Galiläa. Markus erwähnt Bethlehem nicht, sondern nennt Christus einfach «Jesus von Nazareth»*. Die Eltern gaben dem Sohn den ziemlich verbreiteten Namen Jeschua (unser Josua), der «Jahve hilf» bedeutete; die Griechen sprachen den Namen *Iesūs* aus, die Römer *Iesus.*

Offenbar entstammte er einer kinderreichen Familie, denn seine Nachbarn, die sich über seine autoritative Art zu lehren wunderten, fragten: «Woher kommt diesem solche Weisheit und Taten? Ist er nicht eines Zimmermanns Sohn? Heißt nicht seine Mutter Maria? und seine Brüder Jakob und Joses und Simon und Judas? Und seine Schwestern, sind sie nicht alle bei uns?»[7] Lukas ziert den Bericht von der Verkündigung mit einiger literarischer Kunst und legt der Mirjam – der Maria – das *Magnificat* in den Mund, das zu den großartigsten Dichtwerken im Neuen Testament zählt.

Nach ihrem Sohne ist es Maria, die unser Mitgefühl am meisten erweckt: Sie zieht ihn mit all den schmerzlichen Freuden der Mutterschaft auf, sie ist stolz auf seinen jugendlichen Lerneifer, sie ist später erstaunt ob seiner Lehre und seiner Ansprüche, sie möchte ihn der unruhigen Schar seiner Jünger entreißen und ihn der heilenden Ruhe des Heimes wiedergeben («Siehe, dein Vater und ich haben dich mit Schmerzen gesucht»), hilflos muß sie zusehen, wie er ans Kreuz geschlagen wird, den leblosen Körper nimmt sie in ihre Arme auf: Wenn es nicht geschichtliche Wahrheit ist, dann ist es eine literarische Leistung ersten Ranges, denn in dem Verhältnis zwischen Eltern und Kindern ist eine tiefere Dramatik verborgen als in den Beziehungen der geschlechtlichen Liebe. Die Legenden, die später über Maria und einen römischen Soldaten in Umlauf kamen und sich bei Celsus und anderen finden, werden von der gesamten Kritik als «plumpe Fälschungen» bezeichnet. Nicht so linkisch sind die Erzählungen, die sich hauptsächlich in den apokryphen, den nichtkanonischen, Evangelien finden und von der Geburt Christi in einer Höhle oder einem Stall, von der Anbetung der Hirten und der Heiligen Drei Könige, von dem Mord an den unschuldigen Kindlein und von

---

* Kritiker haben die Vermutung geäußert, Matthäus und Lukas hätten Bethlehem nur gewählt, um ihrer Behauptung festeren Grund zu verleihen, Jesus sei der Messias und stamme, wie die jüdische Prophezeiung forderte, von David ab, denn Davids Familie hatte in Bethlehem ihren Wohnsitz; diese Vermutung ist aber keineswegs begründet.

der Flucht nach Ägypten berichten; ein gereifter Geist wird gegen diese volkstümlichen Erdichtungen nichts einzuwenden haben. Die jungfräuliche Geburt findet bei Paulus und Johannes keine Erwähnung, und Matthäus und Lukas, die sie erwähnen, lassen Jesus mittels einer widersprüchlichen Genealogie über Joseph von David abstammen; offenbar kam der Glaube an die jungfräuliche Geburt später auf als der Glaube an die Abstammung von David.

Von Christi Jugendzeit berichten die Evangelien uns nur wenig. Im Alter von acht Tagen wurde er beschnitten. Joseph war Zimmermann, und da in der damaligen Zeit der Beruf zumeist vom Vater auf den Sohn weiterging, kann man vermuten, daß sich Jesus eine Zeitlang diesem hübschen Handwerk widmete. Er kannte die Handwerker seines Dorfes und die Grundherren, Verwalter, Pächter und Sklaven seiner bäuerlichen Umwelt; in seinen Reden sind sie häufig zu finden. Er war empfänglich für die Naturschönheit des Landes, für die buntfarbige Anmut der Blumen und die stille Fruchtbarkeit der Bäume. Die Erzählung, wie er im Tempel die Schriftgelehrten befragte, ist keineswegs unwahrscheinlich; er hatte einen aufgeschlossenen und wißbegierigen Geist, und im Vorderen Orient ist ein zwölfjähriger Knabe der Reife schon sehr nahe. Eine formale Bildung hatte er jedoch nicht genossen. «Wie kann dieser die Schrift», fragten sich die Nachbarn, «so er sie doch nicht gelernt hat?»[8] Er besuchte die Synagoge und fand offensichtlich Vergnügen an den heiligen Schriften; vor allem gruben sich die Propheten und die Psalmen tief in sein Gedächtnis ein und trugen zur Formung seines Charakters bei. Vielleicht las er auch die Bücher Daniel und Enoch, denn seine spätere Lehre ist von deren Visionen vom Messias, vom Jüngsten Gericht und vom kommenden Reiche Gottes durchsetzt.

Die Luft, die er atmete, war von religiösen Spannungen erfüllt. Tausende von Juden warteten ungeduldig auf den Erlöser Israels. Überall glaubte man an Magie und Zauberei, Dämonen und Engel, «Besessenheit» und Austreibung, Wunder und Prophezeiungen, Wahrsagen und Astrologie; wahrscheinlich war die Erzählung von den drei Weisen aus dem Morgenlande eine notwendige Konzession an die astrologischen Überzeugungen der Zeit. Thaumaturgen – Wundertäter – reisten von Stadt zu Stadt. Auf der Reise, die alle guten palästinischen Juden alljährlich zum Passahfest nach Jerusalem machten, muß Jesus etwas von den Essenern und ihrem halb mönchischen, fast buddhistischen Leben gehört haben*; möglicherweise hatte er auch von der Sekte der «Nazarener» gehört, die jenseits des Jordan in Peräa ihren Wohnsitz hatte, den Tempelkult verwarf und das Gesetz nicht als bindend anerkannte. Das Erlebnis, das in ihm den wahren religiösen Eifer erweckte, war aber die Predigt des Johannes, des Sohnes von Marias Base Elisabeth.

Josephus gibt die Geschichte von Johannes recht eingehend wieder. Wir stellen uns den Täufer gewöhnlich als bejahrten Mann vor; er war aber offenbar gleich alt wie Jesus. Nach der Darstellung von Markus und Matthäus kleidete er sich in ein härenes Gewand und lebte von Heuschrecken und wildem Honig; er stand an den Ufern des

* Aschoka hatte seine buddhistischen Missionare bis nach Ägypten und in die Cyrenaika geschickt; es ist darum sehr wahrscheinlich, daß sie auch im Vorderen Orient waren.

Jordan und rief die Menschen zur Reue und Buße auf. Er führte das asketische Leben der Essener, unterschied sich aber insofern von ihnen, als ihm eine einzige Taufe genügte; sein Beiname «der Täufer» ist vielleicht eine griechische Entsprechung für «Essener» («Bader»). Seinen Ritus der symbolischen Läuterung verknüpfte Johannes mit einer warnenden Verurteilung der Heuchelei und des lockeren Lebenswandels; er verwies die Sünder auf das kommende Jüngste Gericht und verkündete das Nahen des Gottesreiches. Sobald ganz Judäa bereut haben und von Schuld und Sünde gereinigt sein werde, so lehrte Johannes, stehe das Kommen des Messias und des Gottesreiches unmittelbar bevor.

«In dem fünfzehnten Jahr des Kaisertums Kaisers Tiberius» oder kurz danach begab sich Jesus, dem Lukasevangelium zufolge, an den Jordan, um sich von Johannes taufen zu lassen. Diese Absicht, die von einem «ungefähr dreißig Jahre alten» Mann gefaßt wurde, bezeugt, daß Jesus mit der Lehre des Johannes einverstanden war; seine eigene Lehre sollte im wesentlichen die gleiche sein. Nach Verfahrensweise und Charakter unterschied sich Jesus entschieden von Johannes: Er taufte selbst nie, und er lebte nicht in der Wüste, sondern in der Gesellschaft der Menschen. Bald nach dieser Zusammenkunft ließ Herodes Antipas, der Tetrarch («Herrscher über vier Städte») von Galiläa, Johannes in das Gefängnis werfen. Die Evangelien erklären diese Gefangensetzung mit der Kritik, die Johannes geübt hatte, als Herodes sein Weib verstieß und Herodias ehelichte, während sie noch die Gattin seines Halbbruders Philipp war. Josephus hat eine andere Erklärung: Herodes habe befürchtet, Johannes könnte unter dem Vorwand einer religiösen Erneuerung einen politischen Aufstand schüren. Markus und Matthäus fügen hier die Geschichte von Salome, Herodias' Tochter, ein, die einen so verführerischen Tanz vor Herodes tanzte, daß er ihr jeden Wunsch zu erfüllen versprach. Auf Veranlassung ihrer Mutter soll Salome nun das Haupt des Täufers verlangt haben, worauf der Tetrarch widerstrebend dem Wunsche entsprochen habe. In den Evangelien verlautet nichts von einer Liebe der Salome zu Johannes, und Josephus schreibt nichts von ihrer Beteiligung am Tode des Täufers.

III. DIE SENDUNG

Als Johannes eingekerkert wurde, nahm Jesus das Werk des Täufers auf und predigte vom Nahen des Gottesreiches. Er «kam wieder in des Geistes Kraft nach Galiläa ... Und er lehrte in ihren Schulen»[9], berichtet Lukas. Wir gewinnen ein eindrucksvolles Bild von dem jungen Idealisten, der nun versucht, der Gemeinde zu Nazareth die heiligen Schriften zu erklären, und eine Stelle aus Jesaja wählt:

> «Der Geist des Herrn ist über mir, darum daß mich der Herr gesalbt hat. Er hat mich gesandt, den Elenden zu predigen, die zerbrochenen Herzen zu verbinden, zu verkündigen den Gefangenen die Freiheit, den Gebundenen, daß ihnen geöffnet werde.»[10]

Und Lukas fährt fort: «Aller Augen, die in der Schule waren, sahen auf ihn. Und er fing an, zu sagen zu ihnen: Heute ist diese Schrift erfüllt vor euren Ohren. Und sie gaben alle Zeugnis von ihm und wunderten sich der holdseligen Worte, die aus seinem

Munde gingen.»[11] Als die Nachricht von der Hinrichtung des Johannes eintraf und dessen Anhänger einen neuen Führer suchten, nahm Jesus Last und Gefahr auf sich und bewegte sich zunächst vorsichtig in stillen Ortschaften und vermied jegliche politische Kontroverse, um dann immer kühner das Evangelium der Reue, des Glaubens und der Erlösung zu predigen. Manche seiner Zuhörer hielten ihn für den wiederauferstandenen Johannes.

Es ist schwierig, ein objektives Bild von Jesus zu gewinnen, nicht nur, weil alle Berichte über ihn von seinen Anhängern stammen, sondern noch mehr, weil unser eigenes sittliches Erbe und unsere Ideale so sehr mit ihm verknüpft und seinem Vorbild nachgebildet sind, daß es uns selbst trifft, wenn wir einen Mangel an seinem Charakter finden. Er war in religiösen Dingen so empfindlich, daß er alle streng verurteilte, die sich seiner Vision nicht anschließen wollten; er konnte alles vergeben, nur Unglauben nicht. In den Evangelien finden sich einige heftige Stellen, die gar nicht zu dem passen wollen, was wir sonst von Jesus hören. Er scheint die schaurigsten Vorstellungen seiner Zeit von einer ewigwährenden Hölle, in der die Ungläubigen und die nicht bereuenden Sünder von einem unauslöschlichen Feuer und unersättlichen Würmern geplagt werden, ohne weiteres übernommen zu haben. Er erzählt, ohne Einwand zu erheben, daß es dem Armen im Himmel nicht gestattet ist, auch nur das Äußerste seines Fingers ins Wasser zu tauchen und die Zunge des gepeinigten Reichen in der Hölle zu kühlen. Er gibt den edlen Rat: «Richte nicht, auf daß du nicht gerichtet werdest»[12]; aber er verflucht die Menschen und die Städte, die sein Evangelium nicht empfangen wollen, und den Feigenbaum, der keine Frucht trägt. Mit seiner Mutter ist er wohl etwas rauh verfahren. Er hatte eher den puritanischen Glaubenseifer eines jüdischen Propheten als die tolerante Gelassenheit des griechischen Weisen. Seine Überzeugungen verzehrten ihn; eine ungezügelte Entrüstung trübte dann und wann seine tiefe Menschlichkeit. Seine Mängel waren der Preis, den er für den von Leidenschaft durchglühten Glauben zahlte, mit dem er die Welt zu bewegen vermochte.

Im übrigen war er der liebenswerteste aller Menschen. Wir besitzen kein Abbild von ihm, und die Evangelisten geben keine Schilderung seiner Person; er muß aber neben seiner großen geistigen Anziehungskraft auch körperliche Anmut besessen haben, daß neben den Männern auch so viele Frauen den Weg zu ihm fanden. Verstreuten Aussprüchen ist zu entnehmen, daß er wie andere Männer seiner Zeit und seines Landes eine Tunika unter einem Überwurf trug, die Füße mit Sandalen bekleidete und wahrscheinlich Kopf und Nacken mit einem Tuche deckte, das über die Schultern fiel und gegen die Sonne schützte. Viele Frauen spürten seine mitfühlende Besorgtheit und dankten ihm mit uneingeschränkter Verehrung. Die Tatsache, daß nur Johannes die Geschichte von der Ehebrecherin erzählt, ist kein Beweis gegen ihre Echtheit; sie dient der theologischen Zielrichtung des Johannes weiter nicht und paßt ausgezeichnet zu Jesus*. Ebenso schön und ebenfalls kaum im Bereiche der Erfindungskraft der Evan-

---

* Johannes, 7, 52f. Die Episode findet sich auch in einigen alten Manuskripten des Markus- und Lukasevangeliums; sie wurde aus späteren Texten ausgemerzt, vielleicht weil man befürchtete, sie könnte die Unmoral fördern.

gelisten ist die Erzählung von der Sünderin, die sich von Jesu Bereitschaft, die reuigen Sünder zu empfangen, bewegen läßt, vor ihn hinkniet, seine Füße mit einer kostbaren Salbe salbt, sie mit Tränen netzt und mit den Haaren ihres Hauptes trocknet; Jesus sagt: «Ihr sind viele Sünden vergeben, denn sie hat viel geliebt.»[13] Es heißt, daß Mütter ihm ihre Kinder brachten, damit er sie berühre, «und er herzte sie und legte die Hände auf sie und segnete sie»[14].

Im Gegensatz zu den Propheten, den Essenern und dem Täufer war er kein Asket. Bei einer Hochzeit sorgt er für reichliche Mengen Wein, er bewegt sich unter «Zöllnern und Sündern» und nimmt Magdalena in seine Schar auf. Er war den einfachen Lebensfreuden nicht abgeneigt, wenn er sich auch gegen das sinnliche Begehren des Mannes mit einer unbiologischen Schärfe aussprach. Hin und wieder nahm er an Gastmählern bei vermögenden Männern teil. Zumeist allerdings lebte er inmitten der Armen, sogar unter den fast unberührbaren *Amhaarez*, die von Sadduzäern und Pharisäern gleichermaßen verachtet und gemieden wurden. Er sah, daß seine Lehre bei den Reichen nicht auf fruchtbaren Boden fallen würde, und setzte seine Hoffnung auf eine Umwälzung, die die Armen und Niedrigen in dem kommenden Reiche an die Spitze bringen würde. Caesar glich er nur insofern, als er sich auf die niederen Volksschichten stützte, und in seiner Fähigkeit, zu vergeben; wie unendlich unterschieden sie sich sonst in Weltanschauung, Charakter und Interessen! Caesar wollte den Menschen wandeln, indem er die staatlichen Einrichtungen und Gesetze änderte; Christus wollte das staatliche Leben erneuern und die Gesetze verringern, indem er die Menschen wandelte. Auch Caesar war des Zornes fähig, er hielt aber seine Gefühlsbewegungen stets unter der Kontrolle eines klaren Verstandes. Jesus entbehrte keineswegs des Verstandes; er beantwortete die schwierigen und verfänglichen Fragen der Pharisäer mit fast advokatenhaftem Geschick und doch voller Weisheit; niemand konnte ihn verwirren, auch nicht im Angesicht des Todes. Aber seine Geisteskräfte waren nicht verstandesmäßiger Art, sie stützten sich nicht auf Wissen; sie hatten ihren Grund in dem scharfen Auffassungsvermögen, der Gefühlsintensität und der klaren Zielgerichtetheit. Er behauptete nicht, allwissend zu sein; Ereignisse konnten ihn unvorbereitet treffen. Nur seine Ernsthaftigkeit und Begeisterung bewogen ihn, seine Fähigkeiten zu überschätzen, wie in Nazareth und Jerusalem. Daß seine Seelenkräfte aber doch ungewöhnlich waren, dürfte durch seine Wundertaten erwiesen sein.

Wahrscheinlich waren diese Wunder in den meisten Fällen das Werk der Suggestion, der Einfluß eines starken und vertrauenden Geistes auf beeindruckbare Seelen. Bereits seine bloße Gegenwart wirkte belebend; bei seiner hoffnungsvollen Berührung wurden Schwache stark und Kranke gesund. Der Umstand, daß Gleiches von anderen legendären und historischen Persönlichkeiten berichtet wird, beweist nicht, daß die Wundertaten Christi als Mythen anzusehen seien. Von wenigen Ausnahmen abgesehen, sind sie nicht unglaubhaft; ähnliche Erscheinungen lassen sich fast täglich in Lourdes beobachten und ereigneten sich zu Jesu Zeit zweifellos in Epidauros und anderen Seelenheilstätten der Antike. Auch den Aposteln sollten solche Heilungen gelingen. Die psychologische Natur der Wunder wird aus zwei Kennzeichen deutlich: Christus selbst schrieb die Heilungen dem «Glauben» der Geheilten zu, und in Nazareth gelangen ihm keine Wundertaten, da man dort in ihm den «Sohn des Zimmermanns» sah und an seine ungewöhnlichen Kräfte nicht glauben wollte; daher sein Ausspruch: «Ein Prophet gilt nirgend weniger denn in seinem Vaterland und in seinem Hause.»[15] Von Maria Magdalena wird berichtet, sieben Dämonen seien aus ihr ausgetrieben worden; das bedeutet, daß sie von einem nervösen Leiden befallen war und an Anfällen litt (das Wort «Anfall» erinnert an die Theorie von der «Besessenheit»), die in Jesu Gegenwart aufhörten. Darum brachte sie ihm die Liebe eines Menschen entgegen, dem man sein Leben wiedergegeben hat, und darum war seine Gegenwart für ihre geistige Gesundheit unerläßlich. Im Falle der Tochter des Jairus sagt Jesus offen, das Mädchen sei nicht tot, sondern schlafe – vielleicht in einem Anfall von Starrsucht; bei ihrer Erweckung verfährt er nicht mit seiner gewohnten Sanftheit, er erteilt vielmehr den heftigen Befehl: «Mägdlein, ich sage dir, stehe auf!»[16] Das will nicht besagen, daß Jesus seine Wundertaten als rein natürliche Erscheinungen betrachtete; er spürte, daß er nur mit Hilfe des göttlichen Geistes in sich zu helfen vermochte. Wir vermöchten nicht zu sagen, daß er sich damit im Unrecht befände, und den Kräften, die potentiell im Denken und Wollen des Menschen liegen, vermögen wir noch keine Grenzen abzustecken. Jesus selbst scheint nach seinen Wundertaten in einen seelischen Erschöpfungszustand verfallen zu sein. Er vollbrachte sie nur widerstrebend, verbot seinen Jüngern, sie bekannt zu machen, tadelte die Menschen, die ein «Zeichen» von ihm verlangten, und bedauerte, daß sogar seine Apostel hauptsächlich wegen seiner Wunder an ihn glaubten.

Diese Männer gehörten wohl kaum dem Menschenschlag an, den man mit der Neuformung der Welt betrauen würde. Die Evangelien geben eine realistische Schilderung von der Verschiedenheit ihrer Charaktere und verheimlichen ihre Fehler keineswegs. Sie verhehlten ihren Ehrgeiz nicht; zu ihrer Beruhigung verhieß ihnen Jesus, sie würden beim Jüngsten Gericht auf zwölf Thronsesseln sitzen und die zwölf Stämme Israels richten. Als der Täufer eingekerkert wurde, schloß sich einer seiner Anhänger, Andreas, Jesus an und brachte seinen Bruder Simon mit, den Jesus später Kephas – «Felsen» – nannte; die Griechen übersetzten das Wort in ihr *Petros*. Petrus ist eine durch und durch menschliche Gestalt, impulsiv, ernsthaft, großzügig, eifersüchtig, manchmal furchtsam bis zur – verzeihlichen – Feigheit. Er und Andreas waren Fischer vom See Genezareth, ebenso die beiden Söhne des Zebedäus, Jakobus und Johannes; diese vier verließen Arbeit und Familie, um einen engeren Kreis um Jesus zu bilden. Matthäus war Zolleinnehmer in der Grenzstadt Kapernaum, also ein Mann im öffentlichen Dienst, in diesem Falle im Dienste Roms und darum jedem freiheitssüchtigen Juden verhaßt. Judas Ischariot war der einzige Apostel, der nicht aus Galiläa stammte. Die Zwölf legten ihre materielle Habe zusammen und betrauten Judas mit ihrem gemeinsamen Besitz. Als sie Christus auf seinen Missionswanderungen folgten, lebten sie von den Früchten des Landes, nahmen da und dort ihre Nahrung beim Vorübergehen vom Felde und genossen die Gastfreundschaft von Bekehrten und Freunden. Zu den Zwölfen suchte Jesus sich weitere zweiundsiebzig Männer als Jünger aus, von denen er jeweils zwei in die Ortschaften vorausschickte, in die er sich begeben wollte. Er befahl ihnen: «Traget keinen Beutel noch Tasche noch Schuhe.»[17] Hilfsbereite und fromme Frauen schlossen sich den Aposteln und Sendboten an, kümmerten sich um ihren Lebensunterhalt und besorgten für sie die häuslichen Dienstleistungen, die für den Mann den höchsten Trost darstellen. Durch die Vermittlung dieser kleinen demütigen und ungebildeten Schar sandte Jesus Christus sein Evangelium in die Welt.

IV. DAS EVANGELIUM

Er trug seine Lehre mit der Einfachheit vor, deren seine Hörerschaft bedurfte; er streute Erzählungen ein, die seine Predigten dem Verständnis nahebrachten, wußte mit treffenden Aphorismen mehr zu sagen als mit einer logischen Argumentation und redete in Gleichnissen und Metaphern, die in der Literatur eine hervorragende Stellung einnehmen. Die Gleichnisform, deren er sich bediente, war dem Osten geläufig, und einige seiner fesselnden Analogien entstammten, vielleicht ohne daß er sich dessen bewußt war, den Propheten, den Psalmisten und den Rabbis; desungeachtet ließen die Unmittelbarkeit seiner Redeweise, die Lebendigkeit seiner Bildersprache, die warmherzige Aufrichtigkeit seines Wesens seine Aussprüche zu begeisterter Poesie werden. Nicht ganz alles, was er gesagt hat, ist klar verständlich, manches scheint auf den ersten Blick ungerecht zu sein, manches ist voll Sarkasmus und Schärfe; fast alle Aussprüche zeichnen sich aber durch Kürze, Klarheit und hohe Ausdruckskraft aus.

Sein Ausgangspunkt war das Evangelium Johannes' des Täufers, das seinerseits seine Ursprünge in Daniel und Enoch hatte; *historia non facit saltus*. Das Gottesreich ist nahe, war seine Lehre; bald wird Gott der Verworfenheit auf Erden ein Ende machen; der Menschensohn wird kommen «auf den Wolken des Himmels», die ganze Menschheit zu richten, die Lebenden und die Toten. Die Zeit zur Reue ist nur noch kurz bemessen; wer aber ein gerechtes Leben geführt, Gott seine Liebe bezeigt und seinen Glauben auf Gottes Sendboten gesetzt hat, der wird das Reich erben, der wird zu Macht und Ruhm gelangen in einer Welt, in der es endlich kein Übel, kein Leiden, keinen Tod mehr geben wird.

Da diese Vorstellungen seinen Zuhörern nicht unbekannt waren, gab ihnen Jesus keine feste Gestalt, so daß uns heute vielerlei Schwierigkeiten den Zugang zu seiner Auffassung erschweren. Was verstand Jesus unter Reich? Einen übernatürlichen Himmel? Offenbar nicht, denn die Apostel und die frühen Christen erwarteten allesamt ein irdisches Reich. Es war die jüdische Überlieferung, die Jesus übernahm, und er lehrte seine Anhänger, zum Vater zu beten: «Dein Reich komme, dein Wille geschehe wie im Himmel, also auch auf Erden.» Erst als diese Hoffnung dahingeschwunden war, ließ das Johannesevangelium Jesus sagen: «Mein Reich ist nicht von dieser Welt.»[18] Hatte er dabei einen geistigen Zustand oder eine tatsächliche Idealwelt im Auge? Zuweilen sprach er von dem Reich, als ob es eine Seelenverfassung wäre, zu der die Reinen und Sündlosen gelangen: «Das Reich Gottes ist inwendig in euch»[19]; andere Male gab er eine Schilderung des Reiches, als ob es ein glückhaftes zukünftiges Gemeinwesen wäre, in dem die Apostel herrschen und diejenigen, die um Christi willen gelitten hatten, eine hundertfache Vergeltung erfahren. Sooft er die ethische Vollkommenheit im Auge hatte, wenn er vom Reich sprach, scheint er das Wort nur metaphorisch gebraucht zu haben, um den Weg zum Reich und den Preis der Aufnahme und den Zustand der erretteten Seelen im Tatsache gewordenen Reiche zu bezeichnen.

Wann sollte das Reich kommen? Bald. «Wahrlich ich sage euch, daß ich hinfort nicht trinken werde vom Gewächs des Weinstockes bis auf den Tag, da ich's neu trinke in dem Reich Gottes»; «ihr werdet mit den Städten Israels nicht zu Ende kommen, bis des Menschen Sohn kommt.»[20] Später zog er den Termin ein wenig hinaus: «Es stehen etliche hier, die nicht schmecken werden den Tod, bis daß sie des Menschen Sohn kommen sehen in seinem Reich»[21]; und «Dies Geschlecht wird nicht vergehen, bis daß dies alles geschehe»[22]. In Augenblicken der besseren Berechnung hielt er seinen Aposteln vor: «Von dem Tage aber und der Stunde weiß niemand, auch die Engel nicht im Himmel, auch der Sohn nicht, sondern allein der Vater.»[23] Dem Kommen des Reiches würden einige Zeichen voraufgehen: «Ihr werdet hören Kriege und Geschrei von Kriegen ... Denn es wird sich empören ein Volk wider das andere ... und werden sein Pestilenz und teure Zeit und Erdbeben hin und wieder ... Dann werden sich viele ärgern und werden sich untereinander verraten und werden sich untereinander hassen. Und es werden sich viel falsche Propheten erheben und werden viele verführen. Und dieweil die Ungerechtigkeit wird überhandnehmen, wird die Liebe in vielen erkalten.»[24] Manchmal machte Jesus das Kommen des Reiches von der Bekehrung der Menschen zu Gott und zur Gerechtigkeit abhängig; gewöhnlich aber stellte er es als einen Gottesakt dar, ein überraschendes und wunderbares Geschenk der göttlichen Gnade.

Viele haben das Reich als ein kommunistisches Idealreich gedeutet und in Christus einen Sozialrevolutionär gesehen. Den Evangelien lassen sich einige Belege entnehmen, die diese Auffassung stützen. Jesus hatte offenbar eine tiefe Verachtung für die Menschen, deren wichtigster Lebenszweck das Anhäufen von Geld und Luxusgütern war. Den Reichen und Satten sagte er Hunger voraus, und die Armen tröstete er mit Seligpreisungen, die ihnen das Himmelreich versprachen. Dem reichen Jüngling, der wissen wollte, was er außer den Geboten noch zu beachten hätte, entgegnete er: «Verkaufe, was du hast, und gib's den Armen ... und komm und folge mir nach.»[25] Die Apostel deuteten das Reich offenbar als eine revolutionäre Umkehrung der bestehenden Verhältnisse zwischen Reichen und Armen; wir werden sehen, daß sie und die frühen Christen eine kommunistische Schar bildeten, die «alle Dinge gemein hielten»[26]. Jesus wurde auf Grund der Klage verurteilt, er habe sich zum «König der Juden» machen wollen.

Aber auch ein Konservativer kann Zitate aus dem Neuen Testament seinen Zwecken dienstbar machen. Jesus nahm die Freundschaft des Matthäus an, der den Dienst an der römischen Macht fortsetzte; er übte nie Kritik an der Staatsregierung, nahm, soweit bekannt, keinen Anteil an der jüdischen Freiheitsbewegung und riet zu Sanftheit und Nachgeben in einer Weise, die kaum mit einer politischen Revolution übereinstimmt. Er riet den Pharisäern: «Gebet dem Kaiser, was des Kaisers ist, und Gott, was Gottes ist!»[27] Sein Gleichnis von dem Manne, der auf Reisen ging und zuvor seine

Knechte rief «und tat ihnen seine Güter aus»[28], enthält keine Beschwerde gegen Sklaverei oder Zinszahlung, sondern nimmt diese Einrichtungen als selbstverständlich hin. Offensichtlich billigt Jesus die Haltung des Knechtes, der das Pfund, das ihm der Herr anvertraut hatte, anlegte und neun weitere dazugewann, und findet den Knecht tadelnswert, der ein Pfund bekommen und bis zur Rückkehr des Herrn in unproduktiver Sicherheit bewahrt hat; er legt dem Herrn den harten Ausspruch in den Mund: «Wer da hat, dem wird gegeben werden; von dem aber, der nicht hat, wird auch das genommen werden, was er hat»[29] – ein ausgezeichneter Kernspruch, der das Wesen finanzieller Transaktionen, ja sogar der Weltgeschichte, zum Ausdruck bringt. In einem anderen Gleichnis «murrten die Arbeiter wider den Hausvater», der denjenigen, die nur eine Stunde gearbeitet hatten, ebensoviel bezahlte wie denen, die den ganzen Tag lang gewerkt hatten; Christus läßt den Hausvater sagen: «Habe ich nicht Macht, zu tun, was ich will, mit dem Meinen?»[30] Er scheint sich nicht mit dem Gedanken getragen zu haben, der Armut ein Ende zu setzen; es ist ihm, wie allen Menschen der Antike, selbstverständlich, daß ein Sklave verpflichtet ist, seinem Herrn gut zu dienen: «Selig ist der Knecht, wenn sein Herr kommet und findet ihn also tun.»[31] Er unternimmt es nicht, die bestehenden wirtschaftlichen oder staatlichen Einrichtungen anzugreifen, im Gegenteil, er wendet sich gegen die Heißsporne, die «das Himmelreich Gewalt leiden»[32] lassen. Die Revolution, die er erstrebte, ging tiefer, es war eine Umwälzung, ohne die alle Reformen nur vorübergehend und vergänglich hätten sein können. Gelang es ihm, das Herz des Menschen von Selbstsucht, Grausamkeit und Wollust zu säubern, dann mußte das Idealreich von selber kommen, dann mußten alle Einrichtungen, die wegen der Habgier und Gewalttätigkeit der Menschen notwendig geworden waren, und damit die Notwendigkeit des Gesetzes, verschwinden. In diesem Sinne – da eine solche Umwälzung ja die tiefgründigste aller Revolutionen darstellte, neben der alle anderen Revolutionen nur Staatsstreiche einer bestimmten Klasse wären, die eine andere Klasse niederringt und nun ihrerseits mit der Ausbeutung beginnt – in diesem geistigen Sinne war Jesus Christus der größte Revolutionär der Geschichte.

Seine Leistung lag nicht darin, daß er eine neue Staatsform einführte, sondern darin, daß er einer neuen Ethik die Umrisse gab. Sein Sittengesetz wurzelte in der Vorstellung von dem baldigen Kommen des Gottesreiches und zielte darauf ab, die Menschen des Reiches würdig zu machen. Daher die Lobpreisungen der Bergpredigt mit ihrer unerhörten Wertschätzung der Demut, Armut, Sanftmut und Friedfertigkeit, daher der Rat, die andere Backe darzureichen und wie die kleinen Kindlein (keine Ausbünde von Tugendhaftigkeit!) zu sein, daher die Gleichgültigkeit gegenüber wirtschaftlichen Vorkehrungen, gegenüber Besitz und Staatsform, daher die Bevorzugung der Ehelosigkeit, der Befehl, alle Familienbande zu lösen: Es waren keine Satzungen für ein gewöhnliches, alltägliches Leben, es war eine fast mönchische Satzung, die Männer und Frauen zur Berufung in ein Gottesreich reif machte, in ein Reich, das nahe bevorstand und in dem es keine Gesetze, keine Ehe, keine Geschlechtsbeziehungen, keinen Besitz und keinen Krieg geben würde. Jesus pries denjenigen, «der ein Haus verläßt oder Eltern oder Brüder oder Weib oder Kinder um des Reiches Gottes willen», sogar diejenigen, «die sich selbst verschnitten haben um des Himmelreichs willen»[33]; das galt offensichtlich für eine kleine ergebene religiöse Minderheit, nicht für ein Gemeinwesen, das Fortbestand haben wollte. Dieses Ethos war in seiner Absicht begrenzt, unbeschränkt jedoch in seinem Bereich, denn es wandte seine Vorstellung von der Brüderlichkeit und die Goldene Regel auch auf die Fremden und die Feinde, nicht nur auf die Nächsten und die Freunde an. Es zielte auf eine Zeit ab, wo die Menschen Gott nicht in Tempeln, sondern in «Geist und Wahrheit», in jeder Tat und nicht nur in flüchtigen Worten dienen würden.

Waren diese sittlichen Vorstellungen neu? Nichts ist neu, nur die Anordnung. Das Hauptthema von Christi Lehre – das kommende Gericht und das Reich – war bei den Juden bereits ein Jahrhundert alt. Das Gesetz hatte schon längst die Brüderlichkeit eingeschärft: «Du sollst deinen Nächsten lieben wie dich selbst», befahl das dritte Buch Mose; und sogar: «Wenn ein Fremdling bei dir in eurem Lande wohnen wird», soll er «bei euch wohnen wie ein Einheimischer unter euch, und sollst ihn lieben wie dich selbst.»[34] Das zweite Buch Mose hatte den Juden befohlen, ihren Feinden Gutes zu tun. Jeremia und Jesaja hatten gesagt: «Es ist ein köstlich Ding einem Mann, daß er ... lasse sich auf die Backen schlagen und viel Schmach anlegen.»[35] Auch die Propheten hatten ein gutes Leben über jedes Ritual gestellt; Jesaja und Hosea hatten begonnen, Jahve aus einem Herrn der Heerscharen in einen Gott der Liebe umzuwandeln. Hillel hatte wie Konfuzius der Goldenen Regel Worte verliehen. Wir dürfen Jesus keinen Vorwurf daraus machen, daß er die reiche ethische Überlieferung seines Volkes erbte und nützte.

Lange Zeit war Jesus in seiner eigenen Vorstellung nur ein Jude, der die Gedankenwelt der Propheten teilte, ihr Werk fortsetzte und nur den Juden predigte. Als er seine Jünger ausschickte, das Evangelium zu verbreiten, sandte er sie nur in die jüdischen Städte: «Gehet nicht auf der Heiden Straße und ziehet nicht in der Samariter Städte»[36]; darum zögerten auch die Apostel nach Jesu Tod, die Heilsbotschaft der Heidenschaft zuzutragen. Der Samariterin am Brunnen sagte er: «Das Heil kommt von den Juden»[37] – obgleich wir ihn nicht nach Worten beurteilen dürfen, die ihm vielleicht von einem Mann in den Mund gelegt werden, der gar nicht dabei war und sechzig Jahre nach dem Ereignis schrieb. Als ein kanaanäisches Weib ihn um die Heilung ihrer Tochter bat, weigerte er sich zunächst und sagte: «Ich bin nicht gesandt denn nur zu den verlorenen Schafen von dem Hause Israel.»[38] Dem Aussätzigen, den er geheilt hatte, befahl er: «Gehe hin und zeige dich dem Priester und opfere die Gabe, die Mose befohlen hat.»[39] «Alles nun, was sie (die Schriftgelehrten und Pharisäer) euch sagen, daß ihr halten sollet, das haltet und tut's; aber nach ihren Werken sollt ihr nicht tun.»[40] Wenn er Abänderungen und Milderungen des mosaischen Gesetzes vorschlug, war er, wie Hillel, nicht der Ansicht, daß er es umstürze: «Ihr sollt nicht wähnen, daß ich gekommen bin, das Gesetz oder die Propheten aufzulösen; ich bin nicht gekommen, aufzulösen, sondern zu erfüllen.»[41] «Es ist aber leichter, daß Himmel und Erde vergehen, denn daß ein Tüttel* am Gesetz falle.»**[42]

---

* Ein Vokalzeichen über einem hebräischen Konsonant.

** Möglicherweise sind diese Textstellen von Judenchristen interpoliert, die Paulus diskreditieren wollten; es steht uns aber nicht an, eine derartige willkürliche Annahme zu machen.

Die Stärke seines Charakters und die Kraft seiner Empfindung führten indessen zu einer durchgreifenden Umwandlung. Dem mosaischen Gesetz fügte er das Gebot hinzu, zur Vorbereitung auf das Reich Gottes ein Leben der Gerechtigkeit, Freundlichkeit und Demut zu leben. In Angelegenheiten des Geschlechtlichen und der Ehescheidung verschärfte er die Bestimmungen des Gesetzes, er milderte sie aber durch die größere Bereitschaft zur Vergebung; die Pharisäer erinnerte er daran, daß der Sabbat um des Menschen willen gemacht ist. Die Nahrungs- und Reinlichkeitsvorschriften milderte er, gewisse Fasten überging er. Die Religion, die sich im Rituellen verloren hatte, gründete er wieder auf das rechtschaffene Leben, und über auffälliges Beten, zur Schau gestellte Wohltaten und prunkhafte Leichenbegängnisse sprach er ein hartes Urteil. Manchmal erweckte er den Eindruck, als ob das mosaische Gesetz durch das künftige Reich aufgehoben werden würde.

Mit alleiniger Ausnahme der Essener widersetzten sich Juden aller Sekten seinen Neuerungen und vor allem dem Recht, das er sich nahm, Sünden zu vergeben und im Namen Gottes zu sprechen. Sie entsetzten sich, daß er sich in die Gesellschaft von verhaßten Söldlingen Roms und von übelbeleumdeten Frauen begab. Die Tempelpriester und die Mitglieder des Synhedriums beobachteten seine Tätigkeit mit Mißtrauen; sie sahen in ihr, wie schon Herodes bei Johannes dem Täufer, den Anschein oder die Tarnung einer politischen Revolution. Sie befürchteten, der römische Procurator könne sie zur Verantwortung ziehen, weil sie versäumten, die öffentliche Ordnung aufrechtzuerhalten. Jesu Weissagung, er werde den Tempel zerstören, schreckte sie ein wenig, da man nicht genau wissen konnte, ob der Ausspruch wirklich nur metaphorisch gemeint war. Christus wandte sich seinerseits mit harten und ätzenden Worten gegen sie:

> «Sie binden aber schwere und unerträgliche Bürden und legen sie den Menschen auf den Hals; aber sie selbst wollen dieselben nicht mit einem Finger regen. Alle ihre Werke aber tun sie, daß sie von den Leuten gesehen werden. Sie machen ihre Denkzettel breit und die Säume an ihren Kleidern groß. Sie sitzen gern obenan über Tisch und in den Schulen ... Weh euch, Schriftgelehrte und Pharisäer, ihr Heuchler ... verblendete Leiter ... Ihr Narren und Blinden! ... die ihr ... lasset dahinten das Schwerste im Gesetz, nämlich das Gericht, die Barmherzigkeit und den Glauben! ... Weh euch ... die ihr die Becher und Schüsseln auswendig reinlich haltet, inwendig aber ist's voll Raubes und Fraßes! ... Weh euch, Schriftgelehrte und Pharisäer, ihr Heuchler, die ihr gleich seid wie die übertünchten Gräber! ... von außen scheinet ihr vor den Menschen fromm, aber inwendig seid ihr voller Heuchelei und Untugend ... daß ihr Kinder seid derer, die die Propheten getötet haben. Wohlan, erfüllet auch ihr das Maß eurer Väter! Ihr Schlangen, ihr Otterngezüchte! wie wollt ihr der höllischen Verdammnis entrinnen? ... Die Zöllner und Huren mögen wohl eher ins Himmelreich kommen denn ihr.»[43]

Ließ Jesus den Pharisäern Gerechtigkeit widerfahren? Wahrscheinlich gab es solche, die diese Züchtigung wohl verdienten, viele, die wie zahllose Christen einige Jahrhunderte später eine äußerliche Frömmelei an die Stelle der inneren Frömmigkeit setzten. Es gab aber auch viele Pharisäer, die sich dafür aussprachen, das Gesetz zu mildern und menschlicher zu gestalten. Sehr wahrscheinlich waren die Angehörigen dieser Sekte zum großen Teil aufrechte und leidlich anständige und ehrenwerte Männer, die spürten, daß die rituellen Vorschriften, die Jesus vernachlässigte, nicht um ihrer selbst willen zu beurteilen waren, sondern als Teil des Gesetzeswerkes, das die Juden inmitten einer feindselig gesinnten Welt in Stolz und Sittsamkeit zusammenhielt. Einige Pharisäer hielten zu Jesus und kamen, ihn zu warnen, daß man ihm nach dem Leben trachte. Nicodemus, einer der Verteidiger Jesu, war ein reicher Pharisäer.

Der endgültige Bruch erfolgte, als Jesus immer stärker von seiner Sendung überzeugt war und deutlich verkündete, er sei der Messias. Anfänglich hatten seine Anhänger in ihm einen Nachfolger Johannes' des Täufers erblickt; nach und nach gewannen sie den Glauben, daß er der heißersehnte Erlöser sei, der Israel aus der römischen Knechtschaft befreien und das Reich Gottes auf Erden errichten würde. «Herr», fragten sie ihn, «wirst du auf diese Zeit wieder aufrichten das Reich Israel?» Er speiste sie aber mit den Worten ab: «Es gebührt euch nicht, zu wissen Zeit oder Stunde, welche der Vater seiner Macht vorbehalten hat.»[44] Eine gleich unbestimmte Antwort erteilte er den Sendboten des Täufers, die ihn fragten, ob er der sei, dessen Kommen verheißen worden war. Um die Anhänger, die in ihm einen politischen Messias sahen, von dieser Meinung abzubringen, wies er die Behauptung von seiner Abkunft von David zurück. Langsam scheinen aber die starken Erwartungen seiner Jünger und die Entdeckung, daß er ungewöhnliche Seelenkräfte besaß, die Überzeugung in ihm erweckt zu haben, daß er von Gott gesandt war, nicht um die Unabhängigkeit Judäas wiederherzustellen, sondern um die Menschen auf das Gottesreich auf Erden vorzubereiten. In den synoptischen Evangelien identifiziert er sich nicht mit dem Vater und stellt sich auch nicht mit ihm auf gleiche Stufe. «Was heißest du mich gut?» fragt er. «Niemand ist gut denn der einige Gott.»[45] «Nicht, wie ich will», betet er zu Gethsemane, «sondern wie du willst!»[46] Er übernahm den Ausdruck «des Menschen Sohn»[47], den Daniel zu einem Synonym für «Messias» gemacht hatte, brauchte ihn zunächst, ohne deutlich sich selbst damit zu bezeichnen, und wandte ihn schließlich auf sich selbst an in Behauptungen wie: «Des Menschen Sohn ist ein Herr auch über den Sabbat»[48] – etwas, was den Pharisäern in höchstem Maße blasphemisch zu sein schien. Gott nannte er manchmal «Vater», ohne dem Wort einen ausschließlichen Sinn zu geben; dann und wann sagte er: «mein Vater», was offenbar bedeutete, daß er in besonderer Weise oder besonderem Maße der Sohn Gottes sei. Lange Zeit untersagte er es den Jüngern, ihn Messias zu nennen; in Caesarea Philippi hingegen billigte er es, daß Petrus ihn als «Christus, des lebendigen Gottes Sohn»[49] erkannte. Als er am letzten Montag vor seinem Tode nach Jerusalem zog, um einen letzten Appell an das Volk zu richten, grüßte ihn «der ganze Haufe seiner Jünger» mit den Worten: «Gelobt sei, der da kommt, ein *König*, in dem Namen des Herrn!» Und als einige Pharisäer ihn aufforderten, diese Begrüßung zu tadeln, entgegnete er: «Ich sage euch: Wo diese werden schweigen, so werden die Steine schreien.»[50] Das Johannesevangelium berichtet, daß die Menge ihn als «König von Israel»[51] begrüßte. Offenbar hielten ihn seine Anhänger immer noch für einen politischen Messias, der die Macht der Römer stürzen und Judäa an die höchste Stelle setzen würde. Zurufe dieser Art waren es, die Jesus den Tod eines Revolutionärs eintrugen.

V. TOD UND VERKLÄRUNG

Das Passahfest stand vor der Tür, und die Juden kamen in Scharen nach Jerusalem, um im Tempel Opfer darzubringen. Im Außenhof des Heiligtums war ein lärmendes Leben und Treiben von Händlern, die Tauben und andere Opfertiere verkauften, und von Geldwechslern, die die götzendienerischen Münzen des Römischen Reiches gegen Geld eintauschten, das für die heilige Stätte annehmbar war. Jesus begab sich am Tage nach seiner Ankunft in Jerusalem in den Tempel und war entsetzt über den Lärm und die Geschäftemacherei in den Verkaufs- und Wechselbuden. In flammender Empörung warfen er und seine Anhänger die Tische der Geldwechsler und Taubenhändler um, zerstreuten die Münzen auf dem Boden und jagten die Händler «mit Peitschenhieben» aus dem Tempelhof. Mehrere Tage lehrte er nun unbehindert im Tempel; des Nachts aber verließ er, da er ermordet oder verhaftet zu werden befürchtete, die Stadt, um auf dem Ölberg Aufenthalt zu nehmen.

Die staatlichen und geistlichen – römischen und jüdischen – Behörden hatten ihn wahrscheinlich seit der Zeit, da er die Nachfolge des Täufers übernahm, stets unter Beobachtung gehalten. Als es ihm nicht gelang, eine große Gefolgschaft um sich zu versammeln, ließ ihre Aufmerksamkeit wohl stark nach; die Begeisterung, mit der er in Jerusalem empfangen wurde, scheint jedoch den jüdischen Führern die Frage nahegelegt zu haben, ob diese Erregung in ihrer Auswirkung auf eine hochgestimmte und patriotische Passahschar nicht zu einer unzeitigen und sinnlosen Revolte gegen Rom und damit letzten Endes zur Aufhebung aller noch verbliebenen Selbstregierung und religiösen Freiheit in Judäa führen könnte. Der Hohepriester berief das Synhedrium ein. Er gab zu bedenken: «Es ist uns besser, ein Mensch sterbe für das Volk, denn daß das ganze Volk verderbe.»[52] Die große Mehrheit teilte diese Ansicht, und der Rat befahl, Christus gefangenzusetzen.

Jesus scheint von diesem Beschluß etwas erfahren zu haben, vielleicht durch Mitglieder der Synhedriumsminderheit. Am vierzehnten Tage des jüdischen Monats Nisan (am dritten April unserer Zeitrechnung), wahrscheinlich im Jahre 30*, nahm Jesus mit seinen Jüngern den Seder, das Passahabendmahl, bei einem Freunde in Jerusalem ein. Die Jünger erwarteten von ihrem Meister, daß er sich durch seine Wunderkräfte befreie; Jesus dagegen fügte sich in sein Schicksal, vielleicht in der Hoffnung, daß sein Tod von Gott als Opfersühne für die Sünden seines Volkes hingenommen würde. Er hatte erfahren, daß einer der Zwölf an ihm Verrat übte, und bei diesem letzten Abendmahl klagte er offen Judas Ischariot an**. Gemäß dem jüdischen Ritual segnete (grie-

* Die Dauer der Mission Jesu und sein Todesdatum sind heftig umstritten. Lukas datiert, wie wir gesehen haben, die Taufe Christi in das Jahr 28–29. Die zeitliche Abfolge der Ereignisse um Paulus, die den ersten beiden Kapiteln seines Galaterbriefes zu entnehmen sind, und diejenige der Procuratoren, die ihm den Prozeß machten, sowie die überlieferungsgemäße Datierung seines Todes in das Jahr 64 lassen deutlich werden, daß seine Bekehrung im Jahre 31 erfolgte. Vgl. das nächste Kapitel.

** Die Echtheit der Geschichte von Judas' Verrat ist vielfach angezweifelt worden, die Beweisgründe sind aber nicht überzeugend.

chisch *eucharistein*) Jesus den Wein, den er seinen Aposteln zu trinken gab, worauf sie gemeinsam das jüdische Rituallied *Hallel* anstimmten. Nach Johannes sagte er ihnen: «Ich bin noch eine kleine Weile bei euch ... Ein neu Gebot gebe ich euch, daß ihr euch untereinander liebet ... Euer Herz erschrecke nicht! Glaubet an Gott und glaubet an mich! In meines Vaters Hause sind viele Wohnungen ... Ich gehe hin, euch die Stätte zu bereiten.»[53] Es ist durchaus glaubhaft, daß er in einem so feierlichen Augenblick den Jüngern gebot, dieses Abendmahl regelmäßig (wie der jüdische Brauch forderte) zu seinem Gedächtnis zu wiederholen; und es ist nicht unwahrscheinlich, daß er ihnen in orientalischer Gefühlstiefe und Bildhaftigkeit gebot, sich das Brot, das sie aßen, als seinen Leib, und den Wein, den sie tranken, als sein Blut vorzustellen.

In dieser Nacht verbarg sich nach dem Bericht die kleine Schar in dem Garten Gethsemane bei Jerusalem. Eine Abteilung der Tempelpolizei fand sie dort und setzte Jesus gefangen. Er wurde zuerst vor Hannas, einen ehemaligen Hohenpriester, dann vor Kaiphas gebracht; nach dem Zeugnis des Markus hatte sich der «Rat» – wahrscheinlich ein Ausschuß des Synhedriums – bereits dort versammelt. Verschiedene Zeugen sagten gegen ihn aus und brachten vor allem seine Drohung zur Sprache, er werde den Tempel zerstören. Als Kaiphas Jesus fragte, ob er «Christus, der Sohn des Hochgelobten», sei, entgegnete Jesus: «Ich bin's.»[54] Am Morgen trat das Synhedrium zusammen, fand ihn der Blasphemie (damals ein Verbrechen, auf dem die Todesstrafe stand) schuldig und beschloß, ihn vor den römischen Procurator zu bringen, der sich in Jerusalem aufhielt, um die zur Passahfeier versammelte Menge zu überwachen.

Pontius Pilatus war ein hartherziger Mann, der später nach Rom zurückberufen, wegen Erpressung und Grausamkeit angeklagt und des Amtes enthoben wurde. Aber auch er konnte in diesem sanftmütigen Prediger keine wirkliche Gefahr für den Staat erblicken. Fast scherzend fragte er Jesus: «Bist du der Juden König?» Nach Matthäus entgegnete Jesus: «Du sagst es.»[55] Solche Einzelheiten, die vermutlich nur nach dem Hörensagen und lange Zeit nach dem Vorfall berichtet wurden, sind in ihrer Echtheit zweifelhaft; erkennen wir den Text als echt an, dann müssen wir zu dem Schluß kommen, daß Jesus zu sterben entschlossen war und die Vorstellung des Paulus vom Sühneopfer teilte. Nach Johannes fügte Jesus die Worte hinzu: «Ich bin dazu geboren und in die Welt gekommen, daß ich für die Wahrheit zeugen soll.» «Was ist Wahrheit?» fragte der Procurator darauf[56] – eine Frage, die vielleicht von den metaphysischen Neigungen des Johannesevangeliums herzuleiten ist, aber ausgezeichnet die Kluft zwischen der intellektuellen und zynischen Kultur des Römers und dem warmherzigen und vertrauenden Idealismus des Juden offenbart. Auf alle Fälle forderte das Gesetz nach diesem Geständnis Jesu Christi die Verurteilung, und Pilatus gab widerstrebend das Todesurteil aus.

Die Kreuzigung war eine römische Strafart, nicht eine jüdische. Gewöhnlich ging ihr die Auspeitschung voraus, die, wenn sie gründlich ausgeführt wurde, den Leib nur noch als eine blutige und verschwollene Fleischmasse zurückließ. Die römischen Soldaten krönten Jesus mit einem Dornenkranz, machten sich über seine königliche Würde als «König der Juden» lustig und hefteten an das Kreuz eine Inschrift in Aramäisch, Griechisch und Lateinisch: *Iesus Nazarethaeus Rex Iudaeorum*. Ob nun Christus ein Revolutionär war oder nicht, es ist offenbar, daß er von Rom als ein solcher hingerichtet wurde; auch Tacitus war dieser Meinung. Eine kleine Menschenmenge, wie sie im Gerichtssaal des Pilatus hatte Platz finden können, hatte nach der Hinrichtung gerufen; jetzt, da Christus den Hügel Golgatha hinanstieg, «folgte ihm aber nach ein großer Haufe Volks und Weiber, die beklagten und beweinten ihn»[57]. Es war ganz offenbar, daß das jüdische Volk mit dieser Verurteilung nicht einverstanden war.

Jedermann durfte dem entsetzlichen Schauspiel beiwohnen; die Römer, die mit Schrecken herrschen zu müssen glaubten, wählten bei Kapitalverbrechen von Nichtrömern die «grausamste und scheußlichste Hinrichtung»[58], wie Cicero sich ausdrückte. Der Verurteilte wurde an Händen und Füßen an das Kreuz gebunden (seltener genagelt); ein vorspringender Holzblock diente als Fußstütze; wenn das Opfer nicht den Gnadenstoß erhielt, hing es zwei oder drei Tage am Kreuz, vermochte sich nicht zu rühren, nicht die Insekten zu vertreiben, die sich in sein nacktes Fleisch einfraßen, und langsam verließen es die Kräfte, bis endlich das Herz versagte und das Ende kam. Selbst die Römer hatten manchmal mit dem Opfer Mitleid und gaben ihm einen betäubenden Trank. Das Kreuz wurde «in der dritten Stunde», also um neun Uhr morgens, aufgerichtet. Nach Markus wurden zwei Mörder zusammen mit Jesus gekreuzigt und «schmähten ihn auch»[59]; Lukas versichert, einer der beiden habe zu Jesus gebetet. Von den Aposteln war nur Johannes zugegen; mit ihm waren drei Marien gekommen: Jesu Mutter, ihre Schwester Maria und Maria Magdalena; «und es waren auch Weiber da, die von ferne solches schauten»[60]. Nach dem römischen Brauch teilten die Soldaten die Kleidungsstücke des Sterbenden unter sich auf; und da Christus nur ein einziges hatte, losten sie darum. Möglicherweise haben wir hier eine Interpolation vor uns, die an Psalm 22, 19 erinnert: «Sie teilen meine Kleider unter sich und werfen das Los um mein Gewand.» Derselbe Psalm beginnt mit den Worten: «Mein Gott, mein Gott, warum hast du mich verlassen?» – und gerade das ist der verzweifelt menschliche Aufschrei, den Markus und Matthäus dem sterbenden Christus zuschreiben. Ist es möglich, daß in diesen grauenvollen Augenblicken der Glaube, der ihn vor Pilatus aufrechterhalten hatte, vor einem finsteren Zweifel wich? Lukas, dem diese Worte vielleicht nicht in die theologischen Anschauungen des Paulus paßten, setzt dafür: «Vater, ich befehle meinen Geist in deine Hände!» – das seinerseits in verdächtiger Übereinstimmung Psalm 31, 6 wiedergibt.

Ein Soldat, der sich des dürstenden Christus erbarmte, tauchte einen Schwamm in sauren Wein und hielt ihn an seinen Mund. Jesus trank und sprach: «Es ist vollbracht!» In der neunten Stunde – um drei Uhr nachmittags – «schrie Jesus abermals laut und verschied». Lukas bezeugt wiederum die sympathisierende Einstellung des jüdischen Volkes, wenn er hinzufügt: «Und alles Volk, das dabei war und zusah, da sie sahen, was da geschah, schlugen sich an ihre Brust und wandten wieder um.»[61] Zwei fromme und einflußreiche Juden holten sich bei Pilatus die Erlaubnis ein, Jesus zu bestatten, nahmen den Leib vom Kreuz ab, balsamierten ihn mit Myrrhe und Aloe und legten ihn in ein Felsengrab.

War er wirklich tot? Die beiden Mörder zu seiner Seite waren noch am Leben; die Soldaten brachen ihnen die Beine, so daß der Körper an den Händen hing und der Blutkreislauf eingeengt wurde und das Herz bald zu schlagen aufhörte. Mit Jesus wurde das nicht gemacht, obgleich es heißt, daß ein Soldat ihm die Brust mit einer Lanze durchbohrte und Blut und Wasser herauskam. Pilatus war erstaunt, daß ein Mann nach sechsstündiger Kreuzigung bereits tot sein sollte; er willigte in die Kreuzabnahme erst ein, als der diensthabende Centurio ihm versicherte, Christus sei tot.

Zwei Tage darauf besuchte Maria Magdalena, die auch in ihrer Liebe zu Jesus ihre charakteristische nervöse Gefühlsinnigkeit bezeigte, mit Maria, «des Jakobus Mutter, und Salome» das Grab. Sie fanden es leer. «Mit Furcht und großer Freude» eilten sie, den Jüngern die Nachricht zu überbringen. Unterwegs stießen sie auf einen, den sie für Jesus hielten, und sie «griffen an seine Füße und fielen vor ihm nieder». Wir können uns die mit Hoffnung vermischte Ungläubigkeit vorstellen, der ihrem Bericht entgegengebracht wurde; die Vorstellung, daß Jesus über den Tod triumphiert und damit bewiesen habe, daß er Gottes Sohn und der Messias war, erfüllte die «Galiläer» mit solcher Erregung, daß sie jedes Wunder und jede Offenbarung aufzunehmen bereit waren. Am selben Tage erschien nach dem Bericht Jesus zwei Jüngern auf dem Wege nach Emmaus, sprach mit ihnen und aß mit ihnen; lange «wurden ihre Augen gehalten, daß sie ihn nicht erkannten»; als er aber «mit ihnen zu Tische saß, nahm er das Brot, dankte, brach's und gab's ihnen. Da wurden ihre Augen geöffnet, und sie erkannten ihn. Und er verschwand vor ihnen.»[62] Die Jünger kehrten nach Galiläa zurück; bald darauf sahen sie ihn und «fielen vor ihm nieder; etliche aber zweifelten»[63]. Als sie beim Fischfang waren, sahen sie Jesus am Ufer stehen; sie warfen ihre Netze aus «und konnten's nicht mehr ziehen vor der Menge der Fische»[64].

Vierzig Tage nach seiner Erscheinung vor Maria Magdalena fuhr Christus, wie die Apostelgeschichte berichtet, leiblich gen Himmel auf. Die Vorstellung, daß ein Heiliger lebendigen Leibes in den Himmel «entrückt» wird, war den Juden geläufig; sie erzählten von Moses, Enoch, Elias und Jesaja, sie seien gen Himmel aufgefahren. Der Meister ging auf so mystische Weise, wie er gekommen war; die meisten Jünger scheinen der festen Überzeugung gewesen zu sein, daß er nach der Kreuzigung in Fleisch und Blut unter ihnen geweilt hatte. Sie «kehrten wieder gen Jerusalem mit großer Freude und waren allewege im Tempel, priesen und lobten Gott»[65]. So berichtet Lukas.

ZWEITES KAPITEL

Die Apostel

[30–95 N. CHR.]

I. PETRUS

DAS Christentum erwuchs aus jüdischen apokalyptisch-esoterischen Offenbarungen des kommenden Reiches; seine Schwungkraft schöpfte es aus der Persönlichkeit und der visionären Kraft Jesu Christi, seine Durchschlagskraft aus dem Glauben an die Wiederauferstehung Christi und aus der Verheißung des ewigen Lebens; die Form einer Glaubenslehre erhielt es durch Paulus; es wuchs durch die Aufnahme heidnischer Glaubenssätze und Riten, und es wurde eine triumphierende Kirche, indem es das organisatorische Gefüge und das Organisationsgenie von Rom übernahm.

Die Apostel waren offenbar alle der Meinung, daß Christus bald wiederkehren würde, das Himmelreich auf Erden zu gründen*. «Es ist aber nahe gekommen das Ende aller Dinge», erklärt der erste Brief des Petrus. «So seid nun mäßig und nüchtern zum Gebet.»[1] «Kinder, es ist die letzte Stunde!» ruft der erste Brief des Johannes. «Und wie ihr gehört habt, daß der Widerchrist kommt, so sind nun viele Widerchristen» (Nero, Vespasian, Domitian?) «geworden; daher erkennen wir, daß die letzte Stunde ist.»[2] Der Glaube an die Erlösersendung Christi, seine körperliche Wiederauferstehung und seine Rückkehr auf die Erde bildete das Grundbekenntnis des Frühchristentums. Dieses Bekenntnis hinderte die Apostel nicht, sich weiterhin der jüdischen Religionsgemeinschaft zuzuzählen. «Und sie waren täglich und stets beieinander einmütig im Tempel»[3], berichtet die Apostelgeschichte. Sie befolgten die Nahrungsvorschriften und das Zeremoniell des Gesetzes; ihr Glaubensbekenntnis trugen sie nur Juden vor, und oft predigten sie in den Tempelhöfen.

---

* Unser Hauptführer durch diese Zeit ist die Apostelgeschichte. Daß dieses Buch und das dritte Evangelium vom selben Verfasser stammen, wird allgemein angenommen; bedeutend weniger allgemeine Zustimmung findet jedoch die Ansicht, dieser Verfasser sei Lukas, der heidnische Freund des Paulus. Da die Apostelgeschichte nichts vom Tode des Paulus berichtet, dürfte das Originalwerk um das Jahr 63 entstanden sein; es stellt wohl einen Versuch dar, die Feindseligkeit der Römer gegenüber Christentum und Paulus herabzustimmen. Wahrscheinlich haben spätere Überarbeiter Zusätze gemacht. Das Übernatürliche nimmt einen weiten Raum ein, der Verlauf der Ereignisse darf aber in seinen Grundzügen als historisch gelten. Im zweiten Jahrhundert rundeten mehrere apokryphe «Apostelgeschichten» und «Episteln» die Geschichte der Apostel nach Jesu Tod mit Legenden ab. Diese «Apostelgeschichten» waren die historischen Romane der damaligen Zeit, nicht notwendigerweise bewußte Täuschungsversuche; die Kirche verwarf sie, die Gläubigen aber lasen sie und nahmen sie immer mehr für bare Münze.

Von den sieben Briefen, die im Neuen Testament den zwölf Aposteln zugeschrieben werden, läßt die Kritik den ersten Petrusbrief als im wesentlichen echt gelten und identifiziert den Verfasser der Johannesbriefe mit dem vielumstrittenen Verfasser des vierten Evangeliums; die Echtheit der übrigen Briefe wird angezweifelt.

Sie glaubten, von Christus oder von dem Heiligen Geist wundersame Kräfte der Inspiration, des Heilens und des Redens erhalten zu haben. Viele Kranke und Schwache kamen zu ihnen; manche wurden, wie Markus berichtet, durch Einsalben mit Öl geheilt – im Osten schon immer eine beliebte Heilbehandlung. Der Verfasser der Apostelgeschichte entwirft ein ergreifendes Bild von dem vertrauensvollen Kommunismus dieser Frühchristengemeinschaft:

«Die Menge aber der Gläubigen war *ein* Herz und *eine* Seele; auch keiner sagte von seinen Gütern, daß sie sein wären, sondern es war ihnen alles gemein ... Es war auch keiner unter ihnen, der Mangel hatte; denn wieviel ihrer waren, die da Äcker oder Häuser hatten, die verkauften sie und brachten das Geld des verkauften Guts und legten es zu der Apostel Füßen; und man gab einem jeglichen, was ihm not war.»[4]

Da die Schar der Proselyten immer größer wurde, ordinierten die Apostel durch Handauflegen sieben Diakone, die alle Angelegenheiten der Gemeinde zu verwalten hatten. Eine Zeitlang duldeten die jüdischen Behörden die Sekte, da sie nur klein und harmlos war; als aber aus den 120 «Nazarenern» in wenigen Jahren 8000 geworden waren, erschraken die Priester. Petrus und andere wurden verhaftet und vor dem Synhedrium verhört. Die Sadduzäer hätten sie gerne zum Tode verurteilt, aber ein Pharisäer namens Gamaliel – wahrscheinlich der Lehrer des Paulus – riet, das Urteil aufzuschieben; es kam zu einer Kompromißlösung: Die Verhafteten wurden ausgepeitscht und dann freigelassen. Kurz darauf (30 n. Chr.?) wurde Stephanus, einer der ordinierten Diakone, vor das Synhedrium zitiert, da er «Lästerworte wider Mose und wider Gott»[5] geredet habe. Er verteidigte sich mit unerschrockener Vehemenz:

«Ihr Halsstarrigen und Unbeschnittenen an Herzen und Ohren, ihr widerstrebt allezeit dem Heiligen Geist, wie eure Väter also auch ihr. Welchen Propheten haben eure Väter nicht verfolgt? Und sie haben getötet, die da zuvor verkündigten die Zukunft dieses Gerechten, dessen Verräter und Mörder ihr nun geworden seid. Ihr habt das Gesetz empfangen durch der Engel Geschäfte, und habt's nicht gehalten*.»[6]

Das Synhedrium geriet in Zorn und ließ ihn aus der Stadt hinausführen und steinigen. Ein junger Pharisäer namens Saulus beteiligte sich an der Steinigung und ging dann in Jerusalem von Haus zu Haus und holte die Anhänger «dieses Weges» heraus und «überantwortete sie ins Gefängnis»[7].

Die jüdischen Bekehrten griechischen Namens und griechischer Kultur, deren Führer Stephanus gewesen war, flohen nach Samaria und Antiochien, wo sie große Christengemeinden gründeten. Die meisten Apostel blieben bei diesen Verfolgungen offenbar verschont, weil sie das Gesetz noch befolgten; sie blieben mit den Judenchristen in Jerusalem. Während Petrus das Evangelium in die Städte Judäas hinaustrug, wurde Jakobus «der Gerechte», «der Bruder des Herrn», Haupt der klein gewordenen und verarmten Gemeinde zu Jerusalem. Jakobus befolgte das Gesetz in seiner ganzen Schärfe und tat es an Askese den Essenern gleich; er aß kein Fleisch, trank keinen Wein, trug nur ein einziges Gewand und ließ Haare und Bart wachsen. Elf Jahre lang blieben die Christen unter seiner Führung ungestört. Um 41 wurde ein anderer Jakobus, der Sohn des Zebedäus, enthauptet; Petrus wurde ins Gefängnis geworfen,

* Der allgemeinen Gepflogenheit der antiken Schriftsteller entsprechend sind die Reden des Stephanus, Petrus und Paulus und anderer Personen der Apostelgeschichte vielleicht Erfindung des Verfassers.

entkam aber. Im Jahre 62 wurde Jakobus der Gerechte hingerichtet. Vier Jahre später erhoben sich die Juden gegen Rom. Die Christen von Jerusalem waren zu sehr vom «Weltuntergang» überzeugt, um sich noch um Politik zu kümmern, verließen die Stadt und siedelten sich im heidnischen und prorömischen Pella am Oberlauf des Jordans an. Damit war die Trennung zwischen Christentum und Judentum vollzogen. Die Juden klagten die Christen des Verrates und der Feigheit an, und die Christen jubelten, als Titus den Tempel zerstörte, da sich damit eine Prophezeiung Christi erfüllt hatte. Der gegenseitige Haß erhitzte die Gemüter der Gläubigen und lieferte den Nährboden zu einigen ihrer frömmsten literarischen Werke.

Von nun an nahm das Judenchristentum an Zahl und Macht ab; es überließ die neue Religion dem griechischen Geist, der ihr ein neues Gepräge gab. Galiläa, das Land, in dem Christus fast sein ganzes Leben verbracht hatte und in dem Maria Magdalena und die anderen Frauen, die zu seinen ersten Anhängern gezählt hatten, nun in Vergessenheit geraten waren, hatte für die Prediger, die da lehrten, der Nazarener sei der Sohn Gottes, nur ein taubes Ohr. Die Juden, die nach Freiheit dürsteten und sich täglich sagten: «Der Herr ist der eine», hatten für einen Messias nichts übrig, der sich um ihren Freiheitskampf nicht kümmerte, und entsetzten sich über die Botschaft, ein Gott sei in einer Höhle oder einem Stall eines ihrer Dörfer geboren worden. Das Judenchristentum existierte noch fünf Jahrhunderte in einer kleinen Schar *Ebionim* («die Armen») genannter syrischer Christen weiter, die in christlicher Armut lebten und das jüdische Gesetz voll befolgten. Ende des zweiten Jahrhunderts verurteilte die Kirche sie als Häretiker.

Inzwischen hatten die Apostel und Jünger die Heilsbotschaft verbreitet, hauptsächlich unter den Juden der Diaspora von Damaskus bis Rom. Philippus bekehrte in Samaria und Caesarea, Johannes zog eine machtvolle Kirchengemeinde in Ephesos hoch, und Petrus predigte in den Städten Syriens. Wie die meisten Apostel nahm auch Petrus eine «Schwester» auf seine Missionsfahrten mit, die ihm als Frau und Gehilfin diente. Er hatte einen solchen Erfolg in seinen Krankenheilungen, daß ein Magier von Samaria, Simon Magus, ihm Geld bot, wenn er ihm seine geheimnisvollen Kräfte mitteilen wolle. In Ioppe erweckte er Tabitha vom Scheintod; in Caesarea gewann er einen römischen Centurio für das Christentum. Nach der Apostelgeschichte überzeugte ihn eine Vision von der Notwendigkeit, auch Heiden zu bekehren; von da an begnügte er sich, nach einigem liebenswürdigem Schwanken, mit der Taufe nichtjüdischer Proselyten, ohne auf einer Beschneidung zu beharren. Der erste Brief des Petrus läßt uns etwas vom Eifer dieser frühen Missionare ahnen:

«Petrus, ein Apostel Jesu Christi, den erwählten Fremdlingen (Judenchristen) hin und her in Pontus, Galatien, Kappadozien, Asien und Bithynien ... Gott gebe euch viel Gnade und Frieden! ... Liebe Brüder, ich ermahne euch als die Fremdlinge und Pilgrime: Enthaltet euch von fleischlichen Lüsten ... und führet einen guten Wandel unter den Heiden, auf daß sie ... eure guten Werke sehen und Gott preisen ... Seid untertan aller menschlichen Ordnung um des Herrn willen ... als die Freien, und nicht, als hättet ihr die Freiheit zum Deckel der Bosheit ... Ihr Knechte, seid untertan mit aller Furcht den Herren, nicht allein den gütigen und gelinden, sondern auch den wunderlichen ... Desgleichen sollen die Weiber ihren Männern untertan sein, auf daß auch die, so nicht glauben an das Wort, durch der Weiber Wandel ohn' Wort gewonnen werden, wenn sie ansehen euren keuschen Wandel in der Furcht. Ihr Schmuck soll nicht auswendig sein mit Haarflechten und Goldumhängen oder Kleideranlegen, sondern der verborgene Herr des Herzens unverrückt mit sanftem und stillem Geiste ... Desgleichen auch ihr Männer, wohnet bei ihnen mit Vernunft und gebet dem weiblichen als dem schwächeren Werkzeuge seine Ehre ... Vergeltet nicht Böses mit Bösem ... Vor allen Dingen aber habt untereinander eine inbrünstige Liebe; denn die Liebe deckt auch der Sünden Menge.»[8]

Es ist nicht überliefert, wann und auf welchem Wege Petrus nach Rom kam. Hieronymus meint (um 390), er sei bereits im Jahre 42 erstmals dahin gekommen. Die Überlieferung, nach der er bei der Gründung der Christengemeinde in der Hauptstadt des Reiches eine führende Rolle spielte, hat bisher jeder Kritik standgehalten. Lactantius schreibt, Petrus sei in der Regierungszeit Neros nach Rom gekommen; wahrscheinlich suchte der Apostel die Stadt mehrmals auf. Er in der Freiheit und Paulus im Gefängnis wetteiferten um die größere Zahl von Bekehrten, bis sie den Märtyrertod fanden, vielleicht beide im Jahre 64. Nach Origenes wurde Petrus «seinem Wunsche entsprechend mit dem Kopfe nach unten gekreuzigt»[9]; vielleicht hoffte er, in dieser Stellung eher den Tod zu finden, oder aber er hielt sich (wie die Gläubigen meinen) für unwürdig, auf die gleiche Weise wie Christus zu sterben. Alte Texte bezeugen, daß sein Weib mit ihm den Tod fand und er sie zur Hinrichtung führen mußte. Ein späterer Text nennt Neros Circus auf dem Vatikangebiet als Hinrichtungsstätte. An dieser Stelle entstand später die Peterskirche, die seine Gebeine beherbergen soll.

Seine Missionstätigkeit in Kleinasien und Rom muß dazu beigetragen haben, daß viele Elemente der jüdischen Religion im Christentum bewahrt blieben. Durch seine und der anderen Apostel Vermittlung übernahm es Monotheismus, Puritanismus und Eschatologie. Bis zum Jahre 70 wurde die christliche Religion hauptsächlich in den Synagogen und vor Juden gepredigt. Form, Zeremoniell und Kleidung des hebräischen Kultes gingen in das christliche Ritual ein. Das Opferlamm der Passahfeier wurde zu dem *Agnus Dei* – dem sühnenden Lamm Gottes – der katholischen Messe vergeistigt. Die Ernennung von Älteren (*presbyteroi*, Priestern) für die Kirchenführung wurde vom Verfahren der jüdischen Synagogenverwaltung übernommen. Viele jüdische Feiertage – zum Beispiel Ostern und Pfingsten – gingen in den christlichen Festkalender ein, wenn auch nach Inhalt und Datum abgeändert. Die Zerstreuung der Juden trug zur raschen Ausbreitung des Christentums bei; der häufige Umzug der Juden von Stadt zu Stadt und ihre Verbindungen, die sich über das ganze Reichsgebiet erstreckten, ebneten zusammen mit dem Handel, den römischen Straßen und dem römischen Frieden dem christlichen Glauben den Weg. Bei Christus und Petrus war das Christentum eine jüdische Glaubensform; mit Paulus wurde es halb griechisch, im Katholizismus halb römisch. Im Protestantismus wurden das mosaische Element und die jüdische Eindringlichkeit wieder erneuert.

II. PAULUS

1. DER VERFOLGER

Der Begründer der christlichen Theologie wurde in Tarsos in Kilikien etwa im zehnten Jahre unserer Zeitrechnung geboren. Sein Vater war Pharisäer und erzog den Jüngling nach den strengen Grundsätzen dieser Sekte; der Apostel der Heiden hörte nie auf, sich als Pharisäer zu betrachten, auch dann noch, als er das mosaische Gesetz verwarf. Der Vater war zugleich römischer Bürger und übertrug das kostbare Bürgerrecht auch auf seinen Sohn. Wahrscheinlich war der Name Paulus die griechische Entsprechung des hebräischen Saulus, so daß beide Namen dem Apostel von Kindheit an zu eigen waren. Er erhielt keine klassische Bildung, denn kein Pharisäer würde je bei seinem Sohne einen so ausgeprägten Hellenismus zugelassen haben, und kein Mann mit griechischer Bildung hätte das schlechte Griechisch der Episteln geschrieben. Er sprach die Sprache aber doch gut genug, um in Athen eine Ansprache halten zu können, und gelegentlich zitierte er berühmte Stellen aus der griechischen Literatur. Wir dürfen getrost annehmen, daß die stoische Philosophie und Ethik der Universitätskreise von Tarsos auf die christliche Lehre des Paulus abfärbten. Er verwendet beispielsweise den Ausdruck *pneuma* («Hauch») zur Bezeichnung dessen, was die Übersetzung mit «Geist» wiedergibt. Wie in den meisten griechischen Städten gab es auch in Tarsos Anhänger der orphischen oder anderer Mysterienreligionen, die den Glauben hatten, der Gott, den sie verehrten, sei vor ihnen gestorben und aus dem Grabe wiederauferstanden und werde sie, wenn sie sich in starkem Glauben und mit dem rechten Ritual an ihn wendeten, aus dem Hades erlösen und an seiner Seite die Gabe ewigen und seligen Lebens genießen lassen. Die Mysterienreligionen bereiteten die Griechen auf Paulus und Paulus auf die Griechen vor.

Der Jüngling erlernte das Gewerbe eines Zeltmachers und erhielt seine Bildung in der Synagoge von Tarsos. Von dort schickte ihn sein Vater nach Jerusalem, wo er, wie er berichtet, erzogen ward «zu den Füßen Gamaliels, gelehrt mit allem Fleiß im väterlichen Gesetz»[10]. Gamaliel galt als ein Enkel Hillels; er wurde Hillels Nachfolger als Vorsitzender des Synhedriums und setzte die Tradition der nachsichtigen Gesetzesauslegung fort, die die menschliche Schwäche berücksichtigte. Strengere Pharisäer waren empört, als sie sahen, daß Gamaliel sogar für heidnische Frauen einen wohlwollenden Blick übrig hatte. Er war so gelehrt, daß ihn die Juden, die ja die Gelehrsamkeit zutiefst verehren, «Zierde des Gesetzes» nannten und ihm als erstem einen Titel gaben, den nach ihm nur noch sechs Männer trugen, den Titel *rabban*, «unser Meister». Von ihm und anderen erlernte Paulus die scharfsinnige und subtile, manchmal kasuistische und sophistische Weise der Bibelauslegung, an der der Talmud noch sein Vergnügen finden sollte. Trotz seiner Einweihung in den Hellenismus blieb Paulus in Geist und Charakter bis zum Ende seines Lebens Jude; es fiel ihm nie ein, die göttliche Inspiration der Thora zu bezweifeln, und er behielt voller Stolz den Glauben, die Juden seien von Gott als Heilbringer der Menschheit ausersehen.

Nach seiner eigenen Darstellung war er schwächlich; «und auf daß ich mich nicht der hohen Offenbarungen überhebe, ist mir gegeben ein Pfahl ins Fleisch»[11]. Näheres über dieses körperliche Leiden schreibt er nicht. Nach der Überlieferung war er mit fünfzig Jahren ein kahlköpfiger, bärtiger Asket mit hoher Stirne, blassem Gesicht, düsterem Ausdruck und durchdringendem Blick. Dürer stellte ihn in einer der großartigsten Zeichnungen aller Zeiten so dar. In Wirklichkeit sind diese Darstellungen aber Literatur und Kunst, nicht Geschichte.

Menschen seiner Geisteshaltung gab es bei den Juden oft: eher eindringlich und leidenschaftlich als liebenswürdig und weltmännisch; eher leicht erregbar und phantasiereich als objektiv und unparteiisch. Paulus war machtvoll in der Tat, da er eng im Denken war. Mehr noch als Spinoza war er «gottberauscht», ganz wörtlich vom Enthusiasmus – vom Gotte im Inneren – verzehrt. Er glaubte an seine Gottdurchdrungenheit und an seine Fähigkeit, Wunder zu wirken. Daneben war er ein praktisch veranlagter Geist, der einer gründlichen Organisationsarbeit fähig war, von einer ungeduldigen Geduld bei der Gründung und Bewahrung christlicher Gemeinden. Wie bei so vielen Menschen lagen auch bei ihm die Fehler und Tugenden eng beieinander, die einen nicht denkbar ohne die anderen. Er war gewaltsam und mutig, dogmatisch und entschlossen, herrschsüchtig und energisch, fanatisch und schöpferisch, stolz vor den Menschen und demütig vor Gott, des wütendsten Zornes und der zartesten Liebe fähig. Seinen Anhängern riet er: «Segnet, die euch verfolgen!» Aber er sprach die Hoffnung aus: «Wollte Gott, daß sie auch ausgerottet würden, die euch verstören!»[12] Er war sich seiner Mängel bewußt und kämpfte gegen sie an; seinen Anhängern riet er: «Wollte Gott, ihr hieltet mir ein wenig Torheit zugut!»[13] Der Nachsatz zum ersten Korintherbrief ist kennzeichnend für ihn: «Ich, Paulus, grüße euch mit meiner Hand. So jemand den Herrn Jesus Christus nicht lieb hat, der sei verflucht. Unser Herr kommt! Die Gnade des Herrn Jesus Christus sei mit euch! Meine Liebe sei mit euch allen in Christo Jesu!» Er war ganz der, der er sein mußte, um zu tun, was er tat.

Zuerst griff er die christliche im Namen der jüdischen Religion an, dann die jüdische im Namen der christlichen; ein Apostel war er immer. Er war entsetzt, als Stephanus dem Gesetz so wenig Achtung bezeugte, half ihn steinigen und stand an der Spitze der ersten Christenverfolgung in Jerusalem. Als er vernahm, daß sich auch in Damaskus Menschen zu dem neuen Glauben bekehrt hatten, holte er sich von dem Hohenpriester die Bewilligung, «so er etliche dieses Weges fände, Männer und Weiber, er sie gebunden führte gen Jerusalem»[14] (31 n. Chr.?). Möglicherweise war sein Verfolgungseifer von heimlichen Zweifeln genährt; er konnte grausam sein, jedoch nicht ohne Gewissensbisse. Vielleicht stand ihm das Bild des gesteinigten Stephanus vor Augen, vielleicht war es eine Jugenderinnerung an Golgatha, die ihm die Ruhe nahm und die Einbildungskraft erhitzte. Als er sich mit seinen Leuten Damaskus näherte,

> «umleuchtete ihn plötzlich ein Licht vom Himmel; und er fiel auf die Erde und hörte eine Stimme, die sprach zu ihm: Saul, Saul, was verfolgst du mich? Er aber sprach: Herr, wer bist du? Der Herr sprach: Ich bin Jesus, den du verfolgst ... Die Männer aber, die seine Gefährten waren, standen und waren erstarrt; denn sie hörten die Stimme, und sahen niemand. Saulus aber richtete sich auf von der Erde; und als er seine Augen auftat, sah er niemand. Sie nahmen ihn aber bei der Hand und führten ihn gen Damaskus; und er war drei Tage nicht sehend und aß nicht und trank nicht.»[15]

Niemand vermöchte zu sagen, welche Naturvorgänge diesem entscheidenden Erlebnis zugrunde lagen. Die Ermüdung von der langen Reise, die versengende Kraft der Wüstensonne, vielleicht ein Hitzeblitz am Himmel, all das zusammen mag auf einen schwächlichen und vielleicht epileptischen Körper und auf einen von Zweifeln und Schuldgefühlen zerfressenen Geist gewirkt und den halb unbewußt verlaufenden Prozeß, der aus dem leidenschaftlichen Leugner den besten Prediger von Stephanus'

Christus machte, zum Höhepunkt und Ausbruch gebracht haben. In Tarsos hatte er von seiner griechischen Umgebung viel von dem *Soter*, dem Heiland, der die Menschheit erlösen würde, zu hören bekommen, und die volkstümliche jüdische Überlieferung hatte von dem kommenden Messias gesprochen; wie konnte er sicher wissen, ob dieser geheimnisvolle und wunderbare Jesus, für den viele ihr Leben zu geben bereit waren, nicht der Verheißene war? Als er am Ende seiner Fahrt, schwach und noch erblindet, die gütigen und besänftigenden Hände eines bekehrten Juden auf seinem Antlitz verspürte, «fiel es von seinen Augen wie Schuppen, und er ward wieder sehend und stand auf, ließ sich taufen und nahm Speise zu sich und stärkte sich»[16]. Wenige Tage später ging er in die Synagogen von Damaskus und predigte, daß Jesus der Sohn Gottes sei.

2. DER MISSIONAR

Der Statthalter von Damaskus ließ sich von den empörten Juden bewegen, einen Haftbefehl gegen Paulus zu erlassen; dessen neue Freunde ließen ihn aber in einem Korb die Stadtmauern hinab. Drei Jahre lang zog er nun, wie er selbst berichtet, durch die Dörfer Arabiens und predigte die Heilsbotschaft Jesu. Dann kehrte er nach Jerusalem zurück, wo Petrus ihm vergab und die Freundschaft anbot; eine Zeitlang wirkten sie nun zusammen. Die meisten Apostel mißtrauten ihm, aber Barnabas, selbst ein Neubekehrter, unterstützte ihn eifrig und bewog die Kirche von Jerusalem, ihren Verfolger auszusenden, damit er die Botschaft vom Kommen des Messias und vom baldigen Gottesreich verbreite. Die griechischsprechenden Juden, denen er das Evangelium bringen wollte, versuchten ihn umzubringen, und die Apostel, die vielleicht befürchteten, sein Eifer werde auch sie in Gefahr bringen, schickten ihn nach Tarsos.

Acht Jahre lang verlor ihn die Weltgeschichte in seiner Heimatstadt aus den Augen; vielleicht bekam er dort erneut den Einfluß der mystischen Erlösungstheologie zu spüren, die bei den Griechen so weit verbreitet war. Dann holte ihn Barnabas nach Antiochien. Dem gemeinschaftlichen Wirken der beiden waren so viele Bekehrungen zu verdanken (43–44?), daß Antiochien von allen Städten bald die größte christliche Gemeinde hatte. Dort erhielten die «Gläubigen», «Jünger», «Brüder» oder «Heiligen», wie sie sich selbst nannten, zum erstenmal von den Heiden – vielleicht als verächtliche Bezeichnung – den Namen *Christianoi*, Anhänger des Messias, des Gesalbten. Ebenfalls in Antiochien war es, daß zum erstenmal Heiden für die neue Religion gewonnen wurden. Zumeist waren es «Gottesfürchtige», hauptsächlich Frauen, die bereits den Monotheismus und teilweise auch das Ritual der Juden angenommen hatten.

Die Bekehrten von Antiochien waren mit Glücksgütern mehr gesegnet als die von Jerusalem; ein guter Teil gehörte dem Kaufmannsstand an. Mit der Begeisterung einer jungen und aufwärtsstrebenden Bewegung sammelten sie Geldmittel, um die Verbreitung des Evangeliums zu unterstützen. Die Älteren der Kirche «legten ihre Hände» auf Barnabas und Paulus und sandten sie auf die «erste Missionsreise des heiligen Paulus» (45–47?), wie sich die Geschichte ungebührend ausdrückt, indem sie Barnabas übergeht. Die beiden setzten nach Cypern über und erzielten bei den vielen Juden dieser Insel gute Erfolge. Von Paphos begaben sie sich nach Perge in Pamphylien und von dort über beschwerliche und gefährliche Bergpfade nach Antiocheia in Pisidien. Die Synagoge hörte sich ihre Predigt höflich an; als sie aber auch vor den Heiden zu predigen begannen, setzten die orthodoxen Juden den Stadtbehörden zu, bis sie die Missionare verbannten. Ähnliche Schwierigkeiten ergaben sich in Ikonion, und in Lystra wurde Paulus gesteinigt, für totgehalten und aus der Stadt hinausgeschleift. Paulus und Barnabas trugen aber «voll Freude und heiligen Geistes» das Evangelium nach Derbe. Dann kehrten sie auf demselben Wege nach Perge und in das syrische Antiochien zurück. Dort sahen sie sich dem kritischsten Problem der Geschichte der Christenheit gegenüber.

Denn einige der führenden Jünger von Jerusalem waren auf die Nachricht hin, daß die beiden Prediger heidnische Bekehrte aufnahmen, ohne von ihnen die Beschneidung zu verlangen, nach Antiochien geeilt und hatten die Brüder gelehrt: «Wo ihr euch nicht beschneiden lasset nach der Weise Moses, so könnt ihr nicht selig werden.»[17] Den Juden bedeutete die Beschneidung nicht so sehr eine hygienisch-rituelle Maßnahme als ein geheiligtes Symbol des alten Bundes des Volkes mit Gott, und der Judenchrist entsetzte sich bei der Vorstellung, man könnte diesen Bund brechen. Paulus und Barnabas dagegen waren sich klar darüber, daß das Christentum nie eine nennenswerte Zahl von Heiden für sich gewinnen würde, wenn man diesen Sendboten ihren Willen ließ; es würde eine «jüdische Ketzerei» (Heine) bleiben und in einem Jahrhundert wieder verschwinden. Darum begaben sie sich (50?) nach Jerusalem, um die Angelegenheit mit den Aposteln, die größtenteils noch getreulich den Kulthandlungen im Tempel folgten, auszufechten. Jakobus gab seine Zustimmung nur zögernd; Petrus verteidigte den Standpunkt der beiden Missionare; schließlich kam man überein, von den heidnischen Proselyten nur einen moralischen Lebenswandel und die Enthaltsamkeit von Speisen aus Opfertieren oder «Ersticktem» zu verlangen. Offenbar ebnete Paulus den Weg, indem er der verarmten Gemeinde von Jerusalem eine finanzielle Unterstützung aus den reichen Mitteln der Kirche von Antiochien zusicherte.

Das Problem ging jedoch zu tief, als daß es sich so leicht hätte beilegen lassen. Eine zweite Schar orthodoxer Judenchristen kam von Jerusalem nach Antiochien, traf Petrus beim Mahle mit Heiden und überredete ihn, sich mit den bekehrten Juden von den unbeschnittenen Proselyten zu trennen. Wir haben keine Darstellung des Vorfalles von Petrus' Seite; Paulus berichtet von sich, daß er Petrus «unter Augen widerstand»[18] und öffentlich der Heuchelei anklagte; vielleicht wollte Petrus nur wie Paulus «jedermann allerlei» sein.

Wahrscheinlich im Jahre 50 unternahm Paulus seine zweite Missionsreise. Er hatte sich mit Barnabas überworfen, und dieser entschwand nun in seinem heimatlichen Cypern den Blicken der Geschichte. Paulus suchte wiederum die Kirchen Kleinasiens auf und nahm einen jungen Schüler namens Timotheus zu sich, den er mit einer tiefen Zuneigung, die lange eines Objektes entbehrt hatte, lieben lernte. Zusammen durchzogen sie Phrygien und Galatien bis nach Alexandria Troas. Dort lernte Paulus den Lukas kennen, einen unbeschnittenen Proselyten der jüdischen Religion, ein Mann nach seinem Sinn und Herzen, vielleicht der Verfasser des dritten Evangeliums und der

Apostelgeschichte, die beide das Bestreben erkennen lassen, die Konflikte zu mildern und auszugleichen, die sich bereits zu Beginn in der Geschichte des Christentums abzeichneten. Von Alexandria Troas setzte Paulus mit Timotheus und einem weiteren Helfer, Silas, nach Makedonien über, wo er erstmalig auf europäischem Boden Fuß faßte. In Philippi, dem Ort, wo Antonius den Brutus besiegt hatte, wurden Paulus und Silas als Friedensstörer festgenommen, ausgepeitscht und eingekerkert, aber wieder freigelassen, als sie nachwiesen, daß sie römische Bürger waren. Paulus zog nach Thessalonike weiter und predigte dort an drei Sabbaten den Juden in der Synagoge. Einige ließen sich überzeugen und gründeten eine Kirche; andere hetzten die Stadt gegen Paulus auf, weil er einen neuen König ausrufe, und seine Freunde mußten ihn nächtlicherweile nach Beroia verschwinden lassen. Die Juden dort «nahmen das Wort auf ganz willig»; aber die Juden von Thessalonike kamen nach Beroia «und bewegten auch allda das Volk» gegen Paulus als einen Feind des Judentums. Paulus schiffte sich, entmutigt und allein, nach Athen ein (51?).

Hier, mitten im Herzen der heidnischen Religion, Wissenschaft und Philosophie, war er völlig einsam. Es gab nur wenige Juden, die ihm Gehör schenkten; er mußte, wie ein Volksaufwiegler unserer Zeit, seine Reden auf dem Marktplatz halten und mit einem Dutzend anderer Redner um ein flüchtiges Gehör buhlen. Einige Zuhörer stritten sich mit ihm, andere lachten ihn aus und fragten: «Was will dieser Lotterbube sagen?»[19] Etliche aber waren wirklich interessiert und führten ihn auf den Areopag, den Areshügel, um ihm besser lauschen zu können. Paulus erzählte ihnen, wie er in Athen auf einen Altar mit der Inschrift «Dem unbekannten Gott» gestoßen sei; er deutete diese Widmung, die vielleicht den Wunsch der Stifter ausdrückte, einen Gott, dessen Namen sie nicht genau kannten, zu preisen, zu besänftigen oder für sich zu gewinnen, als ein Bekenntnis der Unwissenheit um das wahre Wesen Gottes. Und er fuhr in großer Beredsamkeit fort:

«Nun verkündige ich euch denselben, dem ihr unwissend Gottesdienst tut. Gott, der die Welt gemacht hat und alles, was darinnen ist, er ... wohnt nicht in Tempeln mit Händen gemacht ... so er selber Leben und Odem allenthalben gibt. Und er hat gemacht, daß von *einem* Blut aller Menschen Geschlechter auf dem ganzen Erdboden wohnen ... daß sie den Herrn suchen sollten, ob sie doch ihn fühlen und finden möchten; und fürwahr, er ist nicht ferne von einem jeglichen unter uns. Denn in ihm leben, weben und sind wir; wie auch etliche Poeten bei euch gesagt haben: ‚Wir sind seines Geschlechts.'* So wir denn göttlichen Geschlechts sind, sollen wir nicht meinen, die Gottheit sei gleich den goldenen, silbernen und steinernen Bildern, durch menschliche Kunst und Gedanken gemacht. Und zwar hat Gott die Zeit der Unwissenheit übersehen; nun aber gebietet er allen Menschen an allen Enden, Buße zu tun, darum daß er einen Tag gesetzt hat, an welchem er richten will den Kreis des Erdbodens mit Gerechtigkeit durch einen Mann, in welchem er's beschlossen hat und jedermann vorhält den Glauben, nachdem er ihn hat von den Toten auferweckt.»[20]

Es war ein tapferer Versuch, das Christentum mit der griechischen Weltanschauung in Einklang zu bringen**. Er vermochte jedoch nur wenige zu beeindrucken; die Athener hatten zu viele Ideen vernommen, um sich überhaupt noch für eine erwärmen zu können. Paulus verließ enttäuscht die Stadt und begab sich nach Korinth, wo der Han-

* Paulus zitiert aus Kleanthes' *Hymnos an Zeus* oder aus Aratos' *Phainomena*.

** Vielleicht sollten wir diese Rede eher dem hellenisierten Verfasser der Apostelgeschichte zugute halten.

del eine ansehnliche Judengemeinde hatte entstehen lassen. Dort blieb er achtzehn Monate (51–52?), verdiente sich den Lebensunterhalt als Zeltmacher und predigte jeden Sabbat in der Synagoge. Der Vorsteher der Synagoge nahm das Christentum an, und so viele andere folgten ihm, daß die Juden erschraken und Paulus vor dem römischen Statthalter Gallion verklagten: «Dieser überredet die Leute, Gott zu dienen dem Gesetz zuwider.» Gallion entgegnete: «Weil es eine Frage ist von der Lehre und von den Worten und von dem Gesetz unter euch, so sehet ihr selber zu; ich gedenke darüber nicht Richter zu sein.»[21] Paulus wurde freigelassen; die beiden Parteien gerieten sich in die Haare, aber Gallion «nahm sich's nicht an». Paulus legte sein Evangelium den Heiden von Korinth vor, und viele bekehrten sich zum Christentum. Die neue Religion mag ihnen als eine annehmbare Abart der Mysterienreligionen erschienen sein, die ihnen schon so oft von wiederauferstandenen Erlösern gesprochen hatten; möglicherweise glichen sie den christlichen Glauben diesen Religionen an und trugen damit dazu bei, daß Paulus das Christentum in einer dem hellenistischen Geist geläufigen Weise auslegte.

Von Korinth ging Paulus nach Jerusalem (53?), «die Gemeinde zu grüßen». Bald begab er sich jedoch auf die dritte Missionsreise, die ihn zu den christlichen Gemeinden in Antiochien und Kleinasien führte, denen er neuen Eifer und neues Vertrauen einflößte. In Ephesos weilte er zwei Jahre; er vollbrachte dort so außergewöhnliche Wundertaten, daß viele in ihm einen Wundermann erblickten und «von seiner Haut die Schweißtüchlein und Binden über die Kranken hielten», um sie zu heilen. Die Kunsthandwerker aber, die für die Heiden Bildwerke zum Aufstellen im Artemistempel verfertigten, sahen sich in ihrem Gewerbe schwer geschädigt; vielleicht hatte Paulus auch hier, wie in Athen, Bilderkult und Götzendienst angeprangert. Ein Goldschmied namens Demetrios, der für die frommen Pilger silberne Modelle des großen Tempels verfertigte, rief zu einem Protest gegen Paulus und den neuen Glauben auf und führte eine Menschenmenge zum Theater der Stadt, wo sie zwei Stunden lang «Groß ist die Artemis der Epheser!» schrie. Ein Beamter der Stadt unternahm es, die versammelte Menge wieder zu zerstreuen, aber Paulus hielt es für klüger, nach Makedonien zu gehen.

Dort verbrachte er einige glückliche Monate bei den kleinen Gemeinden, die er in Philippi, Thessalonike und Beroia gegründet hatte. Als er vernahm, daß Zwistigkeiten und Unmoral die Gemeinde von Korinth zerrütteten, tadelte er sie nicht nur in mehreren Sendschreiben, sondern ging selbst hin (56?), um seinen Verleumdern entgegenzutreten. Diese bezichtigten ihn des materiellen Gewinns aus seinen Predigten, lachten über seine Visionen und verlangten erneut, daß alle Juden sich dem jüdischen Gesetze zu unterwerfen hätten. Paulus erinnerte die aufgeregte Gemeinde daran, daß er seinen Lebensunterhalt stets mit seiner Hände Arbeit verdient hatte; und was den materiellen Gewinn betreffe: Was hatte er nicht durch seine Mission zu erdulden gehabt? Achtmal war er ausgepeitscht worden, einmal gesteinigt, dreimal hatte er Schiffbruch erlitten, und tausendmal hatten Räuber, Patrioten und Flußläufe ihn in Gefahr gebracht. Inmitten dieses Aufruhrs erhielt er die Nachricht, daß die «Beschneidungspartei» sich offenbar nicht an die Abmachungen von Jerusalem hielt, in Galatien eingebrochen war und dort die restlose Befolgung des jüdischen Gesetzes forderte. Er sandte eine zornerfüllte Epistel an die Galater, worin er mit den judaisierenden Christen vollständig brach und erklärte, die Menschen würden nicht durch die Befolgung des jüdischen Gesetzes, sondern durch tätigen Glauben an den Erlöser, den Sohn Gottes, das Heil empfangen. Dann brach er nach Jerusalem auf; er brannte darauf, sich vor den Aposteln zu rechtfertigen, und er wollte das alte Pfingstfest in der Heiligen Stadt feiern. Er ahnte nicht, in welche noch größere Bedrängnis er dort geraten sollte. Von Jerusalem gedachte er nach Rom, ja nach Spanien zu gehen; er wollte nicht rasten, ehe nicht jede Provinz des Reiches die Botschaft und Verheißung des auferstandenen Christus vernommen hätte.

3. DER GOTTESGELEHRTE

Die Häupter der Mutterkirche «nahmen ihn gern auf» (57?); insgeheim aber ermahnten sie ihn:

«Bruder, du siehst, wieviel tausend Juden sind, die gläubig geworden sind, und alle sind Eiferer für das Gesetz; sie sind aber berichtet worden wider dich, daß du lehrest von Mose abfallen alle Juden, die unter den Heiden sind, und sagest, sie sollen ihre Kinder nicht beschneiden, auch nicht nach desselben Weise wandeln ... sie werden's hören, daß du gekommen bist. So tue nun dies, was wir dir sagen. Wir haben vier Männer, die haben ein Gelübde auf sich; die nimm zu dir und heilige dich mit ihnen und wage die Kosten an sie ... so werden alle vernehmen, daß es nicht sei, wie sie wider dich berichtet sind, sondern daß du auch einhergehst und hältst das Gesetz.»[22]

Paulus fügte sich dem Rat willig und befolgte die Reinigungszeremonien. Als ihn aber einige Juden im Tempel sahen, schrien sie: «Dies ist der Mensch, der alle Menschen an allen Enden lehrt wider dies Volk, wider das Gesetz.» Der Pöbel legte Hand an ihn, zerrte ihn aus dem Tempel und «wollte ihn töten», als eine Schar römischer Kriegsknechte ihn festnahm und damit befreite. Paulus wandte sich an das versammelte Volk und versicherte es seines Judentums und seines Christentums. Die Menge schrie nach seinem Tod. Der römische Hauptmann befahl, man solle ihn auspeitschen, widerrief aber den Befehl, als er erfuhr, daß Paulus römischer Bürger sei. Am folgenden Tage brachte er den Verhafteten vor das Synhedrium. Paulus begrüßte die Versammlung und erklärte, er sei Pharisäer; damit gewann er einen Teil des Synhedriums für sich, aber seine eifernden Gegner wollten ihm Gewalt antun, und der Hauptmann ließ ihn in das Lager führen. In der Nacht überbrachte ihm ein Neffe die Nachricht, daß vierzig Juden gelobt hätten, sie würden weder Speise noch Trank zu sich nehmen, bis sie ihn getötet hätten. Der römische Hauptmann befürchtete, es könnte einen Aufruhr geben, in den er verwickelt würde, und sandte Paulus in derselben Nacht zum Procurator Felix nach Caesarea.

Nach fünf Tagen kamen der Hohepriester und fünf Älteste von Jerusalem nach Caesarea und klagten Paulus an: «Wir haben diesen Mann gefunden schädlich, und der Aufruhr erregt allen Juden auf dem ganzen Erdboden.» Paulus gab zu, daß er eine neue Religion predige, fügte aber hinzu: «Ich glaube allem, was geschrieben steht im Gesetz.» Felix schickte die Ankläger fort, behielt aber Paulus doch zwei Jahre lang (58–60?) unter Hausarrest – vielleicht in der Hoffnung auf eine saftige Bestechungssumme.

Festus, der Nachfolger des Felix, forderte Paulus auf, sich vor ihm zu verantworten. Paulus nahm sein Recht als römischer Bürger in Anspruch und verlangte, daß sein Prozeß vor dem Kaiser ausgetragen werde. König Agrippa, der in Caesarea dem Festus einen Besuch abstattete, ließ Paulus vor sich bringen und kam zu dem Urteil, er sei unschuldig; «dieser Mensch hätte können losgegeben werden», sagte Agrippa zu Festus, «wenn er sich nicht auf den Kaiser berufen hätte». Paulus wurde auf einem Handelssegler eingeschifft; dieser kam so langsam vorwärts, daß er in die Winterstürme geriet, bevor er nach Rom gelangte. Vierzehn Tage lang wütete der Sturm, und Paulus gab dem Bericht zufolge der Mannschaft und den Reisenden stets das ermutigende Vorbild eines Menschen, der über den Tod erhaben ist und auf die Rettung vertraut. Das Schiff zerschellte auf den Klippen vor Malta, aber alle vermochten an Land zu schwimmen. Drei Monate später kam Paulus in Rom an (61?).

Die römischen Behörden verfuhren nachsichtig mit ihm; sie warteten zunächst die Ankunft seiner Ankläger aus Palästina ab und dann den Augenblick, wo Nero für ihn Zeit fände. Er durfte in einem Haus eigener Wahl leben und wurde nur von einem Soldaten bewacht; er durfte sich zwar nicht frei bewegen, aber Besucher empfangen, so viele er wollte. Er lud die führenden Juden Roms zu sich, und sie schenkten ihm geduldiges Gehör. Als sie aber merkten, daß nach Paulus' Ansicht die Befolgung des jüdischen Gesetzes zur Erlösung nicht unbedingt notwendig sei, wandten sie sich von ihm ab; das Gesetz war für sie eine fördernde und tröstende Lebensnotwendigkeit. Da sagte Paulus: «So sei es euch kundgetan, daß den Heiden gesandt ist dies Heil Gottes; und sie werden's hören.»[23] Diese Stellungnahme behagte auch der christlichen Gemeinde nicht, die er in Rom vorfand. Diese Bekehrten, zur Hauptsache Juden, zogen das Christentum in der Form vor, die ihnen von Jerusalem zugetragen worden war; sie übten die Beschneidung, und die Römer unterschieden sie kaum von den orthodoxen Juden. Sie hießen Petrus willkommen, verhielten sich aber gegen Paulus ablehnend. Er bekehrte einige Heiden, auch hochgestellte, zum Christentum, aber ein drückendes Gefühl des Mißerfolges verdüsterte die Einsamkeit seiner Gefangenschaft.

Einigen Trost fand er in den langen und liebevollen Briefen, die er an seine fernen Herden sandte. Seit zehn Jahren schrieb er nun solche Episteln; zweifellos waren es ihrer viel mehr, als uns unter seinem Namen erhalten sind*. Sie stammten nicht unmittelbar aus seiner Feder; er diktierte sie und fügte oft einen Nachsatz in seiner eigenen ungelenken Handschrift hinzu. Offenbar las er sie nicht nochmals durch, sondern sandte sie trotz aller ihrer Wiederholungen, Dunkelheiten und grammatikalischen Schnitzer ab. Und doch sind diese Briefe wegen der Tiefe und Aufrichtigkeit des Gefühles, wegen der zornglühenden Hingabe an die große Sache, wegen der vielen feinsinnigen und denkwürdigen Stellen die packendsten und beredsamsten der ganzen Literatur; selbst Ciceros reizvolle Kunst verblaßt neben diesem leidenschaftlichen Glauben. Sie tragen Worte der Liebe weiter von einem, der die Gemeinden wie seine eigenen

* Von den erhaltenen Briefen dürfen wir diejenigen an die Galater, die Korinther und die Römer als authentisch ansehen; wahrscheinlich auch die an die Thessalonicher, die Philipper, die Kolosser und an Philemon; vielleicht sogar den Brief an die Epheser.

Kinder grimmig verteidigte; sie enthalten heftige Angriffe und Ausfälle gegen seine zahllosen Feinde, Worte des Tadels gegen Sünder, Rückfällige und Abfallprediger, und stets liebevolle Ermahnungen:

«Seid dankbar! Lasset das Wort Christi unter euch reichlich wohnen in aller Weisheit; lehret und vermahnet euch selbst mit Psalmen und Lobgesängen und geistlichen lieblichen Liedern und singet dem Herrn in eurem Herzen.»[24]

In diesen Briefen finden sich große Aussprüche, die die ganze Christenheit zitiert und schätzt: «Der Buchstabe tötet, aber der Geist macht lebendig»[25]; «Böse Geschwätze verderben gute Sitten»[26]; «Den Reinen ist alles rein»[27]; «Geiz ist eine Wurzel allen Übels»[28]. Es finden sich offene Eingeständnisse seiner Fehler und Mängel, sogar seiner staatsmännischen Heuchelei:

«Denn wiewohl ich frei bin von jedermann, habe ich doch mich selbst jedermann zum Knechte gemacht, auf daß ich ihrer viele gewinne. Den Juden bin ich geworden wie ein Jude, auf daß ich die Juden gewinne. Denen, die unter dem Gesetz sind, bin ich geworden wie unter dem Gesetz, auf daß ich die, so unter dem Gesetz sind, gewinne. Denen, die ohne Gesetz sind, bin ich wie ohne Gesetz geworden ... Ich bin jedermann allerlei geworden, auf daß ich allenthalben ja etliche selig mache. Solches aber tue ich um des Evangeliums willen, auf daß ich sein teilhaftig werde.»[29]

Die Gemeinden bewahrten diese Briefe auf und ließen sie sich oft vorlesen. Gegen Ende des ersten Jahrhunderts waren viele weithin bekannt und berühmt; Clemens von Rom erwähnt sie im Jahre 97, Ignatius und Polykarpos kurz nachher. Nach und nach fanden sie in die subtilste Theologie der Kirche Eingang. Paulus ließ sich von der ihm eigenen schwermütigen und von Gewissensbissen zernagten Gemütsstimmung und von seiner umgestaltenden Vision Christi bewegen, eine eigene Theologie zu schaffen, die vielleicht von den platonischen und kynischen Vorstellungen vom Körperlichen als etwas Bösem beeinflußt war und sich möglicherweise auch an den jüdischen und heidnischen Brauch hielt, für die Sünden des Volkes einen «Sündenbock» zu opfern; es war eine Theologie, für die sich in Christi Worten nur eine andeutungsweise Berechtigung herauslesen läßt: Sie besagt, daß jeder vom Weibe Geborene die Sünde Adams erbt und von der ewigen Verdammnis nur durch den Sühnetod des Gottessohnes erlöst werden kann*. Vorstellungen dieser Art fanden bei den Heiden mehr Anklang als bei den Juden. In Ägypten, Kleinasien und Hellas bestand der Glaube an Götter – Osiris, Attis, Dionysos –, die starben, um die Menschheit zu erlösen, schon lange. Man hatte auf sie Bezeichnungen wie *Soter* («Heiland») und *Eleutherios* («Erlöser») angewandt, und das Wort *Kyrios* («Herr»), das Paulus für Jesus gebrauchte, war die Bezeichnung der syrisch-griechischen Kulte für den sterbenden und sühnenden Dionysos. Die Heiden von

* Die Juden der Antike hatten mit den Kanaanitern, Moabitern, Phoinikern und Karthagern den Brauch gemein, ein Kind, sogar einen geliebten Sohn, zu opfern, um den Zorn des Himmels abzuwenden. Im Laufe der Zeit wurde es üblich, das Kind durch einen zum Tode Verurteilten zu ersetzen. In Babylonien wurde dieses Opfer in königliche Gewänder gesteckt, um den Sohn des Königs darzustellen, und dann ausgepeitscht und erhängt. Ein gleichartiges Opfer wurde auf Rhodos am Kronosfest vollzogen. Das Passahopfer eines Lammes oder Zickleins stellte wahrscheinlich die zivilisierte Abmilderung eines früheren Menschenopfers dar. «Am Tage des Sühneopfers», berichtet Frazer, «legte der jüdische Hohepriester beide Hände auf den Kopf einer lebenden Ziege, bekannte dabei alle Schlechtigkeiten der Kinder Israel und schickte dann das Tier, das nun alle Sünden des Volkes trug, in die Wüste.»[30]

Antiochien und anderen griechischen Städten, die Jesus niemals persönlich gekannt hatten, konnten ihn sich nur in der Art ihrer Erlösergottheiten vorstellen. «Siehe, ich sage euch ein Geheimnis»[31], schrieb Paulus.

Diese volkstümlichen und tröstlichen religiösen Auffassungen ergänzte Paulus durch gewisse mystische Vorstellungen, die bereits durch das Buch der Weisheit und die Philonische Philosophie geläufig geworden waren. Christus, so lehrte Paulus, ist «göttliche Weisheit»[32], der Erstgeborene Gottes. «Durch ihn ist alles geschaffen ... Und er ist vor allem, und es besteht alles in ihm.»[33] Er ist nicht der Messias, der das jüdische Volk aus der Knechtschaft befreien wird; er ist der Logos, dessen Tod alle Menschen erlösen wird. Mit diesen Auslegungen konnte Paulus über das tatsächliche Leben und die tatsächlichen Worte Jesu, die er nicht selbst erlebt hatte, hinweggehen und sich mit den Aposteln, die sich in diesen metaphysischen Spekulationen mit ihm nicht messen konnten, auf gleiche Stufe stellen; er konnte dem Leben Christi und dem Leben der Menschen bedeutende Rollen in einem gewaltigen Drama zuweisen, das alle Seelen und die ganze Ewigkeit umfaßte. Außerdem vermochte er die lästigen Fragen zu beantworten, warum sich Jesus denn habe hinrichten lassen, wenn er wirklich durchaus gut war: Christus hatte sein Leben hingegeben, um die Welt zu erlösen, die infolge Adams Sündenfall dem Satan verfallen war; er hatte sein Leben hingegeben, um die Fesseln des Todes zu sprengen und allen die Himmelstore zu öffnen, die der Gnade Gottes teilhaftig würden.

Zwei Faktoren sind es nach Paulus' Lehre, die entscheiden, wer durch Jesu Tod errettet wird: die göttliche Gnadenwahl und der demütige Glaube. Gott entscheidet von aller Ewigkeit an, wen er mit seiner Gnade segnen und wen er in Verdammnis stürzen will. Paulus mühte sich, den Glauben als eine Art Angel, um die Gnade Gottes an sich zu ziehen, zu fördern; nur durch diese «gewisse Zuversicht des, das man hofft, und ein Nichtzweifeln an dem, das man nicht sieht»[34], vermag die Seele die tiefgreifende Wandlung durchzumachen, die den neuen Menschen schafft, den Gläubigen mit Christus vereint und ihn an den Früchten von Jesu Tod teilhaben läßt. Gute Werke und alle 613 Vorschriften des jüdischen Gesetzes genügen nach Paulus' Lehre nicht; sie vermögen den inneren Menschen nicht neu zu erschaffen oder die Seele von der Sünde reinzuwaschen. Christi Tod hat der Zeit des Gesetzes ein Ende bereitet. Nun gibt es nicht mehr Juden oder Griechen, Sklaven oder Freie, Männer oder Frauen; denn «ihr seid allzumal *einer* in Christo Jesu»[35]. Unermüdlich war Paulus, die guten Werke in Verbindung mit dem Glauben zu predigen, und er war es, der die berühmtesten Worte über die Liebe gesprochen hat:

> «Wenn ich mit Menschen- und mit Engelzungen redete, und hätte der Liebe nicht, so wäre ich ein tönend Erz oder eine klingende Schelle. Und wenn ich weissagen könnte und wüßte alle Geheimnisse und alle Erkenntnis und hätte allen Glauben, also daß ich Berge versetzte, und hätte der Liebe nicht, so wäre ich nichts. Und wenn ich alle meine Habe den Armen gäbe und ließe meinen Leib brennen, und hätte der Liebe nicht, so wäre mir's nichts nütze. Die Liebe ist langmütig und freundlich, die Liebe eifert nicht, die Liebe treibt nicht Mutwillen, sie blähet sich nicht ... Sie suchet nicht das Ihre ... Die Liebe höret nimmer auf ... Nun aber bleibt Glaube, Hoffnung, Liebe, diese drei; aber die Liebe ist die größte unter ihnen.»[36]

Geschlechtliche Liebe und Ehe duldete Paulus in einer Weise, die nicht gerade ermutigend war. Eine Textstelle läßt annehmen, beweist aber nicht, daß er verheiratet war: «Haben wir (er und Barnabas) nicht auch Macht, eine Schwester zum Weibe mit umherzuführen wie die andern Apostel und des Herrn Brüder und Kephas?»[37]; an einer anderen Stelle aber zählt er sich zu den Ledigen. Gleich Jesus hatte er für körperliche Begierden nichts übrig. Er war entsetzt, als er von Unzucht und Perversionen erfuhr. «Wisset ihr nicht», fragte er die Korinther, «daß eure Leiber Christi Glieder sind?... Oder wisset ihr nicht, daß euer Leib ein Tempel des Heiligen Geistes ist, der in euch ist? ... darum so preiset Gott an eurem Leibe.»[38] Jungfräulichkeit ist der Ehe vorzuziehen, aber die Ehe der freien Sinnlichkeit. Geschiedene dürfen sich nicht wieder verheiraten, es sei denn, daß die Ehe eine Mischehe war. Die Frauen sollen ihren Gatten gehorchen, die Sklaven ihren Herrn. «Ein jeglicher bleibe in dem Beruf, darin er berufen ist» (das heißt, den er ausübte, als er zum Christentum bekehrt wurde). «Bist du als Knecht berufen, sorge dich nicht; doch, kannst du frei werden, so brauche es viel lieber. Denn wer als Knecht berufen ist in dem Herrn, der ist ein Freigelassener des Herrn; desgleichen, wer als Freier berufen ist, der ist ein Knecht Christi.»[39] Freiheit oder Sklaverei bedeuteten wenig in einer Welt, die sich ihrem Ende näherte. Aus demselben Grunde hatte die nationale Eigenständigkeit keine Bedeutung. «Jedermann sei untertan der Obrigkeit, die Gewalt über ihn hat. Denn es ist keine Obrigkeit ohne von Gott; wo aber Obrigkeit ist, die ist von Gott verordnet.»[40] Es war unfreundlich von Rom, einen so staatserhaltenden Philosophen umzubringen.

4. DER MÄRTYRER

«Befleißige dich, daß du bald zu mir kommst», steht im zweiten Brief an Timotheus.

«Denn Demas hat mich verlassen und diese Welt liebgewonnen und ist gen Thessalonich gezogen, Kreszens nach Galatien, Titus nach Dalmatien. Lukas ist allein bei mir ... In meiner ersten Verantwortung stand mir niemand bei, sondern sie verließen mich alle ... Der Herr aber stand mir bei und stärkte mich, auf daß durch mich die Predigt bestätigt würde und alle Heiden sie hörten; und ich ward erlöst von des Löwen Rachen ... Ich werde schon geopfert, und die Zeit meines Abscheidens ist vorhanden. Ich habe einen guten Kampf gekämpft, ich habe den Lauf vollendet, ich habe Glauben gehalten.»[41]

Es waren tapfere Worte, aber Paulus war doch niedergeschlagen. Eine einzige antike Quelle spricht davon, daß er freigesetzt wurde, nach Kleinasien und Spanien ging, erneut predigte und wiederum als Gefangener nach Rom verbracht wurde; wahrscheinlich erhielt er aber die Freiheit niemals wieder. Ohne Weib und Kinder, die ihn hätten trösten können, von allen Freunden außer dem einen verlassen, hatte er nur noch seinen Glauben als Trost und Stütze; vielleicht war auch der erschüttert. Er hatte die Hoffnung aller Christen dieser Zeit geteilt, daß er die Rückkehr Christi noch erleben werde. Den Philippern hatte er geschrieben: «Wir warten des Heilands Jesu Christi, des Herrn ... Der Herr ist nahe!»[42] Und den Korinthern: «Die Zeit ist kurz. Weiter ist das die Meinung: Die da Weiber haben, daß sie seien, als hätten sie keine ... und die da kaufen, als besäßen sie es nicht ... Denn das Wesen dieser Welt vergeht.»[43] In seinem zweiten Brief an die Thessalonicher aber tadelte er diese, weil sie in der Erwartung der baldigen Ankunft des Herrn die Dinge dieser Welt vernachlässigten; der Herr wird erst kommen, wenn der «Widersacher» – Satan – «sich setzt in den Tempel Gottes als ein Gott und gibt sich aus, er sei Gott»[44]. Seine letzten Briefe lassen vermuten, daß er während seiner Gefangenschaft bemüht war, seinen früheren Glauben mit der langen Verzögerung der *Parousia*, der Wiederkunft, in Übereinstimmung zu bringen. Immer mehr setzte er seine Hoffnung auf das Leben nach dem Tode, und zu seinem eigenen Troste nahm er die große Umwandlung vor, die das Christentum errettete: die Umwandlung des Glaubens an die irdische Wiederkehr Christi in die Hoffnung auf die Vereinigung mit Christus im Himmel nach dem Tode. Offenbar wurde er erneut vor Gericht gestellt und diesmal verurteilt: Caesar und Christus standen sich von Antlitz zu Antlitz gegenüber, und der Caesar trug auf kurze Zeit den Sieg davon. Der eigentliche Inhalt der Anklage ist uns nicht bekannt; wahrscheinlich lautete sie hier wie in Thessalonike, Paulus handle «wider des Kaisers Gebote» und sage, «ein anderer sei der König, nämlich Jesus»[45]. Das war ein Majestätsverbrechen, auf dem die Todesstrafe stand. Über den Verlauf des Prozesses ist uns kein Bericht erhalten, aber Tertullian, der um 200 schrieb, meldet, Paulus sei in Rom enthauptet worden, und Origenes schreibt um 220: «Paulus wurde in Rom unter Nero gemartert.»[46] Wahrscheinlich widerfuhr ihm als römischem Bürger die Ehre einer gesonderten Hinrichtung, und er wurde nicht den Christen zugestellt, die nach dem Brande Roms im Jahre 64 ans Kreuz geschlagen wurden. Nach der Überlieferung erlitt er den Märtyrertod gleichzeitig mit Petrus, wenn auch an einer anderen Stelle, und eine ergreifende Legende läßt die beiden großen Nebenbuhler auf dem Weg zum Tode Freundschaft schließen. An der Stätte an der Via Ostia, wo nach dem Glauben der Kirche Paulus den Frieden gefunden hatte, wurde im dritten Jahrhundert eine Weihestätte errichtet. In noch schönerer Gestalt wieder aufgebaut, steht sie heute noch als San Paolo fuori le mura.

Sie ist ein geeignetes Symbol seines Sieges. Der Kaiser, der ihn hinrichten ließ, starb den Tod eines Feiglings, und bald war von seinen ruhmsüchtigen Werken nichts mehr zu sehen. Von dem unterlegenen Paulus aber empfing die Kirche ihr theologisches Grundgefüge, von Petrus und Paulus ihre erstaunliche Organisation. Was Paulus vorgefunden hatte, war ein Traum von jüdischer Eschatologie, in den Rahmen des jüdischen Gesetzes eingezwängt; er hatte diesen Traum seiner Fesseln entledigt und erweitert, bis ein Glaube entstand, der die Welt bewegte. Mit der Geduld eines Staatsmannes hatte er die Ethik mit der Metaphysik der Griechen verwoben und den Jesus des Evangeliums zum Christus der Theologie werden lassen. Er hatte ein neues Mysterium begründet, eine neue Ausprägung des Auferstehungsdramas, die alle anderen in sich aufnehmen und alle überleben sollte. Er hatte an die Stelle des Verhaltens das Glaubensbekenntnis als Prüfstein der Tugend gesetzt und in diesem Sinne das Mittelalter eingeleitet. Es war eine tragische Umwandlung; aber vielleicht hatte sie im Willen der Menschheit gelegen. Nur wenigen Heiligen gelang die Nachfolge Christi; aber viele Seelen konnten sich in der Hoffnung auf das ewige Leben zu Glauben und Mut erheben.

Der Einfluß des Paulus war nicht unmittelbar und sofort spürbar. Die Gemeinden, die er begründet hatte, waren winzige Inseln im heidnischen Ozean. Die Kirche in Rom war Petrus zu eigen und blieb seinem Gedächtnis treu. Ein Jahrhundert nach seinem Tode war Paulus nahezu in Vergessenheit geraten. Als aber die ersten christlichen Generationen das Zeitliche gesegnet hatten, als die mündliche Überlieferung der Apostel zu verblassen begann und unzählige Häresien das Christentum in Verwirrung zu stürzen drohten, gaben die Paulusbriefe den Rahmen eines einenden Glaubensgefüges ab, das die verstreuten Gemeinden zu einer machtvollen Kirche zusammenfaßte.

Aber auch so war der Mann, der das Christentum vom Judentum losgelöst hatte, in der Intensität seines Charakters und der Strenge seiner Moralbegriffe so durchaus jüdisch, daß das Mittelalter, welches dem Heidentum in einem farbenprächtigen Katholizismus Eingang gewährte, in ihm keinen Geistesverwandten erblicken konnte, ihm nur wenige Kirchen errichtete und nur selten sein Bildnis anfertigte oder seinen Namen in den Mund nahm. Fünfzehn Jahrhunderte vergingen, ehe Luther aus Paulus den Apostel der Reformation machte und Calvin bei ihm die düsteren Texte des Prädestinationsglaubens vorfand. Der Protestantismus bedeutete den Triumph des Paulus über Petrus; der buchstabentreue Bibelglaube ist der Sieg des Paulus über Christus.

III. JOHANNES

Paulus steht noch verhältnismäßig deutlich im Lichte der Geschichte, der Apostel Johannes dagegen bleibt in Dunkel und Geheimnis getaucht. Neben drei Briefen sind uns zwei bedeutendere Werke unter seinem Namen überliefert. Die Kritik datiert die Offenbarung zögernd um das Jahr 69–70 und schreibt sie einem anderen Johannes, dem von Papias (135) erwähnten «Presbyter», zu. Iustinus der Märtyrer (135) sieht in dem Verfasser der machtvollen Apokalypse den «Lieblingsapostel»; aber bereits im vierten Jahrhundert bemerkt Eusebios, daß einige Gelehrte die Echtheit dieser Schrift anzweifeln. Der Verfasser muß eine recht hohe Stellung eingenommen haben, denn er wendet sich in einem Tone drohender Autorität an die asiatischen Gemeinden. Wenn der Apostel der Verfasser ist (nichts hindert uns, es einstweilen zu glauben), dann verstehen wir, warum er und sein Bruder Jakobus von Jesus den Namen *Bnehargem*, Donnerskinder, erhielten. In Ephesos, Smyrna, Pergamon, Sardeis und anderen kleinasiatischen Städten galt er, und nicht Petrus oder Paulus, als das Oberhaupt der Kirche. Nach der von Eusebius mitgeteilten Überlieferung war Johannes von Domitian nach Patmos verbannt worden und hatte dort das vierte Evangelium und die Apokalypse geschrieben. Er erreichte ein so hohes Alter, daß man meinte, er werde niemals sterben.

In der Form ähnelt die Offenbarung des Johannes den Büchern Daniel und Enoch. Prophetisch-symbolische Visionen dieser Art waren ein literarischer Kunstgriff, dessen sich die Juden der damaligen Zeit häufig bedienten; es gab verschiedene andere Apokalypsen, diese eine aber übertraf alle anderen in ihrer finstern Beredsamkeit. Sie geht von dem allgemeinen Glauben aus, daß dem Kommen des Gottesreiches die Herrschaft Satans und der Triumph des Bösen vorausgehen werde, und stellt dann Neros Principat als dieses satanische Zeitalter dar. Satan und seine Gefolgschaft lehnen sich gegen Gott auf, werden von Michaels himmlischen Heerscharen niedergerungen und auf die Erde hinabgeworfen, wo sie sich zum Angriff gegen die Christenheit an die Spitze der Heidenschaft stellen. Nero ist das Tier und der Antichrist des Buches, ein Abgesandter des Teufels, wie Jesus ein Sendbote Gottes war. Rom wird als «die große Hure, die da an vielen Wassern sitzt, mit welcher gehurt haben die Könige auf Erden», dargestellt; es ist die «Hure Babylon», Quelle und Mittelpunkt und Gipfel aller Schändlichkeit, Unmoral, Perversion, Idolatrie. In Rom fordern die gotteslästerlichen und blutbefleckten Caesaren den Kult für sich, den die Christen Jesus Christus angedeihen lassen müssen.

In einer Folge von Visionen sieht der Verfasser der Offenbarung die Strafen, die auf Rom und sein Reich niedersausen werden. Eine Heuschreckenplage wird fünf Monate lang alle seine Bewohner heimsuchen, und nur die 144000 Juden, die an ihrer Stirn das Zeichen des Christentums tragen, werden verschont bleiben. Sieben Engel werden «die sieben Schalen des Zornes Gottes auf die Erde» ausgießen, und alle Menschen werden entsetzliche Qualen zu leiden haben; das Meer wird «wie Blut eines Toten» werden, und «alle lebendigen Seelen» in dem Meere werden sterben. Ein Engel wird die volle Sonnenhitze auf alle Menschen, die nicht Buße tun, loslassen; einer wird die Erde in Finsternis hüllen, vier Engel werden «vieltausendmal tausend reisigen Volkes» anführen, «den dritten Teil der Menschen» zu töten. Vier Reiter werden ausziehen, «zu töten den vierten Teil auf der Erde mit dem Schwert und Hunger und mit dem Tod und durch die Tiere auf Erden»[47]. Ein gewaltiges Erdbeben wird den Planeten in Trümmer legen; riesige Hagelkörner werden auf die lebenden Ungläubigen niederfallen und Rom wird völlig zerstört werden. Die Könige der Erde werden auf der Ebene Harmagedon zusammenkommen, um Gott ein letztes Mal die Stirne zu bieten; der Tod wird sie überwältigen. Satan wird mit seinen Kohorten allüberall niedergeschlagen und in die Hölle gestürzt werden. Nur die getreuen Christen werden diesen Katastrophen entrinnen, und alle, die um Christi willen gelitten und ihre Kleider im «Blute des Lammes»[48] gewaschen haben, werden reichen Lohn erhalten.

Nach tausend Jahren wird Satan von neuem auf die Menschheit losgelassen werden; die Sünde wird sich wiederum ausbreiten in einer Welt, die den Glauben verloren hat, und die Mächte des Bösen werden eine letzte Anstrengung unternehmen, das Werk des Herrn zu zerstören. Sie werden aber wiederum überwältigt werden, und diesmal wird Satan mit seiner Gefolgschaft auf ewig in die Hölle geworfen werden. Dann wird das Jüngste Gericht kommen, wo die Toten aus ihren Gräbern auferstehen und die Ertrunkenen aus den Meeren auftauchen. An diesem schaurigen Tage wird jedermann, der «nicht ward gefunden geschrieben in dem Buch des Lebens ..., geworfen in den feurigen Pfuhl ... der mit Feuer und Schwefel brennt»[49]. Die Gläubigen werden sich versammeln «zu dem Abendmahl des großen Gottes, daß ihr esset das Fleisch der Könige und der Hauptleute und das Fleisch der Starken ... und das Fleisch aller Freien und Knechte, der Kleinen und der Großen»[50], die sich dem Worte Gottes verschlossen haben. Ein neuer Himmel und eine neue Erde werden entstehen, und ein neues Jerusalem von Gottes Hand wird herabkommen, ein neues Paradies auf Erden zu bilden. Die Grundmauern der Stadt werden aus Edelsteinen gemacht sein, die Gebäude aus lauterem, durchscheinendem Golde, die Mauern aus Jaspis, jedes der zwölf Tore aus einer einzigen Perle. Durch sie hindurch wird ein «lauterer Strom des lebendigen Wassers» fließen, und auf beiden Seiten des Stromes wird «Holz des Lebens» stehen. Das Reich des Bösen wird auf immer und ewig überwältigt sein, der gläubige Christ wird «regieren von Ewigkeit zu Ewigkeit»; «und der Tod wird nicht mehr sein, noch Leid noch Geschrei noch Schmerz wird mehr sein».[51]

Das Buch der Offenbarung übte einen sofortigen, unmittelbaren, dauerhaften und tiefen Einfluß aus. An seinen Prophezeiungen von der Erlösung der treuen Gläubigen und der Bestrafung ihrer Feinde fand die verfolgte Kirche ihre Stütze. Seine Lehre vom tausendjährigen Zwischenreich tröstete die Enttäuschten, die den langen Verzug in der Wiederkunft Christi beklagten. Seine lebensvollen Sprüche fanden Aufnahme in die volkstümliche und literarische Sprache des Christentums. Seit neunzehn Jahrhunderten sind immer wieder geschichtliche Ereignisse als Erfüllung seiner Visionen gedeutet worden, und in abgeschiedenen Orten der Welt des weißen Mannes verdüstert es immer noch den Glauben an Christus mit seinen düsteren Farben und seinem bitteren Geschmack.

Es scheint unglaubhaft, daß die Apokalypse und das vierte Evangelium derselben Hand entstammen. Die Apokalypse ist jüdische Dichtung, das vierte Evangelium griechische Philosophie. Vielleicht schrieb der Verfasser die Offenbarung in gerechtfertigtem Zorne nach Neros Christenverfolgungen nieder, das Evangelium in der abgeklärten Metaphysik des Alters (90 n. Chr.?). Um diese Zeit mag seine Erinnerung an den Herrn ein wenig verblaßt gewesen sein, soweit die Erinnerung an Jesus überhaupt bei jemandem verblassen konnte, und zweifellos hatte er in den Städten und auf den Inseln Ioniens manches Echo der griechischen Mystik und der griechischen Philosophie vernommen. Platon hatte einen Weg gewiesen, als er lehrte, alle Dinge seien den Ideen Gottes nachgebildet; die Stoiker hatten diese Ideen zum *Logos Spermatikos*, der befruchtenden Weisheit Gottes, zusammengefaßt; die Neupythagoreer hatten aus ihnen eine göttliche Person gemacht; und Philon hatte sie in den Logos, die göttliche Vernunft, umgewandelt, in ein zweites göttliches Prinzip, durch welches Gott die Welt erschuf und mit der Welt verkehrte. Wenn wir die berühmten Anfangsworte des vierten Evangeliums nochmals durchlesen und uns dabei das Gesagte vor Augen halten und das ursprüngliche *Logos* an Stelle der Übersetzung «Wort» beibehalten, wird es uns sofort klar werden, daß Johannes unter die Philosophen gegangen ist:

> «Im Anfang war der Logos, und der Logos war bei Gott, und Gott war der Logos ... Alle Dinge sind durch den Logos gemacht, und ohne denselben ist nichts gemacht, was gemacht ist ... Und der Logos ward Fleisch und wohnte unter uns.»

Gerade wie Philon, der in der griechischen Gedankenwelt bewandert war, das Bedürfnis gefühlt hatte, den mosaischen Glauben in Formen zu bringen, die den logisch denkenden Griechen angemessener waren, so unternahm es Johannes, der zwei Menschenalter lang in griechischer Umgebung gelebt hatte, der jüdischen mystischen Lehre von der Weisheit Gottes als einem lebendigen Wesen und der christlichen Lehre von der göttlichen Sendung Jesu einen Anstrich griechischer Philosophie zu geben. Bewußt oder unbewußt setzte er Paulus' Werk der Loslösung des Christentums vom Judentum fort. Christus wird nicht mehr als Jude dargestellt, der das jüdische Gesetz mehr oder weniger streng befolgt; er spricht die Juden mit «ihr» an und redet von ihrem Gesetz als von «eurem Gesetz». Er ist bei Johannes nicht gesandt, die verlorenen Schafe von Israel zu retten, er ist der gleichewige Sohn Gottes; nicht der künftige Richter der Menschheit, sondern der Urschöpfer des Alls. Von dieser Warte aus konnte das jüdische Leben des Menschen Jesus in den Hintergrund treten und wie in der gnostischen Häresie fast ganz verschwinden; und der Gott Christus wurde den religiösen und philosophischen Überlieferungen des hellenistischen Geistes eingepaßt.

Das Christentum zerstörte das Heidentum nicht: Es nahm das Heidentum in sich auf. Der griechische Geist ging sterbend in die Theologie und Liturgie der Kirche ein; die griechische Sprache, die jahrhundertelang die Philosophie beherrscht hatte, wurde nun die Sprache des christlichen Rituals und der christlichen Literatur; die griechischen Mysterien fanden in dem eindrucksvollen Mysterium der Messe Aufnahme. Noch andere heidnische Kulturen trugen zu dem synkretistischen Endergebnis bei. Von Ägypten stammten die Vorstellungen von einer göttlichen Dreieinigkeit, vom Jüngsten Gericht und von einer persönlichen Unsterblichkeit der Belohnung und der Strafe; ebenfalls von Ägypten die Verehrung von Mutter und Kind und die mystische Theosophie, die zum Neuplatonismus und Gnostizismus führte und den christlichen Glauben verdüsterte; von dort bezog auch das christliche Mönchtum seine Vorbilder und Quellen. Aus Phrygien kam der Kult der Großen Mutter, aus Syrien das Wiederauferstehungsschauspiel des Adonis, aus Thrakien vielleicht der Kult des Dionysos, des sterbenden und erlösenden Gottes. Von Persien kamen die Vorstellungen von einem tausendjährigen Zwischenreich, von den «Weltzeiten», dem «Weltenbrande», dem Dualismus von Satan und Gott, von der Finsternis und dem Licht; bereits im vierten Evangelium ist Christus das Licht, das «scheint in der Finsternis, und die Finsternis hat's nicht begriffen»[52]. Das Ritual der Mithrasreligion hatte solche Ähnlichkeit mit dem eucharistischen Meßopfer, daß christliche Kirchenväter dem Teufel vorwarfen, er erfinde solche Gleichheiten, um schwache Geister in die Irre zu führen. Das Christentum war die letzte bedeutende Schöpfung des antiken Heidentums.

DRITTES KAPITEL

Das Wachstum der Kirche

[96–305 N. CHR.]

I. DIE CHRISTEN

SIE kamen in privaten Räumen oder kleinen Kapellen zusammen und organisierten sich nach dem Vorbild der Synagoge. Die Gemeinde nannte sich *ekklesia* nach der griechischen Bezeichnung für die Volksversammlung der Stadtstaaten. Sie nahmen auch Sklaven in ihre Mitte auf, wie das schon der Isis- und der Mithraskult getan hatten. Man unternahm keinen Versuch, ihre Freilassung zu erwirken, aber man tröstete sie mit dem Hinweis auf das kommende Reich, in dem alle frei sein würden. Die ersten Bekehrungen erfolgten hauptsächlich in den proletarischen Volksschichten, teilweise auch im Mittelstand und gelegentlich unter den Vermögenden. Die Frühchristen waren deswegen aber keineswegs der «Abschaum des Volkes», wie Celsus behauptet; sie führten zumeist ein geordnetes und arbeitsames Leben, brachten für Missionen Geld auf und sammelten unter sich für die verarmten Gemeinden. Nur geringe Mühe wurde darauf verwandt, die Landbevölkerung für das Christentum zu gewinnen; sie wurde als letzte einbezogen, und auf diese seltsame Weise geschah es, daß die vorchristlichen Bewohner der Mittelmeerstaaten zu dem Namen *pagani* (Bauern, Landleute) kamen.

Die Gemeinden nahmen auch Frauen auf und ließen sie in kleineren Rollen zu einiger Bedeutung aufsteigen; die Kirche verlangte von ihnen aber, daß sie die Heiden mit einer Lebensführung der züchtigen Unterwerfung und Zurückgezogenheit beschämten. Zu den Gottesdiensten hatten sie verschleiert zu kommen, da nach Ansicht der Kirchenvorstände das Haar einen besonders verführerischen Reiz ausübte und sogar Engel vom Gottesdienst ablenken konnte; der heilige Hieronymus meinte sogar, man solle das Haar völlig abschneiden. Auch Schönheitsmittel und Schmuck waren den christlichen Frauen untersagt, ganz besonders aber falsches Haar; der Segen des Priesters, der auf das tote Haar eines anderen Kopfes fiel, konnte kaum wissen, wem er nun galt. Paulus hatte seinen Gemeinden strenge Vorschriften erteilt:

> «Der Mann aber soll das Haupt nicht bedecken, sintemal er ist Gottes Bild und Ehre; das Weib aber ist des Mannes Ehre. Denn der Mann ist nicht vom Weibe, sondern das Weib ist vom Manne. Und der Mann ist nicht geschaffen um des Weibes willen, sondern das Weib um des Mannes willen. Darum soll das Weib eine Macht auf dem Haupt haben, um der Engel willen.»[1]

Das war die mosaische und griechische Einstellung gegenüber der Frau, nicht die römische; vielleicht erfolgte sie als Reaktion gegen die Sittenlosigkeit, womit einige Frauen ihre wachsende Freiheit mißbraucht hatten. Wir können aber gerade den Drohungen dieser Art entnehmen, daß es den christlichen Frauen gelang, auch ohne Duftstoffe und Schmuck anziehend zu wirken und auf ihre subtile Art ihre alte Macht auszuüben. Für die unverheirateten und verwitweten Frauen hatte die Kirche mancherlei nützliche Beschäftigungen zur Hand. Sie wurden in «Schwesternschaften» aufgenommen, in denen sie Verwaltungsarbeit und charitative Werke leisteten, und schufen die verschiedenen Orden von Nonnen, deren fröhliche Hilfsbereitschaft die edelste Verkörperung des Christentums darstellt.

Nach der Darstellung Lukians (um 160) verachten «die einfältigen Tröpfe» (die Christen) «alle äußern Güter ohne Unterschied und besitzen sie gemeinschaftlich»[2]. Ein Menschenalter später erklärte Tertullian: «Alles ist bei uns gemeinschaftlich bis auf die Weiber.» Und er setzte in der sarkastischen Art, die man an ihm gewohnt ist, hinzu: «In diesem Punkte, welcher der einzige ist, worin die übrigen Menschen Gemeinsamkeit haben, lösen wir die Gemeinsamkeit.»[3] Wir dürfen diese Behauptungen nicht wörtlich nehmen; wie eine andere Stelle bei Tertullian vermuten läßt, bedeutete dieser Kommunismus lediglich, daß jeder Christ nach Maßgabe seiner Mittel der gemeinsamen Kasse der Gemeinde beizusteuern pflegte. Die Erwartung eines baldigen Endes der bestehenden Lebensordnung machte das Geben wohl leicht; die vermögenden Gemeindemitglieder ließen sich leicht überzeugen, daß es nicht klug wäre, sich vom Jüngsten Gericht in den Armen des Mammons überraschen zu lassen. Einige Frühchristen teilten die Ansicht der Essener, daß ein Vermögender, der seinen Überschuß nicht mit anderen teilt, als Dieb zu betrachten sei. Jakobus, der «Bruder des Herrn», wandte sich gegen den Reichtum mit Worten von revolutionärer Schärfe:

> «Wohlan nun, ihr Reichen, weinet und heulet über euer Elend, das über euch kommen wird! Euer Reichtum ist verfault, eure Kleider sind mottenfräßig geworden. Euer Gold und Silber ist verrostet, und sein Rost wird euch zum Zeugnis sein und wird euer Fleisch fressen wie ein Feuer. Ihr habt euch Schätze gesammelt in den letzten Tagen. Siehe, der Arbeiter Lohn, die euer Land eingeerntet haben, der von euch abgebrochen ist, der schreit, und das Rufen der Ernter ist gekommen vor die Ohren des Herrn Zebaoth ... Hat nicht Gott erwählt die Armen auf dieser Welt, die am Glauben reich sind und Erben des Reichs?»[4]

In diesem Reiche, setzt er hinzu, werden die Reichen verwelken wie Blumen unter der sengenden Sonne.

Ein Element des Kommunismus zeigte sich in dem Brauch des gemeinsamen Abendmahles. Wie schon griechische und römische Bünde bei Gelegenheit zu einem gemeinschaftlichen Mahle zusammengekommen waren, so trafen sich auch die Frühchristen häufig zu der *agape*, dem Liebesmahl, gewöhnlich am Abend des Sabbat. Das Mahl begann und endete mit Gebeten und Vorlesungen aus den heiligen Schriften, und Brot und Wein wurden vom Priester gesegnet. Die Gläubigen scheinen der Überzeugung gewesen zu sein, daß Brot und Wein Leib und Blut Christi seien oder doch darstellten; den gleichen Glauben hatten die Anhänger des Dionysos-, Attis- und Mithraskultes gehegt, als sie bei ihren Mahlzeiten die magischen Verkörperungen der Symbole ihrer Götter verzehrten. Das abschließende Ritual der *agape* war der «Liebeskuß». In einigen Gemeinden wurde der Kuß nur von Männern an Männer und von Frauen an Frauen gegeben, in anderen galt diese strenge Einschränkung nicht. Viele Teilnehmer entdeckten ein gänzlich ungottesfürchtiges Vergnügen bei dieser hübschen Zeremonie, und Tertullian und andere wandten sich gegen sie, weil sie zu sexuellen Begierden führe. Die Kirche empfahl, die Lippen beim Küssen nicht zu öffnen und den Kuß nicht zu wiederholen, wenn er lustvolle Gefühle auslöste. Im dritten Jahrhundert kam die *agape* allmählich außer Gebrauch.

Trotz solcher Vorfälle und trotz der Ermahnungen der Prediger, die ihre Gemeinden zur Vollkommenheit aufriefen, dürfen wir den altüberlieferten Glauben teilen, daß die Lebensführung der Frühchristen den Heiden ein tadelloses Vorbild gab. Als die alten Religionen ihre Kraft verloren und dem sittlichen Leben nicht einmal mehr eine schwache Stütze gewähren konnten und der Versuch des Stoizismus, fast zu einer Naturethik zu gelangen, nur bei den Besten fruchtbaren Boden fand, übernahm eine übernatürliche Ethik ohne Rücksicht auf den Preis, den der freie und zersetzende Verstand zu zahlen hatte, die Aufgabe, den Dschungelinstinkten des Menschen einen gangbaren Weg zu zeigen. Die Hoffnung auf das kommende Reich war mit dem Glauben an einen Richter verknüpft, der jede Tat sah, jeden Gedanken des Menschen kannte und sich nicht umgehen oder täuschen ließ. Zu dieser göttlichen Beaufsichtigung kam gegenseitige Kontrolle: In diesen kleinen Scharen fand die Sünde schwer ein Versteck, und die Gemeinde tadelte öffentlich die Gemeindemitglieder, die das neue Sittengesetz ohne die nötige Verschwiegenheit verletzt hatten. Abtreibung und Kindstötung, die die heidnische Gesellschaft dezimierten, galten bei den Christen als Mord und waren verboten; oftmals nahmen Christen ausgesetzte Kinder auf, tauften sie und zogen sie mit Hilfe des gemeinschaftlichen Vermögens auf. Weniger Erfolg hatte die Kirche mit dem Verbot, die Theater oder die öffentlichen Spiele zu besuchen und an den Feierlichkeiten der heidnischen Festtage teilzunehmen. Im großen und ganzen setzten die Christen die Sittenstrenge der kampfbereiten Juden in übertriebenem Maße fort. Ehelosigkeit und Jungfräulichkeit galten als Ideal. Die Ehe war nur als Behelfsmittel gegen die Unzucht und als an sich unsinniges Mittel zur Erhaltung der Art geduldet; aber Mann und Weib erhielten die Aufforderung, sich des Geschlechtsverkehrs zu enthalten. Die Ehescheidung war nur dann gestattet, wenn ein heidnischer die Ehe mit einem bekehrten Ehepartner auflösen wollte. Die Wiederverheiratung von Witwen und Witwern wurde offen mißbilligt, und homosexuelle Praktiken wurden mit einer Entschlossenheit verurteilt, die im Altertum selten zu finden ist. «Ein Christ benimmt sich nur bei seiner Frau als Mann»[5], erklärt Tertullian.

Dieses heikle Sittengesetz gründete sich großenteils auf die baldige Wiederkehr Christi. Als diese Hoffnung schwand, erhob das Fleisch wieder seine Stimme, und die Sittenstrenge der Christen ließ nach; eine anonyme Flugschrift, der *Hirt des Hermas*, schimpfte weidlich über das erneute Hochkommen von Geiz, Unehrlichkeit, Rouge, gefärbtem Haar, getönten Augenlidern, Trunkenheit und Ehebruch bei den Christen. Das Gesamtbild der christlichen Moral der damaligen Zeit ist aber doch das der Frömmigkeit, der gegenseitigen Anhänglichkeit, der ehelichen Treue und einer gelassenen Glückseligkeit in einem vertrauenden Glauben. Der jüngere Plinius mußte Traian bei seiner Berichterstattung mitteilen, daß die Christen ein friedfertiges und beispielhaftes Leben führten. Nach Galen sind sie «so selbstdiszipliniert und so sehr vom Streben nach sittlicher Vollkommenheit beseelt, daß sie eigentlichen Philosophen in keiner Weise nachstehen»[6]. Das Gefühl der Sündhaftigkeit schöpfte neue Nahrung aus dem Glauben, daß die gesamte Menschheit durch Adams Sündenfall befleckt sei und daß bald die ganze Welt einem Richtspruch ewiger Strafe oder ewigen Lohnes unterliegen werde. Viele Christen waren eifrig bestrebt, sich für dieses gefürchtete Jüngste Gericht rein zu halten; sie sahen in jedem Sinnengenuß einen Fallstrick des Satans, fanden harte Worte gegen «die Welt und das Fleisch» und suchten die Sinne mit Fasten und verschiedenen Züchtigungen niederzuhalten. Musik, Weißbrot, ausländische Weine, warme Bäder oder das Rasieren des Bartes – alles Dinge, die dem offenbaren Willen Gottes hohn zu sprechen schienen – flößten ihnen heftiges Mißtrauen ein. Selbst für den gewöhnlichen Christen nahm das Leben eine düsterere Färbung an, als es für den Heiden je gehabt hatte, wenn man von dem gelegentlichen «apotropäischen» Beschwichtigen unterirdischer Gottheiten absehen will. Die feierlich-gesetzte Stimmung des jüdischen Sabbat ging auf den christlichen Sonntag über, der ihn im zweiten Jahrhundert ersetzte.

An diesem *dies Domini*, dem «Tag des Herrn», kamen die Christen zu ihrem wöchentlichen Ritual zusammen. Ihre Priester lasen ihnen aus den heiligen Schriften vor, beteten mit ihnen und hielten ihnen Predigten lehrhafter Erbauung, moralischer Ermahnung und sektiererischer Kontroverse. In der Frühzeit durften Gemeindemitglieder, besonders Frauen, «weissagen»: in Trance oder Verzückung Worte ausstoßen, deren Bedeutung nur durch fromme Auslegung zugänglich war. Als dieser Brauch zu einem rituellen Fieberwahn und zu einem theologischen Wirrwarr führte, wandte sich die Kirche dagegen und unterdrückte ihn schließlich völlig. Bei jedem Schritt sah sich die Priesterschaft gezwungen, Aberglauben nicht hervorzurufen, sondern niederzuringen.

Gegen Ende des zweiten Jahrhunderts hatten diese wöchentlich stattfindenden Handlungen bereits die Gestalt der christlichen Messe angenommen. Sie gründete sich teils auf den jüdischen Tempelgottesdienst, teils auf griechische Mysterienriten der Läuterung, des Sühneopfers und der Teilhaberschaft an den todüberwindenden Kräften der Gottheit vermittels der Kommunion; sie entwickelte sich im Laufe der Zeit zu einer farbenreichen Zeremonie mit Gebeten, Psalmen, Lesungen, Predigten, Wechselgesängen und vor allem dem symbolischen Sühneopfer des «Lammes Gottes», das im Christentum die blutigen Opfer früherer Religionen ersetzte. Das Brot und der Wein, die in diesen Kulten als Gaben für den Gott auf den Altar gestellt worden waren, machten nun nach der Auffassung der Gläubigen durch den priesterlichen Weiheakt eine Wandlung in den Leib und das Blut Christi durch und wurden Gott als Wiederholung der Selbstopferung Jesu Christi am Kreuze dargebracht. Dann nahmen die Gläubigen in einer gefühlsgeladenen und bewegten Zeremonie das Leben und die Substanz ihres Erlösers zu sich. Es war eine Vorstellung, die schon lange die Weihe der Zeit hatte. Der heidnische Geist bekannte sich ohne besondere Vorbereitung zu ihr; das Christentum, das sie sich in dem «Mysterium der Messe» einverleibte, wurde damit zur letzten und bedeutendsten Mysterienreligion. Es war ein Brauch von bescheidener Herkunft und wunderbarer Entwicklung; mit seiner Aufnahme offenbarte die Kirche die tiefe Weisheit, mit der sie sich den Symbolen der Zeit und den Bedürfnissen der Menschen anpaßte. Keine andere Zeremonie hätte der einsamen und verlassenen Seele so viel Herzenswärme zu vermitteln oder sie angesichts einer feindseligen Welt so sehr zu stärken vermocht*.

Das heilige Abendmahl, das «Segnen» des Brotes und Weines, war eines der sieben christlichen «Sakramente» – einer der geheiligten Riten, die nach dem Glauben göttliche Gnade vermitteln. Auch hier bediente sich die Kirche der Poesie der Symbolsprache, um dem Leben Trost und Würde zu verleihen und dem Menschen auf seiner Irrfahrt die kraftspendende Verbindung mit der Gottheit zu bewahren. Im ersten Jahrhundert stoßen wir nur auf drei Zeremonien, die als Sakramente galten: auf die Taufe, die Kommunion und die Priesterweihe; in den Bräuchen der Gemeinde fanden sich aber bereits die Keime zu den übrigen. Die Frühchristen waren offenbar gewohnt, der Taufe eine «Handauflegung» folgen zu lassen, durch die der Apostel oder Priester dem Gläubigen den Heiligen Geist übermittelte; im Laufe der Zeit wurde diese Handlung von der Taufe losgelöst und wurde zum Sakrament der Konfirmation. Da an die Stelle der Erwachsenentaufe allmählich die Kindstaufe trat, wurde das Bedürfnis nach einer späteren Läuterung wach. Das öffentliche Bekenntnis der Sünde ging in die private Beichte vor dem Priester über; der Priester nahm für sich das Recht in Anspruch, das die Apostel oder ihre Nachfolger besessen hatten, nämlich das Recht, zu «binden und zu lösen», Bußen aufzuerlegen und Sünden zu vergeben. Das Sakrament der Buße war eine Einrichtung, die durch die Leichtigkeit der Sündenvergebung zu Mißbrauch führen konnte; sie flößte aber dem Sünder Kraft zur Besserung ein und ersparte ängstlichen Seelen die Nervenplage der Gewissensqualen. In diesen Jahrhunderten war die Eheschließung noch eine bürgerliche Zeremonie; die Kirche forderte später noch die geistliche Sanktion und erhob die Ehe damit von der Werthöhe einer flüchtigen Vereinbarung zu der Heiligkeit eines unverbrüchlichen Gelübdes. Um 200 nahm das Handauflegen die zusätzliche Form der Priesterweihe an, durch die die Bischöfe das ausschließliche Recht bekamen, Priester zu ordinieren, welche die Sakramente in gültiger Weise handhaben konnten. Schließlich leitete die Kirche aus dem Jakobusbrief (5, 14) das Sakrament der «letzten Ölung» oder letzten Segnung ab, durch das der Priester die Sinnesorgane und Hände und Füße eines Christen auf dem Sterbelager salbte, ihn wiederum von Sünden reinigte und ihn auf die Begegnung mit Gott vorbereitete. Es wäre reine Torheit, diese Zeremonien nach ihrer buchstäblichen Bedeutung beurteilen zu wollen; als Mittel zur Ermutigung und Erleuchtung waren sie weise gehandhabte Arznei für die Seele.

Das christliche Begräbnis war der Höhepunkt und die höchste Ehrung des christlichen Lebens. Da der neue Glaube die Auferstehung auch des Leibes verkündete, wurden die Toten mit aller Sorgfalt behandelt; ein Priester amtete bei dem Begräbnis, und jeder Leichnam erhielt eine eigene Grabstätte. Um das Jahr 100 begannen die Christen

* Bei den Mithrasmysterien wurden dem Gläubigen geweihtes Brot und Wasser dargeboten. Die *conquistadores* waren entsetzt, als sie bei den Indianern von Mexico und von Peru ähnliche Riten vorfanden.

von Rom, nach syrischem und etruskischem Brauch ihre Toten in Katakomben beizusetzen – wahrscheinlich nicht, um sie zu verbergen, sondern um Raum und Kosten zu sparen. Arbeiter gruben in verschiedener Höhe lange unterirdische Schächte und Gänge aus; die Toten wurden dann an diesen Gängen in übereinandergelegenen Grüften beigesetzt. Heiden und Juden bedienten sich des gleichen Verfahrens, vielleicht weil es die Arbeit der Begräbnisgesellschaften erleichterte. Einige Gänge scheinen absichtlich gewunden angelegt worden zu sein, geradeso, als ob sie als Zufluchtsorte bei Verfolgungen geschaffen worden wären. Als das Christentum sich durchsetzte, schwand der Brauch der Bestattung in Katakomben; die Grüfte wurden ein Ziel der Verehrung und der Pilgerschaft; im neunten Jahrhundert waren sie versperrt und vergessen, und nur ein Zufall führte im Jahre 1578 zur Wiederentdeckung.

Was von der frühchristlichen Kunst erhalten ist, findet sich größtenteils in den Fresken und Reliefs der Katakomben. Hier erscheinen um 180 die Symbole, die im Christentum eine so große Bedeutung erhalten sollten: die Taube als Darstellung der vom Gefängnis des Leibes befreiten Seele; der Phönix, der verjüngt der Asche des Todes entsteigt; der Palmzweig als Zeichen des Sieges; der Olivenzweig als Friedenszeichen und der Fisch, der gewählt wurde, weil die Buchstaben des griechischen Wortes für Fisch, *ichthys*, die Anfangsbuchstaben des Ausdruckes *Iesus Christos theu hyios soter* – «Jesus Christus, Sohn Gottes, Erlöser» – enthielten. In den Katakomben findet sich auch das berühmte Thema des Guten Hirten, deutlich einer Tanagra-Statue nachgebildet, die Mercur mit einer Ziege darstellt. Gelegentlich nehmen die Vorlagen eine pompeianische Anmut an, wie die Blumen, Weinranken und Vögel der Decke des Domitillagrabmals; für gewöhnlich sind es unbedeutende Arbeiten kleiner Handwerker, die die Klarheit der klassischen Linienführung mit orientalischer Unklarheit verderben. Das Christentum war in diesen Jahrhunderten so sehr mit dem Jenseits beschäftigt, daß es wenig Freude daran hatte, das Diesseits zu verschönern. Es führte die jüdische Abneigung gegen Bildwerke weiter, verwechselte die Bildsymbolik mit Götzendienst und verurteilte die Bildhauerei und die Malerei, weil sie die Nacktheit zu oft verherrlichten; infolgedessen nahm die plastische Kunst im gleichen Maße ab, wie die Bedeutung des Christentums zunahm. Das Mosaik erfreute sich größerer Beliebtheit; die Wände und Böden der Basiliken und Baptisterien wurden mit Mosaikblätterwerk und -blumen, mit Bildnissen des Opferlammes und Szenen aus dem Neuen Testament ausgelegt. Die gleichen Themen wurden in rohem Relief in die Sarkophage geschnitzt oder gemeißelt. Gleichzeitig paßten Baumeister die griechisch-römische Basilika den Bedürfnissen des christlichen Kultes an. Die kleinen Tempel, die die heidnischen Götter beherbergt hatten, konnten nicht das Vorbild für Kirchen abgeben, die ganze Gemeinden aufzunehmen hatten; das geräumige Hauptschiff und die Seitenschiffe der Basilika waren für diesen Zweck geeignet, und die Apsis schien von Natur aus dazu bestimmt, den Hochaltar aufzunehmen. In diesen neuen Kultstätten übernahm die christliche Musik schüchtern die Bezeichnungen, Tonarten und Tonleitern der Griechen. Viele Gottesdiener waren dagegen, daß Frauen in der Kirche oder überhaupt in der Öffentlichkeit sangen; die Stimme einer Frau hätte nämlich profane Interessen in der Brust der stets so erregbaren Männer erwecken können. Die Gemeinden gaben aber doch oft ihren Hoffnungen, ihrer Dankbarkeit und ihrer Freude in Hymnen Ausdruck, und die Musik wurde allmählich zum schönsten Schmuck und zur tiefsinnigsten Dienerin der christlichen Religion.

Alles in allem genommen kann man sagen, daß die Menschheit noch nie mit einer Religion von solcher Anziehungskraft beschenkt worden ist. Sie hieß alle Einzelwesen, Stände und Nationen gleicherweise ohne Einschränkung willkommen; sie war nicht, wie die jüdische Religion, auf ein einziges Volk beschränkt und nicht auf die Freien eines einzigen Staates wie die Staatskulte von Griechenland und Rom. Das Christentum ließ alle Menschen an Christi Sieg über den Tod teilhaben und sprach sich damit grundsätzlich für die Gleichheit aller Menschen aus; es beurteilte eine Zeitlang alle nach irdischen Maßstäben gemessenen Unterschiede als unerheblich. Den Unglückseligen, Unterdrückten, Verwaisten und Entmutigten brachte es die neue Tugend des Erbarmens und eine veredelnde Würde; es schenkte ihnen die begeisternde Gestalt, Geschichte und Ethik Christi; ihr Leben erhellte es mit der Hoffnung auf das kommende Reich und auf ewigwährende Seligkeit jenseits des Grabes. Selbst dem größten Sünder verhieß es die Vergebung und die unbeschränkte Aufnahme in die Gemeinschaft der Erlösten. Den Geistern, denen die unlösbaren Probleme der Herkunft und des Schicksals des Bösen und des Leidens Qualen bereiteten, brachte es ein Gefüge göttlich offenbarter Lehren, die auch dem einfachsten Geist Ruhe brachten. Den Männern und Frauen, die ganz in der Prosa der Armut und Mühseligkeit verhaftet waren, brachte es die Poesie der Sakramente und der Messe, ein Ritual, das aus jedem wichtigeren Ereignis des Lebens eine bedeutsame Szene in dem ergreifenden dramatischen Geschehen zwischen Gott und Mensch machte. In die moralische Leere eines hinsiechenden Heidentums, in die Kälte des Stoizismus und die Verderbtheit des Epikureertums, in eine Welt voller Brutalität, Grausamkeit, sexueller Zügellosigkeit, in ein befriedetes Weltreich, das der männlichen Tugenden oder der kriegerischen Götter nicht mehr zu bedürfen schien, goß es eine neue Gesinnung der Brüderlichkeit, Freundlichkeit, Anständigkeit und Friedfertigkeit.

Diese Anpassung an die Bedürfnisse des Menschen verhalf dem neuen Glauben zu einer raschen Ausbreitung. Fast jeder Bekehrte nahm sofort mit dem Eifer eines Revolutionärs die Propaganda seines Glaubens auf. Der Ausbreitungsweg war weitgehend durch die Straßen, Flußläufe und Küsten, die Handelswege und Verkehrsmöglichkeiten des Weltreiches bestimmt: ostwärts von Jerusalem aus nach Damaskus, Edessa, Dura, Seleukeia und Ktesiphon; südwärts über Bostra und Petra nach Arabien hinein; westwärts über Syrien nach Ägypten; nordwärts über Antiochien nach Kleinasien und Armenien; über das Ägäische Meer von Ephesos und Troas nach Korinth und Thessalonike; über die Via Egnatia nach Dyrrhachium; über das Adriatische Meer nach Brundisium oder zwischen Skylla und Charybdis hindurch nach Puteoli und Rom; über Sizilien und Ägypten nach Nordafrika; über das Mittelmeer oder die Alpen nach Spanien und Gallien und von dort nach Britannien: Langsam folgte das Kreuz den Lictorenbündeln, und die römischen Adler legten dem Christentum den Weg frei. Kleinasien war in diesen Jahrhunderten die Vorburg des Christentums; um 300 waren die Einwohner von Ephesos und Smyrna mehrheitlich Christen. Auch in Nordafrika gedieh der neue Glaube: Karthago und Hippo wurden zu Hauptorten christlichen Bildungswesens und theologischer Dispute. Dort lebten die großen Väter der Lateinischen Kirche – Tertullian, Cyprian, Augustin; dort nahmen der lateinische Text der Messe und die erste lateinische Übersetzung des Neuen Testamentes Gestalt an. In Rom zählte die Christengemeinde gegen Ende des dritten Jahrhunderts etwa hunderttausend Köpfe; sie vermochte anderen Gemeinden finanzielle Unterstützungen angedeihen zu lassen; schon seit langem beanspruchte sie die höchste kirchliche Autorität für ihre Bischöfe. Um das Jahr

300 dürfen wir im Osten ein Viertel, im Westen ein Zwanzigstel der Bevölkerung als christlich veranschlagen. «Von gestern erst sind wir», sagt Tertullian (etwa 200), «und doch haben wir schon all das Eurige erfüllt, die Städte, Inseln, Castelle, Municipien, Ratsversammlungen, sogar die Heerlager, Zünfte und Decurien, den Palast, den Senat, das Forum; wir haben Euch nur die Tempel gelassen.»[7]

II. DER WIDERSTREIT DER GLAUBENSBEKENNTNISSE

Erstaunlich wäre es, wenn bei der Anzahl der verhältnismäßig selbständigen Zentren der christlichen Religion, die nach Tradition und Umwelt ganz verschieden waren, nicht eine Vielfalt von Bräuchen und Glaubensbekenntnissen entstanden wäre. Besonders die griechische Christenheit war, den metaphysischen und disputierwütigen Gepflogenheiten des griechischen Geistes zufolge, bestimmt, eine Flut von Irrlehren hervorzubringen. Das Christentum wird nur verständlich, wenn man diese Irrlehren mit einbezieht; denn auch im Sieg über sie nahm es etwas von ihrer Form und Farbe an.

Ein gemeinsamer Glaube einte die verstreuten Gemeinden: daß Christus der Sohn Gottes sei, daß er wiederkehren werde, das Reich Gottes auf Erden zu errichten, und daß alle, die an ihn glauben, bei dem Jüngsten Gericht den Lohn ewiger Seligkeit empfangen würden. Hinsichtlich des Zeitpunktes der Wiederkunft gingen die Ansichten der Christen aber auseinander. Als Nero starb und Titus den Tempel niederriß, und erneut, als Hadrian Jerusalem zerstörte, begrüßten viele Christen diese Katastrophen als Zeichen der Wiederkehr Christi. Als am Ende des zweiten Jahrhunderts das Römische Reich vom Chaos bedroht wurde, glaubten Tertullian und andere das Ende der Welt gekommen; ein syrischer Bischof führte seine Herde in die Wüste, Christus entgegen, und ein Bischof in Pontos brachte das Leben seiner Gemeinde aus den Fugen, indem er verkündete, Christus werde noch im folgenden Jahre wiederkehren. Als alle Anzeichen sich als trügerisch erwiesen und Christus nicht kam, versuchten einsichtigere Christen die Enttäuschung zu mildern und den Zeitpunkt der Wiederkunft neu zu bestimmen. Ein Barnabas zugeschriebener Brief sagte voraus, er werde in tausend Jahren wiederkehren; vorsichtigere Schätzungen besagten, der Zeitpunkt werde kommen, wenn das Volk der Juden völlig vom Erdboden verschwunden sei oder wenn alle Heiden das Evangelium vernommen hätten. Das Johannesevangelium meinte, Christus werde an seiner Statt den Heiligen Geist, den Parakleten, senden. Schließlich wurde das Reich von der Erde in den Himmel verlegt, von unseren Lebensjahren in ein Paradies jenseits des Grabes. Selbst der Glaube an das Millennium – an die Wiederkehr Christi nach tausend Jahren – wurde von der Kirche mißbilligt und schließlich verdammt. Der Glaube an die Wiederkunft hatte das Christentum begründet; die Hoffnung auf das Himmelreich erhielt es*.

---

* Tausende von Christen, darunter viele, die sich eines tätigen Christentums befleißigen, legen die Unruhen unserer eigenen Zeit als die geweissagten Anzeichen der baldigen Wiederkehr Christi aus. Christen, Nichtchristen und Atheisten glauben immer noch zu Millionen an ein irdisches Paradies, in dem es keinen

Das waren die gemeinschaftlichen Grundzüge des Glaubens; daneben war aber die Gefolgschaft Christi in den ersten drei Jahrhunderten in unzählige Glaubensbekenntnisse aufgespalten. Es hieße die Aufgabe der Geschichtsschreibung verkennen – diese Aufgabe liegt ja in der Erhellung der Gegenwart durch das Licht der Vergangenheit –, wenn wir die verschiedenen religiösen Glaubenssätze im einzelnen verfolgen wollten, die sich vergeblich der wachsenden Kirche zu bemächtigen suchten und einer um den anderen von der Kirche als zerstörerische Ketzereien gebrandmarkt werden mußten. Der Gnostizismus – das Streben nach gottähnlicher Erkenntnis *(gnosis)* mit mystischen Mitteln – war nicht so sehr eine häretische als eine rivalisierende Bewegung; er hatte schon vor dem Christentum bestanden und schon vor Christi Geburt Theorien von der Herabkunft eines *Soter*, eines Erlösers, vorgetragen. Derselbe Simon Magus von Samaria, den Petrus wegen «Simonie» tadelte, war wahrscheinlich der Verfasser der *Megale Apophasis*, einer Schrift, die eine Unmenge orientalischer Vorstellungen von den komplizierten Maßnahmen zusammentrug, die den menschlichen Geist zu einem göttlichen Verständnis aller Dinge führen könnten. In Alexandrien vereinten sich die orphischen, neupythagoreischen und neuplatonischen Überlieferungen mit der Logosphilosophie Philons, um Basilides (117), Valentinus (160) und andere zur Bildung überirdischer Systeme göttlicher Emanationen und personifizierter Welt-«Äonen» anzuregen. In Edessa schuf Bardesanes (200) das literarische Syrisch, indem er diese Äonen in Vers und Prosa beschrieb. In Gallien machte der Gnostiker Marcus sich anheischig, den Frauen die Geheimnisse ihrer Schutzengel zu offenbaren; seine Offenbarungen waren recht schmeichelhaft, und während er vom Engel sprach, nahm er sich zur Belohnung den Leib.

Der größte Häretiker der Frühzeit war nicht eigentlich ein Gnostiker, aber doch stark von der Mythologie der Gnostiker beeinflußt. Um 140 kam Markion, ein reicher junger Mann aus Sinope, nach Rom, um des Paulus Werk, die Ablösung des Christentums von der mosaischen Religion, zu vollenden. Markion wies darauf hin, daß der Christus der Evangelien den Vater als einen Gott der Zartfühligkeit, Vergebung und Liebe dargestellt hatte, der Jahve des Alten Testamentes dagegen ein harter Gott unermüdlicher Gerechtigkeit, Tyrannei und Kriegslust war; dieser Gott konnte unmöglich der Vater des feinsinnigen Christus sein. Welcher gute Gott, so fragte sich Markion, würde die ganze Welt wegen eines gegessenen Apfels, wegen des Strebens nach der Erkenntnis, wegen der Liebe zu einer Frau in Not und Elend stürzen? Jahve existiert, er ist der Erschaffer der Welt; er hat aber Fleisch und Gebein des Menschen aus dem Stofflichen geschaffen und der Seele des Menschen darum ein übles Gefängnis gegeben. Die Seele des Menschen zu erlösen, sandte ein größerer Gott seinen Sohn auf die Erde; Christus kam, dreißigjährig, in einem geisthaften, unwirklichen Leib auf die Erde und gewann mit seinem Tode dem Menschen das ewige Vorrecht der rein geistigen Wiederauferstehung. Die wahrhaft Guten sind nach Markion diejenigen, die Jahve und dem jüdischen Gesetz den Rücken kehren, die hebräischen heiligen Schriften verwerfen, die Ehe und alle sinnlichen Genüsse meiden und das Fleischliche durch eine strenge Askese überwinden. Zur Verbreitung dieser Gedanken veröffentlichte Markion ein Neues Testament, das nur aus dem Lukasevangelium und den Paulusbriefen bestand. Die Kirche exkommunizierte ihn und erstattete ihm die beträchtlichen Geldmittel zurück, die er ihr bei seiner Ankunft in Rom geschenkt hatte.

Während sich die Sekten der Gnostiker und der Markioniten in Ost und West rasch ausbreiteten, tauchte in Mysien ein neuer Häretiker auf. Um 156 eiferte Montanus gegen die zunehmende Weltfreudigkeit der Christen und die wachsende Autokratie der Bischöfe in der

---

Krieg und keine Schlechtigkeit mehr geben wird. Historisch gesehen verhalten sich der Glaube an das Himmelreich und der Glaube an ein irdisches Utopien wie die zwei Schöpfeimer eines Ziehbrunnens: Geht der eine nieder, so kommt der andere hoch. Als die klassischen Religionen verfielen, kam in Athen die kommunistische Agitation auf (430 v. Chr.) und begann in Rom die Revolution (133 v. Chr.); als diese revolutionären Bewegungen scheiterten, entstanden die Wiederauferstehungsreligionen, die im Christentum gipfelten.

Kirche; er verlangte die Rückkehr zur ursprünglichen christlichen Einfachheit und Sittenstrenge und die erneute Erlaubnis für die Mitglieder der Gemeinde, zu weissagen oder inspirierte Reden von sich zu geben. Zwei Frauen, Priscilla und Maximilla, nahmen ihn beim Wort und fielen in religiöse Trancezustände; die Sekte nutzte ihre Aussprüche als Orakel. Montanus selbst prophezeite mit solch ekstatischer Beredsamkeit, daß seine phrygischen Anhänger ihn – mit der gleichen religiösen Hingerissenheit, die einst einen Dionysos erzeugt hatte – als den von Christus verheißenen Parakleten anriefen. Er verkündete, das Reich Gottes stehe nahe bevor und das neue Jerusalem der Apokalypse werde bald vom Himmel auf eine nahegelegene Ebene herniedergehen. An den geweissagten Ort führte er so gewaltige Menschenscharen, daß manche Städte völlig entvölkert wurden. Wie in der christlichen Frühzeit gerieten Ehe und Zeugung in Verruf, der Besitz wurde in Gütergemeinschaft gehalten, und eine eifrige Askese bereitete die Seele auf Christus vor. Als um 190 der römische Proconsul Antoninus die Christen Kleinasiens verfolgte, versammelten sich Hunderte von Montanisten vor seinem Tribunal und forderten das Martyrium, damit ihnen das Paradies gewiß sei. Antoninus konnte nicht allen den Gefallen erweisen; einige ließ er hinrichten, aber die meisten schickte er mit den Worten fort: «Ihr Elenden, wollt ihr durchaus sterben, so habt ihr ja Abgründe und Stricke.»[8] Die Kirche belegte den Montanismus als Ketzerei mit dem Bann, und im sechsten Jahrhundert befahl Iustinian, die Sekte auszurotten. Einige Montanisten versammelten sich in ihren Kirchen, steckten sie in Brand und ließen sich bei lebendigem Leibe von den Flammen verzehren.

Unbedeutendere Irrlehren gab es unzählige. Die Enkratiten enthielten sich des Fleisches, des Weines und des Geschlechtsverkehrs; die Abstinenten übten Selbstkasteiung und betrachteten die Ehe als Sünde; die Doketisten lehrten, Christi Leib sei nur geisthaft, nicht fleischhaft gewesen; die Theodotianer wollten in ihm lediglich einen Menschen sehen; die Adoptianer und die Anhänger des Paulus von Samosata lehrten, er sei als Mensch geboren worden, habe aber durch seine sittliche Vollkommenheit Göttlichkeit erlangt; die Modalisten, Sabellianer und Monarchianer erkannten in Vater und Sohn nur eine einzige Person, die Monophysiten nur eine einzige Natur, die Monotheletisten einen einzigen Willen. Die Kirche überwältigte diese Häresien durch die bessere Organisation, das hartnäckige Festhalten an ihrer Lehre und das bessere Verständnis für die Lebensweise und die Bedürfnisse des Menschen.

Im dritten Jahrhundert tauchte im Osten eine neue Gefahr auf. Bei der Krönung Schapurs I. (242) verkündete ein junger persischer Mystiker, Mani von Ktesiphon, er sei der Messias, der von dem wahren Gott auf die Erde gesandt sei, um der Menschheit eine religiöse und sittliche Erneuerung zu bringen. Mani trug Ideen aus der zarathustrischen, mithraistischen, mosaischen und gnostischen Lehre zusammen und teilte die Welt in die sich bekämpfenden Reiche der Finsternis und des Lichtes auf. Die Erde gehöre dem König der Finsternis, und Satan habe den Menschen erschaffen; die Engel des Lichtgottes hätten aber verstohlen und heimlich einige Elemente des Lichtes in die Menschheit eingeschmuggelt: Geist, Verstand, Vernunft. Selbst die Frau hat nach Mani einige Funken Lichtes in sich; sie ist aber Satans Meisterwerk, sein wichtigster Bote, mit dem er den Menschen zur Sünde verführt. Wenn der Mensch nur von allem Geschlechtlichen, von Götzendienst und Zauberei fernbleibt, ein asketisches Leben führt, indem er fastet und sich der Fleischeslust enthält, so vermögen die Lichtelemente in ihm die satanischen Impulse zu überwinden und ihn wie ein freundliches Licht dem Heile zuzuführen. Nach dreißigjährigem erfolgreichem Predigen wurde Mani auf Drängen der Magoi-Priesterkaste ans Kreuz geschlagen; seine Haut wurde mit Stroh ausgestopft und an einem der Stadttore von Susa aufgehängt. Es fanden sich Märtyrer, die diesen Glauben zu einer wilden Begeisterung entflammten. Der Manichäismus verbreitete sich in Westasien und Nordafrika, gewann Augustin auf zehn Jahre für sich, überstand die Verfolgungen Diocletians und die Eroberungen des Islams und führte noch tausend Jahre lang, bis zum Eintreffen Dschingis Khans, ein langsam dahinsiechendes Leben.

Die alten Religionen nahmen immer noch die Mehrheit der Bevölkerung des Römischen Reiches für sich in Anspruch. Die jüdische Religion sammelte ihre verarmten Exilierten in verstreuten Synagogen und goß ihre Frömmigkeit in die Talmude. Die Syrer verehrten weiterhin ihre Baals unter hellenistischen Namen, und die ägyptischen Priester sorgten getreulich für ihr zoologisches Pantheon. Kybele, Isis und Mithras bewahrten sich ihre Verehrer bis an das Ende des vierten Jahrhunderts; unter Aurelian bemächtigte sich ein abgewandelter Mithraismus des römischen Staates. Votivtafeln für die klassischen Gottheiten wurden immer noch in den Tempeln niedergelegt, Eingeweihte und Anwärter pilgerten nach Eleusis, und im ganzen Reichsgebiet vollzogen aufstrebende Bürger die vorgeschriebenen Handlungen des Reichskultes. Aber diese klassischen Religionen hatten keine Lebenskraft mehr. Nur noch selten vermochten sie die warme Hingebung zu erwecken, die das eigentliche Wesen der lebendigen Religion ausmacht. Nicht daß die Griechen oder Römer ihren einst so lieblichen oder so gestrengen Glauben aufgegeben hätten; sie gaben vielmehr den Lebenswillen auf und verminderten ihre eigene Zahl durch übermäßige Geburtenbeschränkung, physiologische Erschöpfung oder verheerende Kriege so sehr, daß die Tempel wie die Bauerngüter Schritt um Schritt die Menschen verloren, die für sie gesorgt hätten.

Um das Jahr 178, als Marc Aurel an der Donau gegen die Markomannen kämpfte, unternahm das Heidentum einen tüchtigen Versuch, sich des Christentums zu erwehren. Wir wissen davon nur durch Origenes' *Contra Celsum* und durch die Zitate aus Celsus' Schrift *Die wahre Lehre*, die darin so reich zu finden sind. Dieser zweite Celsus unserer Geschichte war eher ein Weltmann als ein spekulativer Philosoph. Er spürte, daß die Kultur, deren er sich erfreute, auf Gedeih und Verderb mit dem alten römischen Glauben verbunden war, und er beschloß, diesen alten Glauben mit einem Angriff auf das Christentum, das nun dessen heftigster Feind war, zu verteidigen. Er machte so eingehende Studien über die neue Religion, daß der gelehrte Origenes über seine Gelehrsamkeit erstaunt war. Celsus griff die Glaubwürdigkeit der heiligen Schriften, Jahves Charakter, die Unvereinbarkeit von Jesu Tod mit seiner Göttlichkeit und Allmacht an. Beißenden Spott goß er über den christlichen Glauben an den Weltenbrand, das Jüngste Gericht und die Wiederauferstehung des Leibes aus.

«Sie sagen in irrtümlicher Annahme, Gott werde wie ein Peiniger Feuer tragend auf die Erde herabsteigen ... so wird Gott selbst kommen oder seinen Sohn schicken, damit die Ungerechten von ihm dem Feuer übergeben werden, wir übrigen aber mit ihm ewiges Leben genießen. Diese Dinge sind erträglicher, wenn Regenwürmer und Frösche, als wenn Juden und Christen so miteinander streiten ... Wenn einer ungelehrt, wenn einer unvernünftig, wenn einer ungebildet, wenn einer töricht ist, der solle getrost kommen. Indem sie solche Leute von vornherein als würdig ihres Gottes bezeichnen, wollen sie offenbar nur die einfältigen, gemeinen und stumpfsinnigen Menschen, und nur Sklaven, Weiber und Kinder überreden, und vermögen dies auch.»[9]

Celsus war entsetzt über die Verbreitung des Christentums, über dessen verachtungsvolle Feindseligkeit gegenüber dem Heidentum, gegenüber dem Kriegsdienst und gegenüber dem Staatswesen; wie sollte das Reich sich gegen die Barbaren verteidigen können, die an allen Grenzen wühlten, wenn seine Bewohner einer so pazifistischen Weltanschauung unterlagen? Pflicht eines guten Bürgers war es nach seiner Ansicht, sich der Religion seines Landes und seiner Zeit zu fügen, ohne öffentliche Kritik an ihren Seltsamkeiten zu üben. Auf diese Seltsamkeiten kam es ja gar nicht an; worauf es ankam, das war ein gemeinsamer Glaube, der den sittlichen Charakter und die Staatstreue förderte. Schließlich vergaß Celsus die Beschimpfungen, mit denen er die Christen reichlich bedacht hatte, und rief sie auf, zu den alten Göttern zurückzukehren, den Schutzgenius des Kaisers zu verehren und sich an der Verteidigung des gefährdeten Staates zu beteiligen. Niemand achtete sonderlich auf ihn; die heidnische Literatur erwähnt ihn nicht. Er wäre völlig in Vergessenheit geraten, hätte Origenes nicht eine Widerlegung unternommen. Constantin war weiser als Celsus und sah ein, daß ein toter Glaube Rom nicht die Rettung bringen konnte.

III. PLOTIN

Celsus hielt zudem nicht Schritt mit seiner Zeit; er verlangte von den Menschen, sie sollten sich als Skeptiker und Leute von Welt verhalten, während sie sich aus einer Gesellschaft zurückzogen, die so viele von ihnen in den Bann einer mystischen Welt schlug, in der jeder Mensch gotthaft war. Das Bewußtsein übersinnlicher Mächte, das jeder Religion zugrunde liegt, trug überall den Sieg über den Materialismus und Determinismus einer höher gestimmten Zeit davon. Die Philosophie gab die Interpretation der Sinneserfahrungen auf, verließ den Bereich der Wissenschaft und wandte sich der Erforschung einer unsichtbaren Welt zu. Neupythagoreer und Neuplatoniker bauten die pythagoreische Seelenwanderungslehre und die platonische Kontemplation der göttlichen Ideen zu einer Askese aus, die bestrebt war, die körperlichen Sinne verkümmern zu lassen und damit die geistige Wahrnehmung zu schärfen; sie wollten durch die Selbstläuterung die Sprossen wieder emporklimmen, die die Seele hinabgestiegen war, als sie sich vom Himmel zum Menschen herabließ.

Plotinos bildete den Höhepunkt dieser mystischen Theosophie. Im Jahre 203 in Lykopolis geboren, war er ein koptischer Ägypter mit römischem Namen und griechischer Erziehung. Als Achtundzwanzigjähriger fand er den Weg zur Philosophie, irrte unbefriedigt von Lehrer zu Lehrer, bis er schließlich in Alexandrien auf den Mann stieß, den er suchte. Ammonios Sakkas, ein zum Heidentum bekehrter Christ, versuchte, die christliche und die platonische Lehre miteinander zu versöhnen, das gleiche Unterfangen, an das sich auch sein Schüler Origenes wagen sollte. Zehn Jahre lang studierte Plotin bei Ammonios; dann schloß er sich einem Heer an, das nach Persien zog; er hoffte, die Weisheit der Magoi und der Brahmanen an der Quelle erlernen zu können. Er kam bis Mesopotamien, kehrte nach Antiochien zurück und ging von dort nach Rom (244), wo er bis zu seinem Tode blieb. Seine Philosophenschule kam so sehr in Mode, daß Kaiser Gallienus ihn als Günstling an den Hof aufnahm und mit ihm in der Campania ein ideales Platonopolis gründen wollte, das nach den Grundsätzen des *Staates* regiert werden sollte. Später entzog Gallienus seine Zustimmung wieder, vielleicht um Plotin einen kläglichen Mißerfolg zu ersparen.

Plotin verhalf der Philosophie wieder zu einem guten Ruf, indem er inmitten des luxuriösen Treibens von Rom das Leben eines Heiligen führte. Für seinen Leib hatte er nichts übrig; nach der Aussage des Porphyrios glich er «einem Manne, welcher sich dessen schämt, daß er im Leibe ist»[10]. Er weigerte sich, einem Bildhauer zu sitzen, und begründete seine Weigerung damit, daß der Körper das Unwichtigste an ihm sei – ein Wink an die Kunst, die Seele zu suchen. Er aß kein Fleisch und nur wenig Brot, war einfach in seiner Lebensführung, freundlich in seinem Benehmen. Er mied jede sexuelle Beziehung, sprach sich aber nicht gegen sie aus. Seine Bescheidenheit stand einem Mann wohl an, der den Teil vom Ganzen aus sah. Als Origenes seine Vorlesungen besuchte, errötete Plotin und wollte den Vortrag abbrechen: «Der Trieb zum Sprechen», sagte er, «werde gehemmt, wenn man wisse, daß die Zuhörer schon wüßten, was man sagen wolle.»[11] Er war kein Muster der Beredsamkeit; aber die hingebungsvolle Arbeit am Gegenstand, die Vertiefung und die Aufrichtigkeit, die ihn auszeichneten, waren ein guter Ersatz für die mangelnde Rhetorik. Widerstrebend und erst als gealterter Mann legte er seine Lehren schriftlich nieder. Das Geschriebene sah er niemals nochmals durch, und so sind die *Enneaden* die ungeordnetsten und schwierigsten Werke der Geschichte der Philosophie, obgleich Porphyrios sich um ihre Herausgabe bemühte*.

Plotin war ein Idealist, der sich herabließ, die Existenz der Materie anzuerkennen. Nach seiner Lehre ist aber die Materie an und für sich nur die ungestaltete Möglichkeit der Form. Jede Gestalt, die die Materie annimmt, ist ihr durch die innere Kraft oder Seele (*psyche*) gegeben. Die Natur ist die vollständige Kraft oder Seele, die die Gesamtheit der Gestalten in der Welt hervorbringt. Nicht die niedere Realität erzeugt die höhere, sondern das höhere Wesen, die Seele, bringt die niedere hervor – die gestaltete Form. Das Wachstum des Einzelmenschen vom Mutterleibe an über die allmähliche Ausgestaltung der Organe bis zur vollen Reife ist das Werk der Psyche oder des Lebensprinzipes in ihm; der Körper wird stufenweise von dem Streben und nach den Richtzeichen der Seele geformt. Alles und jedes besitzt eine Seele, eine innere Kraft, die die äußere Form gestaltet. Die Materie ist nur so weit schlecht, als sie nicht die ausgereifte Form empfangen hat; sie ist eine aufgehaltene Entwicklung, und das Schlechte und Böse ist die Möglichkeit des Guten.

Die Materie ist uns nur über die Idee erkennbar, durch Sinnesempfindung, Wahrnehmung, Denken. Was wir Materie nennen, ist (wie Hume sich später ausdrückte) in Wirklichkeit nur ein Ideenbündel; bestenfalls ist sie ein täuschendes hypothetisches Etwas, das auf die Enden unserer Nerven drückt (Mills «ständige Wahrnehmungsmöglichkeiten»). Die Ideen sind nicht materiell; der Begriff der Ausdehnung im Raume ist offensichtlich auf sie nicht anwendbar. Die Fähigkeit, Ideen zu haben und zu nutzen, ist Vernunft (*nus*); sie ist das Höchste an der menschlichen Dreiheit von Leib, Seele und Geist. Die Vernunft ist insoweit determiniert, als sie von der Wahrnehmung abhängt; frei ist sie insofern, als sie die höchste Form der schöpferischen, gestaltenden Seele ist.

---

* Porphyrios ordnete die vierundfünfzig Abhandlungen in Neunergruppen (*ennea* – «neun») an, weil nach der pythagoreischen Auffassung die Neun als Quadratzahl von drei, der Dreiheit des vollständigen Einklangs, die vollkommene Zahl ist.

Der Leib ist zugleich Organ und Gefängnis der Seele. Die Seele ist sich dessen bewußt, daß sie eine höhere Realität darstellt als der Leib; sie weiß um ihre Verwandtschaft mit einer umfassenderen Seele, einer kosmischen Schöpferkraft und Macht, und in der Vollkommenheit des Denkens sucht sie sich mit der höheren geistigen Realität, von der sie in irgendeiner urzeitlichen Katastrophe oder bei einem Gnadenverlust abgefallen zu sein scheint, wieder zu vereinigen. Und nun kehrt Plotin auf Umwegen zu dem Gnostizismus zurück, den er verwerfen will, und beschreibt den Niedergang der Seele vom Himmel über verschiedene Stufen zum körperlichen Menschen. Die hinduistische Vorstellung einer Seelenwanderung von höheren zu niederen und von niederen zu höheren Lebensformen je nach den Tugenden und Lastern der einzelnen Verkörperungen sagt ihm im allgemeinen mehr zu. Manchmal spielt er mit pythagoreischen Gedanken: Wer die Musik zu sehr geliebt hat, wird in der nächsten Fleischwerdung ein Singvogel werden, und allzu spekulative Philosophen werden sich als Adler wiedergeboren finden. Je höher die Seele entwickelt ist, desto eifriger wird sie nach ihrer göttlichen Quelle suchen, wie ein Kind, das seine Mutter verloren hat, oder ein müder Wanderer, der sich nach einer Heimstätte sehnt. Ist sie zur Tugendhaftigkeit oder zur wahren Liebe oder zur Hingabe an die Musen oder zu gelassenem Philosophieren fähig, dann wird sie die Sprossenleiter wiederfinden, die sie herabkam, und wieder zu ihrem Gott hinaufklimmen. Darum reinige sich die Seele, läutere sie sich, strebe sie leidenschaftlich nach der unsichtbaren Wesenhaftigkeit, schließe sie sich in Meditation von der Welt ab; plötzlich vielleicht in einem Augenblick, wo der Aufruhr der Sinne sich völlig gelegt hat und die Materie nicht mehr an die Tore des Geistes pocht, plötzlich wird dann die Seele spüren, wie sie in den Ozean des Seins, in die geistige und letztliche Realität eingeht. («Manchmal hörte ich zu leben auf und begann zu sein», schrieb Thoreau, als er müßig auf dem Waldensee dahintrieb.) Dann, schreibt Plotin,

«kann man denn dort oben Jenen und sich selbst schauen, soweit Schauen dort das Rechte ist, sich selbst von Glanz erhellt, erfüllt von geistigem Licht, vielmehr das Licht selbst, rein, ohne Schwere, leicht, ja Gott geworden»[12].

Was ist aber Gott? Auch «Er» ist eine Dreiheit aus dem Einen *(hen)*, der Vernunft *(nus)* der Seele *(psyche)*. «Jenseits des Seins ist das Eine»[13]: Das anscheinende Chaos der weltlichen Vielfältigkeit wird von einem Strome einenden Lebens durchzogen. Wir wissen fast nichts von diesem Einen; nur um seine Existenz wissen wir. Jedes bestimmte Eigenschaftswort, jedes voreingenommene Fürwort, das wir auf es anwenden, bedeutet eine unzulässige Einengung und Beschränkung; wir können es höchstens das Eine oder das Erste nennen und das Gute als das Objekt unseres höchsten Strebens. Aus dieser Einheit geht die Weltvernunft hervor, den Platonischen Ideen entsprechend, die gestaltenden Vorbilder und regelnden Leitgesetze der Dinge; sie sind sozusagen die Gedanken Gottes, die Vernunft in dem Einen, die Ordnung und Vernunftgemäßheit der Welt. Da diese Ideen Bestand haben, während die Materie nichts als ein Kaleidoskop ewig wechselnder Gestalten ist, sind sie die einzig wahre und dauerhafte Realität. So wollen Einheit und Vernunft zwar das All zusammenhalten, schaffen es aber nicht; diese Funktion obliegt der dritten Wesenheit der göttlichen Natur, dem belebenden

Prinzip, das alle Dinge durchzieht und ihnen ihre Kraft und vorbestimmte Form verleiht. Jedes Ding vom Atom bis zum Planeten hat eine Seele, die ihm Schwungkraft verleiht und die selbst Teil der Weltseele ist; jedes *Atman* ist *Brahman*. Die Einzelseele ist nur als Lebenskraft oder Energie ewigwährend, nicht in ihrer Sonderheit. Unsterblichkeit bedeutet nicht das Weiterleben der Persönlichkeit; Unsterblichkeit bedeutet das Aufgehen der Seele in Todlosem.

Tugend ist die Bewegung der Seele zu Gott. Schönheit ist nicht nur, wie Platon und Aristoteles meinen, Harmonie und Proportion, sondern die lebendige Seele oder unsichtbare Göttlichkeit in den Dingen, sie ist die Vorherrschaft der Seele über den Leib, der Form über die Materie, der Vernunft über die Dingwelt, und die Kunst ist die Übertragung dieser vernunfthaften oder geistigen Schönheit auf einen anderen Träger. Die Seele kann dazu gebracht werden, daß sie die Schönheit nicht mehr in materiellen oder menschlichen Gestalten sucht, sondern in der verborgenen Seele der Natur und in deren Gesetzen, in der Wissenschaft und der sinnreichen Ordnung, die sie offenbart, schließlich in der göttlichen Einheit, die alle Dinge, auch diejenigen, die in Zwist und Kampf miteinander liegen, zu einer erhabenen und wundersamen Harmonie vereinigt. Letzten Endes sind Schönheit und Tugend ein und dasselbe: die Einheit und das Zusammenwirken des Teiles mit dem Ganzen.

«Kehre ein zu dir selbst und sieh dich an; und wenn du siehst, daß du noch nicht schön bist, so tu wie der Bildhauer, der ... hier etwas fortmeißelt, hier etwas ebnet, dies glättet, das klärt, bis er das schöne Antlitz an der Büste vollbracht hat; so meißle auch du fort, was unnütz, und richte, was krumm ist ... und laß nicht ab, an deinem Bild zu handwerken, ... bis du die Selbstzucht erblickst thronend auf ihrem heiligreinen Postament.»[14]

Wir spüren in dieser Philosophie und Weltanschauung dieselbe vergeistigte Atmosphäre wie im Christentum jener Zeit: den Rückzug empfindlicher Geister aus den öffentlichen Wirkungsbereichen in die Religion, eine Flucht aus dem Staat zu Gott. Es war kein Zufall, daß Plotin und Origenes Studiengenossen und Freunde waren und daß Clemens in Alexandrien einen christlichen Platonismus entwickelte. Plotin ist der letzte heidnische Philosoph von Bedeutung, und er ist wie Epiktet und Marc Aurel ein Christ ohne Christus. Das Christentum bekannte sich fast in allem zu seinem Gedankengut, und gar manche Seite des heiligen Augustin spiegelt die Entzückung des größten Mystikers wider. Durch Philon, Johannes, Plotin und Augustin siegte Platon über Aristoteles, und durch ihre Vermittlung beeinflußte er die kirchliche Theologie bis in ihre tiefsten Tiefen. Die Kluft zwischen Philosophie und Religion schloß sich, und die Vernunft ließ es sich tausend Jahre lang gefallen, der Theologie Handlangerdienste zu leisten.

IV. DIE VERTEIDIGER DES GLAUBENS

Die Kirche gewann nun einige der besten Geister des Weltreiches für sich. Mit Ignatius, dem Bischof von Antiochien, nahm die kraftvolle Dynastie der nachapostolischen «Väter» ihren Anfang, die der Christenheit eine Philosophie schenkten und ihre Feinde mit logischen Beweisgründen überwältigten. Iustinus, der seinem Glauben nicht abschwören wollte und dafür zum Tode verurteilt wurde (108), verfaßte auf dem Weg nach Rom, wo er in der Arena den wilden Tieren vorgeworfen werden sollte, mehrere Briefe, deren glühende Hingabe den Geist erkennen läßt, von dem die Christen auf dem Weg zum Tode beseelt sein konnten:

«Ausdrücklich sage ich es allen Menschen: gern will ich sterben um Gottes Willen, wenn ihr mich nicht hindert. Ich flehe euch an, behandelt mich nicht mit einer Freundlichkeit, die mir nicht ansteht! Lasset mich den Tieren zum Fraße dienen, denn durch sie komme ich zu Gott... Stachelt lieber die Bestien an, daß sie meine Grabstätte werden und keine Spur von meinem Leibe zurücklassen, auf daß ich niemandem zur Last falle, wenn ich entschlummere ... Ich sehne mich nach den Tieren, die meiner harren ... Laßt Feuer und Kreuz sich meiner bemächtigen, werft mich den Bestien vor, reißt mich in Stücke, zerbrecht meine Knochen, zerschmettert mir die Glieder, zermalmt meinen ganzen Leib, laßt mich Satans grause Folterqualen erleiden – wenn es mich nur zu Jesum Christum führt!»[15]

Quadratus, Athenagoras und viele andere Männer verfaßten «Apologien» für das Christentum, die sie gewöhnlich an den Kaiser richteten. Minucius Felix gestattete seinem Caecilius in einem ganz ciceronisch anmutenden Dialog, sich kräftig zur Verteidigung des Heidentums ins Zeug zu legen, ließ aber seinen Octavius Antworten von solcher Höflichkeit vorbringen, daß Caecilius sich fast zum Christentum bekehren ließ. Iustinus von Samaria, der während der Regierung des Antoninus Pius nach Rom kam, eröffnete dort eine Schule christlicher Philosophie und suchte in zwei beredsamen «Apologien» den Kaiser und den «Philosophus Verissimus» davon zu überzeugen, daß die Christen gute und staatstreue Bürger seien, die ihre Steuern pünktlich bezahlten und bei freundlicher Behandlung wertvolle Stützen des Staates werden könnten. Einige Jahre lang durfte er unbehindert seine Lehrtätigkeit ausüben; die Schärfe seiner Zunge trug ihm aber Feinde ein, und im Jahre 165 stachelte ein gegnerischer Philosoph die Behörden auf, bis sie ihn und sechs seiner Anhänger verhafteten und allesamt hinrichten ließen. Zwanzig Jahre später führte Irenaeus, Bischof von Lyon, in seinem *Adversus haereses* einen kräftigen Schlag gegen alle Häretiker und zugunsten der Einheit der Kirche. Der einzige Weg, die Kirche vor dem Zerfall in tausend Sekten zu bewahren, lag für Irenaeus darin, daß alle Christen demütig eine gemeinsame Autorität anerkannten, die in allen Fragen der Lehre zuständig war: nämlich die Dekrete der bischöflichen Konzilien.

Der tapferste Kämpfer für das Christentum war in dieser Zeit Quintus Septimius Tertullianus von Karthago. Er war dort um das Jahr 160 als Sohn eines römischen Centurios geboren worden, studierte in der gleichen Schule wie Apuleius Rhetorik und wirkte dann jahrelang als Rechtskundiger in Rom. Auf halbem Lebenswege ließ er sich zum Christentum bekehren; er leistete auf alle heidnischen Freuden Verzicht und erhielt, wie Hieronymus berichtet, die Priesterweihe. Alle Künste und Kniffe, die er in der Rhetorik und im Recht erlernt hatte, stellte er nun mit dem ganzen Feuer des Neubekehrten in den Dienst der christlichen Apologetik. Das griechische Christentum war theologisch, metaphysisch, mystisch; Tertullian ließ das lateinische Christentum ethisch, juristisch, praktisch werden. Er hatte die Kraft und die Schärfe eines Cicero, die satirische Zotigkeit eines Iuvenal und konnte manchmal mit dem Geschick eines Tacitus ätzende Säure in einem einzigen Satz konzentrieren. Irenaeus hatte griechisch geschrieben; mit Minucius und Tertullian wurde die christliche Literatur des Westens lateinisch, und die lateinische Literatur wurde christlich.

Im Jahre 197, als römische Richter in Karthago Christen wegen Untreue gegen den Staat aburteilten, richtete Tertullian das sprechendste seiner Werke an einen imaginären

Gerichtshof: das *Apologeticum*. Er versicherte den Römern: «Wir bitten sämtlich allezeit für alle Kaiser, um ... Sicherheit ihres Hauses, tapfere Heere, einen treuen Senat, ein rechtschaffenes Volk, Ruhe des Erdkreises.»[16] Er pries die Größe des Monotheismus und stieß bei vorchristlichen Schriftstellern auf Vorahnungen des einen Gottes. *O testimonium animae naturaliter Christianae!* rief er in einem glücklichen Satze aus – «O über dieses Zeugnis der Seele, die von Natur Christin ist!»[17] Nun ging er erstaunlich rasch von der überzeugenwollenden Verteidigung zum gewalttätigen Angriff über und veröffentlichte bereits nach einem Jahr die Schrift *De Spectaculis*, eine geringschätzige Schilderung der römischen Theater, die er Festungen der Verworfenheit und Unanständigkeit nannte, und der Amphitheater, die für ihn den Gipfel der Unmenschlichkeit gegenüber Menschen darstellten. Und er schließt mit einer scharfen Drohung:

> «Aber es kommen noch ganz andere Schauspiele, der Tag des letzten und endgültigen Gerichts ... wo die gealterte Welt und alle ihre Hervorbringungen im gemeinsamen Brande verzehrt werden. Was für ein umfassendes Schauspiel wird es da geben, was soll ich da anstaunen, was belächeln, wo soll ich froh sein, wann frohlocken? Wenn ich so viele und so mächtige Könige, von welchen es hieß, sie seien in den Himmel aufgenommen, in Gesellschaft eben des Iupiter und ihrer Zeugen selbst in der äußersten Finsternis seufzen sehe: Wenn so viele Statthalter, die Verfolger des Namens des Herrn, in noch schrecklicheren Flammen, als womit sie höhnend gegen die Christen wüteten, zergehen, außerdem jene weisen Philosophen ... mitsamt ihren Schülern und vor ihnen beschämt im Feuer brennen! ... Dann werden die Tragödien noch mehr zu hören sein, indem sie nämlich ärger schreien werden, in ihrem eigenen Mißgeschick, dann wird man die Schauspieler noch weichlicher und lockerer durch das Feuer geworden sehen, dann kann man den Wagenlenker bemerken, ganz glühend auf flammendem Rade!»[18]

Eine dermaßen ungesund übersteigerte Einbildungskraft ist für die Orthodoxie nicht günstig. Als er älter wurde, richtete Tertullian die gleiche Kraft, mit der er in seiner Jugend dem Genuß nachgejagt hatte, gegen alle Tröstungen, die nicht von Glaube und Hoffnung gespeist wurden. Die Frauen sprach er in der rauhbeinigsten Weise als «Einfallspforte des Dämons» an, und er ließ sie wissen: «Um euretwillen ist Jesus gestorben.»[19] Früher hatte er die Philosophie geliebt und in Werken wie *De anima* die stoische Metaphysik auf das Christentum angewendet; nun verschmähte er jede Beweisführung, die sich nicht auf Offenbarung gründete, und fand besonderen Gefallen an der Unglaubhaftigkeit seines Glaubensbekenntnisses. «Gottes Sohn ist auch gestorben – es ist erst recht glaubwürdig, weil es abgeschmackt ist *(quia ineptum est)*; er ist auch gestorben und wieder auferstanden – es ist ganz sicher, eben weil es unmöglich ist.»[20] Mit achtundfünfzig Jahren versank Tertullian ganz in einem düsteren Puritanismus und kehrte der orthodoxen Kirche den Rücken, da sie sich zu sehr mit irdischen Dingen besudle; er bekannte sich zum Montanismus, da dieser die Lehren Christi besser befolge. Sein Zorn wandte sich gegen alle Christen, die Soldaten, Künstler oder Staatsbeamte geworden waren; gegen alle Eltern, die ihre Töchter nicht verschleierten; gegen alle Bischöfe, die reuige Sünder wieder zur Kommunion zuließen; und schließlich nannte er den Papst *pastor moechorum* – einen «Hirten der Ehebrecher»[21].

Trotz Tertullian fand die Kirche in Nordafrika einen reichen Nährboden. Tüchtige und hingebungsvolle Bischöfe wie Cyprian ließen die Diözese von Karthago an Reichtum und Einfluß fast der römischen gleichkommen. In Ägypten war das Wachstum der Kirche langsamer; die Geschichte ihrer Frühzeit verliert sich dort im Dunkel. Im späten zweiten Jahrhundert hören wir auf einmal von einer «Katechetenschule» in Alexandrien, die die griechische Philosophie mit dem Christentum in Übereinstimmung brachte und aus der zwei Kirchenväter hervorgingen. Sowohl Clemens wie Origenes waren in der heidnischen Literatur wohl bewandert und liebten sie nach ihrer eigenen Art; hätte ihre Geisteshaltung sich durchgesetzt, dann wäre die Kluft zwischen der klassischen Kultur und dem Christentum nicht so tief geworden.

Als Origenes Adamantius siebzehn Jahre alt war (202), wurde sein Vater als Christ zum Tode verurteilt. Der Jüngling wollte Kerkerhaft und Martyrium mit ihm teilen; die Mutter, die kein anderes Mittel fand, ihn davon abzubringen, versteckte seine Kleider. Origenes sandte seinem Vater ermunternde Briefe: «Achte dich wohl», schrieb er, «daß du nicht um unsertwillen dich anders besinnest!»[22] Der Vater wurde enthauptet, und dem Jüngling oblag die Sorge um Mutter und sechs unmündige Geschwister. Die vielen Fälle von Märtyrertum, die er erlebte, vertieften seine Frömmigkeit und begeisterten ihn zu einem Leben der Askese. Er fastete viel, schlief wenig und auf dem nackten Boden, trug keine Schuhe und zwang sich, Kälte und Nacktheit zu ertragen; schließlich, in unerbittlicher Befolgung von Matth. 19, 12, entmannte er sich selbst*. Im Jahre 203 wurde er Nachfolger des Clemens als Haupt der Katechetenschule. Obgleich erst achtzehnjährig, vermochte er wegen seiner Bildung und Beredsamkeit doch viele Studenten anzuziehen, heidnische wie christliche, und sein Ruf verbreitete sich unter der gesamten Christenheit.

Im Altertum wurde die Zahl seiner «Bücher» auf 6000 geschätzt; natürlich waren viele davon lediglich kurze Schriftchen; aber auch so noch mußte Hieronymus sich fragen: «Wer von uns vermöchte alles zu lesen, was er geschrieben hat?»[24] Für die Bibel hatte er eine besondere Zuneigung; als Knabe hatte er viel auswendiggelernt, bis sie fest in seinem Geist verankert war. Nun beschäftigte er zahlreiche Stenographen und Abschreiber, um in zwanzigjähriger Arbeit den hebräischen Text des Alten Testamentes, die Umschrift dieses Textes in griechischen Buchstaben und die griechischen Übersetzungen der Septuaginta von Aquila, Symmachos und Theodotion in Parallelkolumnen zu kollationieren**. Durch den Vergleich dieser verschiedenen Wiedergaben und seine eigenen Hebräischkenntnisse vermochte Origenes der Kirche eine verbesserte Septuaginta vorzulegen. Damit nicht genug, versah er noch jedes Buch der Bibel mit Kommentaren von oft erheblicher Länge. In *Peri archon* – «Über die Grundlehren» – gelang ihm die erste geordnete und philosophische Darlegung der christlichen Lehre. In seinen *Stromateis* («Teppichen») hatte es schon Clemens unternommen, alle christlichen Dogmen aus den Schriften der heidnischen Philosophen abzuleiten. Zur Erleichterung seiner Aufgabe bediente sich Origenes der allegorischen Methode, mit deren Hilfe

---

* Gibbon bemerkt dazu: «Da Origenes sonst im allgemeinen die Schrift zu allegorisieren pflegte, scheint es besonders unglückselig, daß er sie gerade in diesem einen Fall wörtlich nahm.»[23]

** Diese *Hexapla* (Sechsfachen) sind nur bruchstückweise erhalten. Auch die *Tetrapla* mit den vier griechischen Übertragungen sind verlorengegangen.

die heidnischen Philosophen Homers Vorstellungswelt mit der Vernunft in Übereinstimmung gebracht und Philon die mosaische Religion mit der griechischen Philosophie vereinbart hatte. Die wörtliche Bedeutung der Schrift überdeckt nach Origenes zwei tiefere Bedeutungsschichten – die ethische und die geistige –, die nur den esoterischen und gebildeten Wenigen zugänglich sind. Die Wahrheit der Genesis schien ihm, wörtlich genommen, zweifelhaft: Die unerfreulichen Seiten von Jahves Verhältnis zu den Israeliten entkräftete er als nur von symbolischer Bedeutung, und Erzählungen wie diejenige von Satan, der Christus auf einen hohen Berg führt und ihm alle Reiche der Welt anbietet, tut er als legendär ab. Manche Berichte der biblischen Geschichte sind nach seiner Ansicht erfunden, um eine geistige Wahrheit nahezubringen. «Welcher vernünftige Mensch», so fragt er,

«wird zum Beispiel glauben, daß der erste und zweite und dritte Tag, Abend wie Morgen, ohne Sonne, Mond und Sterne geworden sei? ... Wer ist ferner so einfältig, zu glauben, daß Gott nach Art eines landbauenden Menschen ein Paradies in Eden ... gepflanzt und einen sichtbaren und genießbaren Baum des Lebens darein gesetzt habe, so daß, wer mit körperlichen Zähnen dessen Frucht kostete, das Leben empfing?»[25]

Nach und nach wird es deutlich, daß Origenes ein Stoiker, ein Neupythagoreer, ein Platoniker und ein Gnostiker ist, der trotz allem entschlossen bleibt, Christ zu sein. Es wäre denn doch zu viel gewesen, von einem Mann zu verlangen, er solle den Glauben aufgeben, für den er tausend Werke verfaßt und seine Mannheit geopfert hatte. Wie Plotin hatte er unter Ammonios Sakkas studiert, und manchmal ist es schwer, ihn weltanschaulich von den beiden zu trennen. Gott ist bei Origenes nicht Jahve, sondern das Urprinzip aller Dinge. Christus ist nicht die menschliche Gestalt des Neuen Testamentes, sondern der Logos, die Vernunft, die die Welt in ein System bringt; als solche ist er von Gott Vater erschaffen und ihm untergeordnet. Bei Origenes durchläuft die Seele wie bei Plotin eine Reihenfolge von Stufen und Verkörperungen, ehe sie zu Gott gelangt. Selbst die reinste Seele wird eine Zeitlang im Fegefeuer zu dulden haben; letzten Endes aber werden alle Seelen erlöst werden. Nach dem «Weltenbrande» wird eine neue Welt mit ihrer langen Geschichte da sein, dann eine neue und wieder eine neue. Jede wird besser sein als die vorhergehende, und die ganze groß angelegte Stufenfolge wird Gottes Plan erfüllen.

Wir sind keineswegs erstaunt, daß Demetrios, der Bischof von Alexandrien, diesen glänzenden Philosophen, der seine Diözese zierte und mit Kaisern korrespondierte, mit gemischten Gefühlen betrachtete. Er weigerte sich, Origenes die Priesterweihe zu geben, da ihn die Kastration ungeeignet mache. Während Origenes aber im Vorderen Orient auf Reisen war, erhielt er von zwei palästinischen Bischöfen die Priesterweihe. Demetrios erhob Einwände, seine Rechte seien verletzt worden, und berief eine Synode seiner Priester ein; diese erklärte die Ordination des Origenes für ungültig und verbannte den Philosophen aus Alexandrien. Origenes zog nach Caesarea und setzte seine Lehrtätigkeit fort. Dort verfaßte er seine berühmte Schrift *Contra Celsum* (248) zur Verteidigung des Christentums. In seiner großzügigen Denkungsart erkannte er die Stärke der Beweisführung des Celsus an, hielt ihm aber entgegen, daß jede Schwierigkeit und Unwahrscheinlichkeit der christlichen Lehre durch viel schlimmere Unglaubwürdigkeiten der heidnischen Religionen wettgemacht würden. Er kam nicht zu dem Schluß, daß beide Glaubensweisen unsinnig seien, sondern daß der christliche Glaube eine Lebensweise verheiße, die edler sei als diejenige, welche von einem absterbenden und götzendienerischen Kult je kommen könne.

Im Jahre 250 erreichte die Christenverfolgung des Decius auch Caesarea. Origenes, der nun Fünfundsechzigjährige, wurde gefangengenommen, auf die Folterbank gespannt, mit Ketten und einem eisernen Halsring beladen und viele Tage im Kerker gehalten. Der Tod erreichte aber Decius zuerst, und Origenes wurde freigelassen. Er hatte nur mehr drei Jahre zu leben; die Folterung hatte seinem von unermüdlichen Kasteiungen geschwächten Körper einen unheilbaren Schlag versetzt. Bei seinem Tode besaß er nicht mehr Vermögen, als er zu Beginn seiner Lehrtätigkeit besessen hatte, aber er starb als der berühmteste Christ seiner Zeit. Als seine Ketzereien nicht mehr die Geheimlehre weniger Gelehrter blieben, hielt es die Kirche für notwendig, ihm jede Autorität abzuerkennen; Papst Anastasius verurteilte seine «blasphemischen Ansichten» im Jahre 400, und 553 sprach das Konzil von Konstantinopel über ihn das Anathema aus. Und doch lernte in späterer Zeit jahrhundertelang jeder christliche Gelehrte von Bedeutung von ihm und stützte sich auf sein Werk; und seine Verteidigung des Christentums übte auf die heidnischen Denker einen Einfluß aus wie noch keine «Apologie» zuvor. Mit Origenes hörte die christliche Religion auf, lediglich ein tröstlicher Glaube zu sein; sie wurde als Philosophie vollreif, von den Pfeilern der Heiligen Schrift gestützt, aber stolz auf die Vernunft gegründet.

V. DIE ORGANISIERUNG DER AUTORITÄT

Die Kirche hatte guten Grund, Origenes zu verdammen: Sein Grundsatz der allegorischen Auslegung machte nicht nur alles und jedes beweisbar; er beseitigte auch mit einem Schlage die Geschichten der Heiligen Schrift und das Erdenleben Jesu, und er setzte ausgerechnet da das individuelle Urteil wieder ein, wo er den Glauben zu verteidigen vorhatte. Angesichts der feindseligen Einstellung einer mächtigen Staatsregierung empfand die Kirche das Bedürfnis nach Einheit; sie konnte sich nicht von jeder intellektuellen Regung, von ungetreuen Häretikern, ekstatischen Propheten oder scharfsinnigen Söhnen in unzählige schwache Teilchen aufsplittern lassen. Schon Celsus selbst hatte die sarkastische Bemerkung gemacht, die Christen seien in unzählige Gruppen aufgespalten, und jeder einzelne wolle seine eigene Partei haben. Um 187 zählte Irenaeus zwanzig Abarten des Christentums auf; um 384 nannte Epiphanius deren achtzig. Überall drängte sich fremdes Gedankengut in den christlichen Glauben ein, und christliche Gläubige fielen zugunsten neuer Sekten ab. Die Kirche spürte, daß die Jugendzeit des Tastens und Prüfens dem Ende entgegenging, die Reifezeit nahte; es oblag ihr nun, die Grenzen abzustecken und die Bedingungen für die Zugehörigkeit zu ihr bekanntzugeben. Damit ergab sich die Notwendigkeit dreier schwieriger Schritte: der

Bildung eines Schriftenkanons, der Festlegung der Lehre und der Organisierung der Autorität.

Die christliche Literatur des zweiten Jahrhunderts war reich an Evangelien, Episteln, Apokalypsen und Apostelgeschichten. Die Christenheit war weitgehend aufgespalten, je nachdem sie diese Werke als rechtmäßigen Ausdruck des christlichen Bekenntnisses anerkannte oder verwarf. Die Kirchen des Westens erkannten die Offenbarung des Johannes als kanonisch an, die Kirchen des Ostens verwarfen sie im allgemeinen; dafür sprachen sich diese zugunsten der Autorität des Hebräerevangeliums und des Jakobusbriefes aus, die die westlichen Kirchen nicht anerkannten. Clemens von Alexandrien zitiert als heilige Schrift eine Abhandlung des ersten Jahrhunderts, *Die Lehre der Zwölf Apostel*. Markion übte mit seiner Veröffentlichung eines Neuen Testamentes einen Druck auf die Kirche aus. Es ist uns nicht bekannt, in welchem Zeitpunkt die Bücher unseres heutigen Neuen Testamentes als kanonisch – das heißt als echt und von Gott offenbart – anerkannt wurden; ein um 180 datiertes lateinisches Fragment, das 1740 von Muratori aufgefunden wurde und seinen Namen trägt, läßt darauf schließen, daß um das Jahr 180 der Kanon bereits festgelegt war.

Im zweiten Jahrhundert fanden in steigender Häufigkeit Konzile und Synoden statt. Im dritten nahmen nur noch Bischöfe daran teil, und am Ende dieses Jahrhunderts galten sie bereits als die letzte schiedsrichterliche Instanz in allen Fragen des «katholischen», das heißt des allgemeinen, christlichen Glaubens. Die Rechtgläubigkeit trug über die Ketzerei den Sieg davon, weil sie dem Bedürfnis nach einem fest umgrenzten Glaubensbekenntnis, das den Streit besänftigen und den Zweifel stillen konnte, Rechnung trug und weil die ganze Macht der Kirche hinter ihr stand.

Das Problem der Organisation lag darin, den Brennpunkt dieser Macht zu bestimmen. Mit der Schwächung der Mutterkirche in Jerusalem scheinen die einzelnen Gemeinden, soweit sie nicht von anderen gegründet oder geschützt waren, eine unabhängige obrigkeitliche Gewalt ausgeübt zu haben. Die Kirche von Rom führte jedoch ins Treffen, sie sei von Petrus gegründet worden, und zitierte Jesu Ausspruch: «Du bist Petrus» (hebräisch Kephas, griechisch Petros), «und auf diesen Felsen» (kephas, petra) «will ich bauen meine Gemeinde, und die Pforten der Hölle sollen sie nicht überwältigen. Und ich will dir des Himmelreichs Schlüssel geben: Alles, was du auf Erden binden wirst, soll auch im Himmel gebunden sein, und alles, was du auf Erden lösen wirst, soll auch im Himmel los sein.»[26] Man hat in dieser Textstelle eine Interpolation vermutet und sie als ein Wortspiel abtun wollen, zu dem sich nur Shakespeare herablassen würde; es besteht aber doch die Wahrscheinlichkeit, daß Petrus, wenn er auch nicht die christliche Kolonie in Rom begründete, doch vor ihr predigte und ihren Bischof ernannte. Irenaeus schreibt (187), Petrus habe «das Bischofsamt dem Linus übertragen»; Tertullian bestätigt (200) diese Überlieferung, und Cyprian, Bischof von Roms großer Nebenbuhlerin Karthago, forderte (252) alle Christen auf, den Vorrang des römischen Bischofsstuhles anzuerkennen.

Die Männer, die als erste auf Petri Stuhl saßen, sind ohne besondere Wirkung auf die Geschichte geblieben. Der dritte, Papst* Clemens, zeichnet sich als Verfasser eines um das Jahr 96 an die Kirche von Korinth gerichteten erhaltenen Briefes aus, in dem er die Gemeindemitglieder der Stadt auffordert, Eintracht und Ordnung zu halten; in diesem Brief spricht also der Bischof von Rom nur ein Menschenalter nach Petri Tod autoritativ zu den Mitgliedern einer entfernten Gemeinde. Die anderen Bischöfe erkannten zwar den «Vorrang» des römischen Bischofs als des direkten Nachfolgers Petri an, stritten ihm aber wiederholt die Ermächtigung ab, ihre Beschlüsse umzustoßen. Die Kirchen des Ostens feierten Ostern am vierzehnten Tage des jüdischen Monates Nisan, gleich welcher Wochentag das war; die Kirchen des Westens verlegten das Fest auf den darauffolgenden Sonntag. Polykarpos, der Bischof von Smyrna, versuchte bei einem Besuch

* Die Bezeichnung *papa*, «Vater», wurde in den ersten drei Jahrhunderten auf jeden Bischof angewandt; sie ist der Ausgangspunkt unseres deutschen Lehnwortes *Papst*.

in Rom um das Jahr 156 vergeblich, Anicetus, den Bischof von Rom, zur Einführung des östlichen Datums im Westen zu bewegen; nach seiner Rückkehr in die Heimat verwarf er den Vorschlag des Papstes an die östlichen Kirchen, das Datum des Westens einzuführen. Papst Victor (190) wiederholte Anicetus' Ersuchen in Form eines Befehles; die Bischöfe von Palästina gehorchten, die Bischöfe Kleinasiens verweigerten den Gehorsam. Victor richtete Briefe an die christlichen Gemeinden und exkommunizierte die widerstrebenden Kirchen; viele Bischöfe, auch im Westen, protestierten gegen eine so strenge Maßnahme, und offenbar beharrte Victor nicht auf ihrer Durchführung.

Sein Nachfolger Zephyrinus (202–218) war «einfach und ungelehrt». Als Gehilfen bei der Verwaltung des wachsenden Bistums von Rom ernannte Zephyrinus einen Mann zum Archidiakon, der in seiner Intelligenz weniger angezweifelt wurde als in seiner Moral. Callistus hatte nach der Aussage seiner Feinde als Sklave begonnen, war Bankier geworden, hatte das ihm anvertraute Geld unterschlagen, war zur Zwangsarbeit verurteilt und wieder freigelassen worden, hatte in einer Synagoge einen Aufruhr verursacht, war in die sardinischen Bergwerke geschickt worden, war dort freigekommen, indem er seinen Namen auf eine Liste begnadigter Strafgefangener geschmuggelt hatte, und hatte dann zehn Jahre lang in Antium mühsam in Frieden gelebt. Als Zephyrinus ihm die Sorge um den päpstlichen Begräbnisplatz übertrug, verlegte er diesen an die Via Appia, in die Katakombe, die seinen Namen trägt. Als Zephyrinus starb und Callistus als Papst gewählt wurde, wandten sich Hippolytos und einige andere Priester gegen ihn, da er ungeeignet sei, und gründeten eine eigene Kirche mit eigenem Papsttum (218). Meinungsverschiedenheiten hinsichtlich der Lehre verschärften die Aufspaltung: Callistus war der Ansicht, man müsse diejenigen, die nach der Taufe eine Todsünde (Ehebruch, Mord, Apostasie) begangen hatten, diese aber bereuten, wieder in die Kirche aufnehmen. Hippolytos war der Meinung, diese Milde sei sehr abträglich, und schrieb eine *Widerlegung aller Häresien*, die vor allem gegen diese eine gerichtet war. Callistus exkommunizierte ihn, gab der Kirche eine ausgezeichnete Verwaltung und setzte die Obergewalt des römischen Bischofssitzes über die gesamte Christenheit kraftvoll durch.

Das Schisma des Hippolytos nahm 235 ein Ende; aber unter Papst Cornelius (251–253) lebte diese Häresie wieder auf: Zwei Priester – Novatus in Karthago und Novatianus in Rom – gründeten eigene Gemeinden, die sich den unerbittlichen Ausschluß der Sündigen nach der Taufe zur Aufgabe machten. Das Konzil von Karthago unter Cyprian und das Konzil von Rom unter Cornelius exkommunizierten beide Gruppen. Der Aufruf Cyprians zur Unterstützung von Cornelius kräftigte das Papsttum; als aber Papst Stephan I. (254–257) anordnete, daß Bekehrte häretischer Sekten keiner neuen Taufe bedürften, veranlaßte Cyprian eine Synode der afrikanischen Bischöfe, dieses Dekret zu verwerfen. Stephan, gleichsam ein neuer Cato, exkommunizierte sie in einem Punischen Krieg der Kirche. Es traf sich, daß Stephan bald starb und der Streit zum Erlöschen kam, so daß keine Abspaltung der mächtigen afrikanischen Kirche eintrat.

Trotz mancher Überspanntheiten und Rückschläge nahm die Macht des römischen Stuhles von Jahrzehnt zu Jahrzehnt zu. Der Wohlstand und die ökumenischen Einrichtungen des Papsttums erhöhten seinen Ruf gewaltig. Die Christenheit ging bei jedem schwerwiegenden Problem den Papst um Rat an; er übernahm die Führung im Kampf gegen die Häresien und in der Festlegung des Kanons der Heiligen Schrift. Rom verfügte nicht über Gelehrte und konnte sich nicht eines Tertullian, eines Origenes oder eines Cyprian rühmen; es mühte sich um die Organisation und nicht um die Theorie; es baute auf und herrschte und überließ das Schreiben und Reden anderen. Cyprian rebellierte; aber er war es doch, der in seiner *De catholicae ecclesiae unitate* den Stuhl Petri *(cathedra Petri)* als Mittelpunkt und höchste Stelle des Christentums bezeichnete und der Welt die Prinzipien der Solidarität, der Einmütigkeit und Beharrlichkeit verkündete, die den Wesensgrund und die Hauptstütze der katholischen Kirche abgaben. Um die Mitte des dritten Jahrhunderts verfügte das Papsttum über eine so gefestigte Stellung und über so reiche Einkünfte, daß Decius beteuerte, er wolle lieber einen zweiten Kaiser als einen Papst als Nebenbuhler in Rom haben. Die Hauptstadt des Reiches wurde in natürlicher Entwicklung zur Hauptstadt der Kirche.

So wie Judäa dem Christentum eine Ethik und Griechenland ihm eine Theologie gegeben hatte, so gab ihm nun Rom die Organisation; alle diese Bestandteile, zusammen mit einem Dutzend absorbierter und rivalisierender Kulte, machten die christliche Synthese aus. Roms Anteil bestand nicht nur darin, daß die Kirche einige im vorchristlichen Rom gebräuchliche religiöse Bräuche und Kultformen übernahm: die Stola und andere Kleidungsstücke heidnischer Priester, den Gebrauch von Weihrauch und Weihwasser bei Reinigungszeremonien, die Kerzen und das Ewige Licht vor dem Altar, den Heiligenkult, die Architektur der Basilika, das römische Recht als Grundlage des kanonischen Rechtes, den Titel des *Pontifex Maximus* für den Papst und im vierten Jahrhundert die lateinische Sprache als das edle und bestandhafte Ausdrucksmittel des katholischen Rituals. Vor allem schenkte Rom der Kirche ein ausgedehntes Rahmenwerk der Regierungsführung, das beim Niedergang der weltlichen Herrschaft der kirchlichen Herrschaft das Grundgefüge lieferte. Bald hatten die Bischöfe, und nicht mehr die römischen Praefecten, in den Städten die Macht inne; die Metropoliten oder Erzbischöfe unterstützten – wenn sie sie nicht ersetzten – die römischen Provinzstatthalter, und die Synode der Bischöfe sollte bald an die Stelle der Provinzversammlungen treten. Die römische Kirche folgte den Fußstapfen des römischen Staates; sie eroberte sich die Provinzen, verschönerte die Hauptstadt und stellte von Grenze zu Grenze Disziplin und Einheit her. Rom starb und schenkte dabei der Kirche das Leben; die Kirche reifte an der Übernahme der Verantwortlichkeiten von Rom heran.

VIERTES KAPITEL

Der Zusammenbruch des Weltreiches

[193–305 N. CHR.]

I. EINE SEMITISCHE DYNASTIE

Am 1. Januar 193, wenige Stunden nach der Ermordung des Commodus, trat der Senat in freudiger Erregung zusammen und wählte eines seiner geachtetsten Mitglieder zum Kaiser, einen Mann, der mit seiner gerechten Amtsführung als Praefect der Stadt die besten Traditionen der Antoninen fortgesetzt hatte. Pertinax nahm eine Würde, die einen Menschen so hoch erhob, daß der Sturz todbringend sein mußte, nur widerstrebend an. Er betrug sich, wie Herodian berichtet, ganz wie ein einfacher Bürger, besuchte die Vorlesungen der Philosophen, förderte die Literatur, sorgte dafür, daß die Staatskasse sich wieder füllte, setzte die Steuern herab und verauktionierte das Gold und das Silber, die Stickereien und Seidenstoffe und schönen Sklaven, mit denen Commodus den Kaiserpalast angefüllt hatte. Die Freigelassenen, die wegen seiner Sparmaßnahmen ihre einträglichen Vorrechte schwinden sahen, verschworen sich mit der Praetorianergarde, die an der Wiedereinführung der Disziplin keinen Gefallen fand, zu seinem Sturz. Am 28. März erzwangen sich 300 Soldaten den Eingang in den Palast, hieben den Kaiser nieder und trugen sein Haupt auf einem Speer in ihr Lager. Volk und Senat verbargen sich in Trauer.

Die Führer der Garde verkündeten, sie würden die Krone demjenigen Römer übertragen, der ihnen das größte Geschenk machen werde. Didius Iulianus ließ sich von Weib und Tochter überreden, sein Mahl zu unterbrechen und auf das Angebot einzugehen. Als er im Lager ankam, fand er einen Nebenbuhler vor, der jedem Soldaten als Gegengabe für den Thron 5000 Drachmen bot. Die Abgesandten der Garde gingen von einem Millionär zum anderen und munterten die beiden zu immer höheren Angeboten auf; als Iulianus jedem Mann 6250 Drachmen versprach, rief ihn die Garde zum Kaiser aus.

Das römische Volk fand, das sei nun wirklich der Gipfel der Unwürdigkeit, und appellierte an die Legionen in Britannien, Syrien und Pannonien, heimzukehren und Iulianus abzusetzen. Die Legionen, denen es nicht paßte, von dem Geldsegen ausgeschlossen zu sein, riefen ihren jeweiligen Befehlshaber zum Kaiser aus und marschierten gegen Rom. Der pannonische Befehlshaber, Lucius Septimius Severus, gewann den Principat durch Kühnheit, Geschwindigkeit und Bestechung. Er verpflichtete sich, bei seiner Thronbesteigung an jeden Soldaten 12000 Drachmen auszugeben. Die Strecke von der Donau bis hundert Kilometer vor Rom legte er mit seinen Kriegern in einem Monat zurück; die Truppen, die ihn aufhalten sollten, zog er auf seine Seite herüber, und die Praetorianer gewann er für sich, indem er ihnen die Begnadigung zusicherte, wenn sie ihm ihre Führer auslieferten. Entgegen dem herkömmlichen Brauch ließ er seine Truppen in voller Bewaffnung in die Stadt einrücken; er selbst allerdings fügte sich der Überlieferung und trug bürgerliche Kleidung. Ein Tribun fand Iulianus in Tränen aufgelöst im Palast, führte ihn in ein Badezimmer und hieb ihm dort den Kopf ab (2. Juni 193).

Afrika, das um diese Zeit der Christenheit ihre besten Verteidiger schenkte, war die Jugendheimat des Septimius. Er war dort geboren (146) und hatte dort die Schule besucht. Er war in einer punisch-sprechenden phoinikischen Familie aufgewachsen, hatte in Athen Literatur und Philosophie studiert und in Rom eine Rechtspraxis ausgeübt. Trotz des semitischen Akzentes seines Lateins gehörte er zu den gebildetsten Römern seiner Zeit; er liebte es, sich mit Dichtern und Philosophen zu umgeben. Keineswegs aber ließ er sich von der Philosophie im Kriegführen stören oder von der Dichtkunst charakterlich erweichen. Er war ein gut aussehender Mann von kräftigem Körperbau, kleidete sich einfach, war kühn in der Not, gewandt in der Strategie, furchtlos im Kampf, unbarmherzig im Sieg. Er war geistvoll in der Unterhaltung, durchdringend im Urteil, skrupellos im Lügen, hatte mehr für Geld als für Ehre übrig und führte die Zügel der Regierung grausam und geschickt.

Der Senat hatte den Fehler begangen, sich für seinen Nebenbuhler Albinus zu erklären; Septimius nahm 600 Praetorianer mit in den Senat und ließ sich dort seine Thronbesteigung bestätigen. Dann ließ er die Senatoren zu Dutzenden hinrichten und so viele Landgüter des Adels beschlagnahmen, daß er der Besitzer von halb Italien wurde. Der dezimierte Senat wurde hauptsächlich mit Männern aus dem monarchistisch gesinnten Osten neu aufgefüllt. Die großen Rechtsgelehrten der Zeit – Papinianus, Paulus, Ulpianus – trugen eifrig Material zugunsten der absoluten Monarchie zusammen. Septimius beachtete das Senatskollegium nur insofern, als er ihm Befehle erteilte; er ließ sich die volle Kontrolle über die verschiedenen Staatskassen übertragen, gründete seine Herrschaft ganz offen auf das Heer und machte aus dem Principat eine erbliche Militärmonarchie. Das Heer wurde vergrößert; der Sold der Krieger wurde erhöht und erschöpfte die Staatsfinanzen. Der Heeresdienst wurde zur Pflicht gemacht, nur die Bewohner Italiens waren davon ausgeschlossen; von nun an sollten die Legionen der Provinzen für ein Rom, das den Mut zur Herrschaft verloren hatte, die Kaiser wählen.

Septimius, der realistische Krieger, glaubte an Astrologie und tat sich in der Auslegung von Vorzeichen und Träumen hervor. Als sechs Jahre vor seiner Thronbesteigung seine erste Frau starb, bot er seine Hand einer reichen Syrerin, die zufolge ihres Horoskopes für einen Thron bestimmt war. Iulia Domna war die Tochter eines reichen Elagabalpriesters in Emesa. Dort war vor langer Zeit ein Meteor niedergegangen und in einem grellbunten Tempel verwahrt worden; dieser Meteor wurde nun als Symbol, wenn nicht als Verkörperung der Gottheit verehrt. Iulia kam, gebar dem Septimius zwei Söhne, Caracalla und Geta, und bestieg den verheißenen Thron. Ihre Schönheit war zu groß, als daß sie streng monogam hätte bleiben können; aber Septimius hatte zu viel zu tun, um noch Zeit für die Eifersucht zu haben. Sie sammelte einen Salon von Literaten um sich, förderte die Künste und bewog Philostratos, das Leben des Apollonios von Tyana zu beschreiben und auszuschmücken. Die Bestimmtheit ihres Charakters und die Größe ihres Einflusses beschleunigten die Ausrichtung der Monarchie auf die östlichen Lebensgepflogenheiten, die in moralischer Hinsicht unter Elagabalus und in politischer unter Diocletian ihren Höhepunkt fand.

Von den achtzehn Jahren, die Septimius Kaiser war, widmete er zwölf der Kriegführung. Er vernichtete seine Nebenbuhler in raschen und rücksichtslosen Feldzügen; er schleifte Byzantion nach vierjähriger Belagerung und legte damit den vordrängenden Goten eine Schranke frei; er fiel in Parthien ein, nahm Ktesiphon, annektierte Mesopotamien und beschleunigte den Sturz der Arsakidenkönige. Als gichtbrüchiger alter Mann fürchtete er noch, sein Heer könne durch eine fünfjährige Friedenszeit seine Qualität eingebüßt haben, und führte es in einem Feldzug nach Kaledonien an. Nach Siegen gegen die Schotten, die ihn teuer zu stehen kamen, zog er sich nach Britannien zurück und legte sich in York nieder, um zu sterben (211). «Ich bin alles gewesen», sagte er, «und es hat doch nichts Wert.»[1] Caracalla konnte nach Herodian den Tod seines Vaters gar nicht erwarten: «Der Vater, dessen Krankheit sich in die Länge zog und der gar nicht sterben wollte, erschien ihm beschwerlich und lästig, und so suchte er dessen Ärzte und Diener zu bereden, bei seiner Kur irgendeinen Fehler zu machen, um desto schneller von ihm befreit zu werden.»[2] Septimius hatte Marc Aurel getadelt, weil er das Reich dem Commodus übertrug; nun vermachte er es selbst an Caracalla und Geta und gab ihnen dazu den zynischen Ratschlag: «Macht nur immer die Soldaten reich, das andere ergibt sich dann von selber.»[3] Er war auf achtzig Jahre der letzte Kaiser, der im Bette starb.

Caracalla* schien wie Commodus den Beweis zu erbringen, daß es einem Menschen selten gegeben ist, zugleich im Leben und in der Nachkommenschaft bedeutend zu sein. Als Knabe war er gehorsam und von einnehmendem Wesen, aber als Mann war er ein Barbar, der nur noch Jagd und Krieg kannte. Er fing wilde Eber, bekämpfte einen Löwen mit einer Hand, hielt sich Löwen im Palast und nahm sie manchmal an den Tisch und ins Bett mit. Besondere Freude fand er an der Gesellschaft von Gladiatoren und Soldaten, und es machte ihm Spaß, wenn Senatoren sich in den Vorzimmern die Beine in den Bauch standen, während er den Spießgesellen Speise und Trank zubereitete. Da er nicht gewillt war, die kaiserliche Macht mit dem Bruder zu teilen, ließ er Geta im Jahre 212 ermorden; der Jüngling wurde in den Armen seiner Mutter niedergemacht und netzte ihre Gewänder mit seinem Blut. Caracalla soll 20000 Gefolgsleute des Geta haben hinrichten lassen, dazu viele Bürger und vier Vestalische Jungfrauen, die er des Ehebruchs anklagte. Als das Heer über die Ermordung von Geta murrte, besänftigte er es mit einem Geldgeschenk, das alle Mittel verschlang, die Septimius in den Kassen angesammelt hatte. Er begünstigte die Soldaten und die Armen gegenüber dem Mittelstand und dem Adel; möglicherweise sind die Geschichten, die wir über ihn bei Cassius Dion lesen, den Rachegelüsten eines Senators entsprungen.

* Er nannte sich selbst so nach der langen gallischen Tunica, die er zu tragen pflegte; sein eigentlicher Name war Bassianus; als Kaiser legte er sich den Namen Marcus Aurelius Severus Antoninus zu.

Im Bestreben, zu höheren Einkünften zu kommen, verdoppelte er die Erbschaftssteuer von fünf auf zehn Prozent, und da die Steuer nur von römischen Bürgern zu erheben war, dehnte er das römische Bürgerrecht auf alle freien männlichen Erwachsenen des Reiches aus (212); diese erhielten damit die politische Gleichberechtigung gerade in dem Augenblick, wo sie ihnen ein Maximum an Pflichten und ein Minimum an Rechten eintrug. Zur Verschönerung Roms trug er mit einem Bogen für Septimius Severus bei, der heute noch steht, und mit Thermen, deren gewaltige Ruinen von ihrer einstigen Größe zeugen. Zumeist aber überließ er die Regierungsgeschäfte seiner Mutter und ging ganz in seinen Feldzügen auf.

Iulia Domna erhielt von ihm die Rechte eines Ministers *a libellis* und *ab epistulis* zugleich – zur Erledigung der Gesuche und der Korrespondenz. Sie begleitete oder vertrat ihn beim Empfang hoher inländischer und ausländischer Würdenträger. Der Klatsch wollte wissen, daß sie ihn mit inzestuösen Mitteln in ihrer Gewalt halte; die Witzbolde von Alexandrien brachten ihn zur Weißglut, als sie im Hinblick auf ihn und seine Mutter von Oidipus und Iokaste sprachen. Teils aus Rache für diese Beleidigungen, teils aus Furcht, Ägypten könnte sich während seines Feldzuges in Parthien erheben, begab er sich nach Alexandrien und beaufsichtigte dort (wie uns versichert wird) persönlich die Hinrichtung aller waffenfähigen Männer.

Zum Vorbild und zum Ziel seines Neides nahm er sich aber doch den Gründer von Alexandrien. Er stellte eine «Alexanderphalanx» aus 16000 Mann zusammen, rüstete sie mit altmakedonischen Waffen aus und träumte davon, Parthien zu unterwerfen, wie Alexander Persien erobert hatte. Er gab sich alle Mühe, ein guter Soldat zu sein, teilte Nahrung und Mühen und Märsche mit seinem Heer, half mit, Gräben aufzuwerfen und Brücken zu schlagen, stellte sich mannhaft zum Kampf und forderte oft den Feind zum Einzelkampf heraus. Seine Leute waren aber vom Feldzug gegen Parthien nicht so begeistert wie er selbst; die Beute war ihnen bedeutend lieber als der Kampf, und bei Carrhae, wo Crassus seine Niederlage erlitten hatte, ermordeten sie ihn (217). Macrinus, der Praefect der Garde, rief sich selbst zum Kaiser aus und befahl dem widerstrebenden Senat, Caracalla zum Gott zu erklären. Iulia Domna wurde nach Antiochien verbannt; innerhalb von sechs Jahren hatte sie das Reich, den Gatten und die Söhne verloren, und nun verweigerte sie die Nahrungsaufnahme, bis der Tod sie erlöste.

Ihre Schwester, Iulia Maesa, war nicht minder tüchtig als sie selbst. Bei ihrer Rückkehr nach Emesa fand diese zweite Iulia zwei vielversprechende Enkel vor. Einer, der Sohn ihrer Tochter Iulia Soaemia, war ein junger Baalpriester; sein Name war Varius Avitus, später Elagabalus* – «Schöpfergott». Der zweite, Sohn ihrer Tochter Iulia Mamaea, war der zehnjährige Alexianus, der spätere Alexander Severus. Obgleich Varius der Sohn des Varius Marcellus war, ließ Maesa das Gerücht umgehen, er sei der natürliche Sohn des Caracalla, und gab ihm den Namen Bassianus; das Reich war den Ruf einer Tochter wohl wert, und Marcellus lebte nicht mehr. Die römischen Soldaten in Syrien waren schon weitgehend für die syrischen Kulte eingenommen und empfanden eine fromme Hochachtung vor dem vierzehnjährigen Priester; dazu erklärte

* Von lateinischen Schriftstellern fälschlicherweise Heliogabalus – «Sonnengott» – wiedergegeben.

Maesa, sie würde ihnen eine beträchtliche Geldsumme zukommen lassen, wenn sie Elagabalus zum Kaiser machten. Die Soldaten ließen sich überzeugen und waren ihr zu Willen. Maesas Gold gewann auch noch die Armee für ihre Sache, die Macrinus ihnen entgegenschickte. Als Macrinus sich ihr selbst mit einer größeren Streitmacht entgegenstellte, gerieten die syrischen Söldner ins Wanken; aber Maesa und Soaemia sprangen von ihren Kriegswagen und führten die umgestimmte Armee zum Sieg. Die Männer Syriens waren Weiber, die Frauen Männer.

Im Frühjahr 219 zog Elagabalus in Rom ein, in purpurnen, goldbestickten Seidengewändern, die Wangen rot geschminkt, die Augen künstlich leuchtend gemacht, kostbare Armreife an den Armen, eine Perlenkette um den Hals, einen edelsteinbesetzten Goldkranz auf dem hübschen Kopf. An seiner Seite fuhren in Prachtgewändern seine Großmutter und seine Mutter. Bei seinem ersten Besuche im Senat hatte er verlangt, daß man seiner Mutter gestatte, an seiner Seite an den Verhandlungen teilzunehmen. Soaemia war vernünftig genug, sich zurückzuziehen und sich mit dem Vorsitz des *Senaculum*, des «kleinen Senats» der Frauen, zu begnügen; diese Einrichtung war von Hadrians Sabina gegründet worden und befaßte sich mit Problemen der weiblichen Kleidung, des Schmuckes, des Vorranges und der Etikette. Der Großmutter Maesa verblieb die Regierung des Staates.

Der junge Kaiser war nicht jeden Reizes bar. Gegen die Anhänger des Macrinus erließ er keine Vergeltungsmaßregeln. Er liebte die Musik, hatte eine gute Stimme, spielte Flöte, Orgel und Horn. Da er noch zu jung war, um das Reich zu regieren, wollte er nichts anderes als es genießen. Der Genuß, nicht Baal, war sein Gott, und er war entschlossen, dem Kult dieses Gottes in allem und jedem zu folgen. Er lud Leute aus der freien Bevölkerung jeglichen Standes zu sich in den Palast; manchmal tafelte und scherzte er mit ihnen. Oft teilte er Lotteriepreise unter sie aus, die so gut in einem fertig möblierten Haus wie in einer Handvoll Fliegen bestehen konnten. Es machte ihm Spaß, seinen Gästen einen Streich zu spielen, sie etwa auf Luftkissen Platz nehmen zu lassen, die plötzlich platzten, oder sie mit Wein zu betäuben und dann unter harmlosen Leoparden, Bären und Löwen wieder erwachen zu lassen. Lampridius versichert uns, daß Elagabalus niemals weniger als hunderttausend Sesterzen und manchmal drei Millionen für ein Gastmahl mit seinen Freunden ausgab. Er pflegte Goldstücke unter Erbsen, Onyxe unter Linsen, Perlen unter Reiskörner, Bernsteinstücke unter Bohnen zu mischen; es fiel ihm ein, Pferde oder Wagen oder Eunuchen als Zeichen seiner Gunst zu verschenken; oft bat er seine Gäste, die Silberteller und -becher, mit denen er sie bewirtet hatte, als Geschenk heimzunehmen. Er selbst begnügte sich nur mit dem Allerbesten. Das Wasser in seinen Schwimmbecken war mit Rosenessenzen parfümiert; die Beschläge in seinen Badezimmern waren aus Gold oder Onyx; er nahm nur die erlesensten Leckerbissen zu sich; seine Kleidung war vom Kranz bis zu den Schuhen mit Edelsteinen besetzt, und es ging das Gerücht, daß er niemals denselben Ring zweimal trug. Ging er auf Reisen, so brauchte er sechshundert Gespanne allein für sein Gepäck und seine Lustknaben und -weiber. Ein Wahrsager prophezeite ihm, er werde eines gewaltsamen Todes sterben; daraufhin legte er sich würdige Selbstmordmittel bereit, um dem zuvorzukommen, wenn die Gelegenheit es erheischen sollte: purpurne Seidenschnüre, goldene Dolche, Gift in Schatullen aus Smaragd und Saphir. Er wurde auf dem Abort ermordet.

Wahrscheinlich erfanden oder übertrieben seine Feinde aus dem Senatorenstande einige dieser Erzählungen; vor allem die Geschichten über seine sexuelle Verworfenheit klingen völlig unglaubhaft. Auf alle Fälle übertünchte er seine Geilheit mit Frömmigkeit; er plante, den Kult des syrischen Baal bei den Römern zu verbreiten. Er ließ sich beschneiden und wollte sich sogar zu Ehren seines Gottes kastrieren. Von Emesa holte er den konischen schwarzen Stein, den er als das Emblem des Elagabal verehrte, und ließ dem Gott einen prächtigen Tempel errichten; der Stein, in Edelsteine gefaßt, wurde auf einem mit sechs weißen Pferden bespannten Wagen zu seinem neuen Heim gebracht, und der junge Kaiser ging rückwärts vor ihm her, betäubt vor lauter Ehrfurcht. Er war bereit, alle Religionen zu dulden, förderte den mosaischen Glauben und wollte der christlichen Religion die Gesetzlichkeit zuerkennen. In bewundernswerter Treue beharrte er lediglich darauf, daß man seinen Stein als größten aller Götter anerkannte.

Seine Mutter ging ganz in ihren Liebschaften auf und zeigte gegenüber dieser priapischen Farce Nachsicht; Iulia Maesa aber wollte sie eindämmen, vermochte es nicht und entschloß sich, einer Katastrophe zuvorzukommen, die dieser beachtlichen Dynastie syrischer Frauen ein Ende gesetzt hätte. Sie beredete den Elagabalus, seinen Vetter Alexander als Nachfolger und Caesar zu adoptieren. Maesa und Mamaea bildeten den Knaben in allen Pflichten seines Amtes aus und wandten alle Künste auf, um dem Senat und dem Volke beizubringen, daß Alexander eine erwünschte Alternative gegenüber dem priesterlichen Satyr sei, der Rom nicht durch seine Verschwendungssucht und Schamlosigkeit, sondern durch die Unterordnung Iupiters unter einen syrischen Baal beleidigt hatte. Soaemia entdeckte die Verschwörung und stachelte die Praetorianer gegen ihre Schwester und ihren Neffen auf; Maesa und Mamaea vermochten die gewichtigeren Beweisgründe anzuführen, und die Garde erschlug Elagabalus und seine Mutter, schleifte seinen Leichnam durch die Straßen und um den Circus herum und warf ihn schließlich in den Tiber. Darauf rief sie Alexander zum Kaiser aus, und der Senat bestätigte ihn (222).

Marcus Aurelius Severus Alexander bestieg wie sein Vorgänger den Thron mit vierzehn Jahren. Seine Mutter hatte sich mit ganz besonderer Hingabe seiner körperlichen, geistigen und charakterlichen Ausbildung angenommen. Er kräftigte sich in harter Arbeit und sportlichem Training, schwamm jeden Tag eine Stunde lang in einem Schwimmbecken mit kaltem Wasser, trank vor jeder Mahlzeit einen Krug Wasser, aß wenig und nur die einfachsten Speisen. So wurde er ein hübscher, hochgewachsener und kräftiger Jüngling, in allen Sportarten und in den Kriegskünsten gewandt. Er befaßte sich eifrig mit griechischer und lateinischer Literatur und mäßigte erst dann seine Verehrung für sie, als Mamaea darauf drang und ihm die Verse vorhielt, mit denen Vergil die Römer aufgerufen hatte, die Reize der Kultur anderen zu überlassen und selbst ein Weltreich zu schaffen und es in Frieden zu regieren. Er malte und sang ausgezeichnet und spielte Orgel und Lyra, produzierte sich aber stets nur vor Angehörigen seiner Hofhaltung. Er kleidete und benahm sich einfach und bescheiden. «Im Genusse der Liebe war er sehr mäßig, und Lustknaben verabscheute er.»[4] Dem Senat erwies er große Ehrfurcht; er behandelte die Senatoren wie seinesgleichen, lud sie zu sich in seinen Palast und stattete ihnen oft Besuche ab. Er war freundlich und leutselig, besuchte die Kranken ohne Unterschied des Standes, empfing jeden wohlbeleumdeten Bürger in Audienz, verzieh seinen Widersachern rasch und vergoß während der vierzehn Jahre seiner Herrschaft keinen Tropfen bürgerlichen Blutes. Seine Mutter machte ihm seine Liebenswürdigkeit zum Vorwurf und sagte: «Du hast selbst deine Herrschaft zu gelinde und dadurch weniger geachtet gemacht.» Er entgegnete nur: «Ja, aber auch sicherer und dauerhafter.»[5] Er war ein Mann aus Gold, ohne die Legierung, die die nötige Widerstandskraft gegen die Unbilden unserer Welt verleiht.

Er erkannte die Unsinnigkeit des Versuchs, Elagabal an Stelle von Iupiter zu setzen, und wirkte zusammen mit seiner Mutter auf die Restauration der römischen Tempel und Kulte hin. Seinem philosophischen Geiste aber kam es vor, als ob alle Religionen nur verschiedene Gebete an ein und dieselbe höchste Macht wären; alle aufrichtigen Bekenntnisse erschienen ihm verehrungswürdig, und in seiner Privatkapelle, die er allmorgendlich aufsuchte, hatte er Bilder von Iupiter, Orpheus, Apollonios von Tyana, Abraham und Christus aufgestellt. Er führte oft den jüdisch-christlichen Rat im Mund: «Was du nicht willst, daß man dir tu, das füg auch keinem andern zu»; er ließ ihn auf den Palastmauern und auf vielen öffentlichen Gebäuden einmeißeln. Dem römischen Volke empfahl er die Ethik der Juden und Christen. Die Spötter von Alexandrien ließen sich nicht beeindrucken und nannten ihn nur das «Haupt der Synagoge». Seine Mutter begünstigte die Christen, schützte Origenes und ließ sich von ihm seine biegsame Theologie erklären.

Iulia Maesa verschied bald nach Alexanders Thronbesteigung, und nun war es an Mamaea, zusammen mit Alexanders Vormund Ulpian die Politik und die Reformen von Alexanders Regierungsführung zu bestimmen. Sie regierte klug und zurückhaltend und sorgte sich mehr um das Gedeihen der Dynastie als um die äußerliche Machtentfaltung; den Ruhm für die Leistungen seiner Regierungszeit überließ sie dem jungen Kaiser und dem großen Rechtsgelehrten. Sie wählte mit Ulpian sechzehn hervorragende Senatoren aus und bildete mit ihnen einen kaiserlichen Rat, ohne dessen Zustimmung keine bedeutenderen Maßnahmen ergriffen wurden. Sie hatte alles in ihrer Gewalt, nur nicht die Liebe zu ihrem Sohn. Als er sich eine Frau nahm und liebend Partei für sie ergriff, ließ Mamaea sie in die Verbannung schicken, und Alexander, vor die Wahl gestellt, unterwarf sich seiner Mutter. Als er älter wurde, nahm er größeren Anteil an den Regierungsgeschäften. Wenn es unumgänglich notwendig war, berichtet sein antiker Biograph, «befaßte sich Alexander schon vor Tagesanbruch mit Staatsgeschäften und setzte sie viele Stunden lang fort, ohne je darüber verdrießlich, mürrisch oder ärgerlich zu werden, sondern mit immer frohem Mute und heiterer Miene»[6].

Seiner Politik lag der Wille zugrunde, die zersetzende Vorherrschaft der Armee zu brechen und den alten Ruf von Senat und Adel wiederherzustellen; die Herrschaft des

Geldes, des Mythus oder des Schwertes ließ sich nach seiner Meinung nur durch eine Herrschaft der Geburt überwinden. Unter Mitwirkung des Senates führte er zahlreiche Sparmaßnahmen durch; er entließ alle überflüssigen Personen seines Palastes, der Regierungsämter und der Provinzverwaltung, verkaufte den größten Teil des kaiserlichen Schmuckes und übergab die Erträge an den Staatsschatz. Weniger Zustimmung beim Senat fand er vielleicht, als er die Verbände der Arbeiter und Gewerbetreibenden legalisierte, förderte und reorganisierte und «aus der Mitte derselben eigene Fürsprecher»[7] aufstellte. Über die öffentliche Sittlichkeit übte er eine strenge Zensur aus: Er ließ Prostituierte verhaften und Homosexuelle deportieren. Er senkte die Steuern und restaurierte trotzdem das Colosseum und die Caracallathermen, baute eine öffentliche Bibliothek, einen über zwanzig Kilometer langen Aquädukt und neue städtische Thermen und finanzierte den Bau von Bädern, Wasserleitungen, Brücken und Straßen im ganzen Reichsgebiet. Um die Zinssätze, die schwer auf den Schuldnern lasteten, niederzuzwingen, gab er Darlehen aus Staatsgeldern zu vier Prozent und zinslose Beihilfen an Mittellose zum Erwerb von Ackerland. Das ganze Reich nahm einen wirtschaftlichen Aufschwung und war begeistert; der gottesfürchtige Marc Aurel war, so schien es, wieder auf die Erde und an die Macht zurückgekehrt.

Aber geradeso, wie die Perser und Germanen aus der Herrschaft des Philosophenkönigs ihren Vorteil gezogen hatten, so nutzten sie nun die Herrschaft des kaiserlichen Heiligen. Im Jahre 230 fiel Ardaschir, der Gründer der Sassanidendynastie in Persien, in Mesopotamien ein und kam in bedrohliche Nähe Syriens. Alexander richtete einen philosophischen Brief an ihn, worin er die Gewalttätigkeit des Persers tadelte und ihn ermahnte, es möge «jeder sich begnügen mit dem, was er besitze»[8]. Ardaschir hielt ihn für einen Schwächling und antwortete mit dem Anspruch auf ganz Syrien und Kleinasien. Nun zog der junge Kaiser, von seiner Mutter begleitet, ins Feld und führte mit mehr Mut als Gewandtheit einen unentschiedenen Feldzug. Die Geschichte schweigt sich über seine Siege und Niederlagen aus; auf alle Fälle zog Ardaschir sich aus Mesopotamien zurück, vielleicht um Angriffe auf die Ostgrenzen abzuwehren. Auf den römischen Münzen des Jahres 233 wird Alexander von der Siegesgöttin bekränzt dargestellt, und zu seinen Füßen liegen Euphrat und Tigris.

Inzwischen hatten die Alemannen und die Markomannen, die bemerkt hatten, daß die Garnisonen an Rhein und Donau viele Kräfte zur Verstärkung der syrischen Legionen hatten abgeben müssen, den römischen Limes durchbrochen und bös in Ostgallien gehaust. Alexander feierte seinen persischen Triumph und führte dann, wiederum in Begleitung seiner Mutter, sein Heer nach Mainz. Auf Anraten seiner Mutter verhandelte er mit den Feinden und bot ihnen eine jährliche Zahlung, wenn sie Frieden halten wollten. Seine Truppen waren über diese Schwäche empört und meuterten; seine Sparmaßnahmen, die Strenge der Disziplin und die Tatsache, daß er seine Mutter über sie stellte, waren ihnen schon längst zuwider. Sie riefen Gaius Iulius Maximinus, den Befehlshaber der pannonischen Legionen, zum Kaiser aus. Dessen Soldaten erzwangen sich den Weg zu Alexanders Zelt und erschlugen ihn, seine Mutter und seine Freunde (235).

II. DIE ANARCHIE

Es war nicht eine Laune der Geschichte, die im dritten Jahrhundert das Heer allgewaltig machte; innere Gründe hatten den Staat geschwächt und an jeder Front bloßgestellt. Das Aufhören der weiteren Ausdehnung nach Traian und wiederum nach Septimius Severus hatte den Barbaren das Zeichen zum Angriff gegeben, und geradeso, wie Rom die Völker besiegt hatte, indem es sie uneinig machte, begannen nun die Barbaren mit der Eroberung Roms, indem sie sich zu gemeinsamem Ansturm zusammenschlossen. Die Notwendigkeit der Verteidigung gab den Waffen eine größere Gewalt und dem Soldatentum einen höheren Ruf; an Stelle von Philosophen kamen Feldherren auf den Thron, und die letzte Adelsherrschaft wich der wiederauflebenden Herrschaft der Gewalt.

Maximinus war ein guter Soldat, sonst nichts, der kräftige Sohn eines thrakischen Bauern; die Geschichte will wissen, er sei fast zweieinhalb Meter groß gewesen und habe einen Daumen von so gewaltigem Umfang gehabt, daß er an ihm den Armreif seiner Frau als Ring tragen konnte. Er besaß keine Bildung, verachtete sie und war neidisch auf sie. In den drei Jahren, da er Kaiser war, besuchte er Rom kein einziges Mal; er zog das Lagerleben an der Donau oder am Rhein vor. Um seine Feldzüge zu finanzieren und die Ruhe seiner Truppen zu erkaufen, belegte er die Vermögenden mit solchen Steuern, daß sich die Oberschicht bald gegen seine Herrschaft auflehnte. Gordianus, der reiche und gelehrte Proconsul von Afrika, willigte ein, als sein Heer ihn zum Gegenkaiser ausrief; da er bereits achtzig Jahre alt war, beteiligte er seinen Sohn an dem todbringenden Amt. Sie vermochten den Streitkräften des Maximinus nicht Widerstand zu leisten, der Sohn fiel im Kampfe, der Vater legte selbst Hand an sich. Maximinus rächte sich mit Proskriptionen und Konfiskationen, die den Adel an den Rand des Untergangs brachten. «Täglich konnte man erleben», berichtet Herodianos, «wie die Reichsten von gestern zu Bettlern von heute wurden.»[6] Der Senat, der unter Severus neues Blut und neue Kraft gewonnen hatte, holte zu einem kräftigen Gegenschlag aus: Er ächtete Maximinus und rief zwei Senatoren, Maximus Pupienus und Balbinus, zu Kaisern aus. Pupienus trat mit einer eilig aufgestellten Armee dem Maximinus entgegen, der über die Alpen gekommen war und Aquileia belagerte. Maximinus war der bessere Heerführer und verfügte über überlegene Streitkräfte; das Schicksal des Senates und der begüterten Volksschichten schien besiegelt. Da wurde Maximinus von einigen Soldaten, die unter seinen heftigen Strafmaßnahmen zu leiden gehabt hatten, in seinem Zelt ermordet. Pupienus kehrte im Triumph nach Rom zurück – und wurde dort zusammen mit Balbinus von der Praetorianergarde ermordet; die Praetorianer machten einen dritten Gordianus zum Kaiser, und der Senat bestätigte die Wahl.

Es hat keinen Sinn, die blutigen Einzelheiten der Namen, Kämpfe und Ermordungen dieser Kaiser der Anarchie zu berichten. In den fünfunddreißig Jahren zwischen Alexander Severus und Aurelian wurden siebenunddreißig Männer zu Kaisern ausgerufen. Gordianus III. wurde während des Kampfes gegen die Perser von seinen Soldaten erschlagen (244), sein Nachfolger, Philippus Arabs, wurde von Decius bei Verona geschlagen und niedergemacht (249). Decius war ein Illyrer von Wohlstand und Kultur, dessen eifriges Wirken für Rom ihn wohl berechtigte, einen Namen von so altehrwürdigem Klang zu tragen. Zwischen Feldzügen gegen die Goten entwarf er sein ehrgeiziges Programm zur Erneuerung von Religion, Sitten und Charakter in Rom; dazu gehörte auch der Befehl zur Vernichtung des Christentums. Dann kehrte er an die Donau zurück, stellte sich den Goten, mußte erleben, daß sein Sohn an seiner Seite fiel, erklärte dem wankenden Heere, der Verlust eines einzelnen sei von geringer Bedeutung, drängte gegen den Feind vor und wurde seinerseits in einer der schlimmsten Niederlagen der römischen Geschichte niedergehauen (251). Ihm folgten Gallus und Aemilianus, die von ihren Soldaten ermordet wurden (253).

Der neue Kaiser, Valerianus, war bereits sechzigjährig und sah sich gleichzeitig von den Franken, den Alemannen, den Markomannen, den Goten, den Skythen und den Persern bedroht; er setzte seinen Sohn Gallienus als Herrscher über das Westreich ein, behielt den Osten für sich und führte sein Heer nach Mesopotamien. Er war seines Alters wegen der Aufgabe nicht gewachsen und erlag bald. Gallienus, nun fünfunddreißigjährig, war ein Mann von Mut und Intelligenz und von einer Kultur, die in diesem Jahrhundert barbarischer Kriege völlig fehl am Platze schien. Er reformierte die Zivilverwaltung im Westen, führte seine Armeen von Sieg zu Sieg über die Feinde des Reiches und fand doch noch Zeit genug, Philosophie und Literatur zu genießen und zu fördern und ein vorübergehendes Wiederaufleben der klassischen Kunst zu bewirken. Aber selbst dieser vielfältige Geist erlag den sich steigernden Übeln der Zeit.

254 fielen die Markomannen in Pannonien und Norditalien ein. 255 überfielen die Goten Makedonien und Dalmatien, die Skythen und Goten Kleinasien, die Perser Syrien. 257 kaperten die Goten die Flotte des Bosporanischen Königreiches, um darauf die griechischen Städte an den Schwarzmeerküsten auszuplündern, Trapezus niederzubrennen und dessen Bevölkerung zu versklaven und Pontos in Raubzügen heimzusuchen. 258 nahmen sie Chalkedon, Nikomedeia, Prusa, Apameia, Nikaia; im selben Jahre eroberten die Perser Armenien und erklärte Postumus sich zum unabhängigen Regenten Galliens. 259 brachen die Alemannen in Italien ein, wurden aber von Gallienus bei Mailand geschlagen. 260 wurde Valerian von den Persern bei Edessa überwältigt und kam in der Gefangenschaft an einem unbekannten Ort und zu einer unbekannten Zeit um. Schapur I. und seine Reiterscharen drangen durch Syrien bis nach Antiochien vor, überraschten die dortige Bevölkerung bei den Spielen, plünderten die Stadt, brachten Tausende um und führten weitere Tausende in Sklavenschaft ab. Tarsos wurde erobert und verwüstet, Kilikien und Kappadokien überrannt, und Schapur kehrte mit überreicher Beute nach Persien zurück. Innerhalb eines einzigen Jahrzehntes hatte Rom drei schmähliche Tragödien durchmachen müssen: Ein römischer Kaiser war zum erstenmal in einer Niederlage gefallen, ein anderer war in Gefangenschaft geraten, und die Einheit des Reiches war der Notwendigkeit geopfert worden, gleichzeitige Angriffe an vielen Fronten abzuwehren. Die Gewalt dieser Schläge und die ungeregelte Ernennung und Ermordung von Kaisern durch die Soldaten schmälerten den Ruf des Kaisertums; die psychologischen Kräfte, die durch die Sanktion der Zeit zu einer gewohnten

und unbestrittenen Autorität werden, verloren ihre Wirkung auf Roms Feinde, ja selbst auf seine Untertanen und Bürger. Überall brachen Aufstände aus: In Sizilien und Gallien flammte die unterdrückte Bauernschaft in gewalttätigen *jacqueries* auf. In Pannonien erklärte Ingenuus sich zum unabhängigen Herrscher über die Ostprovinzen. 263 segelten die Goten die ionische Küste hinab, plünderten Ephesos und brannten den großen Artemistempel nieder. Der ganze hellenistische Osten war in Aufruhr und Schrecken.

Ein unerwarteter Bundesgenosse rettete das Reich in Asien. Odenathus, der als Vasall Roms über Palmyra herrschte, warf die Perser aus Mesopotamien heraus, schlug sie bei Ktesiphon (261) und machte sich zum König über Syrien, Kilikien, Arabien, Kappadokien und Armenien. 266 wurde er ermordet; sein jugendlicher Sohn übernahm seine Titel, seine Witwe die Macht. Wie Kleopatra, von der sie, wie sie behauptete, abstammte, vereinte Zenobia in sich eine große Körperschönheit, staatsmännische Fähigkeiten und viele geistige Vorzüge. Sie befaßte sich mit griechischer Literatur und Philosophie, lernte Lateinisch, Ägyptisch und Syrisch und schrieb eine Abhandlung über die Geschichte des Ostens. Offensichtlich gelang es ihr, Züchtigkeit mit Körperkraft zu verbinden, denn sie erlaubte sich sexuelle Beziehungen nur, soweit sie zur Mutterschaft notwendig waren. Sie härtete sich gegen Anstrengungen und Entbehrungen ab, fand Freude an den Gefahren der Großwildjagd und marschierte meilenweit zu Fuß an der Spitze ihrer Truppen. Sie übte die Regierung mit Strenge und Klugheit aus, ernannte den Philosophen Longinus zum Premierminister, berief Gelehrte, Dichter und Künstler an ihren Hof und verschönte ihre Hauptstadt mit griechisch-römisch-asiatischen Palästen, deren Ruinen heute noch den Wüstenfahrer in Erstaunen setzen. Sie spürte, daß das Reich zerbröckelte, und plante die Gründung einer neuen Dynastie und eines neuen Königreiches; dazu brachte sie Kappadokien, Galatien und den größten Teil von Bithynien in ihren Besitz, rüstete eine große Armee und Flotte aus, eroberte Ägypten und nahm Alexandrien nach einer Belagerung, die die halbe Bevölkerung das Leben kostete. Die schlaue «Königin des Ostens» gab an, sie handle im Auftrage der römischen Macht; jedermann wußte aber, daß ihre Siege eine Szene in dem gewaltigen Drama des römischen Zusammenbruchs waren.

Angesichts des Reichtums und der Schwäche des Reiches strömten die Barbaren in den Balkan und nach Griechenland ein. Während die Sarmaten wiederum die Städte an den Schwarzmeerküsten ausplünderten, segelte ein Zweig der Goten mit 500 Schiffen durch den Hellespont in das Ägäische Meer, eroberte Insel um Insel, warf im Peiraieus Anker und plünderte Athen, Argos, Sparta, Korinth und Theben (267). Während ein Teil der Plünderer sich mit der Flotte in das Schwarze Meer zurückzog, kämpfte sich ein anderer Teil auf dem Landwege in die Donauheimat durch. Gallienus stellte sich ihm am Nestos in Thrakien entgegen und errang einen teuren Sieg; ein Jahr darauf wurde er aber von seinen Soldaten ermordet. 269 fiel eine andere Gotenhorde in Makedonien ein, belagerte Thessalonike und plünderte Griechenland, Rhodos, Cypern und die ionische Küste. Der Kaiser Claudius II. entsetzte Thessalonike, trieb die Goten das Vardartal hinauf und schlug sie in einer blutigen Schlacht bei Naissus, dem heutigen Nisch (269). Hätte er diese Schlacht verloren, so hätte zwischen den Goten und Italien keine Armee mehr gestanden.

III. DER WIRTSCHAFTLICHE NIEDERGANG

Die politische Anarchie beschleunigte den wirtschaftlichen Zerfall, und der wirtschaftliche Niedergang förderte den politischen Zerfall; beide waren einander Ursache und Wirkung. Es war der römischen Staatskunst nie gelungen, Italien ein gesundes Wirtschaftsleben zu geben, und vielleicht vermochten die engen Ebenen der Halbinsel niemals, den hochfliegenden Zielen des italischen Staatswesens eine angemessene Grundlage zu verschaffen. Der Getreidebau litt unter der Konkurrenz billigen Korns aus Sizilien, Nordafrika und Ägypten, und die großen Weinbaubetriebe verloren ihre Märkte an die Weinbauern der Provinzen. Die Bauern klagten, die hohen Steuern nähmen ihnen die schwachen Gewinne weg und beließen ihnen zu wenig, um noch die Entwässerungs- und Bewässerungskanäle instand zu halten; die Kanäle verschlammten, die Sümpfe dehnten sich aus, und Malaria schwächte die Bevölkerung der Campania und Roms. Große Strecken fruchtbaren Landes waren durch die Herrschaftssitze dem Anbau entzogen worden. Die Besitzer der Latifundien, die in der Stadt lebten, beuteten die Arbeitskraft und den Boden bis an den Rand des Erträglichen aus und kauften sich durch philanthropische Schenkungen an die Städte frei; die Bauten und die Spiele der Großstädte profitierten, während das Land verödete. Viele bäuerliche Grundbesitzer und freie Landarbeiter ließen die Höfe im Stich und zogen in die Stadt, so daß die italische Landwirtschaft großenteils auf Latifundien beschränkt blieb, die von gleichgültigen und trägen Sklaven bewirtschaftet wurden. Aber auch diese Latifundien gingen an der *Pax Romana* zugrunde, da die geringe Zahl der Angriffskriege in den ersten beiden Jahrhunderten unserer Zeitrechnung die Zufuhr an Sklaven abnehmen und damit deren Preise steigen ließ. Die Großgrundbesitzer waren gezwungen, freie Arbeitskräfte zur Landarbeit anzulocken; sie teilten ihre Güter in Parzellen auf, die sie an *coloni*, «Siedler», verpachteten; von diesen Pächtern forderten sie einen geringen Pachtzins in bar oder ein Zehntel der Ernte und eine bestimmte Zeitspanne Frondienst auf dem Landsitz oder auf der Privatdomäne des Grundherrn. In vielen Fällen fanden es die Gutsbesitzer einträglicher, die Sklaven freizulassen und sie als *coloni* anzusiedeln. Im dritten Jahrhundert nahmen immer mehr Grundbesitzer, die in den Städten von Invasionen und Revolutionen heimgesucht wurden, ihren Wohnsitz auf ihren Landgütern; sie befestigten sie zu Kastellen, und allmählich wurden diese befestigten Landsitze zu den mittelalterlichen Ritterburgen*.

* Das Siedlertum nahm wahrscheinlich einen größeren Aufschwung, als Marc Aurel gefangene Germanen auf den kaiserlichen Gütern ansiedelte (172) und ihnen den Grund in erblichen Besitz gab unter der Bedingung, daß sie jährlich eine Pachtsumme abführten, sich zum Kriegsdienst auf Abruf bereithielten und sich verpflichteten, ihr Gut nicht ohne Bewilligung des Staates zu verlassen. Ähnliche Bedingungen wurden römischen Veteranen auferlegt, die Boden in den Grenzländern erhielten, besonders in den *agri decumates*, den «Zehntenfeldern» entlang der Donau und dem Rhein. Unter Septimius Severus gewann das kaiserliche Siedlungswesen erheblich an Bedeutung, da der Kaiser die konfiszierten Güter aufteilte und an Kleinpächter abgab, die die Pacht in Geld oder Ware entrichteten. Und wie Septimius die Ptolemaier nachahmte, so ahmten die privaten Grundbesitzer den Septimius nach; das Siedlertum begann mit der Monarchie und führte zu einem Feudalwesen, das die Monarchie unterminierte.

Der Sklavenmangel stärkte eine Zeitlang die Stellung der freien Arbeitskräfte in Industrie und Ackerbau. Während aber die Geldmittel der Vermögenden von Kriegen und vom Staat verschlungen wurden, nahm die Armut der Armen keineswegs ab. Die Löhne machten sechs bis elf, die Preise etwa dreiunddreißig Prozent der entsprechenden Löhne und Preise in den Vereinigten Staaten zu Beginn des zwanzigsten Jahrhunderts aus. Der Klassenkampf verschärfte sich, denn die Soldaten des Heeres, die sich aus Mittellosen der Provinzen rekrutierten, nahmen oft an den Angriffen gegen die Vermögenden teil und meinten, ihre Dienste für den Staat rechtfertigten Geldgeschenke aus einer Besteuerung, die einer Beschlagnahmung gleichkam, oder eine unmittelbarere Ausplünderung der Vermögenden. Das Gewerbe litt zugleich mit dem Verfall des Handels. Italiens Ausfuhrhandel verlor rasch an Bedeutung, da die Provinzen aus Kunden zu Konkurrenten wurden. Barbarenüberfälle und das Seeräuberunwesen machten die Handelswege ebenso unsicher, wie sie vor Pompeius gewesen waren; die Abwertung der Währungen und die Preisunsicherheit ließen Unternehmungen auf weite Sicht zu einem Wagnis werden. Da die Grenzen nicht weiter vorgetrieben wurden, konnte Italien nicht mehr aus der Belieferung oder Ausbeutung eines sich ausdehnenden Wirkungsbereiches seinen Nutzen ziehen. Früher hatte Italien das Gold und Silber der eroberten Gebiete eingeheimst und war durch Räuberei reich geworden; jetzt wanderte das Geld in die gewerbebetreibenden hellenistischen Provinzen ab, und Italien wurde ärmer, während der steigende Wohlstand Kleinasiens den Ersatz Roms als Hauptstadt durch eine Stadt im Osten erforderte. Italiens Gewerbe mußte sich mit dem Binnenmarkt begnügen, dessen Käufer zu arm waren, um die Güter kaufen zu können, die es herstellte. Der Binnenhandel litt unter dem Räuberunwesen, den steigenden Steuerlasten und dem Verfall der Straßen, die wegen des Sklavenmangels nicht mehr unterhalten wurden. Die Landsitze wurden im Handwerklichen autark, und der Tauschhandel machte dem Geldhandel Konkurrenz. Die Warenerzeugung im Großen nahm immer mehr ab, und an ihre Stelle trat die Produktion in kleinen Werkstätten, die hauptsächlich für den örtlichen Markt arbeiteten.

Dazu kamen finanzielle Schwierigkeiten. Die Edelmetalle versiegten: Die thrakischen Gold- und die spanischen Silberbergwerke hatten ihre Produktion vermindert, und Dakien mit seinem Gold sollte bald von Aurelian preisgegeben werden. Viel Gold und Silber war für künstlerische und Zierzwecke verwendet worden. Die Kaiser fanden sich von Septimius Severus an wiederholt vor das Problem dieser Mangelerscheinungen gestellt, während zugleich der Krieg fast unaufhörlich weiterging; sie lösten es, indem sie immer wieder die Währung abwerteten, um für die Kosten des Staatsapparates und der Kriegführung aufkommen zu können. Unter Nero betrug die Legierung des Denarius zehn Prozent, unter Commodus dreißig, unter Septimius fünfzig. Caracalla ersetzte ihn durch den Antoninianus, der fünfzig Prozent Silber enthielt; um 260 war der Silbergehalt auf fünf Prozent abgesunken. Die staatliche Prägestätte setzte in bisher ungekanntem Umfange billige Münzen in Umlauf; in vielen Fällen erzwang der Staat die Annahme dieser Münzen zum Nennwert statt zum tatsächlichen Wert; die Steuern erhob er dagegen in Waren oder Gold. Die Preise stiegen rasch; in Palästina schnellten sie vom ersten bis zum dritten Jahrhundert um das Zehnfache hinauf. In Ägypten entzog sich die Inflation jeder Kontrolle, so daß ein Scheffel Weizen, der im ersten Jahrhundert acht Drachmen gekostet hatte, am Ende des dritten 120 000 Drachmen kostete. Andere Provinzen hatten nicht so viel zu leiden; aber in den meisten richtete die Inflation einen großen Teil des Mittelstandes zugrunde. Mündelgelder und wohltätige Stiftungen schwanden dahin, der gesamte Geschäftsverkehr sah sich jeder festen Grundlage beraubt und durch die Unsicherheit gehemmt, und ein beträchtlicher Teil des für Handelszwecke und Investierungen eingesetzten Kapitals, auf dem das Wirtschaftsleben des Reiches beruhte, ging durch diese Inflation verloren.

Den Kaisern nach Pertinax kam diese Schädigung des Adels und des Bürgertums gar nicht ungelegen. Sie spürten die Feindseligkeit des Senatorenstandes und der Großkaufleute gegen ihre fremdländische Herkunft, ihren martialischen Despotismus und ihre hohen Geldforderungen; der Krieg zwischen Senat und Kaiser, der von Nerva bis Marc Aurel geruht hatte, flammte wieder auf, und mit Schenkungen, öffentlichen Arbeiten und Getreidespenden gründeten die Herrscher ihre Macht ganz bewußt auf die Gunst der Armee, des Proletariats und der Landbevölkerung.

Das übrige Reichsgebiet hatte nicht viel weniger zu leiden als Italien. Karthago und Nordafrika, die am weitesten von den Invasoren entfernt waren, erlebten eine Blütezeit; aber Ägypten litt schwer unter einem zerstörerischen Parteienzwist, unter Caracallas Massenhinrichtungen, Zenobias Eroberung, hohen Steuerlasten, interesselos ausgeführter Sklavenarbeit und dem jährlichen Getreidetribut an Rom. Kleinasien und Syrien hatten Invasionen und Plünderungen durchgemacht, doch die altehrwürdigen und geduldigen Gewerbe hatten alle Prüfungen überstanden. Griechenland, Makedonien und Thrakien waren von den Barbaren verwüstet, und Byzanz hatte sich von der Belagerung durch Septimius noch nicht erholt. Der Krieg, der neue römische Garnisonen mit ihrem Nachschub an die Grenzen gegen Germanien stellte, führte an den Flüssen zur Gründung neuer Städte – Wien, Straßburg, Mainz. Gallien hatte unter den Germanenüberfällen schwer gelitten; sechzig gallische Städte waren geplündert worden; die meisten Städte und Städtchen kauerten sich in neuen Mauern zusammen und gaben die breiten geraden Straßen der römischen Stadtplanung zugunsten der leichter zu verteidigenden unregelmäßigen Gäßchen der Frühantike und des Mittelalters auf. Auch in Britannien schrumpften die Städte und dehnten sich die Landsitze aus; Klassenkampf und hohe Besteuerung hatten den Wohlstand vernichtet oder in ländliche Schlupfwinkel vertrieben. Das Weltreich hatte mit dem Siegeszug der Städte und der Zivilisation begonnen; es ging nun mit der erneuten Bevorzugung des Landlebens und in Barbarei seinem Ende entgegen.

IV. DIE HEIDENDÄMMERUNG

Die kulturelle Höhe des dritten Jahrhunderts läuft der absinkenden Kurve, mit der der Verfall von Wohlstand und Macht dargestellt werden kann, ungefähr parallel. In diese tragischen Jahre fallen aber doch der Aufstieg der Algebra, die bedeutendsten Namen der römischen Jurisprudenz, das schönste Stück literarischer Kritik des Altertums, einige Bauwerke in Roms majestätischer Stilart, die ältesten Liebesromane, die bedeutendsten mystischen Philosophen.

Die *Griechische Anthologie* faßt den Lebenslauf des Diophantos von Alexandrien (250 n. Chr.) mit algebraischem Humor zusammen: Ein Sechstel seines Lebens war er Knabe, ein weiteres Zwölftel brauchte er, bis ihm der Bart wuchs, nach einem weiteren Siebentel nahm er sich eine Frau, sein Sohn wurde nach fünf Jahren geboren und wurde gerade halb so alt wie sein Vater, und der Vater starb vier Jahre nach dem Sohn, also im Alter von vierundachtzig Jahren. Das wichtigste seiner erhaltenen Werke sind die *Arithmetica*, ein Traktat über die Algebra. Darin werden bestimmte Gleichungen ersten und zweiten Grades und unbestimmte Gleichungen bis zum sechsten Grad gelöst. Die unbekannte Größe, die wir mit x bezeichnen und die er *arithmos* (die Zahl) benannte, stellte er durch ein griechisches Sigma dar, und für die anderen Größen verwandte er die Buchstaben des griechischen Alphabetes. Eine Algebra ohne Buchstabenzeichen hatte es schon vor ihm gegeben: Platon hatte zur Übung und Belustigung des jugendlichen Geistes empfohlen, Probleme wie die Aufteilung von Äpfeln in bestimmten Verhältnissen unter mehrere Personen aufzustellen und zu lösen; Archimedes hatte im dritten Jahrhundert v. Chr. ähnliche Denkaufgaben vorgebracht, und Ägypter sowohl wie Griechen hatten geometrische Probleme mit algebraischen Mitteln, jedoch ohne das algebraische Bezeichnungssystem, gelöst. Wahrscheinlich gestaltete Diophantos Methoden, die seinen Zeitgenossen schon bekannt waren, zu einem System; der Zufall der Zeit wollte es, daß uns seine Werke erhalten wurden, und auf ihn – durch Vermittlung der Araber – führen wir die kühne und esoterische Symbolsprache zurück, die alle mengenmäßigen Verhältnisse der Welt zu formulieren bestrebt ist.

Papinianus, Paulus und Ulpianus, die drei bedeutendsten Männer der römischen Rechtswissenschaft, kamen alle unter Septimius Severus zu Macht und Bedeutung; alle drei waren als Praefecten der Praetorianergarde Ministerpräsidenten des Reiches, und alle drei erblickten die Rechtfertigung der absoluten Monarchie darin, daß das Volk seine Souveränität dem Kaiser übertragen habe. Die *Quaestiones* und *Responsa* Papinians zeichneten sich so sehr durch ihre Klarheit, Menschlichkeit und Gerechtigkeit aus, daß Iustinians Sammlungen sich weitgehend auf sie stützten. Als Caracalla den Geta umbringen ließ, befahl er Papinian, dieser Tat einen Anstrich der Gesetzlichkeit zu geben; Papinian wollte sich nicht dazu hergeben und erklärte: «Es ist leichter, einen Brudermord zu begehen, als ihn zu rechtfertigen.» Caracalla verfügte seine sofortige Hinrichtung, und ein Soldat vollbrachte die Tat in Gegenwart des Kaisers mit einer Axt. Domitius Ulpianus setzte die juristische und humanitäre Arbeit Papinians fort. Nach seiner Ansicht sind die Sklaven von Natur aus frei und Frauen den Männern gleichberechtigt. Wie die meisten Marksteine der Geschichte des Rechtswesens, bildeten auch Ulpians Schriften im wesentlichen eine Koordinierung der Werke seiner Vorgänger; seine Entscheidungen waren aber so definitiv, daß sie zu einem Drittel in den *Digesten* Iustinians weiterleben. «Das gerade hat den Alexander zu einem so großen Kaiser gemacht, daß er bei der Staatsverwaltung hauptsächlich Ulpians Ratschlägen Gehör gab» [10], bemerkt Lampridius. Ulpian ließ aber doch einige seiner Gegner umbringen; im Jahre 228 wurde er seinerseits von den Feinden, die er sich in der Garde geschaffen hatte, umgebracht – mit weniger gesetzlichem Anstrich und gleicher Wirkung. Diocletian förderte und finanzierte juristische Schulen und ordnete die Kodifizierung der nachtraianischen Gesetzgebung im *Codex Gregorianus* an. Von da an schlief die Rechtswissenschaft bis zur Zeit Iustinians einen Dornröschenschlaf.

Die Malerei des dritten Jahrhunderts bewegte sich in den alexandrinischen und pompeianischen Stilarten fort; die spärlichen Überreste sind orientalisierend und roh und fast völlig verblaßt. Die Skulptur gedieh prächtig, da es ja so viele Kaiser in Stein zu hauen gab; sie erstarrte in einer primitiven Frontalität, aber keine spätere Zeit hat die erstaunliche Porträttreue dieses Jahrhunderts zu übertreffen vermocht. Entweder ist es Caracalla hoch anzurechnen oder aber seiner Dummheit zuzuschreiben, daß er einem Bildhauer gestattete, ihn als das lockenköpfige, finster blickende Scheusal des Museums von Neapel darzustellen. Aus dieser Zeit stammen zwei Kolossalstandbilder: der *Farnesische Stier* und der *Farnesische Hercules*, alle beide übertrieben und von einer unangenehmen Gespanntheit, aber doch Beweisstücke eines unvermindert meisterhaften technischen Könnens. Daß es immer noch Bildhauer gab, die den klassischen Stil beherrschten, ist aus den stilreinen Reliefs des Sarkophags von Alexander Severus und aus dem *Ludovisisarkophag* ersichtlich. Die Reliefs des Septimius-Severus-Bogens in Rom wenden sich aber offen von dieser attischen Einfachheit und Anmut ab, um sich einer rauhen und pittoresken Kraftfülle zu befleißigen, die fast schon als Vorzeichen des Rückfalls Italiens in das Barbarentum zu werten ist.

In der Baukunst erreichte die römische Vorliebe für eine Erhabenheit, die sich in räumlicher Größe ausdrückte, in diesem Zeitraum in Rom den Gipfelpunkt. Septimius war der letzte, der auf dem Palatin einen Palast errichten ließ; der Ostflügel dieses Baus – das Septizonium – war sieben Stockwerke hoch. Iulia Domna brachte die Geldmittel für das Atrium Vestae und den hübschen Vestatempel, der noch das Forum ziert, auf. Caracalla baute dem Serapis einen gewaltigen Tempel, von dem noch einige schöne Bruchstücke erhalten sind. Die Caracallathermen, die unter Alexander Severus vollendet wurden, zählen zu den eindrucksvollsten Ruinen der Welt. In architektonischer Hinsicht bieten sie nichts Neues, da sie im wesentlichen nach dem Muster der Traiansthermen erbaut sind; in ihrer düsteren Massigkeit passen sie aber gut zu dem Mörder eines Geta und eines Papinian. Das Hauptgebäude, aus Backstein und Beton erbaut, bedeckt eine Fläche von fast 25000 Quadratmetern. Eine Wendeltreppe führt auf die Mauern hinauf; dort hingekauert schrieb Shelley seinen *Prometheus Unbound*. Das Innere beherbergte eine Unzahl von Statuen und wurde von 200 Säulen aus Granit, Alabaster und Porphyr getragen; die Marmorböden und -wände waren mit Mosaiken ausgelegt. Das Wasser floß aus massiven Silberhähnen in Becken, in denen 1600 Personen gleichzeitig baden konnten. Gallienus und Decius erbauten gleichartige Badeanlagen; die Deciusthermen besaßen eine Rundkuppel auf einem zehneckigen Bau, der an den Ecken verstrebt war – ein Hilfsmittel mit kurzer Vergangenheit und großer Zukunft. 295 begann Maximian mit dem Bau der größten der elf kaiserlichen Thermen und nannte sie mit einzigartiger Bescheidenheit Diocletiansthermen. In diesem Gebäude gab es Badegelegenheit für 3600 Personen, dazu Gymnasien, Konzert- und Vortragssäle; aus einem einzigen Raum, dem Tepidarium, schuf Michelangelo die Kirche Santa Maria degli Angeli – nach der Peterskirche die größte Kirche Roms. In den Provinzen entstanden kaum weniger monumentale Gebäude. Diocletian entfaltete eine rege Bautätigkeit in Nikomedeia, Alexandrien und Antiochien, Maximian in Mailand, Galerius in Sirmium, Constantius in Trier.

Die Literatur gedieh nicht so gut; es gelang ihr nur selten, den Reichtum anzuzapfen, der in den Händen der Kaiser zusammenkam. Die Bibliotheken wuchsen an Zahl und Größe; ein Arzt des dritten Jahrhunderts besaß eine Bücherei von 62000 Rollen, und die Bibliotheca Ulpiana war ihrer historischen Archive wegen berühmt. Diocletian schickte Gelehrte nach Alexandrien, um dort klassische Texte umzuschreiben und Kopien für die Bibliotheken Roms mitzubringen. Es gab nicht wenige Gelehrte, und sie erfreuten sich allgemeiner Beliebtheit; Philostratos verewigte sie in seinen *Lebensbeschreibungen der Sophisten*. Porphyrios knüpfte an Plotin an, wandte sich gegen das Christentum und rief die Welt zum Vegetariertum auf. Iamblichos wollte die platonische Lehre mit der heidnischen Götterlehre in Übereinstimmung bringen und vermochte damit Kaiser Iulian zu begeistern. Diogenes Laertios stellte die Lebensbeschreibungen und Lehrmeinungen der Philosophen in glänzenden Exzerpten und Anekdoten zusammen. Athenaios von Naukratis verschlang die Bibliotheken von Alexandrien und käute damit die *Deipnosophistai* wieder, die «Sophisten der Tischgesellschaft» – einen öden Dialog über Nahrungsmittel, Saucen, Dirnen, Philosophen und Worte, der nur hier und da von irgendeinem Bericht über antikes Brauchtum oder einer Erinnerung an einen großen Mann erhellt wird. Longinos, der vielleicht aus Palmyra stammte, verfaßte eine feingeschliffene Abhandlung *Peri hypsus*, «Über das Erhabene»; das besondere Vergnügen, das (nach dieser Darstellung) die Literatur bereitet, ist der «Erhebung» *(ekstasis)* zu verdanken, die dem Leser durch die Beredsamkeit widerfährt, welche der Schriftsteller aus der Überzeugungskraft und der Lauterkeit des Charakters schöpft*. Cassius Dion Cocceianus aus dem bithynischen Nikaia begann in seinem fünfundfünfzigsten Lebensjahre, nachdem er den ganzen *cursus honorum* durchlaufen hatte, mit der Niederschrift seiner *Römischen Geschichte* (210). Er brachte sie in seinem vierundsiebzigsten Lebensjahr zum Abschluß, damit umfaßte sie die Zeit von Romulus bis zu seiner eigenen Epoche. Von den achtzig «Büchern» ist nicht einmal die Hälfte erhalten, aber auch diese füllt noch gewichtige Bände. Das Werk zeichnet sich eher durch seine feine Gesinnung als durch besondere Qualität aus. Es enthält lebhaft vorgetragene Berichte, aufschlußreiche Reden und philosophische Randbemerkungen, die durchaus nicht immer seicht und konservativ sind. Es wird aber, wie das Werk des Livius, von «Vorzeichen» entstellt; wie die Geschichtsschreibung des Tacitus stellt es im Grunde eine ausgedehnte Rechtfertigung der Opposition der Senatoren dar, und wie sämtliche römischen Geschichtswerke klammert es sich eng an die Wechselfälle der Politik und des Krieges – als ob das Leben während tausend Jahren aus nichts anderem als aus Besteuerung und Tod bestanden hätte.

Bedeutsamer für die Geistesgeschichte als die Werke dieser ehrenwerten Herren ist der Liebesroman, dessen Entstehen in dieses Jahrhundert fällt. Ein langer Weg führte zu ihm über die *Kyru paideia* Xenophons, die Liebesgedichte des Kallimachos, die Sagen, die sich um Alexander gewoben hatten, und die *Milesischen Geschichten*, die von Aristeides und anderen im zweiten vorchristlichen Jahrhundert und hernach erzählt wurden. Diese Liebes- und Abenteuergeschichten fanden großen Anklang bei einer ionischen Bevölkerung, die so durchaus klassisch in ihrer Tradition und so orientalisch in ihrer Geistesverfassung und jetzt vielleicht auch in ihrem Blute war. Petronius in Rom, Apuleius in Afrika, Lukian in Griechenland, Iamblichos in Syrien entwickelten den Schelmenroman in verschiedenartiger Weise, ohne das Element der Liebe besonders zu betonen. In den ersten nachchristlichen Jahrhunderten verband sich, vielleicht der wachsenden Zahl weiblicher Leser zuliebe, der Abenteuerroman mit der Liebesgeschichte.

Das älteste erhaltene Beispiel geben die *Aithiopika*, die «Ägyptischen Geschichten» des Heliodoros von Emesa. Ihr Datum ist sehr umstritten, wir können sie aber vorläufig dem dritten Jahrhundert zuschreiben. Sie beginnen in altehrwürdigem Stile:

«Ein heiterer Tag kam herauf, und die ersten Strahlen der Sonne fielen gerade auf die Berge über der Heraklesmündung des Nils. Da spähten Männer – sie waren wie Räuber bewaffnet – von den Höhen nieder. Eine Weile wanderten ihre Augen über das Meer, das unter ihnen lag, aber umsonst suchten sie auf der weiten Fläche; sie war von keinem Segel belebt, das ihnen Beute versprach. Ihre Blicke senkten sich zu der nahen Küste hinab. Dort bot sich ihnen ein seltsames Schauspiel.»[11]

Wir stoßen sofort auf den reichen und hübschen Jüngling Theagenes und die liebliche und tränenreiche Prinzessin Chariklea; sie sind Seeräubern in die Hände gefallen, und sie müssen ein derartiges Gemisch von Unglücksfällen, Mißverständnissen, Kämpfen, Mordfällen und Wiedervereinigungen über sich ergehen lassen, daß unsere Romanproduktion eine gute Zeitlang davon zehren könnte. Die jungfräuliche Keuschheit, von der bei Petronius und Apuleius nicht viel Aufhebens gemacht wird, ist hier Angelpunkt und Wesensinhalt der ganzen Erzählung: Heliodor steuert Charikleas Jungfräulichkeit an zahllosen gefahrdräuenden Klippen vorbei und schreibt eindringliche Lobgesänge über die Schönheit und Notwendigkeit weiblicher Tugendhaftigkeit. Es mag einiger christlicher Einfluß vorliegen; die Überlieferung weiß sogar zu berichten, der Verfasser sei Bischof von Thessalonike geworden. Die *Aithiopika* wurden, ohne es zu beabsichtigen, zum Ausgangspunkt einer endlosen Kette von Nachahmungen: Hier ist das Urbild zu Cervantes' *Persiles y Sigismunda*, zu der Clorindaerzählung in Tassos *Gerusalemme Liberata* und zu Ma-

* Die ältesten Manuskripte schreiben, ohne nähere Angaben zu machen, in einem Falle das Werk einem «Dionysios Longinos», in einem anderen Falle einem «Dionysios oder Longinos» zu. Der einzige literarisch tätige Longinos, der uns aus der Antike bekannt ist, ist Cassius Longinus, Zenobias Minister. Er war seiner Gelehrsamkeit wegen im ganzen Reich berühmt; Eunapios betitelte ihn «die lebende Bibliothek», und Porphyrios sah in ihm den bedeutendsten Literarkritiker.

dame de Scudérys weitschweifigen Romanen zu suchen; hier finden sich die Liebestränke, heimlichen Zeichen, Wehklagen, Ohnmachten und glücklichen Ausgänge von zahllosen netten Erzählungen; hier findet sich *Clarissa Harlowe* 1500 Jahre vor Richardson.

Die berühmteste Liebesgeschichte der antiken Prosa war *Daphnis und Chloe*. Von ihrem Verfasser ist uns nur der Name, Longos, bekannt; den Zeitpunkt ihrer Abfassung können wir nur vermutungsweise in das dritte Jahrhundert verlegen. Daphnis wird bei der Geburt ausgesetzt und von einem Hirten aufgefunden und erzogen und wird selbst Hirte. Ausgezeichnete Schilderungen des Landlebens lassen vermuten, daß Longos (wie sein dichterisches Vorbild Theokritos) dessen Reize nach einem langen Stadtleben entdeckte. Daphnis verliebt sich in ein Bauernmädchen, das ebenfalls als Säugling ausgesetzt und vor dem Tode bewahrt worden ist; sie weiden zusammen ihre Herden in reizender Kameradschaft, baden zusammen in unschuldsvoller Nacktheit und berauschen sich an einem ersten Kuß. Ein alter Nachbar erklärt ihnen ihr Fieber und beschreibt nach eigenen Jugenderinnerungen die Krankheit der romantischen Liebe. «Da gedacht ich der Nahrung nicht und nahm keinen Trank zu mir und genoß keinen Schlaf. Meine Seele krankte, mein Herz klopfte, mein Leib schauerte.»[12] Schließlich werden sie von ihren Vätern, die inzwischen vermögend geworden sind, entdeckt und reich gemacht; sie wollen aber von ihrem Reichtum nichts wissen und kehren zu ihrem einfachen Hirtenleben zurück. Die Erzählung ist mit der Einfachheit vollendeter Kunst vorgetragen. Von Amyot in ein geschmeidiges Französisch übertragen (1559), wurde sie zum Vorbild von Saint-Pierres *Paul et Virginie* und inspirierte zahllose Gemälde, Gedichte und Kompositionen.

Ihr verwandt ist ein poetisches Fragment, das unter dem Namen *Pervigilium Veneris*, «Nachtfeier der Venus», bekannt ist. Verfasser und Entstehungszeit sind unbekannt; wahrscheinlich gehört es in das dritte Jahrhundert. Es behandelt dasselbe Thema, das in der Widmung des Lucretius und der Liebeserzählung des Longos behandelt ist: das Thema von der Liebesgöttin, die alle Lebewesen mit einer unstillbaren Sehnsucht erfüllt und damit zur wahren Erschafferin der Welt wird:

Morgen wird lieben, wer niemals noch liebte,
Morgen wird lieben, wer gestern schon liebte.
Lieder erklingen, vom Frühling gesungen,
Neu ist geboren die Welt, und in Liebe
Paaren sich Vöglein, und die harrenden Wälder
Öffnen die Flechten den lenzlichen Schauern.
Morgen wird lieben, wer niemals noch liebte,
Morgen wird lieben, wer gestern schon liebte.

In dieser klaren Art fließt die Dichtung weiter. Sie sieht in dem befruchtenden Regen, in den Gestalten der Blumen, in den Gesängen fröhlicher Festlichkeiten, in den linkischen Bemühungen der liebessüchtigen Jugend, im schüchternen Stelldichein in verschwiegener Bergeinsamkeit das Werk der Liebe; und nach jeder Strophe erscheint die prägnante Verheißung: *Cras amet qui nunquam amavit, quique amavit cras amet*. Hier, in diesem letzten großen lyrischen Gedicht der heidnischen Seele, vernehmen wir die trochäische Kadenz der mittelalterlichen Hymnen und eine melodiöse Vorahnung der Troubadours.

V. DIE ORIENTALISCHE MONARCHIE

Als Claudius II. an der Pest starb, die die Goten und Römer gleicherweise heimsuchte (270), wählte das Heer den Sohn eines illyrischen Bauern zu seinem Nachfolger. Domitius Aurelianus hatte sich durch seine Körper- und Willenskraft aus der niedrigsten Stellung emporgearbeitet; *Manu ad ferrum* – «Handansschwert» – war sein Spitzname.

Es ist ein Zeichen für das Wiederaufleben der Vernunft in der Armee, daß sie einen Mann wählte, der von ihr die gleiche harte Disziplin verlangte wie von sich selbst.

Unter seiner Führung wurden die Feinde Roms an allen Grenzen – mit alleiniger Ausnahme der Donau – zurückgetrieben. An der Donau überließ Aurelian Dakien den Goten, wohl in der Hoffnung, daß sie einen Prellbock zwischen dem Reich und weiteren nachdrängenden Horden bilden würden. Die Alemannen und Wandalen, denen dieses Nachgeben vielleicht Mut gemacht hatte, fielen in Italien ein; aber Aurelian überwältigte und zerstreute sie in drei Schlachten. Da er weitere Feldzüge plante und neue Germaneneinbrüche während seiner Abwesenheit befürchtete, bewog er den Senat zur Finanzierung und die Zünfte zum Bau neuer Stadtmauern um die Hauptstadt. Überall im ganzen Reich entstanden neue Stadtmauern, ein Zeichen der Schwächung der Reichsgewalt und des Endes des römischen Friedens.

Aurelian, der den Angriff der Verteidigung vorzog, beschloß, dem Reich durch einen Angriff auf Zenobia und auf Tetricus, den Nachfolger des Postumus auf dem usurpierten gallischen Königsthron, seine alte Stärke wiederzugeben. Während sein Feldherr Probus dem Sohne der Zenobia Ägypten wieder entriß, zog er selbst durch den Balkan und über den Hellespont gegen Zenobia, schlug ihr Heer bei Emesa und belagerte ihre Hauptstadt. Sie versuchte zu entkommen und Persien zu Hilfe zu rufen, fiel aber den Römern in die Hände; die Stadt ergab sich und wurde verschont, aber Longinus wurde hingerichtet (272). Während der Kaiser sein Heer zum Hellespont zurückführte, erhob sich Palmyra erneut und metzelte die zurückgelassene römische Garnison nieder. Aurelian kehrte mit der Geschwindigkeit eines Caesar um und belagerte und nahm die Stadt von neuem. Diesmal überließ er sie seinen Truppen zur Plünderung, legte ihre Mauern nieder, wies dem Handel, der über sie führte, neue Wege zu und machte sie wieder zu dem Wüstendörflein, das sie zuvor gewesen war und heute wieder ist. Zenobia zierte in goldenen Ketten Aurelians Triumph in Rom und durfte die restlichen Jahre ihres Lebens in verhältnismäßiger Freiheit in Tibur verbringen.

Im Jahre 274 schlug Aurelian den Tetricus bei Châlons und gliederte Gallien, Spanien und Britannien wieder dem Reichsgebiet ein. Rom freute sich ob dieser Rückkehr zur Macht und begrüßte den Sieger als *restitutor orbis*, «Wiederhersteller der Welt». Der Kaiser wandte sich nun den Aufgaben des Friedens zu, sorgte durch eine Münzreform für eine bessere Wirtschaftsordnung und reorganisierte die Regierungsführung, indem er sie der gleichen strengen Disziplin unterwarf, die zu einer Erneuerung des Heeres geführt hatte. Da er die Schuld für Roms politisches und moralisches Chaos bis zu einem gewissen Grade in der religiösen Uneinigkeit erblickte und von den Diensten beeindruckt war, die die Religion im Osten der Politik erwies, versuchte er die alten und neuen Glaubensformen zu einem monotheistischen Kult des Sonnengottes zu vereinen, wobei er dem Kaiser die Rolle eines Stellvertreters des Gottes auf Erden zuwies. Er ließ ein skeptisches Heer und einen nicht minder skeptischen Senat wissen, daß der Gott und nicht ihre Wahl oder Bestätigung ihm die Kaiserwürde zugetragen hatte. Er ließ in Rom einen prächtigen Sonnentempel errichten; er hatte die Hoffnung, daß sich in diesem Tempel der Baal von Emesa mit dem Gott der Mithrasreligion vereinen würde. Monarchie und Monotheismus machten Seite an Seite Fortschritte, und beide suchten sich gegenseitig als Helfer zu gewinnen. Aurelians Religionspolitik läßt erkennen, daß die Macht des Staates in Abnahme, die Macht der Religion in Zunahme begriffen war; Könige waren nun Könige von Gottes Gnaden. Das war die orientalische Auffassung von Regierungsgewalt, eine Auffassung, die in Ägypten, Persien und Syrien schon längst geläufig war; indem er sich zu ihr bekannte, trieb Aurelian die Orientalisierung der Monarchie, die mit Elagabalus eingesetzt hatte und mit Diocletian und Constantin den Höhepunkt erreichen sollte, weiter vorwärts.

Als Aurelian im Jahre 275 mit einem Heer durch Thrakien zog, um mit Persien ins reine zu kommen, wurde er von einigen Offizieren ermordet, die fälschlicherweise annahmen, er habe ihre Hinrichtung beschlossen. Voller Entsetzen über die Unzahl ihrer eigenen Verbrechen übertrug die Armee die Wahl des neuen Kaisers dem Senat. Niemand bewarb sich um eine Ehre, die so unweigerlich zum Tode führte; endlich erklärte sich der fünfundsiebzigjährige Tacitus zu dem Dienste bereit. Nach seinen Angaben war er ein Nachkomme des Geschichtsschreibers; er lebte alle Tugenden, die dieser lakonische Pessimist gepredigt hatte, im praktischen Leben vor, aber bereits nach einem halben Jahr starb er an Erschöpfung. Die Soldaten bereuten ihre Reue, maßten sich das Vorrecht der Gewalt wieder an und riefen Probus zum Kaiser aus (276).

Es war eine ausgezeichnete Wahl und ein wohlverdienter Name, denn Probus tat sich wirklich durch Mut und Rechtschaffenheit hervor. Er vertrieb die Germanen aus Gallien, säuberte Illyricum von den Wandalen, ließ zwischen Rhein und Donau einen Schutzwall anlegen, versetzte die Perser mit einem Wort in Schrecken und gab dem ganzen Römischen Reich den Frieden wieder. Er gelobte seinem Volk, es werde bald keine Waffen, keine Heere, keine Kriege mehr geben, und das Gesetz werde auf der ganzen Erde die Herrschaft führen. Als Vorspiel zu dieser utopischen Herrschaft ließ er seine Truppen Ödland roden, Sümpfe entwässern, Weinberge anlegen und andere öffentliche Arbeiten ausführen. Das Heer war mit dieser Veredelung durchaus nicht einverstanden, ermordete ihn (282), beklagte ihn und errichtete zu seinem Gedächtnis ein Denkmal.

Nun rief es einen gewissen Diocles, den Sohn eines dalmatischen Freigelassenen, zum Kaiser aus. Diocletian, wie er sich von da an nannte, war durch seine glänzende Begabung und seine biegsame Moral zu einem Consulat, einem Proconsulat und zum Kommando der Palastwache aufgestiegen. Er war ein genialer Mensch, weniger in der Kriegsführung als in der Staatskunst bewandert. Er gelangte nach einer Zeit der Anarchie auf den Thron, die noch schlimmer war als die Revolutionszeit von den Gracchen bis Antonius; wie Augustus befriedete er alle Parteien, schützte er alle Grenzen, erweiterte er den Machtbereich der Regierungsführung und gründete er seine Herrschaft auf die Hilfsstellung und Sanktion der Religion. Augustus hatte das Reich geschaffen, Aurelian hatte es bewahrt und Diocletian reorganisierte es.

Sein erster Entschluß von Bedeutung ist aufschlußreich für den Zustand des Reiches und das Hinwelken der Stadt Rom. Er gab Rom als Hauptstadt auf und übersiedelte mit der ganzen Hofhaltung nach Nikomedeia in Kleinasien, wenige Meilen südlich von Byzanz. Der Senat trat weiterhin in Rom zusammen, die Consuln vollführten ihr Ritual, die Spiele gingen lärmend weiter, die Straßen barsten immer noch von ungesundem Menschengewühl; aber Macht und Führertum waren von diesem Zentrum des wirtschaftlichen und sittlichen Verfalles gewichen. Diocletian begründete den Ortswechsel mit der militärischen Notwendigkeit: Europa und Asien mußten verteidigt werden, und die Verteidigung ließ sich nicht von einer Stadt aus leiten, die so weit südlich der Alpen lag. Darum ernannte er einen tüchtigen Feldherrn, Maximianus, zum Mitregenten (286) und übertrug ihm die Verteidigung des Westens; und Maximian nahm sich nicht Rom, sondern Mailand zur Hauptstadt. Sechs Jahre darauf nahm sich jeder der beiden Augusti zur Erleichterung der Regierungs- und Verteidigungsgeschäfte je einen «Caesar» zum Helfer und Nachfolger: Diocletian erwählte sich Galerius, der seinen Regierungssitz in Sirmium (Mitrovica an der Sau) aufschlug und für die Donauprovinzen verantwortlich war, und Maximian ernannte Constantius Chlorus (den «Bleichen»), der Augusta Treverorum (Trier) zu seiner Hauptstadt machte. Beide Augusti gelobten, nach zwanzigjähriger Regierungszeit zugunsten ihrer Caesaren abzudanken, die dann ihrerseits je einen Caesar als Helfer und Nachfolger ernennen sollten. Beide Augusti gaben ihrem Caesar eine Tochter zur Frau und festigten die gesetzlichen Bande durch die Bande des Blutes. Auf diese Weise hoffte Diocletian Nachfolgekriege auszuschließen, der Regierung Beständigkeit und Autorität wiederzugeben und das Reich nach allen vier Himmelsrichtungen gegen Aufruhr im Inneren und Angriffe von außen zu schützen. Es war eine ausgezeichnete Einrichtung, die mit Ausnahme der Einheit und der Freiheit jeden Vorteil bot.

Die Monarchie war nun aufgeteilt, deswegen aber doch absolut. Jede Gesetzesverfügung jedes einzelnen der vier Herrscher wurde im Namen von allen vieren ausgegeben und galt für das ganze Reichsgebiet. Die Verfügungen der Herrscher hatten sofort Gesetzeskraft, ohne daß der Senat in Rom seine Zustimmung hätte erteilen müssen. Alle Beamten des Reiches wurden von den Herrschern ernannt, und ein riesenhafter Beamtenapparat spann seine Fäden um den ganzen Staat. Zur weiteren Befestigung dieses Systems entwickelte Diocletian den Kult des kaiserlichen *genius* zu einem persönlichen Kult seiner selbst als einer irdischen Verkörperung Iupiters, während Maximian sich bescheidenerweise mit der Verkörperung des Hercules begnügte; Weisheit und Gewalt waren vom Himmel auf die Erde herabgekommen, um Ordnung und Frieden auf Erden wiederherzustellen. Diocletian legte ein Diadem – ein breites, weißes, edelsteinbesetztes Stirnband – und Gewänder aus Seide und Gold an; seine Schuhe waren mit wertvollen Steinen besetzt. Er blieb in der Abgeschlossenheit seines Palastes; Besucher mußten an einer ganzen Reihe von hochzeremoniellen Eunuchen und Kämmerlingen mit klingenden Titeln vorbei, um schließlich vor ihm niederzuknien und den Saum seines Gewandes zu küssen. Er war ein Mann von Welt und lächelte sicherlich insgeheim über diese Mythen und Zeremonien; seinem Throne fehlte aber die Legitimierung durch die Zeit, und er hoffte ihm kräftige Stützen verleihen, den Unruhegeist der Bevölkerung niederhalten und die Revolten der Armee vermeiden zu können, wenn er sich mit einer ehrfurchtgebietenden Göttlichkeit umgab. «Er ließ sich den Herrn nennen, benahm sich aber wie ein Vater.»[13] Diese Übernahme des orientalischen Despotismus von seiten eines Sklavensohnes, diese Identifizierung von Gott und Herrscher bedeutete den endgültigen Zusammenbruch der republikanischen Einrichtungen im Altertum, die Preisgabe der Früchte von Marathon; damit kehrte die römische Monarchie, wie seinerzeit Alexander, zu den Formen und Theorien der Achaimenidenhöfe und der ägyptischen, ptolemaiischen, parthischen und sassanidischen Könige zurück. Dieser orientalisierten Monarchie entnahmen das byzantinische und europäische Königtum bis zur Französischen Revolution ihre Wesensart. Nun fehlte nur noch, daß ein orientalischer Monarch sich in einer orientalischen Hauptstadt mit einem orientalischen Glauben verbündete. Der Byzantinismus begann mit Diocletian.

VI. DER SOZIALISMUS DIOCLETIANS

Er machte sich mit der Energie eines Caesar an die Reorganisation jedes Regierungszweiges. Den Adel wandelte er um, indem er viele Beamte und Offiziere in ihn aufnahm und ihn zu einer erblichen Kaste machte, die mit ihrer Titelfülle, ihrer Stufenleiter von Würden und ihrer Kompliziertheit der Etikette ganz orientalisch wirkte. Er und seine Mitregenten teilten das Reich in sechsundneunzig Provinzen auf; diese Provinzen waren in zweiundsiebzig Diözesen und vier Präfekturen gruppiert; jeder Abteilung stand ein ziviler und ein militärischer Befehlshaber vor. Es war ein durchaus zentralisierter Staat, für den die örtliche Autonomie geradeso wie die Demokratie ein Luxus war, den man sich in Sicherheit und Frieden leisten konnte, ein Staat, der seine Diktatur mit den Notwendigkeiten laufender und drohender Kriege entschuldigte. Es wurden mit ausgezeichnetem Erfolg Kriege geführt; Constantius holte das aufständische Britannien in den Reichsverband zurück, und Galerius schlug die Perser so entscheidend, daß sie Mesopotamien und fünf Provinzen jenseits des Tigris auslieferten. Ein Menschenalter lang hielt Rom seine Feinde in Schach.

In Friedensjahren beschäftigte sich Diocletian, unterstützt durch seine Mitarbeiter, mit den Problemen des wirtschaftlichen Verfalls. Um der Depression Herr zu werden und einer Revolution vorzubeugen, ersetzte er das freie Spiel von Angebot und Nachfrage durch eine gelenkte Wirtschaft. Die Währung stellte er auf eine gesunde Grundlage, indem er ein festes Gewicht und eine bestimmte Reinheit der Goldmünzen garantierte, eine Garantie, die im Ostreich bis 1453 eingehalten wurde. An die Armen gab er Nahrungsmittel zum halben Preis oder völlig kostenfrei aus, und zur Behebung der Arbeitslosigkeit unternahm er öffentliche Arbeiten großen Stiles. Um die Belieferung der Städte und der Armeen mit lebensnotwendigen Gütern sicherzustellen, brachte er viele Gewerbezweige unter völlige Staatskontrolle, vor allem die Getreideeinfuhr; die Schiffseigentümer, Kaufleute und Schiffsmannschaften, die an dem Getreidehandel teilhatten, bewog er, diese Kontrolle im Austausch gegen eine Beschäftigung und Einkünfte hinzunehmen, die vom Staate garantiert wurden. Die meisten Steinbrüche, Bergwerke und Salzlager standen schon längst in Staatsbesitz; jetzt verbot der Staat die Ausfuhr von Salz, Eisen, Gold, Wein, Getreide und Öl aus Italien und unterwarf die Einfuhr dieser Güter strengen Bestimmungen. Als nächstes dehnte der Staat seine Kontrolle auf die Betriebe aus, die für das Heer, die Beamtenschaft oder den Hof arbeiteten. In den Waffenschmieden, Textilfabriken und Bäckereien forderte er eine Mindestproduktion und nahm diese dann zu Preisen ab, die er selbst bestimmte. Die Verantwortung für die Einhaltung der Anordnungen und Ausführungsbestimmungen übertrug er den Verbänden der Gewerbetreibenden. Sobald dieses Verfahren nicht die gewünschten Früchte zeigte, wurden die Betriebe völlig verstaatlicht und mit Arbeitern besetzt, die an ihre Arbeit gebunden waren. Nach und nach wurden unter Aurelian und Diocletian die meisten gewerblichen Unternehmungen und Zünfte in Italien der Kontrolle des korporativen Staates unterstellt. Metzger, Bäcker, Zimmerleute, Baumeister, Glasbläser, Schmiede, Graveure erhielten bis ins einzelne gehende Anweisungen von den Behörden. Nach Rostovtzeff waren «die verschiedenen Korporationen sozusagen Hilfsaufseher ihrer eigenen Betriebe, und zwar im Auftrage des Staates, nicht der Besitzer; sie waren selbst den Beamten der verschiedenen Regierungsstellen und den Befehlshabern der verschiedenen militärischen Einheiten untertan»[14]. Die Verbände der Handwerker und Kaufleute erhielten von der Regierung verschiedene Privilegien und übten oft auf deren Politik einen Druck aus; dafür dienten sie als Organe der Staatsverwaltung, die dem Staate halfen, Arbeitskräfte zu binden und von den Verbandsmitgliedern Steuern einzutreiben. Im dritten und frühen vierten Jahrhundert wurden gleiche Methoden der Staatskontrolle auch auf die Waffen-, Nahrungsmittel- und Bekleidungsindustrie der Provinzen ausgedehnt. Paul-Louis bemerkt dazu: «In jeder Provinz überwachten besondere *procuratores* die Gewerbetätigkeit. In jeder größeren Stadt wurde der Staat ein mächtiger Arbeitgeber, ... der sich turmhoch über die privaten Gewerbetreibenden, die von den Steuern erdrückt wurden, erhob.»[15]

Ein solches System konnte ohne Preiskontrolle nicht auskommen. Im Jahre 301 erließen Diocletian und seine Mitregenten ein *Edictum de pretiis*, das für alle wichtigeren Preise und Löhne im ganzen Reich eine gesetzliche Höchstgrenze vorschrieb. Die Einleitung des Ediktes wendet sich gegen Monopolinhaber, die vermittels einer «Mangelwirtschaft» Waren vom Markte fernhielten und damit künstlich die Preise hochtrieben:

«Wer entbehrt dermaßen ... jeglichen menschlichen Gefühles, daß er nicht bemerkte, wie auf den Märkten unserer Städte unmäßige Preise herrschen und daß die Gewinnsucht auch durch reiche Anlieferungen und gute Erntejahre vermindert wird, so daß ... übelgesinnte Menschen einen Verlust darin erblicken, wenn ein Angebot vorliegt. Es gibt Leute, deren Ziel es ist, den allgemeinen Wohlstand einzuschränken, ... um wucherische und verderbliche Gewinne einzutreiben ... Die Habgier wütet in der ganzen Welt ... Wohin auch unsere Armeen im Interesse der gemeinsamen Sicherheit gehen müssen, kommen Profitgierige, die nicht nur das Vier- und Achtfache der gewöhnlichen Preise verlangen, sondern Wucherpreise fordern, die sich gar nicht mehr beschreiben lassen. Manchmal muß der Soldat seinen ganzen Sold und seine ganze Prämie für einen einzigen Einkauf anwenden, so daß die Beiträge der ganzen Welt für den Unterhalt der Armeen nur elenden Beutegeiern zufallen.»[16]

Bis zu unserer eigenen Zeit war das Edikt das berühmteste Beispiel eines Versuches, die Gesetze des Wirtschaftsablaufes durch staatliche Verfügungen zu ersetzen. Der Fehlschlag zeigte sich augenblicklich und gründlich. Die Händler versteckten ihre Waren, Mangelzustände zeigten sich ausgeprägter als zuvor; Diocletian selbst zog sich den Vorwurf zu, er habe bei Preiserhöhungen ein Auge zugedrückt. Unruhen ereigneten sich, und das Edikt mußte abgemildert werden, damit wieder eine geordnete Produktion und Verteilung einsetzte. Constantin hob es schließlich ganz auf.

Die Schwäche dieser gelenkten Wirtschaft lag in den Verwaltungskosten. Der erforderliche Beamtenapparat war so gewaltig, daß Lactantius, zweifellos in dichterischer Übertreibung, meinte, die Hälfte der Bevölkerung sei in ihm aufgegangen. Die Bürokraten mußten bemerken, daß ihre Aufgabe für die menschliche Rechtschaffenheit zu schwierig war, ihre Beaufsichtigung zu sporadisch für sinnreiche Ausweichmöglichkeiten. Zum Unterhalt des Beamtenapparates, des Hofes, des Heeres, des Bauprogrammes und der Getreidespende erklommen die Steuerabgaben Gipfel bisher ungekannter Höhe und Allgegenwart. Da dem Staat das Verfahren, mit öffentlichen Anleihen seine Verschwendungssucht zu verbergen und seine Abrechnung zu verschieben, noch nicht bekannt war, mußte er seine laufenden Ausgaben aus den Einnahmen desselben Jahres decken. Um Steuereingänge in entwerteter Währung auszuschalten, ordnete Diocletian an, daß die Steuern wenn irgend möglich in Waren einzutreiben seien: Die Steuerzahler hatten ihre Steueranteile in staatliche Lagerhäuser abzuliefern, und eine weitverzweigte Organisation sorgte dafür, daß die Waren ihrem Endzweck zugeführt wurden. In jeder Gemeinde hafteten die *decuriones*, die Stadtbeamten, mit ihrem Vermögen für Rückstände in den Steuerzahlungen, die die Gemeinde zu leisten hatte.

Da jeder Steuerzahler bemüht war, nach Möglichkeit seinen Verpflichtungen auszuweichen, bildete der Staat eine besondere Steuerpolizei, die beauftragt war, ein wachsames Auge auf Besitz und Einkommen eines jeden zu halten. Man spannte Frauen, Kinder und Sklaven auf die Folter, um verborgenen Einkünften oder Vermögenswerten des Hausstandes auf die Spur zu kommen; auf Steuerhinterziehung standen schwere Strafen. Gegen Ende des dritten und besonders im vierten Jahrhundert wurde die Steuerflucht im ganzen Reichsgebiet geradezu epidemisch. Die Reichen verbargen ihr Vermögen, Adlige ließen sich in ihren Gemeinden wieder als *humiliores* einschreiben, um keine Ämter übernehmen zu müssen, Handwerker ließen ihr Gewerbe im Stich, bäuerliche Grundbesitzer verließen ihren von Steuern überlasteten Grund, um sich als Knechte anstellen zu lassen, viele Dörfer und manche Städte (zum Beispiel Tiberias in Palästina) wurden wegen der ihnen aufgebürdeten hohen Steuerlast von den Einwohnern verlassen; schließlich flohen im vierten Jahrhundert die Bürger zu Tausenden über die Grenzen, um bei den Barbaren Zuflucht zu finden.

Wahrscheinlich als Gegenmaßnahme gegen diese verlustbringende Beweglichkeit und zur Sicherung einer geregelten Nahrungsmittelzufuhr an Armee und Städte und eines geordneten Steuereinganges an den Staat griff Diocletian zu Maßnahmen, die in Wirklichkeit die Leibeigenschaft auf dem Land, in den Betrieben und in den Zünften einführte. Der Staat machte den Grundeigentümer durch die Erhebung von Steuern in Waren für den Ertragsreichtum seiner Pächter verantwortlich und bestimmte, daß die Pächter auf ihren Ländereien zu verbleiben hatten, bis sie ihre Schulden bezahlt und den Zehnten restlos abgeliefert hatten. Das Datum dieses historischen Dekretes ist uns nicht bekannt, aber im Jahre 332 bestätigte es Constantin erneut mit einem Gesetz, das den Pächter zum *adscripticius* «durch Eintrag (in die Bürgerliste) Verpflichteten» machte und an die Scholle band; er durfte sie ohne ausdrückliche Einwilligung des Besitzers nicht verlassen, und wenn der Grund verkauft wurde, wurde er samt seinem Hausstand mit verkauft. Wir hören nichts davon, daß sich gegen dieses Gesetz Proteste erhoben hätten; vielleicht wurde das Gesetz dem Pächter als eine Garantie der Sicherheit schmackhaft gemacht. Auf diese und andere Weise ging die Landwirtschaft im dritten Jahrhundert von der Sklaverei zur Freiheit und von der Freiheit zur Leibeigenschaft über und trat damit in das Mittelalter ein.

In den Gewerben kamen ähnliche Verfahren zur Sicherung der Stabilität zur Anwendung. Die Arbeiter waren an ihren Arbeitsplatz gefesselt und durften ohne behördliche Genehmigung nicht aus einer Werkstatt in eine andere übertreten. Die *collegia*, die Zünfte und Gewerkschaften, waren an ihr Gewerbe und an den ihnen zugewiesenen Aufgabenkreis gebunden; niemand durfte die Gewerkschaft verlassen, in die er aufgenommen worden war. Alle Personen, die in Handel und Gewerbe tätig waren, mußten der einen oder anderen Zunft oder Gewerkschaft angehören, und der Sohn war verpflichtet, den gleichen Beruf wie sein Vater zu ergreifen. Falls irgend jemand eine neue Stelle antreten oder einen neuen Beruf ergreifen wollte, bekam er vom Staat zu hören, daß Italien von den Barbaren belagert sei und jedermann an seinem Posten bleiben müsse.

Im Jahre 305 dankten Diocletian und Maximian in eindrucksvollen Feiern in Nikomedeia und Mailand ab, und Galerius und Constantius Chlorus wurden Augusti, das heißt Kaiser über das Ostreich und das Westreich. Diocletian, erst fünfundfünfzigjährig, zog sich ganz in seinen riesigen Palast in Spalato zurück; dort verbrachte er die acht Lebensjahre, die ihm noch verblieben, und sah ohne einen Finger zu rühren zu, wie seine Tetrarchie in Bürgerkriegen zusammenbrach. Als Maximian ihn aufforderte, wieder an die Macht zurückzukehren und dem Streit ein Ende zu bereiten, entgegnete er nur, wenn Maximian den ausgezeichneten Kohl sehen könnte, den er in seinem Garten züchte, würde er nicht von ihm verlangen, er solle ein so zufriedenes Leben aufgeben, um nach den Mühen und Sorgen der Macht zu streben.

Seinen Kohl und seine Ruhe hatte er verdient. Er hatte die ein halbes Jahrhundert dauernde Anarchie wirksam bekämpft, er hatte der Regierungsgewalt und dem Gesetz wieder Achtung verschafft, dem Gewerbe die Beständigkeit und dem Handel die Sicherheit wiedergegeben, Persien bezähmt und die Barbaren in Schach gehalten und war, trotz einiger Mordtaten, im großen und ganzen ein aufrichtiger Gesetzgeber und gerechter Richter gewesen. Er hatte zwar einen kostspieligen Beamtenapparat aufgebaut und die örtliche Autonomie aufgehoben, er hatte die Opposition schwer bestraft und die Kirche, die ihm bei seinen Bestrebungen ein wertvoller Helfer hätte sein können, verfolgt, und er hatte die Bevölkerung des Reiches in eine Ständeordnung gepreßt, an deren einem Ende eine ungebildete Bauernschaft und am anderen ein absoluter Monarch stand. Die Lage, in der sich Rom befand, ließ aber eine liberale Politik nicht mehr zu; Marc Aurel und Alexander Severus hatten sie versucht und Schiffbruch erlitten.

Der römische Staat sah sich an allen Seiten von Feinden umringt und tat, was alle Staaten tun müssen, wenn es um Leben oder Tod geht: Er hatte sich der Diktatur eines starken Führers unterworfen, er hatte sich unerträgliche Steuerlasten aufgebürdet und die individuelle Freiheit zurückgestellt, bis die kollektive Freiheit gesichert war. Diocletian hatte, zwar unter größeren Kosten, aber auch unter schwierigeren Bedingungen, die Leistung des Augustus erneut vollbracht. Seine Zeitgenossen und die Nachwelt waren sich der Schrecken bewußt, denen sie entgangen waren, und nannten ihn «Vater des Goldenen Zeitalters». Constantin hielt Einzug in das Haus, das Diocletian erbaut hatte.

FÜNFTES KAPITEL

Der Triumph des Christentums

[306–325 N. CHR.]

I. DER KAMPF ZWISCHEN KIRCHE UND STAAT

64–311 N. CHR.

In vorchristlicher Zeit hatte die römische Regierung den Rivalen des Staatskultes eine Duldsamkeit bezeigt, die diese ihrerseits gegenüber dem Staats- und Kaiserkult übten; von den Anhängern neuer Religionen wurde weiter nichts verlangt als eine gelegentliche Geste der Verehrung gegenüber den Göttern und dem Haupte des Staates. Es erregte den Unwillen der Kaiser, daß einzig die Christen und Juden sich weigerten, ihren *genius* zu verehren. Das Abbrennen von Weihrauch vor einer Statue des Kaisers war zum bestätigenden Zeichen der Loyalität gegenüber dem Staate geworden, ähnlich dem Treueid, der bei der Bürgerrechtserteilung gefordert wird. Die Kirche war ihrerseits unwillig über die römische Vorstellung, daß die Religion dem Staate untergeordnet sei; sie sah im Kaiserkult einen Akt des Polytheismus und der Götzendienerei und befahl ihren Angehörigen, sich ihm unter allen Umständen zu widersetzen. Die römische Regierung zog daraus den Schluß, das Christentum sei eine radikale – vielleicht kommunistische – Bewegung, die insgeheim den Umsturz der bestehenden Ordnung plane.

Vor Nero hatten die beiden Kräfte ein Zusammenleben ohne Gewalttätigkeiten für möglich befunden. Die Juden waren von Gesetzes wegen vom Kaiserkult ausgenommen, und die Christen, die anfänglich von den Juden nicht unterschieden wurden, erhielten das gleiche Vorrecht. Aber die Hinrichtung von Petrus und Paulus und die lebenden Fackeln aus Christen, mit denen Nero seine Spiele beleuchtete, wandelten diese gegenseitige und geringschätzige Duldung in einen ungestillten Haß und immer wieder aufflammenden Kampf. Es ist nicht verwunderlich, daß die Christen nach einer solchen Provokation die ganze Schärfe ihrer Waffen gegen Rom wandten, dessen Unmoral und Götzendienerei an den Pranger stellten, dessen Götter lächerlich machten, dessen Notlage bejubelten und dessen baldigen Sturz voraussagten. Im Eifer eines Glaubens, der durch Unduldsamkeit unduldsam gemacht worden war, erklärten die Christen, alle Menschen, die die Gelegenheit ausschlügen, sich zu Christus zu bekennen, würden dereinst ewigen Höllenqualen ausgesetzt sein; viele sagten dasselbe Geschick auch allen Menschen, die vor Christus gelebt hatten, und allen Nichtchristen voraus, einige machten mit Sokrates eine Ausnahme. Die Heiden beschimpften ihrerseits die Christen, nannten sie «Abschaum des Volkes» und «freche Barbaren», beschuldigten sie des «Menschenhasses» und schrieben jedes Mißgeschick des Reiches dem Zorn der Heidengötter zu, die von den Christen ungestraft geschmäht worden waren. Auf beiden Seiten liefen ungezählte verleumderische Geschichten um. Die Christen wurden der schwarzen Magie und der heimlichen Unzucht beschuldigt, und es wurde von ihnen behauptet, sie tränken am Osterfest Menschenblut und verehrten einen Esel.

Der Konflikt ging aber über bloße Streitsüchteleien weit hinaus. Die heidnische Kultur gründete sich auf den Staat, die christliche auf die Religion. Einem Römer war seine Religion ein organischer Bestandteil und ein Zeremoniell der Staatsführung. Einem Christen war die Religion etwas, was mit der politischen Gesellschaft nichts zu tun hatte und weit über sie erhaben war; die höchste Untertanentreue glaubte er Christus und nicht Caesar schuldig zu sein. Tertullian schrieb den revolutionären Grundsatz nieder, niemand brauche einem Gesetz zu folgen, das er für ungerecht halte. Der Christ bezeugte seinem Bischof, ja sogar seinem Priester, bedeutend mehr Ehrerbietung als dem römischen Würdenträger; seine rechtlichen Zwistigkeiten mit Mitchristen unterwarf er den Kirchenbehörden und nicht den staatlichen Gerichten zur Beurteilung. Die Abwendung der Christen von allem Irdischen erschien dem Heiden als Flucht vor den bürgerlichen Pflichten, als Schwächung der nationalen Lebens- und Willenskraft. Tertullian riet den Christen, den Heeresdienst zu verweigern; daß wirklich eine große Zahl diesem Rat folgte, wird ersichtlich aus Celsus' Appell an die Christen, diese Weigerung aufzugeben, und Tertullians Entgegnung, daß die Christen zwar nicht kämpfen, aber für das Reich beten wollten. Die Christen wurden von ihren Führern angehalten, den Verkehr mit Nichtchristen zu meiden, sich von deren festlichen Spielen fernzuhalten, da sie barbarisch seien, und deren Theater als Pfuhle der Unmoral nie zu betreten. Die Ehe mit einem Nichtchristen war verboten. Christliche Sklaven wurden beschuldigt, Uneinigkeit in die Familie zu tragen, indem sie die Kinder oder die Gattin ihres Herrn bekehrten; dem Christentum wurde vorgeworfen, es splittere den Hausstand auf.

Der Widerstand gegen die neue Religion ging eher vom Volke als vom Staate aus. Die Amtsträger waren oft gebildete und freisinnige Männer, aber die Masse der heidnischen Bevölkerung war empört über die Abgeschlossenheit, Überlegenheit und Selbstsicherheit der Christen und forderte die Behörden auf, diese «Gottlosen» wegen Beleidigung der Götter zu bestrafen. Tertullian schreibt von dem «öffentlichen Haß gegen uns»[1]. Von Nero an scheint das römische Gesetz das Bekenntnis zum Christentum als todwürdiges Verbrechen gebrandmarkt zu haben; unter den meisten Kaisern wurde diese Vorschrift aber mit absichtlicher Nachlässigkeit befolgt. Ein angeklagter Christ konnte gewöhnlich die Freiheit wieder erlangen, wenn er vor einer Statue des Kaisers Weihrauch abbrannte; tat er das, so durfte er seinem Glauben ungehindert nachleben. Die Christen, die dieser Ehrerbietung nicht nachkamen, konnten eingekerkert, ausgepeitscht, verbannt, in die Bergwerke geschickt oder – wenn auch selten – hingerichtet werden. Domitian scheint einige Christen aus Rom verbannt zu haben; «weil er doch wenigstens noch ein Mensch war, so unterdrückte er leicht das Beginnen, indem er sogar die zurückrief, die er verbannt hatte»[2], berichtet Tertullian. Plinius wandte das Gesetz mit der übertriebenen Dienstfertigkeit des Anfängers an (112), wenn wir nach seinem Brief an Traian urteilen dürfen:

«Einstweilen habe ich denen gegenüber, die mir als Christen vorgeführt wurden, folgenden Weg eingeschlagen. Ihnen selbst habe ich die Frage vorgelegt, ob sie Christen seien. Waren sie geständig, so habe ich die Frage unter Strafandrohung noch ein- oder zweimal wiederholt. Wer hartnäckig dabei blieb, den ließ ich abführen; denn mir war nicht zweifelhaft, daß, was auch ihr Bekenntnis bedeutete, jedenfalls ihre hartnäckige, unbeugsame Verstocktheit Strafe verdiene ... Auf jeden Fall finden die längst fast verödeten Tempel wieder Besucher, ... das Opferfleisch hat wieder hier und da Absatz, für das sich bisher nur selten ein Käufer fand.»

Traians Entgegnung lautet:

«Du hast, mein lieber Secundus, das richtige Verfahren bei der Behandlung der Christen eingeschlagen ... *Aufzusuchen sind sie nicht;* werden sie angezeigt und überwiesen, so sind sie zu strafen, und zwar folgendermaßen: Wer leugnet, ein Christ zu sein und dies durch die Tat bewährt, nämlich unseren Göttern Verehrung erweist, mag wohl im Hinblick auf die Vergangenheit verdächtig sein, aber auf Grund seiner Reue mag ihm Verzeihung werden. Anonyme Zuschriften aber dürfen in keinem Prozeß Verwendung finden.»[3]

Der hier hervorgehobene Satz läßt vermuten, Traian habe nur widerstrebend eine bereits bestehende Vorschrift ausgeführt. Wir hören während seines Principates aber doch von zwei prominenten Märtyrern: von Simeon, dem Haupt der Kirche von Jerusalem, und von Ignatius, dem Bischof von Antiochien; wahrscheinlich gab es noch weitere Märtyrer, die nur nicht so berühmt waren.

Hadrian, ein Skeptiker mit offenem Sinn für alle Ideen, wies seine Vertreter an, in Zweifelsfällen stets zugunsten der Christen zu urteilen. Der religiöser gesinnte Antoninus Pius ließ zahlreichere Verfolgungen zu. In Smyrna verlangte der Pöbel von dem Asiarchen Philipp die Durchführung des Gesetzes; er willfahrte ihm, indem er elf Christen im Amphitheater hinrichten ließ (155). Der Blutdurst der Menge wurde dadurch eher angeregt als gestillt; sie schrie nach dem Tod des Bischofs Polykarpos, eines frommen Patriarchen von sechsundachtzig Jahren, der in seiner Jugend noch den heiligen Johannes gekannt haben soll. Römische Soldaten stöberten den Greis in der Einsamkeit einer Vorstadt auf und schleppten ihn, der keinen Widerstand leistete, vor den Asiarchen in die Arena. Philipp drang in ihn: «Leiste den Eid, schmähe Christus, und ich will dich freilassen.» Polykarpos entgegnete nach dem Bericht der ältesten erhaltenen Märtyrergeschichte: «Sechsundachtzig Jahre lang bin ich nun schon sein Diener, und nie hat er mir ein Unrecht getan; wie könnte ich denn den König schmähen, der mich errettet hat?» Die Menge brüllte, man solle ihn bei lebendigem Leibe verbrennen. Nach dem frommen Schriftstück wollten ihn die Flammen nicht ergreifen, «er war in sie eingehüllt wie ein Brot im Backofen; und wir spürten einen Wohlgeruch wie von Weihrauch oder anderen köstlichen Kräutern. Schließlich befahlen die gesetzlosen Menschen einem Scharfrichter, ihn zu erdolchen. Als er es tat, entwich eine Taube aus dem Leibe und so viel Blut, daß die Flammen erstickten, und die Menge staunte.»[4]

Unter dem frommen Marc Aurel lebten die Verfolgungen wieder auf. Als Hungersnot, Hochwasser, Pest und Krieg eine zuvor glückliche Herrschaft heimsuchten, verbreitete sich die Überzeugung, daß diese Notstände der Vernachlässigung und Leugnung der römischen Götter zuzuschreiben seien. Marc Aurel nahm an der allgemeinen Furcht teil oder gab ihr nach. Im Jahre 177 verfügte er durch einen Erlaß, daß alle

Sekten zu bestrafen seien, die «den unausgeglichenen Geist der Menschen» durch neue Lehren verwirrten und damit Unruhe stifteten. Im selben Jahre erhob sich in Vienne und Lyon die heidnische Bevölkerung in maßloser Wut gegen die Christen und steinigte alle, die ihr Haus zu verlassen wagten. Der kaiserliche Legat befahl die Verhaftung der führenden Christen von Lyon. Bischof Pothinus, neunzig Jahre alt, verstarb im Gefängnis an den Folgen der Folterung. Ein Bote wurde nach Rom gesandt, um den Rat des Kaisers hinsichtlich der Behandlung der übrigen Inhaftierten einzuholen. Marc Aurel entgegnete, alle, die das Christentum abschwörten, seien freizulassen, alle, die sich zu ihm bekannten, seien dem Gesetze gemäß hinzurichten.

In Lyon wurde gerade das jährliche Fest der Augustalia gefeiert, und Abgesandte aus ganz Gallien waren in der Provinzhauptstadt zusammengekommen. Als die Spiele ihren Höhepunkt erreichten, wurden die angeklagten Christen in das Amphitheater gebracht und dort verhört. Diejenigen, die ableugneten, wurden freigelassen; siebenundvierzig Christen, die ihrem Glauben die Treue hielten, wurden mit einer Vielzahl von grausamen Folterqualen, wie sie nur noch die Inquisition aufbrachte, dem Tode überantwortet. Attalus, nächst Pothinus der oberste Führer der Christengemeinde, mußte auf einem weißglühenden eisernen Sessel Platz nehmen und sich zu Tode braten lassen. Blandina, ein Sklavenmädchen, wurde den ganzen Tag lang gefoltert und schließlich in einen Sack gebunden und in die Arena geworfen, wo sie von einem Stier aufgespießt wurde. Ihre stumme Seelenstärke gab vielen Christen den Glauben ein, Christus mache seine Märtyrer gegen den Schmerz unempfindlich; Verzückung und Furcht hätten das gleiche Ergebnis zeitigen können. «Wenn der Christ verurteilt wird, dankt er» [5], sagt Tertullian *.

Unter Commodus gab es kaum Verfolgungen. Septimius Severus nahm sie wieder auf; er ging so weit, daß er sogar die Taufe zum Verbrechen stempelte. 203 erlitten viele Christen den Märtyrertod in Karthago. Eine junge Mutter namens Perpetua, eine der Märtyrerinnen, hat uns eine ergreifende Darstellung ihrer Gefängniszeit und der kniefälligen Bitten ihres Vaters, sie möge doch dem Christentum abschwören, hinterlassen. Sie und eine andere junge Mutter wurden von einem Stier in die Luft geschleudert und aufgespießt; die schmerzbetäubende Wirkung der Furcht und der Verzükkung geht daraus hervor, daß sie hernach fragte: «Wann sollen wir dem Stier vorgeworfen werden?» Nach dem Bericht soll sie den Dolch des widerstrebenden Gladiators, der sie umzubringen hatte, an ihren Hals geführt haben. Die syrischen Kaiserinnen, die auf Septimius folgten, hatten wenig für die römischen Götter übrig und behandelten das Christentum mit nachlässiger Duldung. Unter Alexander Severus schien für alle rivalisierenden Glaubensbekenntnisse der Friede eingekehrt zu sein.

Das Wiederaufleben der Angriffe der Barbaren machte dieser Waffenruhe ein Ende. Um die Christenverfolgungen unter Decius (oder Marc Aurel) voll zu verstehen, müssen wir uns die Lage vor Augen halten, in der sich die Nation befand: die ganze Erregung

---

* Wir haben Kenntnis von den Christenverfolgungen zu Lyon durch einen Brief, den die «Diener Christi in Lugdunum und Vienna in Gallien an die Brüder in Asien und Phrygien» richteten und der in der *Kirchengeschichte* des Eusebios (v, 1) erhalten ist. In den Bericht mag sich einige Übertreibung eingeschlichen haben.

des Kriegszustandes, die Schrecken gefährlicher Niederlagen und die Erwartung feindlicher Einbrüche. Im Jahre 249 fegte eine Welle religiösen Eifers über das Reich; Männer und Frauen strömten in Scharen zu den Tempeln und bestürmten die Götter mit Gebeten. In dieser ganzen fiebrigen Erregung des Patriotismus und der Furcht hielten sich die Christen abseits; sie sprachen sich immer noch gegen den Heeresdienst aus, machten die Götter verächtlich und legten den Zusammenbruch des Reiches als das prophezeite Vorspiel zur Vernichtung «Babylons» und zur Rückkehr Christi aus. Decius machte sich die Volksstimmung zunutze, um der nationalen Begeisterung und Einheit neuen Auftrieb zu geben, und erließ ein Edikt, das von jedem Bewohner des Reiches eine Handlung besänftigender Verehrung gegenüber den Göttern Roms forderte. Offensichtlich verlangte man von den Christen nicht, daß sie ihrem Glauben abschworen; man wollte nur, daß sie sich an der allgemeinen *supplicatio* an die Gottheiten beteiligten, die nach dem Volksglauben Rom so oft aus der Gefahr errettet hatten. Die meisten Christen kamen der Aufforderung nach; in Alexandrien war nach Bischof Dionysios die Abtrünnigkeit allgemein. Das gleiche ereignete sich in Karthago und Smyrna; wahrscheinlich betrachteten diese Christen die *supplicatio* lediglich als eine patriotische Formsache. Aber die Bischöfe von Jerusalem und Antiochien starben im Kerker, und die Bischöfe von Rom und Toulouse wurden hingerichtet (250). In den Verliesen Roms drängten sich die römischen Christen zu Hunderten; einige wurden geköpft, andere an Pfählen verbrannt, einige bei den Festspielen den wilden Tieren vorgeworfen. Nach einem Jahr klang die Verfolgung ab, und zu Ostern des Jahres 251 war sie so gut wie beendet.

Sechs Jahre darauf befahl Valerianus während einer neuen Schreckenszeit der Invasionsfurcht, daß jedermann sich dem römischen Zeremoniell füge; gleichzeitig verbot er alle Zusammenkünfte der Christen. Papst Sixtus II. leistete Widerstand und wurde mit vier Diakonen hingerichtet. Bischof Cyprian von Karthago wurde enthauptet, der Bischof von Tarragona lebendig verbrannt. 261, als die Perser den Valerianus vom Schauplatz der Geschichte entfernt hatten, gab Gallienus das erste Toleranzedikt aus, in dem das Christentum als eine zugelassene Religion anerkannt und das von Christen beschlagnahmte Vermögen zurückerstattet wurde. In den nächsten vierzig Jahren kam es noch zu kleineren Verfolgungen, zum größten Teile waren diese Jahrzehnte aber für die Christen eine Zeit bislang ungekannter Ruhe und raschen Wachstums. Im Chaos und Schrecken des dritten Jahrhunderts flohen die Menschen aus dem geschwächten Staat in die Tröstungen der Religion und fanden sie reicher im Christentum als in den rivalisierenden Glaubensbekenntnissen. Die Kirche gewann nun auch wohlhabende Anhänger, baute sich kostspielige Dome und getattete ihren Gemeindemitgliedern die Teilnahme an den Freuden dieser Welt. Das *odium theologicum* schwand beim Volk; die Christen mischten sich nun freier unter die Heiden und ehelichten sie sogar. Die orientalische Monarchie Diocletians schien ausersehen zu sein, in religiöser wie in politischer Hinsicht Sicherheit und Frieden wiederherzustellen.

Galerius sah aber im Christentum das letzte Hindernis gegen eine absolute Regierung und drang in seinen Vorgesetzten, die Erneuerung Roms durch eine Erneuerung der römischen Götter zu vollenden. Diocletian zögerte; er liebte keine unnötigen Risiken und war sich der Größe der Aufgabe besser bewußt als Galerius. Eines Tages aber machten die Christen während des kaiserlichen Opfers das Zeichen des Kreuzes, um böse Dämonen zu verscheuchen. Als die Auguren in der Leber der Opfertiere die erwarteten Zeichen nicht zu finden vermochten, gaben sie der Anwesenheit profaner und ungläubiger Menschen die Schuld. Diocletian befahl allen Anwesenden, den Göttern zu opfern, sonst würden sie ausgepeitscht; dieselbe Weisung erließ er an alle Soldaten des Heeres: Wenn sie nicht opferten, sollten sie entlassen werden (302). Seltsamerweise teilten die christlichen Autoren den Glauben der heidnischen Priester: Die Gebete der Christen hielten nach Lactantius die römischen Götter fern; bereits ein Menschenalter zuvor hatte Bischof Dionysios die gleiche Ansicht vertreten. Galerius sprach bei jeder Gelegenheit davon, wie notwendig die religiöse Einheit zur Stärkung der neuen Monarchie sei; schließlich gab Diocletian nach. Im Februar 303 ordneten die vier Herrscher die Zerstörung aller christlichen Kirchen an, die Verbrennung der christlichen Bücher, die Auflösung der christlichen Gemeinden, die Beschlagnahme ihres Vermögens und den Ausschluß von Christen aus den öffentlichen Ämtern sowie die Todesstrafe für alle Christen, die bei religiösen Zusammenkünften getroffen wurden. Ein Trupp Soldaten leitete die Verfolgung ein, indem er die Bischofskirche von Nikomedeia niederbrannte.

Die Christen besaßen nun zahlenmäßig genug Kraft zum Gegenschlag. Eine aufständische Bewegung brach in Syrien aus, und in Nikomedeia legten Brandstifter zweimal Feuer an den Palast Diocletians. Galerius klagte die Christen der Brandstiftung an; die Christen beschuldigten ihn. Hunderte von Christen wurden festgenommen und gefoltert, aber die Schuld wurde nie festgestellt. Im September befahl Diocletian, alle Christen, die den römischen Göttern die Ehre erwiesen, unverzüglich aus dem Gefängnis zu entlassen; Christen, die sich widersetzten, sollten jeder Folterung, die Rom kannte, unterzogen werden. Wütend über den geringschätzigen Widerstand wies er die Provinzbehörden an, alle Christen ausfindig zu machen und sie mit allen Mitteln zu zwingen, ihren Beitrag zur Besänftigung der Götter zu leisten. Hierauf dankte er ab, wahrscheinlich froh, daß er dieses elende Unternehmen seinen Nachfolgern überlassen konnte.

Maximian führte das Edikt in Italien mit militärischer Gründlichkeit durch. Galerius, der nun Augustus war, unterstützte im Osten die Verfolgungen, wo auch immer sich ihm die Gelegenheit bot. Die Zahl der Märtyrer wuchs in allen Teilen des Reiches außer in Gallien und Britannien, wo Constantius sich damit begnügte, einige christliche Kirchen niederbrennen zu lassen. Eusebios versichert, vermutlich mit der Übertreibung des Zornes, daß Menschen gegeißelt wurden, bis ihnen das Fleisch in Fetzen von den Knochen hing; oder das Fleisch wurde ihnen mit Muscheln von den Knochen abgekratzt; Salz oder Essig wurde auf die Wunden gegeben; das Fleisch wurde Stück um Stück abgeschnitten und an die wartenden Raubtiere verfüttert; oder Menschen wurden an Kreuze gebunden und stückweise von den ausgehungerten Tieren gefressen. Manchen Opfern durchbohrte man die Finger unter den Nägeln mit spitzigen Schilfrohren, anderen stieß man die Augen aus, andere hing man an Händen und Füßen auf; wieder anderen goß man geschmolzenes Blei in die Kehle, andere wurden enthauptet oder gekreuzigt oder mit Knüppeln niedergeschlagen oder an zusammengespannte Baumäste gebunden und von den auseinanderschnellenden Bäumen zerrissen. Von heidnischer Seite ist uns keine Darstellung dieser Ereignisse erhalten.

Die Verfolgung dauerte acht Jahre und brachte annähernd 1500 Christen den Tod, Häretikern und Rechtgläubigen gleicherweise; unzählige weitere Christen hatten mancherlei Leiden zu erdulden. Tausende von Christen widerriefen; nach der Überlieferung soll sogar Marcellinus, der Bischof von Rom, von Schmerz und Schrecken zur Leugnung seines Glaubens gezwungen worden sein. Die meisten Verfolgten aber blieben fest, und der Anblick oder der Bericht von der heroischen Standhaftigkeit unter der Folter festigte den Glauben der Schwankenden und gewann der gehetzten Gemeinde neue Mitglieder. Als die Taten der Grausamkeit zunahmen, regte sich in der Heidenschaft das Mitleid; gute Bürger fanden den Mut, ihrer Ansicht gegenüber der grausamsten Unterdrückungswut der römischen Geschichte Ausdruck zu geben. Früher hatte das Volk dem Staate zugesetzt, er solle das Christentum vernichten; jetzt distanzierte sich das Volk von der Regierung, und viele Heiden setzten ihr Leben aufs Spiel und verbargen oder schützten Christen, bis der Sturm abflaute. 311 erließ Galerius, todkrank und vom Fehlschlag überzeugt, auf Betreiben seiner Gattin, die ihn anflehte, er möge mit dem unbesieglichen Gott der Christen Frieden schließen, ein Toleranzedikt, in dem er das Christentum als gesetzliche Religion anerkannte und die Christen um ihre Gebete bat, «mit Rücksicht auf unsere Menschenfreundlichkeit»[6].

Die Christenverfolgung Diocletians war die größte Prüfung und der größte Triumph der Kirche. Sie schwächte die Christenschaft auf eine Zeit durch den natürlichen Abfall von Anhängern, die während eines halben Jahrhunderts ungestörten Gedeihens zu ihr gestoßen oder in ihr aufgewachsen waren. Bald aber taten die Fehlenden Buße und baten um Wiederaufnahme in die Herde. Berichte über die Standhaftigkeit von Martyrern, die für den Glauben gestorben waren, und von «Bekennern», die für ihn gelitten hatten, zirkulierten von Gemeinde zu Gemeinde, und diese in ihrer Überschwenglichkeit so eindringlichen und in ihrer Sagenhaftigkeit so faszinierenden *Acta Martyrum* spielten eine geschichtliche Rolle bei der Erweckung oder Kräftigung des christlichen Glaubens. «Das Blut der Christen», schreibt Tertullian, «ist ein Same.»[7] Kein gewaltigeres Schauspiel gibt es in der menschlichen Geschichte als der Anblick dieses Häufleins Christen, das sich, von einer ganzen Reihe von Kaisern verachtet und unterdrückt, in aller Stille vervielfachte, Ordnung schuf, während die Widersacher das Chaos herbeiführten, alle Prüfungen mit stolzer Hartnäckigkeit ertrug, das Schwert mit dem Wort bekämpfte, die Grausamkeit mit der Hoffnung, und am Ende den stärksten Staat niederrang, den die Geschichte kennt. Caesar und Christus begegneten sich in der Arena, und Christus trug den Sieg davon.

II. CONSTANTINS AUFSTIEG

Diocletian, der friedlich in seinem dalmatischen Palaste hauste, erlebte den Fehlschlag der Christenverfolgung und den Schiffbruch der Tetrarchie. Selten nur hatte das Reich eine solche Zeit der Verwirrung erlebt wie diejenige, die seiner Abdankung folgte. Galerius holte sich von Constantius die Genehmigung, Severus und Maximinus Daia als Caesaren einzusetzen (305). Sogleich erhob das Erblichkeitsprinzip seine Ansprüche: Maxentius, der Sohn Maximians, wollte die Herrschaftsgewalt seines Vaters für sich haben, und Constantin war vom gleichen Entschluß beseelt.

Flavius Valerius Constantinus hatte (272?) als illegitimer Sohn des Constantius und dessen gesetzmäßiger Konkubine Helena, einer Kellnerin von Bithynien, in Naissos in Moesien das Licht der Welt erblickt. Als Constantius Caesar wurde, mußte er auf Wunsch Diocletians Helena verlassen und Maximians Stieftochter Theodora zur Gattin nehmen. Constantin erhielt eine spärliche Bildung. Er erlernte früh das Kriegshandwerk und bewies seinen Mut in den Kriegen gegen Ägypten und Persien. Als Galerius die Nachfolge des Diocletian übernahm, behielt er den jungen Offizier stets in seiner Nähe, um einen Bürgen für das Wohlverhalten des Constantius zu haben. Als dieser den Galerius bat, ihm den Jüngling zu schicken, erhielt er ausweichende Antworten; aber Constantin entkam seinen Aufpassern und ritt Tag und Nacht durch ganz Europa zu seinem Vater nach Boulogne, um mit ihm an einem Feldzug nach Britannien teilzunehmen. Das gallische Heer, das dem menschenfreundlichen Constantius tief ergeben war, lernte bald seinen hübschen, tapferen und energischen Sohn lieben, und als der Vater in York starb (306), riefen die Soldaten den Constantin nicht nur zum Caesar aus, sondern zum Augustus – zum Kaiser. Er nahm den geringeren Titel an und erklärte, er wäre seines Lebens nicht sicher, wenn er nicht ein Heer im Rücken hätte. Galerius, der zu weit weg war, um eingreifen zu können, erkannte ihn widerstrebend als Caesar an. Constantin kämpfte siegreich gegen die eindringenden Franken und fütterte die Raubtiere der gallischen Arenen mit Barbarenkönigen.

Inzwischen rief in Rom die Praetorianergarde, die der alten Hauptstadt ihre Führerschaft wiedergeben wollte, den Maxentius zum Kaiser aus (306). Severus kam von Mailand her, um ihn anzugreifen, und um die Verwirrung noch größer zu machen, nahm Maximian auf Bitten seines Sohnes den Purpur wieder an und griff in den Feldzug ein; Severus wurde von seinen Soldaten im Stich gelassen und ermordet (307). Um dem wachsenden Chaos besser Herr zu werden, ernannte der alternde Galerius einen neuen Augustus: Flavius Licinius; Constantin nahm daraufhin die gleiche Würde an (307). Im folgenden Jahre legte sich Maximinus Daia den gleichen Titel zu, so daß an Stelle der zwei Augusti des Planes Diocletians nun deren sechs amteten; keiner begnügte sich mit dem bloßen Caesartitel. Maxentius geriet in Streit mit seinem Vater; Maximian ging nach Gallien, um sich Constantins Hilfe zu erbitten; während dieser am Rhein gegen die Germanen kämpfte, versuchte Maximian, sich an seine Stelle als Befehlshaber der gallischen Armeen zu setzen; Constantin marschierte durch ganz Gallien, belagerte den Usurpator in Marseille, nahm ihn gefangen und gestattete ihm freundlicherweise den Selbstmord (310).

Der Tod des Galerius (311) riß die letzte Schranke nieder, die zwischen bloßer Intrige und offenem Krieg noch bestanden hatte. Maximinus verschwor sich mit Maxentius gegen Licinius und Constantin, während diese sich gegen Maximinus und Maxentius verschworen. Constantin ergriff die Initiative, zog über die Alpen, schlug ein Heer bei Turin und marschierte mit einer Geschwindigkeit und einer zurückhaltenden Disziplin seiner Soldaten, die an Caesars Marsch über den Rubico erinnerten, auf Rom vor. Am 28. Oktober 312 stieß er bei Saxa Rubra (den Roten Felsen), neun Meilen nördlich von Rom, auf die Streitmacht des Maxentius; mit überlegener strategischer Kunst zwang er den Maxentius, mit dem Rücken gegen den Tiber zu kämpfen, so daß ihm kein anderer Rückzugsweg als der über die Mulviusbrücke übrigblieb. Nach Eusebios sah Constantin am Nachmittag vor der Schlacht ein flammendes Kreuz am Himmel, das die griechischen Worte trug: *en tuto nika* – «durch dieses Zeichen siege»*. Am frühen Morgen des folgenden Tages hatte Constantin nach Eusebios und Lactantius einen Traum, in dem ihm eine Stimme befahl, er solle seine Krieger den Buchstaben X mit einem Längsstrich und einem Halbkreis an dessen Spitze auf die Schilde zeichnen lassen – das Symbol Christi. Er führte nach dem Erwachen den Befehl aus und stellte sich dann mit einem (von da an als *labarum* bekannten) Banner, das das Zeichen Christi mit einem Kreuz verwoben trug, an die Spitze der Schlachtordnung. Als Maxentius das mithraistisch-aurelianische Banner der Unüberwindbaren Sonne zur Schau stellte, verband Constantin sein Geschick mit den Christen, deren er in seinem Heere viele hatte, und machte das Treffen zu einem Wendepunkt der Religionsgeschichte. Den Anhängern des Mithraskultes in Constantins Heer war das Kreuzeszeichen nicht anstößig, denn sie hatten schon lange unter einer Standarte mit dem mithraistischen Lichtkreuz gekämpft. Auf jeden Fall trug Constantin in der Schlacht an der Mulviusbrücke den Sieg davon, und Maxentius kam mit Tausenden seiner Soldaten im Tiber um. Der Sieger zog als willkommener und unbestrittener Herr des Westens in Rom ein.

Zu Beginn des Jahres 313 kamen Constantin und Licinius in Mailand zusammen, um ihre Herrschaft zu koordinieren. Um die Unterstützung der Christen in allen Provinzen voll zu gewinnen, erließen sie das «Edikt von Mailand», das die religiöse Toleranz, die Galerius verfügt hatte, bestätigte und auf alle Religionen ausdehnte und anordnete, daß den Christen das während der vorangehenden Verfolgungen weggenommene Besitztum wiedererstattet werde. Nach dieser historischen Erklärung, die in Tat und Wahrheit die Niederlage des Heidentums eingestand, ging Constantin wieder an die Verteidigung Galliens, und Licinius wandte sich im Osten gegen Maximinus (313). Dessen Tod, der kurz hernach erfolgte, gab Constantin und Licinius die unbestrittene Herrschaft

* Gewöhnlich in der lateinischen Form überliefert: *in hoc vinces* oder *in hoc signo vinces*. Eusebios, unser einziger Gewährsmann für diese Vision, ist, wie er selbst gesteht, dem Erbaulichen günstig gestimmt; «da es aber», betont er, «der siegreiche Kaiser selber uns, die wir diese Darstellung schreiben, ... erzählt und sein Wort mit Eidschwüren bekräftigt hat, wer sollte da noch Bedenken tragen, der Erzählung Glauben zu schenken?»[8]

über das Reich. Licinius ehelichte Constantins Schwester, und ein kriegsmüdes Volk atmete auf, da nun Aussicht auf Frieden zu bestehen schien.

Keiner der beiden Augusti hatte aber die Hoffnung auf die Alleinherrschaft aufgegeben. 314 führte die wachsende Feindseligkeit der beiden zu offenem Bruch und Krieg. Constantin fiel in Pannonien ein, schlug Licinius und erzwang sich die Unterwerfung des ganzen europäischen Reichsteiles mit Ausnahme von Thrakien. Licinius rächte sich an Constantins christlichen Anhängern, indem er die Verfolgungen in Asien und Ägypten wieder aufnahm. Er schloß die Christen aus seinem nikomedischen Palaste aus, verlangte von allen Soldaten die Teilnahme am Kult der heidnischen Götter, verbot die gemeinsame Teilnahme beider Geschlechter an christlichen Kulthandlungen und untersagte schließlich jeden christlichen Gottesdienst innerhalb der Stadtmauern. Unbotmäßige Christen verloren ihre Stellung, ihr Bürgerrecht, ihre Habe, ihre Freiheit oder ihr Leben.

Constantin spähte nach einer Gelegenheit, um nicht nur den Christen im Osten Hilfe zu bringen, sondern auch das Ostreich dem westlichen Reichsteil anzuschließen. Als Barbaren in Thrakien einfielen und Licinius es unterließ, gegen sie ins Feld zu ziehen, eilte Constantin mit seinem Heer von Thessalonike aus nach Thrakien zur Rettung von Licinius' Provinz. Als die Barbaren vertrieben waren, protestierte Licinius gegen Constantins Einmarsch in Thrakien, und da keiner der beiden Herrscher sich zum Frieden entschließen wollte, flammte der Krieg wieder auf. Der Verfechter des Christentums stellte sich mit 130000 Mann dem Verfechter des Heidentums, der über 160000 Mann verfügte, zuerst bei Adrianopel und dann bei Chrysopolis (Skutari); Constantin siegte und wurde alleiniger Kaiser (324). Licinius ergab sich, als ihm die Begnadigung zugesichert wurde; im folgenden Jahre wurde er aber beschuldigt, er habe seine Intrigen wieder aufgenommen, und hingerichtet. Constantin rief die verbannten Christen zurück und gab allen «Bekennern» ihre früheren Privilegien und Besitztümer zurück. Während er noch eine allgemeine Religionsfreiheit zusicherte, bekannte er sich selbst entschieden zum Christentum und forderte alle Untertanen auf, sich ihm in dem neuen Glauben anzuschließen.

III. CONSTANTIN UND DAS CHRISTENTUM

War seine Bekehrung aufrichtig? War sie eine Tat des religiösen Glaubens oder ein vollendeter Schachzug staatspolitischer Weisheit? Wahrscheinlich das zweite. Seine Mutter Helena hatte sich dem Christentum zugewandt, als Constantius sie verließ; vermutlich machte sie ihren Sohn mit den Vorzügen der christlichen Lebensweise vertraut, und zweifellos war er von der Tatsache beeindruckt, daß seine Waffen unter dem Zeichen des Kreuzes allemal siegreich gewesen waren. Aber nur ein Skeptiker konnte so meisterlich mit den religiösen Gefühlen der Menschheit spielen. Nach der *Historia Augusta* soll er den Ausspruch getan haben, der Kaiserthron sei «ein Geschenk des Schicksals»[9] – aber das ist wohl eher eine Verbeugung vor der Bescheidenheit als vor dem Zufall. An seinem gallischen Hof umgab er sich mit heidnischen Gelehrten und Philosophen. Nach seiner Bekehrung bequemte er sich selten zu den zeremoniellen Erfordernissen des christlichen Kultes. Seine Briefe an christliche Bischöfe lassen deutlich erkennen, daß die theologischen Streitigkeiten, die das Christentum bewegten, ihn wenig bekümmerten – wenn er auch gewillt war, im Interesse der Reichseinheit gegen Dissidenten vorzugehen. Im ganzen Reichsgebiet verfügte er über die Bischöfe als politische Helfer; er ließ sie zu sich kommen, saß ihren Konzilien vor und war bereit, jede Meinung durchzusetzen, die eine Mehrheit der Bischöfe aussprach. Ein wirklich Gläubiger wäre in erster Linie Christ und erst dann Staatsmann gewesen; bei Constantin war es gerade umgekehrt. Das Christentum war ihm Mittel, nicht Zweck.

Er hatte bereits dreimal den Fehlschlag einer Christenverfolgung erlebt, und es war ihm nicht entgangen, daß das Christentum trotzdem an Kraft gewonnen hatte. Die Christen bildeten immer noch nur eine kleine Minderheit; aber sie waren verhältnismäßig geeint, mutig und stark, während die heidnische Mehrheit in viele Glaubensbekenntnisse aufgespalten war und den Ballast einfacher Seelen ohne Überzeugung und Einfluß mit sich herumschleppte. Besonders im Rom des Maxentius und im Osten des Licinius gab es viele Christen; die Unterstützung, die Constantin dem Christentum angedeihen ließ, war für ihn im Kampfe gegen diese Männer ein Dutzend Legionen wert. Die verhältnismäßige Ordnung und Sittlichkeit der christlichen Lebensweise, die unblutige Schönheit des christlichen Rituals, der Gehorsam der Christen gegenüber ihrer Priesterschaft und ihre demütige Hinnahme der Ungleichheiten dieses Lebens in der Hoffnung auf die Glückseligkeit jenseits des Grabes machte auf ihn einen tiefen Eindruck; vielleicht würde diese Religion reinigend auf die römischen Sitten wirken, Ehe und Familienleben erneuern und das Fieber des Klassenkampfes mildern. Die Christen hatten sich trotz harter Unterdrückung nur selten gegen den Staat aufgelehnt, und ihre Lehrer hatten die Unterwerfung unter die zivilen Gewalten eingeschärft und das göttliche Recht der Könige gelehrt. Constantin strebte nach der absoluten Monarchie; diese Regierungsform mußte aus der religiösen Unterstützung Nutzen ziehen. Die hierarchische Disziplin und ökumenische Autorität der Kirche schien ein geistiges Korrelat der Monarchie abzugeben. Vielleicht ließ sich die wunderbare Organisation der Bischöfe und Priester als Instrument der Befriedung, Einigung und Herrschaft verwenden?

In einer doch noch vorwiegend heidnischen Welt mußte Constantin aber mit Vorsicht vorgehen. Er befleißigte sich weiterhin einer unbestimmten monotheistischen Ausdrucksweise, die auch für einen Heiden annehmbar war. Während der ersten Jahre seiner Alleinherrschaft vollzog er geduldig die zeremoniellen Handlungen, die ihm als dem *pontifex maximus* des überlieferten Kultes vorgeschrieben waren; er restaurierte heidnische Tempel und ordnete Auspizien an. Bei der Weihe von Konstantinopel bediente er sich zugleich heidnischer und christlicher Riten. Zum Schutze der Ernten und zur Heilung Kranker gebrauchte er heidnische magische Sprüche.

Nach und nach, als seine Macht sich festigte, begünstigte er das Christentum mit größerer Offenheit. Nach 317 verloren seine Münzen immer mehr die heidnischen Bildnisse, und gegen 323 führten sie nur noch neutrale Inschriften. Ein Gesetzestext seiner Zeit, dessen Echtheit zwar bestritten, dessen Unechtheit aber nicht erwiesen ist, räumte den Bischöfen in ihren Diözesen die richterliche Gewalt ein; andere Gesetze befreiten den Kirchenbesitz von der Besteuerung, erkannten die kirchlichen Bünde als juristische Personen an, gewährten ihnen das Recht des Grundbesitzes und des Testierens und ließen das Vermögen von Märtyrern, die ohne Testament gestorben waren, an die Kirche fallen. Constantin ließ bedürftigen Gemeinden finanzielle Unterstützung zukommen, baute in Konstantinopel und andernorts mehrere Kirchen und untersagte in der neuen Hauptstadt den Bilderkult. In Mißachtung des Ediktes von Mailand verbot er die Zusammenkünfte häretischer Sekten und verlangte schließlich die Zerstörung ihrer Versammlungsgebäude. Seinen Söhnen ließ er eine streng christliche Erziehung angedeihen, und er deckte die Kosten der philanthropischen Unternehmungen seiner Mutter. Die Kirche erfreute sich vieler Wohltaten, die ihre Erwartungen weit überstiegen. Eusebios strömte in seinen Reden von Dankbarkeit und Lobpreisung über, und im ganzen Reiche versammelten sich die Christen zu feierlichen Danksagungen für den Triumph ihres Gottes.

Drei Wolken dämpften das strahlende Licht dieses «wolkenlosen Tages»: die Absonderung der Mönche, das Schisma der Donatisten und die Häresie des Arius. In der Zeit zwischen der Christenverfolgung des Decius und derjenigen Diocletians hatte sich die Kirche zur reichsten religiösen Organisation des Reiches entwickelt und ihre Angriffe gegen den Wohlstand gemildert. Cyprian beklagte sich, seine Gemeindemitglieder seien auf Geld versessen, die christlichen Frauen schminkten sich, Bischöfe besetzten einträgliche weltliche Ämter, erwürben sich ein Vermögen, liehen Geld zu Wucherzinsen aus und verleugneten ihren Glauben beim ersten Anzeichen einer Gefahr. Eusebios war betrübt, weil Priester sich heftig um eine Vorrangstellung in der Kirche stritten. Während das Christentum die Welt bekehrte, bekehrte die Welt das Christentum und brachte das naturgewachsene Heidentum der Menschheit ans Licht. Das christliche Mönchswesen entstand als Protest gegen diese gegenseitige Anpassung des Geistes an das Fleisch und des Fleisches an den Geist. Eine kleine Schar wollte jeder Befriedigung des menschlichen Luststrebens aus dem Wege gehen und die frühchristliche Versenkung in die Gedanken an das ewige Leben fortsetzen. Dem Brauch der Kyniker folgend, gaben einige Asketen ihren ganzen Besitz auf, um sich in das zerlumpte Gewand des Philosophen zu kleiden und von Almosen zu leben. Einige wenige gingen wie Paulus der Eremit als Einsiedler in die ägyptische Wüste. Um 275 begann ein ägyptischer Mönch, Antonios, ein Einsiedlerdasein zuerst in einer Grabstätte, dann in einem verlassenen Kastell in den Bergen, dann in einer Zelle, die er in der Wüste in einen Felsen baute. Dort kämpfte er allnächtlich gegen schauerliche Visionen und lustvolle Träume und überwältigte sie alle; schließlich stand er bei der ganzen Christenheit im Ruf der Heiligkeit, und die Wüste bevölkerte sich mit Eremiten, die es ihm gleichtun wollten. Im Jahre 325 versammelte Pachomios, der spürte, daß die Einsamkeit Selbstsucht ist, Klausner um sich und gründete in Tabenne in Ägypten eine Abtei, mit der das könobitische (gemeinsamlebende) Mönchtum einsetzte, das seine bedeutendste Entwicklung im Westen erleben sollte. Die Kirche widersetzte sich eine Zeitlang der mönchischen Bewegung und ließ sie dann gewähren, da sie einen notwendigen Ausgleich gegenüber der wachsenden Beschäftigung des Klerus mit Regierungsfragen schuf.

Noch nicht ein Jahr nach Constantins Bekehrung sah sich die Kirche von einer Spaltung bedroht, die ihr in der Stunde des Sieges das Verderben hätte bringen können. Donatus, der Bischof von Karthago, von einem Priester gleichen Namens und gleicher Gesinnung unterstützt, forderte entschieden, daß die christlichen Bischöfe, die der Heidenpolizei während der Verfolgungen die heiligen Schriften ausgeliefert hatten, Amt und Würde verwirkt hätten, daß Taufen und Ordinierungen, die diese Bischöfe vorgenommen hatten, null und nichtig seien und daß die Gültigkeit der Sakramente zum Teil von der Geistesverfassung des Darbietenden abhänge. Als die Kirche dieser strengen Anschauung mit Ablehnung begegnete, stellten die Donatisten allerorts, wo die bereits amtierenden Prälaten der Prüfung nicht standhielten, Gegenbischöfe auf. Constantin, der das Christentum als eine einende Macht betrachtet hatte, war bestürzt ob des Durcheinanders und der Gewaltsamkeit, die auf dieses Schisma folgten; es war ihm wohl auch nicht gleichgültig, daß die Donatisten sich hin und wieder mit radikalen Bewegungen unter der nordafrikanischen Bauernschaft verbanden. Er berief ein Bischofskonzil nach Arles ein (314), bestätigte die Anklage gegen die Donatisten, befahl den Abtrünnigen die Rückkehr in die Kirche und ordnete an, daß widerspenstigen Gemeinden Besitz und bürgerliche Rechte zu entziehen seien (316). Fünf Jahre darauf kam ihm einen Augenblick lang das Edikt von Mailand wieder in den Sinn, und er widerrief diese Gesetze und gewährte den Donatisten eine geringschätzige Duldung. Das Schisma hatte Bestand, bis die Sarazenen bei der Eroberung Nordafrikas Orthodoxe und Häretiker gleicherweise überwältigten.

Zur selben Zeit erlebte Alexandrien das Hochkommen der gefahrdrohendsten Häresie der Kirchengeschichte. Um 318 entsetzte ein Priester der Baukaliskirche seinen Bischof mit seinen seltsamen Ansichten über das Wesen Christi. Ein gelehrter katholischer Historiker stellt ihn in einer großmütigen Schilderung so dar:

«Arius ... war hochgewachsen und schlank, von melancholischem Gesichtsausdruck und einem Aussehen, das die Spuren seiner Kasteiungen aufwies. Er war als Asket bekannt, wie schon aus seiner Gewandung ersichtlich war: Er trug eine kurze ärmellose Tunika unter einem Überwurf, der ihm als Mantel diente. Seine Redeweise war mild und freundlich, seine Ansprachen überzeugend. Die geweihten Jungfrauen, deren es in Alexandrien viele gab, schätzten ihn hoch, und er besaß viele treue Anhänger im höheren Klerus.» [10]

Christus ist nach der Lehre des Arius mit dem Schöpfer nicht wesensgleich, er ist vielmehr der Logos, das erste und höchste aller erschaffenen Wesen. Bischof Alexander erhob gegen diese Lehre Einwände, Arius beharrte auf ihr. Ist der Sohn vom Vater gezeugt, argumentierte er, so muß das im Zeitlichen geschehen sein; der Sohn kann deshalb mit dem Vater nicht gleich ewig sein. Außerdem muß Christus, falls er erschaffen worden ist, aus dem Nichts erschaffen worden sein, nicht aus der Substanz des Vaters; Christus ist also nicht «konsubstanziell» mit dem Vater. Der Heilige Geist ist vom Logos erzeugt und noch weniger Gott als der Logos. Wir erkennen an diesen Lehren das Fortbestehen der platonischen Ideen über die Stoiker, Philon, Plotin und Origenes bis auf Arius; der Platonismus, der die christliche Theologie so tief beeinflußt hatte, stand nun im Gegensatz zur Kirche.

Bischof Alexander war nicht nur über diese Ansichten entsetzt, sondern auch über deren rasche Verbreitung selbst im Klerus. Er berief ein Konzil der ägyptischen Bischöfe nach Alexandrien, veranlaßte es, dem Arius und dessen Anhängern das Priesteramt zu entziehen, und sandte an die anderen Bischöfe einen Bericht von den Verhandlungen. Einige Bischöfe erhoben Einwendungen; viele Priester sympathisierten mit Arius. Überall in den asiatischen Provinzen teilte die Meinungsverschiedenheit Klerus und Laienschaft in zwei Lager auf und brachte so viel «Tumult und Unordnung in die Städte, ... daß die christliche Religion den Heiden viel Anlaß zur Belustigung bot, selbst in den Theatern»[11], wie Tertullian feststellt. Als Constantin nach seinem Sieg über Licinius nach Nikomedeia kam, wurde er von dem Bischof der Stadt über den Zwist unterrichtet. Er sandte sowohl an Alexander wie an Arius eine Botschaft, in der er die beiden aufforderte, die Ruhe der Philosophen zu bewahren, ihren Zwist friedlich beizulegen oder zumindest die Debatten von der Öffentlichkeit fernzuhalten. Der Brief, von Eusebios bewahrt, läßt deutlich Constantins Interesselosigkeit gegenüber religiösen Fragen und die politische Zweckgerichtetheit seiner Religionspolitik erkennen:

«Fürs erste wollte ich aller Völker Sinnen und Trachten, soweit es sich auf Gott hinrichtet, gleichförmig machen und vereinen ... in der Überzeugung, wenn ich unter allen Dienern Gottes meinen Wünschen gemäß eine allgemeine Eintracht herstellen könnte, würde auch die Verwaltung des Staatswesens eine glückliche, der frommen Gesinnung aller entsprechende Umwandlung erleben ... Aber, o herrliche und göttliche Vorsehung! Welch tödliche Wunde hat da mein Ohr oder vielmehr sogar mein Herz getroffen, da mir gemeldet wurde, daß unter euch eine noch viel schwerere Spaltung entstehe als dort (in Afrika)! ... Es stellte sich heraus, daß die Ursache eine ganz geringfügige und durchaus nicht eines so heftigen Streites wert ist ... Als du, o Alexander, deine Priester fragtest, was wohl ein jeder von ihnen über eine gewisse Stelle in der Heiligen Schrift oder vielmehr über einen nichtigen Punkt der Frage denke, hast du unüberlegt entgegengehalten, o Arius, was du entweder von Anfang an nicht denken oder doch wenigstens hättest totschweigen sollen ... Wenn auch solche Fragen, zu denen ... nur die Streitsucht unnützen Nichtstuns verleitet, aufgestellt werden können, daß die Geisteskraft daran geübt werde, so müssen wir sie doch im Inneren unseres Herzens verschließen und dürfen sie nicht leichthin in öffentliche Versammlungen bringen ... Dem gemeinen Volke käme das zu, und für unvernünftige Knaben würde es sich besser schicken als einsichtigen Priestern und verständigen Männern anstehen.»[12]

Der Brief blieb wirkungslos. Für die Kirche war die Frage der «Wesensgleichheit» *(homousia)* gegenüber der bloßen «Wesensähnlichkeit» *(homoiusia)* des Sohnes mit dem Vater sowohl in theologischer wie in politischer Hinsicht von entscheidender Bedeutung. Wenn Christus nicht Gott war, so mußte die ganze christliche Lehre aus den Fugen gehen, und wenn in dieser Frage Meinungsverschiedenheiten bestehen durften, so konnte der Glaubenswirrwarr der Einheit und Autorität der Kirche äußerst gefährlich werden und damit deren Bedeutung als Helfer des Staates zunichte machen. Als der Zwist sich ausbreitete und den ganzen griechischen Osten in Aufruhr versetzte, entschloß sich Constantin, ihm mit der Einberufung des ersten ökumenischen – allgemeinen – Konzils ein Ende zu bereiten. Er rief im Jahre 325 alle Bischöfe in das bithynische Nikaia, ein Städtchen in der Nähe seiner Hauptstadt Nikomedeia, und stellte Geldmittel zu ihrem Unterhalt bereit. Nicht weniger als 318 Bischöfe kamen, «von einem gewaltigen Strom des niederen Klerus begleitet»[13], wie einer von ihnen berichtet; diese Feststellung läßt das ungeheure Wachstum der Kirche erkennen. Die meisten Bischöfe kamen aus den Ostprovinzen; vielen westlichen Diözesen war der Streit ganz unbekannt, und Papst Silvester I., der durch Krankheit verhindert war, ließ sich nur durch einige Priester vertreten.

Das Konzil trat im Saal eines kaiserlichen Palastes zusammen. Constantin führte den Vorsitz und eröffnete die Verhandlungen mit einem kurzen Aufruf an die Bischöfe, sie möchten die Einheit der Kirche wiederherstellen. «Er schenkte», wie Eusebios berichtet, «den Debatten geduldig Gehör, mäßigte die Heftigkeit der widerstreitenden Parteien»[14] und griff selbst in die Diskussion ein. Arius legte wiederum dar, daß Christus ein erschaffenes Wesen sei, nicht dem Vater gleich, sondern «göttlich nur durch Partizipation». In einem geschickt geführten Verhör mußte er zugeben, daß Christus, wenn er ein erschaffenes Wesen war und einen Anfang gehabt hatte, sich auch hätte verändern können und daß er, wenn er sich verändern konnte, von der Tugend zum Laster hätte übergehen können. Die Entgegnungen des Arius waren logisch, aufrichtig und selbstmörderisch. Athanasios, der beredsame und kämpferische Erzdiakon, den Alexander als sein theologisches Schwert mitgebracht hatte, ließ durchblicken, daß der Polytheismus triumphieren würde, wenn Christus und der Heilige Geist mit Gott-Vater nicht wesensgleich wären. Er gab zu, daß es schwierig sei, sich drei verschiedene Wesenheiten in einem Gott vorzustellen, meinte aber, die Vernunft müsse sich dem Mysterium der Trinität unterordnen. Nur siebzehn Bischöfe pflichteten ihm nicht bei, und alle außer diesen siebzehn unterzeichneten ein Protokoll, das seine Ansicht zum Ausdruck brachte. Die Anhänger des Arius erklärten sich bereit, ebenfalls zu unterschreiben, falls sie ein *iota* hinzufügen und *homousion* in *homoiusion* abändern dürften. Das Konzil willigte nicht ein und stellte mit Zustimmung des Kaisers das folgende Glaubensbekenntnis auf:

> «Wir glauben an einen Gott, allmächtigen Vater, Schöpfer aller sichtbaren und auch unsichtbaren Dinge; und an einen Herrn, Jesus Christus, den Sohn Gottes, den einzigen aus dem Vater Gezeugten, d. i. aus dem Wesen des Vaters, Gott aus Gott, Licht aus Licht, ... erzeugt, nicht erschaffen, gleichen Wesens (*homousion*) mit dem Vater, ... der um unser, der Menschen, und um unseres Heiles willen herabgekommen und Fleisch geworden, Mensch geworden ist, der gelitten hat und am dritten Tage auferstanden ist, aufgefahren in den Himmel, von dannen er kommen wird zu richten Lebendige und Tote.»*[15]

Nur fünf Bischöfe, schließlich nur zwei, weigerten sich, dieses Bekenntnis zu unterzeichnen. Diese beiden und Arius, der nicht widerrufen wollte, wurden von der Kirche mit dem Bann belegt und vom Kaiser des Landes verwiesen. Ein kaiserliches Dekret verfügte, daß alle Bücher des Arius zu verbrennen seien, und stellte das Bewahren eines solchen Buches unter Todesstrafe**.

---

* Dieses Glaubensbekenntnis weicht von dem «Nicänum», einer im Jahre 362 revidierten Fassung, die heute in Gebrauch ist, ab.

** Das Konzil verfügte des weiteren, daß alle Kirchen Ostern am selben Tag feiern sollten; dieser Tag wurde alljährlich vom Bischof von Alexandrien nach einer astronomischen Regel festgesetzt und vom Bischof von Rom verkündet. In der Frage des priesterlichen Zölibates neigte das Konzil dazu, den Priestern die Ehe zu gestatten und von ihnen Enthaltsamkeit zu fordern; aber Paphnutios, der Bischof der oberen Thebais, bewog seine Amtsbrüder, den herrschenden Brauch beizubehalten. Dieser Brauch verbot die Eheschließung nach der Weihe, gestattete jedoch einem Priester, der vor der Weihe geheiratet hatte, mit seinem Weibe zu leben.

Constantin feierte den Abschluß des Konzils mit einem Bankett für die versammelten Bischöfe und entließ sie dann mit der Aufforderung, sie sollten einander nicht in Stücke reißen. Er befand sich im Irrtum, als er glaubte, daß der Zwist damit beigelegt sei oder daß er selbst seine Meinung nicht ändern werde; recht hatte er aber mit seiner Ansicht, daß er für die Einheit der Kirche einen kräftigen Schlag geführt hatte. Das Konzil hob mehrheitlich die Überzeugung des Klerus hervor, daß die Organisation und der Fortbestand der Kirche eine gewisse Starrheit der Lehre erforderten; und letzten Endes erreichte es die nahezu vollständige Einmütigkeit über die Glaubensgrundsätze, die der mittelalterlichen Kirche den Namen des Katholizismus eintrug. Zugleich war es ein Kennzeichen dafür, daß das Christentum an Stelle des Heidentums als religiöser Ausdruck und Rückhalt des Römischen Reiches getreten war, und verpflichtete Constantin zu einer bestimmteren Allianz mit dem Christentum als zuvor. Über den Trümmern einer erschöpften Kultur und eines absterbenden Glaubens sollte sich nun eine neue Kultur, auf eine neue Religion gegründet, erheben. Das Mittelalter hatte eingesetzt.

IV. CONSTANTIN UND DIE KULTUR

Im Jahre nach dem Konzil weihte Constantin auf der Trümmerstätte von Byzantion eine neue Stadt, die er selbst Nova Roma und die Nachwelt nach seinem Namen benannte. 330 kehrte er Rom und Nikomedeia ganz den Rücken und machte Konstantinopel zu seiner Hauptstadt. Er umgab sich dort mit dem eindrucksvollen Prunk eines orientalischen Hofes, da er intuitiv erkannte, daß der psychologische Einfluß, den diese teure Prachtentfaltung auf Armee und Volk haben würde, für die Regierung insgeheim eine Einsparung bringen würde. Das Heer schonte er mit kluger Diplomatie und guten Waffen, den Despotismus mäßigte er mit menschlichen Dekreten, und den Künsten und Wissenschaften ließ er seine Hilfe angedeihen. Er förderte die Schulen Athens und gründete in Konstantinopel eine neue Universität mit staatlich besoldeten Professoren, an der Griechisch und Latein, Literatur und Philosophie, Rhetorik und Recht gelehrt wurden und Beamte für den Reichsdienst ihre Ausbildung empfingen. Er bestätigte und erweiterte die Privilegien der Ärzte und Lehrer in allen Provinzen. Provinzstatthalter erhielten Anweisung, Architekturschulen zu gründen und mit verschiedenen Privilegien und Belohnungen junge Leute zum Studium zu bewegen. Die Künstler waren der bürgerlichen Verpflichtungen enthoben, so daß sie genügend Zeit hatten, ihre Kunst gründlich zu erlernen und an ihre Söhne weiterzugeben. Die Kunstschätze des Reiches mußten dazu herhalten, aus Konstantinopel eine elegante Hauptstadt zu machen.

In Rom leitete Maxentius die Bautätigkeit dieses Zeitraumes ein. Er begann den Bau einer mächtigen Basilika (306), die von Constantin fertiggestellt wurde und den Höhepunkt der klassischen Baukunst im Westen bildete. Das Gebäude hielt sich an die Bauweise der großen Thermen und deckte eine Fläche von 100 auf 75 Metern. Die Haupthalle, 35 auf 25 Meter groß, war von drei 36 Meter hohen Kreuzgewölben aus Beton überdeckt, die zum Teil von acht breiten Pfeilern, denen 18 Meter hohe, geriefte korinthische Säulen beigefügt waren, gestützt wurden. Der Boden war mit buntem Marmor ausgelegt; die Nischen waren von Statuen bevölkert, und die Mauern dieser Nischen waren über ihre Bedachung hinausgezogen, um den Mittelgewölben als Verstrebung zu dienen. Die gotische und Renaissancearchitektur fand in diesen Gewölben und Verstrebungen gar manche Belehrung. Bramante plante beim Entwurf der Peterskirche, «das Pantheon über der Constantinsbasilika zu errichten» – das heißt ein geräumiges Mittelschiff mit einer massigen Kuppel zu überdecken.

Der erste christliche Kaiser errichtete viele Kirchen in Rom, darunter wahrscheinlich auch San Lorenzo fuori le mura in der ursprünglichen Gestalt. Um seinen Sieg an der Mulviusbrücke zu feiern, errichtete er 315 den Triumphbogen, der heute noch über der Via dei Trionfi aufragt. Dieser Bogen zählt zu den besterhaltenen altrömischen Bauwerken, und seine Großartigkeit wird von den verschiedenen Plünderungen, deren sich einzelne Teile schuldig machen, nicht sichtlich beeinträchtigt. Vier schön proportionierte Schäfte steigen von mit Figuren geschmückten Sokkeln auf, trennen die drei Bögen und tragen ein reichverziertes Gebälk. Das Obergeschoß trägt Reliefs und Statuen, die von Traians- und Marc-Aurel-Denkmälern stammen, während die Medaillons zwischen den Säulen einem Gebäude aus Hadrians Regierungszeit entnommen sind. Zwei Reliefs scheinen das Werk der Künstler Constantins zu sein. Die roh gehauenen, vierschrötigen Figuren, der linkische Widerstreit der im Profil gemeißelten Gesichter mit den frontal dargestellten Beinen, das primitive Übereinanderschichten der Köpfe als Ersatz für Perspektive, all das verrät eine Verrohung von Technik und Geschmack; im Spiel von Licht und Schatten übt aber die tiefe Staffelung einen wirkungsvollen Eindruck der Tiefe und Räumlichkeit aus, und das Werk ist mit einer ursprünglichen Schwungkraft dargestellt, als ob die italische Kunst an ihre Quellen zurückkehren wollte. Das Kolossalstandbild Constantins im Palazzo dei Conservatori treibt diese Primitivität so weit, daß sie abstoßend wirkt; es scheint wenig glaubhaft, daß ein Mann, der mit so viel Gewandtheit dem Konzil von Nikaia vorsaß, diesem düsteren Barbaren ähnlich sah – es sei denn, daß der Künstler im voraus Gibbons zynische Schlußbemerkung hätte illustrieren wollen: «Ich habe den Triumph des Barbarismus und der Religion beschrieben.»[16]

Im frühen vierten Jahrhundert nahm eine neue Kunstform Gestalt an: die «Illumination» von Manuskripten mit Miniaturen. Die Literatur selbst war nun vorwiegend christlich. Lucius Firmianus Lactantius gab in seinen *Divinae Institutiones* (307) eine beredte Darstellung der christlichen Lehre und beschrieb in *De Mortibus Persecutorum* (314) mit ciceronischer Eleganz und Boshaftigkeit das jämmerliche Ende der Kaiser, die die Christen verfolgt hatten. «Nun ist es aber die Religion allein, in der die Freiheit ihre Wohnstätte aufgeschlagen hat», sagt er. «Die Religion ist mehr als alles Sache der Freiwilligkeit, und man kann von niemand erzwingen, daß er etwas verehre, was er nicht will.»[17] Eine Häresie, für die er nur deswegen nicht büßen mußte, weil er zuvor starb. Berühmter als Lactantius war Eusebios, der Bischof von Caesarea. Er begann seine literarische Laufbahn als priesterlicher Schreiber und Bibliothekar seines Vorgängers im Bischofsamt, des Pamphilos, den er so sehr schätzte, daß er dessen Namen annahm. Pamphilos hatte die Bibliothek des Origenes erworben und um sie herum die größte christliche Büchersammlung aufgebaut, die uns bekannt ist. Eusebios wurde im Umgang mit diesen Büchern der gelehrteste Kleriker seiner Zeit. Pamphilos ließ sein Leben bei der Verfolgung des Galerius (310), und Eusebios wurde später viel mit der Frage gequält, wie es komme, daß er selbst am Leben geblieben sei. Er schuf sich manchen Feind, indem er eine Mittelstellung zwischen Arius und Alexander einnahm; er wurde aber doch der Bossuet des Constantinischen Hofes und mit der Abfassung der kaiserlichen Biographie betraut. Einen Teil seiner scholastischen Ernte legte er in seiner *Chronik* nieder – der vollständigsten Chronologie der Antike. Er setzte die kirchliche und die weltliche Geschichte in Parallelreihen nebeneinander und trennte sie durch eine synchronisierende Reihe von Daten; er versuchte den Zeitpunkt jedes bedeutenderen Ereignisses von Abraham bis Constantin festzulegen. Alle späteren Chronologien gehen von diesem «Kanon» aus.

325 umkleidete Eusebios dieses Gerippe mit einer *Kirchengeschichte*, in der er die Entwicklung der Kirche von den Anfängen bis zum Konzil von Nikaia beschrieb. Im ersten Kapitel dieser Kirchengeschichte – wiederum als Vorbild für Bossuet – findet sich die früheste Geschichtsphilosophie; sie stellt die Zeit als den Kampfplatz des Guten und des Bösen und alle Ereignisse als Schritte zum Endsieg Christi dar. Der Aufbau des Buches läßt zu wünschen übrig, aber es ist ausgezeichnet geschrieben. Die Quellen erfuhren eine gründliche und gewissenhafte Überprüfung, die Ereignisse sind nicht minder genau dargestellt als in anderen antiken Geschichtswerken, und immer wieder verpflichtet sich Eusebios die Nachwelt, indem er wichtige Dokumente im Wortlaut anführt, die sonst verloren sind. Das Wissen des Bischofs ist ganz gewaltig, sein Stil weist Gefühlswärme auf und erhebt sich in Augenblicken theologischen Hasses zu wahrer Beredsamkeit. Er übergeht ganz offen alle Dinge, die nicht zur Erbauung seiner christlichen Leser oder zur Bekräftigung seiner Philosophie dienen, und er bringt es fertig, eine Geschichte des großen Konziles zu schreiben, ohne Arius oder Athanasios zu erwähnen. Die gleiche redliche Unredlichkeit macht aus seinem *Leben des Kaisers Constantin* eine Preishymne an Stelle einer Lebensbeschreibung. Es beginnt mit acht anregenden Kapiteln über die Gottesfurcht und die guten Werke des Kaisers und berichtet, wie er «in Frömmigkeit über dreißig Jahre die Alleinherrschaft geführt»[18] hat. Man würde bei der Lektüre dieses Buches niemals ahnen, daß Constantin seinen Sohn, seinen Neffen und seine Gattin hatte umbringen lassen.

Denn wie Augustus hatte auch Constantin alles wohl zu ordnen vermocht, nur nicht seine eigene Familie. Zu seiner Mutter unterhielt er im allgemeinen gute Beziehungen. Offenbar in seinem Auftrag begab sie sich nach Jerusalem, um dort den anstößigen Artemistempel, der, wie behauptet wurde, auf dem Grab des Erlösers errichtet worden war, zu schleifen. Nach Eusebios kam dabei das Heilige Grab zum Vorschein, und darin das Kreuz, an dem Jesus verschieden war. Constantin befahl den Bau einer Kirche des Heiligen Grabes, und die heiligen Reliquien wurden in einer besonderen Weihestätte aufbewahrt. Geradeso, wie in klassischer Zeit die Heiden die Reliquien des Troianischen Krieges umsorgt und verehrt und sogar die Römer sich auf den Besitz des Palladiums von Troias Athene viel zu Gute getan hatten, begann nun die Christenheit ihr Äußeres zu verändern und ihren Wesenskern nach uralter Weise des Menschenlebens zu erneuern und die Reliquien Christi und der Heiligen zu sammeln und kultisch zu verehren. Helena ließ an der überlieferungsgemäßen Stelle von Christi Geburt in Bethlehem eine Kapelle erbauen, bediente voller Bescheidenheit die Nonnen, die dort ihr Amt versahen, und kehrte nach Konstantinopel zurück, um in den Armen ihres Sohnes das Zeitliche zu segnen.

Constantin hatte zweimal geheiratet: zuerst Minervina, die ihm einen Sohn Crispus geboren hatte, dann Maximians Tochter Fausta, von der er drei Töchter und drei Söhne hatte. Crispus wurde ein ausgezeichneter Soldat und leistete seinem Vater in den Feldzügen gegen Licinius unschätzbare Hilfe. 326 wurde Crispus auf Constantins Befehl hingerichtet, etwa zur selben Zeit befahl Constantin die Hinrichtung des Licinianus, des Sohnes von Licinius und Constantins Schwester Constantia; und kurz darauf fand Fausta auf Weisung ihres Gatten den Tod. Die Gründe dieser dreifachen Hinrichtung sind uns nicht bekannt. Zosimos versichert, Crispus habe Fausta umworben und diese habe ihn dem Kaiser angezeigt, und Helena, die Crispus innig liebte, habe sich gerächt, indem sie Constantin davon überzeugte, daß seine Gattin sich seinem Sohne hingegeben habe. Möglicherweise hatte Fausta intrigiert und geplant, Crispus aus dem Wege zu räumen, um ihren Söhnen den Weg zur Kaisermacht freizulegen; Licinianus mag den Tod gefunden haben, weil er sich verschwor, um in den Besitz des Reichsanteils seines Vaters zu gelangen.

Fausta erreichte ihr Ziel nach dem Tode, denn 335 vermachte Constantin das Reich seinen noch lebenden Söhnen und Neffen. Zwei Jahre später feierte er zu Ostern mit feierlichem Gepränge den dreißigsten Jahrestag des Regierungsantritts. Dann begab er sich, da er den Tod nahen fühlte, in die nahegelegenen Thermalbäder von Aquyrion. Als seine Krankheit sich verschlimmerte, ließ er Bischof Eusebios kommen, der ihm das Sakrament der Taufe verabfolgen sollte; er hatte es sich absichtlich diesem Zeitpunkt vorbehalten, damit er beim Tode von allen Sünden seines tatenreichen Lebens geläutert sei. Dann legte der müde Kaiser den Purpur der Kaiserwürde ab, um das weiße Gewand des christlichen Neophyten anzulegen, und verschied.

Es war ein meisterhafter Feldherr, ein beachtlicher Verwalter des Reiches, ein überragender Staatsmann. Er übernahm und vollendete das Restaurationswerk Diocletians; seinem Wirken ist es zu verdanken, daß das Reich noch 1150 Jahre weiterlebte. Er setzte die monarchischen Formen Aurelians und Diocletians fort, teils aus Ehrgeiz und Eitelkeit, teils zweifellos, weil er glaubte, daß das Chaos seiner Zeit die monarchische Staatsform erfordere. Den größten Irrtum beging er, als er das Reich unter seine Söhne aufteilte. Vermutlich sah er voraus, daß sie um die Alleinherrschaft kämpfen würden, wie er es ja auch getan hatte, aber er nahm an, daß sie mit um so größerer Gewißheit kämpfen würden, wenn er einen anderen Erben einsetzte; auch das ist ein Preis, den die Monarchie zu entrichten hat. Über seine Hinrichtungen können wir kein Urteil abgeben, da uns die Gründe nicht bekannt sind. Es mag sein, daß er unter der Last der Regierungsprobleme zuließ, daß Furcht und Eifersucht auf eine Weile seine Vernunft entthronten; es gibt Anzeichen, daß ihn in seinen späteren Jahren schwere Gewissensbisse plagten. Sein Christentum, das zunächst politische Hintergründe hatte, scheint nach und nach zur festen Überzeugung geworden zu sein. Er wurde der beharrlichste Prediger seines Reiches, verfolgte getreulich die Häretiker und nahm sich Gott bei jedem Schritt zum Teilhaber. Mit größerer Weisheit als Diocletian flößte er einem alternden Reiche neues Leben ein, indem er es mit einer jungen Religion, einer neuen Sittengesinnung verband. Seiner Hilfestellung ist es zuzuschreiben, daß das Christentum nicht nur eine Kirche, sondern auch ein Staat wurde und auf vierzehn Jahrhunderte Leben und Denken Europas gestaltete. Wenn wir Augustus ausnehmen, hatte die dankbare Kirche vielleicht recht, als sie in ihm den größten der Kaiser erblickte.

Epilog zum ersten und zweiten Buch

I. WARUM ROM UNTERGING

DIE beiden größten Probleme der Geschichte liegen in der Begründung von Roms Aufstieg und in der Begründung von Roms Niedergang»[1], sagt ein ausgezeichneter Gelehrter unserer Zeit. Wir können dem Verständnis näher kommen, wenn wir uns vor Augen halten, daß Roms Niedergang wie auch sein Aufstieg nicht auf einen einzigen Grund, sondern auf viele Gründe zurückzuführen sind und daß sie nicht ein Ereignis, sondern ein Vorgang waren, der sich über 300 Jahre erstreckte. Es gibt Nationen, deren Lebensdauer kürzer war als Roms Niedergang.

Eine große Kultur wird erst dann von außen unterworfen, wenn sie sich bereits von innen her zerstört hat. Die Hauptgründe für Roms Untergang sind im Wandel seines Volksbestandes und seiner Ethik, in seinem schrumpfenden Handel, seinem bürokratischen Despotismus, seinen erdrückenden Steuern, seinen alles verzehrenden Kriegen zu suchen. Christliche Autoren waren sich dieses Verfalles durchaus bewußt. Tertullian verkündete um 200 voller Freude *ipsa clausula saeculi* – wörtlich *fin de siècle*–, in der er das mutmaßliche Vorspiel des Untergangs der Heidenschaft sah. Cyprian verteidigte um 250 die Christen gegen den Vorwurf, sie seien für die unglückliche Lage des Reiches verantwortlich zu machen, und schrieb sie natürlichen Ursachen zu:

> «Du mußt wissen, daß die Welt bereits alt geworden ist, daß sie nicht mehr in ihrer früheren Kraft steht ... sie bezeugt ihren eigenen Untergang durch den sichtlichen Verfall aller Dinge. Nicht mehr reicht im Winter des Regens Fülle aus, um die Samen zu nähren, nicht mehr stellt sich im Sommer die gewohnte Hitze ein, um das Getreide zur Reife zu bringen ... weniger Schätze an Silber und Gold liefern die bereits ausgebeuteten Bergwerke ... Mehr und mehr erlahmt und ermattet auf den Fluren der Landmann.»[2]

Zweifellos hatten Barbareneinbrüche und jahrhundertelanger Abbau der ergiebigen Bergwerke die Zufuhr von Edelmetallen nach Rom absinken lassen. In Mittel- und Süditalien hatten Entwaldung, Erosion und die Vernachlässigung der Bewässerungskanäle durch eine sich vermindernde Bauernschaft und eine zerrüttete Regierung das Land verarmen lassen. Der Grund lag indessen nicht in der Erschöpfung des Bodens an und für sich, nicht in einem Klimawechsel, sondern in der Nachlässigkeit und Unfruchtbarkeit gequälter und entmutigter Menschen.

Die Hauptursache ist in biologischen Faktoren zu suchen. Im Westen ist in der Zeit nach Hadrian ein erheblicher Bevölkerungsrückgang festzustellen. Diese Tatsache ist angezweifelt worden, aber die Masseneinfuhr von Barbaren in das Reich, die von Marc Aurel, Valerian, Aurelian, Probus und Constantin durchgeführt wurde, läßt wenig Raum für Zweifel übrig. Marc Aurel, der seine Armee neu auffüllen mußte, warb Sklaven, Gladiatoren, Polizisten und Verbrecher an; entweder war der Notstand größer oder die freie Bevölkerung geringer denn zuvor; die Sklaven hatten an Zahl ganz bestimmt abgenommen. Vor allem in Italien waren so viele Bauernhöfe von ihren Besitzern verlassen worden, daß Pertinax sie einem jeden, der sie bewirtschaften wollte, kostenfrei darbot. Ein Gesetz des Septimius Severus spricht von einer *penuria hominum*, einem Menschenmangel. In Griechenland war die Entvölkerung bereits seit Jahrhunderten im Gang. In Alexandrien, das sich seines Volkreichtums gerühmt hatte, verminderte sich nach der Berechnung des Bischofs Dionysios die Bevölkerungszahl während seiner Zeit (um 250) um die Hälfte. Es jammerte ihn, «wie die Menschheit abnimmt und ständig dahinschwindet»[3]. Nur die Barbaren und die Orientalen nahmen an Zahl zu, außerhalb wie innerhalb des Reichsgebietes.

Was hatte diese Bevölkerungsabnahme verursacht? Vor allem die Geburtenbeschränkung. Sie war zunächst nur von den gebildeten Ständen geübt worden, hatte dann aber auch auf ein Proletariat übergegriffen, das einst seinen Namen von der Fruchtbarkeit erhalten hatte; um 100 n. Chr. war sie bis zum Bauernstand vorgedrungen, wie die kaiserlichen *alimenta* zur Förderung der Geburtenzahl auf dem Lande zeigen. Gegen Ende des dritten Jahrhunderts erfaßte sie auch die westlichen Provinzen und ließ die Bevölkerungszahl in Gallien absinken. Die Kindsaussetzung, die zwar als Verbrechen gebrandmarkt war, nahm mit steigender Verarmung rasch zu. Sexuelle Ausschweifungen mögen ebenfalls zum Absinken der menschlichen Fruchtbarkeit beigetragen haben; Ehelosigkeit und Spätehen hatten die gleiche Wirkung, und mit dem Einströmen orientalischer Sitten in Rom nahm die Zahl der Eunuchen zu. Plautianus, ein Praetorianerpraefect, ließ hundert Knaben kastrieren und übergab sie seiner Tochter als Hochzeitsgeschenk.

Als Ursache der Bevölkerungsabnahme kommen Pest, Revolution und Krieg erst an zweiter Stelle. Epidemien größeren Ausmaßes dezimierten die Bevölkerung unter Marc Aurel, Gallienus und Constantin. Von der Pest der Jahre 260–265 wurde fast jede Familie im ganzen Reich betroffen; in Rom sollen sich während vieler Wochen täglich 5000 Todesfälle ereignet haben. Die Moskitos der Campania begannen ihren Kampf gegen die Menschen, die ihnen die Pontinischen Sümpfe streitig machen wollten; der Sieg fiel den Moskitos zu, und die Malaria untergrub in Latium und Toskanien die Gesundheit von reich und arm. Die Menschenvernichtung der Kriege und Revolutionen und vielleicht auch die Empfängnisverhütungen, Abtreibungen und Kindstötungen hatten nicht nur auf den zahlenmäßigen, sondern auch auf den blutmäßigen Bestand der Bevölkerung Auswirkungen: Die Tüchtigsten heirateten zuletzt, zeugten am wenigsten Kinder und starben zuerst. Die Getreidespende schwächte die Armen, das Luxusleben schwächte die Reichen, und ein langwährender Friede beraubte alle Stände der Halbinsel der kriegerischen Qualitäten und Künste. Die Germanen, die nunmehr Norditalien bevölkerten und das Heer auffüllten, waren in körperlicher und sittlicher Hinsicht der einheimischen Bevölkerung, die jetzt noch am Leben war, überlegen; hätte die Zeit eine allmähliche Assimilation zugelassen, so hätten diese Germanen vielleicht die klassische Kultur angenommen und das italische Blut erneuert. Aber die Zeit erwies sich nicht als so großzügig. Überdies hatte die italische Bevölkerung schon seit langem orientalische Wesenszüge in sich aufgenommen, die in geistiger Hinsicht der altrömischen Art vielleicht überlegen, in körperlicher Hinsicht jedenfalls unterlegen waren. Die sich rasch vermehrenden Germanen brachten für die klassische Kultur kein Verständnis auf, nahmen sie nicht an, gaben sie nicht weiter; die sich rasch vermehrenden Orientalen waren zumeist von einer Wesensart, die auf diese Kultur zerstörerisch wirkte; die Römer, die sie besaßen, opferten sie den Bequemlichkeiten des unfruchtbaren Lebens. Rom wurde nicht durch die Barbareninvasion von außen, sondern durch die Vermehrung der Barbaren im Inneren unterworfen.

Der sittliche Verfall trug zu dieser Auflösung bei. Der mannhafte Charakter, der sich an Wagemut und Einfachheit und an einem stützenden Glauben herangebildet hatte, erschlaffte in der wonnigen Wärme des Reichtums und der Freiheit des Unglaubens. In den mittleren und oberen Volksschichten besaß man nun die Mittel, der Versuchung nachzugeben; als Hemmschuh war einzig das Gefühl der Schicklichkeit verblieben. Das Großstadtleben mit seiner Menschenanhäufung erhöhte die Berührungsmöglichkeiten und machte die Überwachung zunichte; die Einwanderung brachte unzählige verschiedene Kulturen zusammen, die in der gegenseitigen Abreibung jede Eigenart verloren. Die ethische und ästhetische Werthöhe sank ab, vom Niveau der Masse angezogen, und die Geschlechtlichkeit tobte sich in Freiheit aus, während die politische Freiheit verfiel.

Nach Ansicht Gibbons wäre das Christentum als Hauptursache von Roms Untergang zu betrachten. Seinem und seiner Schüler Gedankengang zufolge hatte diese Religion den alten Glauben zerstört, der dem römischen Charakter seine Festigkeit und dem römischen Staat die innere Beständigkeit gab. Die christliche Religion hatte der klassischen Kultur den Krieg erklärt: der Naturwissenschaft, der Philosophie, der Literatur, der Kunst. Sie hatte in den realistischen Stoizismus des römischen Lebens einen schwächenden orientalischen Mystizismus hineingetragen; sie hatte das Denken der Menschen von den Aufgaben dieser Welt abgezogen und einer entnervenden Vorbereitung auf eine kosmische Katastrophe zugewandt und hatte die Menschen verlockt, durch Askese und Gebet die persönliche Erlösung zu suchen und nicht mehr durch Hingabe an den Staat die gemeinschaftliche Errettung zu erstreben. Sie hatte dem Staat die Einheitlichkeit geraubt, während Soldatenkaiser kämpften, sie zu bewahren; sie hatte ihre Anhänger bewogen, den Ämtern und dem Kriegsdienst fernzubleiben; sie hatte eine Ethik der Widerstandslosigkeit und der Friedfertigkeit gepredigt, während das Reich, wollte es am Leben bleiben, Kampfbereitschaft brauchte. Christi Sieg war nach dieser Auffassung Roms Tod.

An diesem harten Urteil ist etwas Wahres. Das Christentum hatte, ohne es zu beabsichtigen, teil an dem chaotischen Religionswirrwarr, der mit seinem buntgewürfelten Gemisch an ethischen Vorstellungen bis zu einem gewissen Grade zu dem Zusammenbruch Roms beitrug. Das Hochkommen des Christentums war aber eher eine Folge als eine Ursache von Roms Verfall. Der Zusammenbruch der alten Religion hatte lange vor Christus eingesetzt; Ennius und Lucretius ritten heftigere Attacken gegen sie als irgendein heidnischer Schriftsteller nach ihnen. Der Sittenverfall hatte mit der Eroberung Griechenlands durch Rom begonnen und unter Nero seinen Tiefpunkt erreicht;

nach Nero besserte sich die sittliche Haltung der Römer, und der ethische Einfluß des Christentums auf die römische Lebensart war im großen und ganzen ein heilsamer. Weil Rom bereits im Sterben lag, wuchs das Christentum so schnell. Der Glaube an den Staat ging verloren, nicht weil das Christentum die Menschen am Staate desinteressierte, sondern weil der Staat die Reichen gegen die Armen verteidigte, weil er kämpfte, um Sklaven zu gewinnen, weil er die Schwerarbeit mit Steuern belegte, um anderen ein Luxusleben zu ermöglichen, und weil er nicht vermochte, das Volk vor Hungersnöten, Pest, Invasionen und Notzeiten zu bewahren; es ist durchaus verständlich, daß es sich vom Caesar, der den Krieg predigte, abwandte und Christus folgte, der den Frieden predigte; es ist weiter verständlich, daß es von einer unglaublichen Grausamkeit zu einer ungeahnten Mildtätigkeit, von einem hoffnungs- und würdelosen Leben zu einem Glauben, der der Armut Trost bot und dem Menschsein Würde verlieh, überging. Rom wurde nicht vom Christentum zerstört, ebensowenig von den erobernden Barbaren; es war eine hohle Schale, als das Christentum Bedeutung erlangte und die Germaneneinbrüche erfolgten.

Die wirtschaftlichen Ursachen von Roms Niedergang sind bereits behandelt worden, da ihre Besprechung zum Verständnis von Diocletians Reformen unerläßlich war; an dieser Stelle genügt ein kurz zusammenfassender Hinweis. Die gefährliche Abhängigkeit von den Getreidezufuhren aus den Provinzen; der Zusammenbruch der Sklavenmärkte und der Latifundien; die Verschlechterung des Verkehrswesens und die Gefahren des Handels; der Verlust der Provinzmärkte an Konkurrenten der Provinz; die Unfähigkeit des italischen Gewerbes, die Importe durch Exporte auszugleichen, und der daraus resultierende Abfluß von Edelmetallen nach dem Osten, der vernichtende Kampf zwischen reich und arm; die steigenden Kosten der Heere, Getreidespenden, öffentlichen Arbeiten, eines wachsenden Beamtenheeres und eines schmarotzenden Hofes; die Abwertung der Währung; die Behinderung der Tüchtigkeit und das Aufsaugen von Investierungskapital durch eine Besteuerung, die einer Beschlagnahmung gleichkam; die Abwanderung von Kapital und Arbeitskräften; die Zwangsjacke der Leibeigenschaft, die dem Ackerbau aufgezwungen wurde, und des Ständewesens, die dem Gewerbe angelegt wurde: All das wirkte zusammen, um die materiellen Grundlagen des italischen Lebens zu untergraben, bis schließlich die Macht Roms nur noch ein politisches Gespenst war, das den wirtschaftlichen Tod überlebte.

Ein besonderer Umstand liegt allen politischen Ursachen des Verfalls zugrunde: daß der zunehmende Despotismus den staatsbürgerlichen Geist der Bürger verkümmern ließ und die staatsmännische Besinnung im Keime erstickte. Der Römer, der seinen politischen Willen nur noch durch Gewaltanwendung hätte zum Ausdruck bringen können, verlor jedes Interesse an der Staatsführung und ging ganz in seinen privaten Geschäften, seinen Vergnügungen, seiner Legion oder in der Sorge um sein persönliches Seelenheil auf. Die vaterländische Gesinnung und die heidnische Religion waren eng verquickt gewesen und gingen nun gemeinsam zugrunde. Der Senat, der nach Pertinax immer mehr an Macht und Prestige verlor, verfiel in Gleichgültigkeit, Liebedienerei und Käuflichkeit, und damit fiel die letzte Schranke, die den Staat noch vor

Militarismus und Anarchie hätte bewahren können. Die Teilnahme an den örtlichen Selbstregierungen, die jetzt von den kaiserlichen *correctores* und *exactores* an die Wand gedrückt wurden, übte auf edle Männer keine Anziehungskraft mehr aus. Die Verantwortlichkeit der Gemeindebeamten für die Ablieferung der Steuerbeträge ihres Gebietes, der wachsende Kostenaufwand für unbesoldete Ehrenämter, die Abgaben, Leiturgien, Stiftungen und Spiele, die damit verbunden waren, die Gefahren, die durch Invasion und Klassenkampf drohten, führten zu einer Flucht vor den Ämtern, die ganz der Steuerflucht und der Flucht aus den Betrieben und von den Bauerngütern entsprach. Man ließ sich absichtlich in eine niedrigere soziale Stufe eingliedern, nur um nicht mehr für Ämter wählbar zu sein; manche entflohen nach anderen Städten, manche ließen sich als Bauern nieder, andere wurden Mönche. Im Jahre 313 dehnte Constantin die Befreiung von Dienstleistungen in Ämtern und von mehreren Steuern, deren sich die heidnische Priesterschaft überlieferungsgemäß erfreut hatte, auch auf den christlichen Klerus aus. Bald war die Kirche von unzähligen Kandidaten für die Ordination überlaufen, und Städte beschwerten sich über Verluste an Steuereingängen und von Senatoren. Schließlich war Constantin gezwungen, zu verfügen, daß kein Mann, der für ein Gemeindeamt wählbar war, in den Priesterstand aufgenommen werden durfte. Die kaiserliche Polizei verfolgte die Männer, die sich vor Ämtern flüchteten, geradeso, wie sie stets hinter den Männern her war, die sich der Besteuerung oder einer Ächtung entziehen wollten; sie brachte die Flüchtigen in die Städte zurück und zwang sie zur Dienstleistung. Schließlich dekretierte sie, daß ein Sohn die soziale Stellung des Vaters erblich übernehmen müsse und zur Annahme der Wahl in ein Amt gezwungen sei, wenn sein Rang ihn wählbar mache. Eine Leibeigenschaft des Amtsdienstes machte die Knechtschaft in dem wirtschaftlichen Standeswesen vollständig.

Gallienus, der einen Aufstand des Senates befürchtete, schloß die Senatoren vom Heeresdienste aus. Da das Holz, aus dem man Krieger schnitzt, in Italien nicht mehr gedieh, vollendete dieses Dekret den militärischen Niedergang der Halbinsel. Das Entstehen von Söldner- und Provinzheeren, die Entmachtung der Praetorianergarde durch Septimius Severus, das Hochkommen von Feldherren aus den Provinzen und die Übertragung der Kaiserwürde auf diese Provinzgeneräle vernichteten die Führerschaft, ja sogar die Unabhängigkeit Italiens lange vor dem Untergang des Westreiches. Roms Armeen waren nicht mehr römische Armeen. Sie bestanden zur Hauptsache aus Männern der Provinzen, zu einem großen Teil aus Barbaren; sie kämpften nicht für Heim und Altar, sondern für ihren Sold, ihre Prämien, ihre Beute. Beim Plündern von Städten des Reiches zeigten sie mehr Eifer als beim Kampf gegen den Feind; die meisten Soldaten waren Bauernsöhne, die die Reichen und die Städte als Ausbeuter der Armen und der Landbevölkerung haßten, und da der Bürgerkrieg die günstige Gelegenheit dazu bot, plünderten sie solche Städte mit einer Gründlichkeit aus, die dem fremdländischen Barbarentum nur noch wenig zu zerstören übrig ließ. Als die militärischen Probleme eine größere Bedeutung als die inneren Angelegenheiten des Staates erlangten, wurden Städte in der Nähe der Grenzen als Regierungssitze gewählt; Rom war nur noch der Schauplatz von Triumphzügen, ein Ausstellungsort für kaiserliche Architektur und ein

Museum politischer Antiquitäten und Formen. Die Vielzahl der Hauptstädte und die Aufteilung der Gewalt zersplitterte die verwaltungsmäßige Einheit des Reiches. Es war zu groß geworden, als daß Staatsmänner es noch hätten regieren und Armeen es noch hätten verteidigen können; damit begann es sich aufzulösen. Gallien und Britannien, die sich der andringenden Germanen und Skoten allein erwehren mußten, wählten sich ihre eigenen *imperatores* und statteten sie mit unumschränkter Gewalt aus; Palmyra sagte sich unter Zenobia von Rom los, und bald fielen Spanien und die Provinz Afrika den Barbaren fast widerstandslos in die Hände. Unter der Regierung des Gallienus regierten dreißig Feldherren in praktischer Unabhängigkeit von der Zentralgewalt über dreißig Bezirke des Reiches. In diesem grauenvollen Schauspiel des Auseinanderfallens eines großen Staates waren die inneren Ursachen die unsichtbaren Darsteller; die Barbaren drangen nur dort ein, wo die Schwäche bereits die Tore geöffnet hatte und wo der Schiffbruch der biologischen, ethischen, wirtschaftlichen und politischen Staatskunst die Bühne dem Chaos, der Mutlosigkeit und dem Verfall überlassen hatte.

Äußerlich wurde der Fall des Weströmischen Reiches durch die Expansion und die Wanderungen der Hsiung-nu, der Hunnen, in Nordwestasien beschleunigt. Diese Hunnen waren zuerst von den chinesischen Armeen und der Chinesischen Mauer am Vordringen nach Osten gehindert worden und hatten sich dann nach Westen gewandt; um das Jahr 355 n. Chr. erreichten sie die Wolga. Ihr Druck zwang die Sarmaten Rußlands, auf den Balkan auszuweichen; die Goten, die auf diese Weise bedrängt wurden, wandten sich wieder gegen die römischen Grenzen. Sie durften sich jenseits der Donau in Moesien ansiedeln (376); als sie dort von den römischen Behörden schlecht behandelt wurden, revoltierten sie, schlugen ein großes römisches Heer bei Adrianopel (378) und bedrohten eine Zeitlang Konstantinopel. Im Jahre 400 führte Alarich die Westgoten über die Alpen nach Italien; 410 nahmen und plünderten sie Rom. 429 eroberten die Wandalen unter Geiserich Spanien und Afrika, und 455 nahmen und plünderten sie Rom. 451 griffen die Hunnen unter Attila Gallien und Italien an: Sie erlitten bei Châlons eine Niederlage, überrannten aber die Lombardei. 472 erhob ein pannonischer Feldherr, Orestes, seinen Sohn unter dem Namen Romulus Augustulus auf den Kaiserthron. Vier Jahre später setzten die Barbarensöldner, die in der römischen Armee vorherrschten, dieses «Augustulein» ab und machten ihren Führer Odoaker zum König von Italien. Odoaker erkannte die Oberhoheit des römischen Kaisers in Konstantinopel an, und dieser anerkannte ihn seinerseits als Vasallenkönig. Das Oströmische Reich blieb bis 1453 bestehen; im Westen hatte das Römische Reich sein Ende gefunden.

II. WAS ROM LEISTETE

Es ist leichter, Gründe für Roms Untergang als für seinen langen Bestand zu finden. Darin liegt die wesentliche Leistung Roms, daß es nach der Eroberung des Mittelmeerraumes dessen Kultur annahm, ihm 200 Jahre lang Ordnung, Gedeihen und Frieden verschaffte, die Barbaren weitere zwei Jahrhunderte zurückhielt und vor seinem Untergang die klassische Kultur an den Westen weitergab.

In der Regierungskunst ist Rom unübertroffen. Der römische Staat beging unzählige politische Verbrechen; er errichtete sein Gebäude auf einer selbstsüchtigen Oligarchie und einer Dunkelmänner-Priesterschaft; er brachte es zu einer Demokratie der Freien und zerstörte sie dann wieder durch Korruption und Gewaltsamkeit; er nutzte die eroberten Gebiete zugunsten eines schmarotzerischen Italien aus, das zusammenbrach, sobald es nicht mehr schmarotzen konnte. Im Osten und im Westen schuf er an verschiedenen Orten eine Wüste und nannte sie Frieden. Aber inmitten all dieser Mißstände bildete er ein majestätisches Rechtssystem aus, das von den Decemvirn bis auf Napoleon in fast ganz Europa dem Leben und dem Besitztum Sicherheit, dem Gewerbefleiß einen Ansporn und Beständigkeit gab. Er schuf eine Regierungsform, in der die gesetzgebende und die ausübende Gewalt getrennt waren und deren Ausgleichs- und Sicherungsmaßnahmen den Verfassungsgebern noch im revolutionären Amerika und Frankreich zum Vorbild dienten. Eine Zeitlang gelang es ihm, Monarchie, Aristokratie und Demokratie mit solchem Erfolg zu vereinen, daß er den Beifall von Philosophen, Historikern, Untertanen und Feinden gewann. Er gab einem halben Tausend Städten Gemeindesatzungen und lange Zeit die Selbstregierung. Die Herrschaft über das Reich übte er zunächst mit Habgier und Grausamkeit aus, dann aber mit solcher Duldsamkeit und grundsätzlichen Gerechtigkeit, daß das mächtige Gebiet seitdem nie mehr einen ähnlichen Zustand des Wohlbefindens erreicht hat. Er ließ Wüstengebiete mit seiner Kultur aufblühen und machte seine Sünden durch das Wunder eines dauerhaften Friedens wieder gut. Unser höchstes Mühen geht heute darum, einer aus den Fugen geratenen Welt wieder eine *Pax Romana* zu verschaffen.

Dieses unübertroffene System gab den Rahmen zu einer Kultur, die ihrem Ursprung nach griechisch, in der Anwendung und den Ergebnissen durchaus römisch war. Rom war zu sehr mit den Problemen der Staatsführung beschäftigt, als daß es sich in der Welt des Geistes so fruchtbar hätte betätigen können wie Griechenland zuvor; es nahm aber das technische, intellektuelle und künstlerische Erbe, das Karthago und Ägypten, Griechenland und der Osten ihm vermacht hatten, mit Verständnis auf und hielt zähe daran fest. In der Wissenschaft erzielte Rom keinen Fortschritt und im Gewerbe keine mechanischen Verbesserungen; aber es bereicherte die Welt mit einem Handel, der sich über sichere Seewege und über ein Netzwerk dauerhaft gebauter Straßen, die Adern eines pulsierenden Lebens, bewegte. An diesen Straßen und über unzählige schöne Brücken gingen viele Künste in das Mittelalter und die Neuzeit ein: die ackerbauliche, handwerkliche und künstlerische Technik der Antike, die Wissenschaft des Monumentalbaus, die Verfahren des Bank- und Investierungswesens, die Organisierung des Ärztewesens und der Feldspitäler, die sanitären Einrichtungen der Großstädte und vielerlei Arten von Obst- und Nußbäumen, von Nutz- und Zierpflanzen, die die Römer aus dem Osten nach dem Westen gebracht hatten, damit sie dort neue Wurzel faßten. Selbst das Geheimnis der Zentralheizung kam aus dem warmen Süden nach dem kalten Norden. Der Süden hat schon immer die Kulturen geschaffen, der Norden hat sie erobert oder zerstört oder entlehnt.

Rom erfand das Bildungswesen nicht, aber es entwickelte es in einem zuvor ungekannten Umfang, ließ ihm staatliche Unterstützung zukommen und bildete die Lehrpläne aus, die noch unsere eigene Jugend geplagt haben. Rom erfand den Bogen, das Gewölbe und die Kuppel nicht, aber es verwendete sie mit solcher Kühnheit und Großartigkeit, daß seine Architektur auf manchen Gebieten nicht mehr übertroffen worden ist, und alle Grundformen der mittelalterlichen Dome waren in seiner Basilika vorbereitet. Rom erfand die Porträtbüste nicht, aber es übertrug ihr eine realistische Gewalt, die von den idealisierenden Griechen selten erreicht wurde. Es erfand die Philosophie nicht, aber in Lucretius und Seneca erfuhren die epikureische Philosophie und der Stoizismus ihre vollendetste Ausprägung. Es erfand die Literaturgattungen nicht, nicht einmal die Satire; aber wer könnte je in vollem Umfange den Einfluß eines Cicero, eines Vergil, eines Livius und Tacitus, eines Horaz und Iuvenal voll und ganz ermessen?

Roms Sprache wurde durch eine höchst wunderbare Korruption zur Sprache Italiens, Rumäniens, Frankreichs, Spaniens, Portugals und Lateinamerikas: Die halbe Welt des weißen Mannes spricht eine lateinische Mundart. Das Lateinische war bis ins achtzehnte Jahrhundert das Esperanto der Wissenschaft, Gelehrsamkeit und Philosophie im Westen; es schenkte der Botanik und Zoologie eine gangbare internationale Terminologie; es lebt heute noch in dem volltönenden Ritual und in den offiziellen Schriften der römisch-katholischen Kirche; es steht heute noch auf medizinischen Rezepten und spukt in der Sprache des Rechtswesens. Es drang unmittelbar und später nochmals durch Vermittlung der romanischen Sprachen in die englische Sprache ein und erhöhte deren Reichtum und Biegsamkeit. Unser römisches Erbe wirkt sich in unserem Leben täglich tausendmal aus.

Als das Christentum Rom eroberte, bemächtigte sich der Überwundene seines Überwinders: Das kirchliche Gefüge des Heidentums, Titel und Kleidung des *pontifex maximus*, der Kult der Großen Mutter und unzählige trostspendende Gottheiten, der Spürsinn für die Allgegenwart übersinnlicher Wesenheiten, die Freudigkeit oder Feierlichkeit alter Feste und das Gepränge altehrwürdiger Zeremonien gingen wie Mutterblut in die neue Religion ein. Das sterbende Kaiserreich händigte Zügel und Kunst der Regierung an ein lebenskräftiges Papsttum aus. Die entschwundene Macht des zerbrochenen Schwertes wurde durch die Zauberkraft des trostspendenden Wortes wiedergewonnen. Die Heere des Staates fanden ihren Ersatz in den Sendboten der Kirche, die nach allen Richtungen auf den römischen Straßen auszogen, und die aufständischen Provinzen erkannten mit der Annahme des Christentums wiederum die Oberherrschaft Roms an. Die Herrschaftsgewalt der antiken Hauptstadt überdauerte alle Kämpfe des Zeitalters des Glaubens und wuchs, bis in der Renaissance die klassische Kultur wieder aus dem Grabe aufzuerstehen schien und die Ewige Stadt wiederum am Mittel- und Gipfelpunkt des Lebens, des Reichtums und der Kunst der Welt zu stehen schien. Rom kann noch heute auf die eindrucksvollste Kontinuität in Regierung und Kultur zurückblicken, die die Menschheit je erlebt hat.

Drittes Buch

BYZANZ AUF DEM HÖHEPUNKT

[325–565]

ZEITTAFEL ZUM DRITTEN BUCH

Jahreszahlen bei Päpsten und Herrschern stehen für deren Regierungszeit.
Alle Jahreszahlen beziehen sich auf die Zeit nach Christi Geburt.

226: Ardaschir gründet die Sassanidendynastie
241–272: Schapur I. von Persien
251–356: Der hl. Antonius von Ägypten
293–373: Athanasios
300–367: Hilarius von Poitiers
309–379: Schapur II. von Persien
310–400: Der Dichter Ausonius
311–381: Der Gotenapostel Wulfila
325: Konzil von Nikaia
325–403: Der Arzt Oreibasios
325–391: Der Geschichtsschreiber Ammianus Marcellinus
329–379: Der hl. Basileios
329–389: Gregor von Nazianz
331: Geburt des Iulianus Apostata
337: Tod des Konstantin
340–398: Der hl. Ambrosius
340–420: Der hl. Hieronymus
345–407: Der hl. Johannes Chrysostomos
345–410: Der Senator Symmachus
348–410: Der Dichter Prudentius
353–361: Constantius Alleinkaiser
354–430: Der hl. Augustin
359–408: Stilicho *patricius*
361–363: Julian Kaiser
363–364: Jovian Kaiser
364–367: Valentinian I. weströmischer Kaiser
364–378: Valens oströmischer Kaiser
365–408: Der Dichter Claudian
366–384: Papst Damasus I.
372: Die Hunnen setzen über die Donau
375–383: Gratian weströmischer Kaiser
378: Schlacht bei Hadrianopel
379: Der Mathematiker Theon von Alexandrien
379–395: Theodosius I. Kaiser
382–392: Der Streit um den Victoria-Altar
383–392: Valentinian II. weströmischer Kaiser
386–404: Die Bibelübersetzung des Hieronymus
387: Taufe des Augustin
389–461: Der hl. Patrick
390: Buße des Theodosius
392–394: Eugenius weströmischer Kaiser
394: Ende der Olympischen Spiele
394–423: Honorius weströmischer Kaiser
395–408: Arkadios oströmischer Kaiser
395–410: Alarich I. König der Westgoten
397: Die *Bekenntnisse* des hl. Augustin
ca. 400: Die *Saturnalia* des Macrobius
402: Alarich bei Pollentia geschlagen
403: Ravenna wird weströmische Hauptstadt
404: Ende der Gladiatorenkämpfe
407: Die römischen Legionen verlassen Britannien
408–450: Theodosios II. oströmischer Kaiser
409: Der Theologe Pelagius
410: Alarich plündert Rom
410–485: Der Mathematiker Proklos
413: Der Historiker Orosius
413–426: Der *Gottesstaat* des Augustin
415: Ermordung der Hypatia
425: Universität von Konstantinopel
425–455: Valentinian III. weströmischer Kaiser
428–431: Nestor Patriarch von Konstantinopel
429: Die Wandalen erobern Nordafrika
431: Konzil von Ephesos
432–482: Sidonius Apollinaris
432–461: Der hl. Patrick in Irland
433–454: Aëtius *patricius*
438: Gesetzbuch des Theodosios
439: Geiserich erobert Karthago
440–461: Papst Leo I.
440: Der Historiker Moses von Chorene
449: Die Angelsachsen dringen in Britannien ein

450–457: Markianos oströmischer Kaiser
450–550: Glanzzeit von Architektur und Mosaik in Ravenna
451: Attila bei Troyes geschlagen
452: Leo I. wendet Attila von Rom ab
453: Tod des Attila
454: Valentinian erschlägt den Aëtius
455: Geiserich plündert Rom
456: Rikimer beherrscht den Westen
457–461: Majorian weströmischer Kaiser
466–483: Die Westgoten erobern Spanien
474–491: Zenon oströmischer Kaiser
475–476: Romulus Augustulus
475–526: Theoderich König der Ostgoten
475–524: Der Philosoph Boethius
476: Ende des Weströmischen Reiches
480–573: Der Historiker Cassiodorus
481: Chlodowech und die Franken beginnen mit der Eroberung Galliens
483–531: Kavadh I.; mazdakitischer Kommunismus
490–570: Der Historiker Prokop
491–518: Anastasios I. oströmischer Kaiser
493–526: Theoderich Herrscher über Italien
525–605: Der Arzt Alexander von Tralles
527–565: Justinian I. oströmischer Kaiser
529: Justinian schließt die Schulen von Athen; der hl. Benedikt gründet Monte Cassino
530–610: Der Dichter Fortunatus
531–579: Chosru I. von Persien
532–537: Die Kathedrale der Hagia Sophia
533: Belisar erobert Nordafrika zurück
535–553: Der «Gotenkrieg» in Italien
538–594: Der Historiker Gregor von Tours
546–553: Totila Herrscher über Italien
552: Seidenraupenzucht in Europa einge führt
570–636: Der Enzyklopädist Isidor von Sevill
577: Sieg der Angelsachsen bei Deorham
589–628: Chosru II. von Persien
616: Die Perser erobern Ägypten
637–642: Die Araber erobern Persien
641: Ende der Sassanidendynastie

ERSTES KAPITEL

IULIANUS APOSTATA

[332–363]

I. KONSTANTINS HINTERLASSENSCHAFT

KAISER Konstantin, der sein Ende nahen fühlte, berief im Jahre 335 seine Söhne und Neffen zu sich und teilte, von seiner Liebe genarrt, die Regierungsgewalt über das mächtige Reich, das er erworben hatte, unter sie aus. Dem ältesten Sohne, Constantinus II., vermachte er den Westen – Britannien, Gallien und Spanien; seinem Sohne Constantius den Osten – Kleinasien, Syrien und Ägypten; seinem Jüngsten, Constans, Nordafrika, Italien, Illyricum und Thrakien samt der alten und der neuen Hauptstadt, Rom und Konstantinopel; an zwei Neffen vermachte er Armenien, Makedonien und Griechenland. Der erste christliche Kaiser hatte sein eigenes Leben und das Leben vieler anderer Menschen darangesetzt, im Römischen Reiche die Monarchie zu restaurieren und den Glauben zu einen; sein Tod (337) setzte alles wieder aufs Spiel. Die Wahl war schwer: Seine Herrschaft besaß noch nicht die Sanktion der Zeit und vermochte die friedliche Nachfolge eines einzigen Thronerben nicht zu gewährleisten; die Aufteilung der Herrschergewalt schien gegenüber dem Bürgerkrieg das geringere Übel zu sein.

Der Bürgerkrieg stellte sich trotzdem ein, und Morde vereinfachten das Spiel. Das Heer leistete einzig den Söhnen des Konstantin Gehorsam; alle anderen männlichen Verwandten des verstorbenen Kaisers wurden ermordet, ausgenommen seine Neffen Gallus und Julian; Gallus war ein kranker Mann, der einen frühen Tod erwarten ließ; Julian war erst fünf Jahre alt, und vielleicht ließ Constantius, dem die Überlieferung und Ammian alle diese Verbrechen zuschreiben[1], sich durch sein zartes Alter erweichen. Constantius nahm mit seinem Krieg gegen Persien den alten Kampf zwischen Ost und West wieder auf, der seit Marathon nie mehr wirklich zum Stillstand gekommen war, und sah zu, wie seine Brüder sich gegenseitig aus dem Wege räumten. Als Alleinkaiser (353) kehrte er nach Konstantinopel zurück und regierte sein geeintes Reich mit störrischer Rechtschaffenheit und hingebungsvoller Unfähigkeit, zu argwöhnisch, um glücklich, zu grausam, um beliebt, zu eitel, um groß zu sein.

Die Stadt, die von Konstantin Nova Roma genannt worden war, aber bereits zu seinen Lebzeiten seinen Namen angenommen hatte, war um 657 v. Chr. von griechischen Kolonisten am Bosporus gegründet worden. Fast tausend Jahre lang hatte sie Byzantion geheißen, und *byzantinisch* blieb auch in späteren Zeiten die Bezeichnung für ihre Kultur und Kunst. Kein Ort auf der ganzen Erde wäre für eine Hauptstadt geeigneter gewesen; Napoleon nannte 1807 in Tilsit Byzanz weltbeherrschend und weigerte sich, es an ein Rußland abzutreten, das durch den Verlauf seiner Flüsse dazu bestimmt war, nach seiner Beherrschung zu streben. Hier vermochte die herrschende Macht jederzeit eines der wichtigsten Tore zwischen Ost und West zu verschließen; hier sollte der Handel von Kontinenten zusammentreffen und die Erzeugnisse von hundert Ländern mitführen; hier konnte ein Heer im Gleichgewicht stehen, um die Edelleute Persiens, die Hunnen des Ostens, die Slawen des Nordens und die Barbaren des Westens zurückzutreiben. Strömendes Wasser bot Schutz von allen Seiten außer einer, die sich aber leicht mit starken Mauern sichern ließ; und im Goldenen Horn, einer stillen Ausbuchtung des Bosporus, konnten Kriegsflotten und Handelsschiffe einen Schutzhafen gegen Angriffe und Stürme finden. Die Griechen nannten die Ausbuchtung Keras, *Horn*, möglicherweise nach seiner Gestalt; die Bezeichnung *Golden* kam später dazu, um einen Begriff von dem Reichtum zu geben, den Fischfang, Getreide und Handel dem Hafen eintrugen. Hier konnte sich der christliche Kaiser inmitten einer vorwiegend christlichen Bevölkerung, die längst an die orientalische Monarchie und den orientalischen Pomp gewöhnt war, der Unterstützung durch die Öffentlichkeit erfreuen, die ihm Roms stolzer Senat und heidnische Bevölkerung verweigerten. Tausend Jahre lang sollte hier das Römische Reich der Barbarenflut standhalten, die Rom überschwemmte; Goten, Hunnen, Wandalen, Awaren, Perser, Araber, Bulgaren und Russen sollten nacheinander die neue Hauptstadt bedrohen und unverrichteter Dinge wieder abziehen; ein einziges Mal in diesem Jahrtausend sollte Konstantinopel eingenommen werden – von christlichen Kreuzrittern, denen das Gold ein wenig lieber war als das Kreuz. Acht Jahrhunderte nach Mohammed sollte Konstantinopel immer noch der muselmanischen Flutwelle standhalten, die Asien, Afrika und Spanien überschwemmte. Hier sollte entgegen jeder Erwartung die griechische Zivilisation eine erhaltende Fortdauer entfalten und ihre alten Schätze hartnäckig bewahren und schließlich an das Italien der Renaissance und den Westen weitergeben.

Im November 324 ging Konstantin der Große an der Spitze seiner Adjutanten, Bauleute und Priester vom Hafen von Byzantion aus durch die umliegenden Hügel, um die Grenzen der vorgesehenen Hauptstadt abzustecken. Manche waren erstaunt, daß er ihnen eine derartige Ausdehnung gab, aber er sagte: «Ich schreite voran, bis Er, der unsichtbare Gott, der vor mir schreitet, mich anhält[2].» Keine Tat blieb ungetan, kein Wort ungesagt, die seinem Vorhaben, wie auch seinem Staat, eine feste Stütze an den religiösen Gefühlen seines Volkes und der treuen Anhängerschaft der christlichen Kirche geben konnten.

«Dem Befehle Gottes gehorchend»[3], ließ er Tausende von Handwerkern und Künstlern kommen, um die Stadtmauern zu errichten, Festungen, Verwaltungsgebäude, Paläste und Wohnhäuser zu erbauen; er schmückte die Straßen und Plätze mit Brunnen und Säulengängen und mit berühmten Skulpturen, die er unparteiisch aus hundert Städten seines Reiches eingezogen hatte; und zur Unterhaltung der turbulenten Masse sorgte er für einen prächtigen und geräumigen Rennplatz für Pferderennen, in dem die Leidenschaft des Volkes für Spiele und Wetten sich in einem Ausmaß austoben konnte, wie es sonst nur noch in dem entartenden Rom der Fall war. Das Neue Rom wurde am 11. Mai 330 zur Hauptstadt des Ostreiches geweiht, an einem Tag, der von da an alljährlich mit einer eindrucksvollen Zeremonie gefeiert wurde. Das Heidentum nahm offiziell sein Ende; das Mittelalter des triumphierenden Glaubens hatte sozusagen seinen offiziellen Anfang genommen. Der Osten gewann seinen geistigen Kampf gegen den körperlich siegreichen Westen und schickte sich an, die Seele des Westens tausend Jahre lang zu beherrschen.

Nachdem Konstantinopel Hauptstadt geworden war, wurde es innerhalb zweier Jahrhunderte zur reichsten, schönsten und zivilisiertesten Stadt der Welt, und blieb es zehn Jahrhunderte lang. Im Jahre 337 wohnten etwa fünfzigtausend Menschen in der Stadt; im Jahre 400 waren es etwa hunderttausend, 500 fast eine Million[4]. Ein amtliches Dokument (etwa 450) spricht von fünf kaiserlichen Palästen, sechs Palästen für die Hofdamen, dreien für hohe Würdenträger, von 4388 Herrschaftshäusern, 322 Straßen, 52 Säulengängen; dazu kamen noch tausend Läden und Werkstätten, hundert Vergnügungsstätten, prächtige Bäder, glänzend ausgeschmückte Kirchen und prachtvolle Plätze, die veritable Kunstmuseen der klassischen Welt waren[5]. Auf dem zweiten der Hügel, die die Stadt über die sie umringenden Gewässer erheben, lag das Konstantinsforum, ein elliptischer Raum, den man an beiden Enden durch einen Triumphbogen betrat; er war ringsum durch Säulengänge und Statuen eingefaßt; auf der nördlichen Seite stand ein prächtiges Senatsgebäude; in der Mitte ragte eine berühmte Porphyrsäule empor, vierzig Meter hoch, von einer Apollonstatue gekrönt und dem Pheidias selbst zugeschrieben.

Vom Forum aus führte eine breite *mese*, ein Mittelweg, an dem sich Paläste und schattenspendende Kolonnaden reihten, in westlicher Richtung durch die Stadt zu dem Augustaeum, einem 100 auf 350 Meter messenden Platz, der seinen Namen nach Konstantins Mutter Helena, der *Augusta*, hatte. Am Nordende dieses Platzes stand die Hagia Sophia – die Kirche der Heiligen Weisheit – in ihrer ersten Gestalt; auf der Ostseite war eine zweite Senatskammer erbaut; im Süden standen der Hauptpalast des Kaisers und die gewaltigen Thermen des Zeuxippos mit Hunderten von Marmor- und Bronzestatuen; am Westende zeigte ein gewölbtes Denkmal, das Milion – der Meilenstein –, den Punkt an, von dem aus die vielen großartigen Straßen (von denen einige noch heute benutzt werden) ausstrahlten, die die Provinzen mit der Hauptstadt verbanden. Hier lag auch, westlich des Augustaeum, der große Rennplatz. Zwischen ihm und der Hagia Sophia dehnte sich der Kaiserpalast, auch der Heilige Palast genannt, aus, ein marmorner Gebäudekomplex inmitten von 150 Morgen Gärten und Säulengängen. Hier und dort verstreut und in den Vorstädten waren die Herrenhäuser des Adels zu finden. In den engen, winkligen, überfüllten Seitenstraßen lagen die Werkstätten der Handwerker und die Wohnungen und Mietskasernen des Volkes. An seinem Westausgang mündete der Mittelweg durch die «Goldene Pforte» – in der Mauer des Konstantin – auf das Marmarameer aus. Paläste umrahmten die drei Küsten und erzitterten in dem widerspiegelnden Glanze der Wellen.

Die Bevölkerung der Stadt bestand aus einer hauptsächlich römischen Oberschicht und einem überwiegend griechischen Rest. Alle nannten sich gleicherweise Römer. Während die Staatssprache das Lateinische war, blieb das Griechische doch die Sprache des Volkes und ersetzte im siebenten Jahrhundert das Lateinische sogar als Regierungssprache. Unter den hohen Beamten und den Senatoren bestand ein Adel von Grundbesitzern, die bald in der Stadt, bald auf ihren Landsitzen hausten. Von diesen verachtet, aber ihnen an Reichtum nicht nachstehend, waren die Kaufleute, die die Erzeugnisse von Konstantinopel und seinem Hinterland gegen diejenigen der ganzen Welt austauschten; weiter unten auf der Stufenleiter stand eine anschwellende Bürokratie von Regierungsbeamten, unter diesen die Ladenbesitzer und die Handwerksmeister von zahllosen Gewerben; unter diesen eine Masse von formell freien Arbeitern, ein lärmender Haufe ohne politische Rechte, der gewöhnlich vom Hunger und der Polizei in Disziplin gehalten wurde und sich durch Wettrennen, Spiele und eine tägliche Kornspende von 80 000 Scheffeln Getreide oder Brotlaiben den Frieden erkaufen ließ. Ganz unten kamen, wie überall im Reich, die Sklaven; sie waren nicht so zahlreich wie in Rom und erfuhren durch die Gesetzgebung des Konstantin und den mäßigenden Einfluß der Kirche eine menschlichere Behandlung[6].

Von Zeit zu Zeit verließ die freie Bevölkerung den Arbeitsplatz, um die Rennbahn zu bevölkern. Dort bot ein Amphitheater von 160 Metern Länge und 115 Metern Breite Platz für 30000 bis 70000 Zuschauer[7]; diese waren gegen die Arena durch einen elliptischen Wassergraben geschützt; zwischen den Spielen konnten sie unter einer schattigen, mit Marmorgeländer versehenen Promenade von 830 Metern Länge lustwandeln[8]. Entlang der *spina*, dem «Rückgrat» der Laufbahn, einer niedrigen Mauer, die sich mitten durch die Arena von dem einen Wendepunkt zu dem anderen hinzog, waren Statuen aufgestellt. In der Mitte der *spina* stand ein aus Ägypten herbeigeschaffter Obelisk von Thothmes III.; im Süden ragte eine Säule aus zwei ineinander verschlungenen Bronzeschlangen auf, die ursprünglich zur Erinnerung an die Schlacht von Plataiai in Delphoi aufgestellt worden war (479 v.Chr.); beide Denkmäler stehen heute noch. Die Kaiserloge, die *kathisma*, wurde im fünften Jahrhundert mit vier Pferden in Goldbronze, einem antiken Werk des Lysippos, ausgeschmückt. Auf diesem Rennplatz wurden die großen nationalen Feste mit Prozessionen, sportlichen Wettkämpfen, akrobatischen Schaustellungen, Tierhetzen und -kämpfen und Vorführungen von exotischen Tieren und Vögeln gefeiert. Griechische Tradition und christliches Empfinden wirkten zusammen, um die Vergnügungen Konstantinopels weniger grausam als diejenigen Roms zu machen; aus der neuen Hauptstadt hören wir nichts von Gladiatorenkämpfen. Die 24 Pferde- und Wagenrennen, die gewöhnlich den Hauptteil des Programms ausmachten, sorgten aber doch für die ganze Aufregung und Spannung, die einem römischen Festtag das Gepräge gegeben hatten. Rennreiter und Wagenlenker gehörten, entsprechend ihrem Herrn und ihrer Kleidung, den verschiedenen Parteien der Blauen, Roten, Grünen und Weißen an; die Hauptparteien – die Blauen und die Grünen – kämpften mit der Kehle auf dem Rennplatz und gelegentlich mit Messern auf der Straße. Nur bei den Spielen konnte das gewöhnliche Volk seinen Gefühlen Stimme geben; dort beanspruchte es das Recht, den Herrscher um einen Gefallen zu bitten, Reformen zu verlangen, die Absetzung von tyrannischen Beamten zu fordern, ja manchmal den Kaiser selbst zu schelten, der sicher auf seinem erhöhten Sessel saß und über einen bewachten Ausgang zu seinem Palast verfügte.

Sonst besaß das gewöhnliche Volk keinerlei politische Rechte. Die konstantinische Verfassung, die die diokletianische fortsetzte, war durchaus monarchistisch. Die beiden Senate – in Konstantinopel und in Rom – konnten beraten, Gesetze erlassen, Recht sprechen, mußten sich aber jederzeit dem kaiserlichen Vetorecht unterwerfen; ihre gesetzgeberischen Funktionen waren weitgehend an die kaiserlichen Ratgeber, an das *sacrum consistorium principis*, übergegangen. Der Kaiser selbst konnte durch gewöhnlichen Erlaß Gesetze schaffen, und sein Wille galt als das oberste Gesetz. Nach der Ansicht der Kaiser hatte die Demokratie versagt; sie war durch die Reichsbildung, an der sie tätigen Anteil genommen hatte, zerstört worden; die Demokratie war vielleicht geeignet, einen Stadtstaat zu regieren, aber nicht hundert verschiedene Staaten; sie hatte die Freiheit in Zügellosigkeit, die Zügellosigkeit in Chaos entarten lassen, bis ihre Klassenkämpfe und Bürgerkriege das wirtschaftliche und politische Leben des ganzen Mittelmeerraumes bedroht hatten. Diokletian und Konstantin kamen zu dem Schluß, daß man nur dann wieder zu einer Ordnung gelangen konnte, wenn man die höheren Ämter an einen Adel aus Grafen *(comites)* und Herzögen *(duces)* übertrug; dieser Adel war nicht ein Geburtsadel, sondern wurde von einem Kaiser verliehen, der die volle Verantwortlichkeit und Macht besaß und mit dem ganzen ehrfurchtsgebietenden Ansehen einer zeremoniellen Unnahbarkeit, eines orientalischen Pomps und der kirchlichen Krönung, Heiligung und Unterstützung ausgestattet war. Vielleicht fand das System seine Rechtfertigung in der augenblicklichen Lage, es erlegte aber dem Herrscher als einzige Hemmung den Ratschlag willfähriger Adjutanten und die Furcht vor einem gewaltsamen Tod auf. Es führte zu einer bemerkenswert leistungsfähigen administrativen und richterlichen Organisation und erhielt das Byzantinische Reich ein Jahrtausend lang am Leben, aber auf Kosten einer politischen Stagnation, einer Verkümmerung des öffentlichen Lebens, auf Kosten von Verschwörungen am Hofe, von Eunuchenintrigen, von Nachfolgekriegen und von einer Reihe von Palastrevolutionen, die den Thron gelegentlich einem fähigen, selten einem rechtschaffenen Monarchen, allzuoft einem skrupellosen Abenteurer, einem oligarchischen Ränkeschmied oder einem kaiserlichen Narren zufallen ließ.

II. CHRISTEN UND HEIDEN

In diesem Mittelmeerraum des vierten Jahrhunderts, in dem der Staat so sehr von der Religion abhing, bestand eine derartige Verwirrung in kirchlichen Angelegenheiten, daß der Staat sich berufen fühlte, sogar in die Geheimnisse der Theologie einzugreifen. Die große Auseinandersetzung zwischen Athanasios und Arius hatte mit dem Konzil von Nikaia (325) noch nicht sein Ende gefunden. Viele Bischöfe – im Osten waren sie in der Mehrzahl[9] – standen noch offen oder heimlich auf Arius' Seite; das heißt, daß sie Christus als Sohn Gottes, aber weder als wesensgleich noch als gleichewig ansahen. Konstantin selbst, der das Dekret des Konziles gebilligt und Arius verbannt hatte, lud ihn zu einer persönlichen Unterredung (331), konnte an ihm nichts Ketzerisches finden und empfahl die Wiedereinsetzung des Arius und der Arianer in ihre Kirchen; Athanasios erhob Einspruch; ein Konzil der Bischöfe des Ostens in Tyrus entzog ihm die Würde eines Bischofs von Alexandrien (335), und zwei Jahre lang lebte er als Verbannter in Gallien. Arius suchte wiederum Konstantin auf und gab an, ein Anhänger des nikaeischen Glaubensbekenntnisses zu sein, wobei er spitzfindige Vorbehalte machte, deren Verständnis man von einem Kaiser nicht erwarten kann. Konstantin schenkte ihm Glauben und befahl Alexander, dem Patriarchen von Konstantinopel, ihn zur Kommunion zuzulassen. Der Kirchenhistoriker Sokrates berichtet bei dieser Gelegenheit von einem peinlichen Begebnis:

> Es war gerade Samstag, und Arius wollte am folgenden Tage mit seiner Gemeinde zusammenkommen, aber die göttliche Strafe vereitelte dieses verbrecherische Unterfangen. Denn als er den Kaiserpalast verließ ... und sich der Porphyrsäule im Konstantinsforum näherte, da überkam ihn ein gewaltiger Schrecken, und seine Eingeweide entleerten sich heftig ... Mit den Entleerungen traten auch die Gedärme aus, und es erfolgte ein starker Blutsturz, bei dem auch das kleinere Eingeweide hinunterkam; mit dem Blut wurden auch Teile der Leber und der Milz ausgeschieden, so daß er fast augenblicks verschied.[10]

Als Konstantin von dieser rechtzeitigen Läuterung erfuhr, begann er sich denn doch zu fragen, ob Arius nicht vielleicht doch ein Häretiker sei. Als der Kaiser aber selbst das Zeitliche segnete, da erhielt er die Taufriten von seinem Freund und Ratgeber Eusebios, dem Bischof von Nikomedien, einem Arianer.

Constantius nahm es mit der Theologie ernster als sein Vater. Er stellte selbst Nachforschungen über Jesu Vaterschaft an, bekannte sich zum arianischen Standpunkt und betrachtete es als eine sittliche Verpflichtung, ihn der ganzen Christenheit aufzuzwingen. Athanasios, der bald nach dem Tod des Konstantin zu seinem Bischofssitz zurückgekehrt war, wurde wiederum vertrieben (339); Kirchenkonzile, die von dem neuen Kaiser einberufen und beherrscht wurden, bestätigten lediglich die Ähnlichkeit, nicht aber die Wesensgleichheit Christi mit dem Vater; Geistliche, die dem Glaubenssatz von Nikaia die Treue hielten, wurden von ihren Kirchen entfernt, manchmal vom Pöbel unter Gewaltanwendung; ein halbes Jahrhundert lang hatte es den Anschein, als ob die Christenheit unitarisch werden und die Göttlichkeit Christi aufgeben würde. In dieser schweren Zeit sagte Athanasios von sich selbst, er kämpfe *solus contra mundum;* die gesamte Staatsmacht stand gegen ihn, und sogar seine alexandrinische Gemeinde wandte sich gegen ihn. Fünfmal mußte er von seinem Bischofssitz fliehen, oft unter Lebensgefahr, um in fremden Landen seine Zuflucht zu suchen; ein halbes Jahrhundert lang (323–373) kämpfte er mit geduldiger Diplomatie und beredtem Tadel für das Glaubensbekenntnis, das unter seiner Führung in Nikaia seinen Wortlaut erhalten hatte; er beharrte fest auf seinem Standpunkt, sogar als der Papst Liberius nachgab. Vor allem ihm verdankt die Kirche ihre Doktrin von der Dreieinigkeit.

Athanasios legte seinen Fall Papst Julius I. vor (340). Julius gab ihm seine Bischofswürde wieder, aber ein Konzil der Bischöfe des Ostens in Antiochien (340) bestritt die Rechtsprechung des Papstes und ernannte Gregorios, einen Arianer, zum Bischof von Alexandrien. Als Gregorios in die Stadt kam, artete der Parteienzwist in blutigen Aufruhr aus, wobei viele Menschen das Leben verloren, und Athanasios zog sich zurück, um weiteres Blutvergießen zu verhindern (342)[11]. In Konstantinopel wütete ein gleicher Kampf; als Constantius befahl, den rechtgläubigen Patrioten Paulus durch den Arianer Macedonius zu ersetzen, widersetzte sich eine Schar von Anhängern des Paulus den Soldaten des Kaisers, und 3000 Menschen kamen ums Leben. Wahrscheinlich wurden in diesen beiden Jahren (342–343) mehr Christen von Christen umgebracht, als Christen bei allen Verfolgungen in der ganzen Geschichte Roms durch Heiden ihr Leben verloren.

Die Christen waren sich in fast allen Punkten uneinig – außer in dem einen, daß man die heidnischen Tempel schließen, ihr Besitztum beschlagnahmen und die gleichen Waffen des Staates gegen sie und ihre Gläubigen einsetzen müsse, die vorher die Christenheit bedrängt hatten[12]. Konstantin hatte die heidnischen Opfer- und Kulthandlungen behindert, aber nicht verboten; Constans verbot sie unter Androhung der Todesstrafe; Constantius ließ alle Tempel des ganzen Reiches schließen, jedes heidnische Ritual einstellen. Wer dem Befehle nicht nachkam, sollte seinen Besitz und sein Leben verlieren; diese Strafen wurden auch auf Provinzstatthalter ausgedehnt, die es unterließen, dem Erlaß Geltung zu verschaffen[13]. Und doch erhielten sich heidnische Inseln in der sich ausbreitenden christlichen See. Die älteren Städte – Athen, Antiochien, Smyrna, Alexandrien, Rom – beherbergten noch viele Heiden, vor allem Adlige und Gelehrte. In Olympia wurden die Spiele bis zur Zeit Theodosius' I. (379–395) abgehalten; in Eleusis fanden die Mysterienfeiern statt, bis Alarich den dortigen Tempel im Jahre 396 zerstörte, und die Schulen Athens fuhren fort, wenn auch mit besänftigenden Auslegungen, die Lehren eines Platon, Aristoteles und Zenon zu überliefern (Epikur wurde geächtet, und sein Name wurde gleichbedeutend mit Atheist). Konstantin und sein Sohn zahlten weiterhin die Gehälter der Gelehrten und Professoren, die zusammen so etwas wie die Universität von Athen ausmachten; Rechtsanwälte und Rhetoren strömten immer noch dorthin, um die Kniffe der Beredsamkeit zu lernen, und heidnische Sophisten – Lehrer der Weisheit – boten ihre Ware einem jeden, der sie zu bezahlen vermochte. Ganz Athen war stolz auf seinen verehrten Proairesios, der als ein armer Jüngling in die Stadt gekommen war, sein Bett und sein Mäntelchen mit einem anderen Studenten geteilt hatte, zum offiziellen Lehrstuhl der Rhetorik aufgestiegen war und mit siebenundachtzig immer noch so gut aussah und so kräftig und beredsam war, daß sein Schüler Eunapios in ihm einen «ewigjungen und unsterblichen Gott»[14] erblickte.

Der führende Sophist des vierten Jahrhunderts war aber Libanios. 314 in Antiochien geboren, hatte er sich von einer liebenden Mutter losgerissen, um zum Studium nach Athen zu gehen; man bot ihm eine reiche Erbin als Gattin an, falls er bleiben wolle, aber er erklärte, er würde auch die Hand einer Göttin ausschlagen, nur um den Rauch Athens zu sehen[15]. Seine Lehrer dort nutzte er als Anregung, nicht als Orakel, und inmitten eines Wirrsals von Professoren und Lehrstätten bildete er sich selbst aus. Nachdem er eine Zeitlang in Konstantinopel und Nikomedien Vorlesungen gehalten hatte, kehrte er (354) nach Antiochien zurück und gründete dort eine Schule, die vierzig Jahre lang die bestbesuchte und berühmteste des ganzen Reiches war; wie er uns versichert, war sein Ruf so groß, daß seine Exordien in den Straßen gesungen wurden[16]. Ammianus Marcellinus, der hl. Johannes Chrysostomos und der hl. Basileios zählten zu seinen Schülern. Er erfreute sich der Gunst von christlichen Fürsten, obgleich er sich in Wort und Schrift für das Heidentum einsetzte und in den Tempeln Opfer darbrachte. Als die Bäcker von Antiochien einmal streikten, wurde er von beiden Seiten als Schiedsrichter gewählt; als Antiochien sich gegen Theodosius I. erhob, wurde er von der bestraften Stadt dazu ausersehen, ihre Sache vor dem Kaiser zu verteidigen[17]. Er überlebte seinen ermordeten Freund Julian und den Zusammenbruch der heidnischen Wiedergeburt um fast ein Menschenalter.

Das Heidentum des vierten Jahrhunderts zeigte sich in vielerlei Gestalt: Mithraismus, Neoplatonismus, Stoizismus, Kynismus und die örtlichen Kulte von städtischen oder bäuerlichen Gottheiten. Der Mithraismus hatte an Boden verloren, aber der Neoplatonismus stellte in Religion und Philosophie immer noch eine Macht dar. Die Lehren, denen Plotin eine schattenhafte Form gegeben hatte, die Doktrinen vom dreieinigen Geist, der die ganze Realität verbinde, vom Logos, einer Zwischengottheit, die das Schöpfungswerk vollbracht habe, von der Göttlichkeit der Seele und vom Fleischlichen und Bösen der Materie, von Existenzsphären, über deren unsichtbare Stufenleiter die Seele von Gott zum Menschen hinabgestiegen sei und wiederum vom Menschen zu Gott aufsteigen könne – diese mystischen Gedanken und Vorstellungen wirkten auf die Apostel Paulus und Johannes ein, fanden viele Nachahmer unter den Christen und gaben vielen christlichen Häresien die Gestalt[18]. Iamblichos aus Chalkis ließ in der neuplatonischen Philosophie zum Mysterium das Wunder treten: Der Mystiker sehe nicht nur Dinge, die den Sinnen unsichtbar blieben, sondern erwerbe auch – durch die Berührung Gottes in der Ekstase – göttliche Zauber- und Wahrsagekräfte. Ein Schüler des Iamblichos, Maximus von Tyrus, verband seinen Anspruch auf mystische Kräfte mit einem hingebungsvollen und beredsamen Heidentum, das den Julian auf seine Seite hinüberzog. Zur Verteidigung der Götzenbilder im heidnischen Kult gegen den christlichen Zorn erklärt Maximus:

> Gott der Vater und Erschaffer alles Seienden, älter als Sonne und Himmel, größer als Zeit und Ewigkeit und der Fluß des Seins, kann von keinem Gesetzgeber mit Namen bezeichnet, von keiner Stimme mit Worten ausgesprochen werden, kein Auge kann ihn sehn. Wir aber, die wir seine Wesenhaftigkeit nicht erfassen können, nehmen Worte und Namen und Bilder zu Hilfe und gehämmertes Gold und Elfenbein und Silber und Pflanzen und Ströme und Wildbäche und Bergesgipfel, in unserer Sehnsucht, ihn zu kennen; und in unserer Schwäche benennen wir nach seiner Natur alles, was da schön ist in dieser Welt ... Läßt ein Grieche sich durch Pheidias' Kunst zum Gedenken Gottes bewegen, und der Ägypter durch den Tierkult, oder ein anderer durch die Verehrung eines Flusses oder des Feuers, so zürne ich ihnen nicht ob dieser Abweichungen, wenn sie nur spüren, wenn sie nur gedenken, wenn sie nur lieben.[19]

Es war zum Teil der Beredsamkeit des Libanios und des Maximus zu verdanken, daß Julian sich vom Christentum zum Heidentum bekehrte. Als ihr Schüler auf den Thron kam, eilte Maximus nach Konstantinopel, und Libanios sang in Antiochien ein Triumph- und Freudenlied: «Siehe, wahrhaftig sind wir dem Leben wiedergegeben; ein Zug des Glückes geht über die ganze Erde, derweil ein wirklicher Gott im Gewande eines Menschen die Welt regiert[20].»

III. DER NEUE CAESAR

Flavius Claudius Iulianus wurde im Jahre 332 in Konstantinopel als Neffe des Konstantin in fürstlichem Range geboren. Sein Vater, sein ältester Bruder und die meisten seiner Vettern kamen in dem Massaker, das die Regierungszeit von Konstantins Söhnen einleitete, ums Leben. Er wurde nach Nikomedien gebracht, um dort von Bischof Eusebios erzogen zu werden; er erhielt eine zu große Dosis Theologie verabreicht und zeigte Anzeichen, als ob er ein Heiliger werden wollte. Mit sieben Jahren begann er das Studium der klassischen Literatur bei Mardonios; die Begeisterung des alten Eunuchen für Homer und Hesiod übertrug sich auf seinen Schüler, und Julian trat mit aufgeschlossenem Geiste und voller Entzücken in die lichte und poetische Welt der griechischen Mythologie ein.

Im Jahre 341 wurden Julian und sein Bruder Gallus aus uns unbekannten Gründen nach Kappadokien verbannt, wo sie sechs Jahre lang in der Burg von Makellon praktisch als Gefangene weilten. Nach seiner Freilassung durfte Julian eine Zeitlang in Konstantinopel leben; seine jugendliche Lebhaftigkeit, seine Aufrichtigkeit und sein Geist machten ihn aber zu beliebt für den Seelenfrieden des Kaisers. Er wurde wiederum nach Nikomedien geschickt, wo er das Studium der Philosophie begann. Er wollte dort an den Vorlesungen des Libanios teilnehmen, durfte aber nicht; es gelang ihm jedoch, vollständige Nachschriften der Vorträge des Meisters zu erhalten. Er war nun ein hübscher und beeindruckbarer Jüngling von siebzehn Jahren, reif für die gefährliche Faszination der Philosophie. Und während die Philosophie und die freie Spekulation in ihrer ganzen Anziehungskraft auf ihn zukamen, wurde ihm das Christentum zugleich als ein System unanfechtbarer Dogmen und als eine Kirche vorgeführt, die durch den Streit um den Arianismus und die gegenseitigen Exkommunikationen von Ost und West zerrissen, unruhig und gespalten war.

Im Jahre 351 wurde Gallus Caesar – das heißt gesetzmäßiger Thronfolger – und nahm die Regierungsgeschäfte in Antiochien auf. Julian, der eine Zeitlang frei war von kaiserlichem Verdacht, wanderte von Nikomedien nach Pergamon und Ephesos und studierte Philosophie unter Edesius, Maximus und Chrysanthios, der seine heimliche Bekehrung zum Heidentum vollendete. Plötzlich zitierte im Jahre 354 Constantius beide, Gallus und Julian, nach Mailand, wo er Gericht hielt. Gallus hatte seine Befehlsgewalt überschritten und die asiatischen Provinzen mit einer despotischen Grausamkeit regiert, die sogar den Constantius empörte. Ihm wurde vor dem Kaiser der Prozeß gemacht; er wurde verschiedener Vergehen überführt und kurzerhand enthauptet. Julian wurde mehrere Monate lang in Italien bewacht gehalten; schließlich vermochte er den Monarchen trotz seines Argwohns zu überzeugen, daß er niemals an Politik gedacht habe und sein einziges Interesse der Philosophie gelte. Constantius stellte mit Erleichterung fest, daß er es nur mit einem Philosophen zu tun hatte, und verbannte ihn nach Athen (355). Julian, der ein Todesurteil erwartet hatte, fand sich leicht mit einer Verbannung ab, die ihn an den Urquell der heidnischen Gelehrsamkeit, Religion und Philosophie brachte.

Sechs glückliche Monate verbrachte er dort, studierte in den Hainen, die Platons Stimme vernommen hatten, befreundete sich mit Themistios und anderen unsterblichen und längstvergessenen Philosophen, erfreute sie durch seinen Lerneifer und bezauberte die Bürger durch seine gewinnende und bescheidene Lebensart. Er verglich diese feingeschliffenen Heiden, die Erben einer jahrtausendealten Kultur, mit den schwerfälligen Gottesgelehrten, die ihn in Nikomedien umgeben hatten, oder den frommen Staatsmännern, die es für notwendig hielten, seinen Vater, seinen Bruder und viele andere umzubringen, und er kam zu dem Schluß, daß es keine wilderen Tiere gebe als die Christen[21]. Die Tränen kamen ihm, wenn er von den zerstörten Tempeln, den geächteten Heidenpriestern, dem eingezogenen und an Eunuchen und Parteigänger verteilten Tempelvermögen erfuhr[22]. Wahrscheinlich fällt die vorsichtigerweise in aller Stille vollzogene Initiation in die eleusinischen Mysterien in diese Zeit. Die Moral des Heidentums entschuldigte die Verheimlichung seiner Abtrünnigkeit. Seine Freunde und Lehrer, die um das Geheimnis wußten, konnten schwerlich zulassen, daß er es preisgab; sie wußten sehr wohl, daß Constantius ihm die Krone des Märtyrertums aufsetzen würde, und daran war ihnen keineswegs gelegen; sie harrten mit Freuden der Zeit, da ihr Schützling auf den Kaiserthron kommen und ihnen wieder zu ihren Einkünften und Göttern verhelfen würde. Zehn Jahre lang unterwarf sich Julian in allen äußeren Dingen dem christlichen Glaubensbekenntnis und las sogar öffentlich in der Kirche aus der Heiligen Schrift[23].

Während dieser besorgten Verborgenheit erhielt er eine neue Vorladung, sich dem Kaiser in Mailand zu stellen. Er wagte kaum hinzugehen; die Kaiserin Eusebia ließ ihn aber wissen, daß sie sich bei Hofe für seine Sache eingesetzt habe und nichts zu befürchten sei. Zu seiner Verwunderung gab ihm Constantius seine Schwester Helena zur Gemahlin, verlieh ihm den Titel eines Caesars und übertrug ihm die Regierung von Gallien (355). Der schüchterne Jüngling, der Junggeselle im Gewande des Philosophen, legte sich ohne sonderliches Behagen die Uniform des Feldherrn und die Pflichten des Ehestandes zu. Sehr ungelegen muß ihm außerdem die Nachricht gekommen sein, daß die Germanen den Bürgerkrieg, der die Militärmacht des Westens fast völlig erschöpft hatte, ausnutzten und in die römischen Provinzen am Rhein einfielen, eine römische Armee niederwarfen, die alte römische *colonia* Köln plünderten, 44 andere Städte einnahmen, das Elsaß eroberten und sechzig Kilometer weit in Gallien eindrangen. Angesichts dieser neuen drohenden Gefahr wandte sich Constantius an den Jüngling, dem er, argwöhnisch und geringschätzig zugleich, zumutete, sich augenblicks in einen Staatsmann und Krieger zu verwandeln. Er gab Julian eine Leibwache von 360 Mann mit, beauftragte ihn, die gallische Armee zu reorganisieren und schickte ihn über die Alpen.

Julian verbrachte den Winter in Vienne an der Rhone, wo er sich militärisch ausbildete und eifrig in der Kriegskunst unterrichtete. Im Frühling 356 stellte er in Reims eine Armee auf, trieb die germanischen Eindringlinge zurück und nahm Köln wieder ein. In Sens wurde er von den Alemannen – dem Stamm, der Deutschland einen Namen gab – belagert, wies dreißig Tage lang ihre Angriffe ab, vermochte der Bevölkerung und seinen Truppen genügend Nahrungsmittel zu verschaffen und brach die Geduld des Feindes. Hierauf wandte er sich gegen Süden und stellte sich der Hauptarmee der Alemannen bei Straßburg; an der Spitze eines halbmondförmigen Keiles führte er, ein glänzender Taktiker und unerschrockener Kämpfer, seine Truppen zu einem entscheidenden Sieg über eine Streitmacht, die der seinen zahlenmäßig weit überlegen war[24]. Gallien konnte wieder freier atmen; aber im Norden wüteten die salischen Franken immer noch im Maastal. Julian wandte sich gegen sie, schlug sie, trieb sie über den Rhein und kehrte im Triumph nach der Provinzhauptstadt Paris zurück. Die dankbaren Gallier bejubelten den jungen Caesar als einen neuen Julius, und seine Soldaten gaben bereits laut der Hoffnung Ausdruck, daß er bald Kaiser werden würde.

Er blieb fünf Jahre in Gallien, siedelte Menschen in verwüsteten Gebieten an, reorganisierte die Verteidigung des Rheins, unterband die wirtschaftliche Ausbeutung und die politische Korruption, verhalf der Provinz wieder zum Wohlstand und der Regierung zu einem geordneten Finanzhaushalt und brachte es doch fertig, zu gleicher Zeit die Steuern zu senken. Man staunte über diesen nachdenklichen Jüngling, der so spät seinen Büchern entrissen worden war und sich wie durch Zauber in einen Feldherrn, einen Staatsmann, einen gerechten, aber milden Richter verwandelt hatte[25]. Er stellte den Grundsatz auf, daß ein Angeklagter so lange als unschuldig zu gelten habe, bis er der Schuld überführt sei. Numerius, ein gewesener Statthalter der Gallia Narbonensis, wurde der Unterschlagung bezichtigt; er leugnete jede Schuld und konnte in keinem Punkt widerlegt werden. Der Richter Delfidius rief in seiner Verzweiflung über den Mangel an Beweisen aus: «Kann man, o mächtiger Caesar, überhaupt jemanden für schuldig befinden, wenn er nur die Schuld zu bestreiten braucht?» Worauf Julian entgegnete: «Kann man überhaupt jemanden für unschuldig befinden, wenn er nur angeklagt zu werden braucht?» «Solcher und ähnlicher leutseliger Züge gibt es von ihm mehrere», meint Ammian dazu[26].

Seine Reformen trugen ihm viel Feindschaft ein. Beamte, die Nachforschungen durch ihn zu befürchten hatten oder ihn um seine Beliebtheit beneideten, klagten ihn heimlich bei Constantius an, er wolle sich gewaltsam in den Besitz des Kaiserthrones bringen. Julian begegnete der Klage mit einem übertriebenen Preislied, das er auf den Kaiser verfaßte. Constantius, immer noch mißtrauisch, berief den gallischen Präfekten Sallust ab, der loyal mit Julian zusammengearbeitet hatte. Wenn wir Ammian Glauben schenken dürfen, bestach die Kaiserin Eusebia, die selbst keine Kinder hatte, in ihrer Eifersucht die Dienerinnen von Julians Gattin, damit sie ihr jedesmal, wenn sie schwanger war, ein abtreibendes Mittel verabreichten; als Helena trotzdem ein Kind gebar, schnitt die Hebamme die Nabelschnur so nahe am Körper ab, daß das Kind verblutete[27]. Inmitten all dieser Kümmernisse erhielt Julian von Constantius den Befehl (360), die besten Truppen seiner gallischen Armee zur Teilnahme am Feldzug gegen Persien zu entsenden.

Die Forderung des Constantius war gerechtfertigt. Schapur II. hatte die Rückgabe von Mesopotamien und Armenien gefordert (358); auf die Weigerung des Constantius hin belagerte und nahm Schapur Amida (jetzt Diyarberkir in Türkisch Kurdistan). Constantius eröffnete den Feldzug gegen ihn und befahl dem Julian, für den Krieg in Asien von jedem gallischen Regiment 300 Mann an die kaiserlichen Legaten abzugeben. Julian erhob Einspruch, da diese Soldaten unter der Bedingung, daß sie nie jenseits der Alpen Dienst leisten müßten, in die Armee eingetreten seien, und er warnte davor, die gallische Armee dermaßen zu schwächen, da sonst Gallien nicht mehr sicher sei (sechs Jahre darauf gelang es den Germanen, in Gallien einzubrechen). Er befahl seinen Soldaten aber doch, den Anordnungen der Legaten Folge zu leisten. Die Soldaten weigerten sich, umringten Julians Palast, bejubelten ihn als *Augustus*, das heißt Kaiser, und baten ihn, sie in Gallien zurückzubehalten. Er riet wiederum zum Gehorsam; die Soldaten beharrten auf ihrem Ersuchen; Julian hatte, wie bereits ein früherer Caesar, den Eindruck, der Würfel sei gefallen, nahm den Kaisertitel an und brach auf, um für das Kaiserreich und um sein Leben zu kämpfen. Die Armee, die sich geweigert hatte, Gallien zu verlassen, verpflichtete sich nun, nach Konstantinopel zu marschieren und Julian auf den Thron zu setzen.

Constantius war in Kilikien, als er von dem Aufstand Nachricht erhielt. Er verbrachte ein weiteres Jahr im Kampf gegen Persien und setzte seinen Thron auf das Spiel, um sein Land zu schützen; als er mit Schapur zu einem Waffenstillstand gelangt war, wandte er sich mit seinen Legionen gegen Westen, um gegen seinen Vetter zu kämpfen. Julian drang mit einer kleinen Streitmacht vor. In Sirmium (bei Belgrad) machte er eine Weile Rast; dort bekannte er endlich seine Bekehrung zum Heidentum vor aller Welt. Dem Maximus schrieb er voller Begeisterung: «Wir verehren nun die Götter in aller Öffentlichkeit, und das ganze Heer mit mir nimmt an dem Kulte teil[28].» Er hatte das Glück, aus einer prekären Lage errettet zu werden: Im November 361 starb Constantius bei Tarsos an einem Fieber, fünfundvierzig Jahre alt. Einen Monat darauf zog Julian in Konstantinopel ein, bestieg den Thron, ohne auf Widerstand zu stoßen, und stand mit dem ganzen Anschein des liebenden Vetters den Todesfeierlichkeiten für Constantius vor.

IV. DER HEIDNISCHE KAISER

Julian war nun einunddreißig Jahre alt. Ammian, der ihn häufig zu sehen bekam, schildert ihn folgendermaßen:

> Was endlich seine Körpergestalt betrifft, so war er von mittelmäßiger Größe: Seine Haare waren weich, wie gekämmt, der Bart kraus und spitz zugeschnitten, die Augen schön und voll Feuer, welche die Tiefe seines Geistes ahnen ließen, die Augenbrauen anmutig gewölbt, die Nase gerade, der Mund etwas groß, mit hängender Unterlippe, der Nacken dick und etwas gebogen, die Schultern derb und breit; vom Scheitel bis zur Zehe ebenmäßig gebaut, erschien er persönlich stark und schnell auf den Füßen.[29]

Seine eigene Darstellung ist nicht so schmeichelhaft:

> Obschon die Natur mich nicht gerade mit einem schönen Gesicht gesegnet hat, habe ich mir aus reiner Perversion diesen langen Bart stehen lassen ... ich jage nach den Läusen, die in ihm herumtollen, als wäre er ein Dickicht für wilde Tiere ... Mein Kopf ist ungepflegt; selten schneide ich mir die Haare oder die Nägel, und meine Finger sind fast stets von Tinte geschwärzt.[30]

Es war sein Stolz, daß er inmitten des luxuriösen Hoflebens die Einfachheit des Philosophen beibehielt. Er entledigte sich sofort der Eunuchen, Barbiere und Spione, die dem Constantius gedient hatten. Seine junge Gattin war gestorben, und er beschloß, sich nicht wieder zu verehelichen, so daß er keinen Bedarf an Eunuchen hatte; ein einziger Barbier war nach seiner Meinung für das gesamte Personal des Palastes genug; Köche brauchte er auch keine, da er nur die allereinfachsten Speisen aß, die jedermann zubereiten konnte[31]. Dieser Heide lebte und kleidete sich wie ein Mönch. Offenbar lebte er nach dem Tode seines Weibes in geschlechtlicher Enthaltsamkeit. Er schlief auf einem harten Lager in einem ungeheizten Raum[32]; er ließ während des ganzen Winters keines seiner Gemächer heizen, «um sich an die Kälte zu gewöhnen». An Vergnügungen fand er keinen Geschmack. Das Theater mit seinen schlüpfrigen Pantomimen mied er, und auch vom Rennplatz hielt er sich fern, womit er das Volk beleidigte; an hohen Festen nahm er eine Weile an den Spielen teil, da ihm aber ein Rennen gleich wie das andere vorkam, zog er sich bald wieder zurück. Anfangs war das Volk von seinen Tugenden, seiner asketischen Lebensweise, seiner Art, sich hingebungsvoll der Kleinarbeit und den schweren Aufgaben der Regierung zu widmen, sehr beeindruckt; man verglich ihn als Feldherrn mit Trajan, als Heiligen mit Antoninus Pius, als Philosophenkönig mit Marc Aurel[33]. Es ist erstaunlich, wie schnell dieser junge Heide von einer Stadt und einem Reich, das seit einem Menschenalter nur christliche Kaiser erlebt hatte, anerkannt wurde.

Den byzantinischen Senat erfreute er durch die bescheidene Achtung vor seinen Überlieferungen und Vorrechten. Er erhob sich von seinem Sitz, um die Konsuln zu begrüßen, und spielte überhaupt das augusteische Spiel des Dieners am Staate und des Mannes, der seine Macht von den Senatoren und dem Volke hat. Als er einmal unwissentlich ein Vorrecht des Senates überschritt, legte er sich selbst eine Buße von zehn Pfund Gold auf und erklärte, er sei wie jeder Mitbürger den Gesetzen und Einrichtungen des Gemeinwesens unterworfen. Von früh bis spät mühte er sich um die Regierungsgeschäfte ab, nur nachmittags gönnte er sich eine Pause für seine Studien. Seine leichte Kost soll ihm eine körperliche und geistige Beweglichkeit verschafft haben, die ihm gestattete, blitzschnell von einer Angelegenheit auf eine andere überzugehen, einen Besucher nach dem anderen abzufertigen und in einem Tag drei Sekretäre völlig zu erschöpfen. Mit beharrlicher Aufmerksamkeit und beständigem Interesse betätigte er sich als Richter; er entlarvte die Sophistereien der Advokaten, wußte sich mit Anmut der gegenteiligen Meinung der Richter zu beugen, falls sie begründet war, und beeindruckte jedermann durch die Gerechtigkeit seiner Entscheidungen. Er verminderte die Steuerlast, die die Armen bedrückte, verweigerte die Annahme der goldenen Kränze, die die Provinzen traditionsgemäß jedem neuen Kaiser als Geschenk darbrachten, erließ der Provinz Afrika stark angewachsene Steuerrückstände und hob den übermäßig hohen Tribut, der bisher von den Juden eingetrieben wurde, auf[34]. An die Bewilligung zur Ausübung einer ärztlichen Praxis knüpfte er höhere Anforderungen und sah zu, daß sie auch erfüllt wurden. Sein Erfolg als Staatsmann krönte seinen Triumph als Feldherr; «sein Ruhm breitete sich aus, bis er schließlich die ganze Welt erfüllte», erklärt Ammian[35].

Während dieser ganzen Regierungstätigkeit galt seine stärkste Leidenschaft der Philosophie, und nie vergaß er sein großes Vorhaben, die alten Kulte wieder zum Leben zu bringen. Er befahl, die heidnischen Tempel wieder zu öffnen, deren eingezogenes Vermögen wieder zurückzugeben und ihnen die gewohnten Einnahmen wieder zukommen zu lassen. An die führenden Philosophen der Zeit sandte er Briefe, lud sie ein, als Gäste an seinem Hofe zu leben. Als Maximus eintraf, unterbrach Julian die Ansprache, die er gerade vor dem Senat hielt, um eilends seinen alten Lehrer zu begrüßen und mit dankbarer Lobpreisung dem Senat vorzustellen. Maximus nutzte die Begeisterung des Kaisers, legte sich prächtige Gewänder zu und führte ein Luxusleben; nach dem Tode des Julian mußte er eine eingehende Untersuchung über die Art und Weise, wie er so rasch zu unstatthaftem Reichtum gekommen war, über sich ergehen lassen[36]. Julian kümmerte sich um diese Widersprüchlichkeiten nicht; er war zu sehr von der Philosophie eingenommen, um sich durch das Verhalten der Philosophen von ihr abbringen zu lassen. «Wenn dir jemand weismachen will», schrieb er einmal an Eumenios, «daß es für die Menschheit nichts Zuträglicheres gebe als das ununterbrochene Studium der Philosophie, dann ist er in einer Täuschung befangen und will auch dich täuschen[37].»

Er liebte Bücher, führte auf seinen Feldzügen eine Bibliothek mit sich, erweiterte die von Konstantin gegründete Bibliothek beträchtlich und richtete selbst neue Büchereien ein. «Es gibt Leute», schrieb er einmal, «die sich für Pferde oder für Vögel begeistern; ich habe seit meiner frühesten Jugend das leidenschaftliche Bestreben, mir Bücher anzuschaffen[38].» Er war stolz darauf, nicht nur ein Staatsmann, sondern auch ein Schriftsteller zu sein, und unternahm es, seine Politik mit Dialogen in der Art des Lukian oder Reden im Stile des Libanios, Briefen, die fast so lebendig und reizvoll wie die ciceronischen sind, und formellen philosophischen Abhandlungen zu rechtfertigen. In einer «Hymne an eines Königs Sohn» legte er sein neues Heidentum dar; in einem Aufsatz «Gegen die Galiläer» gab er seine Gründe für die Preisgabe des Christentums an. In einer Vorschau der Höheren Bibelkritik schreibt er, die Evangelien widersprächen einander und stimmten hauptsächlich in der Unglaubwürdigkeit überein; das Johannesevangelium unterscheide sich wesenhaft von den anderen drei Evangelien, und zwar sowohl im Bericht wie in dem theologischen Gehalt, und die Schöpfungsgeschichte des Ersten Buches Mosis nehme eine Vielheit von Göttern an.

> Wenn nicht jede einzelne Wundergeschichte (der Genesis) ein Mythos ist, dem man, wie ich durchaus anzunehmen geneigt bin, mit einer geheimen Auslegung beikommen muß, dann muß man sagen, sie strotze von Gotteslästerungen. Zunächst wird Gott so dargestellt, als wisse er nicht, daß sie, die er als Genossin für Adam erschaffen hat, den Sündenfall des Mannes bewirken werde. Und weiter: dem Menschen das Wissen um Gut und Böse zu versagen (das allein dem menschlichen Geiste Zusammenhang gibt) und eifersüchtig darüber zu wachen, daß er ja nicht durch die Teilhaberschaft am Baume des Lebens unsterblich werde – das muß schon ein außerordentlich mürrischer und neidischer Gott sein. Warum ist euer Gott so eifersüchtig, daß er sogar die Sünden der Väter an den Kindern vergilt? ... Warum ist ein so mächtiger Gott so zornmütig gegenüber Dämonen, Engeln und Menschen? Vergleicht sein Verhalten mit der Milde, die selbst ein Lykurgos und die Römer gegenüber Übeltätern walten lassen! Das Alte Testament gestattet und fordert (wie das Heidentum) das Tieropfer ... Warum bekennet ihr euch nicht zu dem Gesetz, das Gott den Juden gab? ... Ihr behauptet, das frühere Gesetz ... sei in Ort und Zeit begrenzt gewesen. Ich könnte euch aber aus den Büchern Mosis nicht nur tausend, sondern zehntausend Stellen anführen, in denen er erklärt, das Gesetz sei für alle Zeiten bestimmt.[39]

Als Julian das Heidentum wieder einzuführen versuchte, mußte er feststellen, daß es nicht nur eine unversöhnliche Vielfalt von verschiedenartigen Kulten und Glaubenssätzen aufwies, sondern noch stärker als das Christentum von unglaubwürdigen Wundergeschichten und Mythen durchdrungen war, und es wurde ihm klar, daß es keiner Religion gelingen wird, die gemeine Seele zu gewinnen und zu bewegen, wenn sie ihre Morallehren nicht mit dem Glanze von Wunder, Legende und Ritual umkleidet. «Es ließe sich ebensowenig feststellen, wann der Mythos erstmals aufkam, wie sich feststellen ließe, welcher Mensch als erster geniest hat[40].» Er bequemte sich resigniert zur Mythologie und hieß den Einsatz von Mythen gut, wenn es darum ging, ungebildeten Geistern ethische Begriffe einzuflößen[41]. Er selbst erzählte die Geschichte von der Kybele wieder und berichtete, wie die Große Mutter in Gestalt eines schwarzen Steines von Phrygien nach Rom gebracht worden war, und niemand könnte seiner Erzählung entnehmen, daß er in die Göttlichkeit des Steines oder die Wirksamkeit seiner Überführung Zweifel gesetzt hätte. Er entdeckte die Notwendigkeit des sinnenfälligen Symbolismus zur Vermittlung geistiger Vorstellungen und übernahm den Sonnenkult der Mithrasreligion als volkstümliche religiöse Entsprechung für die Verehrung der Vernunft und des Lichtes des Philosophen. Es fiel diesem Dichter-König nicht schwer, einen Hymnos an Helios den Sonnenkönig, den Quell allen Lebens, den Urheber unzähliger Segnungen für die Menschheit, zu verfassen; Helios war nach seiner Auffassung der wirkliche Logos, das Göttliche Wort, das die Welt erschaffen hatte und erhielt. Diesem höchsten Prinzip, dieser Ur-Sache stellte Julian die unzähligen Gottheiten und Genien der heidnischen Glaubensbekenntnisse an die Seite; ein duldsamer Philosoph mußte sie nach seiner Ansicht ohne besondere Mühewaltung alle schlucken können.

Es wäre falsch, sich Julian als einen Freidenker vorzustellen, der den Mythos durch die Vernunft ersetzt hätte. Den Atheismus schmähte er als bestialisch[42], und in seinen Lehren findet sich so viel Übernatürliches wie in jedem anderen Glauben. Selten hat jemand so viel Unsinniges zusammengestellt wie Julian in seiner Hymne an die Sonne. Er bekannte sich zur neoplatonischen Trinität, identifizierte Platons schöpferische Urideen mit dem Gottesgeist, betrachtete sie als den vermittelnden Logos, die Weisheit, durch die alles erschaffen wurde, und sah die Welt der Materie als ein teuflisches Hindernis für die Tugend und die Befreiung der eingekerkerten Seele an. Durch Frömmigkeit, Güte und Philosophie könne es der Seele gelingen, sich zu befreien, zur Schau geistiger Wirklichkeiten und Gesetzmäßigkeiten aufzusteigen und so in den Logos, vielleicht in dem obersten Göttlichen selbst aufzugehen. Die Gottheiten des Polytheismus waren nach Julians Glauben unpersönliche Kräfte. Er konnte sie in der volkstümlichen anthropomorphen Gestalt nicht gelten lassen, er wußte aber, daß das Volk selten zu den Abstraktionen der Philosophen oder den mystischen Visionen der Heiligen emporsteigen würde. Im öffentlichen und privaten Leben hielt er sich an die alten Riten und opferte den Göttern so viele Tiere, daß selbst seine Anhänger ob seiner Massenvernichtungen erröteten[43]. Während seiner Feldzüge gegen Persien sah er sich nach Art der römischen Feldherren ständig nach Omen um und schenkte den Auslegern seiner Träume geduldig Gehör. Er scheint an die Zauberkrämerei des Maximus geglaubt zu haben.

Wie alle Reformer war er der Ansicht, daß die Welt einer sittlichen Erneuerung bedürfe; zu diesem Zwecke hielt er sich nicht nur an eine äußerliche Gesetzgebung, sondern wollte auch von innen her an die Herzen der Menschen gelangen. Der Symbolismus der eleusinischen und ephesischen Mysterien hatte ihn tief berührt; keine Kulthandlung schien ihm geeigneter, zu einem neuen und besseren Leben zu inspirieren, und er hatte die Hoffnung, daß diese eindrucksvollen Initiations- und Weiheriten sich von einigen wenigen Aristokraten auf breite Volksmassen würden ausdehnen lassen. Nach Libanios wollte er «lieber Priester als Kaiser genannt werden»[44]. Er beneidete das Christentum um seine kirchliche Hierarchie, seine ergebenen Priester und Frauen, das Gemeinschaftsgefühl, das durch seinen Kult vermittelt wurde, die verbindliche Überzeugungskraft seiner Caritas. Er war nicht darüber erhaben, die besseren Seiten einer Religion, die er zu verdrängen und zu zerstören hoffte, nachzuahmen. Er verhalf der heidnischen Priesterschaft zu neuem Blut, organisierte eine heidnische Kirche, an deren Spitze er sich selbst stellte, und belästigte seinen Klerus mit der Forderung, die christliche Priesterschaft zu übertreffen, dem Volke eine bessere Unterweisung, den Armen mehr Almosen, den Fremden eine größere Gastfreundschaft zukommen zu lassen und mehr Beispiele eines guten Lebenswandels zu geben[45]. In jeder Stadt richtete er Schulen ein, in denen der heidnische Glaube gelehrt und erklärt wurde. An seine heidnischen Priester schrieb er wie der heilige Franz an seine Mitmönche:

> Handelt mir gegenüber, wie ich euch gegenüber handeln sollte; wir wollen übereinkommen, daß ich euch meine Ansichten über alle eure Angelegenheiten zur Kenntnis bringe, und ihr hinsichtlich meiner Worte und Taten das gleiche tut. Nach meiner Ansicht könnte nichts wertvoller für uns sein als diese Gegenseitigkeit ...[46] Wir sollten unser Vermögen mit allen Menschen teilen, insbesondere aber mit den Guten, den Hilfsbedürftigen und den Armen. Und, wenn es auch widersprüchlich klingen mag, so will ich doch behaupten, daß es eine Tat der Frömmigkeit ist, wenn wir Kleidung und Nahrung auch mit den Bösen teilen. Denn die Gabe an den Beschenkten gilt der Menschheit, nicht seinem sittlichen Charakter.[47]

Dieser Heide war ein Christ in allem außer dem Glaubensbekenntnis, und wenn wir seine Schriften lesen und von seiner toten Mythologie absehen, dann kommt uns der Verdacht, daß er viele liebenswerte Charakterentwicklungen der christlichen Ethik zu verdanken hatte, die ihm in der Kindheit und im frühen Jugendalter eingeflößt worden war. Wie verhielt er sich denn aber gegenüber der Religion, in der er aufgezogen worden war? Er gestand dem Christentum volle Freiheit in Predigt, Kult und Ausübung zu und berief die von Constantius verbannten nichtarianischen Priester zurück. Er entzog der christlichen Kirche alle staatlichen Beihilfen und verschloß den Christen die Lehrstühle für Rhetorik, Philosophie und Literatur an den Universitäten, da diese Fächer doch nur von Heiden mit wirklichem Verständnis gelehrt werden könnten[48]. Die Befreiung des christlichen Klerus von Steuern und lästigen Bürgerpflichten hob er wieder auf und untersagte den Bischöfen, kostenfreien Gebrauch von der Staatspost zu machen. Er verbot Vermächtnisse an die Kirchen und entzog den Christen das passive Wahlrecht zu Staatsämtern[49]; den Christen jeder Gemeinde befahl er, jeden Schaden, den sie während der Regierungszeit seiner Vorgänger den heidnischen Tempeln zugefügt hatten, voll wiedergutzumachen und gestattete die Zerstörung von christlichen Kirchen, die auf den ungesetzlich eingezogenen Ländereien heidnischer Tempel errichtet worden waren. Als diese unüberlegte Logik zu Verwirrung, Ungerechtigkeiten und Aufruhr führte, suchte Julian die Christen zu schützen, aber in eine Abänderung seiner Gesetze willigte er nicht ein. Er konnte sarkastisch in einer Weise sein, die einem Philosophen nicht wohl anstand, wenn er gewisse Christen, denen Gewalt angetan worden war, daran erinnerte, daß ihre Heilige Schrift sie ermahne, Unglück geduldig zu ertragen[50]. Christen, die auf diese Gesetze mit Schmähungen oder Gewaltanwendung antworteten, wurden schwer bestraft; Heiden, die gegenüber Christen mit Schmähung und Gewalt vorgingen, erfuhren eine milde Behandlung[51]. In Alexandrien hegte die heidnische Bevölkerung einen besonderen Haß gegenüber dem arianischen Bischof Georgios, der den Bischofssitz des Athanasios übernommen hatte; als er sie mit einer Prozession provozierte, die die Riten des Mithraskultes lächerlich machte, ergriffen ihn die Heiden und rissen ihn in Stücke, und obgleich nur wenige Christen sich um seine Verteidigung bemühten, wurden bei den anschließenden Unruhen doch viele Christen getötet oder verletzt (362). Julian wollte die Aufrührer bestrafen lassen, aber seine Ratgeber vermochten ihn davon abzubringen, so daß er sich mit einem geharnischten Protestbrief an die Bevölkerung von Alexandrien begnügte. Athanasios kam nun aus seinem Versteck hervor und nahm seinen Bischofssitz wieder ein; Julian erhob Einwendungen, da er nicht befragt worden war, und wies Athanasios an, sich wieder zurückzuziehen. Der alte Prälat gehorchte; aber im folgenden Jahre starb der Kaiser, und der Patriarch, ein Symbol der triumphierenden Galiläer, kehrte zu seinem Bischofssitz zurück. Zehn Jahre darauf segnete er, an Ehren und Wunden reich, das Zeitliche.

Letzten Endes führte Julian in seiner leidenschaftlichen Hartnäckigkeit den Zusammenbruch seines Vorhabens selbst herbei. Die Menschen, denen er Leid zufügte, bekämpften ihn mit heimtückischem Eifer; die Menschen, die er förderte, dankten es ihm mit Gleichgültigkeit. Das Heidentum war geistig tot; es besaß für die Jugend keinen Anreiz mehr, brachte den Sorgenden keinen Trost, keine Jenseitshoffnung. Wohl gab es einige Bekehrte, zumeist kamen sie aber in der Hoffnung auf politischen Aufstieg oder auf kaiserliches Gold; einige Städte führten die offiziellen Opfer wieder ein, aber nur im Austausch gegen Vergünstigungen; sogar in Pessinus, dem Heimatort der Kybele, mußte Julian die Bevölkerung bestechen, damit sie die Große Mutter ehrte. Für viele Heiden bedeutete das Heidentum nichts anderes als ein gutes Gewissen bei der Jagd nach Vergnügen und Lust. Es enttäuschte sie, daß Julian puritanischer war als Christus. Dieser angebliche Freidenker war der frömmste Mann des ganzen Staates, und selbst seinen Freunden war es lästig, mit seinem religiösen Eifer Schritt zu halten; oder es waren Skeptiker, die sich nicht einmal Mühe gaben, ihr Lächeln über die altmodischen Gottheiten und verschwenderischen Hekatomben zu verbergen. Der Brauch, Tiere auf Altären zu opfern, war im Osten fast ausgestorben und hatte sich im Westen nur in Italien erhalten; man betrachtete ihn als etwas Schändliches oder Grausiges. Julian benannte seine Bewegung Hellenismus, aber das Wort schreckte die Heiden Italiens ab, die alles Griechische, das nicht tot war, verachteten. Er verließ sich zu sehr auf das philosophische Argument, das aber nie die gefühlsmäßigen Grundlagen des Glaubens erfassen konnte; seine Werke waren nur den Gebildeten verständlich, die jedoch zu gebildet waren, um sie hinzunehmen; sein Glaubensbekenntnis war ein künstlicher Synkretismus, der in den Hoffnungen und Vorstellungen der Menschen keine Wurzel schlug. Noch vor seinem Tode lag sein Mißerfolg offen zutage, und die Armee, die ihn liebte und betrauerte, ernannte einen Christen zum Nachfolger auf dem Thron.

V. DAS ENDE

Sein letzter, großer Traum war, es Alexander und Trajan gleichzutun: die römischen Standarten in den persischen Hauptstädten aufzupflanzen und der Bedrohung des Römischen Reiches durch die Perser ein für allemal ein Ende zu bereiten. Er stellte eifrig sein Heer neu auf, wählte seine Offiziere aus, setzte die Grenzbefestigungen wieder instand, versah die Städte, die Marksteine seines Weges zum Siege werden sollten, mit Vorräten. Im Frühling des Jahres 362 kam er nach Antiochien, wo er seine Truppen versammelte. Die Händler von Antiochien nutzten den Zustrom zu Preistreibereien aus; das Volk beklagte sich, alles sei «reichlich vorhanden, aber viel zu teuer». Julian berief die Wirtschaftsführer zu sich und ersuchte sie, ihre Gewinnsucht etwas einzudämmen; sie versprachen es, hielten aber das Versprechen nicht; schließlich setzte Julian «für alles einen anständigen Preis fest und ließ ihn an alle bekanntgeben». Vielleicht um die Preise zu senken, ließ er 4000 000 *modii* (Scheffel von etwa neun Litern) Korn aus anderen Städten Syriens und Ägyptens herbeischaffen[52]. Die Händler protestierten, da damit jeder Gewinn unmöglich sei; sie kauften das importierte Getreide heimlich auf, führten es mit ihren eigenen Waren in andere Städte aus, und Antiochien mußte plötzlich feststellen, daß es viel Geld und wenig Ware besaß. Es dauerte nicht lange, bis die Bevölkerung den Julian wegen seiner Einmischung rügte. Die Witzköpfe von Antiochien machten sich über seinen Bart und über seinen mühseligen Dienst an toten Göttern lustig. Er entgegnete ihnen in einer Flugschrift, *Misopogon*, «Barthasser», betitelt, deren witzige und funkelnde Redeweise einem Kaiser nicht recht anstand. Er entschuldigte sich sarkastisch wegen seines Bartes und schalt die Antiochier wegen ihrer Unverschämtheit, Frivolität, Verschwendungssucht, Unsittlichkeit und Gleichgültigkeit gegenüber den Göttern Griechenlands. Der berühmte Daphnepark, einst ein Heiligtum des Apollon, war in einen Vergnügungspark umgewandelt worden; Julian machte den Vergnügungen ein Ende und ließ den Tempel wieder errichten; kaum war das geschehen, ging der Bau in Flammen auf. Julian, der die Christen der Brandstiftung verdächtigte, ließ die Kathedrale von Antiochien schließen und deren Vermögen einziehen; mehrere Zeugen wurden gefoltert und ein Priester hingerichtet[53]. Des Kaisers einziger Trost in Antiochien war sein «Fest der Vernunft» mit Libanios.

Endlich war das Heer bereit, und im März 363 brach Julian zu seinem Feldzug auf. Er führte seine Streitkräfte über den Euphrat, dann über den Tigris, verfolgte die zurückweichenden Perser, hatte aber so sehr unter ihrer Politik der «verbrannten Erde» zu leiden, daß er fast aufgab; die Perser brannten nämlich auf ihrem Rückzug die gesamte Ernte nieder; immer wieder waren seine Krieger dem Verhungern nahe. Bei diesem erschöpfenden Feldzug zeigte sich der Kaiser von seiner besten Seite; er teilte alle Strapazen mit seinen Leuten, aß ihre kärgliche Ration oder noch weniger, marschierte zu Fuß mit ihnen durch Hitze und Überschwemmung und war in jeder Schlacht kämpfend in vorderster Linie zu finden. Zu seinen Gefangenen zählten Perserinnen von besonderer Schönheit und Jugend; er störte sie nicht in ihrer Zurückgezogenheit und gestattete niemandem, ihre Ehre anzutasten. Unter seiner geschickten Führung gelangten seine Truppen bis an die Tore von Ktesiphon, das sie belagerten; die Unmöglichkeit, Nahrung zu finden, zwang sie aber zum Rückzug. Schapur II. wählte zwei persische Edelleute aus, ließ ihnen die Nase abschneiden und hieß sie zu Julian gehen und so tun, als ob sie ihren König wegen dieser entwürdigenden Grausamkeit verlassen hätten, um den Kaiser dann in die Wüste zu führen. Sie leisteten dem Befehl Folge; Julian vertraute ihnen und folgte ihnen mit seiner Armee dreißig Kilometer weit in eine wasserlose Wüste hinein. Während er seine Leute aus dieser Falle herausführte, wurde er von einem persischen Truppenteil überfallen. Der Angriff wurde abgewiesen und die Perser in die Flucht geschlagen. Julian beachtete dabei nicht, daß er keine Rüstung trug, und nahm in vorderster Linie an der Verfolgung teil. Ein Wurfspieß traf ihn in die Seite und durchbohrte ihm die Leber. Er fiel vom Pferde und wurde in ein Zelt getragen, wo seine Ärzte ihn wissen ließen, daß er nur noch wenige Stunden zu leben habe. Libanios behauptete, der Spieß sei von Christenhand geworfen worden, und es fiel auf, daß kein Perser auf die Belohnung Anspruch erhob, die demjenigen verheißen worden war, der den Kaiser töten würde. Einige Christen pflichteten dem Libanios bei und priesen den Mörder, der «um Gottes und der Religion willen eine so kühne Tat vollbracht»[54]. Der Kaiser schloß sein Leben ganz im Stile eines Sokrates und Seneca ab.

> Während dieser Auftritte lag Julian in seinem Zelte und richtete an die Umstehenden, die voll Trauer und Niedergeschlagenheit waren, noch folgende Worte:
>
> «Gar frühe, meine Freunde, ist die Stunde für mich erschienen, aus einem Leben zu scheiden, das ich der Natur, die es wieder fordert, als ein ehrlicher Schuldner zurückgeben zu können mich freue.»
>
> Alle, die gegenwärtig waren, weinten; darüber schalt er sie noch in vollem Gefühl seiner Würde, daß sie so klein denken könnten, einen Fürsten zu beklagen, der zu der Gemeinschaft des Himmels und der Gestirne berufen sei. Jetzt wurde es stille um ihn, er selbst ließ sich mit den Philosophen Maximus und Priscus in ein tiefes Gespräch ein über die Erhabenheit der Seele, allein plötzlich brach die Wunde in der durchstochenen Seite auf, der Andrang des Geblüts benahm ihm den Atem, und nach einem Trunk frischen Wassers, das er begehrt hatte, schied er unter den Schauern der Mitternacht sanft aus dem Leben im zweiunddreißigsten Jahr seines Alters.[55]*

Das Heer, das immer noch gefährdet war, bedurfte eines Befehlshabers, und die Heerführer wählten Jovian, den Anführer der kaiserlichen Garde. Der neue Kaiser kam mit den Persern zum Friedensschluß, indem er ihnen vier von den fünf Satrapien abtrat, die Diokletian vor ungefähr siebzig Jahren an sich gerissen hatte. Jovian verfolgte niemanden, aber er übertrug die staatliche Unterstützung augenblicks von den heidnischen Tempeln auf die Kirche. Die Christen von Antiochien feierten den Tod des heidnischen Kaisers in öffentlichen Festen[57]. Die siegenden christlichen Führer predigten ihren Gemeinden jedoch größtenteils ein großzügiges Vergessen der Leiden, die die Christenheit hatte erdulden müssen[58]. Elf Jahrhunderte sollten vergehen, bis das Hellenentum wieder zu Worte kam.

* Die Nachricht, er sei mit den Worten «Du hast gesiegt, Galiläer!» verstorben, erscheint erstmals bei dem christlichen Geschichtsschreiber Theodoret im fünften Jahrhundert und wird heute allgemein für legendär gehalten[56].

ZWEITES KAPITEL

DER TRIUMPH DER BARBAREN

[325–476]

I. DIE BEDROHTE GRENZE

PERSIEN war nur ein Teilstück einer mehr als 15 000 Kilometer langen Grenze, über die an jeder Stelle und zu jeder Zeit Stämme hereinbrechen konnten, die noch nicht von der Zivilisation verdorben waren, um deren Früchte sie das aus vielen Völkern zusammengewürfelte Römische Reich beneideten. Die Perser waren an und für sich schon ein unlösbares Problem. Sie wurden immer stärker, nicht schwächer; die Zeit war nicht mehr fern, da sie fast alles wiedereroberten, was Dareios I. tausend Jahre zuvor besessen hatte. Westlich der Perser lebten die Araber, zumeist bettelarme Beduinen; auch der weitestblickende Staatsmann hätte über die Vorstellung nur gelächelt, daß diesen finsteren Nomaden die Aufgabe zufallen würde, das halbe Römische Reich und dazu noch ganz Persien zu erobern. Südlich der römischen Provinzen in Nordafrika standen die Äthiopier, Libyer, Berber, Numider und Mauren, die in grimmiger Geduld auf den Zusammenbruch der Verteidigung oder der Moral des Reiches warteten. Spanien schien im Schutze der Meere und seiner abschreckenden Berge den Römern sicher zu sein; niemand hätte vermutet, daß es im vierten Jahrhundert germanisch und im achten mohammedanisch werden würde. Gallien übertraf nunmehr Italien in römischem Nationalstolz, in Ordnung und Reichtum, in lateinischer Poesie und Prosa; in jedem Menschenalter mußte es sich aber gegen Germanen wehren, deren Frauen fruchtbarer waren als ihre Äcker. Nur eine kleine kaiserliche Garnison konnte abgestellt werden, um Römisch Britannien gegen die Skoten und Pikten im Westen und Norden und gegen die norwegischen oder sächsischen Seeräuber im Osten und Süden zu schützen. Norwegens Küsten waren eine einzige Kette von Piratennestern; seine Bevölkerung fand den Krieg weniger mühselig als den Ackerbau und zählte den Überfall auf fremde Küsten zu den edlen Beschäftigungen für hungrige Mägen oder müßige Tage. In Südschweden und seinen Inseln sahen die Goten ihre Urheimat; möglicherweise stammten sie aus dem Weichselgebiet; auf alle Fälle breiteten sie sich als Westgoten in südlicher Richtung bis an die Donau aus und siedelten sich als Ostgoten zwischen Dnjestr und Don an. Im Herzen Europas, zwischen Weichsel, Donau und Rhein, bewegten sich die ruhelosen Stämme, denen es bevorstand, das Aussehen von Europas Landkarte neu zu gestalten und Europas Nationen neue Namen zu geben: die Thüringer, Burgunder, Angeln, Sachsen, Jüten, Friesen, Gepiden, Quaden, Wandalen, Alemannen, Sueben, Langobarden, Franken. Gegen diese Völkerflut besaß das Reich außer in Britannien keine Schutzmauer, sondern nur hin und wieder eine Festung und Garnison an den Straßen oder Flüssen, die die Grenzlinie *(limes)* des römischen Bereiches bildeten. Die höheren Geburtenzahlen außerhalb und der höhere Lebensstandard innerhalb des Reiches machten es damals ebenso deutlich zur Bestimmung des Römischen Reiches, Zielpunkt friedlicher Einwanderung oder gewaltsamer Invasion zu werden, wie es in neuerer Zeit die Bestimmung Nordamerikas ist.

Vielleicht sollten wir die traditionelle Ansicht, nach der diese germanischen Stämme Barbaren waren, einer Änderung unterziehen. Freilich faßten es die Griechen und Römer nicht als Kompliment auf, wenn sie die Germanen *barbari* nannten. Das Wort ist wahrscheinlich nah verwandt mit Sanskrit *varvara*, das einen rohen und ungebildeten Flegel bezeichnet[1]; es taucht im Worte *Berber* wieder auf. Die Germanen hatten aber nicht vergeblich während fünf Jahrhunderten in Krieg und Handel mit der römischen Zivilisation in Verbindung gestanden. Im vierten Jahrhundert hatten sie schon längst die Kunst des Schreibens und eine Regierungsform mit feststehenden Gesetzen angenommen. Wenn wir von den merowingischen Franken absehen, waren sie hinsichtlich der Geschlechtsmoral den Römern und Griechen überlegen*. Wenn ihnen auch die feinen Umgangsformen eines kultivierten Volkes abgingen, so beschämten sie doch die Römer oft mit ihrem Mut, ihrer Gastfreundschaft und ihrer Ehrenhaftigkeit. Sie waren grausam, aber schwerlich grausamer als die Römer; wahrscheinlich waren sie entsetzt über das römische Gesetz, das die Folterung von Freien zuließ, um Geständnisse oder Zeugenaussagen zu erzwingen[3]. Sie waren Individualisten bis an die Grenzen des Chaotischen, während die Römer zu dieser Zeit bereits zu Geselligkeit und Friedfertigkeit gezähmt waren. Die Germanen höherer Volksschichten zeigten einiges Verständnis für Kunst und Literatur; Stilicho, Rikimer und andere Germanen nahmen vollen Anteil am kulturellen Leben Roms und schrieben ein Latein, an dem Symmachus seine Freude hatte[4]. Im allgemeinen waren die Invasoren – vor allem die Goten – zivilisiert genug, um die römische Kultur als eine der eigenen überlegene zu bewundern und eher bestrebt zu sein, sie nachzuahmen, als sie zu zerstören; zwei Jahrhunderte lang verlangten sie nicht viel mehr als die Zulassung zum Reich und zu ungenutzten Ländereien und nahmen aktiv an der Verteidigung des Reiches teil. Wenn wir hier die germanischen Stämme des vierten und fünften Jahrhunderts weiterhin als Barbaren bezeichnen, so folgen wir damit lediglich dem überlieferten Brauch und nur mit allem Vorbehalt.

Südlich der Donau und der Alpen waren die anwachsenden Stämme, sogar auf kaiserliche Aufforderung hin, bereits in friedlicher Einwanderung in das Reich eingedrungen. Augustus hatte die Politik der Ansiedlung von Barbaren innerhalb der Reichsgrenzen eingeleitet, als er menschenarme Räume und dezimierte Legionen, die von den unfruchtbaren und unkriegerischen Römern nicht mehr selbst mit Menschen versehen werden konnten, mit Barbaren wieder auffüllte. Marc Aurel, Aurelian und Probus waren seinem

---

* Hier ist unser Hauptgewährsmann immer noch der moralisierende Tacitus (*Germania*, 18–19); man vergleiche jedoch einen Brief des Bischofs Bonifatius, *c.* 756: «Wenn in Altsachsen eine Jungfrau im Hause ihres Vaters oder eine verheiratete Frau unter dem Schutze ihres Gatten sich des Ehebruches schuldig macht, so muß sie selbst Hand an sich legen, und sie wird dem Feuer überantwortet, und ihr Verführer wird über ihrem Grabe erhängt; oder aber keusche Frauen entblößen sie bis zur Hüfte ihrer Kleider und peitschen sie und stechen sie mit Messern, bis sie den Geist aufgibt[2] – ein extremes Verfahren, um einen Marktpreis hochzuhalten.

Beispiel gefolgt. Gegen Ende des vierten Jahrhunderts waren der Balkan und Ostgallien vorwiegend germanisch, desgleichen die römische Armee; viele hohe politische und militärische Amtsstellen waren von Germanen besetzt. Früher hatte das Reich solche Elemente romanisiert; jetzt barbarisierten die Einwanderer die Römer[5]. Die Römer begannen nach Art der Barbaren Pelzmäntel zu tragen und das Haar lang wallen zu lassen; einige legten sich sogar Hosen zu und gaben damit Anlaß zu kaiserlichen Dekreten (397, 416), an die sich niemand hielt[6].

Das Stichwort zu der großen Invasion kam von fernen mongolischen Ebenen. Die Hsiung-nu oder Hiung-nu, die Hunnen, eine Unterabteilung der Turanier, hielten in unserem dritten Jahrhundert das Gebiet nördlich des Balkaschsees und des Aralsees. Nach Jordanes war ihre Hauptwaffe ihr Aussehen.

> Denn auch die, welchen sie im Krieg vielleicht nicht überlegen waren, erfüllten sie mit Entsetzen durch das Schreckliche ihres Anblicks und jagten sie durch ihr furchtbares Aussehen in die Flucht; sie hatten nämlich ein schreckliches schwärzliches Ansehen und, wenn man so sagen darf, gewissermaßen einen abscheulichen Klumpen und kein Gesicht, eher Punkte als Augen. Ihre Verwegenheit verrät schon ihr grimmiger Anblick, da sie sogar gleich am Tag der Geburt ihren Kindern ihre Grausamkeit zeigen. Denn den männlichen durchschneiden sie mit Eisen die Wangen, um sie, noch ehe sie Milch genießen, Wunden ertragen zu lehren. Daher bleiben sie bartlos bis in ihr Alter und erreichen das Mannesalter ohne Bartschmuck, weil das von Schnitten durchfurchte Gesicht die rechtzeitige Verschönerung des Bartwuchses durch die Narben verhindert. Sie sind unansehnlich, aber flink und ausgezeichnete Reiter. Sie sind breitschulterig und geübt für Bogen und Pfeile; ihr Nacken ist stark und immer emporgerichtet vor Stolz.[7]

Krieg war ihr Gewerbe, Viehzucht ihre Erholung. «Ihre Heimat ist der Pferderücken», sagte ein Sprichwort[8]. Mit Pfeilen und Messern bewaffnet, mit Mut und Schnelligkeit ausgerüstet, von der Erschöpfung ihrer Ländereien und dem Druck ihrer östlichen Feinde angetrieben, drangen sie um 355 in Rußland ein, überwältigten und absorbierten die Alanen, überschritten die Wolga (372?) und griffen die fast zivilisierten Ostgoten in der Ukraine an. Ermanarich, der hundertjährige Ostgotenkönig, kämpfte tapfer, wurde geschlagen und starb, wie einige behaupteten, von eigener Hand. Ein Teil der Ostgoten ergab sich und schloß sich den Hunnen an; ein anderer Teil floh nach Westen in die Gebiete der Westgoten nördlich der Donau. Ein Westgotenheer stellte sich den vordringenden Hunnen am Dnjestr entgegen und wurde überrannt; ein Rest der Westgoten ersuchte die römischen Behörden an der Donau um die Bewilligung, den Fluß überschreiten und in Mösien und Thrakien Wohnsitz nehmen zu dürfen. Der Kaiser Valens ließ ihnen mitteilen, sie würden unter der Bedingung zugelassen, daß sie die Waffen ablegten und ihre Jünglinge als Geiseln auslieferten. Die Westgoten setzten über den Fluß über und wurden von kaiserlichen Beamten und Soldaten schamlos ausgeplündert; ihre Knaben und Mädchen wurden von liebestollen Römern als Sklaven gehalten; nach eifrigem Bestechen erhielten die Einwanderer jedoch die Erlaubnis, ihre Waffen zu behalten. Nahrungsmittel wurden ihnen zu Wucherpreisen verkauft, so daß ausgehungerte Goten für ein ordentliches Stück Fleisch oder einen Laib Brot zehn Pfund Silber oder einen Sklaven hergaben; schließlich waren die Goten gezwungen, ihre Kinder als Sklaven zu verkaufen, um nicht verhungern zu müssen[9]. Als sich bei ihnen Zeichen des Aufruhrs bemerkbar machten, lud der römische Befehlshaber ihren Führer Frithigern zu einem Gastmahl in der Absicht, ihn ermorden zu lassen. Frithigern entkam und trieb die verzweifelten Goten zum Kriege an. Sie plünderten, brandschatzten und mordeten, bis fast ganz Thrakien ihrem Hunger und ihrem Zorn zum Opfer gefallen war. Valens eilte vom Osten herbei und stellte sich den Goten auf der Ebene von Hadrianopel entgegen; sein Heer bestand hauptsächlich aus Barbaren, die im Dienste von Rom standen (378). Das Ergebnis war, um die Worte des Ammian zu gebrauchen, «die vernichtendste Niederlage, die die Römer seit Cannae» – 594 Jahre vorher – «erlitten»[10]. Die gotische Reiterei war dem römischen Fußvolk überlegen, und von diesem Tage an beherrschten Strategie und Taktik der Kavallerie die absinkende Kriegskunst. Zwei Drittel des römischen Heeres fielen, Valens selbst wurde schwer verwundet; die Goten zündeten den Hof, in den er sich geflüchtet hatte, an, und der Kaiser kam mit seinem Gefolge in den Flammen um. Die siegreiche Horde marschierte gegen Konstantinopel, vermochte aber die von Valens' Witwe Dominica errichteten Verteidigungssperren nicht zu durchbrechen. Die Westgoten, denen sich die Ostgoten und die Hunnen, die die ungeschützte Donau überschritten, anschlossen, wüteten nun ungehindert auf dem ganzen Balkan vom Schwarzen Meer bis zu den Grenzen Italiens.

II. DIE BEWAHRENDEN KAISER: 364–408

Auch in dieser Notlage brachte das Reich immer noch fähige Herrscher hervor. Nach dem Tode des Jovian hatten Heer und Senat die Krone an Valentinian, einen vierschrötigen und gänzlich ungriechischen Krieger, der an Vespasian gemahnte, übertragen. Unter Zustimmung des Senates hatte er seinen jüngeren Bruder Valens zum Augustus und Kaiser im Osten ernannt, während er selbst den anscheinend stärker gefährdeten Westen für sich wählte. Er verstärkte die Grenzen von Italien und Gallien, stellte eine starke und wohldisziplinierte Armee auf und trieb die andrängenden Germanen wieder über den Rhein zurück. Von seiner Hauptstadt Mailand aus erließ er aufgeklärte Gesetze, die die Kindstötung untersagten, Schulgründungen vorsahen, die staatliche Gesundheitspflege in Rom erweiterten, die Steuern ermäßigten, einen entwerteten Münzfuß wieder aufrichteten, der politischen Korruption Einhalt geboten und allen die Religions- und Kultfreiheit gewährten. Er hatte seine Fehler und Schwächen; er konnte gegenüber Feinden von einer eiskalten Grausamkeit sein, und wenn wir dem Geschichtsschreiber Sokrates Glauben schenken dürfen, erklärte er die Bigamie für gesetzlich zulässig, um seine Ehe mit Justina[11], deren Schönheit ihm von seiner Frau allzu glühend geschildert worden war, zu sanktionieren. Es war aber doch ein großes Unglück für Rom, daß er so früh starb (375). Sein Sohn Gratian übernahm seine Herrschergewalt im Westen, tat es wenige Jahre seinem Vater gleich, gab sich dann ganz den Vergnügungen und der Jagd hin und überließ die Regierungsgeschäfte korrupten Beamten, die jedes Amt und jeden Richtspruch zum Kaufe feilboten. Der General Maximus stürzte ihn und drang in Italien ein, um den Nachfolger und Halbbruder des Gratian, Valentinian II., zu ersetzen; aber der neue Kaiser des Ostens, Theodosius I. der

Große, wandte sich gegen Westen, schlug den Usurpator und setzte den jungen Valentinian fest auf seinen Kaiserthron von Mailand (388).

Theodosius war ein Spanier. Er hatte sich als Feldherr in Spanien, Britannien und Thrakien ausgezeichnet; er hatte die siegreichen Goten dazu gebracht, in sein Heer einzutreten, statt es zu bekämpfen; er hatte die Ostprovinzen mit jeder Weisheit außer der Duldsamkeit regiert, und die halbe Welt sah voll Ehrfurcht auf die erstaunliche Mischung von schönen Zügen und stattlicher Erscheinung, rasch aufbrausendem Zorn und noch rascher bereiter Milde, menschlicher Gesetzgebung und streng rechtgläubiger Theologie. Während er in Mailand überwinterte, brach in Thessalonike ein für die Zeiten kennzeichnender Aufruhr aus. Der dortige kaiserliche Statthalter, Bothericus, hatte einen beim Volke sehr beliebten Rennfahrer wegen seines skandalösen Lebenswandels ins Gefängnis werfen lassen. Man verlangte seine Freilassung; Bothericus weigerte sich; die Menge überwältigte seine Wache, ermordete ihn und seine Adjutanten, riß die Leiber in Stücke und zog triumphierend mit den abgetrennten Gliedern als Siegeszeichen durch die Straßen. Theodosius geriet in rasende Wut, als er davon hörte. Er sandte einen Geheimbefehl, daß die gesamte Bevölkerung von Thessalonike zu bestrafen sei. Das Volk wurde zu Spielen auf die Rennbahn geladen; dort fielen verborgene Soldaten über es her und metzelten 7000 Männer, Frauen und Kinder nieder (390)[12]. Theodosius schickte einen Gegenbefehl, der den ersten abmildern sollte, er kam aber zu spät.

Die Römer waren über diese strenge Vergeltungsmaßnahme entsetzt, und Ambrosius, der mit stoischem Christentum den Bischofssitz von Mailand innehatte, schrieb dem Kaiser, daß er, der Bischof, nicht mehr in Gegenwart des Kaisers die Messe zelebrieren werde, bevor Theodosius vor allem Volk für sein Verbrechen gesühnt hätte. Obgleich der Kaiser es an sich bereute, wollte er doch nicht zulassen, daß seine Stellung durch eine so öffentliche Demütigung an Prestige einbüße. Er versuchte die Kathedrale zu betreten, aber Ambrosius vertrat ihm den Weg. Nach wochenlangem vergeblichem Bemühen gab Theodosius nach, entledigte sich aller kaiserlichen Insignien, betrat die Bischofskirche als demütiger Büßer und flehte den Himmel an, ihm seine Sünden zu vergeben (390). Es war ein historischer Triumph und eine historische Niederlage in diesem Krieg zwischen Kirche und Staat.

Als Theodosius nach Konstantinopel zurückkam, zeigte es sich, daß Valentinian II., ein zwanzigjähriger Jüngling, den Aufgaben, die ihn bedrängten, nicht gewachsen war. Seine Ratgeber täuschten ihn und nahmen die Zügel in ihre käuflichen Hände; sein Heermeister, der heidnische Franke Arbogast, maßte sich in Gallien kaiserliche Gewalt an, und als Valentinian nach Vienne zog, um seine Herrschergewalt durchzusetzen, wurde er ermordet (392). Arbogast erhob auf den Thron des Westens einen gutmütigen und leicht beeinflußbaren Gelehrten; er leitete damit eine lange Reihe von barbarischen Königsmachern ein. Eugenius war Christ, stand aber mit den heidnischen Parteien in Italien auf so gutem Fuße, daß Ambrosius in ihm einen zweiten Julian fürchtete. Theodosius wandte sich wiederum gegen Westen, um mit einem Heer von Goten, Alanen, Kaukasiern, Iberern und Hunnen die rechtmäßige Thronfolge und das rechtgläubige Christentum wiederherzustellen; zu seinen Feldherrn gehörte auch der Gote Gainas, der später Konstantinopel eroberte, der

Wandale Stilicho, der Rom verteidigen, und der Gote Alarich, der es plündern sollte. In einer zweitätigen Schlacht bei Aquileia wurden Arbogast und Eugenius geschlagen (394); Eugenius wurde von seinen Soldaten ausgeliefert und hingerichtet; Arbogast starb von eigener Hand. Theodosius übertrug seinem elfjährigen Sohne Honorius das Kaisertum des Westens und ernannte seinen achtzehnjährigen Sohn Arkadios zum Mitkaiser des Ostens. Entkräftet von seinen Feldzügen, starb er kurz darauf in seinem fünfzigsten Lebensjahr in Mailand (395). Das Reich, das er wiederholt geeint hatte, zerfiel wieder in zwei Teile, um, abgesehen von einer kurzen Zeit unter Justinian, nie mehr ein Ganzes zu sein.

Die Söhne des Theodosius waren weibische Schwächlinge, die in einer verweichlichenden Sicherheit aufgezogen worden waren. Obgleich sie in ihrer Moral fast so makellos waren wie in ihren Absichten, waren sie doch nicht dazu geschaffen, Piloten im Sturme zu sein; die Regierungsgewalt entglitt bald ihren Händen und ging an ihre Minister über, im Osten an den korrupten und geizigen Rufinus, im Westen an den tüchtigen, aber skrupellosen Stilicho. Im Jahr 398 ließ dieser adlige Wandale seine Tochter Maria mit Honorius vermählen, da er hoffte, sowohl Großvater wie Schwiegervater eines Kaisers zu werden. Es erwies sich aber, daß Honorius ebensowenig Leidenschaft wie Verstand besaß; er verbrachte seine Zeit auf dem kaiserlichen Hühnerhof, wo er in zärtlicher Zuneigung das Geflügel fütterte, und Maria starb als Jungfrau, nachdem sie zehn Jahre lang seine Gattin gewesen war[13].

Theodosius hatte die Goten in Frieden gehalten, indem er sie bei der Kriegführung verwendete und ihnen als Bundesgenossen eine jährliche Subvention zukommen ließ. Sein Nachfolger stellte die Zahlungen ein, und Stilicho entließ seine gotischen Truppen. Die arbeitslosen Soldaten dürsteten nach Geld und Abenteuern, und ihr neuer Anführer, Alarich, verschaffte ihnen beides mit einem Geschick, welches die Römer in der Diplomatie wie in der Kriegführung weit übertraf. Warum, so fragte er seine Gefolgschaft, sollten die stolzen und mannhaften Goten sich einem Söldling verweichlichter Römer und Griechen unterwerfen, statt ihren Mut und ihre Waffen selbst einzusetzen und sich aus dem dahinsiechenden Reiche ein eigenes Königreich aufzubauen? Noch im Jahre von Theodosius' Tod führte Alarich sämtliche thrakischen Goten nach Griechenland, überquerte ungehindert die Thermopylen, massakrierte unterwegs alle Männer im waffenfähigen Alter, versklavte die Frauen, verheerte den Peloponnes, zerstörte den Demetertempel in Eleusis und verschonte Athen nur, als er ein Lösegeld erhielt, welches den größten Teil des beweglichen Besitzes der Stadt verschlang (396). Stilicho eilte zu Hilfe, kam jedoch zu spät; er manövrierte die Goten in eine Lage, in der sie sich nicht hätten verteidigen können, schloß aber einen Waffenstillstand mit ihnen, als ihn eine Revolution in Afrika in den Westen zurückrief. Alarich schloß einen Vertrag mit Arkadios, der ihm gestattete, seine Goten im Epeiros anzusiedeln. Vier Jahre lang konnte das Reich in Frieden leben.

In dieser Zeit trug es sich zu, daß Synesios von Kyrene, halb christlicher Bischof, halb heidnischer Philosoph, vor Arkadios' luxussüchtigem Hofe eine Ansprache hielt, in der er voller Klarheit und Kraft das Schicksal beschrieb, das Griechenland und Rom bevorstehen mußte. Wie konnte sich das Reich am Leben erhalten, wenn sich seine Bürger weiterhin vor dem Kriegsdienst drückten und ihre Verteidigung Söldnern anvertrauten, die gerade den Völkern entstammten, von denen die Bedrohung kam? Er schlug vor, den Luxus und das bequeme Leben aufzugeben und ein Bürgerheer aufzustellen oder auszuheben, das sich für das Vaterland und die Freiheit einzusetzen gewillt war, und forderte Arkadios und Honorius auf, die unverschämten barbarischen Heerscharen im Reiche zu zerschmettern und an ihren ursprünglichen Standort hinter dem Schwarzen Meer, der Donau und dem Rhein zurückzutreiben. Der Hof nahm Synesios' Ansprache als eine rednerische Übung beifällig auf und kehrte zu seinen Schwelgereien zurück[14]. Inzwischen zwang Alarich die Waffenschmiede des Epeiros, die Goten vollständig mit Spießen, Schwertern, Helmen und Schildern auszurüsten.

Im Jahre 401 drang er plündernd in Italien ein. Tausende von Flüchtlingen strömten nach Mailand und Ravenna und flohen dann nach Rom; Bauern suchten in den mauerumwehrten Städten Zuflucht, während die Reichen soviel von ihrem Vermögen mitnahmen, als sie mitführen konnten, und eiligst nach Korsika, Sardinien oder Sizilien hinüberzukommen trachteten. Stilicho nahm den Provinzen ihre Garnisonen, um eine Armee aufzustellen, die die gotische Flut aufhalten könnte, und am Ostermorgen des Jahres 402 fiel er bei Pollentia über die Goten her, die das Plündern unterbrochen hatten, um zu beten. Die Schlacht blieb unentschieden; Alarich zog sich zurück, ominöserweise aber in Richtung auf das unverteidigte Rom; nur eine gewaltige Bestechungssumme von Honorius vermochte ihn zum Verlassen Italiens zu bewegen.

Der furchtsame Kaiser hatte bei der Annäherung Alarichs an Mailand im Sinne gehabt, seine Hauptstadt nach Gallien zu verlegen. Nun sah er sich nach einer noch sichereren Stelle um und fand sie in Ravenna, das vom Land her durch seine Sümpfe und Lagunen, von der See her durch seine Sandbänke geschützt war. Die neue Hauptstadt erzitterte aber wie die alte, als der Barbare Radagais ein Heer von 200 000 Alanen, Quaden, Ostgoten und Wandalen über die Alpen führte und die aufblühende Stadt Florentina angriff. Stilicho bewies abermals seine Feldherrenkunst, schlug die buntgewürfelte Menge mit einer verhältnismäßig kleinen Streitmacht und brachte Radagais in Ketten vor Honorius. Italien atmete wieder auf, und der Kaiserhof mit seinen Patriziern, Prinzessinnen, Bischöfen, Eunuchen, Hühnern und Generälen nahm sein altes Leben des Luxus, der Korruption und Intrige wieder auf.

Olympius, der Kanzler, beneidete und beargwöhnte den Stilicho; er war ärgerlich darüber, daß der große Feldherr offenbar wissentlich den Alarich mehrmals hatte entkommen lassen, und glaubte bei ihm die Sympathie eines Germanen mit den germanischen Eindringlingen zu bemerken. Er protestierte dagegen, daß auf Stilichos Anraten dem Alarich Bestechungssummen ausgehändigt oder versprochen worden waren. Honorius zögerte, den Mann zu entlassen, der 23 Jahre lang Roms Heere zum Siege geführt und den Westen gerettet hatte; aber als Olympius ihm einredete, daß Stilicho vorhabe, seinen Sohn auf den Kaiserthron zu bringen, willigte der eingeschüchterte Jüngling in den Tod seines Feldherrn ein. Olympius sandte augenblicks einen Trupp Soldaten mit dem Befehl, das Dekret auszuführen. Stilichos Freunde wollten Widerstand leisten; er untersagte es ihnen und bot sein Haupt dem Schwerte (408).

Wenige Monate später drang Alarich wiederum in Italien ein.

III. DER ITALISCHE HINTERGRUND

Das Weströmische Reich bot gegen Ende des vierten Jahrhunderts ein buntes Bild von Erholung und Verfall, von literarischer Tätigkeit und Unfruchtbarkeit, von politischem Pomp und militärischem Versagen. Von den annähernd siebzig Millionen Seelen im Reich waren zwanzig oder mehr Millionen Gallier, kaum sechs Millionen Italier[15]; die übrigen waren hauptsächlich Griechisch sprechende Orientalen; Rom selbst war seit 100 n. Chr. in völkischer Hinsicht eine orientalische Stadt. Einst hatte Rom vom Osten gelebt, wie das Europa der Neuzeit bis zur Mitte des zwanzigsten Jahrhunderts von seinen Eroberungen und Kolonien lebte; die Legionen hatten die Erzeugnisse und Edelmetalle aus einem Dutzend Provinzen in die Villen und Truhen der Sieger fließen lassen. Nun nahm die Eroberung ein Ende und der Rückzug seinen Anfang. Italien war gezwungen, sich auf seine eigenen Hilfskräfte an Menschen und Material zu stützen, und diese waren durch Geburtenbeschränkung, Hungersnöte, Epidemien, Besteuerung, Verschwendung und Krieg gefährlich zusammengeschrumpft. Industrielle Unternehmungen hatten auf der parasitischen Halbinsel nie geblüht; nun, da sie ihre Märkte im Osten und in Gallien verlor, vermochte sie die Großstadtbevölkerung, die mit schwerer Arbeit in Werkstätten und Häusern ein kümmerliches Auskommen gefunden hatte, nicht mehr zu erhalten. Die *collegia*, die Zünfte, hatten darunter zu leiden, daß sie in einer Monarchie, in der es nur noch selten zu Abstimmungen kam, nicht mehr ihre Stimme verkaufen konnten. Der Binnenhandel schrumpfte zusammen, die Wegelagerei nahm zu, und die dereinst guten Straßen, für die nicht mehr gesorgt wurde, zerfielen, wenn sie auch immer noch besser waren als alle anderen Straßen vor dem neunzehnten Jahrhundert.

Der Mittelstand war der Hauptpfeiler des Stadtlebens in Italien gewesen; jetzt wurde auch er durch den wirtschaftlichen Niedergang und die ausbeuterische Besteuerung geschwächt. Jeder Besitzende war ständig wachsenden Steuern ausgesetzt, um eine anwachsende Bürokratie zu unterhalten, deren Hauptfunktion der Steuereinzug war. Satiriker beklagten sich, daß die Leute, die von öffentlichen Mitteln lebten, zahlreicher seien als die Leute, die für diese Mittel aufkamen[16]. Ein großer Teil der eingezahlten Steuergelder ging durch betrügerische Praktiken verloren; unzählige Gesetze suchten die Unterschlagung oder Vergeudung von Steuereinnahmen oder Staatsbesitz zu unterbinden, zu entdecken, zu bestrafen. Viele Steuereinnehmer zogen von den Einfältigen zu viele Steuern ein und steckten den Überschuß in die eigene Tasche; dafür erleichterten sie dann den Reichen ihre Steuerlast, falls diese sich dafür erkenntlich zeigten[17]. Die Kaiser waren bemüht, einen ehrlichen Steuereinzug durchzusetzen; Valentinian I. ernannte in jeder Stadt einen Stadtverteidiger, der die Bürger gegen die Übergriffe der *susceptores* zu schützen hatte, und Honorius erließ Städten, die in einer finanziellen Notlage waren, die Steuerrückstände. Und doch flohen, wenn wir Salvian Glauben schenken dürfen, einige Bürger über die Grenze, um sich im Gebiete von Barbarenkönigen niederzulassen, welche die Kunst des Steuereinzugs nicht so vollendet erlernt hatten; «angenehmer sind ihnen Feinde als Steuereintreiber»[18]. Unter diesen Umständen schwand die Freude am Kindersegen, und die Bevölkerung nahm ab. Tausende von Hektaren Ackerlandes blieben unbestellt, so daß ein wirtschaftliches Vakuum entstand, welches zusammen mit dem noch vorhandenen Wohlstand der Städte die landhungrigen Barbaren anlockte. Viele bäuerliche Grundbesitzer, die ihre Steuern nicht mehr zahlen oder sich nicht mehr gegen Invasoren oder Räuber verteidigen konnten, übergaben ihren Grund reicheren oder stärkeren Großgrundbesitzern und wurden *coloni*, «Bebauer», das heißt Pächter; sie verpflichteten sich, an den Grundherrn einen Teil ihrer Ernte, Arbeitskraft und Zeit abzuliefern, und erhielten als Gegengabe eine gesicherte Existenz und Schutz in Krieg und Frieden. Auf diese Weise wurde Italien, das das Lehnswesen nie in vollem Umfang kennenlernte, zu einem der ersten Länder, das die Grundlagen dazu legte. Der gleiche Vorgang spielte sich in Ägypten, Afrika und Gallien ab.

Das Sklavenwesen war in allmählichem Abnehmen begriffen. In einer hochentwickelten Zivilisation spornt nichts die Wirtschaft so an wie das wechselvolle Spiel von Lohn, Gehalt oder Gewinn des freien Mannes. Die Sklavenhaltung hatte sich nur so lange gelohnt, als es viele und billige Sklaven gab. Der Preis der Sklaven war ständig im Steigen, seitdem die Legionen keine menschliche Kriegsbeute mehr heimbrachten; die Schwäche der Regierung erleichterte den Sklaven die Flucht; außerdem mußte man für alte und kranke Sklaven sorgen. Da die Sklaven immer teurer wurden, schützte der Sklavenhalter das Geld, das er in Sklaven investierte, durch eine bessere Behandlung; innerhalb gewisser Grenzen hatte der Herr aber immer noch das Recht über Leben und Tod seiner «beweglichen Habe»[19]; er konnte die Hilfe des Gesetzes anrufen, wenn ihm Sklaven entlaufen waren, und durfte sich an ihnen ohne Rücksicht auf ihr Geschlecht sexuell ausleben, ganz wie es seiner beidseitig orientierten Phantasie beliebte. Paulinus von Pella rühmte sich ob seines keuschen Lebens in der Jugendzeit: «Ich zügelte meine Begierden ..., nahm nie die Liebe einer freien Frau an ... und begnügte mich mit der Liebe von weiblichen Sklavinnen meines Hauses[20].»

Die meisten reichen Leute hatten ihren Wohnsitz jetzt auf ihren Landsitzen und mieden die Betriebsamkeit und den lärmenden Großstadthaufen. Trotzdem floß immer noch der größte Teil von Italiens Reichtum nach Rom. Die große Stadt war keine Hauptstadt mehr und bekam nur noch selten einen Kaiser zu sehen, aber sie war immer noch der gesellschaftliche und geistige Mittelpunkt des Westens. Und hier hatten die Spitzen der neuen italischen Aristokratie ihren Sitz; diese war nicht mehr wie früher ein erblicher Stand, sondern wurde von Zeit zu Zeit von den Kaisern auf Grund des Landbesitzes neu aufgestellt. Obgleich der Senat etwas von seinem Prestige und den größten Teil seiner Macht eingebüßt hatte, führten die Senatoren immer noch ein prunkvolles Leben mit großem Aufwand. Sie bekleideten mit Geschick wichtige administrative Ämter und kamen aus ihren eigenen Mitteln für öffentliche Spiele auf. Ihre Häuser waren mit Bediensteten und teuren Möbeln vollgestopft[21]. Die Briefe des Symmachus und des Sidonius und die Poesie des Claudian zeigen uns die hellere Seite dieses Herrenlebens, die gesellschaftliche und kulturelle Tätigkeit, den treuen Dienst am Staate, die wohlwollende Freundlichkeit, die eheliche Treue, die Zärtlichkeit der Eltern- und Kindesliebe.

Im fünften Jahrhundert malte ein Priester aus Marseille ein weniger anziehendes Bild von den Lebensverhältnissen in Italien und Gallien. Salvian beschäftigte sich in seinem Buch *Vom Regiment Gottes* mit dem gleichen Problem wie Augustin in seinem *Gottesstaat* und Orosius in seinem Buch *Gegen die Heiden:* Wie lassen sich die Übel der Barbareneinfälle mit einer göttlichen und wohltätigen Vorsehung vereinbaren? Die Antwort des Salvian lautet, daß diese Leiden eine gerechte Strafe für die wirtschaftliche Ausbeutung, die politische Korruption und die sittliche Zügellosigkeit der Römer seien. Bei den Barbaren lasse sich diese Unterdrückung der Armen durch die Reichen nicht finden; die Barbaren hätten weichere Herzen als die Römer, und wenn die Armen die Möglichkeit dazu hätten, so würden sie in Massen auswandern, um sich unter die Herrschaft der Barbaren zu begeben[22]. Reich und arm, Heide und Christ seien, wie unser Moralist berichtet, gleicherweise in einen Sumpf der Unmoral geraten, wie er in der Geschichte nur selten zu finden sei; Ehebruch und Trunksucht seien allgemein verbreitete Laster, Tugendhaftigkeit und Mäßigung seien nur noch die Zielscheibe unzähliger Witze, und der Name Christi sei bei denjenigen, die ihn Gott nennen, zu einem profanen und leeren Worte geworden[23]. Und unser zweiter Tacitus rät, die Germanen dagegenzuhalten, die einfache Frömmigkeit ihres Christentums, die milde Behandlung, die sie den unter ihre Herrschaft gefallenen Römern angedeihen ließen, ihr redliches Verhalten zueinander, ihre voreheliche Enthaltsamkeit und eheliche Treue. Bei der Eroberung von Karthago sei der Wandalenhäuptling Geiserich entsetzt gewesen, fast an jeder Straßenecke ein Bordell zu finden; er habe diese Lasterhöhlen schließen lassen und den Prostituierten die Wahl zwischen Eheschließung und Verbannung freigestellt. Die römische Gesellschaft sei physisch im Verfall begriffen, habe moralisch jeden Wert verloren und überlasse ihre Verteidigung ausländischen Söldnern. Wie könnten solche Feiglinge es verdienen, am Leben erhalten zu bleiben? Das Römische Reich, so schließt Salvian, sei «entweder bereits tot oder in den letzten Zügen», auch wenn das Luxusleben und die Spiele einen Höhepunkt erreicht hätten. *Moritur et ridet* – Rom «stirbt und lacht»[24].

Es ist ein schreckliches und offenbar übertriebenes Bild; die Beredsamkeit nimmt es selten genau. Zweifellos hielt sich damals wie heute die Tugendsamkeit bescheiden im Verborgenen und überließ das erste Blatt dem Laster, dem Unglück, der Politik und dem Verbrechen. Augustin malt in gleicher moralisierender Absicht ein fast ebenso dunkles Bild; er beklagt sich, die Kirchen seien oft leer, weil Tänzerinnen in den Theatern ihre enthüllten Reize zur Schau stellten[25]. Bei den öffentlichen Spielen wurden immer noch zum Vergnügen des Publikums Verurteilte und Gefangene hingemetzelt. Wir bekommen eine Vorstellung von der verschwenderischen Grausamkeit solcher Schaustellungen, wenn wir bei Symmachus lesen, daß er für eine einzige Vorführung einen Betrag in Millionenhöhe ausgegeben habe und daß 29 Gladiatoren, die zum Kampf in der Arena ausgebildet worden waren, ihn betrogen hätten, indem sie sich in einem Massenselbstmord vor Beginn der Spiele gegenseitig erwürgten[26]. Im Rom des vierten Jahrhunderts zählte das Jahr 175 Feiertage, darunter zehn mit Gladiatorenkämpfen, 64 mit Circusvorstellungen und die übrigen mit Theatervorführungen[27]. Die Barbaren nutzten diese Vorliebe der Römer für Kämpfe, bei denen andere zu bluten hatten, aus, um Karthago, Antiochien und Trier anzugreifen, während alles im Amphitheater oder Circus saß[28]. Im Jahre 404 wurde der zweifelhafte Sieg des Stilicho bei Pollentia in Rom mit einem Gladiatorenprogramm gefeiert. Das Blut hatte kaum zu fließen begonnen, als ein orientalischer Mönch, Telemachos, von den Zuschauerreihen in die Arena hinabsprang und forderte, man solle die Kämpfe sofort einstellen. Die wütenden Zuschauer steinigten ihn zu Tode, aber der Kaiser Honorius, den diese Szene getroffen hatte, erließ ein Edikt, das die Gladiatorenkämpfe untersagte*. Die Rennen im Circus dauerten bis zum Jahre 549 an; in diesem Jahre machte ihnen der ausgeschöpfte Wohlstand der Stadt durch die Gotenkriege ein Ende.

In kultureller Hinsicht war Rom seit Plinius und Tacitus nicht mehr so lebendig gewesen. Musik war die große Mode; Ammian[29] klagt, sie habe die Philosophie verdrängt und die «Bibliotheken in Grabstätten verwandelt»; er schildert riesige hydraulische Orgeln und Leiern, so groß wie Rennwagen. Es gab zahllose Schulen; nach Symmachus stand jedem die Möglichkeit offen, seine Fähigkeiten zu entwickeln[30]. An den «Universitäten» ließen sich Studenten aus allen westlichen Provinzen von staatlich besoldeten Professoren in Grammatik, Rhetorik, Literatur und Philosophie unterrichten, während die Barbaren ringsum geduldig die Kriegskunst erlernten. Jede Zivilisation ist eine Frucht vom kraftvollen Baume des Barbarentums und fällt stets in der größten Entfernung vom Stamme.

In diese Millionenstadt kam um das Jahr 365 ein syrischer Grieche von edler Abstammung und schöner Gestalt, Ammianus Marcellinus von Antiochien. Er hatte als Soldat im Stabe des Ursicinus in Mesopotamien gedient und aktiv an den Kriegen des Constantius, Julian und Jovian teilgenommen; er hatte gelebt, bevor er schrieb. Als im Osten eine Zeit des Friedens kam, zog er sich nach Rom zurück und unternahm es, das Werk von Livius und Tacitus zu vervollständigen, indem er eine Geschichte des Reiches von Nerva bis Valens schrieb. Sein Latein ist schwerfällig und verworren wie die Sprache eines Deutschen, der französisch schreibt; er hatte zuviel Tacitus gelesen und zu lange griechisch gesprochen. Er bekannte sich offen als Heide, als Bewunderer des Julian, als Verächter des luxuriösen Lebenswandels, den er den Bischöfen von Rom vorwirft; bei all dem war er aber im allgemeinen unparteiisch, lobte manche Seiten des Christentums und verurteilte Julian, weil er die akademische Freiheit beschränkt und damit einen Fehler begangen habe, der mit ewigem Schweigen überdeckt werden müsse[31]. Er war so fein gebildet, als ein Soldat Zeit findet, es zu sein. Er glaubte an Dämonen und Zauberei und zitierte zugunsten der Divination sogar seinen Erzgegner Cicero[32]. Er war aber im großen und ganzen ein derber und ehrenhafter Mann, der allen Parteien und Menschen gerecht wurde; «kein trügerisches Wort ziert meinen Bericht, sondern unbedingte Tatsachentreue»[33]. Er haßte Unterdrückung, Verschwendung und Prunksucht und ließ seiner Meinung freien Lauf, wo auch immer er darauf stieß. Er war der letzte klassische Geschichtsschreiber; nach ihm gab es im Lateinischen nur noch Chronisten.

In dem gleichen Rom, dessen Lebensweise dem Ammian so vornehmtuerisch und verderbt vorkam, fand Macrobius eine Gesellschaft von Menschen, die ihren Wohlstand mit

* Unsere einzige Quelle ist hier die *Historia Ecclesiastica* (V. 20) des Theodoret von Antiochien; vielleicht ist die Geschichte nur ein frommer Betrug.

feinen Manieren, Kultur und Menschenfreundlichkeit zierten. Er war ursprünglich Gelehrter, der Bücher und ein geruhsames Leben liebte; im Jahre 399 finden wir ihn aber als *vicarius*, kaiserlichen Legaten, in Spanien. Sein Kommentar zu Ciceros *Traum des Scipio* wurde jedoch zu einem beliebten Verbreitungsmittel der neuplatonischen Mystik und Weltanschauung. Sein Meisterwerk, das in den letzten 1500 Jahren fast von jedem Geschichtsschreiber zitiert worden ist, sind die *Saturnalia*, *Das Saturnalienfest*, eine Art «literarischer Kuriositäten», in denen der Verfasser die verschiedenartige Ernte seiner mit Studien erfüllten Tage und mit Bücherlesen verbrachten Nächte sammelt. Er beging Plagiate bei Aulus Gellius und verbesserte ihn zugleich, indem er seinem Material die Form eines imaginären Dialogs zwischen wirklichen Menschen gab, eines Gespräches zwischen Praetextatus, Symmachus, Flavian, Servius und anderen, die mit gutem Wein, gutem Essen und gebildeter Konversation das Saturnalienfest feierten. Disarius, ein Arzt, stellt einige medizinische Fragen: Ist eine einfache Kost besser als eine gemischte? – Warum sind Frauen selten, alte Männer dagegen regelmäßig betrunken? – Ist die Natur der Frau heißer oder kälter als diejenige des Mannes? Wir stoßen auf ein Gespräch über den Kalender, auf eine ausgedehnte Untersuchung von Vergils Wortschatz, Grammatik, Stil, Weltanschauung und Plagiaten; auf eine Sammlung von *bonmots* aller Zeiten; eine Abhandlung über Gastmähler und seltene Speisen. Abends unterhalten sich diese *pundits* mit leichterer geistiger Kost. Warum werden wir rot, wenn wir uns schämen, und bleich, wenn wir uns fürchten? – Warum setzt der Haarausfall oben am Kopfe ein? – Was war zuerst da, das Huhn oder das Ei? *(Ovumne prius fuerit an gallina?*[34]) Hie und da finden sich in diesem Gemisch einige edle Stellen, etwa wenn der Senator Praetextatus über die Sklaverei spricht:

> Ich bewerte den Menschen nicht nach seinem gesellschaftlichen Rang, sondern nach seinem Benehmen und seiner Gesittung, denn diese sind Ausdruck seines Charakters, der Rang aber ist eine Zufälligkeit ... Du mußt, Evangelus, nicht nur auf dem Forum nach Freunden suchen, sondern auch in deinem eigenen Hause. Behandle deinen Sklaven mit Güte und Milde, laß ihn am Gespräche teilhaben, zieh ihn gelegentlich auch in ganz persönlichen Fragen zu Rat. Unsere Vorfahren nahmen dem Herren den Hochmut und dem Sklaven die Schmach und nannten den ersteren *pater familias* und den letzteren *familiaris* (also: zur Familie gehörig). Deine Sklaven werden dir mit größerer Bereitwilligkeit Achtung als Furcht entgegenbringen. 35

In einem Kreise dieser Art fand um das Jahr 394 ein Dichter Aufnahme, dem es bestimmt war, den Schwanengesang von Roms Glanz zu singen. Claudius Claudianus war wie Ammian im Osten geboren und sprach als Muttersprache Griechisch; er muß aber Latein in früher Jugendzeit gelernt haben, um es so gut und so flüssig schreiben zu können. Nach einem kurzen Aufenthalt in Rom ging er nach Mailand, fand eine Stelle in Stilichos Gefolge, wurde der inoffizielle Hofdichter des Kaisers Honorius und ehelichte eine Dame von hoher Geburt und großem Vermögen; Claudian hatte einen guten Blick für die große Chance und beabsichtigte keineswegs, sich auf dem Töpferfeld begraben zu lassen. Er diente dem Stilicho mit klangvollen Lobgesängen auf ihn selbst und mit wild tadelnden Schmähliedern auf seine Gegner. Im Jahre 400 kehrte er nach Rom zurück und wurde dankbar bejubelt, als er in einem Gedicht «Auf das Konsulat des Stilicho» der Ewigen Stadt ein Loblied sang, das eines Vergil würdig gewesen wäre:

> Konsul göttlicher Macht, Fürsorger der mächtigen Weltstadt,
> der sich keine vergleicht, so weit um Erden die Luft kreist,
> da kein Auge den Raum, kein Menschengedanke die Schönheit
> und ihr Lob kein Mund je faßt! Wetteifernd im Glanze
> edlen Metalls zu den Sternen erhebt sie ihre Paläste
> über dem Siebengebirge, dem Abbild himmlischer Zonen –
> sie, als Mutter des Kriegs und Rechts, für die Erdenbewohner
> Quelle der Herrschergewalt und Wiege der ersten Gesetze!
> Sie hat, kleinem Bezirk entstammt, gen Norden und Süden
> mählich alles umfaßt und die Macht nach niederem Aufgang
> weit versandt, wie Sonne das Licht ...
> Sie allein hat sich die bewältigten Feinde vereinigt,
> sie, als Mutter das Menschengeschlecht mit einer Benennung
> liebreich, nicht als Herrin, umfaßt, sie alle Besiegten
> «Bürger» genannt, mit treuem Verkehr Entfernte verbunden.
> Ihre Gesittung erschuf uns allen gesegneten Frieden,
> daß wir auch in der Fremde der Heimat Ruhe genießen,
> sorglos wandern, wohin es beliebt, nach Thule die Lustfahrt
> richten und uns an Buchten erfreun, sonst schaudernd gemieden,
> daß wir bald vom Orontes und bald vom Rhodanus trinken,
> daß wir alle gesamt ein Volk sind.[36]

Der dankbare Senat ließ dem Claudian im Trajansforum eine Statue errichten und weihte sie «dem ruhmreichsten Dichter», der Vergils treffende Ausdrucksweise mit Homers Ausdruckskraft verbinde. Nach weiteren Gedichten zu Ehren gewinnbringender Objekte wandte Claudian seine Talente dem *Raub der Proserpina* zu und erzählte die alte Sage mit bezaubernden Landschafts- und Meeresschilderungen und einer zärtlichen Note, die an die zeitgenössischen griechischen Liebesromane erinnert. Im Jahre 408 erfuhr er, daß Stilicho ermordet worden war und viele Freunde des Feldherrn verhaftet und hingerichtet wurden. Das Ende seiner Lebensgeschichte ist uns unbekannt.

In Rom erhielten sich, wie auch in Athen und Alexandrien, beträchtliche heidnische Minderheiten, und zu Ende des vierten Jahrhunderts standen immer noch 700 heidnische Tempel[37]. Jovian und Valentinian I. scheinen die von Julian eröffneten Tempel nicht wieder geschlossen zu haben. Die römischen Priester trafen sich (394) immer noch in ihren sakralen Kollegien, die Luperkalien wurden mit ihren alten halbwilden Riten gefeiert, und die Via Sacra hallte dann und wann von dem ahnungsvollen Gebrüll der Opferochsen wider.

Der geachtetste dieser letzten Heiden Roms war Vettius Praetextatus, der Führer der heidnischen Mehrheit im Senat. Jedermann anerkannte seine Tugenden – seine Rechtschaffenheit, Bildung und Vaterlandsliebe und sein gutes Familienleben: Einige verglichen ihn mit dem älteren Cato und Cincinnatus. Die Zeit hat seinem Freund Symmachus (345 bis 410) ein besseres Gedächtnis bewahrt; seine Briefe geben ein so freundliches Bild von der charmanten Aristokratie, die sich am Vorabend des Todes für unsterblich hielt. Selbst seine Familie schien unsterblich: Sein Großvater war 330 Konsul gewesen, sein Vater 364 Präfekt; er selbst war 384 Präfekt und 391 Konsul. Sein Sohn war Prätor, sein Enkel wurde 446, sein Großenkel 485 Konsul, seine Ururenkel wurden 522 beide ebenfalls Konsuln. Er war außerordentlich vermögend; er besaß drei Villen in der Nähe von Rom, sieben weitere in Latium, fünf an der Bucht von Neapel, andere in ganz Italien verstreut, so daß er «die ganze Halbinsel auf und ab bereisen konnte und überall bei sich daheim war»[38]. Man weiß von niemandem, der ihm wegen seines Reichtums gezürnt hätte, denn er gab ihn großzügig aus und machte seinen Überfluß durch eifrige Studien, durch Dienste an der Öffentlichkeit, durch eine makellose Lebensführung und durch tausend Taten einer unaufdringlichen Menschenliebe wieder wett. Zu seinen treuen Freunden zählten Christen so gut wie Heiden, Römer so gut wie Barbaren. Vielleicht war er in erster Linie Heide und erst in zweiter Linie Patriot; er hatte die Empfindung, daß die Kultur, die er vertrat und genoß, mit der alten Religion eng verbunden war und daß die eine ohne die andere nicht fallen konnte. Durch die Treue zu den alten Riten mußte sich der Bürger als ein Glied in einer Kette von wunderbarer Beständigkeit von Romulus bis Valentinian fühlen und lernen, eine Stadt und eine Kultur zu lieben, die mit so viel Tapferkeit im Laufe eines Jahrtausends aufgebaut worden waren. Nicht ohne Grund wählten seine Mitbürger den Quintus Aurelius Symmachus zu ihrem Vertreter in ihrem letzten dramatischen Kampf um ihre Götter.

Im Jahre 380 erklärte der Kaiser Gratian, der von Ambrosius zu einer leidenschaftlichen Rechtgläubigkeit bekehrt worden war, das Bekenntnis von Nikaia sei für «alle Völker, die der Regierung unserer Milde untertan sind», obligatorisch; die Anhänger anderer Glaubensbekenntnisse nannte er in dem Edikt «toll und närrisch»[39]. 382 ließ er die Zahlungen aus der Reichskasse und aus städtischen Geldern für heidnische Riten, an die Vestalischen Jungfrauen und an heidnische Priester einstellen, beschlagnahmte alle Ländereien, die Tempeln und Priesterkollegien gehörten, und befahl seinen Leuten, die Statue der Göttin Victoria, die Augustus im Jahre 29 v. Chr. im Senat aufgestellt hatte und vor der zwölf Senatorengenerationen ihr Treuegelübde für den Kaiser abgelegt hatten, aus dem Senatsgebäude zu entfernen. Eine von Symmachus angeführte Abordnung wurde zu Gratian geschickt, um die Sache der Victoria vor ihm zu verfechten; Gratian weigerte sich, sie zu empfangen, und ließ Symmachus aus Rom verbannen (382). Im folgenden Jahre fiel Gratian; der Senat schöpfte neue Hoffnung und sandte eine Abordnung zu seinem Nachfolger. Die Rede des Symmachus vor Valentinian II. wurde als Meisterstück eines beredsamen Plädoyers beklatscht. Symmachus vertrat darin die Ansicht, es sei nicht ratsam, so plötzlich religiöse Praktiken aufzuheben, die seit einem Jahrtausend mit der Stabilität der Gesellschaftsordnung und dem guten Rufe des Staates verbunden gewesen seien. «Ist es nicht gleichgültig, auf welchem Wege einer die Wahrheit sucht? Zu einem so großen Mysterium kann man nicht auf einem einzigen Wege gelangen» (*uno itinere non potest perveniri ad tam grande secretum*)[40].

Der junge Valentinian ließ sich erweichen; Ambrosius berichtet, daß sich selbst die Christen im Kaiserlichen Rat für die Wiederaufstellung der Victoriastatue einsetzten. Ambrosius, der in diplomatischer Mission für den Staat abwesend gewesen war, übertrumpfte den Rat mit einem gebieterischen Brief an den Kaiser. Er zerpflückte mit seiner charakteristischen Nachdrücklichkeit ein Argument des Symmachus nach dem anderen. Er drohte dem Herrscher sogar mit dem Bannfluch, falls er dem Gesuch entspreche. «Du magst wohl in die Kirche gehen, aber du wirst darin keinen Priester finden, der dich empfinge, oder aber man wird dir den Zutritt verwehren[41].» Valentinian schlug das Ersuchen des Senates ab.

Die Heiden Italiens machten im Jahre 393 eine letzte Anstrengung und setzten alles auf die Karte der Revolution. Der halbheidnische Kaiser Eugenius, der von Theodosius nicht anerkannt worden war und die Heiden des Westens zu seiner Verteidigung einsetzen zu können hoffte, stellte die Victoriastatue wieder auf und prahlte, er werde nach der Niederlage des Theodosius seine Pferde in christlichen Basiliken einstellen. Nicomachus Flavianus, der Schwiegersohn des Symmachus, führte dem Eugenius ein Hilfsheer zu, teilte sich mit ihm in die Niederlage und beging Selbstmord. Theodosius zog in Rom ein und zwang den Senat, die Aufhebung des Heidentums in allen seinen Formen zu verfügen (394). Als Alarich Rom plünderte, sahen die Heiden in der Demütigung ihrer einst so stolzen Stadt den Zorn ihrer vernachlässigten Götter. Der Glaubenskampf zerstörte die Einheit und die Kampfkraft des Volkes, und als sich der Strom der Invasion über es ergoß, konnte es ihm nur mit gegenseitiger Beschimpfung und getrenntem Gebet begegnen.

IV. DIE BARBARISCHE STURMFLUT

Als Nachtrag zu der Ermordung des Stilicho befahl Olympius, Tausende von Anhängern des Stilicho umzubringen, einschließlich den Führer der Barbarenlegionen. Alarich, der hinter den Alpen auf seine Gelegenheit gewartet hatte, sah sie jetzt gekommen und packte zu. Er beschwerte sich, daß die 4000 Pfund Gold, die die Römer ihm zugesagt hatten, nicht ausgezahlt worden seien; als Gegengabe für die Zahlung verpflichtete er sich, die edelsten Gotenjünglinge als Pfand für seine künftige Vertragstreue auszuliefern. Als Honorius die Zahlung verweigerte, marschierte er über die Alpen, plünderte Aquileia und Cremona, erhielt den Zuzug von 30000 Söldnern, die über den Mord an ihren Führern erbost waren, und eilte die Via Flaminia hinab bis unmittelbar vor die Tore Roms (408). Niemand stellte sich ihm in den Weg als ein einziger Mönch, der ihn als Räuber brandmarkte; Alarich brachte den Mönch in Verwirrung, indem er erklärte, Gott selbst habe ihm die Invasion befohlen. Der Senat ließ sich in panischer Angst wie zu Hannibals Zeit zu barbarischen Handlungen hinreißen; er verdächtigte die Witwe des Stilicho der heimlichen Übereinkunft mit Alarich und ließ sie hinrichten. Alarich schnitt als Antwort jede Zufuhr von Nahrungsmitteln in die Stadt ab. Bald brach der Hunger aus; Männer töteten Männer und Frauen ihre Kinder, um Nahrung zu haben. Eine Abordnung wurde mit der Bitte um Bekanntgabe der Übergabebedingungen an Alarich geschickt. Sie machte ihn darauf aufmerksam, daß eine Million Römer zum Widerstand bereit sei; er lachte nur und entgegnete: «Je dichter das Heu, um so leichter läßt es sich mähen.» Schließlich gab er nach und erklärte sich bereit, sich zurückzuziehen, falls man ihm alles Gold und Silber und alle beweglichen Güter, die sich in der Stadt befanden, aushändigte. «Was bleibt uns dann übrig?» fragten die Gesandten. «Euer Leben», war die verächtliche Antwort. Rom entschloß sich zum weiteren Widerstand, die Hungersnot zwang die Belagerten aber zu einem neuen Übergabeangebot. Alarich erhielt 5000 Pfund Gold, 30000 Pfund Silber, 4000 seidene Tuniken, 3000 Felle, 3000 Pfund Pfeffer.

Inzwischen waren ungezählte Sklaven ihren Herren entlaufen, um sich in die Dienste des Alarich zu stellen. Wie zum Ausgleich ging ein gotischer Führer, Sarus, zu Honorius über, nahm eine beträchtliche gotische Streitmacht mit sich und griff das Hauptheer der Barbaren an. Alarich, der darin eine Verletzung des Übereinkommens, das unterzeichnet worden war, erblickte, belagerte Rom erneut. Ein Sklave öffnete die Stadttore, die Goten strömten in die Stadt hinein, und zum ersten Male seit 800 Jahren fiel die große Stadt in die Hände des Feindes (410). Drei Tage lang war Rom einer Plünderung mit unterschiedlicher Behandlung unterworfen, bei der die Peters- und die Paulskirche unberührt blieben und die Menschen, die sich in diese Kirchen geflüchtet hatten, mit dem Leben davonkamen. Aber die Hunnen und Sklaven in dem 40000 Mann starken Heer ließen sich nicht mehr zügeln. Hunderte von Vermögenden wurden hingemordet, ihre Frauen geschändet und getötet; es war fast nicht mehr möglich, alle die Leichname zu beerdigen, die in den Straßen lagen. Tausende wurden als Gefangene fortgeführt, darunter Galla Placidia, die Halbschwester des Honorius. Die Plünderer rissen alles Gold und Silber an sich, wo sie es nur fanden; Kunstwerke wurden wegen ihres Edelmetalles eingeschmolzen, und viele Meisterwerke der Bildhauerei und Töpferkunst wurden von eifersüchtigen ehemaligen Sklaven, die die Armut und Mühsal, welche dieser Schönheit und diesem Reichtum zugrunde lagen, nicht vergessen konnten, zerschmettert. Alarich stellte die Disziplin wieder her und führte seine Truppen nach Süden, um Sizilien zu erobern; im gleichen Jahre aber befiel ihn ein Fieber, und er starb in Cosenza. Sklaven leiteten den Busento ab, um dem Alarich im Flußbett ein sicheres und geräumiges Grab zu schaffen; der Strom wurde wieder in sein Bett zurückgeleitet; damit der Ort der Grabstätte verborgen bliebe, wurden die Sklaven, die diese Arbeiten verrichtet hatten, getötet[42].

Athaulf (Adolf), Alarichs Halbbruder, wurde zu seinem Nachfolger als König gewählt. Er erklärte sich bereit, seine Truppen aus Italien zurückzuziehen, falls er Placidia zur Frau erhielte und seine Goten als *foederati* von Rom Südgallien mit Narbonne, Toulouse und Bordeaux zur Selbstregierung zugewiesen bekämen. Honorius wollte nichts von der Heirat wissen, Placidia willigte ein. Der Anführer der Goten verkündete, sein Ziel sei nicht, Rom zu zerstören, sondern das Römische Reich zu erhalten und zu stärken. Er zog sich mit seinem Heer aus Italien zurück und gründete mit einer geschickten Mischung von Diplomatie und Gewalt das Westgotenreich von Gallien, das theoretisch dem Reich untertan war und seine Hauptstadt in Toulouse hatte (414). Im folgenden Jahre wurde er ermordet. Placidia, die ihn liebte, wollte für immer Witwe bleiben, wurde aber von Honorius dem Feldherrn Constantius als Belohnung gegeben. Nach dem Tode des Constantius (421) und des Honorius (423) wurde Placidia Regentin für ihren Sohn Valentinian III. und regierte 25 Jahre lang das Reich, ohne ihr Geschlecht in Schande zu bringen.

Bereits zur Zeit des Tacitus waren die Wandalen eine volkreiche und mächtige Nation, die ihren Sitz im Gebiet zwischen Oder und Weichsel hatte. Bis zur Zeit des Konstantin waren sie in südlicher Richtung bis nach Ungarn vorgedrungen. Als ihre Heere von den Westgoten vernichtend geschlagen wurden, baten die Wandalen um die Erlaubnis, die Donau überschreiten und im Reich Wohnsitz nehmen zu dürfen. Konstantin gab seine Einwilligung, und siebzig Jahre lang wuchsen und vermehrten sie sich in Pannonien. Die Erfolge des Alarich wirkten auf ihre Einbildungskraft; der Rückzug der Legionen aus dem Gebiet jenseits der Alpen zur Verteidigung Italiens schuf in dem reichen Westen eine einladende Leere, und im Jahre 406 strömten große Massen von Wandalen, Alanen und Sueben über den Rhein und verwüsteten Gallien. Sie plünderten Mainz und massakrierten einen großen Teil von dessen Bevölkerung. Sie zogen in nördlicher Richtung nach Belgien und plünderten und brandschatzten die kaiserliche Stadt Trier. Sie schlugen Brücken über die Meuse und Aisne und plünderten Reims, Amiens, Arras und Tournai und kamen dabei fast bis an den Kanal. Dann wandten sie sich gegen Süden, überschritten die Seine und Loire, drangen in Aquitanien ein und ließen ihre wandalische Wut an fast allen Städten aus mit Ausnahme von Toulouse, das von seinem Bischof Exuperius heldenhaft verteidigt wurde. An den Pyrenäen machten sie für eine Zeit halt, wandten sich dann gegen Osten und plünderten Narbonne. Gallien hatte selten eine so gründliche Verwüstung durchmachen müssen.

409 drangen sie in der Stärke von 100000 Mann in Spanien ein. Dort hatte, wie in Gallien und im Osten, die Römerherrschaft eine erdrückende Steuerlast und eine wohlorganisierte Regierung gebracht, einen Reichtum, der sich in gewaltigen Landgütern konzentrierte, eine Bevölkerung von Sklaven und Leibeigenen und verarmten Freien; und doch gehörte Spanien nun dank seiner Stabilität und seiner Gesetze zu den blühendsten römischen Provinzen, und Mérida, Cartagena, Córdoba, Sevilla und Tarragona zählten zu den reichsten und kultiviertesten Städten des Reiches. In diese anscheinend gesicherte Halbinsel drangen die Wandalen, Sueben und Alanen ein; zwei Jahre lang plünderten sie in Spanien von den Pyrenäen bis zur Meerenge und dehnten ihren Eroberungszug sogar bis an die afrikanische Küste aus. Honorius, der den römischen Boden nicht mit römischen Waffen zu verteidigen vermochte, verleitete die Westgoten Südwestgalliens durch Bestechung dazu, Spanien für das Reich zurückzuerobern; der geschickte Gotenkönig Wallia vollbrachte die Aufgabe in gut angelegten Feldzügen (420); die Sueben zogen sich nach Nordwestspanien zurück, die Wandalen nach Süden in das Andalusien, das noch heute ihren Namen trägt, und Wallia beschämte die treulosen römischen Diplomaten, indem er Spanien der kaiserlichen Gewalt wieder unterwarf.

Die Wandalen, die immer noch nach Eroberungen und Brot hungerten, setzten nach Afrika über (429). Wenn wir Prokop[43] und Jordanes[44] glauben können, habe der römische Statthalter der Provinz Afrika, Bonifatius, sie gerufen, da er ihre Hilfe gegen seinen Nebenbuhler Aëtius, den Nachfolger des Stilicho, in Anspruch nehmen wollte; die Echtheit dieser Angaben ist nicht voll gesichert. Auf jeden Fall ist es dem Wandalenkönig durchaus zuzutrauen, daß er von sich aus auf den Gedanken kam. Geiserich war der stolze Bastard eines Sklaven, lahm, aber kräftig, asketisch in der Lebenshaltung, unerschrocken im

Kampf, wild im Zorn, grausam in seiner Feindschaft, aber gleicherweise für die Kriegführung wie für diplomatische Verhandlungen von einer unübertrefflichen Begabung. Bei ihrer Ankunft in Nordafrika schlossen sich seinen 80000 wandalischen und alanischen Kriegern, Frauen und Kindern die wilden Mauren an, die sich schon lange gegen die Römerherrschaft auflehnten, und die Donatisten, die von den rechtgläubigen Christen als Ketzer verfolgt worden waren und nun eine neue Herrschaft willkommen hießen. Bonifatius vermochte von den acht Millionen Menschen der Bevölkerung Römisch-Nordafrikas nur eine verschwindend geringe Zahl von Männern zur Hilfeleistung in seiner kleinen regulären Armee anzuwerben; er wurde von Geiserichs Heerschar vernichtend geschlagen und zog sich nach Hippo zurück, wo der greise Augustin die Bevölkerung zu einem heldenhaften Widerstand aufrüttelte. Vierzehn Monate lang hielt die Stadt der Belagerung stand (430–431); dann zog sich Geiserich zurück, um einer anderen römischen Streitmacht zu begegnen, und schlug diese so vernichtend, daß Valentinians Gesandter einen Waffenstillstand unterzeichnete, in welchem er die wandalischen Eroberungen in Afrika anerkannte. Geiserich hielt sich an den Waffenstillstand, bis die Römer in ihrer Wachsamkeit nachließen, fiel über das reiche Karthago her und nahm es ohne einen einzigen Schwertstreich (439). Die Adligen und der katholische Klerus verloren ihren Besitz und wurden verbannt oder versklavt; kirchlicher und Laienbesitz wurde eingezogen, wo immer man auf ihn stieß, und auch mit Folterungen wurde nicht gespart, um seine Verstecke ausfindig zu machen[45].

Geiserich war noch jung; wenn er auch ein tüchtiger Staatsmann war, der durch sein Organisationstalent Nordafrika zu einem blühenden Staat machte, war er doch nur dann wirklich glücklich, wenn er Krieg zu führen hatte. Er ließ eine große Flotte bauen und suchte damit die spanische, italische und griechische Küste heim. Niemand konnte voraussagen, wo seine mit Kavallerie beladenen Schiffe das nächstemal anlegen würden; niemals in der ganzen römischen Geschichte hatte es im westlichen Mittelmeer eine dermaßen ungehinderte Seeräuberei gegeben. Schließlich machte der Kaiser um den Preis des afrikanischen Getreides, von dem sowohl Ravenna wie auch Rom lebten, Frieden mit dem Barbarenkönig und verpflichtete sich sogar, ihm eine kaiserliche Tochter in die Ehe zu geben. Rom, dessen Zerstörung nahe bevorstand, fuhr mit Lachen und Spielen fort.

Drei Viertel eines Jahrhunderts waren vergangen, seitdem die Hunnen durch den Übertritt über die Donau die Barbareninvasionen ins Rollen gebracht hatten. Ihr weiteres Vordringen nach Westen war eine langsame Wanderung gewesen, weniger den Eroberungen eines Alarich oder Geiserich als der langsamen Ausbreitung der Kolonisten über den amerikanischen Kontinent ähnlich. Allmählich hatten sie sich in Ungarn und in dessen Nachbarschaft niedergelassen und viele germanische Stämme unter ihre Herrschaft gebracht.

Um das Jahr 433 starb der Hunnenkönig Rua und überließ seinen Thron seinen Neffen Bleda und Attila. Bleda wurde um 444 ermordet – von einigen wird behauptet, Attila sei der Mörder gewesen –, und Attila (gotisch für «Väterchen») wurde der Herrscher verschiedener Stämme nördlich der Donau zwischen Don und Rhein. Der gotische Geschichtsschreiber Jordanes beschreibt ihn, wir wissen nicht, wie weit zutreffend, folgendermaßen:

> Er war ein Mann, dazu geschaffen, die Welt zu erschüttern, der Schrecken aller Länder, der auf eine unerklärliche Weise alles in Furcht setzte durch den schrecklichen Ruf, der über ihn verbreitet war. Stolz schritt er einher und ließ nach allen Seiten die Augen schweifen, damit die Macht, die der hochmütige Mensch innehatte, auch in seiner Körperbewegung sich zeigte. Er war ein Liebhaber der Kriege, aber persönlich zurückhaltend; seine Stärke lag in seiner klugen Umsicht. Gegen Bittende war er nicht hart und gnädig gegen die, welche sich ihm einmal unterworfen hatten. Er war klein von Gestalt, breitschulterig, dickköpfig, hatte kleine Augen, spärliches Barthaar mit Grau untermischt, eine platte Nase, dunkle Hautfarbe und trug die Kennzeichen seines Ursprungs.[46]

Er unterschied sich insofern von den anderen barbarischen Eroberern, als er sich mehr auf die List als auf die Gewalt verließ. Er nutzte den heidnischen Aberglauben seines Volkes zur Heiligung seiner Majestät aus; der Weg zu seinen Siegen wurde durch übertriebene Berichte von seiner Grausamkeit geebnet; vielleicht gingen diese Geschichten von ihm selbst aus; schließlich nannten sogar seine christlichen Feinde ihn eine «Gottesgeißel» und hatten solche Angst vor seiner Arglist, daß sie nur noch von den Goten gerettet werden konnten. Attila konnte weder lesen noch schreiben, aber das tat seiner Intelligenz keinen Abbruch. Er war kein Wilder; er hatte ein Gefühl für Ehre und Gerechtigkeit und zeigte sich oft großherziger als die Römer. Er lebte und kleidete sich einfach, aß und trank mäßig und überließ das Luxusleben seinen Untergebenen, die gerne mit ihren Gold- und Silbergeräten, ihren Rüstungen und Schwertern und den feinen Stickereien, die von den geschickten Fingern ihrer Frauen zeugten, prunkten. Attila hatte viele Frauen, aber für die Mischung von Monogamie und Ausschweifung, die in einigen Kreisen von Ravenna und Rom gang und gäbe war, hatte er nur Verachtung übrig. Sein Palast war ein riesiges Blockhaus, dessen Wände und Fußböden mit gehobelten Brettern ausgeschlagen waren, besaß aber elegant geschnitzten oder polierten hölzernen Zierat und Teppiche und Felle, die die Kälte abhielten. Seine Hauptstadt war ein großes Dorf, wahrscheinlich an der Stelle des heutigen Buda, das von einigen Ungarn bis in unser Jahrhundert Etzelburg genannt wurde.

Attila war nun (444) der mächtigste Mann Europas. Theodosios II., der Kaiser des Ostreiches, und Valentinian, der Kaiser des Westreiches, zahlten ihm beide Tribut, um ihn friedlich zu erhalten, und taten vor ihren Völkern so, als ob sie einen Klientenkönig für geleistete Dienste bezahlten. Attila, der ohne weiteres eine halbe Million Menschen ins Feld führen konnte, sah nicht ein, warum er sich nicht zum Herrn ganz Europas und des Nahen Orients machen sollte. 441 überschritten seine Feldherrn und Truppen die Donau, nahmen Sirmium, Singidunum (Belgrad), Naissus (Nisch) und Sardica (Sofia) und bedrohten sogar Konstantinopel. Theodosios II. schickte ihnen ein Heer entgegen; es wurde geschlagen, und das Ostreich erkaufte sich den Frieden, indem es den jährlichen Tribut von 700 auf 2100 Pfund Gold erhöhte. Im Jahre 447 drangen die Hunnen in Thrakien, Thessalien und Skythien (Südrußland) ein, plünderten 70 Städte und führten Tausende in die Sklaverei. Die Frauen der Besiegten wurden den Frauen der Sieger an die Seite gestellt, und damit begann eine Blutmischung, die Menschenalter überdauerte und im Westen bis nach Bayern hinein Spuren mongolischer Züge hinterließ. Diese Hunnenüberfälle brachten dem Balkan auf vier Jahrhunderte den Ruin. Die Donau war für lange Zeit nicht mehr die Hauptverkehrsader zwischen Osten und Westen, und die Städte an ihren Ufern zerfielen.

Nachdem er den Osten nach Herzenslust ausgeblutet hatte, wandte Attila sich gegen Westen und fand eine ungewöhnliche Ausrede für einen Krieg. Honoria, die Schwester Valentinians III., hatte sich von einem ihrer Kammerherrn verführen lassen und war nach Konstantinopel verbannt worden. Sie griff gierig nach jedem Fluchtplan, der sich ihr bot, und sandte ihren Ring mit dem Ersuchen um Hilfe an Attila. Der hinterlistige König, der einen Humor eigener Art besaß, beliebte in dem Ring ein Heiratsangebot zu sehen; er beanspruchte fortan Honoria und das halbe Westreich als ihre Morgengabe für sich. Die Minister des Valentinian erhoben Einwände, und Attila erklärte den Krieg. Sein wirklicher Kriegsgrund war, daß Markianos, der neue Kaiser des Ostreichs, die weiteren Tributzahlungen verweigert hatte und Valentinian seinem Beispiel gefolgt war.

Im Jahre 451 zog Attila mit einer halben Million Mann zum Rhein, plünderte und brandschatzte Trier und Metz und massakrierte die Einwohner dieser Städte. Ganz Gallien war gebannt vor Schrecken; das war kein zivilisierter Krieger wie Caesar, kein christlicher – wenn auch arianischer – Eroberer wie Alarich und Geiserich; das war ein entsetzlicher und widerwärtiger Hunne, das *flagellum dei*, das gekommen war, Christen und Heiden gleichermaßen für die tiefe Kluft zwischen ihrem Bekenntnis und ihrer Lebensweise zu bestrafen. In dieser Not kam Theoderich I., der greise König der Westgoten, dem Reiche als Retter zu Hilfe; er vereinigte sich mit den Römern, die unter Aëtius standen, und die gewaltigen Heerscharen stießen bei Troyes auf den Katalaunischen Feldern in einer der blutigsten Schlachten der Geschichte aufeinander. 162 000 Mann sollen in dieser Schlacht das Leben verloren haben, darunter der heldenmütige Gotenkönig. Der Westen trug keinen entschiedenen Sieg davon; Attila vermochte sich in guter Ordnung zurückzuziehen, und die Sieger waren zu erschöpft oder in ihren politischen Ansichten zu uneinig, um die Verfolgung aufzunehmen. Im nächsten Jahre drang Attila in Italien ein.

Die erste Stadt, in die ihn sein Weg führte, war Aquileia; die Hunnen zerstörten sie so gründlich, daß sie sich nie mehr erholte. Verona und Vicenza wurden milder behandelt; Pavia und Mailand kauften sich von dem Eroberer los, indem sie ihm ihre gesamte bewegliche Habe auslieferten. Der Weg nach Rom stand Attila nun frei; die Armee des Aëtius war zu klein, um nennenswerten Widerstand leisten zu können, aber Attila hielt sich eine Weile am Po auf. Valentinian III. floh nach Rom und sandte von dort aus eine Abordnung, die aus Papst Leo I. und zwei Senatoren bestand, zu dem Hunnenkönig. Niemand weiß, was sich bei der Zusammenkunft zwischen dem König und den Gesandten ereignete. Leo war eine eindrucksvolle Gestalt, und ihm wurde der unblutige Sieg in erster Linie zugeschrieben. Die Geschichte weiß nur zu berichten, daß Attila sich nun zurückzog. In seinem Heer war die Pest ausgebrochen, es mangelte an Nahrungsmitteln, und Markianos sandte Verstärkungen aus dem Ostreich (452).

Attila führte seine Schar über die Alpen in seine ungarische Hauptstadt zurück und drohte, im nächsten Frühjahr wieder nach Italien zurückzukehren, falls Honoria ihm nicht als Braut zugeführt werde. Inzwischen tröstete er sich damit, daß er eine junge Dame namens Hildiko, die schwache historische Grundlage der Kriemhild des Nibelungenliedes, in seinen Harem aufnahm. Bei der Hochzeitsfeier aß und trank er ungewöhnlich viel. Am nächsten Morgen fand man ihn tot im Bett an der Seite seiner jungen Frau; ein Blutgefäß war geplatzt, und das Blut in seiner Kehle hatte den Erstickungstod herbeigeführt (453)[47]. Sein Reich wurde zwischen seine Söhne aufgeteilt, die sich als zu unfähig erwiesen, um es erhalten zu können. Eifersüchteleien brachen zwischen ihnen aus; die unterworfenen Stämme verweigerten der ungeregelten Führung die Gefolgschaft, und innerhalb weniger Jahre zerbrach und verschwand das mächtige Reich, das gedroht hatte, die Griechen und die Römer, die Germanen und die Gallier unter seine Botmäßigkeit zu bringen und dem Gesicht und der Seele ganz Europas den Stempel Asiens aufzudrücken.

V. DER FALL VON ROM

Als Placidia im Jahre 450 starb, stand es Valentinian III. frei, seine Irrtümer allein zu begehen. Wie Olympius den Honorius bewogen hatte, Stilicho zu ermorden, der den Alarich bei Pollentia aufgehalten hatte, so bewog Petronius Maximus nun Valentinian, den Aëtius zu ermorden, der Attila bei Troyes zum Halten gebracht hatte. Valentinian hatte keinen Sohn und ärgerte sich über Aëtius, der seinen Sohn mit Valentinians Tochter Eudocia vermählen wollte. In einem Anfall wahnsinnigen Ärgers rief der Kaiser den Aëtius zu sich und erschlug ihn mit eigener Hand (454). «Herr», sagte ein Höfling zu ihm, «Ihr habt Eure Rechte mit Eurer Linken abgehauen.» Wenige Monate später bewog Petronius zwei Anhänger des Aëtius zum Mord an Valentinian. Niemand nahm sich die Mühe, die Mörder zu bestrafen; der Mord galt schon längst als vollgültiger Ersatz für die Wahl. Petronius wählte sich selbst auf den Thron, zwang Eudoxia, die Witwe des Valentinian, ihn zu ehelichen, und hielt Eudocia an, seinen Sohn Palladius zum Gatten zu nehmen. Wenn wir Prokop[48] glauben dürfen, wandte sich Eudoxia an Geiserich um Hilfe, wie sich Honoria an Attila gewandt hatte. Geiserich hatte gute Gründe, darauf einzugehen: Rom war trotz Alarich eine reiche Stadt, und Italien besaß kein hinreichendes römisches Heer zu seiner Verteidigung. Der Wandalenkönig stach mit einer unbesieglichen Armada in See (455). Nur ein unbewaffneter Papst, vom örtlichen Klerus begleitet, sperrte ihm den Weg zwischen Ostia und Rom. Dieses Mal gelang es Leo nicht, den Eroberer abzuhalten, aber er vermochte ihm wenigstens das Versprechen abzuringen, von Massenmorden, Folterungen und Brandstiftung abzusehen. Vier Tage lang stand die Stadt zur Plünderung frei; die christlichen Kirchen blieben verschont, aber alle noch erhaltenen Tempelschätze wurden in die Galeeren der Wandalen verladen; die Goldtafeln, die siebenarmigen Kerzenleuchter und andere heilige Gerätschaften des Salomontempels, die Titus vor vier Jahrhunderten nach Rom gebracht hatte, gehörten zum Beutegut. Alle Edelmetalle, Schmuckgegenstände und Möbel des Kaiserpalastes wurden fortgeschafft, ebenso alles, was in den Häusern der Reichen noch an Wertvollem verblieben war. Tausende von Gefangenen wurden versklavt; Männer wurden von ihren Frauen gerissen, Eltern von ihren Kindern. Geiserich nahm die Kaiserin Eudoxia und ihre beiden Töchter nach Karthago mit, verheiratete Eudocia an seinen Sohn Hunerich und sandte auf Bitten des Kaisers Leon I. die

Kaiserin und Placidia (die jüngere) nach Konstantinopel. Im großen und ganzen war diese Plünderung Roms kein blinder Wandalismus, sondern stand mit den Kriegsregeln der Antike durchaus in Einklang. Karthagos Rache für die römische Unbarmherzigkeit des Jahres 146 v. Chr. war milde.

Das Chaos in Italien war nun vollständig. Ein halbes Jahrhundert der Invasionen, der Hungersnöte und der Pest hatten Tausende von Bauernhöfen in Ruinen, Tausende von Morgen unbestellt hinterlassen, nicht weil der Boden erschöpft gewesen wäre, sondern weil die Menschen erschöpft waren. Der hl. Ambrosius (ca. 420) klagt über die Verwüstung und Entvölkerung von Bologna, Modena, Piacenza; Papst Gelasius (ca. 480) beschreibt große Gebietsstrecken in Norditalien, die völlig menschenleer waren; Rom selbst war innerhalb eines Jahrhunderts von anderthalb Millionen auf dreihunderttausend Seelen zusammengeschrumpft[49]; alle bedeutenden Städte des Reiches lagen nun im Osten. Die Campagna rings um Rom, die früher reich an Villen und fruchtbaren Bauerngütern gewesen war, lag nun um der Sicherheit mauerumwehrter Städte willen verlassen da; die Städte selbst waren eng zusammengeschrumpft, damit man sie billiger mit Mauern umgeben konnte, und in vielen Fällen waren die Mauern aus den Trümmern von Theatern, Basiliken und Tempeln aufgebaut worden, die einst zum städtebaulichen Glanz Italiens beigetragen hatten. In Rom verblieb auch nach Geiserich noch ein gewisser Wohlstand, und Rom und andere italische Städte erholten sich später unter Theoderich und den Langobarden wieder; aber im Jahre 470 ließ eine allgemeine Verarmung von Land und Stadt, von Senatoren und Proletariern die Geister einer einst großen Rasse zu einem epikureischen Zynismus, der alle Götter außer Priapus anzweifelte, zu einer furchtsamen Kinderlosigkeit, die sich vor der Verantwortung des Lebens drückte, und zu einer verdrießlichen Feigheit, die jede Hingabe verächtlich machte und jeder kriegerischen Aufgabe auswich, absinken. Parallel mit diesem ganzen wirtschaftlichen und biologischen Niedergang lief der politische Zerfall: Adlige, die Verwaltungsaufgaben erfüllen, aber nicht herrschen konnten; Geschäftsleute, die viel zu sehr auf den eigenen Gewinn bedacht waren, um die Halbinsel retten zu können; Feldherren, die durch Bestechung mehr erreichten, als sie mit den Waffen erreichen konnten; und ein Beamtenapparat von einer verderblichen Kostspieligkeit und unausrottbaren Bestechlichkeit. Der majestätische Baum war im Inneren hohl und faul und zum Fall bereit.

Die letzten Jahre waren ein Kaleidoskop kaiserlicher Mittelmäßigkeiten. Die Goten Galliens riefen einen ihrer Feldherrn, Avitus, zum Kaiser aus (455); der Senat verweigerte ihm die Bestätigung, und machte einen Bischof aus ihm. Majorian (456–461) mühte sich redlich ab, die Ordnung wiederherzustellen, wurde aber von seinem *patricius*, dem Ministerpräsidenten, dem Westgoten Rikimer, abgesetzt. Severus (461–465) war ein tüchtiges Werkzeug des Rikimer. Anthemius (467–472) war ein halbheidnischer Philosoph, für den christlichen Westen unannehmbar; Rikimer belagerte ihn, nahm ihn gefangen und ließ ihn hinrichten. Olybrius, von Rikimers Gnaden, regierte zwei Monate lang (472) und war selbst erstaunt, daß er eines natürlichen Todes starb. Glycerius (473) war bald wieder abgesetzt, und zwei Jahre lang wurde Rom von Iulius Nepos regiert. In diesem kritischen Augenblick fegte ein neuer Barbarenhaufe durch Italien – Heruler, Skiren, Rugier und andere Stämme, die einst die Herrschaft des Attila anerkannt hatten. Gleichzeitig setzte ein pannonischer Feldherr, Orestes, den Nepos ab und ließ seinen Sohn Romulus (mit dem Spitznamen Augustulus) den Thron besteigen (475). Die neuen Eindringlinge verlangten von Orestes ein Drittel Italiens; als er das Verlangen abschlug, brachten sie ihn um und ersetzten Romulus durch ihren Feldherrn Odoaker (476). Dieser Sohn von Attilas Minister Edika war nicht ungeschickt; er berief den eingeschüchterten Senat ein und ließ durch diesen Zenon dem neuen Kaiser des Ostreiches die Oberherrschaft über das Gesamtreich anbieten, unter der Bedingung, daß Odoaker als *patricius* Italien regieren dürfe. Zenon willigte ein, und die Reihe der weströmischen Kaiser nahm ein Ende.

Niemand scheint in diesem Ereignis den «Fall Roms» erblickt zu haben; im Gegenteil, man sah darin eine glückliche Wiedervereinigung des Reiches, wie früher unter Konstantin. Der römische Senat sah die Angelegenheit so an und ließ dem Zenon in Rom eine Statue aufstellen. Die Germanisierung der italischen Armee, Regierung und Bauernschaft und die natürliche Vermehrung der Germanen in Italien war schon so lange fortgeschritten, daß die politischen Folgen weiter nichts als unbedeutende Kulissenwechsel auf der Bühne der Nation zu sein schienen. In Wirklichkeit aber herrschte Odoaker in Italien als König und kümmerte sich wenig um Zenon. Die Germanen hatten tatsächlich ganz Italien erobert, wie Geiserich Afrika, die Westgoten Spanien erobert hatten, wie die Angeln und Sachsen Britannien und die Franken Gallien eroberten. Im Westen bestand das große Reich nicht mehr.

Die Folgen der barbarischen Eroberung waren unabsehbar. Wirtschaftlich bedeutete sie die Rückkehr zum Ackerbau. Die Barbaren lebten von Feldbau, Viehzucht, Jagd und Krieg und hatten den verwickelten Handelsbetrieb, der das Stadtwesen zur Blüte brachte, noch nicht erlernt; mit ihrem Siege verschwand der stadtmäßige Charakter der westlichen Zivilisation auf sieben Jahrhunderte. In volksmäßiger Hinsicht brachten die Wanderungen eine neue Vermischung rassischer Elemente – eine beträchtliche Zufuhr germanischen Blutes nach Italien, Gallien und Spanien und asiatischen Blutes nach Rußland, den Balkanländern und Ungarn. Die Blutmischung gab der Bevölkerung Italiens oder Galliens neue Kraft nicht auf mystische Weise. Was wirklich geschah, war die Ausmerzung schwacher Einzelwesen und Geschlechter durch den Krieg und andere Formen des Wettkampfes; die Not legte jedem die Aufgabe auf, Kraft, Ausdauer und Mut und die männlichen Eigenschaften zu entwickeln, die die lange Sicherheit ausgeschaltet hatte; die Armut zwang zur Aufnahme von neuen und gesünderen Lebensgewohnheiten als diejenigen es gewesen waren, die die Getreidespenden und Luxusgüter des Stadtlebens hatten entstehen lassen. In politischer Hinsicht ersetzte die Eroberung eine höhere Form der Monarchie durch eine niedrigere; sie erhöhte die Autorität von Einzelmenschen und verminderte die Gewalt und den Rechtsschutz durch Gesetze; der Individualismus und die Gewaltanwendung nahmen zu. In historischer Hinsicht zerstörte die Eroberung die äußere Schale dessen, was innerlich bereits zerfallen war; sie fegte mit bedauernswerter Brutalität und Gründlichkeit eine Lebensweise hinweg, die mit all ihren Gaben zu Ordnung, Kultur und Recht abgelebt war und die Kraft zur Regeneration und zum Wachstum verloren hatte. Nun war ein Neubeginn möglich: Das Westreich war verblichen, aber die Staaten des

Zwei Ansichten eines silbernen Bechers mit Darstellungen aus der Iphigenie-Sage
(1. Jh. v. Chr.; British Museum, London).

Römisches Goldmedaillon. Vorderseite: Diocletianus und Maximianus Herculius; Rückseite: triumphale Elefantenquadriga (287 n. Chr.; Münzkabinett, Berlin).

Vorige Seite: Aphrodite neben einer Herme (vierkantiger, mit Hermeskopf gekrönter und mit einem Phallus versehener Pfeiler); Terrakotta-Statuette aus Myrina (2. Jh. v. Chr.; British Museum, London).

Hauptstraße mit Kolonnaden in Palmyra. Die bereits im 2. Jahrtausend v. Chr. erwähnte Oasenstadt in Syrien wurde unter Kaiser Hadrian (76–138) dem Imperium einverleibt.

Jagdmosaik (um 300 n. Chr.; Piazza Armerina, Sizilien).

Nächste Seite: Byzantinischer Apostel (Elfenbein-Relief; Louvre, Paris).

Kreuz Justinus' II. (565–578) aus Konstantinopel (Schatzkammer von St. Peter, Vatikan, Rom).

Vorige Seite: Frauen am Grabe und Himmelfahrt Christi (Elfenbein, um 400 n. Chr.; Bayerisches Nationalmuseum, München).

Blick in das Gewölbe des Presbyteriums und Mitte des Gurtbogens von San Vitale, Ravenna.

Kelch von Gordon (Gold mit Einlagen, erste Hälfte 6. Jh. n. Chr.; Cabinet des Médailles, Bibliothèque Nationale, Paris).

Grabmal Theoderichs des Großen (471–526), des Königs der Ostgoten in Ravenna, errichtet in Anlehnung an die Engelsburg (Hadriansgrab) in Rom.

Votivkrone des westgotischen Königs Rekkeswind (653–672); Fund von Guarrazar, Provinz Toledo, Spanien (Museo Arqueológico, Madrid).

Kaiser Basileios II. (976–1025) Bulgaroktonos (der Bulgarentöter); aus dem Psalter für den Kaiser (Cod. Gr. 17, Biblioteca Marciana, Venedig).

Nächste Seite: Hagia Sophia (erbaut 532–537). Blick von der Nordwestempore durch den Kirchenraum auf Apsis und Südwestseite.

محمد
الله
عثمان

Mezquita, Cordoba. Blick durch den nordwestlichen Teil aus der Zeit des Omajjaden-Herrschers Abder-Rahman I. (756–788), dem Begründer des Emirats von Cordoba, der gegen Karl den Großen kämpfte (Rolandslied).

Aus dem Manuskript der Antidotes (Gegenmittel), ursprünglich ein Werk des griech.-röm. Arztes Galenus (129–199), das von arabischen Gelehrten übersetzt wurde (Kitab und Diryaq, 1199); vermutlich aus Nordirak (Bibliothèque Nationale, Paris).

neuen Europa waren geboren. Tausend Jahre vor Christus waren nordische Einwanderer in Italien eingedrungen, hatten die ansässige Bevölkerung unterjocht, sich mit ihr vermischt, die Zivilisation von ihr entlehnt und mit ihnen über eine Zeitspanne von acht Jahrhunderten eine neue Zivilisation aufgebaut. Vier Jahrhunderte nach Christus wiederholte sich der Vorgang; das Rad der Geschichte hatte eine volle Drehung vollzogen; Anfang und Ende waren eins. Aber das Ende war stets ein Anfang.

DRITTES KAPITEL

DER FORTSCHRITT DES CHRISTENTUMS

[364–451]

Die Nährmutter der neuen Zivilisation war die Kirche. Als die alte Ordnung in Korruption, Feigheit und Nachlässigkeit sich auflöste, erhob sich eine einzigartige Armee von Geistlichen, um mit Kraft und Geschick eine wiedererstandene Stabilität und Anständigkeit der Lebensführung zu verteidigen. Die historische Funktion der Kirche bestand darin, daß sie der Charakterbildung und der Gesellschaft eine neue sittliche Grundlage gab, indem sie den unangenehmen Geboten der Gesellschaftsordnung eine übernatürliche Sanktion und Unterstützung zuteil werden ließ; sie bestand weiter darin, daß sie ungeschliffenen Barbaren mit einem Glauben, der ungezwungen aus Mythos und Wunder, aus Furcht, Hoffnung und Liebe gemischt war, edlere Ideale des Verhaltens einflößte. Es liegt trotz ihrer Besudelung durch Aberglaube und Grausamkeit eine epische Größe in dem Kampfe der neuen Religion, die bemüht war, den Geist roher oder verderbter Menschen zu gewinnen, zu bezähmen und zu erfüllen, die bestrebt war, ein allumfassendes Reich des Glaubens zu schaffen, welches abermals alle Menschen zusammenhalten sollte, wie sie einst durch die Zauberkraft Griechenlands oder die Machtentfaltung Roms zusammengehalten worden waren. Institutionen und Glaubensbekenntnisse entspringen aus Not und Bedürfnis des Menschen, und ein Verständnis der Institutionen und Glaubensbekenntnisse muß von diesen Notwendigkeiten ausgehen.

I. DER ORGANISATORISCHE AUFBAU DER KIRCHE

Wenn Kunst die Gestaltung von Material ist, dann zählt die römisch-katholische Kirche zu den eindrucksvollsten Meisterwerken der Geschichte. Durch neunzehn Jahrhunderte hindurch, deren jedes schwere Krisenzeiten brachte, hat sie ihre Getreuen zusammengehalten, ist sie ihnen mit ihren Amtsübungen bis an das Ende der Welt gefolgt, hat sie ihre Weltanschauung geformt, ihre Ethik gestaltet, ihre Fruchtbarkeit angeregt, ihrer Ehe einen feierlichen Charakter gegeben, ihrem Leid Trost gespendet, ihr vergängliches Leben in ein ewiges Geschehen eingefügt, ihre Gaben geerntet, jede Ketzerei und Revolte überstanden und jeden zerbrochenen Stützpfeiler ihrer Macht geduldig wieder neu aufgebaut. Wie wuchs diese machtvolle Institution heran?

Sie entstand durch den geistigen Hunger von Menschen, die von Armut gequält, von Kampf und Streit ermüdet, vom Mysterium beeindruckt, von Todesangst gepackt waren. Die Kirche brachte Millionen von Menschen einen Glauben und eine Hoffnung, die die Seele erhoben und den Tod zunichte machten. Dieser Glaube wurde ihr wertvollster Besitz, für den sie zu sterben und zu töten bereit waren; und auf diesen Felsen der Hoffnung gründete sich die Kirche. Zunächst war sie eine einfache Ansammlung von Gläubigen, eine *ekklesia* – «Versammlung», Kirche. Jede *ekklesia* wählte einen oder mehrere *presbyteroi* – «Ältere», Priester – als Anführer, und einen oder mehrere Vorleser, Akoluthen, Subdekane und Dekane als Gehilfen des Priesters. Als die Zahl der Gläubigen wuchs und ihre Angelegenheiten sich komplizierten, wählten die Gemeinden in jeder Stadt einen Priester oder Laien als *episkopos* – «Aufseher», Bischof, um die Amtsausübung der einzelnen Geistlichen zu koordinieren. Als die Zahl der Bischöfe wuchs, bedurften sie ihrerseits der Beaufsichtigung und Koordinierung; im vierten Jahrhundert hören wir von Erzbischöfen, Metropoliten oder Primaten, die die Bischöfe und die Kirchen einer Provinz anführten. Über allen diesen Rangstufen des Klerus herrschten Patriarchen in Konstantinopel, Antiochien, Jerusalem, Alexandrien und Rom. Auf den Ruf eines Patriarchen oder Kaisers hin traten die Bischöfe und Erzbischöfe zu Synoden oder Konzilien zusammen. Wenn ein Konzil nur eine Provinz vertrat, so nannte man es Provinzialkonzil; vertrat es nur den Osten oder Westen, so hieß es Plenarkonzil; vertrat es beide zugleich, so galt es als allgemeines Konzil; waren seine Verfügungen für die gesamte Christenheit verbindlich, so war das Konzil ein ökumenisches Konzil, das heißt es wandte sich an die *oikumene*, die (gesamte von Christen) bewohnte Welt. Die gelegentlich hervortretende Einheit gab der Kirche die Bezeichnung «katholisch», das heißt universal.

Diese Organisation, deren Macht letztlich auf Glaube und Ansehen beruhte, bedurfte einiger Regelung des kirchlichen Lebens. In den ersten drei Jahrhunderten des Christentums wurde die Ehelosigkeit vom Priester nicht gefordert. Er konnte eine Frau behalten, die er vor der Weihe geheiratet hatte, durfte jedoch nicht mehr heiraten, wenn er die Weihe erhalten hatte, und niemand konnte zum Priester ordiniert werden, der zwei Frauen oder eine geschiedene Frau oder eine Witwe oder eine Konkubine geehelicht hatte. Wie die meisten Bünde hatte auch die Kirche dauernd unter extremen Fanatikern zu leiden. Als Reaktion gegen die sexuelle Zügellosigkeit der heidnischen Sitten schlossen einige christliche Enthusiasten aus einem Ausspruch des Paulus[1], daß jeder geschlechtliche Verkehr sündhaft sei; sie wandten sich gegen jede Ehe und zitterten bei der entsetzlichen Vorstellung, daß ein Priester verheiratet sein könnte. Das Provinzialkonzil von Gengra (ca. 362) verurteilte diese Ansichten als ketzerisch, aber die Kirche forderte von den Priestern immer mehr das Zölibat. Einzelkirchen erhielten in steigendem Umfange Vermächtnisse; hie und da kam es vor, daß ein verheirateter Priester die Erbschaft auf seinen Namen ausschreiben ließ und sie seinen Kindern vermachte. Ehen von Geistlichen führten manchmal zu Ehebruch und öffentlichem Ärgernis und verminderten das Ansehen des Priesters beim Volke. Eine römische Synode des Jahres 386 empfahl die völlige Enthaltsamkeit des Klerus, und im folgenden Jahre ordnete Papst Siricius an, daß jedem Priester, der sich verheiratete oder weiter mit seiner Frau zusammenlebte, das Priesteramt entzogen werden solle. Hieronymus, Ambrosius und Augustin unterstützten dieses Dekret mit ihrer verdreifachten Macht, und nach einem Menschenalter sporadischen Widerstandes setzte es sich mit vorübergehendem Erfolg im Westen durch.

Das schwierigste Problem der Kirche war: Wie konnte sie ihre Ideale mit der Notwendigkeit des Fortbestehens vereinbaren, und auf welche Weise ließ sich ein Zusammenleben mit dem Staat erreichen? Das Emporkommen einer kirchlichen Organisation neben der staatlichen Beamtenorganisation führte zu einem Machtkampf, in welchem es nur zu einem Friedensschluß kommen konnte, wenn die eine Partei sich der anderen bewußt unterordnete. Im Osten wurde die Kirche dem Staat untertan; im Westen kämpfte sie um ihre Selbständigkeit, hierauf um die Vorherrschaft. In beiden Fällen ging die Vereinigung von Kirche und Staat mit einem tiefen Wandel der christlichen Ethik einher. Tertullian, Origenes und Lactantius waren der Ansicht gewesen, daß Krieg unter allen Umständen sündhaft sei; die Kirche, die nun die Unterstützung des Staates besaß, beschränkte sich auf Kriege, die sie für notwendig hielt, um entweder den Staat oder die Kirche zu schützen. An und für sich besaß sie keine Gewaltmittel; aber wenn die Gewaltanwendung erwünscht schien, so konnte sie sich an den «weltlichen Arm» wenden, um ihren Willen durchzusetzen. Sie erhielt vom Staate und von Einzelpersonen ansehnliche Zuwendungen in Form von Geld, Kirchenbauten oder Ländereien; sie wurde reich und bedurfte des Staates zum Schutze aller ihrer Eigentumsrechte. Selbst als das Staatswesen zerfiel, behielt die Kirche ihren Reichtum; die barbarischen Eroberer vergriffen sich selten an kirchlichem Eigentum, auch wenn sie einen ketzerischen Glauben besaßen. So schnell kam die Autorität des Wortes der Macht des Schwertes gleich.

II. DIE KETZER

Die unangenehmste Aufgabe der kirchlichen Organisation war die Verhinderung einer Aufspaltung der Kirche durch die vielen sich ausbreitenden Häresien, das heißt durch Lehren, die den in Konzilien festgelegten Definitionen des christlichen Glaubens widersprachen. Sobald sie sich siegreich durchgesetzt hatte, hörte die Kirche auf, Toleranz zu predigen; sie betrachtete den Individualismus in Glaubensdingen mit der gleichen Feindseligkeit, die der Staat gegenüber Aufstand und Separatismus an den Tag legte. Weder die Kirche noch die Häretiker sahen in der Häresie eine rein religiöse Angelegenheit. In vielen Fällen war die Häresie die ideologische Fahne einer aufständischen Gemeinschaft, die sich von der Reichsgewalt zu befreien suchte; die Monophysiten wollten beispielsweise Syrien und Ägypten von Konstantinopel unabhängig machen; die Donatisten hofften Afrika von Rom freizubekommen; und da Kirche und Staat nun vereint waren, richtete sich die Rebellion gegen beide. Die Staatsreligion widersetzte sich dem Nationalismus, die Ketzerei verteidigte ihn; die Kirche mühte sich um Zentralisierung und Einheit, die Häretiker strebten nach regionaler Unabhängigkeit und Freiheit.

Der Arianismus, der im Inneren des Reiches überwunden war, trug einen seltsamen Sieg bei den Barbaren davon. Das Christentum wurde erstmals zu den germanischen Stämmen durch gefangene Römer gebracht, die im dritten Jahrhundert den Goten bei ihrer Invasion Kleinasiens in die Hände fielen. Der «Apostel» Wulfila (311?–381) war nicht ein Apostel im eigentlichen Sinne. Er war als Nachkomme eines gefangenen Christen aus Kappadokien bei den Goten nördlich der Donau geboren worden und dort aufgewachsen. Um 341 wurde er von Eusebios, dem arianischen Prälaten von Nikomedien, zu deren Bischof geweiht. Als der Gotenführer Athanarich die Christen in seinem Machtbereich verfolgte, erhielt Wulfila von dem Arianer Constantius die Genehmigung, die kleine Gemeinde gotischer Christen über die Donau nach Thrakien zu führen. Um seine Bekehrten zu belehren und zu vermehren, übersetzte er in geduldiger Arbeit die ganze Bibel vom Griechischen ins Gotische; eine Ausnahme machte er mit den Büchern der Könige, die ihm gefährlich kriegerisch erschienen; und da die Goten bisher noch keine Schriftsprache besaßen, stellte er aus dem griechischen ein gotisches Alphabet zusammen. Seine Bibel war das erste literarische Werk in einer germanischen Sprache. Das fromme und tugendsame Leben des Wulfila flößte den Goten ein solches Zutrauen zu seiner Weisheit und Rechtschaffenheit ein, daß sie das arianische Christentum ohne jede Frage annahmen. Da andere Barbaren ihr Christentum im vierten und fünften Jahrhundert von den Goten erhielten, waren fast alle Invasoren des Reiches Arianer, und die neuen Königreiche, die auf dem Balkan, in Gallien, Spanien, Italien und Nordafrika entstanden, hatten das arianische Christentum zur Staatsreligion. Sieger und Besiegte unterschieden sich nur durch ein Iota in ihrem Glauben: Die Katholiken hielten Christus als wesensgleich *(homousios)*, die Arianer als wesensähnlich *(homoiusios)* mit Gott Vater; der Unterschied wurde aber zu einem wesentlichen Faktor in der Politik des fünften und sechsten Jahrhunderts. Durch diese zufällige Verkettung der Ereignisse vermochte der Arianismus sich zu halten, bis die katholischen Franken die Westgoten in Gallien überrannten, Belisar das wandalische Nordafrika und das gotische Italien eroberte und Rekkared (589) den Glauben der Westgoten in Spanien umwandelte.

Wir bringen heute nicht mehr so viel Interesse für die vielen Wendungen der Lehre auf, die die Kirche in diesem Zeitraum erschütterten – für die Makedonianer, Anomöer, Apollinaristen, Eunomianer, Sabellianer, Messalianer, Novatianer und Priscillianer; wir können nur die vielen Absurditäten beklagen, für die Menschen gestorben sind und noch sterben werden. Der Manichäismus war nicht so sehr ein christlicher Ketzerglaube als ein persischer Dualismus von Gott und Satan, Gut und Böse, Licht und Finsternis; er versuchte Christentum und Zarathustrareligion miteinander zu verbinden und wurde von beiden heftig bekämpft. Er setzte sich mit ungewohnter Offenheit mit dem Problem des Bösen auseinander, mit der so merkwürdig häufigen Erscheinung eines offensichtlich unverdienten Leidens in einer von einer Vorsehung geleiteten Welt, und fühlte sich zu der Annahme eines mit Gott gleichewigen bösen Geistes gezwungen. Während des vierten Jahrhunderts gewann der Manichäismus in Ost und West viele Anhänger. Mehrere Kaiser wandten erbarmungslose Maßnahmen gegen ihn an; Justinian erklärte ihn zum Kapitalverbrechen; allmählich schwand er dahin, blieb aber nicht ohne Einfluß auf spätere Häretiker, wie die Paulicianer, Bogomilen und Albigenser. Im Jahre 385 wurde ein spanischer Bischof, Priscillian, angeklagt, er predige manichäistische Lehren und die allgemeine Ehelosigkeit; er bekannte sich unschuldig; man machte ihm in Trier vor dem Usurpatorkaiser Maximus den Prozeß, wobei zwei Bischöfe die Anklage vertraten; er wurde verurteilt, und trotz des Einspruchs von Ambrosius und Martin wurden er und mehrere seiner Genossen dem Flammentod übergeben (385).

Während die Kirche gegen alle diese Angriffe anzukämpfen hatte, wurde sie beinahe von der Häresie der Donatisten in Nordafrika überwältigt. Donatus, der Bischof von Karthago (315), erklärte, die Sakramente, die von einem Priester im Stande der Sünde dargereicht würden, seien unwirksam; die Kirche, die nicht geneigt war, so viel von der Tugendsamkeit ihrer Geistlichkeit abhängen zu lassen, wies diese Vorstellung klugerweise zurück. Trotzdem griff die Häresie in Nordafrika rasch um sich; sie gewann die begeisterte Zustimmung der Armen, und aus der religiösen Abirrung wurde ein sozialer Aufstand. Kaiser wüteten gegen die Bewegung; schwere Bußen und Beschlagnahmungen wurden gegen Menschen ausgesprochen, die in der Ketzerei verharrten; das Recht, Besitz zu erwerben, zu verkaufen oder zu vermachen, wurde den Donatisten abgesprochen; sie wurden von kaiserlichen Soldaten aus ihren Kirchen vertrieben, und die Kirchen wurden an katholische Priester übergeben. Banden von Aufständischen, zugleich Christen und Kommunisten, bildeten sich unter dem Namen Circumcelliones, «Vagabunden»; sie verurteilten Armut und Sklaverei, strichen Schulden und befreiten Sklaven und wollten die mythische Gleichheit des Urmenschen wiederherstellen. Wenn sie einem Gefährt begegneten, das von Sklaven gezogen wurde, ließen sie die Sklaven das Gefährt besteigen und zwangen den Herrn, es zu ziehen. Gewöhnlich gaben sie sich mit Raub zufrieden; manchmal aber, wenn sie durch Widerstand gereizt wurden, blendeten sie die Katholiken oder die Reichen, indem sie ihnen Kalk in die Augen rieben, oder schlugen sie mit Knüppeln nieder; zumindest vermelden uns das ihre Feinde. Ihrerseits jubelten sie, wenn es ans Sterben ging, denn sie waren des Paradieses sicher. Schließlich wurden sie ganz und gar vom Fanatismus gepackt; sie stellten sich freiwillig als Ketzer und verlangten das Märtyrertum; sie hielten Weggenossen an und verlangten von ihnen getötet zu werden, und wenn ihre Feinde es müde wurden, ihnen darin zu entsprechen, sprangen sie ins Feuer oder stürzten sich in Abgründe hinab oder gingen in das Meer[2]. Augustin bekämpfte den Donatismus mit jedem Mittel, und eine Zeitlang sah es so aus, als ob er die Oberhand erhalten würde; als aber die Wandalen nach Nordafrika kamen, tauchten die Donatisten in großer Zahl wieder auf und jubelten über die Vertreibung der katholischen Priester. Ein heftiger Sektiererhaß wurde zur Tradition, die mit frommer Beharrlichkeit gepflegt wurde, so daß kein geeinter Widerstand möglich war, als (670) die Araber kamen.

Zu gleicher Zeit versetzte Pelagius mit seinem Angriff auf die Lehre von der Erbsünde drei Kontinente in Aufregung, und Nestor liebäugelte mit dem Märtyrertum, indem er Zweifel hinsichtlich der Gottesmutter aussprach. Nestor war ein Schüler des Theodoros von Mopsuestia (350?–428), der nahe daran gewesen war, die Höhere Bibelkritik zu erfinden. Das Buch Hiob sei, so behauptete Theodoros, ein nach heidnischen Quellen bearbeitetes Gedicht; das Hohelied ein Hochzeitsgedicht von unverhüllt erotischer Bedeutung; viele Prophezeiungen des Alten Testamentes, die auf Jesus bezogen würden, seien lediglich auf vorchristliche Ereignisse zu beziehen, und Maria sei nicht die Mutter Gottes, sondern nur die Mutter der menschlichen Natur Jesu[3]. Nestor brachte es zur Bischofswürde von Konstantinopel, zog große Menschenmengen durch seine Beredsamkeit an, machte sich durch seinen heftigen Dogmatismus Feinde und bot seinen Feinden eine gute Angriffsfläche, indem er sich die ungalante Meinung des Theodoros über Maria zu eigen machte. Die meisten Christen sagten sich: Falls Christus Gott ist, so muß Maria *theotokos*, gottgebärend, die Mutter Gottes, sein. Nach Nestor ging dieser Ausdruck zu weit; Maria war nach seiner Ansicht die Mutter nur der menschlichen, nicht aber auch der göttlichen Natur Jesu. Es sei besser, sie Mutter Christi zu nennen.

Kyrillos, der Erzbischof von Alexandrien, hielt zu Ostern des Jahres 429 eine Predigt, in der er die orthodoxe Lehre verkündete, daß Maria die wahre Mutter nicht der göttlichen Natur an sich sei, sondern des fleischgewordenen Logos, des Gotteswortes, das sowohl die göttliche als auch die menschliche Natur Christi enthalte[4]. Papst Cölestin I. berief auf Anregung des Kyrillos ein Konzil nach Rom (430), das forderte, daß Nestor entweder widerrufe oder abgesetzt würde. Als Nestor sich weigerte, der Forderung nachzukommen, befaßte sich ein ökumenisches Konzil in Ephesos mit ihm und setzte ihn nicht nur ab, sondern exkommunizierte ihn obendrein (431). Viele Bischöfe erhoben Einwände; aber die Bevölkerung von Ephesos brach in Freudenkundgebungen aus, die Erinnerungen an die Zeiten der Diana-Artemis wachgerufen haben müssen. Nestor durfte sich nach Antiochien zurückziehen; als er sich aber weiterhin verteidigte und die Wiedereinsetzung forderte, verbannte ihn der Kaiser Theodosios II. in eine Oase der Libyschen Wüste. Er lebte noch viele Jahre; schließlich bekam der byzantinische Hof Mitleid und schickte ihm ein kaiserliches Pardon. Der Bote traf ihn auf dem Totenbett an (ca. 451). Seine Anhänger zogen sich nach Ostsyrien zurück, bauten Kirchen, gründeten eine Schule in Edessa, übersetzten die Bibel, Aristoteles und Galenos ins Syrische und trugen viel dazu bei, daß die Ergebnisse der griechischen Naturwissenschaft, Medizin und Philosophie an die Mohammedaner weitergeleitet wurden. Vom Kaiser Zenon verfolgt, überschritten sie die persische Grenze, eröffneten eine einflußreiche Schule in Nisibis, blühten unter persischer Duldung und gründeten Gemeinden in Balch und Samarkand, in Indien und China. Über ganz Asien verstreut haben sie sich bis heute erhalten und kämpfen immer noch gegen den Marienkult.

Die letzte bedeutende und zugleich folgenschwerste Häresie dieses wirren Zeitalters wurde von Eutyches, dem Haupt eines in der Nähe von Konstantinopel gelegenen Klosters, verbreitet. Eutyches lehrte, daß in Christus nicht zwei verschiedene Naturen, eine menschliche und eine göttliche, bestünden; er habe nur die göttliche Natur. Flavian, der Patriarch von Konstantinopel, berief eine örtliche Synode ein, die diese «Monophysitenketzerei» verurteilte und Eutyches exkommunizierte. Der Mönch appellierte an die Bischöfe von Alexandrien und Rom; Dioskoras, der an die Stelle des Kyrillos getreten war, bewog den Kaiser, wiederum ein Konzil in Ephesos einzuberufen (449). Die Religion wurde der Politik untergeordnet; der Bischofsstuhl von Alexandrien setzte seinen Kampf gegen den Bischofsstuhl von Konstantinopel fort; Eutyches wurde entlastet und Flavian mit einer so feurigen Beredsamkeit angegriffen, daß er den Geist aufgab[5]. Das Konzil schleuderte den Bannfluch gegen jeden, der behaupten wollte, Christus habe eine zweifache Natur. Papst Leo I. hatte an dem Konzil nicht teilgenommen, jedoch mehrere Briefe zugunsten des Flavian gesandt. Entsetzt über den Bericht seiner Abgesandten, brandmarkte Leo das Konzil als «Räubersynode» und verweigerte seinen Dekreten die Anerkennung. Ein späteres Konzil, das 451 in Chalkedon abgehalten wurde, stimmte Leos Briefen zu, verurteilte Eutyches und bestätigte die Doppelnatur Christi. Der achtundzwanzigste Kanon des Konzils sprach jedoch dem Bischof von Konstantinopel die gleiche Autorität zu wie demjenigen von Rom. Leo, der für die Vorherrschaft seines Amtssitzes gekämpft hatte, da sie für die Einheit und Autorität der Kirche unerläßlich sei, verwarf diesen Kanon, und es setzte ein langer Kampf zwischen den beiden Bistümern ein.

Um die Verwirrung vollständig zu machen, weigerte sich die Mehrzahl der Christen in Syrien und Ägypten, die Lehren von der Doppelnatur Christi anzuerkennen. Die Mönche Syriens fuhren fort, die Monophysitenketzerei zu lehren, und als ein katholischer Bischof auf den Bischofsstuhl von Alexandrien kam, wurde er am Karfreitag in seiner Kirche buchstäblich in Stücke gerissen[6]. Von da an wurde der Monophysitismus die Nationalreligion des christlichen Ägypten und Abessinien und herrschte im sechsten Jahrhundert in Westsyrien und Armenien vor, während der Nestorianismus in Mesopotamien und Ostsyrien an Bedeutung gewann. Der Erfolg der religiösen Rebellion gab der politischen Revolte Auftrieb, und als im siebenten Jahrhundert die Araber als Eroberer nach Ägypten und dem Nahen Orient strömten, begrüßte sie die halbe Bevölkerung als Befreier von dem völkischen, religiösen, politischen und finanziellen Joch der byzantischen Hauptstadt.

III. DER CHRISTLICHE WESTEN

1. ROM

In den römischen Bischöfen zeigte sich die Kirche im vierten Jahrhundert nicht von ihrer besten Seite. Silvester (314–335) konnte das Verdienst für sich in Anspruch nehmen, daß er Konstantin bekehrte; nach einem frommen Glauben erhielt er in der «Konstantinischen Schenkung» vom Kaiser fast ganz Westeuropa zugewiesen; er benahm sich aber nicht so, als ob er die halbe Welt des weißen Mannes besäße. Julius I. (337–352) wußte die oberste Autorität des römischen Bischofssitzes kraftvoll durchzusetzen, aber Liberius (352–366) gab, sei es aus Schwäche oder wegen seines vorgeschrittenen Alters, den arianischen Diktaten des Constantius nach. Nach seinem Tode machten sich Damasus und Ursinus gegenseitig das Papsttum streitig; sie wurden von sich bekämpfenden Volksgruppen in der besten Überlieferung der römischen Demokratie unterstützt; an einem einzigen Tag und in einer einzigen Kirche kamen 137 Menschen im Streit ums Leben[7]. Praetextatus, damaliger heidnischer Präfekt von Rom, verbannte Ursinus, und Damasus herrschte achtzehn Jahre lang mit Freude und Geschick. Er war ein Archäologe und zierte die Grabmäler der römischen Märtyrer mit schönen Inschriften; außerdem war er, wie die Unehrerbietigen behaupteten, ein *auriscalpius matronarum*, ein «Ohrenkratzer» – Ohrenbläser – der Damen, d. h. ein Mann, der es verstand, den reichen Matronen Roms Geschenke für die Kirche zu entlocken[8].

Leo I. mit dem Beinamen «der Große» hielt den Petersthron während eines kritischen Menschenalters inne und vermochte durch seinen Mut und seine staatsmännische Kunst den Apostolischen Stuhl zu neuen Höhen der Macht und Würde zu bringen. Als Hilarius von Poitiers sich seinem Entscheid in einem Streitfall mit einem anderen gallischen Bischof nicht beugen wollte, erteilte Leo ihm Befehle, die keinen Widerspruch zuließen, und der Kaiser Valentinian III. gab ihnen mit einem epochemachenden Erlaß seine Unterstützung, in welchem er die Machtbefugnis des römischen Bischofs über alle christlichen Kirchen durch kaiserliche Verfügung bestätigte. Die Bischöfe des Westens beugten sich im allgemeinen dieser Herrschaftsgewalt, die Bischöfe des Ostens widersetzten sich ihr. Die Patriarchen von Konstantinopel, Antiochien, Jerusalem und Alexandrien beanspruchten die gleiche Machtbefugnis, die der römische Bischof besaß, und die Ostkirchen zeigten in ihren wilden Polemiken dem Bischof von Rom nur spärlichen Gehorsam. Die Verkehrsschwierigkeiten und Sprachunterschiede verschärften den Gegensatz zwischen West- und Ostkirche nur um so mehr. Im Westen übernahmen die Bischöfe jedoch immer mehr die Führerschaft in weltlichen Dingen. In nichtreligiösen Angelegenheiten unterstanden sie dem römischen Staat und den Präfekten, und bis zum siebenten Jahrhundert suchten sie die Bestätigung ihrer Wahl durch den Kaiser zu erlangen. Aber die fernen Herrscher des Ostreiches und die schwachen Herrscher des Westreiches gaben den Päpsten in Rom die Vorherrschaft, und als angesichts der Barbareneinbrüche sowohl der Senat wie der Kaiser flohen und die zivile Regierung zusammenbrach, die Päpste dagegen unerschrocken auf ihrem Posten verharrten, nahm deren Ansehen rasch zu. Die Bekehrung der Barbaren des Westens erweiterte Autorität und Einfluß des römischen Bistums gewaltig.

Je mehr reiche und adlige Familien sich vom Heidentum zum Christentum bekehrten, desto mehr erhielt die römische Kirche Anteil an dem Reichtum, der in die westliche Hauptstadt floß, und Ammian stellte zu seiner Überraschung fest, daß der Bischof von Rom wie ein Fürst im Lateranpalast lebte und mit kaiserlichem Pomp durch die Straßen der Stadt zog[9]. Prächtige Kirchen schmückten nun (400) die Stadt. Eine hochfeine Gesellschaft bildete sich aus, in der sich elegante Prälaten mit reichgeschmückten Damen mischten und ihnen bei der Niederschrift ihres Testamentes behilflich waren.

Während die gewöhnliche christliche Bevölkerung zusammen mit den noch vorhandenen Heiden an den Theatervorführungen, Rennen und Spielen teilnahm, bemühte sich eine Minderheit von Christen, ein Leben zu führen, das mit den Evangelien im Einklang stand. Athanasios hatte zwei ägyptische Mönche nach Rom mitgebracht; er hatte eine Lebensbeschreibung des Antonius verfaßt, und Rufinus hatte für den Westen eine Geschichte des östlichen Mönchtums geschrieben. Fromme Gemüter ließen sich durch die geschilderte Heiligkeit von Antonius, Schenute und Pachomius beeinflussen; Sixtus III. (432–440) und Leo I. richteten in Rom Klöster ein, und mehrere Familien blieben zwar weiter in ihren Häusern, nahmen aber die Mönchsregel der Keuschheit und Armut an. Reiche römische Damen wie Marcella, Paula und die Melanias dreier Generationen verwandten den größten Teil ihres Vermögens auf Almosen, gründeten Spitäler und Klöster, machten Wallfahrten zu den Mönchen des Ostens und führten einen derart asketischen Lebenswandel, daß einige von ihnen infolge der Selbstversagung den Geist aufgaben. Heidnische Kreise Roms beklagten sich, daß diese Art Christentum dem Familienleben, der Ehe und der Lebenskraft des Staates abträglich sei, und eine heftige Polemik richtete sich gegen den führenden Befürworter des asketischen Lebenswandels – einen der größten Gelehrten und besten Schriftsteller, die die christliche Kirche je hervorgebracht hat.

2. DER HEILIGE HIERONYMUS

Er wurde um 340 in Strido bei Aquileia geboren, entstammte wahrscheinlich einem dalmatinischen Geschlecht und erhielt den vielversprechenden Namen Eusebius Hieronymus Sophronius – «ehrwürdiger Weiser mit heiligem Namen». Er erhielt in Trier und Rom eine gute Bildung, wurde eingehend in den lateinischen Klassikern unterrichtet, gewann sie sehr lieb, nach seiner Ansicht sündhaft lieb. Er war aber doch von ganzem Herzen Christ; mit Rufinus und anderen Freunden zusammen gründete er eine asketische Brüderschaft in Aquileia und erteilte in seinen Predigten Ratschläge für eine derartige Vollkommenheit, daß sein Bischof ihn tadelte, weil er gegenüber den natürlichen Schwächen des Menschen eine ungebührliche Ungeduld zeige. In seiner Entgegnung nannte Hieronymus den Bischof einen unwissenden, brutalen, gottlosen Menschen, der ausgezeichnet zu seiner weltlichen Herde passe, einen unfähigen Lenker eines wackligen Bootes[10]. Hieronymus überließ nun mit einigen Gesinnungsgenossen Aquileia seinem Sündenleben und zog in den Nahen Orient, um dort in der Wüste Chalkis bei Antiochien in ein Kloster einzutreten (374). Das ungesunde Klima setzte ihnen zu hart zu; zwei seiner Genossen starben, und Hieronymus selbst stand eine Zeitlang am Rande des Todes. Er ließ sich aber deswegen nicht von seinem Ziele abschrecken; er verließ das Kloster, um als Eremit in einer Wüstenklause zu leben und hin und wieder an Vergil und Cicero rückfällig zu werden. Er hatte seine Bücher mitgenommen und konnte sich nicht völlig von Vers und Prosa abwenden, deren Schönheit ihn reizte wie die Lieblichkeit eines jungen Mädchens. In seiner Darstellung dieser Angelegenheit zeigt sich die mittelalterliche Denkweise. Er träumt, er sei gestorben;

> plötzlich fühlte ich mich im Geiste vor den Richterstuhl geschleppt. Nach meinem Stande befragt, gab ich zur Antwort, ich sei Christ. Der auf dem Richterstuhl saß, sprach zu mir: «Du lügst, du bist ein Ciceronianer, aber kein Christ. Wo nämlich dein Schatz ist, da ist auch dein Herz.» Darauf verstummte ich. Er aber gab Befehl, mich zu schlagen ... Schließlich warfen sich die Umstehenden dem Richter zu Füßen und baten, er möge meinem jugendlichen Leichtsinn verzeihen. Er möge mir Gelegenheit geben, meinen Irrtum zu büßen, jedoch die Strafe weiter an mir vollziehen, falls ich mir erneut einfallen lassen sollte, Werke der heidnischen Literatur zur Hand zu nehmen ... Es war dies kein Gaukelbild des Schlafes ... meine Schultern zeigten blaue Flecken, nach dem Erwachen fühlte ich noch die Schläge ... Und nachher habe ich mich mit einem solchen Eifer den göttlichen Schriften zugewandt, wie ich ihn bei der Beschäftigung mit den profanen nie gekannt habe.[11]

Im Jahre 379 kehrte er nach Antiochien zurück und erhielt die Priesterweihe. 382 finden wir ihn in Rom als Sekretär des Papstes Damasus, von dem er den Auftrag erhielt, das Neue Testament in ein besseres Latein zu übersetzen. Er trug das braune Gewand und die Tunika des Eremiten und führte ein asketisches Leben auch inmitten des Luxus des päpstlichen Hofes. Die frommen Damen Marcella und Paula empfingen ihn in ihren adligen Häusern als ihren geistlichen Berater, und seine heidnischen Kritiker waren der Ansicht, daß er an der Gesellschaft der Frauen mehr Freude fand, als einem so leidenschaftlichen Verfechter der Ehelosigkeit und Jungfräulichkeit anstehe. In seiner Entgegnung persiflierte er die römische Gesellschaft der Zeit in zeitlosen Worten:

Solche Frauen ließen besser ihre christlichen Augen an denen Anstoß nehmen, welche ihre Augen und ihre Wangen mit Purpurfarbe und allerhand Schminken rot anmalen, deren gipsfarbenes Gesicht, durch allzu blendendes Weiß entstellt, an Götzenbilder erinnert ... Auch die Zahl ihrer Jahre läßt sie vergessen, daß sie alt geworden sind. Mit fremden Haaren türmen sie ihre Frisur auf ... Vor der Schar ihrer Enkel putzen sie sich heraus wie zarte Jüngferchen ... Andere ändern ihr Gewand und ziehen Männerkleider an. Sie schämen sich ihrer natürlichen Bestimmung, Frauen zu sein, tragen Herrenschnitt und ziehen herausfordernd mit ihren stolz erhobenen Eunuchengesichtern einher ... Andere nehmen einen Trank ein, um sich unfruchtbar zu machen, und werden so zum Mörder am Ungeborenen. Es gibt auch solche, welche darauf sinnen, wie sie mit giftigen Mitteln eine Fehlgeburt herbeiführen, sobald sie nach der Sünde ihren veränderten Zustand wahrnehmen ... Das sind die, welche zu sagen pflegen: «Dem Reinen ist alles rein ... Warum soll ich mich von Speisen enthalten, die Gott geschaffen hat, damit wir uns ihrer bedienen?»[12]

Er schilt eine römische Dame in Worten, die auf einen Kennerblick schließen lassen:

wenn der Rock absichtlich nicht ganz geschlossen ist ... Der Busen wird durch Binden eingeschnürt, und durch einen reich besetzten Gürtel zwängt man die Taille um so enger ein ... Das Mäntelchen rutscht zuweilen nach unten, damit die glänzenden Schultern zu sehen sind. Eilig bedeckt man sie wieder, als ob sie niemand sehen soll, während sie doch absichtlich entblößt wurden.[13]

Zu der Vorurteilshaftigkeit des Moralpredigers läßt Hieronymus die Übertriebenheit des Sprachkünstlers, der einen Satz drechselt, und eines Advokaten, der eine Sache vor Gericht aufbläht, treten. Seine Satiren erinnern an diejenigen des Juvenal oder unserer eigenen Zeit; es ist erfreulich, zu wissen, daß die Frauen schon immer so charmant gewesen sind wie heute. Wie Juvenal ist Hieronymus in seinen Schmähungen unparteiisch, unerschrocken und ökumenisch. Er ist entsetzt darüber, daß es bei Christen Konkubinen gibt, und noch mehr erschüttert es ihn, daß als Entschuldigung dafür angegeben wird, man wolle auf erschwerte Weise Keuschheit üben. «Wie konnte sich nur in die Kirche die Unsitte der Agapeten einschleichen? Woher kommt diese Bezeichnung, die nichts anderes ist als ein Deckname für unverheiratete Gattinnen? Woher diese neue Form des Konkubinates? Noch schärfer will ich mich ausdrücken: woher diese Einmännerdirnen? Sie haben mit dem Mann Wohnung, Schlafzimmer und nicht selten das Bett gemeinsam, und mich nennen sie einen argwöhnischen Menschen, wenn ich dabei etwas finde[14].» Er greift den römischen Klerus an, dessen Unterstützung ihm zum Päpstlichen Stuhl hätte verhelfen können. Er macht sich lustig über die gelockten und parfümierten Geistlichen, die die modische Gesellschaft aufsuchen, und über die erbschleicherischen Priester, die vor Sonnenaufgang aufstehen, um Frauen zu besuchen, bevor sie das Bett verlassen haben[15]. Er verurteilt die Priesterehe und die sexuellen Ausschweifungen von Priestern und tritt entschieden für die Ehelosigkeit des Klerus ein; nur Mönche sind nach seiner Ansicht wahre Christen, nur sie sind wirklich frei von Besitz, Wollust und Stolz. Mit einer Beredsamkeit, die selbst einen Casanova auf seine Seite gebracht hätte, ruft Hieronymus die Menschen auf, alles aufzugeben und Christus zu folgen, fordert er die christlichen Matronen auf, ihren Erstgeborenen dem Herrn zu weihen, dem er von Gesetzes wegen als Opfer zustehe[16], und rät seinen Freundinnen, wenigstens in ihrem Heim in Jungfräulichkeit zu leben, wenn sie schon nicht in ein Kloster eintreten könnten. Es fehlt nicht viel, daß er die Ehe als Sünde bewertet. «Ich preise die Ehe, jedoch nur, weil sie mir Jungfrauen schafft[17]»; er will «den Baum der Ehe mit der Axt der Jungfräulichkeit niederhauen[18]» und stellt den unbeweibten Apostel Johannes weit über Petrus, der ein Weib hatte[19]. Sein interessantester Brief (384) ist an ein Mädchen, Eustochium, gerichtet und behandelt die Freuden der Jungfräulichkeit. Er sei nicht gegen die Ehe, wer aber die Ehe meide, rette sich damit vor Sodom und schmerzhaften Schwangerschaften und brüllenden Kindern und Haushaltssorgen und den Qualen der Eifersucht. Freilich sei der Pfad der Reinheit beschwerlich, und der Preis der Jungfräulichkeit sei ewige Wachsamkeit.

> Die Jungfräulichkeit kann also schon durch einen Gedanken verlorengehen ... Deine Freundinnen sollst Du unter denen suchen, welche Du vom Fasten mager werden siehst, deren Gesicht blaß aussieht ... Faste täglich und vermeide bei der Mahlzeit die völlige Sättigung! ... Wasche allnächtlich Dein Bett und benetze Dein Lager mit Deinen Tränen! ... Dein verborgenes Kämmerlein sei Dein ständiger Schutz. Dort im geheimen möge Dein Bräutigam sich zärtlich gegen Dich zeigen ... Kommt der Schlaf über Dich, dann stellt er sich hinter die Wand, streckt seine Hand durch einen Spalt und berührt Deinen Leib. Du aber wirst erschreckt aufspringen und sprechen: «Ich bin verwundet von Liebe.» Dann wirst Du seine Stimme vernehmen: «Meine Schwester, meine Braut ist ein verschlossener Garten, ein versiegelter Quell.»[20]

Die Veröffentlichung dieses Briefes wurde nach seinem eigenen Bericht «mit einem Steinhagel begrüßt»; vielleicht witterten einige Leser eine krankhafte Lüsternheit in diesen seltsamen Ratschlägen eines Mannes, der offenbar noch nicht von brennender Begierde frei war. Als einige Monate später (384) die junge Asketin Blesilla starb, wurde viel Tadel über die Kasteiungen laut, die Hieronymus ihr auferlegt hatte; einige Heiden machten den Vorschlag, ihn in den Tiber zu werfen und alle Mönche von Rom dazu. Ohne jedes Zeichen der Reue richtete er an die schmerzgebeugte Mutter einen Brief des Trostes und des Tadels. Im gleichen Jahre segnete Papst Damasus das Zeitliche, und sein Nachfolger entzog dem Hieronymus die Stelle eines päpstlichen Sekretärs. Im Jahre 385 verließ er Rom für immer und nahm Blesillas Mutter Paula und ihre Schwester Eustochium mit. In Bethlehem errichtete er ein Mönchskloster, an dessen Spitze er selbst stand, und ein Nonnenkloster, das zuerst von Paula und dann von Eustochium geleitet wurde, eine Kirche zum gemeinsamen Gottesdienst für Mönche und Nonnen und ein Hospiz für Palästinapilger.

Seine Zelle richtete er sich in einer Höhle ein; er brachte seine Bücher und Papiere dorthin und widmete sich ganz den Studien, der Schriftstellerei und der Verwaltung; dort verbrachte er die restlichen vierunddreißig Jahre seines Lebens. Er führte eine polemische Feder gegen Chrysostomos, Ambrosius, Pelagius und Augustin. Er schrieb mit dogmatischer Kraft ein halbes Hundert Werke über Fragen der Kasuistik und Bibelauslegung, und seine Schriften wurden sogar von seinen Feinden eifrig gelesen. Er eröffnete in Bethlehem eine Schule, wo er bescheiden und unentgeltlich Kinder in einer Vielfalt von Fächern, darunter Lateinisch und Griechisch, unterwies; nun, da er ganz und gar ein Heiliger geworden war, hatte er den Eindruck, daß er die klassischen Autoren, die er in der Jugendzeit zu meiden gelobt hatte, wieder lesen dürfe. Er nahm das Studium des Hebräischen, das er bei seinem ersten Aufenthalt im Osten begonnen hatte, wieder auf und vollbrachte in achtzehn Jahren geduldiger Gelehrsamkeit die wunderbare und klangvolle Übersetzung der Bibel in das Lateinische, die den Namen *Vulgata* trägt und als die bedeutendste und einflußreichste literarische Leistung des vierten Jahrhunderts erhalten ist. Natürlich finden sich in ihr Übersetzungsfehler, wie in jedem so groß angelegten Werk, und einige «Barbarismen» der Umgangssprache, die den Puristen mißfielen; aber sein Latein gab die Grundlage zu der Sprache der Theologie und Literatur des ganzen Mittelalters, goß die hebräische Gefühlsstärke und Bildhaftigkeit in lateinische Formen und schenkte der Literatur unzählige edle Sprüche von eindringlicher Beredsamkeit und Ausdruckskraft*. Den Lateinisch Sprechenden wurde damit die Bibel vertraut wie nie zuvor.

Hieronymus war ein Heiliger nur in dem Sinne, daß er ein der Kirche geweihtes Asketenleben führte; dem Charakter und dem Ausdruck nach war er schwerlich ein Heiliger. Es ist betrüblich, bei einem so bedeutenden Menschen so viele heftige Haßausbrüche, Entstellungen und wilde Polemiken zu finden. Er nennt Johannes, den Patriarchen von Jerusalem, einen Judas, einen Satan, dem die Hölle keine angemessene Strafe bereit halten könne[21]; den majestätischen Ambrosius stellt er als eine «verunstaltete Krähe»[22] dar, und um seinen alten Freund Rufinus in Ungelegenheiten zu bringen, verfolgt er den toten Origenes mit einer derartigen ketzerjägerischen Wut, daß der Papst Anastasius gezwungen wird, den Origenes zu verdammen (400). Es wäre uns lieber, wir hätten ihm einige fleischliche Sünden als diese seelische Schärfe zu verzeihen.

Seine Kritiker straften ihn unverzüglich. Wenn er die griechischen und lateinischen Klassiker in seiner Schule behandelte, wurde er als Heide verschrien; wenn er mit einem Juden Hebräisch lernte, behaupteten sie, er habe sich zum Judentum bekehren lassen; wenn er seine Arbeiten Frauen widmete, schoben sie ihm finanzielle oder noch schlimmere Absichten unter[23]. Sein Greisenalter war kein glückliches. Barbaren strömten in den Nahen Orient und überrannten Syrien und Palästina (395); «wie viele Klöster brachten sie in ihre Gewalt, wie viele Ströme waren vom Blute gerötet!». «Das Römertum geht seinem Ende entgegen», schloß er betrübt[24]. Noch zu seinen Lebzeiten starben seine vielgeliebten Paula, Marcella und Eustochium. Von seinen Kasteiungen bis auf die Knochen abgemagert und kaum mehr der Sprache mächtig, vom Alter gebeugt, arbeitete er Tag um Tag an einem Werk nach dem anderen; er war gerade mit einem Kommentar zu Jeremias beschäftigt, als der Tod ihn überwältigte. Er war eher ein bedeutender als ein guter Mensch; ein durchdringender Satiriker wie Juvenal, ein glänzender Schriftsteller wie Seneca, ein heldenmütig Schaffender der Gelehrsamkeit und Theologie.

3. CHRISTLICHE GOTTESSTREITER

Hieronymus und Augustin waren die zwei Bedeutendsten in einer bemerkenswerten Zeit. Unter ihren «Vätern» zeichnete die frühmittelalterliche Kirche acht als *doctores ecclesiae* aus: im Osten Athanasios, Basileios, Gregor von Nazianz, Johannes Chrysostomos und Jo-

---

* Hieronymus übersetzte meistens unmittelbar aus den hebräischen oder griechischen Originaltexten; manchmal übersetzte er jedoch die griechische Fassung von Aquila, Symmachus oder Theodotion. Seine Übersetzung, die in den Jahren 1592 und 1907 einer Revision unterzogen wurde, ist heute noch der anerkannte lateinische Bibeltext der Katholiken. Die «Bibel von Douai» ist die englische Übersetzung dieser Vulgata.

hannes von Damaskus; im Westen Ambrosius, Hieronymus, Augustin und Gregor den Großen.

Der Lebenslauf des Ambrosius (340?–398) zeigt die Fähigkeit der Kirche, Männer ersten Ranges in ihren Dienst zu ziehen, die ein Menschenalter vorher dem Staate gedient haben würden. In Trier als Sohn des Präfekten von Gallien geboren, war er in jeder Hinsicht zu einer politischen Laufbahn vorbestimmt, und es erstaunt uns nicht, ihn zunächst als Provinzstatthalter Norditaliens anzutreffen. Als solcher hatte er seinen Sitz in Mailand, wo er mit dem Kaiser des Westreiches in enger Berührung stand; dieser fand in ihm die altrömischen Eigenschaften des gesunden Urteils, der Fähigkeit zu regieren, des gelassenen Mutes. Als er einmal hörte, daß sich in der Kathedrale bei der Bischofswahl die Parteien bekämpften, eilte er hin und beschwichtigte durch seine Anwesenheit und seine Worte einen beginnenden Tumult. Als die Parteien sich über einen Kandidaten nicht einig werden konnten, schlug jemand den Ambrosius vor; sein Name brachte das Volk zu einer begeisterten Einmütigkeit; und der Statthalter, der sich sträubte und noch gar nicht die Taufe erhalten hatte, wurde eilends getauft und erhielt die Diakonsweihe, dann die Priesterweihe, dann die Bischofsweihe, alles in einer einzigen Woche (374)[25].

Er erfüllte sein neues Amt mit der Würde und Kraft des Staatsmannes. Er gab den Pomp der politischen Stellung auf und lebte in beispielhafter Einfachheit. Sein Geld und seinen Besitz gab er den Armen, das geweihte Gold- und Silbergeschirr seiner Kirche verkaufte er, um Kriegsgefangene loszukaufen[26]. Er war ein Gottesgelehrter, der sich kraftvoll für den Glaubenssatz von Nikaia einsetzte, ein Redner, dessen Predigten zur Bekehrung des Augustin beitrugen, ein Dichter, der einige der frühesten und edelsten Hymnen der Kirche verfaßte, ein Richter, dessen Bildung und Rechtschaffenheit die Korruption weltlicher Gerichtshöfe beschämte, ein Diplomat, dem von der Kirche und vom Staat schwierige Missionen übertragen wurden, ein guter Zuchtmeister, der den Papst stützte, aber überschattete, ein Geistlicher, der den großen Theodosius zur Buße zwang und die Politik Valentinians III. beherrschte. Die Mutter des jungen Kaisers, Placidia, eine Arianerin, wollte einem arianischen Priester eine mailändische Kirche zukommen lassen. Die Gemeinde des Ambrosius hielt in einem heiligen «Sitzstreik» die Kirche Tag und Nacht besetzt, obgleich die Kaiserin den Befehl zur Übergabe erteilt hatte. «Damals ward der Gesang der Hymnen und Psalmen nach orientalischem Brauch eingeführt, damit das Volk nicht der langen Seelenpein überdrüssig werde und ermatte», schreibt Augustin[27]. Ambrosius kämpfte einen berühmten Kampf gegen die Kaiserin und trug einen bemerkenswerten Sieg zugunsten der Unduldsamkeit davon.

In Nola in Süditalien gab Paulinus (353–431) das Beispiel einer sanfteren Art von christlichen Heiligen. Er stammte aus einer reichen alten Familie von Bordeaux und ehelichte eine Dame gleich hoher Abkunft, studierte unter dem Dichter Ausonius, ging in die Politik und kam schnell vorwärts. Plötzlich überfiel ihn die Bekehrung in dem vollen Sinne einer Abkehr von der Welt: Er verkaufte seinen Besitz und gab alles den Armen bis auf einen kleinen Rest, mit dem er sich notdürftig am Leben erhalten konnte, und seine Gattin Therasia willigte ein, mit ihm als seine keusche «Schwester in Christo» zu leben. Da es im Westen noch keine Klöster gab, verwandelten sie ihr bescheidenes Heim in Nola in ein Privatkloster, in welchem sie fünfunddreißig Jahre verbrachten, auf Fleisch und Wein verzichteten, allmonatlich viele Tage fasteten und sich glücklich schätzten, der vielfältigen Last des Reichtums ledig zu sein. Seine heidnischen Jugendfreunde, vor allem sein alter Lehrer Ausonius, protestierten gegen diesen anscheinenden Rückzug aus den Pflichten des staatsbürgerlichen Lebens; als Antwort lud er sie ein, ihn aufzusuchen und mit ihm an seiner Wonne teilzuhaben. In einem Jahrhundert des Hasses und der Gewalt hielt er bis zum Ende einen Geist der Duldsamkeit durch. Heiden und Juden nahmen gemeinsam mit Christen an seiner Bestattung teil.

Paulinus verfaßte reizvolle Gedichte, jedoch nur gelegentlich. Der Dichter, der dem christlichen Zeitgeist dieser Epoche am besten Ausdruck zu geben vermochte, war der Spanier Aurelius Prudentius Clemens (ca. 348–410). Während Claudian und Ausonius ihre Gedichte mit toten Göttern vollstopften, sang Prudentius in den alten Versmaßen neue und lebendige Themen: Märtyrergeschichten (*Peri stephanon*, *Buch der Kränze*), Hymnen für jede Tagesstunde und eine in Versen abgefaßte Erwiderung auf die Verteidigungsschrift des Symmachus für die Victoriastatue. In diesem letzteren Gedicht richtete er einen denkwürdigen Appell an Honorius, die Gladiatorenkämpfe zu verbieten. Er hegte gegen die Heiden keinen Haß; für Symmachus, ja sogar für Julian fand er freundliche Worte, und er bat seine Mitchristen, keine heidnischen Kunstwerke zu zerstören. Er teilte die Bewunderung des Claudian für Rom und freute sich darüber, daß man den größten Teil der von Weißen bewohnten Welt bereisen konnte und dabei unter den gleichen Gesetzen stand und überall sicher war; «wo wir auch sind, leben wir als Mitbürger»[28]. In diesem christlichen Dichter vernehmen wir ein letztes Echo der Leistung und Meisterschaft Roms.

Es gereicht Rom zur großen Ehre, daß Gallien jetzt eine so hohe Kultur besaß. Einem Ausonius und Sidonius in der Literatur entsprachen die großen Bischöfe Galliens im vierten Jahrhundert: Hilarius von Poitiers, Remigius von Reims, Euphronius von Autun, Martin von Tours. Hilarius (geb. etwa 367) war einer der aktivsten Verteidiger des Glaubensbekenntnisses von Nikaia; er schrieb eine Abhandlung in zwölf «Büchern», in der er sich bemühte, die Dreifaltigkeit zu erklären. Und doch führte er auf seinem bescheidenen Bischofssitz von Poitiers das einfache und anständige Leben eines hingebungsvollen und frommen Geistlichen, der früh aufstand, alle Besucher empfing, lehrte, Bücher und Briefe diktierte, während des Essens frommen Vorlesungen zuhörte und jeden Tag etwas Handarbeit verrichtete, etwa die Felder bestellte oder Kleidungsstücke für die Armen wob[29]. In ihm zeigte sich der Geistliche von seiner besten Seite.

Der heilige Martin hinterließ in erster Linie seinen Namen: 3675 Kirchen und 425 Dörfer tragen ihn heute in Frankreich. Er wurde um 316 in Pannonien geboren; mit zwölf Jahren wollte er Mönch werden, sein Vater zwang ihn aber zum Heeresdienst. Er war ein ungewöhnlicher Soldat – er verschenkte seinen Sold an die Armen, half den Bedürftigen, zeigte sich bescheiden und geduldig, als wollte er aus dem Militärlager ein Kloster machen. Nach fünfjährigem Militärdienst setzte er seinen Wunsch durch und zog sich zu einem Mönchsleben in eine Zelle zurück, zuerst in Italien, dann in Poitiers in der Nähe des Hilarius, den er so liebte. Im Jahre 371 drangen die Bewohner von Tours in ihn, er solle ihr Bischof werden, trotz seines schäbigen Gewandes und rauhen Haares. Er willigte ein, beharrte aber auf seiner mönchischen Lebensweise. Zwei Meilen von der Stadt entfernt baute er in Marmoutier ein Kloster, versammelte dort achtzig Mönche um sich und lebte mit ihnen ein Leben unaufdringlicher Askese. In seiner Vorstellung war ein Bischof nicht ein Mann, der nur Messen zelebriert, predigt, die Sakramente darreicht und Geldmittel aufbringt, sondern ein Mann, der die Hungrigen speist, die Nackten kleidet, die Kranken besucht und den Unglücklichen Hilfe bringt. Er war so beliebt in ganz Gallien, daß überall Erzählungen über seine Wundertaten umgingen, sogar von der Erweckung von drei Toten[30]. Frankreich machte ihn zu einem seiner Schutzheiligen.

Das Kloster, das Martin in Poitiers gegründet hatte (362), war das erste von vielen, die nun überall in Gallien in die Höhe schossen. Da der Gedanke des mönchischen Lebens durch die *Lebensbeschreibung des Antonius* von Athanasios und durch den machtvollen Ruf des Hieronymus zum Einsiedlerleben nach Rom gelangt war, übernahm der Westen anfangs die strengsten und einsamsten Ausprägungen des Mönchtums und wollte in einem weniger günstigen Klima die Härten auf sich nehmen, welche die Mönche unter der ägyptischen Sonne erduldeten. Der Mönch Wulfilaich verbrachte viele Jahre mit nackten Beinen und Füßen auf einer Säule in Trier; im Winter fielen ihm die Nägel von den Zehen, und von seinem Bart hingen Eiszapfen herab. Der hl. Senochus ließ sich in der Nähe von Trier so eng zwischen vier Mauern einschließen, daß die untere Hälfte seines Körpers unbeweglich an der gleichen Stelle verharren mußte; in dieser Lage lebte er viele Jahre, Gegenstand der Verehrung des Volkes[31]. Der hl. Johannes Cassianus übermittelte das Gedankengut des Pachomius, um die Ekstase des Antonius auszugleichen; von einigen Predigten des Chrysostomos inspiriert, erbaute er ein Mönchs- und ein Nonnenkloster in Marseille (415) und verfaßte für sie die erste westliche Klosterregel; noch vor seinem Tode (435) lebten in der Provence bereits 5000 Mönche nach seiner Regel. Bald nach 400 errichteten Honoratus und Caprasius ein Kloster auf der Insel Lérins gegenüber Cannes. Diese Klöster erzogen die Menschen zu geselliger Arbeit, zu gemeinsamem Studieren und Lernen, und nicht zur einsamen Hingabe; sie wurden zu Theologieschulen und beeinflußten das Denken des Westens grundlegend. Als im nächsten Jahrhundert die Regel des hl. Benedikt nach Gallien kam, baute sie auf der Überlieferung des Cassian einen der wohltätigsten religiösen Orden der Geschichte auf.

IV. DER CHRISTLICHE OSTEN

I. DIE MÖNCHE DES OSTENS

Sowie die Kirche aufhörte eine Gruppe von Gläubigen zu sein und eine Einrichtung wurde, der Millionen von Menschen unterstanden, neigte sie allmählich zu einer nachsichtigeren Haltung gegenüber den menschlichen Schwächen und zur Duldung der Freuden dieser Welt, manchmal sogar zur Teilnahme an ihnen. Eine minderheitliche Gruppe von Christen sah in dieser Herablassung einen Verrat an Christus; sie entschlossen sich, durch Armut, Keuschheit und Gebet in den Besitz des Himmels zu kommen, und zogen sich ganz von der Welt zurück. Vielleicht hatten Asokas Missionare (ca. 250 v. Chr.) nicht nur die Lehre und Ethik, sondern auch das Mönchtum des Buddhismus in den Nahen Orient gebracht, und vorchristliche Einsiedler wie diejenigen des ägyptischen Serapis oder der essenischen Gemeinden in Judäa haben wohl die Ideale und Regeln des streng religiösen Lebens an Antonius und Pachomius weitergegeben. Das Mönchtum bedeutete für viele Seelen eine Zuflucht aus dem Chaos und Krieg der Barbareneinbrüche; im Kloster und in der Wüstenklause gab es keine Steuern, keinen Kriegsdienst, keinen ehelichen Zwist, keine mühselige Schwerarbeit; der Mönch bedurfte nicht der Priesterweihe, und nach einigen Jahren des Friedens war die ewige Seligkeit zu erwarten.

Ägypten, dessen Klima zum Mönchtum direkt aufforderte, war mit Mönchen angefüllt, die entweder dem Einsamkeitstrieb des Antonius folgten und in Einzelklausen lebten oder das Gemeinschaftsleben führten, das Pachomius in Tabenne eingeführt hatte. An den Ufern des Nils reihten sich Mönchs- und Nonnenklöster mit nicht weniger als 3000 Insassen. Weitaus der berühmteste Klausner war Antonius (ca. 251–356). Nachdem er von Einsamkeit zu Einsamkeit gewandert war, errichtete er sich endgültig eine Eremitenklause auf dem Kolzim in der Nähe des Roten Meeres. Bewunderer stellten seinen Aufenthaltsort fest, ahmten ihn nach und bauten sich ihre Klausen so nahe an der seinigen, als er es zuließ; noch vor seinem Tode war die Wüste mit seiner geistigen Nachkommenschaft bevölkert. Er wusch sich nur selten und erreichte ein Alter von 105 Jahren. Eine Einladung des Konstantin schlug er aus, aber als Neunzigjähriger zog er nach Alexandrien, um Athanasios gegen die Arianer zu unterstützen. An Ruf fast gleich kam ihm Pachomius, der (325) neun Mönchs- und ein Nonnenkloster gründete; manchmal kamen 7000 Mönche, die seinem Vorbild folgten, zusammen, um gemeinsam einen Festtag zu feiern. Diese Zenobiten beteten nicht nur, sie arbeiteten auch; von Zeit zu Zeit fuhren sie den Nil hinab nach Alexandrien, um ihre Erzeugnisse zu verkaufen, ihre Einkäufe zu besorgen und an den kirchenpolitischen Auseinandersetzungen teilzunehmen.

Unter den Einsiedlern entspann sich ein heftiger Wettkampf um die Meisterschaft in der Selbstkasteiung. Makarios von Alexandrien konnte nach Abbé Duchesne «von keiner asketischen Tat hören, ohne sie augenblicks überbieten zu wollen». Wenn andere Mönche während der Fastenzeit keine gekochte Nahrung zu sich nahmen, dann aß Makarios sieben Jahre lang gar keine; wenn sich jemand mit Schlafentzug bestrafte, dann konnte man den Makarios beobachten, wie er «zwanzig Nächte hintereinander heftig bemüht war, sich wach zu halten». Während einer ganzen Fastenzeit stand er Tag und Nacht aufrecht, nahm als einzige Nahrung einmal in der Woche einige Kohlblätter zu sich und fuhr während der ganzen Zeit mit seinem Korbmachergewerbe fort[32]. Sechs Monate lang schlief er in einem Sumpf und bot seinen Leib den giftigen Fliegen dar[33]. Einige Mönche zeichneten sich in besonderen Heldenstücken der Einsamkeit aus; so bewohnte beispielsweise Serapion eine Höhle auf dem Grund einer Schlucht, in die hinabzusteigen wenige Pilger den Mut besaßen; als Hieronymus und Paula zu seinem Schlupfwinkel kamen, trafen sie einen Mann an, der fast nur noch aus Knochen bestand, mit einem Lendentuch bekleidet war und das ungeschnittene Haar über Gesicht und Schultern fallen ließ; seine Zelle bot kaum Platz für ein Lager aus Blättern und einem Brett; und dabei hatte dieser Mann dem Adel Roms angehört[34]. Einige Mönche legten sich zum Schlafen nicht nieder; Bessarion tat das vierzig, Pachomius fünfzig Jahre lang[35]; andere spezialisierten sich in der Schweigsamkeit und sagten jahrelang kein einziges Wort; andere schleppten immer eine Last mit sich oder zwängten ihre Glieder in Armreifen, Beinschienen oder Ketten. Viele zählten voller Stolz die Jahre, die vergangen waren, seitdem sie zum letzten Male einer Frau ins Gesicht gesehen hatten[36]. Fast alle Einsiedler lebten von spärlicher Nahrung, und einige wurden dabei sehr alt. Hieronymus berichtet von Mönchen, die sich ausschließlich von Feigen oder Gerstenbrot ernährten. Als Makarios erkrankte, brachte jemand ihm Trauben; da er sich diese Schwelgerei selbst nicht gönnen wollte, schickte er sie an einen anderen Eremiten, der sie an einen anderen weitergab; und so machten die Trauben die Runde in der Wüste (wie Rufinus behauptet), bis sie ungegessen wieder bei Makarios eintrafen[37]. Die Pilger, die von allen Teilen der Christenheit herbeiströmten, um die Mönche des Ostens zu sehen, schrieben ihnen Wundertaten zu, die den Wundern Christi nicht nachstanden. Sie konnten durch eine Berührung oder ein Wort Krankheiten heilen oder Dämonen austreiben, mit einem Blick oder Gebet Löwen oder Schlangen zähmen und den Nil auf dem Rücken eines Krokodiles überqueren. Die Reliquien der Einsiedler wurden zu den kostbarsten Besitztümern der christlichen Kirchen und werden noch heute als Schätze gehalten.

In den Klöstern forderte der Abt unbedingten Gehorsam; Novizen prüfte er mit unmöglichen Befehlen. Ein Abt soll einem Novizen befohlen haben, in einen glühenden Ofen zu springen; der Novize gehorchte, und die Flammen teilten sich, um ihm einen Durchgang zu gewähren. Ein anderer Mönch erhielt den Befehl, den Spazierstock des Abtes einzupflanzen und zu begießen, bis er Blüten treibe; jahrelang ging der Mönch jeden Tag zum drei Kilometer entfernten Nil, schöpfte Wasser und goß es auf den Stock; im dritten Jahre faßte Gott Mitleid mit ihm und ließ den Stock Blüten treiben[38]. Den Mönchen war nach Hieronymus[39] Arbeit vorgeschrieben, «damit sie nicht von gefährlichen Einbildungen abgelenkt würden». Die einen bestellten die Felder, die anderen trieben Gartenbau, woben Matten oder flochten Körbe, schnitzten Holzschuhe oder schrieben Manuskripte ab; viele Klassiker der Antike sind durch ihre Feder erhalten. Die meisten ägyptischen Mönche konnten jedoch weder lesen noch schreiben und sahen auf das weltliche Wissen als eine nichtige Angelegenheit herab[40]. Nach der Ansicht vieler Mönche war Sauberkeit der Heiligkeit abträglich; die Jungfrau Silvia wollte keinen Körperteil außer den Fingern waschen; in einem Kloster von 130 Nonnen badete keine und wusch sich keine je die Füße. Gegen Ende des vierten Jahrhunderts fanden sich die Mönche jedoch mit dem Gebrauch von Wasser ab, und der Abt Alexander, der diesen Niedergang verabscheute, gedachte sehnsüchtig der Zeiten, da die Mönche «sich nie das Gesicht wuschen»[41].

Der Vordere Orient wetteiferte mit Ägypten in Zahl und Wundertaten seiner Mönche und Nonnen. Jerusalem und Antiochien waren von einem Netz klösterlicher Gemeinschaften oder Zellen überzogen. Die syrische Wüste war von Einsiedlern bevölkert; einige von ihnen ließen sich wie indische Fakire an Felsen anketten, andere verschmähten eine so seßhafte Niederlassung und schweiften, Gras essend, durch die Berge[42]. Symeon Stylites (390?–459) soll während der ganzen vierzig Tage der Fastenzeit keine Nahrung zu sich genommen haben; einmal ließ er sich während der Fastenzeit mit ein wenig Wasser und Brot in einer kleinen Zelle einmauern; als er zu Ostern aus seinem Gefängnis befreit wurde, fand man Brot und Wasser unberührt. In Chalat Seman, in Nordsyrien, stellte Symeon um 422 eine zwei Meter hohe Säule auf und lebte fortan auf ihr. Von seiner Mäßigung beschämt, errichtete er sich immer höhere Säulen, bis er schließlich auf einem zwanzig Meter hohen Pfeiler seinen dauernden Wohnsitz nahm. An der Spitze hatte der Pfeiler einen Umfang von wenig mehr als einem Meter; ein Geländer schützte den Heiligen vom Sturz in die Tiefe während des Schlafes. Auf diesem Sitzpfeiler verbrachte Symeon ununterbrochen dreißig Jahre, ohne sich gegen Regen, Kälte und Sonnenhitze zu schützen. Eine Leiter ermöglichte es den Jüngern, ihm Nahrung zu bringen und den Kot fortzutragen. Er fesselte sich mit einem Seil an die Säule; das Seil schnitt ihm ins Fleisch ein, so daß es eitrig wurde und stank und voller Würmer war; Symeon las die Würmer auf, die hinabfielen, legte sie in die Wunde zurück und sagte: «Eßt, was Gott euch gegeben.» Von seiner hohen Kanzel aus predigte er zu den Massen, die gekommen waren, ihn zu sehen, bekehrte Barbaren, vollbrachte Wunderheilungen, spielte Kirchenpolitik und brachte die Geldverleiher durch Beschämung so weit, daß sie ihren Zins von zwölf auf sechs vom Hundert herabsetzten[43]. Seine exaltierte Frömmigkeit schuf eine Mode der Säuleneinsiedelei, die sich zwölf Jahrhunderte lang hielt und in einer gründlich verweltlichten Form noch heute zu finden ist.

Die Kirche billigte diese Exzesse nicht; vielleicht witterte sie einen brennenden Stolz hinter diesen Demütigungen, eine geistige Gier hinter dieser Selbstverleugnung, eine geheime

Sinnlichkeit hinter dieser Flucht vor der Frau und der Welt. Die Berichte von diesen Asketen sind voller sexueller Visionen und Träume; ihre Zellen hallten wider von ihrem Stöhnen, wenn sie mit eingebildeten Versuchungen und erotischen Gedanken zu kämpfen hatten; sie waren des Glaubens, die Luft rings um sie sei von anstürmenden Dämonen erfüllt; es scheint den Mönchen schwerer gefallen zu sein, die Tugend in der Einsamkeit zu bewahren als unter allen Lockungen des Stadtlebens. Es war nichts Ungewöhnliches, daß Einsiedler den Verstand verloren. Rufinus berichtet von einem jungen Mönch, in dessen Zelle eine wunderschöne Frau eintrat; er unterlag ihren Reizen, worauf sie, wie er meinte, in der Luft verschwand; der Mönch stürzte wie besessen in ein nahegelegenes Dorf, wo er sich in den Heizofen eines öffentlichen Bades stürzte, um sein Feuer zu kühlen. In einem anderen Falle bat eine junge Frau um Einlaß in die Zelle eines Mönches, da sie von wilden Tieren verfolgt werde; er willigte ein, sie kurz bei sich aufzunehmen; als sie ihn aber in dieser Zeit zufällig berührte, schlug die Flamme der Begierde in ihm hoch, wie wenn all die Jahre der Kasteiung ihr nichts hätten antun können. Er wollte nach ihr greifen, aber sie entschwand ihm aus den Armen und aus der Sicht, und ein Chor von Dämonen soll mit lautem Gelächter über seinen Fall gejubelt haben. Dieser Mönch vermochte nach dem Bericht des Rufinus das Mönchsdasein nicht mehr zu ertragen; wie Paphnuce in Anatole Frances *Thais* vermochte er die Vision der Schönheit, die er sich vorgegaukelt oder wirklich gesehen hatte, nicht mehr loszuwerden; er ließ seine Zelle im Stich, stürzte sich ins Großstadtleben und verfolgte diese Vision schließlich bis in die Hölle[44].

Die organisierte Kirche hatte zunächst keine Kontrolle über die Mönche, da sie selten in den geistlichen Stand traten; indessen fühlte sie sich doch für ihre Exzesse verantwortlich, da sie ja auch an ihrem Ruhm teilhatte. Sie konnte es sich nicht leisten, mit den Mönchsidealen völlig übereinzustimmen; sie pries die Ehelosigkeit, Jungfräulichkeit und Armut, konnte aber Ehe, Nachkommenschaft oder Besitz nicht als sündhaft verurteilen; sie war nunmehr am Fortbestand der Menschheit interessiert. Einige Mönche verließen ihre Klöster oder Zellen nach freiem Belieben und belästigten die Bevölkerung mit ihrer Bettelei; andere wanderten von Stadt zu Stadt, predigten Askese, verkauften echte oder Schwindelreliquien, terrorisierten Synoden und hetzten beeindruckbare Leute dazu auf, heidnische Tempel oder Bildwerke zu zerstören oder, dann und wann, eine Hypatia zu ermorden. Die Kirche konnte diese unabhängigen Handlungen nicht zulassen. Das Konzil von Chalkedon (451) ordnete an, daß man bei der Zulassung zum Klostergelübde größere Vorsicht walten lasse, daß diese Gelübde unwiderruflich seien und daß niemand ohne Einwilligung des Bischofs der Diözese ein Kloster gründen oder verlassen dürfe.

2. DIE ÖSTLICHEN BISCHÖFE

Das Christentum hatte sich nun (400) im Osten fast überall siegreich durchgesetzt. In Ägypten bildeten die eingeborenen Christen, die Kopten*, bereits die Mehrheit der Bevölkerung und unterhielten Hunderte von Kirchen und Klöstern. Neunzig ägyptische Bi-

* *Kopte* ist die europäisierte Form des arabischen *kibt*, welches seinerseits eine vulgäre Form des griechischen *Aigyptos*, Ägypter, ist.

schöfe anerkannten die Oberhoheit des Patriarchen von Alexandrien, der an Macht den Pharaonen und Ptolemäern fast gleichkam. Einige dieser Patriarchen waren Kirchenpolitiker eines wenig liebenswerten Typs, wie zum Beispiel Theophilos, der den heidnischen Tempel von Serapis samt der Bibliothek bis auf den Grund niederbrannte (389). Eine erfreulichere Gestalt ist der Bischof von Ptolemais, Synesios. Um 365 in Kyrene geboren, studierte er unter Hypatia in Alexandrien Mathematik und Philosophie; bis an sein Lebensende blieb er ihr ein anhänglicher Freund; er nannte sie «die wahre Darstellerin der wahren Philosophie». Er besuchte Athen und wurde dort in seinem Heidentum bestärkt; aber im Jahre 403 heiratete er eine Christin und nahm galanterweise das Christentum an; es war für ihn ein einfacher Akt der Höflichkeit, seine neuplatonische Dreiheit des Einen, des *nus* und der Seele in die Dreiheit von Vater, Heiligem Geist und Sohn umzuwandeln[45]. Er schrieb viele reizvolle Briefe und einige unbedeutendere philosophische Werke, die bis auf die kleine Schrift *Zum Preise der Kahlköpfigkeit* heute keinen Wert mehr besitzen. Im Jahre 410 bot ihm Theophilos das Bistum von Ptolemais an. Synesios war nun ein Landedelmann, der mehr Geld als Ehrgeiz besaß; er erhob den Einwand, daß er ungeeignet sei, daß er nicht, wie das Glaubensbekenntnis von Nikaia forderte, an die Wiederauferstehung des Leibes glaube, daß er verheiratet sei und nicht beabsichtige, sich von seiner Frau zu trennen. Theophilos, dem Dogmen Werkzeuge waren, drückte bei diesen Irrtümern ein Auge zu und machte Synesios zu einem Bischof, ehe der Philosoph zu einem Entschluß kommen konnte. Es war bezeichnend für ihn, daß sein letzter Brief der Hypatia galt und sein letztes Gebet an Christus gerichtet war[46].

In Syrien entledigte man sich der Heidentempel in der Art des Theophilos. Kaiserliche Erlasse verfügten ihre Schließung; die noch verbliebenen Heiden widersetzten sich dem Befehl, mußten aber ihre Niederlage eingestehen, als sie gewahr wurden, mit welchem Gleichmut ihre Götter die Zerstörung hinnahmen. Die asiatische Christenheit besaß vernünftigere Führer als die ägyptische*. In der kurzen Lebenszeit von fünfzig Jahren studierte der heilige Basileios Rhetorik bei Libanios in Konstantinopel und Philosophie in Athen, besuchte die Einsiedler Ägyptens und Syriens und verwarf ihr introvertiertes Asketentum; wurde Bischof von Kaisareia in Kappadokien, gab dem Christentum in seinem Heimatland eine Organisation, revidierte das christliche Ritual, führte das autarke Gemeinschaftsmönchtum ein und entwarf eine Klosterregel, die noch heute bei den griechisch-orthodoxen Christen Geltung hat. Seinen Anhängern riet er, die dramatischen Auswüchse des ägyptischen Einsiedlertums zu vermeiden und lieber durch nutzbringende Arbeit Gott und der körperlichen und geistigen Gesundheit zu dienen; die Feldbestellung war nach seiner Ansicht ein ausgezeichnetes Gebet. Bis zum heutigen Tage erkennt der christliche Osten seinen überragenden Einfluß an.

In Konstantinopel verblieb von den heidnischen Kulten kaum mehr eine Spur. Die Christen lagen jedoch miteinander im Streit; der Arianismus war immer noch eine mächtige

* Der hl. Nikolaus hatte im vierten Jahrhundert in aller Bescheidenheit den Bischofssitz von Myra in Lykien inne; nie wäre es ihm in den Sinn gekommen, daß er dereinst der Schutzheilige Rußlands, der Diebe und der Kinder werden und schließlich als Weihnachtsmann in die Weihnachtsmythologie der halben Christenheit eingehen würde.

Bewegung, ständig tauchten neue Häresien auf und jedermann besaß seine eigene Theologie. «Diese Stadt», schrieb der Bruder des hl. Basileios, Gregor von Nyssa, um das Jahr 380, «steckt voller Handwerker und Sklaven, von denen ein jeder ein tiefer Philosoph ist und in den Werkstätten und auf der Straße predigt. Wenn du bei einem Mann ein Silberstück wechseln willst, so setzt er dir auseinander, worin sich der Sohn vom Vater unterscheide; fragst du nach dem Preise eines Brotlaibes ..., dann bekommst du zu hören, daß der Sohn weniger sei als der Vater; und wenn du dich erkundigst, ob dein Bad bereit sei, erhältst du zur Antwort, der Sohn sei aus dem Nichts erschaffen[47]». Unter der Regierung von Theodosius I. gründete der Syrer Isaak das erste Kloster der neuen Hauptstadt; weitere Klöster entstanden in rascher Folge, und um das Jahr 400 waren die Mönche eine Macht und ein Schrecken in der Stadt; in den Kämpfen zwischen Patriarch und Patriarch oder zwischen Patriarch und Kaiser spielten sie eine lärmende Rolle.

Gregor von Nazianz erfuhr die Schärfe des Sektiererhasses, als er den Ruf der katholischen Christen Konstantinopels auf ihren Bischofssitz annahm (379). Valens hatte gerade das Zeitliche gesegnet, aber die Arianer, die dieser Kaiser an die Macht gebracht hatte, beherrschten immer noch die Kirchenpolitik und hielten ihre Gottesdienste in der Hagia Sophia ab. Gregor mußte seinen Altar und seine Gemeinde im Hause eines Freundes unterbringen, aber er benannte seine bescheidene Kirche mit einem hoffnungsvollen Namen – Anastasia (Auferstehung). Frömmigkeit und Bildung hielten sich in ihm die Waage; er hatte in Athen gemeinsam mit seinem Landsmann Basileios studiert, und erst sein zweiter Nachfolger vermochte es ihm an Beredsamkeit gleichzutun. Seine Gemeinde wuchs und wuchs, bis sie größer war als diejenigen der offiziellen Basiliken. Am Vorabend des Osterfestes des Jahres 379 fiel eine Menge von Arianern mit einem Steinhagel über die Anastasiakapelle her. Achtzehn Monate später führte der rechtgläubige Kaiser Theodosius Gregor in vollem Ornat im Triumph auf seinen rechtmäßigen Thron in der Hagia Sophia. Aber seine Kirchenpolitik brachte ihn bald um seine Ruhe; eifersüchtige Bischöfe erklärten, seine Ernennung sei ungültig, und zitierten ihn vor ein Konzil, wo er sich verteidigen sollte. Gregor war zu stolz, um den Kampf um seinen Bischofssitz aufzunehmen, trat zurück (381) und kehrte in das kappadokische Nazianz zurück, um dort die restlichen acht Jahre seines Lebens in Verborgenheit und Frieden zu verbringen.

Als sein unbedeutender Nachfolger starb, berief der Kaiserhof einen Priester aus Antiochien an die Hagia Sophia, der der Geschichte als der hl. Johannes Chrysostomos – «Goldmund» – bekannt ist. Er wurde (345?) als Sohn einer adligen Familie geboren, ließ sich von Libanios mit Rhetorik durchdringen und machte sich mit der heidnischen Literatur und Philosophie vertraut; im allgemeinen waren die Prälaten des Ostens gebildeter und streitsüchtiger als diejenigen des Westens. Johannes war ein Mann von ausgeprägtem Verstand und noch ausgeprägterem Temperament. Er nahm seiner neuen Gemeinde die Ruhe, indem er es mit dem Christentum ernst nahm und die Ungerechtigkeiten und die Unmoral seiner Zeit frei heraus anprangerte[48]. Er wetterte über das Theater als eine Schaustellung unzüchtiger Frauen und eine Schule der Gottlosigkeit, Verführung und Ränkesucht. Die vermögenden Christen Konstantinopels fragte er, warum sie so viel Geld für einen lockeren Lebenswandel ausgäben, statt das meiste den Armen zu geben, wie Christus geboten hatte. Er wollte wissen, warum einige Menschen zwanzig Häuser besaßen, zwanzig Bäder, tausend Sklaven, Türen aus Elfenbein, Fußböden aus Mosaik, Wände aus Marmor, Zimmerdecken aus Gold; und er bedrohte die Reichen mit Höllenstrafen, weil sie ihre Gäste mit orientalischen Tanzmädchen unterhielten[49]. Er schalt den Klerus wegen seines müßiggängerischen und luxuriösen Lebenswandels[50] und wegen des verdächtigen Brauches, sich in den Pfarrhäusern von Frauen aufwarten zu lassen; er setzte dreizehn Bischöfe, die seiner Rechtsprechung unterstanden, wegen Zügellosigkeit oder Simonie ab und tadelte die Mönche Konstantinopels, weil sie häufiger auf der Straße als in ihren Zellen zu finden seien. Er lebte selbst, was er predigte: Die Einkünfte seines Bistums wurden nicht für den Prunk verwendet, der sonst gewöhnlich für die östlichen Bischöfe kennzeichnend war, sondern zum Bau von Krankenhäusern und zur Unterstützung der Armen. Niemals zuvor hatte Konstantinopel so machtvolle, eindringliche und offenherzige Predigten vernommen. Hier gab es keine frommen Abstraktionen, sondern christliche Rezepte, die so spezifisch wirkten, daß es weh tat.

> Wer könnte tyrannischer sein als die Grundbesitzer? Seht euch an, wie sie ihre unglücklichen Pächter behandeln, und ihr erkennt, daß sie schlimmer sind als die Barbaren. Sie legen untragbare und unaufhörliche Bürden Menschen auf, die lebenslänglich von Hunger und mühseliger Plackerei geschwächt werden, und sie belasten sie überdies noch mit der Last niederdrückender Fronarbeiten ... Sie lassen sie den ganzen Winter arbeiten, in Kälte und Regen, sie nehmen ihnen den Schlaf und senden sie mit leeren Händen heim ...
>
> Die Folterungen und Stockhiebe, die übermäßigen Forderungen und unerbittlichen Ansprüche, denen diese Menschen von seiten der Gutsverwalter ausgesetzt sind, sind schlimmer als der Hunger. Wer könnte all die Arten schildern, wie diese Gutsverwalter sie zu ihrem eigenen Profit ausbeuten und sie dann noch betrügen? Ihre Arbeitskraft ist es, die die Ölmühle des Gutsverwalters dreht; sie aber erhalten nicht das Geringste von dem Erzeugnis, das sie unter ungesetzlichem Zwang für die Gutsverwalter in Flaschen füllen müssen, und sie erhalten einen lächerlichen Lohn für ihre Mühsal.[51]

Gemeinden lassen sich gerne schelten, aber reformieren lassen sie sich nicht so gern. Die Frauen blieben bei ihrem Parfüm, die Reichen bei ihren Banketten, die Geistlichen bei ihren weiblichen Hilfskräften, die Theater bei ihren Enthüllungen; und bald waren mit Ausnahme der machtlosen Armen alle Kreise der Stadt Gegner des Mannes mit dem goldenen Mund. Die Kaiserin Eudoxia, die Gattin des Arkadios, gab der vergnügungssüchtigen Gesellschaft der Hauptstadt ein Beispiel luxuriösen Lebens. Sie bezog eine der Predigten des Chrysostomos auf sich und verlangte von ihrem willensschwachen Gemahl die Einberufung eines Konzils, das den Patriarchen aburteilen sollte. Im Jahre 403 versammelte sich ein Konzil von Ostbischöfen in Chalkedon. Johannes leistete der Vorladung nicht Folge, da er sich nicht einem Gericht stellen wollte, das aus seinen Gegnern bestand. Das Konzil setzte ihn ab, und er begab sich ohne Aufhebens ins Exil; das Volk gab aber so laut seinem Mißfallen Ausdruck, daß der verängstigte Kaiser ihn in sein Bischofsamt zurückberief. Einige Monate darauf wandte er sich in seinen Predigten wieder in aller Schärfe gegen die oberen Stände und machte einige kritische Bemerkungen über eine Statue der Kaiserin. Eudoxia verlangte wiederum seine Verbannung, und Theophilos von Alexandrien, der immer bereit war, einen Nebenbuhler im Bischofsamt zu treffen, erinnerte den Arkadios daran, daß die Verfügung von Chalkedon immer noch Gültigkeit besitze und jederzeit ausgeführt werden könne. Soldaten wurden zu Chrysostomos gesandt, ihn zu ergreifen; er wurde über den Bosporus gebracht und in ein armenisches Dorf verbannt (404). Als seine getreuen Anhänger von der Begebenheit erfuhren, brachen sie in einen wilden Aufstand aus, und in dem Aufruhr wurden die Hagia Sophia und das in der Nähe liegende Senatsgebäude in Brand gesetzt. Aus seiner Verbannung richtete Chrysostomos Beschwerdebriefe an Honorius und den Bischof von Rom. Arkadios befahl, ihn in die abgelegene Wüste von Pityus im Pontos zu bringen. Unterwegs starb der erschöpfte Geistliche im zweiundsechzigsten Lebensjahr in Komana (407). Von dieser Zeit an blieb die Kirche des Ostens mit kurzen Unterbrechungen stets die Dienerin des Staates.

V. DER HEILIGE AUGUSTIN

1. DER SÜNDER

Das Nordafrika, in dem Augustin geboren wurde, war ein Gemisch von Rassen und Religionen. Punisches und numidisches Blut mischte sich mit römischem Blut in der Bevölkerung und vielleicht auch in Augustin; es wurde so viel Punisch – die alte phönizische Sprache Karthagos – gesprochen, daß Augustin als Bischof nur Priester einsetzte, die Punisch sprechen konnten. Der Donatismus führte Krieg gegen den Katholizismus, der Manichäismus gegen alle beide, und offenbar war das Volk mehrheitlich noch heidnischer Religion[52]. Der Geburtsort des Augustin war Tagaste in Numidien. Seine Mutter, die heilige Monica, war eine fromme Christin, die sich fast ganz in der Sorge und im Gebet um ihren widerspenstigen Sohn verzehrte. Sein Vater war ein Mann von beschränkten Mitteln und weitherzigen Grundsätzen, dessen Seitensprünge Monica in dem festen Glauben, daß sie nicht ewig dauern konnten, geduldig ertrug.

Mit zwölf Jahren wurde der Sohn in Madaura in die Schule geschickt, mit siebzehn zu höheren Studien nach Karthago. Salvian schilderte nur wenig später Nordafrika als den Pfuhl der Welt und Karthago als den Pfuhl Nordafrikas[53]; daher Monicas Ratschlag an ihren scheidenden Sohn:

> Ich erinnerte mich noch daran, wie sie einst in einer stillen Stunde in schwerer Sorge mich beschwor, daß ich nicht der Unzucht verfallen und vor allem keines anderen Frau verführen möge. Doch solche Mahnungen hielt ich für weibisch und hätte mich geschämt, sie zu befolgen ... Ich wußte es nicht, lief mit Blindheit geschlagen den abschüssigen Pfad und hätte mich vor meinen Altersgenossen geschämt, wäre ich weniger schändlich gewesen als sie. Denn ich vernahm, wie sie ihrer Frevel sich rühmten, um so mehr, je abscheulicher sie waren. So war's nicht nur böse Lust, die zu gleichem Tun verlockte, sondern auch ihr Beifall ... Und hatte ich nichts begangen, was mit der Verkommenheit der Gefährten hätte wetteifern können, gab ich doch vor, nicht Begangenes begangen zu haben, aus Angst, man möchte größere Unschuld verächtlich, größere Keuschheit lächerlich finden. [54]

Er zeigte sich auch in Latein, Rhetorik, Mathematik, Musik und Philosophie als gelehriger Schüler; «mein unruhiger Geist war ganz und gar auf das Lernen gerichtet»[55]. Das

Griechische hatte er nicht gern; er vermochte es nie zu beherrschen und beschäftigte sich auch nicht mit der griechischen Literatur; aber von Platon war er so hingerissen, daß er ihn als «Halbgott» bezeichnete[56] und Platoniker blieb, auch als er Christ wurde. Seine heidnische Ausbildung in Logik und Philosophie verhalf ihm dazu, einer der scharfsinnigsten Gottesgelehrten der Kirche zu werden.

Nach Abschluß seiner Studien lehrte er in Tagaste Grammatik und dann in Karthago Rhetorik. Da er nun sechzehn Jahre alt war, «mühte man sich sehr, mir eine Frau zu geben»; er zog aber eine Konkubine vor – eine Annehmlichkeit, die von der heidnischen Ethik und dem römischen Recht sanktioniert war; da er noch nicht getauft war, stand es Augustin frei, sich seine Moral dort zu holen, wo es ihm beliebte. Das Konkubinat war für ihn ein sittlicher Fortschritt. Er ließ das ausschweifende Leben fahren und scheint seiner Konkubine bis zu der Trennung von ihr im Jahre 385 die Treue gehalten zu haben. Im Jahre 382 fand er sich als achtzehnjähriger Bursche sehr gegen seinen Willen als Vater eines Sohnes, den er einmal «Sohn meiner Sünde», gewöhnlich aber Adeodatus – Gottesgeschenk – nannte. Mit der Zeit faßte er eine innige Liebe zu dem Knaben und ließ ihn nie mehr von seiner Seite.

Mit neunundzwanzig verließ er Karthago um der größeren Welt Roms willen. Seine Mutter, die befürchtete, daß er ungetauft sterben könnte, bat ihn, nicht zu gehen; als er aber auf seinem Vorhaben beharrte, flehte sie ihn an, sie mitzunehmen. Er tat, als ob er einverstanden sei; im Hafen ließ er sie aber im Gebet in einer Kapelle zurück und fuhr ohne sie ab[57]. In Rom lehrte er ein Jahr lang Rhetorik; die Hörer betrogen ihn aber um sein Honorar, und er bewarb sich um eine Professur in Mailand. Symmachus prüfte ihn, willigte ein und schickte ihn mit der Staatspost nach Mailand. Dort holte ihn seine treffliche Mutter ein und bewog ihn, mit ihr die Predigten des Ambrosius anzuhören. Sie beeindruckten ihn sehr, mehr noch aber die Gesänge der Gemeinde. Gleichzeitig vermochte Monica ihn für den Gedanken einer Eheschließung zu gewinnen, und der nunmehr Zweiunddreißigjährige ließ sich tatsächlich mit einem Mädchen verloben, das mehr Geld als Jahre besaß. Augustin willigte ein, noch zwei Jahre zu warten, bis sie zwölf Jahre zählen würde. Vorläufig schickte er seine Geliebte nach Afrika zurück, wo sie ihren Kummer in einem Kloster begrub. Einige Wochen der Enthaltsamkeit brachten ihn völlig aus der Fassung, und statt zu heiraten nahm er sich eine neue Konkubine. «Gib mir Keuschheit», betete er, «aber noch nicht jetzt![58]»

Trotz dieser Zerstreuungen fand er Zeit, sich mit theologischen Dingen zu beschäftigen. Er hatte mit dem einfachen Glauben seiner Mutter begonnen, ihn aber in der Schule stolz von sich gewiesen. Neun Jahre lang (374–383) schien ihm der manichäische Dualismus am besten eine Welt zu erklären, die sich so ununterschiedlich aus Gut und Böse zusammensetzt. Eine Zeitlang liebäugelte er mit dem Skeptizismus der späteren Akademie; er war aber zu leicht erregbar, um lange mit einem Urteil zurückhalten zu können. In Rom und Mailand studierte er Platon und Plotin; der Neoplatonismus drang tief in seine Weltanschauung ein und beherrschte durch ihn die christliche Theologie bis Abälard. Für Augustin bildete er den Zugang zum Christentum. Ambrosius hatte ihm empfohlen, die Bibel vom Gesichtspunkt des Paulus aus zu lesen, der sagt: «Der Buchstabe tötet, aber der

Geist macht lebendig.» Augustin machte die Feststellung, daß die Stellen der Genesis, die ihm kindisch erschienen waren, in einer symbolischen Betrachtungsweise Sinn und Inhalt bekamen. Er las die Paulusbriefe und bekam den Eindruck, daß er da einen Mann vor sich hatte, der wie er selbst durch tausend Zweifel gegangen war. In dem endgültigen Glauben des Paulus gab es nicht mehr einen bloß abstrakten platonischen Logos, sondern ein menschgewordenes Gotteswort. Als Augustin eines Tages mit seinem Freund Alypius in einem Mailänder Garten saß, glaubte er ständig eine Stimme zu vernehmen, die ihm zurief: «Nimm und lies, nimm und lies!» Er schlug wiederum die Paulusbriefe auf und las: «Nicht in Fressen und Saufen, nicht in Kammern und Unzucht, nicht in Hader und Neid; sondern ziehet an den Herrn Jesus Christus und wartet des Leibes, doch also, daß er nicht geil werde.» Die Textstelle bedeutete für Augustin den Abschluß einer langen Entwicklung in seinem Fühlen und Denken; in diesem seltsamen Glauben war etwas unendlich Wärmeres und Tieferes als in der ganzen Logik der Philosophie. Das Christentum kam zu ihm als eine tiefinnere Genugtuung. Indem er die verstandesmäßige Skepsis aufgab, fand er zum erstenmal in seinem Leben einen sittlichen Auftrieb und geistigen Frieden. Sein Freund Alypius erklärte sich zu einer gleichen Unterwerfung bereit. Monica gab ihrer Dankbarkeit für diese Kapitulation mit überströmendem Herzen Ausdruck.

Am Ostersonntag des Jahres 387 wurden Augustin, Alypius und Adeodatus von Ambrosius getauft; Monica stand glückselig dabei. Sie entschlossen sich alle vier, nach Nordafrika zurückzukehren und dort ein klösterliches Leben zu führen. In Ostia verschied Monica im vollen Vertrauen auf eine Wiedervereinigung im Paradies. Augustin verkaufte seinen bescheidenen Besitz und verschenkte den Erlös an die Armen. Dann gründeten er und Alypius und einige Freunde eine religiöse Gemeinschaft, die in Armut, Ehelosigkeit, geistiger Arbeit und Gebet in Tagaste lebte. Auf diese Weise erlebte der Augustinerorden, die älteste Mönchsbruderschaft im Westen, seine Gründung (388).

2. DER GOTTESGELEHRTE

Im Jahre 389 verschied Adeodatus, und Augustin trauerte so heftig um ihn, als ob er der ewigen Seligkeit, die der in Christo Gestorbenen harrt, noch nicht gewiß gewesen wäre. Im Jahre 391 bat ihn Valerius, der Bischof des nahegelegenen Hippo (heute Bône), ihm bei der Verwaltung der Diözese beizustehen, und gab ihm zu diesem Zwecke die Priesterweihe. Valerius überließ ihm oft die Kanzel, und Augustins Beredsamkeit riß die Gemeinde auch dann mit, wenn sie ihn nicht verstand. Hippo war ein Hafenstädtchen von etwa 40000 Einwohnern; die Katholiken besaßen dort eine Kirche, ebenso die Donatisten; der Rest der Bevölkerung bekannte sich zum Manichäismus oder zum Heidentum. Der Bischof der Manichäer, Fortunatus, war bisher die beherrschende Figur auf der theologischen Bühne gewesen; Donatisten und Katholiken wandten sich gemeinsam mit der Bitte an Augustin, er möge sich mit Fortunatus zu einem Disput treffen; er willigte ein; zwei Tage lang fochten diese neuartigen Gladiatoren mit Worten vor einer Menschenmenge, die die Sosiusthermen füllte. Augustin trug den Sieg davon; Fortunatus verließ Hippo, um nie mehr zurückzukehren (392).

Vier Jahre darauf forderte Valerius die Gemeinde auf, einen Nachfolger für ihn zu wählen, da er zu alt geworden sei. Die Wahl fiel einstimmig auf Augustin; und obgleich er Einwände machte und Tränen vergoß und darum bat, man möge ihn doch in sein Kloster zurückkehren lassen, bedrängte man ihn, bis er nachgab; die restlichen vierunddreißig Jahre seines Lebens war er Bischof von Hippo; von diesem Fleckchen Erde aus setzte er die Welt in Bewegung. Er suchte sich einen oder zwei Dekane aus und holte sich zu seiner Unterstützung Mönche aus seinem Kloster; sie alle führten ein klösterliches und kommunistisches Leben im Bischofshause; Augustin konnte es nicht recht verstehen, daß einer seiner Helfer bei seinem Tode ein kleines Vermächtnis hinterlassen konnte[59]. Alle nährten sich von pflanzlicher Kost; das Fleisch reservierten sie für Gäste und Kranke. Augustin selbst wird als kurzgewachsener, magerer Mensch geschildert, der nie ganz bei Kräften war; er beklagte sich über ein Lungenleiden und litt übermäßig an Kälte. Er war ein feinbesaiteter, leicht erregbarer Mann mit einer kühnen und etwas krankhaften Einbildungskraft und einem biegsamen und scharfen Intellekt. Trotz eines starrsinnigen Dogmatismus und einer gelegentlichen Unduldsamkeit muß er doch viele liebenswerte Eigenschaften besessen haben; mehrere Männer, die gekommen waren, um bei ihm Rhetorik zu lernen, ließen sich von ihm zum Christentum bekehren, und Alypius hielt ihm die Gefolgschaft bis zum Tod.

Kaum hatte er sein Bischofsamt übernommen, als er auch schon einen lebenslangen Kampf gegen die Donatisten begann. Er forderte ihre Führer zu öffentlichen Diskussionen heraus, stieß aber zuerst auf Schweigen, dann auf beleidigende Angriffe, schließlich auf Gewaltsamkeit; mehrere katholische Bischöfe Nordafrikas wurden überfallen, und auch dem Augustin selbst scheint man nach dem Leben getrachtet zu haben[60]; wir wissen allerdings nicht, was die Donatisten dazu zu sagen hätten. Im Jahre 411 berief der Kaiser Honorius ein Konzil nach Karthago ein, um den Streit um die Donatisten beizulegen; die Donatisten schickten 279 Bischöfe, die Katholiken 286 – aber *Bischof* bedeutete in Nordafrika wenig mehr als Gemeindepfarrer. Der Gesandte des Kaisers, Marcellinus, hörte sich beide Seiten an und verfügte dann, daß die Donatisten keine Zusammenkünfte mehr abhalten dürften und alle ihre Kirchen an die Katholiken ausliefern müßten. Die Donatisten entgegneten mit verzweifelten Gewaltakten, denen auch ein Priester von Hippo, Restitutus, zum Opfer gefallen sein soll. Augustin verlangte von der Regierung die strenge Durchführung ihrer Verfügung[61]; er widerrief seine frühere Ansicht, daß niemand zur Vereinigung mit Christus gezwungen werden dürfe und daß man nur mit Beweisgründen kämpfen und sich lediglich mit der Vernunft durchsetzen dürfe[62]; er kam zu dem Schluß, daß die Kirche als geistiger Vater aller Menschen das väterliche Recht der Züchtigung an einem ungehorsamen Sohne zu dessen eigenem Wohle besitze[63]; es schien ihm besser zu sein, daß einige Donatisten litten, als daß «sie alle wegen mangelnden Zwanges verdammt sein sollten»[64]. Gleichzeitig trat er vor den staatlichen Würdenträgern dafür ein, daß gegen Ketzer keine Todesstrafe verhängt werde[65].

Abgesehen von diesem heftigen Kampf und der Pflege seines Bistums lebte Augustin ganz im Lande des Geistes und leistete seine Arbeit hauptsächlich mit der Feder. Fast jeden Tag verfaßte er einen Brief, der heute noch seinen Einfluß auf die christliche Theologie ausübt. Allein seine Predigten füllen Bände; und wenn auch einige an einer künstlichen Rhetorik mit Gegenüberstellungen und wohlausgewogenen Sätzen kranken und viele sich mit zeitbedingten und örtlichen Themen befassen und in einem einfachen Stile abgefaßt sind, welcher der Unbildung der Gemeinde Rechnung trägt, so erreichen doch viele Predigten die Höhe einer Beredsamkeit, die aus einer mystischen Leidenschaft und einem tiefen Glauben erwächst. Sein tätiger Geist, der sich an der Logik der Schulen geübt hatte, hatte an den Problemen seiner Kirchgemeinde kein Genüge. In einer Abhandlung nach der anderen bemühte er sich, die Lehren der Kirche, die er nun als die einzige Stütze der Ordnung und Anständigkeit in einer verderbten und aufrührerischen Welt verehrte, mit den Gesetzen der Vernunft in Einklang zu bringen. Er wußte wohl, daß die Dreieinigkeit für den Verstand einen Stein des Anstoßes bildet; fünfzehn Jahre lang arbeitete er an seinem systematischsten Werk, dem *De Trinitate*, in welchem er sich bemüht, in der Erfahrung des Menschen Analogien zu der Dreiheit in dem einen Gott zu finden. Noch rätselhafter und Anlaß zu ständigem Nachsinnen und Diskutieren war für Augustin das Problem, wie der freie Wille des Menschen mit dem Vorherwissen Gottes in Einklang zu bringen sei. Wenn Gott allwissend ist, dann sieht er die gesamte Zukunft in allen Einzelheiten voraus; da Gott unveränderlich ist, erlegt das Bild, das er von den kommenden Ereignissen hat, diesen die Notwendigkeit auf, so einzutreffen, wie er sie vorausgesehen hat; sie sind unwiderruflich prädestiniert. Wie kann also der Mensch frei sein? Steht er denn nicht unter dem Zwang, das zu tun, was Gott vorausgesehen hat? Und wenn Gott alles vorausgesehen hat, dann weiß er seit allem Anbeginn das endgültige Schicksal jeder Seele, die er erschafft; warum sollte er dann die Seelen erschaffen, die zur Verdammnis prädestiniert sind?

In den ersten Jahren seines Christentums hatte Augustin eine Abhandlung *De libero arbitrio (Über den freien Willen)* geschrieben. Er hatte es unternommen, die Existenz des Übels mit der Güte eines allmächtigen Gottes in Übereinstimmung zu bringen; seine Antwort lautet, daß das Übel das Ergebnis des freien Willens sei: Gott könne dem Menschen nicht die Freiheit belassen, ohne ihm die Möglichkeit zu geben, Böses ebensowohl wie Gutes zu tun. Später argumentierte er unter dem Einfluß der Paulusbriefe, daß Adams Sünde auf der Menschheit einen Makel übler Neigungen hinterlassen habe, daß keine guten Werke, so viele es auch seien, sondern nur die Gnade Gottes der Seele die Fähigkeit geben könne, diese Neigungen zu überwinden, den Makel auszuwischen, das Heil zu erlangen. Gott biete seine Gnade allen an, aber viele verschlössen sich ihr. Gott wisse wohl, daß sie die Gnade nicht annehmen würden; aber diese Möglichkeit der Verdammnis sei der Preis für die sittliche Freiheit, ohne die der Mensch nicht Mensch wäre. Das göttliche Vorauswissen zerstöre diese Freiheit nicht; Gott sehe lediglich die Wahl voraus, die der Mensch frei treffen werde[66].

Augustin war nicht der Urheber der Lehre von der Erbsünde; Paulus, Tertullian, Ambrosius hatten sie schon vorgetragen; sein eigenes Sündenerlebnis und das Erlebnis der «Stimme», die ihn bekehrt hatte, hatten in ihm die düstere Überzeugung erweckt, daß der menschliche Wille von Geburt an zum Üblen neige und sich nur durch den Gnadenakt Gottes davon abwenden lasse. Er konnte sich die Neigung zum Bösen nicht anders denn als Auswirkung von Evas Sünde und Adams Liebe erklären. Da wir alle Adamskinder seien, hätten wir, so argumentiert Augustin, an seiner Schuld teil, seien sogar die Frucht dieser Schuld: Die Erbsünde sei die sinnliche Begierde. Und die sinnliche Begierde beschmutze immer noch jeden Zeugungsakt; gerade durch die Verbindung der Zeugung mit der Geschlechtlichkeit sei die Menschheit ein «Haufe der Verderbnis» und seien die meisten von uns der Verdammnis ausgesetzt. Einige von uns würden erlöst werden, aber nur durch die Gnade des leidenden Gottessohnes und durch die Mittlerschaft der Mutter, die ihn fleckenlos empfing. «Eine Frau hat uns der Verdammnis preisgegeben, eine Frau hat uns wieder zum Heile geführt[67].»

Da Augustin so viel und so eilig schrieb – oft scheint er Sekretären diktiert zu haben –, verfiel er mehrfach in Übertreibungen, die er später wieder auszuglätten versuchte. Manchmal brachte er die calvinistische Lehre vor, Gott habe von allem Anbeginn an die «Erwählten» auserlesen, denen er seine erlösende Gnade schenken werde[68]. Diese Theorien trugen ihm viele lästige Kritiken ein; er gab niemals nach, sondern verfocht jeden Punkt bis ans Ende. Von England kam sein fähigster Widersacher, der unbeschwerte Mönch Pelagius, der sich heftig für die Freiheit des Menschen und die erlösende Kraft der guten Werke einsetzte. Gott helfe uns wirklich, so sagte Pelagius, indem er uns sein Gesetz und seine Gebote, das Vorbild und Beispiel seiner Heiligen, das läuternde Wasser der Taufe und das erlösende Blut des Heilands gebe. Gott belaste die Waagschale der Erlösung nicht zu unseren Ungunsten, indem er die menschliche Wesensart ihrer inneren Natur nach böse sein lasse. Es gäbe keine Erbsünde, keinen Sündenfall; nur wer eine Sünde begehe, habe eine Bestrafung dafür zu gewärtigen; und diese Sünde belaste die Nachkommenschaft nicht mit Schuld[69]. Gott bestimme nicht im voraus den Menschen zur Erlösung im Himmel oder zur Verdammung in der Hölle, wähle nicht willkürlich Verdammte und Erlöste aus; er überlasse die Wahl des Schicksals uns selbst. Die Vorstellung von der angeborenen menschlichen Mangelhaftigkeit bedeute nur, daß man feige die Schuld für die Sünden der Menschen auf Gott abwälze. Der Mensch fühle sich verantwortlich und sei es darum auch; «wenn ich die Verpflichtung habe, so kann ich auch».

Pelagius kam um das Jahr 400 nach Rom, hielt sich bei frommen Familien auf und erwarb sich den Ruf der Tugendsamkeit. 409 floh er vor Alarich zuerst nach Karthago, dann nach Palästina. Dort lebte er in Frieden, bis der spanische Priester Orosius von Augustin ausgeschickt wurde, um Hieronymus vor ihm zu warnen (415). Eine Ostsynode untersuchte seinen Fall und erklärte ihn für rechtgläubig katholisch; eine afrikanische Synode wies auf Drängen des Augustin diese Feststellung zurück und wandte sich an Papst Innozenz I., der erklärte, Pelagius sei als Ketzer anzusehen, woraufhin Augustin hoffnungsvoll verkündete: «*Causa finita est*» (Der Fall ist erledigt)[70]*. Innozenz starb aber bald, und sein Nachfolger, Zosimus, erklärte Pelagius für schuldlos. Die afrikanischen Bischöfe riefen den Kaiser Honorius an; der Kaiser freute sich, daß er dem Papst am Zeug flicken konnte; Zosimus gab nach (418), und das Konzil von Ephesos (431) verurteilte die Ansicht des Pelagius, daß der Mensch ohne die helfende Gnade Gottes gut sein könne, als Häresie.

---

* Die Worte, die dem Augustin bei dieser Gelegenheit oft zugeschrieben werden, «*Roma locuta est, causa finita*» (Rom hat gesprochen, der Fall ist erledigt), finden sich weder in seinen Werken noch in den vertrauenswürdigen Überlieferungen seiner Aussprüche.

Man konnte dem Augustin Widersprüchlichkeiten und Unsinnigkeiten, ja sogar krankhaft grausames Denken nachweisen, aber überwinden konnte man ihn nicht, denn letzten Endes entstand sein religiöses Weltbild aus seinen persönlichen seelischen Erlebnissen und aus seiner leidenschaftlichen Wesensart, nicht aus irgendwelchen logischen Gedankenfolgen. Die Schwäche des Verstandes war ihm wohl bekannt: Das Einzelwesen mit seiner kurzen Lebenserfahrung sitze über der Lebenserfahrung der gesamten Menschheit unerbittlich zu Gericht; wie sollten denn vierzig Jahre vierzig Jahrhunderte verstehen können? An einen Freund schrieb er: «Ereifere dich nicht beim Disput über diejenigen Dinge, welche du noch nicht verstehst, oder über diejenigen, welche in der Schrift scheinbar widerspruchsvoll und unvereinbar sind. Warte demütig auf den Tag, wo du sie verstehen wirst[71].» Der Glaube muß dem Verstehen vorangehen. «Suche also nicht zu verstehen, um zu glauben, sondern glaube, um zu verstehen» – *crede ut intelligas*[72]. «Die Autorität der Schrift ist größer als alle Anstrengungen des menschlichen Geistes[73].» Man müsse aber die Bibel nicht immer wörtlich nehmen; sie sei so geschrieben worden, daß sie auch einfachen Geistern verständlich sei, und habe darum körperhafte Worte für geistige Wirklichkeiten gebrauchen müssen[74]. Wenn in der Auslegung Meinungsverschiedenheiten entstehen, so müßten wir die Entscheidung den Kirchenkonzilen, der kollektiven Weisheit der weisesten Männer der Kirche, überlassen[75].

Aber der Glaube allein genügte zum Verstehen noch nicht; es müsse auch ein reines Herz da sein, das die Strahlen des Göttlichen, welches uns umgibt, einlasse. Wenn man auf diese Weise demütig und geläutert worden sei, könne man nach vielen Jahren zum wahren Ziele, zum Wesenskern der Religion, emporsteigen, der im «Besitze des lebendigen Gottes» bestehe. «Laß mich, Vater, dich suchen ... und nichts anderes laß auf meiner Suche statt deiner mir begegnen[76].» Das Christentum des Ostens sprach zumeist von Jesus Christus; Augustins Theologie bezieht sich auf «die erste Person»; von Gott Vater schreibt und spricht er, und an Gott Vater wendet er sich. Er verzichtet auf eine Darstellung Gottes, denn nur Gott allein könne Gott voll erkennen[77]; der wahre Gott sei wahrscheinlich geschlechtlos, alterlos, körperlos[78]. Wir könnten Gott aber gewissermaßen zutiefst durch die Schöpfung erkennen; alles in der Welt sei in seinem Aufbau und Wirken ein unendliches Wunder und wäre ohne eine schöpferische Verstandeskraft gar nicht möglich; die Ordnung, Symmetrie und rhythmische Gliederung des Lebenden verkünde eine Art platonischer Gottheit, bei der Schönheit und Weisheit ein und dasselbe seien[79].

Augustin ist der Ansicht, daß wir nicht unbedingt glauben müßten, die Welt sei in sechs «Tagen» erschaffen worden; wahrscheinlich habe Gott im Anbeginn lediglich eine nebelhafte Masse *(nebulosa species)* erschaffen; in dieser Masse hätten aber die Schöpferkräfte, die Samenanlagen *(rationes seminales)*, verborgen gelegen, aus denen sich alle Dinge aus natürlichen Ursachen entwickelten[80]. Für Augustin bestanden wie für Platon die tatsächlichen Dinge und Ereignisse dieser Welt im Geiste Gottes im voraus, «so wie die Anlage eines Gebäudes vom Architekten ersonnen wird, bevor sie zur Ausführung gelangt»[81]; und die Schöpfung schreite in der Zeit gemäß diesen ewigen Mustern im göttlichen Geiste fort.

3. DER PHILOSOPH

Wie sollen wir einer so machtvollen Persönlichkeit und einer so fruchtbaren Feder mit wenigen Worten gerecht werden können? In 230 Abhandlungen gab er seine Ansicht über fast jedes theologische und philosophische Problem kund, gewöhnlich in einem gefühlswarmen Stil und in Worten und Wendungen, die er in seinem reichen Wortschatz stets neu prägte. Er setzte sich vorsichtig und mit großer Geistesschärfe mit dem Problem des Wesens der Zeit auseinander[82]. Er sprach bereits das *Cogito, ergo sum* des Descartes aus: Um die Akademiker, die behaupteten, daß der Mensch über nichts Gewißheit haben könne, zu widerlegen, argumentierte er: «Wer zweifelt denn, daß er lebt und denkt? ... Wenn er nämlich zweifelt, lebt er ja[83].» Er ahnte Bergsons Klage voraus, daß der Intellekt durch die lange Beschäftigung mit Körperlichem von Natur aus materialistisch sei; er verkündete wie Kant, daß die Seele die am unmittelbarsten bekannte Wirklichkeit sei, und gab dem idealistischen Standpunkt klaren Ausdruck, indem er feststellte, wir könnten den Geist logischerweise nicht auf die Materie zurückführen, da ja die Materie nur durch den Geist bekannt sei[84]. Er vertrat bereits die Schopenhauersche These, daß der Wille und nicht der Verstand im Menschen grundlegend sei; und er teilte mit Schopenhauer die Auffassung, daß die Welt besser würde, wenn es keine Fortpflanzung mehr gäbe[85].

Zwei seiner Werke gehören zu den Standardwerken der Weltliteratur. Die *Bekenntnisse* (ca. 400) sind die erste und berühmteste aller Autobiographien. Sie wenden sich unmittelbar an Gott, ein Akt der Zerknirschung in hunderttausend Worten. Sie beginnen mit den Jugendsünden, erzählen in lebhaften Worten die Geschichte von der Bekehrung und brechen manchmal in ekstatisches Gebet aus. Alle Bekenntnisse sind Maskierungen, aber nur diese zeigen eine Offenheit, die die Welt entsetzte. Selbst als Augustin sie schrieb – ein sechsundvierzigjähriger Mann und Bischof – lebten «die Bilder von diesen Dingen, durch Gewohnheit dort eingeprägt», noch in seinem Gedächtnis[86]. Bischöfe sind nicht immer von einer so psychoanalytischen Offenheit. Sein Meisterwerk ist die ergreifende Erzählung, wie seine Seele Glauben und Frieden fand, und die ersten Zeilen geben zugleich zusammenfassend ihren Inhalt an: «Du hast uns um deiner selbst willen erschaffen, und unser Herz kennt keinen Frieden, ehe es in dir ruht.» Sein Glaube ist jetzt unbedingt und erhebt sich zu einer ergreifenden Theodizee:

> Spät hab ich dich geliebt, o Schönheit, so alt und so neu ... Auch Himmel und Erde und alles, was darinnen ist, siehe, es ruft mir zu von allen Seiten, daß ich dich lieben soll ... Aber was liebe ich, wenn ich dich liebe? ... Ich fragte die Erde, und sie sprach: Ich bin's nicht ... Ich fragte das Meer und seine Abgründe und das Gewürm, das in ihm lebt, und sie antworteten: Nicht wir sind dein Gott, suche höher, über uns! Ich fragte die säuselnden Winde, und das ganze Reich der Luft mit all seinen Bewohnern gab zur Antwort: Anaximenes irrt sich, ich bin nicht Gott. Ich fragte den Himmel, die Sonne, den Mond und die Sterne, und sie sagten: Auch wir sind's nicht, der Gott, den du suchst. Und ich sprach zu all dem: ... So sagt mir doch von meinem Gott, wenn ihr's denn nicht seid, sagt mir etwas von ihm. Sie aber riefen mit gewaltiger Stimme: Er hat uns geschaffen! ... Bietet sich nicht allen, die gesunden Sinnes sind, der gleiche Anblick? ... In dieser deiner Gabe ruhen wir ... Guter Wille verleiht uns Frieden.*[87]

* Vergleiche die Leitzeile in Dantes *paradiso* (III, 85): *«La sua voluntate è nostra pace»* (Sein Wille ist unser Friede).

Die *Bekenntnisse* sind Poesie in prosaischer Form; der *Gottesstaat* (413–426) Philosophie in historischem Gewand. Als die Nachricht von der Plünderung Roms durch Alarich nach Afrika kam und kurz danach Tausende von verzweifelten Flüchtlingen folgten, geriet Augustin mit Hieronymus und anderen in Erregung, da er darin ein irrationales und satanisches Unglück erblickte. Warum sollte die Stadt, deren Schönheit und Macht durch Jahrhunderte hindurch von Menschen aufgebaut und verehrt worden war, die Stadt, die nun die Hochburg des Christentums war, von einer gütigen Gottheit der Zerstörung durch die Barbaren ausgesetzt werden? Die Heiden schrieben diese Katastrophe überall dem Christentum zu: Die Götter der Antike, die ihrer Habe beraubt, vom Throne gestoßen und geächtet worden seien, hätten der Stadt Rom, die unter ihrer Führung ein Jahrtausend lang geblüht hatte und ständig gediehen war, nun ihren Schutz entzogen. Viele Christen wankten in ihrem Glauben. Augustin spürte die Bedrohung zutiefst; sein ganzer großer Tempelbau der christlichen Theologie drohte zusammenzustürzen, falls diese Stimmung der panischen Angst sich nicht mehr beschwichtigen ließ. Er setzte seine ganze Kraft daran, die Römerschaft zu der Überzeugung zu bringen, daß solche Katastrophen das Christentum nicht im geringsten berührten. Dreizehn Jahre lang arbeitete er an seinem Buch, trotz aller Verpflichtungen und Ablenkungen. Er veröffentlichte es stückweise; die Mitte erinnerte sich nicht mehr an den Anfang und sah den Schluß noch nicht voraus; es war nicht zu vermeiden, daß seine 1200 Seiten zu einer Verkettung von einzelnen Aufsätzen über jedes Thema vom Sündenfall bis zum Jüngsten Gericht wurden; und nur seine Gedankentiefe und sein glänzender Stil vermochten es aus seinem chaotischen Zustand zu den höchsten Stufen der christlich-philosophischen Literatur zu erheben.

Die anfängliche Antwort des Augustin war, daß Rom nicht wegen seiner neuen Religion, sondern wegen seiner fortgesetzten Sündhaftigkeit bestraft worden sei; er schilderte die Schamlosigkeit der heidnischen Bühne und zitierte Sallust und Cicero als Belege für die Verderbtheit der römischen Politik. Dereinst sei Rom eine Nation von Stoikern gewesen, denen die Catos und Cicero ein stärkendes Vorbild gegeben hätten; Rom habe beinahe die Gesetzlichkeit geschaffen und der halben Welt zu Ordnung und Frieden verholfen; in jenen heroischen Tagen habe Gott sein Antlitz über Rom leuchten lassen. Aber der Same zum moralischen Verfall habe tief in der Religion des antiken Rom gelegen, in den Göttern, welche die Geschlechtlichkeit des Menschen förderten, statt sie zu unterdrücken: in den Göttern «Virgineus, welcher der Jungfrau den Gürtel löst, Subigus, der sie unter den Mann legt, Prema, der sie niederhält ... Priapus, auf dessen riesiges, garstiges Glied die junge Frau auf Geheiß eines religiösen Gebotes niedersitzen mußte!»[98]. Rom sei bestraft worden, weil es solche Gottheiten verehrte, nicht weil es sie vernachlässigte. Die Barbaren hätten die christlichen Kirchen und die Menschen, die in ihnen Zuflucht suchten, verschont, aber gegenüber den Überresten der heidnischen Tempel keine Gnade gezeigt; wie hätten also die Eindringlinge das Werkzeug eines heidnischen Rachefeldzuges sein können?

Die zweite Antwort des Augustin war eine Geschichtsphilosophie – ein Versuch, die Ereignisse der zeitlichen Überlieferung anhand eines allgemeingültigen Grundsatzes zu erklären. Von Platons Vorstellung eines Idealstaates, der «irgendwo im Himmel» bestehe, von des Paulus Gedanken einer Gemeinschaft lebender und verstorbener Heiliger[89], von der Lehre des Donatisten Tyconius, der sich zwei Gesellschaften, eine göttliche und eine satanische, vorstellte[90], erhielt Augustin den Grundgedanken seines Buches, die Erzählung von den zwei Staaten, dem irdischen Staat weltlicher Menschen, die sich mit irdischen Angelegenheiten und Freuden abgeben, und dem göttlichen Staat der Nachfolger des einen wahren Gottes in Vergangenheit, Gegenwart und Zukunft. Marc Aurel hatte einen edlen Satz geschrieben: «Jener Aristophanes sagt:, O liebe Kekropsstadt', und du solltest nicht sagen können: ,O liebe Gottesstadt?'»[91]; aber Marc Aurel hatte dabei das ganze geordnete All im Auge. Nach der Lehre des Augustin erlebte die *civitas Dei* ihre Gründung durch die Erschaffung der Engel, die *civitas terrena* durch den Aufstand des Satans. «Doch glaube ich, daß wir den großen und sehr schwierigen Fragen über den Anfang der Welt oder der Seele oder des menschlichen Geschlechts selbst schon Genüge getan haben. Letzteres haben wir in zwei Arten unterschieden, zu deren einer diejenigen gehören, welche nach dem Menschen, zu deren anderer diejenigen, welche nach Gott leben. Mystisch nennen wir dies auch die zwei Staaten, das heißt die zwei Genossenschaften von Menschen, von welchen die eine vorherbestimmt ist, in Ewigkeit mit Gott zu herrschen, die andere, ewige Pein mit dem Teufel zu erleiden[92].» Ein Staat oder ein Reich, wie sie tatsächlich existierten, müßten nicht unbedingt in jeder Hinsicht auf den irdischen Staat begrenzt bleiben; sie könnten Gutes tun, weise Gesetze erlassen, gerechte Richtsprüche fällen und der Kirche Beistand leisten, und diese guten Taten fänden sozusagen innerhalb des Bereiches des Gottesstaates statt. Dieser geistige Staat sei andererseits nicht wesensgleich mit der katholischen Kirche; auch die Kirche könne irdische Interessen haben, und ihre Mitglieder könnten in Selbstsucht und Sünde verfallen und so von dem einen in den anderen Staat überwechseln. Nur bei dem Jüngsten Gericht würden die beiden Staaten deutlich getrennt sein[93].

Durch eine symbolische Ausdehnung ihrer Mitgliedschaft auf himmlische wie auf irdische Seelen, auf vorchristliche wie auf christliche Rechtschaffene, kann die Kirche mit dem Gottesstaat gleichgesetzt werden, und Augustin tut das auch hin und wieder[94]. Die Kirche machte sich später diese Auffassung als eine politische Waffe zu eigen und leitete von der Philosophie des Augustin logischerweise die Lehre eines theokratischen Staates ab, in dem die weltlichen Gewalten, die von Menschen stammen, der geistigen Gewalt, die die Kirche besitzt und die von Gott stammt, untergeordnet sind. Mit diesem Buch nahm das Heidentum als Weltanschauung ein Ende und nahm das Christentum als Weltanschauung seinen Anfang. Es stellt die erste endgültige Formulierung des mittelalterlichen Geistes dar.

4. DER PATRIARCH

Der alte Glaubensstreiter stand noch auf seinem Posten, als die Wandalen kamen. Bis zum Ende blieb er auf dem theologischen Kampfplatz, ständig damit beschäftigt, neue Häresien niederzuringen, Kritiken zu begegnen, Einwände zu beantworten, Schwierigkeiten zu lösen. Er befaßte sich eingehend mit dem Problem, ob die Frau im Jenseits ihr Geschlecht beibehalte, die Verunstalteten und Verstümmelten, die Mageren und die Dicken in der gleichen Gestalt wiedergeboren würden und wie die Menschen wieder zu einer Gestalt kämen, die in einer Hungersnot von anderen verzehrt worden seien[95]. Aber das Alter war über ihn gekommen und hatte betrübliche Gebrechen mit sich gebracht. Als man ihn nach seinem Befinden fragte, entgegnete er: «Geistig geht es mir gut, ... aber der Körper ist ans Bett gefesselt. Ich kann wegen meiner Hämorrhoiden weder gehen noch stehen noch sitzen ... Aber auch so – was soll ich anderes sagen, als es gehe mir gut, da es in Gottes Gefallen liegt?»[96]

Er hatte alles getan, was in seiner Macht stand, um Bonifatius vom Aufstand gegen Rom abzuhalten, und hatte sich den Mahnrufern angeschlossen, die ihn zur Treueleistung zurückzubringen suchten. Als Geiserich immer näher rückte, fragten viele Bischöfe und Priester, ob sie auf ihrem Posten bleiben oder fliehen sollten; er hieß sie auf ihrem Platz bleiben und ging selbst mit gutem Beispiel voran. Als die Wandalen Hippo belagerten, hielt Augustin den Verteidigungswillen der hungernden Bevölkerung durch seine Predigten und Gebete aufrecht. Im dritten Monat der Belagerung verschied er im Alter von sechsundsiebzig Jahren. Er hinterließ kein Testament, da er keine Habe besaß; aber er hatte sich seinen eigenen Grabspruch verfaßt: «Was beschwert das Herz des Christen? Daß er ein Pilger ist und sich nach seiner Heimat sehnet.»[97]

Wenige Menschen der Geschichte haben einen so großen Einfluß besessen. Die östliche Christenheit schätzte ihn nie so recht, zum Teil, weil er mit seinem Bildungsmangel und seiner Art, das Denken dem Fühlen und Wollen unterzuordnen, so durchaus ungriechisch war, zum Teil, weil sich die östliche Kirche bereits dem Staate unterworfen hatte. Aber im Westen drückte er der katholischen Theologie den endgültigen Stempel auf. Er nahm Gregor VII. und Innozenz III. vorweg und inspirierte sie mit seiner Forderung nach dem Supremat der Kirche über den Geist und den Staat; die schweren Kämpfe zwischen Päpsten und Kaisern und Königen waren die politische Folge seines Denkens. Bis zum dreizehnten Jahrhundert beherrschte er das katholische Weltbild, dem er eine neoplatonische Färbung gab, und sogar der Aristoteliker Thomas von Aquin folgte oft seiner Führung. Wiclif, Hus und Luther vermeinten zu Augustin zurückzukehren, als sie den Schoß der Kirche verließen, und Calvin gründete sein unbarmherziges Glaubensbekenntnis auf Augustins Theorien von den Auserwählten und den Verdammten. Er gab den Verstandesmenschen einen Antrieb und inspirierte zu gleicher Zeit diejenigen, denen das Christentum mehr eine Sache des Herzens denn des Kopfes war; Mystiker trachteten auf der Suche nach der Gottesschau seinen Schritten zu folgen, und viele Menschen fanden in der Demut und Innigkeit seiner Gebete Nahrung und Ausdruck für ihre Frömmigkeit. Das Geheimnis seines Einflusses liegt vielleicht darin, daß er sowohl die philosophische als auch die mystische Ader im Christentum einte und kräftigte, und nicht nur dem Thomas von Aquin, sondern auch dem Thomas a Kempis einen Weg erschloß.

Seine subjektive, gefühlsgebundene, antiintellektuelle Eindringlichkeit zeigt das Ende der klassischen und den Triumph der mittelalterlichen Literatur an. Um das Mittelalter verstehen zu können, müssen wir unseren modernen Rationalismus, unser stolzes Vertrauen auf Vernunft und Wissenschaft, unsere ruhelose Sucht nach Reichtum und Macht und einem irdischen Paradiese vergessen können; wir müssen uns in die Geistesverfassung von Menschen einfühlen, die enttäuscht von diesem Bestreben abgelassen haben und nun, am Ende eines Jahrtausends des Rationalismus, ihre utopistischen Träume durch Krieg, Armut und Barbarei in ein Nichts verfliegen sehen, in der Hoffnung auf Seligkeit nach dem Tode ihren Trost suchen, von der Lebensgeschichte und der Gestalt Jesu Christi eine neue Inspiration und neuen Mut erhalten, sich auf die Gnade und Güte Gottes stürzen und im ständigen Gedenken an seine ewige Allgegenwart, sein unausweichliches Urteil und den Sühnetod seines Sohnes leben. Der heilige Augustin enthüllt und äußert vor allem diese Geistesart, selbst in der Zeit eines Symmachus, Claudian und Ausonius. Er ist die echteste, machtvollste und eindringlichste Stimme des Zeitalters des Glaubens an das Christentum.

VI. DIE KIRCHE UND DIE WELT

Die Streitschrift des Augustin gegen das Heidentum war die letzte Widerlegung in der größten Auseinandersetzung der Geschichte. Das Heidentum blieb im ethischen Sinne als die fröhliche Hingabe an natürliche Triebkräfte bestehen; als Religion überlebte es nur in Gestalt alter Riten und Bräuche, die von einer oft nachgiebigen Kirche verziehen oder hingenommen und umgewandelt wurden. Eine innige und gläubige Heiligenverehrung setzte sich an die Stelle des heidnischen Götterkults und tat dem entsprechenden Polytheismus einfacher oder poetischer Gemüter Genüge, Isis- und Horusstatuen wurden nach Maria und Jesus umbenannt; die römischen Luperkalien und das Fest der Läuterung der Isis wurden zum Christfest und zum Fest von Mariä Geburt[98]; die Saturnalien wurden durch die Weihnachtsfeier, die Floralia durch das Pfingstfest, eine alte Totenfeier durch Allerseelen[99], die Auferstehung des Attis durch die Auferstehung Christi ersetzt[100]. Heidnische Altäre wurden christlichen Heroen neu geweiht; Weihrauch, Lichter, Blumen, Prozessionen, Meßgewänder, Hymnen, die in älteren Kulturen das Gefallen des Volkes erregt hatten, wurden in dem Ritual der Kirche gebändigt und geläutert, und das rohe Abschlachten eines lebenden Opfers wurde zum geistigen Meßopfer sublimiert.

Augustin hatte sich gegen die Heiligenverehrung gewandt, in Worten, die Voltaire bei der Weihe seiner Kapelle in Ferney gebraucht haben könnte: «Wir wollen die Heiligen nicht als Götter behandeln; wir wollen nicht die Heiden nachahmen, die die Toten verehren. Wir wollen ihnen keine Tempel bauen und keine Altäre errichten; mit ihren Reliquien wollen wir aber einen Altar dem einen Gotte errichten[101].» Die Kirche nahm aber klugerweise den unabwendbaren Anthropomorphismus einer volkstümlichen Religiosität hin. Sie widersetzte sich zunächst dem Märtyrer- und Reliquienkult[102], machte ihn sich dann zunutze und mißbrauchte ihn schließlich. Sie wandte sich gegen die Verehrung von Bildwerken und Ikonen und prägte den Gläubigen ein, ihnen nur als Symbole Achtung zu bezeigen[103]; die Gefühlswärme des einfachen Volkes durchbrach aber diese Vorsichtsmaßregeln und führte zu Auswüchsen, die die byzantinischen Bilderstürmer auf den Plan riefen. Die Kirche kämpfte gegen Magie, Astrologie und Divination, die mittelalterliche war aber nicht minder als die antike Literatur von ihnen erfüllt; es dauerte nicht lange, bis Volk und Priester das Kreuzeszeichen als ein Zauberzeichen benutzten, um Dämonen auszutreiben oder abzuhalten. Über dem Täufling wurden Sprüche zum Austreiben des Teufels gesagt, und er mußte vollständig nackt in das Taufwasser getaucht werden, damit sich nicht irgendein Teufel in einem Kleidungs- oder Schmuckstück halten konnte[104]. Die Traumheilungen, die man einst in den Aesculaptempeln gesucht hatte, fand man nun in SS. Cosmas e Damiano in Rom und bald darauf in zahllosen Kirchen. In diesen Dingen waren es nicht die Priester, die das Volk verdarben, sondern das Volk, das die Priester beeinflußte. Die Seele des einfachen Menschen läßt sich nur über die Sinne und die Einbildungskraft, durch Zeremonien und Mirakel, durch Mythen und Furcht und Hoffnung bewegen; er wird jede Religion verwerfen oder umwandeln, die ihm diese Dinge nicht gewährt. Es war nur natürlich, daß ein durch Krieg, Verwüstung, Armut und Krankheit verängstigtes Volk Zuflucht und Trost in Kapellen, Kirchen und Kathedralen, in mystischen Lichtern und jubelnden Glockentönen, in Prozessionen, Feiern und einem buntfarbigen Ritual finden sollte.

Indem sie dem Volke diese Zugeständnisse machte, erhielt die Kirche die Möglichkeit, ihm eine neue Sittlichkeit einzuprägen. Ambrosius, immer noch ein römischer Verwaltungsmann, hatte versucht, die Ethik des Christentums in stoischen Ausdrucksformen darzulegen, wobei er Cicero nach seinen Bedürfnissen umgestaltete, und bei den bedeutenderen Christen des Mittelalters von Augustin bis Savonarola gab das stoische Ideal der Selbstbeherrschung und der kompromißlosen Tugendhaftigkeit der christlichen Prägform die Gestalt. Diese männliche Ethik war aber nicht das Ideal des Volkes. Das Volk hatte genug von den Stoikern; es hatte erlebt, wie die männlichen Tugenden die halbe Welt mit Blut röteten; es sehnte sich nach einer milderen, freundlicheren Lebensart, bei der die Menschen sich zu einem friedlichen und beständigen Zusammenleben bestimmen ließen. Zum ersten Male in der europäischen Geschichte predigten die Lehrer der Menschheit eine Ethik der Liebe, des Gehorsams, der Demut, der Geduld, der Gnade, der Reinheit, der Keuschheit und der Zärtlichkeit – Tugenden, die ihren Ursprung vielleicht in den Anfängen der Kirche in sozial niederstehenden Volksschichten hatten und bei den Frauen beliebt waren, aber besonders geeignet waren, einem Volke, das seine Moral verloren hatte, die Ordnung wiederzugeben, die marodierenden Barbaren zu zähmen, die Gewalttätigkeit einer niedergehenden Welt zu mildern.

Am einschneidendsten waren die Reformen der Kirche auf dem Gebiet des Geschlechtlichen. Das Heidentum hatte die Prostitution als notwendige Milderung einer beschwerlichen Monogamie geduldet; die Kirche verurteilte die Prostitution unbedingt und forderte für beide Geschlechter in der Ehe das gleiche Treueideal. Der Erfolg war ihr nicht in vollem Umfang beschieden; sie hob die häusliche Moral, aber die Prostitution blieb, mit dem Siegel des Verbotenen und Erniedrigenden behaftet. Wohl um dem übermäßigen Freilauf des Geschlechtstriebes entgegenzusteuern, übertrieb die neue Moralgesinnung das Keuschheitsideal, bis es zu einer Besessenheit wurde, und ordnete Ehe und Zeugung als Ideal der lebenslänglichen Jungfräulichkeit und Ehelosigkeit unter, und es dauerte einige Zeit, bis die Kirchenväter einsahen, daß diese unfruchtbaren Grundsätze jeder Gesellschaft den Tod bringen mußten. Diese puritanische Reaktion wird aber verständlich, wenn wir an die Zügellosigkeit und Schamlosigkeit der römischen Bühne, an die Prostituiertenschulen in einigen griechischen und orientalischen Tempeln, die weite Verbreitung der Kindstötung und der Abtreibung, die obszönen Wandmalereien in Pompeji, das widernatürliche Laster, das in Griechenland und Rom so verbreitet war, die Ausschweifungen der frühen Kaiser, die wollüstige Sinnlichkeit der oberen Stände, wie sie von Catull und Martial, Tacitus und Juvenal bloßgestellt wird, denken. Die Kirche gelangte schließlich zu einem gesünderen Standpunkt und nahm im Laufe der Zeit eine nachsichtigere Haltung gegenüber den Sünden des Fleisches ein. Zu viele Christen hatten in diesen ersten Jahrhunderten gemeint, sie könnten Gott am besten dienen – oder vielmehr am leichtesten der Hölle entrinnen –, wenn sie ihre Eltern, Ehegenossen oder Kinder im Stiche ließen und im ängstlichen Streben nach einer selbstsüchtigen individuellen Erlösung vor den Verantwortlichkeiten des tätigen Lebens flohen. Bei den Heiden war die Familie der gesellschaftliche und religiöse Wertmaßstab gewesen; es bedeutete einen Verlust, daß im mittelalterlichen Christentum das Individuum zum Grundmaßstab wurde.

Und doch gab die Kirche der Familie neue Kraft, indem sie die Ehe mit einem feierlichen Zeremoniell umgab und sie von einem bloßen Vertrag zu einem Sakrament erhob. Indem sie die Ehe unauflöslich machte, gab sie der Frau eine erhöhte Sicherheit und größere Würde und förderte sie die Geduld, die aus der Hoffnungslosigkeit erwächst. Eine Zeitlang litt die Stellung der Frau unter der Lehre einiger Kirchenväter, daß die Frau der Quell der Sünde und das Werkzeug des Satan sei; die Ehren, die der Muttergottes zuteil wurden, machten aber einiges wieder gut. Sobald die Kirche sich mit der Ehe abgefunden hatte, segnete sie die reiche Mutterschaft und untersagte aufs strengste die Abtreibung und die Kindstötung; wohl um von diesen Praktiken abzuhalten, verdammten ihre Gottesgelehrten jedes Kind, das ohne die Taufe verschied, in eine Vorhölle ewiger Finsternis. Valentinian I. ließ sich im Jahre 374 durch kirchlichen Einfluß dazu bestimmen, die Kindstötung als Kapitalverbrechen zu erklären.

Die Kirche verurteilte die Sklaverei nicht. Rechtgläubige Katholiken und Ketzer, Römer und Barbaren sahen diese Einrichtung gleicherweise als natürlich und unzerstörbar an; einige Philosophen erhoben Einwände, aber auch sie hielten sich Sklaven. Die Gesetzgebung der christlichen Kaiser in diesen Dingen steht im Vergleich zu derjenigen des Antoninus Pius und Marc Aurel in keinem günstigen Lichte da. Die heidnischen Gesetze verurteilten zur Sklaverei jede freie Frau, die einen Sklaven ehelichte; die Gesetze des Konstantin befahlen, die Frau hinzurichten und den Sklaven lebendigen Leibes zu verbrennen. Kaiser Gratian verfügte, daß ein Sklave, der seinen Herrn eines Vergehens beschuldigte, augenblicks auf den Scheiterhaufen gestellt werden solle, wenn es sich bei der Beschuldigung nicht um Hochverrat handelte, und zwar solle das geschehen, ohne daß die Berechtigung der Anklage untersucht werde[105]. Obgleich aber die Kirche die Sklaverei als Teil des Kriegsrechtes zuließ, war sie mehr als jede andere Einrichtung darum besorgt, daß die Übel und Leiden des Sklavendaseins gemildert wurden. Sie verkündete durch die Kirchenväter den Grundsatz, daß alle Menschen von Natur aus gleich seien – wobei sie vermutlich die gesetzlichen und sittlichen Rechte im Auge hatte; sie befolgte den Grundsatz insofern in der Praxis, als sie alle Ränge und Stände in ihre Gemeinschaft aufnahm: Wenn auch kein Sklave die Priesterweihe erhalten konnte, so konnte doch selbst der ärmste Freigelassene zu hohen Stellungen in der christlichen Hierarchie aufsteigen. Die Kirche verwarf den Unterschied, den die heidnischen Gesetze zwischen einem Unrecht, das einem Freien, und einem Unrecht, das einem Sklaven zugefügt wird, gemacht hatten. Sie förderte die *manumissio*, die Freilassung, und stellte sie als eine Möglichkeit zur Sühne von Sünden oder zur Feier eines großen Glücksfalles oder zur Annäherung an Gottes Richtstuhl dar. Sie wandte große Summen auf, um kriegsgefangene Christen von der Sklaverei loszukaufen[106]. Und doch hielt sich die Sklaverei im Mittelalter weiter und verschwand schließlich ohne Zutun der Geistlichkeit.

Ganz besonders zeichnete sich die Kirche in ethischem Sinne durch ihre ausgedehnte Caritas aus. Die heidnischen Kaiser hatten Staatsmittel für arme Familien bereitgestellt, und heidnische Magnaten hatten einiges für ihre «Klienten» und die Armen getan. Aber niemals zuvor hatte man eine derartige Verteilung von Almosen erlebt, wie die Kirche sie jetzt organisierte. Sie förderte Vermächtnisse an die Armen, deren Auszahlung ihr selbst übertragen wurden; es kamen einige Mißbräuche und Unterschlagungen vor, aber daß die Kirche ihren Verpflichtungen in reichem Maße nachkam, wird durch den eifersüchtigen Wetteifer des Julian bestätigt. Sie unterstützte Witwen, Waisen, Kranke und Gebrechliche, Gefangene, Opfer von Naturkatastrophen, und sie griff oft ein, um die unteren Stände vor Ausbeutung und übermäßiger Besteuerung zu schützen[107]. In vielen Fällen verschenkten Priester bei ihrer Weihe ihren ganzen Besitz an die Armen. Christinnen wie Fabiola, Paula und Melania verwandten ganze Vermögen zu Werken der Nächstenliebe. Dem Beispiel der heidnischen *valetudinaria* folgend gründeten die Kirche oder ihre begüterten Laien öffentliche Krankenhäuser in einem bisher ungekannten Ausmaß. Basileios richtete in Kaisareia in Kappadokien ein berühmtes Spital und das erste Lepraasyl ein. Xenodochia – Herbergen – entstanden an den Pilgerstraßen; das Konzil von Nikaia bestimmte, daß in jeder Stadt eines eingerichtet werden sollte. Witwen wurden in den Dienst der Wohlfahrt gestellt und fanden in dieser Tätigkeit einen Sinn für ihr einsames Leben. Die Beständigkeit der Christen in der Krankenpflege in von Pest oder Hungersnot heimgesuchten Städten nötigte den Heiden Bewunderung ab[108].

Was leistete die Kirche in diesen Jahrhunderten für den Geist? Da die römischen Schulen noch fortbestanden, hielt sie es nicht für ihre Aufgabe, die intellektuelle Entwicklung zu fördern. Sie stellte das Gefühl über den Verstand; in diesem Sinne war das Christentum eine «romantische» Reaktion gegen den «klassischen» Vernunftglauben; Rousseau war nur ein weniger bedeutender Augustin. In der Überzeugung, daß zum Fortbestand eine Organisation notwendig sei, daß die Organisation eine Übereinstimmung in Grundsätzen und Glaubenssätzen bedinge und daß die große Mehrheit ihrer Anhänger nach autoritativ festgelegten Glaubenssätzen verlange, legte die Kirche ihr Glaubensbekenntnis in unumstößlichen Dogmen fest, erklärte den Zweifel für Sünde und begann einen unaufhörlichen Kampf gegen den ewigfließenden Verstand und die wandelbaren Gedanken der Menschen. Sie behauptete, durch göttliche Offenbarung die Antwort zu den alten Fragen nach der Herkunft, Wesensart und Bestimmung erhalten zu haben; «wir, die wir durch die Heilige Schrift in der Wahrheit unterrichtet sind», sagt Lactantius (307), «kennen Anfang und Ende der Welt[109].» Tertullian hatte ein Jahrhundert vorher (197) das gleiche ausgesprochen und vorgeschlagen, mit der Philosophie Schluß zu machen[110]. Dadurch, daß es das Hauptinteresse von dieser in die jenseitige Welt verlegte, konnte das Christentum für historische Begebenheiten übernatürliche Erklärungen bieten, wodurch sie unbeabsichtigt die Forschung nach natürlichen Ursachen eindämmte; viele Fortschritte, die die griechische Naturwissenschaft während sieben Jahrhunderten erzielt hatte, wurden der Kosmologie und Biologie der biblischen Schöpfungsgeschichte geopfert.

Brachte das Christentum einen literarischen Niedergang? Die meisten Kirchenväter waren der heidnischen Literatur feindlich gesinnt, da sie mit einem dämonischen Polytheismus und einer entwürdigenden Unmoralität durchsetzt sei, die größten Kirchenväter waren den Klassikern aber doch sehr zugetan, und Christen wie Fortunatus, Prudentius, Hieronymus, Sidonius und Ausonius waren bestrebt, Poesie wie Vergil und Prosa wie Cicero zu schaffen. Gregor von Nazianz, Chrysostomos, Ambrosius, Hieronymus und Augustin sind auch in literarischer Hinsicht bedeutender als ihre heidnischen Zeitgenossen – Ammian, Symmachus, Claudian, Julian. Nach Augustin verfiel aber der Prosastil; das Schriftlatein nahm den rohen Wortschatz und den nachlässigen Satzbau der Volkssprache in sich auf, und die lateinische Verskunst entartete in einen Knüttelvers, bevor sie in neuen Formen erhabene Gesänge schuf.

Der Hauptgrund des kulturellen Rückschrittes war nicht das Christentum, sondern das Barbarentum, nicht die Religion, sondern der Krieg. Die Menschenfluten bedeuteten für Städte, Klöster, Bibliotheken und Schulen Zerstörung oder Verarmung und machten das Leben eines Gelehrten oder Wissenschaftlers unmöglich. Vielleicht wäre die Zerstörung weitergegangen, wenn nicht die Kirche in einer zusammenbrechenden Zivilisation noch eine gewisse Ordnung aufrechterhalten hätte. Ambrosius stellt fest: «Inmitten der Unruhe der Welt bleibt die Kirche fest und beständig; die Wogen können sie nicht erschüttern. Während rings um sie alles in einem schrecklichen Durcheinander liegt, bietet sie den Schiffbrüchigen einen stillen Hafen, in dem sie Sicherheit finden können[111].» Und das traf oft zu.

Das Römische Reich hatte der Wissenschaft, dem Wohlstand und der Machtentfaltung in der Antike zum Höhepunkt verholfen. Der Verfall des Reiches im Westen, die wachsende Armut und die Zunahme der Gewaltsamkeit erforderten irgendein neues Ideal und eine neue Hoffnung, um dem Menschen einen Trost in seinem Leiden und Mut in seiner Plackerei zu geben: ein Zeitalter der Macht wich einem Zeitalter des Glaubens. Erst als in der Renaissance Reichtum und Stolz wiederkehrten, verwarf die Vernunft den Glauben und gab den Himmel zugunsten der Utopie auf. Falls es aber in einem späteren Zeitalter geschieht, daß die Vernunft versagt und die Wissenschaft keine Antworten findet, sondern nur Wissen und Macht vermehrt, ohne das Gewissen oder den Zweck zu verbessern; wenn alle Utopien in der unwandelbaren Ausnutzung der Schwachen durch die Starken grausam zusammenbrechen, dann werden die Menschen verstehen, warum sich dereinst ihre Vorfahren in der Barbarei dieser frühchristlichen Jahrhunderte von Wissenschaft, Wissen, Macht und Stolz abwendeten und auf ein Jahrtausend zu demütigem Glauben, zu Hoffnung und Nächstenliebe ihre Zuflucht nahmen.

VIERTES KAPITEL

EUROPA NIMMT GESTALT AN

[325–529]

I. AUS BRITANNIA WIRD ENGLAND: 325–577

Unter der Römerherrschaft gedieh außer dem Bauernstand jeder Stand in Britannien. Der Großgrundbesitz nahm auf Kosten der kleinen Bauerngüter zu; in vielen Fällen wurde der Besitz der freien Bauern aufgekauft, und diese wurden Pächter oder Stadtproletarier. Viele Bauern unterstützten die einfallenden Angelsachsen gegen den Landadel[1]. Im übrigen blühte und gedieh das römische Britannien. Die Städte mehrten sich und wuchsen, der Wohlstand nahm zu[2]; viele Häuser waren mit Zentralheizung und Glasfenstern ausgestattet[3]; viele Magnaten besaßen luxuriöse Villen. Britische Weber führten bereits damals die ausgezeichneten Wollstoffe aus, in denen sie heute noch führend in der Welt sind. Im dritten Jahrhundert genügten einige wenige römische Legionen, um die äußere Sicherheit und den inneren Frieden zu sichern.

Aber im vierten und fünften Jahrhundert wurde die Sicherheit an jeder Front bedroht: im Norden von den Pikten Kaledoniens, im Osten und Süden von den norwegischen und sächsischen Plünderern; im Westen von den nicht unterworfenen Kelten von Wales und den abenteuerlustigen Gälen und Skoten Irlands. In den Jahren 364–367 nahmen die Küstenüberfälle der Skoten und Sachsen in erschreckender Weise zu; britische und gallische Truppen warfen sie zurück, aber Stilicho mußte ein Menschenalter später wiederum von vorne beginnen. 381 zogen Maximus und 407 der Usurpator Konstantin für ihre eigenen Zwecke Truppen aus Britannien ab, die sie zur Verteidigung ihrer Heimat benötigten, und nur wenige dieser Männer kehrten nach Britannien zurück. Invasoren begannen über die Grenzen vorzustoßen; Britannien rief Stilicho um Hilfe an (400), aber dieser war vollauf damit beschäftigt, die Goten und Hunnen aus Italien und Gallien zu vertreiben. Als ein weiterer Hilferuf an den Kaiser Honorius gelangte, entgegnete er, daß die Briten sich selbst verteidigen müßten, so gut sie nur könnten[4]. «Im Jahre 409», schreibt Beda, «verloren die Römer die Herrschaft in Britannien[5].»

Angesichts einer groß angelegten Pikteninvasion forderte der Britenführer Wortigern einige nordgermanische Stämme auf, ihm zu Hilfe zu eilen[6]. Sachsen kamen von der Elbe, Angeln von Schleswig, Jüten von Jütland. Die Überlieferung – vielleicht ist es nur eine Sage – berichtet, daß die Jüten 449 unter dem Befehl von zwei Brüdern, die verdächtigerweise die Namen Hengist und Horsa – Hengst und Mähre – tragen, in Britannien eintrafen. Die kampfkräftigen Germanen trieben die Pikten und Skoten zurück, erhielten als Belohnung ein Landstück zugewiesen, bemerkten die militärische Schwäche Britanniens und sandten die frohe Kunde ihren Genossen daheim[7]. Ungeladene germanische Banden landeten an Britanniens Küsten; der Widerstand, der ihnen entgegengesetzt wurde, zeigte mehr Mut als Geschick; während eines Jahrhunderts voller Guerrillakämpfe bewegten sie sich abwechslungsweise vor und zurück; schließlich schlugen die Germanen die Briten in Deorham (577) und machten sich zu den Herren des Landes, das später Angeln-Land – England – heißen sollte. Die meisten Briten beugten sich in der Folge der Eroberung und vermischten ihr Blut mit demjenigen der Eroberer; eine kühne Minderheit zog sich in die Berge von Wales zurück und setzte den Kampf fort; andere setzten über den Ärmelkanal und gaben ihren Namen der bretonischen Halbinsel. Die Städte Britanniens waren durch den langen Kampf zerstört; der Handelsverkehr lag lahm, das Gewerbe verfiel; Recht und Ordnung siechten dahin, die Kunst tat einen Winterschlaf und die Anfänge der christlichen Religion auf der Insel wurden von den heidnischen Göttern und Bräuchen der Germanen überwältigt. Britannien und seine Sprache wurden germanisch; das römische Recht und die römischen Einrichtungen verschwanden; die römische Stadtordnung wurde durch Dorfgemeinschaften ersetzt. Ein keltisches Element verblieb im Blut, im Aussehen, im Charakter, in der Literatur und Kunst der Engländer, aber bemerkenswert wenig in der englischen Sprache, die heute eine Mischung aus Deutsch und Französisch ist.

Wenn wir eine Vorstellung von der Erregung jener bitteren Zeit erhalten wollen, müssen wir von der Geschichte zu den Sagen von Arthur und seinen Rittern übergehen, die berichten, wie sie mächtige Schläge austeilten, um «die Heiden niederzuringen und Christus zu verteidigen». Der heilige Gildas, ein walisischer Mönch, erwähnt in einem seltsamen Buch, das halb Geschichte, halb Predigt ist, *Über die Zerstörung Britanniens* (546?), eine «Belagerung des Mons Badonicus» während dieser Kriege; und Nennius, ein späterer britischer Geschichtsschreiber (ca. 796) berichtet von zwölf Schlachten, die Arthur schlug, die letzte am Badonberg bei Bath[8]. Gottfried von Monmouth (1100?–1154) trägt romantische Einzelheiten bei: Er berichtet, wie Arthur seinem Vater Uther Pendragon auf dem britischen Königsthron folgt, sich den eindringenden Sachsen entgegenstellt, Irland, Island, Norwegen und Gallien erobert, im Jahre 505 Paris belagert, die Römer aus Britannien vertreibt, mit großen Menschenopfern den Aufstand seines Neffen Modred unterdrückt, ihn in der Schlacht bei Winchester tötet, dort selbst tödlich verwundet wird und «im 542. Jahre der Fleischwerdung unseres Herrn» stirbt[9]. Wilhelm von Malmesbury (1090–1143) erzählt:

> Mit dem Tode Wortimers (des Bruders von Wortigern) schwand die Kraft der Briten, und sie wären bald ganz untergegangen, hätte nicht Ambrosius, der einzige überlebende Römer, ... die anmaßenden Barbaren mit der machtvollen Hilfe des kriegerischen Arthur bezwungen. Arthur erhielt das sinkende Staatsgefüge lange aufrecht und frischte den gebrochenen Kampfgeist seiner Landsleute wieder auf. Schließlich nahm er auf dem Badon im Vertrauen auf ein Madonnenbild, das er an seiner Rüstung befestigt hatte, ganz allein den Kampf gegen 900 Feinde auf und zerstreute sie in einem unglaublichen Gemetzel.[10]

Wir wollen ihm beipflichten, daß es unglaublich ist. Wir müssen uns mit der Annahme zufriedengeben, daß Arthur im wesentlichen eine nicht näher bestimmbare, aber geschichtliche Figur des sechsten Jahrhunderts ist, wahrscheinlich nicht ein Heiliger, wahrscheinlich auch nicht ein König[11]. Das übrige müssen wir Chrestien de Troyes, dem köstlichen Malory und dem zurückhaltenden Tennyson überlassen.

II. IRLAND

Die Iren glauben – und wir können es ihnen nicht abstreiten –, daß ihre Insel der «Nebel und der üppigen Fruchtbarkeit» erstmals tausend und mehr Jahre vor Christus von Griechen und Skythen besiedelt worden sei und daß ihre ersten Häuptlinge – Cuchulain, Conor, Conall – Söhne Gottes gewesen seien[12]. Himilkon, der phönizische Forschungsreisende, lernte Irland um 510 v. Chr. kennen und stellte es als «dichtbevölkert und fruchtbar» dar[13]. Vielleicht im fünften vorchristlichen Jahrhundert setzten keltische Abenteurer von Gallien oder Britannien oder von beiden Ländern zugleich nach Irland über und unterwarfen die einheimische Bevölkerung, von der uns nichts bekannt ist. Die Kelten brachten offensichtlich die Eisenkultur von Hallstatt mit und besaßen eine ausgeprägte sippschaftliche Organisation, die den Einzelnen viel zu sippenstolz machte, als daß es zur Bildung eines bestandhaften Staates hätte kommen können. Tausend Jahre lang kämpfte Clan gegen Clan, Königreich gegen Königreich; zwischen diesen Kriegen bekämpften die Mitglieder eines Clans sich gegenseitig, und wenn sie fielen, dann wurden sie, gute Iren, bevor der heilige Patrick kam, kampfbereit in aufrechter Stellung, das Gesicht gegen den Feind gerichtet, beigesetzt[14]. Die meisten Könige fielen in der Schlacht oder durch Mörderhand[15]. Vielleicht infolge einer eugenischen Verpflichtung, vielleicht als Stellvertreter von Göttern, die die erste Frucht beanspruchten, hatte, wie die irische Überlieferung zu berichten weiß, in der Frühzeit der König das Recht, jede Braut zu deflorieren, bevor er sie ihrem Mann übergab. König Conchobar wurde wegen des besonderen Eifers, mit dem er diese Pflicht erfüllte, gerühmt[16]. Jeder Clan führte ein Verzeichnis seiner Mitglieder und seiner Ahnen, seiner Könige und Schlachten und Altertümer «seit dem Beginn der Welt»[17].

Die Kelten richteten sich als die herrschende Klasse ein und teilten ihre Clans unter fünf Königreiche auf: Ulster, Nord-Leinster, Süd-Leinster, Munster, Connaught. Jeder der fünf Könige war unabhängig, aber alle Clans anerkannten Tara in Meath als die Hauptstadt der Nation. Dort wurde jeder König gekrönt, und dorthin berief er zu Beginn seiner Regierung die Feis, die Versammlung aller Edlen Irlands, um Gesetze zu erlassen, die für alle Königreiche Gültigkeit hatten, um die Ahnentafeln der Clans zu berichtigen und aufzuzeichnen und in die nationalen Archive einzutragen. Um dieser Versammlung eine Unterkunft zu geben, ließ der König Cormac MacAirt im dritten Jahrhundert einen großen Saal bauen, dessen Grundmauern noch zu sehen sind. Ein Provinzrat – Aonach – kam alljährlich oder alle drei Jahre in jedem Königreich in dessen Hauptstadt zusammen, erließ Gesetze für sein zuständiges Gebiet, legte Steuern fest und wirkte als Bezirksgericht. Diese Zusammenkünfte waren mit Wettkämpfen und Spielen verbunden: Musik, Gesang, Taschenspielerei, Komödien, Erzählungen, Rezitationen und viele Eheschließungen belebten dieses Ereignis, und ein Großteil der Bevölkerung nahm an den Feierlichkeiten teil. In der Rückschau, bei der die zeitliche Ferne dem Geschauten etwas Zauberhaftes gibt, erscheint diese Mischung von Zentralgewalt und örtlicher Selbständigkeit geradezu ideal. Die Feis fanden bis 560 statt, die Aonach bis 1168.

Die erste Persönlichkeit, die wir mit einiger Sicherheit als historisch ansehen dürfen, ist Tuathal, der um 160 n. Chr. über Leinster und Meath herrschte. König Niall (ca. 358) fiel in Wales ein und trug eine gewaltige Beute davon, überfiel plündernd Gallien und wurde an der Loire (von einem Iren) getötet; von ihm stammen die meisten späteren irischen Könige (O'Neills) ab. Im fünften Jahre der Regierungszeit seines Sohnes Laeghaire (Leary) kam Patrick nach Irland. Vor dieser Zeit hatten die Iren ein Alphabet aus geraden Linien, die sie verschieden kombinierten, entwickelt; sie besaßen eine reiche mündlich überlieferte Literatur aus Dichtung und Sage, und sie hatten in der Töpferkunst und in der Bronze- und Goldschmiedekunst Gutes geleistet. Ihre Religion war ein animistischer Polytheismus, der die Sonne und den Mond und verschiedene Naturobjekte verehrte und unzählige Orte in Irland mit Feen, Dämonen und Elfen bevölkerte. Ein priesterlicher Clan von weißgewandeten Druiden befaßte sich mit der Wahrsagekunst, beherrschte die Sonne und die Winde mit Zauberstäben und -rädern, erzeugte auf magische Weise Regenschauer und Feuersbrünste, gab die auswendiggelernten Chroniken und Dichterzeugnisse des Stammes weiter, erforschte die Sterne, unterwies die Kinder, beriet die Könige, amtierte als Richter, gab Gesetzen den Wortlaut und opferte den Göttern auf Altären unter freiem Himmel. Zu den geheiligten Idolen gehörte ein «Crom Cruach» genanntes goldbedecktes Bildwerk; es stellte den Gott aller irischen Clans dar; ihm wurde offenbar der Erstgeborene jeder Familie als Opfer dargebracht[18] – vielleicht als Vorbeugungsmaßnahme gegen den Bevölkerungsüberschuß. Das Volk glaubte an die Wiedergeburt, träumte aber auch von einem himmlischen Eiland jenseits des Meeres, auf dem es «keine Wehklage und keinen Verrat, nichts Rauhes oder Rohes, sondern nur Musik gab, die dem Ohre schmeichelte; ein wundersames Land der Schönheit, prächtig anzuschauen, unvergleichlich in seinem Nebeldunst»[19]. Nach einer Sage ließ sich Prinz Conall durch solche Schilderungen bewegen, in einem Schiff aus geflochtenem Golddraht auf die Suche nach diesem glücklichen Eiland zu gehen.

Das Christentum war mehrere Jahrzehnte vor Patrick nach Irland gelangt. Eine alte Chronik, die von Beda bestätigt wird, berichtet unter der Jahreszahl 431: «Palladius wird vom Papst Cölestin zum Priester geweiht und als ihr erster Bischof zu den Gläubigen in Christo nach Irland gesandt[20].» Palladius verschied jedoch noch vor Ablauf eines Jahres, und die Ehre, aus Irland ein unabänderlich katholisches Land gemacht zu haben, fiel seinem Schutzheiligen zu.

Er wurde um 389 in dem Dorfe Bonnaventa in Westengland geboren und stammte aus einer Familie des Mittelstandes. Als Sohn eines römischen Bürgers erhielt er einen römischen Namen, Patricius. Er erhielt nur eine bescheidene Bildung und entschuldigte sich wegen seiner *rusticitas;* er studierte aber die Bibel so eingehend, daß er fast für jeden Fall Zitate bereit hatte. Als Sechzehnjähriger wurde er von skotischen (irischen) Piraten gefangengenommen und nach Irland geschafft, wo er sechs Jahre lang als Schweinehirt diente[21]. In diesen Jahren der Einsamkeit kam die «Bekehrung» über ihn; er ging von der religiösen Gleichgültigkeit zu einer tiefen Frömmigkeit über; nach seiner Schilderung stand er jeden Morgen vor Sonnenaufgang auf, um bei jedem Wetter – ob es nun hagelte, regnete oder schneite – im Freien sein Gebet zu verrichten. Schließlich vermochte er zu fliehen, schlug sich bis an die Küste durch, wurde, als er schon verzweifelte, von Matrosen nach Gallien, vielleicht nach Italien mitgenommen. Von dort kehrte er nach England zurück, gelangte wieder zu seinen Eltern und blieb einige Jahre bei ihnen. Irgend etwas rief ihn aber nach Irland zurück – vielleicht eine Erinnerung an seine liebliche Landschaft, an die herzliche Freundlichkeit seines Volkes. Er legte diese Regung als göttliche Botschaft aus, als ein Ruf, die Iren zum Christentum zu bekehren. Er ging nach Lérins und Auxerre, bildete sich zur Priesterschaft aus und erhielt die Weihe. Als die Nachricht vom Tode des Palladius nach Auxerre kam, wurde Patrick zum Bischof geweiht, mit Reliquien von Petrus und Paulus ausgestattet und nach Irland gesandt (432).

Auf dem Thron von Tara fand er einen aufgeklärten Heiden, Laeghaire. Es gelang ihm nicht, den König zu bekehren, aber er erhielt vollständige Freiheit für seine Mission. Die Druiden widersetzten sich ihm und zeigten dem Volke ihre Zauberkraft; Patrick begegnete ihnen mit den Formeln der Exorzisten – Angehöriger eines niedereren geistlichen Weihegrades –, die er zur Dämonenaustreibung mitgenommen hatte. In den *Bekenntnissen*, die er als alter Mann schrieb, berichtet Patrick von den Gefahren, auf die er bei seinem Werk stieß: Zwölfmal stand er in Lebensgefahr; einmal wurden er und seine Genossen ergriffen und vierzehn Tage lang unter Todesdrohungen gefangengehalten; es gelang aber einigen Freunden, ihre Freilassung von den Männern, die sie gefangenhielten, zu erwirken[22]. Die fromme Überlieferung weiß unzählige ergreifende Legenden von seinen Wundertaten zu berichten: «Er gab den Blinden das Augenlicht und den Tauben das Gehör wieder, erweckte neun Tote zum Leben und schrieb 365 Bücher», sagt Nennius[23]. Wahrscheinlich war es mehr sein Charakter als seine Wundertaten, der die Iren bekehrte – die zweifelsfreie Festigkeit seines Glaubens und die leidenschaftliche Beharrlichkeit in seinem Werk. Er war kein geduldiger Mann und konnte Verwünschungen und Segen mit der gleichen Bereitwilligkeit austeilen[24]; aber auch dieser selbstbewußte Dogmatismus wirkte überzeugend. Er erteilte die Priesterweihe, errichtete Kirchen, gründete Mönchs- und Nonnenklöster und hinterließ überall starke geistige Garnisonen zur Bewachung seiner Eroberungen. Er stellte den Eintritt in den geistlichen Stand als höchstes Erlebnis hin; er sammelte Männer und Frauen um sich, die Mut und Hingabe besaßen und jede Entbehrung erduldeten, um die gute Botschaft von der Erlösung des Menschen zu verbreiten. Patrick bekehrte nicht alle Iren; einige Nester des Heidentums samt seiner Dichtkunst blieben bestehen und hinterließen ihre Spuren bis auf den heutigen Tag; als er aber das Zeitliche segnete (461), konnte man von ihm wie von keinem anderen Menschen behaupten, er habe ganz allein ein Volk bekehrt.

Fast die gleiche Zuneigung genießt bei den Iren die Frau, die am meisten zur Festigung seines Sieges beitrug. Die heilige Brigid soll die Tochter einer Sklavin und eines Königs gewesen sein; vor dem Jahre 476, in dem sie den Schleier nahm, wissen wir aber nichts bestimmtes über sie. Sie überwand unzählige Widerstände und gründete die «Eichenkirche» – Cill-dara – an dem Ort, der heute noch diesen Namen, Kildare, trägt; bald schlossen sich ein Mönchs- und ein Nonnenkloster an sowie eine Schule, die geradeso berühmt war wie diejenige, die in Patricks Armagh heranwuchs. Brigid verstarb 525, von der ganzen Insel in hohen Ehren gehalten, und 10000 Irinnen tragen noch den Namen der «Maria der Gael». Ein Menschenalter später belegte der hl. Ruadhan Tara mit einem Fluch; nach 558, dem Todesjahr des Königs Diarmuid, fielen die alten Hallen der Verlassenheit anheim, und Irlands Könige, immer noch Heiden in ihrer Kultur, wurden Christen in ihrem Glauben.

III. VORSPIEL ZU FRANKREICH

I. DIE LETZTEN TAGE DES KLASSISCHEN GALLIEN: 310–480

Gallien war im vierten und fünften Jahrhundert in materieller Hinsicht die blühendste, in geistiger Hinsicht die fortschrittlichste römische Provinz im Westen. Der Boden trug reiche Frucht, die Gewerbe entwickelten hohes Geschick, die Flüsse und Meere trugen eine reiche Handelsflotte. Staatliche Universitäten gediehen in Narbonne, Arles, Bordeaux, Toulouse, Lyon, Marseille, Poitiers und Trier; Lehrer und Redner, Dichter und Weise genossen eine gesellschaftliche Stellung und einen Zuspruch, der sonst gewöhnlich Politikern und Faustkämpfern vorbehalten ist. Mit Ausonius und Sidonius trat Gallien die literarische Führerschaft Europas an.

Decimus Magnus Ausonius war der Dichter und die Verkörperung dieses gallischen Silbernen Zeitalters. Er wurde um 310 in Bordeaux als Sohn des führenden Arztes der Stadt geboren. Er erhielt dort seine Schulbildung und berichtete später der Welt in reichen Hexametern von den Tugenden seiner Lehrer, wobei er sich ihres Lächelns erinnerte und ihre Schläge vergaß[25]. Im gleichmäßigen Gang seines Lebens wurde er ebenfalls Professor in Bordeaux, lehrte während eines Menschenalters «Grammatik» (d.h. Literatur) und «Rhetorik» (d.h. Redekunst und Philosophie) und wirkte als Erzieher des künftigen Kaisers Gratian. Die aufrichtige Zuneigung, mit der er von seinen Eltern, Onkeln, Kindern und Schülern und von seiner Gattin schreibt, läßt an das familiäre und gesellschaftliche Leben einer kleinen amerikanischen Universitätsstadt des neunzehnten Jahrhunderts denken. Ausonius schildert in gefälligen Worten das Haus und den Hof, die er von seinem Vater geerbt hat und in denen er sein vorgerücktes Alter zu verbringen gedenkt. In der Frühzeit seiner Ehe sagt er zu seiner Frau: «Wir wollen immer so leben, wie wir jetzt leben, wir wollen nie von den zärtlichen Worten lassen, die wir uns in der ersten Liebe gesagt haben ... Du und ich, wir müssen immer jung bleiben, und du wirst für mich immer schön sein. Wir wollen die Jahre nicht beachten[26].» Bald verloren sie indessen das erste Kind, das sie ihm gebar. Jahre später gedachte er liebend seiner: «Ich will dich nicht unbeweint lassen, mein Erstgeborenes, das du meinen Namen trägst. Du begannest gerade aus deinem Stammeln die ersten Worte der Kindheit zu formen, ... als wir deinen Tod beklagen mußten. Du liegest am Busen deines Urgroßvaters, teilest mit ihm das Grab[27].» Seine Gattin wurde ihm frühzeitig aus seiner glücklichen Ehe entrissen, nachdem sie ihm eine Tochter und einen Sohn geschenkt hatte. Er war so sehr mit ihr verbunden, daß er sich nicht wieder verehelichte, und als Greis besang er in erneuter Trauer den Schmerz ihres Verlustes und das düstere Schweigen eines Hauses, das ihre sorgenden Hände verspürt und den Klang ihrer Schritte vernommen hatte.

Seine Dichtwerke gefielen den Zeitgenossen wegen ihrer Gefühlsinnigkeit, ihrer ländlichen Bilder, der Reinheit ihres Lateins, der beinahe vergilischen Glätte ihrer Versmaße. Paulinus, der künftige Heilige, konnte bei Vergil nichts Lieblicheres finden als in Ausonius' *Mosella*. Der Dichter hatte diesen Fluß liebgewonnen, als er mit Gratian in Trier weilte; nach seiner Schilderung durchfließt die Mosel ein wahres Eden von Rebbergen, Obsthainen, Landsitzen und blühenden Bauerngütern; eine Zeitlang läßt er uns das Grün ihrer Ufer schauen und die Musik ihrer Wogen hören; dann aber stimmt er in einem brüsken Übergang vom Erhabenen zum Lächerlichen einen Lobgesang auf die liebenswerten Fische an, die in dem Fluß zu finden sind. Diese Whitmansche Leidenschaft, Verwandte, Lehrer, Schüler, Fische aufzuzählen, wird bei ihm nicht wie bei Whitman durch ein alles verschlingendes Empfinden und eine lebensvolle Philosophie wieder gutgemacht; Ausonius konnte nach dreißig Jahren Grammatik schwerlich anders als nur mit literarischen Leidenschaften brennen. Seine Gedichte sind Rosengärten der Freundschaft, Litaneien der Lobpreisung; wer aber nicht so charmante Onkel und so verführerische Professoren wie er gekannt hat, wird sich schwerlich an diesen liturgischen Hymnen erbauen.

Als Valentinian I. starb (375), berief Gratian, der neue Kaiser, seinen alten Erzieher zu sich und überschüttete ihn mit politischen Rosinen. In rascher Folge war Ausonius Präfekt von Illyrien, Italien, Afrika, Gallien; als Neunundsechzigjähriger wurde er schließlich noch Konsul. Auf sein Drängen verfügte Gratian die Auszahlung von staatlichen Beihilfen für den Unterricht, an Dichter und Ärzte und zum Schutze der antiken Kunst. Durch seinen Einfluß wurde Symmachus Präfekt von Rom und Paulinus Provinzstatthalter[27]. Ausonius trauerte, als Paulinus ein Heiliger wurde; das Reich, das von allen Seiten bedroht wurde, bedurfte solcher Männer. Auch Ausonius war Christ, aber er nahm es nicht so ernst damit; seine Neigungen, Themen, Versmaße und seine Mythologie waren von einem frischfröhlichen Heidentum.

Mit siebzig kehrte der bejahrte Dichter nach Bordeaux zurück, um noch weitere zwanzig Jahre zu leben. Er war nun Großvater und konnte den kindlichen Gedichten der Jugendzeit die großväterliche Liebe des Greisenalters an die Seite setzen. «Fürchte dich nicht», rät er seinem Enkel, «auch wenn in der Schule viele Schläge zu hören sind und der alte Lehrer ein finsteres Gesicht zeigt; laß dich von keinem Schrei, von keinem Hieb, den du vernimmst, erschüttern, wenn die Morgenstunden fortschreiten. Daß er den Stock als Zepter schwingt, daß er eine reiche Ausstattung von Ruten besitzt ... ist ja nur ein äußerliches Getue, um müßige Ängste zu erwecken. Dein Vater und deine Mutter haben es zu ihrer Zeit durchgemacht und leben noch zur Verschönerung meines friedlichen und heiteren Greisenalters[28].» Glücklicher Ausonius, daß du leben und sterben durftest, ehe die Barbarenflut kam!

Sidonius Apollinaris bedeutete für die gallische Prosa des fünften Jahrhunderts das gleiche, was Ausonius der gallischen Dichtkunst des vierten Jahrhunderts bedeutet hatte. 432 kam er in Lyon, wo sein Vater als Präfekt von Gallien amtierte, unerwartet auf die Welt.

Sein Großvater hatte das gleiche Amt innegehabt, und seine Mutter war mit Avitus verwandt, der im Jahre 455 Kaiser werden und dessen Tochter Sidonius 452 heiraten sollte. Es wäre nicht leicht, eine bessere Anordnung zu finden. Papanilla führte ihm als Morgengabe eine luxuriöse Villa bei Clermont zu. Einige Jahre lang bestand sein Leben aus Besuchen, die er seinen Freunden abstattete und von ihnen erhielt. Es waren Menschen von Kultur und feinen Sitten, die eine natürliche Begabung für Glücksspiele und müßiges Nichtstun besaßen[29]; sie wohnten auf ihren Landsitzen und besudelten selten ihre Hände mit Politik; sie waren keineswegs imstand, ihren schwelgerischen Müßiggang gegen die einbrechenden Goten zu verteidigen. Aus dem Stadtleben machten sie sich nichts; schon damals zog der französische und der britische Wohlstand das Land der Stadt vor. In diesen ausgedehnten Landsitzen – von denen einige 125 Zimmer aufwiesen – traf jeder Komfort und jede Eleganz zusammen: Mosaikböden, Säulenhallen, Landschaftsmalereien an den Wänden, Marmor- und Bronzestatuen, große Kamine und Badeanlagen, Gärten und Tennisplätze[30] und in der Umgebung Wälder, in denen Damen und Herren mit dem ganzen Aufwand der Falknerei auf die Jagd gehen konnten. Fast jede Villa besaß eine gute Bibliothek, die die Klassiker des heidnischen Altertums und einige respektierliche christliche Texte enthielt[31]. Einige Freunde des Sidonius waren Büchersammler, und zweifellos gab es in Gallien wie in Rom reiche Leute, die schöne Einbände weit höher schätzten als nur den Inhalt der Bücher und sich mit der Kultur begnügten, die sie von ihren Buchdeckeln erhielten.

Sidonius zeigt diese vornehme Lebensart von ihrer besseren Seite – in ihrer Gastfreundschaft, Höflichkeit, Wohlgelauntheit und Wohlanständigkeit, mit einem Anflug von feingeschliffener Poesie und wohlklingender Prosa. Als Avitus nach Rom kam, um den Kaiserthron zu besteigen, gehörte Sidonius zu seinem Gefolge; ihm wurde der Auftrag zuteil, das Preislied zum Willkommen des Kaisers zu liefern (456). Im folgenden Jahre kehrte er mit dem entthronten Avitus nach Gallien zurück, aber im Jahre 468 finden wir ihn wieder in Rom, wo er während der letzten Zuckungen des Staatswesens den hohen Posten des Stadtpräfekten innehatte. Er fand sich mit Leichtigkeit in dem Chaos zurecht und schilderte die hohe Gesellschaft Galliens und Roms in Briefen, die sich die Episteln des Cicero und des Symmachus zum Vorbild nahmen und ihnen an Eitelkeit und Charme nicht nachstehen. Die Literatur hatte nun nicht mehr viel zu sagen und sagte das wenige mit solcher Sorgfalt, daß nichts verblieb als die bestrickende äußere Form. In diesen Briefen findet sich bestenfalls die liebenswürdige Duldsamkeit und das mitfühlende Verständnis des gebildeten Edelmannes, Tugenden, die der Literatur Frankreichs seit der Zeit, da es noch gar nicht Frankreich war, zur Zierde gereichen. Sidonius brachte die römische Vorliebe für anmutige *causeries* nach Gallien. Von Cicero und Seneca über Plinius, Symmachus, Macrobius und Sidonius bis auf Montaigne, Montesquieu, Voltaire, Renan, Sainte-Beuve und Anatole France führt eine einzige Linie, ja fast, vermittels reichlicher Wiedergeburten, ein einziger Geist.

Damit wir Sidonius nicht mißverstehen, müssen wir noch hinzufügen, daß er ein guter Christ und tapferer Bischof war. Im Jahre 469 wurde er überraschend und ganz gegen seinen Willen vom Laienstand auf den Bischofssitz von Clermont erhoben. In dieser Zeit mußte ein Bischof nicht nur geistiger Führer sein, sondern auch verwaltungsmäßige Führereigenschaften besitzen, und erfahrene und vermögende Männer wie Ambrosius und Sidonius besaßen Qualifikationen, die sich als wirksamer erwiesen als die theologische Gelehrsamkeit. Da Sidonius nur wenig von dieser Bildung besaß, hatte er nicht viel Gelegenheit, den Bannfluch zu schleudern; er verschenkte statt dessen sein Silbergeschirr an die Armen und vergab Sünden mit einer beunruhigenden Bereitwilligkeit. Einem seiner Briefe können wir entnehmen, daß seine Herde gelegentlich ihre Gebete unterbrach, um sich ein wenig zu erfrischen[32]. In dieses gefällige Leben brach die Wirklichkeit ein, als der Westgotenkönig Eurich auf die Idee kam, sich die Auvergne anzueignen. Vier Jahre lang belagerten die Goten jeden Sommer deren Hauptstadt Clermont. Sidonius bekämpfte sie mit Diplomatie und Gebet, der Erfolg blieb ihm aber versagt; als die Stadt schließlich fiel, wurde er gefangengenommen und in einer Festung bei Carcassonne (475) eingekerkert. Nach zwei Jahren wurde er freigelassen und wieder in sein Bistum eingesetzt. Wie lange er noch lebte, ist uns unbekannt; aber bereits mit fünfundvierzig Jahren wollte er «durch einen gottgefälligen Tod von den Leiden und Lasten dieses Lebens erlöst» sein[33]. Er hatte den Glauben an das Römische Reich verloren und setzte nun alle Hoffnung für den Fortbestand der Kultur auf die Römische Kirche. Die Kirche verzieh ihm seine halbheidnische Poesie und sprach ihn heilig.

2. DIE FRANKEN: 240–511

Mit dem Tod des Sidonius legte sich die Nacht des Barbarentums über Gallien. Wir dürfen uns diese Finsternis nicht als allzu lichtlos vorstellen. Die wirtschaftlichen Fertigkeiten blieben erhalten, es fand immer noch ein Güteraustausch statt, Münzen wurden geprägt, Gedichte verfaßt, Kunstwerke geschaffen; und unter Eurich (466–484) und Alarich II. (484–507) war das Westgotenreich in Südwestgallien hinreichend geordnet, zivilisiert und fortschrittlich, um sogar dem Sidonius ein Lob abzuringen[34]. Im Jahre 506 erließ Alarich II. ein *Breviarium*, eine kurze Übersicht über die Gesetze seines Reiches; es war ein verhältnismäßig aufgeklärtes Gesetzwerk, das die Beziehungen zwischen der römisch-gallischen Bevölkerung und ihren Unterwerfern nach rechtlichen und vernunftgemäßen Grundsätzen regelte. Eine gleiche Gesetzessammlung wurde (510) von den Burgunderkönigen erlassen, die auf friedliche Weise ihr Volk und ihre Macht in Südostgallien ausgebreitet hatten. Bis zur Wiedergeburt des römischen Rechtes in Bologna im elften Jahrhundert wurde das lateinische Europa nunmehr nach dem gotischen und burgundischen und dem verwandten Recht der Franken regiert.

Die Geschichte erwähnt die Franken erstmals im Jahre 240; in diesem Jahre bereitete der Kaiser Aurelian ihnen bei Mainz eine Niederlage. Die ripuarischen Franken – Uferfranken – ließen sich im frühen fünften Jahrhundert auf den Westhängen des Rheintales nieder; sie nahmen Köln ein (463), machten es zu ihrer Hauptstadt und erweiterten ihren Machtbereich im Rheintal von Aachen bis Metz. Einige fränkische Stämme blieben östlich des Flusses und gaben dem Gau Franken ihren Namen. Die salischen Franken haben ihren unterscheidenden Namen vielleicht von dem Fluß Sala (heute Yssel) in den Niederlanden. Von dort aus zogen sie nach Süden und Westen und hielten um 356 das Gebiet zwischen Maas, Ozean und Somme besetzt. Ihre Ausbreitung erfolgte größtenteils in friedlicher Wanderung, manchmal auf Grund einer römischen Aufforderung, dünn besiedelte Gebiete zu bevölkern; auf diese Weise war Nordgallien bis 430 halb fränkisch geworden. Die Franken brachten ihre germanische Sprache und ihren heidnischen Glauben mit, so daß während des fünften Jahrhunderts das Lateinische nicht mehr die Sprache und das Christentum nicht mehr die Religion der Völkerschaften entlang des Unterrheins waren.

Die salischen Franken stellten sich selbst in dem Vorwort zu ihrem «Salischen Gesetz» folgendermaßen dar: «Das glorreiche Volk der Franken, dessen Gründer Gott selbst ist, tapfer in Waffen, stark im Frieden, weise im Rat, edel an Körper, strahlend in Gesundheit, vorragend an Schönheit, kühn, schnell, abgehärtet ... dies ist das Volk, welches das grausame Joch der Römer von seinem Nacken schüttelte[35].» Sie betrachteten sich nicht als Barbaren, sondern als Freie, die sich selbst ihre Freiheit geschaffen hatten; *Franke* bedeutete «Freier». Sie waren großgewachsen und hatten blondes Haar, das sie lang wachsen ließen und in einem Schopf auf dem Kopf zusammenknoteten, so daß es wie ein Pferdeschwanz herabhing; sie trugen Schnurrbärte, aber keine Bärte; umgürteten ihren Überwurf an der Taille mit Ledergürteln, die sie mit Segmenten aus emailliertem Eisen besetzten; an diesem Gürtel trugen sie das Schwert und die Kriegsaxt und Toilettengegenstände wie Schere und Kamm[36]. Die Männer liebten den Schmuck nicht weniger als die Frauen und trugen Ringe, Armreifen und Perlen. Jeder rüstige Mann war Krieger, dem man von jung auf beigebracht hatte, wie man läuft, springt, schwimmt und die Lanze oder Streitaxt auf ein Ziel wirft. Der Mut galt als die höchste Tugend, um derentwillen Mord, Raub und Entführung ohne weiteres vergeben werden konnten. Die Geschichte, die im Zeitrafferstil ein dramatisches Geschehnis in das andere übergehen läßt, vermittelt eine falsche Vorstellung von den Franken, wenn sie sie nur als Krieger darstellt. Ihre Eroberungen und Schlachten waren nicht zahlreicher und an Umfang und zerstörender Wirkung erheblich kleiner als unsere eigenen. Ihre Gesetze zeigen, daß sie sich mit Ackerbau und Handwerk beschäftigten, wobei es ihnen gelang, in Nordostgallien eine wohlhabende und gewöhnlich friedfertige bäuerliche Gesellschaft aufzubauen.

Das Salische Gesetz fand seine Niederschrift im frühen sechsten Jahrhundert, wahrscheinlich während des gleichen Menschenalters, das die volle Entwicklung des Römischen Rechtes durch Justinian erlebte. «Vier ehrwürdige Stammesoberhäupter» sollen es verfaßt und drei aufeinanderfolgende Volksversammlungen sollen es überprüft und gutgeheißen haben[37]. Das Gerichtsverfahren bestand hauptsächlich aus der Reinigung durch Eideshilfe und aus dem Gottesgericht. Eine genügende Anzahl von qualifizierten Zeugen, die den guten Charakter des Beklagten bestätigten, enthoben diesen jeder Schuldigsprechung, falls er nicht offensichtlich schuldig war. Die Zahl der erforderlichen Zeugen wechselte je nach der Schwere des Verbrechens, dessen der Angeklagte beschuldigt wurde: 72 konnten zum Freispruch eines des Mordes Beklagten führen, wenn aber die Keuschheit der Königin in Frage stand, waren 300 Edelgeborene notwendig, um die Vaterschaft ihres Kindes zu bestätigen[38]. Falls die behandelte Gerichtssache noch zu Zweifeln Anlaß gab, wurde das Gottesgericht angerufen. Der Angeklagte wurde etwa an Händen und Füßen gefesselt und in den Fluß geworfen; falls er unschuldig war, versank er in den Fluten, falls schuldig, blieb er auf der Oberfläche (denn das Wasser, das zuvor durch eine religiöse Weihehandlung exorziert worden war, stieß einen Sündigen von sich)[39]; oder man ließ den Angeklagten barfuß über glühendes Eisen gehen oder zwang ihn, eine bestimmte Zeit lang ein glühendes Eisen in der Hand zu halten, oder den Arm in siedendes Wasser zu tauchen und einen Gegenstand hervorzuholen. Oder Angeklagter und Ankläger mußten mit in Kreuzesform ausgestreckten Armen stehenbleiben, bis der eine oder der andere den Arm vor Ermüdung sinken ließ und damit seine Schuld bekannte; oder der Angeklagte nahm die geweihte Oblate der Eucharistie zu sich und wäre sicherlich von Gott niedergeschmettert worden, falls er schuldig gewesen wäre; oder der Zweikampf zwischen zwei Freien entschied den Streitfall, wenn das gesetzliche Beweismaterial immer noch zu begründeten Zweifeln Anlaß bot. Einige Arten dieser Gottesurteile hatten bereits eine lange Geschichte hinter sich: Das Avesta läßt erkennen, daß das Gottesurteil mit siedendem Wasser bereits von den alten Persern verwandt wurde; die Gesetze des Manu (vor 100 n. Chr.) erwähnen hinduistische Gottesgerichte durch Untertauchen, und Gottesurteile mit Feuer oder glühenden Eisen erscheinen in der *Antigone* des Sophokles[40]. Die Semiten verwarfen das Gottesgericht als gottlos, die Römer schenkten ihm als einem abergläubischen Brauch keine Beachtung; die Germanen ließen es sich voll entwickeln; die christliche Kirche bemächtigte sich seiner zögernd und umgab es mit religiösen Weihehandlungen und feierlichen Eiden.

Der gerichtliche Zweikampf war ebenso alt wie das Gottesgericht. Nach der Darstellung des Saxo Grammaticus war er im ersten nachchristlichen Jahrhundert in Dänemark Pflicht; die Gesetze der Angeln, Sachsen, Franken, Burgunder und Langobarden lassen erkennen, daß er bei diesen Völkern gang und gäbe war, und Patrick fand ihn in Irland. Als ein römischer Christ sich bei dem Burgunderkönig Gundobad beschwerte, daß ein solcher gerichtlicher Zweikampf nicht die Schuld, sondern die Geschicklichkeit beweise, antwortete der König: «Wird denn der Ausgang von Kriegen und Schlachten nicht durch Gottes Urteil gelenkt und gibt seine Vorsehung den Sieg nicht der gerechten Sache?»[41] Die Bekehrung der Barbaren zum Christentum bewirkte nur, daß der Name der angerufenen Gottheit wechselte. Wir können solche Bräuche erst dann beurteilen oder verstehen, wenn wir uns an die Stelle von Menschen setzen, die es für erwiesen ansahen, daß Gott an jedem Ereignis ursächlich beteiligt ist und keineswegs ein ungerechtes Urteil zulassen würde. Angesichts einer so schrecklichen Prüfung überlegten die Kläger es sich zweimal, bevor sie die Gerichte mit ihren Klagen belästigten, wenn sie ihrer Sache oder ihres Beweismateriales nicht ganz sicher waren, und schuldige Angeklagte scheuten sich vor dem Gottesurteil und boten an seiner Stelle eine Entschädigung.

Denn fast jedes Verbrechen hatte seinen Preis: Der Angeklagte oder Verurteilte konnte sich gewöhnlich durch die Bezahlung eines Wergeldes (Sühnegeldes), von dem zwei Drittel an das Opfer oder dessen Familie und ein Drittel an den Staat gingen, loskaufen. Die Höhe der Summe variierte je nach der sozialen Stellung des Opfers, und ein sparsam rechnender Übeltäter mußte vielerlei Dinge erwägen. Wenn ein Mann in unkeuscher Absicht die

Hand einer Frau streichelte, mußte er eine Buße von fünfzehn *denarii* zahlen*; streichelte er ihren Oberarm, so kostete ihn das fünfunddreißig *denarii*; berührte er ihren widerstrebenden Busen, so zahlte er fünfundvierzig *denarii*[42]. Im Vergleich zu anderen Bußen war das noch ein erträglicher Geldbetrag: 2500 *denarii* waren für den Raubüberfall eines Römers auf einen Franken zu zahlen, 1400 für den Raubüberfall eines Franken auf einen Römer, 8000 *denarii* für den Mord an einem Franken, 4000 für den Mord an einem Römer[43]: So tief waren die mächtigen Römer in den Augen ihrer Unterwerfer gesunken. Wenn, was nicht selten geschah, das Opfer oder dessen Verwandte keine zufriedenstellende Vergütung erhielten, dann nahmen sie wohl auch selbst ihre Rache; auf diese Weise durchzogen Blutrachen viele Generationen mit einem Blutstreifen. Das Wergeld und der gerichtliche Zweikampf waren die besten Mittel, die primitive Germanen ersinnen konnten, um die Menschen von der Rache abzubringen und zur Gesetzlichkeit hinüberzuziehen.

Die berühmteste Klausel im Salischen Gesetz lautete: «Kein Stück ererbten Bodens darf an eine Frau gehen» (lix, 6); auf Grund dieser Klausel wies Frankreich im vierzehnten Jahrhundert den Anspruch, den der englische König Edward III. wegen seiner Mutter Isabelle auf den französischen Königsthron erhob, zurück, worauf der Hundertjährige Krieg ausbrach. Die Klausel galt nur für Grundbesitz, von dem man annahm, daß er nur durch die militärische Gewalt eines Mannes geschützt werden könne. Im allgemeinen leistete das Salische Gesetz der Frau keinen Dienst. Es forderte für den Mord an einer Frau das doppelte Wergeld[44], da es diese als mögliche Mutter vieler Männer einschätzte. Aber es hielt (wie das frührömische Recht) die Frauen unter der beständigen Vormundschaft des Vaters, Gatten oder Sohnes; für den Ehebruch der Frau sah es die Todesstrafe vor, während der Gatte ungestraft die Ehe brechen durfte[45]; und es gestattete dem Manne die Scheidung auf eine bloße Laune hin[46]. Der Brauch, wenn auch nicht das Gesetz, billigte den fränkischen Königen die Vielweiberei zu.

Der erste fränkische König, welcher der Geschichte mit Namen bekannt ist, war Chlodio, der 431 Köln angriff; Aëtius brachte ihm eine Niederlage bei, aber es gelang Chlodio, Gallien bis zur Somme einzunehmen und Tournai zu seiner Hauptstadt zu machen. Ein möglicherweise sagenhafter Nachfolger, Merowech («Sohn des Meeres»?), gab der Merowingerdynastie, die bis 751 über die Franken herrschte, seinen Namen. Merowechs Sohn Childerich verführte Basina, die Gattin eines thüringischen Königs; sie willigte ein, seine Königin zu werden, da sie keinen weiseren, stärkeren und schöneren Mann kenne. Das Kind ihrer Verbindung war Chlodowech, der Frankreich gründete und achtzehn französischen Königen seinen Namen gab**.

Chlodowech erbte im Jahre 481 als Fünfzehnjähriger den Merowingerthron. Sein Reich war nicht mehr als ein Winkel Galliens; andere fränkische Stämme beherrschten das Rheinland, und die Königreiche der Westgoten und Burgunder in Südgallien waren durch

---

* Das Salische Gesetz (XIV) setzt den *denarius* als einen vierzigstel *solidus* fest, der damals eine Sechstelunze Gold enthielt. Die Gold- und Münzknappheit im Mittelalter gab den im Text angeführten Summen einen viel höheren Kauf- oder Strafwert, als sie heute haben würden.

** Chlodowech, Chlodwig, Ludwig, Clovis, Louis sind ein und derselbe Name.

den Fall Roms vollständig unabhängig geworden. Nordwestgallien, das dem Namen nach immer noch unter der Herrschaft der Römer stand, hatte keine Verteidigung mehr. Chlodowech fiel in das Land ein, eroberte Städte, nahm Würdenträger gefangen, nahm Lösegelder in Empfang, verkaufte Beutegut, kaufte Truppen, Verpflegung und Waffen, drang bis Soissons vor und schlug ein «römisches» Heer (486). Im Verlaufe der nächsten zehn Jahre dehnte er seine Eroberungen aus, bis er die Bretagne und die Loire erreichte. Die gallische Bevölkerung gewann er für sich, indem er sie im Besitz ihrer Ländereien ließ, und die rechtgläubig-katholische Geistlichkeit, indem er ihren Glauben und ihren Reichtum unangetastet ließ. Im Jahre 493 heiratete er eine Christin, Chrodechilde, die ihn bald zum Christentum des Bekenntnisses von Nikaia bekehrte. Remigius, Bischof und Heiliger, taufte ihn in Reims vor einem Publikum von Prälaten und Würdenträgern, die klugerweise aus ganz Gallien geladen worden waren; und 3000 Krieger folgten Chlodowech zum Taufbecken. Vielleicht dachte sich Chlodowech, der gerne an das Mittelmeer gekommen wäre, daß Frankreich eine Messe wert sei. Die katholische Bevölkerung im westgotischen und burgundischen Gallien schaute nun mit Übelwollen auf ihre arianischen Herrscher und verbündete sich offen oder geheim mit dem jungen Frankenkönig.

Alarich erkannte die herannahende Sturmflut und suchte sie mit schönen Worten abzuwenden. Er lud Chlodowech zu einer Besprechung; sie trafen in Amboise zusammen und verpflichteten sich zu immerwährender Freundschaft. Aber Alarich ließ bei seiner Rückkehr nach Toulouse einige katholische Bischöfe verhaften, da sie mit den Franken konspirierten. Chlodowech berief seinen Kriegsrat ein und sagte: «Es bedrückt mich, daß diese Arianer einen Teil Galliens besitzen. Wir wollen sie mit Gottes Hilfe niederwerfen[47].» Alarich verteidigte sich, so gut es ihm mit einem zwiegespaltenen Volke möglich war; er wurde bei Vouillé in der Nähe von Poitiers geschlagen (507) und von Chlodowech eigenhändig getötet. «Als Chlodowech in Bordeaux den Winter verbracht und sich den ganzen Schatz des Alarich von Toulouse geholt hatte», berichtet Gregor von Tours, «machte er sich an die Belagerung von Angoulême. Und der Herr ließ ihm so sehr Gnade zuteil werden, daß die Stadtmauern von selbst niederfielen»[48]; bereits hier stoßen wir auf die charakteristische Tonart des mittelalterlichen Chronisten. Sigebert, der alte König der ripuarischen Franken, war schon lange mit Chlodowech verbündet. Dem Sohne des Sigebert setzte Chlodowech nun die Vorteile auseinander, die er aus dessen Tode ziehen würde. Der Sohn ermordete seinen Vater; Chlodowech sandte dem Vatermörder Freundschaftsbezeugungen und zugleich Meuchelmörder; als diese ihren Auftrag erfüllt hatten, marschierte Chlodowech nach Köln und bewog die ripuarischen Stammesführer, ihn als ihren König anzuerkennen. Gregor schreibt: «Jeden Tag ließ Gott die Feinde unter seiner Hand fallen ... weil er rechten Herzens vor dem Herrn wandelte und die Dinge tat, die dem Herrn gefielen[49].»

Die niedergeworfenen Arianer ließen sich leicht zum katholischen Glauben bekehren, und ihre Geistlichen durften ihren Stand behalten, wenn sie ein Iota wegließen. Chlodowech, an Gefangenen, Sklaven, Beutegut und Segnungen reich, verlegte seine Hauptstadt nach Paris. Dort starb er vier Jahre später, mit fünfundvierzig ein alter Mann. Die Königin Chrodechilde, die sich daran beteiligt hatte, aus Gallien Frankreich zu machen, «kam nach dem Tode ihres Gatten nach Tours und diente dort in der St. Martinskirche und verweilte an dem Orte mit der größten Keuschheit und Freundlichkeit alle Tage ihres Lebens»[50].

3. DIE MEROWINGER: 511–614

Chlodowech, der sich Söhne gewünscht hatte, besaß bei seinem Tod deren zuviele. Um einen Nachfolgekrieg zu vermeiden, teilte er sein Königreich unter sie auf: Childebert erhielt das Gebiet von Paris, Chlodomer dasjenige von Orléans, Chlotachar das von Soissons, Theuderich das von Metz und Reims. Mit der Schwungkraft der Barbaren setzten sie die Politik der Vereinheitlichung durch Eroberung fort. Sie nahmen 530 Thüringen, 534 Burgund, 536 die Provence; 539 wurden Bayern und Schwaben abhängig. Chlotachar I., der seine Brüder überlebte und ihre Reiche erbte, regierte über ein Gallien, das größer war als Frankreich in späteren Zeiten je wurde. Bei seinem Tode (561) teilte er Gallien wiederum in drei Teile auf: Die Region von Reims und Metz, Austrasien (d. h. Osten) genannt, ging an seinen Sohn Sigebert; Burgund an Guntram, und die Region von Soissons, Neustrien (d. h. Nordwesten) genannt, an Chilperich.

Seit dem Hochzeitstage des Chlodowech ist die Geschichte Frankreichs mit beiden Geschlechtern verknüpft, gehen Liebe und Krieg Hand in Hand. Sigebert sandte an Athanagild, den Westgotenkönig Spaniens, kostbare Geschenke und bat um die Hand seiner Tochter Brunhilde; Athanagild, der die Franken fürchtete, auch wenn sie Geschenke brachten, willigte ein, und Brunhilde kam, die Hallen von Metz und Reims zu zieren (566). Chilperich wurde neidisch; er hatte nur eine einfache Ehefrau, Audovere, und eine rauhe Konkubine, Fredegunde. Er bat Athanagild um Brunhildes Schwester; Galswintha kam nach Soissons, und Chilperich liebte sie, denn sie hatte große Schätze mitgebracht. Aber sie war älter als ihre Schwester. Chilperich kehrte in die Arme seiner Fredegunde zurück; Galswintha schlug die Rückkehr nach Spanien vor; Chilperich ließ sie erwürgen (567). Sigebert erklärte dem Chilperich den Krieg und schlug ihn, aber zwei von Fredegunde gesandte Sklaven ermordeten den Sigebert. Brunhilde wurde gefangengesetzt, entkam, krönte ihren jungen Sohn Childebert II. zum König und führte eine geschickte Regierung in seinem Namen.

Chilperich wird uns als der «Nero und Herodes unserer Zeit» geschildert, als grausamer, mordsüchtiger, ausschweifender, gefräßiger und goldgieriger Mensch. Gregor von Tours, unser einziger Gewährsmann für dieses Porträt, erklärt es zum Teil, indem er den Chilperich auch zum Friedrich II. seiner Zeit macht. Der König soll nach dieser Darstellung über den Gedanken der Dreieinigkeit und die Vorstellung von der Menschwerdung Gottes gespottet, anstößige Gespräche mit Juden geführt, gegen den Reichtum der Kirche und die politische Tätigkeit der Bischöfe protestiert, Testamente zugunsten der Kirche für nichtig erklärt, Bistümer an die Meistbietenden verkauft und den Gregor selbst von seinem Bistum Tour zu entfernen versucht haben[51]. Nach der Darstellung des Dichters Fortunat war der gleiche König die Ausgeburt aller Tugenden, ein gerechter und leutseliger Herrscher, ein Cicero an Beredsamkeit; aber Chilperich ließ dem Fortunat für seine Verse Belohnungen zukommen[52].

Im Jahre 584 wurde Chilperich erdolcht, vielleicht durch einen Meuchelmörder der Brunhilde. Er hinterließ einen unmündigen Sohn, Chlotachar II., an dessen Stelle Fredegunde Neustrien regierte und dabei ebensoviel Geschick, Treulosigkeit und Grausamkeit zeigte, wie jeder Herrscher ihrer Zeit. Sie sandte einen jungen Geistlichen, um Brunhilde zu ermorden; als er unverrichteter Dinge wiederkehrte, ließ sie ihm Hände und Füße abhauen; aber auch dieser Bericht stammt von Gregor[53]. Inzwischen stifteten die Edlen von Austrien mit Unterstützung von Chlotachar II. Aufstand nach Aufstand gegen die anmaßende Brunhilde an; sie schlug sie nieder, so gut sie konnte, wobei sie Diplomatie mit Mord vermischte; schließlich wurde die Achtzigjährige entthront, drei Tage lang gefoltert, mit Haar, Hand und Fuß an den Schwanz eines Pferdes gebunden und von dem galoppierenden Pferd zu Tode geschleift (614). Chlotachar II. erbte alle drei Reiche, und das Frankenreich war wiederum vereint.

Aus dieser blutgeröteten Chronik könnten wir eine zu düstere Vorstellung von dem Barbarentum erhalten, das Gallien kaum ein Jahrhundert nach dem weltmännischen und feingeschliffenen Sidonius verfinsterte; man muß einen Ersatz für Wahlen haben. Das Einigungswerk des Chlodowech wurde durch seine Nachkommen wieder zunichte gemacht, wie es später auch dem Einigungswerk Karls des Großen erging; aber zumindest verblieb eine Regierungsgewalt, und nicht alle Gallier konnten sich die Vielweiberei und Grausamkeit ihrer Könige leisten. Die anscheinende Selbstherrlichkeit der Monarchen war durch die Macht eines eifersüchtigen Adels begrenzt; er belohnte die Adligen für die Dienste am Staat und im Krieg mit Grundbesitz, auf dem sie so gut wie völlig selbständig waren, und auf diesen großen Domänen nahm der Feudalismus seinen Anfang, der ein Jahrtausend lang die französische Monarchie bekämpfen sollte. Die Leibeigenschaft nahm zu und die Sklaverei erhielt von neuen Kriegen einen neuen Auftrieb. Das Gewerbe ging von den Städten auf die Landsitze über; die Städte schrumpften und fielen unter die Herrschaft von Feudalherren; Handel wurde immer noch betrieben, war aber durch einen schwankenden Münzfuß, das Räuberunwesen und die Erhebung von Feudalabgaben behindert. Hungersnöte und Kriege kämpften einen erfolgreichen Kampf gegen die große Fortpflanzungsfreudigkeit der Menschen.

Die fränkischen Stammesführer heirateten in den gallorömischen Senatorenstand ein, soweit er noch vorhanden war, und wurden damit zu den Ahnvätern der Aristokratie Frankreichs. In jener Zeit bestand sie aus einem Adel der Gewalt, der seine Freude an der Kriegführung hatte, Wissen und Bildung verachtete, auf seine langen Bärte und seidenen Gewänder stolz war und es an polygamer Veranlagung mit jedem Mohammedaner mit Ausnahme von Mohammed selbst aufnehmen konnte. Selten findet man eine Oberschicht, die eine derartige Geringschätzung der Moral gezeigt hätte. Die Bekehrung zum Christentum hatte keine Wirkung auf sie; das Christentum kam ihnen lediglich als ein kostspieliges Hilfsmittel zur Herrschaft und zur Befriedung des Volkes vor, und in dem «Triumph des Barbarentums und der Religion» war das Barbarentum fünf Jahrhunderte lang der herrschende Teil. Politischer Mord, Brudermord, Vatermord, Folterung, Verstümmelung, Verrat, Ehebruch und Inzest brachten ein wenig Abwechslung in die Langeweile der Herrschertätigkeit. Chilperich soll befohlen haben, daß man dem Goten Sigila jedes Gelenk mit weißglühenden Eisen ausbrenne und jedes Glied einzeln ausrenke[54]. Charibert hatte zwei Schwestern als Mätressen, von denen die eine eine Nonne war; Dagobert (628–639) hatte drei Gattinnen zugleich. Vielleicht sind geschlechtliche Ausschweifungen für die außergewöhnliche Unfruchtbarkeit der Merowingerkönige verantwortlich zu machen: Von den vier Söhnen des Chlodowech hatte nur Chlotachar Nachkommenschaft; von Chlotachars vier Söhnen hatte nur einer ein Kind. Die Könige heirateten mit fünfzehn Jahren und waren mit dreißig erschöpft; viele starben vor dem achtundzwanzigsten Lebensjahr[55]. Um das Jahr 614 hatte das Königshaus der Merowinger seine Kraft aufgebraucht und stand zur Ablösung bereit.

In diesem Chaos bewahrten Wissenschaft und Bildung nur das nackte Leben. Um 600 war die geistige Bildung nur noch ein Luxus der Geistlichkeit. Die Wissenschaft war dem Verlöschen nahe. Die Medizin erhielt sich, denn wir hören von Ärzten; aber unter dem Volke schienen sich Zauberei und Gebet einer größeren Beliebtheit zu erfreuen als Arzneimittel. Gregor, der Bischof von Tours (538?–594), erklärte den Gebrauch von Medizin an Stelle der Religion als Heilmittel für sündhaft. Als er selbst erkrankte, ließ er einen Arzt kommen, schickte ihn aber bald als untauglich wieder fort; dann trank er ein Glas Wasser mit etwas Staub vom Grabmal des heiligen Martin und wurde vollständig geheilt[56]. Gregor war der größte Prosaschriftsteller seiner Zeit. Er kannte mehrere Merowingerkönige persönlich und diente ihnen von Zeit zu Zeit als Gesandter; seine *Geschichte der Franken* ist ein roher, ungeordneter, vorurteilbehafteter, abergläubischer und lebendiger Augenzeugenbericht der späteren Merowingerzeit. Sein Latein ist verderbt, kraftvoll, unmittelbar ansprechend; er entschuldigt sich wegen seiner mangelhaften Grammatik und gibt der Hoffnung Ausdruck, daß er am Jüngsten Gericht nicht wegen seiner Sprachsünden bestraft werden wird[57]. An Wundertaten glaubt er mit der gläubigen Einbildungskraft eines Kindes oder der liebenswürdigen Gewiegtheit eines Bischofs; «wir werden in unserem Bericht die Wundertaten der Heiligen mit den Metzeleien der Völker vereinen»[58]. Er versichert, daß im Jahre 587 Schlangen vom Himmel gefallen seien und ein ganzes Dorf mitsamt allen Gebäuden und Einwohnern plötzlich verschwunden sei[59]. Er verurteilt alles und jedes an einem Mann, der sich des Unglaubens schuldig macht oder der Kirche ein Leid zugefügt hat, die barbarischen Taten, den Verrat und die Unmoral der getreuen Söhne der Kirche nimmt er dagegen hin, ohne mit der Wimper zu zucken. Seine Vorurteile sind unverhüllt und lassen sich leicht in Rechnung setzen. Der Gesamteindruck ist der einer gewinnenden Einfachheit.

Nach Gregor wird die Literatur Galliens vorwiegend religiös im Inhalt und barbarisch in Sprache und Form – mit einer einzigen leuchtenden Ausnahme. Venantius Fortunatus (ca. 530–610) wurde in Italien geboren und wuchs in Ravenna auf; mit fünfunddreißig Jahren zog er nach Gallien, schrieb Lobgesänge für dessen Bischöfe und Königinnen und entwickelte eine platonische Zuneigung zu Radegunde, der Gattin des ersten Chlotachar. Als sie ein Kloster gründete, wurde Fortunat Priester, ihr Kaplan, und schließlich Bischof von Poitiers. Er schrieb hübsche Gedichte zu Ehren von Würdenträgern und Heiligen; neunundzwanzig an Gregor von Tours; ein Leben des heiligen Martin in heroischen Versen; vor allem einige tönende Hymnen, von denen eine, *Pange lingua*, Thomas von Aquin zu einem gleichartigen Thema und einer noch höheren Leistung anspornte, während ein anderes, *Vexilla regis*, zu einem bleibenden Bestandteil der katholischen Liturgie wurde. Er vermischte in bewundernswerter Weise Empfinden mit poetischem Geschick; wenn wir seine munteren und liebenswürdigen Zeilen lesen, dann entdecken wir, daß es inmitten der königlichen Roheiten der Merowingerzeit doch noch Freundlichkeit, Aufrichtigkeit und zartestes Empfinden gab.

IV. DAS WESTGOTISCHE SPANIEN: 456–711

Wie wir bereits gesehen haben, nahmen die Westgoten Galliens im Jahre 420 den Wandalen Spanien ab und gaben es an Rom zurück. Rom vermochte es aber nicht zu verteidigen; achtzehn Jahre darauf kamen die Sueben von ihren Bergen im Nordwesten herab und überrannten die Halbinsel. Die Westgoten unter Theoderich II. (456) und Eurich (466) überschritten wiederum die Pyrenäen, eroberten erneut den größten Teil Spaniens und behielten das Land diesmal für sich. Eine Westgotendynastie regierte von da an Spanien, bis die Araber kamen.

In Toledo errichtete sich die neue Monarchie eine prachtvolle Hauptstadt mit einer üppigen Hofhaltung. Athanagild (564–567) und Leuwigild (568–586) waren kraftvolle Herrscher, die fränkische Eindringlinge im Norden und byzantinische Heere im Süden zurückschlugen; es war der Reichtum des Athanagild, der seinen Töchtern das Privileg eintrug, als Frankenköniginnen ermordet zu werden. 589 wechselten Rekkared und die meisten Westgoten Spaniens vom arianischen zum katholischen Christentum über; vielleicht hatte Rekkared die Geschichte Alarichs II. gelesen. Die Bischöfe wurden nun zur Hauptstütze der Monarchie und zur größten Macht im Staate; infolge ihrer höheren Bildung und besseren Organisation beherrschten sie die Adligen, die mit ihnen in den Ratsversammlungen von Toledo saßen, und wenn der König in der Theorie auch eine absolute Regierungsgewalt besaß und die Bischöfe ernannte, so wurde er selbst doch von diesen Ratsversammlungen gewählt und mußte sich im voraus zu einer bestimmten Politik verpflichten. Unter der Führung der Geistlichkeit wurde ein Gesetzbuch verfaßt (634), das die wirkungsvollste und intoleranteste aller Gesetzessammlungen der Barbaren darstellt. Das Gerichtsverfahren wurde verbessert, indem man mehr auf die beweisenden Aussagen von Zeugen als auf die Charakterzeugnisse von Freunden Wert legte; Römer und Goten wurden den gleichen Gesetzen unterstellt; als Ausgangspunkt galt der Grundsatz der Gleichheit vor dem Gesetze[60]. Das gleiche Gesetzbuch wollte aber nichts von Glaubensfreiheit wissen, verlangte von der gesamten Bevölkerung die Zugehörigkeit zum katholischen Christentum und sanktionierte eine langwährende und heftige Verfolgung der spanischen Juden.

Durch den Einfluß der Kirche, die das Lateinische in ihren Predigten und in der Liturgie beibehielt, verlernten die Westgoten innerhalb eines Jahrhunderts nach der Eroberung Spaniens ihre germanische Sprache und verderbten das Latein der Halbinsel zu der männlichen Ausdruckskraft und weiblichen Schönheit des Spanischen. Kloster- und Bischofsschulen sorgten für eine Bildung, die großenteils kirchlich, zum Teil aber auch klassisch war, und in Vaclara, Toledo, Zaragoza und Sevilla entstanden Akademien. Die Dichtkunst wurde gefördert, die Schauspielkunst als obszön – was sie auch war – mißbilligt. Der einzige Name, der in der Literatur des gotischen Spaniens erhalten ist, ist derjenige des Isidor von Sevilla (ca. 560–636). Eine erbauliche Legende berichtet, daß ein spanischer Jüngling, der wegen seiner Geistesträgheit getadelt worden war, von daheim fortlief und sich, von der Wanderschaft ermüdet, am Rande eines Brunnens niederließ. Sein Auge fiel auf eine tiefe Einkerbung in einem Stein am Brunnenrand; eine Magd erklärte ihm, daß die Einkerbung durch die Reibung des Seiles, mit dem der Eimer hinabgelassen und hochgezogen wurde, entstanden sei. «Wenn das weiche Seil durch den täglichen Gebrauch den Stein abschleifen kann», sagte sich Isidor, «dann kann doch sicherlich Beharrlichkeit die Trägheit meines Geistes überwinden.» Er kehrte ins Vaterhaus zurück und wurde der gelehrte Bischof von Sevilla[61]. In Wirklichkeit ist uns von seinem Leben nicht viel bekannt. Trotz der ganzen Arbeitstätigkeit des gewissenhaften Klerikers fand er die Zeit, ein halbes Dutzend Bücher zu schreiben. Wohl als Gedächtnisstütze verfaßte er während vieler Jahre ein Sammelwerk von Textstellen über alle Themen von heidnischen und christlichen Schriftstellern; sein Freund Braulio, der Bischof von Zaragoza, drängte auf Veröffentlichung dieser Exzerpte; Isidor gab nach und stellte mit ihnen eine der einflußreichsten Schriften des Mittelalters zusammen, die *Etymologiarum sive originum libri XX (Zwanzig Bücher der Etymologien oder Ursprünge)*, die nun einen Oktavband von neunhundert Seiten ausmachen. Sie ist eine Enzyklopädie, nur daß sie nicht alphabetisch angeordnet ist; sie befaßt sich der Reihe nach mit Grammatik, Rhetorik und Logik als dem «Trivium», dann mit Arithmetik, Geometrie, Musik und Astronomie als dem «Quadrivium», dann mit Medizin, Rechtskunde, Chronologie, Theologie, Anatomie, Physiologie, Zoologie, Kosmographie, Geographie, Architektur, Feldmeßkunde, Mineralogie, Ackerbau, Kriegskunde, Sport, Schiffen, Kostümen, Möbeln, Hausgeräten ...; und unter jeder Überschrift definiert sie die Hauptbegriffe und sucht ihren Ursprung nachzuweisen. Der Mensch, so heißt es dort, wird *homo* geheißen, weil er aus Erde *(humus)* gemacht ist; die Knie sind *genua*, weil sie beim Fötus gegenüber den Wangen *(genae)* liegen[62]. Isidor war ein emsiger, wenn auch kritikloser Gelehrter; er konnte sehr viel Griechisch, kannte Lucretius gut (der im Mittelalter selten erwähnt wird) und erhielt uns im Auszug viele Textstellen aus der heidnischen Literatur, die sonst verlorengegangen wären. Sein Werk ist ein Sammelsurium seltsamer Etymologien, unglaublicher Wundertaten, phantastischer allegorischer Auslegungen der Heiligen Schrift, zum Beweise ethischer Grundsätze zurechtgestutzter wissenschaftlicher und historischer Tatsachen und fehlerhafter Behauptungen, die mit ein klein wenig Beobachtung hätten richtiggestellt werden können. Sein Buch bleibt als dauerhaftes Dokument der Ignoranz seiner Zeit bestehen.

Von der Kunst des Westgotenreiches in Spanien ist fast nichts erhalten. Toledo, Itálica, Côrdoba, Granada, Mérida und andere Städte besaßen offenbar schöne Kirchen, Paläste und öffentliche Bauten im klassischen Stile, die aber mit christlichen Symbolen und byzantinischem Zierat versehen waren[63]. In den Palästen und der Kathedrale von Toledo fanden die arabischen Eroberer nach dem Bericht arabischer Historiker fünfundzwanzig mit Edelsteinen besetzte Goldkronen, einen illuminierten Psalter, der mit einer Tinte aus geschmolzenen Rubinen auf Goldblatt geschrieben war, Gewebe mit Einflechtungen, Rüstungen mit Einlegarbeiten, Schwerter und Dolche mit Juwelenschmuck, mit Edelsteinen gefüllte Gefäße und einen mit Silber- und Goldschmiedearbeiten gezierten Smaragdtisch – eines der vielen kostbaren Geschenke reicher Westgoten an die Kirche, die sie schützte.

Unter der Westgotenherrschaft dauerte die Ausbeutung der Einfältigen oder Unglücklichen durch die Schlauen und Starken fort wie unter jeder anderen Regierungsform. Fürsten und Prälaten trafen sich in einer Prachtentfaltung weltlicher oder religiöser Zeremonien, Tabus und Schrecken, um die Leidenschaften des gemeinen Volkes im Zaume und seine Gedanken in Ruhe zu halten. Der Besitz war in den Händen einiger weniger angehäuft; die große Kluft zwischen Reich und Arm und zwischen Christ und Jude spaltete die Nation in drei Stände auf, und als die Araber kamen, hatten die Armen und die Juden nichts einzuwenden gegen den Sturz einer Monarchie und einer Kirche, die sich um ihre Armut nicht gekümmert und ihren Glauben unterdrückt hatten.

Im Jahre 708 weigerte sich der Adel, nach dem Tode des schwachen Königs Witiza den Thron an dessen Kinder übergehen zu lassen und übertrug ihn dem Roderich. Die Söhne des Witiza flohen nach Nordafrika und riefen maurische Häuptlinge um Hilfe an. Die Mauren unternahmen einige abtastende Überfälle auf die spanische Küste, stellten fest, daß Spanien innerlich zerrissen und fast unverteidigt war und setzten im Jahre 711 mit größeren Streitkräften über. Die Heere des Tariq und des Roderich stießen an den Ufern des Jandasees in der Provinz Cádiz aufeinander; ein Teil der Westgoten ging zu den Mauren über; Roderich verschwand von der Bildfläche. Die siegreichen Muselmanen drangen gegen Sevilla, Córdoba, Toledo vor; mehrere Städte öffneten den Invasoren ihre Tore. Der arabische Feldherr Musa richtete sich in der Hauptstadt ein (713) und verkündete, Spanien gehöre nunmehr dem Propheten Mohammed und dem Kalifen von Damaskus.

V. DAS OSTGOTISCHE ITALIEN: 493–536

I. THEODERICH

Als das Reich des Attila bei dessen Tode (453) auseinanderbrach, gewannen die Ostgoten, die er unterworfen hatte, ihre Selbständigkeit wieder. Die byzantinischen Kaiser leisteten ihnen Zahlungen, damit sie andere Germanen nach dem Westen abdrängten, gaben ihnen Pannonien als Lohn und nahmen Theoderich, den siebenjährigen Sohn ihres Königs Thiudimer, als Geisel für die Treue der Ostgoten nach Konstantinopel mit. Während elf Jahren am byzantinischen Hofe erwarb sich Theoderich eine Intelligenz ohne Bildung, nahm die Künste der Kriegführung und der Regierungsführung in sich auf, lernte aber offenbar nie die Kunst des Schreibens[64]. Er errang sich die Bewunderung des Kaisers Leon I., und als Thiudimer starb (475), erkannte Leon den Theoderich als König der Ostgoten an.

Leons Nachfolger Zenon, der befürchtete, daß Theoderich Byzanz Schwierigkeiten machen könnte, munterte ihn zur Eroberung Italiens auf. Odoaker hatte die Oberhoheit der Kaiser des Ostreiches formell anerkannt, in Wirklichkeit aber nie beachtet; Zenon hoffte, daß Theoderich Italien wieder unter die Gewalt des Byzantinischen Reiches bringen würde;

er nahm an, daß die beiden Anführer gefährlicher Stämme sich gegenseitig zu schaffen geben würden, während er selbst Theologie studieren könnte. Theoderich fand den Gedanken gut; es wird behauptet, daß er ihn selbst vorgeschlagen habe. Als Zenons *patricius* führte er die Ostgoten mit 20000 Kriegern über die Alpen (488). Die katholischen Bischöfe Italiens, denen Odoakers arianische Religion mißfiel, unterstützten den arianischen Eindringling, da er einen beinahe katholischen Kaiser vertrat. Mit ihrer Hilfe brach er Odoakers hartnäckigen Widerstand in einem fünfjährigen Ringen und vermochte ihn zu einem Kompromißfrieden zu überreden. Er lud Odoaker zu sich zum Gastmahl nach Ravenna, gab ihm reichlich zu essen und erschlug ihn dann mit eigener Hand (493). Mit einer derart verräterischen Handlung hub eine Regierung an, die zu den aufgeklärtesten der Geschichte gehört.

Ein paar Feldzüge trugen Theoderich die Herrschaft über den westlichen Balkan, Süditalien und Sizilien ein. Der Form nach behielt er die Unterordnung unter Byzanz bei; Münzen schlug er nur im Namen des Kaisers, und dem Senat, der immer noch seine Sitzungen in Rom abhielt, schrieb er mit gebührender Hochachtung. Er nahm den Titel eines *rex*, also eines Königs, an; aber diese Bezeichnung, die den Römern dereinst so verhaßt gewesen war, wurde jetzt allgemein auf Herrscher von Gebieten angewandt, die die byzantinische Oberhoheit anerkannten. Er behielt die Gesetze und Einrichtungen des ehemaligen Weströmischen Reiches bei, war eifrig um die Erhaltung seiner Denkmäler und Staatsform bedacht und widmete seine Kraft und Intelligenz der Erneuerung eines geordneten Staatswesens und einer wirtschaftlichen Blüte bei dem Volke, das er unterworfen hatte. Seine Goten setzte er nur zum Polizei- und Kriegsdienst ein und stillte ihr Murren durch einen reichlich bemessenen Sold; die Verwaltung des Staates und die Rechtsprechung verblieben in der Hand der Römer. Zwei Drittel des Grundbesitzes von Italien wurde der römischen Bevölkerung gelassen, ein Drittel wurde unter die Goten verteilt; aber auch so blieb immer noch unbebautes Ackerland übrig. Theoderich löste römische Kriegsgefangene von anderen Nationen aus und siedelte sie als Bauern in Italien an. Die Pontinischen Sümpfe wurden trockengelegt und gaben wiederum einen gesunden und reichen Boden ab. Da er an eine gelenkte Wirtschaftsform glaubte, erließ Theoderich ein «Edikt betreffs die in Ravenna einzuhaltenden Preise»; wir kennen die Preise nicht, die vorgeschrieben wurden; die Nahrungsmittelpreise sollen während Theoderichs Regierungszeit um ein Drittel niedriger gewesen sein als vorher[65]; das war wohl eher dem Frieden als der Preislenkung zu verdanken. Er verkleinerte den Beamtenapparat, setzte die Gehälter der Beamten herab, stellte die staatlichen Hilfszahlungen an die Kirche ein und hielt die Steuern niedrig. Und doch genügten die Staatseinkünfte, um einen Großteil des Schadens, den die Invasoren Rom und Italien zugefügt hatten, wiedergutzumachen und in Ravenna einen einfachen Palast und die Kirchen S. Apollinare und S. Vitale zu erbauen. Verona, Pavia, Neapel, Spoleto und andere Städte Italiens kamen unter seiner Herrschaft wieder zu dem ganzen architektonischen Glanz, den sie in besseren Zeiten gehabt hatten. Obgleich er selbst Arianer war, schützte Theoderich die katholische Kirche in ihrem Besitz und ihrem Glauben, und sein Minister Cassiodor, ein Katholik, gab einer Politik der religiösen Freizügigkeit in denkwürdigen Worten Ausdruck: «Wir können die Religion nicht befehlen, denn niemand kann gegen seinen Willen zu einem Glauben gezwungen werden[66].» Ein byzantinischer Geschichtsschreiber, Prokop, erstattete in der folgenden Generation dem «Barbaren»könig einen unparteiischen Tribut:

> Seine gewaltige Hand sorgte für Gerechtigkeit allerwegen und war ein starker Schirm für Recht und Gesetz ... So war Theoderich dem Namen nach ein Tyrann, in Wirklichkeit aber ein rechter Kaiser, nicht um Haaresbreite geringer als irgendeiner von denen, welche sonst diese Würde bekleidet haben. Obgleich es dem menschlichen Charakter zu widersprechen scheint, liebten und verehrten ihn tatsächlich Goten und Italiker ohne jeglichen Unterschied ... Nach einer Regierung von 37 Jahren starb er, der Schrecken seiner Feinde, von seinen Untertanen aufs tiefste betrauert.[67]

2. BOETHIUS

In dieser Zeit der Sicherheit und des Friedens erlebte die lateinische Literatur in Italien eine allerletzte Blüte. Flavius Magnus Aurelius Cassiodorus (480?–573) diente sowohl Odoaker als auch Theoderich als Sekretär. Auf Veranlassung des letzteren schrieb er eine *Geschichte der Goten*[68], die den hochmütigen Römern zeigen sollte, daß auch die Goten edle Vorfahren und eine heldenmütige Geschichte hinter sich hatten. Vielleicht war Cassiodor objektiver in seinem *Chronicon*, in dem er den zeitlichen Ablauf der Weltgeschichte von Adam bis Theoderich darstellte. Zum Abschluß seiner langen politischen Laufbahn veröffentlichte er unter dem Namen *Variae* eine Sammlung von Briefen und Staatsdokumenten; einige sind etwas absurd, andere ein wenig bombastisch, viele zeigen einen hohen sittlichen und staatsmännischen Stand bei dem Minister und seinem König an. Um 540, nachdem er den Zusammenbruch beider Reiche, denen er gedient hatte, erlebt hatte, zog er sich auf seinen Landsitz in Squillace in Kalabrien zurück, gründete zwei Klöster und lebte dort, halb als Mönch, halb als Grande, bis der Tod den Dreiundneunzigjährigen überkam. Er lehrte seine Mitmönche die Abschrift von Handschriften – gleicherweise von heidnischen wie von christlichen – und richtete einen besonderen Raum, das *scriptorium*, zu diesem Zwecke ein. Sein Beispiel machte in anderen religiösen Institutionen Schule, und manches von dem Schatz an klassischer Literatur, den wir heute besitzen, ist dieser klösterlichen Kopierarbeit, die von Cassiodor eingeleitet wurde, zu verdanken. In seinen letzten Lebensjahren verfaßte er ein Lehrbuch, *Institutiones divinarum et humanarum lectionum*, einen *Lehrgang geistlicher und weltlicher Studien*, in dem er kühn die Christen verteidigte, welche heidnische Bücher lesen, und von Martianus Capella die Einteilung des Studienganges in das «trivium» und das «quadrivium» übernahm, welche in den mittelalterlichen Lehrplan allgemein Eingang fand.

Die Laufbahn des Anicius Manlius Severinus Boethius (475?–524) war derjenigen des Cassiodor gleichlaufend, nur daß er nicht so alt wurde wie dieser. Beide stammten aus reichen römischen Familien, dienten dem Theoderich als Minister, mühten sich, zwischen Heidentum und Christentum eine Brücke zu schlagen und schrieben langweilige Bücher, die ein Jahrtausend lang gelesen und sorgsam gehütet wurden. Der Vater des Boethius war 483 Konsul; sein Schwiegervater, Symmachus der Jüngere, stammte von dem Symmachus ab, der den Altar der Victoria verteidigt hatte. Er erhielt die beste Bildung, die Rom gewähren konnte, und verbrachte dann achtzehn Jahre an den Schulen Athens. Nach seiner Rückkehr in seine italischen Villen vergrub er sich in seine Studien. Entschlossen, die Elemente einer klassischen Kultur, die sichtlich im Sterben lag, zu erhalten, gab er seine Zeit – gerade das, was der Gelehrte am unwilligsten hergibt – dazu her, die Werke des Eukleides über Geometrie, des Nikomachos über Arithmetik, des Archimedes über Mechanik, des Ptolemaios über Astronomie in einem klaren Latein wiederzugeben. ... Seine Übersetzung des aristotelischen *Organon*, der logischen Abhandlungen des Aristoteles und der *Einführung in die Kategorien des Aristoteles* des Porphyrios lieferte den nächsten sieben Jahrhunderten die führenden Texte und Gedanken in der Logik und bereitete den langen Kampf zwischen Realismus und Nominalismus vor. Boethius versuchte sich auch an der Theologie; in einer Schrift über die Dreieinigkeit setzte er sich für die katholische Lehre ein und vertrat den Grundsatz, daß da, wo Glaube und Vernunft in Konflikt geraten, der Glaube die Oberhand erhalten solle. Heute lohnt sich die Lektüre dieser Werke nicht mehr, der Einfluß, den sie auf das mittelalterliche Denken hatten, kann aber gar nicht hoch genug eingeschätzt werden.

Die Familientradition des Dienstes am Staat bewog ihn, sich von diesen abstrusen Beschäftigungen loszureißen und sich in den Wirbel des politischen Lebens zu stürzen. Ihm war ein schneller Aufstieg beschieden; er wurde Konsul, dann *patricius*, dann Amtsmeister, also Ministerpräsident (522). Er zeichnete sich durch seine Menschenliebe wie durch seine Beredsamkeit aus; man verglich ihn mit Demosthenes und Cicero. Aber die Auszeichnung schafft Feinde. Den gotischen Hofbeamten war seine Sympathie zu der römischen und katholischen Bevölkerung zuwider, und sie machten den König gegen Boethius argwöhnisch. Theoderich war damals neunundsechzig Jahre alt; seine Körper- und Geisteskräfte verließen ihn, und er machte sich Gedanken, wie er der Herrschaft einer arianischen gotischen Familie über ein Volk, das zu neun Zehnteln römisch und zu acht Zehnteln katholisch war, Beständigkeit geben könnte. Er hatte allen Grund zu der Annahme, daß der Adel und die Kirche in Gegnerschaft zu ihm standen und ungeduldig seines Todes harrten. Im Jahre 523 erließ Iustinos als byzantinischer Regent einen Erlaß, der alle Manichäer aus dem Reichsgebiet verbannte und alle Heiden und Ketzer, mit Ausnahme der Goten auch alle Arianer, vom Staats- und Heeresdienst ausschloß. Theoderich hegte den Verdacht, daß die Ausnahme gemacht worden war, um ihn zu entwaffnen, und bei der ersten besten Gelegenheit widerrufen würde; nach seiner Ansicht war dieser Erlaß ein schlechter Dank für die vollständige Freiheit, die er dem katholischen Glaubensbekenntnis im Westen gelassen hatte. Hatte er nicht den gleichen Boethius zu den höchsten Ämtern aufsteigen lassen, der ein antiarianisches Traktat über die Dreieinigkeit verfaßt hatte? Im gleichen Jahre 523 hatte er der Peterskirche zwei prächtige massiv silberne Leuchter geschenkt, eine Geste der Höflichkeit gegenüber dem Papst. Er hatte aber einen großen Teil der Bevölkerung gegen sich aufgebracht, indem er die Juden in Schutz nahm; als der Mob in Mailand, Genua und Rom Synagogen zerstörte, hatte er sie auf Staatskosten wieder aufbauen lassen[69].

So lagen die Dinge, als Theoderich die Nachricht erhielt, daß Senatoren sich zu seiner Absetzung verschworen hätten. Der Führer des Aufstandes sei Albinus, der Senatsvorsitzende und Freund des Boethius. Der großmütige Gelehrte eilte zu Theoderich, setzte sich für die Unschuld des Albinus ein und sagte: «Wenn Albinus ein Verbrecher ist, dann bin ich und ist der ganze Senat gleichermaßen schuldig.» Drei Männer dunklen Rufes beschuldigten den Boethius der Teilnahme an der Verschwörung und brachten ein Dokument bei, das seine Unterschrift trug und den Kaiser von Byzanz aufforderte, Italien wieder zu erobern. Boethius bestritt jede Schuld und bezeichnete das Schriftstück als Fälschung; später gestand er jedoch: «Hätte es eine Hoffnung auf Freiheit gegeben, so hätte ich mich ihr durchaus hingegeben. Hätte ich von einer Verschwörung gegen den König etwas gewußt... ihr hättet es von mir nicht erfahren[70].» Er wurde in Haft gesetzt (523).

Theoderich suchte mit dem Kaiser zu einer Verständigung zu kommen. In Worten, die eines Philosophen-Königs würdig gewesen wären, schrieb er an Iustinos:

> Die Herrschaft über das Gewissen beanspruchen bedeutet sich ein Vorrecht Gottes anmaßen. Nach der Natur der Dinge beschränkt sich die Gewalt eines Herrschers auf die politische Staatsführung; er hat ein Recht zu strafen nur gegenüber denjenigen, die den öffentlichen Frieden stören. Die gefährlichste Ketzerei ist diejenige eines Herrschers, der sich von einem Teil seiner Untertanen lossagt, nur weil sie einen anderen Glauben als er selbst haben.[71]

Iustinos erwiderte, er habe wohl das Recht, denjenigen Menschen Ämter vorzuenthalten, auf deren Treue und Ergebenheit er sich nicht verlassen könne, und daß die Ordnung im Staate eine Glaubenseinheit erfordere. Die Arianer des Ostens wandten sich um Schutz an Theoderich. Dieser bat Papst Johannes I., nach Konstantinopel zu gehen und sich für die entlassenen Arianer einzusetzen; der Papst erhob den Einwand, das sei kein Auftrag für einen Mann, der sich zur Vernichtung der Ketzerei verpflichtet habe; Theoderich beharrte jedoch auf seinem Wunsch. Johannes wurde in Konstantinopel mit vielen Ehren empfangen und kehrte mit so leeren Händen zurück, daß Theoderich ihn des Verrates beschuldigte und ins Gefängnis werfen ließ, wo er nach einem Jahr starb[72].

Inzwischen waren Albinus und Boethius vor dem König verhört und für schuldig erklärt und zum Tode verurteilt worden. Der Senat erließ in seiner Angst Dekrete, durch die die beiden aus dem Senat gestoßen und ihres Vermögens für verlustig erklärt wurden und das Urteil als rechtsgültig anerkannt wurde. Boethius schrieb nun im Gefängnis eines der berühmtesten mittelalterlichen Bücher, *De consolatione philosophiae – Von der Tröstung der Philosophie*. In seinem Wechsel von einfacher Prosa und bezaubernder Poesie schimmert nicht eine Träne durch; er zeigt nur eine stoische Resignation, eine Ergebung in die unberechenbaren Launen des Schicksals und einen heldenmütigen Versuch, das Unglück eines guten Menschen mit der Güte, Allmacht und Allwissenheit Gottes in Einklang zu bringen. Boethius erinnert sich all der Segnungen, mit denen ihn das Leben überschüttet hatte – ein großes Vermögen, einen «edlen Schwiegervater und eine keusche Gattin» und musterhafte Kinder; er entsinnt sich seiner Ämter und Würden und des glückhaften Augenblicks, da er mit seiner Beredsamkeit einen Senat in seinen Bann zog, dessen präsidierende Konsuln beide Söhne von ihm waren. Er sagt sich, daß eine solche Seligkeit nicht ewig währen könne; das Schicksal müsse sie hin und wieder mit einem züchtigenden Streich ausgleichen, und so viel Glückseligkeit sei eine Entschuldigung für einen derartigen Notstand[73]. Und doch könne die Erinnerung an das Glück die Trauer mehren: «In jedem Unglück», sagt Boethius in einer Verszeile, die Dante seine Francesca wiederholen ließ, «ist es das größte Mißgeschick, glücklich gewesen zu sein[74].» Er fragt die Dame Philosophie – die er im Stile des Mittelalters personifiziert –, wo das wahre Glück zu finden sei; er entdeckt, daß es nicht im Reichtum oder Ruhm, in der Lust oder der Gewalt liegt, und er kommt zu dem Schluß, daß es kein wahres und sicheres Glück gebe, es sei denn in der Vereinigung mit Gott; «Glückseligkeit ist die Gottheit selber»[75]. Seltsamerweise findet sich in dem Buche keine Andeutung einer persönlichen Unsterblichkeit, kein Hinweis auf das Christentum oder irgendeine spezifisch christliche Doktrin, keine Zeile, die nicht auch von Zenon, Epiktet oder Marc Aurel geschrieben sein könnte. Das letzte Werk der heidnischen Philosophie wurde von einem Christen verfaßt, der in der Stunde des Todes an Athen und nicht an Golgatha dachte.

Am 23. Oktober 524 kamen die Urteilsvollstrecker zu ihm. Sie legten eine Schlinge um seinen Kopf und zogen sie an, bis ihm die Augen aus den Höhlen traten; dann schlugen sie mit Knüppeln auf ihn ein, bis er sein Leben aushauchte. Einige Monate später wurde Symmachus hingerichtet. Nach Prokop[76] beweinte Theoderich das Unrecht, das er Boethius und Symmachus angetan hatte. Im Jahre 526 folgte er seinen Opfern ins Grab.

Sein Reich überlebte ihn nicht lange. Er hatte seinen Enkel Athalarich zum Nachfolger bestimmt; da aber Athalarich erst zehn Jahre alt war, regierte seine Mutter Amalaswintha in seinem Namen. Sie war eine Frau von großer Bildung und vielen Vorzügen, Freundin und vielleicht Schülerin des Cassiodor, der nun ihr diente, wie er ihrem Vater gedient hatte. Sie neigte aber viel zu sehr zur römischen Lebensart, als daß sie ihren gotischen Untertanen hätte gefallen können, und diese lehnten sich gegen die klassischen Studien auf, mit denen die Königsmutter nach ihrer Ansicht einen Schwächling aus dem König machte. Sie überließ den Knaben gotischen Erziehern; er gab sich sexuellen Ausschweifungen hin und starb mit achtzehn Jahren. Amalaswintha teilte den Thron mit ihrem Vetter Theodahad, dem sie das Versprechen abnahm, daß er sie regieren lassen werde. Nach kurzer Zeit entthronte er sie und setzte sie gefangen. Sie richtete ein Hilfegesuch an Justinian, der jetzt byzantinischer Kaiser war. Belisar kam.

FÜNFTES KAPITEL

JUSTINIAN

[527–565]

I. DER KAISER

Im Jahre 408 starb Arkadios, und sein Sohn, Theodosios II., wurde als siebenjähriger Knabe der Kaiser des Ostreiches. Seine Schwester Pulcheria, die zwei Jahre älter war, befaßte sich mit seiner Erziehung, und zwar mit einer so anhaltenden Besorgtheit, daß er nie die Eignung zur Übernahme der Regierung erhielt. Er überließ seine Aufgaben dem Präfekten der Prätorianer und beschäftigte sich selbst mit der Abschrift und Ausmalung von Handschriften; er scheint den Codex, der seinen Namen trägt, nie gelesen zu haben. Im Jahre 414 übernahm Pulcheria, die nun sechzehnjährig war, die Regentschaft und stand dem Reiche dreiunddreißig Jahre lang vor. Sie und ihre beiden Schwestern legten das Keuschheitsgelübde ab und scheinen das Gelübde gehalten zu haben. Sie kleideten sich mit asketischer Einfachheit, fasteten, sangen geistliche Lieder und beteten, gründeten Krankenhäuser, Kirchen und Klöster und überschütteten sie mit Geschenken. Der Palast wurde zum Kloster, in welches nur Frauen und einige Priester Zutritt hatten. Inmitten all dieser Heiligkeit regierten Pulcheria, ihre Schwägerin Eudokia und ihre Minister das Reich mit so viel Geschick, daß während der ganzen zweiundvierzig Jahre der Scheinherrschaft des Theodosios das Oströmische Reich sich einer außergewöhnlichen Ruhezeit erfreute, während das Weströmische Reich im Chaos aufging. Aus dieser Zeit ist die Veröffentlichung des Theodosischen Gesetzbuches noch am wenigsten der Vergessenheit anheimgefallen (438). Im Jahre 429 erhielt eine Gruppe von Rechtsgelehrten den Auftrag, alle Gesetze, die seit der Thronbesteigung des Konstantin im Reiche erlassen worden waren, zu kodifizieren. Das neue Gesetzbuch erhielt sowohl im Osten wie auch im Westen Gültigkeit und blieb bis zu der umfassenderen Gesetzessammlung des Justinian das Rechtsbuch des Reiches.

Von Theodosios II. bis Justinian I. hatte das Ostreich viele Herrscher, die zu ihrer Zeit großes Aufsehen erregten, aber heute weniger als Schatten der Vergangenheit sind: Immer wieder bringt uns das Leben großer Menschen in Erinnerung, wie kurzlebig die Unsterblichkeit ist. Leon I. (457–474) sandte die größte je von einer römischen Regierung aufgestellte Flotte gegen Geiserich (467); sie wurde geschlagen und zerstört. Sein Schwiegersohn Zenon der Isaurier (474–491), der unbedingt die Monophysiten besänftigen wollte, verursachte eine tiefe Spaltung zwischen dem griechischen und dem lateinischen Christentum, indem er auf Grund eines kaiserlichen Machtwortes in seinem «einigenden» Briefe, dem *Henotikon*, die Entscheidung fällte, es gebe nur eine Natur in Christus. Anastasios (491–518) war ein Mann, dem es an Geschick, Mut und gutem Willen nicht fehlte; er brachte die Staatsfinanzen durch eine geschickte und sparsame Regierungsführung wieder in Ordnung, setzte die Steuern herab, verbot die Kämpfe zwischen Menschen und wilden Tieren bei den Spielen, machte Konstantinopel durch den Bau der «Langen Mauern», die sich über sechzig Kilometer weit vom Marmarameer zum Schwarzen Meer erstreckten, nahezu unverwundbar, verwandte Staatsmittel für viele weitere nutzbringende öffentliche Arbeiten und hinterließ doch einen Staatsschatz von dreihundertzwanzigtausend Pfund Gold, die Justinian zu seinen Eroberungen in Stand setzten. Das Volk war mit seinen Sparmaßnahmen und seinen monophysitischen Neigungen nicht zufrieden; ein Volkshaufe belagerte seinen Palast und ermordete drei Männer seines Gefolges; er zeigte sich den Aufrührern in der ganzen Würde seiner achtzig Jahre und bot seinen Rücktritt an, falls sie einen geeigneten Nachfolger nennen könnten. Es war eine undurchführbare Bedingung, und die Menge bat ihn schließlich, die Krone zu behalten. Als er kurz darauf starb, kam ein Usurpator auf den Thron, Iustinos, ein ungebildeter Senator (518–527), der so sehr dem behaglichen Leben eines Siebzigjährigen zugetan war, daß er die Regierung des Reiches seinem glänzenden Regenten und Neffen Justinian überließ.

Prokop, sein Historiker und Feind, wäre mit Justinian schon wegen seiner Geburt unzufrieden gewesen, denn der künftige Kaiser wurde (482) als Sohn einfacher illyrischer (vielleicht slawischer)[1] Bauern in der Nähe des antiken Sardica, des heutigen Sofia, geboren. Sein Onkel Iustinos nahm ihn nach Konstantinopel mit und verschaffte ihm eine gute Erziehung und Bildung. Justinian zeichnete sich als Offizier im Heeresdienst und während neun Jahren als Helfer und Lehrling des Iustinos so sehr aus, daß er nach dem Tode des Onkels (527) dessen Nachfolger auf dem Thron wurde.

Er war fünfundvierzig Jahre alt, von mittlerer Statur, glattrasiert, mit derbem Gesicht und lockigem Haar und hatte angenehme Umgangsformen und ein Lächeln, das jederzeit bereitstand und zu unendlich vielen Zwecken eingesetzt werden konnte. Er war so enthaltsam wie ein Einsiedler und aß wenig, meist nur pflanzliche Kost[2]; er fastete oft, manchmal bis zur völligen Erschöpfung. Auch während seiner Fastenzeiten setzte er seinen gewohnten Tageslauf fort – er stand früh auf und widmete sich «von der frühen Morgendämmerung bis Mittag und weit in die Nacht hinein» den Staatsgeschäften. Es geschah oftmals, daß seine Adjutanten meinten, er habe sich bereits zurückgezogen, während er in Wirklichkeit noch über seinen Studien saß und danach strebte, nicht nur ein Kaiser, sondern auch ein Musiker und Architekt, ein Dichter und Rechtsgelehrter, ein Theologe und Philosoph zu werden; bei alledem behielt er aber den größten Teil des Aberglaubens seiner Zeit bei. Sein Geist war stets rege, gleicherweise mit großangelegten Plänen wie mit den kleinsten Einzelheiten vertraut. Er war weder kräftig noch besonders mutig; während der Unruhen zu Beginn seiner Regierungszeit wollte er abdanken, und niemals zog er in seinen Kriegen selbst zu Feld. Es war wohl ein Nachteil seiner Liebenswürdigkeit, daß er sich leicht von seinen Freunden beeinflussen ließ und darum in seiner Politik oft schwankte; häufig ordnete er sein eigenes Urteil demjenigen seiner Gattin unter. Prokop, der ein ganzes Buch den Fehlern des Justinian widmet, stellt ihn so dar: «Justinian war ein Meister der Verstellung, in jeder Art von Betrug und Tücke bewandert, verschlossen und jähzornig. Er hatte ein doppeltes Gesicht: Als Mensch war er grausam und verstand es vortrefflich, seine Gedanken auf die geschickteste Weise zu verbergen. Er konnte Tränen vergießen, aber nicht aus Freude oder Schmerz, es waren vielmehr richtige Krokodilstränen, die er, wann es ihm gerade paßte und nützlich erschien, herauspreßte»[3]; das könnte aber auch die Beschreibung eines tüchtigen Diplomaten sein. «Er war ein unverläßlicher Freund», fährt er fort, «ein Feind ohne Gnade und stets mit aller Leidenschaft auf Mord und Güterraub bedacht.» Offenbar war diese Beschreibung manchmal zutreffend; Justinian konnte aber auch großmütig und nachsichtig sein. Ein Feldherr namens Probus stand unter der Anklage, ihn geschmäht zu haben, und wurde wegen Verrats vor Gericht gestellt; als die Prozeßberichte Justinian vorgelegt wurden, zerriß er sie und ließ Probus die Mitteilung zukommen: «Das Vergehen gegenüber meiner Person verzeihe ich dir; bete zu Gott, daß er dir auch vergebe[4].» Offenherzige Kritik vertrug er, ohne sie jemandem nachzutragen. «Dieser Tyrann», der so Unglück hatte mit seinem Chronisten, «war allem und allen leicht zugänglich. Diese Aufgeschlossenheit führte gänzlich Unbekannte, ja selbst die dunkelsten Existenzen zu ihm; und eine solche Audienz bestand nicht einfach in einem Vorgelassenwerden, sondern artete zu langdauernden Beratungen und Besprechungen aus, in denen mitunter die vertraulichsten Gegenstände behandelt wurden[5].»

Gleichzeitig trieb er den Pomp und das Zeremoniell seines Hofes sogar noch weiter als Diokletian und Konstantin. Wie Napoleon nahm er es sich sehr zu Herzen, daß ihm die Stütze der Legitimität fehlte, da er ja der Nachfolger eines Usurpators war; er konnte weder eine stattliche Erscheinung noch eine hohe Herkunft zu seinen Gunsten buchen; infolgedessen nahm er seine Zuflucht zu einem ehrfurchtgebietenden Ritus und Aufwand, wenn er sich in der Öffentlichkeit oder vor fremden Gesandten zeigte. Er unterstützte die orientalische Auffassung, die die Königswürde für etwas Göttliches ansah, wandte den Ausdruck *sacer* auf sich und sein Eigentum an und verlangte von jedem, der vor ihn trat, daß er vor ihn hinkniee und den Saum seines Purpurgewandes oder seine mit Kothurnen beschuhten Füße küßte*. Er ließ sich vom Patriarchen von Konstantinopel salben und krönen und trug ein Perlendiadem. Keine Regierungsform hat je so viel Aufhebens gemacht wie die byzantinische, um sich mit zeremoniellem Glanz die Ehrfurcht des Volkes zu sichern. Diese Verfahrensweise erwies sich als einigermaßen wirkungsvoll; es gab viele Revolutionen in der byzantinischen Geschichte, meistens handelte es sich aber nur um Staatsstreiche der Palastbeamten; der Hof ließ sich durch seine eigene Feierlichkeit nicht beeindrucken.

Der bedeutsamste Aufstand seiner Regierungszeit ereignete sich frühzeitig (532) und kostete Justinian fast das Leben. Die Grünen und die Blauen – die Parteien, in die die Bevölkerung von Konstantinopel je nach den Farben ihrer Jockeys aufgespalten war – waren in ihrem Hader so weit gediehen, daß er schon fast in offene Gewalttätigkeit ausartete; die Straßen der Hauptstadt waren nicht mehr sicher, und die Vermögenden mußten sich wie arme Leute kleiden, wenn sie nächtlichen Messerstichen entgehen wollten. Schließlich fiel die Regierung über beide Parteien her und verhaftete mehrere Rädelsführer. Daraufhin vereinten sich die Parteien zu einem bewaffneten Aufstand gegen die Regierung. Wahr-

* Ein purpurner Überwurf war schon lange das Gewand, das den Kaiser auszeichnete; «den Purpur annehmen» war bereits gleichbedeutend mit «den Thron besteigen».

scheinlich beteiligten sich mehrere Senatoren an der Revolte, und die Proletarier waren in ihrer Unzufriedenheit bestrebt, eine Revolution daraus zu machen. Gefängnisse wurden gestürmt, die Inhaftierten freigelassen; Polizisten und Beamte wurden ermordet; Feuer wurden gelegt, die die Hagia Sophia und einen Teil des Kaiserpalastes in Asche legten. Die Volksmenge rief «*Nika!*» (Sieg) – und gab damit dem Aufruhr einen Namen. Erfolgstrunken verlangte sie die Entlassung von zwei unbeliebten, vielleicht tyrannischen Mitgliedern des Kronrats; Justinian gab nach. Dadurch kühn gemacht, beredete die Volksmenge den Hypatios, einen Mann aus dem Senatorenstande, sich auf den Thron zu setzen; er willigte entgegen dem Drängen seiner Gattin ein und brach unter dem Jubel der Menge auf, den kaiserlichen Sessel auf der Rennbahn zu besetzen. Inzwischen verbarg sich Justinian in seinem Palast und erwog die Flucht; die Kaiserin Theodora brachte ihn davon ab und rief nach aktiver Hilfeleistung. Belisar, der Führer der Armee, nahm den Auftrag entgegen, holte sich eine Schar Goten aus seinen Truppen, führte sie zum Rennplatz, metzelte 30 000 Menschen nieder, verhaftete Hypatios und ließ ihn im Gefängnis umbringen. Justinian stellte die Beamten, die er entlassen hatte, wieder ein, verzieh den Senatoren, die sich an der Verschwörung beteiligt hatten, und gab den Kindern des Hypatios das beschlagnahmte Vermögen wieder zurück[6]. Die nächsten dreißig Jahre war Justinian sicher, aber nur eine einzige Person scheint ihn wirklich geliebt zu haben.

II. THEODORA

In seinem Buche über *Bauten (Ktismata)* schildert Prokop eine Statue der Kaiserin: «Sie ist erlesen schön, wird aber der Schönheit der Kaiserin immer noch nicht gerecht; es wäre einem Menschenwesen auch gar nicht möglich, ihren Liebreiz in Worten wiederzugeben oder in eine Statue zu meißeln[7].» In allen seinen Schriften, mit Ausnahme von einer einzigen, hat dieser bedeutendste byzantinische Geschichtsschreiber nichts als Lob und Preis für Theodora. In einem Büchlein aber, welches er zu seinen Lebzeiten nie veröffentlichte, so daß es den Namen *Anekdota* – «Unveröffentlichtes» – erhielt, gab Prokop einen dermaßen anstößigen Bericht vom vorehelichen Leben der Kaiserin, daß seine Wahrhaftigkeit seit dreizehn Jahrhunderten umstritten ist. Diese «Geheimgeschichte» ist eine Anklageschrift von freimütiger Bösartigkeit, ganz und gar einseitig; sie wurde geschrieben, um den Ruf des Justinian, der Theodora und des Belisar noch postum zu schwärzen. Da Prokop unser Hauptgewährsmann für die betreffende Zeit und in seinen anderen Werken offenbar zuverlässig und fair ist, kann man die *Anekdota* nicht gut als bloße Fälschung abtun; wir können sie lediglich als die wutentbrannte Vergeltung eines enttäuschten Höflings einstufen. Johannes von Ephesos, der die Kaiserin gut kannte und ihr sonst nichts vorzuwerfen hat, nennt sie klar und einfach «Theodora die Metze»[8]. Im übrigen finden die Beschuldigungen des Prokop bei den anderen zeitgenössischen Geschichtsschreibern nur wenig Bestätigung. Viele Theologen wetterten gegen die Ketzereien der Kaiserin, keiner von ihnen erwähnt jedoch ihre Verderbtheit – eine unglaubwürdige Großmut, falls Theodora wirklich so verderbt gewesen wäre. Wir können also vernünftigerweise zu dem Schluß kommen, daß Theodora zu Beginn nicht in jeder Hinsicht eine Dame, zum Schluß in jeder Beziehung eine Kaiserin war.

Wie Prokop behauptet, war sie die Tochter eines Bärendompteurs und wuchs in Zirkusluft auf, wurde Schauspielerin und Prostituierte, entsetzte und entzückte Konstantinopel mit ihren schlüpfrigen Pantomimen, praktizierte mit wiederholtem Erfolg Abtreibungen, brachte aber doch ein illegitimes Kind auf die Welt; wurde die Geliebte des Hekebolos, eines Syrers, wurde von ihm im Stich gelassen und verschwand einige Zeit in Alexandrien. Dann tauchte sie als eine arme, aber ehrbare Frau wieder in Konstantinopel auf und verdiente sich ihren Lebensunterhalt mit Wollespinnen. Justinian verliebte sich in sie, machte sie zu seiner Geliebten und dann zu seiner Kaiserin[9]. Wir vermögen nicht zu entscheiden, wieviel Wahres an dieser Geschichte eines Vorlebens ist; wenn dieses Vorleben aber einen Kaiser nicht störte, dann brauchen wir uns auch nicht lange dabei aufzuhalten. Bald nach ihrer Hochzeit wurde Justinian in der Hagia Sophia gekrönt; Theodora wurde an seiner Seite zur Kaiserin gekrönt; und «nicht einmal ein Priester zeigte sich empört», bemerkt Prokop[10].

Ganz gleich, was sie zuvor gewesen war, Theodora wurde jedenfalls eine gute Gattin, deren kaiserliche Keuschheit niemand bestritt. Sie gierte nach Geld und Macht, sie ließ sich manchmal zu Ausbrüchen der Herrschsucht hinreißen, sie intrigierte gelegentlich, um Ziele zu erreichen, die denjenigen des Justinian entgegengesetzt waren. Sie schlief lange, war gutem Essen und Trinken sehr ergeben, liebte Luxus, Schmuck und Aufwand, verbrachte jedes Jahr viele Monate in ihren Palästen an der Küste; und doch war Justinian stets in sie verliebt und ertrug mit philosophischer Geduld die Einmischung in seine Pläne, die sie sich erlaubte. Er hatte ihr, da er unter ihrem Pantoffel stand, eine Souveränität übertragen, die theoretisch der seinen gleichkam, und durfte sich nicht beklagen, wenn sie ihre Macht auch ausübte. Sie nahm aktiv an der Diplomatie und an der Kirchenpolitik teil, berief und entließ Päpste und Patriarchen und sorgte für die Absetzung ihrer Gegner. Manchmal erließ sie Gegenbefehle gegen Anordnungen ihres Gatten, oft zum Vorteil des Staates[11]; ihre Klugheit hielt ihrer Macht fast die Waage. Prokop beschuldigt sie der Grausamkeit gegen ihre Gegner, wobei sie vor Einkerkerungen und einigen Morden nicht zurückgeschreckt habe; es konnte durchaus geschehen, daß Männer, die sie beleidigten, spurlos verschwanden, wie es in der politischen Moral unseres eigenen Jahrhunderts üblich ist. Aber sie konnte auch gnädig sein. Zwei Jahre lang gewährte sie dem Patriarchen Anthemios, der von Justinian wegen Ketzerei verbannt worden war, Schutz, indem sie ihn in ihren Gemächern verbarg. Vielleicht erwies sie sich gegenüber den Ehebrüchen von Belisars Gattin allzu nachsichtig, aber um diesen Fehler auszugleichen, baute sie ein hübsches «Kloster der Reue» für gebesserte Prostituierte. Einige Mädchen bereuten ihre Reue und stürzten sich aus dem Fenster, wortwörtlich zu Tode gelangweilt[12]. Sie faßte ein großmütterliches Interesse an den Ehen ihrer Freunde, brachte viele Paare zusammen und machte manchmal die Eheschließung zur Bedingung des Aufstiegs an ihrem Hofe. Wie zu erwarten, wurde sie im Alter eine strenge Hüterin der öffentlichen Moral[13].

Schließlich interessierte sie sich für theologische Fragen und diskutierte mit ihrem Gatten über die Natur Christi. Justinian war bemüht, die Ost- und die Westkirche zusammenzubringen; die einheitliche Religion war nach seiner Ansicht für die Einheit des Reiches unerläßlich. Aber Theodora konnte die Doppelnatur Christi nicht verstehen, obgleich sie gegen die drei Personen in Gott keine Einwände erhob; sie machte sich die Lehre der Monophysiten zu eigen, erkannte, daß in diesem einen Punkte der Osten dem Westen nicht nachgeben würde und fand, daß die Stärke und der Reichtum des Reiches in den wohlhabenden Provinzen Kleinasien, Syrien und Ägypten lag und nicht in den westlichen Provinzen, die durch Barbarentum und Krieg zugrundegerichtet waren. Sie milderte daher Justinians katholische Intoleranz, nahm Häretiker in Schutz, forderte das Papsttum heraus, unterstützte heimlich das Entstehen einer unabhängigen Monophysitenkirche im Osten; und in diesen entscheidenden Fragen kämpfte sie einen hartnäckigen und unbarmherzigen Kampf gegen Kaiser und Papst.

III. BELISAR

Justinians leidenschaftlicher Einsatz für die Vereinheitlichung ist verzeihlich; Philosophen wie Staatsmänner geraten stets in diese Versuchung, und Verallgemeinerungen sind manchmal kostspieliger als Kriege. Afrika den Wandalen, Italien den Ostgoten, Spanien den Westgoten, Gallien den Franken, Britannien den Sachsen wieder zu entreißen, die Barbaren in ihre Schlupfwinkel zurückzutreiben und die römische Zivilisation in ihrem früheren Umfange wiederherzustellen, um das römische Recht abermals über die ganze Welt des weißen Mannes vom Euphrat bis zum Hadrianswall auszudehnen, das waren alles keine unedlen Bestrebungen, obgleich sie Retter und Errettete gleicherweise erschöpfen mußten. Um dieser hohen Ziele willen beendete Justinian die Spaltung zwischen Ost- und Westkirche, indem er sich den Bedingungen des Papstes beugte; es war sein Traum, Arianer, Monophysiten und andere Häretiker zu einer großen geistigen Herde zu vereinen. Seit Konstantin hatte kein Europäer mehr so weiträumig gedacht.

Justinian hatte das Glück, tüchtige Feldherren zu besitzen, und das Pech, nicht genügend Geldmittel zu haben. Sein Volk war nicht geneigt, seine Kriege selbst zu kämpfen, und nicht im Stande, sie zu bezahlen. Die 320000 Pfund Gold, die die Vorgänger des Iustinos im Staatsschatz hinterlassen hatten, waren bald verbraucht, so daß er gezwungen war, Steuern zu erheben, gegen die sich die Bürger auflehnten, und Sparmaßnahmen einzuführen, die die Feldherren behinderten. Die allgemeine Wehrpflicht bestand seit einem Jahrhundert nicht mehr; das Reichsheer bestand jetzt fast völlig aus Barbarensöldnern von hundert verschiedenen Stämmen und Staaten. Sie ernährten sich vom Plündern und träumten von Reichtümern und Raub; immer wieder meuterten sie, während die Schlacht in vollem Gange war, oder ließen sich einen Sieg entgehen, weil sie im Kampf innehielten, um Beute zu machen. Nichts einte sie, nichts setzte sie in Bewegung als ein regelmäßig bezahlter Sold und eine gute Führung.

Belisar stammte wie Justinian aus einem illyrischen Bauerngeschlecht, das an die Balkankaiser – Aurelian, Probus, Diokletian – erinnerte, welche das Reich im dritten Jahrhundert gerettet hatten. Seit Caesar gewann niemals mehr ein Feldherr so zahlreiche Siege mit so geringen Mitteln an Mensch und Material; wenige übertrafen ihn je in strategischem und taktischem Geschick, in der Beliebtheit bei seinen Kriegern und in der Milde gegenüber dem Gegner; es verdient wohl Beachtung, daß die größten Feldherren – Alexander, Caesar, Belisar, Saladin, Napoleon – in der Milde eine wirkungsvolle Kriegswaffe sahen. Belisar hatte – wie auch die anderen – eine Empfindsamkeit und Weichheit in sich, die den Krieger in einen zärtlichen Liebhaber verwandeln konnte, sobald die blutige Pflicht geleistet war. Und wie der Kaiser in Theodora vernarrt war, so vergötterte Belisar die Antonina; er ertrug mit schmelzendem Zorn ihre Untreue und nahm sie aus verschiedenen Gründen auf seine Feldzüge mit.

Seine ersten Lorbeeren erntete er im Kriege gegen Persien. Nach hundertjährigem Frieden zwischen den beiden Reichen hatte der alte Wettkampf um die Beherrschung der Handelsstraßen nach Innerasien und Indien wieder zu Feindseligkeiten geführt. Mitten unter glänzenden Siegen wurde Belisar plötzlich nach Konstantinopel zurückberufen; Justinian schloß Frieden mit Persien (532) und zahlte dafür an Chosru Anuschirvan 11 000 Pfund Gold; daraufhin sandte er Belisar aus, um Nordafrika zurückzuerobern. Er war zu dem Schlusse gekommen, daß er keine Aussicht auf bleibende Eroberungen im Osten hatte; die dortige Bevölkerung würde immer feindlich gesinnt, die Grenzen schwer zu verteidigen sein. Aber im Westen gab es Nationen, die seit Jahrhunderten an die Römerherrschaft gewöhnt waren, ihre arianischen Herren nicht leiden konnten und Mitwirkung im Kriege sowie Steuerzahlungen im Frieden verhießen. Und von Afrika würde zusätzliches Korn zu erhalten sein, mit dem man die kritischen Mäuler der Hauptstadt stopfen könnte.

Geiserich war (477) nach einer neununddreißigjährigen Regierungszeit gestorben. Unter seinen Nachfolgern hatte das wandalische Nordafrika seine römische Lebensart großenteils wieder aufgenommen. Das Lateinische war die Staatssprache, und Dichter dichteten in toten Versmaßen zu Ehren vergessener Könige. Das römische Theater in Karthago wurde restauriert, griechische Schauspiele kamen wieder zur Aufführung[14]. Die antiken Kunstdenkmäler wurden respektiert, und prachtvolle neue Bauten entstanden. Prokop stellt die herrschenden Stände als zivilisierte Edelleute dar, denen gelegentlich etwas Barbarisches anhaftete, die aber größtenteils die Kriegskünste vernachlässigten und unter der heißen Sonne in Müßiggang entarteten[15].

Im Juni 533 versammelten sich 500 Transportschiffe und 92 Kriegsschiffe im Bosporus, erhielten die Befehle des Kaisers und den Segen des Patriarchen und segelten nach Karthago. Prokop gehörte zum Stab des Belisar und verfaßte einen lebhaften Bericht vom «Wandalenkrieg». Belisar landete mit nur 5000 Berittenen in Afrika, überrannte die improvisierten Verteidigungsstellungen von Karthago und brachte in wenigen Monaten die Wandalen um ihre Machtstellung. Justinian rief ihn voreilig zum Triumphzug nach Konstantinopel zurück; die Mauren strömten von ihren Bergen herab und griffen die römische Garnison an; Belisar eilte zurück und kam gerade noch zur rechten Zeit, um eine Meuterei unter den Truppen zu verhindern und sie zum Siege zu führen. Das karthagische Nordafrika verblieb von da an unter byzantinischer Herrschaft, bis die Araber kamen.

Justinian hatte mit schlauer Diplomatie mit den Ostgoten ein Bündnis geschlossen, solange Belisar Afrika angriff; nun lockte er die Franken in ein Bündnis, während er Belisar den Befehl erteilte, das Ostgotenreich in Italien zu erobern. Von Tunesien aus nahm Belisar ohne größere Schwierigkeit Sizilien ein. 536 setzte er nach Italien über und nahm Neapel, indem er einige Soldaten durch den Aquädukt in die Stadt hineinkriechen ließ. Die Streitkräfte der Ostgoten waren schwach und uneinig; das Volk von Rom begrüßte Belisar als Befreier, die Geistlichkeit hieß ihn als Trinitarier willkommen; er marschierte ungehindert in Rom ein. Theodahad hatte Amalaswintha umbringen lassen; die Ostgoten setzten Theodahad ab und wählten Witigis zum König. Witigis stellte ein Heer von 150000 Mann auf und belagerte Belisar in Rom. Die Römer, die gezwungen waren, mit Wasser und Nahrungsmitteln sparsam umzugehen und auf ihre täglichen Bäder zu verzichten, murrten gegen Belisar, der nur 5000 Mann unter Waffen hatte. Er verteidigte die Stadt geschickt und tapfer, und nach einjährigem Bemühen kehrte Witigis nach Ravenna zurück. Drei Jahre lang drang Belisar in Justinian, er solle ihm Verstärkungen schicken; sie wurden ihm geschickt, aber unter der Führung von Generälen, die Belisar feindlich gesinnt waren. Die in Ravenna belagerten und ausgehungerten Ostgoten boten die Übergabe an, falls Belisar ihr König werden wolle. Er täuschte Einwilligung vor, nahm die Stadt und übergab sie Justinian (540).

Der Kaiser empfand Dank und Argwohn. Belisar hatte sich seine Belohnung aus der Siegesbeute selbst geholt; er hatte sich die allzu persönliche Anhänglichkeit seiner Leute gewonnen; man hatte ihm ein Königreich angeboten; konnte es nicht sein, daß er im Sinne hatte, dem Neffen eines Usurpators den Thron zu entreißen? Justinian rief ihn zurück und sah mit Mißbehagen das glänzende Gefolge des Feldherrn. Prokop berichtet: «Es machte den Byzantinern großes Vergnügen, Belisar jeden Tag aus seinem Hause auf den Markt oder wieder zurück gehen zu sehen, und sie konnten sich gar nicht satt an diesem Schauspiel sehen. Sein öffentliches Auftreten glich jedesmal einem stattlichen Festzug; so viel Wandalen, Goten und Mauren waren in seinem Gefolge. Er war ein schöner, großer Mann; der Ausdruck seines Gesichts war ganz besonders liebenswürdig. Er benahm sich stets freundlich und leutselig gegen jedermann, mochte er noch so arm und gering sein[16].»

Die Befehlshaber, die ihn in Italien ersetzen sollten, vernachlässigten die Disziplin ihrer Truppen, stritten miteinander und verdienten sich reichlich die Verachtung der Ostgoten. Ein mit Tatkraft, gesundem Urteil und Mut begabter Gote wurde zum König des besiegten Volkes ausgerufen. Totila holte sich von den Barbaren, die heimatlos in Italien umherwanderten, die tollkühnen Burschen zum Kriegsdienst heraus, nahm Neapel (543) und Tibur ein und begann mit der Belagerung Roms. Allgemeines Erstaunen erweckten seine Milde und seine Vertrauenswürdigkeit; er behandelte die Gefangenen so gut, daß sie unter seinen Fahnen weiterkämpften, hielt die Versprechungen, mit denen er die Übergabe von Neapel bewirkt hatte, so getreulich, daß man sich zu fragen begann, wer denn der Barbar und wer der zivilisierte Grieche sei. Die Gattinnen einiger Senatoren fielen ihm in die Hände; er behandelte sie mit galanter Zuvorkommenheit und ließ sie frei. Er verurteilte einen seiner Soldaten zum Tode, weil er ein römisches Mädchen vergewaltigt hatte. Die Barbaren im Dienste des Kaisers zeigten kein derartiges Feingefühl; da sie von dem nahezu bankrotten Justinian keinen Sold erhielten, plünderten sie im Lande, bis die Bevölkerung voller Sehnsucht an die Ordnung und Gerechtigkeit unter Theoderichs Herrschaft zurückdachte[17].

Belisar wurde zur Hilfeleistung beordert. Er kam nach Italien und drang ganz allein durch Totilas Linien in das belagerte Rom ein. Er kam zu spät; die griechische Garnison war bereits demoralisiert; ihre Offiziere waren unfähige Feiglinge; Verräter öffneten die Tore, und Totilas Heer zog in Stärke von zehntausend Mann in die Stadt ein (546). Belisar, der sich zurückziehen konnte, schickte einen Boten zu Totila mit der Bitte, die historische Stadt nicht zu zerstören. Totila gestattete seinen unbesoldeten und hungrigen Kriegern die Plünderung, verschonte aber das Volk und beschützte die Frauen vor der Glut der Soldaten. Nun beging er den Fehler, Rom zu verlassen, um Ravenna zu belagern; in seiner Abwesenheit nahm Belisar die Stadt wieder ein, und als Totila zurückkehrte, gelang es ihm nicht mehr, die findigen Griechen wieder zu vertreiben. Justinian glaubte den Westen seiner Herrschaft gesichert, erklärte Persien den Krieg und rief Belisar in den Osten. Totila eroberte erneut Rom (549), Sizilien, Korsika, Sardinien, fast die ganze Halbinsel. Schließlich gab Justinian seinem Feldherrn Narses, einem Eunuchen, «eine gewaltige Summe Geldes», beauftragte ihn, ein neues Heer aufzustellen und die Goten aus Italien zu vertreiben. Narses erfüllte seinen Auftrag mit großem Geschick und unverzüglich; Totila wurde geschlagen und fiel auf der Flucht; die Goten erhielten freien Abzug aus Italien, und nach achtzehnjährigen Kämpfen fand der «Gotenkrieg» seinen Abschluß (553).

Diese Jahre machten den Ruin Italiens vollständig. Rom hatte fünfmal den Besitzer gewechselt und war dreimal belagert, ausgehungert und ausgeplündert worden; seine Bevölkerung, einst eine Million Menschen, betrug jetzt nur noch 40 000 Seelen[18], von denen fast die Hälfte wegen ihrer Armut von päpstlichen Almosen lebte. Mailand war zerstört, alle seine Bewohner umgebracht worden. Hunderte von Städten und Dörfern waren wegen der Tributforderungen von Herrschern und der Verwüstungen durch Truppen wirtschaftlich zugrundegerichtet. Einst fruchttragende Gebiete waren menschenleer und die Nahrungsmittelzufuhren sanken; allein in Picenum sollen während dieser achtzehn Jahre 50 000 Menschen Hungers gestorben sein[19]. Der Adel war in seinen Grundfesten erschüttert; so viele Adlige waren im Kampfe, bei Plünderungen und auf der Flucht erschlagen worden, daß der Senat von Rom wegen Mangel an Mitgliedern nicht mehr fortbestehen konnte; seit 579 ist nichts mehr von ihm zu hören[20]. Die großen Wasserleitungen, die Theoderich wiederhergestellt hatte, gingen in Bruch und wurden vernachlässigt und verwandelten die Campagna erneut in ein weites malariaverseuchtes Sumpfland; sie blieb es bis in unser Jahrhundert. Die majestätischen Thermen, die von der Wasserzuleitung abhängig waren, wurden nicht mehr gebraucht und verfielen. Hunderte von Skulpturen, die von Alarich und Geiserich nicht angetastet worden waren, waren zerbrochen oder eingeschmolzen worden, um während der Belagerung für Wurfgeschosse und Kriegsmaschinen verwendet zu werden. Nur Ruinen zeugten noch von Roms ehemaliger Größe als Hauptstadt der halben Welt. Der Kaiser des Oströmischen Reiches hatte nun für kurze Zeit die Herrschaft über Italien; es war aber ein teurer und nutzloser Sieg. Rom erholte sich von diesem Sieg erst wieder in der Renaissance.

IV. DIE GESETZESSAMMLUNG DES JUSTINIAN

Die Geschichte breitet über Justinians Kriege mit Recht den Mantel des Vergessens und erinnert sich seiner nur wegen seiner Gesetze. Seit der Veröffentlichung des Gesetzbuches des Theodosios war ein Jahrhundert vergangen; viele seiner Bestimmungen waren wegen der veränderten Lebensumstände veraltet; viele neue Gesetze waren erlassen worden, die in den Gesetzbüchern große Unordnung verursachten, und viele Widersprüchlichkeiten in den Gesetzen behinderten die Arbeit der vollziehenden Organe und der Gerichte. Der Einfluß des Christentums hatte in der Gesetzgebung und Gesetzesauslegung einen umwandelnden Niederschlag gefunden. Das bürgerliche Recht von Rom stand oft in Konflikt mit dem Recht der Völker, aus denen sich das Reich zusammensetzte; viele alte Gesetzesverfügungen vertrugen sich schlecht mit den hellenistischen Überlieferungen des Ostens. Der ganze große Gesetzeskörper des Römischen Rechts war eher eine empirische Anhäufung als ein logisch geordnetes Gesetzbuch.

Der leidenschaftlichen Vorliebe des Justinian für Vereinheitlichung mißfiel dieser Wirrwarr, da er am Zerbröckeln des Reichsgefüges Anteil hatte. 528 erteilte er zehn Rechtsgelehrten den Auftrag, die Gesetze zu reformieren und in eine neue, klare Ordnung zu bringen. Das tätigste und einflußreichste Glied dieser Kommission war der Quästor Tribonian, der trotz seiner Bestechlichkeit und trotz des Verdachtes des Atheismus, der auf ihm lastete, bis zu seinem Tode der Mann war, welcher die gesetzgeberischen Pläne des Justinian am meisten inspirierte, beriet und durchführte. Der erste Teil des Auftrages wurde in ungebührlicher Hast erfüllt und im Jahre 529 als *Codex Constitutionum* veröffentlicht; er wurde im ganzen Reichsgebiet als Reichsrecht eingeführt, und die gesamte frühere Gesetzgebung wurde, soweit sie nicht in den *Codex* aufgenommen worden war, für ungültig erklärt. Die Einleitung schlägt eine erfreuliche Note an:

> Imperator Caesar Flavius Iustinianus, Alemanicus, Gothicus, Francicus, Germanicus, Anticus, Alanicus, Vandalicus, Africanus, Pius, Felix, Inclytus, Victor und Triumphator, semper Augustus, entbietet der rechtsbeflissenen Jugend seinen Gruß.
> Der kaiserliche Thron muß nicht allein durch die Waffen geschmückt, sondern auch durch die Gesetze bewaffnet werden, damit sowohl zu Krieges- als Friedenszeiten Recht regieret, und der Beherrscher der römischen Reiche ... die Rechte sowohl auf das heiligste beobachten, als über die überwundenen Feinde triumphieren möge.[21]

Die Kommissionsmitglieder machten sich nun an den zweiten Teil ihres Auftrages, der darin bestand, diejenigen *responsa* (Entscheide bedeutender römischer Rechtsgelehrter), die noch für würdig erachtet wurden, Rechtskraft zu besitzen, in ein System zusammenzufassen. Das Ergebnis dieser Arbeit wurde unter dem Titel *Digesta* oder *Pandectae* veröffentlicht (533); die angeführten Entscheide und die Auslegungen, die ihnen nun gegeben wurden, sollten von nun an für alle Richter verbindlich sein; allen anderen Entscheiden wurde zugleich die Gesetzeskraft abgesprochen. Ältere Sammlungen von *responsa* wurden nicht mehr abgeschrieben und gingen großenteils verloren. Die erhaltenen Überreste lassen erkennen, daß die Redaktoren des Justinian diejenigen Entscheide ausschalteten, die für die Freiheit günstig waren, und in ruchlosem Betrug einige Entscheide antiker Rechtsgelehrter so zurechtbogen, daß sie sich mit den absoluten Herrschaftsansprüchen besser vertrugen.

Während diese Hauptarbeit in der Ausführung begriffen war, verfaßten Tribonian und zwei Mitarbeiter, denen der *Codex* für Studenten zu umfangreich und mühselig vorkam, unter dem Titel *Institutiones* ein offizielles Handbuch des Zivilrechts (533). Im wesentlichen gab dieses Buch in verbesserter und auf den Stand der Zeit gebrachter Form die *Kommentare* des Gaius wieder, der im zweiten Jahrhundert mit bewundernswertem Geschick und großer Klarheit das Zivilrecht seiner Zeit zusammengefaßt hatte. Inzwischen hatte Justinian ständig neue Gesetze erlassen. Im Jahre 534 nahmen Tribonian und vier Mitarbeiter diese neuen Gesetze in eine revidierte Ausgabe des *Codex* auf; die vorherige Ausgabe wurde für ungültig erklärt und ging der Geschichte verloren. Nach Justinians Tod wurden seine nachträglichen Gesetze als *Novellae* (sc. *constitutiones*), das heißt neue gesetzliche Verfügungen, zusammengefaßt und veröffentlicht. Während die vorangehenden Veröffentlichungen in lateinischer Sprache abgefaßt worden waren, erschienen diese in griechischer Sprache; damit hörte das Lateinische auf, in der Rechtssprache des Byzantinischen Reiches eine Rolle zu spielen. Alle diese Veröffentlichungen zusammen wurden unter dem Namen *Corpus iuris civilis*, Zivilrechtskörper, bekannt und gelegentlich als justinianischer *Codex* bezeichnet.

Wie das Gesetzbuch des Theodosios baut auch diese Gesetzessammlung das katholische Christentum in das Recht ein. Zu Beginn entscheidet sie sich für die Trinität und spricht den Bann über Nestor, Eutyches und Apollinaris aus. Sie erkennt die kirchliche Führung der römischen Kirche an und befiehlt allen christlichen Gruppierungen, sich ihrer Befehlsgewalt zu fügen. Nachfolgende Kapitel bestimmen aber die Obergewalt des Kaisers über die Kirche: Das gesamte Kirchenrecht soll, wie auch das bürgerliche Recht, vom Kaiserthron ausgehen. Hierauf legt der *Codex* Gesetze für Metropoliten, Bischofe, Äbte und Mönche fest und zählt die einzelnen Strafen für Geistliche auf, die bei Glücksspielen angetroffen werden oder an Theatervorführungen oder an den Circusspielen teilnehmen[22]. Manichäer oder rückfällige Ketzer sind zum Tode zu verurteilen; Donatisten, Montanisten, Monophysiten und andere Andersgesinnte sollen die Beschlagnahme ihres Vermögens erleiden und das Recht, zu kaufen oder zu verkaufen, zu erben oder zu testieren, verlieren; sie sind von Staatsämtern auszuschließen, dürfen keine Versammlungen abhalten und keine Angehörigen des rechten Glaubens wegen Schulden einklagen. Eine freundlichere Verfügung gibt den Bischöfen das Recht, Gefängnisse zu besuchen und Inhaftierte gegen Gesetzesmißbräuche zu schützen.

Der *Codex* ersetzt ältere Klassenunterscheidungen. Freigelassene sind nicht mehr als eine gesonderte Gruppe zu behandeln; sofort mit der Freilassung kommen sie in den Genuß aller Privilegien der Freien; sie können Senatoren und Kaiser werden. Alle Freien werden in die Stände der *honestiores* – Männer von Rang und Stand – und *humiliores* – Gemeine – eingeteilt. Eine Standeshierarchie, die sich seit Diokletian unter den *honestiores* ausgebildet hatte, wurde durch den *Codex* sanktioniert: *patricii, illustres, spectabiles, clarissimi* und *gloriosi* waren die Bezeichnungen für die verschiedenen neuen Stände; dieses römische Recht enthält viele orientalische Elemente.

In seiner Gesetzgebung zur Sklaverei zeigt der *Codex* einigen christlichen oder stoischen Einfluß. Die Vergewaltigung einer Sklavin ist wie diejenige einer Freien mit dem Tode zu bestrafen. Ein Sklave kann, falls der Herr seine Einwilligung erteilt, eine Freie heiraten. Justinian fördert die Freilassung in gleichem Maße wie die Kirche; aber sein Gesetz gestattet es, daß ein neugeborenes Kind in die Sklaverei verkauft wird, falls seine Eltern in verzweifelter Armut leben[23]. Gewisse Stellen des *Codex* legalisieren die Leibeigenschaft und ebnen dem Lehnswesen den Weg. Ein Freier, der dreißig Jahre lang ein Landstück bebaut hat, ist auf ewig an die Scholle gebunden[24]; mit dieser Maßnahme wollte man der Landflucht begegnen. Ein Leibeigener, der davonlief oder ohne Zustimmung des Herrn in den geistlichen Stand eintrat, konnte wie ein entlaufener Sklave zurückgefordert werden.

Die gesellschaftliche Stellung der Frau wurde durch den *Codex* ein wenig gebessert. Seit dem vierten Jahrhundert stand sie nicht mehr ihr ganzes Leben lang unter Vormundschaft, und der frühere Grundsatz, daß eine Erbschaft nur durch männliche Hände gehen dürfe, hatte seine Geltung verloren; die Kirche, die oft von Frauen Vermächtnisse erhielt, trug viel zu diesen Reformen bei. Justinian wollte den Ansichten der Kirche über die Ehescheidung eine rechtliche Grundlage verschaffen und erklärte die Scheidung nur dann für zulässig, wenn einer der beiden Parteien in ein Kloster eintreten wollte. Damit wich er aber zu stark von dem bestehenden Recht und Brauch ab; ein Großteil der Bevölkerung erhob den Einwand, daß damit die Zahl der Giftmorde erhöht würde. Die spätere Gesetzgebung des Kaisers führte eine großzügige Reihe von Gründen an, die zur Scheidung berechtigten; das blieb mit kurzen Unterbrechungen bis 1453 der Rechtszustand in dieser Frage im Byzantinischen Reich[25]. Strafen, die Augustus auf Ehe- und Kinderlosigkeit gesetzt hatte, wurden durch den *Codex* aufgehoben. Konstantin hatte den Ehebruch zum Kapitalverbrechen gestempelt, wenn er dieser Verfügung auch selten Geltung verschafft hatte; Justinian behielt die Todesstrafe für Männer bei, milderte aber die Strafe für Frauen zu lebenslänglicher Einmauerung in ein Kloster ab. Ein Ehemann durfte ungestraft den Liebhaber seiner Frau töten, falls er sie nach dreimaliger, von Zeugen beglaubigter Warnung in seinem eigenen Hause oder in einer Schenke in Unterhaltung mit dem Verdächtigen antraf. Gleich schwere Strafen wurden für den Geschlechtsverkehr mit einer unverheirateten oder verwitweten Frau verhängt, wenn sie nicht eine Konkubine oder Prostituierte war. Vergewaltigung wurde mit dem Tode und der Beschlagnahmung des Vermögens bestraft, dessen Erlös an die geschändete Frau ging. Für homosexuelle Akte setzte Justinian nicht nur die Todesstrafe fest, sondern er bestimmte oft auch, daß die für schuldig Befundenen vor der Hinrichtung öffentlich angeprangert, gefoltert oder verstümmelt wurden. In dieser extremen Gesetzgebung gegen geschlechtliche Verstöße spüren wir den Einfluß eines Christentums, das in seinem Entsetzen über die Sündhaftigkeit der heidnischen Zivilisation in einen wilden Puritanismus geraten war.

Im Eigentumsrecht nahm Justinian eine entscheidende Änderung vor. Das alte Privileg der agnatischen Verwandten – der Verwandten der männlichen Linie –, ein ohne Testament hinterlassenes Vermögen zu erben, wurde aufgehoben; eine derartige Erbschaft sollte fortan den kognatischen Verwandten der direkten Linie – den Kindern, Enkeln usw. – zufallen. Gemeinnützige Schenkungen und Vergabungen wurden von dem *Codex* gefördert. Der kirchliche Besitz wurde für unveräußerlich erklärt, ob er nun in Grundbesitz, beweglichen Gütern, Pachtzinsen, Leibeigenen oder Sklaven bestand; kein Mitglied und keine Mitgliedergruppe des Klerus oder der Laienschaft durfte irgend etwas, das der Kirche gehörte, kaufen, verkaufen oder testamentarisch vermachen. Diese Gesetze von Leon I. und Anthemios wurden nach der Bestätigung durch den *Codex* zur rechtlichen Grundlage des zunehmenden Wohlstandes der Kirche: Der weltliche Besitz wurde zerstreut, der kirchliche Besitz häufte sich im Laufe der Generationen an. Die Kirche mühte sich vergeblich, die Zinsnahme zu verbieten. Säumige Schuldner konnten inhaftiert werden, mußten aber gegen Kaution oder auf ihren Eid, daß sie sich zum Prozeß stellen würden, wieder freigelassen werden.

Verhaftungen durften nur auf Befehl eines hohen Magistraten vorgenommen werden, und die Zeit, die zwischen der Verhaftung und dem Prozeß verstrich, wurde in strikten Grenzen gehalten. Es gab so viele Rechtsanwälte, daß Justinian ihnen eine Basilika errichten ließ, auf deren Größe man aus der Tatsache schließen kann, daß die Bibliothek 150 000 Bücher oder Rollen umfaßte. Der Prozeß mußte vor einem vom Kaiser ernannten Magistrat erfolgen; wenn beide Parteien es wünschten, konnte er auch vor einem bischöflichen Gericht ausgetragen werden. Bei jedem Verfahren wurde eine Bibel vor den Richter gelegt; die Verteidiger mußten auf sie schwören, daß sie ihr Bestes tun würden, um den Angeklagten auf ehrenhafte Weise zu verteidigen, aber von der Verteidigung zurücktreten würden, falls der Fall ihnen unehrenhaft vorkomme; Kläger und Beklagte mußten ebenfalls die Rechtmäßigkeit ihres Falles vor der Bibel beschwören. Die Strafen waren zwar schwer, aber selten befehlsmäßig vorgeschrieben; es stand dem Richter frei, sie bei Frauen, Minderjährigen und betrunkenen Übeltätern zu mildern. Gegenüber den Gesetzen des Hadrian und des Antoninus Pius bedeutete der *Codex* des Justinian insofern einen Rückschritt, als er die Verstümmelung als Strafe zuließ. Steuereinnehmer, die die Steuerzettel fälschten, und Leute, die monophysitische Bücher abschrieben, konnten durch Abhacken der Hand bestraft werden, wobei man von der Theorie ausging, daß der schuldige Körperteil für das Vergehen büßen müsse. Häufig wird in dem *Codex* verfügt, daß dem Delinquenten die Nase abgeschnitten oder die Gurgel losgetrennt werde; das spätere byzantinische Recht ließ noch die Blendung dazutreten, besonders als Mittel, um Thronerben oder -Prätendenten auszuschalten. Die Todesstrafe wurde an Freien durch Enthaupten, an einigen Sklaven durch Kreuzigung vollzogen. Zauberer und Deserteure wurden lebendig verbrannt. Ein verurteilter Bürger hatte das Recht, an ein höheres Gericht, dann an den Senat, schließlich an den Kaiser zu appellieren.

Das Gesetzbuch des Justinian scheint uns als Ganzes bewundernswerter als in seinen Teilen. Es unterscheidet sich von früheren Gesetzessammlungen sehr durch seine streng orthodox-katholische Einstellung, seine größere Engstirnigkeit, seine rachsüchtige Härte. Einem gebildeten Römer mußte das Leben unter den Antoninen zivilisierter erscheinen als unter Justinian. Der Kaiser konnte seiner Umwelt und seiner Zeit nicht entrinnen, und in seinem Bestreben, alles gleichzuschalten, gab er nicht nur dem Gerechtigkeitsgefühl und der Nächstenliebe, sondern auch dem Aberglauben und Barbarentum seiner Zeit einen Niederschlag in seinem Gesetzbuch. Es war konservativ, wie alles Byzantinische, und diente einer Zivilisation, der ein ewiges Leben beschieden zu sein schien, als Zwangsjacke. Bald wurde ihm nur noch in einem eng begrenzten Bereich Folge geleistet. Die nationalen Ketzer des Ostens, denen es sehr abträglich war, schlossen sich den Muselmanen an und fanden unter dem Koran ein besseres Gedeihen als unter dem *Codex*. Italien unter den Langobarden, Gallien unter den Franken, England unter den Angelsachsen, Spanien unter den Westgoten beachteten Justinians Erlasse nicht. Und doch verschaffte der *Codex* einem bunten Völkergemisch einige Menschenalter der Ordnung und Sicherheit und gewährte beim Grenzübertritt und beim Verkehr auf den Straßen von einem Dutzend Nationen eine größere Bewegungsfreiheit und Sicherheit, als die gleichen Gebiete heute besitzen. Er hielt sich als Gesetzbuch des Byzantinischen Reiches bis an dessen Ende, und fünf Jahrhunderte, nachdem er im Westen in der Versenkung verschwunden war, wurde er von den Rechtsgelehrten Bolognas neu belebt und drang, von Kaisern und Päpsten gebilligt, wie ein Ordnungsgerüst in das Gefüge vieler moderner Staatswesen ein.

V. DER KAISERLICHE GOTTESGELEHRTE

Es blieb noch übrig, den Glauben zu vereinheitlichen und die Kirche zu einem homogenen Instrument der Machtausübung zu schweißen. Die Frömmigkeit des Justinian dürfte echt und aufrichtig gewesen sein, nicht nur eine politische Finte; soweit Theodora es zuließ, lebte er ganz wie ein Mönch in seinem Palast, fastete und betete, brütete über theologischen Wälzern und diskutierte mit Professoren, Patriarchen und Päpsten über Spitzfindigkeiten der Doktrin. Prokop zitiert mit leicht erkennbarem Einverständnis: «Schlecht steht es einem jeden an, der nur ein wenig Verstand besitzt, den Mord an Justinian von sich zu weisen; er braucht auch keine Furcht zu haben vor einem Manne, der stets zu später Nachtstunde in irgendeinem Vorzimmer sitzt und ohne jede Bewachung, nur in der Gesellschaft von Priestern allerhöchsten Alters, eifrig die christlichen Schriften aufrollt[26].»

Eine der ersten Handlungen, die Justinian als Regent für Iustinos vollbrachte, war die, die Bresche, die zwischen Ost- und Westkirche durch das *Henotikon* des Kaisers Zenon vertieft worden war, wieder zu schließen. Dadurch daß er sich der Stellungnahme des Papstes anschloß, gewann er sich die Unterstützung des katholischen Klerus in Italien gegen die Goten und im Osten gegen die Monophysiten.

Diese Sekte, die leidenschaftlich die Ansicht vertrat, daß Christus nur eine Natur habe, hatte in Ägypten nahezu ebensoviele Anhänger wie der Katholizismus. In Alexandrien war sie so fortschrittlich, daß sie sich ihrerseits in orthodoxe und heterodoxe Monophysiten aufspalten konnte; diese Parteien bekämpften sich in Straßenkämpfen, während derer die Frauen Geschosse von den Dächern hinabwarfen. Als bewaffnete kaiserliche Truppen einen Katholiken auf den Bischofssitz von Alexandrien setzten, empfing ihn die Gemeinde bei seiner ersten Predigt mit einem Steinhagel –, und er wurde an Ort und Stelle von den Soldaten niedergemacht. Während der Katholizismus die Herrschaft über das alexandrinische Bistum ausübte, verbreitete sich die Häresie über das ganze flache Land; die Bauern kümmerten sich um die Erlasse des Patriarchen und die Befehle des Kaisers überhaupt nicht, und Ägypten ging dem Reich halb verloren, ein Jahrhundert ehe die Araber kamen.

Wie in vielen anderen Dingen, so übertrumpfte die beharrliche Theodora auch in dieser Angelegenheit den wankelmütigen Justinian. Sie intrigierte mit Vigilius, einem Dekan von Rom, und versprach ihm, ihn zum Papst zu machen, falls er den Monophysiten Zugeständnisse machen würde. Papst Silverius wurde von Belisar aus Rom weggeführt (537) und auf die Insel Palmaria verbannt, wo er bald an den Folgen der schlechten Behandlung starb, und Vigilius wurde auf Befehl des Kaisers zum Papst erhoben. Justinian, der sich schließlich Theodoras Ansicht anschloß, daß sich der Monophysitismus nicht unterdrücken lasse, suchte dessen Anhänger in einem Dokument, das die Bezeichnung «Drei Kapitel» trägt, zu beruhigen. Er zitierte den Vigilius nach Konstantinopel und forderte ihn auf, dieser Erklärung seine Billigung zu erteilen. Vigilius leistete widerstrebend Folge, worauf er von der nordafrikanischen katholischen Geistlichkeit exkommuniziert wurde (550); er widerrief seine Zustimmung, wurde von Justinian auf die Felseninsel Prokonnesos (Marmara) verbannt, erteilte erneut seine Zustimmung, erhielt die Genehmigung, nach Rom zurückzukehren, starb aber unterwegs (555). Noch niemals hatte ein Kaiser so offen den Versuch gemacht, das Papsttum unter seine Herrschaft zu bekommen. Justinian berief ein ökumenisches Konzil nach Konstantinopel ein; fast kein westlicher Bischof nahm daran teil; das Konzil stimmte der Formulierung des Justinian zu, die westliche Kirche verwarf sie, und der Spalt zwischen Ost- und Westchristentum öffnete sich wieder auf ein Jahrhundert.

Schließlich ging der Tod aus all dem Argumentieren als Sieger hervor. Theodoras Hinscheiden im Jahre 548 war für Justinian der schwerste von vielen Schlägen, die ihm den Mut, die Geistesklarheit und die Kraft nahmen. Er war damals fünfundsechzig Jahre alt, vom asketischen Lebenswandel und den wiederholten Krisenzeiten geschwächt; er überließ die Regierungsführung Untergebenen, kümmerte sich kaum mehr um das Verteidigungswerk, um dessen Aufbau er sich so bemüht hatte, und gab sich ganz der Gottesgelehrtheit hin. Ungezählte Unglücksfälle verdüsterten die restlichen siebzehn Jahre, während derer er sich selbst überlebte. Erdbeben ereigneten sich während seiner Regierungszeit besonders häufig; ein Dutzend Städte verschwand fast völlig vom Erdboden, und ihr Wiederaufbau leerte den Staatssäckel. 542 kam die Pest; 556 eine Hungersnot; 558 wiederum die Pest. 559 setzten die kotrigurischen Hunnen über die Donau, plünderten Mösien und Thrakien, machten Tausende von Gefangenen, schändeten Matronen, Jungfrauen und Nonnen, warfen die neugeborenen Kinder von gefangenen Frauen den Hunden vor und kamen bis vor die Mauern von Konstantinopel. Der schreckerstarrte Kaiser rief den großen Feldherrn, der ihn so oft gerettet hatte. Belisar war jetzt alt und schwach; er legte aber doch die Rüstung an, nahm 300 Veteranen, die mit ihm in Italien gekämpft hatten, und ein paar hundert unausgebildete Männer mit und stellte sich den 7000 Hunnen zum Kampf. Er stellte seine Soldaten mit gewohntem Weitblick und großem Geschick auf und verbarg 200 seiner besten Krieger in nahegelegenen Wäldern. Als die Hunnen vorstürmten, fielen diese Männer von der Flanke über sie her, während Belisar an der Spitze seines kleinen Heeres zum Angriff schritt. Die Barbaren wandten sich zur Flucht, bevor ein einziger Römer tödlich verwundet wurde. Der Pöbel der Hauptstadt beschwerte sich, weil Belisar nicht den Feind verfolgt und den Hunnenführer als Gefangenen eingebracht habe. Der eifersüchtige Kaiser schenkte den neidischen Verleumdungen gegen seinen Feldherrn Gehör, verdächtigte ihn der Verschwörerschaft und befahl ihm, sein bewaffnetes Gefolge zu entlassen. Belisar starb im Jahre 565, und Justinian zog sein halbes Vermögen ein.

Der Kaiser überlebte den Feldherrn um acht Monate. In seinen letzten Lebensjahren hatte sein Interesse an der Theologie seltsame Früchte gezeitigt: Der Verteidiger des Glaubens war selbst Ketzer geworden. Er verkündete, der Leib Christi sei unverwesbar und Christi menschliche Natur sei niemals den Bedürfnissen und Schwächen des sterblichen Fleisches unterworfen gewesen. Der Klerus sagte ihm voraus, seine Seele werde, falls er in diesem Irrtum sterbe, «den Flammen überantwortet werden und ewiglich brennen»[17]. Er starb, ohne widerrufen zu haben, im Jahre 565 nach einem dreiundachtzigjährigen Leben und einer achtunddreißigjährigen Regierungszeit.

Justinians Tod ist ein weiterer Punkt, an dem das Ende des Altertums angesetzt werden könnte. Er war ein wahrhaft römischer Kaiser, der den Osten wie den Westen in seine Reichsvorstellung einbezog, sich mühte, die Barbaren fernzuhalten und dem weiten Reichsgebiet wieder eine geordnete Regierung mit einheitlichen Gesetzen zu geben. Es war ihm gelungen, einen Großteil dieses Zieles zu verwirklichen: Afrika, Dalmatien, Italien, Korsika, Sardinien, Sizilien und ein Teil Spaniens waren dem Reiche wieder zugeführt worden; die Perser waren aus Syrien vertrieben worden; das Reich hatte seine Bodenfläche unter seiner Regierung verdoppelt. Obgleich seine Gesetzgebung in der Beurteilung der Ketzerei und der sexuellen Unmoral von einer barbarischen Strenge war, stellt sie in ihrer Einheitlichkeit, Klarheit und umfassenden Gültigkeit doch einen der Höhepunkte der Rechtsgeschichte dar. Seine Regierungsführung war durch die Bestechlichkeit der Beamten, durch die erdrückende Steuerlast und durch Launenhaftigkeit in Begnadigung und

Strafe beeinträchtigt, zeichnete sich aber doch durch einen sorgfältigen Aufbau der wirtschaftlichen und politischen Staatsführung aus und vermochte ein Ordnungsgefüge zu errichten, dem zwar die Freiheit fremd war, das aber doch in einem Winkel Europas die Zivilisation aufrechterhielt, während der Rest des Erdteils in die Finsternis des Mittelalters eintauchte. Justinian hinterließ seinen Namen in der Geschichte des Gewerbes und der Kunst; auch die Hagia Sophia ist sein Denkmal. Den katholischen Zeitgenossen muß es zumute gewesen sein, als habe das Reich die Sturmflut nochmals abgewendet und Aufschub vom Tode gewonnen.

Der Aufschub war von jammervoller Kürze. Justinian hatte den Staatssäckel so leer hinterlassen, wie er ihn gefüllt übernommen hatte; seine unduldsamen Gesetze und betrügerischen Steuereinnehmer hatten ihm die Völker ebenso schnell wieder entfremdet, wie seine Heere sie unterworfen hatten, und diese Heere, dezimiert, verstreut, schlecht besoldet, vermochten die Landstriche, die sie unter so großen Verwüstungen erobert hatten, nicht lange zu verteidigen. Afrika kam bald an die Berber, Syrien, Palästina, Ägypten, Afrika und Spanien an die Araber, Italien an die Langobarden; innerhalb eines Jahrhunderts nach Justinians Tod verlor das Reich mehr Boden, als es gewonnen hatte. In dünkelhaftem Rückblick können wir feststellen, um wie viel besser es gewesen wäre, die aufstrebenden Nationen und Glaubensbekenntnisse in einer föderativen Union zusammenzufassen, den Ostgoten, die Italien verhältnismäßig gut regiert hatten, die Freundschaft anzubieten, und als bewahrender Mittler zu dienen, mit dessen Hilfe die antike Kultur uneingeschränkt auf die neugeborenen Staaten hätte übergehen können.

Wir brauchen uns dem Bild, das Prokop von Justinian entwirft, nicht anzuschließen; es wurde von Prokop selbst widerrufen[28]. Justinian war ein bedeutender Herrscher, dessen Fehler gerade der Logik und Aufrichtigkeit seines Glaubensbekenntnisses entsprangen: Seine Verfolgungen sind seiner Gewißheit, seine Kriege seinem römischen Geiste, seine Beschlagnahmungen seinen Kriegen zu verdanken. Wir beklagen die engstirnige Gewaltsamkeit seiner Verfahrensweise und beklatschen die Großartigkeit seiner Ziele. Er und Belisar, nicht Bonifatius und Aëtius, waren die letzten Römer.

SECHSTES KAPITEL

DIE BYZANTINISCHE KULTUR

[326–565]

I. ARBEIT UND WOHLSTAND

Die byzantinische Wirtschaft war eine Mischung aus Privatunternehmertum, staatlicher Lenkung und Staatsbetrieb, also ganz im modernen Geschmack. Der bäuerliche Grundbesitz war unter Justinian in der Landwirtschaft noch die Regel; aber bereits griff der Großgrundbesitz um sich, und viele Bauern wurden durch Dürren oder Überschwemmungen, übermächtige Konkurrenz oder eigene Unfähigkeit, Besteuerung oder Krieg in eine feudale Abhängigkeit von Großgrundbesitzern getrieben. Die Bodenschätze gehörten dem Staat, wurden aber zumeist in staatlicher Pacht von Privatunternehmern gefördert. Die griechischen Bergwerke waren erschöpft, aber alte und neue Minen wurden in Thrakien, Pontos und auf dem Balkan abgebaut. Die meisten gewerblichen Arbeitskräfte waren «frei», das heißt also, daß sie einzig unter dem Zwang standen, den ihnen die Abneigung vor dem Verhungern auferlegte. Außerhalb der häuslichen Dienste und des Textilgewerbes spielte die direkte Sklaverei eine geringfügige Rolle, aber in Syrien und wahrscheinlich auch in Ägypten und Nordafrika setzte der Staat zur Unterhaltung der wichtigeren Bewässerungskanäle Zwangsarbeiter ein[1]. Der Staat erzeugte in eigenen Betrieben die meisten Waren, die von dem Heer, der Beamtenschaft und dem Hof benötigt wurden[2].

Um das Jahr 552 erweckten einige nestorianische Mönche aus Innerasien das Interesse des Kaisers Justinian mit dem Angebot, dem Reiche eine unabhängige Seidenproduktion zu verschaffen. Wenn wir uns vor Augen halten, wie viele Kriege Griechenland und Rom um die Beherrschung der Handelsstraßen nach China und Indien mit Persien geführt hatten, und beachten, daß die nördliche Route nach dem Fernen Osten «Seidenstraße» hieß, China von den Römern Serica (Seidenland) genannt wurde und das Gebiet zwischen China und Indien den Namen Serindia erhielt, dann verstehen wir, warum Justinian sofort zupackte. Die Mönche kehrten nach Innerasien zurück und holten von dort Seidenraupeneier und wahrscheinlich auch einige Setzlinge des Maulbeerbaumes[3]. In Griechenland bestand bereits eine kleine Seidenindustrie, sie arbeitete aber mit wilden Seidenspinnern, die sich von Eichen- und Eschenblättern und Zypressennadeln ernährten. Nun wurde die Seidenraupenzucht zu einem bedeutenden Gewerbe, besonders in Syrien und Griechenland; auf dem Peloponnes entwickelte sie sich zu einem derartigen Umfang, daß die Halbinsel den neuen Namen Morea – Maulbeerland *(morus alba)* – erhielt.

In Konstantinopel war die Herstellung von gewissen Seidengeweben und Purpurfarbstoffen staatliches Monopol und wurde in Werkstätten in der Nähe des Kaiserpalastes oder im Palast selbst ausgeführt[4]. Teure Seidenstoffe und gefärbte Gewebe zu tragen war ein

Vorrecht der hohen Staatsbeamten, und die kostbarsten Stoffe durften von niemand anderem als den Mitgliedern der kaiserlichen Familie getragen werden. Als Privatunternehmungen im Verborgenen gleiche Stoffe herstellten und an Personen verkauften, die nicht zu ihrem Tragen berechtigt waren, erledigte Justinian diesen «Schwarzen Markt», indem er die meisten luxuriösen Seidenstoffe und gefärbten Gespinste zum allgemeinen Verkauf freigab und die Verkaufsläden mit staatlichen Stoffen zu Preisen überschwemmte, die jede private Konkurrenz unmöglich machten; und als die Privatkonkurrenz ausgeschaltet war, setzte er die Preise wieder herauf[5]. Dem Beispiele des Diokletian folgend, wollte Justinian die Staatskontrolle auf alle Preise und Löhne ausdehnen. Nach der Pestepidemie des Jahres 542 trat eine Knappheit an Arbeitskräften ein, die Löhne stiegen, die Preise erreichten eine schwindelnde Höhe. Wie das englische Parlament nach der Pest von 1348 im Jahre 1351, so suchte auch Justinian den Arbeitgebern und Konsumenten durch einen Lohn- und Preiserlaß zu Hilfe zu kommen:

> Wie wir erfahren, haben seit der göttlichen Heimsuchung Händler, Gewerbetreibende, Bauern und Seeleute sich einem Geiste der Habgier ergeben und verlangen Preise und Löhne, die die vorherigen um ein Dreifaches übersteigen ... Ihnen allen untersagen wir, höhere Löhne oder Preise zu verlangen, als sie zuvor erhielten. Wir verbieten gleichermaßen allen Unternehmern im Baugewerbe, in der Landwirtschaft oder bei anderen Arbeiten, den Arbeitern mehr zu zahlen, als in früheren Tagen üblich war.[6]

Über Erfolg oder Mißerfolg dieser Verfügung ist uns nichts bekannt.

Von Konstantin bis gegen Ende der Regierungszeit des Justinian standen Binnen- und Außenhandel im Byzantinischen Reich in hoher Blüte. Die römischen Straßen und Brücken wurden in gutem Zustand erhalten, und das schöpferische Gewinnstreben sorgte für den Bau von Handelsflotten, die die Hauptstadt mit hundert Häfen in Ost und West verbanden. Vom fünften bis zum fünfzehnten Jahrhundert blieb Konstantinopel der größte Handels- und Schiffahrtsplatz der Welt. Alexandrien, das vom dritten vorchristlichen Jahrhundert an diese Stellung innegehabt hatte, stand jetzt im Handelsumsatz an dritter Stelle nach Antiochien[7]. In ganz Syrien gediehen Handel und Gewerbe; Syrien lag zwischen Persien und Konstantinopel und zwischen Konstantinopel und Ägypten; seine Kaufleute waren gewiegt und unternehmungslustig, und nur die aufbrausenden Griechen konnten es im Ausmaß ihres Handelsverkehrs und in der Raffiniertheit ihres Vorgehens mit ihnen aufnehmen; die Ausbreitung der Syrer über das ganze Reichsgebiet trug zu der Orientalisierung der Bräuche und Künste bei, die für die byzantinische Kultur kennzeichnend wurde.

Da die alte Handelsstraße zwischen Syrien und Innerasien durch das feindlich gesinnte Persien führte, wollte Justinian einen neuen Handelsweg erschließen und knüpfte zu diesem Zwecke freundschaftliche Beziehungen zu den Himyariten Südwestarabiens und den Königen Äthiopiens an, die gemeinsam die Kontrolle über den Südausgang des Roten Meeres besaßen. Durch diese Meerenge und den Indischen Ozean segelten byzantinische Seeleute nach Indien; aber Persien übte über die indischen Häfen die Kontrolle aus und erzwang sich die gleichen Abgaben vom Handel wie beim Durchgang durch den Iran. Da er auf diesem Wege nicht weiterkam, förderte Justinian die Entwicklung der Schwarzmeerhäfen; an diesen Halteplätzen entlang wurden die Waren auf dem Wasserwege nach Kolchis verfrachtet und gelangten von dort aus mit Karawanen nach Sogdien, wo chinesische und westliche Kaufleute ohne persische Überwachung zusammenkommen und feilschen konnten. Der steigende Handelsverkehr auf diesem nördlichen Wege trug dazu bei, daß Serindia seine wirtschaftliche und künstlerische Blütezeit im Mittelalter erlebte. Gleichzeitig hielt sich Griechenland seine altüberkommenen Ausgangspunkte nach dem Westen offen.

Dieser lebhafte Handelsverkehr fand seinen Rückhalt in einer kaiserlichen Münzwährung, die wegen ihrer Zuverlässigkeit fast überall anerkannt wurde. Konstantin hatte eine neue Münze prägen lassen, um Caesars *aureus* zu ersetzen; dieser neue *solidus* enthielt 4,55 Gramm Gold. Der metallische und wirtschaftliche Verfall des *solidus* zum gemeinen *sou* illustriert den allgemeinen Preisanstieg und Währungsverfall im Laufe der Geschichte und zeigt, daß die Sparsamkeit nicht anders als die meisten anderen Tugenden mit einigem Unterscheidungsvermögen geübt werden muß. Das Bankwesen war nun hoch entwickelt. Wir können auf den Wohlstand des Byzantinischen Reiches bei Justinians Thronbesteigung auf Grund eines kaiserlichen Erlasses schließen, der die Höchstzinssätze bei Darlehen an Bauern auf vier Prozent, bei Privatdarlehen gegen Sicherheiten auf sechs, bei Handelsdarlehen auf acht und bei Investierungen in Schiffahrtsunternehmungen auf zwölf Prozent festlegte[8]. Nirgendwo sonst waren in der damaligen Zeit die Zinssätze so niedrig.

Der grundbesitzende Senatorenadel und die Handelsmagnaten waren durch weitreichende und gewagte Unternehmungen, bei denen die Gewinne den Gefahren angepaßt waren, zu einem Wohlstand und Luxus gekommen, wie ihn in Rom nur sehr wenige besessen hatten. Der Adel des Ostens hatte einen besseren Geschmack als der römische Adel zur Zeit eines Cicero und Juvenal; er schwelgte nicht in exotischen Speisen, ließ seine Ehen weniger scheiden und zeigte im Staatsdienst eine bemerkenswerte Treue und großen Fleiß. Extravagant war dieser Adel hauptsächlich in seinen pompösen Gewändern, die mit Pelz verbrämt und in leuchtenden Farben gehalten waren, in seinen seidenen, mit kostbaren Farbstoffen gefärbten und mit Goldfäden durchwirkten Tuniken, die mit Darstellungen aus Natur und Geschichte geschmückt waren. Es gab Männer, die «wandernden Wandgemälden» glichen; auf dem Gewand eines Senators konnte man die ganze Geschichte Christi sehen[9]. Unter dieser gesellschaftlichen Goldkruste fand sich ein von der Steuerlast zermürbter Mittelstand, ein sich abrackernder Beamtenstand, eine bunte Gesellschaft aufdringlicher Mönche, eine Proletarierschaft, die vom Preissystem ausgebeutet und durch die staatlichen Almosen besänftigt wurde.

Die Sexual- und Geschäftsmoral unterschied sich von derjenigen anderer Kulturen auf gleicher Wirtschaftsstufe nicht erheblich. Chrysostomos verurteilte den Tanz, da er die Leidenschaften aufstachele, aber Konstantinopel tanzte. Die Kirche verweigerte immer noch allen Schauspielern das Sakrament der Taufe, aber die byzantinische Bühne entfaltete weiterhin ihre aufreizenden Schaustellungen; es muß einen Trost für die Monogamie und die Eintönigkeit des Lebens geben. Die *Geheimgeschichte* des Prokop, die jedoch nie zuverlässig ist, berichtet, daß in seiner Zeit «so gut wie alle Frauen verderbt» gewesen seien[10]. Viel beharrlicher Forscherfleiß wurde auf empfängnisverhütende Mittel verwendet; Oreibasios, der bedeutendste Mediziner des vierten Jahrhunderts, widmete ihnen ein Kapitel seines Kompendiums der Medizin; ein anderer mittelalterlicher Schriftsteller, Aëtios, empfahl im sechsten Jahrhundert, Essig oder Salzwasser zur Verhütung der Empfängnis zu verwenden oder an Anfang und Ende der Menstruation enthaltsam zu sein[11]. Justinian und Theodora suchten die Prostitution einzudämmen und verbannten, mit vorübergehendem Erfolg, die Kupplerinnen und Bordellhalter aus Konstantinopel. Im allgemeinen erfreute sich die Frau einer hohen Stellung; nie zuvor waren Frauen nach Recht und Brauch so unbehindert, in der Staatsführung so einflußreich gewesen.

II. WISSENSCHAFT UND PHILOSOPHIE: 364–565

Welches war in dieser offenbar religiös orientierten Gesellschaft das Schicksal von Erziehung, Bildung, Literatur, Wissenschaft und Philosophie?

Der Anfangsunterricht lag weiterhin in den Händen von Privatlehrern, die von den Eltern pro Schüler und Semester ein Honorar erhielten. Die höhere Bildung wurde bis zur Regierungszeit von Theodosios II. sowohl von Lehrern, die auf eigene Rechnung Vorlesungen hielten, als auch von städtischen oder staatlichen Professoren vermittelt. Libanios beklagte sich über die armselige Bezahlung dieser Professoren; sie möchten in ihrem Hunger gerne zum Bäcker gehen, die Angst, man verlange von ihnen die Bezahlung ihrer Schulden, halte sie aber davon ab[12]. Wir lesen aber auch von Lehrern, die, wie Eumenios, etwa 600 000 Sesterzen in einem Jahr erhielten[13]; hier wie auf anderen Gebieten erhielten die Besten und die Schlechtesten zuviel, die übrigen zuwenig. Julian führte, um die heidnische Religion zu fördern, das Staatsexamen und die staatliche Berufung für alle Universitätslehrer ein[14]. Aus entgegengesetzten Gründen erklärte es Theodosios II. für ein strafwürdiges Vergehen, wenn jemand ohne staatliche Bewilligung öffentlich Unterricht erteilte, und solche Bewilligungen wurden nur an Anhänger der Staatsreligion erteilt.

Die großen Universitäten des Ostens waren Alexandrien, Athen, Konstantinopel und Antiochien; sie spezialisierten sich auf den Unterricht in Medizin, Philosophie, Literatur und Rhetorik. Oreibasios von Pergamon (ca. 325–403), Leibarzt des Julian, verfaßte eine medizinische Enzyklopädie von siebzig «Büchern». Aëtios von Amida, Hofarzt unter Justinian, verfaßte ein ähnliches Übersichtswerk, das sich durch die beste antike Darstellung der Augen-, Ohren-, Nasen-, Mund- und Zahnkrankheiten auszeichnet, interessante Kapitel über den Kropf und die Wasserschau aufweist und chirurgische Eingriffe von der Mandeloperation bis zur Hämorrhoidenoperation behandelt. Alexander von Tralles (ca. 525–605) war der originellste dieser medizinischen Schriftsteller: Er führt verschiedene Eingeweideparasiten an, gibt eine zutreffende Darstellung des Verdauungstraktes und bespricht mit bisher ungekannter Gründlichkeit die Diagnose und Therapie der Lungenkrankheiten. Sein Lehrbuch der inneren Medizin wurde ins Syrische, Arabische, Hebräische und Lateinische übersetzt und übte im christlichen Bereich einen Einfluß aus, der demjenigen des Hippokrates, Galenos und Soranos nur wenig nachstand[15]. Nach Augustin wurde im fünften Jahrhundert an Menschen die Vivisektion praktiziert[16]. Der Aberglaube drang tief in die Medizin ein. Die meisten Ärzte hielten es mit der Astrologie, einige änderten ihre Behandlungsweise je nach dem Stand der Planeten[17]. Aëtios empfahl als empfängnisverhütendes Mittel, den Zahn eines Kindes am Anus zu befestigen[18]; Marcellus bedient sich in seinem *De medicamentis* (395) bereits einer modernen Verfahrensweise, indem er das Tragen eines Hasenfußes empfiehlt[19]. Die Maulesel hatten es besser als die Menschen; das wissenschaftlichste Werk dieser Zeit sind die *Digestorum artis mulomedicinae libri IV* des Flavius Vegetius (383–450); dieses Buch begründete fast die Veterinärwissenschaft und behielt seine Geltung bis zur Renaissance.

Chemie und Alchimie arbeiteten Hand in Hand; ihr Zentrum war Alexandrien. Die Alchimisten waren im allgemeinen echte Forscher; sie bedienten sich getreulicher als alle anderen Wissenschaftler der Antike experimenteller Methoden; sie brachten einen wesentlichen Fortschritt in die Chemie der Metalle und Metallegierungen, und wir können nicht mit Bestimmtheit sagen, ob die Zukunft ihren Zielen und Absichten nicht Recht geben wird. Auch die Astrologie ging von einer rechtschaffenen Grundlage aus; fast jedermann war überzeugt, daß die Sterne so gut wie Sonne und Mond auf die irdischen Ereignisse einen Einfluß haben. Aber auf diesen Grundlagen errichtete der Scharlatanismus ein abstruses Gebäude von Magie, Wahrsagerei und sterndeuterischem Abrakadabra. Horoskope waren in den mittelalterlichen Großstädten fast noch mehr gang und gäbe als in New York und Paris heutzutage. Augustin berichtet von zwei Freunden, die sorgfältig die Konstellation bei der Geburt ihrer Haustiere aufzeichneten[20]. Ein guter Teil des Unsinns an der arabischen Astrologie und Alchimie zählt zum Vermächtnis Griechenlands an den Islam.

Die interessanteste Gestalt in der Wissenschaft dieser Zeit ist die heidnische Mathematikerin und Philosophin Hypatia. Ihr Vater Theon ist der letzte Mann, dessen Name als der eines Professors am Museion zu Alexandrien überliefert ist; er schrieb einen Kommentar zur *Syntaxis* des Ptolemaios und erwähnte den Anteil, den seine Tochter an der Abfassung dieser Schrift hatte. Hypatia schrieb nach Suidas Kommentare zu Diophantos, zu dem *Astronomischen Kanon* des Ptolemaios, zu den *Kegelschnitten* des Apollonios von Perge[21]. Keines ihrer Werke ist erhalten. Von der Mathematik wechselte sie zu der Philosophie über und errichtete sich ein Weltbild in der Art des Platon und Plotin; nach Ansicht des christlichen Geschichtsschreibers Sokrates «übertraf sie alle Philosophen ihrer Zeit»[22]. Sie wurde auf den Lehrstuhl für Philosophie am Museion berufen und hielt ihre Vorlesungen vor einer großen Zuhörerschaft, die zum Teil von weit her gekommen war. Einige Studenten verliebten sich in sie, sie scheint aber nie geheiratet zu haben; Suidas will uns glauben machen, daß sie geheiratet habe, aber trotzdem Jungfrau geblieben sei[23]. Der gleiche Schriftsteller überliefert eine andere Klatschgeschichte, die vielleicht von ihren Feinden erfunden worden ist: Als einmal ein Jüngling sie heftig bestürmte, soll sie ungehalten ihr Gewand hochgehoben und zu ihm gesagt haben: «Dieses Symbol der unreinen Zeugung ist es, das du liebst, und nicht etwas Schönes[24].» Sie war so sehr der Philosophie ergeben, daß sie auf der Straße stehenzubleiben und jedermann, der es von ihr verlangte, Schwierigkeiten der platonischen oder aristotelischen Philosophie zu erklären pflegte. «Die Verfeinerung und Kultiviertheit ihres Geistes gab ihr ein solches Selbstbewußtsein und eine derartige Ungezwungenheit in ihrem Benehmen, daß sie nicht selten vor den Stadtbehörden erschien, ohne je in einer Ansammlung von Männern die würdevolle Sittsamkeit ihres Gebarens zu verlieren, das für sie kennzeichnend war und ihr die allgemeine Achtung und Bewunderung eintrug.»

Die Bewunderung war aber nicht ganz allgemein. Die Christen Alexandriens müssen sie mit schelen Augen angesehen haben, denn sie war nicht nur eine verführerische Frauensperson, sondern auch eine nahe Freundin des Orestes, des heidnischen Stadtpräfekten. Als Erzbischof Kyrillos seine mönchischen Anhänger aufforderte, die Juden aus Alexandrien zu vertreiben, sandte Orestes einen beleidigend unparteiischen Bericht von dem Vorfall an Theodosios II. Einige Mönche bewarfen den Präfekten mit Steinen; er ließ den Anführer verhaften und foltern, bis er den Geist aufgab (415). Die Anhänger des Kyrillos klagten Hypatia an, sie habe den größten Einfluß auf Orestes; sie allein habe eine Versöhnung zwischen dem Präfekten und dem Patriarchen hintertrieben. Eines Tages zerrte eine Meute von Fanatikern, vom «Vorleser», einem niedereren Geistlichen aus dem Gefolge des Kyrillos angeführt, die Hypatia aus ihrem Wagen, schleppte sie in eine Kirche, riß ihr die Kleider vom Leibe, schlug mit Ziegeln auf sie ein, bis sie den Geist aufgab, zerstückelte ihren Körper und verbrannte die Überreste in einer wilden Orgie (415)[25]. «Eine dermaßen unmenschliche Tat», berichtet Sokrates, «mußte nicht nur dem Kyrillos, sondern der ganzen alexandrinischen Kirche die größte Schande bringen[26].» Es wurde jedoch niemand persönlich bestraft; der Kaiser Theodosios II. schränkte lediglich die Freiheit der Mönche, sich in der Öffentlichkeit zu zeigen, ein (Sept. 416) und schloß die Heiden von der Besetzung aller öffentlichen Ämter aus (Dez. 416). Der Sieg des Kyrillos war vollständig.

Heidnische Philosophieprofessoren suchten nach dem Tode der Hypatia Zuflucht in Athen, wo Nichtchristen noch eine verhältnismäßige Lehrfreiheit besaßen. Das Studentenleben in Athen war recht bewegt und stand im Genuß der größten Tröstungen der höheren Bildung; es gab Studentenverbindungen, eine unterscheidende Kleidung, die Schurigelei der Füchse, überhaupt ein fröhliches Treiben[27]. Die Stoiker- und die Epikureerschule waren verschwunden, aber die Platonische Akademie erlebte einen glänzenden Niedergang unter Themistios, Priscus und Proklos. Themistios (Glanzzeit 380) beeinflußte mit seinen Kommentaren zu Aristoteles den Averroes und andere mittelalterliche Denker. Priscus war eine Zeitlang der Freund und Ratgeber des Julian; von Valens und Valentinian I. wurde er unter der Beschuldigung, er habe ihnen ein Fieber angezaubert, verhaftet; er kehrte nach Athen zurück und lehrte dort, bis er 395 als Neunzigjähriger starb. Proklos (410–485) kam als echter Platoniker von der Mathematik zur Philosophie. Mit der Geduld des Gelehrten ordnete er die Gedankenwelt der griechischen Philosophie in ein System an und gab diesem eine oberflächliche wissenschaftliche Form. Er empfand aber auch die mystische Stimmung des Neoplatonismus; er glaubte durch Fasten und Läuterung mit übernatürlichen Wesen verkehren zu können[28]. Die Schulen Athens besaßen keine Lebenskraft mehr, als Justinian sie 529 schließen ließ. Ihre ganze Arbeit bestand darin, daß sie die Theorien der alten Meister immer wieder aufwärmten; die Größe ihres Erbes bedrückte und beengte sie; ihre einzige Abirrung bestand in der Hingabe an einen Mystizismus, der von den weniger strenggläubigen Strömungen des Christentums entlehnt war.

Justinian ließ sowohl die Rhetoriker-, wie auch die Philosophenschulen schließen und ihr Vermögen einziehen und untersagte es jedem Heiden, Unterricht zu erteilen.

Der Übergang von der Philosophie zur Religion, von Platon zu Christus, zeigt sich in gewissen seltsamen griechischen Schriften, die von mittelalterlichen Denkern vertrauensvoll dem Dionysios «Areopagites» – einem der Athener, die sich zur Lehre des Paulus bekannten – zugeschrieben wurden. Es sind in der Hauptsache vier Werke: *Über die Himmlische Hierarchie*, *Über die kirchliche Hierarchie*, *Über die göttlichen Namen* und *Über mystische Theologie*. Wir wissen nicht, wer der wirkliche Verfasser war, ebensowenig, wann und wo sie verfaßt wurden; sie dürften dem Inhalt nach zwischen dem vierten und sechsten Jahrhundert entstanden sein; als einziges wissen wir, daß nur wenige Bücher einen so tiefen Einfluß auf die christliche Theologie ausgeübt haben. Johannes Scotus Erigena übersetzte eines von ihnen und nahm es zum Ausgangspunkt seines Werkes, Albertus Magnus und Thomas von Aquin verehrten sie, unzählige jüdische, mohammedanische und christliche Mystiker schöpften aus ihnen, und die Kunst und die volkstümliche Religiosität des Mittelalters sahen in ihnen einen unfehlbaren Führer zu himmlischen Wesen und Rangstufen. Gott sei zwar unfaßbar transzendent, aber doch in allen Dingen als ihr Ursprung und Lebensodem enthalten. Zwischen Gott und den Menschen seien drei Triaden übernatürlicher Wesenheiten zwischengeschaltet: die Seraphim, Cherubim und Throne; die Herrschaften, Kräfte und Mächte; die Fürstentümer, Erzengel und Engel. (Der Leser wird sich erinnern, daß Dante diese neun Gruppen um den Thron Gottes aufstellt und Milton einige der Namen zu einer klangvollen Zeile verwoben hat.) Die Schöpfung erfolge durch Emanation: Alle Dinge flössen durch Vermittlung der Hierarchie der Engel aus Gott; durch Umkehr dieses Vorganges führten dann diese neun Ordnungen der himmlischen Hierarchie den Menschen und die ganze Schöpfung in Gott zurück.

III. DIE LITERATUR: 364–565

Im Jahre 425 reorganisierten Theodosios II. oder dessen Regenten den höheren Unterricht in Konstantinopel und gründeten in aller Form eine Universität mit 31 Professoren: einen für Philosophie, zwei für die Rechtskunde, 28 für lateinische und griechische «Grammatik» und «Rhetorik». Zu dem letzteren Fach gehörte auch das Studium der beiden Literaturen, und die große Zahl von Professoren, die mit diesem Fach betraut wurden, läßt auf ein lebhaftes Interesse dafür schließen. Einer dieser Professoren, Priscian, verfaßte um 526 eine gewaltige *Grammatik* des Lateinischen und Griechischen, die zu einem der berühmtesten Lehrbücher des Mittelalters wurde. Die Ostkirche scheint zu dieser Zeit keine Einwände gegen die Abschrift der heidnischen Klassiker erhoben zu haben[29]; trotz des Protestes einiger Heiliger gab die Schule von Konstantinopel bis ans Ende des Byzantinischen Reiches die Meisterwerke der Antike getreulich weiter. Und trotz der hohen Kosten des Pergamentes wurden immer noch sehr viele Bücher hergestellt. Um das Jahr 450 verfaßte Musaios, ein Mann unbekannter Herkunft, sein berühmtes Gedicht *Hero und Leander*, in welchem er schildert, wie Leander, der darin Byron zuvorkam, den Hellespont durchschwimmt, um zu seiner geliebten Hero zu gelangen, wie er bei dem Versuch das Leben verliert und vor den Augen der Hero von den Fluten zu Füßen ihres Turmes emporgeschleudert wird.

Und sie stürzte sich jählings herab von dem mächtigen Turme.
Also starb die Geliebte zugleich mit ihrem Geliebten,
und es einte sie beide wieder die Stunde des Todes.[30]

Es war der christliche Edelmann vom byzantinischen Hofe, der zum endgültigen Abschluß der *Griechischen (Palatinischen) Anthologie* anmutige Liebesgedichte in der antiken Gefühlslage und Tonart verfaßte und mit griechischer Mythologie füllte. Hier sei ein Lied von Agathias (ca. 550) zitiert, das Ben Jonson zu einem Meisterwerk inspiriert haben könnte:

Liebe den Wein sonst nicht; doch willst du, ich soll mich berauschen,
Koste zuerst und gib's, und ich empfang' es von dir.
Denn wenn du es berührst mit dem Schnäbelchen, ist es nicht leicht mehr
nüchtern zu sein, und dir, lieblicher Schenk, zu entfliehn.
Denn es fördert der Becher den Kuß von dir mir herüber,
Und gibt Botschaft mir von der empfangenen Huld.[31]

Das bedeutendste literarische Werk dieser Zeit stammt von Geschichtsschreibern. Eunapios von Sardes verfaßte eine verlorengegangene *Weltgeschichte* der Zeit von 270–400, die den Justinian zum Helden hat, und 23 klatschhafte Lebensbeschreibungen späterer Sophisten und Neoplatoniker. Sokrates, ein katholischer Christ aus Konstantinopel, schrieb eine *Kirchengeschichte* der Zeit von 309 bis 439; sie ist recht zutreffend und im allgemeinen anständig, wie wir im Falle der Hypatia gesehen haben; dieser Sokrates füllt seinen Bericht aber mit abergläubischen Erzählungen, Legenden und Wundern und spricht so häufig von sich selbst, als ob es ihm schwerfalle, den Unterschied zwischen sich und dem Weltall zu finden. Er schließt sein Werk mit einem neuartigen Appell an die Sekten, Frieden zu halten: Falls es zum Frieden komme, hätten die Geschichtsschreiber nichts mehr zu berichten, und diese traurige Gesellschaft von Tragödienhökern würde eingehen.[32] Hauptsächlich von Sokrates abgeschrieben ist die *Kirchengeschichte* des Sozomenos, eines Konvertiten aus Palästina, der wie sein Vorbild Rechtsanwalt in der Hauptstadt war; die juristische Ausbildung war offensichtlich kein Hindernis für den Aberglauben. Zosimos von Konstantinopel verfaßte um 475 eine *Geschichte des Römischen Reiches*; er war Heide, stand aber seinen christlichen Rivalen in Leichtgläubigkeit und Unsinnigkeit in nichts nach. Gegen 525 schlug Dionysius Exiguus (der «Kurze») ein neues Verfahren der Geschichtsdatierung vor, nämlich die Jahreszählung vom vermuteten Geburtsjahr Christi ab. Die lateinische Kirche folgte dem Vorschlag erst ab dem zehnten Jahrhundert, und die Byzantiner zählten ihre Jahre weiterhin seit der Erschaffung der Welt. Es ist zum Verzweifeln, daß so viele Dinge der Jugendzeit unserer Kultur bekannt waren, die uns heute nicht bekannt sind.

Der einzige wirklich bedeutende Geschichtsschreiber dieser Zeit ist Prokop. Er wurde im palästinensischen Caesarea geboren (490), studierte Rechtskunde, kam nach Konstantinopel und wurde Sekretär und Rechtsberater des Belisar. Er begleitete den Feldherrn auf seinen Feldzügen nach Syrien, Nordafrika und Italien und kehrte mit ihm nach Konstantinopel zurück. Im Jahre 550 veröffentlichte er sein *Buch der Kriege*. Da er die Verdienste des Feldherrn und den Geiz des Herrschers höchst persönlich erfahren hatte, machte er Belisar zu einem strahlenden Helden und beließ Justinian im Schatten. Das Buch wurde vom Publikum beifällig, vom Kaiser mit Stillschweigen aufgenommen. Prokop verfaßte nun seine *Anekdota*, die *Geheimgeschichte*; er hielt sie aber so erfolgreich im Verborgenen, daß Justinian ihn 554 beauftragte, eine Beschreibung der Bauten, die unter seiner Regierung entstanden waren, zu schreiben. Prokop veröffentlichte das Buch *De Aedificiis* im Jahre 560 und überlud es dermaßen mit Lobsprüchen an den Kaiser, daß Justinian ihn der Unaufrichtigkeit oder Ironie hätte bezichtigen können. Die *Geheimgeschichte* kam erst nach dem Tod des Justinian – und wahrscheinlich auch des Prokop – an die Öffentlichkeit. Es ist ein fesselndes Buch, wie jede Schmähschrift auf unsere Nachbarn; es ist aber etwas Unerfreuliches an literarischen Angriffen auf Menschen, die nichts mehr zu ihrer eigenen Verteidigung vorbringen können. Man kann sich darauf verlassen, daß ein Historiker, der seine Feder bemühen muß, um eine These zu beweisen, die Wahrheit verdreht.

In Angelegenheiten, die er nicht selbst erlebt hat, ist Prokop hin und wieder ungenau; manchmal kopiert er Art und Philosophie des Herodot, manchmal die Reden und Belagerungen des Thukydides; er hat teil am Aberglauben seiner Zeit und verdüstert sein Werk mit Vorzeichen, Orakeln, Wundertaten und Träumen. Wo er aber über Selbsterlebtes schreibt, hält seine Darstellung jeder Prüfung stand. Er ist von einem mutigen Fleiß, das Material ist logisch angeordnet, seine Erzählungskunst fesselnd, sein Griechisch klar und unmittelbar ansprechend und von einer fast klassischen Reinheit.

War er Christ? Äußerlich ja; und doch spiegelt er manchmal das Heidentum seiner Vorbilder, den Fatalismus der Stoa, die Skepsis der Akademie wider. Er spricht von Fortunas

> perverser Natur und ihrem unberechenbaren Willen. Aber diese Dinge, glaube ich, hat der Mensch nie verstanden, noch wird er sie je verstehen. Trotzdem spricht man immer viel darüber, und Meinungen werden herumgeboten ... da jeder von uns für seine Unwissenheit Trost sucht ... Ich betrachte es als Verrücktheit, das Wesen Gottes zu erforschen ... Ich werde über diese Fragen ein diskretes Schweigen beobachten, und zwar einzig zu dem Zwecke, daß alte und ehrwürdige Glaubensanschauungen nicht erschüttert werden.[33]

IV. DIE BYZANTINISCHE KUNST: 326–565

1. DER ÜBERGANG VOM HEIDENTUM

Die vorzüglichsten Leistungen der byzantinischen Kultur und Zivilisation liegen auf dem Gebiet der Staatsverwaltung und der dekorativen Kunst: Sie brachten einen Staat hervor, der elf Jahrhunderte überdauerte, und eine Hagia Sophia, die heute noch steht.

Zur Zeit des Justinian hatte die heidnische Kunst sich überlebt, ihre Werke waren zur Hälfte zerstört oder verstümmelt. Die Plünderungen der Barbaren, die Räubereien der Kaiser und eine fromme Zerstörungswut hatten einen Prozeß der Zerstörung und Vernachlässigung eingeleitet, der andauerte, bis sich Petrarca im vierzehnten Jahrhundert sozusagen für das Leben der Überlebenden einsetzte. Ein Vernichtungsfaktor war der Volksglaube, daß die heidnischen Götter Dämonen und die Tempel deren Schlupfwinkel seien; auf jeden Fall meinte man das Material für christliche Kirchen und Hausmauern besser verwenden zu können. Die Heiden nahmen oft selbst an der Plünderung teil. Mehrere christliche Kaiser, besonders Honorius und Theodosios II., taten ihr Bestes, um die alten Bauten zu erhalten[34], und vernünftige Geistliche bewahrten den Parthenon, den Theseustempel, das Pantheon und andere Bauten vor der Zerstörung, indem sie sie als christliche Kultstätten neu weihten.

Dem Christentum kam die Kunst zunächst als Stütze des Heidentums, des Götzendienstes, der Unmoral verdächtig vor; die nackten Statuen vertrugen sich schlecht mit der Wertschätzung der Jungfräulichkeit und Ehelosigkeit. Als man im Körper ein Werkzeug des Teufels sah und der Mönch den Sportler als Idealbild verdrängte, schwand das Studium der Anatomie aus der Kunst und es verblieb eine Skulptur und Malerei schwermütiger Gesichter und ungestalteter Gewandung. Sobald aber das Christentum triumphierte und große Basiliken zur Unterbringung der rasch wachsenden Gemeinden benötigt wurden, festigte sich die örtliche und nationale Kunstüberlieferung wieder und erhob sich die Baukunst erneut aus den Ruinen. Überdies verlangten diese geräumigen Bauten gebieterisch nach Ausschmückung; die Gläubigen brauchten Standbilder von Christus und Maria als Stützen für ihre Einbildungskraft und Bilder, die den einfachen, des Lesens unkundigen Menschen die Geschichte ihres gekreuzigten Gottes erzählten. Skulptur, Mosaikkunst und Malerei erlebten die Wiedergeburt.

In Rom unterschied sich die neue Kunst nur wenig von der alten. Die Kraftfülle der Bauweise, die Einfachheit der Form, die Stilarten der mit Säulen ausgestatteten Basilika wurden vom Heidentum auf das Christentum übertragen. In der Nähe von Neros Circus auf dem Vaticanus hatten die Baumeister des Konstantin die erste Peterskirche in einer ehrfurchtgebietenden Länge von 115 Metern und einer Breite von 64 Metern entworfen; zwölf Jahrhunderte lang blieb dieser Bau die päpstliche Kultstätte des lateinischen Christentums, bis Bramante ihn niederriß, um an seine Stelle die noch größere Peterskirche zu setzen, die heute noch dort steht. Die Kirche, die Konstantin für den heiligen Paulus außerhalb der Mauern – S. Paolo fuori le mura – an der Stelle, an der der Apostel der Überlieferung gemäß das Märtyrertum erlitt, errichtete, wurde von Valentinian II. und Theodosius I. in ebenso riesenhaften Ausmaßen – 120 auf 60 Meter – neuerbaut*. S. Costanza, die von Konstantin als Mausoleum für seine Schwester Constantia erbaut worden war, steht im wesentlichen heute noch so, wie sie 326–330 errichtet wurde. S. Giovanni in Laterano, S. Maria in Trastevere, S. Lorenzo fuori le mura wurden bereits in dem Jahrhundert nach dem Baubeginn durch Konstantin umgebaut und sind seitdem des öfteren restauriert worden. S. Maria Maggiore wurde 432 aus einem heidnischen Tempel in eine christliche Kirche umgewandelt; abgesehen von den Renaissancedekorationen hat sich das Schiff unverändert erhalten.

Seit der damaligen Zeit bis auf den heutigen Tag ist der Grundriß der Basilika im christlichen Kirchenbau besonders beliebt; die bescheidenen Baukosten, die majestätische Einfachheit, die strukturelle Logik und machtvolle Kraft dieses Baues sind ihm noch in jedem Menschenalter eine Empfehlung gewesen. Er erwies sich aber als wenig geeignet für Abwandlungen und Entwicklungen. Europäische Baumeister sahen sich nach neuen Ideen um und fanden sie im Osten – sogar in Spalato, dem adriatischen Vorposten des Orients. Dort, an der dalmatinischen Küste, hatte Diokletian zu Beginn des vierten Jahrhunderts, als er für sein Privatleben nach dem Rücktritt einen Palast bauen ließ, den Künstlern freie Hand gelassen, und sie hatten eine Revolution der europäischen Baukunst zuwegegebracht. Bögen schwangen sich unmittelbar von Säulenkapitellen empor, ohne daß ein Gebälk dazwischengeschaltet war; damit war mit einem Schlag der byzantinische, romanische und gotische Stil vorbereitet. Und statt eines figurenbesetzten Frieses erschien in diesem Palast ein seltsamer Zierat von Zickzacklinien, welcher das klassische Auge beleidigte, dem Orient aber schon längst geläufig war. Spalato war das erste Anzeichen, daß Europa nicht nur von einer orientalischen Religion, sondern, zumindest im byzantinischen Bereich, auch von einer orientalischen Kunst erobert werden sollte.

* San Paolo fuori le mura wurde 1823 durch eine Feuersbrunst zerstört, aber nach den alten Plänen 1854–1870 restauriert. Ihre vollkommenen Proportionen und prachtvollen Säulenreihen machen sie zu einer der edelsten Schöpfungen der Menschheit.

2. DER BYZANTINISCHE KÜNSTLER

Woher kam diese einzigartig farbenfreudige, düster leuchtende Kunst, die als die byzantinische bekannt ist, nach Konstantinopel? Das ist eine Frage, über die sich Archäologen fast mit der Heftigkeit christlicher Glaubensstreiter gestritten haben; im großen und ganzen liegt der Sieg auf der Seite des Ostens. Als Syrien und Kleinasien durch ihren Gewerbefleiß immer stärker, Rom infolge der Invasionen immer schwächer wurde, ebbte die hellenistische Flut, die mit Alexander in Asien eingedrungen war, nach Europa zurück. Aus dem sassanidischen Persien, dem nestorianischen Syrien, dem koptischen Ägypten strömten östliche Einflüsse nach Byzanz und weiter nach Italien und sogar nach Gallien, und die griechische Kunst der naturalistischen Darstellung wich einer orientalischen Kunst der symbolhaften Dekoration. Der Osten gab der Farbe vor der Linie, dem Gewölbe und der Kuppel vor dem aus Holz gezimmerten Dach, dem reichen Zierat vor der strengen Einfachheit, den prächtigen Seidengewändern vor den gestaltlosen Togen den Vorzug. Geradeso, wie Diokletian und Konstantin die Formen der persischen Monarchie übernommen hatten, so richtete sich die Kunst von Konstantinopel immer weniger nach dem nunmehr barbarisierten Westen, dafür um so mehr nach der Kunst von Kleinasien, Armenien, Persien, Syrien und Ägypten. Vielleicht beschleunigte der Sieg der persischen Waffen unter Schapur II. und Chosru Anuschirvan den nach Westen gerichteten Zug östlicher Motive und Formen. Edessa und Nisibis waren zu dieser Zeit blühende Zentren einer mesopotamischen Kultur, die iranische mit armenischen, kappadokischen und syrischen Elementen vermischte[35] und durch Vermittlung von Kaufleuten, Mönchen und Handwerkern nach Antiochien, Alexandrien, Ephesos, Konstantinopel und schließlich nach Ravenna und Rom gelangte. Die alten klassischen (dorischen, ionischen und korinthischen) Säulenordnungen verloren in einer Architektur von Bögen, Gewölben, Gewölbezwickeln und Kuppeln fast jede Bedeutung.

Die byzantinische Kunst, die solcherart zustandegekommen war, widmete sich der Darlegung der christlichen Lehren und der Schaustellung der glänzenden Staatsmacht. Sie erzählte auf Kleidungsstücken und Wandbehängen, in Mosaiken und Wandbildern immer wieder die Lebensgeschichte Christi, die Kümmernisse Mariä, den Lebenslauf des Apostels oder Märtyrers, dessen Gebeine in der Kirche aufbewahrt wurden. Oder sie kam in den Kaiserhof, schmückte den Palast des Herrschers aus, bedeckte seine Staatsgewänder mit symbolischen Mustern oder historischen Zeichnungen, blendete seine Untertanen mit einem überladenen Prunk und stellte schließlich Christus und Maria als Kaiser und Kaiserin dar. Der byzantinische Künstler hatte nicht die Wahl zwischen vielen Gönnern und darum auch nicht zwischen vielen Themen und Stilarten; entweder der Monarch oder der Patriarch schrieb ihm vor, was er zu tun hatte und wie er es tun sollte. Er arbeitete gemeinsam mit anderen und hinterließ selten der Geschichte einen Einzelnamen. Er vollbrachte Wundertaten an Leuchtkraft, er erhob und demütigte das Volk mit dem Glanz seiner Schöpfungen; aber seine Kunst bezahlte den Dienst an einem absoluten Monarchen und einem unwandelbaren Glauben mit Formalismus, Enge und Stagnation.

Er verfügte über ein reichhaltiges Material: Marmor aus den Steinbrüchen Attikas, Italiens und der Prokonnesos; zum Plündern geeignete Säulen und Kapitelle von allen heidnischen Tempeln, die noch standen, und Backsteine, die in der sonnengedörrten Erde fast von selbst wuchsen. Gewöhnlich verwandte er Backsteine und Mörtel; sie eigneten sich gut für die Bogenformen, die die orientalischen Stilarten von ihm forderten. Oft begnügte er sich mit dem kreuzförmigen Grundriß und errichtete eine Basilika, die er mit einem Querschiff versah und zu einer Apsis verlängerte; manchmal gliederte er die Basilika zu einem Oktagon auf, wie zum Beispiel in St. Sergius und Bacchus in Konstantinopel und S. Vitale in Ravenna. Sein besonderes Geschick, in dem er alle Künstler vor oder nach ihm übertrifft, entfaltete er aber in der Errichtung einer kreisförmigen Kuppel über einem vieleckigen Bau. Dazu bediente er sich vorzugsweise des Zwickels: Er baute über jeder Seite des Vielecks einen Bogen oder Halbkreis aus Backsteinen, erstellte zwischen jedem Halbkreis nach oben und innen ein sphärisches Dreieck aus Backsteinen und legte die Kuppel auf den so entstehenden Kreisring auf. Die sphärischen Dreiecke waren die Gewölbezwickel, die Pendentifs, die vom Gewölberand auf den Oberteil des Polygons «herabhingen». Im architektonischen Effekt war die Quadratur des Kreises erreicht. Von da an kam der Basilikastil im Osten fast ganz zum Verschwinden.

Im Inneren des Gebäudes verschwendete der byzantinische Baumeister die ganze Fertigkeit von einem Dutzend verschiedener Künste. Selten verwandte er Plastiken; es war ihm weniger daran gelegen, männliche oder weibliche Gestalten darzustellen, als eine abstrakte Schönheit symbolischer Gestaltung zu schaffen. Auch so waren die byzantinischen Bildhauer immer noch geschickte und geduldige Handwerker. Sie meißelten das «Theodosische» Kapitell, in welchem sie die «Ohren» der ionischen mit den Blättern der korinthischen Säulenordnung kombinierten; und um die Verwirrung noch größer zu machen, meißelten sie in dieses vielgestaltige Kapitell noch einen wahren Dschungel an Tieren und Pflanzen. Die Auswirkung war, daß das Kapitell nicht mehr sehr geeignet war, eine Mauer oder einen Bogen zu stützen, so daß man zwischen diese und das Kapitell einen Kämpfer einlegte, der oben quadratisch und ausladend, an der Basis rund und enger war; im Laufe der Zeit wurde auch der Kämpfer mit Blumen überzogen. Auch hier, wie schon im überwölbten Quadrat, siegte Persien über Griechenland. Weiter erhielten die Maler den Auftrag, die Wände mit erbaulichen oder abschreckenden Bildern auszuschmücken; Mosaikmaler legten Fußböden oder Wände oder Altäre oder die Spandrillen der Bögen oder sonst jede leere Fläche, die das Auge des Orientalen herausforderte, mit ihren bunten Stein- oder Glaswürfelchen auf goldenem oder blauem Hintergrund aus. Juweliere setzten Gemmen in Kleidungsstücke, Altäre, Säulen, Wände; Goldschmiede fügten Gold- und Silbergeschirr dazu; Holzschnitzer schnitzten die Kanzel- oder Chorgeländer; Weber hingen Wandbehänge auf, legten Teppiche und bedeckten Altar und Kanzel mit bestickten Tüchern und Seidenstoffen. Niemals zuvor hatte es eine Kunst gegeben, die so farbenreich, so spitzfindig in der Symbolsprache, so überreich im Zierat, so sehr geeignet gewesen wäre, den Verstand einzumummen und die Seele aufzurütteln.

3. DIE HAGIA SOPHIA

Erst unter Justinian vollendeten die griechischen, römischen, orientalischen und christlichen Wirkkräfte ihren Zusammenschluß in der byzantinischen Kunst. Die Nikarevolte gab dem Kaiser, der darin ein zweiter Nero war, die Gelegenheit, seine Hauptstadt neu aufzubauen. Im Rausch einer kurzwährenden Freiheit hatte die Meute den Senat, die Zeuxipposthermen, die Säulengänge des Augustaeum, einen Flügel des Kaiserpalastes und die Kirche der Heiligen Sophia, die Kathedrale des Patriarchen, niedergebrannt. Justinian hätte diese Bauten nach ihren alten Grundrissen wiederaufbauen können und wäre in ein bis zwei Jahren damit fertig gewesen. Statt dessen entschloß er sich, mehr Zeit, Geld und Arbeitskraft aufzuwenden, um seine Hauptstadt schöner als Rom zu machen und eine Kirche zu erstellen, die alle anderen Bauten der Erde in den Schatten stellen sollte. Er begann nunmehr mit einem der ehrgeizigsten Bauprogramme der Geschichte: Festungen, Paläste, Klöster, Kirchen, Säulengänge und Tore entstanden im ganzen Reichsgebiet. In Konstantinopel baute er den Senat in weißem und die Zeuxipposthermen in buntem Marmor wieder auf, errichtete einen Säulengang und eine Promenade aus Marmor im Augustaeum und versorgte die Stadt über einen neuen Aquädukt, der sich mit den besten Aquädukten Italiens messen konnte, mit frischem Trinkwasser. Seinen eigenen Palast machte er zum Höhepunkt der Pracht und des Luxus: Die Böden und Wände waren aus Marmor, die Decken erzählten in strahlenden Mosaiken von den Triumphen seiner Regierung und zeigten die Senatoren «in festlicher Stimmung, wie sie dem Kaiser fast göttliche Ehrungen zuteil werden lassen»[36]. Und jenseits des Bosporus, bei Chalkedon, baute er als Sommerresidenz für Theodora und ihren Hof die palastartige Villa von Herion, die er mit eigenem Hafen, einem Forum, einer Kirche und Thermen ausstattete.

Vierzig Tage nachdem die Nikarevolte zum Abklingen gekommen war, begann er mit dem Bau einer neuen Sophienkirche, die nicht einer Heiligen dieses Namens, sondern der *Hagia Sophia*, der Heiligen Weisheit, dem schöpferischen Logos Gottes selbst geweiht war. Vom kleinasiatischen Tralles und vom ionischen Miletos ließ er Anthemios und Isidoros kommen, die berühmtesten Architekten der Zeit, um das Werk zu entwerfen und den Bau zu überwachen. Sie wichen von der traditionellen Basilikaform ab und entwarfen einen Grundriß, in dessen Mitte eine ausladende Kuppel stand, die nicht auf Mauern auflag, sondern auf massiven Pfeilern, und an beiden Enden von einer Halbkuppel gestützt wurde. Zehntausend Arbeiter wurden eingesetzt, der Gegenwert von 320 000 Pfund Gold verausgabt, so daß der Staatssäckel ziemlich leer aus dem Unternehmen hervorging. Provinzstatthalter erhielten die Weisung, die schönsten Überreste antiker Monumente für die neue Kirche zu senden; aus einem Dutzend Gebieten wurde Marmor von dutzenderlei verschiedenen Arten und Färbungen herbeigeschafft; Gold, Silber, Elfenbein und Edelsteine wurden in riesigem Ausmaße zur Verzierung eingesetzt. Justinian beteiligte sich persönlich am Entwurf und an der Ausführung und hatte (wie sein verächtlicher Schmeichler berichtet) in nicht geringem Umfange an der Lösung technischer Probleme anteil. In weißes Leinen gekleidet, einen Stab in der Hand und ein Tuch auf dem Haupt, zeigte er sich Tag für Tag auf dem Bauplatz und munterte die Arbeiter an, ihre Aufgabe in rechter

Weise und zur rechten Zeit zu vollenden. In fünf Jahren und zehn Monaten war das Bauwerk fertiggestellt, und am 26. Dezember 537 führten der Kaiser und der Patriarch Menas eine feierliche Eröffnungsprozession in die strahlende Kathedrale. Justinian begab sich allein zu der Kanzel, erhob die Hände und rief aus: «Lob sei dem Gott, der mich würdig erachtet hat, ein so großes Werk zu vollenden! O Salomon! Ich habe dich überwunden!»

Der Grundriß hat die Form eines griechischen Kreuzes von 75 auf 68 Metern; jedes Ende des Kreuzes ist von einer kleineren Kuppel gedeckt; die Mittelkuppel erhebt sich über dem 30 auf 30 Meter messenden Quadrat, das von den sich schneidenden Armen gebildet wird; der höchste Punkt der Kuppel lag anfangs 54 Meter über dem Boden; ihr Durchmesser beträgt 30 Meter – fast 10 Meter weniger als derjenige des Pantheons in Rom. Die Pantheonskuppel war in einem massiven Stück aus Zement gegossen worden; die Kuppel der Hagia Sophia wurde in drei konvergierenden Feldern aus Backsteinen errichtet, also in einer viel schwächeren Bauweise*. Die Kuppel zeichnet sich weniger durch ihre Größe als durch ihren Unterbau aus: Sie ruht nicht auf einem Rundbau, wie es bei dem Pantheon der Fall ist, sondern auf Zwickeln und Bögen, die zwischen dem Kreisrand und der quadratischen Basis vermitteln; nie hat ein architektonisches Problem eine glücklichere Lösung gefunden. Prokop sagt in seiner Beschreibung der Kuppel: «Es ist ein wunderbares und erschreckendes Werk, ... das nicht auf dem Mauerwerk unter ihm zu ruhen, sondern an goldenen Ketten vom Himmel herabzuhängen scheint[37].»

Das Innere war ein Panorama leuchtkräftigen Zierates. Vielfarbige Marmore – weiße, grüne, rote, gelbe, purpurne, goldene – gaben dem Boden, den Wänden und den zweistöckigen Säulenreihen das Aussehen eines Blumenfeldes. Feingemeißelte Skulpturen bedeckten Kapitelle, Bögen, Spandrillen, Gesimse und Nischen mit klassischen Akanthus- und Weinblättern. Mosaike von einem Umfang und einer Pracht, wie man noch nie erlebt hatte, sahen von den Wänden und Gewölben herab. Vierzig silberne Leuchter, die vom Kuppelrand herabhingen, teilten sich mit ebensovielen Fenstern in die Beleuchtung der Kirche. Das Gefühl der Geräumigkeit, das durch das Langschiff und die Seitenschiffe und durch den säulenlosen Raum unter der Mittelkuppel geschaffen wurde; die metallene Spitzenarbeit des silbernen Geländers vor der Apsis und des eisernen Geländers in der oberen Galerie; die mit Elfenbein, Silber und Edelsteinen ausgelegte Kanzel; der Thronsessel des Patriarchen aus massivem Silber; der Vorhang aus Seide und Gold, der über dem Altar hing und die Gestalten des Kaisers und der Kaiserin, die den Segen Jesu Christi und der Maria empfangen, zeigte; der goldene Altar selbst, der aus seltenen Marmoren bestand und silberne und goldene Sakralgefäße trug: Dieser reiche Schmuck hätte dem Justinian das Recht gegeben, mit gleichem Stolz wie die Mogulkönige zu behaupten, er habe wie ein Riese gebaut und doch dem Bau den Feinschliff des Juweliers gegeben.

Die Hagia Sophia stellt gleichzeitig den Beginn und den Höhepunkt des byzantinischen Stiles dar. Man sprach von ihr überall als von der «Großen Kirche», und selbst der skeptische Prokop schreibt ehrfürchtig von ihr. «Wenn man den Bau zum Beten betritt, erhält

* Im Jahre 558 stürzte bei einem Erdbeben die Hälfte der Mittelkuppel ein. Isidoros, der Sohn des verstorbenen Isidoros, baute die Kuppel neu, verstärkte ihre Stützen und machte sie um siebeneinhalb Meter höher als die vorherige. Risse in den Stützen legen die Vermutung nahe, daß die Kuppel in Gefahr ist.

man den Eindruck, daß er nicht mit menschlicher Kraft erbaut sei. ... Die Seele, die sich zum Himmel erhebt, spürt, daß Gott in der Nähe ist und an diesem seinem erwählten Heim Gefallen findet[38].»*

4. VON KONSTANTINOPEL NACH RAVENNA

Die Hagia Sophia war Justinians höchste Leistung, dauerhafter als seine Eroberungen und seine Gesetze. Prokop beschreibt aber noch 24 weitere Kirchen, die er in der Hauptstadt erbaute oder umbaute, und bemerkt: «Wenn du nur eine einzige von ihnen für sich allein siehst, dann meinst du schon, der Kaiser habe nur dieses eine Werk vollbracht und seine ganze Regierungszeit auf es allein aufgewendet[39].» Bis Justinians Tod war diese Bauwut im ganzen Reichsgebiet zu bemerken; und das gleiche sechste Jahrhundert, das im Westen das finstere Mittelalter einleitete, war im Osten eine der reichsten Epochen in der Geschichte der Baukunst. In Ephesos, Antiochien, Gaza, Jerusalem, Alexandrien, Saloniki, Ravenna, Rom und von Kertsch auf der Krim bis Sfax in Nordafrika feierten unzählige Kirchen zugleich den Triumph des Christentums über das Heidentum und des orientalisch-byzantinischen über den griechischen Stil. Außensäulen, Architrave, Giebel und Friese wichen dem Gewölbe, dem Zwickel und der Kuppel. Syrien erlebte im vierten, fünften und sechsten Jahrhundert eine richtige Renaissance; seine Schulen in Antiochien, Berytos (Beirut), Edessa und Nisibis bildeten laufend Redner, Rechtsanwälte, Geschichtsschreiber und Häretiker aus; seine Handwerker leisteten in der Mosaikmalerei, im Textilgewerbe und in allen dekorativen Künsten Hervorragendes; seine Baumeister errichteten unzählige Kirchen, und seine Bildhauer zierten sie mit überreichen Reliefs.

Alexandrien war die einzige Stadt des Reiches, die nie eine Unterbrechung in ihrer gedeihlichen Entwicklung erfuhr. Der Mann, der sie gründete, hatte ihr eine Lage ausgesucht, die die Anwohner des Mittelmeeres geradezu zwang, die Häfen der Stadt zu benutzen und ihren Handelsverkehr zu steigern. Von der antiken und frühmittelalterlichen Architektur Alexandriens ist nichts erhalten; die verstreuten Überreste seiner Goldschmiedearbeiten, Elfenbein- und Holzschnitzereien und seiner Bildnismalerei lassen eine Bevölkerung erkennen, die an Kunst ebenso reich gesegnet war wie an Sinnlichkeit und Bigotterie. Die koptische Baukunst, die von der römischen Basilika ausgegangen war, wurde unter Justinian vorwiegend orientalisch.

Die architektonische Glanzzeit von Ravenna begann bald nachdem Honorius die Stadt zum Sitz des weströmischen Kaisertums gemacht hatte (404). Sie gedieh unter der langen Regentschaft der Galla Placidia, und die nahen Beziehungen, die sie mit Konstantinopel unterhielt, führten zu einer Vermischung von Künstlern und Stilarten des Ostens mit Architekten und Stilformen Italiens. Der typisch orientalische Grundriß der Kuppel, die mit Zwickeln auf das Querschiff einer kreuzförmigen Basis aufgesetzt ist, erscheint in Ravenna bereits 450 in dem Mausoleum, in dem Placidia endlich Ruhe fand; im Inneren ist heute noch das Mosaik zu sehen, das Christus als den guten Hirten darstellt. 458 ließ Bischof Neon in dem Kuppelbau des Baptisteriums der Basilika Ursiana eine Reihe von Mosaiken mit bemerkenswert individuellen Bildnissen der Apostel anbringen. Um 500 erbaute Theoderich seinem arianischen Bischof eine Kathedrale, die nach dem heiligen Apollinaris, dem legendären Gründer der Christengemeinde in Ravenna, benannt wurde; in dieser Kirche zeigen weißgewandete Heilige in weltberühmten Mosaiken eine feierlich-steife Haltung, die bereits den byzantinischen Stil erkennen läßt.

---

* Die Türken übertünchten nach der Eroberung Konstantinopels im Jahre 1453 die Mosaiken der Hagia Sophia, da ihnen die «eingeprägten Bilder» ein götzendienerisches Greuel waren; vor wenigen Jahren hat aber die türkische Regierung einer Gruppe von Mitarbeitern des Byzantinischen Institutes von Boston, Massachussets, gestattet, diese unübertrefflichen Beispiele der Mosaikkunst wieder freizulegen. Die türkischen Eroberer glichen den Schaden fast wieder aus, indem sie vier anmutige Minarette hinzubauten, die mit dem Kuppelbau in vollendeter Harmonie stehen.

Die Einnahme von Ravenna durch Belisar förderte den Sieg der byzantinischen Kunst in Italien. Die Kirche S. Vitale wurde (547) unter Justinian und Theodora, die die Ausschmückung finanzierten und ihre wenig verführerischen Gesichtszüge zu ihrer Verzierung liehen, fertiggestellt. Alles spricht dafür, daß diese Mosaike lebenswahre Bildnisse sind; das Kaiserpaar muß erheblichen Mut besessen haben, um zuzulassen, daß ihr Abbild der Nachwelt überliefert wurde. Die Haltung dieser Herrscher, Kleriker und Eunuchen ist steif und eckig; die strenge Frontalansicht bedeutet eine Rückkehr zu vorklassischer Formgebung; die Gewänder der Frauen sind ein Triumph der Mosaikkunst, wir vermissen aber in diesen Bildern die glückhafte Anmut der Prozession am Parthenon oder der *Ara pacis* des Augustus, wir vermissen auch das Edle und Zarte der Plastiken an den Portalen von Chartres und Reims.

Zwei Jahre nach der Weihe von S. Vitale weihte der Bischof von Ravenna in dem Küstenort, der einst der adriatische Stützpunkt der römischen Flotte *(classis)* gewesen war, eine zweite Kirche für den Schutzheiligen der Stadt, S. Apollinare in Classe. Diese Kirche geht wieder vom Grundriß der alten römischen Basilika aus, aber auf den vielgestaltigen Kapitellen zeigt sich ein byzantinischer Einfluß in den Akanthusblättern, die ganz unklassisch gerollt und bewegt sind, als ob ein Ostwind in sie gefahren wäre. Die langen Reihen vollendet schöner Säulen, die bunten Mosaike (des siebenten Jahrhunderts) in den Bogeneinfassungen und Spandrillen der Kolonnaden, die schönen Stuckplatten im Chor, die Apsis mit ihrem Gemmenkreuz auf einer Grundlage von Mosaiksternen, das alles macht die Kirche zu einem der erlesensten Kultbauten auf einer Halbinsel, die geradezu eine Kunstgalerie ist.

5. DIE BYZANTINISCHEN KÜNSTE

In der Baukunst entwickelte der byzantinische Künstler die größte Meisterschaft, aber er zeichnete sich mit einigen denkwürdigen Leistungen auch in einem Dutzend weiterer Künste aus, die mit der Baukunst verbunden waren. Für die Rundplastik hatte er nicht viel übrig; der Zeitgeist zog die Farbe der Linie vor; und doch preist Prokop die Bildhauer seiner Zeit – vermutlich Reliefbildhauer – als einem Pheidias oder Praxiteles ebenbürtige Künstler, und einige steinerne Sarkophage des vierten, fünften und sechsten Jahrhunderts zeigen menschliche Figuren, die mit fast hellenistischer Anmut gemeißelt und mit einer asiatischen Überfülle an Zierat beladen sind. Die Elfenbeinschnitzerei war die bevorzugte Kunstrichtung der Byzantiner; sie verwandten sie für Diptyche, Triptyche, Buchdeckel, Särge, Parfümdosen, Statuetten, Einlagen und für hundert dekorative Zwecke; in diesem Handwerk erhielt sich die hellenistische Ausführungsart uneingeschränkt, nur daß aus Göttern und Heroen Christus und die Heiligen gemacht wurden. Der Elfenbeinsessel des Bischofs Maximian in der Basilika Ursiana in Ravenna (ca. 550) zeigt eine bedeutende Leistung in einer weniger bedeutenden Kunstgattung.

Während sich der Ferne Osten im sechsten Jahrhundert an der Ölmalerei versuchte[40], bediente sich die byzantinische Malerei der altüberlieferten griechischen Verfahrensweisen: der Enkaustik, die die Farben heiß auf Holz oder Leinwand auftrug, des Freskos, das mit Kalk gemischte Farben auf nasse getünchte Flächen applizierte, und der Temperamalerei, die die Farben mit Kleister, Gummi oder Leim und Eiweiß mischte und auf Tafeln oder bereits trockener Tünche verwendete. Der byzantinische Künstler kannte sich in der Wiedergabe der Entfernung und der Tiefe aus, entzog sich aber gewöhnlich den Schwierigkeiten der Perspektive, indem er den Hintergrund mit Gebäuden und Zwischenwänden ausfüllte. Es gab Porträts, aber nur wenige sind erhalten. Kirchenwände wurden mit

Wandgemälden versehen; die erhaltenen Bruchstücke zeigen einen rauhen Realismus, ungestalte Hände, krüppelhafte Gestalten, düstere Gesichter und unglaubliche Haartrachten.

Der byzantinische Künstler zeichnete sich im Detail aus, in dem er zu schwelgen liebte; die uns erhaltenen Meisterstücke sind nicht Gemälde oder Wandmalereien oder Bildtafeln, sondern die Miniaturen, mit denen er im wahren Sinne des Wortes die Schriften seiner Zeit «illuminierte», das heißt mit leuchtenden Farben versah*. Da die Bücher teuer waren, wurden sie wie kostbare Gegenstände ausgeschmückt. Der Miniaturist entwarf seine Zeichnung mit einem feinen Pinsel oder einer Feder in Umrissen auf Papyrus, Pergament oder Velin, trug, gewöhnlich in Gold oder Blau, einen Hintergrund auf, malte seine Farben ein und dekorierte den Hintergrund und die Ränder mit anmutigen und feingliedrigen Mustern. Anfangs hatte er nur den Anfangsbuchstaben eines Kapitels oder einer Seite ausgemalt; manchmal hatte er sich am Bildnis des Verfassers versucht; dann illustrierte er den Text mit Bildern; schließlich, als er in seiner Kunst Fortschritte machte, vergaß er den Text fast vollständig und breitete sich in üppigen Ornamenten aus, wozu er ein geometrisches Motiv, ein Blumenmuster oder ein religiöses Symbol verwandte und es in einem wahren Labyrinth an Variationen wiederholte, bis die ganze Seite in Farben und Linien erstrahlte und der Text nur noch wie ein Eindringling aus einer rauheren Welt anmutete.

Die Illumination von Manuskripten war bereits im Ägypten der Pharaonen und Ptolemäer ausgeführt worden und war von dort in das hellenistische Griechenland und Rom gelangt. Der Vatikan beherbergt eine *Aeneide*, die Ambrosiana in Mailand eine *Ilias*, die beide dem vierten Jahrhundert zugeschrieben werden und in der Verzierung vollständig klassisch sind. Der Übergang von heidnischer zu christlicher Miniaturkunst zeigt sich in der *Topographia Christiana* des Kosmas Indikopleustes (ca. 547), der seinen Übernamen durch seine Indienfahrt und seine Berühmtheit durch den Versuch des Beweises, daß die Erde flach sei, erhielt. Die älteste erhaltene religiöse Miniatur ist eine *Genesis* aus dem fünften Jahrhundert, die sich jetzt in der Wiener Bibliothek befindet; der Text ist in goldenen und silbernen Buchstaben auf 24 purpurnen Pergamentblättern aufgeschrieben; die 48 Miniaturen in Weiß, Grün, Violett, Rot und Schwarz stellen die Menschheitsgeschichte von Adams Sündenfall bis Jakobs Tod dar. Nicht minder schön ist die *Josuarolle* im Vatikan und das *Evangeliar*, das der Mönch Rabula 586 in Mesopotamien illuminierte. Von Mesopotamien und Syrien stammen die Figuren und Symbole, die die Ikonographie von Byzanz beherrschten; in ständiger Wiederholung in den Nebenkünsten wurden sie stereotyp und konventionell und trugen zur Ausbildung der tödlichen Starrheit der byzantinischen Kunst bei.

In seiner Vorliebe für Leuchtkraft und Beständigkeit bevorzugte der byzantinische Maler das Mosaik als Ausdrucksmittel. Für die Fußböden wählte er Würfelchen aus buntem Marmor, wie es bereits die Ägypter, Griechen und Römer getan hatten; für andere Flächen benützte er Glas- oder Emailwürfel in allen Schattierungen und in verschiedenen Größen, gewöhnlich aber in der Größe von einem Achtel Quadratzoll. Manchmal wurden Edelsteine unter die Würfel gemischt. Oft wurden Mosaike in tragbare Bilder, die Ikonen,

---

* *Miniatur* kommt von *minium*, einem iberischen Wort für den Zinnober, den Rom aus Spanien einführte; die Bezeichnung wurde auf das Zinnoberrot, eine in der Buchillustration bevorzugte Farbe, übertragen.

eingesetzt, die in der Kirche oder im Hause aufgestellt wurden oder zur besseren Sicherheit und Frömmigkeit auf Reisen mitgenommen wurden; lieber aber arbeitete der Mosaikkünstler mit der Weiträumigkeit von Kirchen- oder Palastwänden. In seinem Atelier legte er auf einer Leinwand, die eine farbige Zeichnung trug, versuchsweise seine Würfelchen aus; hier bedurfte es seiner ganzen Kunst, um sofort die richtige Farbabstufung und -mischung zu finden, die von fremden Augen aus einer größeren Entfernung wahrgenommen werden sollten. Inzwischen wurde auf der zu verzierenden Fläche eine Schicht schweren Kittes und eine zweite Schicht feinen Kittes aufgelegt; in diese Unterlage drückte der Mosaikkünstler seinem Leinwandmodell entsprechend seine Würfelchen ein, gewöhnlich mit nach vorn zugeschliffenen Rändern, um das Licht zu fangen. Gebogene Flächen wie Kuppeln und Nischen, die muschelförmigen Halbkuppeln der Apsiden, erhielten den Vorzug, da sie zu verschiedenen Zeiten und aus verschiedenen Gesichtswinkeln in dem mannigfach gemilderten und schattierten Licht einen vielfältig variierten Anblick boten. Dieser emsigen Kunst verdankt die Gotik einen Teil ihrer Begeisterung für farbiges Glas.

Buntglas wird in Texten des fünften Jahrhunderts erwähnt, es ist aber kein Beispiel erhalten, und die Farbe wurde offenbar äußerlich aufgetragen, nicht eingeschmolzen[41]. Die Glasschleiferei und -bläserei waren nun tausend Jahre alt, und Syrien, ihre früheste Heimstätte (soweit bekannt), leistete immer noch Bedeutendes in diesem Gewerbe. Die Kunst des Gravierens von Edelmetallen oder Edelsteinen war seit Marc Aurel in Verfall geraten; die byzantinischen Gemmen, Münzen und Siegel sind in Zeichnung und Ausführung verhältnismäßig dürftig. Und doch verkauften die Juweliere ihre Erzeugnisse fast an alle Stände, denn Schmuck war die Seele von Byzanz. Es gab in Konstantinopel ungezählte Gold- und Silberschmiede; goldene Salbbüchsen, Kelche und Reliquienschreine zierten viele Altäre, und schweres Silbergeschirr belastete die Tische der Begüterten.

Jedes Haus, fast jede Person, besaß irgendwelche besonders raffinierten Webwaren. Ägypten war auf diesem Gebiet mit seinen zarten, buntfarbigen, figurierten Stoffen für Gewänder, Vorhänge, Wandbehänge und Decken führend; die Kopten waren Meister in der Wirkerei. Gewisse ägyptische Wandteppiche aus dieser Zeit sind in der Ausführung den Gobelins fast gleichartig[42]. Byzantinische Weber verfertigten Seidenbrokate, Stickereien, ja sogar bestickte Leichentücher – Leintücher, die das realistische Abbild des Verstorbenen trugen. In Konstantinopel erkannte man einen Menschen an seiner Gewandung; jeder Stand rühmte und verteidigte irgendeine besondere Raffinesse der Kleidung, und eine Versammlung von Byzantinern muß wie ein Pfauenschwanz geleuchtet haben.

Bei allen Ständen erfreute sich die Musik großer Beliebtheit. Sie spielte in der kirchlichen Liturgie eine immer größere Rolle und trug dazu bei, daß aus Empfindung Glaube wurde. Im vierten Jahrhundert verfaßte Alypius eine *Einführung in die Musik*, deren erhaltene Teile unseren wichtigsten Zugang zu der griechischen Notenschrift bilden. Diese Darstellung der Noten wurde im gleichen Jahrhundert durch abstrakte Zeichen, die Neumen, ersetzt; Ambrosius führte sie offenbar in Mailand, Hilarius in Gallien, Hieronymus in Rom ein. Um das Ende des fünften Jahrhunderts schrieb Romanos, ein griechischer Mönch, Worte und Musik zu Hymnen, die immer noch zur griechisch-orthodoxen Liturgie gehören und eine bisher unerreichte Gefühlstiefe und Ausdruckskraft besitzen. Boethius verfaßte einen Aufsatz *De Musica*, in dem er die Theorien des Pythagoras, Aristoxenos und Ptolemaios zusammenfaßte; dieses kleine Traktat wurde bis in unsere Zeit in Oxford und Cambridge als Lehrbuch im Musikunterricht verwendet[43].

Man muß selbst Orientale sein, um die orientalische Kunst zu verstehen. Dem westlichen Geist will das Wesentliche am Byzantinismus erscheinen, daß der Osten in Kopf und Herz Griechenlands die Oberhand gewonnen hatte: in der autokratischen Regierungsform, der hierarchischen Starrheit des Klassengefüges, der Stagnierung von Wissenschaft und Philosophie, der Beherrschung der Kirche durch den Staat, der Beherrschung des Volkes durch die Religion, in den prunkvollen Gewändern und imposanten Zeremonien, dem klangvollen und bildhaften Ritual, dem hypnotisierenden Singsang eintöniger Musik, in der Überwältigung der Sinne durch leuchtende Farben, der Verdrängung des Naturalismus durch die Imagination, der Unterordnung der darstellenden unter die dekorative Kunst. Dem antik-griechischen Geiste wäre all das fremdartig und unerträglich erschienen, aber Griechenland war nunmehr selbst ein Teil des Orients. Eine asiatische Lässigkeit kam über die griechische Welt gerade in dem Augenblick, da sie durch die neuerwachte Lebenskraft Persiens und die unglaubliche Stoßkraft des Islam in ihrem Lebensnerv bedroht war.

SIEBENTES KAPITEL

DIE PERSER

[224–641]

I. DIE SASSANIDISCHE GESELLSCHAFT

Jenseits von Euphrat und Tigris erstreckte sich während der ganzen Geschichte Griechenlands und Roms das beinahe geheimnisvolle Reich, dem es während eines Jahrtausends gelungen war, sich der Ausbreitung Europas und der asiatischen Horden zu erwehren, das nie seine Glanzzeit unter den Achaimeniden vergaß, sich langsam von seinen Partherkriegen erholte und unter seinen mannhaften Sassanidenkönigen so selbstbewußt seine einzigartige und aristokratische Kultur aufrechterhielt, daß es die Eroberung Irans durch den Islam in eine persische Renaissance umwandeln konnte.

In unserem dritten Jahrhundert besagte der Name «Iran» mehr, als «Iran» oder «Persien» heute bedeuten. Es war schon seinem Wortsinn nach das Land der «Arier» und umfaßte auch Afghanistan, Belutschistan, Sogdien, Balch und den Irak. «Persia», der antike Name der heutigen Provinz Fars, war nur ein Teilchen dieses Reiches im Südosten, aber die Griechen und Römer, die mit «Barbaren» nicht viel Aufhebens machten, bezeichneten das Ganze mit dem Namen eines Teiles. Mitten durch den Iran, vom Himalaya im Südosten bis zum Kaukasus im Nordwesten, erstreckt sich eine trennende Bergkette; im Osten lag eine trockene Hochebene, im Westen breiteten sich die grünen Täler der Zwillingsflüsse aus, deren periodische Überschwemmungen in ein Labyrinth von Bewässerungsgräben geleitet wurden und Westpersien zu einem an Weizen und Datteln, Trauben und Obst reichen Land machten. Zwischen den Flüssen oder entlang ihren Ufern oder in die Oasen der Wüste eingeschmiegt lagen unzählige Dörfer, tausend Städtchen und hundert Städte: Ekbatana, Rayy, Mosul, Istachr (einst Persepolis), Susa, Seleukeia und das prächtige Ktesiphon, der Sitz der Sassanidenkönige.

Nach der Schilderung des Ammian waren die Perser dieser Zeit «fast durchwegs schmächtig, ziemlich dunkel ... mit schmucken Bärten und langem struppigem Haar»[1]. Die Oberschicht war nicht zottig, auch nicht durchwegs schlank, oft von schönem Aussehen, stolz in der Haltung und von einer gewandten Lebensart, mit einer Vorliebe für gefährlichen Zeitvertreib und prächtige Kleidung. Die Männer bedeckten das Haupt mit einem Turban, trugen bauschige Hosen und Sandalen oder Schnürstiefel; die Reichen trugen wollene oder seidene Tuniken oder Mäntel und an einem Gurt das Schwert; die Armen begnügten sich mit baumwollenen oder härenen Kleidungsstücken und Fellen. Die Frauen bekleideten sich mit Stiefeln und Hosen, freihängenden Hemden und Überwürfen und wehenden Kleidern; sie wanden ihr schwarzes Haar zu einem Knoten auf dem Vorderkopf, ließen es hinten lang hinabhängen und zierten es mit freundlichen Blumen. Die Perser aller Schichten liebten Farbe und Zierat. Die Priester und eifrige Zarathustrianer gewandeten sich in weiße Baumwolle, das Zeichen der Reinheit; Feldherren zogen rote Gewänder vor; Könige zeichneten sich durch rote Schuhe, blaue Hosen und eine Kopfbedekkung aus, die obenan einen aufgeblasenen Ball oder einen Tier- oder Vogelkopf trug. In Persien machte wie in allen zivilisierten Gesellschaften die Kleidung den halben Mann und noch ein wenig mehr als die halbe Frau aus.

Der typische gebildete Perser war von einer südländischen Impulsivität, Begeisterungsfähigkeit und Lebhaftigkeit; oft war er träge und lässig, aber jederzeit sprungbereit; «mehr listig als tapfer, und nur aus der Ferne furchtbar. Sie machen einen Schwall unnützer Worte und plaudern wie toll und wild durcheinander»[2]; ihre Feinde hielten sie sich in der Ferne. Die Armen tranken Bier, aber fast alle Volksschichten, die Götter nicht ausgenommen, zogen den Wein vor; die frommen und haushälterischen Perser schenkten den Wein in religiösem Zeremoniell ein, warteten eine angemessene Zeit, um zu sehen, ob die Götter ihn genießen würden, und tranken das heilige Getränk dann selber[3]. Die persischen Sitten und Gebräuche der Sassanidenzeit werden als rauher geschildert als diejenigen der Achaimenidenzeit, aber feiner als diejenigen der Partherzeit[4]; die Berichte des Prokop geben uns aber den Eindruck, daß die Perser immer noch die feineren Menschen waren als die Griechen[5]. Die griechischen Kaiser übernahmen weitgehend das Zeremoniell und die Umgangsformen des persischen Hofes; die rivalisierenden Souveräne sprachen sich gegenseitig mit «Bruder» an, gewährten fremdländischen Diplomaten die Immunität und freies Geleit und befreiten sie von Zolldurchsuchungen und -abgaben[6]. Die Gebräuche der europäischen und amerikanischen Diplomatie lassen sich auf die Gebräuche am Hof der Perserkönige zurückführen.

Nach dem Bericht des Ammian waren «die meisten Perser ausschweifend im Geschlechtsgenuß»[7], er gibt aber doch zu, daß Päderastie und Prostitution bei den Persern weniger häufig anzutreffen waren als bei den Griechen. Rabbi Gamaliel lobt die Perser wegen drei Eigenschaften; sie seien mäßig im Essen, schamhaft im Geschlechtlichen, sittsam in den ehelichen Beziehungen[8]. Jeder Einfluß wurde eingesetzt, um die Eheschließung zu fördern und die Geburtenzahl zu heben, damit es genug Menschen für die Kriegführung gab; in dieser Hinsicht ist Mars und nicht Venus die Gottheit der Liebe. Die Religion machte die Ehe zur Vorschrift, umgab sie mit ehrfurchtgebietendem Zeremoniell und lehrte, daß die Fruchtbarkeit Ahura Mazda, den Gott des Lichtes, in seinem kosmischen Kampf gegen Ahriman, den Satan des zarathustrischen Glaubens, kräftige[9]. Das Familienoberhaupt vollzog am Familienherd den Ritus des Ahnenkultes und suchte Nachkommenschaft zu erhalten, die dereinst für ihn selbst und seinen Kult sorgen würde; wenn ihm kein Sohn geboren wurde, adoptierte er einen. Gewöhnlich bestimmten die Eltern ihren Kindern den Ehepartner, oft mit Hilfe eines beruflichen Heiratsvermittlers; eine Frau durfte aber auch gegen den Willen ihrer Eltern heiraten. Mitgiften und Ehestandsunterstützungen ermöglichten frühe Eheschließungen. Die Polygamie war zulässig und galt als empfehlenswert, sofern die erste Frau sich als unfruchtbar erwies. Der Ehebruch gedieh[10]. Der Gatte konnte seine Frau wegen Untreue verstoßen, die Gattin den Mann wegen böswilligen Verlassens und Grausamkeit zur Scheidung zwingen. Die Männer durften sich

Konkubinen halten. Wie die *hetairai* der antiken Griechen durften auch diese Konkubinen sich frei in der Öffentlichkeit bewegen und an den Festmählern der Männer teilnehmen [11], während die gesetzmäßigen Ehefrauen gewöhnlich in der Abgeschlossenheit der Frauengemächer gehalten wurden [12]; dieser alte persische Brauch ging an den Islam über. Die Perserinnen waren von außergewöhnlicher Schönheit, und vielleicht mußte man die Männer vor ihnen bewahren. Im *Schah-Name* des Firdausi sind es die Frauen, die schmachten und im Hofieren und Verführen die Initiative ergreifen. Weibliche Reize überboten männliche Gesetze.

Die Kinder wurden mit Hilfe des religiösen Glaubens, der für die elterliche Autorität unerläßlich zu sein scheint, aufgezogen. Sie unterhielten sich mit Ballspielen, Sport und Schach [13] und nahmen schon frühzeitig am Zeitvertreib ihrer Eltern teil, am Bogenschießen, Pferderennen, Polospiel und Jagen. Jeder Sassanide hielt die Musik bei jeder Betätigung in Religion, Liebe und Krieg für unerläßlich; «Musik und die Lieder schöner Frauen» begleiteten nach Firdausi die königlichen Gastmähler und Empfänge [14]; Leiern, Gitarren, Flöten, Pfeifen, Hörner, Trommeln und andere Instrumente waren überall in großer Zahl zu finden; nach der Überlieferung soll der Lieblingssänger des Chosru Parvez, Barbad, 360 Lieder gedichtet und komponiert und seinem königlichen Herrn vorgesungen haben, jeden Tag des Jahres ein anderes [15]. Auch im Bildungswesen spielte die Religion eine große Rolle; die Primarschulen lagen auf Tempelboden, der Unterricht wurde von Priestern erteilt. Der höhere literarische, medizinische, naturwissenschaftliche und philosophische Unterricht wurde durch die berühmte Akademie in Dschund-i-Schapur in der Susiana vermittelt. Die Söhne der Feudalherren und Satrapen lebten oft am Königshofe und wurden mit den königlichen Prinzen in einer zum Hofe gehörigen Schule unterrichtet [16].

Pahlavi, die indoeuropäische Sprache des parthischen Persien, war immer noch in Gebrauch. Von der Literatur dieser Zeit sind nicht mehr als rund 600 000 Worte erhalten, die fast alle in religiösen Texten stehen. Wir wissen, daß diese Literatur einen beträchtlichen Umfang hatte [17]; da aber deren Hüter und Übermittler Priester waren, konnte der größte Teil des weltlichen Stoffes verlorengehen. (Vielleicht hat ein ähnlicher Vorgang uns den überwiegend religiösen Charakter der frühmittelalterlichen Literatur im christlichen Bereich vorgetäuscht.) Die Sassanidenkönige waren aufgeklärte Gönner und Förderer der Literatur und Philosophie, vor allem Chosru Anuschirvan: Er ließ Platon und Aristoteles ins Pahlavi übersetzen, ihre Philosophie in Dschund-i-Schapur lehren, und las sie auch selbst. Während seiner Regierungszeit wurden viele Geschichtsbücher verfaßt, von denen einzig das *Karnamak-i-Artachschathra*, *Taten des Ardaschir*, erhalten ist, eine Mischung aus Geschichtswerk und Liebesgeschichte, die Firdausi zur Grundlage seines *Schah-Name* nahm. Als Justinian die Schulen Athens schließen ließ, flohen sieben Professoren nach Persien und fanden Aufnahme an Chosrus Hof. Mit der Zeit empfanden sie Heimweh, und in seinem Vertrag von 533 mit Justinian bedang sich der «Barbaren»könig aus, daß die griechischen Weisen heimkehren dürften, ohne eine Verfolgung befürchten zu müssen.

Unter diesem aufgeklärten Herrscher wurde die Hochschule von Dschund-i-Schapur, die im vierten oder fünften Jahrhundert gegründet worden war, zum «bedeutendsten Vorort des Geistes dieser Zeit» [18]. Sie wurde von Studenten und Lehrern aus allen Teilen der Welt aufgesucht. Nestorianische Christen wurden dort aufgenommen und brachten syrische Übersetzungen von griechischen medizinischen und philosophischen Werken mit. Neoplatoniker säten dort den Samen zu der Sufi-Mystik; das medizinische Wissen Indiens, Persiens und Griechenlands vereinte sich dort zur Bildung einer blühenden Ärzteschule[19]. Nach der persischen Theorie entsteht die Krankheit aus der Ansteckung und Unreinheit eines oder mehrerer der vier Elemente – Feuer, Wasser, Erde und Luft; zur öffentlichen Gesundheitspflege war nach Ansicht der persischen Ärzte und Priester unerläßlich, daß man alles Faulende verbrannte, und die Gesundheit des Einzelnen erforderte die strengste Einhaltung der zarathustrischen Reinheitsvorschriften[20].

Von der persischen Astronomie dieser Zeit wissen wir nur, daß sie einen geordneten Kalender unterhielt, das Jahr in zwölf Monate zu dreißig Tagen einteilte, jeden Monat in zwei Wochen zu sieben und zwei Wochen zu acht Tagen unterteilte und am Jahresende fünf Schalttage einschob[21]. Astrologie und Magie wurden allgemein betrieben; niemand unternahm einen Schritt von einiger Wichtigkeit, ohne zuvor die Konstellation der Sterne festzustellen; nach allgemeinem Glauben hing jede irdische Laufbahn von den guten und bösen Sternen ab, die am Himmel den uralten Kampf zwischen Ahura Mazda und Ahriman auskämpften, wie die Engel und Dämonen in der menschlichen Seele.

Die Zarathustrareligion erhielt von der Sassanidendynastie ihre frühere Autorität und Wohlhabenheit zurück; den Priestern wurden Ländereien und Abgaben zugewiesen; das Staatswesen gründete sich wie in Europa auf die Religion. Ein *archimagos*, der an Machtbefugnissen nur dem König nachstand, führte eine allgegenwärtige erbliche Priesterkaste der Magoi an, die fast das gesamte geistige Leben Persiens beherrschte, Sünder und Aufrührer mit Höllendrohungen in Schrecken versetzte und den Geist und die Massen Persiens vier Jahrhunderte lang in ihrer Gewalt hatten[22]. Dann und wann schützte sie den Bürger gegen die Steuereinzieher und die Armen gegen Unterdrückung[23]. Die Organisation der Magoi war so vermögend, daß die Könige manchmal große Anleihen bei den Tempelschätzen machten. In jeder bedeutenderen Stadt stand ein Feuertempel, in welchem eine angeblich unverlöschbare Flamme den Gott des Lichtes symbolisierte. Nur ein tugendsames Leben ritueller Reinheit konnte die Seele vor Ahriman erretten; es war unerläßlich, im Kampfe gegen diesen Satan die Magoi und ihre *Magie* – ihre Weissagungen, Beschwörungen, Zaubereien und Gebete – auf seiner Seite zu haben. Mit dieser Hilfe konnte die Seele zur Heiligkeit und Reinheit gelangen, die Schrecken des Jüngsten Gerichtes durchstehen und im Paradiese die ewige Seligkeit gewinnen.

Neben dieser Staatsreligion hatten andere Religionen nicht mehr viel Lebensraum. Mithras, der bei den Parthern so beliebte Sonnengott, erhielt als wichtigster Helfer des Ahura Mazda einige kultische Verehrung. Aber die Priester der zarathustrischen Religion erklärten – nicht anders als die Christen, Mohammedaner und Juden – die beständige Abkehr von der Staatsreligion zum Kapitalverbrechen. Als Mani (ca. 216–276) behauptete, er sei der vierte Gottgesandte nach Buddha, Zarathustra und Jesus, und eine Religion der Ehelosigkeit, des Pazifismus und des Quietismus verkündete, ließen ihn die kriegerisch und nationalistisch gesinnten Magoi kreuzigen, und der Manichäismus mußte seine größten Erfolge in fremden Landen suchen. Gegenüber der mosaischen und der christlichen Religion waren die sassanidischen Priester und Könige im allgemeinen tolerant, geradeso, wie die Päpste mit den Juden nachsichtiger verfuhren als mit den Ketzern. Viele Juden fanden in den westlichen Provinzen des Persischen Reiches Zuflucht. Das Christentum hatte dort bereits seinen Einzug gehalten, als die Sassaniden an die Macht kamen; es wurde geduldet, bis es zur Staatsreligion der altüberlieferten Feinde Persiens, Griechenlands und Roms, wurde; es wurde verfolgt, nachdem seine Priester wie im Jahre 338 in Nisibis aktiv in die Verteidigung byzantinischen Staatsgebietes gegen Schapur II. eingegriffen hatten[24] und die Christen in Persien ihrer natürlichen Hoffnung auf einen Sieg der Byzantiner Ausdruck gegeben hatten[25]. 341 befahl Schapur, alle Christen in seinem Reiche niederzumetzeln; man war schon dabei, ganze Dörfer von Christen auszurotten, als er die Ächtung auf Priester, Mönche und Nonnen beschränkte; aber auch so mußten 16 000 Christen in einer Verfolgung, die bis zum Tode des Königs (379) andauerte, ihr Leben lassen. Yezdegird I. (399–420) gab den Christen die Religionsfreiheit wieder und half ihnen bei dem Wiederaufbau ihrer Kirchen. Im Jahre 422 erklärte ein Konzil von persischen Bischöfen die Unabhängigkeit der persischen christlichen Kirche sowohl von der griechischen wie von der römischen Christenheit.

In diesem Gefüge von Religionsausübung und -streit, von Regierungserlassen und -krisen, Bürger- und Eroberungskriegen bildete das Volk ungeduldig und unzufrieden die Seele von Staat und Kirche, mit dem Bestellen seiner Felder, dem Weiden seiner Herden, der Ausübung seines Handwerkes, dem lärmenden Betrieb seines Handels beschäftigt. Der Ackerbau wurde als religiöse Pflicht hingestellt: Wenn man die Wildnis rodete, die Erde pflegte, Unkraut und Gestrüpp ausriß, Sümpfe urbar machte, Bäche zur Bewässerung ableitete, dann waren das, wie das Volk zu hören bekam, heroische Taten, die den Endsieg des Ahura Mazda über Ahriman sicherstellten. Der persische Bauer bedurfte viel geistlichen Trostes, denn gewöhnlich schuftete er als Pächter für einen Lehnsherren, dem er ein Sechstel bis zu einem Drittel seiner Erzeugnisse in Form von Steuern und Abgaben abliefern mußte. Um 540 übernahmen die Perser von den Indern die Kunst der Zuckerbereitung aus Zuckerrohr; der griechische Kaiser Herakleios fand im Kaiserpalast von Ktesiphon ein großes Zuckerlager (627); die Araber, die vierzehn Jahre später Persien eroberten, erlernten die Aufzucht der Pflanze bald und führten sie in Ägypten, Sizilien, Marokko und Spanien ein, von wo aus sie über ganz Europa Verbreitung fand[26]. Die Viehzucht war eine besondere Stärke der Perser; persische Pferde standen in Stammbaum, Feurigkeit, Schönheit und Schnelligkeit den arabischen Stuten nur wenig nach; jeder Perser liebte sein Pferd nicht weniger, als Rustam Rakusch liebte. Der Hund zeigte sich als Hüter von Herden und Häusern so nützlich, daß die Perser ihn zu einem heiligen Tier machten, und die Perserkatze erwarb allgemeine Berühmtheit.

Die persischen Gewerbe gingen in der Sassanidenzeit von der häuslichen zur städtischen Stufe über. Es gab zahlreiche Zünfte, und einige Städte besaßen ein aufrührerisches Proletariat[27]. Die Seidenweberei wurde von China übernommen; sassanidische Seiden waren in der ganzen Welt gefragt und dienten der byzantinischen, chinesischen und japanischen Textilkunst als Vorbilder. Chinesische Kaufleute kamen nach dem Iran, um Rohseide zu verkaufen und Teppiche, Edelsteine und Rouge zu kaufen; Armenier, Syrer und Juden verbanden in einem trägen Handelsverkehr Persien, Byzanz und Rom. Gute Straßen und Brücken, die durch Wachen gesichert waren, ermöglichten es der Staatspost und den Handelskarawanen, Ktesiphon mit allen Provinzen zu verbinden, und zur Beschleunigung des Handels mit Indien wurden am Persischen Golf Hafenplätze errichtet. Staatliche Verfügungen setzten Höchstpreise für Getreide, Arzneimittel und andere lebensnotwendige Produkte fest und verhinderten Aufkäufe zur Preissteigerung und die Bildung von Monopolen[28]. Wir bekommen ein Bild vom Wohlstand der Oberschicht, wenn wir von einem Feudalherren lesen, der tausend Gäste zum Essen lud und nur fünfhundert Eßgeschirre besaß, aber keine Mühe hatte, von seinen Nachbarn fünfhundert weitere zu entleihen[29].

Die Feudalherren hielten sich vorzugsweise auf ihren Landsitzen auf, organisierten die Ausbeutung des Bodens und der Menschenkraft und bildeten mit ihrer Lehnsgefolgschaft Regimenter, um die Kriege der Nation zu führen. Sie trainierten sich für den Kampf, indem sie leidenschaftlich und mutig der Jagd nachgingen; sie dienten als tapfere Kavallerieoffiziere und hatten Rüstungen für Mann und Pferd, die denen des späteren lehnszeitlichen Europa gleich waren; in der Disziplinierung ihrer Krieger und in der Anwendung der neuesten Belagerungs- und Verteidigungskünste mit Kriegsmaschinen waren sie den Römern unterlegen. In sozialer Hinsicht standen über den Feudalherren die hochadligen Herren, die als Satrapen die Provinzen regierten oder an der Spitze der Ministerien standen. Das Staatswesen muß recht gut verwaltet gewesen sein, denn die Finanzen der Perserkönige standen oft besser als diejenigen der Kaiser, obgleich in Persien die Besteuerung geringer war als im Ost- und Weströmischen Reich. Chosru Parvez besaß in seinem Staatsschatz im Jahre 626 Gelder im Werte von 640 000 000 Dollar (nach dem Währungskurs von 1946) und hatte gleichzeitig jährliche Einkünfte von 170 000 000 Dollar[30], gewaltige Summen, wenn man die Kaufkraft von Silber und Gold im Mittelalter in Rechnung setzt.

Das Recht wurde von den Königen, ihren Ratgebern und den Magoi auf der Grundlage des altavestischen Gesetzbuches geschaffen; seine Auslegung und Anwendung wurde oft den Priestern überlassen. Ammian, der doch gegen die Perser kämpfte, sah in ihren Richtern «aufrechte Männer mit großer Erfahrung und juristischer Bildung»[31]. Im allgemeinen galten die Perser als Männer, die ihr Wort hielten. Am Hofe wurde der Eid mit der ganzen Aura der Religion umgeben; der Eidbruch wurde von Gesetzes wegen schwer bestraft und zog in der Hölle unaufhörliche Pfeil-, Axt- und Steinschauer nach sich. Gottesgerichte fanden zur Feststellung des Schuldigen Anwendung; Verdächtige mußten über glühendheiße Substanzen oder durch ein Feuer gehen oder vergiftete Speisen essen. Auf Kindstötung und Abtreibung standen schwere Strafen; die Päderastie wurde mit dem Tode bestraft; ein überführter Ehebrecher mußte in die Verbannung gehen; die Ehebrecherin verlor Nase und Ohren. Es bestand die Möglichkeit des Appells an höhere Gerichte, und Todesurteile durften nur vollzogen werden, wenn der König den Fall überprüft und seine Zustimmung erteilt hatte.

Der König schrieb seine Macht den Göttern zu, gab sich als ihr Statthalter aus und eiferte ihnen in der Nichtbeachtung der selbsterlassenen Gebote nach. Falls die Zeit reichte, nannte er sich «König der Könige, König der Arier und der Nichtarier, Herrscher des Weltalls, Abkömmling der Götter»[32]; Schapur II. fügte noch hinzu: «Bruder von Sonne und Mond, Geselle der Sterne.» Theoretisch absolut, handelte der Sassanidenmonarch gewöhnlich doch nach dem Rat seiner Minister, die einen Staatsrat bildeten. Masudi, der mohammedanische Historiker, lobte die «ausgezeichnete Staatsführung der [Sassaniden]-könige, ihre wohlgeordnete Politik, ihre Besorgtheit um die Untertanen und den blühenden Zustand ihrer Gebiete»[33]. Nach Ibn Chaldun sagte Chosru Anuschirvan einmal: «Ohne Heer kein König, ohne Einkünfte kein Heer, ohne Steuern keine Einkünfte, ohne Ackerbau keine Steuern, ohne gerechte Regierung kein Ackerbau[34].» In normalen Zeiten war das Königtum erblich, der König konnte es aber auf einen jüngeren Sohn übertragen; zwei Fälle sind bekannt, da die höchste Gewalt in den Händen von Königinnen lag. War kein unmittelbarer Thronerbe vorhanden, so wählten die Edelleute und Priester einen Herrscher, ihre Wahl mußte aber auf ein Mitglied des Königshauses fallen.

Das Leben des Königs bestand aus einer Anzahl erschöpfender Pflichten. Man erwartete von ihm, daß er sich furchtlos auf die Jagd begebe; hingeführt wurde er in einem Brokatzelt, das von zehn königlich aufgeputzten Kamelen gezogen wurde; sieben Kamele trugen seinen Thron, einhundert Kamele seine Dienerschaft. Es konnte sein, daß zehntausend Ritter ihn begleiteten; wenn wir den Felsenbildern der Sassanidenzeit Glauben schenken dürfen, mußte er aber schließlich doch sein Pferd besteigen und höchst persönlich einem Hirsch, einem Steinbock, einer Antilope, einem Tiger, einem Löwen oder sonst einem der Tiere, die sich im Königspark, dem «Paradies», aufhielten, gegenübertreten. Nach der Rückkehr in seinen Palast standen ihm die mühseligen Regierungsgeschäfte bevor, bei denen er von einer gewaltigen Dienerschar umgeben war und ein wahres Labyrinth offiziösen Zeremoniells über sich ergehen lassen mußte. Er mußte sich in edelsteinstarrende Gewänder kleiden, auf einem goldenen Thron Platz nehmen und eine Krone tragen, die so schwer war, daß man sie in einem unsichtbaren Abstand über seinem unbeweglichen Haupt aufhängen mußte. In dieser Aufmachung empfing er Gesandte und Gäste, wobei er tausend Förmlichkeiten des Zeremoniells beachten mußte, so saß er zu Gericht, so hielt er Audienz und nahm er Berichte entgegen. Wer sich ihm näherte, warf sich nieder und küßte den Boden, stand erst auf sein Geheiß auf und hielt sich beim Sprechen ein Taschentuch vor den Mund, damit sein Atem den König nicht anstecke oder profaniere. Des Nachts zog er sich zu einer seiner Gemahlinnen oder Konkubinen zurück und pflanzte zur Besserung des Menschengeschlechtes seine überlegene Wesenheit fort.

II. EINE KÖNIGSGESCHICHTE DER SASSANIDEN

Sassan war nach der persischen Überlieferung ein Priester von Persepolis; sein Sohn Papak war ein Fürst von Chur; Papak erschlug Gozihr, den Herrscher der Provinz Persis, machte sich zum König der Provinz und gab seine Macht an seinen Sohn Schapur weiter; Schapur starb frühzeitig durch einen Unfall, und sein Bruder Ardaschir übernahm die Nachfolge. Artabanos V., der letzte Arsakide, das heißt der letzte Partherkönig Persiens, wollte die neue Provinzdynastie nicht anerkennen; Ardaschir überwältigte Artabanos im Kampf (224) und wurde König der Könige (226). Er ersetzte das lockere lehnsherrliche

Regime der Arsakiden durch eine strenge Königsgewalt, die mittels einer zentralisierten, aber sich ständig ausbreitenden Beamtenschaft regierte; er brachte die Priesterschaft auf seine Seite, indem er die Hierarchie und die Religion der Zarathustrier in die alten Rechte einsetzte, und erweckte den Stolz des Volkes, indem er verkündete, er werde den hellenistischen Einfluß in Persien vernichten, Dareios den Zweiten an den Erben Alexanders rächen und das gesamte Gebiet, das die Achaimeniden dereinst besessen hätten, wiedererobern. Es gelang ihm beinahe, sein Wort zu halten. Seine blitzschnell geführten Feldzüge dehnten die Grenzen Persiens bis zum Oxos im Nordosten und zum Euphrat im Westen aus. Bei seinem Tode (241) setzte er seinem Sohne Schapur die Königskrone auf und hieß ihn die Griechen und Römer in die See zurücktreiben.

Schapur oder Sapor I. (241–272) erbte die gesamte Schwungkraft und Intelligenz seines Vaters. Die Felsenreliefs zeigen ihn als einen Mann von schönen und edlen Gesichtszügen; allerdings waren diese Reliefs zweifellos stilisierte Komplimente. Er erhielt eine gute Erziehung und Bildung und lernte gern; von den Gesprächen mit dem griechischen Gesandten, dem Sophisten Eustathios, war er so hingerissen, daß er im Sinne hatte, auf den Thron zu verzichten und Philosoph zu werden[35]. Anders als sein späterer Namensgenosse gewährte er allen Religionen volle Freiheit, gestattete dem Mani, an seinem Hofe zu predigen und erklärte, daß in seinem Reiche alle «Magoi, Manichäer, Juden, Christen und Bekenner jeder Religion ungestört leben» dürften[36]. Er setzte die Aufzeichnung des Avesta, die Ardaschir begonnen hatte, fort und bewog die Priester, weltliche Werke über Metaphysik, Astronomie und Medizin, die meistens von Griechenland und Indien entlehnt waren, in diese persische Bibel aufzunehmen. Er war ein freigebiger Förderer der Künste. Als Feldherr war er nicht so bedeutend wie Schapur II. oder die beiden Chosrus, dagegen war er der fähigste Staatsmann der ganzen langen Sassanidendynastie. In Schapur baute er sich eine neue Hauptstadt, deren Ruinen noch heute seinen Namen tragen, und bei Schuschtar am Karun erstellte er eines der bedeutendsten Bauwerke der Antike, einen Damm aus Granitblöcken, der eine über fünfhundert Meter lange und sechs Meter breite Brücke bildete; der Flußlauf wurde zeitweilig abgelenkt, so daß der Bau ausgeführt werden konnte; das Flußbett wurde fest gepflastert, und große Schleusentore regulierten den Wasserstand. Nach der Überlieferung soll Schapur römische Baumeister und Gefangene für den Entwurf und die Ausführung des Dammes eingesetzt haben, der bis in unser eigenes Jahrhundert in Funktion blieb[37]. Widerstrebend wandte er sich der Kriegführung zu und fiel in Syrien ein, kam bis Antiochien, wurde von einem römischen Heer geschlagen und schloß einen Frieden (244), der das ganze eroberte Gebiet wieder an Rom zurückerstattete. Zornig über die Beihilfe, die Armenien an Rom geleistet hatte, drang er in dieses Land ein und setzte dort eine den Persern freundlich gesinnte Dynastie ein (252). Als er seine rechte Flanke auf diese Weise geschützt hatte, nahm er den Krieg gegen Rom wieder auf, schlug den Kaiser Valerian und nahm ihn gefangen (260), plünderte Antiochien, brachte Tausende von Gefangenen zur Verwendung als Zwangsarbeiter im Iran ein. Odenathus, der Statthalter von Palmyra, schloß sich Rom an und zwang Schapur wiederum, sich mit dem Euphrat als römisch-persischer Grenze zu begnügen.

Seine Nachfolger von 272–302 waren Mittelmäßigkeiten auf dem Königsthron. Die Geschichte macht mit Hormizd II. (302–309) kurzen Prozeß, denn er erhielt den Wohlstand und den Frieden. Überall besserte er staatliche und private Gebäude, besonders die Behausungen der Armen, auf Staatskosten aus. Er gründete einen neuen Gerichtshof, dem es oblag, die Klagen der Armen gegen die Reichen anzuhören, und oft übernahm er dort selbst den Vorsitz. Wir wissen nicht, ob es diese seltsamen Gebräuche waren, die seinen Sohn von dem Thronerbe ausschlossen; auf jeden Fall warfen nach Hormiszds Tode die Adligen seinen Sohn ins Gefängnis und übergaben den Thron seinem ungeborenen Kinde, das sie vertrauensvoll als Schapur II. bejubelten, und um keinen Zweifel aufkommen zu lassen, krönten sie den Foetus, indem sie ein königliches Diadem über dem Schoß der Mutter aufhingen[38].

Mit diesem Auftakt trat Schapur die Regierung an, die eine der längsten der Geschichte Asiens ist (309–379). Von früher Jugend an wurde er für den Krieg ausgebildet; er stählte Körper und Willen, übernahm mit sechzehn Jahren die Regierungsgewalt und brach alsbald zu einem Feldzug auf. Er drang in Ostarabien ein, verwüstete die Dörfer, ließ Tausende von Gefangenen umbringen und viele andere an Stricken, die an ihren verwundeten Gliedmaßen befestigt waren, in die Sklaverei führen. 337 begann er erneut den Krieg gegen Rom um die Beherrschung der Handelsstraßen in den Fernen Osten und setzte ihn mit einigen Intervallen des Friedens nahezu bis zu seinem Tode fort. Die Bekehrung Roms und Armeniens zur christlichen Religion verlieh dem alten Kampf eine neue Schärfe, wie wenn die Götter in homerischer Raserei in den Kampf eingegriffen hätten. Während vierzig Jahren kämpfte Schapur gegen eine lange Reihe römischer Kaiser. Julian trieb ihn auf Ktesiphon zurück, mußte sich aber unrühmlich zurückziehen; Jovian unterlag und mußte sich zu einem Friedensvertrag bequemen (363), durch den die römischen Provinzen am Tigris und ganz Armenien an Persien kamen. Bei Schapurs Tod stand Persien auf der Höhe seiner Macht und seines Ruhmes, und hunderttausend Morgen Landes waren mit Menschenblut gedüngt.

Im nächsten Jahrhundert brach der Krieg an der Ostgrenze aus. Um das Jahr 425 eroberte ein Turaniervolk, das den Griechen unter dem Namen Ephthalites bekannt war und fälschlicherweise «Weiße Hunnen» genannt wurde, das Gebiet zwischen Oxos und Jaxartes. Der Sassanidenkönig Bahram V. (420–438), wegen seines ungestümen Jagdtreibens Gur, «Wildesel», genannt, bekämpfte sie mit Erfolg; nach seinem Tode breiteten sie sich aber durch Krieg und Fruchtbarkeit weiter aus und errichteten sich ein Reich, das sich vom Kaspischen Meer bis zum Indus erstreckte, dessen Hauptstadt Gurgan und dessen größte Stadt Balch war. Sie überwältigten und erschlugen König Firuz (459–484) und zwangen den König Balas (484–488), ihnen einen Tribut zu zahlen.

Bei dieser bedrohlichen Lage im Osten herrschten in Persien gleichzeitig chaotische Zustände infolge des Kampfes der Monarchie um die Vorherrschaft gegen Adel und Priesterschaft. Kavadh I. (488–531) suchte diese Feinde zu schwächen, indem er eine kommunistische Bewegung unterstützte, welche sich hauptsächlich gegen sie richtete. Um 490 hatte Mazdak, ein Zarathustrapriester, verkündet, er sei von Gott gesandt, um einen alten Glaubenssatz zu predigen, den Glaubenssatz, daß alle Menschen von Geburt aus gleich seien, daß keiner das natürliche Recht habe, mehr als ein anderer zu besitzen, daß Besitztum und

Ehe menschliche Erfindungen und bedauerliche Irrtümer seien und daß alle Habe und alle Frauen gemeinsamer Besitz aller Männer sein sollten. Seine Feinde wandten dagegen ein, daß er Diebstahl, Ehebruch und Inzest als natürliche Auflehnung gegen Besitz und Ehe und als rechtmäßigen Weg zu einem Idealzustand zulasse. Die Armen und sonst noch einige schenkten ihm freudiges Gehör, aber Mazdak war wahrscheinlich sehr überrascht, auch die Zustimmung eines Königs zu finden. Seine Anhänger begannen nicht nur die Häuser, sondern auch die Harems der Reichen auszuplündern und die berühmtesten und kostbarsten Konkubinen zum eigenen Gebrauche fortzuschleppen. Die Adligen kerkerten in ihrem Zorn den Kavadh ein und setzten seinen Bruder Dschamasp auf den Thron. Nach dreijähriger Gefangenschaft im «Schlosse des Vergessens» gelang Kavadh die Flucht zu den Ephthaliten. Diesen war sehr daran gelegen, einen abhängigen Herrscher auf dem persischen Königsthron zu haben, und so gaben sie ihm ein Heer und verhalfen ihm zur Einnahme von Ktesiphon. Dschamasp dankte ab, die Adligen flohen auf ihre Güter, und Kavadh war wiederum König der Könige (499). Als er seine Machtstellung gesichert hatte, wandte er sich gegen die Kommunisten und ließ Mazdak und Tausende seiner Anhänger hinrichten[39]. Möglicherweise hatte die Bewegung zur Besserung der Stellung der Werktätigen geführt, denn von da an tragen die Erlasse des Staatsrates nicht nur die Unterschriften von Fürsten und Prälaten, sondern auch von Anführern der wichtigsten Zünfte[40]. Kavadh herrschte noch ein Menschenalter lang, kämpfte mit Erfolg gegen seine Freunde, die Ephthaliten, unentschieden gegen die Römer und hinterließ bei seinem Tode den Thron seinem zweitältesten Sohne Chosru, dem größten der Sassanidenkönige.

Chosru I. («dessen Ruhm schön ist») wurde von den Griechen Chosroes, von den Arabern Kisra genannt; die Perser gaben ihm den Beinamen Anuschirvan («Unsterbliche Seele»). Als sein älterer Bruder sich zu seiner Absetzung verschwor, ließ er alle seine Brüder und deren Söhne bis auf einen hinrichten. Seine Untertanen nannten ihn den «Gerechten»; vielleicht kommt ihm dieser Titel zu, wenn wir Gerechtigkeit und Barmherzigkeit auseinanderhalten. Nach der Darstellung des Prokop war er ein «wahrer Meister im Heucheln von Mitleid» und im Wortbruch[41]; Prokop zählte aber zu seinen Feinden. Der persische Geschichtsschreiber al-Tabari rühmt Chosrus «Scharfsinn, Wissen, Verstand, Mut, und Vorsicht» und legt ihm eine Thronrede in den Mund, die gut erfunden ist, wenn er sie nicht wirklich gehalten hat[42]. Er reorganisierte die Regierungsart von Grund auf, suchte sich seine Gehilfen ohne Rücksicht auf ihre soziale Stellung aus und ließ den Erzieher seines Sohnes, Buzurgmihr, aufsteigen, bis er ein hochberühmter Wesir wurde. Die lehnsherrliche Armee aus unausgebildeten Dienstpflichtigen ersetzte er durch ein stehendes Heer mit guter Disziplin und kriegerischer Leistungsfähigkeit. Er richtete ein gerechteres Steuersystem ein und festigte das persische Recht. Er baute Dämme und Kanäle, um die Wasserversorgung der Städte und die Bewässerung der Bauerngüter zu verbessern; er machte Ländereien urbar, indem er den Männern, die den Boden kultivierten, Vieh, Geräte und Saatgüter zur Verfügung stellte; er förderte den Handel, indem er Brücken und Straßen baute, unterhielt und vor Räubern sicherte; er widmete seine gewaltige Kraft inbrünstig dem Dienste an Volk und Staat. Er förderte, ja erzwang die Ehe, da Persien eine größere Bevölkerung benötigte, um Menschen für seine Äcker und seine Grenzen zu haben. Die Junggesellen gewann er für die Heirat, indem er den Frauen eine Mitgift gab und für eine freie Ausbildung der Kinder sorgte, beides auf Staatskosten[43]. Waisen und Armenkinder unterhielt und unterrichtete er mit öffentlichen Geldern. Die Apostasie bestrafte er mit dem Tode, aber er duldete das Christentum, selbst in seinem Harem. Er versammelte Philosophen, Ärzte und Gelehrte aus Indien und Griechenland um sich und fand sein Entzücken in den Debatten, die er mit ihnen über Lebensfragen, Regierungsprobleme und den Tod führte. Einmal wurde über die Frage «Was ist das größte Elend?» diskutiert. Ein griechischer Philosoph antwortete: «Ein Greisenalter in Armut und Verblödung»; ein Inder entgegnete: «Ein geplagter Geist in einem kranken Leib»; Chosrus Wesir gewann, wie es sich gehört, die allgemeine Zustimmung mit der Antwort: «Ich meinerseits meine, daß ein Mensch dann das größte Elend erlebt, wenn er sein Ende nahen fühlt und keine guten Taten vollbracht hat[44].» Chosru ließ der Literatur, Wissenschaft und Gelehrsamkeit beträchtliche Unterstützungen zukommen und finanzierte viele Übersetzungen und Geschichtswerke; während seiner Regierungszeit erreichte die Universität von Dschund-i-Schapur ihre Glanzzeit. Er war so sehr um die Sicherheit von Fremden bemüht, daß an seinem Hofe stets eine große Zahl berühmter Besucher aus dem Auslande weilte.

Bei seiner Thronbesteigung gab er seinem Wunsche nach einem Friedensschluß mit Rom Ausdruck. Justinian, der Pläne mit Nordafrika und Italien hatte, war einverstanden, und im Jahre 532 unterzeichneten die beiden «Brüder» einen «ewigen Frieden». Als Afrika und Italien dem Justinian in die Hände fielen, verlangte Chosru scherzend seinen Anteil an der Beute, da Byzanz ja nicht hätte siegen können, wenn Persien nicht Frieden geschlossen hätte; der Kaiser ließ ihm kostbare Geschenke überbringen[45]. Im Jahre 539 erklärte Chosru an «Rom» den Krieg mit der Begründung, daß Justinian die Bedingungen ihres Vertrages verletzt habe. Prokop bestätigt die Rechtmäßigkeit der Anklage; vielleicht hielt Chosru es für klug, den Angriff zu wagen, solange Justinians Heere noch im Westen eingesetzt waren, und nicht zu warten, bis ein siegreiches und gekräftigtes Byzanz seine ganze Macht gegen Persien richten konnte; außerdem schien es Chosru die offenkundige Bestimmung Persiens zu sein, die Goldgruben von Trapezunt und seinen Zugang zum Schwarzen Meer zu besitzen. Er marschierte in Syrien ein, belagerte Hierapolis, Apameia und Aleppo, verschonte sie, nachdem er reiche Lösegelder erhalten hatte, und stand bald vor den Toren Antiochiens. Die Antiochier grüßten ihn von den Befestigungsanlagen aus nicht nur mit Pfeilen und Katapultgeschossen, sondern auch mit dem obszönen Sarkasmus, der ihnen die Weltberühmtheit eingetragen hatte[46]. Der erzürnte Monarch nahm die Stadt im Sturm, eignete sich ihre gesamten Schätze an, brannte ihre Gebäude mit Ausnahme der Kathedrale nieder, massakrierte einen Teil der Bevölkerung und verschleppte den Rest nach Persien, um dort ein neues «Antiochien» zu bevölkern. Dann nahm er mit Entzücken ein Bad in dem Mittelmeer, das einst Persiens Westgrenze gewesen war. Justinian sandte Belisar zur Hilfeleistung aus, aber Chosru überschritt in aller Muße mit seiner Beute den Euphrat, und der vorsichtige Feldherr nahm die Verfolgung nicht auf (541). Der unentschiedene Ausgang der Kriege zwischen Persien und Rom ist zweifelsohne auch der Schwierigkeit zuzuschreiben, eine Besetzungsmacht im Gebiet des Feindes jenseits der Syrischen Wüste oder des Taurusgebirges aufrechtzuerhalten; die neuzeitlichen Verbesserungen im Transportwesen und in der Nachrichtenübermittlung gestatten größere Kriege. Noch dreimal drang Chosru in blitzschnellen Märschen und kurzen Belagerungen in der römischen Provinz Asia ein, nahm Lösegelder entgegen, führte Gefangene ab, verwüstete das Land und zog sich friedfertig wieder zurück (542–543). Im Jahre 545 erkaufte sich der Kaiser Justinian für 2000 Pfund Gold einen fünfjährigen Waffenstillstand und zahlte nach Ablauf der Frist weitere 2600 Pfund Gold für die Verlängerung um fünf Jahre. Schließlich (562) verpflichteten sich die beiden alternden Monarchen nach einem Menschenalter des Krieges zu einem fünfzigjährigen Frieden. Justinian willigte ein, an seine persischen Nachbarn jährlich 30 000 Goldstücke zu zahlen, und Chosru verzichtete auf seine Ansprüche auf umstrittene Gebiete im Kaukasus und am Schwarzen Meer.

Aber Chosru hatte noch nicht genug vom Krieg. Auf Ersuchen der Himyariten Südwestarabiens sandte er um 570 ein Heer aus, um sie von ihren abessinischen Unterdrückern zu befreien; als die Befreiung vollzogen war, mußten die Himyariten erkennen, daß ihr Land nun eine persische Provinz war. Justinian hatte mit Abessinien einen Bündnisvertrag abgeschlossen; sein Nachfolger sah in der Vertreibung der Abessinier aus Arabien durch die Perser einen unfreundlichen Akt; außerdem standen die Türken an Persiens Ostgrenze zum Angriff auf Chosru bereit; Iustinos erklärte den Krieg (572). Trotz seines hohen Alters zog Chosru persönlich ins Feld und nahm die römische Grenzstadt Dara ein; seine Gesundheit ließ ihn aber im Stich, und er erlitt seine erste Niederlage (578) und zog sich nach Ktesiphon zurück, wo er 579 starb, es ist nicht bekannt, in welchem Alter. Bis auf eine einzige Schlacht hatte er während der achtundvierzig Jahre seiner Regierungszeit keinen einzigen Krieg, keine Schlacht verloren; er hatte sein Reich nach allen Seiten ausgedehnt, Persien stärker gemacht, als es je seit Dareios II. gewesen war, und hatte ihm eine so vorzügliche Verwaltung gegeben, daß die Araber bei der Eroberung Persiens das Regierungssystem so gut wie unverändert übernahmen. Beinahe Zeitgenosse des Justinian, wurde er nach dem allgemeinen Urteil der Zeitgenossen als der bedeutendste Herrscher eingeschätzt, und die Perser aller späteren Zeiten sahen in ihm den stärksten und fähigsten König der persischen Geschichte.

Sein Sohn Hormizd IV. (579–589) wurde von einem Feldherrn, Bahram Cobin, gestürzt, der sich zum Regenten für Hormizds Sohn Chosru II. (589) und im folgenden Jahre zum König ausrief. Als Chosru volljährig wurde, forderte er seinen Thron; Bahram verweigerte ihn; Chosru floh nach Hierapolis ins römische Syrien; der griechische Kaiser Maurikios bot sich an, ihn wieder an die Macht zu bringen, falls Persien sich aus Armenien zurückziehen werde; Chosru willigte ein, und Ktesiphon erlebte das seltene Schauspiel, daß ein römisches Heer einen persischen König einsetzte (596).

Chosru Parvez («der Siegreiche») erklomm höhere Gipfel der Macht als je ein Perser seit Xerxes innegehabt hatte, und begann für Persiens Abstieg zu wirken. Als Phokas den Maurikios ermordete und sich an dessen Stelle setzte, erklärte Parvez dem Usurpator den Krieg (603), angeblich um seinen Freund zu rächen; in Wirklichkeit flammte der alte Wettstreit neu auf. Da Byzanz durch Abfall und Parteienzwist zerrissen war, nahmen die persischen Heere Dara, Amida, Edessa, Hierapolis, Aleppo, Apameia, Damaskus (605–613). Vom Erfolg berauscht, erklärte Parvez den Heiligen Krieg gegen die Christen;

26 000 Juden schlossen sich seinem Heer an; im Jahre 614 plünderten die vereinigten Streitkräfte Jerusalem, wobei 90 000 Christen ermordet wurden[47]. Viele christliche Kirchen, darunter diejenige des Heiligen Grabes, wurden niedergebrannt, und das echte Kreuz, die heiligste christliche Reliquie, wurde nach Persien geschleppt. Dem Herakleios, dem neuen Kaiser, ließ Parvez eine theologische Frage unterbreiten: «Chosru, der größte der Götter und Herr der ganzen Erde, an Herakleios, seinen abscheulichen und vernunftlosen Sklaven: Du sagst, Du vertrauest auf Deinen Gott. Warum hat er denn Jerusalem nicht aus meinen Händen befreit?[48]» Im Jahre 616 eroberte ein persisches Heer Alexandrien; um 619 gehörte ganz Ägypten dem König der Könige, erstmals seit Dareios II. Gleichzeitig überrannte ein anderes persisches Heer Kleinasien und nahm Chalkedon (617); zehn Jahre lang blieb Persien im Besitz dieser Stadt, die von Konstantinopel nur durch den schmalen Bosporus geschieden war. Während dieses Jahrzehntes zerstörte Parvez Kirchen, führte ihre Kunstschätze und Reichtümer nach Persien und saugte Westasien durch hohe Steuern dermaßen aus, daß es nur ein Menschenalter später mittellos den erobernden Arabern preisgegeben war.

Chosru übertrug nun die Kriegführung seinen Feldherren, zog sich in seinen luxuriösen Palast in Dastagird (etwa hundert Kilometer nördlich von Ktesiphon) zurück und widmete sich ganz der Kunst und der Liebe. Er versammelte Baumeister, Bildhauer und Maler um sich, um seine neue Hauptstadt schöner und glänzender als die alte zu machen und Bildnisse von Schirin, der schönsten und am meisten geliebten seiner dreitausend Ehefrauen, zu machen. Den Persern mißfiel es, daß sie Christin war; es wurde behauptet, sie habe den König bekehrt; auf alle Fälle gestattete er ihr inmitten des Heiligen Krieges den Bau von zahlreichen Kirchen und Klöstern. Aber Persien, das mit der reichen Beute und einem neuen Zustrom von Sklaven gedieh, konnte seinem König seine Genußsucht, seine Kunst, selbst seine Duldsamkeit vergeben. Es begrüßte seine Siege als den endgültigen Triumph Persiens über Griechenland und Rom, Ahura Mazdas über Christus. Alexander hatte endlich die Antwort erhalten, und Marathon, Salamis, Plataiai und Arbela hatten ihre Rache gefunden.

Nichts blieb übrig vom Byzantinischen Reich außer einigen asiatischen Häfen, einigen Bruchstücken von Italien, Nordafrika und Griechenland, einer ungeschlagenen Flotte und einer belagerten Hauptstadt, die eine Schreckenszeit der Angst und Verzweiflung durchmachte. Herakleios nahm sich zehn Jahre, um aus den Trümmern ein neues Heer und einen neuen Staat zu schaffen. Dann brach er, statt eine opferreiche Überfahrt nach Chalkedon zu wagen, mit der Flotte ins Schwarze Meer auf und griff Persien im Rücken an. Wie Chosru Jerusalem entweiht hatte, so zerstörte nun Herakleios Klorumia, den Geburtsort des Zarathustra, und brachte das dortige heilige unverlöschliche Feuer zum Verlöschen (624). Chosru schickte Heer um Heer gegen ihn aus, alle wurden geschlagen, und als die Griechen vordrangen, floh Chosru nach Ktesiphon. Seine Feldherren, denen seine Schmähungen auf die Nerven gingen, verbündeten sich mit dem Adel, um ihn vom Throne zu stoßen. Er wurde eingekerkert und bei Wasser und Brot gehalten; achtzehn seiner Söhne wurden vor seinen Augen erschlagen; schließlich gab ein weiterer Sohn, Scheroye, ihm den Tod (628).

III. DIE KUNST DER SASSANIDEN

Von dem Reichtum und dem Glanz der Schapurs, Kavadhs und Chosrus ist weiter nichts erhalten als die Trümmer der sassanidischen Kunst; es ist aber immer noch genug, um unsere Verwunderung über die Beständigkeit und Anpassungsfähigkeit der persischen Kunst von Dareios dem Großen in Persepolis bis Schah Abbas dem Großen (1587–1629) in Isfahan zu vermehren.

Die erhaltenen Denkmäler der sassanidischen Baukunst sind sämtlich weltlicher Natur; die Feuertempel sind verschwunden, nur die Kaiserpaläste sind verblieben, und diese Bauten sind «riesenhafte Skelette» [49], da ihre ornamentalen Stuckfassaden längst zerfallen sind. Die älteste dieser Ruinen ist der sogenannte Palast Ardaschir I. in Firuzabad südöstlich Schiraz. Die Entstehungszeit ist unbekannt; die Vermutungen erstrecken sich über einen Zeitraum von 340 v. Chr. bis 460 n. Chr. Nach fünfzehn Jahrhunderten der Kälte und Hitze, des Raubes und Krieges deckt die gewaltige Kuppel immer noch eine dreißig Meter hohe und siebzehn Meter breite Halle. Ein Portalbogen von siebenundzwanzig Metern Höhe und dreizehn Metern Breite teilte eine fünfzig Meter lange Fassade auf; diese Fassade ist in neuester Zeit zerbröckelt. Von der rechteckigen Mittelhalle aus führten winkelfüllende Stützbogen zu der kreisförmigen Kuppel empor*. Mittels einer ungewöhnlichen und interessanten Anordnung wurde der Druck der Kuppel durch eine doppelte Hohlmauer aufgefangen, deren inneres und äußeres Gerüst durch ein Tonnengewölbe überspannt wurde, und zu dieser Verstärkung der inneren durch eine äußere Mauer traten außen noch Strebepfeiler in Form von Wandpfeilern aus schweren Steinblöcken. Das war eine Architektur, die sich vom klassischen Säulenstil von Persepolis wesenhaft unterschied – sie war roh und unbeholfen, benutzte aber Formen, die in der Hagia Sophia des Justinian zur Vollkommenheit ausgestaltet wurden.

Nicht weit entfernt, in Sarvistan, steht eine ähnliche Ruine gleich unsicherer Entstehungszeit: eine Fassade aus drei Bögen, eine große Mittelhalle und Seitenräume, die von eiförmigen Kuppeln, Tonnengewölben und als Stützen dienenden Halbkuppeln gedeckt sind; aus diesen Halbkuppeln können sich durch Wegfall aller Zutaten zu dem tragenden Grundgerüst die «fliegenden» oder skelettförmigen Stützpfeiler der gotischen Architektur entwickelt haben [51]. Nordwestlich von Susa zeigt eine andere Palastruine, Ivan-i-Charka, das älteste erhaltene Quergewölbe mit Querrippen [52]. Der imposanteste Bau der Sassanidenzeit – der die arabischen Eroberer durch seine gewaltigen Ausmaße in Schrecken versetzte – ist aber der Königspalast von Ktesiphon, von den Arabern Taq-i-Kisra, Bogen des Chosru (I.), genannt. Vielleicht ist es der Bau, der von einem griechischen Geschichtsschreiber des Jahres 638 n. Chr. geschildert wird, nach dem Justinian «dem Chosroes griechischen Marmor lieferte und geschickte Handwerker sandte, die ihm einen Palast im römischen Stile unweit Ktesiphons erbauten» [53]. Der Nordflügel stürzte 1888 ein; die Kuppel existiert nicht mehr; drei gewaltige Mauern steigen über dreißig Meter hoch empor, die Fassade ist horizontal in fünf Reihen von Blindarkaden aufgeteilt. Ein gewaltiger Mittelbogen, der höchste (über fünfundzwanzig Meter) und breiteste (fast zweiundzwanzig Meter) uns bekannteste elliptische Bogen – wölbte sich über einem Saal, der fünfunddreißig auf zweiundzwanzigeinhalb Meter maß; die Sassanidenkönige liebten die Geräumigkeit. Diese heute in Trümmern liegenden Fassaden ahmen die weniger eleganten römischen Vorderfronten, wie diejenige des Marcellustheaters, nach; sie sind eher imponierend als schön; wir dürfen aber nicht aus heutigen Trümmern auf vergangene Schönheiten schließen.

Die schönsten Überreste der sassanidischen Kunst sind nicht die ausgehöhlten Paläste aus zerbröckelnden sonnengetrockneten Backsteinen, sondern Felsenreliefs, die in Persiens Berghänge eingehauen sind. Diese riesenhaften Figuren sind direkte Nachkommen der achaimenidischen Felsenreliefs, manchmal stehen sie sogar an ihrer Seite, wie wenn man die Fortdauer der persischen Macht

* Nach Creswell wurde diese Anordnung von Diagonalbögen, die zwischen dem oberen Eck eines mehreckigen Baues und dem Rand einer aufgesetzten kreisförmigen oder elliptischen Kuppel vermittelten, von den Persern erfunden. [50]

und die Gleichwertigkeit der Sassanidenkönige mit den Achaimenidenkönigen hätte betonen wollen. Die älteste sassanidische Plastik zeigt den Ardaschir, der einen gefallenen Gegner – vermutlich den letzten Arsakiden – mit Füßen tritt. Schöner sind die Skulpturen von Naqsch-i-Rustam bei Persepolis, die Ardaschir, Schapur I. und Bahram II. feiern; die Könige sind als beherrschende Gestalten dargestellt, haben aber, wie die meisten Könige und Menschen, große Mühe, an Anmut und Ebenmaß neben den Tieren zu bestehen. Gleichartige Reliefs zeigen in Naqsch-i-Reddscheb und Schapur die Könige Schapur I. und Bahram I. und II. in mächtigen Steinbildnissen. In Taq-i-Bustan – «Bogen des Gartens» – bei Kermanschah sind zwei von Säulen getragene Bögen tief in den Felsen eingeschnitten; Reliefs auf den Innen- und Außenflächen der Bögen zeigen Schapur II. und Chosru Parvez bei der Jagd; der Stein ist durch die feisten Elefanten und Wildschweine verlebendigt; das Blätterwerk ist sorgfältig ausgeführt, und die Kapitelle der Säulen sind fein gemeißelt. In diesen Skulpturen ist von der griechischen Anmut der Bewegung oder Weichheit der Linienführung nichts zu finden, keine kühne Individualisierung, kein Sinn für die Perspektive und wenig Tiefe; an Erhabenheit und Pracht, an männlicher Schwungkraft und Machtfülle nehmen sie es aber mit den meisten Bogenreliefs des kaiserlichen Rom auf.

Offenbar waren diese Skulpturen bemalt, desgleichen manche Teile der Paläste; es sind aber nur Spuren dieser Malerei erhalten. Aus der Literatur wird jedoch deutlich, daß diese Malkunst in der Sassanidenzeit in hoher Blüte stand; der Prophet Mani soll eine Malerschule gegründet haben; Firdausi berichtet von den hohen persischen Würdenträgern, daß sie ihre Wohnsitze mit den Bildern iranischer Helden ausmalen ließen[54]; der Dichter al-Buhturi (Todesjahr 897) schildert die Wandgemälde des Palastes von Ktesiphon [55]. Beim Tode eines Sassanidenkönigs wurde der beste Maler der Zeit berufen, um ein Porträt von ihm anzufertigen, das dann in einer Galerie in der königlichen Schatzkammer aufbewahrt wurde [56].

Malerei, Skulptur, Töpferei und andere dekorative Künste teilten ihre Muster mit den Textilkünsten der Sassanidenzeit. Seiden, Stickereien, Brokate, Damaste, Stuhldecken, Wandbehänge, Baldachine, Zelte und Teppiche wurden mit einer untertänigen Geduld und meisterlichen Geschicklichkeit gewoben und in warmen gelben, blauen und grünen Farbschattierungen gefärbt. Außer den Bauern und Priestern kleideten sich alle Perser über ihrem Stand; Geschenke nahmen oft die Gestalt prächtiger Gewänder an, und große bunte Teppiche waren im Osten seit assyrischer Zeit Merkmal des Reichtums. Die zwei Dutzend sassanidischen Webstoffe, die dem Zahn der Zeit entgangen sind, sind die am höchsten bewerteten Gewebe, die es gibt [57]. Schon zu ihrer Zeit wurden die sassanidischen Webereien von Ägypten bis Japan bewundert und nachgeahmt, und während der Kreuzzüge erhielten diese heidnischen Erzeugnisse den Vorzug bei der Gewandung der Reliquien christlicher Heiliger. Als Herakleios den Palast des Chosru Parvez in Dastagird eroberte, gehörten zarte Stickereien und gewaltige Teppiche zu den kostbarsten Teilen seiner Beute [58]. Berühmt war der «Winterteppich» des Chosru Anuschirvan, der ihm mit seinen Frühjahrs- und Sommerszenen die Gedanken an den Winter verscheuchen sollte: Blumen und Früchte aus eingewobenen Rubinen und Diamanten wuchsen auf diesem Teppich neben silbernen Pfaden und Bächen aus Perlen, die auf goldenem Grund eingezeichnet waren [59]. Harun al-Raschid war stolz auf einen großflächigen Sassanidenteppich mit reichem Edelsteinbesatz [60]. Perser schrieben Liebesgedichte auf ihre Teppiche [61].

Von der Töpferei der Sassanidenzeit sind nur einige Nutzstücke erhalten. Und doch war die Keramik in der Achaimenidenzeit hochentwickelt und muß in der Sassanidenzeit weiter gepflegt worden sein, wenn sie im mohammedanischen Iran zu solcher Vollkommenheit kommen konnte. Ernst Fenellosa ist der Ansicht, daß Persien der Mittelpunkt war, von dem aus die Kunst des Emaillierens sich sogar bis zum Fernen Osten ausdehnte [62]; die Kunsthistoriker sind sich nicht einig, ob die Kunst des Metallüberzugs auf Porzellan und des Zellenschmelzes im sassanidischen Persien oder in Syrien oder Byzanz seinen Ursprung hat* [63]. Sassanidische Schmiede verfertigten Wasserkannen, Krüge,

* Zu dem Metallüberzug wird eine Silber-, Kupfer- oder Manganglasur in einem Muffelofen, in dem sie vor direkten Flammen geschützt ist, auf keramische oder gläserne Erzeugnisse aufgebrannt, so daß der Eindruck einer Gold- oder Silberschicht auf dem Gefäß entsteht.

Schalen und Becher, die für eine Rasse von Riesen bestimmt zu sein scheinen, drehten sie auf Drehbänken, gravierten sie mit dem Grabstichel oder dem Meißel oder hämmerten von der Innenseite aus ein Muster im *repoussé* ein und verwandten fröhliche Tiergestalten, vom Hahn bis zum Löwen, für die Henkel und Schnauzen. Der berühmte «Glaspokal des Chosru» in der Bibliothèque Nationale in Paris besitzt Medaillons aus Kristallglas, die in ein Netzwerk aus gehämmertem Gold eingefügt sind; nach der Überlieferung handelt es sich um eines der Geschenke, die Harun an Karl den Großen sandte. Es ist möglich, daß die Goten diese Kunst von Persien lernten und in den Westen mitbrachten[64].

Die Silberschmiede verfertigten kostbares Silbergeschirr und teilten sich mit den Goldschmieden in die Arbeit, Damen, Herren und gewöhnliche Bürger mit Schmuck zu versehen. Es sind verschiedene Geschirre der Sassanidenzeit erhalten – im British Museum, in der Ermitage von Leningrad, der Bibliothèque Nationale und dem Metropolitan Museum of Art; als Zierat zeigt es immer Könige oder Edle bei der Jagd und Tiere, die mit größerer Liebe und mit besserem Erfolg gezeichnet sind als die Menschen. Die sassanidischen Münzen kamen den römischen an Schönheit manchmal gleich, wie etwa die Prägungen Schapur II.[65] Selbst sassanidische Bücher konnten manchmal Kunstwerke sein; nach der Überlieferung tröpfelte Gold und Silber von den Einbänden, als Manis Bücher öffentlich verbrannt wurden[66]. Auch das Möbelhandwerk der Sassaniden bediente sich edler Materialien: Chosru I. besaß einen goldenen Tisch, der mit Edelsteinen ausgelegt war, und Chosru II. sandte seinem Retter, dem Kaiser Maurikios, einen Bernsteintisch, der fünf Fuß im Durchmesser maß, auf goldenen Füßen stand und mit Edelsteinen überdeckt war[67].

Alles in allem zeigt die Sassanidenkunst ein fleißiges Wiederaufleben nach vier Jahrhunderten parthischen Verfalles. Wenn wir mit einiger Sicherheit aus den Überresten Schlüsse ziehen dürfen, kam sie der Achaimenidenkunst in Feinheit und Größe, der islamisch-persischen Kunst an Einfallsreichtum, Zartheit und Geschmack nicht gleich; sie bewahrte aber in ihren Reliefs manches von der alten Kraftfülle und nahm in der dekorativen Kunst einiges von der Mannigfaltigkeit späterer Zeiten vorweg. Sie nahm neue Ideen und Stilarten auf, und Chosru I. war so vernünftig, griechische Künstler und Baumeister zu sich zu berufen, derweil er griechische Feldherren im Kampfe schlug. Die Sassanidenkunst zahlte ihre Schuld zurück, indem sie ihre Stilformen und Motive nach Indien, Turkestan und China im Osten und nach Syrien, Kleinasien, Konstantinopel, dem Balkan, Ägypten und Spanien im Westen ausführte. Wahrscheinlich war persischer Einfluß daran beteiligt, daß die griechische Kunst das Schwergewicht von der klassischen Darstellung auf die byzantinische Ornamentierung verlegte und die lateinisch-christliche Kunst von hölzernen Decken auf Gewölbe und Kuppeln und Stützmauern aus Backstein oder Stein überging. Die großen Portale und Kuppeln der sassanidischen Architektur gingen in die Moscheen der Mohammedaner und die Paläste und Tempel der Moguln ein. Nichts in der Geschichte geht verloren: Früher oder später findet jeder schöpferische Gedanke seine Gelegenheit und seine Entwicklung und gibt der Flamme des Lebens neue Farbe.

IV. DIE EROBERUNG DURCH DIE ARABER

Nach dem Mord an seinem Vater und der Thronbesteigung schloß Scheroye – als Kavadh II. gekrönt – Frieden mit Herakleios; dabei lieferte er Ägypten, Palästina, Syrien, Kleinasien und das westliche Mesopotamien wieder aus, ließ die Gefangenen in ihr Heimatland zurückkehren und gab die Reste des echten Kreuzes wieder an Jerusalem zurück. Herakleios freute sich mit gutem Grund über einen so durchgreifenden Triumph; er beachtete aber nicht, daß an dem gleichen Tage, an dem er das echte Kreuz wieder an seiner Weihestätte aufstellte, eine Schar von Arabern eine griechische Garnison am Jordan angriff. Im gleichen Jahre wurde Persien von der Pest heimgesucht; Tausende, darunter auch der König, kamen um. Sein Sohn Ardaschir III., zu dieser Zeit sieben Jahre alt, wurde als König ausgerufen; ein Feldherr, Schahr-Baraz, ermordete das Kind und usurpierte den Thron; seine eigenen Soldaten erschlugen Schahr-Baraz und zerrten seinen Leichnam mit dem Rufe «Wer nicht königlichen Blutes ist und sich auf den Persischen Thron setzt, wird dieses Schicksal teilen!» durch die Straßen von Ktesiphon; die Volksmassen sind immer royalistischer als der König. Nun verfiel das Reich, das durch 26 Jahre des Krieges erschöpft war, in Anarchie. Der gesellschaftliche Zerfall spitzte einen moralischen Zerfall zu, der sich mit dem einströmenden Reichtum der Siege eingestellt hatte[68]. Im Laufe von vier Jahren stritten sich neun Herrscher um den Thron und verschwanden wieder durch Mord, Flucht oder einen unnormal natürlichen Tod. Provinzen, selbst einzelne Städte, erklärten ihre Unabhängigkeit von einer Zentralregierung, die herrschunfähig geworden war. Im Jahre 634 kam die Krone an Yezdegird III., einen Sprößling des Hauses Sassan und Sohn einer Negerin[69].

Im Jahre 632 starb Mohammed, nachdem er einen neuen arabischen Staat gegründet hatte. Sein zweiter Nachfolger, der Kalif Omar, erhielt 634 einen Brief von Muthanna, seinem Feldherrn in Syrien, welcher ihn darauf aufmerksam machte, daß Persien in einem chaotischen Zustand und reif zur Eroberung sei[70]. Omar übertrug die Aufgabe seinem besten Befehlshaber, Chalid. Mit einem Heere kriegsgewohnter und beutegieriger Beduinen marschierte Chalid die Südküste des Persischen Golfes entlang und sandte an Hormizd, den Statthalter der Grenzprovinz, eine charakteristische Botschaft: «Nimm den islamischen Glauben an, und es soll dir nichts geschehen; sonst aber zahle Tribut ... Ein ganzes Volk steht schon gegen dich bereit, und es liebt den Tod so, wie du das Leben liebst[71].» Hormizd forderte ihn zum Zweikampf heraus; Chalid nahm die Herausforderung an und trug den Sieg davon. Die Muselmanen überrannten jeden Widerstand und kamen bis zum Euphrat; Chalid wurde zurückberufen, um an anderer Stelle ein arabisches Heer zu retten; Muthanna kam an seine Stelle, erhielt Verstärkungen und setzte auf einer Schiffsbrücke über den Fluß über. Yezdegird, noch ein zweiundzwanzigjähriger Jüngling, übertrug den Oberbefehl an Rustam, den Statthalter von Chorasan, und befahl ihm, zur Rettung des Staates eine unbegrenzte Streitmacht aufzustellen. Die Perser stellten sich den Arabern in der Schlacht an der Brücke, schlugen sie und verfolgten sie eifrig; Muthanna ordnete seine Schlachtreihen neu, und die Schlacht von El-Bowayb brachte den ungeordneten persischen Heerscharen den Untergang fast bis zum letzten Manne (624). Die Verluste der Muselmanen waren schwer; Muthanna starb an seinen Verwundungen, aber der Kalif sandte einen besseren Feldherrn, Saad, und ein neues Heer von 30 000 Mann. Yezdegird rief als Antwort 120 000 Perser zu den Waffen. Rustam führte sie über den Euphrat nach Kaidisiya, und dort wurde in vier blutigen Tagen eine der entscheidendsten Schlachten der asiatischen Geschichte ausgekämpft. Am vierten Tage wurden die Perser durch einen Sandsturm geblendet, und die Araber nutzten die Gelegenheit und überwältigten ihre Feinde. Rustam fiel und sein Heer löste sich auf (636). Saad führte seine Truppen widerstandslos an den Tigris, überschritt ihn und drang in Ktesiphon ein.

Die einfältigen und verwegenen Araber bestaunten den Königspalast, den mächtigen Saal mit seinen Bogen und seinem Marmor, die gewaltigen Teppiche und den edelsteinfunkelnden Thron. Drei Tage lang waren sie emsig bemüht, Beute wegzutragen. Möglicherweise wegen dieser Behinderung untersagte Omar dem Saad, weiter nach Osten vorzudringen; «Irak ist genug», sagte er[72]. Saad gehorchte und brachte die nächsten drei Jahre damit zu, die Araberherrschaft in ganz Mesopotamien zu festigen. Inzwischen stellte Yezdegird in seinen nördlichen Provinzen ein neues Heer von 150 000 Mann auf; Omar sandte 30 000 Mann gegen ihn; bei Navahad trug die überlegene Taktik den «Sieg der Siege» für die Araber davon; hunderttausend Perser wurden in schmalen Reihen überrascht und niedergemetzelt (641). Bald war ganz Persien in der Hand der Araber. Yezdegird floh nach Balch, ersuchte China um Hilfe, erhielt einen abschlägigen Bescheid, ersuchte die Türken um Hilfe und erhielt eine kleine Streitmacht; als er aber zu seinem neuen Feldzug aufbrach, ermordeten ihn einige Türken um seines Schmuckes willen (652). Das Persien der Sassaniden hatte sein Ende gefunden.

Viertes Buch

DIE KULTUR DES ISLAM

[569–1258]

ZEITTAFEL ZUM VIERTEN BUCH

570–632: Mohammed
610: Mohammeds Vision
622: Seine Hedschra nach Medina
630: Mohammed erobert Mekka
632–634: Abu Bekr Kalif
634–644: Omar Kalif
635: Die Muselmanen nehmen Damaskus ein
637: und Jerusalem und Ktesiphon
641: Die Muselmanen erobern Persien und Ägypten
641: Die Muselmanen gründen Kairo (Fustat)
642: Die Amr-Moschee in Kairo
644–656: Othman Kalif
656–660: Ali Kalif
660–680: Muawiya I. Kalif
660–750: Das Umayyadenkalifat in Damaskus
662: Indische Ziffern in Syrien
680: Husein in Kerbele ermordet
680–683: Yezid I. Kalif
683–684: Muawiya II. Kalif
685–705: Abd-al-Malik Kalif
691–694: Die Moschee Al-Aqsa und der Felsendom in Jerusalem
693–862: Mohammedanerherrschaft in Armenien
698: Die Muselmanen erobern Karthago
705–715: Walid I. Kalif
705f.: Die Große Moschee von Damaskus
711: Die Muselmanen setzen nach Spanien über
715–717: Suleiman I. Kalif
717–720: Omar II. Kalif
720–724: Yezid II. Kalif
724–743: Hischam Kalif
732: Die Muselmanen bei Tours zurückgeschlagen
743: Die Mschatta-Reliefs
743–744: Walid II. Kalif
750: Abu'l-Abbas al-Saffah gründet das Abbasidenkalifat
754–775: Al-Mansur Kalif; Bagdad wird Hauptstadt
755–788: Abd-er-Rahman I. Emir von Córdoba
757–847: Die Mutaziliten-Philosophen
760: Hochkommen der Ismaili-Sekte
775–786: Al-Mahdi Kalif
786f.: Die Blaue Moschee von Córdoba
786–809: Harun al-Raschid Kalif
789–974: Idrisidendynastie in Fez
803: Sturz der Barmakidenfamilie
803f.: Der Philosoph al-Kindi
808–909: Aghlabidendynastie in Qairwan
809–810: Die Muselmanen erobern Korsika und Sardinien
809–877: Der Gelehrte Hunain ibn-Ischaq
813–833: Al-Mamun Kalif
820–872: Tahiridendynastie in Persien
822–852: Abd-er-Rahman II. Emir von Córdoba
827f.: Die Sarazenen erobern Sizilien
830: «Haus der Weisheit» in Bagdad
830: Al-Chwarizmis *Algebra*
844–926: Der Arzt al-Razi
846: Die Sarazenen greifen Rom an
870–950: Der Philosoph al-Farabi
872–903: Saffaridendynastie in Persien
873–935: Der Theologe al-Aschari
878: Die Moschee des Ibn Tulun in Kairo
909f.: Fatimidenkalifat in Qairwan
912–961: Abd-er-Rahman Kalif in Córdoba
915: Glanzzeit des Historikers al-Tabari
915–965: Der Dichter al-Mutanabbi
934–1020: Der Dichter Firdausi
940–998: Der Mathematiker Abu'l-Wafa
945–1058: Vormachtstellung der Buwayhiden in Bagdad
951: Tod des Geographen al-Masudi
952–977: Aschot III. und 990–1020: Gagik I.: Goldenes Zeitalter des mittelalterlichen Armenien
961–976: Al-Hakam Kalif in Córdoba
965–1039: Der Physiker al-Haitham
967–1049: Der Sufi-Dichter Abu Said
969–1171: Fatimidendynastie in Kairo
970: Moschee el-Azhar in Kairo
973–1048: Der Naturwissenschaftler al-Biruni

973–1058: Der Dichter al-Ma'arri
976–1010: Al-Hischam Kalif in Córdoba
978–1002: Almanzor Ministerpräsident in Córdoba
980–1037: Der Philosoph Ibn Sina (Avicenna)
983 f.: Die «Brüder der Lauterkeit»
990–1012: Moschee al-Hakim in Kairo
998–1030: Mahmud von Ghazna
1012: Berberrevolution in Córdoba
1017–1092: Der Wesir Nizam al-Mulk
1031: Ende des Kalifats von Córdoba
1038: Die Seldschuken dringen in Persien ein
1038–1123: Der Dichter Omar Chayyam
1040–1095: Der Emir und Dichter al-Mutamid
1058: Die Seldschuken erobern Bagdad
1058–1111: Der Theologe al-Ghazzali
1059–1063: Tughril Beg Sultan in Bagdad
1060: Die Seldschuken erobern Armenien
1063–1072: Alp Arslan Sultan
1071: Die Türken schlagen die Griechen bei Manzikert
1072–1092: Malik Schah Sultan
1077–1327: Das Sultanat von Roum in Kleinasien
1088 f.: Die Freitagsmoschee in Isfahan
1090: Gründung der Assassinen-Sekte
1090–1147: Almoravidendynastie in Spanien
1091–1162: Der Arzt Ibn Zohr
1098: Die Fatimiden erobern Jerusalem
1100–1166: Der Geograph al-Idrisi
1106 f.: Glanzzeit des Philosophen Ibn Baddscha
1107–1185: Der Philosoph Ibn Tufail
1117–1151: Sandschar, Seldschukensultan
1126–1198: Der Philosoph Ibn Ruschd (Averroes)
1130–1269: Almohadendynastie in Marokko
1138–1193: Saladin
1148–1248: Almohadendynastie in Spanien
1162–1227: Dschingis Khan
1175–1249: Ayyubidendynastie
1179–1220: Der Geograph Yaqut
1181 f.: Der Alcázar von Sevilla
1184–1291: Der Dichter Sa'adi
1187: Saladin schlägt die Kreuzritter bei Hattin und nimmt Jerusalem
1188: Glanzzeit des Dichters Nizami
1196: Der Turm der Giralda in Sevilla
1201–1273: Der Dichter Dschalal-ud-Din Rumi
1211–1282: Der Biograph Ibn Challikan
1212: Die Christen schlagen die Mauren bei Las Navas de Toledo
1218–1238: Al-Kamil Sultan in Kairo
1219: Dschingis Khan dringt in die Transoxiana ein
1245: Die Mongolen erobern Jerusalem
1248 f.: Die Alhambra
1250–1517: Mamelukenherrschaft in Ägypten
1252: Maurenherrschaft in Spanien auf Córdoba beschränkt
1258: Die Mongolen plündern Bagdad; Ende des Abbasidenkalifates
1260: Die Mameluken schlagen bei Ain Dschalut die Mongolen zurück
1260–1277: Baibars Mamelukensultan

ERSTES KAPITEL

MOHAMMED

[570–632]

I. ARABIEN*

IM Jahre 565 starb Justinian, Herr eines großen Reiches. Fünf Jahre darauf wurde Mohammed als Sohn armer Eltern in einem Lande geboren, das zu drei Vierteln aus Wüste besteht und von Nomadenstämmen spärlich besiedelt war, deren gesamtes Vermögen kaum hingereicht hätte, den Hochaltar der Hagia Sophia auszustatten. In jenen Zeiten hätte sich niemand träumen lassen, daß noch kein Jahrhundert vergehen würde, bis diese Nomaden das halbe byzantinische Asien, ganz Persien und Ägypten, den größten Teil Nordafrikas erobern und nach Spanien vordringen würden. Die explosionsartige Eroberung und Bekehrung des halben Mittelmeerraumes durch die arabische Halbinsel ist das außergewöhnlichste Ereignis der mittelalterlichen Geschichte.

Arabien ist die größte Halbinsel der Welt: Die größte Länge beträgt 2500 Kilometer, die größte Breite 2000 Kilometer. Geologisch ist sie eine Fortsetzung der Sahara, ein Teil des Sandgürtels, der sich über Persien bis zur Wüste Gobi erstreckt. *Arab* bedeutet «dürr». Physikalisch ist Arabien ein mächtiges Tafelland, das vom Roten Meer aus in einer Entfernung von nicht ganz 50 Kilometern steil bis auf 3140 Meter Höhe ansteigt und dann über bergiges Wüstenland nach Osten zum Persischen Golf abfällt. Im Zentrum gibt es einige grasbewachsene Oasen und Dörfer mit Palmen, in denen man aus flachen Brunnen Wasser schöpfen kann; um diesen Kern herum erstrecken sich nach allen Richtungen auf Hunderte von Kilometern Sandwüsten. Schnee fällt dort nur einmal in vierzig Jahren; die Nächte kühlen bis auf 3° C ab; am Tage verbrennt die Sonne die Gesichter und bringt das Blut zum Kochen, und die sanddurchsetzte Luft erfordert zum Schutz von Körper und Haar lange Gewänder und Kopfbänder. Der Himmel ist fast ständig wolkenlos, die Luft

* Die Anfänge der Wiederentdeckung Arabiens durch Europäer illustriert den internationalen Charakter der Wissenschaft im neunzehnten Jahrhundert. Sie begann in den Jahren 1761–1764, als Carsten Niebuhr im Auftrage der dänischen Regierung die Halbinsel durchquerte; der Bericht, den er (1772) veröffentlichte, ist die erste umfassende Beschreibung Arabiens. 1807 besuchte Domingo Badia y Leblich, ein als Maure verkleideter Spanier, Mekka und gab die erste genaue Schilderung des Pilgerrituals. 1814–1815 brachte Johann Ludwig Burckhardt, ein als Muselmane verkleideter Schweizer, mehrere Monate in Mekka und Medina zu; seine gut fundierten Berichte wurden von späteren Reisenden bestätigt. 1853 besuchte der Engländer Richard Burton in der Verkleidung eines afghanischen Pilgers Mekka und schilderte seine gefährliche Pilgerfahrt in zwei fesselnden Büchern. 1869–1870 erforschte ein französischer Jude, J. Halévy, die Örtlichkeiten der alten minoischen, sabäischen und himyaritischen Königreiche und zeichnete deren Inschriften auf. 1875 zog Charles Montagu Doughty, ein Engländer, mit einer Pilgerkarawane von Damaskus nach Mekka und schrieb seine Erlebnisse in dem Buche *Arabia Deserta* (1888), das eine Glanzleistung englischer Prosa ist, nieder. 1882–1888 zeichnete E. Glaser in drei kühnen Expeditionen 1032 Inschriften ab, die heute unsere wichtigste Quelle zu der Geschichte des vorislamischen Arabien darstellen.

wie «funkelnder Wein»[1]. An den Küsten schaffen gelegentliche Regengüsse die Möglichkeit der Zivilisation: am meisten im westlichen Küstenstrich, im Gebiet von Hedschas mit den Städten Mekka und Medina und im Südwesten im Gebiet von Yemen, der Heimstätte der alten Königreiche Arabiens.

Eine babylonische Inschrift, die aus der Zeit um 2400 v.Chr. stammt, berichtet von dem Sieg des babylonischen Herrschers Naram-Sin über einen König von Magan. Magan war die Hauptstadt eines minäischen Königreiches in Südwestarabien; fünfundzwanzig seiner späteren Könige sind aus arabischen Inschriften, die bis auf 800 v.Chr. zurückreichen, bekannt. Eine unsicher um 2300 v.Chr. datierte Inschrift erwähnt ein anderes arabisches Königreich, Saba, im Yemen; von Saba oder dessen nordarabischen Kolonien aus kam, wie jetzt allgemein angenommen wird, 950 v.Chr. die Königin von Saba zu Salomon herauf. Die sabäischen Könige hatten ihre Hauptstadt in Marib, führten die üblichen «Verteidigungskriege», errichteten große Bewässerungswerke wie die Dämme von Marib, deren Ruinen heute noch zu sehen sind, bauten große Burgen und Tempel, ließen der Religion eine ansehnliche Unterstützung zukommen und machten sie zu einem Instrument der Herrschaftsgewalt[2]. Ihre Inschriften – wahrscheinlich gehen sie nicht vor das Jahr 900 v.Chr zurück – sind in einer alphabetischen Schrift prächtig gemeißelt. Die Sabäer produzierten den Weihrauch und die Myrrhe, die in den rituellen Zeremonien Asiens und Ägyptens eine so große Rolle spielten; sie beherrschten den Seehandel zwischen Indien und Ägypten und das Südende der Karawanenstraße, die über Mekka und Medina nach Petra und Jerusalem führte. Um 115 v.Chr. unterwarfen die Himyariten, Angehörige eines anderen arabischen Kleinkönigreiches, das Königreich von Saba und hatten von da an den arabischen Handel während mehrerer Jahrhunderte unter ihrer Kontrolle. Im Jahre 25 v.Chr. ließ sich Augustus durch den Umstand, daß die Araber den Handel zwischen Ägypten und Indien beherrschten, dazu verlocken, ein Heer unter Aelius Gallus auszusenden, um Marib zu erobern; die Legionen wurden von eingeborenen Führern in die Irre geleitet, von Hitze und Krankheit dezimiert, und waren nicht imstande, ihre Mission zu erfüllen. Aber ein zweites römisches Heer eroberte den arabischen Hafen Adana (Aden) und brachte die Beherrschung des Handelsweges zwischen Ägypten und Indien an Rom. (England wiederholte das Verfahren in der Neuzeit.)

Im zweiten vorchristlichen Jahrhundert überquerten die Himyariten das Rote Meer, kolonisierten Abessinien und gaben der einheimischen Negerbevölkerung eine semitische Kultur und viel semitisches Blut*. Die Abessinier übernahmen das Christentum, das Handwerk und die Künste von Ägypten und Byzanz; ihre Handelsschiffe segelten bis nach Indien und Ceylon; sieben kleine Königreiche anerkannten die Oberherrschaft des Negus**. Inzwischen folgten in Arabien viele Himyariten dem Beispiel ihres Königs Dhu-Nuwas und bekehrten sich zur mosaischen Religion. Mit dem Eifer des Neubekehrten verfolgte Dhu-Nuwas die Christen Südwestarabiens; sie riefen ihre Religionsgenossen um Hilfe an; die Abessinier kamen, unterwarfen die Himyaritenkönige (522 n.Chr.) und ersetzten sie durch eine abessinische Dynastie. Justinian schloß mit dem neuen Staat ein Bündnis ab; Persiens Gegenhieb bestand darin, daß es sich der Sache der entthronten Himyariten annahm, die Abessinier vertrieb und im Yemen (575) eine Perserherrschaft errichtete, die erst nach etwa sechzig Jahren mit der Eroberung Persiens durch die Muselmanen ein Ende nahm.

Im Norden erlebte das eine oder andere unbedeutende arabische Königreich eine kurze Blüte.

---

* Der Ausdruck *semitisch* ist der sagenhaften Herleitung der so bezeichneten Völker von Sem, dem Sohne des Noah, zu verdanken (1. Mos. X, 1). Das Semitentum läßt sich nicht genau definieren. Im allgemeinen kann man die Bevölkerung von Syrien, Palästina, Mesopotamien und Arabien und die Araber Nordafrikas als Semiten bezeichnen, insofern als sie semitische Sprachen sprechen; die alten Völker Kleinasiens, Armeniens, des Kaukasus und die Völker Persiens, Nordindiens, fast ganz Europas und des ganzen europäisierten Amerika können als «Indoeuropäer» bezeichnet werden, da sie indogermanische Sprachen sprechen.

** Gibbon, *Decline and Fall of the Roman Empire*, Everyman Library Bd. IV, S. 322. Es war eine der größten Leistungen Gibbons, daß er die Bedeutung des Islams für die mittelalterliche Geschichte erkannte und den politischen Werdegang des Islam mit bemerkenswerter Sachkenntnis, Sorgfalt und Beredsamkeit darstellte.

Die Scheichs des Ghassanidenstammes beherrschten Nordwestarabien und das palmyrische Syrien vom dritten bis zum siebenten Jahrhundert als Phylarchen, Klientenkönige, von Byzanz. Während der gleichen Zeit begründeten die Lachmidenkönige in Hira bei Babylon eine halb persische Monarchie und eine Kultur, die wegen ihrer Musik und Dichtung berühmt war. Schon lange vor Mohammed hatten sich die Araber in Syrien und im Irak ausgebreitet.

Neben diesen Kleinkönigreichen des Südens und Nordens und weitgehend auch in ihrem Inneren bestand die politische Organisation des vorislamischen Arabien in einem primitiven sippschaftlichen Gefüge von Familien, die zu Sippen und Stämmen zusammengeschlossen waren. Die Stämme wurden nach einem sagenhaften gemeinsamen Vorfahren benannt; die Banu-Ghassan hielten sich beispielsweise für Abkömmlinge des Ghassan. Arabien bestand als politische Einheit vor Mohammed lediglich in der großzügig-nachlässigen Namensgebung der Griechen, die die gesamte Bevölkerung der Halbinsel mit dem Worte *Sarakenoi*, Sarazenen, offensichtlich von dem arabischen *scharqiyun*, «Leute des Ostens», bezeichneten. Die Verkehrsschwierigkeiten zwangen zu örtlicher Selbstgenügsamkeit und zum Partikularismus. Der Araber kannte eine Verpflichtung oder ein Treuegebot nur gegenüber Gruppen bis Stammesgröße; aber die Intensität seiner Hingabe stand im umgekehrten Verhältnis zu deren Umfang; für seinen Stamm pflegte er mit reinem Gewissen alles zu tun, was zivilisierte Völker nur für ihr Vaterland, ihre Religion oder ihre «Rasse» tun – zu lügen, zu stehlen, zu töten und zu sterben. Jeder Stamm oder Clan stand unter der lockeren Herrschaft eines Scheichs, der von den Stammes- oder Sippschaftsführern aus einer Familie gewählt wurde, die sich traditionsgemäß durch Reichtum oder Weisheit oder kriegerischen Geist hervorgetan hatte.

In den Dörfern rangen die Männer dem widerstrebenden Boden einige Körner und Gemüse ab, trieben ein wenig Viehzucht und züchteten einige wunderbare Pferde; es zeigte sich aber als gewinnbringender, Obstgärten mit Dattel- und Bananenpalmen, Pfirsich-, Aprikosen-, Granatapfel-, Zitronen-, Orangen- und Feigenbäumen anzulegen; manche Araber zogen aromatische Pflanzen hoch, wie Weihrauch, Thymian, Jasmin und Lavendel; andere preßten Rosenöl aus den Rosen des Hochlandes; wieder andere schnitten Bäume an und entzogen den Stämmen Myrrhe oder Balsam. Wohl ein Zwölftel der Bevölkerung lebte in Städten an oder unfern der Westküste. An dieser lag eine Reihe von Häfen und Marktplätzen für den Rotmeerhandel, während sich weiter im Landesinnern die großen Karawanenstraßen nach Syrien hinzogen. Bereits 2743 v. Chr. vernehmen wir vom arabischen Handel mit Ägypten[3]; der Handel mit Indien war wahrscheinlich ebenso alt. Jahrmärkte brachten die Kaufleute bald in die eine, bald in die andere Stadt; der große Jahrmarkt von Ukaz bei Mekka zog Hunderte von Händlern, Predigern, Spielern, Dichtern und Dirnen an.

Fünf Sechstel der Bevölkerung waren nomadisierende Beduinen, Hirten, die mit ihren Herden von einem Weidegrund zum anderen zogen, je nach der Jahreszeit und den Winterregen. Der Beduine liebte die Pferde, aber in der Wüste war doch das Kamel sein größter Freund. Es ließ sich nieder und rollte vorwärts mit einer wogenden Würde und legte nur zwölf Kilometer in der Stunde zurück, aber es konnte im Sommer fünf, im Winter gar fünfundzwanzig Tage ohne Wasser auskommen; seine Euter lieferten Milch, sein Urin ein

Haarwasser*, sein Dung ein Brennmaterial; starb es, so gab es immer noch zartes Fleisch, und aus seinem Haar und Fell konnte man Kleidungsstücke und Zelte verfertigen. Mit einem so vielfältigen Lebensunterhalt versehen, konnte der Beduine sich in die Wüste wagen, so geduldig und ausdauernd wie sein Kamel, so empfindlich und feurig wie sein Pferd. Von kurzer und schlanker Statur, wohlgebaut und kräftig, vermochte er Tag um Tag von einer Handvoll Datteln und ein wenig Milch zu leben; und aus Datteln bereitete er sich den Wein, der ihn aus dem Staub in eine romantische Welt entrückte. Der Eintönigkeit des Alltagslebens begegnete er mit Liebes- und Kriegsabenteuern, und er war so schnell wie die Spanier (die sein Blut erbten) bereit, Beleidigungen und Unrecht zu rächen, nicht nur für sich selbst, sondern auch für seine Sippe. Ein Großteil seines Lebens verging im Kampf der Stämme gegeneinander, und wenn er Syrien, Persien, Ägypten und Spanien eroberte, dann war das nichts anderes als eine übermäßige Ausdehnung seiner *razzias*, seiner Raubüberfälle. Zu gewissen Zeiten des Jahres hielt er den «Gottesfrieden», um religiöse Pilgerfahrten zu unternehmen oder dem Handel nachzugehen; sonst aber betrachtete er die Wüste als sein Eigentum; wer sie außerhalb dieser Zeiten betrat, ohne ihm Tribut zu zahlen, war also ein Eindringling; der Raub an den «Rechtsbrechern», die unbefugt seinen Boden betraten, war nur eine ungewöhnlich offene und einfache Art der Besteuerung. Auf Städte sah er mit Verachtung herab, denn sie waren gleichbedeutend mit Handel und Gesetz; er liebte die unbarmherzige Wüste, weil er in ihr ein freier Mensch war. Freundlich und mordlustig, großzügig und geizig, unehrlich und treu, vorsichtig und kühn, stellte sich der Beduine, so arm er auch war, der Welt mit Würde und Stolz, eitel auf die Reinheit seines ererbten Blutes, und liebte es, seinem Namen den Namen seines Geschlechts beizufügen.

In einem Punkte vor allem duldete er keinen Widerspruch, und das war die unvergleichliche Schönheit seiner Frauen. Es war eine finstere, leidenschaftliche, verzehrende Schönheit, wert unzählige Male besungen zu werden, aber wegen des tragisch schnellen Dahinwelkens in dem heißen Klima nur von kurzer Dauer. Vor Mohammed – und nach ihm nicht viel weniger – ging das Leben der Araberin nach einer kurzen Zeit der Vergötterung in eine immerwährende Plackerei über. Wenn es dem Vater paßte, konnte er seine Tochter bei der Geburt begraben[5]; im besten Falle jammerte er über ihr Kommen und verbarg das Gesicht vor seinen Genossen; irgendwie waren seine besten Bemühungen fehlgeschlagen. Die liebliche Kinderzeit war einige Jahre der Liebe wert, aber mit sieben oder acht Jahren wurde das Mädchen an den ersten besten Jüngling der Sippe verheiratet, dessen Vater den Brautpreis zu zahlen gewillt war. Ihr Liebhaber oder Gatte nahm es mit der ganzen Welt auf, um sie oder ihre Ehre zu verteidigen; einige Keime zur Ritterlichkeit und ein gut Teil des Schwulstes des Rittertums kamen mit diesen leidenschaftlichen Liebhabern nach Spanien. Die Göttin war zugleich aber auch ein Stück Ware; sie gehörte zum Besitztum des Vaters, Gatten oder Sohnes und zählte mit zum Erbgut; immer war sie die Dienerin, selten der Kamerad des Mannes. Er forderte viele Kinder von ihr, oder vielmehr viele

---

* Nach Doughtys Reisebericht waschen die Nomadenfrauen «ihre kleinen Kinder in Kamelurin, weil sie meinen, daß das die Insekten fernhält ... und in diesem Wasser kämmen sowohl die Männer als auch die Frauen ihr langes Haar»[4].

Söhne; es war ihre Pflicht, Krieger zu gebären. In manchen Fällen war sie nur eine unter vielen Gattinnen des Mannes. Es stand jederzeit in seinem Belieben, sie fortzuschicken.

Und doch waren ihre rätselhaften Reize ebensosehr Gegenstand und Triebkraft der Dichtung wie der Kampf. Der Araber der Zeit vor Mohammed konnte gewöhnlich weder lesen noch schreiben, aber er liebte die Dichtung nicht viel weniger als Pferde, Frauen und Wein. Er besaß keine Wissenschaftler oder Historiker, aber eine ungestüme und leidenschaftliche Vorliebe für die Redekunst, für einen gewählten und korrekten Sprachgebrauch, für kompliziert gebaute Dichtwerke. Seine Sprache war dem Hebräischen nahe verwandt, reich an komplizierten Flexionen, mit einem gewaltigen Wortschatz, genau in Unterscheidungen, zum Ausdruck jeder Nuance in der Dichtung der damaligen Zeit und jeder Spitzfindigkeit der Philosophie späterer Zeiten geeignet. Die Araber waren stolz auf das Alter und die Fülle ihrer Sprache, liebten es, der Zunge oder der Feder ihre honigsüßen Silben in oratorischen Schnörkeln entfließen zu lassen, und lauschten in gespanntem Entzücken den Dichtern, die in Dorf und Stadt, im Wüstenlager oder an den Jahrmärkten in fließenden Versmaßen und endlosen Reimen von den Liebes- und Kriegsabenteuern ihrer Helden, Stämme oder Könige sangen. Der Dichter war dem Araber Geschichtsschreiber, Ahnenforscher, Satiriker, Moralist, Zeitung, Orakel und Schlachtruf in einem, und wenn ein Dichter an einem der vielen Dichterwettbewerbe einen Preis davontrug, dann fühlte sich der ganze Stamm geehrt und sah darin einen Grund zum Feiern. Alljährlich wurde am Jahrmarkt von Ukaz der größte Wettbewerb abgehalten; einen Monat lang standen die Stämme fast Tag für Tag im Dichterkampf gegeneinander; es gab keine Schiedsrichter; die Entscheidung wurde von den gespannt oder verächtlich zuhörenden Massen getroffen; die siegreichen Gedichte wurden in leuchtend illuminierten Buchstaben niedergeschrieben, hießen darum *Goldene Lieder* und wurden wie kostbare Erbstücke in den Schatzkammern von Fürsten und Königen aufbewahrt. Die Araber nannten sie auch *Muallaqat*, «aufgehängte Lieder», da die Preisgedichte nach der Überlieferung in goldenen Lettern auf ägyptische Seide aufgetragen und an der Kaaba in Mekka aufgehängt wurden.

Aus der präislamitischen Zeit sind sieben solche *Muallaqat* des sechsten Jahrhunderts erhalten. Ihre Form ist die *qasida*, die Form der erzählenden Ode in kunstvoll kompliziertem Versmaß und Reim; ihr Thema ist gewöhnlich die Liebe oder der Krieg. In einem solchen Gedicht, das von dem Dichter Labid stammt, kehrt ein Krieger von seinen Feldzügen in sein Dorf und Heim zurück, wo er seine Frau zurückgelassen hatte; er trifft seinen Hof leer an, seine Frau ist mit einem anderen Manne fortgezogen; Labid ist in der Schilderung dieser Szene von einer Goldsmithschen Zartheit, und von noch größerer Eindrücklichkeit und Kraft[6]. In einem anderen Gedicht spornen die arabischen Frauen ihre Männer zum Kampfe an:

> Mut! Mut! Ihr Schützer der Frauen! Hauet zu mit der Schärfe eurer Schwerter! ... Wir sind die Töchter des Morgensterns; auf weichem Teppich wandeln unsere Füße, mit Perlen ist unser Hals geschmückt, nach Moschus duftet unser Haargelock. Den Tapferen, der sich dem Feinde stellt, werden wir innig umfangen, aber den Feigling, der sich zur Flucht wendet, wird unsere Verachtung treffen; ihm gilt unsere Umarmung nicht![7]

Von unverhüllter Sinnlichkeit ist eine Ode des Imru'lqais:

Von mancher Zeltflorsonne in wohlbeschirmter Ruh
erbeutet' ich mir Wonne, und nahm mir Zeit dazu;
drang zu ihr durch die Wächter, durch der Verwandten Hut,
die, wo sie's heimlich könnten, vergössen gern mein Blut;
als an des Himmels Mitte sich die Pleiaden drehten,
gleich einem Wehrgehänge, dem perl- und golddurchnähten;
und kam ihr, als sie eben zum Schlummer ihr Gewand
beim Vorhang abgestreift, und im leichten Hemde stand.
Sie rief: Um Gottes willen! ist denn für dich kein Rat?
Ich seh, daß deine Torheit dich nicht verlassen hat.
Da führt' ich sie von hinnen, und hinter uns im Raum
zog sie auf unsre Spuren des Kleids gestickten Saum;
bis nun aus dem Gehöfte der Zelt' hinaus es ging,
und uns des Tales Nied'rung mit sand'ger Dün' umfing;
wo ich an beiden Schläfen sie faßt; und zu mir zog,
die über mich schlankwuchsig und schwellend her sich bog:
die zarte, weiße, feine, anmutig überall,
ihr Brustbein ist ein Spiegel, ein glatter von Metall.
An ihr, wie an der Perle, ist Weiß mit Falb gemischt;
von Wasser, das kein Fußtritt berührt, ist sie erfrischt.
Sie bog sich ab, und zeigte zwei Wangen und ein Paar
von Augen, gleich der Hirschkuh, bei der ihr Junges war,
und einen Hals des Rehes, dem keine Schönheit fehlt,
wenn sie empor ihn hebet, mit gold'nem Schmuck vermählt,
und dunkle Lockenfülle, die um den Nacken hängt,
wie sich am Schaft der Palmen der Dattelbüschel drängt.
Es kräuseln in die Höhe verlor'ne Löckchen sich,
weil hier ein Ringel flattert, dort eine Flecht' entwich.
Am Morgen duftet Moschus von ihres Lagers Rand;
spät steht sie auf und gürtet zum Hausdienst kein Gewand.
Sie leuchtet in dem Dunkel der Nacht, als ob sie sei
die abendliche Lampe des Mönchs der Siedelei.[8]

Der vorislamitische Dichter sang seine Dichtungen mit Instrumentalbegleitung; Musik und Dichtung waren zu einer einzigen Kunstform zusammengefaßt. Flöte, Laute, Rohrpfeife oder Oboe und Tamburin waren die bevorzugten Musikinstrumente. Sängerinnen wurden oft geladen, um die Männer bei Festmählern zu unterhalten; in den Schenken fehlten sie nie; die Ghassanidenkönige hielten sich eine Sängerinnentruppe, um sich die Sorgen des Königtums zu erleichtern; und als die Mekkaer 624 gegen Mohammed zogen, nahmen sie, zur Erwärmung am Lagerfeuer und zur Anfeuerung im Kampf, einen Schwarm von Sängerinnen mit. Bereits in dieser frühen «Zeit der Unwissenheit», wie die Muselmanen die vorislamitische Zeit nannten, bestand das arabische Lied aus einer klagenden Kantilene, die mit sehr wenigen Worten auskam und eine Note so beharrlich durch die oberen Bereiche der Tonleiter zog, daß einige wenige Verse als Text für eine ganze Stunde genügen konnten.

Der Wüstenaraber besaß seine eigene primitive und doch subtile Religion. Er fürchtete und verehrte unberechenbare Gottheiten in den Sternen, im Mond und in den Tiefen der Erde; manchmal flehte er um die Gnade eines strafenden Himmels; meistens war er aber so verwirrt durch die Unmenge von Geistern *(dschinn)* um ihn, daß er die Hoffnung aufgab, sie besänftigen zu können, eine schicksalsergebene Resignation annahm, mit mannhafter Kürze betete und die Unendlichkeit mit einem Achselzucken bedachte[9]. Dem Leben nach dem Tode scheint er nicht viele Gedanken gewidmet zu haben; manchmal ließ er aber doch sein Kamel ohne Nahrung an seine Grabstätte festbinden, damit es ihm bald in die andere Welt nachfolgen und ihn dort der Schmach entheben werde, im Paradies zu Fuß gehen zu müssen[10]. Dann und wann brachte er Menschenopfer dar, und hier und da verehrte er heilige Steine.

Der Mittelpunkt dieser Steinverehrung war Mekka. Diese heilige Stadt hatte ihr Anwachsen keineswegs ihrem Klima zu verdanken, denn die Berge aus kahlen Felsen, von denen sie fast ganz umschlossen war, machten eine unerträgliche Sommerhitze zur Gewißheit; das Tal war eine dürre Wüste, und in der ganzen Stadt gab es zu Mohammeds Zeit kaum einen Garten. Ihre Lage aber – halbwegs unten an der Westküste, 75 Kilometer vom Roten Meer entfernt – machte die Stadt zu einem willkommenen Halteplatz für die kilometerlangen Karawanen, die, manchmal mit tausend Kamelen, den Handelsverkehr zwischen Südarabien (und damit Indien und Zentralafrika) und Ägypten, Palästina und Syrien bewältigten. Die Kaufleute, die diesen Handel in ihren Händen hatten, bildeten Aktiengesellschaften, beherrschten die Jahrmärkte von Ukaz und führten die einträglichen rituellen Handlungen aus, welche sich um die Kaaba und ihren heiligen Schwarzen Stein drehten.

Kaaba bezeichnet einen quadratischen Bau und ist wortgleich mit unserem *Kubus*. Nach dem Glauben der orthodoxen Muselmanen ist die Kaaba zehnmal auf- oder umgebaut worden. Die erste Kaaba wurde im Morgengrauen der Geschichte von Engeln des Himmels erbaut, die zweite von Adam, die dritte von seinem Sohne Seth, die vierte von Abraham und seinem Sohne Ismael ... die siebente von Qusay, dem Führer des Stammes der Quraisch, die achte von den Führern der Quraisch zu Mohammeds Lebzeiten (605), die neunte und zehnte von muselmanischen Führern in den Jahren 681 und 696; die zehnte ist im wesentlichen die Kaaba, die heute noch steht. Sie befindet sich nahe bei dem Zentrum einer mit Säulenhallen versehenen Umfriedung, der Masdschid al-Haram, der Heiligen Moschee. Sie ist ein zwölf Meter langer, zehneinhalb Meter breiter, fünfzehn Meter hoher rechteckiger Bau. In der Südostecke, anderthalb Meter über dem Boden, gerade in der richtigen Höhe, um ein bequemes Küssen zu gestatten, ist der Schwarze Stein eingebettet; er besteht aus dunkelrotem Material, hat eine ovale Form und mißt etwa achtzehn Zentimeter im Durchmesser. Viele Gläubige sind der Überzeugung, daß dieser Stein vom Himmel gesandt wurde – und vielleicht ist er auch ein Meteorstein; die meisten glauben, daß er seit Abrahams Zeit zu der Kaaba gehörte. Nach der Interpretation muselmanischer Gelehrter ist er das Symbol für jenen Teil von Abrahams Nachkommenschaft (Ismael und seine Abkommen), der, von Israel verworfen, nach ihrer Ansicht die Stammväter des Quraisch-Stammes stellte; sie beziehen Vers 22–23 des 118. Psalms («Der Stein, den die Bauleute verworfen haben, ist zum Eckstein geworden. Das ist vom Herrn geschehen») auf den Stein der Kaaba; Matthäus XXI, 42–43, wo Jesus diese seltsamen Worte zitiert, fügt noch hinzu: «Das Reich Gottes wird von euch genommen und einem Volke gegeben werden, das seine Früchte bringt» – wenn auch die kriegerischen Muselmanen schwerlich den Anspruch erhoben haben, sie hätten die sittlichen Vorschriften Christi erfüllt.

In der Kaaba standen in vorislamitischer Zeit mehrere Götzenbilder. Eines davon hieß Allah und war wahrscheinlich die Stammesgottheit der Quraisch; drei andere waren Allahs Töchter – al-Uzza, al-Lat und Manah. Das Alter dieses arabischen Pantheons wird klar aus einer Textstelle des Herodot, der Al-il-Lat (al-Lat) als eine bedeutendere arabische Gottheit erwähnt[11]. Die Quraisch ebneten den Weg zum Monotheismus, indem sie Allah als ihren obersten Gott verehrten; er wurde den Mekkaern als Herr ihres Bodens hingestellt, dem sie den Zehnten ihrer Ernte und das Erstgeborene ihrer Herden abzuliefern hatten. Die Quraisch ernannten als angebliche Nachkommen Abrahams und Ismaels die Priester und Wärter dieses Heiligtums und verwalteten dessen Einkünfte. Die Zivilregierung von Mekka lag in den Händen einer adligen Minderheit des Stammes, den Abkömmlingen des Qusay.

Zu Beginn des sechsten Jahrhunderts waren die Quraisch in zwei Parteien aufgespalten; die eine stand unter der Führung des reichen Händlers und Philanthropen Haschim, die andere unter der Führung von Haschims eifersüchtigem Neffen Umayya; diese heftige Rivalität sollte für die Geschichte sehr entscheidend werden. Als Haschim starb, trat sein Sohn oder jüngerer Bruder Abd al-Muttalib seine Nachfolge als eines der Häupter von Mekka an. Im Jahre 568 heiratete dessen Sohn Abdallah die Amina, die ebenfalls von Qusay stammte. Abdallah blieb drei Tage bei seiner jungen Frau, brach dann zu einer Handelsexpedition auf und starb auf dem Rückweg in Medina. Zwei Monate darauf (569) wurde Amina von der wichtigsten Gestalt der Geschichte des Mittelalters entbunden.

II. MOHAMMED IN MEKKA: 569–622

Seine Abkunft war vornehm, sein Vermögen bescheiden: Abdallah hinterließ ihm fünf Kamele, eine Ziegenherde, ein Haus und eine Sklavin, die ihn aufzog. Sein Name, der «der Gepriesene» bedeutete, paßte gut zu einigen Bibelstellen, die man als Prophezeiungen seines Kommens auffassen konnte. Seine Mutter starb, als er sechsjährig war; er kam zu seinem Großvater, der damals sechsundsiebzig Jahre alt war, und später zu seinem Onkel Abu Talib. Sie gaben ihm Liebe und Pflege, aber niemand scheint darum besorgt gewesen zu sein, ihn das Lesen und Schreiben zu lehren[12]; diese schwächlichen Fertigkeiten standen bei den Arabern der damaligen Zeit in geringem Ansehen; nur siebzehn Männer des Quraisch-Stammes ließen sich dazu herab[13]. Von Mohammed ist nichts Selbstgeschriebenes bekannt; er hatte einen Sekretär. Seine offensichtliche Unkundigkeit des Lesens und Schreibens hinderte ihn aber nicht daran, das berühmteste und eindringlichste Buch arabischer Sprache zu verfassen und eine Fähigkeit der Menschenführung zu erwerben, die hochgebildeten Menschen selten gegeben ist.

Aus seiner Jugendzeit ist uns fast nichts bekannt, wenn die Sagen um sie auch zehntausend Bände füllen. Als Zwölfjähriger wurde er nach der Überlieferung von seinem Onkel Abu Talib auf eine Karawanenfahrt nach Bostra in Syrien mitgenommen; auf dieser Reise dürfte er einiges von der jüdischen und christlichen Lehre aufgenommen haben. Nach einer anderen Überlieferung unternahm er einige Jahre später im Auftrag der reichen Witwe Chadidscha eine Geschäftsreise nach Bostra. Dann stoßen wir plötzlich auf den Fünfundzwanzigjährigen, der die Vierzigjährige, Mutter mehrerer Kinder, ehelicht. Bis zu ihrem Tode nach sechsundzwanzig Jahren lebte Mohammed mit Chadidscha in einer Monogamie, die für einen Muselmanen, der bereits mit reichen Glücksgütern ausgestattet ist, höchst ungewöhnlich, bei einem Manne, der sie erst empfängt, vielleicht ganz natürlich ist. Sie gebar ihm mehrere Töchter, deren berühmteste Fatima war, und zwei Söhne, die früh starben. Er tröstete sich, indem er Ali, den verwaisten Sohn des Abu Talib, adoptierte. Chadidscha war ein braves Weib, eine gute Gattin und eine gute Handelsfrau; sie hielt Mohammed während aller Wechselfälle seines bewegten Lebens die Treue, und von allen seinen Frauen war sie in seiner Erinnerung die beste.

Ali, der Fatima ehelichte, gibt folgende liebevolle Schilderung seines fünfundvierzigjährigen Adoptivvaters: Er war

> mittleren Wuchses, weder groß noch klein. Seine Gesichtsfarbe war rosig-weiß, seine Augen schwarz; sein prachtvolles Haar war dicht und glänzend und reichte ihm bis an die Schultern. Sein mächtiger Bart bedeckte ihm die Brust ... Sein Angesicht war so angenehm zu schauen, daß niemand sich von seiner Gegenwart losreißen konnte. Wenn es mich hungerte, so verscheuchte ein einziger Blick auf das Antlitz des Propheten meinen Hunger. Vor ihm vergaß ein jeder seine Sorgen und Kümmernisse.[14]

Er war ein würdiger Mann, der selten lachte; seinen ausgeprägten Sinn für Humor hielt er unter Kontrolle, da er wohl wußte, wie gefährlich er einem Mann der Öffentlichkeit werden konnte. Er war von zarter Konstitution, nervös, leicht beeindruckbar und neigte zu melancholischen Grübeleien. In Augenblicken der Erregung oder des Zornes schwollen seine Gesichtsadern furchterregend an; er wußte aber seine Erregung zu zügeln und war stets bereit, einem entwaffneten und reuigen Gegner zu verzeihen.

Es gab viele Christen in Arabien, einige auch in Mekka; wenigstens einer von ihnen wurde ein enger Freund Mohammeds, nämlich Chadidschas Vetter Waraqah ibn Nawfal, «der die Schriften der Hebräer und der Christen kannte[15]». Mohammed besuchte häufig Medina, wo sein Vater gestorben war; möglicherweise traf er dort mit Juden zusammen, die einen Großteil der Einwohnerschaft ausmachten. Manche Stelle im Koran beweist, daß er die Ethik der Christen, den Monotheismus der Juden und die starke Stütze, die die Christen und Juden an dem Besitz heiliger Schriften hatten, welche als göttliche Offenbarung galten, bewundern lernte. Im Vergleich zu diesen Religionen wird ihm der polytheistische Götzendienst, die lockere Moral, die Streitsucht der Stämme und die politische Zerrissenheit Arabiens wohl als schändlich primitiv erschienen sein. Er empfand die Notwendigkeit einer neuen Religion – vielleicht einer Religion, die alle diese miteinander hadernden Gruppen zu einer mannhaften und gesunden Nation zusammenschließen würde, einer Religion, die dem Volke eine Ethik geben würde, welche sich nicht erdgebunden auf das Beduinengesetz der Gewalttat und Rache, sondern auf Gebote göttlicher Herkunft und darum unbestreitbarer Gültigkeit stützen sollte. Die gleichen Gedanken mögen auch andere gehegt haben; wir vernehmen von mehreren «Propheten», die zu Beginn des siebenten Jahrhunderts in Arabien auftauchten[16]. Viele Araber standen unter dem Einfluß der Messiaserwartung der Juden; auch sie harrten gespannt des Gottesgesandten. Eine gewisse arabische Sekte, diejenige der Hanifs, verwarf bereits die heidnische Götzendienerei der Kaaba und verkündete den einzigen Gott, dem alle Menschen als willige Sklaven dienen sollten[17]. Wie jeder erfolgreiche Prediger gab auch Mohammed dem Bedürfnis und der Sehnsucht seiner Zeit Stimme und Gestalt.

Als er sich dem vierzigsten Lebensjahr näherte, beschäftigte er sich immer inniger mit religiösen Gedanken. Während des ganzen heiligen Monats Ramadan pflegte er sich, manchmal mit seiner Familie, in eine Höhle am Fuße des Hira, drei Meilen von Mekka, zurückzuziehen und dort viele Tage und Nächte mit Fasten, Meditieren und Beten zu verbringen. Eines Nachts im Jahre 610, da er sich allein in seiner Höhle befand, überkam ihn das entscheidende Erlebnis der mohammedanischen Geschichte. Nach der von seinem wichtigsten Biographen Muhammad ibn Ischaq aufgezeichneten Überlieferung schilderte Mohammed das Ereignis folgendermaßen:

> Derweil ich schlief, erschien mir der Erzengel Gabriel mit einer Decke aus Seidenbrokat, auf der etwas geschrieben stand; und er sprach: «Lies!» Ich sprach: «Ich kann nicht lesen.» Er drückte die Brokatdecke so eng an mich, daß ich meinte, mein Tod sei gekommen. Hierauf ließ er mich wieder frei und sprach: «Lies!» ... Und so las ich mit lauter Stimme, und er schied endlich von mir. Und ich erwachte aus meinem Schlaf, und es war, als ob die Worte in mein Herz eingebrannt wären. Ich setzte meinen Weg fort, bis ich auf halber Höhe des Berges stand; da vernahm ich eine Stimme vom Himmel, die da sprach: «Oh, Mohammed! du bist der Gesandte Allahs, und ich bin Gabriel.» Ich hob mein Gesicht gen Himmel, und siehe! ich gewahrte Gabriel in menschlicher Gestalt, mit Füßen am Rande des Himmels stehend, und er sprach: «Oh, Mohammed! du bist der Gesandte Allahs und ich bin Gabriel.»[18]

Zu Chadidscha zurückgekehrt, berichtete er ihr von seinen Visionen. Sie soll in ihnen eine echte Offenbarung des Himmels gesehen und ihn aufgemuntert haben, seine Mission zu verkünden.

Von da an hatte er viele ähnliche Visionen. Dabei stürzte er oft in Zuckungen oder besinnungslos zu Boden; Schweiß perlte auf seiner Stirn; selbst dem Kamel, auf dem er saß, teilte sich seine Erregung mit, so daß seine Bewegungen etwas Unregelmäßiges bekamen[19]. Mohammed schrieb später seine ergrauten Haare diesen Erlebnissen zu. Wenn man in ihn drang, er solle den Vorgang der Offenbarung beschreiben, sagte er, der Text des Korans sei im Himmel aufgezeichnet[20] und jedesmal werde ihm, hauptsächlich von Gabriel, ein Bruchstück mitgeteilt[21]. Auf die Frage, wie er diese göttlichen Gespräche im Gedächtnis behalten könne, erklärte er, der Erzengel lasse ihn jedes Wort wiederholen[22]. Andere Menschen, die zur gleichen Zeit in der Nähe des Propheten waren, sahen und hörten nichts von dem Engel[23]. Möglicherweise waren seine Zuckungen epileptische Anfälle; sie waren manchmal von einem Ton begleitet, den er als Glockenläuten beschreibt[24] – etwas, das sich bei epileptischen Anfällen häufig ereignet. Wir vernehmen aber nichts davon, daß er sich in die Zunge gebissen oder die Greiffähigkeit verloren hätte, wie es bei der Epilepsie häufig geschieht; auch zeigt die Lebensgeschichte des Mohammed nichts von dem Verfall der Geisteskräfte, den die Epilepsie gewöhnlich mit sich bringt; ganz im Gegenteil, er nahm bis zum sechzigsten Lebensjahr an Verstandesklarheit und selbstvertrauendem Führergeist ständig zu[25]. Das vorliegende Material läßt keine bestimmten Schlüsse zu, zumindest hat es keinen rechtgläubigen Mohammedaner zu überzeugen vermocht.

Während der nächsten vier Jahre stellte Mohammed sich immer offener als Allahs Propheten dar, der den göttlichen Auftrag erhalten habe, das arabische Volk zu einer neuen Ethik und einem monotheistischen Glauben zu führen. Der Schwierigkeiten gab es viele. Neue Gedanken werden nur dann freudig aufgenommen, wenn sie einen raschen materiellen Gewinn verheißen, und Mohammed lebte in einer händlerischen, skeptischen Volksgemeinschaft, die einen Teil ihrer Einkünfte von den Pilgern bezog, welche kamen, die vielen Götter der Kaaba zu verehren. Gegen dieses Hindernis kam er dadurch ein wenig auf, daß er den Gläubigen einen Ausweg aus einer angedrohten Hölle in ein freudevolles und reales Paradies bot. Sein Haus stand allen offen, die ihn hören wollten, Reichen und Armen und Sklaven, Arabern und Christen und Juden; und seine von Leidenschaft getragene Beredsamkeit brachte einige Zuhörer zum Glauben. Seine erste Bekehrung gelang ihm bei seiner alternden Gattin; die zweite bei seinem Vetter Ali, die dritte bei seinem Diener Zaid, den er als Sklaven gekauft und sofort freigelassen hatte; die vierte bei seinem Sippschaftsgenossen Abu Bekr, einem Mann, der bei den Quraisch in hohem Ansehen stand. Abu Bekr zog fünf Führer von Mekka zu dem neuen Glauben hinüber; er und die anderen fünf Männer wurden die sechs «Genossen» des Propheten; die Erinnerungen an ihn, die sie erzählten, sollten später die geheiligteste Überlieferung des Islam bilden. Mohammed begab sich oft zur Kaaba, wandte sich an die Pilger und predigte ihnen den einen Gott. Die Quraisch hörten ihm zunächst mit einem duldsamen Lächeln zu, nannten ihn einen Tölpel und schlugen ihm vor, er solle auf ihre Kosten zu einem Arzt gehen und sich seine Verrücktheit austreiben lassen[26]. Als er aber den Kaaba-Kult als Götzendienerei angriff, erhoben sie sich, um die Quelle ihrer Einkünfte zu verteidigen, und hätten ihm sicher übel mitgespielt, wenn sich nicht sein Onkel Abu Talib zu seinem Schutze eingesetzt hätte. Abu Talib wollte von dem neuen Glauben nichts wissen, aber gerade seine Anhänglichkeit an die altüberlieferte Lebensart bewog ihn, jeden Angehörigen seiner Sippe in Schutz zu nehmen.

Die Furcht vor einer blutigen Fehde hielt die Quraisch davon ab, gegen Mohammed oder seine freien Anhänger Gewalt anzuwenden. Gegen bekehrte Sklaven konnten sie indessen ihre Gegenmaßnahmen voll zur Anwendung bringen, ohne ein Stammesgesetz zu übertreten. Mehrere Sklaven wurden eingekerkert, andere wurden ohne Kopfbedeckung und ohne einen Tropfen Wasser stundenlang der glühenden Sonne ausgesetzt. Abu Bekr hatte in seiner jahrelangen Handelstätigkeit 40 000 Silberstücke erspart; nun verwandte er 35 000 darauf, möglichst viele bekehrte Sklaven freizukaufen, und Mohammed behob manche Schwierigkeit mit der Erklärung, daß ein erzwungener Widerruf entschuldbar sei. Die Quraisch waren von der Aufnahme, die Mohammed den Sklaven zuteil werden ließ, unangenehmer berührt als von dem neuen Glauben[27]. Die Verfolgung der ärmeren Bekehrten dauerte an, und zwar mit einer solchen Heftigkeit, daß der Prophet die Auswanderung nach Abessinien gestattete oder empfahl. Die Flüchtlinge wurden dort von den christlichen Königen gut aufgenommen (615).

Im folgenden Jahre geschah etwas, was für die mohammedanische Religion fast so entscheidend war wie die Bekehrung des Paulus für das Christentum. Omar ibn al-Chattab, der bisher ein erbitterter Gegner gewesen war, wurde für den neuen Glauben gewonnen. Er besaß eine große Körperkraft, gesellschaftliche Macht und viel sittlichen Mut. Sein Übertritt brachte den gequälten Gläubigen zur rechten Zeit neues Vertrauen und führte der Sache neue Anhänger zu. Statt ihren Kult in Privathäusern zu verbergen, predigten sie nun kühn auf offener Straße. Die Verteidiger der Kaabagötter schlossen sich zu einem Verband zusammen und verpflichteten sich, jeden Verkehr mit den Mitgliedern des Stammes der Haschimiten, die sich immer noch zum Schutz Mohammeds verpflichtet fühlten, abzubrechen. Um Zusammenstöße zu vermeiden, zogen sich viele Haschimiten, darunter auch Mohammed mit seiner Familie, in einen abgeschlossenen Stadtbezirk von Mekka zurück, in dem Abu Talib ihnen Schutz bieten konnte (615). Über zwei Jahre lang dauerte diese Trennung der Sippen an, bis einige Stammesangehörige der Quraisch nachgaben, die Haschimiten einluden, in ihre verlassenen Heimstätten zurückzukehren, und ihnen den Frieden zusicherten.

Die kleine Schar der Bekehrten war hocherfreut; aber das Jahr 619 brachte dem Mohammed dreifaches Unglück. Chadidscha, seine treueste Anhängerin, und Abu Talib, sein Schützer, starben. Er fühlte sich in Mekka unsicher und war auch enttäuscht, daß die Schar seiner Anhänger in dieser Stadt so langsam wuchs, und zog deshalb nach Taif (620), einem hübschen Städtchen hundert Kilometer östlich von Mekka. Taif nahm ihn jedoch nicht auf. Seine Führer hatten keine Lust, es mit dem Handelsadel von Mekka zu verderben; das Volk von Taif, dem jede religiöse Neuerung ein Greuel war, hetzte Mohammed durch die Straßen und bewarf ihn mit Steinen, bis das Blut von seinen Beinen strömte. Er kehrte nach Mekka zurück und heiratete dort die Witwe Sauda und verlobte sich, der Fünfzigjährige, mit Aischa, der hübschen und ungeduldigen siebenjährigen Tochter des Abu Bekr.

Derweil nahmen seine Visionen ihren Fortgang. Eines Nachts fühlte er sich auf wunderbare Weise im Schlaf nach Jerusalem versetzt; dort erwartete ihn ein geflügeltes Pferd, Buraq, an der Klagemauer der jüdischen Tempelruinen, flog mit ihm in den Himmel und wieder zurück; und durch eine zweite Wundertat fand sich der Prophet am Morgen wohlbehalten in seinem Bette in Mekka. Die Legende von diesem Flug machte Jerusalem zu einer dritten heiligen Stadt für den Islam.

Im Jahre 620 predigte Mohammed vor Kaufleuten, die auf einer Pilgerfahrt von Medina zur Kaaba nach Mekka gekommen waren; sie lauschten ihm mit einiger Billigung, denn die Lehre vom Monotheismus, von einem göttlichen Messias und vom Jüngsten Gericht war ihnen von den Juden Medinas her vertraut. Nach der Rückkehr in ihre Heimatstadt verkündeten einige von ihnen das neue Evangelium an ihre Freunde; mehrere Juden, die zwischen Mohammeds Lehre und ihrer eigenen wenig Unterschied sahen, nahmen sie mit einigem Zögern an, und im Jahre 622 kamen 73 Bürger von Medina mit dem privaten Anliegen zu Mohammed, er solle Medina zu seiner Heimstätte machen. Er fragte sie, ob sie ihn so getreulich verteidigen wollten wie ihre eigene Familie; sie gelobten es ihm, fragten ihn aber, was ihr Lohn sein würde, falls sie dabei ihr Leben ließen. Das Paradies, war seine Antwort[28].

Um diese Zeit wurde Abu Sufyan, ein Enkel des Umayya, Führer der Quraisch von Mekka. Er war im Haß gegen alle Abkömmlinge der Haschim-Sippe aufgezogen worden und nahm nun die Verfolgungen gegen Mohammeds Gefolgschaft wieder auf. Er hatte wohl vernommen, daß der Prophet die Flucht erwog und fürchtete, Mohammed könnte Medina, wenn er dort einmal festen Fuß gefaßt hätte, zum Krieg gegen Mekka und den Kaabakult aufhetzen. Auf seine Anregung beauftragten die Quraisch einige Stammesangehörige, Mohammed zu ergreifen, vielleicht gar zu ermorden. Mohammed erfuhr von dem Anschlag und floh mit Abu Bekr in die Höhle von Thaur, eine Stunde Wegs von Mekka. Die Häscher der Quraisch suchten drei Tage lang nach ihm, vermochten ihn aber nicht zu finden. Die Kinder des Abu Bekr brachten Kamele, und die beiden Männer ritten die Nacht hindurch und noch viele Tage und Nächte, zweihundert Meilen weit, bis sie am 24. September 622 in Medina eintrafen. Zweihundert Anhänger aus Mekka, die bereits vorher unter dem Vorwand einer Pilgerfahrt aufgebrochen waren, erwarteten den Propheten an den Stadttoren und hießen ihn willkommen, gemeinsam mit den Bekehrten von Medina. Siebzehn Jahre darauf nahm der Kalif Omar den ersten Tag – den 16. Juli 622 – des arabischen Jahres, in welchem diese Hedschra («Flucht») stattfand, zum Ausgangspunkt der offiziellen mohammedanischen Zeitrechnung.

III. MOHAMMED IN MEDINA: 622–630

Die zuvor Yathrib genannte, später in Medinat al-Nabi, «Stadt des Propheten», umbenannte Stadt liegt am Westrand des zentralarabischen Tafellandes. Im Vergleich zu Mekka ist sie ein klimatisches Eden mit Hunderten von Gärten, Palmenhainen und Bauernhöfen. Beim Einritt Mohammeds in die Stadt rief ihn eine Gruppe nach der anderen an: «Steige hier ab, o Prophet! ... Wohne bei uns!» – und in arabischer Hartnäckigkeit packten einige das Kamel an seinem Halfter, um es aufzuhalten. Mohammeds Antwort war von vollendeter Diplomatie: «Die Wahl liegt beim Kamel; lasset es frei laufen»[29]; damit wurde die Eifersucht besänftigt, und sein neuer Wohnsitz erhielt die Weihe der Gotterwähltheit. An der Stelle, da das Kamel anhielt, baute Mohammed eine Moschee und, daran anschließend, zwei Häuschen, eines für Sauda, eines für Aischa; später ließ er bei jeder neuen Heirat neue Wohnstellen dazutreten.

Mit seiner Flucht aus Mekka hatte er viele Sippschaftsbande zerrissen; nun unternahm er es, die Bande des Blutes durch die Bande religiöser Bruderschaft in einem theokratischen Staate zu ersetzen. Um die Eifersucht zu mildern, die bereits zwischen den beiden Gruppen der Flüchtlinge *(Muhadschirin)* aus Mekka und der Helfer *(Ansar)* aus Medina um sich griff, verband er jedes Mitglied der einen Gruppe mit einem Mitglied der anderen in einer Adoptivbruderschaft und forderte beide Gruppen zum gemeinsamen Kult in einer geheiligten Einheit in der Moschee auf. Bei der ersten Kulthandlung, die er in ihr abhielt, bestieg er die Kanzel und rief mit lauter Stimme: «Allah ist groß!» Die Gemeinde brach in den gleichen Ruf aus. Dann beugte er sich zum Gebet, den Rücken gegen die Gemeinde gerichtet. Er stieg rückwärts von der Kanzel und warf sich, immer noch betend, dreimal zu Boden. Damit symbolisierte er die Unterwerfung der Seele unter Allah, die dem neuen Glauben den Namen *Islam* – «sich ergeben, Frieden schließen» – und seinen Anhängern den verwandten Namen *Muslimin*, Muselmanen – «die sich ergeben, die mit Gott Frieden geschlossen haben», eintrug. Hierauf wandte sich Mohammed der Gemeinde zu und hieß sie dieses Ritual bis zum Ende aller Zeiten beachten; es ist bis auf den heutigen Tag die von den Muselmanen befolgte Art des Betens, sei es in der Moschee oder auf der Wüstenreise oder in fremden Landen, wo es keine Moscheen gibt. Eine Predigt schloß die Weihehandlung ab, wobei in Mohammeds Fall oft die Ankündigung einer neuen Offenbarung erfolgte und der Aktionsplan und die Politik der Woche festgelegt wurden.

Denn die Autorität des Propheten war dabei, eine bürgerliche Herrschaftsgewalt in Medina zu schaffen; und er war immer mehr gezwungen, Zeit und Inspirationen für die praktischen Probleme der sozialen Organisation, für Alltagsfragen des sittlichen Verhaltens, sogar für Fragen der Stammesdiplomatie und -kriegführung aufzuwenden. Wie der Judaismus machte auch der Islam keinen Unterschied zwischen weltlichen und religiösen Dingen; sie fielen gleichermaßen unter die religiöse Rechtsprechung; Mohammed war Caesar und Christus in einem. Aber nicht alle Einwohner von Medina beugten sich seiner Befehlsgewalt. Die meisten Araber standen als die «Ablehnenden» abseits, verhielten sich skeptisch gegenüber der neuen Religion und ihrem Ritual und machten sich Gedanken, ob Mohammed nicht ihre Überlieferungen und Freiheiten zerstöre und sie in einen Krieg verwickeln werde. Die meisten Juden von Medina hielten zu ihrem eigenen Glauben und setzten den Handel mit den Quraisch von Mekka fort. Mohammed schloß mit diesen Juden ein geschicktes Konkordat ab:

> Die Juden, so sich unserer Gemeinschaft anschließen, sollen von allen Angriffen und Belästigungen frei sein; sie sollen das gleiche Recht auf unsere Hilfe und Dienstleistung haben wie unser eigenes Volk; sie ... sollen mit den Muselmanen ein einziges gemeinsames Volk bilden; sie sollen ihre Religion so frei ausüben wie die Muselmanen ... Sie sollen sich den Muselmanen in der Verteidigung von Yathrib gegen alle Feinde anschließen ... Alle künftigen Streitigkeiten, die da zwischen denen, so sich an diesem Pakt beteiligen, entstehen, sollen unter Gott dem Propheten vorgelegt werden.[30]

Diese Abmachung wurde bald von allen jüdischen Stämmen von Medina und Umgebung anerkannt: von den Banu-Nadhir, den Banu-Kuraiza, den Banu-Kainuka ...

Die Zuwanderung von 200 Familien aus Mekka führte zu einer Lebensmittelknappheit in Medina. Mohammed löste das Problem auf die Art hungernder Menschen – er nahm sich die Nahrungsmittel, wo er sie fand. Wenn er seine Stellvertreter anwies, die Karawanen, die über Medina gingen, zu überfallen und auszurauben, folgte er nur den sittlichen Grundsätzen der meisten arabischen Stämme seiner Zeit. Waren die Überfälle von Erfolg gekrönt, dann gingen vier Fünftel der Beute an die Plünderer, ein Fünftel an den Propheten für religiöse und wohltätige Zwecke; der Anteil eines gefallenen Plünderers fiel an dessen Witwe, er selbst ging augenblicks ins Paradies ein. Unter diesen ermunternden Umständen wuchs die Zahl der Beutezüge und der Plünderer rasch, während die Kaufleute von Mekka, deren wirtschaftliche Existenz von der Sicherheit der Karawanen abhing, auf Rache sannen. Über einen dieser Beutezüge war Medina gerade so entsetzt wie Mekka, denn er fand am letzten Tage des Radschab, eines der geheiligten Monate, während derer die Araber Gottesfrieden hielten, statt und führte zudem noch zum Tode eines Mannes. Im Jahre 623 stellte Mohammed persönlich eine Schar von 300 Bewaffneten auf, um eine reiche Karawane, die aus Syrien kam und nach Mekka zog, zu überfallen. Abu Sufyan, der die Karawane führte, bekam Wind von dem Plan, schlug eine neue Route ein und forderte Hilfe aus Mekka an. Die Quraisch kamen in Stärke von 900 Mann. Die Miniaturheere stießen am Wadi* Bedr zusammen, dreißig Kilometer südlich von Medina. Wäre Mohammed geschlagen worden, so hätte seine Laufbahn wohl ein jähes Ende genommen. Er führte seine Schar persönlich zum Sieg, bezeichnete ihn als eine Wundertat Allahs, die seine Führerschaft bestätigte, und kehrte mit reicher Beute und vielen Gefangenen nach Medina zurück (Januar 624). Einige Gefangene, die an den Verfolgungen in Mekka besonders lebhaften Anteil genommen hatten, wurden hingerichtet; der Rest wurde gegen ein hohes Lösegeld freigelassen[31]. Abu Sufyan blieb jedoch am Leben und schwor Rache. «Weinet nicht um eure Gefallenen», sagte er den trauernden Hinterbliebenen in Mekka, «und lasset keinen Sänger um ihr Schicksal wehklagen. ... Es mag wohl geschehen, daß sich das Blatt wendet und ihr eure Rache bekommet. Ich aber werde kein Öl anrühren und meiner Gattin fernbleiben, bis ich wieder zum Kampfe gegen Mohammed ausgezogen bin[32].»

Vom Siege gestärkt, bediente sich Mohammed der üblichen Kriegsmoral. Als Asma, eine Dichterin von Medina, in ihren Versen den blinden Muselmanen Omeir angriff, drang dieser in ihr Gemach ein und stieß sein Schwert mit solcher Wucht in die Brust der schlafenden Frau, daß sie an ihre Lagerstatt gespießt wurde. In der Moschee fragte Mohammed am anderen Morgen den Omeir: «Hast du die Asma erschlagen?» «Ja», entgegnete Omeir, «habe ich etwas zu befürchten?» «In keiner Weise», sagte der Prophet; «deswegen werden nicht einmal zwei Ziegen mit den Köpfen zusammenstoßen[33]». Afak, ein hundertjähriger Mann, der sich zum Judaismus bekehrt hatte, verfaßte eine Satire gegen den Propheten und wurde ermordet, während er in seinem Hofe schlief[34]. Ein dritter Dichter von Medina, Kab ibn al-Aschraf, Sohn einer Jüdin, ließ den Islam im Stich, als Mohammed sich gegen die Juden wandte; er schrieb Gedichte, in denen er die Quraisch aufforderte, für ihre Niederlage Rache zu nehmen, und versetzte die Muselmanen in Wut, indem er in verfrühter Troubadourenweise Liebessonette an ihre Frauen richtete. «Wer befreit mich von diesem Manne?» fragte der Prophet. Am gleichen Abend lag das abgehauene Haupt des Dichters zu seinen Füßen[35]. In den Augen der Muselmanen waren solche Hinrichtungen ein erlaubtes Verteidigungsmittel gegen Verrat; Mohammed war das Staatsoberhaupt und besaß das volle Recht zu Verurteilungen[36].

Den Juden von Medina behagte sein kriegerischer Glaube, der doch zuvor in so schmeichelhafter Weise ihrer eigenen Religion verwandt gewesen war, nicht mehr. Sie lachten über die Auslegungen, die Mohammed ihren Schriften gab, und über die Behauptung Mohammeds, er sei der von den Propheten verheißene Messias. Er entgegnete mit Offenbarungen, in denen Allah die Juden der Verderbnis der Heiligen Schrift, des Mordes an den Propheten und der Verkennung des Messias zieh. Anfänglich hatte Mohammed Jeru-

* Wadi ist ein Flußbett, das im Sommer gewöhnlich austrocknet.

salem zur *qibla* – dem Ort, dem sich die Muselmanen beim Gebete zuwandten, gemacht; 624 setzte er Mekka und die Kaaba an Stelle Jerusalems. Die Juden klagten ihn an, er kehre zum Götzendienst zurück. Etwa zu dieser Zeit besuchte einmal ein muselmanisches Mädchen den Jahrmarkt der Banu-Kainuka-Juden in Medina; als sie in der Werkstatt eines Goldschmiedes saß, heftete ein boshafter Jude ihren Rock hinten an ihrem Obergewand fest. Als sie aufstand, schrie sie in ihrer Scham über die Bloßstellung laut auf. Ein Muselmane erschlug den Juden, die Brüder des Juden erschlugen den Muselmanen. Mohammed rief seine Anhänger zusammen, blockierte die Banu-Kainuka fünfzehn Tage lang in ihrem Stadtbezirk, nahm ihre Übergabe entgegen und hieß sie, 700 an der Zahl, aus Medina fortziehen und ihren gesamten Besitz zurücklassen.

Die Zurückhaltung des Abu Sufyan nötigt uns Bewunderung ab, denn er ließ nach seinem unnatürlichen Gelübde ein ganzes Jahr verstreichen, bis er wieder zum Kampf gegen Mohammed aufbrach. Zu Beginn des Jahres 625 führte er ein Heer von 3000 Mann zu dem fünf Kilometer nördlich von Medina gelegenen Berg Ohod. Fünfzehn Frauen, darunter auch die Gattinnen des Abu Sufyan, begleiteten das Heer und feuerten es mit wilden Klage- und Racheliedern an. Mohammed brachte nur tausend Mann zusammen. Die Muselmanen unterlagen; Mohammed kämpfte tapfer, wurde mehrfach schwer verwundet und mußte fast besinnungslos vom Kampfplatz fortgetragen werden. Abu Sufyans Hauptgemahlin Hind, die Vater, Onkel und Bruder bei dem Bedr verloren hatte, verschlang die Leber des gefallenen Hamza, der ihren Vater erschlagen hatte, und machte sich aus der Haut und den Nägeln des Hamza Fußspangen und Armreife[37]. Sufyan hielt Mohammed für tot und kehrte im Triumph nach Mekka zurück. Nach sechs Monaten war der Prophet wieder genügend bei Kräften, um über die Banu-Nadhir-Juden herzufallen, die er beschuldigte, die Quraisch unterstützt und ihm selbst nach dem Leben getrachtet zu haben. Nach dreiwöchiger Belagerung durften sie abziehen, wobei jede Familie soviel von ihrer Habe mitnehmen durfte, als ein Kamel tragen konnte. Mohammed eignete sich einen Teil ihrer reichen Dattelhaine zum Unterhalt seines Haushaltes an und verteilte den Rest unter die Flüchtlinge[38]. Er betrachtete sich als im Kriegszustand mit Mekka befindlich und hielt es für sein gutes Recht, feindlich gesinnte Kreise von seinen Flanken zu entfernen.

626 nahmen Abu Sufyan und die Quraisch ihre Angriffe wieder auf, dieses Mal mit 10 000 Mann und mit der materiellen Unterstützung der Juden vom Banu-Kuraiza-Stamm. Da Mohammed einer derartigen Streitmacht nicht in offener Schlacht begegnen konnte, verteidigte er Medina, indem er rings um die Stadt einen Graben ausheben ließ. Die Quraisch belagerten Medina zwanzig Tage lang und kehrten dann, von Wind und Regen entmutigt, wieder heim. Mohammed führte augenblicks 3000 Mann gegen die Banu-Kuraiza. Als sie sich ergaben, erhielten sie die Wahl zwischen dem Islam und dem Tod. Sie wählten den Tod. Ihre 600 kampfkräftigen Männer wurden auf dem Marktplatz von Medina hingerichtet und begraben; ihre Frauen und Kinder wurden in die Sklaverei verkauft.

Der Prophet hatte sich inzwischen zu einem guten Feldherrn entwickelt. Während seines zehnjährigen Aufenthaltes in Medina entwarf er den Plan zu fünfundsechzig Feldzügen und Raubüberfällen, von denen er siebenundzwanzig persönlich anführte. Er war aber auch ein Diplomat und wußte sehr wohl, wann der Krieg mit friedlichen Mitteln fortgesetzt werden muß. Er teilte das Heimweh der Flüchtlinge nach ihren Heimstätten und Familien in Mekka und die Sehnsucht sowohl der Flüchtlinge als auch der Helfer, die wieder die Kaaba aufsuchen wollten, welche in ihrer Jugendzeit das Kernstück ihrer Frömmigkeit gewesen war. So wie die ersten Apostel sich das Christentum als eine Abart und Reform der jüdischen Religion vorstellten, so sahen die Muselmanen im Mohammedanertum eine Abwandlung und Weiterentwicklung des alten Rituals von Mekka. Im Jahre 628 sandte Mohammed den Quraisch ein Friedensangebot und verpflichtete sich, die Karawanen in Ruhe zu lassen, wenn er als Gegengabe die Erlaubnis erhalte, die Riten der jährlichen Pilgerfahrt zu vollziehen. Die Quraisch entgegneten, daß ihrer Zustimmung ein Jahr des Friedens voraufgehen müsse. Mohammeds Anhänger waren entsetzt, als er die Bedingung annahm; es wurde ein zehnjähriger Waffenstillstand vereinbart, und der Prophet tröstete seine Freibeuter, indem er mit ihnen die Chaibar-Juden in ihren Siedlungen sechs Tagereisen nordöstlich von Medina überfiel und ausplünderte. Die Juden verteidigten sich, so gut es ihnen möglich war; dreiundneunzig Juden kamen bei dem Versuch um das Leben, die übrigen ergaben sich schließlich. Sie durften an ihrem Wohnsitz bleiben und den Boden bebauen, mußten aber ihren gesamten Besitz ausliefern und sich verpflichten, die Hälfte ihrer künftigen Erzeugnisse an ihre Eroberer abzugeben. Alle Überlebenden wurden am Leben gelassen, mit Ausnahme von Kinana, dem Anführer, und dessen Vetter, die beide enthauptet wurden, weil sie einen Teil ihres Vermögens verborgen gehalten hatten. Safiya, ein siebzehnjähriges jüdisches Fräulein, die Verlobte des Kinana, wurde von Mohammed als eine weitere Ehefrau übernommen[39].

Im Jahre 629 zogen die Muselmanen von Medina, 2000 an der Zahl, friedlich in Mekka ein; und während sich die Quraisch, um Reibereien zu vermeiden, in die Berge zurückzogen, umkreiste Mohammed mit seinen Anhängern siebenmal die Kaaba. Der Prophet berührte den schwarzen Stein ehrfürchtig mit seinem Stab, rief aber mit seinen Muselmanen: «Es gibt nur einen Gott, Allah!» Die Bewohner waren von dem gesitteten Verhalten und der patriotischen Frömmigkeit der Exilierten sehr beeindruckt; mehrere einflußreiche Quraisch, darunter die künftigen Feldherren Chalid und Amr, nahmen den neuen Glauben an, und einige benachbarte Wüstenstämme gelobten Mohammed den Beitritt zu seiner Glaubensgemeinschaft, wenn er ihnen Waffenhilfe leiste. Als er nach Medina zurückkehrte, rechnete er sich aus, daß er nun stark genug sei, Mekka mit Gewalt einzunehmen.

Der zehnjährige Waffenstillstand hatte noch eine Laufzeit von acht Jahren; aber Mohammed behauptete, ein mit den Quraisch verbündeter Stamm habe einen muselmanischen Stamm angegriffen und damit den Waffenstillstand gebrochen (630). Er sammelte 10000 Mann um sich und marschierte gegen Mekka. Abu Sufyan ließ ihn in Anbetracht der Stärke seiner Streitmacht widerstandslos in die Stadt ein. Mohammed erwiderte mit einer edelmütigen Amnestie für alle außer dreien seiner Feinde. Er zerstörte die Götzenbilder in und um die Kaaba, verschonte aber den schwarzen Stein und bestätigte den Brauch, ihn zu küssen. Er erklärte Mekka zur heiligen Stadt des Islam und ordnete an, daß kein Ungläubiger je ihren geheiligten Boden betreten dürfe. Die Quraisch gaben jeden unmittelbaren Widerstand auf, und der verfolgte Prediger, der acht Jahre zuvor aus Mekka geflohen war, war nun Herr über alles in der Stadt.

IV. MOHAMMED SETZT SICH DURCH: 630–632

Die zwei Jahre, die ihm noch verblieben und die er größtenteils in Medina zubrachte, waren ein ständiger Triumph für ihn. Nach einigen unbedeutenderen Rebellionen unterwarf sich ganz Arabien seiner Befehlsgewalt und seiner Religion. Der berühmteste arabische Dichter dieser Zeit, Kab ibn Zuhair, der einst ein Spottgedicht gegen ihn geschrieben hatte, kam in eigener Person nach Mekka, ergab sich Mohammed, erklärte sich als Bekehrter, erhielt die Vergebung und verfaßte ein so redegewandtes Gedicht zu Ehren des Propheten, daß Mohammed ihm seinen Mantel schenkte*. Gegen einen mäßigen Tribut wurden die Christen Arabiens unter Mohammeds Schutz aufgenommen, sie durften aber für Darlehen keinen Zins verlangen[41]. Mohammed soll Gesandte zu dem griechischen Kaiser, dem persischen König und den Herrschern von Hira und Ghassan geschickt und sie aufgefordert haben, dem neuen Glauben beizutreten; er erhielt offenbar keine Antwort. Mit philosophischer Resignation sah er zu, wie Persien und Byzanz sich gegenseitig zerstörten; er scheint aber nicht im Sinne gehabt zu haben, seinen Machtbereich über Arabien hinaus zu erweitern.

Seine Zeit war von den täglichen Regierungsgeschäften ausgefüllt. Er befaßte sich gewissenhaft mit den Einzelaufgaben der Gesetzgebung, der Rechtsprechung und der zivilen, religiösen und militärischen Organisation des Staatswesens. Am wenigsten inspiriert zeigte er sich bei der Neuordnung des Kalenders. Das Jahr war bei den Arabern bisher, wie bei den Juden, in zwölf Mondmonate eingeteilt gewesen, wobei alle drei Jahre ein Schaltmonat eingefügt wurde, um die Übereinstimmung mit der Sonne wiederherzustellen. Mohammed bestimmte, daß das muselmanische Jahr immer in zwölf Mondmonate von abwechselnd dreißig und neunundzwanzig Tagen eingeteilt werden sollte; die Folge war, daß der muselmanische Kalender jede Übereinstimmung mit den Jahreszeiten verlor und im Laufe von zweiunddreißigeinhalb Jahren dem Gregorianischen Kalender um ein Jahr vorauseilte. Der Prophet ging in seiner Gesetzgebung nicht auf wissenschaftliche Weise vor; er zeichnete keine Gesetzessammlung auf, besaß kein System; er gab je nach der Gelegenheit Erlasse aus; entstanden Widersprüchlichkeiten, so glättete er sie mit neuen Offenbarungen, die die alten entschieden aufhoben[42]. Selbst seine prosaischsten Anweisungen konnten im Gewande von Offenbarungen Allahs erscheinen. Die Notwendigkeit, dieses erhabene Verfahren auf weltliche Angelegenheiten anzuwenden, quälte ihn und nahm seinem Stil einiges von der früheren Eindringlichkeit und Poesie; vielleicht hatte er aber den Eindruck, daß das ein geringer Preis sei dafür, daß seine gesamte Gesetzgebung den ehrfurchtgebietenden Stempel des Göttlichen trug. Zu gleicher Zeit konnte er von einer bezaubernden Bescheidenheit sein. Mehr als einmal bekannte er seine Unwissenheit. Er wollte keinesfalls, daß man in ihm mehr als einen fehlbaren und sterblichen Menschen sehe[43]. Er behauptete nicht, die Zukunft weissagen und Wundertaten vollbringen zu können. Er war jedoch nicht darüber erhaben, sein Verfahren der Offenbarung zu sehr mensch-

* Er ging durch Kauf für 40 000 Dirhems an Muawiya über, wird heute noch von den ottomanischen Türken aufbewahrt und manchmal als Standarte der Nation verwendet.[40]

lichen und persönlichen Zwecken zu gebrauchen; beispielsweise entsprach eine Sonderbotschaft von Allah[44] seinem Wunsch, die hübsche Gattin seines Adoptivsohnes Zaid zu ehelichen.

Seine zehn Ehefrauen und zwei Konkubinen sind für den Westen schon oft eine Quelle des Staunens, der Belustigung und des Neides gewesen. Wir müssen uns stets vor Augen halten, daß die hohe Sterblichkeit der männlichen Bevölkerung bei den Semiten der Antike und des Frühmittelalters in semitischen Augen der Polygamie das Aussehen einer biologischen Notwendigkeit, ja fast einer sittlichen Verpflichtung gab. Für Mohammed war die Vielweiberei eine Selbstverständlichkeit. Er ging seine Ehen mit reinem Gewissen und ohne krankhafte Sinnlichkeit ein. Wie eine unsichere Überlieferung zu berichten weiß, soll er zu Aischa gesagt haben, die drei kostbarsten Dinge in dieser Welt seien Frauen, feine Wohlgerüche und Gebete[45]. Einige seiner Eheschließungen waren Akte der Nettigkeit gegenüber den in Not geratenen Witwen von Anhängern und Freunden, wie im Falle von Omars Tochter Hafsa; andere waren diplomatische Ehen, wie im Falle der Hafsa – um Omar an sich zu binden – und der Tochter des Abu Sufyan – um einen Feind als Freund zu gewinnen. Andere dürften der ständig enttäuschten Hoffnung auf einen Sohn zuzuschreiben sein. Nach Chadidscha erwiesen sich alle seine Ehefrauen als unfruchtbar, was dem Propheten manchen Spott eintrug. Von den Kindern, die Chadidscha ihm geboren hatte, blieb nur eines am Leben, Fatima. Maria, eine koptische Sklavin, die ihm der Negus von Abessinien geschenkt hatte, erfreute ihn in seinem letzten Lebensjahr mit einem Sohn; aber Ibrahim starb nach fünfzehn Monaten.

Sein reichbesetzter Harem machte ihm Sorgen mit seinen Streitereien, Eifersüchteleien und Forderungen um Nadelgeld[46]. Der Verschwendungssucht seiner Ehegattinnen kam er nicht nach, dafür verhieß er ihnen das Paradies, und eine Zeitlang verbrachte er pflichtgetreu jede Nacht im Turnus bei einer anderen Frau; der Herr Arabiens besaß kein eigenes Zimmer[47]. Die reizende und lebhafte Aischa erhielt so viele Aufmerksamkeiten außer der Reihe, daß die anderen Frauen rebellierten, bis die Angelegenheit durch eine Sonderoffenbarung geregelt wurde:

> Du darfst von ihnen zurücksetzen, die du willst, und zu dir nehmen, die du willst, auch nach der du verlangst von denen, die du verstoßen. Dies ist kein Vergehen von dir. Besser aber ist es, daß ihre Augen frisch und sie unbetrübt und zufrieden seien mit dem, was du jeder von ihnen gibst.[48]

Frauen und Macht waren seine einzige Schwelgerei; im übrigen war er ein Mensch von anspruchsloser Einfachheit. Die Räume, in denen er nacheinander seinen Wohnsitz nahm, waren Hütten aus ungebrannten Ziegelsteinen, dreieinhalb bis fünf Meter im Quadrat und knapp zweieinhalb Meter hoch und mit Palmzweigen gedeckt; die Türe bestand aus einem Windschutz aus Ziegen- oder Kamelhaar, die Einrichtung aus einer Matratze und Kissen auf dem Fußboden[49]. Man konnte ihn oft bei der Reparatur seiner Schuhe und Kleider, beim Feueranzünden, beim Fegen des Bodens, beim Melken der Familienziege im Hof, beim Einkauf auf dem Markt sehen[50]. Er aß mit den Fingern und leckte sie haushälterisch nach dem Essen ab[51]. Seine Hauptnahrungsmittel waren Datteln und Gerstenbrot; Milch und Honig waren gelegentliche Leckereien[52]; seinem eigenen Weinverbot leistete er ebenfalls Folge. Er war – nach der Beschreibung seiner Freunde[53] – höflich zu den Großen, leutselig zu den Einfachen, würdevoll zu den Anmaßenden, nachsichtig gegenüber seinen Helfern, freundlich zu allen außer seinen Feinden. Er besuchte die Kranken und schloß sich jedem Leichenzuge an, dem er begegnete. Er wies jedes Gepränge der Macht von sich, ließ keine besonderen Ehrfurchtsbezeugungen zu, nahm die Einladung eines Sklaven zum Essen an und verlangte keine Dienstleistung von einem Sklaven, für die er selbst Zeit und Kraft genug hatte[54]. Trotz des vielen Beutegutes und der Einnahmen, die ihm zuflossen, brauchte er nur wenig für seine Familie, noch weniger für sich selbst, viel für wohltätige Zwecke[55].

Wie alle Menschen war aber auch er eitel. Er verwandte eine beträchtliche Zeit auf seine äußere Erscheinung – parfümierte sich, malte sich die Augen, färbte sich das Haar und trug einen Ring mit der Inschrift «Mohammed, der Gesandte Allahs»[56]; dieser Ring diente wohl zum Unterzeichnen von Dokumenten. Seine Stimme hatte einen hypnotisch-musikalischen Klang. Seine Sinne waren von einer schmerzhaften Schärfe; er konnte keine Übelgerüche, kein Glockengeläute, kein lautes Sprechen ertragen. «Richte deinen Gang und dämpfe deine Stimme; wahrlich die widerlichste der Stimmen ist die Stimme des Esels[57]», lehrte er. Er war nervös und unruhig, gelegentlich melancholischen Anfällen unterworfen, dann plötzlich wieder gesprächig und ausgelassen. Er hatte den Schalk in sich. Dem Abu Horairah, der ihn etwas zu oft besuchte, schlug er vor: «O Abu Horairah! Besuche mich weniger, daß die Liebe sich mehre![58]»

Er war ein skrupelloser Krieger und gerechter Richter. Er konnte grausam und verräterisch sein, ließ aber unzählige Male Gnade walten. Er machte manchem barbarischen abergläubischen Brauch ein Ende, so zum Beispiel dem Blenden eines Teils der Herde, mit dem man den bösen Blick fernhalten wollte, und dem Brauch, ein Kamel an das Grab eines Verstorbenen zu binden[59]. Seine Freunde liebten ihn abgöttisch. Seine Anhänger bewahrten seinen Speichel, sein abgeschnittenes Haar, das Wasser, in dem er sich die Hände gewaschen, auf, da sie sich von diesen Dingen Wunderheilungen versprachen[60].

Seine eigene Gesundheit und Kraft hatte alle die Aufgaben und Pflichten der Liebe und des Krieges gut überstanden. Im Alter von neunundfünfzig Jahren ließen sie ihn aber im Stich. Im vorangehenden Jahr hatten die Leute von Chaibar ihm nach seiner Ansicht vergiftetes Fleisch vorgesetzt; seitdem war er seltsamen Fieberschauern und Anfällen unterworfen; mitten in der Nacht pflegte er, wie Aischa berichtete, heimlich das Haus zu verlassen und sich auf den Friedhof zu begeben, um dort die Vergebung der Toten zu erbitten, laut für sie zu beten und sie wegen ihres Totseins zu beglückwünschen. Nun, in seinem dreiundsechzigsten Jahre, zehrten diese Fieber immer mehr an seiner Gesundheit. Eines Nachts klagte Aischa über Kopfweh. Auch er beklagte sich über Kopfschmerzen und fragte sie scherzhaft, ob sie nicht zuerst sterben und so den Vorzug haben wolle, von Allahs Prophet begraben zu werden – worauf sie ihm in ihrer gewohnten Schroffheit entgegnete, daß er zweifellos nach der Rückkehr von ihrem Grabe sogleich eine neue Frau an ihre Stelle setzen würde[61]. In den darauffolgenden zwei Wochen schwoll das Fieber an und ab. Drei Tage vor seinem Tode erhob er sich vom Krankenbett, begab sich zur Moschee, sah Abu Bekr an seiner Stelle als Vorbeter wirken und setzte sich während der Kulthandlung bescheiden neben ihn. Am 7. Juni 632 verschied er nach langem Todeskampf, das Haupt an Aischas Brust.

Wenn wir die Größe eines Menschen nach seinem Einfluß beurteilen, dann war er einer der Riesen der Geschichte. Er unternahm es, die geistige und sittliche Stufe eines Volkes zu heben, das unter der Hitze und Unfruchtbarkeit der Wüste so zu leiden hatte, daß es in ein Barbarentum verfallen war, und ihm war dabei ein durchgreifenderer Erfolg beschieden als jedem anderen Reformer; selten ist es einem Menschen gelungen, seinen Traum so vollständig zu erfüllen. Er bediente sich der Religion als Mittel zum Zweck nicht nur, weil er selbst tief religiös war, sondern auch, weil kein anderes Mittel die Araber seiner Zeit zu bewegen vermocht hätte; er wandte sich an ihre Einbildungskraft, an ihre Ängste und Hoffnungen und sprach zu ihnen eine Sprache, die sie verstehen konnten. Als er begann, war Arabien eine Wüste mit einem Treibsand götzendienerischer Nomadenstämme; bei seinem Tode war Arabien eine Nation. Er legte dem Fanatismus und dem Aberglauben Zügel an, aber er bediente sich ihrer. Auf der Grundlage der jüdischen und der zarathustrischen Religion und seines eigenen altüberlieferten Glaubens baute er eine einfache, klare, kraftvolle Religion und eine Gesittung unbarmherzigen Mutes und Rassenstolzes auf, die das Volk in einem Menschenalter zu hundert Siegen, in einem Jahrhundert zu einem Weltreich führte und heute noch in der halben Welt eine mannhafte Kraft darstellt.

ZWEITES KAPITEL

DER KORAN

I. DIE ÄUSSERE GESTALT

Das Wort *qur'ân* heißt «Vorlesung, Vortrag» und wird von den Muselmanen auf die Gesamtheit oder auf jeden beliebigen Teil ihrer heiligen Schriften angewandt. Wie die jüdisch-christliche Bibel ist auch der Koran eine Sammlung, die von den Strenggläubigen Wort für Wort als von Gott eingegeben angesehen wird. Anders als die Bibel ist er jedoch ein Werk, das fast ganz von einem einzigen Manne stammt und daher das einflußreichste Buch ist, das je von einem Einzelnen verfaßt wurde. In den letzten dreiundzwanzig Jahren seines Lebens diktierte Mohammed zu wiederholten Malen ein Teilstück seiner Offenbarung; jeder Teil wurde auf Pergament, Leder, Palmblätter oder Knochen niedergeschrieben, einer Gemeinde vorgelesen und mit vorangehenden Offenbarungen in mehreren Behältern aufbewahrt, wobei man sich keineswegs bemühte, eine logische oder zeitliche Ordnung einzuhalten. Zu Lebzeiten des Propheten wurden diese Fragmente nie zusammengefaßt, aber mehrere Muselmanen kannten sie auswendig und dienten als lebende Textbücher. Im Jahre 633, als viele dieser *qurra* das Zeitliche gesegnet hatten und keine Nachfolger mehr fanden, befahl Abu Bekr dem ersten Sekretär des Mohammed, Zaid ibn Thabit, «den Koran ausfindig zu machen und zusammenzubringen». Er las die Fragmente, die er sammelte, «von Dattelblättern und Täfelchen aus weißem Stein und von der Brust von Männern» ab, wie die Überlieferung berichtet. Von Zaids fertiger Handschrift wurden mehrere Abschriften verfertigt; da sie aber ohne Vokale niedergeschrieben wurden, legten die öffentlichen Vorleser einige Worte verschieden aus, und in verschiedenen Städten des sich ausdehnenden muselmanischen Bereiches tauchten verschiedenartige Texte auf. Um dieser Verwirrung ein Ende zu machen, beauftragte der Kalif Othman den Zaid und drei Gelehrte aus dem Stamme der Quraisch, Zaids Manuskript zu revidieren (651); Abschriften dieser offiziellen Version wurden nach Damaskus, Kufa und Basra gesandt, und seitdem wird der Text mit einer Reinheit und ehrfürchtigen Sorgfalt ohnegleichen aufbewahrt.

Das Buch ist von Natur aus zu Wiederholungen und einer mangelhaften Ordnung verurteilt. Jede Textstelle erfüllt für sich genommen einen verständlichen Zweck – setzt eine Lehre fest, schreibt ein Gebet vor, verkündet ein Gesetz, schmäht einen Feind, leitet einen Prozeß, erzählt eine Geschichte, ruft zu den Waffen, verkündet einen Sieg, setzt einen Vertrag auf, wirbt um Spenden, regelt den Ritus, die Gesittung, das Gewerbe oder die Geldwirtschaft. Es steht aber durchaus nicht fest, ob es im Willen Mohammeds lag, alle diese Fragmente zu einem Buch zusammenzufassen. Viele Fragmente hatten nur für eine bestimmte Person oder in einem gegebenen Augenblick eine Bedeutung; man kann sie ohne den Kommentar der Geschichte oder Überlieferung kaum verstehen, und außer den Gläubigen braucht niemand die Erwartung zu hegen, daß er an allen Freude haben wird. Die 114 Kapitel («Suren») sind nicht nach der Reihenfolge ihrer Entstehung (die nicht bekannt ist) geordnet, sondern nach der abnehmenden Länge. Da die früheren Offenbarungen gewöhnlich kürzer waren als die späteren, ist der Koran eine Geschichte in umgekehrter Reihenfolge. Die Suren von Medina, prosaisch und praktisch, kommen zuerst, die Suren von Mekka, poetisch und geistig, zuletzt. Der Koran setzt seinen schlechtesten Fuß nach vorn und sollte von hinten begonnen werden.

Mit Ausnahme der ersten haben alle Suren die Form von Verkündigungen Allahs oder Gabriels an Mohammed, seine Anhänger oder Feinde; auf gleiche Weise verfahren die hebräischen Propheten und viele Stellen des Pentateuch. Mohammed spürte, daß kein Moralgesetz den Gehorsam finden würde, den die Ordnung und Lebenskraft einer Gesellschaft erfordert, wenn die Menschen nicht glaubten, das Gesetz stamme von Gott. Das Verfahren eignete sich gut für einen Stil leidenschaftlicher Erhabenheit und Beredsamkeit, der es manchmal mit Jesaias Stil aufnehmen kann[1]. Mohammed bediente sich einer halb prosaischen, halb poetischen Ausdrucksweise; Rhythmus und Reim sind eindringlich, aber unregelmäßig, und in den frühen Suren aus Mekka finden sich eine volltönende Kadenz und ein kühner Schwung des Stiles, die nur demjenigen ganz aufgehen, welcher mit der Sprache vertraut ist und mit der Religion sympathisiert. Das Buch ist im reinsten Arabisch verfaßt, reich an lebendigen Vergleichen und zu blumig für den westlichen Geschmack. Nach dem allgemeinen Urteil ist es nicht nur das erste, sondern auch das beste Werk der arabischen Prosaliteratur.

II. DER GLAUBE*

Eine Religion ist unter anderem auch eine Art der sittlichen Führung. Der Historiker fragt nicht, ob eine Religion wahr und die richtige sei – welche Allmacht gäbe ihm das Recht, das zu beurteilen? Er erforscht vielmehr, welche sozialen und psychologischen Triebkräfte in ihrem Zusammenwirken die Religion hervorbrachten, wie gut sie dem Zwecke gerecht wird, aus Tieren Menschen zu machen, aus Wilden Bürger, aus der Öde im Herzen einen hoffnungsvollen Mut und geistigen Frieden; wieviel Freiheit der geistigen Entwicklung der Menschheit dabei belassen wird und welchen Einfluß die Religion auf den Lauf der Geschichte hat.

Judentum, Christentum und Islam sehen die erste Notwendigkeit für eine gesunde Gesellschaftsordnung in dem Glauben an die sittliche Führung des Weltalls, in dem Glauben, daß selbst dann, wenn das Böse triumphiert, eine wohltätige Verstandeskraft, so unverständlich sie uns auch ist, das kosmische Geschehen zu einem gerechten und edlen Ende führe. Die drei Religionen, die an der Formung des mittelalterlichen Geistes beteiligt waren, stimmten in der Überzeugung überein, daß diese kosmische Verstandeskraft ein einziger, allmächtiger Gott sei; das Christentum fügte indessen noch die Lehre hinzu, daß der eine Gott in drei verschiedenen Personen wirke; der Judaismus und der Islam erblick-

* Im folgenden Abriß sind gewisse Zitate aus der islamischen Überlieferung zur Erläuterung des Korans eingefügt, werden aber gewöhnlich im Text und stets in den Anmerkungen als solche besonders gekennzeichnet.

ten darin einen verhüllten Polytheismus und bestanden mit leidenschaftlicher Nachdrücklichkeit auf der Einheit und Einzigkeit Gottes. Der Koran widmet diesem Problem eine ganze Sure (XCII); der muselmanische Muezzin singt es Tag für Tag von hunderttausend Minaretten.

Allah ist vor allem die Quelle allen Lebens und Wachsens und Gedeihens auf Erden. Mohammeds Allah sagt zu Mohammed:

> Und du siehst die Erde dürre, und wenn wir über sie das Wasser niedersenden, regt sie sich und schwillt an und läßt allerlei schöne Arten hervorsprießen (XXII, 5) ... So schaue doch der Mensch auf seine Nahrung. Wir gießen das Wasser in Gießung. Dann spalten wir die Erde in Spaltung. Und emporwachsen lassen wir auf ihr Korn. Und Traube und Klee. Und Ölbaum und Palme. Und Gärten dichtbewachsen (LXXX, 24–30) ... Schauet ihre Frucht an, wenn sie treibt, und ihre Reife. Wahrlich, hierin sind Zeichen für Leute, die glauben (VI, 99).

Allah ist auch der Gott der Macht, «der die Himmel erhöht hat ohne Stützen, die ihr sehen könntet ... und machte Sonne und Mond dienstbar ... der die Erde gedehnt, auf dieser Berge und Flüsse geschaffen» (XIII, 2–3). Und in dem berühmten «Thronvers» heißt es:

> Gott, außer ihm gibt es keinen Gott, ist der Lebendige, der Ewige, den kein Schlaf erfaßt und kein Schlummer; sein ist, was auf Himmeln ist und was auf Erden. Wer kann vor ihm fürbitten, es sei denn, es ist sein Wille. Er weiß, was gegenwärtig ist und was folgt ... Himmel und Erde umfaßt sein Thron und ihre Überwachung belastet ihn nicht; er ist der Erhabene, der Allgewaltige (II, 256).

Mit seiner Macht und Gerechtigkeit ist aber eine immerwährende Gnadebereitschaft verbunden. Mit Ausnahme des neunten beginnt jedes Kapitel des Koran, wie auch jedes strenggläubige mohammedanische Buch, mit der feierlichen Einleitungsformel (die nach den ersten Worten *bismillah* genannt wird): «Im Namen Gottes des Barmherzigen, des Gnädigen», und Mohammed weist zwar mit Nachdruck auf die Schrecken der Hölle, wird aber nie müde, die unendliche Gnade seines Gottes zu preisen.

Allah ist eine allwissende Gottheit und kennt unsere innersten und geheimsten Gedanken. «Und wir erschufen den Menschen und wissen, was ihm seine Seele zuflüstert, denn näher sind wir ihm als die Halsader» (L, 15). Da Allah nicht nur die Vergangenheit und Gegenwart, sondern auch die Zukunft kennt, ist alles vorausbestimmt; alles ist vom göttlichen Willen von aller Ewigkeit an verfügt und festgelegt, selbst das Endschicksal jeder Einzelseele. Wie Augustins Gott weiß auch Allah von aller Ewigkeit an, wer erlöst werden wird, und er «läßt irren, wen er will, und er führt, wen er will in seine Barmherzigkeit» (XXXV, 9; LXXVI, 31). Wie Jahve das Herz des Pharao verhärtete, so sagt auch Mohammed von den Ungläubigen: «Decken haben wir über ihre Herzen gelegt, daß sie es nicht verstehen, und Taubheit in ihre Ohren. Wenn du sie auch zur Rechtleitung rufest, auch dann werden sie sich nie rechtleiten lassen» (XVIII, 55–56). Dieser Satz – er war zweifellos als Ansporn zum Glauben gedacht – ist in jeder Religion ein harter Ausspruch, aber Mohammed prägt ihn mit noch größerer Nachdrücklichkeit als Augustin ein: «Wollten wir es, ganz gewiß würden wir jeder Seele ihre Rechtleitung gegeben haben, doch wahr werden soll mein Wort: Füllen werde ich die Hölle mit Geistern und Menschen allesamt» (xxxii, 13). Eine dem Ali zugeschriebene Überlieferung berichtet: «Einst saßen wir mit dem Propheten zusammen, und er schrieb mit einem Stock auf dem Boden und sagte: ‚Da ist keiner unter euch, von dem nicht von Gott geschrieben steht, ob sein Sitz im Feuer oder im Paradiese ist.'[2]» Dieser Glaube an die Prädestination machte den Fatalismus zu einem hervorstechenden Charakterzug des mohammedanischen Denkens. Mohammed und andere Anführer nutzten ihn, um zur Tapferkeit in der Schlacht aufzurufen, da ja keine Gefahr die vorausbestimmte Todesstunde eines Menschen beschleunigen, keine Vorsicht sie aufschieben konnte. Er gab den Muselmanen eine würdevolle Resignation gegenüber den Härten und Bedürfnissen des Lebens, führte aber im Zusammenwirken mit anderen Triebkräften in späteren Jahrhunderten zu einer pessimistischen Trägheit im Leben und Denken der Araber.

Der Koran erfüllt seine übernatürliche Welt mit Engeln, Dschinn, und einem Teufel. Die Engel dienen Allah als Sekretäre und Boten und zeichnen die guten und verruchten Taten der Menschen auf. Die Dschinn sind Geister, aus Feuer erschaffen; im Gegensatz zu den Engeln essen und trinken sie, paaren sie sich und sterben sie; einige sind gut und lauschen dem Koran (lxxii, 8); die meisten sind böse und vertreiben sich die Zeit damit, daß sie den Menschen Übles zufügen. Der Anführer der bösen Dschinn ist Iblis, der einst ein großer Engel gewesen war, aber gestürzt wurde, weil er dem Adam die Huldigung verweigerte.

Die Ethik des Koran gründet sich wie diejenige des Neuen Testamentes auf die Furcht vor Strafe und die Hoffnung auf Belohnung jenseits des Grabes. «Wisset, daß das Leben hienieden Spiel nur ist und Getändel, Prunk und Ruhmsucht unter euch» (lvii, 19); nur eines sei sicher auf der Erde, nämlich der Tod. Es gab Araber, nach deren Ansicht der Tod das Ende von allem bedeutete, und die alle Gedanken über ein Leben nach dem Tode als «altväterliche Fabeln» (xxiii, 85) verlachten; der Koran verbürgt sich aber für eine Auferstehung von Leib und Seele (lxxv, 3–4). Die Auferstehung erfolge nicht sofort; die Toten würden bis zum Tage des Jüngsten Gerichtes schlafen; aber gerade weil sie schliefen, würden sie sofort zu erwachen vermeinen. Allah allein wisse, wann diese allgemeine Auferstehung stattfinden werde. Es würden aber gewisse Zeichen ihr Nahen verkünden. In der letzten Zeit werde der Glaube an die Religion schwinden, die Moral in ein Chaos zerbröckeln, es werde Aufruhr und Aufstand und große Kriege geben und die Weisen würden den Tod herbeisehnen. Als letztes Zeichen würden drei Trompetenstöße erklingen. Bei dem ersten Trompetenstoß werde die Sonne verlöschen, die Sterne würden hinabstürzen, die Himmel einschmelzen, alle Gebäude und Berge dem Erdboden und seinen Ebenen gleichgemacht werden, die Meere austrocknen oder in Flammen aufgehen (xx, 102f). Bei dem zweiten Trompetenstoß würden alle Lebewesen – Engel und Dschinn und Menschen – vernichtet werden, nur einige wenige von Gott Begünstigte würden bestehenbleiben. Nach vierzig Jahren werde sodann Israfel, der Engel der Musik, den dritten Trompetenstoß blasen; dann würden die toten Leiber aus ihren Gräbern auferstehen und sich mit ihren Seelen vereinigen. Gott werde kommen in Wolken verhüllt, und mit ihm Engel, die die Bücher tragen, in welchen alle Taten, Worte und Gedanken der Menschen aufgezeichnet sind. Die guten Taten würden in einer Waagschale gegen die bösen abgewogen, und jeder Mensch werde so sein Urteil erfahren. Die inspirierten Propheten würden die Menschen anzeigen, die ihre Botschaft verwarfen, und für die Gläubigen eintreten. Gute und Böse würden über die Brücke al-Sirat gehen müssen, die, feiner als ein Haar und schärfer als die Schneide eines Schwertes, über den Höllengrund gespannt ist; die Verworfenen und Ungläubigen würden von ihr herabstürzen, die Guten hingegen sicher über sie hinweg in das Paradies eingehen – nicht aus eigenem Verdienste, sondern nur durch die Gnade Gottes. Dem Koran scheint, wie auch den buchstabengläubigen Bibeltreuen, mehr am rechten Glauben als am rechten Verhalten gelegen zu sein; hundertmal bedroht er diejenigen mit der Hölle, die Mohammeds Aufruf keine Folge leisten (III, 10, 63, 131; IV, 56, 115; VII, 41; VIII, 50; IX, 63 usw.). Da die Sünden nach Art und Grad verschieden sind, gibt es in der Hölle sieben Stufen, deren jede dem Vergehen angemessene Bestrafungen bringt. Es werde dort glühende Hitze und beißende Kälte geben; auch die am leichtesten Bestraften würden Schuhe aus Feuer tragen müssen. Zum Trinken würden die Verdammten kochendes Wasser und Absud erhalten (LVI, 40f.). Dante sah wohl einige seiner Visionen im Koran.

Anders als bei Dante ist bei Mohammed die Schilderung des Himmels so lebendig wie diejenige der Hölle. Die guten Gläubigen und die für Allah Gefallenen würden in ihn eingehen, und die Armen würden 500 Jahre früher in ihm sein als die Reichen. Das Paradies liege im siebenten astronomischen Himmel oder darüber; es sei ein einziger gewaltiger Garten, von heiteren Bächen durchströmt und von ausladenden Bäumen beschattet; die Seligen würden in Seidenbrokat und mit Edelsteinen geziert einherwandeln[3]; sie würden auf Lagerstätten ruhen und von schönen Jünglingen bedient werden und Früchte essen, die die Bäume ihnen von selbst in die Hände legten; es würden Flüsse von Milch, Honig und Wein fließen; die Erlösten würden aus silbernen Bechern Wein trinken (der ihnen auf Erden verboten ist) und keine Folgen spüren[4]. Durch die Gnade Gottes werde es bei diesen himmlischen Festmählern keine Reden geben (LXXXVIII, 35); statt dessen würden sie von Jungfrauen bedient, «die kein Mensch vor ihnen berührt und kein Geist ... wie die Rubinen und Korallen ... mit schwellenden Brüsten ... züchtigen Blickes, deren Augen wie die verdeckten Eier»[5], und ihre Moschusleiber würden frei sein von den Unvollkommenheiten und Unwürdigkeiten irdischer Leiber. Jeder männliche Selige werde 72 solcher Huris als Belohnung erhalten, und kein Alter, keine Ermüdung, kein Tod werde der Lieblichkeit dieser Maiden oder der Seligkeit ihrer Genossen Abbruch tun (XLIV, 56). Da fromme und gläubige Frauen ebenfalls Zutritt zum Paradies haben, könnte es zu einiger Verwirrung kommen, aber solche Schwierigkeiten sind für Männer, die an Vielweiberei gewöhnt sind, nicht unüberwindlich. Zu diesen sinnlichen Genüssen ließ Mohammed noch gewisse geistige Freuden treten: Manche Erlöste würden lieber den Koran rezitieren, und alle würden das höchste Entzücken in der Schau von Allahs Antlitz erleben. «Und es umkreisen sie Jünglinge, unsterbliche[6].»

Wer könnte wohl einer solchen Offenbarung widerstehen?

III. DIE ETHIK

Im Koran wie im Talmud sind Gesetz und Gesittung ein und dasselbe; das Irdische ist im Religiösen eingeschlossen, und jedes Gebot stammt von Gott. Im Koran finden sich Regeln nicht nur für sittliches Verhalten und Hygiene, für die Eheschließung und -scheidung, die Behandlung von Kindern, Sklaven und Tieren, sondern auch für Handel und Politik, für das Zinsen- und Schuldenwesen, für Verträge und Testamente, Gewerbe und Finanzwesen, Verbrechen und Sühne, Krieg und Frieden.

Mohammed verschmähte den Handel nicht – er hatte es ja darin zu etwas gebracht; selbst in der Zeit, da er in Medina die oberste Gewalt innehatte, machte es ihm nichts aus, en gros einzukaufen und en détail zu verkaufen und dabei Gewinn zu erzielen; manchmal betätigte er sich als Auktionator[7]. Seine Sprache ist reich an Metaphern aus dem Handelsleben; er verhieß den guten Muselmanen irdischen Erfolg (II, 5) und bot im Tausch gegen ein wenig Glauben den Himmel. Lügnerischen oder betrügerischen Kaufleuten drohte er mit Höllenstrafen; er wandte sich scharf gegen Monopolinhaber und Spekulanten[8] und befahl dem Arbeitgeber «dem Arbeiter seinen Lohn zu geben, ehe sein Schweiß trocken ist»[9]. Er verbot es, Zins zu fordern oder zu zahlen (II, 275; III, 130). Kein Reformator legte je den Reichen größere Lasten auf, um den Armen zu helfen. Von jedem, der sein Testament machte, wurde erwartet, daß er etwas den Armen hinterließ; starb jemand, ohne ein Testament zu hinterlassen, so wurden seine natürlichen Erben angewiesen, einen Teil der Erbschaft für wohltätige Zwecke zu verwenden (IV, 8). Wie die anderen zeitgenössischen Religionen nahm auch Mohammeds Religion die Sklaverei als etwas Naturgesetzliches hin, er tat aber, was in seiner Macht stand, um ihr den Stachel zu nehmen und ihre Last zu erleichtern[10].

Auf gleiche Weise verbesserte er die Lage der Frau in Arabien, während er ihre gesetzliche Unterwerfung mit Gleichmut hinnahm. Wir finden bei ihm die gewöhnlichen Sticheleien des Mannes, der sich ärgert, daß er ein Sklave der Begierden ist; fast in der Art eines Kirchenvaters spricht er von den Frauen als dem höchsten Unglück des Menschen und gibt der Vermutung Ausdruck, daß die meisten Frauen in die Hölle kommen werden[11]. Er schuf sich sein eigenes salisches Gesetz gegen den Übergang der Herrschaftsgewalt auf eine Frau[12]. Er gestattete den Frauen, in die Moschee zu kommen, meinte aber, zuhause seien sie besser aufgehoben[13]; wenn sie zu seinen Gottesdiensten kamen, nahm er sie aber doch freundlich auf, selbst wenn sie Säuglinge mitbrachten; eine hübsche Überlieferung berichtet, daß er seine Predigt abkürzte, wenn er ein Kind schreien hörte, damit die Mutter keine Unannehmlichkeiten habe[14]. Den arabischen Brauch der Kindstötung hob er auf (XVII, 31). Vor Gericht und in der geldlichen Unabhängigkeit stellte er die Frau auf die gleiche Stufe mit dem Mann; sie durfte jedem legitimen Beruf nachgehen, ihren Verdienst für sich behalten, Besitz erben und über ihre Habe frei verfügen (IV, 4, 32). Er schaffte den arabischen Brauch, eine Frau als Stück Besitz von dem Vater auf den Sohn übergehen zu lassen, ab. Die Frauen sollten von einem Erbe halb so viel bekommen wie die männlichen Erben und durften nicht gegen ihren Willen testamentarisch vermacht werden[15]. Ein Koranvers (XXXIII, 33) schien die Abgeschlossenheit der Frau zu fordern: «Verbleibet in euren Gemächern und prunket nicht im Prunk der früheren Heidenzeit»; der Nachdruck ruhte auf der Anständigkeit der Kleidung, und nach einer Überlieferung soll der Prophet zu Frauen gesagt haben: «Ihr dürft ausgehen, so es notwendig ist[16].» Was seine eigenen Ehefrauen betrifft, verlangte er von seinen Anhängern, daß sie nur hinter einem Vorhang mit ihnen sprachen[17]. Trotz dieser Einschränkungen bewegte sich die Muselmanin im Islam der damaligen Zeit und auch noch ein Jahrhundert danach frei und unverschleiert.

Die Moral ist zum Teil eine Funktion des Klimas: Wahrscheinlich verstärkte Arabiens Hitze die geschlechtliche Inbrunst und Frühreife, und man muß Menschen, die in ständiger Hitze leben, einiges nachsehen. Die muselmanischen Gesetze waren dazu bestimmt, die außereheliche Versuchung herabzumindern und die innerehelichen Möglichkeiten zu vermehren. Die voreheliche Enthaltsamkeit war strenges Gebot (XXIV, 33), das Fasten wurde als Hilfsmittel empfohlen[18]. Zur Eheschließung war die Zustimmung beider Teile erforderlich; diese Zustimmung, ordnungsgemäß vor Zeugen ausgesprochen und mit einer Morgengabe des Bräutigams an die Braut besiegelt, genügte, um die Ehe gültig zu machen, ob nun die Eltern ihre Zustimmung gaben oder nicht[19]. Ein Muselmane durfte eine Jüdin oder Christin heiraten, jedoch nicht eine Götzenanbeterin, das heißt eine nichtchristliche Polytheistin. Wie bei den Juden galt die Ehelosigkeit als sündhaft, die Ehe für obligatorisch und gottgefällig (XXIV, 32). Mohammed ließ die Polygamie zu, um die hohe Sterblichkeit bei beiden Geschlechtern, die Länge der Stillzeit und das frühe Dahinwelken der Zeugungskraft in einem heißen Klima wieder auszugleichen; er beschränkte jedoch die Zahl der zulässigen Ehefrauen auf vier; sich selbst erteilte er einen besonderen Dispens. Er untersagte das Konkubinat (LXX, 29–31), zog es aber doch der Ehe mit einer Götzendienerin vor (II, 221).

Nachdem er dem Triebe des Mannes so viele Möglichkeiten der Betätigung gegeben hatte, setzte der Koran für den Ehebruch eine Strafe von hundert Stockhieben für jeden Sünder fest (XXIV, 2). Als aber Mohammeds Lieblingsfrau Aischa aus nichtigen Gründen des Ehebruchs verdächtigt wurde und der Klatsch hartnäckig ihren Namen besudelte, da kam ihm in der Trance eine Offenbarung, welche bestimmte, daß zum Beweise des Ehebruches vier Zeugen notwendig seien; weiter bestimmte er: «Und die züchtige Frauen verleumden und keine vier Zeugen beibringen, ihnen verabreicht achtzig Streiche, und nimmer nehmet von ihnen Zeugnis an» (XXIV, 4). Von da an wurden nur noch selten Beschuldigungen wegen Ehebruchs erhoben.

Die Scheidung stand dem Manne nach dem Gesetz des Korans wie nach demjenigen des Talmuds fast aus jedem beliebigen Grunde frei; die Frau konnte die Scheidung von dem Manne erwirken, indem sie ihm die Morgengabe zurückerstattete (II, 229). Obwohl er die vorislamitische Freiheit der Ehescheidung für den Mann beibehielt, wandte Mohammed sich doch gegen sie und sagte, nichts sei Gott weniger gefällig; Schiedsrichter sollten bestimmt werden, einer aus seiner Familie und einer aus ihrer Familie (IV, 39), und es sollte kein Versuch zur Wiederversöhnung unterlassen werden (IV, 35). Damit eine Scheidung Gesetzeskraft erlangte, mußten in monatlichen Abständen drei aufeinanderfolgende

Erklärungen abgegeben werden, und um eine sorgfältige Überlegung zu erzwingen, wurde dem Gatten untersagt, seine geschiedene Frau wieder zu heiraten, bevor sie einen anderen Mann geheiratet hatte und wieder von ihm geschieden worden war[20]. Während ihrer Periode durfte der Mann nicht zu seiner Frau gehen; sie galt während dieser Zeit nicht gerade als «unrein», mußte aber doch eine rituelle Reinigung durchmachen, bevor sie wieder den Geschlechtsverkehr aufnehmen durfte. Die Frauen waren gleich einem «Ackerfeld» für den Mann – ein Feld, das zu bestellen war; es galt als Pflicht, Kinder zu zeugen. Die Frau war gehalten, die höhere Verstandeskraft und darum die größere Befehlsgewalt des Mannes anzuerkennen; es war darum ihre Pflicht, dem Ehegatten zu gehorchen; lehnte sie sich dagegen auf, so «verlasset ihr Lager und schlaget sie» (IV, 38).

Hier wie anderswo entsprachen die Rechtsunfähigkeiten der Frau lediglich ihrer Redegewandtheit, ihrer Zärtlichkeit und ihren Reizen. Omar, der künftige Kalif, tadelte sein Weib, weil sie ihm gegenüber einen Ton anschlug, der ihm der nötigen Achtung zu entbehren schien. Sie versicherte ihm, das sei gerade der Ton, in dem seine Tochter Hafsa und die anderen Gattinnen des Mohammed mit Allahs Propheten sprachen. Omar ging augenblicks zu Hafsa und tadelte sie und eine weitere Ehefrau des Mohammed; man bedeutete ihm, er solle sich um seine eigenen Angelegenheiten kümmern, und er zog sich bestürzt zurück. Als Mohammed von diesem Vorkommnis hörte, lachte er von Herzen[21]. Wie andere Mohammedaner stritt auch er sich hin und wieder mit seinen Frauen, aber er liebte sie deswegen nicht weniger und sprach weiterhin von den Frauen mit dem gehörigen Gefühl. «Es gibt nichts Wertvolleres in der Welt als eine tugendsame Frau», soll er einmal gesagt haben[22]. Zweimal erinnert er im Koran die Muselmanen daran, daß ihre Mütter sie mit Schmerzen getragen, mit Schmerzen geboren und vierundzwanzig oder dreißig Monate lang gestillt haben[23]. «Das Paradies liegt der Mutter zu Füßen», sagte er[24].

IV. RELIGION UND STAAT

Am meisten macht dem Ethiker das Problem zu schaffen, wie er erstens das gemeinschaftliche Zusammenwirken anziehend gestalten kann und welchen Umfang er dem Ganzen oder der Gruppe sodann geben soll, denen er den Rat erteilen will, dem gemeinschaftlichen Zusammenwirken den Vorrang zu geben. Eine vollkommene Sittenlehre würde das reibungsloseste Zusammenwirken jedes einzelnen Teiles mit dem umfassendsten Ganzen fordern – mit dem Weltall selbst oder mit dem Leben und der Ordnung, die sein Wesen ausmachen, oder mit Gott; auf dieser Ebene wären Religion und Ethik ein und dasselbe. Die Ethik ist aber ein Kind der Gewohnheit und ein Enkel des Zwanges; sie bewirkt den Zusammenschluß zur Volksgemeinschaft nur bei Menschengruppen, die mit Machtmitteln ausgestattet sind. Darum ist lebendige Ethik stets Gruppenethik.

Mohammeds Ethik überschritt die Grenzen des Stammes, in den er hineingeboren worden war, blieb aber in der Glaubensgemeinschaft, die er begründete, befangen. Nach seinem Sieg in Medina setzte er den räuberischen Überfällen der arabischen Stämme auf andere arabische Stämme gewisse Schranken, konnte sie aber nicht vollständig verhindern;

es gelang ihm aber doch, ganz Arabien und damit dem ganzen Islam ein neues Gefühl der Einheit zu geben, ein ausgedehnteres Gemeinschaftsbewußtsein und einen größeren Bereich der Treuepflicht zu schaffen. «Ja, die Gläubigen sind Brüder» (XLIX, 10). Die Standes- und Rassenunterschiede, die bei den Stämmen so stark ausgebildet waren, verloren durch die Gemeinsamkeit des Glaubens an Bedeutung. «Wird ein Negersklave als Herrscher über dich gesetzt, so höre auf ihn und gehorche ihm, möge er auch einen Kopf haben wie eine Rosine[25].» Es war ein edler Gedanke, der ungleichartige, über verschiedene Kontinente verstreute Nationen zu einem Volk zusammenschweißte; er gereicht sowohl dem Christentum als auch dem Islam zum Ruhm.

Dieser transzendenten Liebe entsprach in beiden Religionen eine heftige Gegnerschaft gegen alle Ungläubigen. «O ihr, die ihr glaubt, nehmet nicht Juden oder Christen zu Freunden ... nehmet nicht eure Väter noch eure Brüder zu Freunden, wenn sie den Unglauben dem Glauben vorziehen» (V, 56; IX, 23). Mohammed legte sich in der Befolgung dieser Grundsätze noch einige Zurückhaltung auf. «Lasse in der Religion keine Gewaltsamkeit aufkommen. Bekennen sie sich zum Islam, so sind sie auf dem rechten Weg; kehren sie ihm den Rücken, wahrlich, dann geziemt es dir nur zu predigen[26].» «Gib den Ungläubigen eine Frist. Behandle sie eine Zeitlang mit Freundlichkeit» (XXXVI, 17). Gegen Araber jedoch, die nicht glauben und sich nicht auf friedliche Weise beugen wollten, predigte Mohammed den Heiligen Krieg *(dschihad)*, einen Kreuzzug im Namen Allahs. Nachdem der Krieg mit den Quraisch aufgenommen worden war und die «heiligen Monate» des Gottesfriedens vorbei waren, galt es, feindliche Ungläubige umzubringen, wo auch immer man auf sie stieß (IX, 5). «Und wenn dich ein einzelner von den Götzendienern um Schutz bittet, so schütze ihn, daß er das Wort Gottes höre ... Wenn sie sich aber bekehren, das Gebet verrichten ... so lasset ihnen ihren Weg» (IX, 5–6). «Töte nicht den alten Mann, der nicht kämpfen kann, noch das kleine Kind, noch Frauen[27].» Jeder kriegstüchtige Muselmane mußte sich am Heiligen Krieg beteiligen. «Wahrlich, Gott liebt den, der für ihn kämpfet ... Ich schwöre bei Gott, morgens und abends für die Religion herumzuziehen und zu kämpfen ist besser als die Welt und alles in ihr; und wahrlich, mehr gilt es, wenn einer von euch in der Schlachtreihe steht, als wenn er sechzig Jahre lang übermäßig viele Gebete spricht[28].» Diese Kriegsethik ist jedoch nicht eine allgemeine Aufhetzung zum Krieg: «Bekämpfet für den Pfad Gottes diejenigen, die euch bekämpfen, aber seid nicht ausschreitend, denn Gott liebt nicht die Ausschreitenden» (II, 186). Mohammed folgt den gleichen Kriegsgesetzen wie die christlichen Nationen der gleichen Epoche und verfährt mit seinem Krieg gegen die Ungläubigen der Quraisch, die die Stadt Mekka besetzt halten, nicht anders als Urban II., der in späterer Zeit einen Kreuzzug gegen die Muselmanen predigt, die Jerusalem besetzt halten.

Die unvermeidliche Kluft zwischen Theorie und Praxis scheint beim Islam schmaler zu sein als bei anderen Glaubensbekenntnissen. Die Araber waren sinnlich veranlagt, und der Koran bekannte sich zur Vielweiberei; im übrigen ist die Ethik des Korans geradeso streng puritanisch wie Cromwells Ethik; nur Uneingeweihte können glauben, der Islam sei ein in ethischer Hinsicht lockeres Glaubensbekenntnis. Die Araber übten gerne Rache und Vergeltung, und der Koran verlangt nicht, daß Übles mit Gutem vergolten werde.

«Befehdet euch jemand, so befehdet ihr ihn, in der Weise, wie er euch befehdet. ... Wer aber nach einem ihm zugefügten Unrecht sich verteidigt – gegen diese ist keine Ursache» (II, 190; XLII, 39). Es ist eine männliche Ethik, wie diejenige des Alten Testamentes; sie legt den Nachdruck auf die männlichen Tugenden, das Christentum auf die weiblichen. Keine andere geschichtliche Religion hat sich mit solcher Beharrlichkeit bemüht, die Männer stark zu machen, und dabei so allgemein Erfolg gehabt. «O ihr, die ihr glaubt, seid geduldig, wetteifert im Ausharren!» (III, 200). Solche Worte sprach auch Nietzsches Zarathustra.

Bis an den Rand der Götzendienerei verehrt, mit liebevoller Sorgfalt und großem Geschick abgeschrieben und illuminiert, als Fibel benutzt, mit der der Muselmane das Lesen erlernte, und dann wiederum als Kernstück und Gipfel seiner Schulbildung, ist der Koran seit dreizehn Jahrhunderten das Buch, das im Erinnerungsschatz von Hunderten von Millionen Menschen einen breiten Raum einnimmt, ihre Einbildungskraft anregt, ihren Charakter formt und vielleicht ihre Verstandestätigkeit dämpft. Er vermittelte einfachen Seelen die einfachste, unmystischste und unritualistischste aller Religionen, einen Glauben, dem Idolatrie und Priesterherrschaft fremd sind. Sein Evangelium hob die sittliche und kulturelle Stufe seiner Anhänger, förderte die Gesellschaftsordnung und das Gemeinschaftsgefühl, schrieb hygienische Maßnahmen vor, verminderte Aberglauben und Grausamkeit, verbesserte die Lage der Sklaven, gab den einfachen Menschen Würde und Stolz und schuf bei den Muselmanen (wenn man von den Schwelgereien einiger Kalifen absehen will) einen Grad der Besonnenheit und Mäßigkeit, der in der Welt des weißen Mannes nicht seinesgleichen hat. Diese Religion verhalf den Menschen dazu, ohne Klagen die Mühen und Entbehrungen des Lebens zu tragen, und stachelte sie gleichzeitig zu den erstaunlichsten Eroberungszügen der Geschichte an. Und der Koran gab der Religion eine Definition, deren Wortlaut jedem Christen oder Juden annehmbar wäre:

> Nicht das ist Frömmigkeit, daß ihr (beim Gebet) euer Gesicht nach Osten wendet oder Westen, Frömmigkeit übt vielmehr, wer an Gott glaubt, an den Jüngsten Tag, an die Engel, an das Buch und an die Propheten, seinen Besitz mit Liebe hingibt an Anverwandte, Waisen, Arme, Wandrer, Bittende und für Gefangene, das Gebet verrichtet ... Verträge hält, die er geschlossen, und geduldig ist in Drangsal, Unglück und Zeit der Not. Diese sind es, die rechtschaffen sind, diese sind es, die gottesfürchtig sind (II, 172).

V. DIE QUELLEN DES KORANS

So wie der Stil des Korans demjenigen der Propheten nachgebildet ist, ist auch sein Inhalt weitgehend eine Umbildung jüdischer Lehren, Sagen und Themen. Der Koran, der an den Juden keinen guten Flecken läßt, ist doch die aufrichtigste Schmeichelei, die ihnen je zuteil wurde. Seine Grundgedanken – Monotheismus, Prophetentum, Glaube, Reue, Buße, das Jüngste Gericht, Himmel und Hölle – scheinen der unmittelbaren Herkunft nach und sogar in der äußeren Form und in der Aufmachung jüdisch zu sein. Der Koran unterscheidet sich von der jüdischen Lehre hauptsächlich in seiner Behauptung, daß der Messias gekommen sei. Mohammed berichtet ganz offen von den Anschuldigungen von Zeitgenossen, seine Offenbarungen seien «Lüge nur, die er ersonnen, wobei ihm fremde Leute geholfen! ... es wird ihm morgens und abends vorgelesen» (XXV, 5–6). Er erkennt großmütig die hebräischen und christlichen Heiligen Schriften als göttliche Offenbarungen an (III, 48). Gott habe dem Menschen 104 Offenbarungen zuteil werden lassen, von denen nur vier erhalten seien – der Pentateuch des Moses, die Psalmen Davids, das Evangelium Jesu, der Koran Mohammeds; wer auch nur eine dieser Offenbarungen nicht anerkennen will, ist nach Mohammeds Ansicht ein Ungläubiger. Die ersten drei seien aber so verderbt überliefert, daß man sich nicht mehr auf sie verlassen könne; der Koran ersetze sie alle[29]. Es habe viele inspirierte Propheten gegeben, beispielsweise Adam, Noah, Abraham, Moses, Enoch, Christus, als letzten und größten aber den Mohammed. Von Adam bis Christus erkennt Mohammed die ganze biblische Geschichte an, fügt aber gelegentlich Berichtigungen ein, um die göttliche Ehre zu retten; beispielsweise habe Gott Jesus am Kreuz nicht wirklich sterben lassen (LV, 157). Der Prophet nimmt die Übereinstimmung des Koran mit der Bibel als Beweis seiner göttlichen Sendung und interpretiert verschiedene Bibelstellen[30] als Prophezeiungen seiner eigenen Geburt und seines Apostelamtes.

Von der Schöpfung bis zum Jüngsten Gericht verwendet er jüdisches Gedankengut. Allah ist Jahve; *Allah* ist eine kontrahierte Form von *al-Ilah*, einem alten Gott der Kaaba; ein verwandtes Wort wurde in verschiedenen semitischen Sprachen in verschiedenartiger Form zur Bezeichnung der Gottheit verwendet; die Juden gebrauchten das Wort *Elohim*, und Christus am Kreuz rief *Eli* an. Sowohl Jahve als auch Allah ist ein Gott der Barmherzigkeit, beide sind aber auch strenge und kriegerische Gottheiten, die manche menschliche Leidenschaft an sich haben und keinen anderen Gott neben sich dulden. Das Schema' Yisrael des jüdischen Rituals, das die Einzigartigkeit Gottes versichert, hat sein Gegenstück in dem Hauptsatz des muselmanischen Glaubens – «Es gibt keinen Gott außer Allah». Der oft wiederkehrende Spruch des Koran, daß Gott «gnädig und barmherzig» sei, ist ein Echo des ebenso häufigen Ausspruches im Talmud[31]. Die Bezeichnung Allahs als *rahman*, den Gnädigen, erinnert an den Brauch der Rabbiner in der talmudischen Zeit, Jahve *rahmana* zu nennen[32]. Der Talmud sagt gerne: «Der Heilige, gesegnet sei er»; die Literatur der Muselmanen folgt diesem Brauch mit seinem oft wiederholten «Allah (oder Mohammed) sei gesegnet». Offenbar übermittelten die Juden, die den Propheten mit der Bibel bekannt machten, ihm auch Stücke des Talmud; hundert Stellen des Korans sind ein Echo der Mischna und der Gemaras[33]. Die Lehren des Korans von den Engeln, der Wiederauferstehung und dem Himmel folgen eher dem Talmud als dem Alten Testament. Erzählungen, die zusammen ein Viertel des Korans ausmachen, lassen sich auf haggadische (erläuternde) Elemente des Talmuds zurückführen[34]. Wo die Erzählungen des Korans von biblischen Darstellungen abweichen (wie in der Geschichte von Joseph), da stehen sie gewöhnlich mit Lesarten in Übereinstimmung, die sich bereits in der haggadischen Literatur der vormuselmanischen Juden finden[35].

Von der Mischna und der Halacha – dem mündlich überlieferten Gesetz der Juden – scheint Mohammed viele Elemente des Rituals, sogar ins Einzelne gehende diätetische und hygienische Vorschriften übernommen zu haben[36]. Die zeremonielle Reinigung vor dem Gebet ist striktes Gebot, und die Hände dürfen mit Sand gereinigt werden, wenn kein

Wasser vorhanden ist – genau, wie die Rabbiner es vorschrieben. Die jüdische Einrichtung des Sabbats gefiel dem Mohammed; er übernahm sie mit dem Unterschied, daß er den Freitag zum Tag des Gebetes für die Muselmanen machte. Der Koran untersagt wie das mosaische Gesetz den Genuß von Blut oder von Schweine- und Hundefleisch oder des Fleisches von Tieren, die von selbst gestorben oder von einem anderen Tier getötet oder einem Götzenbild geopfert worden sind (v, 3; vi, 146); der Koran gestattet indessen den Genuß von Kamelfleisch, den Moses untersagt hatte, der sich aber manchmal nicht umgehen ließ, da Kamelfleisch das einzige in der Wüste vorhandene fleischliche Nahrungsmittel war. Der mohammedanische Brauch des Fastens folgte dem hebräischen Vorbild[37]. Die Juden mußten nach dem Geheiß ihrer Rabbiner dreimal täglich beten und dabei das Gesicht gegen Jerusalem und den Tempel richten und mit der Stirn den Boden berühren; Mohammed übernahm diese Vorschriften für den Islam. Das erste Kapitel des Korans, das Grundgebet des Islam, ist in seinen wesentlichen Zügen jüdisch. Der schöne Gruß der Hebräer – *Schalom aleichem* – läuft dem edlen «Friede sei mit dir» des Islam parallel. Und endlich ist der talmudische Himmel genauso wie das koranische Paradies eine Stätte rein physischer wie auch ekstatisch geistiger Freuden.

Einige dieser Elemente im Glaubensbekenntnis und in der religiösen Praxis mögen gemeinsames Erbe der Semiten sein; andere – Engel, Teufel, Satan, Himmel, Hölle, die Wiederauferstehung, das Jüngste Gericht – waren von den Juden von Babylon oder Persien übernommen worden und können auch unmittelbar von Persien in den Islam eingegangen sein. In der zarathustrischen wie in der mohammedanischen Eschatologie müssen die auferweckten Toten auf einer gefährlichen Brücke über einen tiefen Abgrund schreiten; die Bösen fallen in die Hölle hinab, die Guten gehen in ein Paradies ein, wo sie neben anderen Leckerbissen die Gesellschaft von Frauen *(huris)* genießen, deren Schönheit und Jugendlichkeit unvergänglich sind. Zu der jüdischen Theologie, Ethik und Ritualistik und der persischen Eschatologie ließ Mohammed die arabische Dämonenwelt, den arabischen Brauch der Pilgerfahrten und das Zeremoniell der Kaaba treten und schuf damit den Islam.

Dem Christentum war er weniger verschuldet. Wenn wir nach dem Koran urteilen dürfen, kannte er das Christentum nur sehr wenig, dessen Heilige Schrift nur aus zweiter Hand, dessen Theologie hauptsächlich in der persisch-nestorianischen Form. Sein eindringliches Predigen um die Bußfertigkeit angesichts des Jüngsten Gerichtes hat eine christliche Färbung. Er verwechselt Maria (hebr. Miriam), die Mutter Jesu, mit Miriam, der Schwester des Moses, und meint – vielleicht durch den anwachsenden Marienkult in der Christenheit dazu verleitet –, daß die Christen in ihr eine Göttin sähen, die mit dem Vater und Christus eine Dreieinigkeit bildeten (v, 116). Er läßt mehrere unkanonische Legenden von Jesus und der jungfräulichen Geburt gelten (iii, 47; xxi, 81). Bescheiden erkennt er die Wundertaten Jesu an und erhebt selber keinen Anspruch auf solche Fähigkeiten (iv, 48; v, 110). Er teilt die Ansicht der Doketisten, daß Gott an Jesu Stelle ein Phantom an das Kreuz gehängt und Jesus unverletzt zu sich in den Himmel geholt habe. Dagegen wollte Mohammed unter keinen Umständen die Gottessohnschaft Jesu anerkennen. «Wahrlich, Gott ist ein Einheitsgott; erhaben ist er, einen Sohn zu besitzen» (iv, 169). Er bittet die

«Schriftleute»: «Kommt her zu einer billigen Verständigung zwischen uns und euch, daß wir nur Gott verehren» (III, 57).

Im großen und ganzen war Mohammed den Christen wohlgesinnt, wenn er auch von einer näheren Verbundenheit mit ihnen nichts wissen wollte (XXXI, 15). Selbst nach seinem Streit mit den Juden empfahl er Duldsamkeit gegenüber dem «Volk des Buches», das heißt gegenüber den Juden und den Christen*. Obgleich der Islam so fanatisch ist wie je eine Religion, gesteht er doch zu, daß auch andere Menschen als nur die Muselmanen erlöst werden könnten (V, 73) und fordert von seinen Anhängern, daß sie das «Gesetz» (das Alte Testament), das Evangelium und den Koran ehrten, da sie alle «Gottes Wort» seien; wir treffen hier auf eine erfrischende Großzügigkeit. Mohammed beschwört die Juden, ihrem Gesetz zu gehorchen, die Christen, dem Evangelium zu folgen (V, 72), er lädt sie aber doch ein, den Koran als Gottes letzte Verfügung anzuerkennen. Die früheren Offenbarungen seien verderbt und mißbraucht worden; nun sollte die neue Offenbarung sie einen und läutern und der ganzen Menschheit einen vereinenden, kräftigenden Glauben schenken.

Drei Bücher schufen und erfüllten fast vollständig das Zeitalter des Glaubens – die Bibel, der Talmud, der Koran – wie wenn angedeutet werden sollte, daß während der Barbarisierung des Römischen Reiches nur eine übernatürliche Ethik der Gesellschaft und der Seele die Ordnung wiedergeben könnte. Alle drei Bücher waren semitisch und zum überwiegenden Teile jüdisch. Auf der Bühne der mittelalterlichen Geschichte sollte der geistige Wettbewerb dieser drei Schriften und der blutige Zusammenprall ihrer Glaubensbekenntnisse zum Austrag kommen.

* Der Ausdruck und die tolerante Haltung kamen später auch gegenüber den Persern zur Anwendung, da auch sie ein heiliges Buch, das Avesta, besaßen.

DRITTES KAPITEL

DAS SCHWERT DES ISLAM

[632–1058]

I. DIE NACHFOLGER: 632–660

MOHAMMED hatte keinen Nachfolger bestimmt, aber er hatte Abu Bekr (573–624) als Vorbeter in der Moschee von Medina eingesetzt, und nach einigem Aufruhr und vielen Rivalitäten ließen sich die muselmanischen Führer durch diese Bevorzugung dazu bewegen, Abu Bekr als den ersten Kalifen des Islam zu wählen. *Chalifa* («Vertreter») war anfangs eher eine Bezeichnung als ein Titel; der offizielle Titel lautete *amir-al-muminin*, «Führer der Gläubigen». Ali, Vetter und Schwiegersohn des Propheten, war von dieser Wahl enttäuscht und verweigerte sechs Monate lang den Gehorsam. Abbas, Onkel sowohl von Ali als auch von Mohammed, war ebenfalls unzufrieden. Aus diesem anfänglichen Zwiespalt entstanden ein Dutzend Kriege, eine Abbasidendynastie und eine Sektentrennung, die noch heute den Islam in Unruhe hält.

Abu Bekr war nun neunundfünfzig, klein, hager, mit spärlichem Haar und einem rotgefärbten weißen Bart, bescheiden und enthaltsam, freundlich, aber entschlossen; er kümmerte sich persönlich um alle Einzelheiten der Verwaltung und Rechtsprechung und ruhte nicht, ehe Recht gesprochen war; er diente, ohne einen Lohn zu fordern, bis das Volk seine Anspruchslosigkeit verwarf; in seinem Testament vermachte er daraufhin die ganze Besoldung, die er erhalten hatte, wieder dem Staat. Die Stämme Arabiens legten seine Bescheidenheit fälschlicherweise als Willensschwäche aus; sie hatten sich nur widerwillig und äußerlich zum Islam bekehrt, wollten jetzt nichts mehr von ihm wissen und verweigerten die Zahlung des Zehnten, den Mohammed ihnen auferlegt hatte. Als Abu Bekr auf der Bezahlung beharrte, marschierten sie gegen Medina. Der Kalif stellte über Nacht ein Heer auf, führte es vor Morgengrauen aus der Stadt und schlug die Aufrührer vernichtend (632). Chalid ibn al-Walid, der glänzendste und unbarmherzigste arabische Feldherr, erhielt den Auftrag, die aufrührerische Halbinsel zum rechten Glauben, zur Bußfertigkeit und zur Tributzahlung zurückzubringen.

Dieser innere Zwist dürfte zur Ausbildung der Triebkräfte beigetragen haben, die die Araber zur Eroberung Westasiens bewogen. Bei der Machtübernahme durch Abu Bekr scheint keiner der Muselmanenführer an ein so weltweites Unternehmen gedacht zu haben. Einige arabische Stämme in Syrien kämpften gegen das Christentum und Byzanz an, hielten sich die oströmischen Heere vom Leibe und baten die Muselmanen um Hilfe. Abu Bekr sandte ihnen Verstärkungen und schürte die antibyzantinische Bewegung in Arabien; er war auf einen äußeren Zwist gestoßen, der die innere Einheit festigen konnte. Die Beduinen, die von ihrem Hungerleben genug hatten und an Krieg gewöhnt waren, beteiligten sich gerne an diesen anscheinend begrenzten Feldzügen, und ehe sie sich versahen, ließen diese Skeptiker der Wüste begeistert ihr Leben für den Islam.

Viele Triebkräfte waren an der arabischen Expansion beteiligt. Da waren zunächst wirtschaftliche Triebkräfte: Der Verfall einer ordnungsgemäßen Staatsgewalt in dem Jahrhundert vor Mohammed hatte dazu geführt, daß das Bewässerungssystem Arabiens zerfiel[1]; die zunehmende Bevölkerung sah sich durch den Rückgang der Bodenerträgnisse bedroht; der Hunger nach Ackerland mag die Muselmanenregimenter angetrieben haben[2]. Dann waren auch politische Triebkräfte wirksam: Byzanz und Persien hatten sich beide in Kriegen und mit gegenseitigen Verwüstungen erschöpft und boten nun in ihrem Niedergang eine große Versuchung; in ihren Provinzen wurde die Steuerschraube immer stärker angezogen, während die Regierung immer machtloser wurde und keinen Schutz mehr zu bieten vermochte. Auch rassische Triebkräfte spielten eine Rolle: In Syrien und Mesopotamien hatten arabische Stämme ihren Wohnsitz, denen es nicht schwerfiel, zuerst die Herrschaftsgewalt und dann den Glauben der arabischen Eindringlinge anzuerkennen und anzunehmen. Religiöse Erwägungen traten dazu: Byzanz hatte sich mit seiner Unterdrückung der Monophysiten und Nestorianer und anderer Sekten eine beträchtliche Minderheit der syrischen und ägyptischen Bevölkerung und sogar einige kaiserliche Garnisonen entfremdet. Mit fortschreitender Eroberung wuchs auch die Rolle der Religion; die muselmanischen Führer waren leidenschaftliche Jünger des Mohammed, waren im Gebet noch eifriger als im Kampf und flößten mit der Zeit ihrer Gefolgschaft einen Fanatismus ein, der den Tod im Heiligen Kriege als ein Sesam öffne dich zum Paradiese begrüßte. Ethische Triebkräfte waren ebenfalls beteiligt: Die Ethik des Christentums und des Mönchstums hatten im Nahen Orient die Kampfbereitschaft, die für Sitten und Lehre der Araber kennzeichnend war, stark geschwächt. Die arabischen Truppen verfügten über eine straffere Disziplin und eine bessere Führung; sie waren an Entbehrungen gewöhnt und wurden mit Beutegut belohnt; sie konnten mit leeren Mägen kämpfen und waren für ihre Mahlzeiten vom Sieg abhängig. Sie waren aber keine Barbaren. «Seid gerecht, seid tapfer!» lautete ein Aufruf des Abu Bekr; «laßt lieber euer Leben, als daß ihr nachgebet; seid barmherzig; erschlaget keine Greise, keine Frauen, keine Kinder. Zerstöret keine Obstbäume, keine Getreidefelder, kein Vieh. Haltet euer Wort, auch gegenüber Feinden. Belästiget die frommen Menschen nicht, die sich von der Welt zurückgezogen haben, zwinget aber alle anderen, entweder Muselmanen zu werden oder uns Tribut zu zahlen. Wer sich weigert, soll den Tod finden[3].» Die Wahl lautete also nicht: entweder den Islam oder das Schwert, sondern: den Islam oder Tributzahlungen oder das Schwert. Schließlich wirkten auch noch militärische Triebkräfte bei den Invasionen mit: Je mehr hungrige oder ehrgeizige neue Krieger zu den triumphierenden arabischen Heeren stießen, desto mehr erhob sich das Problem, ihnen neue Länder zum Erobern zu verschaffen, und sei es auch nur, um sie mit Nahrung und Sold zu versorgen. Der Vormarsch schuf sich seine eigene Triebkraft; jeder Sieg forderte einen neuen Sieg, bis die arabischen Eroberungen – rascher durchgeführt als die römischen, dauerhafter als die mongolischen – in ihrer Gesamtheit die erstaunlichste Großtat der Kriegsgeschichte darstellten.

Zu Beginn des Jahres 633 wurde Chalid, der Arabien «befriedet» hatte, von einem nomadisierenden Grenzstamm aufgefordert, an dem Überfall auf eine benachbarte Gemeinde im Irak teilzunehmen. Chalid, der in der Muße oder im Frieden keine Ruhe fand, nahm die Einladung an und drang mit fünfhundert eigenen Leuten und 2500 Kriegern des Nomadenstammes auf persischem Boden ein. Es ist uns nicht bekannt, ob dieser Überfall mit Zustimmung des Abu Bekr erfolgte; offenbar nahm dieser die Ergebnisse der Invasion mit philosophischer Ruhe hin. Chalid eroberte Hira und sandte an den Kalifen genügend Beute, um ihm den Ausruf zu entlocken: «Gewißlich ist der Schoß erschöpft. Nie mehr wird eine Frau einen Chalid gebären![4]» Die Frau war nunmehr im Denken und in der Beute der Sieger zu einem wesentlichen Punkt geworden. Bei der Belagerung von Emesa feuerte ein junger arabischer Heerführer den Eifer seiner Truppen an, indem er ihnen die Schönheit der syrischen Mädchen pries. Als Hira sich ergab, forderte Chalid die Auslieferung einer vornehmen Frau, Kermat, an einen arabischen Krieger, der behauptete, Mohammed habe sie ihm versprochen. Die Familie jammerte, aber Kermat selbst regte sich nicht sehr auf. «Der Narr sah mich, als ich noch jung war!» sagte sie. «Er hat ganz vergessen, daß die Jugend nicht ewig währt.» Der Krieger war gleicher Meinung, als er sie zu sehen bekam, und gab sie für ein wenig Gold frei[5].

Noch bevor Chalid sich seines Sieges bei Hira freuen konnte, erhielt er eine Botschaft vom Kalifen mit der Aufforderung, einer arabischen Streitmacht zu Hilfe zu eilen, die bei Damaskus von einem gewaltig überlegenen griechischen Heer bedroht war. Zwischen Hira und Damaskus erstreckte sich eine fünf Tagesmärsche weite wasserlose Wüste. Chalid trieb Kamele zusammen und gab ihnen reichlich zu trinken; unterwegs schlachteten die Soldaten Kamele und entnahmen ihren Bäuchen Wasser; die Pferde ernährten sie mit Kamelsmilch. Der Vorrat war erschöpft, da stießen Chalids Truppen am Yarmuk, neunzig Kilometer südwestlich von Damaskus, auf die arabische Hauptmacht; nach der Darstellung der muselmanischen Geschichtsschreiber sollen 40000 (25000?) Araber in einer der unzähligen entscheidenden Schlachten der Geschichte 240000 (50000?) Griechen besiegt haben (634). Der Kaiser Herakleios hatte Syriens Schicksal von einem einzigen Treffen abhängen lassen. Von nun an sollte Syrien das Sprungbrett zu einem sich ausbreitenden Muselmanenreich sein.

Während Chalid seine Mannen zum Siege führte, erhielt er einen Brief mit der Nachricht vom Tode des Abu Bekr (634); in diesem Schreiben erteilte der neue Kalif Omar ihm den Auftrag, den Oberbefehl an Abu Obeida abzutreten; Chalid hielt es geheim, bis die Schlacht gewonnen war. Omar (Umar Abu Hafsa ibn al-Chattab) (582–644) war der Hauptratgeber und die wichtigste Stütze des Abu Bekr gewesen und hatte sich einen so guten Ruf erworben, daß sich kein Einwand erhob, als der sterbende Kalif ihn zu seinem Nachfolger bestimmte. Und doch war Omar das genaue Gegenteil seines Freundes: groß, breitschultrig und leidenschaftlich; gemein hatten die beiden nur die frugale Einfachheit, den Kahlkopf und den gefärbten Bart. Die Zeit und die Verantwortlichkeit hatten ihn heranreifen lassen, bis er eine seltene Mischung von glühender Leidenschaftlichkeit und kühler Urteilskraft besaß. Als er einmal einen Beduinen ungerechterweise schlug, bat er ihn – übrigens vergeblich –, ihm die gleiche Anzahl Schläge zu versetzen. Er war von puritanischer Strenge und forderte von jedem Muselmanen die äußerste Tugendhaftigkeit; immer trug er eine Peitsche bei sich, damit er jeden Mohammedaner züchtigen konnte, den er bei einer Übertretung des Koranischen Gesetzes antraf[6]. Nach der Überlieferung soll er seinen eigenen Sohn wegen wiederholter Trunkenheit zu Tode gepeitscht haben[7]. Muselmanische Geschichtsschreiber berichten, er habe nur ein einziges Hemd und einen Überwurf besessen, die er immer wieder flickte; er habe sich nur von Gerstenbrot und Datteln ernährt und nie etwas anderes als Wasser getrunken, auf einem Bett aus Palmblättern geschlafen, das kaum besser gewesen sei als eine dünne härene Decke; sein einziges Anliegen sei die Ausbreitung des Glaubens mit dem Wort und dem Schwert gewesen. Als ein persischer Satrap ihn aufsuchte, um ihm seine Huldigung darzubringen, habe er den Eroberer des Ostens schlafend unter den Bettlern auf den Stufen der Moschee von Medina angetroffen[8]. Wir können uns für die Wahrheit dieser Berichte nicht verbürgen.

Omar hatte Chalid abgesetzt, weil das «Schwert Gottes» zu wiederholten Malen seinen Mut mit Grausamkeit besudelt hatte. In der Art, wie der unbesiegbare Feldherr seine Entfernung vom Kommando aufnahm, zeigte er, daß er schönere Charaktereigenschaften als nur Tapferkeit besaß: Er stellte sich bedingungslos zur Verfügung des Abu Obeida, der seinerseits so weise war, seinem Rat in strategischen Dingen zu folgen und seiner Wildheit im Siege Widerstand entgegenzusetzen. Die Araber zeigten sich der persischen und griechischen Infanterie und Kavallerie als gute Reiter überlegen; niemand, der die frühmittelalterliche Rüstung trug, konnte ihrem grausigen Schlachtruf, ihrer überraschenden Taktik, ihrer Schnelligkeit widerstehen; immer achteten sie darauf, daß die Schlachten auf Ebenen stattfanden, die für die taktischen Bewegungen ihrer Reiterei günstig waren. Im Jahre 635 fiel Damaskus, 636 Antiochien, 638 Jerusalem; bis 640 war ganz Syrien in muselmanischem Besitz, bis 641 waren Persien und Ägypten erobert. Der Patriarch Sophronios willigte in die Übergabe von Jerusalem unter der Bedingung ein, daß der Kalif persönlich käme, um die Übergabebedingungen zu ratifizieren. Omar willigte ein und reiste in würdevoller Einfachheit, mit einem Sack Korn, einem Sack Datteln, einem Schlauch voll Wasser und einer hölzernen Schüssel bewaffnet, von Medina nach Jerusalem. Chalid, Abu Obeida und andere arabische Heerführer gingen ihm zur Begrüßung entgegen. Er zeigte Mißfallen über ihre feine Kleidung und die prunkhaften Monturen ihrer Hengste; er bewarf sie mit einer Handvoll Kies und rief: «Weg mit euch! In solcher Aufmachung kommt ihr mir unter die Augen?» Er empfing den Sophronios höflich und freundlich, erlegte den Besiegten einen leichten Tribut auf und bestätigte die Christen im friedlichen Besitz aller ihrer Heiligtümer. Christliche Geschichtsschreiber berichten, er habe sich vom Patriarchen in Jerusalem herumführen lassen. Während seines zehntägigen Aufenthaltes wählte er den Platz für die Moschee aus, die seinen Namen tragen sollte. Hierauf kehrte er in seine bescheidene Hauptstadt zurück, da er erfuhr, das Volk von Medina sei in Besorgnis, er wolle Jerusalem zur Zitadelle des Islam machen.

Sobald Syrien und Palästina in sicherem arabischem Besitz waren, setzte eine Wanderung aus Arabien nach dem Norden und Osten ein, die mit der Wanderung der germanischen Stämme in die eroberten Provinzen Roms vergleichbar ist. An dieser Wanderbewegung waren auch Frauen beteiligt, aber nicht in hinreichender Zahl, um dem Eifer der Araber zu genügen; die erobernden Männer rundeten ihre Harems mit christlichen und jüdischen Konkubinen ab und zählten Kinder aus solchen Verbindungen zu ihren legitimen Nachkommen. Auf Grund dieses Eifers und dieser Zählweise betrug die Zahl der «Araber» in

Syrien und Persien um 644 bereits eine halbe Million. Omar verbot den Eroberern, Land zu erwerben oder zu bebauen; er hatte die Hoffnung, sie außerhalb der Grenzen Arabiens als einen Kriegerstand beibehalten zu können, der vom Staate einen ausreichenden Lebensunterhalt erhielt, aber seine kriegerischen Qualitäten bewahrte. Nach seinem Tode gerieten die Verbote in Vergessenheit, nachdem sie schon zu seinen Lebzeiten wegen seiner Großzügigkeit fast unwirksam gewesen waren; er teilte die Siegesbeute so auf, daß das Heer vier Fünftel, die Nation ein Fünftel bekam. Die Minderheit an Menschen, die die Mehrheit an Verstandeskräften besaß, war bald im Besitz der Mehrheit der Güter dieses rasch anwachsenden arabischen Wohlstandes. Die Edlen der Quraisch bauten sich prächtige Paläste in Mekka und Medina; Zobeir besaß in mehreren Städten Paläste und dazu tausend Pferde und zehntausend Sklaven; Abd-er-Rahman besaß tausend Kamele, zehntausend Schafe, vierhunderttausend Dinar (1 912 000 Dollar). Omar war wegen dieses Abgleitens seines Volkes in ein Luxusleben von Sorge erfüllt.

Ein Perser schlug ihn nieder, während er in der Moschee das Gebet leitete (644). Als es dem sterbenden Kalifen nicht gelang, Abd-er-Rahman zur Übernahme der Nachfolgerschaft zu bewegen, ernannte er sechs Männer, die seinen Nachfolger wählen sollten. Sie betrauten den Schwächsten von ihnen mit dem Amt, vielleicht in der Hoffnung, daß sie über ihn herrschen würden. Othman ibn Affan war ein alter Mann mit freundlichen Absichten; er baute die Moschee von Medina um und verschönerte sie und unterstützte die arabischen Feldherren, die gerade dabei waren, die muselmanischen Waffen nach Herat und Kabul, Balch und Tiflis und durch Kleinasien zu tragen. Es war aber sein Unglück, daß er ein loyales Mitglied der aristokratischen Umayyadensippschaft war, die in früherer Zeit zu den erklärtesten Feinden Mohammeds gehört hatte. Die Umayyaden strömten nach Medina, um die Früchte ihrer Verwandtschaft mit dem alten Kalifen zu ernten. Er vermochte sich dem Drängen nicht zu widersetzen; bald lag ein Dutzend einträglicher Ämter in den Händen von Männern, die sich über den Puritanismus und die Einfachheit frommer Muselmanen nur lustig machten. Der Islam, der im Siege von seiner Spannkraft verlor, spaltete sich in Parteien auf, die einander grimmige Gegnerschaft leisteten: Die «Flüchtlinge» von Mekka standen gegen die «Helfer» von Medina, die herrschenden Städte Mekka und Medina gegen die schnell wachsenden muselmanischen Städte Damaskus, Kufa und Basra, die Aristokratie der Quraisch gegen die Demokratie der Beduinen, die Haschimiten-Sippe des Propheten gegen die Umayyadensippe, die von Muawiya geführt wurde, dem Sohne von Mohammeds Hauptgegner Abu Sufyan, der jetzt aber Statthalter von Syrien war. Im Jahre 654 begann ein zum Islam übergetretener Jude in Basra eine revolutionäre Lehre zu verbreiten, nämlich daß Mohammed ins Leben zurückkehren werde, Ali sein einziger legitimer Nachfolger und Othman ein Usurpator und Othmans Anhänger nichts als eine Bande gottloser Tyrannen seien. Der Aufrührer wurde aus Basra vertrieben und ging nach Kufa; er wurde aus Kufa vertrieben, floh nach Ägypten, wo seine Predigten eine leidenschaftliche Zuhörerschaft fanden. Fünfhundert ägyptische Muselmanen zogen als Pilger nach Medina und verlangten von Othman die Abdankung. Als er dem Verlangen nicht nachkam, belagerten sie ihn in seinem Palast. Schließlich bahnten sie sich den Weg in seinen Raum und erschlugen ihn, während er im Koran las (656).

Die Umayyadenführerschaft floh aus Medina und die Partei der Haschimiten erhob schließlich den Ali zur Kalifenwürde. Er war in seiner Jugend ein Vorbild an bescheidener Frömmigkeit und kraftvoller Treue gewesen; jetzt war er fünfundfünfzig Jahre alt, kahlköpfig und dick, nachdenklich und zurückhaltend; er scheute sich vor einem Zeitgeschehen, in welchem die Religion von der Politik, die Frömmigkeit von der Intrigiersucht verdrängt worden war. Man fragte ihn, welche Strafe die Mörder des Othman treffen sollte, aber er zögerte mit der Antwort, bis sie entfliehen konnten. Er rief die von Othman eingesetzten Amtsträger auf, ihre Ämter niederzulegen; die meisten weigerten sich; statt zurückzutreten, zeigte Muawiya überall in Damaskus die blutigen Gewänder des Othman und die Finger, die Othmans Gattin bei dem Versuche, ihn zu schützen, eingebüßt hatte. Die Sippe der Quraisch, die von den Umayyaden beherrscht wurde, scharte sich um Muawiya; Zobeir und Talha, «Genossen» des Propheten, lehnten sich gegen Ali auf und beanspruchten ihrerseits das Kalifat. Aischa, Mohammeds stolze Witwe, zog von Medina nach Mekka und schloß sich den Aufrührern an. Als die Muselmanen von Basra sich für die Rebellen erklärten, wandte sich Ali an die alten Kampfgenossen von Kufa und versprach, Kufa zu seiner Hauptstadt zu machen, wenn sie ihm helfen würden. Sie kamen; die beiden Heere stießen in Choraiba im südlichen Irak in der Schlacht vom Kamel aufeinander – die so genannt wurde, weil Aischa ihre Truppen von einem Kamel aus befehligte. Zobeir und Talha wurden geschlagen und niedergemacht; Aischa wurde in aller Höflichkeit in ihr Haus nach Medina zurückgeleitet, und Ali verlegte seinen Regierungssitz nach Kufa in der Nähe des antiken Babylon.

Aber Muawiya stellte in Damaskus eine neue Rebellenstreitmacht auf. Er war ein Mann von Welt, der persönlich wenig für Mohammeds Offenbarung übrig hatte; er sah in der Religion einen billigeren Ersatz für Polizei, aber er war sich klar, daß sich kein Adliger durch die Religion am Lebensgenuß stören lassen würde. Im Grunde suchte sein Krieg gegen Ali die Quraisch-Oligarchie wieder an die Macht zu bringen und ihr die Führerschaft wiederzugeben, die Mohammed ihr genommen hatte. Alis neugeordnete Truppen stellten sich dem Heere des Muawiya bei Siffin am Euphrat (657); Ali hatte bereits die Überhand, als Muawiyas Feldherr Amr ibn al-As Exemplare des Koran an die Lanzenspitzen seiner Krieger band und ein Schiedsgericht «gemäß Allahs Worten» verlangte – vermutlich nach Regeln, die in dem Heiligen Buch niedergelegt waren. Ali gab dem Drängen seiner Truppen nach und willigte ein; es wurden Schiedsrichter gewählt; sie erhielten eine Frist von sechs Monaten für die Entscheidung, und die Krieger kehrten nach Hause zurück.

Alis eigene Leute wandten sich nun zum Teil gegen ihn und bildeten als *Charidschi*, «Abgespaltene», ein eigenes Heer und eine besondere Sekte; sie vertraten die Ansicht, der Kalif müsse vom Volk gewählt und vom Volke wieder abgesetzt werden können; einige von ihnen waren religiöse Anarchisten, die einzig und allein Gott eine Regierungsgewalt zuerkennen wollten[9]; alle wandten sie sich gegen die Weltlichkeit und das Luxusleben der neuen Herrenschicht des Islam. Ali versuchte, sie durch Überredung wieder auf seine Seite zu ziehen, hatte aber keinen Erfolg damit; ihre Frömmigkeit kehrte sich in Fanatismus und artete in Gesetzlosigkeiten und Gewalttätigkeiten aus; schließlich erklärte Ali ihnen den Krieg und brachte sie unter seine Botmäßigkeit. Fristgemäß kamen die Schiedsrichter überein, daß sowohl Ali als auch Muawiya ihre Ansprüche auf das Kalifat aufgeben sollten. Alis Vertreter verkündete die Absetzung des Ali; Amr gab jedoch für Muawiya nicht die gleiche Erklärung ab, sondern rief ihn zum Kalifen aus. Während dieses ganzen Durcheinanders drang in der Nähe von Kufa ein Charidschit auf Ali ein und spaltete ihm das Gehirn mit einem vergifteten Schwert (661). Die Stelle, an der Ali den Tod fand, wurde eine heilige Stätte für die Sekte der Schia, die ihn als den Wali, den Stellvertreter Allahs, verehrte und sein Grab zum Wallfahrtsziel machte, das ihnen so heilig war wie Mekka selbst.

Die Muselmanen des Irak wählten Alis Sohn Hasan zum Nachfolger; Muawiya marschierte gegen Kufa; Hasan unterwarf sich, erhielt von Muawiya eine Pension, zog sich nach Mekka zurück, heiratete hundertmal und starb im Alter von fünfundvierzig Jahren (669) am Gift des Kalifen oder einer eifersüchtigen Frau. Wenn auch zögernd, leistete nun doch der gesamte Islam dem Muawiya Gefolgschaft; um seiner eigenen Sicherheit willen und weil Medina nun vom Mittelpunkt der muselmanischen Bevölkerung und Macht zu weit abgelegen war, machte er Damaskus zu seiner Hauptstadt. Die adligen Quraisch hatten durch Abu Sufyans Sohn ihren Krieg gegen Mohammed gewonnen; die theokratische «Republik» der Nachfolger wurde zu einer weltlichen Erbmonarchie. Die Semitenherrschaft ersetzte die Vorherrschaft von Persern und Griechen in Westasien, verdrängte eine Europäervormacht aus Asien, die sich dort tausend Jahre gehalten hatte, und gab dem Nahen Orient, Ägypten und Nordafrika die Gestalt, die sie im wesentlichen dreizehn Jahrhunderte lang beibehielten.

II. DAS UMAYYADENKALIFAT: 661–750

Wir wollen Muawiya gerecht werden. Er war an die Macht gekommen, zuerst indem er von dem tugendhaften Omar zum Statthalter von Syrien ernannt worden war, dann indem er die Reaktion gegen den Mord an Othman anführte, dann durch Intrigen, die so fein gesponnen waren, daß er selten Gewalt anwenden mußte. «Ich brauche mein Schwert nicht», sagte er, «solange meine Peitsche genügt, und meine Peitsche nicht, wenn meine Zunge genügt. Und wenn auch nur ein Haar mich an meine Mitmenschen bindet, so lasse ich es nicht reißen; wenn sie ziehen, lasse ich nach, und wenn sie nachlassen, ziehe ich[10].» Sein Weg zur Macht war weniger blutgerötet als derjenige der meisten Gründer neuer Dynastien.

Wie andere Usurpatoren empfand auch er das Bedürfnis, seinen Thron mit Prunk und Zeremoniell zu umgeben. Zum Vorbild nahm er sich die byzantinischen Kaiser, die ihrerseits den persischen König der Könige zum Vorbild genommen hatten; die Bestandhaftigkeit dieser Ausprägung der Monarchie, die sich von Kyros bis auf unsere eigene Zeit erhielt, zeigt, welche Dienste sie bei der Beherrschung und Ausbeutung ungebildeter Menschen leistet. Muawiya fühlte sich in seiner Verfahrensweise durch den Wohlstand gerechtfertigt, der unter seiner Herrschaft entstand, durch das Verlöschen des Stammeshaders und durch die Festigung der arabischen Macht vom Oxos bis zum Nil. Da er das

Prinzip der Erblichkeit als einzige Alternative gegenüber chaotischen Kämpfen um ein Erbkalifat erachtete, erklärte er seinen Sohn Yezid zum Thronerben und forderte seinem gesamten Herrschaftsbereich den Treueid auf ihn ab.

Nach dem Tode des Muawiya (680) brach aber doch ein Nachfolgekrieg aus, der die Frühgeschichte seiner eigenen Regierungszeit wiederholte. Die Muselmanen von Kufa ließen Husein, den Sohn des Ali, wissen, sie würden in den Kampf ziehen, um ihm das Kalifat zu sichern, wenn er ihre Stadt zu seiner Hauptstadt machen würde. Husein brach mit seiner Familie und siebzig ergebenen Anhängern von Mekka auf. Vierzig Kilometer nördlich von Kufa wurde die Karawane von einer Truppenabteilung des Yezid unter Obeidallah abgefangen. Husein bot die Unterwerfung an, seine Schar zog aber die Flucht vor. Huseins zehnjähriger Neffe Qasim wurde von einem der ersten Pfeile getroffen und starb in seines Onkels Armen; einer nach dem anderen fielen Huseins Brüder, Söhne, Vettern und Neffen; jeder Mann der ganzen Schar kam ums Leben, während die Frauen und Kinder voll Grauen und Entsetzen zusahen. Als Huseins abgehauener Kopf vor Obeidallah gebracht wurde, stocherte dieser achtlos mit seinem Stab an ihm herum. «Sachte!» rief einer seiner Offiziere. «Er war der Enkel des Propheten. Bei Allah! Ich habe gesehen, wie diese Lippen von dem gesegneten Munde Mohammeds geküßt wurden!» (680)[11]. In Kerbele, wo Husein fiel, errichteten die Schiiten eine Weihestätte zu seinem Gedenken; alljährlich stellen sie dort die Tragödie in einem Passionsspiel wieder dar und feiern dabei das Gedächtnis Alis, Hasans und Huseins.

Abdallah, Sohn des Zobeir, setzte die Rebellion fort. Yezids syrische Truppen brachten ihm eine Niederlage bei und belagerten ihn in Mekka; von ihren Schleudermaschinen fielen Felsblöcke in die geheiligte Einfriedung und zersplitterten den Schwarzen Stein in drei Stücke; die Kaaba fing Feuer und brannte nieder (683). Plötzlich wurde die Belagerung aufgehoben; Yezid war gestorben und das Heer wurde in Damaskus benötigt. In zwei Jahren des Wirrwarrs hatten drei Kalifen den Thron inne; schließlich machte Abd-al-Malik, Sohn eines Vetters des Muawiya, den Unruhen mit einem rücksichtslosen Mut ein Ende und herrschte dann mit verhältnismäßiger Milde, Weisheit und Gerechtigkeit. Sein Feldherr Haddschadsch ibn Yusuf unterwarf die Kufaner und belagerte Mekka erneut. Abdallah, jetzt zweiundsiebzigjährig, kämpfte tapfer, von seiner hundertjährigen Mutter angefeuert; er wurde besiegt und niedergemacht; sein Haupt wurde als beglaubigter Scheck nach Damaskus geschickt; sein Leib wurde eine Zeitlang an einem Galgen aufgehängt und dann seiner Mutter präsentiert (692). Während der darauffolgenden Friedenszeit schrieb Abd-al-Malik Gedichte, förderte die Literatur, widmete sich seinen acht Frauen und zog fünfzehn Söhne auf, von denen vier ihm auf dem Throne folgten; sein Beiname lautete «Vater von Königen».

Seine zwanzigjährige Regierungszeit ebnete den Leistungen seines Sohnes Walid I. (705–715) den Weg. Der Gang der arabischen Eroberungen wurde nun wieder aufgenommen: Balch wurde 705 erobert, Buchara 709, Spanien 711, Samarkand 712. In den Ostprovinzen regierte Haddschadsch mit einer Schöpferkraft, die seinen barbarischen Taten die Waage hielt: Sümpfe wurden drainiert und dürre Landstriche bewässert; das System der Wassergräben wurde wieder instandgesetzt und verbessert; damit nicht genug, brachte der Feldherr, der dereinst ein Lehrer gewesen war, eine Umwälzung in die arabische Rechtschreibung, indem er die diakritischen Zeichen einführte. Walid selbst war ein vorbildlicher König, sein Interesse galt viel mehr den Regierungsaufgaben als dem Krieg. Er förderte Handel und Gewerbe mit der Anlage neuer Märkte und besserer Straßen; er baute Schulen und Krankenhäuser, darunter die ersten bekannten Siechenhäuser, Altersheime, Krüppelheime und Blindenheime; er erweiterte und verschönerte die Moscheen von Mekka, Medina und Jerusalem und erbaute in Damaskus eine noch größere Moschee, die heute noch steht. Trotz dieser vielen Arbeiten dichtete und komponierte und musizierte er mit der Laute, hörte sich geduldig andere Dichter und Musikanten an und veranstaltete jeden zweiten Tag ein Trinkgelage[12].

Sein Bruder und Nachfolger Suleiman (715–717) verschwendete Menschen und Geld auf einen vergeblichen Angriff auf Konstantinopel, tröstete sich mit gutem Essen und schlechten Weibern und trug sich das Lob der Nachwelt dadurch ein, daß er die Macht an seinen Vetter übertrug. Omar II. (717–720) war entschlossen, während einer einzigen Regierungszeit die ganze Gottlosigkeit und Freisinnigkeit seiner Vorgänger der Umayyadendynastie wieder aufzuwiegen. Die Ausübung und Ausbreitung des Glaubens waren das einzige Interesse seines Lebens. Er kleidete sich so ärmlich, trug so viele Flicken, daß kein Fremder ihn für einen Fürsten gehalten hätte. Er befahl seiner Gattin, den kostbaren Schmuck, den sie von ihrem Vater erhalten hatte, an den Staatsschatz auszuliefern, und sie gehorchte. Seinen Harem ließ er wissen, daß die Regierungsgeschäfte ihn so sehr in Anspruch nehmen würden, daß er die Frauen vernachlässigen müsse, und stellte ihnen frei, ihn zu verlassen. Den Dichtern, Rednern und Gelehrten, die einst vom Hofe gelebt hatten, zeigte er die kalte Schulter und holte sich statt dessen Rat und Unterhaltung bei den Frömmsten der Gelehrten seines Reiches. Er schloß mit anderen Ländern Frieden, zog das Heer, das Konstantinopel belagert hatte, zurück und berief die Garnisonen wieder ab, die zur Bewachung der dem Umayyadenregime feindlich gesinnten muselmanischen Städte eingesetzt worden waren. Während seine Vorgänger die Bekehrungen zum Islam durchaus nicht gefördert hatten, da sonst die Tribute an den Staat abgenommen hätten, beschleunigte Omar die Annahme des Islam durch Christen, Zarathustrier und Juden, und als sich seine Steuerbeamten beschwerten, daß seine Politik die Staatsfinanzen zugrunde richtete, entgegnete er: «Bei Allah, ich wäre froh, wenn jedermann ein Muselmane würde, so daß ihr und ich zum Lebensunterhalt den Boden mit eigenen Händen bearbeiten müßten[13].» Schlaue Ratgeber hofften die Flut der Neubekehrungen eindämmen zu können, indem sie die Beschneidung forderten; Omar, ein zweiter Paulus, zwang sie zum Verzicht. Wer sich nicht bekehren wollte, wurde von ihm mit schweren Einschränkungen belegt, durfte keine Staatsämter bekleiden und keine neuen Kultstätten bauen. Nach einer Regierungszeit von weniger als drei Jahren wurde er kränklich und starb.

In Yezid II. (717–724), dem letzten der königlichen Söhne des Abd-al-Malik, zeigen sich Charakter und Gesittung der Muselmanen von einer anderen Seite. Yezid liebte eine Sklavin namens Habiba so sehr, wie Omar II. den Islam geliebt hatte. Als Jüngling hatte er sie für 4000 Goldstücke gekauft; sein Bruder Suleiman, der damals Kalif war, hatte ihn gezwungen, sie an den Verkäufer zurückzugeben, aber Yezid hatte ihre Schönheit und Zärtlichkeit nie vergessen. Als er an die Macht kam, fragte ihn seine Gattin: «Gibt es noch etwas auf der Welt, mein Geliebter, das du begehrtest?» «Ja», entgegnete er, «Habiba.» Die Gattin ließ pflichtgemäß die Habiba kommen, brachte sie dem Yezid und zog sich in die Verborgenheit des Harems zurück. Eines Tages, als er mit Habiba ein Fest feierte, warf er ihr im Scherz eine Traube in den Mund; sie erstickte daran und starb in seinen Armen. Nach einer Woche hatte auch Yezid vor Kummer seinen Geist aufgegeben.

Hischam (724–743) regierte das Reich neunzehn Jahre lang in Gerechtigkeit und Frieden, verbesserte die Staatsverwaltung, setzte die Staatsausgaben herab und hinterließ bei seinem Tode einen gefüllten Staatssäckel. Aber die Tugenden eines Heiligen können das Verderben eines Herrschers sein. Hischams Heere wurden zu wiederholten Malen geschlagen, in den Provinzen flackerte die Rebellion auf, in der Hauptstadt, die sich nach einem freigebigen Kalifen sehnte, griff die Unzufriedenheit um sich. Seine Nachfolger entehrten die Dynastie, die bislang Gutes geleistet hatte, durch ihren ausschweifenden Lebenswandel und ihre nachlässige Regierungsführung. Walid II. (743–744) war ein skeptischer Wüstling und freimütiger Epikureer. Mit Entzücken las er die Meldung vom Tode seines Onkels Hischam; er warf Hischams Sohn ins Gefängnis, zog das Vermögen der Verwandten des verstorbenen Kalifen ein und leerte den Staatssäckel durch eine unbekümmerte Herrschaft und eine verschwenderische Freigebigkeit. Seine Feinde berichteten von ihm, er habe in einem mit Wein gefüllten Schwimmbecken gebadet und sich während des Schwimmens den Durst gelöscht; er habe den Koran als Zielscheibe beim Bogenschießen benutzt und seine Geliebten als Vorbeterinnen bei dem öffentlichen Gebet eingesetzt[14]. Yezid, Sohn Walids I., ermordete den Wüstling, regierte sechs Monate lang und starb (744). Sein Bruder Ibrahim übernahm den Thron, vermochte ihn aber nicht zu halten; ein tüchtiger Feldherr setzte ihn ab und regierte sechs tragische Jahre lang als Merwan II., der letzte Kalif der Umayyadendynastie.

Vom weltlichen Gesichtspunkt aus hatten die Umayyadenkalife Gutes für den Islam geleistet. Sie hatten seinen politischen Grenzen eine größere Ausdehnung gegeben, als sie je wieder erreichen sollten, und dem Reiche, wenn man von einigen wirren Zwischenzeiten absieht, eine geordnete und freiheitliche Regierung gewährt. Aber das Wechselspiel der erblichen Monarchie ließ im achten Jahrhundert unfähige Männer auf den Thron kommen, die die Staatsfinanzen erschöpften, die Staatsführung an Eunuchen abtraten und die Herrschaft über den arabischen Individualismus verloren, der fast immer eine geeinte muselmanische Macht verhindert hat. Die alten Stammesgegensätze blieben in Form des politischen Parteienzwistes bestehen; Haschimiten und Umayyaden haßten einander geradeso, als ob sie enger miteinander verwandt gewesen wären, als sie es wirklich waren. Arabien, Ägypten und Persien lehnten sich gegen die Herrschaftsgewalt von Damaskus auf, und die stolzen Perser, die zuerst um die Gleichberechtigung mit den Arabern gerungen hatten, gingen dazu über, für sich die Überlegenheit zu beanspruchen, und konnten die syrische Herrschaft nicht mehr dulden. Die Nachkommen des Propheten waren entsetzt, an der Spitze des Islam eine Umayyadensippschaft zu sehen, in deren Reihen die unnachgiebigsten und am spätesten bekehrten Feinde Mohammeds zu finden gewesen waren; sie waren entrüstet über die lockere Moral, vielleicht auch über die religiöse Duldsamkeit der Umayyadenkalifen; sie beteten, daß der Tag kommen möge, an dem Allah einen Erlöser schicken würde, der sie von dieser demütigenden Herrschaft befreien würde.

Diese feindseligen Kräfte bedurften nur noch einer wagemutigen Persönlichkeit, um zu Einheit und Stimme zu kommen. Abu al-Abbas, Ururenkel eines Onkels von Mohammed, übernahm in einem Versteck in Palästina die Führung, organisierte den Aufstand in den Provinzen und errang sich die begeisterte Unterstützung der schiitischen persischen Nationalisten. Im Jahre 749 rief er sich in Kufa zum Kalifen aus. Merwan II. stellte sich am Zab-Flusse den aufrührerischen Streitkräften, die unter dem Befehle von Abu al-Abbas' Onkel Abdallah standen; Merwan wurde geschlagen, und nach einem Jahr der Belagerung ergab sich Damaskus. Merwan wurde gefangengenommen und niedergemacht, sein Haupt an Abu al-Abbas gesandt. Der neue Kalif war damit noch nicht zufrieden. «Hätten sie mein Blut getrunken», sagte er, «es hätte ihren Durst nicht gelöscht. Auch mein Zorn ist durch das Blut dieses Mannes noch nicht erloschen.» Er nannte sich selbst al-Saffah, den Blutdürstigen, und befahl, sämtliche Fürsten der Umayyadenlinie aufzustöbern und zu erschlagen, um jedes Wiederaufleben der gestürzten Dynastie zu verhindern. Abdallah, der zum Statthalter von Syrien ernannt worden war, erledigte seinen Auftrag rasch und mit Humor. Er verkündete eine Amnestie für die Umayyaden und lud zur Bestätigung achtzig ihrer Führer zu einem Gastmahl. Während des Essens fielen auf sein Zeichen hin verborgene Soldaten über sie her und metzelten sie alle nieder. Teppiche wurden über die Ermordeten gebreitet, und die Abbasiden nahmen über den Leibern ihrer Gegner das Festmahl wieder auf, das Todesröcheln war ihre Festmusik. Die Leichname mehrerer Umayyadenkalifen wurden wieder ausgegraben, die Gebeine, an denen das Fleisch fast völlig verwest war, ausgepeitscht, aufgehängt und verbrannt, die Asche in alle Winde verstreut[15].

III. DAS ABBASIDENKALIFAT: 750–1058

I. HARUN AL-RASCHID

Abu al-Abbas fand sich als Beherrscher eines Reiches, das sich vom Indus bis zum Atlantischen Ozean erstreckte: Es umfaßte Sind (Nordwestindien), Belutschistan, Afghanistan, Turkestan, Persien, Mesopotamien, Armenien, Syrien, Palästina, Cypern, Kreta, Ägypten und Nordafrika. Das muselmanische Spanien erkannte aber seine Herrschaftsgewalt nicht an, und im zwölften Jahre seiner Regierung machte sich Sind von seiner Herrschaft frei. In Damaskus verhaßt, im turbulenten Kufa nicht recht heimisch, wählte sich al-Saffah die Stadt Anbar nördlich von Kufa zur Hauptstadt. Die Männer, die ihm an die Macht verholfen hatten und nun den Staat regierten, waren nach Herkunft und Kultur vorwiegend Perser; als al-Saffah genug Blut getrunken hatte, kam eine gewisse iranische Verfeinerung und Artigkeit in das Hofleben, und eine Reihe aufgeklärter Kalifen gab dem wachsenden Wohlstand eine Würde, indem sie eine glänzende Blütezeit von Kunst und Literatur, Wissenschaft und Philosophie zuwegebrachten. Nach einem Jahrhundert der Demütigung hatte Persien seine Bezwinger bezwungen.

Al-Saffah starb im Jahre 754 an den Blattern. Sein Halbbruder Abu Dschafar folgte ihm unter dem Namen al-Mansur, «der Siegreiche», auf den Thron. Mansurs Mutter war eine berberische Sklavin; von den siebenunddreißig Abbasidenkalifen hatten außer dreien sämtliche eine Sklavin zur Mutter; das war der Einrichtung des Konkubinates und dem Umstand, daß die Kinder von Konkubinen als legitim anerkannt wurden, zu verdanken; auf diese Weise rekrutierte sich der muselmanische Adel ständig aus der Demokratie des Zufalls und der Schicksalsfügung von Liebe und Krieg. Der neue Kalif war vierzig Jahre alt, hochgewachsen, schlank, bärtig, düster und streng; kein Sklave der Frauenschönheit, kein Freund von Wein und Gesang, aber ein großmütiger Förderer der Literatur und Wissenschaft und Kunst. Ein Mann von großem Können und geringer Skrupelhaftigkeit, gründete er mit kraftvoller staatsmännischer Kunst eine Dynastie, die sonst leicht bei al-Saffahs Tode hätte aussterben können. Er widmete sich eifrig den Verwaltungsaufgaben, baute eine glanzvolle neue Hauptstadt in Bagdad, reorganisierte Regierung und Heer und gab ihnen eine dauerhafte Form, beaufsichtigte wachsam jede Regierungsabteilung und fast jede Maßnahme, zwang von Zeit zu Zeit bestechliche Beamte – darunter seinen eigenen Bruder –, die unterschlagenen Summen an die Staatskasse abzuliefern, und verausgabte die Staatsgelder mit einer gewissenhaften Sparsamkeit, die ihm keine Freunde, sondern den Titel eines «Hellervaters» eintrug[16]. Bei Beginn seiner Regierung gründete er nach persischem Vorbild eine Einrichtung – das Amt des Wesirs –, die in der Geschichte der Abbasiden noch eine große Rolle spielen sollte. Als seinen ersten Wesir ernannte er Chalid, Sohn des Barmak; dieser Familie der Barmakiden stand es bevor, im Abbasidendrama eine gewichtige Rolle zu spielen. Al-Mansur und Chalid schufen die Ordnung und den Wohlstand, deren reife Früchte dem Harun al-Raschid in den Schoß fallen sollten.

Nach einer wohltätigen Regierung von zweiundzwanzig Jahren starb al-Mansur auf einer Pilgerfahrt nach Mekka. Sein Sohn al-Mahdi (775–785) konnte es sich nun leisten, gutmütig zu sein. Er verzieh allen Missetätern, nur den gefährlichsten nicht, gab viel Geld für die Verschönerung der Städte aus, förderte Musik und Literatur und zeigte in der Verwaltung des Reiches beträchtliches Geschick. Da Byzanz die Gelegenheit der Abbasidenrevolution ergriffen hatte, um sich das von den Arabern eroberte Gebiet in Kleinasien wiederzuholen, sandte al-Mahdi ein Heer unter dem Befehl seines Sohnes Harun aus, um einen von der Zeit längst geheiligten Diebstahl wieder zu erneuern. Harun trieb die Griechen nach Konstantinopel zurück und nahm vor der Hauptstadt eine so bedrohliche Haltung ein, daß die Kaiserin Irene mit ihm Frieden schloß und sich zu einer jährlichen Tributzahlung von 70 000 Dinar an die Kalifen verpflichtete (im Jahre 784). Von dieser Zeit an nannte al-Mahdi den Jüngling Harun *al-Raschid* – Aaron den Aufrechten. Er hatte zuvor einen anderen Sohn als Thronerben bestimmt; jetzt, da er die weitaus größeren Fähigkeiten Haruns erkannte, bat er al-Hadi, seinen Thronanspruch zugunsten des jüngeren Bruders aufzugeben. Al-Hadi, der ein Heer im Osten befehligte, weigerte sich, dem Wunsche nachzukommen, und leistete auch der Aufforderung, nach Bagdad zu kommen, keine Folge; al-Mahdi und Harun brachen auf, um ihn gefangenzusetzen, aber al-Mahdi starb unterwegs im Alter von dreiundvierzig Jahren. Harun folgte dem Rat des Barmakiden Yahya, Sohnes des Chalid, und erkannte den Hadi als Kalifen und sich selbst als Thronerben an. Aber, wie Sa'adi sagt, «zehn Derwische liegen unter einer Decke, aber zwei Könige haben nicht Raum in einem Lande»[17]. Al-Hadi ging über Harun hinweg, verhaftete Yahya und setzte seinen eigenen Sohn als Thronerben ein. Kurz darauf (786) starb al-Hadi; das Gerücht will wissen, daß ihn seine eigene Mutter, die den Harun vorzog, mit Kissen erstickte. Harun bestieg den Thron, machte Yahya zu seinem Wesir und begann die berühmteste Regierung der muselmanischen Geschichte.

Die Sagen – vor allem diejenigen von *Tausendundeiner Nacht* – stellen den Harun als einen lebensfrohen und kultivierten Monarchen dar, der gelegentlich despotisch und jähzornig sein konnte und oft großmütig und human war; er soll so sehr von guten Geschichten eingenommen gewesen sein, daß er sie in Staatsarchiven aufbewahrte und eine Erzählerin dann und wann damit belohnte, daß er sein Bett mit ihr teilte[18]. Alle diese Eigenschaften treten auch am geschichtlichen Bild des Herrschers auf mit Ausnahme der Lebenslustigkeit, die vielleicht den Geschichtsschreibern ein Dorn im Auge war. Sie stellen ihn vor allem als einen frommen und entschieden orthodoxen Muselmanen dar, der die Freiheiten der Nichtmohammedaner stark beschnitt, jedes zweite Jahr eine Pilgerfahrt nach Mekka unternahm und sich in seinen täglichen Gebeten unzählige Male zu Boden warf[19]. Er trank mit durstiger Kehle, zumeist aber in der Abgeschiedenheit eines auserwählten Freundeskreises[20]. Er hatte sieben Frauen und mehrere Konkubinen, elf Söhne und vierzehn Töchter, die mit Ausnahme des al-Emin, seines Sohnes von der Prinzessin Zobaida, alle von Sklavinnen stammten. Er ging mit seinem Vermögen in allen seinen Formen großzügig um. Als sein Sohn al-Mamun sich in eine Zofe von Haruns Palast verliebte, schenkte sie ihm der Kalif und verlangte zur Belohnung lediglich einige Verszeilen[21]. Der Dichtkunst war er so sehr ergeben, daß er bei Gelegenheit Dichter mit ausgefallenen Geschenken überschüttete, wie zum Beispiel den Dichter Merwan, der für eine kurze Ode (aber es handelte sich immerhin um eine Lobesode) fünftausend Goldstücke, ein Ehrengewand, zehn griechische Sklavinnen und ein Lieblingspferd erhielt[22]. Sein Zechkumpan war der weltmänische Dichter Abu Nuwas; oft ärgerte er sich über die Frechheit oder die offene Unmoral des Dichters, aber einige ausgezeichnete Gedichte vermochten ihn immer wieder zu besänftigen. In Bagdad umgab er sich mit einer glänzenden Schar von Dichtern, Rechtsgelehrten, Ärzten, Grammatikern, Rhetoren, Musikern, Tänzern, Künstlern und Witzköpfen; ihre Arbeiten beurteilte er mit kritischem Geschmack, belohnte sie reich und erhielt zur Belohnung unzählige metrische Lobgesänge. Er war selbst Dichter und Gelehrter und ein leidenschaftlicher und hinreißender Redner[23]. Kein Hof der ganzen Geschichte besaß je eine glänzender zusammengesetzte Schar von gescheiten Köpfen. Zeitgenosse der Kaiserin Irene in Konstantinopel und Karls des Großen in Frankreich und ein wenig später als Tsüan Tsung in Chang-an, überstrahlte Harun sie alle an Reichtum, Macht und Prunk und an der kulturellen Förderung, die jedem Herrscher zur Zierde gereicht.

Dabei war er aber nicht ein Halbkünstler. Er beteiligte sich an der Mühsal der Staatsführung, gewann sich den Ruf eines gerechten Richters und hinterließ bei seinem Tode trotz seiner unübertroffenen Freigebigkeit und des riesigen Aufwandes, den er getrieben hat, 48 000 000 Dinar in der Staatskasse. Im Felde führte er seine Heere persönlich an und hielt die Grenzen intakt. Zum größten Teile betraute er indessen den klugen Yahya mit

Politik und Verwaltung. Bald nach seiner Thronbesteigung berief er den Yahya zu sich und sagte ihm: «Ich betraue dich mit der Herrschaft über meine Untertanen. Herrsche, wie es dir beliebt; setze ab, wen du willst, ernenne, wen du willst, führe die Geschäfte, wie es dir geeignet erscheint»; und zur Bestätigung seiner Worte gab er Yahya seinen Ring[24]. Es war ein Akt äußerster und unkluger Vertrauensseligkeit, aber Harun, der damals noch ein zweiundzwanzigjähriger Jüngling war, hielt sich noch nicht für genügend vorbereitet zur Herrschaft über ein so ausgedehntes Reich; es war auch ein Akt der Dankbarkeit gegenüber einem Manne, der sein Erzieher gewesen war, den er Vater genannt hatte, der um seinetwillen im Gefängnis gesessen hatte.

Yahya erwies sich als einer der besten Staatsmänner der Geschichte. Freundlich, großmütig, klug und unermüdlich, wie er war, gab er der Staatsführung den höchstmöglichen Wirkungsgrad; er sorgte für Ordnung, Sicherheit und Gerechtigkeit, baute Straßen, Brücken, Herbergen, Kanäle und verhalf den Provinzen zu großem Wohlstand, obgleich er ihnen hohe Steuern auferlegte, um seines Herrn und seinen eigenen Geldbeutel zu füllen; denn auch er spielte wie der Kalif den Förderer von Literatur und Kunst. Seine Söhne al-Fadl und Dschafar erhielten von ihm hohe Ämter zugewiesen, leisteten gute Arbeit und holten sich eine noch bessere Bezahlung; sie wurden Millionäre, bauten sich Paläste, hielten sich ihre eigenen Scharen von Dichtern, Spaßmachern und Philosophen. Harun war so sehr in Dschafar vernarrt, daß der Klatsch an ihrer Intimität Anstoß nahm; der Kalif ließ sich einen Mantel mit zwei Halsausschnitten anfertigen, so daß er und Dschafar ihn zugleich tragen konnten und zusammen zwei Köpfe und nur eine Brust zeigten; vielleicht kosteten sie in diesem siamesischen Gewand zusammen das Nachtleben von Bagdad[25].

Wir wissen nicht genau, warum die Macht der Barmakiden so plötzlich ein Ende nahm. Ibn Chaldun sah den «wahren Grund» darin, daß «sie sich alle Autorität anmaßten, eifersüchtig über die Staatseinnahmen verfügten, so daß al-Raschid manchmal um eine geringfügige Summe bitten mußte, ohne sie zu erhalten»[26]. Als der junge Herrscher in das Mannesalter kam und in der Jagd nach Sinnenlust und intellektueller Zerstreuung keinen rechten Ausdruck für seine Fähigkeiten fand, mag er wohl bedauert haben, daß er seinem Wesir eine derartige Allmacht übertragen hatte. Als er dem Dschafar befahl, einen Aufrührer hinrichten zu lassen, und Dschafar stillschweigend duldete, daß der Mann entkam, verzieh Harun ihm diese liebenswürdige Nachlässigkeit nie. Eine Geschichte, die in *Tausendundeiner Nacht* stehen könnte, berichtet, daß sich Abbasa, Haruns Schwester, in Dschafar verliebte; nun hatte Harun gelobt, er werde das haschimitische Blut seiner Schwestern so rein halten wie nur das edelste arabische Blut, und Dschafar war Perser. Der Kalif gestattete ihnen die Heirat, sie mußten ihm jedoch versprechen, daß sie außer in seiner Gegenwart nie zusammenkommen würden. Die Liebenden brachen dieses Versprechen bald; Abbasa gebar dem Dschafar insgeheim zwei Söhne, die in Medina verborgen und aufgezogen wurden. Zobaida, Haruns Gattin, entdeckte den ganzen Sachverhalt und teilte ihn dem Harun mit. Der Kalif ließ seinen Hauptscharfrichter, Mesrur, kommen, befahl ihm, Abbasa hinzurichten und im Palaste zu begraben, und überwachte persönlich die Ausführung dieses Befehles; dann erteilte er dem Mesrur den Auftrag, Dschafar zu enthaupten und ihm das abgeschlagene Haupt zu bringen, was pflichtgemäß geschah; dann ließ er die Kinder von

Medina holen, sprach lange mit den hübschen Knaben und ließ sie dann töten (803). Yahya und al-Fadl wurden verhaftet; sie durften ihre Familien und ihre Dienerschaft bei sich behalten, wurden aber nie mehr freigelassen; Yahya starb zwei Jahre nach seinem Sohne, al-Fadl fünf Jahre nach seinem Bruder. Der gesamte Besitz der Barmakidenfamilie, dessen Wert 30 000 000 Dinar betragen haben soll, wurde beschlagnahmt.

Harun selbst lebte auch nicht mehr lange. Eine Zeitlang erstickte er seinen Kummer und seine Gewissensbisse in Arbeit und hieß sogar die Mühen des Krieges willkommen. Als Nikephoros I., der byzantinische Kaiser, die Zahlungen, zu denen sich Irene verpflichtet hatte, nicht mehr leisten wollte und kühn die Rückerstattung des bereits ausbezahlten Tributes forderte, entgegnete Harun: «Im Namen Allahs des Gnädigen, des Barmherzigen. Von Harun, Befehlshaber der Gläubigen, an Nikephoros, Hund von einem Römer: Ich besitze deinen Brief, o Sohn einer ungläubigen Mutter. Die Antwort sollen deine Augen sehen, nicht deine Ohren hören. Salaam[27].» Er zog augenblicklich ins Feld und führte von seiner neuen strategischen Residenz, Raqqa an der Nordgrenze, aus so schwungvolle Expeditionen nach Kleinasien, daß Nikephoros bald bereit war, die Tributzahlungen wieder aufzunehmen (806). An Karl den Großen, der ihm als Gegengewicht gegen Byzanz wichtig war, ließ er durch eine Gesandtschaft viele Geschenke überbringen, darunter eine komplizierte Wasseruhr und einen Elephanten[28].

Obgleich Harun jetzt erst zweiundvierzig Jahre alt war, stritten sich seine Söhne al-Emin und al-Mamun bereits um die Nachfolge und freuten sich auf seinen Tod. In der Hoffnung, ihren Zwist damit zu lindern, ordnete Harun an, daß al-Mamun die Provinzen östlich des Tigris, al-Emin den Rest erben solle und daß bei dem Tode des einen Bruders der überlebende Bruder über das ganze Reich herrschen solle. Die Brüder unterzeichneten den Pakt und beschworen ihn vor der Kaaba. Im gleichen Jahre 806 brach ein gefährlicher Aufstand in Chorasan aus. Harun brach mit al-Emin und al-Mamun auf, ihn zu unterdrücken, obgleich er an heftigen Unterleibsschmerzen litt. In Tus im Ostiran konnte er sich nicht mehr aufrecht halten. Er war dem Tode nahe, als Baschin, ein Führer der Rebellen, vor ihn gebracht wurde. Fast wahnsinnig vor Schmerz und Kummer, tadelte Harun den Gefangenen, weil er seinetwegen diesen verhängnisvollen Feldzug habe unternehmen müssen, befahl, dem Baschin Glied um Glied abzuhacken, und sah der Ausführung des Todesurteils zu[29]. Am folgenden Tage gab Harun der Aufrechte den Geist auf (809), fünfundvierzig Jahre alt.

2. DER NIEDERGANG DER ABBASIDEN

Al-Mamun setzte den Feldzug bis Merw fort und schloß dann mit den Aufrührern ein Abkommen. Al-Emin kehrte nach Bagdad zurück, ernannte seinen unmündigen Sohn zum Thronerben, verlangte von al-Mamun die Herausgabe von drei Ostprovinzen, erhielt sie nicht und erklärte den Krieg. Al-Mamuns Feldherr Tahir verteidigte die Heere des al-Emin, belagerte Bagdad und zerstörte es beinahe und sandte al-Emins abgehauenes Haupt dem al-Mamun, einem nunmehr beinahe unverletzlichen Brauche folgend. Al-Mamun, der immer noch in Merw verblieb, ließ sich zum Kalifen ausrufen (813). Syrien und Arabien leisteten ihm als Sohn einer persischen Sklavin weiterhin Widerstand, und erst im Jahre 818 vermochte er als anerkanntes Oberhaupt des Islam in Bagdad einzuziehen.

Abdallah al-Mamun zählt mit al-Mansur und al-Raschid zu den großen Kalifen der Abbasidenlinie. Obgleich er manchmal die Grausamkeit und den Jähzorn zeigen konnte, die ein Schandfleck des Harun gewesen waren, war er doch gewöhnlich von milder und nachsichtiger Wesensart. In seinen Staatsrat nahm er Vertreter aller bedeutenderen Religionen seines Reiches auf – der Mohammedaner, Christen, Juden, Sabier, Zarathustrier – und garantierte ihnen bis in seine letzten Lebensjahre volle Kult- und Glaubensfreiheit. Eine Zeitlang war am Hof des Kalifen die Freidenkerei in Mode. Masudi schildert einen der schöngeistigen Nachmittage des al-Mamun:

> Al-Mamun pflegte jeden Dienstag Gäste zu laden, mit denen er theologische und juristische Fragen besprach. ... Die Gelehrten verschiedener Sekten wurden in einen teppichbelegten Raum geführt. Tische mit Speise und Trank wurden hereingetragen. ... Sobald die Mahlzeit beendet war, holten Bedienstete Räucherschalen mit Weihrauch, und die Gäste besprengten sich mit Duftstoffen; hierauf wurden sie vor den Kalifen geführt. Er diskutierte mit ihnen so freundlich und unparteiisch und so durchaus frei von der Hochmut eines Monarchen, wie man sich nur denken kann. Bei Sonnenuntergang wurde eine zweite Mahlzeit aufgetragen, und die Gäste kehrten heim. [30]

Unter al-Mamun wurde die Unterstützung an Kunst, Wissenschaft, Literatur und Philosophie in einer mannigfaltigeren und kritischeren Art gewährt als unter Harun und führte zu viel bedeutenderen Ergebnissen. Er ließ aus Konstantinopel, Alexandrien, Antiochien und aus anderen Orten die Werke der griechischen Meister kommen und hielt sich ein Heer von Übersetzern, die ihm diese Bücher ins Arabische übersetzen mußten. Er gründete in Bagdad eine Akademie der Wissenschaften und in der gleichen Stadt und in Tadmor, dem früheren Palmyra, Observatorien. Ärzte, Rechtsgelehrte, Musiker, Dichter, Mathematiker, Astronomen waren Nutznießer seiner Freigebigkeit; und er selbst schrieb, wie der eine oder andere Mikado des neunzehnten Jahrhunderts und wie jeder feingebildete Muselmane, Gedichte.

Er verstarb allzu jung – mit achtundvierzig Jahren (833) – und doch zu spät, denn in einem Anfall von autoritärem Liberalismus schändete er seine letzten Lebensjahre durch die Verfolgung des orthodox-muselmanischen Glaubens. Sein Bruder und Nachfolger, Abu Ischaq al-Mutassim, hatte mit ihm den guten Willen gemein, nicht aber das Genie. Er umgab sich mit einer Leibwache aus 4000 türkischen Soldaten, geradeso, wie die römischen Kaiser sich auf die Prätorianergarde gestützt hatten; und in Bagdad wurde die Garde wie in Rom mit der Zeit praktisch die höchste Instanz. Die Einwohner der Hauptstadt beklagten sich, al-Mutassims Türken ritten rücksichtslos durch die Straßen und begingen straflos viele Verbrechen. Der Kalif, der einen Aufstand befürchtete, verließ Bagdad und errichtete sich eine königliche Residenz in Samarra, an die fünfzig Kilometer weiter nördlich. Von 836 bis 892 war sie Residenz und Grabstätte von acht Kalifen*. Auf einer Strecke von dreißig Kilometern ließen sie entlang den Ufern des Tigris großartige Paläste und Mo-

* Mutassim (833–842), Wathiq (842–847), Mutawakkil (847–861), Muntasir (861–862), Mustain (862–866), Mutazz (866–869), Muhtadi (869–870) und Mutamid (870–892), der kurz vor seinem Tode den Königssitz nach Bagdad zurückverlegte.

scheen erstehen, und ihre Beamten bauten sich luxuriöse Herrensitze mit Wandgemälden, Fontänen, Gärten und Bädern. Der Kalif al-Mutawakkil zeigte seine Frömmigkeit, indem er 700 000 Dinar für eine Gemeindemoschee und eine nur um weniges geringere Summe für eine neue fürstliche Residenz ausgab, die Dschafariya, in der, von Parkanlagen und Bächen umgeben, ein «die Perle» genannter Palast und ein «Saal des Entzückens» lagen. Um zu Geld für diese Bauten und ihre Ausschmückung zu kommen, erhöhte al-Mutawakkil die Steuern und verkaufte Staatsämter an die Meistbietenden; und um Allah zu besänftigen, verteidigte er den orthodoxen Glauben mit Verfolgungen. Sein Sohn bewog die Türkengarde, ihn zu ermorden, und übernahm den Thron als al-Muntasir – «der im Herren triumphiert».

Innere zersetzende Kräfte verderbten das Kalifat, noch bevor eine äußere Gewalt es zur Unterwürfigkeit zwang. Das königliche Blut verwässerte in dem übermäßigen Zechen, Prassen, Huren und Faulenzen und zeugte eine Reihe von Schwächlingen, die sich vor den Aufgaben des Regierungsgeschäftes in die erschöpfenden Wonnen des Harems flüchteten. Die Zunahme des Reichtums und der Bequemlichkeit, des Konkubinates und der Päderastie zeigte die gleichen Folgen bei der herrschenden Volksschicht und brachte die kriegerischen Tugenden des Volkes zum Ermatten. Aus solch mangelnder Disziplin konnte die starke Hand nicht entstehen, die notwendig gewesen wäre, um ein so zerstreutes und vielfältiges Konglomerat von Provinzen und Stämmen zusammenzuhalten. Rassenhaß und völkische Gegensätze führten wiederholt zu Aufständen; Araber, Perser, Syrer, Berber, Christen, Juden und Türken hatten nur eines gemeinsam: die gegenseitige Verachtung; und der Glaube, der einst die Einheit geschmiedet hatte, zersplitterte nun in Sekten, die die politischen und geographischen Verschiedenheiten nur um so nachdrücklicher in Erscheinung treten ließen. Der Nahe Orient lebt und stirbt mit der Bewässerung; die Gräben, die den Boden nährten, bedurften des fortwährenden Schutzes und ständiger Pflege, die ein Einzelmensch oder eine Familie nicht in ausreichendem Maße bieten konnte; zeigte sich der Staat in der Erhaltung des Bewässerungssystems nachlässig oder unfähig, dann blieb die Nahrungsmittelerzeugung hinter der Bevölkerungszunahme zurück, und der Hungertod mußte zwischen diesen Grundkräften der Geschichte wieder den Ausgleich schaffen. Aber die Verarmung des Volkes durch Hungersnöte oder Seuchen hat noch selten die Hand des Steuereinnehmers zu binden vermocht. Bauern, Handwerker und Kaufleute sahen ihre Gewinne im Rachen des Staates verschwinden und verloren jede Freude an Produktion und Expansion und jede Unternehmungslust. Schließlich vermochte die Wirtschaft die Regierung nicht mehr zu unterhalten; die Steuereingänge sanken; die Soldaten konnten nicht mehr angemessen besoldet oder unter Kontrolle gehalten werden. In den Streitkräften des Staates traten Türken an die Stelle von Arabern, so wie im römischen Heer Germanen an die Stelle von Römern getreten waren, und von al-Muntasir an waren es türkische Hauptleute, die die Kalifen ernannten oder absetzten, ermordeten oder befehligten. Eine lange Folge von üblen und blutigen Palastintrigen gab dem späteren Leben des Bagdader Kalifates ein Gepräge, das nicht wert ist, von der Geschichte überliefert zu werden.

Die Schwächung der politischen Regsamkeit und militärischen Macht im Mittelpunkt forderte den Zerfall des Reiches heraus. Statthalter herrschten über Provinzen in rein formeller Abhängigkeit von der Hauptstadt; sie trachteten danach, ihrer Stellung Bestand zu geben, sie schließlich sogar erblich zu machen. Spanien hatte sich 756 für unabhängig erklärt, Marokko 788, Tunis 801, Ägypten 868; neun Jahre später bemächtigten sich die ägyptischen Emire Syriens und beherrschten den größten Teil der Provinz bis zum Jahre 1076. Al-Mamun hatte seinen Feldherrn Tahir damit belohnt, daß er ihm und seinen Nachkommen das Statthalteramt von Chorasan übertrug; diese Tahiridendynastie (820 bis 872) regierte in halber Souveränität über den größten Teil Persiens, bis sie von den Saffariden (872–903) abgelöst wurde. In den Jahren 929–944 eroberte der schiitische Stamm der Hamdaniden Nordmesopotamien und Syrien und gab seiner Herrschaft Würde, indem er Mosul und Aleppo zu glänzenden Zentren des kulturellen Lebens machte; Sayfu'l-Dawla (944–967), selbst ein Dichter, gab dem Philosophen al-Farabi und dem beliebtesten arabischen Dichter, al-Mutanabbi, einen Platz an seinem Hof. Die Buwayhiden, Söhne des Buwayh, eines Häuptlings aus dem kaspischen Hochland, bemächtigten sich der Städte Isfahan und Schiraz und schließlich Bagdads (945); mehr als ein Jahrhundert lang zwangen sie die Kalifen, ihren Befehlen zu gehorchen; der Befehlshaber der Gläubigen war schließlich nicht viel mehr als das Haupt des orthodoxen Islam, während der Buwayhidenemir, ein Schiit, die Führung des schrumpfenden Staatswesens an sich riß. Adud al-Dawla, der bedeutendste Buwayhide (949–983), machte seine Hauptstadt, Schiraz, zur schönsten Stadt des Islam und gab große Summen auch für andere Städte seines Reiches aus; unter ihm und seinen Nachfolgern gewann Bagdad etwas von dem Glanz zurück, den es unter Harun besessen hatte.

Im Jahre 874 begründeten die Nachkommen eines zarathustrischen Edelmannes, Saman, eine Samanidendynastie, die bis zum Jahre 999 in Transoxianien und Chorasan herrschte. Wir pflegen der Transoxiana in der Geschichte der Wissenschaft und Philosophie keine große Bedeutung beizumessen, und doch rivalisierten unter den Samanidenkönigen Buchara und Samarkand in Bildung und Kunst mit Bagdad; in diesen Städten wurde die persische Sprache zu neuem Leben erweckt und zum Ausdrucksmittel einer bedeutenden Literatur ausgebildet; ein Samanidenhof gewährte dem Avicenna, dem größten mittelalterlichen Philosophen, Schutz und stellte ihm eine reichhaltige Bibliothek zur Verfügung, und al-Razi, der bedeutendste Arzt des Mittelalters, widmete das *al-Mansuri*, sein gewaltiges Lehrbuch der Medizin, einem Samanidenprinzen. Im Jahre 990 eroberten die Türken Buchara, und 999 stürzten sie die Samanidendynastie. Wie die Byzantiner drei Jahrhunderte lang gekämpft hatten, um die Expansion der Araber aufzuhalten, so kämpften nun die Muselmanen, um den Türken in ihrem Drang nach Westen Einhalt zu gebieten; in gleicher Weise mühten sich später die Türken, die Mongolenflut zum Stillstand zu bringen. Von Zeit zu Zeit führt der Druck einer wachsenden Bevölkerungsmasse auf die Ernährungsgrundlage zu den Massenwanderungen, die die anderen geschichtlichen Ereignisse überschatten.

Im Jahre 962 drang eine Schar türkischer Abenteurer unter Führung des Alptigin, eines früheren Sklaven, von Turkestan in Afghanistan ein, eroberte Ghazni und gründete dort eine Ghaznevidendynastie. Subuktigin (976–997), zuerst Sklave, dann Schwiegersohn, schließlich Nachfolger des Alptigin, dehnte seine Herrschaft über Peschawar und einen

Teil von Chorasan aus. Sein Sohn Mahmud (998–1030) eroberte ganz Persien vom Golf bis zum Oxos und vermehrte sein Reich um den Pundschab und sein Vermögen um einen Großteil der Reichtümer Indiens. Mit Raubgut übersättigt und in Sorge über die Arbeitslosigkeit, die sich aus der Demobilisierung seiner Truppen ergeben hatte, verwandte er einen Teil seines Vermögens und einige seiner Männer auf den Bau der Gemeindemoschee von Ghazni. Ein muselmanischer Geschichtsschreiber berichtet:

> Sie besaß ein gewaltiges Schiff, in dem sechstausend Diener Gottes ihren Pflichten obliegen konnten, ohne sich gegenseitig zu belästigen. Und er erbaute nahebei eine Schule und gab ihr eine Bibliothek und seltene Bücher. ... Und in diese reinen Wände kamen Studenten, Professoren und Theologen ... und aus den Mitteln der Schulstiftung erhielten sie ihr täglich Brot und alle Lebensnotwendigkeiten und ein Jahres- oder Monatsgehalt.[31]

An diese Schule und an seinen Hof berief Mahmud viele Wissenschaftler, darunter al-Biruni, und viele Dichter, darunter Firdausi, der ihm widerstrebend das bedeutendste persische Dichtwerk widmete. Während dieses Menschenalters stand Mahmud in mehr als nur einer Hinsicht nahe am Gipfelpunkt der Welt; aber sieben Jahre nach seinem Tode ging sein Reich in die Hände der Seldschuken über.

Es wäre irrig, in den Türken Barbaren zu sehen. Wie wir diesen Ausdruck in seiner Anwendung auf die germanischen Eroberer Roms berichtigen mußten, so muß auch hier gesagt werden, daß die Türken bereits über das Barbarentum hinaus waren, als sie den Islam überrannten. Die Türken Nordzentralasiens, die vom Baikalsee aus nach Westen zogen, schlossen sich im sechsten Jahrhundert unter einem *chan* oder *chagan* zusammen. Sie schmiedeten das Eisen, das sie in ihren Bergen fanden, zu Waffen, die so hart waren wie ihr Gesetz, das nicht nur Verrat und Mord, sondern auch Ehebruch und Feigheit mit dem Tode bestrafte. Die Fruchtbarkeit ihrer Frauen vermochte die durch ihre Kriege verursachte Sterblichkeit mehr als auszugleichen. Gegen das Jahr 1000 n. Chr. beherrschte ein Zweig der Türken, der nach dem Namen ihres *beg*, ihres Anführers, Seldschuq benannt ist, Transoxianien und Turkestan. Mahmud von Ghazni, der dieser rivalisierenden Türkenmacht Einhalt gebieten wollte, ließ einen Sohn des Seldschuq ergreifen und in Indien einkerkern (1029). Unerschrocken und zornerfüllt eroberten die Seldschuken unter dem unnachgiebigen, aber außerordentlich geschickten Tughril Beg den größten Teil Persiens und ebneten sich den Weg für ihr weiteres Vordringen, indem sie an den Kalifen al-Qaim in Bagdad eine Abordnung schickten, um ihm ihre Unterwerfung unter das Kalifat und den Islam mitzuteilen. Der Kalif hoffte, diese furchtlosen Krieger könnten ihn von den Buwayhiden befreien, und forderte Tughril Beg auf, ihm zu Hilfe zu kommen. Tughril kam (1055) und die Buwayhiden mußten fliehen; al-Qaim heiratete Tughrils Nichte und machte ihn zum «König des Ostens und des Westens» (1058). Eine um die andere brachen die Zwergdynastien des asiatischen Islam vor den Seldschuken zusammen und beugten sich wiederum der Oberherrschaft Bagdads. Die Seldschukenherrscher nahmen den Titel *sultan* – «Meister» – an und beließen dem Kalifen nur noch eine rein religiöse Rolle; aber sie brachten eine neue Kraft und Leistungsfähigkeit in die Staatsführung und gaben dem orthodoxen Mohammedanertum einen neuen Glaubenseifer. Sie zerstörten nicht, was sie eroberten, wie es die Mongolen zwei Jahrhunderte später taten; sie nahmen schnell die höhere Zivilisation auf, schlossen die verstreuten Glieder eines absterbenden Staates zu einem neuen Reiche zusammen und verliehen ihm die Kraft, den langen Zwiekampf zwischen Christentum und Islam der Kreuzzüge auszuhalten und zu überstehen.

IV. ARMENIEN: 325–1060

Im Jahre 1060 dehnten die Seldschukentürken ihre Eroberungen auch auf Armenien aus.

Viele Jahrhunderte hindurch hat dieses geplagte Land die Klauen rivalisierender imperialistischer Mächte zu spüren bekommen, da seine Berge ihm den einheitlichen Verteidigungswillen nahmen und seine Täler verlockende Straßen zwischen Mesopotamien und dem Schwarzen Meer abgaben. Griechenland und Persien hatten um diese Straßen als Durchgangswege für Handel und Krieg gekämpft; Xenophons Zehntausend waren über sie gezogen; Rom und Persien kämpften um sie, ebenso Byzanz und Persien, Byzanz und der Islam, Rußland und England. Durch alle Wechselfälle äußeren Druckes oder äußerer Beherrschung hindurch bewahrte sich Armenien eine praktische Unabhängigkeit, ein unverwüstliches Wirtschaftsleben mit Handel und Ackerbau, eine kulturelle Autonomie, die eine eigene Religion, Literatur und Kunst hervorbrachte. Die Armenier waren die erste Nation, die das Christentum zur Staatsreligion erhob (303). In dem Zwist über die Natur Christi nahm Armenien die Seite der Monophysiten ein und wollte nicht anerkennen, daß Jesus an den Schwächen des menschlichen Fleisches teilgehabt habe. Im Jahre 491 trennten sich die armenischen Bischöfe von dem griechischen und armenischen Christentum und bildeten eine autonome armenische Kirche unter einem eigenen *katholikos*. Die armenische Literatur bediente sich bis zum frühen fünften Jahrhundert der griechischen Sprache, aber dann erfand der Bischof Mesrop ein nationales Alphabet und übersetzte die Bibel ins Armenische. Seitdem besitzt Armenien eine reichhaltige Literatur hauptsächlich religiöser und geschichtlicher Prägung.

Von 642 bis 1046 war das Land dem Namen nach den Kalifen untertan, es blieb aber praktisch selbständig und bewahrte sich eifrig sein Christentum. Im neunten Jahrhundert gründete die Bagratuni-Familie eine Dynastie unter der Bezeichnung «Fürst der Fürsten», wählte sich Ani zur Hauptstadt und schenkte dem Lande mehrere Menschenalter des Fortschrittes und verhältnismäßigen Friedens. Aschot III. (952–977) war bei seinem Volke sehr beliebt; er gründete viele Kirchen, Krankenhäuser, Klöster und Armenhäuser und soll niemals zu Tisch gesessen haben, ohne einige Arme zur Teilnahme am Mahle aufgefordert zu haben. Unter seinem Sohne Gagik (990–1020) – wie seltsam müssen unsere Namen den Armeniern vorkommen! – erreichte der Wohlstand den höchsten Punkt: Es gab zahlreiche Schulen, viele Städte wurden durch Handel reich und verschönten sich mit Werken der Kunst, und Kars stand im Wettbewerb mit Ani als Wirkstätte von Literatur, Theologie und Philosophie. Ani besaß prächtige Paläste und eine berühmte Kathedrale (ca. 980), die in feinsinniger Weise aus persischen und byzantinischen Stilarten zusammengesetzt war; da waren Pfeiler- und Säulenbündel zu finden, Spitz- und Rundbogen und andere Stilformen, die später in die gotische Kunst eingingen. Als 989 die Kuppel der Hagia Sophia in Konstantinopel durch ein Erdbeben zerstört wurde, übertrug der byzantinische Kaiser die gewagte Aufgabe des Wiederaufbaus dem Trdat, dem Baumeister der Kathedrale von Ani[32].

VIERTES KAPITEL

DER ISLAMISCHE ALLTAG

[628–1058]

I. DIE WIRTSCHAFT

Die Zivilisation erwächst aus einer Verbindung von Boden und Seele – sie bedeutet eine Umwandlung der Hilfskräfte der Erde durch Wunsch und Zucht der Menschen. Hinter der Fassade und unter dem Einfluß von Palästen, Tempeln und Schulen, von Gelehrsamkeit, geistigen Genüssen und Künsten steht der Mensch, die Grundlage von alledem: der Jäger, der mit Wild vom Walde heimkehrt; der Holzhauer, der die Bäume fällt; der Hirt, der seine Herde weidet und züchtet; der Bauer, der rodet, pflügt, sät, anbaut, erntet, den Obstgarten, den Weinberg, den Bienenstock und die Brut pflegt; die Frau, die in den hundert Aufgaben und Sorgen eines arbeitsreichen Haushaltes aufgeht; der Bergarbeiter, der in der Erde gräbt; der Baumeister, der Häuser und Fahrzeuge und Schiffe gestaltet; der Handwerker, der fertige Erzeugnisse und Werkzeuge schafft; der Händler, Ladenbesitzer oder Kaufmann, welcher Hersteller und Verbraucher verbindet und trennt; der Mann, der Geld anlegt und mit seinen Ersparnissen das Gewerbe befruchtet; der Unternehmer, der Muskelkraft, Rohstoffe und Köpfe zur Gütererzeugung und für öffentliche Dienste einspannt. Zusammen machen sie das geduldige und doch stets ruhelose Ungetüm aus, auf dessen schwankendem Rücken die Zivilisation ihren unsicheren Sitz hat.

Alle diese Kräfte waren im Islam tätig. Rinder, Pferde, Kamele, Ziegen, Elefanten und Hunde wurden gezüchtet; den Bienen wurde der Honig entwendet, den Kamelen, Ziegen und Kühen die Milch; hunderterlei Abarten von Getreiden, Gemüsen, Früchten, Nüssen und Blumen wurden hochgezogen. Der Orangenbaum wurde irgendwann vor dem zehnten Jahrhundert aus Indien nach Arabien eingeführt; die Araber brachten ihn nach Syrien, Kleinasien, Palästina, Ägypten und Spanien, von wo aus er nach ganz Südeuropa gelangte[1]. Der Zuckerrohrbau und die Zuckergewinnung wurden von den Arabern auf die gleiche Weise von Indien aus über den Nahen Orient verbreitet und gelangten mit den Kreuzfahrern in deren europäische Heimatstaaten[2]. Die Baumwolle wurde in Europa erstmals von den Arabern angepflanzt[3]. Diese Errungenschaften auf zumeist dürrem Boden wurden erst durch eine organisierte künstliche Bewässerung möglich; auf diesem Gebiet wichen die Kalifen von ihrem Grundsatz, die Wirtschaft dem freien Unternehmertum zu überlassen, ab; der Staat leitete und finanzierte die Erhaltung der größeren Kanalanlagen. Der Euphrat wurde auf den mesopotamischen, der Tigris auf persischen Boden abgeleitet, und ein großer Kanal verband die beiden Flüsse bei Bagdad. Die ersten Abbasidenkalifen förderten die Trockenlegung von Sümpfen und den Wiederaufbau von zerstörten Dörfern und verlassenen Bauernhöfen. Im zehnten Jahrhundert galt das Gebiet zwischen Buchara und Samarkand, das unter der Herrschaft der Samanidenfürsten stand, als eines der «vier irdischen Paradiese» – die übrigen waren Südpersien, Südirak und das Gebiet um Damaskus.

Gold, Silber, Eisen, Blei, Quecksilber, Antimon, Schwefel, Asbest, Marmor und Edelsteine wurden aus der Erde gewonnen. Perlenfischer tauchten im Persischen Golf nach Perlen. Erdöl und Bitumen standen in mäßigem Gebrauch; eine Eintragung in Haruns Archiven stellt den Preis von dem «Erdöl und Röhricht» fest, das bei der Verbrennung von Dschafars Leichnam verwandt worden war[4]. Die Industrie stand noch auf der handwerklichen Stufe; produziert wurde in Heimarbeit und in Werkstätten; es bestand eine Zunftorganisation. Fabriken gab es nur wenige; abgesehen von der Entwicklung der Windmühle gab es kaum einen technischen Fortschritt. Masudi, der im fünften Jahrhundert schreibt, spricht von den Windmühlen, die er in Persien und im Nahen Orient gesehen habe; vor dem zwölften Jahrhundert sind sie in Europa nicht zu finden; wahrscheinlich waren auch sie ein Geschenk des muselmanischen Ostens an seine kreuzritterlichen Gegner[5]. Es wurde viel technischer Scharfsinn entwickelt. Die Wasseruhr, welche Harun al-Raschid Karl dem Großen schenkte, bestand aus Leder und damasziertem Messing; metallene Reiter, die alle Stunde eine Tür öffneten und die jeweilige Anzahl von Bällen auf eine Zimbel fallen ließen und sich dann, die Türe schließend, wieder zurückzogen, zeigten die Zeit an[6]. Die Gütererzeugung ging langsam vonstatten, aber der Handwerker vermochte ganzheitliche Arbeit zu leisten und machte fast aus jedem Handwerk eine Kunst. Persische, syrische und ägyptische Wirkwaren waren wegen der zeitraubenden Vollkommenheit ihrer Machart rühmlich bekannt; Mosul war wegen seines baumwollenen *Musselins*, Damaskus wegen seines *Damastes* und Aden wegen seiner Wolle berühmt; Damaskus stand auch wegen seiner gehärteten Stahlwaren in gutem Ruf; Sidon und Tyrus wegen ihres Glases von unübertroffener Reinheit und Feinheit, Bagdad wegen seiner Glas- und Töpfereiwaren, Rayy wegen seiner Keramiken, Nadeln und Kämme, Raqqa wegen seines Olivenöls und seiner Seife, Fars wegen seines Parfüms und seiner Teppiche. Unter der Herrschaft der Muselmanen erreichte Westasien einen industriellen und kommerziellen Hochstand, dem Westeuropa vor dem sechzehnten Jahrhundert nichts Gleichwertiges an die Seite zu stellen hatte[7].

Transporte zu Land erfolgten hauptsächlich mit Hilfe von Kamelen, Pferden, Mauleseln und menschlichen Trägern. Das Pferd stand aber zu hoch im Ansehen, um vorwiegend als Lasttier verwendet zu werden. «Sage nicht ‚mein Hengst' zu ihm, nenne ihn ‚mein Sohn'!» sagt ein Araber. «Er ist schneller als der Sturm, schneller als das schweifende Auge. ... Er ist so leichtfüßig, daß er auf der Brust deiner Geliebten tanzen könnte, ohne ihr weh zu tun[8].» Darum hatte das Kamel, das «Schiff der Wüste», die meisten Lasten des arabischen Handelsverkehrs zu tragen, und Karawanen von 4700 Kamelen zogen wiegenden Schrittes durch die Muselmanenwelt. Große Straßen führten von Bagdad aus in alle Richtungen: über Tayy, Nischapur, Merw, Buchara nach Kaschgar und bis zur chinesischen Grenze, über Basra nach Schiraz, über Kufa nach Medina, Mekka und Aden, über Mosul oder Damaskus an die syrische Küste. Karawansereien, Herbergen, Hospize und Wasserspeicher standen den Reisenden und ihren Tieren zur Verfügung. Ein guter Teil des Inlandverkehrs ging über Flüsse und Kanäle. Harun al-Raschid plante einen Suezkanal, Yahya riet aber aus unbekannten, wahrscheinlich finanziellen Gründen von der Durchführung des Planes ab[9]. Über den 250 Meter breiten Tigris spannten sich in Bagdad drei Schiffsbrücken.

Über diese Verkehrsadern ging ein reger Handelsverkehr. Es gereichte Westasien wirtschaftlich zum Vorteil, daß eine gemeinsame Regierung Gebiete vereinte, die früher unter vier Staaten aufgeteilt gewesen waren; es gab keine Zölle und keine anderen Handelsschranken mehr, und der Warenstrom floß infolge der Einheitlichkeit der Sprache und des Glaubens nur um so ungehemmter. Die Araber teilten die Verachtung, die der europäische Adel für den Kaufmannsstand hatte, keineswegs; bald bemühten sie sich wie die Christen, Juden und Perser, Waren von den Erzeugern an die Verbraucher zu bringen und beiden möglichst wenig Gewinn zu belassen. Große und kleine Städte wuchsen rasch durch einen regen Transport-, Tausch- und Handelsverkehr. Straßenhändler riefen ihre Waren vor Gitterfenstern aus; auf Messen und Märkten und in Basaren kamen Waren, Kaufleute, Käufer und Dichter zusammen; Karawanen verbanden China und Indien mit Persien, Syrien und Ägypten, und von Häfen wie Bagdad, Basra, Aden, Kairo und Alexandrien stachen arabische Handelsschiffe in See. Der muselmanische Handel beherrschte das Mittelmeer bis in die Zeit der Kreuzzüge und schickte seine Schiffe von Syrien und Ägypten bis nach Tunis, Sizilien, Marokko und Spanien am anderen Ende des Meeres und berührte auch Griechenland, Italien und Gallien; er brachte die Kontrolle des Roten Meeres von Äthiopien aus an sich; er drang vom Kaspischen Meere aus in die Mongolei ein und kam von Astrachan aus wolgaaufwärts bis nach Nowgorod, Finnland, Skandinavien und Deutschland und hinterließ dort Tausende von muselmanischen Münzen; er erwiderte den Besuch chinesischer Dschunken in Basra, indem er arabische Daus vom Persischen Golf aus nach Indien und Ceylon, durch die Straits und die chinesische Küste entlang bis nach Kanfu (Kanton) schickte; im achten Jahrhundert hatte sich dort eine Kolonie von muselmanischen und jüdischen Kaufleuten fest niedergelassen[10]. Dieser belebende Handelsverkehr erreichte seinen Höhepunkt im zehnten Jahrhundert, als Westeuropa auf dem Tiefpunkt stand, und als er wieder verschwand, hinterließ er in vielen europäischen Sprachen seinen Stempel in Worten wie *Tarif*, *Traffik*, *Magazin*, *Karawane* und *Basar*.

Der Staat ließ dem Gewerbe und dem Handel freie Hand und stützte sie mit einer verhältnismäßig beständigen Währung. Die ersten Kalifen bedienten sich byzantinischen und persischen Geldes, aber 695 prägte Abd-al-Malik eigene arabische Münzen, Golddinare und Silberdirhems*. Ibn Hawqal (ca. 975) schrieb eine Art von Schuldschein über 42 000 Dinar an einen Kaufmann in Marokko aus; von dem arabischen Wort *sakk* für diese Art des Kredites stammt unser Wort Scheck. Finanzleute investierten gemeinsam Geld in Handelsfahrten oder Karawanen, und wenn der Zins auch verboten war, so fanden sich doch Mittel und Wege, um – wie in Europa – die Verbote zu umgehen und für die Abnützung und

---

* Der Dinar (von römisch *denarius*) enthielt 65 Gramm Gold, der Dirhem (von griechisch *drachme*) 43 Gramm Silber.

Gefährdung des Kapitals Bezahlung zu erlangen. Monopole waren von Gesetzes wegen unzulässig, standen aber doch in Blüte. Innerhalb eines Jahrhunderts nach Omars Tod raffte die arabische Oberschicht einen großen Reichtum zusammen und führte ein Luxusleben auf großen Gütern, auf denen Hunderte von Sklaven arbeiteten[11]. Der Barmakide Yahya bot sieben Millionen Dirhems für eine Perlenbüchse aus Edelsteinen, das Angebot wurde aber abgeschlagen; der Kalif Muqtafi hinterließ bei seinem Tode (wenn wir arabischen Zahlenangaben Glauben schenken dürfen) zwanzig Millionen Dinar an Juwelen und Parfümen[12]. Als Harun al-Raschid seinen Sohn al-Mamun mit Buran verheiratete, ließ deren Großmutter über den Bräutigam einen Perlenregen niederrieseln, und ihr Vater verstreute Moschusbällchen unter die Gäste; in jedem Bällchen war ein Schriftstück eingeschlossen, das seinen Besitzer zum Empfang eines Sklaven, eines Pferdes, eines Gutes oder eines sonstigen Geschenkes berechtigte[13]. Als Muqtadir sechzehn Millionen Dinar von Ibn al-Dschassas' Vermögen einzog, war dieser berühmte Juwelier immer noch ein reicher Mann. Viele Handelsschiffe waren vier Millionen Dinar wert, und Hunderte von Kaufleuten besaßen luxuriöse Häuser, die 10 000 bis 30 000 Dinar kosteten[14].

Die unterste Schicht des Wirtschaftsgefüges wurde von den Sklaven gebildet. Im Verhältnis zur Gesamtbevölkerung gab es im Islam wahrscheinlich mehr Sklaven als im Christentum, bei dem die Leibeigenschaft die Sklaverei zu ersetzen begann. Der Kalif Muqtadir soll elftausend Eunuchen in seinem Haushalt besessen haben; Musa brachte 300 000 Sklaven aus Afrika und 30 000 «Jungfrauen» aus Spanien als Gefangene ein und verkaufte sie in die Sklaverei; Qutayba nahm hunderttausend Menschen in Sogdien gefangen; diese Zahlen stammen aus orientalischer Quelle, so daß einige Abzüge gemacht werden müssen. Der Koran erkannte als einzig berechtigte Quellen der Sklaverei die Gefangennahme von Nicht-Muselmanen im Krieg und die Geburt von Kindern an, deren beide Eltern Sklaven waren; kein Muselmane durfte versklavt werden (so wie die Christen keine Christen versklaven durften). Es entwickelte sich aber doch ein lebhafter Handel mit Sklaven, die in Beutezügen eingeholt worden waren, mit Negern aus Ost- und Zentralafrika, Türken oder Chinesen aus Turkestan, Weißen aus Rußland, Italien und Spanien. Der Muselmane besaß das volle Recht über Leben und Tod seiner Sklaven; gewöhnlich behandelte er sie aber mit Freundlichkeit und Menschlichkeit, so daß ihr Los nicht schlechter – vielleicht sogar besser, da gesicherter – war als dasjenige eines Fabrikarbeiters im Europa des neunzehnten Jahrhunderts[15]. Der größte Teil der gewöhnlichen Arbeit auf den Bauernhöfen und der ungelernten Handarbeit in den Städten wurde von Sklaven geleistet; sie wirkten als Diener oder Mägde im Haushalt und als Eunuchen oder Konkubinen im Harem. Die meisten Tänzer, Sänger und Schauspieler waren Sklaven. Der Abkömmling einer Sklavin mit ihrem Herrn oder einer Freien mit einem Sklaven war von Geburt an frei. Die Sklaven durften heiraten, und ihre Kinder konnten eine gute Ausbildung erhalten, falls sie Talente zeigten. Es ist erstaunlich, wie viele Sklavensöhne im Islam zu hohen Stellen im politischen und geistigen Leben gelangten, ja sogar Könige wurden, wie Mahmud und die ersten Mameluken.

Im asiatischen Islam war die Ausbeutung nie so unbarmherzig wie im heidnischen, christlichen und muselmanischen Ägypten, in dem der Bauer zu jeder Stunde schuftete, gerade so viel verdiente, daß er sich eine Hütte, ein Lendentuch und so viele Nahrung leisten konnte, daß er nicht völlig verhungerte. Im Islam wurde und wird noch viel gebettelt und viel Betrug mit der Bettelei gemacht; der arme Vorderasiate besaß aber eine schützende Geschicklichkeit in der Zeitlupenarbeit, wenige Menschen taten es ihm in der Anpassung an das Nichtstun gleich, es wurden viele Almosen verteilt, und schlimmstenfalls konnte ein Obdachloser im schönsten Gebäude der Stadt, in der Moschee, nächtigen. Aber auch so gärte der ewige Klassenkampf unfreundlich durch die Jahre hindurch und brach von Zeit zu Zeit in heftiger Revolte aus (778, 796, 808, 838). Da Kirche und Staat eins waren, nahm die Rebellion gewöhnlich ein religiöses Gewand an. Einige Sekten, wie die Churamiyya und die Muhayyida, machten sich die kommunistischen Gedankengänge des persischen Aufrührers Mazdak zu eigen; eine Gruppe nannte sich *Surch Alam* – «Rote Fahne»[16]. Um das Jahr 772 verkündete Haschim al-Muqanna – der «Verschleierte Prophet» von Chorasan –, er sei der menschgewordene Gott und gekommen, den Kommunismus des Mazdak wiederherzustellen. Er sammelte mehrere Sekten um sich, schlug viele Heere, herrschte vierzehn Jahre lang über Nordpersien und wurde schließlich (786) gefangengenommen und niedergemacht[17]. Im Jahre 838 unternahm Babik al-Churrani die gleichen Bemühungen, scharte eine *Muhammira* – «Die Roten»[18] – genannte Anhängerschaft um sich, setzte sich in den Besitz von Aserbeidschan, beherrschte es 22 Jahre lang, schlug eine ganze Reihe von Heeren und brachte (wie uns Tabari glauben machen will) 255 500 Soldaten und Gefangenen den Tod, ehe er überwältigt wurde. Der Kalif Mutasim befahl Babiks eigenem Scharfrichter, dem Babik ein Glied um das andere abzuhauen; der Rumpf wurde vor dem Kalifenpalast gepfählt, und der Kopf wurde in den Städten von Chorasan zur Schau gestellt[19], um die Bevölkerung daran zu erinnern, daß alle Menschen bei der Geburt unfrei und ungleich seien.

Der berühmteste «Sklavenkrieg» des Ostens wurde von Ali, der von Mohammeds Schwiegersohn abzustammen behauptete, geführt. Bei Basra waren viele Negersklaven zur Salpetergewinnung eingesetzt. Ali hielt ihnen ihre schlechte Behandlung vor Augen, rief sie auf, sich seinem Aufstand anzuschließen, und verhieß ihnen die Freiheit, Reichtum und – Sklaven. Sie schenkten ihm Gehör, verschafften sich Nahrungsmittel und Ausrüstungsgegenstände, schlugen die gegen sie ausgeschickten Truppen und erbauten sich unabhängige Dörfer mit Palästen für ihre Anführer, Gefängnissen für ihre Gefangenen und Moscheen für ihre Gebete (im Jahre 869). Die Arbeitgeber boten Ali fünf Dinar pro Kopf, falls er die Aufständischen zur Rückkehr zur Arbeit bewegen würde; er schlug das Angebot aus. Die Bewohner der umliegenden Landstriche versuchten ihn durch Hunger zur Botmäßigkeit zu zwingen; als aber die Vorräte der Rebellen zur Neige gingen, überfielen sie die Stadt Obolla, befreiten deren Sklaven und nahmen sie in ihre Reihen auf, plünderten die Stadt und brannten sie nieder (870). Ali schöpfte aus diesem Erfolg Mut und führte seine Leute gegen andere Städte, eroberte eine ganze Zahl und gewann die Herrschaft über Südiran und den Irak bis vor die Tore von Bagdad. Der Handelsverkehr erlahmte und die Hauptstadt begann zu hungern. Im Jahre 871 eroberte der Negergeneral Mohallabi mit einem großen Rebellenheer Basra; wenn wir den Geschichtsschreibern glauben dürfen, wurden dabei 300 000 Menschen niedergemetzelt und Tausende von weißen Frauen und Kindern, auch die Frauen und Kinder des Haschimitenadels, zu Konkubinen und Sklaven von Negersoldaten gemacht. Zehn Jahre dauerte der Aufstand noch an; große Heere zogen aus, ihn zu unterdrücken; den Überläufern wurde die Freiheit und eine Belohnung in Aussicht gestellt; viele Anhänger des Ali wechselten auf die Seite der Regierung über. Die restlichen Rebellen wurden umzingelt, belagert und mit flüssigem Blei und «griechischem Feuer» – Erdölfackeln – beworfen. Schließlich bahnte sich ein regierungstreues Heer unter dem Wesir Mowaffaq einen Weg in die Rebellenstadt, überwältigte jeden Widerstand, erschlug Ali und brachte sein Haupt dem Sieger. Mowaffaq und seine Offiziere knieten nieder und dankten Allah für seine Wohltaten (883)[20]. Die Aufständischen hatten sich vierzehn Jahre lang halten können und hatten das gesamte Wirtschaftsleben und Staatsgefüge des östlichen Islam bedroht. Ibn Tulun, der Statthalter von Ägypten, nutzte die Gelegenheit, um die reichste Provinz des Kalifen zu einem unabhängigen Staat zu machen.

II. DER GLAUBE

In der Stufenfolge des Begehrens kommt nach dem Begehren nach Brot und Frauen die Sehnsucht nach dem ewigen Heil; wenn der Hunger beschwichtigt und die Wollust verrauscht ist, hat der Mensch auch noch ein wenig Zeit für Gott übrig. Trotz seiner Vielweiberei brachte der Muselmane eine erhebliche Zeit für Allah auf und gründete Ethik, Recht und Regierungsform auf die Religion.

Theoretisch hatten die Mohammedaner das einfachste aller Glaubensbekenntnisse: «Es gibt keinen Gott außer Allah, und Mohammed ist sein Prophet» *(La ilaha il-Allah, Muhammad-un Rasulu-llah)*. Diese Formel ist nur scheinbar so einfach, denn der zweite Satz schließt das Bekenntnis zum Koran und seinen Lehren ein. Infolgedessen glaubte der orthodoxe Muselmane auch an Himmel und Hölle, Engel und Dämonen und die Wiederauferstehung von Leib und Seele, die göttliche Vorausbestimmung aller Ereignisse, das Jüngste Gericht, die vier Pflichten der muselmanischen Religionsausübung – Gebet, Almosen, Fasten und Pilgerfahrten – und an die göttliche Inspiration verschiedener Propheten, die auf Mohammed hinführten. «Jedes Volk hat einen Gottgesandten und Propheten», sagt der Koran (x, 48); es gibt Muselmanen, die die Zahl dieser Gottesgesandten auf 224000 berechnen[21]; offenbar nahm Mohammed selbst aber nur von Abraham, Moses und Jesus an, daß sie das Wort Gottes verkündet hätten. Darum mußte der Mohammedaner auch das Alte Testament und die Evangelien als göttliche Offenbarungen anerkennen; soweit sie Widersprüchlichkeiten gegenüber dem Koran aufwiesen, kam das nach Mohammed daher, daß ihr göttlicher Text willentlich oder unwillentlich von Menschen verändert worden sei; auf alle Fälle sei der Koran über alle vorangegangenen Offenbarungen zu stellen, und Mohammed übertreffe alle anderen Gottesgesandten. Die Muselmanen betonten zwar, daß er nur ein Mensch gewesen sei, verehrten ihn aber fast mit der gleichen Inbrunst, wie die Christen Jesus. «Hätte ich zu seiner Zeit gelebt», sagt ein typischer Mohammedaner, «ich hätte nicht zugelassen, daß der Apostel Gottes seinen gesegneten Fuß auf die Erde setzte, ich hätte ihn überallhin auf meinen Schultern getragen[22].»

Gute Muselmanen machten ihr Glaubensbekenntnis noch verwickelter, indem sie neben dem Koran auch noch den Überlieferungen (Hadith) folgten, welche die Gelehrten des Islam von den Bräuchen (Sunna) und Gesprächen des Propheten pflegten. Mit der Zeit stellten sich religiöse, rituelle, ethische und gesetzliche Probleme, für die die Heilige Schrift keine klare Lösung zu geben hatte; manchmal waren die Worte des Koran unklar und bedurften der Erklärung; es war nützlich zu wissen, was der Prophet und seine Genossen in diesen Punkten getan und gesagt hatten. Gewisse Muselmanen widmeten sich der Aufgabe, solche Überlieferungen zu sammeln. Während des ersten Jahrhunderts ihrer Zeitrechnung nahmen sie von einer schriftlichen Aufzeichnung Abstand; sie bildeten in verschiedenen Städten Hadith-Schulen und rezitierten sie in öffentlichen Vorträgen; es war nichts Ungewöhnliches, wenn Muselmanen von Spanien oder Persien gereist kamen, um einer Hadith zu lauschen, die angeblich in unmittelbarer Folge von Mohammed stammte. Auf diese Weise entstand ein Körper mündlicher Lehren neben dem Koran, so wie neben dem Alten Testament die Mischna und die Gemara aufkamen. Und geradeso, wie Jehuda Hanasi das mündliche Gesetz der Juden im Jahre 189 in eine schriftliche Form gegossen hatte, so unterwarf im Jahre 870 al-Buchari 600000 mohammedanische Überlieferungen, die er auf Forschungsreisen bis nach Ägypten und Turkestan gesammelt hatte, einer kritischen Untersuchung und veröffentlichte 7275 von ihnen in seinem *Sahih*, dem «Rechten Buch». Jede auserwählte Überlieferung wurde in einer langen Reihe *(isnad)* von namentlich aufgeführten Überlieferern auf einen der Genossen oder den Propheten selbst zurückgeführt.

Viele Überlieferungen gaben dem muselmanischen Glaubensbekenntnis eine neue Färbung. Mohammed hatte nie behauptet, er besitze Wunderkräfte, aber Hunderte von hübschen Überlieferungen sprechen von seinen Wundertaten – wie er mit Nahrung, die kaum für einen Menschen ausgereicht hätte, eine ganze Menschenmenge ernährte; wie er Dämonen austrieb; wie er mit einem einzigen Gebet dem Himmel Regen entlockte und ihn mit einem zweiten Gebet wieder zum Versiegen brachte; wie er die Euter von Ziegen, die keine Milch gaben, berührte und sie sogleich vor Milch strotzten; wie die Kranken allein durch die Berührung seiner Kleidung oder seines abgeschnittenen Haares geheilt wurden. Christliche Einflüsse scheinen auf viele Überlieferungen gestaltend eingewirkt zu haben; sie schärften die Liebe zu den Feinden ein, obgleich Mohammed strengere Ansichten gehabt hatte; von den Evangelien wurde das Vaterunser übernommen; die Gleichnisse vom Sämann, den Hochzeitsgästen und den Knechten im Weinberg wurden Mohammed in den Mund gelegt[23]; alles in allem wurde er, trotz seiner neun Ehefrauen, in einen guten Christen umgewandelt. Muselmanische Kritiker erhoben den Einwurf, ein guter Teil der Hadith sei von der Propaganda der Umayyaden und Abbasiden und anderer Leute zusammengebraut worden[24]; Ibn Abi al-Awdscha, der 772 in Kufa hingerichtet wurde, gestand, er habe 4000 Überlieferungen erfunden[25]. Einige Skeptiker lachten über die Hadith-Sammlungen und verfaßten unanständige Geschichten in der feierlichen Form der Hadith[26]. Trotz alledem wurde die Anerkennung, daß die Hadith in der einen oder anderen gebilligten Sammlung für Glaube und Gesittung bindend sei, zu einem Kennzeichen der orthodoxen Muselmanen, die daher die Bezeichnung Sunniten, Anhänger der Überlieferung, erhielten.

Nach einer Überlieferung fragte der Engel Gabriel den Mohammed: «Was ist der Islam?» – und ließ ihn antworten: «Der Islam ist der Glaube an Allah und seinen Propheten, das Hersagen der vorgeschriebenen Gebete, die Verteilung von Almosen und die Pilgerfahrt nach Mekka[27].» Gebet, Almosengeben, Fasten und Wallfahren sind die «Vier Pflichten» der muselmanischen Religion. Mit dem Glauben an Allah und Mohammed bilden sie die «Fünf Säulen des Islam».

Dem Gebet mußte eine Reinigung vorausgehen; und da der Muselmane fünfmal täglich beten mußte, stand die Reinlichkeit buchstäblich der Frömmigkeit zur Seite. Mohammed benutzte wie Moses die Religion als Hilfsmittel, sowohl zur Gesundheitspflege als auch zum sittlichen Lebenswandel, da er von dem allgemeinen Grundsatz ausging, daß das Vernünftige nur in der Gestalt des Mystischen auf die Anerkennung von seiten des Volkes rechnen könne. Er erklärte, das Gebet eines ungesäuberten Menschen verhalle ungehört; er wollte sogar das Zähneputzen zur Voraussetzung des Betens machen; schließlich ging er einen Kompromiß ein, indem er sich mit dem Waschen von Gesicht, Händen und Füßen begnügte (v, 6). Männer nach dem Geschlechtsverkehr, Frauen nach der Menstruation oder nach der Geburt mußten sich baden, bevor sie beten durften. Bei Tagesanbruch, kurz nach Mittag, am Spätnachmittag, bei Sonnenuntergang und zur Schlafenszeit bestieg der Muezzin ein Minarett, um den *adhan*, den Gebetsruf, ertönen zu lassen:

> Allahu Akbar (Gott ist der Größte)! Allahu Akbar! Allahu Akbar! Allahu Akbar! Ich bezeuge, daß es keinen Gott gibt außer Allah. Ich bezeuge, daß es keinen Gott gibt außer Allah. Ich bezeuge, daß es keinen Gott gibt außer Allah. Ich bezeuge, daß Mohammed Allahs Gesandter ist. Ich bezeuge, daß Mohammed Allahs Gesandter ist. Ich bezeuge, daß Mohammed Allahs Gesandter ist. Kommt zum Gebet! Kommt zum Gebet! Kommt zum Gebet! Kommt zum Heil! Kommt zum Heil! Kommt zum Heil! Allahu Akbar! Allahu Akbar! Allahu Akbar! Es gibt keinen Gott außer Allah!

Es ist ein kraftvoller Appell, ein edler Aufruf, mit der Sonne aufzustehen, eine willkommene Unterbrechung in der Hitze der Tagesarbeit, eine feierliche Botschaft der göttlichen Majestät in der Stille der Nacht; auch das Ohr des Fremden empfindet diesen seltsamen schrillen Singsang vieler Muezzins von verschiedenen Moscheen als angenehm, diesen Ruf an die erdgebundene Seele, für einen Augenblick mit der geheimnisvollen Quelle des Lebens und des Geistes in Verbindung zu treten. Bei diesen fünf Gelegenheiten müssen alle Muselmanen, wo sie auch sind, in ihrer Beschäftigung einhalten, sich reinigen, das Gesicht gegen Mekka und die Kaaba kehren und einige kurze Gebete in der gleichen aufeinanderfolgenden Reihe verschiedener Körperhaltungen sprechen, in einer eindrucksvollen Gleichzeitigkeit, die dem Sonnenlauf um die Erde folgt.

Wer Zeit und Lust hatte, ging zum Beten in die Moschee. Gewöhnlich war sie den ganzen Tag geöffnet; jedem Muselmanen, sei er Häretiker oder Orthodoxer, stand der Eintritt frei, um sich zu waschen, sich auszuruhen, zu beten. Dort, in der schattigen Abgeschiedenheit, unterwiesen Lehrer ihre Schüler, fällten Richter ihr Urteil, verkündeten Kalifen ihre Politik und ihre Erlasse; man traf sich dort zu einem Schwatz, um das Neueste zu vernehmen, sogar um Geschäfte zu tätigen; die Moschee war wie die Synagoge und die Kirche der Mittelpunkt des täglichen Lebens, Heim und Herd der Gemeinde. Am Freitag rief der Muezzin die Gemeinde eine halbe Stunde vor Mittag in die Moschee. Die Gläubigen mußten gebadet und in sauberen Kleidern und parfümiert erscheinen; kleinere Waschungen konnten sie auch in dem Wasserbecken oder Brunnen, der im Hofe der Moschee stand, vornehmen. Die Frauen blieben gewöhnlich daheim, wenn die Männer in die Moschee gingen und umgekehrt, denn man fürchtete, daß die Gegenwart auch verschleierter Frauen die leicht erregbaren Männer von der inneren Sammlung abbringen würde. Die Gläubigen zogen am Eingang zu der eigentlichen Moschee die Schuhe aus und traten in Pantoffeln oder Strümpfen ein. In der Moschee oder, wenn viele Gläubige versammelt waren, im Vorhof, stellten sie sich Schulter an Schulter in einer oder mehreren Reihen auf, das Gesicht gegen den *mihrab*, die Gebetsnische in der Mauer gewandt, die die *qibla*, die Richtung nach Mekka, anzeigte. Ein Imam, Vorbeter, las eine Textstelle aus dem Koran vor oder hielt eine kurze Predigt. Jeder Teilnehmer sprach mehrere Gebete, und zwar jeweils in der vorgeschriebenen Haltung – stehend, knieend und auf den Boden hingestreckt; *Moschee* bedeutet einen Ort des Niederwerfens im Gebet*. Hierauf rezitierte der Imam eine verwickelte Folge von Begrüßungen, Segensformeln und Gebeten, an denen die Gemeinde schweigend teilnahm. Es gab keine Hymnen, Prozessionen oder Sakramente, keine Kollekten oder Vermietungen von Chorstühlen; die Religion wurde, da sie ja mit dem Staate eins war, aus öffentlichen Mitteln finanziert. Der Imam war nicht ein Priester, sondern ein Laie, der sich weiterhin mit seiner weltlichen Beschäftigung sein Brot verdiente; er wurde vom Aufseher der Moschee auf eine bestimmte Zeit ernannt, erhielt ein kleines Gehalt und mußte die Gemeinde im Gebet anführen; der Islam kannte keine Priesterschaft. Nach den Freitagsgebeten stand es den Muselmanen frei, wie an allen anderen Tagen zu arbeiten; während der Gebete hatten sie aber eine läuternde Stunde der Erhebung über den Kampf des Alltags erlebt und unbewußt das Gemeinschaftsgefühl durch das gemeinsame Ritual gefestigt.

Die zweite Pflicht des Muselmanen bestand im Almosengeben. Mohammed verfuhr mit den Reichen beinahe ebenso unnachgiebig wie Jesus; es besteht sogar die Meinung, er habe als Sozialreformer begonnen, der über den Gegensatz zwischen dem Luxusleben des Händleradels und dem Elend der Massen entsetzt war[28]; offenbar stammten seine ersten Anhänger überwiegend aus einfachen Kreisen. Eine seiner ersten Handlungen in Medina bestand in der Erhebung einer zweieinhalbprozentigen Steuer auf alle beweglichen Güter der Bürger zur Unterstützung der Armen. Fest angestellte Beamte zogen diese Steuer ein und verteilten die Einkünfte. Ein Teil der Eingänge wurde zum Bau von Moscheen und zur Dekkung der Regierungs- und Kriegskosten verwandt; andererseits brachte der Krieg Beute ein, der die Gaben an die Armen mächtig anwachsen ließ. «Das Gebet bringt uns den halben Weg zu Gott, das Fasten bringt uns bis an die Tore seines Palastes, das Almosengeben erwirkt uns den Eintritt», sagt Omar II.[29]. Die Überlieferung kennt unzählige Geschichten von freigebigen Muselmanen; Hasan soll zum Beispiel dreimal in seinem Leben sein Vermögen mit den Armen geteilt und zweimal seinen gesamten Besitz verschenkt haben.

---

* Das Wort *Moschee* stammt aus dem arabischen *masdschid*, von *sadschada*, sich niederbeugen, verehren. Im Nahen Orient lautet die Aussprache von *masdschid musdschid*; in Nordafrika *musghid*; von dort her kommt die französische und englische Wortform *(mosque)*.

Die dritte Pflicht bestand im Fasten. Für den Muselmanen bestand das allgemeine Verbot des Genusses von Wein, des Fleisches gestorbener Tiere, von Blut, Schweine- und Hundefleisch. Mohammed war aber nachsichtiger als Moses; im Notfall war es gestattet, auch verbotene Nahrungsmittel zu sich zu nehmen; angesichts eines schmackhaften Käses, dem etwas verbotenes Fleisch beigegeben war, verlangte er in seinem listigen Humor nur: «Sprecht den Namen Allahs darüber aus![30]» Für das Asketentum hatte er nicht viel übrig, und das Mönchtum bekämpfte er (VII, 27); die Mohammedaner sollten sich den Genüssen des Lebens mit gutem Gewissen hingeben, aber mit Mäßigung. Wie die meisten Religionen schrieb aber auch der Islam gewisse Fasten vor, zum Teil als Willensübung, zum Teil wohl auch aus hygienischen Gründen. Einige Monate, nachdem er sich in Medina niedergelassen hatte, sah Mohammed die dortigen Juden ihr jährliches Fasten des Yom Kippur einhalten; er übernahm es auch für seine Anhänger, da er hoffte, damit die Juden für den Islam zu gewinnen; als diese Hoffnung fehlschlug, verlegte er das Fasten auf den Monat Ramadan. 29 Tage lang mußte der Muselmane sich zur Tageszeit des Essens, Trinkens, Rauchens und der Berührung mit dem anderen Geschlechte enthalten; eine Ausnahmestellung nahmen die Kranken, die vom langen Wege erschöpften Reisenden, die ganz Alten und die ganz Jungen und die schwangeren oder stillenden Frauen ein. Bei der erstmaligen Verfügung fiel der Fastenmonat in den Winter, als das Tageslicht spät kam und früh wieder zu Ende war. Da aber der Mondkalender das Jahr der Muselmanen gegenüber den vier Jahreszeiten verkürzte, geschah es, daß der Ramadan alle dreiunddreißig Jahre in die Mitte des Sommers fiel, wenn die Tage lang sind und die Hitze des Ostens den Durst zur Qual macht; und doch hielten die guten Muselmanen das Fasten durch. Jede Nacht wurde jedoch das Fasten unterbrochen, und der Muselmane durfte essen, trinken, rauchen und tändeln, bis der neue Tag anbrach; Geschäfte und Werkstätten blieben in dieser Zeit die ganze Nacht über geöffnet und luden die Volksmassen zum Feiern und zu Belustigungen ein. Die Minderbemittelten arbeiteten während des Fastenmonats wie gewöhnlich; die Wohlhabenden konnten es sich bequemer machen und tagsüber schlafen. Ganz fromme Menschen verbrachten die zehn letzten Nächte des Ramadan in der Moschee; an einer dieser Nächte hatte, wie man glaubte, Allah dem Mohammed erstmals den Koran offenbart; diese Nacht galt als «besser denn tausend Monde», und fromme Leute einfachen Geistes, die nicht recht wußten, welche Nacht es eigentlich gewesen war, hielten alle zehn in äußerster Feierlichkeit. Am ersten Tage nach dem Ramadan feierten die Muselmanen das Fest des *Id al-Fitr*, des «Fastenbrechens». Sie badeten sich, legten neue Gewänder an, grüßten einander mit einer Umarmung, verteilten Almosen und Geschenke und suchten die Gräber ihrer Verstorbenen auf.

Die Wallfahrt nach Mekka war die vierte Pflicht des muselmanischen Glaubens. Pilgerfahrten an heilige Stätten waren im Osten traditionell; die Juden lebten in der Hoffnung, eines Tages Zion sehen zu können, und fromme heidnische Araber waren schon lange vor Mohammed zu der Kaaba gezogen. Mohammed nahm den alten Brauch auf, da er wußte, daß das Ritual sich nicht so leicht abändern läßt wie der Glaube, und vielleicht auch, weil er selbst nach dem Schwarzen Stein Verlangen trug; indem er dem alten Ritus nachgab, erleichterte er ganz Arabien die Annahme des Islam ganz erheblich. Die Kaaba wurde, nachdem sie von allen Götzenbildern gereinigt worden war, für alle Muselmanen das Haus Gottes, und jedem Mohammedaner wurde die Verpflichtung auferlegt (wobei mit Kranken und Armen rücksichtsvolle Ausnahmen gemacht wurden), die Pilgerfahrt nach Mekka zu unternehmen, «sooft er kann» – was bald so ausgelegt wurde, als ob es «einmal im Leben» bedeutete. Als der Islam auch in fernen Landen durchdrang, unternahm nur noch ein Bruchteil der Muselmanenschaft die Wallfahrt nach Mekka; selbst in Mekka gibt es Muselmanen, die der Kaaba noch nie einen rituellen Besuch abgestattet haben[31].

Doughty schildert in seiner meisterlichen Weise den Pilgerzug, der mit phantastischer Geduld durch die Wüste zieht, unerbittlich dem Sonnenglast von oben und dem glühenden Sandgerinnsel von unten ausgeliefert; etwa siebentausend Gläubige, wohl auch mehr oder weniger, zu Fuß, zu Pferd, zu Esel, zu Maulesel oder in fürstlichem Palankin, zumeist aber zwischen Kamelhöckern hin und her geschaukelt; «bei jedem langen, stolzierenden Schritt knicken wir nach vorne ... jede Minute verbeugen wir uns fünfzigmal vor Mekka, ob wir wollen oder nicht»[32]; vierzig bis fünfzig Kilometer werden am Tage zurückgelegt, wohl auch achtzig, um an eine Oase zu gelangen; viele Pilger erkranken und bleiben zurück, einige werden den lauernden Hyänen oder einem langsameren Tode preisgegeben. In Medina machen die Pilger halt, um die Gräber von Mohammed, Abu Bekr und Omar I. in der Moschee des Propheten aufzusuchen; bei diesen Grabstätten soll nach einer volkstümlichen Überlieferung ein Platz für Jesus, den Sohn der Miriam, vorbehalten sein[33].

In nächster Nähe der Stadt Mekka schlug die Karawane ihre Zelte außerhalb der Stadtmauern auf, denn die ganze Stadt galt als *haram*, heilig; die Pilger badeten, gewandeten sich in nahtlose weiße Gewänder und ritten oder gingen in einer meilenlangen Reihe über staubige Straßen, um Unterkünfte in der Stadt zu suchen. Während ihres Aufenthaltes in Mekka mußten sie jedem Streit aus dem Wege gehen, sich aller geschlechtlichen Beziehungen enthalten und jede sündhafte Handlung vermeiden[34]. In den Monaten, die besonders für Pilgerfahrten bestimmt waren, wurde die Heilige Stadt zu einem brodelnden Gewühl von Stämmen und Rassen, die in der Gemeinsamkeit des Rituals und des Gebetes auf einmal alle völkischen und standesmäßigen Unterschiede ablegten. In die große Einfriedung, die die Moschee von Mekka darstellte, strömten Tausende in erregter Spannung auf das gewaltige Erlebnis; sie bemerkten kaum die eleganten Minarette der Mauer oder die Arkaden und Kolonnaden des von Bogengängen umgebenen Innenraumes; alle aber machten ehrfürchtig Halt vor dem Zemzem-Brunnen, dessen Wasser nach der Überlieferung den Durst des Ismael gelöscht hatte; jeder Pilger trank aus dem Brunnen, so bitter das Wasser auch schmeckte und so dringliche Folgen es auch hatte; manche füllten es in Flaschen ab, um es mit heimzunehmen, um täglich von seiner Heiligkeit zu schlürfen und in der Stunde des Todes von ihm zu genießen[35]. Schließlich kamen die Wallfahrer, mit verhaltenem Atem und ganz Auge, zu dem Mittelpunkt der Anlage, zu der Kaaba selbst, einem Miniaturtempel, der innen von silbernen Hängelampen erleuchtet und außen mit einem Vorhang aus prächtigen, feinen Stoffen umkleidet war; und in einem Eck erblickten sie den unaussprechlich heiligen Schwarzen Stein. Siebenmal umwandelten die Pilger die Kaaba und küßten oder berührten den Stein oder grüßten ihn mit einer tiefen Verbeugung. (Eine derartige Umwandlung eines geheiligten Gegenstandes – eines Feuers, Baumes oder

Maibaumes, eines Altars im Tempel von Jerusalem – gehört zu den alten religiösen Riten.) Viele Wallfahrer verbrachten die Nacht in der Moschee und fanden in ihrer religiösen Erregung trotz aller Erschöpfung keinen Schlaf; so hockten sie auf ihren Teppichen, führten Gespräche oder beteten und betrachteten in ekstatischer Bewunderung das Ziel ihrer Pilgerfahrt.

Am zweiten Tage liefen die Pilger zum Gedenken an Hagars verzweifelte Wassersuche für den Sohn siebenmal zwischen den Bergen Safa und Marwa in der Nähe der Stadt hin und her. ... Am siebenten Tage zogen diejenigen Wallfahrer, die die «größere Pilgerfahrt» zu vollziehen wünschten, zum Ararat, sechs Tagereisen weit, und hörten sich eine dreistündige Predigt an; bei der Rückkehr machten sie auf halbem Wege halt, um die Nacht in der Kapelle von Muzdalifa im Gebet zu verbringen; am achten Tage eilten sie zum Minatal und bewarfen drei Pfeiler mit Steinen, in der gleichen Weise, wie nach ihrem Glauben Abraham den Satan mit Steinen beworfen hatte, als dieser ihn bei den Vorbereitungen zur Opferung seines Sohnes unterbrach. ... Am zehnten Tage opferten sie ein Schaf, ein Kamel oder ein anderes Horntier, aßen das Fleisch und verteilten Almosen; diese Zeremonie, die zur Erinnerung an gleiche Opferhandlungen Mohammeds vollzogen wurde, war der Hauptritus der ganzen Pilgerfahrt, und dieses «Opferfest» wurde von allen Muselmanen in der ganzen Welt am zehnten Tage der Pilgerzeit mit gleichen Opfern an Allah gefeiert. Die Pilger schoren sich nun die Haare und stutzten die Fingernägel und verbrannten das Abgeschnittene. Damit war die größere Pilgerfahrt abgeschlossen; gewöhnlich stattete der Pilger aber der Kaaba einen zweiten Besuch ab, bevor er zum Karawanenlager zurückkehrte. Dort fingen für ihn seine früheren Lebensverhältnisse wieder an, er streifte sich wieder die alten Kleider über und machte sich stolz und erhobenen Geistes auf den langen Heimweg.

Diese berühmte Pilgerfahrt diente mehreren Zwecken. Wie die Wallfahrt der Juden nach Jerusalem und der Christen nach Jerusalem oder Rom, vertiefte auch sie den Glauben; sie verband den Gläubigen durch ein gemeinschaftliches Gefühlserlebnis mit seiner Religion und seinen Glaubensgenossen. Auf der Pilgerfahrt brachte eine alles verschmelzende Frömmigkeit arme Wüstenbeduinen, reiche Stadtkaufleute, Berber, afrikanische Neger, Syrer, Perser, Türken, Tataren, mohammedanische Inder und Chinesen zusammen, und alle trugen das gleiche einfache Gewand, sagten die gleichen Gebete in der gleichen arabischen Sprache auf; daher stammt wohl auch die geringe Betonung rassischer Unterschiede im Islam. Der Gang um die Kaaba kommt dem Nichtmuselmanen abergläubisch vor; der Muselmane lächelt aber über gleichartige Bräuche in anderen Religionen, stößt sich an dem christlichen Ritus des Abendmahles und kann das Essen Gottes nur als äußeres Symbol einer geistigen Vereinigung und Nahrung verstehen. Alle Religionen erscheinen anderen Religionen abergläubisch.

Und alle Religionen, so edel sie im Anbeginn auch sein mögen, führen bald zu einer Anhäufung von abergläubischen Bräuchen, die auf ganz natürliche Weise aus dem Geiste geplagter Menschen erwachsen, welche durch körperliche Mühsal und seelische Ängste im Kampfe ums Dasein abgestumpft sind. Die meisten Muselmanen glaubten an Zauberei und setzten selten Zweifel in die Fähigkeit der Zauberer, die Zukunft vorauszusehen, verborgene Schätze zu entdecken, Liebeszauber zu üben, Feinde zu schädigen, Krankheiten zu heilen oder den bösen Blick abzuwenden. Viele glaubten an die Möglichkeit der zauberhaften Verwandlung von Menschen in Tiere und Pflanzen oder an wunderbare Durchquerungen des Raumes; damit hat man schon fast den Rahmen von *Tausendundeiner Nacht*. Geister gab es überall; sie spielten den Sterblichen Streiche aller Art, verzauberten sie und zeugten in unachtsamen Frauen unerwünschte Kinder. Die meisten Muselmanen trugen wie die halbe Christenheit Amulette zum Schutz gegen üble Einflüsse, betrachteten die einen Tage als glückhaft, die anderen als unglückbringend, und glaubten, daß Träume die Zukunft offenbaren könnten und Gott manchmal im Traume zu den Menschen spreche. Im Islam war wie im Christentum jedermann von der Richtigkeit der Astrologie überzeugt; man legte Himmelskarten an, nicht nur um die Richtung der Moscheen und das Datum religiöser Feste zu bestimmen, sondern auch, um die Augenblicke festzustellen, an denen die Gestirne für irgendein Unternehmen günstig waren, und um das Horoskop jedes Einzelnen festzulegen, das heißt, um Charakter und Schicksal aufzudecken, die durch die Lage der Gestirne bei seiner Geburt bestimmt waren.

Der Islam, der doch nach außen hin in Ritus und Glauben so unterschiedslos und einheitlich zu sein schien, war bereits frühzeitig in Sekten aufgespalten, die sich so heftig bekämpften und so zahlreich waren wie die christlichen Sekten. Da waren die kriegerischen, puritanischen, demokratischen Charidschiten; die Murdschiiten, welche die Ansicht vertraten, kein Muselmane könne auf ewig verdammt sein; die Dschabriten, die die Willensfreiheit leugneten und an eine unbedingte Vorausbestimmung glaubten, und viele andere; wir bezeigen ihrer Lauterkeit und Allwissenheit unsere Achtung und gehen über sie hinweg. Die Schiiten indessen gehören unbedingt zur Geschichte. Sie stürzten die Umayyaden, eroberten sich den persischen, ägyptischen und indischen Islam und übten einen tiefen Einfluß auf Literatur und Philosophie aus. Die Schia («Gruppe, Sekte») nahm ihren Ursprung in zwei Morden – dem Mord an Ali und der Niedermetzelung von Husein und dessen Familie. Eine große Muselmanenminderheit vertrat die Ansicht, Mohammed sei doch der erwählte Apostel Allahs gewesen, also müsse es auch Allahs Absicht gewesen sein, daß die Nachkommen des Propheten, die doch bis zu einem gewissen Umfang seinen göttlichen Geist und sein Vorhaben geerbt hätten, dementsprechend die Führung des Islam erblich übertragen erhalten sollten. Sie jubelten, als Ali Kalif wurde, trauerten, als er durch Mörderhand fiel, und waren zutiefst über Huseins Tod entsetzt. Ali und Husein wurden im schiitischen Kult zu Heiligen; ihre Kultstätten standen an Heiligkeit nur der Kaaba und dem Grabe des Propheten nach. Die Schiiten, die darin vielleicht durch persische, jüdische und christliche Messiasvorstellungen und durch die buddhistische Vorstellung von Bodhisattvas – Heiligen in verschiedenen Wiedergeburten – beeinflußt waren, sahen in den Nachkommen des Ali Imams («Vorbilder»), das heißt unfehlbare Wiederverkörperungen der göttlichen Weisheit. Der achte Imam war Riza, dessen Grabmal in Maschhad in Nordostpersien als «Ruhmesstätte der Schiiten» angesehen wird. Im Jahre 873 verschwand der zwölfte Imam – Muhammad ibn Hasan – in seinem zwölften Lebensjahr; nach dem Glauben der Schiiten ist er nicht gestorben, sondern wartet seine Zeit ab, bis er wiederkommt und die schiitischen Muselmanen zur Vormachtstellung und zu allgemeiner Seligkeit führt.

Wie das bei den meisten Religionen der Fall ist, empfanden die verschiedenen Sekten gegeneinander eine größere Feindseligkeit als gegen die «Ungläubigen», die unter ihnen lebten. Diesen *dhimmi* – Christen, Zarathustriern, Sabäern, Juden – gewährten die Umayyadenkalifen eine Duldung, die in zeitgenössischen christlichen Ländern kaum zu finden war. Sie durften frei ihrer Religionsausübung nachgehen, ihre Kirchen behalten, wenn sie nur eine unterscheidende honigfarbene Kleidung trugen und eine jährliche Kopfsteuer von einem bis vier Dinar, je nach der Höhe ihres Einkommens, zahlten. Diese Steuer wurde nur von Nichtmuselmanen erhoben, die militärdiensttauglich waren; Mönche, Frauen, Kinder, Sklaven, Greise, Krüppel, Blinde und alle Armen waren von ihr befreit. Andererseits waren die *dhimmi* vom Kriegsdienst befreit (oder ausgeschlossen), brauchten die zweieinhalbprozentige Steuer für das Gemeindealmosen nicht zu entrichten und unterstanden dem Schutz der Regierung. Vor muselmanischen Gerichtshöfen galten ihre Zeugenaussagen nicht, sie standen aber im Genuß einer weitgehenden Selbstregierung mit eigenen Obmännern, Richtern und Gesetzen. Der Grad der Duldung schwankte je nach der Dynastie; unter den «Nachfolgern» gab es immer wieder Zeiten besonderer Strenge, die Umayyaden verfuhren im allgemeinen mild, die Abbasiden wechselweise nachsichtig und unduldsam mit den Ungläubigen. Omar I. wies alle Juden und Christen aus Arabien als dem Heiligen Lande des Islam aus, und eine fragwürdige Überlieferung schreibt ihm einen «Vertrag des Omar» zu, demzufolge ihre Rechte ganz allgemein beschnitten worden sein sollen; falls dieser Erlaß überhaupt je existierte, dann wurde er in der Praxis nicht befolgt[36], und Omar selbst ließ den christlichen Kirchen in Ägypten weiterhin die Vergünstigungen zukommen, die ihnen zuvor die byzantinische Regierung gewährt hatte.

Die Juden des Vorderen Orients hatten die Araber als Befreier begrüßt. Nunmehr hatten sie unter verschiedenen entrechtenden Maßnahmen und gelegentlich unter Verfolgungen zu leiden; sie waren aber jetzt den Christen gleichgestellt, durften wiederum in Jerusalem leben und ihrem Kult nachgehen und nahmen unter dem Islam in Asien, Ägypten und Spanien einen wirtschaftlichen Aufschwung, wie sie ihn unter den Christen nie erlebten. Außerhalb der Grenzen Ägyptens waren die Christen Westasiens in ihren Kulthandlungen gewöhnlich unbehindert; Syrien blieb bis zum dritten Jahrhundert der mohammedanischen Zeitrechnung vorwiegend christlich; während der Regierung von Mamun (813–833) vernehmen wir von elftausend christlichen Kirchen im islamischen Bereich, und von Hunderten von Synagogen und Feuertempeln. Die christlichen Feste wurden frei und offen gefeiert; christliche Pilger konnten sicher und unbehindert die christlichen Kultstätten Palästinas aufsuchen[37]; die Kreuzritter stießen im zwölften Jahrhundert im Vorderen Orient auf zahlreiche Christen, und christliche Gemeinden haben sich dort bis zum heutigen Tage erhalten. Christliche Ketzer, die von den Patriarchen von Konstantinopel, Jerusalem, Alexandrien oder Antiochien verfolgt wurden, fanden nun unter einer Muselmanenherrschaft, denen ihre Dispute völlig unverständlich waren, Freiheit und Sicherheit. Im neunten Jahrhundert stellte der muselmanische Statthalter von Antiochien eine besondere Wache auf, der die Aufgabe oblag, die christlichen Sekten daran zu hindern, sich gegenseitig in der Kirche niederzumetzeln[38]. Unter den skeptischen Umayyaden gediehen die Klöster; die Araber bewunderten die Leistungen der Mönche auf dem Gebiete des Ackerbaus und der Urbarmachung, spendeten den Weinen aus klösterlichen Keltern Beifall und erfreuten sich auf Reisen des Schattens und der Gastfreundschaft christlicher Klöster. Eine Zeitlang waren die Beziehungen zwischen den beiden Religionen so freundschaftlich, daß Christen mit dem Kreuz auf der Brust in Moscheen mit ihren muselmanischen Freunden verkehrten[39]. Der mohammedanische Staatsapparat beschäftigte Hunderte von christlichen Angestellten; Christen stiegen so oft in hohe Ämter auf, daß Muselmanen sich darüber beschwerten. Sergius, der Vater des heiligen Johannes von Damaskus, war Finanzminister des Abd-al-Malik, und Johannes selbst, der letzte griechische Kirchenvater, stand an der Spitze des Rates, welcher Damaskus regierte[40]. Die Christen des Ostens betrachteten die islamische Herrschaft im Vergleich zu der byzantinischen Regierung und Kirche als das geringere Übel[41].

Trotz oder wegen dieser Toleranzpolitik des frühen Islam gewann der neue Glaube mit der Zeit die meisten Christen, fast alle Zarathustrier und Heiden und viele der Juden Asiens, Ägyptens und Nordafrikas für sich. Es war steuerlich von Vorteil, dem Glauben der herrschenden Schicht anzugehören; Kriegsgefangene konnten der Versklavung entgehen, wenn sie sich zu Allah, Mohammed und der Beschneidung bekehrten. Nach und nach übernahm der nichtmuselmanische Bevölkerungsteil Sprache und Kleidung der Araber, Glaube und Gesetz des Korans. Wo der Hellenismus nach tausendjähriger Herrschaft keine Wurzel hatte fassen können, wo die römischen Heere die einheimischen Götter nicht besiegt hatten und die byzantinische Orthodoxie aufrührerische Häresien auf den Plan gerufen hatte, da setzte der Mohammedanismus, fast ohne jedes Proselytentum, nicht nur seinen Glauben und seinen Kult durch, sondern errang sich sogar eine treue Anhänglichkeit, welche die verdrängten Götter völlig in Vergessenheit geraten ließ. Von China, Indonesien und Indien über Persien, Syrien, Arabien und Ägypten bis Marokko und Spanien rührte der mohammedanische Glaube an Herz und Phantasie von unzähligen Völkern, formte er ihre Gesittung und Lebensart, schenkte er ihnen eine tröstende Hoffnung und einen kräftigenden Stolz, bis er in unserer eigenen Zeit die glühende Anhängerschaft von 350 000 000 Seelen besitzt und sie trotz aller politischen Spaltungen zu einem Ganzen zusammenschweißt.

III. DAS VOLK

Unter den Umayyaden bildeten die Araber einen herrschenden Adel und erfreuten sich eines staatlichen Soldes; als Gegengabe für diese Privilegien mußte jeder taugliche Araber jederzeit für den Kriegsdienst zur Verfügung stehen. Als Eroberer waren sie auf ihr vermeintlich unvermischtes Blut und ihre reine Sprache stolz. In seinem wachen Bewußtsein für Herkunft und Abstammung fügte der Araber seinem Namen denjenigen seines Vaters bei, zum Beispiel Abdallah ibn (Sohn des) Zobeir; manchmal ließ er noch seinen Stamm und Herkunftsort dazutreten und machte aus dem Namen eine ganze Biographie, wie etwa Abu Bekr Ahmad ibn Dscharir al-Azdi. Die Reinheit des Blutes wurde zum bloßen Mythos, als die Unterwerfer sich Frauen der Unterworfenen zu Konkubinen nahmen und die Kinder dieser Konkubinen als Araber anerkannten; der Stolz auf Blut und Rang verblieb jedoch. Die Araber der Oberschicht ritten auf Pferden, in weiße Seide gekleidet und mit Schwertern ausgestattet; der einfache Mann ging zu Fuß, trug bauschige Hosen, einen gewickelten Turban und spitze Schuhe; der Beduine behielt sein wehendes Gewand, seine Kopftücher und -bänder. Lange Hosen waren vom Propheten verboten worden, es gab aber doch einzelne Araber, die sie sich anzuziehen trauten. Alle Volksschichten trugen Schmuck. Die Frauen regten die Phantasie der Männer mit engen Schnürleibchen, bunten Gürteln, weiten farbigen Röcken an. Das Haar trugen sie an der Stirn kurz geschnitten, an den Schläfen gelockt und hinten zu Zöpfen geflochten; manchmal gaben sie ihm mit schwarzen Seidenfäden eine größere Fülle; oft schmückten sie es mit Gemmen oder Blumen. Nach 715 kam immer mehr der Brauch auf, daß sich die Frauen außer Haus das Gesicht unterhalb der Augen verschleierten; auf diese Weise erhielt jede Frau ein romantisches Aussehen, denn die Augen der Araberin jeden Alters sind von einer gefährlichen Schönheit. Die Frauen reiften mit zwölf und waren mit vierzig alt; in der Zwischenzeit sorgten sie für die Inspiration der arabischen Dichter und die Erhaltung der Rasse.

Die Ehelosigkeit achteten die Muselmanen nicht sonderlich, und die ständige Enthaltsamkeit schwebte ihnen niemals als Idealzustand vor; die meisten Heiligen der Muselmanen heirateten und zeugten Kinder. Vielleicht schlug der Islam in der entgegengesetzten Richtung über das Ziel hinaus und führte die Einrichtung der Ehe ins Extreme. Er ließ dem Geschlechtsverlangen so viele Möglichkeiten des Sichauslebens, daß die Prostitution unter Mohammed und den Nachfolgern eine Zeitlang abnahm; die Erschöpfung ruft aber nach Aufpeitschung, und bald spielten die Tanzmädchen im Leben selbst des mehrfach verheirateten Muselmanen eine große Rolle. Die muselmanische Literatur, die nur für männliche Augen und Ohren bestimmt war, war manchmal so derb und unanständig wie die Unterhaltung der Männerkreise in einem christlichen Lande; sie enthielt eine Unmenge ausgeprägt erotischer Bücher, und muselmanische medizinische Werke schenkten den Aphrodisiaka eine große Beachtung[42]. Nach dem strengen mohammedanischen Gesetze stand auf Unzucht und Päderastie die Todesstrafe; der wachsende Wohlstand führte aber zu einer unbeschwerteren Moralgesinnung, so daß Unzucht nur noch mit dreißig Stockhieben bestraft wurde und die Behörden gegenüber der sich ausbreitenden Päderastie ein Auge zudrückten[43]. Ein Stand berufsmäßiger Homosexueller *(muchannath)* entstand, welche in Kleidung und Gebaren die Frauen nachahmten, das Haar in Flechten trugen, die Fingernägel mit Henna färbten und unanständige Tänze aufführten[44]. Der Kalif Suleiman ließ alle *muchannath* von Mekka kastrieren, und der Kalif al-Hadi, der zwei Dienerinnen in lesbischen Beziehungen antraf, enthauptete sie auf der Stelle[45]. Trotz dieser Abschreckungsmittel griff die Homosexualität rasch um sich; wenige Jahre nach al-Hadi war sie an Haruns Hof gang und gäbe und das wichtigste Thema der Lieder von Haruns Lieblingspoet Abu Nuwas. Der Muselmane, der durch die Verschleierung der Frau vor der Verheiratung vom weiblichen Geschlecht abgeschlossen war und nach der Verheiratung durch den Brauch des Harems bald der Frauen überdrüssig wurde, verfiel in geschlechtliche Abnormitäten, und die Frauen, die von allen Männern außer ihren Verwandten ferngehalten wurden, kamen auf gleichartige Perversionen.

Die Berührung mit Persien förderte sowohl die Päderastie als auch das Tragen des

Schleiers im Islam. Die Araber hatten die Reize der Frau stets nicht nur bewundert, sondern auch gefürchtet und rächten sich für die unbewußte Unterordnung unter das weibliche Geschlecht mit den üblichen männlichen Zweifeln an dessen Tugendhaftigkeit und Verstandeskraft. «Frage die Frauen», rät Omar I., «und tue dann das Gegenteil von dem, was sie dir raten[46].» Die Muselmanen des Jahrhunderts von Mohammed hatten ihre Frauen aber noch nicht abgeschlossen; beide Geschlechter hatten Besuche ausgetauscht, sich unterschiedslos auf den Straßen bewegt und gemeinsam in der Moschee ihre Gebete verrichtet[47]. Als Musab ibn al-Zobeir seine Frau Aischa fragte, warum sie nie ihr Gesicht verschleiere, entgegnete sie: «Allah, gesegnet und gepriesen sei er, hat mir den Stempel der Schönheit aufgedrückt, darum will ich auch, daß die Öffentlichkeit diese Schönheit sehe und darin die Gnade erkenne, die er ihr zuteil werden läßt[48].» Unter Walid II. (743 bis 744) nahm jedoch das System der Harems und Eunuchen Gestalt an, und die Verschleierung kam immer mehr in Gebrauch. *Harim* bedeutete wie *haram* «verboten, heilig»; die Abschließung der Frauen erfolgte ursprünglich deswegen, weil sie infolge Menstruation und Geburt tabu waren; der Harem war ihr heiliger Zufluchtsort. Der muselmanische Ehemann kannte das leidenschaftliche Temperament des Orientalen, empfand das Bedürfnis, seine Frauen zu schützen und sah in ihrer Einkerkerung das einzige Mittel gegen ihre ehebrecherischen Neigungen. Frauen, die sich längere Zeit unverschleiert auf der Straße zeigten, setzten sich nun heftigem Tadel aus; sie durften sich gegenseitig besuchen, ließen sich aber gewöhnlich in Sänften tragen, die durch Vorhänge geschützt waren; nachts waren sie im Freien nie zu sehen. In der Moschee waren sie durch eine Trennwand oder ein Geländer oder eine Galerie von den Männern getrennt; schließlich wurden sie ganz aus der Moschee ausgeschlossen[49]; die Religiosität, die im lateinischen Christentum als ein sekundäres Geschlechtsmerkmal der Frau beschrieben worden ist, wurde im Islam als öffentlicher Kult ein Vorrecht des Mannes. Noch grausamer war es, daß den Frauen die Freuden des Einkaufens geraubt wurden; sie ließen alles, was sie brauchten, kommen, und Hökerinnen breiteten ihre Waren auf dem Boden der Harems aus. Selten, es sei denn in den unteren Ständen, saß die Frau mit am Tische des Mannes. Es war ungesetzlich für einen Muselmanen, das Gesicht einer Frau zu sehen, die nicht eine Gattin, eine Sklavin oder eine nahe Verwandte war. Ein Arzt bekam jeweils nur den betroffenen Körperteil einer Patientin zu sehen. Dem Manne sagte dieses System durchaus zu; es gab ihm daheim ein Maximum an Gelegenheit und außerhalb des Hauses völlige Freiheit vor Überwachung oder Überraschungen. Was die Frauen selbst betrifft, liegt bis in das neunzehnte Jahrhundert kein Anzeichen vor, daß sie gegen das Purdah oder den Schleier Einspruch erhoben hätten. Sie standen im Genusse der Abgeschiedenheit, Sicherheit und Bequemlichkeit der *zenana*, der Frauenwohnung; sie empfanden es als eine schmähliche Beleidigung, wenn der Mann sie nicht mit der genügenden Sorgfalt in ihrer Abgeschlossenheit hielt[50], und in ihrem scheinbaren Gefängnis spielten die legitimen Ehefrauen immer noch eine bewegte Rolle in der Geschichte. Chaizuran, Haruns Mutter, und Zobaida, seine Gattin, besaßen im achten und neunten Jahrhundert den gleichen Einfluß und dieselbe Kühnheit wie Aischa im siebenten und lebten in einer Pracht, die sich Mohammeds Gattinnen nicht einmal im Traum vorgestellt hätten.

In der Mädchenbildung ging man in den meisten Gesellschaftsschichten selten über die Unterweisung in Gebeten und in einigen Kapiteln des Korans und in den Künsten des Haushaltes hinaus. In den oberen Ständen erhielten die Frauen eine recht gute Bildung, meistens durch Privatlehrer, manchmal auch in Schulen[51]; sie wurden in Dichtung und Musik und in einer Vielfalt von Nadelarbeiten unterrichtet; es gab Frauen, die Gelehrte, sogar Lehrerinnen wurden. Mehrere Frauen waren ihrer aufgeklärten Philanthropie wegen berühmt. Man brachte ihnen eine Sittsamkeit bei, die ihren Sitten und Gebräuchen angemessen war; wurden sie im Bade überrascht, so bedeckten sie zuerst das Gesicht; sie waren sehr erstaunt über die Unsittlichkeit europäischer Frauen, die auf einem Ball ihren Busen halb entblößten und im Tanze in den Armen verschiedener Männer lagen, und sie wunderten sich über die Nachsicht eines Gottes, der solche Sünderinnen nicht augenblicks tot niederfallen ließ[52].

Wie in den meisten zivilisierten Ländern wurde die Ehe gewöhnlich von den Eltern verabredet. Der Vater durfte seine Tochter nach freiem Belieben verheiraten, solange sie noch minderjährig war; hernach stand die Wahl der Tochter zu. Die Mädchen wurden gewöhnlich um das zwölfte Lebensjahr in die Ehe gegeben und waren mit dreizehn oder vierzehn Jahren Mütter; es gab Mädchen, die schon mit neun oder zehn Jahren heirateten; die Männer heirateten bereits mit fünfzehn. Das Verlöbnis, der Ehekontrakt, verpflichtete den Bräutigam, der Braut eine Morgengabe zu geben, die während der Ehe und nach einer Ehescheidung ihr Eigentum blieb. Selten durfte der Bräutigam das Gesicht seiner Braut vor der Hochzeit sehen. Die Hochzeitsfeier wurde acht bis zehn Tage nach dem Verlöbnis abgehalten; es bedurfte dazu keines Priesters, sie war aber von kurzen Gebeten begleitet; Musik, ein Fest, ein «Regen» an Geschenken und eine fröhliche Illumination von Haus und Straße des Bräutigams gehörte dazu. Nach vielerlei Zeremonien zog der Ehemann in der Abgeschiedenheit des Brautzimmers seiner Gattin den Schleier vom Gesicht und sagte: «Im Namen Gottes des Barmherzigen, des Gnädigen[53].»

Falls diese verspätete Untersuchung nicht zur Zufriedenheit des jungen Ehemannes ausfiel, stand es ihm frei, die Frau augenblicks zu ihren Eltern zurückzuschicken. Die Morgengabe mußte er ihr allerdings belassen. Die Vielweiberei war im Islam häufiger im Nacheinander als in der Gleichzeitigkeit zu finden; nur die Reichen konnten sich eine Mehrzahl von Ehefrauen leisten[54]. Die Leichtigkeit, mit der er sich von seiner Frau scheiden lassen konnte, ermöglichte es einem Muselmanen, eine fast unbeschränkte Zahl von aufeinanderfolgenden Frauen zu haben; Ali hatte deren 200[55]; Ibn al-Teyib, ein Färber von Bagdad, der fünfundachtzig Jahre alt wurde, soll nicht weniger als 900 Frauen heimgeführt haben[56]. Neben den Ehefrauen durfte der Muselmane noch eine unbegrenzte Zahl von Konkubinen halten; Harun begnügte sich mit 200, aber al-Mutawakkil soll 4000 besessen und mit jeder eine Nacht das Bett geteilt haben[57]. Einige gewitzte Sklavenhändler bildeten Sklavinnen in Musik, Gesang und den Künsten der Verführung aus und verkauften sie dann als Konkubinen für nicht weniger als 100 000 Dirhems[58]. Wir dürfen uns den Harem aber nicht als ein Privatbordell vorstellen. In den meisten Fällen wurden die Konkubinen Mütter und waren auf Zahl und Geschlecht ihrer Kinder stolz, und es sind viele Beispiele einer herzlichen Zuneigung zwischen Herrn und Konkubine bekannt. Die legitimen Ehefrauen nahmen das Konkubinat als eine Selbstverständlichkeit hin. Zobaida, die Gattin des Harun, machte ihm ein Geschenk von zehn Konkubinen[59]. Auf diese Weise konnte es vorkommen, daß der Hausstand eines Muselmanen ebensoviele Kinder umfaßte, wie eine amerikanische Vorstadt. Ein Sohn Walid I. hatte sechzig Söhne und eine nicht überlieferte Anzahl von Töchtern. Eunuchen, die vom Koran verboten waren, wurden zu einem notwendigen Anhängsel des Harems; Christen und Juden beteiligten sich daran, sie einzuführen oder zu fabrizieren; Kalifen, Wesire und Magnaten bezahlten hohe Preise für sie, und bald unterwarfen diese gewiegten *castrati* viele Bezirke der muselmanischen Staatsführung ihrer begrenzten Kompetenz. In den ersten Jahrhunderten nach der Eroberung verhinderte der Brauch des Harems das völkische Aufgehen der Araber in der unterworfenen Bevölkerung und sorgte für eine Vermehrung, die zur Beherrschung des sich ausdehnenden Reiches unumgänglich war. Möglicherweise hatte der Harem auch eugenische Auswirkungen, da er den Fähigsten freie Fortpflanzungsmöglichkeiten gab; nach Mamun wurde die Vielweiberei jedoch zu einer Quelle der moralischen und physischen Entartung und – da hungrige Mäuler schneller wachsen als die Nahrung – einer wachsenden Armut und Unzufriedenheit.

Die Stellung der Frau in der Ehe war diejenige einer geheiligten Unterwerfung. Sie durfte nur einen Gatten auf einmal haben und sich nur unter schweren Kosten von ihm scheiden lassen. Die Seitensprünge ihres Gatten kamen ihr nie zur Kenntnis und galten in sittlicher Hinsicht als Geringfügigkeiten; auf ihrer eigenen Untreue stand die Todesstrafe. Es ist bemerkenswert, wie oft es ihr trotz dieser Hemmnisse gelang, die Ehe zu brechen. Sie wurde verspottet und verehrt, geringschätzig behandelt und unterdrückt und in den meisten Fällen leidenschaftlich und zärtlich geliebt. Abu'l Atiyya sagt: «Für mein Weib will ich gerne auf alle Vorteile und Glücksgüter des Lebens verzichten[60]»; solcher Geständnisse gab es viele, und manchmal waren sie sogar ehrlich gemeint. In einer Hinsicht war die muselmanische Frau im Vergleich zu einigen europäischen Frauen begünstigt: Was auch immer sie als Eigentum erhielt, blieb restlos ihrem Verfügungsrecht vorbehalten und durfte vom Ehemann und dessen Gläubigern unter keinen Umständen beansprucht werden. In der Sicherheit der Zenana spann, webte, nähte sie, versorgte sie den Haushalt und die Kinder, spielte, aß Süßigkeiten, tratschte und intrigierte. Man erwartete von ihr, daß sie vielen Kindern das Leben schenkte, die in einer ackerbaulichen und patriarchalischen Gesellschaft als ein wirtschaftlicher Vorteil galten; die Achtung, die man ihr angedeihen ließ, hing hauptsächlich von ihrer Fruchtbarkeit ab; «eine Matte in einem Winkel ist besser als ein unfruchtbares Weib», sagt Mohammed[61]. Abtreibung und Empfängnisverhütung waren aber im Harem trotzdem gang und gäbe. Hebammen überlieferten altüberkommene Praktiken und Ärzte schufen neue. Al-Razi (†924) nahm in seine *Quintessenz der Erfahrung* einen Abschnitt «über die Mittel zur Empfängnisverhütung» auf und nannte deren zweiundzwanzig, mechanische und chemische[62]. Ibn Sina (Avicenna, 980–1037) führt in seinem berühmten *Qanun* zwanzig empfängnisverhütende Mittel an.

In der nichtsexuellen Moral unterschied sich der Mohammedaner nicht wesentlich vom Christen. Der Koran untersagt das Glücksspiel und den Trunk entschiedener (v, 90); in beiden Kulturbereichen hielt sich jedoch das Spielen in geringerem und das Trinken in großem Umfange. Die Korruption in Staatsführung und Rechtsprechung blühte im Islam wie im Christentum. Im allgemeinen scheinen die Muselmanen die Christen hinsichtlich der Geschäftsmoral[63] und der Treue zu dem gegebenen Wort und den unterzeichneten Verträgen übertroffen zu haben[64]; Saladin wurde allgemein als der edelste und anständigste Mann der Kreuzzüge anerkannt. Die Muselmanen waren offen im Lügen; sie ließen eine Lüge zu, um ein Leben zu retten, einen Streit zu beschwichtigen, einer Frau zu gefallen, die Feinde des Glaubens im Krieg zu täuschen[65]. In ihrem Verhalten waren die Muselmanen zugleich förmlich und liebenswürdig, und ihre Rede floß über von Komplimenten und Vergleichen. Wie die Juden grüßten auch die Mohammedaner einander mit einer feierlichen Verbeugung und dem Gruß «Friede *(salaam)* sei mit dir»; und die vorgeschriebene Antwort jedes Muselmanen war: «Friede sei mit dir und die Gnade und der Segen Gottes.» Die Gastfreundschaft wurde überall und in großzügiger Weise geübt. Die Sauberkeit war eine Funktion des Einkommens; die Armen waren vernachlässigt und schmutzstarrend, die Vermögenden geschniegelt und manikürt und parfümiert. Die Beschneidung, die zwar im Koran nicht erwähnt wird, galt als hygienische Vorbeugungsmaßnahme für selbstverständlich; die Knaben wurden mit fünf oder sechs Jahren der Operation unterzogen[66]. Private Badeanlagen waren ein Luxus der Reichen, öffentliche Badehäuser gab es aber in großer Zahl; Bagdad soll im zehnten Jahrhundert deren 27 000 besessen haben[67]. Duftstoffe und Weihrauch waren bei Männern und Frauen gleich beliebt. Arabien war seit jeher wegen seines Weihrauches und seiner Myrrhen berühmt, Persien wegen seines Rosen-, Veilchen- und Jasminöls. Viele Häuser waren von Gärten mit Büschen, Blumen und Obstbäumen umgeben, und Blumen wurden vor allem in Persien als die Würze des Lebens geschätzt.

Worin bestanden die Vergnügungen dieser Leute? Hauptsächlich im Feiern, im Jagen nach Tieren und Liebesgenüssen, in Flirt, Poesie, Musik und Gesang; die einfacheren Stände ließen noch Hahnenkämpfe, Seiltänzer, Jongleure, Zauberer, Puppenspiele ... dazutreten. Dem *Qanun* des Avicenna können wir entnehmen, daß der Muselmane des zehnten Jahrhunderts fast alle Sportarten und sportlichen Hobbies unserer eigenen Zeit kannte: Boxen, Ringen, Laufen, Bogenschießen, Speerwerfen, Turnen, Fechten, Reiten, Polo, Krocket, Gewichtheben und Ballspiele mit Stab, Hockey- oder Kricketschlägern[68]. Da Glücksspiele verboten waren, standen Würfel und Karten nicht sehr in Gebrauch; beliebt war das Puffspiel; das Schach war gestattet, obgleich Mohammed das Schnitzen von Figuren in Menschengestalt verboten hatte. Pferderennen waren sehr beliebt und wurden von den Kalifen gefördert; bei einem einzigen Rennen sollen 4000 Pferde eingesetzt gewesen sein. Der adligste Sport war immer noch die Jagd; sie war nun weniger gewalttätig als in sassanidischen Zeiten und ging oft in die Falkenjagd über. Lebendig eingefangene Tiere wurden oft als Haustiere verwendet; manche Familien hielten sich Hunde, andere Affen; einige Kalifen hielten sich gar Löwen oder Tiger, um Untertanen und Gesandte zu gebührender Ehrfurcht zu bringen.

Als die Araber Syrien eroberten, waren sie noch halbbarbarische Stammesangehörige, unerhört tapfer, heftig, sinnlich, leidenschaftlich, abergläubisch und skeptisch. Der Islam schwächte einige dieser Eigenschaften ab, die meisten blieben aber bestehen. Aller Wahrscheinlichkeit nach waren die Grausamkeiten, die von den Kalifen berichtet werden, im großen und ganzen nicht schlimmer als die Grausamkeiten der zeitgenössischen christlichen Herrscher, der byzantinischen Kaiser und der merowingischen oder norwegischen Könige; sie gereichten aber noch jeder Zivilisation zur Schande. Im Jahre 717 lud Suleiman auf einer Pilgerfahrt nach Mekka seine Höflinge ein, ihre Schwerter an vierhundert soeben kriegsgefangenen Griechen zu erproben; der Einladung wurde Folge geleistet, und vierhundert Männer wurden zum reinen Vergnügen enthauptet, während der Kalif zusah[69]. Als al-Mutawakkil auf den Thron kam, ließ er seinen Wesir einkerkern, der ihn einige Jahre zuvor mit mangelndem Respekt behandelt hatte; wochenlang wurde der Gefangene wachgehalten, bis er nahezu wahnsinnig wurde, dann durfte er 24 Stunden schlafen; neugestärkt wurde er zwischen Bretter gestellt, die mit spitzen Nägeln gespickt waren, so daß er sich nicht bewegen konnte, ohne sich selbst zu verletzen; erst der Tod erlöste ihn von seinen Qualen[70]. Eine derartige Brutalität war natürlich die Ausnahme; normalerweise war der Muselmane ein Ausbund an Höflichkeit, Menschlichkeit und Duldsamkeit. Er war, wenn wir den mythischen Durchschnittsaraber nehmen wollen, von schneller Auffassungsgabe und lebhaftem Witz, erregbar und faul, leicht zu belustigen und gerne fröhlich; er fand seine Befriedigung im einfachen Leben, ertrug Unglücksschläge in Ruhe und fand sich mit Geduld, Würde und Stolz mit allen Ereignissen ab. Begab er sich auf eine große Reise, so nahm der Muselmane sein Leichentuch mit, jederzeit bereit, dem Sensenmann zu begegnen; hielt ihn Erschöpfung oder Krankheit in der Wüste zurück, so hieß er die anderen weiterziehen, nahm seine letzten Waschungen vor, schaufelte ein Grab aus, wickelte sich in sein Leichentuch ein, legte sich in die Grube und wartete auf den Tod und ein natürliches Begräbnis im windverwehten Sand[71].

IV. DIE STAATSFÜHRUNG

In der Theorie war während des Menschenalters nach Mohammed der Islam eine demokratische Republik im antiken Sinne: Alle freien Männer sollten gemeinsam den Herrscher wählen und die Politik bestimmen. In Wirklichkeit war es eine kleine Schar von Notabeln in Medina, die den Führer der Gläubigen wählte und die Politik entschied. Das ist keineswegs überraschend; da der Mensch von Natur aus ungleich mit Geistesgaben und Skrupeln ausgestattet ist, muß die Demokratie bestenfalls relativ sein, und in Volksgemeinschaften mit schlechten Verkehrsverbindungen und armseligen Bildungsverhältnissen ist die Ausbildung irgendeiner Art von Oligarchie unvermeidlich. Da Krieg und Demokratie sich nicht vertragen, förderte die Expansion des Islam die Ausbildung der Einmannherrschaft; eine kriegerische und imperialistische Politik erforderte ein einheitliches Kommando und schnell getroffene Entschlüsse. Unter den Umayyaden wurde die Staatsführung offen monarchistisch, und das Kalifat wurde durch die Erbfolge oder durch einen Waffengang übertragen.

Wiederum in der Theorie war das Kalifat ein religiöses und nicht ein politisches Amt; der Kalif war in erster Linie das Haupt einer Religionsgemeinschaft, des Islam, und seine erste Pflicht war die Verteidigung des Glaubens; in der Theorie war das Kalifat eine Theokratie, eine Herrschaft Gottes durch Vermittlung der Religion. Der Kalif war indessen kein Papst, kein Priester, er konnte keine neuen Glaubenserlasse ausgeben. In der Praxis besaß er eine nahezu uneingeschränkte Macht, die von keinem Parlament, keinem Erbadel, keiner Priesterschaft eingeengt wurde, sondern lediglich durch den Koran – den seine von ihm besoldeten Gelehrten ganz nach seinem Willen auslegen konnten. Unter diesem Despotismus bestand eine gewisse Demokratie der Chancengleichheit: Der Weg zu hohen Ämtern stand jedermann offen, dessen Eltern nicht Sklaven waren.

Die Araber erkannten, daß sie zwar dekadente, aber doch gut organisierte Gesellschaften unterworfen hatten, und übernahmen in Syrien das byzantinische und in Persien das sassanidische Regierungssystem; im wesentlichen blieb die alte Ordnung im Vorderen Orient bestehen; selbst die hellenistisch-orientalische Kultur übersprang alle Sprachschranken und erwachte in der muselmanischen Naturwissenschaft und Philosophie zu neuem Leben. Unter den Abbasiden nahm ein verwikkeltes System von Zentral-, Provinzial- und Lokalregierungen Gestalt an; die wirkende Kraft dieses Systems war ein Beamtenapparat, der durch Kalifenmorde und Palastrevolutionen kaum eine Unterbrechung erfuhr. An der Spitze des Verwaltungsapparates stand ein *hadschib*, ein Kämmerer, der in der Theorie lediglich die Zeremonien zu leiten hatte, in Wirklichkeit aber zu großer Macht kam, da es von ihm abhing, wer zum Kalifen vorgelassen wurde. Dem Rang nach an zweiter, der Macht nach jedoch seit Mansur an erster Stelle stand der Wesir, der die Regierungsbeamten ernannte und beaufsichtigte und die politische Führung des Staatswesens innehatte. Die führenden Regierungsdepartemente waren das Steueramt, das Amt für Rechnungswesen, das Korrespondenz-, Polizei- und Postdepartement und ein besonderes Departement für Beschwerden, das zu einem Appellationsgericht gegen richterliche oder administrative Entscheidungen wurde. Die größte Zuneigung des Kalifen genoß nach der Armee das Finanzamt; es stand der ganzen durchdringenden Beharrlichkeit der byzantinischen Steuereinnehmer in nichts nach und schleuste große Summen aus der Volkswirtschaft ab, um Regierung und Regierende zu erhalten. Die Jahreseinkünfte des Kalifates überschritten unter Harun al-Raschid 530 Millionen Dirhems in Bargeld, wozu noch heute nicht mehr berechenbare Steuereinkünfte in Naturalien kamen[72]. Es gab keine Staatsschuld; im Gegenteil, der Staatsschatz wies im Jahre 786 ein Saldo von 900 Millionen Dirhems auf.

Die Staatspost stand, wie bei den Persern und Römern, nur den Regierungsstellen und sehr wichtigen Persönlichkeiten zur Verfügung; sie diente hauptsächlich der Übermittlung von Nachrichten und Anweisungen zwischen den Provinzen und der Hauptstadt, aber auch der Bespitzelung der lokalen Beamtenschaft durch den Wesir. Das Postdepartement gab Reiseführer heraus, die Kaufleuten und Wallfahrern zugänglich waren und die Namen der verschiedenen Haltestationen sowie die Streckenlängen angaben; diese Reiseführer bildeten die Grundlage zu der arabischen Erdkunde. Tauben wurden zur Nachrichtenübermittlung abgerichtet – erstmals in der Geschichte (837). Zusätzliche «Nachrichten» wurden von Reisenden und Kaufleuten vermittelt, und in Bagdad arbeiteten 1700 «ältere Frauen» als Spitzel. Kein noch so ausgedehntes Spitzelsystem vermochte jedoch die orientalisch-okzidentale Freude an einem «warmen Händedruck», an Bestechung und Schiebung zu verhindern. Die Provinzstatthalter wollten sich, nicht anders als in römischer Zeit, an ihrem Amt für die Auslagen ihres Aufstieges und die Unannehmlichkeiten ihres Abstieges schadlos halten. Die Kalifen zwangen sie von Zeit zu Zeit, ihre angehäuften Schätze wieder herauszugeben; gelegentlich verkauften sie dieses Recht des Geldherausquetschens an die neuernannte Regierung; auf diese Weise zwang Yusuf ibn Omar seine Vorgänger in der Regierung des Irak, ihm 76 Millionen Dirhems auszuliefern. Die Richter waren gut besoldet, aber auch sie ließen sich durch Freigebigkeit beeinflussen, und Mohammed soll nach einer Überlieferung überzeugt gewesen sein, daß von drei Richtern mindestens zwei den Weg in die Hölle nehmen würden[73].

Das Recht, welches der Regierung eines so großen Reiches zugrunde lag, wurzelte im Koran. Im Islam wie im Judentum waren Recht und Religion ein und dasselbe; jedes Verbrechen war eine Sünde, jede Sünde ein Verbrechen, und die Rechtswissenschaft war eine Unterabteilung der Theologie. Als die Eroberungen die Reichweite und die Verantwortlichkeiten von Mohammeds ad hoc erfolgter Gesetzgebung stark ausdehnten und sich viele Rechtsfälle ergaben, die der Koran nicht vorhergesehen hatte, erfanden die muselmanischen Rechtsgelehrten Überlieferungen, die mehr oder weniger ausdrücklich ihren Bedürfnissen entgegenkamen; damit wurde die Hadith zu einer zweiten Quelle des mohammedanischen Rechtes. In seltsamer, aber häufig anzutreffender Übereinstimmung sind diese praktischen Überlieferungen den Grundsätzen und Urteilen des römischen und byzantinischen Rechtes und noch mehr der Mischna oder Gemara der Juden sehr ähnlich[74]. Die wachsende Menge und Kompliziertheit der Gesetzesüberlieferungen verschaffte dem Juristenberuf im Islam eine hohe Stellung und ein gutes Auskommen; die Juristen *(faqihs)*, die das Gesetz auslegten oder anwandten, erlangten im zehnten Jahrhundert nahezu die Macht und ehrfürchtig bestaunte Würde eines Priesterstandes. Wie im Frankreich des zwölften Jahrhunderts verbanden sie sich mit der Monarchie, stützten den Absolutismus der Abbasiden und ernteten reichen Lohn.

Im orthodoxen Islam entstanden vier berühmte Rechtsschulen. Abu Hanifa ibn Thabit (767) brachte mit seinem Grundsatz der analogischen Interpretation eine Umwälzung in das koranische Recht. Nach seiner Ansicht mußte ein Recht, das für ein Wüstenvolk geschaffen worden war, analogisch und nicht buchstäblich ausgelegt werden, wenn es auf eine handwerkliche oder städtische Gesellschaft angewandt wurde; auf dieser Grundlage sanktionierte er Darlehen und Zinsnahme (die vom Koran verboten worden waren), ungefähr in gleicher Weise wie Hillel acht Jahrhunderte vorher. Hanifas Ansicht war: «Die Gesetzesregel ist nicht dasselbe wie die grammatische oder logische Regel. Sie gibt einem allgemeinen Brauch Ausdruck und ändert sich zusammen mit den Umständen, die sie hervorgerufen haben[75].» Gegen diese freisinnige Weltanschauung eines fortschrittlichen Rechtswesens fanden die Konservativen von Medina einen starken Verteidiger in Malik ibn Anas (715–795). Malik gründete sein Rechtssystem auf das Studium von 1700 juristischen Hadiths und schlug vor, die übereinstimmende Meinung von Medina zum Kriterium für die Auslegung sowohl des Korans als auch der Hadith zu nehmen, da ja die meisten Überlieferungen in Medina entstanden seien. Muhammad al-Schafii (767–820), der in Bagdad und Kairo lebte, meinte, die Unfehlbarkeit müsse eine größere Grundlage als nur Medina haben, und fand in der übereinstimmenden Meinung der gesamten Muselmanengemeinschaft den endgültigen Prüfstein für Gesetzmäßigkeit, Rechtgläubigkeit und Wahrheit. Sein Schüler Ahmad ibn Hanbal (780–855) fand dieses Kriterium zu weit und unbestimmt und gründete eine vierte Schule, die den Grundsatz vertrat, daß das Recht ausschließlich durch den Koran und die Überlieferungen bestimmt werden müsse: Er richtete sich heftig gegen den Rationalismus der Mutaziliten in der Philosophie, wurde wegen Orthodoxie von al-Mamun eingekerkert, stand aber mit solcher Mannhaftigkeit zu seinem konservativen Standpunkt, daß die gesamte Bevölkerung von Bagdad an seinem Leichenbegängnis teilnahm.

Trotz dieses ein Jahrhundert überdauernden Zwistes stimmten diese vier vom orthodoxen Islam anerkannten Rechtsschulen im einzelnen so sehr miteinander überein, wie sie im Grundsätzlichen auseinandergingen. Alle vier waren von der Göttlichkeit des muselmanischen Gesetzes und der Notwendigkeit der göttlichen Herkunft jedes Rechtes, das für die Beherrschung einer von Natur aus gesetzlosen Menschheit geeignet sein soll, überzeugt. Alle vier gaben so sehr ins einzelne gehende Vorschriften für das Verhalten und das Ritual, wie sie sonst nur noch das Judentum hervorbringen konnte; sie schrieben den richtigen Gebrauch von Zahnstochern und ehelichen Rechten, die anständige Kleidung beider Geschlechter und die einzig moralische Haartracht vor. Einer der Gesetzgeber aß nie Wassermelonen, weil er weder im Koran noch in der Hadith die kanonische Verfahrensweise für diese Tätigkeit finden konnte[76]. Die Vielfalt der Gesetzeserlasse hätte die menschliche Entwicklung sehr behindert, aber gesetzliche Fiktionen und stillschweigend geduldete Umgehungen nahmen der Strenge des Gesetzes mit dem Fluß und der Schwungkraft des lebendigen Lebens die Schärfe. Aber auch so und trotz der weiten Geltung der liberalisierenden Rechtsauffassung des Hanifa neigte das mohammedanische Recht zu einem allzugroßen Konservatismus, war es allzu fest mit der Rechtgläubigkeit verzahnt, um eine freie Entwicklung von Wirtschaft, Gesittung und Denken zuzulassen.

Trotz dieser Vorbehalte müssen wir anerkennen, daß die ersten Kalifen von Abu Bekr bis al-Mamun dem menschlichen Leben in einem großen Bereich eine erfolgreiche Organisation verschafften und zu den besten Herrschern der Geschichte gezählt werden dürfen. Es hätte in ihrem Belieben gestanden, alles zu verwüsten und zu konfiszieren, wie es die Mongolen oder die Magyaren oder die seeräuberischen Norweger taten; statt dessen erhoben sie lediglich Steuern. Als Omar Ägypten unterwarf, verwarf er den Rat des Zobeir, das Land unter seine Anhänger aufzuteilen, und der Kalif bestätigte sein Urteil: «Belasse es in den Händen des Volkes, auf daß es gedeihe und Frucht bringe[77].» Unter der Regierung der Kalifen wurden Landvermessungen vorgenommen, systematische Aufzeichnungen gemacht, Straßen und Kanäle angelegt oder in gutem Zustande erhalten, Flüsse zum Schutze gegen Überschwemmungen eingedämmt; der Irak, welcher heute halb Wüste ist, war wiederum ein Garten Eden; Palästina, noch vor kurzem so reich an Sand und Steinen, war fruchtbar, wohlhabend und dichtbevölkert[78]. Zweifellos wurden die Einfachen und Schwachen unter dieser Regierungsform wie unter allen anderen von den Schlauen und Starken ausgebeutet; die Kalifen verhalfen aber dem Leben und der Arbeit zu einem wirksamen Schutz, hielten dem Begabten jede Laufbahn offen, wirkten während drei bis sechs Jahrhunderten für das Gedeihen von Landstrichen, die nie mehr den gleichen Wohlstand erreichten, und förderten und unterhielten eine derartige Blüte der Bildung, Literatur, Wissenschaft, Philosophie und Kunst, daß Westasien während fünf Jahrhunderten die zivilisierteste Region der Welt war.

V. DIE STÄDTE

Bevor wir uns im einzelnen mit den Menschen und den Werken befassen, die dieser Zivilisation eine solche Auszeichnung verliehen, müssen wir den Versuch unternehmen, uns die Umwelt, in der sie lebten, vor Augen zu führen. Die Zivilisation ist in ihrem Grundstock ländlich, aber städtisch in der Form; die Menschen müssen in Städten zusammenkommen, damit sie einander genügend Anregung und Publikum bieten.

Die muselmanischen Städte waren fast ausnahmslos von bescheidenem Umfang, zehntausend oder weniger Seelen auf einem kleinen und gewöhnlich zum Schutz gegen Überfälle und Belagerungen von Mauern umgebenen Gebiet zusammengepfercht; unbeleuchtete Straßen aus Staub oder Kot und kleine Stuckhäuser, die ihre Abgesondertheit hinter einer abschreckenden Masse zusammenhängender Außenmauern verbargen; der ganze Glanz der Stadt vereinigte sich in der Moschee. Da und dort entstanden aber Städte, in denen die muselmanische Zivilisation ihre höchste Stufe an Schönheit, Bildung und Glückseligkeit erreichte.

Für das Empfinden des Muselmanen waren sowohl Mekka als auch Medina heilige Städte, Mekka als Standort des altarabischen Heiligtumes und Geburtsstadt des Propheten, Medina als seine Zufluchtsstätte und sein Wohnort. Walid II. baute die bescheidene Moschee von Medina glanzvoll um; auf sein Ersuchen und für den Preis von 80 000 Dinar sandte der byzantinische Kaiser vierzig Wagenladungen mit Mosaiksteinen und achtzig Handwerker aus Ägypten und Griechenland; die Muselmanen waren unzufrieden, daß die Moschee des Propheten von christlichen Ungläubigen erbaut wurde. Trotz der Kaaba und dieser Moschee nahmen beide Städte unter den Umayyaden ein Aussehen des weltlichen Vergnügens und Luxuslebens an, das die ersten Kalifen entsetzt haben würde und die triumphierenden Quraisch mit Freude erfüllt haben muß. Die Beute aus den Eroberungen war nach Medina geströmt und hauptsächlich unter die Bürger der Stadt verteilt worden; nun kamen Pilger in größerer Zahl nach Medina und regten mit reicheren Opfergaben als je zuvor den Handel gewaltig an. Die heiligen Städte wurden zu Zentren des Reichtums, der Muße, der Ausgelassenheit und des Gesanges; Paläste und Vorortsvillen beherbergten einen überreich mit Dienern und Sklaven ausgestatteten Adel; die Zahl der Konkubinen wurde immer größer, der verbotene Wein floß in Strömen, Sänger klimperten wunderbar traurige Melodien und Poeten produzierten unzählige Verse über Krieg und Liebe. In Medina stand die wunderschöne Suqainah, die Tochter des ermordeten Husein, einem Salon von Dichtern, Juristen und Staatsmännern vor. Ihr Geist, ihr Charme und ihr guter Geschmack gaben dem ganzen Islam das Vorbild; die Gatten, die sie nacheinander ehelichte, konnte sie an ihren juwelenbesetzten Fingern nicht mehr abzählen, und in einigen Fällen machte sie es zur Vorbedingung des Eheschlusses, daß sie die volle Handlungsfreiheit behalten würde[79]. Der Geist der Lebensfreude der Umayyaden hatte über den enthaltsamen Puritanergeist des Abu Bekr und des Omar in den heiligsten Stätten des Islam den Sieg davongetragen.

Auch Jerusalem war für den Islam eine heilige Stadt. Bereits im achten Jahrhundert war seine Bevölkerung mehrheitlich arabisch. Dem Kalifen Abd-al-Malik war die Pracht der Kirche des Heiligen Grabes, welche von Chosru Parvez zerstört und dann wieder aufgebaut worden war, ein Dorn im Auge; er verwandte die Einkünfte aus Ägypten zum Bau einer Gebäudegruppe, die diese Kirche in den Schatten stellen sollte und den Muselmanen unter dem Namen *Al-Haram al-Scharif* («ehrwürdiges Heiligtum») bekannt ist. Am Südende wurde *Al-Masdschid al-Aqsa* («entferntere Moschee», 691–694) erbaut, die ihren Namen nach einer Koranstelle (XVII, 1) erhielt. Sie wurde durch das Erdbeben von 746 zerstört, 785 wieder aufgebaut und oft umgestaltet; das Schiff geht aber auf Abd-al-Malik und die meisten Säulen auf Justinians Basilika von Jerusalem zurück. Nach Ansicht des Muqaddasi war sie schöner als die Große Moschee von Damaskus. Irgendwo in dem Heiligen Bezirk soll Mohammed sich mit Abraham, Moses und Jesus getroffen und mit ihnen gebetet haben; nahebei sah er, so wurde behauptet, den Felsen (der von Israel als der Mittelpunkt der Welt angesehen wurde), auf dem Abraham den Isaak hatte opfern wollen und Moses die Bundeslade empfangen hatte und Salomon und Herodes ihre Tempel errichteten; von diesem Felsen aus ging nach der gleichen Überlieferung Mohammed in den Himmel ein; man brauchte nur den rechten Glauben zu haben, um in dem Felsen die Fußabdrücke des Propheten zu erkennen. Im Jahre 684, als der Aufrührer Abdallah ibn Zobeir Mekka besetzt hielt und die Einkünfte aus dem Pilgerverkehr in die eigene Tasche steckte, verfügte Abd-al-Malik, der einiges von dieser geheiligten Einnahmequelle für sich haben wollte, daß dieser Felsen künftig die Stelle der Kaaba als Ziel der frommen Wallfahrt einnehmen solle. Über diesem historischen Stein errichteten seine Handwerker (691) in syrisch-byzantinischem Stile den berühmten «Felsendom», der bald als drittes der «vier Wunder der Mohammedanerschaft» galt (die übrigen waren die Moscheen von Mekka, Medina und Damaskus). Das Gebäude war keine Moschee, sondern ein Tempel zur Beherbergung des Felsens; die Kreuzfahrer verfielen einem doppelten Irrtum, als sie es «Omarmoschee» nannten. Über einem achteckigen Grundbau aus quadratischen Steinen erhebt sich, 160 Meter im Umfang, 34 Meter hoch, eine Kuppel aus Holz, außen mit vergoldetem Messing abgedeckt. Vier elegante Portale, deren Pfosten mit großartigen Repoussé-Bronzeplatten belegt sind, führen in das Innere hinein, das von konzentrischen Säulenreihen aus poliertem Marmor in immer kleinere Achtecke unterteilt wird; die prachtvollen Säulen stammen von römischen Ruinen, die Kapitelle sind byzantinisch. Die Spandrillen der Bögen zeichnen sich durch Mosaike aus, welche mit der ganzen Feinheit eines Courbet Bäume darstellen; noch schöner sind die Mosaike der Glocke unter der Kuppel. Rings um das Gesims der äußeren Säulenreihe verläuft, in blauen Lettern auf blauen Ziegeln, eine Inschrift im kufischen Stil – in den eckigen Lettern, die in Kufa besonders beliebt waren; Saladin ließ sie im Jahre 1187 anbringen; sie ist ein hübsches Beispiel dieser einzigartigen Form architektonischer Dekoration. Innerhalb des Säulenganges liegt der massive, ungestalte Felsen, 60 Meter in der Runde. «In der Dämmerung», schreibt Muqaddasi,

> wenn das Sonnenlicht erstmals auf die Kuppel auftrifft und die Glocke ihre Strahlen widerspiegelt, dann bietet dieses Gebäude einen prächtigen Anblick, wie ich ihn im ganzen Islam nicht wieder gesehen habe; auch habe ich von keinem Bauwerk gehört, das, in heidnischen Zeiten erbaut, mit der Anmut des Felsendomes in Wettbewerb treten könnte.[80]

Abd-al-Maliks Plan, diese Gedenkstätte an die Stelle der Kaaba zu bringen, mißlang; hätte er sich durchgesetzt, dann wäre Jerusalem zum Mittelpunkt aller drei Religionen geworden, die um die Seele des mittelalterlichen Menschen rangen.

Jerusalem war aber nicht einmal die Hauptstadt der Provinz Palästina; diese Ehre kam al-Ramlah zu. Viele Ortschaften, die in der Muselmanenzeit blühende Städte waren, sind heute nichts als armselige Dörflein. «Aqqa» (Akkon) «ist eine große, geräumig angelegte Stadt», schreibt Muqaddasi im Jahre 985; «Sidon ist eine große, von Gärten und Bäumen umgebene Stadt», schreibt Idrisi 1154. «Tyrus ist ein wunderschöner Ort», schreibt Yaqubi 891, «auf einer ins Mittelmeer hineinragenden Felsenzunge erbaut»; «seine Herbergen sind fünf und sechs Stockwerke hoch», schreibt Nasir-i-Chosru 1047, «und groß ist der Reichtum, der in seinen sauberen Basars zur Schau steht»[81]. Tripolis im Norden besaß einen «schönen Hafen, der tausend Schiffe aufnehmen kann». Tiberias war seiner heißen Quellen und seines Jasmins wegen berühmt. Über Nazareth schrieb der muselmanische Reisende Yaqut 1224: «Hier wurde der Messias Isa geboren, der Sohn der Miriam – Friede sei mit ihm! ... Aber die Bewohner dieses Ortes brachten sie in Unehre, indem sie behaupteten, daß noch nie eine Jungfrau ein Kind geboren habe[82].» Baalbek war nach Yaqubi «eine der schönsten Städte Syriens»; «wohlhabend und gefällig», fügt Muqaddasi noch hinzu. Unter den Städten Syriens stand Antiochien nur Damaskus an Schönheit nach; von 635 bis 964 gehörte die Stadt den Muselmanen, bis 1084 den Byzantinern; die mohammedanischen Geographen bewunderten ihre prachtvollen christlichen Kirchen, ihre aufsteigenden Terrassen mit hübschen Wohnhäusern, ihre üppigen Gärten und Parks, das fließende Wasser in allen Häusern. Tarsos war eine bedeutendere Stadt; Ibn Hawqal (978) schätzte die Zahl ihrer männlichen Einwohner auf hunderttausend; der griechische Kaiser Nikephoros gewann sie 965 zurück, zerstörte alle Moscheen und verbrannte alle Exemplare des Koran. Aleppo zog Gewinn aus seiner Lage als Knotenpunkt zweier Karawanenstraßen; nach Muqaddasi war die Stadt «volkreich und aus Stein erbaut; schattige Straßen mit Reihen von Läden führen zu den Toren der Moschee»; in dieser Kultstätte befand sich ein *mihrab*, der wegen der Schönheit seiner Elfenbein- und Holzschnitzereien berühmt war, und ein *minbar*, «höchst wunderbar anzusehen»; nicht weit davon lagen fünf höhere Schulen, ein Krankenhaus und sechs christliche Kirchen. Homs (das antike Emesa) «ist eine der größten Städte Syriens», wie Yaqubi 891 schreibt; «fast alle seine Straßen und Märkte sind gepflastert», schreibt Istachri im Jahre 950; «die Frauen dieser Stadt sind von großer Schönheit», schreibt Muqaddasi, «und wegen ihrer zarten Haut berühmt»[83].

Die rasche Ausweitung des Arabischen Reiches nach Osten rief nach einer Hauptstadt, die zentraler gelegen war als Mekka und Jerusalem, und die Umayyaden entschieden sich klugerweise für Damaskus, das bereits viele Jahrhunderte zählte, als die Araber kamen. Fünf konvergierende Wasserläufe machten sein Hinterland zum «Garten der Erde», speisten zahllose öffentliche Brunnen, unzählige öffentliche Bäder und 120000 Gärten[84] und ergossen sich dann westwärts in ein «Tal der Veilchen» von zwanzig Kilometer Länge und fünf Kilometer Breite. Idrisi sagt: «Damaskus ist die köstlichste aller Städte Gottes[85].» Im Herzen der Stadt, inmitten einer Bevölkerung von 140000 Seelen, erhob sich der von Muawiya I. erbaute Kalifenpalast, bunt flimmernd von Gold und Marmor, leuchtend von Mosaiks in Böden und Wänden, kühl mit seinen immerfort fließenden Brunnen und Kaskaden. Auf der Nordseite stand die Große Moschee, eine der 572 Moscheen der Stadt, der einzige noch stehende Überrest aus der Umayyadenzeit in Damaskus. In der Römerzeit hatte ein Jupitertempel den Platz geziert; auf dessen Ruinen hatte Theodosius I. (379) die Kathedrale Johannes des Täufers erbaut. Walid I. erklärte um 705 den Christen, er wolle die Kathedrale als Teil einer neuen Moschee umgestalten, und versprach ihnen Grundstücke und Materialien für den Bau einer neuen Kathedrale an anderer Stelle der Stadt, wo es ihnen am besten zusagen würde. Die Christen protestierten und warnten ihn: «In unseren Büchern steht geschrieben, daß ersticken wird, wer diese Kirche zerstört»; Walid machte sich aber eigenhändig an die Zerstörung des Baues. Sieben Jahre lang soll die gesamte Grundsteuer des ganzen Reiches zum Bau der Moschee verwendet worden sein; außerdem erhielten die Christen noch eine erkleckliche Summe zum Bau der neuen Kathedrale. Künstler und Handwerker wurden von Indien, Persien, Konstantinopel, Ägypten, Libyen, Tunis und Algerien herbeigeholt; alles in allem waren zwölftausend Menschen am Bau beschäftigt, und die Arbeit wurde in acht Jahren vollendet. Muselmanische Reisende schildern sie einmütig als das prächtigste Bauwerk des Islam, und die Abbasidenkalifen al-Mahdi und al-Mamun, die gewiß keine Freunde der Umayyaden und der Stadt Damaskus waren, stellten sie über alle anderen Bauwerke der Erde. Eine große mit Zinnen versehene Mauer, die an der Innenseite mit Säulengängen ausgestattet war, umschloß einen geräumigen mit Marmor gepflasterten Hof. An der Südseite dieser Einfriedung erhob sich die Moschee, aus behauenen Steinen erbaut und von drei Minaretts bewacht, von denen eines das älteste des Islam ist. Grundriß und Ausschmückung waren byzantinisch und zweifellos von der Hagia Sophia beeinflußt. Dach und Kuppel – fünfzehn Meter im Durchmesser – waren mit Bleiplatten gedeckt. Das fast 130 Meter lange Innere wurde durch zwei Reihen weißer Marmorsäulen in Hauptschiff und zwei Querschiffe unterteilt; von den goldbedeckten korinthischen Kapitellen gingen Rund- und Hufeisenbögen aus; die letztere Bogenform tritt hier zum ersten Male im Islam auf*. Der Mosaikfußboden war mit Teppichen belegt; die Wände waren mit buntfarbigen Marmormosaiken und emaillierten Ziegeln verkleidet; sechs prachtvolle Marmorgitter gliederten das Innere auf; in einer Wand war, nach Mekka gerichtet, ein mit Gold, Silber und Edelsteinen besetzter *mihrab* eingebaut. Zur Beleuch-

---

* Das älteste bekannte Beispiel eines Hufeisenbogens ist in einem Höhlentempel von Nasik in Indien, etwa aus dem zweiten vorchristlichen Jahrhundert, zu finden[86]; im Jahre 359 n. Chr. fand es in einer christlichen Kirche im mesopotamischen Nisibis Verwendung.

tung standen 74 Fenster mit farbigem Glas und 12000 Lampen zur Verfügung. Ein Reisender berichtet: «Wenn man auch hundert Jahre hier Aufenthalt nähme und Tag um Tag über das Gesehene nachgrübelte, so würde man doch jeden Tag auf etwas Neues stoßen.» Ein griechischer Gesandter, der sie betreten durfte, gestand seinen Gefährten: «Ich habe unserem Senat zu verstehen gegeben, daß die Macht der Araber bald vorbei sein würde; jetzt aber, da ich gesehen habe, wie sie bauen, jetzt weiß ich ganz gewiß, daß ihre Herrschaft lange Zeit währen wird[87]*.»

Wenn man von Damaskus aus den Weg nach Nordosten durch die Wüste einschlug, dann kam man nach Raqqa am Euphrat, dem Herrschersitz des Harun al-Raschid, und dann durch Hatra und über den Tigris nach Mosul; weiter nordöstlich lag Tabriz, dessen Glanzzeit noch bevorstand; dann kamen, weiter gegen Osten, Teheran (damals noch ein unbedeutendes Städtchen), Damghan und – östlich des Kaspischen Meeres – Gurgan. Im zehnten Jahrhundert war Gurgan eine um ihrer kultivierten Fürsten willen berühmte Provinzhauptstadt; der bedeutendste Fürst, Schams al-Maali Qabus, war ein Dichter und Gelehrter, der an seinem Hofe den Avicenna beherbergte und als Grabmal einen gewaltigen Turm von fünfzig Meter Höhe, den Gunbad-i-Qabus, hinterließ, das einzige Bauwerk einer einst volkreichen und wohlhabenden Stadt, das noch erhalten ist. An der Nordroute nach Osten lagen Nischapur, das noch in Omar Chayyams Dichtwerk nachklingt, Maschhad, das Mekka der Schiiten, Merw, die Hauptstadt einer einst mächtigen Provinz, und – gewöhnlich dem Zugriff der Steuereinnehmer des Kalifen entzogen – Buchara und Samarkand. Jenseits der Gebirgszüge im Süden lag Ghazni. Dichter berichten von den großen Palästen, die Mahmud dort besaß, von den «hohen Türmen, die den Mond in Staunen versetzen»; es stehen noch der «Triumphturm» des Mahmud und der stärker gezierte Turm Masud II. Wenn man dann in westlicher Richtung zurückkehrte, stieß man im elften Jahrhundert auf ein Dutzend wohlhabender Städte im Iran – Herat, Schiraz (mit seinen berühmten Gärten und seiner schönen Moschee), Yazd, Isfahan, Kaschan, Qasvin, Qum, Hamadan, Kirmanschah, Samana; und im Irak die großen Städte Basra und Kufa. Überall konnte der Reisende leuchtende Kuppeln und funkelnde Minarette sehen, Schulen und Bibliotheken, Paläste und Gärten, Spitäler und Thermen und die dunklen und engen Gassen der stets und überall anzutreffenden Armen. Und dann, zum Schluß, Bagdad.

Es war eine alte babylonische Stadt, unweit des antiken Babylon; man fand dort im Jahre 1848 im Tigris Ziegelsteine, die Nebukadnezars Namen trugen. Es erlebte eine Blütezeit unter den Sassanidenkönigen; nach der Eroberung durch die Muselmanen wurde es zum Sitz mehrerer christlicher, größtenteils nestorianischer Klöster. Von diesen Mönchen soll der Kalif al-Mansur erfahren haben, daß der Ort auch im Sommer nicht so heiß und von den Mücken frei sei, die Kufa und Basra so schwer heimsuchten. Vielleicht hielt es der Kalif für ratsam, sich von diesen unbotmäßigen Städten, die bereits ein anschwellendes revolutionäres Proletariat aufwiesen, ein wenig zurückzuziehen; und zweifellos erkannte er den strategischen Vorteil eines weiter im Landesinneren gelegenen Ortes, der aber doch auf dem Wasserwege, über den Tigris und die größeren Kanäle, mit allen Städten an den beiden Flüssen und dann über den Golf mit allen Häfen der Welt in Verbindung stand. Darum verlegte er 762 seine Residenz von Haschimiya und die Regierungsämter von Kufa

* Die Große Moschee von Damaskus wurde 1069 durch eine Feuersbrunst schwer mitgenommen, wieder aufgebaut, von Timur 1400 fast völlig niedergebrannt, erneut wiederhergestellt, und 1894 wiederum durch eine Feuersbrunst schwer beschädigt; seitdem stehen Verputz und Tünche an Stelle der mittelalterlichen Ausschmükkung. An einer Wand der Moschee ist heute noch die Inschrift zu lesen, die über dem Türsturz der christlichen Kathedrale gestanden hatte und von den Muselmanen nicht entfernt worden war: «Dein Reich, Jesus Christus, ist ein Reich der Ewigkeit, und deine Herrschaft währet ewiglich[88].»

nach Bagdad, umgab die Stadt mit einer dreifachen Ringmauer und einem Wassergraben, wandelte ihren offiziellen Namen Bagdad («Gottesgeschenk») in Medinat-al-Salam («Stadt des Friedens») um und setzte hunderttausend Menschen ein, um in vier Jahren große Backsteinpaläste für sich selbst, seine Verwandten und die Regierungsstellen zu erbauen. Im Mittelpunkt dieser «Rundstadt des al-Mansur» erhob sich der Kalifenpalast, nach seinem vergoldeten Eingangstor «Goldene Pforte» und nach seiner strahlenden Kuppel «Grüner Dom» genannt. Außerhalb der Mauern und unmittelbar am Westufer des Tigris errichtete al-Mansur eine Sommerresidenz, den «Palast der Ewigkeit»; hier verbrachte Harun al-Raschid die meiste Zeit seines Lebens. Von den Fenstern dieses Palastes aus konnte man zahllose Schiffe erblicken, die an den Kais die Waren der halben Welt löschten.

Im Jahre 768 baute al-Mansur, um seinen Sohn al-Mahdi mit einem unabhängigen Wohnsitz zu versehen, einen Palast und eine Moschee auf der östlichen, der persischen Seite des Flusses. Rings um diese Bauten entstand eine Vorstadt, Rusafa, die mit der Rundstadt durch zwei auf Schiffen ruhende Brücken verbunden war. Da nach Harun die meisten Kalifen in dieser Vorstadt Residenz nahmen, überragte sie bald die Stadt des Mansur an Umfang und Reichtum; nach Harun bedeutete «Bagdad» im Grunde genommen Rusafa. Von den Herrschersitzen auf beiden Seiten des Tigris führten schmale gewundene Gäßchen – zum Schutze gegen die Sonne so angelegt – als wahre Abgründe lärmender Buden und Werkstätten zu den Wohnbezirken der Reichen. Jedes Handwerk hatte seine eigene Straße oder seinen eigenen Markt – die Parfümeriehändler, Korbflechter, Drahtzieher (im eigentlichen Sinne des Wortes!), Geldwechsler, Seidenweber, Buchhändler. ... Über den Läden und Werkstätten und daran anschließend hausten die Angehörigen des einfachen Volkes. Fast alle Wohnstätten, die Häuser der Reichen ausgenommen, waren aus ungebrannten Ziegeln erbaut, die ein Lebensalter überdauerten, aber kaum mehr. Wir besitzen keine zuverlässigen Bevölkerungsstatistiken; wahrscheinlich erreichte die Einwohnerzahl achthunderttausend; einige Gewährsleute schätzen sie auf zwei Millionen[89]; auf jeden Fall war Bagdad im zehnten Jahrhundert die größte Stadt der Welt, mit möglicher Ausnahme von Konstantinopel. Es gab ein übervölkertes Christenviertel mit Kirchen, Klostern und Schulen; Nestorianer, Monophysiten und orthodoxe Christen hatten ihre getrennten Versammlungsgebäude. Harun erweiterte eine frühere Moschee des al-Mansur, und al-Mutadid vergrößerte diese Moschee des Harun. Zweifellos dienten mehrere hundert weitere Moscheen den Hoffnungen des Volkes.

Während die Armen sich mit dem Himmel trösteten, suchten die Reichen den Himmel auf Erden. In oder bei Bagdad errichteten sie unzählige prächtige Bauten, Villen, Paläste; von außen waren sie einfach, aber «im Inneren nichts als Azur und Gold». Wir bekommen einen Begriff von diesem häuslichen Glanz durch eine unglaubwürdige Textstelle des Abulfeda, der uns versichert, der Kalifenpalast in Bagdad habe auf den Böden 22000 Teppiche, an den Wänden 38000 Wandbehänge, davon 12500 seidene, besessen[90]. Die Wohnsitze des Kalifen und seiner Familie, des Wesirs und der Spitzen der Regierung umfaßten mehr als zweieinhalb Quadratkilometer des östlichen Stadtteils. Der Barmakide Dschafar leitete eine Wanderung des Adels ein, indem er im südöstlichen Bagdad einen Herrensitz erbaute, der zu seinem frühen Tode beitrug. Er versuchte Haruns Eifersucht zu entrinnen, indem er den Palast dem Mamun schenkte; Harun nahm das Geschenk für seinen Sohn an, aber Dschafar wohnte und vergnügte sich bis zu seinem Sturz in dem «Qasr Dschafari». Als die Paläste von al-Mansur und Harun einzustürzen begannen, wurden neue Paläste zu ihrem Ersatz gebaut. Al-Mutadid gab 400 000 Dinar für seinen «Plejadenpalast» aus (892); aus den neuntausend Pferden, Kamelen und Mauleseln, die in seinen Ställen standen, können wir auf den Umfang dieses Palastes schließen[91]. Al-Muqtafi errichtete nebenan seinen «Palast der Krone» (902), der mit seinen Parkanlagen eine Fläche von beinahe 25 Quadratkilometern bedeckte. Al-Muqtadir erbaute seinerseits das «Haus des Baumes», das seinen Namen von einem Baum aus Silber und Gold hatte, der im Teiche seines Gartens stand; auf den silbernen Blättern und Zweigen waren silberne Vögel befestigt, deren Schnäbel mechanische Melodien von sich gaben. Die Buwayhidensultane übertrafen alles mit den dreizehn Millionen Dirhem, die sie für den Bau des Muiziyah-Palastes ausgaben. Griechische Gesandte, die 917 von al-Muqtadir empfangen wurden, waren sehr beeindruckt von den dreiundzwanzig Palästen des Kalifen und seiner Regierung, den marmornen Säulengängen, der Zahl, Größe und Schönheit der Teppiche und Wandbehänge, die die Böden und Wände fast vollständig bedeckten, von den tausend Stallknechten in leuchtenden Uniformen, den goldenen und silbernen Sätteln und brokatenen Satteldecken, den zahllosen gezähmten oder wilden Tieren in den geräumigen Parks und den fürstlichen Wohnschiffen auf dem Tigris, die selber fast Paläste waren und nur auf eine Laune des Kalifen warteten.

In all diesem Glanze führte die Oberschicht ein von Luxus, Scherz, Kummer und Intrigen erfülltes Leben. Man ging auf die Kampfbahn, um sich Pferderennen oder Polospiele anzusehen; man trank kostbaren verbotenen Wein und aß Delikatessen, die zum höchstmöglichen Preise aus größtmöglichen Entfernungen herbeigeschafft worden waren; man kleidete sich in pompöse und buntfarbige Gewänder aus Seide oder Goldbrokat; man parfümierte sich die Kleider, das Haar und den Bart; man atmete den Duft von brennender Ambra und von Weihrauch ein und trug Schmuck an Kopf, Ohren, Hals, Handgelenken und weiblichen Fesseln; «das Klirren deiner Fußspangen hat mich meiner Sinne beraubt!» besang ein Poet eine Maid[92]. Frauen waren gewöhnlich von den gesellschaftlichen Zusammenkünften der Männer ausgeschlossen; Dichter, Musikanten und Witzköpfe nahmen ihre Stelle ein und sangen und redeten zweifellos von Liebe; gertenschlanke Sklavinnen tanzten, bis die Männer ihre hingerissenen Sklaven waren. Feiner gebildete Menschen lauschten Dichterlesungen oder Rezitationen aus dem Koran; andere bildeten Philosophenbünde wie den Bund der Brüder der Lauterkeit. Um das Jahr 790 hören wir von einem Bund mit zehn Mitgliedern, einem orthodoxen Sunniten, einem Schiiten, einem Charidschiten, einem Manichäer, einem erotischen Dichter, einem Materialisten, einem Christen, einem Juden, einem Sabäer und einem Zarathustrier; ihre Zusammenkünfte sollen sich durch gegenseitige Duldsamkeit, gute Laune und gesittetes Debattieren ausgezeichnet haben[93]. Im allgemeinen hatte die muselmanische Gesellschaft ausgezeichnete Manieren; von Kyros bis Li Hung Chang hat der Osten den Westen an Höflichkeit übertroffen. Es ist eine adelnde Seite am Bagdader Lebensstil, daß die gestatteten Künste und Wissenschaften dort eine diskriminierende Förderung erfuhren, daß es viele Schulen und sonstige Lehrstätten gab und daß die Luft von Dichtung erfüllt war.

Über das Leben des gewöhnlichen Volkes vernehmen wir wenig; wir können lediglich annehmen, daß es mit seiner Arbeit das Seinige beitrug, um dieses Gebäude der Vornehmheit aufrechtzuerhalten. Während die Reichen mit Literatur und Kunst, Wissenschaft und Philosophie spielten, lauschten die einfacheren Geister den Straßensängern oder klimperten wohl auch selbst auf ihren Lauten und sangen ihre eigenen Lieder. Dann und wann gab ein Hochzeitszug dem Lärm und Gestank der Straßen Zauber, und an Festtagen besuchte man sich gegenseitig, tauschte mit sorgfältiger Berechnung Geschenke aus und aß mit größerem Wohlbehagen als die Leute, die mit goldenen Tellern tafelten. Auch der Arme war stolz auf die Majestät des Kalifs und den Glanz der Moschee; er hatte mit einigen Dirhems an den Dinaren teil, die als Steuergelder nach Bagdad flossen; er trug sich mit dem Stolz und der Würde eines Einwohners der Hauptstadt, und im tiefsten Herzensgrund zählte er sich zu den Beherrschern der Welt.

FÜNFTES KAPITEL

DENKEN UND KUNST DES ÖSTLICHEN ISLAM

[632–1058]

I. DIE GELEHRSAMKEIT

Wenn wir den Überlieferungen glauben dürfen, bewunderte und förderte Mohammed, ganz im Gegensatz zu den meisten anderen religiösen Reformatoren, den Drang nach Wissen: «Wer da sein Heim auf der Suche nach Wissen verlässet, wandelt auf dem Pfade Gottes ... und die Tinte des Gelehrten ist heiliger als das Blut des Märtyrers»[1]; diesen Überlieferungen haftet ein Geschmack des pädagogischen Narzißmus an. Auf jeden Fall ließen sich die Araber durch die Berührung mit der griechischen Kultur in Syrien zu einem lebhaften Wetteifer anregen, und bald genoß der Gelehrte im Islam die gleiche Verehrung wie der Dichter.

Der Unterricht setzte ein, sobald das Kind sprechen konnte; man lehrte es sagen: «Ich bezeuge, daß es keinen Gott gibt außer Allah, und ich bezeuge, daß Mohammed sein Gesandter ist.» Im Alter von sechs Jahren wurden einige Sklavenkinder, einige Mädchen und fast alle Knaben (mit Ausnahme reicher Söhne, die von Privatlehrern unterrichtet wurden) in die Volksschule geschickt, die meistens in einer Moschee, manchmal auch im Freien in der Nähe eines öffentlichen Brunnens abgehalten wurde. Der Unterricht war gewöhnlich kostenfrei oder doch so billig, daß er jedermann zugänglich war; der Lehrer erhielt von den Eltern etwa zwei Cent pro Schüler und Woche[2]; die restlichen Kosten wurden von Philanthropen bestritten. Der Lehrplan war einfach: die notwendigen Gebete des muselmanischen Kultes, genügend Unterricht im Lesen, damit man den Koran entziffern konnte, und im übrigen Unterricht im Koran selbst als Unterricht in Theologie, Geschichte, Ethik und Rechtskunde. Schreiben und Rechnen blieben dem höheren Unterricht vorbehalten, vielleicht deswegen, weil das Schreiben im Orient eine Kunst war, die eine besondere Ausbildung erforderte; außerdem standen ja nach Ansicht des Muselmanen für die Leute, die unbedingt etwas geschrieben haben wollten, Schreiber zur Verfügung[3]. Jeden Tag wurde ein Teil des Korans auswendig gelernt und laut hergesagt; das Ziel, das jedem Schüler vor Augen gestellt wurde, war, das ganze Buch auswendig hersagen zu können. Wer es so weit brachte, wurde *hafiz* – «Behalter» – genannt und öffentlich gefeiert. Wer daneben noch das Schreiben, Bogenschießen und Schwimmen lernte, wurde *al-kamil* – «der Vollendete» – genannt. Die Lernweise bestand im Auswendiglernen, die Disziplin im Rutenhieb; die übliche Bestrafung war ein Schlag mit einem Palmenstock auf die Fußsohlen. Harun riet dem Erzieher seines Sohnes Amin: «Sei nicht so streng, daß seine Fähigkeiten erstickt werden, aber auch nicht so nachsichtig, daß ... er sich ans Nichtstun gewöhne. Mache ihn, so gut du kannst, durch Freundlichkeit und Güte zu einem geraden Menschen, greife aber unbedingt zu Gewalt und Strenge, falls er darauf nicht anspricht[4].»

Der Elementarunterricht hatte die Charakterbildung zum Ziel, der Sekundarunterricht die Übermittlung von Wissen. An einer Säule oder Wand der Moschee hockend boten die gelehrten Männer Unterweisung in der Auslegung des Korans, in der Hadith, in Theologie und Rechtskunde. Zu einer uns nicht näher bekannten Zeit wurden viele dieser wildwuchernden Höheren Schulen einer staatlichen Regelung unterworfen und erhielten als *madrasas* Staatsbeihilfen. Zu dem theologischen Grundlehrplan ließen sie Grammatik, Philologie, Rhetorik, Literatur, Logik, Mathematik und Astronomie treten. Auf Grammatik wurde großes Gewicht gelegt, da das Arabische als die Sprache galt, welche von allen Sprachen der Vollkommenheit am nächsten kam; der richtige Sprachgebrauch war das hervorragende Kennzeichen des feingebildeten Menschen. Der Unterricht in diesen Schulen erfolgte kostenlos, und in einigen Fällen zahlten Staat und private Hilfsbereitschaft nicht nur die Gehälter der Professoren, sondern auch die Auslagen der Schüler[5]. Der Lehrer stand in höherem Ansehen als der Buchtext, abgesehen natürlich vom Texte des Korans; die jungen Leute studierten eher Menschen als Bücher, und es gab Lernbegierige, die von einem Ende der islamischen Welt zum anderen reisten, nur um die Ansichten eines berühmten Lehrers persönlich kennenzulernen. Jeder Jünger der Wissenschaft, der daheim etwas gelten wollte, mußte die Meistergelehrten von Mekka, Bagdad, Damaskus und Kairo gehört haben. Diese Internationale des Geistes kam um so leichter zustande, als im ganzen Bereich des Islam – so verschieden die Völker auch waren – die Sprache der Bildung und Literatur das Arabische war; das Latein hatte keine größere Verbreitung. Wenn ein Besucher in eine muselmanische Stadt kam, so war es für ihn eine Selbstverständlichkeit, daß er in der Hauptmoschee fast zu jeder Tagesstunde eine gelehrte Vorlesung hören konnte. In vielen Fällen erhielten diese Fahrenden Schüler nicht nur kostenfreien Unterricht in der *madrasa*, sondern auch eine Zeitlang freie Unterkunft und Verpflegung[6]. Titel wurden keine verliehen; was der Student suchte, war ein Zeugnis der Billigung von dem einzelnen Lehrer. Die eigentliche Ritterwürde verlieh der Erwerb des *adab* – der Lebensart und des Geschmackes, der Schlagfertigkeit und sprachlichen Anmut, das unbeschwert erlangte Wissen des Edelmanns.

Als die Muselmanen Samarkand eroberten (712), lernten sie von den Chinesen das Verfahren, Flachs und andere faserige Pflanzen zu einem Pflanzenbrei zu zerschlagen und den Brei dann in Form dünner Blätter trocknen zu lassen. Da das Produkt in den Vorderen Orient als Ersatz für Leder und Pergament zu einer Zeit eingeführt wurde, da der Papyrus noch nicht in Vergessenheit gekommen war, erhielt es den Namen *papyros* – Papier. Die erste Papierfabrik in Bagdad wurde 794 von al-Fadl, dem Sohn von Haruns Wesir, in Betrieb genommen. Die Araber brachten das Verfahren nach Sizilien und Spanien, von wo es nach Italien und Frankreich kam. In China stoßen wir bereits im Jahre 105 n. Chr. auf den Gebrauch von Papier, in Mekka im Jahre 707, in Ägypten 800, in Spanien 950, in Konstantinopel 1100, in Sizilien 1102, in Italien 1154, in Deutschland 1228, in England 1309[7]. Überall erleichterte die Erfindung die Herstellung von Büchern. Yaqubi berichtet, daß Bagdad zu seiner Zeit (891) mehr als hundert Buchhändler aufwies. Ihre Läden waren zugleich Mittelpunkt der Abschreibetätigkeit, der Kalligraphie und literarischer Zusammenkünfte. Viele Studenten verdienten sich den Lebensunterhalt mit dem Abschreiben von Manuskripten für Buchhändler. Im zehnten Jahrhundert hören wir von Autogrammjägern und von Büchersammlern, die für seltene Handschriften hohe Preise zahlten[8]. Die Autoren der Bücher zogen aus dem Verkauf ihrer Werke keinen Verdienst; sie waren auf eine weniger spekulative Verdienstmöglichkeit oder die Gönnerschaft eines Fürsten oder vermögenden Herrn angewiesen. Im Islam wurden literarische und künstlerische Werke nach dem Geschmack eines Geld- oder Blutadels geschaffen.

Die meisten Moscheen besaßen Büchereien, und manche Städte hatten öffentliche Bibliotheken, deren beträchtlicher Inhalt in großzügiger Weise der Öffentlichkeit zugänglich gemacht wurde. Um 950 besaß Mosul eine aus privaten Stiftungen errichtete und unterhaltene Bibliothek, in der die Benützer neben den Büchern auch Papier kostenfrei erhielten. Zehn umfangreiche Bände waren nötig, um die Bücher der öffentlichen Bibliothek von Rayy zu katalogisieren. Basras Bibliothek gab an Wissensdurstige, die in ihr arbeiteten, Stipendien aus. Der Geograph Yaqut verbrachte drei Jahre in den Bibliotheken von Merw und Chwarizm, um den Stoff zu seinem geographischen Wörterbuch zu sammeln. Als Bagdad von den Mongolen zerstört wurde, hatte es nicht weniger als 36 öffentliche Bibliotheken aufzuweisen[9]. Privatbibliotheken gab es unzählige; es war Mode bei den Reichen, große Büchersammlungen zu besitzen. Ein Arzt schlug die Einladung des Sultans von Buchara, am Sultanshof Wohnsitz zu nehmen, mit der Begründung aus, daß er 400 Kamele allein zum Transport seiner Bücherei benötigen würde[10]. Al-Waqidi hinterließ bei seinem Tode 600 Kisten mit Büchern, deren jede so schwer war, daß ein einzelner Mann sie nicht tragen konnte[11]; «Fürsten wie Sahib ibn Abbad dürften im zehnten Jahrhundert allein so viele Bücher besessen haben, wie man zur gleichen Zeit in allen Bibliotheken Europas zusammengenommen finden konnte[12].» In dieser Zeit vom achten bis zum elften Jahrhundert unserer Zeitrechnung war sonst nirgends eine derartige Leidenschaft für Bücher zu finden, es sei denn in dem China des Ming Huang. Der Islam erreichte den Höchststand seines kulturellen Lebens. In unzähligen Moscheen von Córdoba bis Samarkand kamen die Gelehrten an Zahl den Säulen gleich, und in den stillen Räumen schallte ihre Beredsamkeit; die Straßen des ganzen Reiches waren belebt von unzähligen Geographen, Geschichtsschreibern und Gottesgelehrten, die nach Wissen und Weisheit strebten; die Höfe von hundert Fürsten hallten von Dichtwerken und philosophischen Debatten wider, und niemand wagte es, ein Millionär zu sein, ohne der Literatur und Kunst seine Unterstützung zu gewähren. Die alten Kulturen der Unterworfenen wurden von den geistig beweglichen Arabern rasch aufgesaugt, und die Eroberer zeigten eine solche Toleranz, daß die Dichter, Wissenschaftler und Philosophen, die nun das Arabische zur gebildetsten und literarischsten Sprache der Welt machten, nur zu einem Bruchteil arabischen Blutes waren.

Die Gelehrten des Islam festigten in dieser Zeit die Grundlagen einer auserwählten Literatur durch ihre grammatischen Bemühungen, die der arabischen Sprache einen logischen Aufbau und Gesetze gaben; mit ihren Wörterbüchern, die den Wortreichtum dieser Sprache zu einem wohlgeordneten und präzisen Instrument zusammenfaßten; mit ihren

Anthologien, Enzyklopädien und Epitomen, die vielem den Fortbestand sicherten, was sonst verlorengegangen wäre; und mit ihrer textlichen, literarischen und historischen Kritik. Dankbar lassen wir ihre Namen unerwähnt und begrüßen ihre Leistung.

Unter diesen Gelehrten sind uns am besten in Erinnerung die Geschichtsschreiber, denn ihnen haben wir die Kenntnis einer Zivilisation zu verdanken, die uns ohne sie so unbekannt geblieben wäre wie das Ägypten der Pharaonen vor Champollion. Muhammad ibn Ischaq († 767) schrieb eine klassische *Lebensbeschreibung Mohammeds*; in der revidierten und erweiterten Fassung des Ibn Hischam (763) stellt sie – vom Koran abgesehen – das älteste bedeutsame arabische Prosawerk dar, das uns erhalten geblieben ist. Wissensdurstige und unermüdliche Gelehrte verfaßten biographische Lexika von Heiligen oder Philosophen oder Wesiren oder Juristen oder Ärzten oder Kalligraphen oder Mandarinen oder Liebhabern oder Gelehrten. Ibn Qutaiba (828–889) war einer von vielen Muselmanen, die es unternahmen, eine Weltgeschichte zu schreiben; im Gegensatz zu den meisten anderen Historikern hatte er den Mut, seine eigene Religion der bescheidenen Perspektive zu unterwerfen, die jede Nation und jeder Glaube in der unermeßlichen Weite der Zeit annehmen muß. Muhammad al-Nadim stellte im Jahre 987 einen *Index der Wissenschaften (Fihrist al-'ulum)* her, eine Bibliographie aller in arabischer Sprache erschienenen Bücher jeden Wissenschaftszweiges, der Originale wie der Übersetzungen, und versah sie mit biographischen und kritischen Notizen über jeden Verfasser sowie einer Aufzählung von dessen Tugenden und Lastern; wir können auf den Reichtum der muselmanischen Literatur dieser Zeit schließen, wenn wir feststellen, daß nicht einmal eines von tausend genannten Büchern heute noch existiert[13].

Der Livius des Islam[14] war Abu Dschafar Muhammad al-Tabari (838–923). Wie so viele muselmanische Schriftsteller war auch er Perser, in Tabaristan südlich des Kaspischen Meeres geboren. Er verbrachte mehrere Jahre als Fahrender Schüler in Arabien, Syrien und Ägypten und ließ sich dann als Jurist in Bagdad nieder. Vierzig Jahre lang widmete er sich der Abfassung einer gewaltigen allumfassenden Chronik, die er *Annalen der Apostel und Könige (Kitab achbar al-Rusul wal-Muluk)* nannte und von der Schöpfung bis zum Jahre 913 führte. Erhalten sind fünfzehn dicke Bände; der Originaltext soll zehnmal umfangreicher gewesen sein. Al-Tabari sah wie Bossuet in jedem Ereignis die Hand Gottes und füllte die ersten Kapitel seines Werkes mit frommem Unsinn: Gott «erschuf die Menschen, sie auf die Probe zu stellen»[15]; Gott ließ ein aus Rubinen erbautes Haus auf Erden herab, um Adam eine Wohnstätte zu geben; als aber Adam sündigte, zog er es wieder in den Himmel herauf[16]. Bei der Darstellung der jüdischen Geschichte folgt al-Tabari der Bibel; er erkennt die jungfräuliche Geburt Christi an (Maria habe Jesus empfangen, weil Gabriel ihr in den Ärmel geblasen habe[17]) und schließt den ersten Teil mit Jesu Himmelfahrt ab. Der zweite Teil stellt sich bedeutend glaubwürdiger dar und gibt eine nüchterne, gelegentlich lebendige Geschichte des sassanidischen Persien. Die Darstellungsweise ist die chronologische und folgt den Ereignissen Jahr um Jahr; gewöhnlich ist sie traditionell – sie verfolgt die Berichte über eine oder mehrere Ketten der Hadith zurück bis auf einen Augenzeugen oder einen Zeitgenossen des Ereignisses. Das Verfahren hat den Vorteil, daß es die Quellen sorgfältig anführt; al-Tabari unternimmt aber keinen Versuch, die verschiedenen Überlieferungen zu einer gleichmäßig durchgeführten und einheitlichen Erzählung zusammenzufassen, so daß seine Geschichtsdarstellung eher einem fleißig zusammengetragenen Ameisenhaufen als einem Kunstwerk gleicht.

Al-Masudi, al-Tabaris größter Nachfolger, stufte ihn als al-Masudis größten Vorläufer ein. Abu'l-Hasan Ali al-Masudi, ein Araber aus Bagdad, bereiste Syrien, Palästina, Arabien, Sansibar, Persien, Innerasien, Indien und Ceylon; er behauptet bis an das Chinesische Meer gekommen zu sein. Seine Blütenlese zeichnete er in einer dreißigbändigen Enzyklopädie auf, die selbst den umfassenden Gelehrten des Islam zu lang war; er veröffentlichte einen Abriß, ebenfalls von gigantischen Ausmaßen; schließlich (947) – vielleicht weil er erkannte, daß seine Leser weniger Zeit hatten, sein Werk zu lesen, als er, es zu schreiben, verkürzte er es auf den Umfang, in dem es erhalten ist, und gab ihm den phantasievollen Titel *Goldmatten und Edelsteingruben*. Als richtiger Allesschlinger gab al-Masudi einen Überblick über Geographie, Biologie, Geschichte, Brauchtum, Religion, Wissenschaft, Philosophie und Literatur aller Länder von China bis Frankreich; er war zugleich der Plinius und der Herodot des Islam. Er drängte sein Material nicht zusammen, bis es dürr und trocken wurde, sondern schrieb manchmal mit einer liebenswürdigen Muße, die ab und zu ein lustiges Anekdötchen nicht verschmähte. In religiösen Dingen war er ein wenig skeptisch, zwang aber seiner Leserschaft seine Zweifel nie gewaltsam auf. Im letzten Jahre seines Lebens faßte er seine Ansichten über Wissenschaft, Geschichte und Philosophie in Kürze in einem *Buch der Unterweisung* zusammen; darin spricht er von einer Evolution «vom Stein zur Pflanze, von der Pflanze zum Tier, vom Tier zum Menschen»[18]. Vielleicht überwarf er sich wegen dieser Ansichten mit den Konservativen von Bagdad; wie er berichtet, wurde er gezwungen, «die Stadt, in der ich geboren wurde und aufgewachsen bin», zu verlassen. Er zog nach Kairo, bedauerte aber die Trennung sehr. «Es ist charakteristisch für unsere Zeit», schreibt er, «daß alles getrennt und zerstreut wird. ... Gott läßt eine Nation durch ihre Liebe zum angestammten Herd gedeihen; es ist ein Zeichen edler Abkunft, wenn einer sich nicht von Heim und Herd der Vorfahren trennen will[19].» Er verstarb 956 in Kairo nach zehnjährigem Exil.

Von ihrer besten Seite zeigen sich diese Historiker in dem gewaltigen Umfang ihres Unternehmens und ihrer Interessen; sie verbinden in glücklicher Weise Geographie und Geschichte, und nichts Menschliches ist ihnen fremd; den zeitgenössischen Geschichtsschreibern der Christen sind sie weit überlegen. Sie verlieren sich aber doch zu sehr in Politik und Krieg und wortreicher Rhetorik; selten suchen sie die wirtschaftlichen, sozialen und psychologischen Gründe der Ereignisse aufzudecken; in ihren gewaltigen Bänden vermissen wir das Gefühl für einen geordneten Aufbau und finden nur eine Aneinanderreihung von Teilstücken, die in keinen Zusammenhang gebracht sind – Völker, Episoden und Persönlichkeiten sind bunt durcheinandergewürfelt; selten bringen sie es zu einer gewissenhaften Untersuchung der Quellen, und allzu ehrfürchtig verlassen sie sich auf Überlieferungsketten, bei denen jedes einzelne Glied eine Täuschung oder ein Betrug sein kann; infolgedessen entarten ihre Berichte oft zu kindischen Märchen voller Vorzeichen, Wunder und mythischer Ereignisse aus. Gerade so, wie viele christliche Historiker (immer mit Ausnahme von Gibbon) mittelalterliche Geschichte schreiben können, ohne in der islamischen Kultur mehr zu sehen als nur ein Anhängsel an die Kreuzzüge, vereinfachen auch viele muselmanische Geschichtsschreiber die Weltgeschichte vor dem Islam zu einer langsamen Vorbereitung auf Mohammed. Wie kann es aber einem westlichen Geist je gelingen, einen Orientalen gerecht zu beurteilen? Die Schönheit der arabischen Sprache verwelkt in der Übersetzung wie eine Blume, die man ihrer Wurzeln beraubt hat, und die Themen, die von den muselmanischen Historikern besprochen wurden und ihre Landsleute zu fesseln vermochten, scheinen den Interessen der westlichen Leser fern zu liegen, die noch nicht erkannt haben, mit welch zwingender Notwendigkeit die gegenseitige wirtschaftliche Abhängigkeit der Völker erfordert, daß Ost und West einander zu verstehen suchen.

II. DIE WISSENSCHAFT*

In jenen kraftstrotzenden Jahren des islamischen Lebens waren die Muselmanen um dieses Verständnis bemüht. Die Kalifen waren sich der Rückständigkeit der arabischen Wissenschaft und Philosophie bewußt und erkannten den Reichtum der griechischen Kultur, die

* Wer über die islamische Wissenschaft schreibt, muß seiner Dankesschuld an George Sarton für dessen *Introduction to the History of Science* eingedenk sein. Dieses monumentale Werk ist nicht nur eine der schönsten Leistungen der Geschichte der Gelehrsamkeit, sondern auch von unschätzbarem Wert für die Aufdeckung des Reichtums und Umfangs der muselmanischen Kultur.

in Syrien weiterlebte. Die Umayyaden waren so klug, den christlichen, sabäischen oder persischen Lehrstätten in Alexandrien, Beirut, Antiochien, Harran, Nisibis und Dschund-i-Schapur keine Hindernisse in den Weg zu legen, und in diesen Schulen blieben die klassischen Werke der griechischen Naturwissenschaft und Philosophie erhalten, oft in syrischen Übersetzungen. Muselmanen, die Syrisch oder Griechisch lernten, fanden an diesen Abhandlungen großes Interesse, und bald lagen Übersetzungen ins Arabische vor, von Juden oder nestorianischen Christen besorgt. Umayyaden- und Abbasidenfürsten förderten diese fruchtbringenden Entlehnungen. Al-Mansur, al-Mamun und al-Mutawakkil schickten Gesandte nach Konstantinopel und anderen hellenistischen Städten – manchmal sogar zu ihren traditionellen Feinden, den griechischen Kaisern –, um griechische Bücher, hauptsächlich medizinischen oder mathematischen Inhalts, zu erbitten; auf diese Weise kamen auch die *Elemente* des Eukleides in islamischen Besitz. Im Jahre 830 gründete al-Mamun in Bagdad mit einem Kostenaufwand von 200 000 Dinar ein «Haus der Weisheit» *(Bayt al-Hikmah)* als wissenschaftliche Akademie, Observatorium und öffentliche Bibliothek; in diese Akademie quartierte er einen Übersetzerstab ein, den er aus öffentlichen Mitteln besoldete. Nach Ansicht des Ibn Chaldun[20] verdankte der Islam dieser Einrichtung das pulsierende Erwachen, das in seinen Ursachen – der Ausdehnung des Handelsverkehrs und der Wiederentdeckung Griechenlands – und in seinen Auswirkungen – der Blüte von Wissenschaft, Literatur und Kunst – der italienischen Renaissance glich.

Von 750 bis 900 nahm dieser befruchtende Prozeß des Übersetzens aus dem Syrischen, Griechischen, Pahlavi und Sanskrit seinen Fortgang. An der Spitze der Übersetzer im Hause der Weisheit stand ein nestorianischer Arzt, Hunain ibn Ischaq (809–873), Johannes Isaakssohn. Nach seiner eigenen Darstellung übersetzte er hundert Abhandlungen von Galenos und der galenischen Schule ins Syrische und 39 ins Arabische; durch ihn entgingen einige bedeutendere Werke des Galenos der Zerstörung. Weiter übersetzte Hunain die *Kategorien*, die *Physik* und die *Magna Moralia* des Aristoteles, den *Staat*, den *Timaios* und die *Gesetze* des Platon, die *Aphorismen* des Hippokrates, die *Materia Medica* des Dioskurides, das *Quadripartitum* des Ptolemaios und das Alte Testament aus dem Griechischen der Septuaginta. Al-Mamun brachte die Staatsfinanzen in Gefahr, weil er Hunain für jedes Buch, das er übersetzte, dessen Gewicht in Gold ausbezahlte. Al-Mutawakkil ernannte ihn zum Hofarzt, ließ ihn aber ein Jahr lang im Gefängnis sitzen, weil er sich trotz aller Todesdrohungen weigerte, ein Gift für einen Feind zu brauen. Sein Sohn Ischaq ibn Hunain half ihm bei seinen Übersetzungen und übertrug selbst die *Metaphysik*, *Über die Seele*, und *Über die Fortpflanzung und Entartung der Tiere* des Aristoteles sowie die *Kommentare* des Alexandros von Aphrodisias – ein Werk, das bestimmt war, auf die muselmanische Philosophie einen großen Einfluß auszuüben.

Bis 850 lagen die meisten klassischen griechischen Texte in Mathematik, Astronomie und Medizin in Übersetzungen vor. Es war diese arabische Version, die dem *Almagest* des Ptolemaios seinen Namen eintrug, und die Bücher V–VII der *Kegelschnitte* des Apollonios von Perge, die *Mechanik* des Heron von Alexandrien und die *Pneumatika* des Philon von Byzanz sind nur durch Vermittlung der arabischen Übersetzung erhalten. Seltsamerweise sahen die Mohammedaner, die doch sonst der Dichtung und Geschichte so zugetan waren, über Dichtung, Drama und Historiographie der Griechen völlig hinweg; auf diesem Gebiete folgte der Islam der Führung Persiens und nicht Griechenlands. Es ist ein Mißgeschick des Islam und der Menschheit, daß Platon und sogar Aristoteles hauptsächlich in neoplatonischer Gestalt zur Kenntnis der Muselmanen kamen: Platon in der Auslegung des Porphyrios und Aristoteles durch Vermittlung der entstellenden apokryphen *Theologie des Aristoteles* eines Neoplatonikers des fünften oder sechsten Jahrhunderts, die als echtes Erzeugnis des Stagiriten ins Arabische übersetzt worden war. Platons und Aristoteles' Werke wurden fast vollständig übersetzt, wenn auch mit vielen Ungenauigkeiten; da aber die muselmanischen Gelehrten die griechische Philosophie mit den Lehren des Korans in Übereinstimmung zu bringen trachteten, hielten sie sich lieber an neoplatonistische Interpretationen als an die Originalwerke selbst. Der wirkliche Aristoteles gelangte nur in seiner Logik und Naturwissenschaft in den Islam.

Die Kontinuität von Wissenschaft und Philosophie von Ägypten, Indien, Babylonien über Griechenland und Byzanz bis zum östlichen und spanischen Islam und von da aus bis Nordeuropa und Amerika ist einer der leuchtendsten Fäden in dem wirren Gewebe der Geschichte. Die griechische Naturwissenschaft, die zwar schon längst durch bildungsfeindliche Strömungen, eine unfähige Regierungsgewalt und die allgemeine Armut an Kraft eingebüßt hatte, war in Syrien immer noch lebendig, als die Muselmanen kamen; gerade zur Zeit der Eroberungen schrieb Severus Sebocht, Abt von Ken-nesre am oberen Euphrat, griechische Abhandlungen über Astronomie, in denen er (soweit bekannt) erstmals die indischen Zahlzeichen außerhalb Indiens erwähnte (662). Das wissenschaftliche Erbe, das die Araber antraten, war zum allergrößten Teile griechisch, an zweiter Stelle kamen aber indische Einflüsse. Im Jahre 773 wurden auf al-Mansurs Geheiß Übersetzungen der *Siddhântas* – indischer astronomischer Schriften, die bis auf das Jahr 425 v. Chr. zurückgehen – angefertigt; diese Übersetzungen dürften die Vermittler gewesen sein, welche die «arabischen» Ziffern und die Null von Indien an den Islam übertrugen[21]. 813 verwandte al-Chwarizmi indische Zahlzeichen in seinen astronomischen Tabellen; um 825 gab er eine Abhandlung heraus, die in lateinischer Übersetzung unter dem Titel *Algoritmi de numero Indorum* – «al-Chwarizmi über die Zahlzeichen der Inder» bekannt ist; mit der Zeit gelangte das Wort *Algoritmus* zu der allgemeinen Bedeutung jeden Rechenverfahrens, das auf dem System der Dezimalziffern beruht. Im Jahre 976 bemerkte Muhammad ibn Ahmad in seinen *Schlüsseln zu den Wissenschaften*, man müsse bei den Rechnungen dort, wo an der Stelle der Zehner keine Zahl erscheine, einen kleinen Kreis einsetzen, «um die Reihen gerade zu halten»[22]. Diesen Kreis nannten die Muselmanen *sifr* «leer», woraus unser *Ziffer* entstand; lateinschreibende Wissenschaftler wandelten das *sifr* in *zephyrum* um, das die Italiener zu *zero* verkürzten.

Die Algebra, die wir bei dem Griechen Diophantos im dritten Jahrhundert antreffen, verdankt ihren Namen den Arabern, die diese Schlüsselwissenschaft weitgehend entwickelten. Die größte Gestalt ist hier (und vielleicht in der ganzen mittelalterlichen Mathematik) Muhammad ibn Musa (780–850), nach seinem Geburtsort Chwarizm (heute Chiwa) östlich des Kaspischen Meeres al-Chwarizmi genannt. Al-Chwarizmi trug Erhebliches zu fünf Wissenschaften bei: er schrieb über die indischen Zahlzeichen, stellte astronomische Tabellen zusammen, die nach einer Revidierung im muselmanischen Spanien jahrhundertelang bei den Astronomen von Córdoba bis Chang an als Standardwerk in Gebrauch waren, verfertigte die ältesten bekannten trigonometrischen Tabellen, verfaßte mit 69 anderen Gelehrten in Gemeinschaftsarbeit eine geographische Enzyklopädie für al-Mamun und brachte in seiner *Berechnung des Integrals und der Gleichung* analytische und geometrische Lösungen quadratischer Gleichungen. Dieses Werk, das in seiner arabischen Gestalt verlorengegangen ist, wurde von Gerhard von Cremona im zwölften Jahrhundert übersetzt und an europäischen Universitäten bis ins sechzehnte Jahrhundert als Hauptlehrbuch benutzt und führte das Wort *Algebra* (*al-dschabr* – «Wiederherstellung», «Vollendung») im Westen ein. Thabit ibn Qurra (826–901) war nicht nur Übersetzer wichtiger Werke, sondern brachte es außerdem in der Astronomie und Medizin zur Berühmtheit und wurde der bedeutendste muselmanische Geometer. Abu Abdallah al-Battani (850–929), ein Sabäer aus Raqqa, in Europa unter dem Namen Albategnius bekannt, erzielte in der Trigonometrie gegenüber den Anfängen bei Hipparchos und Ptolemaios ganz erhebliche Fortschritte, indem er bei seinen Erklärungen von dreiwinkligen statt von vierseitigen Figuren ausging und die Sehne des Hipparchos durch den Sinus ersetzte; er gab den trigonometrischen Verhältnissen im wesentlichen die Gestalt, die noch heute Gültigkeit hat.

Der Kalif al-Mamun beschäftigte einen ganzen Stab von Astronomen, die Beobachtungen machen und aufzeichnen, die Entdeckungen des Ptolemaios überprüfen und die Sonnenflecken studieren mußten. Sie gingen von der Rundgestalt der Erde als einer festen Gegebenheit aus und maßen einen Erdgrad, indem sie gleichzeitig den Sonnenstand von Palmyra und von der Ebene von Sindschar aus bestimmten; ihre Messung ergab $56\,^2/_3$ Meilen – eine halbe Meile mehr als unsere heutigen Berechnungen; auf Grund ihrer Messungen berechneten sie den Erdumfang auf rund 32 000 Kilometer. Diese Astronomen gingen von streng wissenschaftlichen Grundsätzen aus: Sie ließen nichts als wahr gelten, das nicht durch Erfahrung oder Experiment bestätigt wurde. Einer von ihnen, Abu'l Farghani von Transoxianien, schrieb (um 860) ein astronomisches Lehrbuch, das in Europa und Westasien 700 Jahre lang Geltung hatte. Noch berühmter war al-Battani; seine astronomischen Beobachtungen, die sich über 41 Jahre erstreckten, zeichneten sich durch ihre Mannigfaltigkeit und Genauigkeit aus; bei der Bestimmung vieler astronomischer Koeffizienten kam er an die heutigen Berechnungen erstaunlich nahe heran; das Vorrücken der Nachtgleichenpunkte berechnete er auf $54{,}5''$ im Jahr, die Neigung der Ekliptik auf $23^\circ 55'$[23]. Abu'l-Wafa, der unter der Förderung der ersten Buwayhiden in Bagdad wirkte, entdeckte (nach der umstrittenen Auffassung Sadillots) die dritte Mondvariation 600 Jahre vor Tycho Brahe[24]. Wertvolle Instrumente wurden für die muselmanischen Astronomen hergestellt: nicht nur der Winkelmesser und die Armillarsphäre, die auch den Griechen bekannt waren, sondern auch Quadranten mit einem Radius von neun Metern und Sextanten mit einem solchen von 24 Metern. Der Winkelmesser kam in einer von den Muselmanen stark verbesserten Gestalt im zehnten Jahrhundert nach Europa und stand bis zum siebzehnten Jahrhundert bei den Seeleuten in regem Gebrauch. Die Araber verfuhren bei ihrer Herstellung mit einem so unersättlichen Schönheitsdurst, daß diese Winkelmesser zugleich wissenschaftliche Instrumente und prächtige Kunstwerke waren.

Noch bedeutsamer als die Aufzeichnung des Himmels war die Aufzeichnung der Erdoberfläche in Landkarten, denn der Islam lebte von Ackerbau und Handel. Suleiman al-Tadschir («der Kaufmann») verfrachtete um das Jahr 840 seine Waren bis zum Fernen Osten; ein anonymer Autor schrieb (851) einen Bericht über Suleimans Reise; diese älteste arabische Darstellung von China erschien 425 Jahre vor Marco Polos *Reisen*. Im gleichen Jahrhundert verfaßte Ibn Chordadhbeh eine Beschreibung von Indien, Ceylon, Hinterindien und China, offenbar nach eigenem Augenschein, und Ibn Hawqal beschreibt zur gleichen Zeit Indien und Afrika. Ahmad al-Yaqubi, von Armenien und Chorasan, schrieb 891 ein *Buch der Länder*, in welchem er eine verläßliche Beschreibung islamischer Provinzen und Städte und vieler fremder Länder gibt. Muhammad al-Muqaddasi besuchte alle islamischen Länder mit Ausnahme Spaniens, hatte unzählige Erlebnisse und schrieb im Jahre 985 seine *Beschreibung des Muselmanischen Reiches*, das bedeutendste Werk der arabischen Geographie vor al-Birunis *Indien*.

Abu al-Rayhan Muhammad ibn Ahmad al-Biruni (973–1048) zeigt den muselmanischen Gelehrten von seiner besten Seite. Als Philosoph, Historiker, Forschungsreisender, Geograph, Linguist, Mathematiker, Astronom, Dichter und Physiker, der zudem noch auf allen diesen Gebieten Bedeutendes und Erstmaliges leistete, war er zumindest der Leibniz[25], fast der Leonardo des Islam. Wie al-Chwarizmi in der Nähe des heutigen Chiwa geboren, war auch er ein Zeuge für die führende Stellung, die die transkaspischen Gebiete in dieser Glanzzeit der mittelalterlichen Naturwissenschaft einnahmen. Die Fürsten von Chwarizm und Tabaristan erkannten seine Talente und räumten ihm einen Platz an ihrem Hofe ein. Mahmud von Ghazni, der von dem Schwarm von Dichtern und Philosophen in Chwarizm vernahm, bat dessen Fürsten, ihm al-Biruni, Ibn Sina und andere Gelehrte zu überlassen; der Fürst fühlte sich verpflichtet, dem Wunsche nachzukommen (1018), und al-Biruni ging, bei dem kriegerischen Verwüster Indiens ein Leben voller Ehrungen und in tätigem Frieden zu führen. Vielleicht kam al-Biruni im Gefolge des Mahmud nach Indien; auf alle Fälle blieb er mehrere Jahre dort und machte sich mit der Sprache und den Altertümern des Landes vertraut. Nach seiner Rückkehr an den Hof des Mahmud wurde er ein Favorit dieses unberechenbaren Despoten. Ein Besucher aus Nordasien zog sich die Ungnade des Königs zu, weil er eine Gegend beschrieb, die er selbst gesehen zu haben vorgab, in welcher die Sonne monatelang nicht untergehe; Mahmud wollte den Mann bereits in den Kerker werfen lassen, weil er sich mit der königlichen Hoheit Scherze erlaubt habe, als al-Biruni die Naturerscheinung zur Befriedigung des Königs und zur großen Erleichterung des Besuchers erklären konnte[26]. Mahmuds Sohn Masud, selbst ein Amateurwissenschaftler, überschüttete al-Biruni mit Geschenken und Geld; der Gelehrte stattete sie oft an den Staatsschatz zurück, da sie seine Bedürfnisse weit überstiegen.

Sein erstes bedeutenderes Werk (um 1000) war eine durchaus fachwissenschaftliche Abhandlung – *Spuren der Vergangenheit (Athar-ul-Baqiya)* – über den Kalender und die religiösen Feste der Perser, Syrer, Griechen, Juden, Christen, Sabäer, Zarathustrier und Araber. Es ist eine ungewöhnlich unparteiische Arbeit, ganz und gar frei von religiösen Animositäten. Als Muselmane neigte al-Biruni zur Sekte der Schiiten und zeigte dabei eine unaufdringliche Neigung zum Agnostizismus. Er behielt indessen ein gutes Stück persischen Patriotismus bei und verurteilte die Araber wegen der Zerstörung der hohen Zivilisation des Sassanidenregimes[27]. Im übrigen nahm er die Haltung des objektiven Gelehrten ein, war beharrlich in seinen Forschungen, kritisch in der Überprüfung der Überlieferungen und Texte (einschließlich der Evangelien), genau und gewissenhaft in seinen Behauptungen, gab häufig sein Unwissen zu und versprach, seine Forschungen fortzusetzen, bis die Wahrheit an den Tag kommen würde. In dem Vorwort zu den *Spuren* schrieb er gleich einem Francis Bacon: «Wir müssen unseren Geist freimachen ... von allen Ursachen, die das Volk gegen die Wahrheit verblenden können – vom alten Brauch, vom Parteigeist, von persönlicher Rivalität oder Leidenschaft, von dem Wunsch nach einer einflußreichen Stellung.» Während sein Gastgeber Indien verwüstete, verbrachte al-Biruni viele Jahre mit dem Studium von dessen Völkern, Sprachen, Religionen, Kulturen und Kasten. Im Jahre 1030 veröffentlichte er sein Meisterwerk, die *Geschichte Indiens (Tarich al-Hind)*. Zu Beginn unterscheidet er streng zwischen Berichten vom Hörensagen und Augenzeugenberichten und teilt die «Lügner», die Geschichte geschrieben haben, in verschiedene Stufen ein[28]. Auf die politische Geschichte Indiens verwendet er wenig Raum, aber der indischen Astronomie widmet er zweiundvierzig, der Religion der Hindu elf Kapitel. Die Bhagavadgîtâ findet sein Entzücken. Er erkennt die Ähnlichkeit zwischen dem Mystizismus des Vedânta, des Sufismus, der Neopythagoräer und der Neoplatoniker; er vergleicht Auszüge aus den Werken indischer Denker mit ähnlichen Textstellen griechischer Philosophen und gibt seiner Vorliebe für die Griechen Ausdruck. «Indien», schreibt er, «hat keinen Sokrates hervorgebracht; keine logische Denkweise hat dort die Phantasie aus der Wissenschaft vertrieben[29].» Er übersetzte aber doch einige Sanskritwerke ins Arabische und übertrug, wie um eine Schuld zu begleichen, die *Elemente* des Eukleides und den *Almagest* des Ptolemaios ins Sanskrit.

Sein Interesse galt fast allen Wissenschaften. Er schrieb die beste mittelalterliche Darstellung der indischen Zahlenrechnung. Er verfaßte Abhandlungen über den Winkelmesser, die Planisphäre und die Armillarsphäre und stellte astronomische Tafeln für den Sultan Masud auf. Die Kugelgestalt der Erde war ihm eine Selbstverständlichkeit; er stellte fest, daß «alles zum Erdmittelpunkt angezogen wird», und bemerkte, man könne astronomische Gegebenheiten ebensogut durch die Annahme einer täglichen Umdrehung der Erde um die eigene Achse und eine jährliche Umdrehung um die Sonne erklären wie durch die entgegengesetzte Hypothese[30]. Er spekulierte mit der Möglichkeit, daß das Industal einst Meeresgrund gewesen sei[31]. Er verfaßte ein ausführliches Lapidarium, beschrieb eine große Zahl von Steinen und Metallen nach dem naturkundlichen, kommerziellen und medizinischen Gesichtspunkt. Er bestimmte das spezifische Gewicht von achtzehn Edelsteinen und stellte den Grundsatz auf, daß das spezifische Gewicht eines Gegenstandes dem Volumen des von ihm verdrängten Wassers entspreche[32]. Er entdeckte ein Verfahren, ohne mühselige Additionen das Resultat der wiederholten Verdoppelung einer Zahl festzustellen, wie sie etwa in der indischen Geschichte vom Schachbrett und den Sandkörnern zu finden ist. An die Geometrie hatte er die Lösung von Theoremen beizusteuern, die fortan seinen Namen trugen. Er verfaßte eine Enzyklopädie der Astronomie, Astrologie und Mathematik. Er erklärte das Funktionieren von natürlichen Quellen und artesischen Brunnen nach dem hydrostatischen Prinzip der kommunizierenden Röhren[33]. Er schrieb Geschichtswerke über Mahmuds Regierung, über Subuktigin und Chwarizm. Orientalische Historiker nennen ihn «Scheich», wie um zu sagen, er sei «der Meister der Wissenden». Seine mannigfaltige Wirksamkeit im gleichen Menschenalter wie Ibn Sina, Ibn al-Haitham und Firdausi läßt die Wende vom zehnten zum elften Jahrhundert als den Höhepunkt der islamischen Kultur und den Gipfelpunkt des mittelalterlichen Denkens überhaupt erscheinen[34].

Die Chemie als Wissenschaft ist im Grunde genommen eine arabische Schöpfung; auf diesem Gebiet, auf dem die Griechen (unseres Wissens) nicht über gewerbliche Experimente und vage Hypothesen hinausgingen, führten die Sarazenen nämlich die genaue Beobachtung, das kontrollierte Experiment und die sorgfältige Aufzeichnung der Ergebnisse ein. Sie erfanden und benannten den Destillierkolben (*al-anbiq*), unterwarfen zahllose Substanzen einer chemischen Untersuchung, verfaßten Lapidarien, unterschieden zwischen *Alkalis* und Säuren, erforschten ihre Affinitäten und untersuchten und fabrizierten Hunderte von Drogen*. Die Alchimie, welche die Araber aus Ägypten übernommen hatten, trug mit über tausend zufälligen Entdeckungen und durch ihre Verfahrensweise, die die wissenschaftlichste aller mittelalterlichen Betätigungen ist, zum Fortschritt der Chemie bei. So gut wie alle Muselmanen waren des Glaubens, daß alle Metalle letzten Endes der gleichen Art angehörten, so daß sich das eine in das andere umwandeln ließe. Das Ziel der Alchimisten war die Umwandlung «niedriger» Metalle, wie Eisen, Kupfer, Blei oder Zinn, in Silber oder Gold; der «Stein der Weisen» war eine stets gesuchte, nie gefundene Substanz, die bei richtiger Anwendung diese Umwandlung vollziehen mußte. Blut, Haar, Exkremente und andere Stoffe wurden mit verschiedenen Reagentien behandelt und der Kalzination und Sublimation unterworfen und der Sonne und dem Feuer ausgesetzt, damit sich zeigte, ob sie nicht dieses magische *al-iksir*, die Essenz, enthielten[36]. Der Besitzer dieses Elixiers wäre nach ihrem Glauben imstande gewesen, sein Leben nach Belieben zu verlängern. Der berühmteste Alchimist war Dschabir ibn Hayyan (702–765), in Europa Gebir genannt. Er war der Sohn eines Drogenhändlers von Kufa und übte eine ärztliche Praxis aus, verbrachte aber die meiste Zeit bei seinen Destillierkolben und Schmelztiegeln. Die mehr als hundert Werke, die ihm zugeschrieben werden, wurden von unbekannten Autoren verfaßt, hauptsächlich im zehnten Jahrhundert; viele dieser anonymen Arbeiten wurden ins Lateinische übersetzt und gaben der europäischen Chemie einen starken Auftrieb. Nach dem zehnten Jahrhundert verfiel die Chemie wie andere Wissenschaften in eine Zeit der Finsternis und vermochte sich fast drei Jahrhunderte lang nicht weiterzuentwickeln.

Von der arabischen Biologie dieser Zeit ist nicht viel erhalten geblieben. Abu Hanifa al-Dinawari (815–895) schrieb ein *Pflanzenbuch*, das auf Dioskurides gründete, aber der Pharmakologie viele neue Pflanzen zuführte. Mohammedanische Botaniker verstanden es, durch Pfropfen neue Früchte zu ziehen; sie vereinten den Rosenbusch mit dem Mandelbaum, um

---

* Alkohol ist ein arabisches Wort, aber nicht ein arabisches Erzeugnis. Es ist erstmals in einem italienischen Werk des neunten oder zehnten Jahrhunderts erwähnt[35]. Die Muselmanen bezeichneten mit *al-kohl* ein Puder zum Färben der Augenbrauen.

seltene und liebliche Blüten zu züchten[37]. Othman Amr al-Dschahiz (†869) brachte eine Evolutionstheorie vor, die derjenigen des al-Masudi ähnlich ist: Das Leben war nach seiner Ansicht «vom Mineral zur Pflanze, von der Pflanze zum Tier, vom Tier zum Menschen» aufgestiegen[38]. Der mystische Dichter Dschalal ud-din griff diese Theorie auf und fügte nur noch hinzu, falls dieser Aufstieg in der Vergangenheit vollzogen worden sei, dann würden die Menschen in der nächsten Stufe Engel und schließlich Gott werden[39].

III. DIE MEDIZIN

Inzwischen hingen die Menschen am Leben, und wenn sie es auch noch so lästerten, so gaben sie doch große Summen aus, um sich den Tod fernzuhalten. Als die Araber nach Syrien kamen, besaßen sie nur eine primitive medizinische Kenntnis und Ausrüstung. Mit wachsendem Wohlstand entwickelten sich in Syrien und Persien Ärzte besseren Kalibers, andere kamen von Griechenland und Indien. Die muselmanischen Anatomen, denen ihre Religion die Vivisektion oder die Sektion menschlicher Leichen verbot, mußten sich mit Galen und dem Studium von Verwundeten begnügen. Am schwächsten war die arabische Medizin in der Chirurgie, am stärksten in der Therapie und der Herstellung von Medikamenten. Zu den Arzneimitteln der Antike fügten die Sarazenen Ambra, Kampher, Kassie, Nelken, Quecksilber, Senna, Myrrhen hinzu und führten neue pharmazeutische Präparate – Sirups (arabisch *scharab*), Julaps *(golab)*, Rosenwasser usw. ein. Einer der wesentlichsten Punkte des italienischen Handels mit dem Vorderen Orient war die Einfuhr arabischer Drogen. Die Muselmanen richteten die ersten Apotheken und Drogerien ein, gründeten die erste mittelalterliche pharmazeutische Schule und schrieben dicke pharmakologische Abhandlungen. Muselmanische Ärzte waren begeisterte Befürworter des Bades, besonders bei Fiebern[40] und in Gestalt des Dampfbades. Ihre Anweisungen zur Behandlung der Blattern und Masern sind heute kaum übertroffen[41]. Bei einigen chirurgischen Operationen wurde eine Betäubung durch Inhalieren vorgenommen[42]; Haschisch und andere Drogen wurden zum Einschläfern verwendet[43]. Soviel wir wissen, waren in diesem Zeitraum im islamischen Bereich 34 Spitäler in Funktion[44]; offenbar nach dem Vorbild des Krankenhauses der persischen Akademie in Dschund-i-Schapur wurde unter Harun al-Raschid in Bagdad das früheste bekannte Krankenhaus eingerichtet; fünf weitere folgten im zehnten Jahrhundert; im Jahre 918 vernehmen wir von einem Direktor der Spitäler von Bagdad[45]. Das berühmteste Krankenhaus des Islam war das 706 in Damaskus gegründete *bimaristan*; 978 wurde es von 24 Ärzten betreut. Die ärztliche Unterweisung erfolgte hauptsächlich im Spital. Niemand durfte eine ärztliche Praxis ausüben, der nicht ein Examen bestanden und ein staatliches Diplom erhalten hatte; Drogisten, Barbiere und Orthopäden waren gleicherweise der staatlichen Aufsicht und staatlichen Vorschriften unterworfen. Der Wesir und Arzt Ali ibn Isa setzte eine Ärztegruppe ein, die von Ort zu Ort ging, um den Kranken beizustehen (931); gewisse Ärzte statteten täglich Besuche in den Gefängnissen ab; die Irren erfuhren eine besonders menschliche Behandlung. Die öffentliche Gesundheitspflege war aber in den meisten Fällen in einem armseligen Zustand, und während vier Jahrhunderten wüteten nicht weniger als vierzig Epidemien in dem einen oder anderen Lande des islamischen Ostens.

Im Jahre 931 gab es 860 lizenzierte Ärzte in Bagdad[46]. Die Honorare wuchsen im Verhältnis zur Nähe des Hofes. Dschibril ibn Bachtischa, Leibarzt des Harun, des al-Mamun und der Barmakiden, häufte ein gewaltiges Vermögen von 88 800 000 Dirhem an; dafür, daß er den Kalifen zweimal im Jahr zu Ader ließ, soll er 100 000 Dirhem erhalten haben, und die gleiche Summe für ein halbjährliches Klistier[47]. Er behandelte eine hysterische Lähmung bei einem Sklavenmädchen mit Erfolg, indem er so tat, als ob er sie in aller Öffentlichkeit entkleiden wollte. Von Dschibril an gibt es eine ganze Reihe berühmter Ärzte im östlichen Islam: Yuhanna ibn Masawayh (777–857), der zum Studium der Anatomie Affen sezierte; Hunain ibn Ischaq, den Übersetzer, Verfasser von *Zehn Abhandlungen über das Auge* – des ältesten systematischen Lehrbuchs der Augenheilkunde; und Ali ibn Isa, den bedeutendsten muselmanischen Augenarzt, dessen *Handbuch für Augenärzte* in Europa bis ins achtzehnte Jahrhundert als Lehrbuch benutzt wurde.

Die hervorragendste Gestalt in dieser Ärztedynastie ist Abu Bekr Muhammad al-Razi (844–926), in Europa unter dem Namen Rhazes berühmt. Wie die meisten führenden Wissenschaftler und Dichter seiner Zeit, war er ein arabisch-schreibender Perser. In Rayy bei Teheran geboren, studierte er Chemie, Alchimie und Medizin in Bagdad und schrieb an die 131 Bücher, die Hälfte davon über medizinische Themen, die meisten nicht erhalten. Sein *Kitab al-Hawi (Umfassendes Buch)* befaßte sich in zwanzig Bänden mit jedem Zweig der Medizin. Als *Liber continens* ins Lateinische übersetzt, war es wahrscheinlich jahrhundertelang das höchstgeachtete und meistgebrauchte Lehrbuch der Medizin der weißen Menschheit; es war eines der neun Bücher, die die gesamte Bibliothek der Medizinischen Fakultät der Universität Paris im Jahre 1395 ausmachten[48]. Seine *Abhandlung über die Blattern und Masern* war ein Meisterwerk der direkten Beobachtung und der klinischen Aufgliederung; sie war die erste genaue Untersuchung der Infektionskrankheiten, der erste Versuch, Blattern und Masern zu unterscheiden. Wir können auf ihren Einfluß und ihren Ruf aus der Tatsache schließen, daß sie von 1498 bis 1866 vierzig englische Auflagen erlebte. Das berühmteste Werk des al-Razi war ein zehnbändiges Kompendium der Medizin, das *Kitab al-Mansuri (Buch für al-Mansur)*, einem Fürsten von Chorasan gewidmet. Gerhard von Cremona übersetzte es ins Lateinische; der neunte Band seiner Übersetzung, der *Nonus Almansoris*, war in Europa bis ins sechzehnte Jahrhundert ein beliebtes Lehrbuch. Al-Razi führte neue Heilmittel wie die Quecksilbersalbe sowie die Verwendung von tierischen Därmen bei Wundnähten ein. Er legte der Begeisterung für die Harndiagnose einen Dämpfer auf, und zwar in einer Zeit, da die Ärzte geneigt waren, jede Krankheit durch die Harnuntersuchung zu diagnostizieren, manchmal sogar ohne den Patienten zu sehen. Einige seiner kürzeren Werke zeigen sich von einer freundlichen Seite; eines hieß «Über die Tatsache, daß auch geschickte Ärzte nicht alle Krankheiten zu heilen vermögen»; ein anderes trug den Titel «Warum unwissende Ärzte, Laien und Frauen mehr Erfolg haben als gelernte Ärzte». Al-Razi war nach der übereinstimmenden Ansicht aller der bedeutendste muselmanische Arzt und der größte Kliniker des Mittelalters[49]. Er starb in Armut im Alter von zweiundachtzig Jahren.

In der *Ecole de Médecine* der Universität Paris hingen zwei Bilder muselmanischer Ärzte – «Rhazes» und «Avicenna». Der Islam kannte seinen größten Philosophen und berühmtesten Arzt unter dem Namen Abu Ali al-Husein Ibn Sina (980–1037). Seine Autobiographie – eine der wenigen Autobiographien der arabischen Literatur – zeigt uns, wie beweglich im Mittelalter das Leben eines Gelehrten oder Weisen verlaufen konnte. Sohn eines Geldwechslers von Buchara, wurde Avicenna von Privatlehrern unterrichtet, die einem sonst wissenschaftlich eingestellten Geist einen sufistischen Einschlag vermittelten. «Im Alter von zehn Jahren beherrschte er den Koran und die allgemeine Literatur vollständig und hatte sich gewisse Kenntnisse in Theologie, Arithmetik und Algebra erworben», sagt Ibn Challikan mit der üblichen orientalischen Übertreibung[50]. Er studierte Medizin ohne Lehrer, und noch als ganz junger Mensch begann er mit einer kostenfreien ärztlichen Praxis. Mit siebzehn Jahren gab er dem leidenden Herrscher von Buchara, Nuh ibn Mansur, die Gesundheit wieder, wurde Hofbeamter und verbrachte reicherfüllte Stunden in der umfangreichen Bibliothek des Sultans. Der Zusammenbruch der Samanidenmacht gegen Ende des zehnten Jahrhunderts bewog den Avicenna, in den Dienst des al-Mamun, des Fürsten von Chwarizm, zu treten. Als Mahmud von Ghazni Avicenna, al-Biruni und andere geistige Leuchten von al-Mamuns Hof zu sich berief, wollte Avicenna nicht gehen. Mit einem anderen Gelehrten, Masihi, flüchtete er sich in die Wüste. Dort kam Masihi in einem Sandsturm um, aber Avicenna erreichte nach großer Mühsal Gurgan und nahm seine Tätigkeit am Hofe des Qabus auf. Mahmud ließ ein Bild des Avicenna durch ganz Persien zirkulieren und setzte einen Preis für seine Gefangennahme aus, aber Qabus schützte ihn. Als Qabus ermordet wurde, erreichte ihn eine Berufung zu dem kranken Emir von Hamadan; die Heilung gelang ihm so gut, daß er zum Wesir ernannt wurde. Das Heer war aber mit seiner Regierung nicht zufrieden; die Soldaten ergriffen ihn, plünderten sein Haus und wollten ihn umbringen. Er entkam, verbarg sich in den Räumen eines Drogisten und begann in seinem Versteck die Bücher zu schreiben, die seinen Ruhm begründen sollten. Da er im Sinne hatte, heimlich aus Hamadan zu entweichen, ließ der Sohn des Emirs ihn verhaften; im Gefängnis, in dem er mehrere Monate verbringen mußte, schrieb er weiter an seinem Werk. Er vermochte wiederum zu entfliehen, verkleidete sich als Sufimystiker und fand nach so vielen Abenteuern, daß der Platz zu ihrer Schilderung nicht ausreicht, eine Zuflucht und hohe Ehren am Hofe des Ala ad-Dawla, des Buwayhiden-Emirs von Isfahan. Ein Kreis von Wissenschaftlern und Philosophen versammelte sich um ihn und hielt gelehrte Debatten ab, die der Emir gerne selbst leitete. Einige Berichte lassen annehmen, daß der Philosoph den Freuden der Liebe ebenso ergeben war, wie den Freuden der Gelehrsamkeit; nach anderen Darstellungen war er Tag und Nacht in seine Studien vertieft oder mit Unterricht oder Regierungsdingen beschäftigt; Ibn Challikan zitiert einen recht ungewöhnlichen Ratschlag von ihm: «Nimm eine Mahlzeit im Tage ein. ... Bewahre den Samen sorgfältig; er ist das Wasser des Lebens, für den Schoß bestimmt[51].» Zu bald war seine Kraft erschöpft, und er starb mit siebenundfünfzig Jahren auf einer Reise nach Hamadan, wo sein Grab heute noch in liebevoller Verehrung steht.

Trotz aller dieser Wechselfälle des Schicksals fand er die Zeit, im Amt oder im Gefängnis, auf Arabisch oder Persisch hundert Bücher über alle Gebiete der Wissenschaft und

Philosophie zu schreiben. Um das Maß voll zu machen, verfaßte er auch noch ausgezeichnete Gedichte, von denen fünfzehn erhalten sind; eines schlüpfte in die *Rubaiyat* des Omar Chayyam; ein anderes, «Der Abstieg der Seele» (von einer höheren Sphäre in den Leib), wird im muselmanischen Osten heute noch von Schülern auswendig gelernt. Er übersetzte Eukleides, machte astronomische Beobachtungen und ersann ein Instrument, das unserem Vernier ähnlich sieht. Er betrieb erstmalige Forschungen über Bewegung, Kraft, Vakuum, Licht, Hitze und das spezifische Gewicht. Seine Abhandlung über Minerale war bis zum dreizehnten Jahrhundert eine der Hauptquellen der europäischen Gesteinskunde. Seine Bemerkungen über die Entstehung von Gebirgen sind von beispielhafter Klarheit:

> Die Berge können auf zwei Arten entstanden sein. Entweder sind sie das Ergebnis von Erhebungen der Erdkruste, wie sie sich etwa bei Erdbeben einstellen, oder sie sind vom Wasser geschaffen, das sich eine neue Bahn gesucht und die Täler ausgewaschen hat. Die Erdschichten sind verschiedener Art, die einen weich, die anderen hart; die Winde und Wasser zersetzen die erste Art, während die andere unberührt bleibt. Es bedarf einer langen Zeit, um solche Umwandlungen herbeizuführen ... daß aber das Wasser die Hauptursache für diese Auswirkungen ist, wird durch die fossilen Überreste von Wassertieren, die auf vielen Bergen zu finden sind, bewiesen.[52]

Avicennas Lehre ist in zwei gewaltigen Werken niedergelegt: im *Kitab al-Schifa*, dem *Buche des Heilens* (der Seele), einer achtzehnbändigen Enzyklopädie der Mathematik, Physik, Metaphysik, Theologie, Volkswirtschaft, Politik und Musik, und in dem *Qanun-fi-l-Tibb*, dem *Kanon der Medizin*, einem gigantischen Lehrbuch der Physiologie, Hygiene, Therapie und Pharmakologie mit unzähligen Abstechern in das Gebiet der Philosophie. Der *Qanun* ist gut aufgebaut und hat seine beredten Augenblicke; seine scholastische Vorliebe für das Einteilen und Unterscheiden wird aber zur einzigen Krankheit, gegen die der Verfasser kein Rezept weiß. Er hebt mit einer entmutigenden Ermahnung an: «Wer meinen Lehren nachfolgen und sie nutzbringend verwenden will, sollte zu seinem Gewinne den größten Teil dieses Werkes auswendig lernen», und dabei enthält es eine Million Worte. Avicenna faßt die Medizin als die Kunst auf, eine Behinderung des normalen Funktionierens der Natur zu beheben. Zunächst behandelt er die wichtigeren Krankheiten – Symptome, Diagnose und Behandlung; er hat eigene Kapitel über die allgemeine und individuelle Prophylaxe und Hygiene und über Therapie vermittels Klistieren, Aderlässen, Ätzungen, Bädern und Massage. Er empfiehlt zur Entwicklung von Lungen, Brust und Gaumenzäpfchen, tief zu atmen und gelegentlich auch zu schreien. Das zweite Buch gibt einen Überblick über das griechische und arabische Wissen von den Arzneipflanzen. Das dritte Buch, das die spezielle Pathologie behandelt, enthält ausgezeichnete Besprechungen der Rippenfellentzündung, des Empyems, der inneren Krankheiten, Geschlechtskrankheiten, Perversionen und nervösen Leiden einschließlich der Liebe. Das vierte Buch befaßt sich mit Fiebern, Chirurgie und Kosmetik, Haar- und Hautpflege. Das fünfte Buch – *materia medica* – gibt ins einzelne gehende Anweisungen zur Herstellung von 760 Heilmitteln. Der *Qanun*, der im zwölften Jahrhundert ins Lateinische übersetzt wurde, entthronte den al-Razi, ja sogar den Galenos, als bedeutendstes Lehrbuch an den europäischen Ärzteschulen. An den Universitäten von Montpellier und Löwen hielt es seinen Platz als Buch, das man gelesen haben mußte, bis in die Mitte des siebzehnten Jahrhunderts.

Avicenna war der größte medizinische Schriftsteller, al-Razi der größte Arzt, al-Biruni der größte Geograph, al-Haitham der größte Optiker, Dschabir wahrscheinlich der größte Chemiker des Mittelalters; diese fünf Namen, die heute im christlichen Bereich so wenig bekannt sind, sind einer der Maßstäbe für unseren provinzlerisch engen Geist in der Betrachtung der mittelalterlichen Geschichte. Die arabische Wissenschaft war, wie jede mittelalterliche Wissenschaft, oft in einer verderblichen Voreingenommenheit befangen; außer in der Optik leistete sie Bedeutendes eher in der Zusammenschau vorliegender Ergebnisse als in eigenen Funden oder im systematischen Forschen; zur gleichen Zeit entwickelte sie, wenn auch nur zögernd, in der Alchimie die experimentelle Verfahrensweise, die der größte Stolz und das wichtigste Werkzeug des modernen Geistes ist. Als Roger Bacon fünfhundert Jahre nach Dschabir die experimentelle Methode in Europa anpries, stammte seine Erleuchtung von den Mauren Spaniens, die ihrerseits das Licht aus dem muselmanischen Osten erhalten hatten.

IV. DIE PHILOSOPHIE

In der Philosophie wie in der Wissenschaft entlehnte der Islam das Vermächtnis des heidnischen Griechenland von dem christlichen Syrien und gab es über das muselmanische Spanien wieder an das christliche Europa zurück. Natürlich waren viele Einflüsse zugleich wirksam, um die geistige Rebellion der Mutaziliten und die philosophischen Systeme des al-Kindi, al-Farabi, Avicenna und Averroes hervorzurufen. Indische Spekulationen drangen über Ghazni und Persien ein; die zarathustrische und jüdische Eschatologie spielte eine gewisse, weniger bedeutende Rolle, und christliche Häretiker hatten die Luft des Vorderen Orients mit Erörterungen der Attribute Gottes, der Natur Christi und des Logos, der Prädestination und der Willensfreiheit, der Offenbarung und der Vernunft erfüllt. Die Hefe aber, die das Denken im muselmanischen Asien – wie im Italien der Renaissance – zum Gären brachte, war die Wiederentdeckung Griechenlands. Hier tauchte durch die Übersetzungen apokrypher Texte, so unvollkommen sie auch sein mochten, eine neue Welt auf: eine Welt, in der der Mensch furchtlos über alles gesprochen, gedacht und geschrieben hatte, unbehindert durch heilige Schriften, eine Welt, die sich das Weltall nicht als Produkt einer göttlichen Laune und als unberechenbares Wunder, sondern als Erzeugnis einer majestätischen und allgegenwärtigen Gesetzlichkeit vorstellte. Die griechische Logik kam, durch das *Organon* des Aristoteles vollständig vermittelt, wie eine berauschende Droge über die Muselmanen, die nun genug Muße zum Denken hatten; hier fanden sie die Sprache und die Vorstellungen, die sie zum Denken benötigten; von da an spielte der Islam drei Jahrhunderte lang das neue Spiel der Logik, wie der athenische Jüngling zu Platons Zeit trunken von dem «süßen Entzücken» der Philosophie. Bald begann das ganze Gebäude des mohammedanischen Dogmas zu zittern und zu zerbröckeln, so wie die griechische Strenggläubigkeit unter der Beredsamkeit der Sophisten dahinschmolz und wie die christliche Strenggläubigkeit unter den Schlägen der Enzyklopädisten und den Peitschenhieben von Voltaires Geist dahinsiechen sollte.

Diese muselmanische Aufklärung, wie man sie nennen könnte, nahm ihren Anfang in einer seltsamen Auseinandersetzung. Das Problem lautete: «Ist der Koran ewig oder erschaffen?» Philons Lehre vom Logos als der zeitlosen Gottesweisheit, das vierte Evangelium mit seiner Gleichsetzung von *logos* und *chrestos*, dem Göttlichen Wort oder der Gottvernunft, dem Logos, der «im Anfange ... Gott» war und «ohne dasselbe nichts gemacht ist, was gemacht ist»[53]; die Gnostiker mit ihrer Personifizierung der Göttlichen Weisheit als wirkender Schöpferkraft; der jüdische Glaube an die Ewigkeit der Tora – all das wirkte zusammen, um im strenggläubigen Islam eine entsprechende Auffassung von der ewigen Existenz des Koran im Geiste Allahs zu schaffen, nach der lediglich die Offenbarung an Mohammed ein zeitliches Ereignis gewesen wäre. Das erste Anzeichen einer Philosophie im Islam (um 757) war das Emporkommen einer Schule von «Mutaziliten», das heißt Abgespaltenen, die die Ewigkeit des Korans leugneten. Sie gaben ihrer Hochachtung vor dem heiligen Buche gebührend Ausdruck, waren aber der Ansicht, daß da, wo der Koran oder die Hadith der Vernunft widerspreche, das Buch oder die Überlieferung allegorisch ausgelegt werden müßten; diesem Bemühen, Vernunft und Glaube in Einklang zu bringen, gaben sie den Namen *kalam*, «Logik». Es schien ihnen widersinnig, die Koranstellen, die dem Allah Hände und Füße, Zorn und Haß zuschrieben, wörtlich zu nehmen; ein derartiger Anthropomorphismus, der seinerzeit der Gesittung und den politischen Zielen des Mohammed durchaus angemessen sein konnte, könne von dem gebildeten Intellekt schwerlich hingenommen werden. Der Menschengeist vermöge die wahre Natur und die Attribute Gottes niemals zu erkennen; er könne mit dem Glauben nur in der Anerkennung einer geistigen Kraft als Grundlage aller Realität übereinstimmen. Überdies schien es den Mutaziliten für die menschliche Moral und Tatkraft verhängnisvoll zu sein, wenn man wie die Strenggläubigen an die vollständige Prädestination aller Ereignisse durch Gott und die willkürliche Erwählung der Erretteten und der Verdammten von Anbeginn an glaubte.

In hundert Variationen dieser Themen verbreiteten sich die Lehren der Mutaziliten während der Regierungszeit des al-Mansur, des Harun al-Raschid und des al-Mamun. Zunächst in privaten Kreisen von Gelehrten und Ungläubigen, dann bei den Abendunterhaltungen der Kalifen, schließlich im Unterricht von Schulen und Moscheen gewann der neue Rationalismus Ausdruck, hie und da sogar die Vorhand. Al-Mamun war entzückt von diesem Flüggewerden der Vernunft, nahm sie in seinen Schutz und erkannte schließlich die Lehrmeinung der Mutaziliten als den offiziellen Glauben des Reiches an. In einer Vermischung altorientalischer monarchischer Bräuche mit den neuesten Gedanken hellenisierender Muselmanen erließ al-Mamun im Jahre 832 ein Dekret, das von allen Muselmanen das Zugeständnis verlangte, daß der Koran in der Zeit erschaffen worden sei; ein späteres Dekret verfügte, daß niemand als Zeuge oder Richter fungieren dürfe, der sich nicht öffentlich zu dem neuen Dogma bekannt habe; weitere Dekrete dehnten dieses pflichtmäßige Bekenntnis auf die Lehren von der Willensfreiheit und der Unmöglichkeit für die Seele, Gott mit dem körperlichen Auge zu schauen, aus; schließlich wurde die Weigerung, sich der Prüfung und Vereidigung auf diese Glaubenssätze zu unterziehen, zum Kapitalverbrechen gestempelt. Al-Mamun starb im Jahre 833, seine Nachfolger al-

Mutassim und al-Wathiq setzten aber seinen Feldzug fort. Der Theologe Ibn Hanbal sprach sich gegen diese Inquisition aus; er wurde aufgefordert, den Testeid zu leisten, und beantwortete alle Fragen mit Zitaten aus dem Koran, die die strenggläubige Ansicht erhärteten. Er wurde bis zur Bewußtlosigkeit gepeitscht und eingekerkert; seine Leiden machten ihn aber in den Augen des Volkes zu einem Märtyrer und Heiligen und bereiteten der Reaktion, die die muselmanische Philosophie überwältigte, den Weg.

In der Zwischenzeit hatte diese Philosophie ihre erste bedeutendere Gestalt hervorgebracht. Abu Yusuf Yaqub ibn Ischaq al-Kindi war um 803 in Kufa als Sohn des Statthalters der Stadt geboren worden; er studierte in Kufa und Bagdad und kam an den Höfen des al-Mamun und al-Mutassim als Übersetzer, Wissenschaftler und Philosoph zu großem Ruhm. Wie so viele Denker dieser zuversichtlichen Glanzzeit des muselmanischen Geistes war auch er ein Hans-Dampf-in-allen-Gassen, der sich mit allem befaßte, 265 Abhandlungen über alle Themen schrieb – über arithmetische, geometrische, astronomische, meteorologische, geographische, physikalische, politische, musikalische, medizinische, philosophische Probleme. Er teilte Platons Ansicht, daß niemand Philosoph werden könne, der nicht zuerst Mathematiker sei, und bemühte sich, Gesundheit, Medizin und Musik in mathematische Verhältnisse zu bringen. Er untersuchte die Gezeiten und befaßte sich mit der Erscheinung des Lichtes in einem Buche über *Optik*, das Roger Bacon beeinflußte. Er entsetzte die Muselmanen mit einer *Apologie des Christentums*[54]. Gemeinsam mit einem Gehilfen übersetzte er eine apokryphe *Theologie des Aristoteles;* diese Fälschung machte einen tiefen Eindruck auf ihn, und es erfüllte ihn mit Freude, daß sie Aristoteles und Platon auf eine gemeinsame Ebene brachte - indem sie aus beiden Neoplatoniker machte. Al-Kindis Philosophie ist Neoplatonismus in neuer Formulierung: Der Geist habe drei Stufen – Gott, die schöpferische Weltseele (Logos) und deren Emanation, die menschliche Seele; wer seine Seele zum richtigen Wissen übe, könne Freiheit und Todlosigkeit erreichen[55]. Offenbar unternahm al-Kindi heldenmütige Bemühungen, den rechten Glauben zu bewahren; er übernahm aber doch von Aristoteles[56] die Unterscheidung zwischen dem aktiven Verstand, der göttlich sei, und dem passiven Verstand des Menschen, der nur eine Denkfähigkeit darstelle; Avicenna gab diese Unterscheidung später an Averroes weiter, der sie als Argument gegen die persönliche Unsterblichkeit benutzte und damit die Welt aufhetzte. Al-Kindi verbündete sich mit den Mutaziliten; als die Reaktion kam, wurde seine Bücherei beschlagnahmt, und seine Todlosigkeit hing an einem Faden. Er überlebte den Sturm, erhielt seine Bücher wieder und lebte bis 873.

In jeder Gesellschaft, in der Staat, Recht und Moral mit Religion verquickt sind, wird jeder Angriff auf diese Religion als Bedrohung der Gesellschaftsordnung an sich aufgefaßt. Alle Kräfte, die durch die arabische Eroberung niedergekämpft worden waren – die griechische Philosophie, das gnostische Christentum, der persische Nationalismus, der mazdakitische Kommunismus – erlebten eine kräftige Wiedergeburt; der Koran wurde angezweifelt und lächerlich gemacht; ein persischer Dichter wurde enthauptet, weil er erklärt hatte, seine Verse seien besser als diejenigen des Korans (784)[57]; das ganze Gefüge des Islam, das auf dem Koran ruhte, drohte zusammenzubrechen. In dieser Krise brachten drei Faktoren der Strenggläubigkeit schließlich den Sieg: ein konservativer Kalif, das

Hochkommen der türkischen Leibwache und die natürliche Anhänglichkeit des Volkes an den ererbten Glauben. Al-Mutawakkil, der 847 den Thron bestieg, stützte sich auf das einfache Volk und die Türkenwache, und die Türken, neubekehrte Mohammedaner, den Persern feindlich gesinnt und dem griechischen Denken fremd, machten mit Leib und Seele eine Politik mit, die den Glauben mit dem Schwert zu retten bestrebt war. Al-Mutawakkil annulierte den unliberalen Liberalismus des al-Mamun und kehrte ihn ins Gegenteil; Mutaziliten und andere Ketzer wurden aus Regierungsämtern vertrieben und durften keine Lehrtätigkeit mehr ausüben; die Ewigkeit des Korans wurde von Gesetzes wegen wieder eingeführt. Die Sekte der Schiiten wurde geächtet, jeder Ausdruck andersgläubiger Ansichten in Literatur und Philosophie verboten und das Heiligtum des Husein in Kerbele zerstört (851). Das angeblich von Omar gegen die Christen erlassene und von Harun (807) auch auf die Christen ausgedehnte, bald aber nicht mehr beachtete Edikt wurde von al-Mutawakkil neu erlassen (850); Juden und Christen mußten eine unterscheidende Kleiderfarbe tragen, die Gewandung ihrer Sklaven mit bunten Flicken versehen und hölzerne Teufelsfiguren an ihrer Tür anbringen; als Reittiere durften sie nur Esel und Maulesel benutzen. Neue Kirchen und Synagogen mußten wieder niedergerissen werden, und in christlichen Zeremonien durfte das Kreuz nicht öffentlich erhoben werden. Kein Christ und kein Jude durfte am Unterricht in einer muselmanischen Moschee teilnehmen[58].

Bei der nächsten Generation nahm die Reaktion mildere Formen an. Einige strenggläubige Theologen nahmen tapfer den Fehdehandschuh der Logik auf und schickten sich an, die Wahrheit des überlieferten Glaubens mit Hilfe der Vernunft zu beweisen. Diese *mutakallimun* («Logiker») waren die Scholastiker des Islam; sie unternahmen die gleiche Versöhnung des religiösen Dogmas mit der griechischen Philosophie, die Maimonides im zwölften Jahrhundert bei der jüdischen und Thomas von Aquin im dreizehnten Jahrhundert bei der christlichen Religion versuchte. Abul-Hasan al-Aschari (873–935) aus Basra trug zunächst ein Jahrzehnt lang mutazilitische Lehren vor, wandte sich sodann in seinem vierzigsten Lebensjahr gegen sie, griff sie mit den mutazilitischen Waffen der Logik an und gab einen Strom konservativer Polemiken von sich, der kräftig am Endsieg des alten Glaubens mitwirkte. Die Prädestinationslehre des Mohammed nahm er hin, ohne mit der Wimper zu zucken: Gott habe jede Tat und jedes Ereignis vorausbestimmt und sei ihr Urheber; er stehe über jedem Gesetz und jeder Moral; er «herrscht unbeschränkt über seine Geschöpfe und tut, was seines Willens ist; wollte er sie alle in die Hölle schicken, so wäre es recht getan»[59]. Nicht alle Strenggläubigen fanden Gefallen daran, daß der Glaube der verstandesmäßigen Erörterung unterworfen wurde; viele hielten sich an den Wahlspruch *Bila kayf* – «Glaube, ohne nach dem Wie zu fragen»[60]. Die Theologen wandten sich größtenteils von den grundlegenden Fragen ab und verloren sich in die scholastischen Spitzfindigkeiten einer Lehre, deren Grundlagen sie als Axiome anerkannten.

In Bagdad verlor das Ferment der Philosophie seine Wirksamkeit, nur um an kleineren Höfen in Erscheinung zu treten. Sayfu'l-Dawla gab dem Muhammad Abu Nasr al-Farabi, dem ersten Türken, der sich in der Philosophie einen Namen machte, ein Haus in Aleppo. Abu Nasr war im turkestanischen Farab geboren worden, studierte Logik bei christlichen

Lehrern in Bagdad und Harran, las die *Physik* des Aristoteles vierzigmal und das *De Anima* zweihundertmal, wurde in Bagdad als Ketzer verschrien, nahm Lehre und Gewandung eines Sufi an und lebte wie die Vögel von der Luft. «Er war von allen Menschen der Gleichgültigste gegenüber den Dingen dieser Welt», berichtet Ibn Challikan; «niemals nahm er sich die geringste Mühe, sich ein Auskommen zu verschaffen oder eine Unterkunft zu besitzen[61].» Safu'l-Dawla fragte ihn, wieviel er zum Lebensunterhalt brauche; al-Farabi hielt vier Dirhem für ausreichend; der Fürst gewährte ihm hierauf dieses Stipendium auf Lebenszeit.

Von al-Farabi sind 39 Werke erhalten, viele davon Kommentare zu Aristoteles. Seine *Ihsa al-ulum*, die *Enzyklopädie der Wissenschaft*, gibt einen Überblick über das philologische, logische, mathematische, physikalische, chemische, volkswirtschaftliche und politische Wissen seiner Zeit. Er beantwortete die Frage, die die scholastischen Philosophen bald stark beschäftigen sollte, die Frage, ob das Allgemeine (das Geschlecht, die Gattung oder die Qualität) von dem Einzelwesen getrennt existiere, mit einem glatten Nein. Er ließ sich wie alle anderen von der *Theologie des Aristoteles* täuschen und machte aus dem nüchternen und praktischen Stagiriten einen Mystiker; er lebte lange genug, um wieder in die Strenggläubigkeit zu verfallen. Nachdem er in seiner Jugend einen spekulativen Agnostizismus vorgetragen hatte[62], machte er in seinem späteren Leben hinreichend Fortschritte, um eine ins einzelne gehende Beschreibung der Gottheit abgeben zu können[63]. Den aristotelischen Beweis der Existenz Gottes faßte er sehr ähnlich auf, wie Thomas von Aquin drei Jahrhunderte später: Eine Kette von aufeinanderfolgenden Ereignissen erfordere, um verstehbar zu werden, ein letztliches notwendiges Wesen; eine Kette von Ursachen erfordere eine erste Ur-Sache; eine Reihe von Bewegungen erfordere einen ersten Beweger, der selbst unbeweglich sei; die Vielfalt erfordere Einheit. Das letzte Ziel der Philosophie, das nie ganz erreichbar sei, liege in der Erkenntnis der ersten Ur-Sache; am ehesten komme man zu dieser Erkenntnis durch die Lauterkeit der Seele. Wie Aristoteles vermochte auch al-Farabi, sich hinsichtlich der Unsterblichkeit unverständlich zu machen. Er starb in Damaskus im Jahre 950.

Von den erhaltenen Schriften fällt uns ein Werk wegen seiner Ursprünglichkeit und Kraft auf: *Medina al-Fadila – Die Musterstadt*. Das Buch beginnt mit einer Darstellung des Naturgesetzes, welches nach dieser Auffassung darin besteht, daß jeder Organismus mit allen anderen in beständigem Kampfe liege – Hobbes *bellum omnium contra omnes;* jedes Lebewesen sehe letzten Endes in allen anderen Lebewesen ein Mittel zu seinen Zielen. Einige Zyniker schlössen daraus, wie al-Farabi schreibt, daß in diesem unentrinnbaren Wettkampf derjenige der Weiseste sei, der am besten die anderen seinem Willen untertan zu machen verstehe und das Ziel seiner Wünsche am vollständigsten erreiche. Sodann stellt er sich die Frage, wie die menschliche Gesellschaft über dieses Dschungelgesetz hinausgekommen sei. Nach seiner Darstellung muß es unter den Muselmanen, die sich mit diesem Problem beschäftigten, sowohl Rousseauaner wie auch Nietzscheaner gegeben haben: Die einen meinten, die Gesellschaft sei daraus entstanden, daß Einzelwesen zu der übereinstimmenden Ansicht gelangt seien, ein Fortbestehen sei nur möglich, wenn man gewisse Einschränkungen, sei es durch den Brauch, sei es durch das Gesetz, auf sich nehme;

andere lachten über diesen «Gesellschaftsvertrag», bis er aus der Geschichte verschwand, und behaupteten nachdrücklich, die Gesellschaft oder der Staat habe mit der Unterwerfung oder Bevormundung der Schwachen durch die Starken begonnen. Die Staaten selbst seien, immer nach diesen Nietzscheanern, Organe des Wettkampfes; es sei ganz natürlich, daß Staaten miteinander um Vormacht, Sicherheit, Macht und Reichtum kämpften; der Krieg sei natürlich und unvermeidlich, und bei dieser letzten Entscheidung sei – wie bei dem Naturgesetz – das einzige Recht die Macht. Al-Farabi begegnet dieser Ansicht mit einem Aufruf an seine Mitmenschen, eine Gesellschaft aufzubauen, die sich nicht auf Neid, Machtstreben und Kampf aufbaue, sondern auf Vernunft, Frömmigkeit und Liebe[64]. Zum Schluß kommt er glücklich zu der Empfehlung einer Monarchie, die sich auf einen starken religiösen Glauben stütze[65].

Ein Schüler eines Schülers von al-Farabi gründete um 970 in Bagdad einen Gelehrtenverband zur Erörterung philosophischer Probleme; der Verein ist uns nur nach dem Herkunftsort seines Gründers als Sidschistanigesellschaft bekannt. Keines der Mitglieder wurde nach seiner völkischen Herkunft oder seiner Religionszugehörigkeit gefragt. Der Verein scheint sich mit Logik und Erkenntnistheorie erstickt zu haben, seine Existenz zeigt aber doch, daß in der Hauptstadt weiterhin geistige Strömungen bestanden. Von größerer Schwungkraft und Bedeutung war eine gleichartige, aber geheime Brüderschaft von Wissenschaftlern und Philosophen, die in Basra um 983 gegründet wurde. Diese «Brüder der Lauterkeit» oder Reinheit *(Ichwan al-Safa)* waren über die Schwächung des Kalifates, die Armut des Volkes und den Sittenzerfall entsetzt; sie strebten nach einer sittlichen, geistigen und politischen Erneuerung des Islam und meinten diese Erneuerung von einem Gemisch aus griechischer Philosophie, christlicher Ethik, sufistischem Mystizismus, schiitischer Politik und muselmanischem Recht ausgehen lassen zu können. Freundschaft war in ihren Augen das Zusammenwirken von Fähigkeiten und Tugenden, bei dem jeder der Gemeinschaft eine Qualität beisteuerte, die die andern vermissen ließen und benötigten; in der Zusammenarbeit der Geister mußte man nach ihrer Ansicht schneller der Wahrheit nahekommen, als mit individuellem Denken. Darum trafen sie sich im Verborgenen, besprachen in schöner Freiheit, Vorurteilslosigkeit und Zuvorkommenheit alle Grundprobleme des Lebens und gaben schließlich 51 Abhandlungen heraus, die als ihr wohlüberlegtes in Gemeinschaftsarbeit entstandenes Sammelwerk auf dem Gebiete von Wissenschaft, Religion und Philosophie zu gelten hatten. Ein spanischer Muselmane, der um das Jahr 1000 den Vorderen Orient bereiste, fand Gefallen an ihnen und bewahrte sie der Nachwelt auf.

Auf diesen 1134 Seiten finden wir wissenschaftliche Erklärungen für die Gezeiten, Erdbeben, Sonnenfinsternisse, Tonwellen und viele andere Naturerscheinungen, volle Billigung von Astrologie und Alchimie und ein gelegentliches Liebäugeln mit Magie und Zahlenmystik. Die Theologie ist, wie bei fast allen muselmanischen Denkern, gnostisch und neoplatonistisch ausgerichtet: Vom Urgrund, Gott, emaniere die wirkende Verstandeskraft (Logos, Vernunft), von der die Welt der Körper und Seelen ausgehe. Alle stofflichen Dinge würden von der Seele gebildet und wirkten durch die Seele. Jede Seele sei ruhelos, bis sie wieder in die wirkende Verstandeskraft, die Weltseele, eingehe. Diese Vereinigung erfordere die absolute Reinheit der Seele; die Ethik sei die Kunst, diese Reinheit zu erlangen; Wissenschaft, Philosophie und Religion seien Mittel zu dieser Läuterung. Auf der Suche nach Reinheit müßten wir uns die geistige Hingabe des Sokrates, die allumfassende Liebe Christi und den demütigen Seelenadel des Ali zum Vorbild nehmen. Sobald der Geist sich durch Wissen zur Freiheit durchgerungen habe, sollte er sich imstande fühlen, «die rohe Ausdrucksweise des Korans, die dem Verständnis eines unzivilisierten Wüstenvolkes angepaßt ist»[66] – eine heftige persische Entgegnung auf den arabischen Hochmut –, mittels der allegorischen Betrachtungsweise neu auszulegen und dadurch mit der Philosophie in Übereinstimmung zu bringen. Alles in allem bilden diese 51 Traktate den vollständigsten und folgerichtigsten Niederschlag des muselmanischen Denkens der Abbasidenzeit. Die Führer der Strenggläubigen in Bagdad verbrannten sie als ketzerische Werke (1150), sie blieben deswegen aber doch im Umlauf und übten einen durchdringenden Einfluß auf die muselmanische und jüdische Philosophie aus – auf al-Ghazzali und Averroes, ibn Gabirol und Jehuda Halevi[67], den Philosophendichter al-Ma'arri und vielleicht auch auf den Mann, der in seinem kurzen Leben in Umfang und Tiefe mit dieser gemeinschaftlichen Zusammenschau wetteiferte und sie an vernunftsgemäßem Denken noch übertraf.

Denn Ibn Sina – Avicenna – begnügte sich nicht damit, ein Wissenschaftler und weltberühmter medizinischer Fachgelehrter zu sein; zweifellos war es ihm klar, daß ein Wissenschaftler nur durch die Philosophie zur vollen Abrundung kommt. Nach seinem eigenen Bericht las er die *Metaphysik* des Aristoteles vierzigmal, ohne sie zu verstehen; als al-Farabis Kommentar ihm dann zum Verständnis des Buches verhalf, war er so von Freude erfüllt, daß er auf die Straße stürzte und Almosen verteilte[68]. Bis zum Schluß blieb Aristoteles in der Philosophie sein Ideal; bereits im *Qanun* gab er ihm die Bezeichnung «der Philosoph», die im lateinischen Schrifttum zu einem Synonym für Aristoteles werden sollte. Seiner eigenen Philosophie gab er eine eingehende Darstellung im *Kitab al-Schifa* und später eine zusammenfassende im *Nadschat*. Er hatte einen feinen Sinn für logisches Denken und legte großen Wert auf genaue Abgrenzungen. Auf die Frage, ob die Universalien, die allgemeinen Vorstellungen *(Mensch, Tugend, Rote)*, von den Einzeldingen getrennt existierten, hatte er die klassische Antwort des Mittelalters bereit: Die Universalien existieren (1) *ante res*, «vor den Dingen», im Geiste Gottes als platonische Urbilder, nach denen die Dinge geschaffen sind; (2) *in rebus*, «in den Dingen», in denen sie sich zeigen oder sichtbar werden, und (3) *post res*, «nach den Dingen», als abstrakte, abstrahierte Ideen im menschlichen Geiste; in der Naturwelt existierten die Universalien jedoch nicht von den Einzeldingen losgelöst. Abälard und Thomas von Aquin gaben, ein unruhevolles Jahrhundert später, die gleiche Antwort.

Tatsächlich ist Avicennas Metaphysik so etwas wie eine Zusammenfassung dessen, was zwei Jahrhunderte nach ihm die lateinischen Denker als scholastische Philosophie in feste Form gießen sollten. Er beginnt mit einer fleißigen Darstellung der Ansichten von Aristoteles und al-Farabi über Materie und Form, die vier Ursachen, das nicht Notwendige und das Notwendige, das Viele und das Eine, und müht sich um die Lösung des Rätsels, wie das zufällige und veränderliche Viele – die Vielfalt der vergänglichen Dinge – je von dem notwendigen und unveränderlichen Einen habe ausgehen können. Wie Plotin meint er das

Problem zu lösen, indem er eine vermittelnde wirkende Verstandeskraft annimmt, die als die Seele an der himmlischen, stofflichen und menschlichen Welt teilhat. Da es ihm einige Schwierigkeit bereitet, den Übergang Gottes von der Nichtschöpfung zur Schöpfung mit der göttlichen Unveränderlichkeit in Einklang zu bringen, folgt er Aristoteles in dem Vorschlag, an die Ewigkeit der stofflichen Welt zu glauben; da er aber weiß, daß diese Ansicht den *mutakallimun* mißfallen wird, bietet er ihnen einen Kompromiß mit einer beliebten scholastischen Unterscheidung: Gott sei nicht zeitlich, sondern logisch vor der Welt, das heißt in Stellung und Wesenhaftigkeit und Ursache: Die Existenz der Welt hänge zu jedem Zeitpunkt von der Existenz ihrer erhaltenden Kraft, nämlich Gott, ab. Avicenna gesteht zu, daß alle Wesenheiten mit Ausnahme Gottes nicht notwendig seien, das heißt, daß ihre Existenz weder unvermeidlich noch unerläßlich sei. Da solche nicht notwendigen Dinge eine Ursache ihrer Existenz voraussetzten, könne man sie nur damit erklären, daß man in der Kette der Ursachen auf ein notwendiges Wesen zurückkehre, dessen Wesenhaftigkeit oder Bedeutung die Existenz einschließe, ein Wesen, dessen Existenz man voraussetzen müsse, um jede andere Existenz erklären zu können. Gott sei das einzige Wesen, das aus seiner eigenen Wesenhaftigkeit heraus existiere; es sei wesenhaft notwendig, daß er existiere, denn ohne diese erste Ursache könne nichts Seiendes in Existenz getreten sein. Da jede Materie nicht notwendig sei, ihr Wesen die Existenz nicht einschließe, könne Gott nicht materiell sein. Aus gleichen Gründen müsse er einfach und einzig sein. Da erschaffene Dinge vernunftbegabt seien, müsse ihr Schöpfer vernunftbegabt sein. Die höchste Verstandeskraft sehe alle Dinge der Vergangenheit, Gegenwart und Zukunft nicht in zeitlicher Abfolge, sondern auf einmal; ihr Vorkommen sei das zeitliche Ergebnis seines zeitlosen Denkens. Gott verursache aber nicht jede Handlung oder jedes Ereignis unmittelbar; die Dinge entwickelten sich nach einer inneren Zweckbestimmtheit, ihr Zweck und ihr Schicksal sei ihnen selbst eingeprägt. Darum sei Gott für das Böse nicht verantwortlich; das Böse sei der Preis, den wir für die Willensfreiheit zahlten, und das Böse des Teiles könne das Gute des Ganzen sein[69].

Die Existenz der Seele werde durch unsere tiefstinnere Wahrnehmung bestätigt. Die Seele sei geistig aus dem gleichem Grunde: Wir nähmen sie ganz einfach so wahr; unsere Vorstellungswelt sei deutlich von unseren Organen unterschieden. Die Seele sei das Prinzip der Eigenbewegung und des Wachstums in einem Körper; in diesem Sinne besäßen auch die himmlischen Sphären eine Seele; «der gesamte Kosmos ist die Manifestation eines universalen Lebensprinzipes»[70]. Für sich allein könne ein Körper nichts verursachen; der Urheber jeder Bewegung sei die inhärente Seele. Jede Seele oder Geisteskraft sei in gewissem Umfange mit einer Freiheit und Schöpferkraft ausgestattet, die derjenigen des ersten Urhebers verwandt sei, da sie ja eine Emanation dieses Urhebers sei. Nach dem Tode vereine sich die reine Seele wieder mit der Weltseele; in dieser Vereinigung liege die Seligkeit der Guten[71].

Avicenna brachte es nicht weniger als andere auch zuwege, den Glauben des Volkes mit den Gedankengängen der Philosophen in Einklang zu bringen. Er wollte weder die Religion um der Philosophie willen zerstören, wie Lucretius, noch die Philosophie um der Religion willen, wie al-Ghazzali im folgenden Jahrhundert. Er geht alle Probleme nur mit der

Vernunft an, macht sich vom Koran ganz unabhängig und nimmt eine naturalistische Zergliederung der Inspiration vor[72]; er bestätigt aber doch, daß das Volk Propheten brauche, welche ihm die Sittengesetze in allgemeinverständlichen und wirkungsvollen Sätzen und Gleichungen darlegten; so verstanden, als Person, die die Grundlagen der gesellschaftlichen und sittlichen Entwicklung legt, sei der Prophet ein Gottgesandter[73]. In diesem Sinne habe Mohammed die Wiederauferstehung des Fleisches gepredigt und das Paradies manchmal in irdisch-stofflichen Bildern dargestellt; der Philosoph werde die Wiederauferstehung des Fleisches bezweifeln, aber anerkennen, daß Mohammed das Gehör des Volkes nicht gefunden haben würde, wenn er von einem rein geistigen Himmel gesprochen hätte, so daß das Volk nicht zu einer geeinten und mächtigen Nation zusammengefaßt worden wäre. Diejenigen Menschen stünden am höchsten, die Gott mit einer geistigen Liebe verehren könnten und weder Hoffnung noch Furcht hätten; diese Menschen würden aber ihre Haltung nur ihren reifsten Schülern offenbaren, nie der großen Menge[74].

Avicennas *Schifa* und *Qanun* zeigen den Gipfelpunkt des mittelalterlichen Denkens an und gehören zu den bedeutendsten Werken der Zusammenschau der Menschheitsgeschichte. In vielem folgten sie der Führung des Aristoteles und des al-Farabi, wie auch Aristoteles Platons Führung gefolgt war; nur Irrsinnige können völlig neuschöpferisch sein. Avicenna bringt manchmal Dinge vor, die unserem fehlbaren Urteil als unsinnig erscheinen; das gilt aber auch von Aristoteles und Platon; nichts kann so närrisch sein, daß man es nicht bei den Philosophen finden könnte. Avicenna läßt das offene Eingeständnis der Ungewißheit, den kritischen Sinn und den immer offenen Geist eines al-Biruni vermissen und irrt viel häufiger als dieser; die Zusammenschau kommt um diesen Preis nicht herum, solange das Leben von kurzer Dauer ist. Er übertraf seine Rivalen in der Klarheit und Lebendigkeit seines Stiles, in der Fähigkeit, abstrakte Gedankengänge mit erläuternden Anekdoten und verzeihlicher Dichtung zu vergegenständlichen und zu beleben, und in der unübertroffenen Weite und Vielfalt seines wissenschaftlichen und philosophischen Werkes. Sein Einfluß war gewaltig: Er reichte bis Spanien, wo er Averroes und Maimonides formte, und bis in das lateinische Christentum, wo er den großen Scholastikern Hilfsstellung leistete; es ist erstaunlich, wie viel sich bei Albertus Magnus und Thomas von Aquin auf Avicenna zurückführen läßt. Roger Bacon nannte ihn den «bedeutendsten Philosophen nach Aristoteles»[75]; und bei Thomas von Aquin ist es nicht nur die Liebenswürdigkeit, die wir an ihm gewohnt sind, wenn er von Avicenna mit gleicher Hochachtung spricht wie von Platon[76].

Im Osten starb die arabische Philosophie mit Avicenna fast gänzlich aus. Bald nach seiner Gipfelleistung setzten die nachdrückliche Strenggläubigkeit der Seldschuken, der ängstliche Fideismus der Theologen, der sieghafte Mystizismus des al-Ghazzali dem spekulativen Denken unüberwindliche Schranken. Es ist sehr bedauerlich, daß wir diese drei Jahrhunderte (750–1050) der arabischen Blütezeit so unvollständig kennen. Tausende arabischer Handschriften in Wissenschaft, Literatur und Philosophie liegen in den Bibliotheken des muselmanischen Bereiches verborgen: Allein in Konstantinopel gibt es dreißig Moscheen mit Büchereien, deren Reichtum kaum berührt worden ist; in Kairo, Damaskus, Mosul, Bagdad, Delhi sind große Büchersammlungen noch nicht einmal katalogisiert; eine gewaltige Bibliothek im Escorial bei Madrid hat kaum eben ein Verzeichnis ihres Bestandes an wissenschaftlichen, literarischen, juristischen und philosophischen Handschriften angefertigt[77]. Was wir vom muselmanischen Denken dieser Jahrhunderte wissen, ist lediglich ein Bruchteil des Erhaltenen, das Erhaltene ein Bruchteil des Geschaffenen; die Darstellung in diesem Buche ist nichts als ein Bröcklein eines Bruchteiles eines Fragmentes. Sobald wissenschaftliche Untersuchungen dieses halb in Vergessenheit geratene Vermächtnis einmal gründlicher überprüft haben werden, wird das zehnte Jahrhundert im östlichen Islam wahrscheinlich zu den goldenen Zeitaltern der Geistesgeschichte zählen.

V. MYSTIK UND KETZEREI

An ihrem Gipfelpunkt treffen sich Philosophie und Religion in dem Sinne und der Absicht der All-Einheit. Die von Logik unberührte Seele, zu flügellahm für den metaphysischen Flug von der Vielheit zur Einheit, von der Zufälligkeit zur Gesetzlichkeit, konnte zu dieser Vision durch das mystische Aufgehen des getrennten Selbstes in die Weltseele kommen. Und wo Wissenschaft und Philosophie versagten, wo die kurze und endliche Vernunft des Menschen angesichts des Unendlichen schwankte und blind wurde, da konnte der Glaube immer noch durch asketische Disziplin, selbstlose Hingabe und die bedingungslose Kapitulation des Teiles vor dem Ganzen zu den Füßen Gottes emporsteigen.

Die Mystik der Muselmanen hatte viele Wurzeln: die Askese der indischen Fakire, den Gnostizismus Ägyptens und Syriens, die neoplatonischen Spekulationen der späteren Griechen und das allgegenwärtige Vorbild der asketischen christlichen Mönche. Wie im Christentum, so protestierte auch im Islam eine fromme Minderheit gegen jede Anpassung der Religion an die Interessen und Praktiken des Wirtschaftslebens; sie beklagte sich über das Luxusleben der Kalifen, Wesire und Kaufleute und befürwortete die Rückkehr zu der Einfachheit eines Abu Bekr und Omar I. Sie wollte nichts von einem Vermittler zur Gottheit wissen; selbst das strenge Ritual der Moschee schien ihr ein Hindernis zu sein, das ihr das Erreichen des mystischen Zustandes verwehrte, in welchem die Seele, von allem Irdischen befreit, nicht nur zur beseligenden Schau, sondern zur Einheit mit Gott aufsteigt. Die Bewegung hatte die meisten Anhänger in Persien, vielleicht wegen der Nähe Indiens, durch den christlichen Einfluß in Dschund-i-Schapur und durch neoplatonistische Traditionen, die von den im Jahre 529 aus Athen nach Persien geflüchteten griechischen Philosophen stammten. Die meisten muselmanischen Mystiker nannten sich Sufis nach dem einfachen Wollgewand *(suf)*, das sie trugen; diese Bezeichnung umfaßte aber ehrlich Begeisterte, exaltierte Poeten, Pantheisten, Asketen, Scharlatane und Männer mit vielen Frauen. Ihre Lehre nahm von Zeit zu Zeit und von Straße zu Straße ein anderes Aussehen an. Nach Averroes behaupteten die Sufis, das Wissen um Gott finde sich in unserem eigenen Herzen, wenn alle körperlichen Begierden abgestreift seien und der Geist sich auf das erstrebte Objekt konzentriere[78]. Viele Sufis versuchten aber auch durch äußere Objekte zu Gott zu gelangen; jede Vollkommenheit und Schönheit in Dingen sei der Gegenwart oder Wirksamkeit des Göttlichen in ihnen zu verdanken. «O Gott», sagt ein Mystiker, «nie lausche ich dem Ruf der Tiere, dem Rauschen der Bäume, dem Murmeln des Wassers, dem Liede der Vögel oder dem Brausen des Windes oder dem Krachen des Donners, ohne darin den Beweis deiner Einheitlichkeit und ein Zeichen, daß nichts dir gleichkommet, zu spüren[79].» In Wahrheit, so meint der Mystiker, existierten diese Dinge nur durch die Gotteskraft in ihnen; ihre einzige Wirklichkeit sei die ihnen unterliegende Göttlichkeit. Darum sei Gott alles; nicht nur gebe es keinen anderen Gott außer Allah, es gebe überhaupt kein Wesen außer Gott[80]. Infolgedessen sei jede Seele Gott, und der vollblütige Mystiker behauptet ohne jede Scheu: «Gott und ich sind eins.» «Wahrlich ich bin Gott», sagt Abu Yezid (um 900); «es gibt keinen Gott außer mir; bete mich an[81].» «Ich bin der, den ich liebe», sagt Husein al-Halladsch ; «und der, den ich liebe, bin ich. ... Ich bin es, der Noahs Volk ertränkte. ... Ich bin die Wahrheit[82].» Halladsch wurde wegen des Übermaßes gefangengesetzt, erhielt tausend Peitschenhiebe und wurde auf dem Scheiterhaufen verbrannt (922). Seine Anhänger behaupten, ihn auch nach dieser Unterbrechung gesehen und gesprochen zu haben, und viele Sufis machten ihn zu ihrem Lieblingsheiligen.

Die Sufis waren wie die Inder des Glaubens, daß zur mystischen Offenbarung Gottes eine Disziplinierung notwendig sei: läuternde Übungen in Frömmigkeit, Meditation und Gebet; der bedingungslose Gehorsam des Novizen gegenüber dem sufistischen Meister oder Lehrer und die völlige Preisgabe jedes persönlichen Strebens, sogar des Strebens nach Erlösung und mystischer Vereinigung. Der vollkommene Sufi liebt Gott um Gottes willen, nicht um einer Belohnung willen; «der Geber ist für dich besser als die Gabe», sagt Abu'l-Qasim[83]. Gewöhnlich sah der Sufi allerdings in seiner Disziplin ein Mittel, zur wahren Kenntnis der Dinge zu gelangen, manchmal auch eine Lehre, die zu einer gewissen wunderbaren Macht über die Natur führte, fast immer aber einen Weg zur Vereinigung mit Gott. Wer in einer solchen Vereinigung sein individuelles Ich vollständig vergaß, wurde *al-insanu-l-Kamil* – der vollkommene Mensch – genannt[84]. Ein solcher Mensch stand nach dem Glauben der Sufis über allen Gesetzen, selbst über der Verpflichtung zur Pilgerfahrt. Ein sufistischer Vers sagt aus: «Aller Augen wenden sich der Kaaba zu, die unseren aber zum Antlitz des Vielgeliebten[85].»

Bis zur Mitte des elften Jahrhunderts behielten die Sufis ihren Wohnsitz in der Welt, oft bei ihrer Familie und mit ihren Kindern; selbst die Sufis legten der Ehelosigkeit nur einen geringen moralischen Wert bei. «Der wahre Heilige», sagt Abu Said, «geht bei den Menschen ein und aus, ißt und schläft bei ihnen, kauft und verkauft auf dem Markt, heiratet und nimmt am gesellschaftlichen Leben teil und läßt doch keinen Augenblick Gott aus seinem Sinnen[86].» Solche Sufis unterschieden sich von anderen Menschen lediglich in der Einfachheit ihrer Lebenshaltung, in ihrer Frömmigkeit und ihrem Quietismus, ganz in der Art der frühen Quäker; manchmal scharten sie sich um irgendeinen heiligen Lehrer oder ein erhabenes Vorbild oder trafen sich mit anderen in gemeinsamem Gebet und zur gegenseitigen Aufmunterung in der Frömmigkeit; bereits im zehnten Jahrhundert nahmen die seltsamen Derwischtänze Gestalt an, die im späteren Sufismus eine so hervorragende Rolle spielen sollten. Einige wenige wurden Klausner und kasteiten sich, die Askese war aber in dieser Zeit eine seltene und allgemein mißbilligte Übung. Heilige waren dem Islam anfangs ganz unbekannt gewesen, im Sufismus gab es ihrer aber viele. Eine der ersten Heiligen war

Rabia al-Adawiyya in Basra (717–801). Sie war als junges Mädchen als Sklavin verkauft, aber dann freigelassen worden, weil ihr Besitzer einen Schein über ihr bemerkte, wenn sie betete. Sie wollte nicht heiraten, sondern lebte ein Leben der Selbstverleugnung und Nächstenliebe. Auf die Frage, ob sie den Satan hasse, antwortete sie: «Meine Liebe zu Gott ist so groß, daß kein Platz für den Haß gegen den Satan mehr bleibt.» Die Überlieferung schreibt einen berühmten sufistischen Ausspruch ihr zu: «Oh Gott! Gib deinen Feinden, was du mir an weltlichen Gütern zugedacht, und deinen Freunden, was du mir im künftigen Leben bestimmt; denn du selbst bist mir genug[87].»

Nehmen wir, als Beispiel für viele Sufis, den Heiligen und Dichter Abu Said ibn Abi'l-Chayr (967–1049). In Mayhana in Chorasan geboren, kannte er den Avicenna; er soll von dem Philosophen gesagt haben: «Was ich sehe, das weiß er», und der Philosoph von ihm: «Was ich weiß, das sieht er[88].» In seiner Jugend schätzte er die weltliche Literatur hoch ein; er behauptet, dreißigtausend Verse vorislamischer Dichtung auswendig gelernt zu haben. Eines Tages, er war damals 26 Jahre alt, hörte er sich einen Vortrag von Abu Ali an, der sich als Text den neunten Vers der sechsten Sure des Korans gewählt hatte: «Sage Allah! und überlasse sie ihrem eitlen Geschwätz.» «Im Augenblicke, da ich dieses Wort hörte», berichtet Abu Said, «öffnete sich ein Tor in meiner Brust, und ich geriet in Verzückung.» Er trug seine Bücher zusammen und übergab sie den Flammen. «Der erste Schritt im Sufismus», pflegte er zu sagen, «besteht im Zerbrechen von Tintenfässern, im Zerreißen von Büchern, im Vergessen jeglichen Wissens.» Er zog sich in eine Nische seiner Hauskapelle zurück; «dort saß ich sieben Jahre und sprach beständig ‚Allah! Allah! Allah!'»; diese Wiederholung des heiligen Namens war bei den muselmanischen Mystikern ein beliebtes Mittel zur *fana*, der «Entselbstung». Er übte Askese in verschiedener Art, trug ständig das gleiche Hemd auf dem Leibe, sprach nur in der größten Not, nahm vor Sonnenuntergang keine Speise zu sich und danach nicht mehr als ein Stück Brot, legte sich nie zum Schlafen nieder, machte in die Wand seiner Nische eine Ausbuchtung, die gerade genug Platz bot, um darin zu stehen, schloß sich oft darin ein und verstopfte sich die Ohren, damit kein Ton an ihn käme. Manchmal ließ er sich bei Nacht an einem Seil kopfüber in einen Brunnen hinab und sagte in dieser Haltung den ganzen Koran auf – wenn wir dem Zeugnis seines Vaters Glauben schenken dürfen. Anderen Sufis diente er als Knecht, bettelte für sie und reinigte ihre Zellen und Aborte. «Einmal, als ich in der Moschee saß, ging eine Frau auf das Dach hinauf und bespritzte mich mit Unrat; und doch vernahm ich eine Stimme, die da sagte, ‚ist dein Herr dir nicht Genüge?'» Mit vierzig Jahren kam «die vollkommene Erleuchtung» über ihn, er begann zu predigen und fand hingerissene Zuhörer; nach seiner Darstellung sollen Anhänger sich das Gesicht mit dem Dung seines Esels bestrichen haben, «um einer Segnung teilhaftig zu werden»[89]. Er prägte dem Sufismus seinen Stempel mit der Gründung eines Derwischklosters auf, dem er Regeln setzte, die in späteren Jahrhunderten gleichartigen Einrichtungen das Vorbild gaben.

Gleich Augustin lehrte auch Abu Said, daß nur Gottes Gnade, nicht die guten Werke des Menschen, die Erlösung bringen würde; die Erlösung stellte er sich aber als eine geistige Freiwerdung vor, die nichts mit einem Himmel zu tun hatte. Gott eröffne dem Menschen ein Tor nach dem anderen. Zuerst das Tor der Reue, dann das Tor der Gewißheit, so daß er Beschimpfungen auf sich nimmt und die Erniedrigung erträgt und gewißlich weiß, von wem sie ihm auferlegt sind ... Sodann öffnet Gott ihm das Tor der Liebe; aber immer noch denkt er: «Ich liebe.» ... Sodann öffnet Gott ihm das Tor der Einheit ... und da sieht er, daß alles Er ist und alles von Ihm ... er erkennt, daß er nicht rechtens sagen kann «ich» oder «mein» ... die Begierden fallen von ihm ab, und er wird frei und ruhig ... Nie wirst du deinem Selbst entrinnen, wenn du es nicht vernichtest. Dein Selbst, das dich von Gott fernhält und das da sagt «der und der hat mich schlecht behandelt ... der und der hat mir Gutes getan» – all das ist Vielgötterei; nichts hängt von den Geschöpfen ab, alles vom Schöpfer. Das mußt du wissen; und wenn du es gesagt hast, mußt du fest bleiben ... Fest bleiben heißt das: Wenn du einmal «eins» gesagt hast, darfst du nie mehr «zwei» sagen ... Sage «Allah!» und bleibe fest dabei.[90]

Die gleiche indisch-emersonische Lehre zeigt sich in einem der vielen Vierzeiler, die dem Abu Said zugeschrieben werden:

«Was ist wohl deine Pracht?» frug ich. Und er
entgegnete: «Die Pracht ist mein, denn nichts ist außer mir.
Die Liebe bin ich, der Geliebte und der Liebende,
die Pracht, der Spiegel und das Augenlicht.»[91]

Da es keine Kirche gab, die solche Heroen der Verzückung kanonisiert hätte, erhielten sie die unzeremonielle Heiligsprechung durch den Zuruf des Volkes; im zwölften Jahrhundert fand die ablehnende Haltung des Korans gegenüber der Heiligenverehrung als einer Ausprägung des Götzendienstes keine Beachtung mehr bei dem Volke, das seinen natürlichen Gefühlen nachlebte. Ein früher Heiliger war Ibrahim ibn Adham (achtes Jahrhundert?), der Abou ben Adhem von Leigh Hunt. Die Einbildungskraft des Volkes schrieb diesen Heiligen Wunderkräfte zu: Sie waren mit den Geheimnissen des Hellsehens, des Gedankenlesens und der Telepathie vertraut; sie konnten Feuer und Glas schlucken, ohne daß ihnen ein Leid geschah, auf dem Wasser gehen, durch die Luft fliegen, in einem Augenblick große Strecken zurücklegen. Abu Said berichtet von Großtaten im Gedankenlesen, die denjenigen der heutigen Mythographie in nichts nachstehen[92]. Tag um Tag erfährt die Religion, die von einigen Philosophen für Priesterwerk gehalten wird, eine Umbildung durch die Bedürfnisse, Gefühle und Einbildungen des Volkes, und der Monotheismus der Propheten wird zum Polytheismus der breiten Masse.

Der strenggläubige Islam nahm den Sufismus in seinen Schoß auf und gewährte ihm eine beträchtliche Ausdrucks- und Glaubensfreiheit. Diese kluge Politik wurde aber gegenüber Häresien, die eine revolutionäre politische Richtung verbargen oder in Sitte und Recht einem Anarchismus das Wort redeten, nicht befolgt. Von vielen halb religiösen, halb politischen Aufständen war der folgenschwerste der «Ismaila»-Aufstand. Wie erinnerlich, stand nach der schiitischen Lehre jeder Generation der Nachkommen des Ali bis zur zwölften eine göttliche Inkarnation, ein Imam, vor, und jeder Imam ernannte seinen Nachfolger. Der sechste, Dschafar al-Sadiq, bestimmte seinen ältesten Sohn Ismail zur Nachfolgerschaft; Ismail soll sich dem Trunk ergeben haben; Dschafar widerrief seine Ernennung und wählte einen anderen Sohn, Musa, als Imam (um 760). Einige Schiiten betrachteten die Ernennung des Ismail für unwiderruflich und ehrten ihn oder seinen Sohn Muhammad als siebenten und letzten Imam. Ein Jahrhundert lang waren diese «Ismailiten» weiter nichts als eine unbedeutende Sekte; dann aber machte sich Abdallah ibn Qaddah zu ihrem Führer und schickte Missionare aus, die Lehre der «Siebener» im ganzen Islam zu verbreiten. Vor der Aufnahme in die Sekte mußte der Initiant einen Eid ablegen, daß er das Geheimnis wahren und dem Dai-d-Duat, dem Großmeister des Ordens, unbedingten Gehorsam leisten werde. Die Lehre umfaßte einen exoterischen und einen esoterischen Teil: Der Bekehrte erfuhr, daß nach dem Durchgang durch neun Initiationsstufen alle Schleier von seinen Augen fallen würden; dann würde ihm die Geheimlehre (daß Gott alles ist) offenbar werden; damit sei er dann über jedes Glaubensbekenntnis und jedes Gesetz erhaben. Auf der achten Stufe der Initiation wurde der Bekehrte belehrt, daß man über das höchste Wesen nichts wissen könne und daß ein Kult dieses Wesens nicht möglich sei[93]. Viele Menschen, die noch alten kommunistischen Bewegungen anhingen, fühlten sich zu der Ismailisekte hingezogen, weil sie die Erwartung hegte, ein Mahdi, ein Erlöser werde kommen, der auf der Erde eine Herrschaft der Gleichheit, Gerechtigkeit und Brüderlichkeit errichten werde. Diese bemerkenswerte Brüderschaft wurde mit der Zeit zu einer Macht im Islam. Sie gewann Nordafrika und Ägypten für sich und begründete die Fatimidendynastie, und gegen Ende des neunten Jahrhunderts führte sie zum Entstehen einer Bewegung, die dem Abbasidenkalifat beinahe das Ende gebracht hätte.

Als Abdallah ibn Qaddah im Jahre 874 starb, wurde ein irakischer Bauer namens Hamdan ibn al-Aschrath, allgemein unter dem Namen Qarmat bekannt, das Haupt der Ismailisekte, und verlieh ihr eine derartige Kraft, daß sie nach ihm den Namen Qaramita erhielt. In der Absicht, die Araber zu überwältigen und das Persische Reich wiederherzustellen, rief er insgeheim Tausende von Anhängern zu den Fahnen und bewog sie, ein Fünftel ihres Besitzes und Einkommens an einen gemeinsamen Fonds abzugeben. Wiederum drang ein Stück Sozialrevolution in eine Bewegung ein, die offensichtlich eine Art mystischer Religion war: Die Karmathier verfochten einen Kommunismus sowohl des Besitzes als auch der Frauen[94], faßten die Werktätigen in Zünften zusammen, predigten eine allgemeine Gleichheit und befleißigten sich einer allegorischen freidenkerischen Auslegung des Korans. Sie ließen die von der Strenggläubigkeit vorgeschriebenen Riten und Fasten unbeachtet und lachten über die «Esel», welche Heiligtümer und Steine verehrten[95]. Im Jahre 899 gründeten sie ein unabhängiges Staatswesen an der Westküste des Persischen Golfes; im Jahre 900 schlugen sie das Heer des Kalifen so vernichtend, daß kaum ein Mann am Leben blieb; 902 durchzogen sie plündernd Syrien bis vor die Tore von Damaskus; 924 plünderten sie Basra, dann Kufa; 930 plünderten sie Mekka, erschlugen 30000 Muselmanen und schleppten reiche Beute mit sich, darunter den Behang der Kaaba und den Schwarzen Stein selbst*. Die Bewegung erschöpfte sich in Erfolgen und Exzessen selbst; Bürger schlossen sich zusammen, um der Bedrohung von Besitz und Ordnung entgegenzutreten; ihre Lehren und ihre gewaltsame Art ging aber im nächsten Jahrhundert an die Ismaili von Alamut – die haschischberauschten Assassinen – über.

---

* Sie wurden auf Befehl des Fatimidenkalifen al-Mansur im Jahre 951 an die Kaaba zurückerstattet.

VI. DIE LITERATUR

Im Islam waren das Leben und die Religion dramatisch bewegt, die Literatur besaß aber kein Drama; offenbar ist es eine dem semitischen Geiste fremde Dichtform. Und wie bei anderer mittelalterlicher Literatur gab es auch hier keinen Roman. Die meisten schriftstellerischen Erzeugnisse wurden mit dem Ohr aufgenommen und nicht leise gelesen, und wer an Erdichtetem Freude hatte, brachte nicht die Konzentration auf, die für eine verwickelte und fortdauernde Erzählung notwendig ist. Kurzgeschichten waren so alt wie der Islam oder wie Adam; die einfacheren Muselmanen lauschten ihnen mit der Hingerissenheit und Unersättlichkeit von Kindern, die Gelehrten zählten sie aber nicht zur Literatur. Die beliebtesten Geschichten waren die *Fabeln* des Bidpai und *Tausendundeine Nacht*. Die *Fabeln* waren im sechsten Jahrhundert aus Indien nach Persien gekommen, ins Pahlavi und von diesem im achten Jahrhundert ins Arabische übersetzt worden. Das Sanskritoriginal ging verloren, die arabische Übersetzung blieb erhalten und wurde in vierzig Sprachen übertragen.

Al-Masudi (Todesjahr 597) berichtet in seinen *Goldenen Matten*[96] von einem persischen Buch *Hazar Afsana*, *Tausend Erzählungen*, und von dessen arabischer Übersetzung, *Alf Laylah wa Laylah*; soweit bekannt, ist dies die erste Erwähnung von *Tausendundeine Nacht*. Nach der Beschreibung des al-Masudi war die Anlage des Buches diejenige unserer Textfassung; in Indien war diese Art der Rahmenerzählung schon lange bekannt. Im Orient zirkulierten diese Märchen in großer Zahl; mehrere Sammlungen weichen in ihrer Auswahl voneinander ab, und wir können nicht mit Bestimmtheit sagen, ob auch nur eine Geschichte unserer heutigen Ausgaben in den Texten vorkam, die dem al-Masudi vorlagen. Kurz nach 1700 wurde ein unvollständiges arabisches Manuskript, das sich nicht über das Jahr 1536 zurückverfolgen läßt, von Syrien aus dem französischen Orientalisten Antoine Galland zugeschickt. Von der wunderlichen Phantasie, den Einblicken in die intimen Lebensgewohnheiten der Muselmanen und wohl auch der gelegentlichen Obszönität fasziniert, gab er 1704 in Paris die erste europäische Übersetzung – *Les mille et une nuits* – heraus. Das Buch hatte einen ungeahnten Erfolg; es wurde fast in jede europäische Sprache übertragen, und Kinder aller Völker und jeden Alters sprachen bald von Aladdins Wunderlampe, Sindbad dem Seefahrer und Ali Baba und den vierzig Räubern. Nächst der Bibel (die selbst aus dem Orient kommt) sind die *Fabeln* und *Tausendundeine Nacht* die meistgelesenen Bücher der Welt.

Die literarische Prosa ist im Islam eine Dichtgattung. Das arabische Temperament neigte zu starken Gefühlsregungen; persische Sitten verlangten eine gezierte Sprechweise, und die arabische Sprache, die damals beiden Völkern gemeinsam war, forderte durch die Gleichartigkeit ihrer Flexionsendungen zum Reimen heraus. Darum war die literarische Prosa meist gereimt; Prediger und Redner und Geschichtenerzähler bedienten sich der gereimten Prosa; Badi al-Hamadhani verwandte sie für seine berühmten *Maqamat (Versammlungen)* – Erzählungen von einem Vagabunden, die mit mehr Witz als Moral vor verschiedenen Menschenansammlungen vorgetragen wurden. Die Völker des Vorderen Orients waren Ohrenmenschen, wie überhaupt alle Menschen vor der Erfindung des Buchdrucks; die muselmanische Literatur war zumeist vorgetragene Dichtung oder Erzählung. Gedichte wurden zum lauten Vorlesen oder Singen gedichtet, und jeder Muselmane, ob Bauer oder Kalif, schenkte ihnen freudig Gehör. Wie im Japan der Samurai war fast jedermann ein Verseschmied; bei den Gebildeten war ein Spiel beliebt, das darin bestand, daß eine Person ein von einer anderen Person begonnenes Reimpaar oder eine Strophe vollendete; nicht minder beliebt waren Wettkämpfe im Stegreifdichten lyrischer oder epigrammatischer Poesie. Dichter wetteiferten im Erfinden verwickelter Versmaße oder Reime; viele legten neben dem Endreim noch einen Mittelreim ein; die arabische Poesie wurde von einem Reimwahn gepackt und beeinflußte das Hochkommen des Reimes in der europäischen Dichtkunst.

Wahrscheinlich kommt keine Zivilisation und keine Epoche – nicht einmal das China der Zeit von Li Po und Tu Fu oder das Weimar der Zeit, da es «hundert Bürger und zehntausend Dichter» hatte – dem Islam der Abbasidenzeit an Zahl und Wohlstand seiner Barden gleich. Abu'l-Faradsch von Isfahan (897–967) sammelte gegen Ende dieses Zeitraumes arabische Dichtungen und schrieb sie in seinem *Kitab al-Aghani (Buch der Lieder)* nieder. Von dessen Umfang – es umfaßt zwanzig Bände – kann man auf den Reichtum und die Vielfalt der arabischen Dichtung schließen. Dichter dienten als Propagandisten und wurden als todbringende Satiriker gefürchtet; reiche Leute kauften sich meterweise metrisches Lob, und Kalifen gaben Dichtern, die einen hübschen Vers auf sie zu schmieden verstanden oder den Ruhm ihrer Taten oder ihres Stammes feierten, hohe Stellungen und fette Sümmchen. Der Kalif Hischam, der sich ein Gedicht ins Gedächtnis zurückrufen wollte, ließ den Dichter Hammad kommen, der es glücklicherweise ganz aus dem Gedächtnis hersagen konnte; Hischam belohnte ihn mit zwei Sklavenmädchen und 50 000 Dinar[97]; einem Dichter wird diese Erzählung kaum glaubwürdig vorkommen. Die arabische Dichtung, die sich einst an Beduinen gerichtet hatte, wandte sich nun an Höfe und Paläste; sie wurde stark gekünstelt, feingeschliffen und nichtssagend, höfisch und unaufrichtig; es entstand daraus ein Kampf zwischen den Alten und den Neuen, bei dem die Kritiker anklagend bemerkten, daß es nur vor Mohammed große Dichter gegeben habe[98].

Liebe und Krieg schalteten nun die Religion als poetisches Thema aus. Die Dichtung der Araber (von den Persern gilt das nicht) war selten mystisch; sie schätzte den Kampf, die Leidenschaft und die Empfindung in ihren Liedern höher ein, und als das Jahrhundert der Eroberungen zu Ende ging, übertrumpfte Eva sowohl Mars als auch Allah als Triebkraft arabischer Dichtung. Die Dichter des Islam berauschten sich an der Schilderung der weiblichen Reize – ihres duftigen Haares, ihrer juwelengleichen Augen, ihrer Beerenlippen und silbernen Gliedmaßen. In den Wüsten und heiligen Städten Arabiens nahmen die Troubadourmotive Gestalt an; Dichter und Philosophen sahen im *adab* Ethik und Etikette der Liebe vereint; diese Überlieferung setzte sich über Ägypten und Nordafrika nach Sizilien und Spanien und von dort aus nach Italien und der Provence fort; und Herzen brachen in Reim und Rhythmus und in vielen Zungen.

Hasan ibn Hani zog sich mit seinen wallenden Locken den Namen Abu Nuwas – «Lockenvater» – zu. In Persien geboren, war er nach Bagdad gekommen, wo er die Gunst des Harun erwarb und mit diesem das eine oder andere Abenteuer erlebt haben mag, das ihnen in *Tausendundeiner Nacht* zugeschrieben wird. Er liebte Wein, Weib und seinen eigenen Gesang; kränkte den Kalifen, weil er zu stark auftrumpfte und seinen Unglauben und seine Zügellosigkeit zu offen zur Schau stellte, wurde oft ins Gefängnis geworfen und oft wieder freigelassen, kam langsam und stufenweise zur Tugendsamkeit und hatte schließlich überall einen Rosenkranz und den Koran bei sich. Den Bagdadern sagten aber die Hymnen am meisten zu, die er dem Wein und der Sünde geschrieben hatte:

O Suleiman, sing mir und bringe Wein,
und tränke mich mit schnell bereiter Hand ...
die Flasche stelle du mir gleich herein,
ergreif sie, fülle mir das Glas zum Rand;
den Muezzin zum Beten lasse schrein,
und gib zum Trost den Becher mir zur Hand.[99]

Auch die kleineren Höfe hatten ihre Hofpoeten, und Sayfu'l-Dawla gewährte einen Platz einem Manne, der in Europa fast unbekannt ist, bei den Arabern aber als ihr Bester gilt. Er hieß Ahmad ibn Husein, in der Erinnerung des Islam lebt er aber als al-Mutanabbi – «Anwärter auf die Prophetenschaft». Im Jahre 915 in Kufa geboren, studierte er in Damaskus, erklärte, er sei ein Prophet, wurde verhaftet und wieder freigelassen und ließ sich am Hofe von Aleppo nieder. Wie Abu Nuwas gestaltete er sich seine eigene Religion und unterließ es offenkundig, zu fasten, zu beten oder den Koran zu lesen[100]; wenn er auch schalt, daß das Leben seinen Ansprüchen nicht ganz zu genügen vermöge, liebte er es doch zu sehr, um an die Ewigkeit zu denken. Er feierte Sayfus Siege mit solchem Schwung und solcher Wortkunst, daß seine Gedichte bei den Arabern ebenso berühmt wie bei uns unübersetzbar sind. Ein Reimpaar erwies sich als todbringend für ihn:

Mich kennt das Roß, die Macht, das Schlachtrevier,
der Schlag, der Stoß, die Feder, das Papier.[101]

Von Räubern angegriffen, wollte er fliehen; sein Sklave erinnerte ihn zur unrechten Zeit an diese säbelraßlerischen Verse; al-Mutanabbi entschloß sich, ihnen nachzuleben, kämpfte, und starb an seinen Wunden (965)[102].

Acht Jahre später wurde der seltsamste arabische Dichter, Abu'l-'Ala al-Ma'arri in Ma'arratu bei Aleppo geboren. Als Vierjähriger verlor er durch Pocken das Augenlicht; er nahm aber doch das Studium auf, lernte in den Bibliotheken die Handschriften, die er liebte, auswendig, machte weite Reisen, um berühmten Meistern zu lauschen, und kehrte in sein Heimatdorf zurück. Während der nächsten fünfzehn Jahre betrug sein Jahreseinkommen nicht mehr als dreißig Dinar, die er außerdem noch mit einem Diener und einem Blindenführer zu teilen hatte; seine Gedichte trugen ihm Ruhm ein, da er aber keine Loblieder dichten wollte, verhungerte er beinahe. Im Jahre 1008 besuchte er Bagdad, wurde von Dichtern und Gelehrten hoch geehrt und eignete sich vielleicht bei den Freidenkern der Hauptstadt ein wenig von der Skepsis an, die seinen Dichtungen die Würze gibt. 1010 kehrte er nach al-Ma'arratu zurück, wurde reich, behielt aber bis zum Lebensende die einfache Lebensart des Weisen bei. Er war Vegetarier bis ins Extrem und mied nicht nur Fleisch und Geflügel, sondern auch Milch, Eier und Honig; es wäre ihm als Diebstahl erschienen, etwas Tierisches zu sich zu nehmen. Aus dem gleichen Grunde verwarf er auch den Gebrauch von Fellen, tadelte die Damen, weil sie Pelze trugen, und empfahl das Tragen von Holzschuhen[103]. Er starb im Alter von vierundachtzig Jahren, und ein getreuer Schüler berichtet, daß 180 Dichter an seinem Leichenzuge teilgenommen und 84 Gelehrte an seinem Grabe Nachrufe gesprochen hätten[104].

Bekannt ist er uns heute hauptsächlich durch seine 1592 Kurzgedichte, die *Luzumiyyat (Verpflichtungen)*. Statt sich wie seine Dichterkollegen mit Weib und Krieg zu befassen, behandelt al-Ma'arri kühn die grundlegendsten Probleme: Sollen wir der Offenbarung oder der Vernunft folgen? – Ist das Leben lebenswert? – Gibt es ein Leben nach dem Tode? – Existiert Gott? ... Immer wieder beteuert der Dichter seine Strenggläubigkeit; er gibt uns aber zu verstehen, daß das eine berechtigte Vorsichtsmaßregel gegen den Opfertod sei, der nicht ganz seinem Geschmack entspreche: «Ich erhebe meine Stimme, absurde Lügen zu verbreiten; sprech ich die Wahrheit, ist meine Flüsterstimme kaum vernehmbar[105].» Eine Ehrlichkeit, die nicht zu unterscheiden weiß, schätzt er nicht: «Zeig Schurken nicht, wes Religion du bist, du würdest dich damit nur ins Verderben stürzen[106].» In Tat und Wahrheit ist al-Ma'arri ein rationalistischer Agnostiker und Pessimist.

> Gar mancher hofft, es werde ein Imam mit prophetischen Gesichten kommen, zu führen die erstaunten Scharen. Oh, müßiger Gedanke! Keinen Imam gibt's neben der Vernunft, zu zeigen uns, was unsre Pflicht am Morgen sei, was unsre Pflicht am Abend sei.
>
> ... Enthüllt die Wahrheit sich in diesen alten Sagen, sind mehr sie wohl als Märchen für das kindliche Gemüt? Es schwöret die Vernunft, daß sie nur Lügen sind, allein am Baume der Vernunft die Wahrheit wächst ... Wie oft hab ich in jugendlichem Drang den Freunden Schmähliches gesagt, wenn meinen Glauben sie nicht teilen wollten; doch jetzt, da meiner Seele Flug in Tiefen mich und Höhn geführt, ist, von der Liebe abgesehn, mir alles nur noch Schall und Rauch.[107]

Er wendet sich gegen die muselmanischen Geistlichen, welche «die Religion dem Mammon untertan machen», «die Moschee mit Entsetzen füllen, wenn sie predigen», selbst aber kein besseres Leben führen als «Leute, die zum Kneipenlied trinken». «Getäuscht bist du worden, aufrichtiger Mann, von einem hinterlistigen Schurken, der zu Frauen predigt.»

> Zu eignem schmutzigen Gewinn besteigt die Kanzel er, und an die Auferstehung glaubt er nicht; und doch legt seinen Hörern er vom Jüngsten Tag so schaurige Geschichten vor, daß die Erinnerung sich sträubt.[108]

Die schlimmsten Schurken sind nach seiner Ansicht die Männer, die die Heiligen Stätten in Mekka verwalten; für Geld könne man sie zu allem bewegen. Er rät seinen Zuhörern, ihre Zeit nicht mit Pilgerfahrten zu verschwenden[109] und sich mit einer einzigen Welt zu begnügen.

> Der Leib ohn' Seel ist jeden Fühlens bar; wie soll der Geist denn fühlen, ohne Leib, allein?[110]
>
> Wir lachen, da wir doch weinen sollten, wenn wir, wie Glas zersplittert, keiner Neugestaltung hoffen dürfen.[111]

Und er kommt zum Schluß: «Wenn Gott mir bestimmt, daß ich ein irdener Topf für Waschungen werde, so will ich's zufrieden und dankbar sein[112].» Er glaubt an einen allmächtigen und weisen Gott und «wundert sich über einen Arzt, der Anatomie studiert hat und doch die Existenz Gottes leugnet»[113]. Aber auch hier läßt er Schwierigkeiten auftauchen: «Unser Wesen ist nicht durch Selbstwahl übel geworden, sondern auf Geheiß des Schicksals ...»

> Was tadelt ihr die Welt? Die Welt ist sündenfrei. Die Schuld trifft euch und mich allein. Der Zecher und die Rebe und der Wein sind dreierlei; – ich frage mich, wer schuldhaft ist, der Zecher oder der, der Trauben zu dem Wein gepreßt.

«Ich merke wohl», schreibt er mit voltairischem Sarkasmus, «daß die Menschen von Natur aus ungerecht sind gegeneinander, keinen Zweifel gibt es aber über die Gerechtigkeit dessen, der die Ungerechtigkeit schuf[114].» Und er verfällt in den ungehaltenen Dogmatismus des Diderot:

> Oh, Tor, wach auf! Die Riten, die du heilig hältst, sind nichts als Staub, den Männer alter Zeit betrügerisch dir in die Augen streun in ihrer Gier nach Geld; erfüllt ward ihnen ihre schnöde Gier und niedrig war ihr Tod und jämmerlich, und ihr Gesetz hat keinen Wert.[115]

Gekränkt von den Lügen und Grausamkeiten der Menschen, die er zu erleben meinte, wurde al-Ma'arri ein pessimistischer Einsiedler, der Timon des Islam. Da die Übel der Gesellschaft der Bösartigkeit der menschlichen Wesensart zuzuschreiben seien, bestehe keine Hoffnung auf Besserung[116]. Am besten sei es, sich zurückzuziehen, mit ein paar Freunden zusammenzukommen, wie ein sanftes, halb einsam lebendes Tier dahinzuvegetieren[117]. Besser noch sei es, nie geboren zu sein, denn einmal geboren, müßten wir «Qual und Unrast» ertragen, bis der Tod uns den Frieden beschere.

> Das Leben ist eine Krankheit, gegen die nur ein Kraut gewachsen ist: der Tod ... Uns alle sucht er heim, zuhaus und unterwegs. Genau wie wir will auch die Erde Speise haben; sie ißt und trinkt des Menschen Fleisch und Blut ... Mir scheint, der Halbmond an dem Firmament, er ist des Mondes krummer Dolch; der erste Strahl des Tageslichts, er ist ein Schwert, vom Morgengrauen jäh gezückt.

Dem Sensenmann können wir selbst nicht entgehen; wir können ihn aber als gute Schopenhauerianer um die Kinder betrügen, die wir hätten erzeugen können.

> Wollt eure Liebe durch die Tat den Söhnen ihr beweisen, dann müßt ihr auf der Weisheit Stimme lauschen, die euch heißt, sie ungeboren in dem Schoße zu belassen.[118]

Er befolgte seinen eigenen Rat und verfaßte für sich selbst den prägnantesten und bittersten Grabspruch:

> Mir fügt' der Vater dieses zu, niemandem ich selbst.[119]

Es ist uns nicht bekannt, wie viele Muselmanen den skeptischen Geist des al-Ma'arri teilten; das Wiederaufleben der Strenggläubigkeit nach seiner Zeit führte zu einer bewußten oder unbewußten Zensur der Literatur, welche der Nachwelt übermittelt wurde; wie auch beim Christentum kann uns diese Zensur zu einer Unterschätzung des mittelalterlichen Zweifelns verleiten. Al-Mutanabbi und al-Ma'arri bedeuten den Höhepunkt der arabischen Dichtung; nach ihnen zwang die Vorherrschaft der Theologie und das Verstummen der Philosophie die arabische Dichtkunst zu der Unaufrichtigkeit, der gekünstelten Leidenschaftlichkeit und der blumigen Eleganz höfischer und nichtssagender Liedchen.

Zur gleichen Zeit aber brachte die Wiederauferstehung Persiens und dessen Selbstbefreiung von der Araberherrschaft dieser Nation eine wahre Renaissance. Die persische Sprache hatte als Mundart des Volkes dem Arabischen das Feld nie überlassen; allmählich setzte sie sich im zehnten Jahrhundert – und darin spiegelte sie die politische und kulturelle Unabhängigkeit der Tabiriden-, Samaniden- und Ghaznevidenfürsten wider – als Staats- und Literatursprache durch und wurde zum Neupersischen, bereicherte sich mit arabischen Wörtern und nahm die anmutige arabische Schrift an. In Persien blühte nun überall eine großartige Architektur und eine herrliche Dichtung auf. Die arabischen Dichtungsgattungen der Ode (*qasida*), des Fragmentes (*qita*) und des Liebesgedichtes (*ghazal*) bereicherten die Dichter des Iran noch um die poetische Erzählung (*mathnawi*) und den Vierzeiler (*rubai*, Mehrzahl *rubayyat*). In Persien schoß nun alles – Vaterlandsliebe, Leidenschaften, Philosophie, Päderastie, Frömmigkeit – in Dichtform auf.

Diese Blütezeit begann mit Rudagi († 954), der am Samanidenhof von Buchara Gedichte improvisierte, Balladen sang und die Harfe spielte. Am gleichen Hofe bat ein Menschenalter später der Fürst Nuh ibn Mansur den Dichter Daqiqi, das *Chodainame*, das *Buch der Könige*, in Verse zu gießen, in welchem Danischwar (um 651) die Legenden Persiens gesammelt hatte. Daqiqi hatte tausend Zeilen verfaßt, als er von seinem Lieblingssklaven erdolcht wurde. Firdausi vollendete das Werk und wurde der Homer Persiens.

Abu'l-Qasim Mansur (oder Hasan) war in Tus bei Maschhad um das Jahr 934 geboren worden. Sein Vater hatte eine Regierungsstelle am Samanidenhof inne und vermachte seinem Sohne eine herrschaftliche Villa in Bazh bei Tus. Abu'l-Qasim, der seine Freizeit zu Forschungen in der geschichtlichen Vergangenheit benutzte, fand Interesse am *Chodainame* und unternahm die Aufgabe, diese Prosageschichten in ein Nationalepos umzuwandeln. Er nannte sein Werk *Schahname* – Buch der Schahs – und nahm nach der Mode der Zeit ein Pseudonym an, Firdausi (Garten), vielleicht nach den Hainen seines Gutes. Nach fünfundzwanzigjährigem Mühen beendete er das Dichtwerk in seiner ersten Form und brach nach Ghazni auf (999?), in der Hoffnung, es dem großen und schrecklichen Mahmud vorlegen zu können.

Ein persischer Geschichtsschreiber versichert uns, daß damals «vierhundert Dichter ständig den Sultan Mahmud umlagerten»[120]. Das hätte eigentlich eine unüberwindliche Schranke sein müssen, aber es gelang dem Firdausi, den Wesir zu interessieren, der dann das gewaltige Manuskript dem Sultan vorlegte. Mahmud wies (nach der einen Darstellung) dem Dichter bequeme Räumlichkeiten im Palaste zu, überreichte ihm Berge historischen Materials und hieß ihn, es in das Epos einzufügen. Alle Varianten der Geschichte stimmen darin überein, daß Mahmud ihm einen Golddinar für jede Doppelzeile des umgearbeiteten Dichtwerkes versprach. Eine nicht bekannte Zeit lang saß Firdausi am Werk; schließlich (um 1010) erhielt das Dichtwerk seine endgültige Fassung mit 60 000 Doppelzeilen und wurde dem Sultan vorgelegt. Als Mahmud die versprochene Geldsumme aushändigen wollte, protestierten gewisse Höflinge, das sei denn doch zuviel und fügten noch hinzu, der Firdausi sein ein Schiit und ein Mutazilitenketzer. Mahmud sandte 60 000 Silberdirhem. Der Dichter teilte voll Zorn und grenzenloser Verachtung das Geld zwischen einem Badewärter und einem Sorbetverkäufer auf und floh nach Herat. Sechs Monate lang verbarg er sich in einer Buchhandlung, bis Mahmuds Schergen, die ihn verhaften sollten, die Suche aufgaben. Er fand bei Schariyar, dem Fürsten von Schirzad in Tabaristan, Zuflucht; dort verfaßte er eine heftige Satire auf Mahmud; aber Schariyar, der den Sultan fürchtete, kaufte das Gedicht für 100000 Dirhem auf und vernichtete es. Wenn wir diesen Zahlen wirklich Glauben schenken dürfen, war im mittelalterlichen Persien die Dichtkunst einer der einträglichsten Berufe. Firdausi ging nach Bagdad und schrieb dort ein langes erzählendes Gedicht, *Yusuf und Zuleika*, eine Variante der Erzählung von Joseph und Potiphars Weib. Hierauf kehrte er, ein sechsundsiebzigjähriger Greis, nach Tus zurück. Zehn Jahre darauf erkundigte sich Mahmud, der von der Kraftfülle eines Doppelverses, den man ihm vortrug, überrascht war, nach dessen Verfasser; als er erfuhr, daß Firdausi der Dichter sei, bedauerte er sein damaliges Unvermögen, den Dichter seinem Versprechen gemäß zu entlohnen. Er schickte eine Karawane mit Indigo im Werte von 60000 Golddinar an Firdausi ab und legte einen Entschuldigungsbrief bei. Als die Karawane in Tus eintraf, wurde der Dichter gerade zu Grabe getragen (1020?).

Das *Schahname* ist eines der bedeutendsten Werke der Weltliteratur, und sei es auch nur dem Umfang nach. Es ist etwas Edles an dem Bilde des Dichters, der unbedeutende Themen und leichte Aufgaben zur Seite schiebt und fünfunddreißig Jahre seines Lebens daransetzt, in 120000 Verszeilen die Geschichte seines Vaterlandes zu erzählen – in einem Werke, das umfangreicher ist als die *Odyssee* und die *Ilias* zusammengenommen. Ein alter Mann voll inbrünstiger Liebe zu seinem Persien, jeder Einzelheit seiner Aufzeichnungen zugetan, handle es sich um Sagen oder Tatsachen, schafft an einem Epos, das schon halb beendet ist, ehe es in geschichtliche Zeiten kommt. Er beginnt mit den mythischen Gestalten des Avesta, berichtet von Gayamurth, dem zarathustrischen Adam, und dann von Gayamurths gewaltigem Enkel Dschamschid, der «siebenhundert Jahre lang das Land regierte. ... Die Welt war um seinetwillen glücklicher; es gab keinen Tod, keinen Kummer, keinen Schmerz.» Nach einigen Jahrhunderten aber «schlich hochmütiger Stolz in sein Herz, und er vergaß, woher ihm das Wohl gekommen. ... Er sah nur sich auf Erden, nannte sich Gott und ließ sein Bildnis anbeten[121].» Endlich kommen wir zu dem Helden des Epos, Rustam, dem Sohn des Lehnsherrn Zal. Als fünfhundertjähriger Mann verliebt sich Zal in eine Sklavin und schenkt durch sie dem Rustam einen Bruder. Rustam dient drei Königen und rettet sie und zieht sich im Alter von vierhundert Jahren vom Kriegsleben zurück. Sein getreuer Hengst Tachsch läßt sich so viel Zeit zum Altern wie er selbst, ist ein fast ebenso großer Kriegsheld und erhält von Rustam die liebevolle Pflege, die jeder Perser einem guten Pferde zuteil werden läßt. Im *Schahname* finden sich auch hübsche Liebesgeschichten, und es zeigt etwas von der Frauenverehrung der Troubadours; es gibt reizvolle Darstellungen schöner Frauen – beispielsweise der Königin Sudaveh: «Sie war verschleiert, so daß niemand ihrer Schönheit gewahr werden konnte; und sie schritt mit den Männern gleich der Sonne, die hinter den Wolken dahinzieht[122].» Im Falle des Rustam spielt das Liebesmotiv aber eine geringere Rolle; Firdausi erkennt, daß das dramatische Geschehen um die Eltern- und Kindesliebe ergreifender sein kann als alle Sexualromantik. Während eines Feldzuges in fernen Landen hat Rustam eine Liebschaft mit einer türkischen Dame, Tahmineh, und verliert sie dann aus seinen Augen; sie erzieht ihren Sohn Sohrab in

Kummer und Stolz, erzählt dem Jüngling von dem großen verschwundenen Vater; in einem Kriege zwischen Türken und Persern stoßen plötzlich Vater und Sohn aufeinander, ohne sich zu kennen. Rustam bewundert den Mut des hübschen Jünglings und will sein Leben schonen; der Sohn weist das Anerbieten verächtlich ab und wird tödlich verwundet. Sterbend klagt er, daß er nie seinen Vater gesehen habe; der Sieger gewahrt, daß er seinen Sohn erschlagen hat. Sohrabs Pferd trabt reiterlos ins türkische Lager zurück; die Nachricht wird Sohrabs Mutter überbracht – eine der schönsten Stellen des Epos.

> Mitleid ließ aller Wesen Herzschlag stocken;
> als ob das Blut in ihren Adern starrte,
> sank leblos auf die Erde sie, die harte,
> dann raffte sie sich plötzlich wieder auf
> und ließ von neuem ihren Klagen Lauf;
> ...
> das Roß ward ihr gebracht, geschwind von Schritten,
> das er in alter, froher Zeit geritten;
> den Kopf des Renners an den Busen preßte sie,
> mit heißen Zähren seine Mähnen näßte sie,
> ...
> sie streichelte des Sohnes Festgewand,
> als wär' es selbst ihr Sohrab, mit der Hand;
> ...
> den Panzer holte sie, das Schwert, den Speer,
> den Bogen und die wucht'ge Keule her;
> sie nahm den goldnen Zügel, nahm den Schild
> des Sohnes und zerschlug die Stirn sich wild.[123]

Die lebendige Erzählung fließt rasch von Episode zu Episode und findet ihre Einheit in der vaterländischen Gesinnung, die sich in jedem Vers kundtut. Wir, die wir weniger Muße haben als unsere Vorfahren, die noch nicht so viele zeitsparende Einrichtungen erfunden hatten, finden die Zeit nicht mehr, alle diese Doppelverse zu lesen und alle diese Könige zu Grabe zu tragen; wer von uns hat aber die *Ilias* oder die *Äneis* oder die *Göttliche Komödie* oder das *Verlorene Paradies* je ganz gelesen? Nur ein epischer Geist vermag diese Epen zu verdauen. Nach 200 Seiten ermüden uns die Siege des Rustam über Dämonen, Drachen, Zauberer, Türken. Wir sind jedoch keine Perser; der volltönende Klang des Originals ist nicht an unser Ohr gedrungen; es kann uns nicht so viel bedeuten wie den Persern, die in einer einzigen Provinz nicht weniger als 300 Dörfer nach Rustam benannt haben. Im Jahre 1934 feierten die Gebildeten Asiens, Europas und Amerikas den tausendsten Geburtstag des Dichters, dessen gewaltiges Werk seit bald einem Jahrtausend das Bollwerk der persischen Seele ist.

VII. DIE KUNST*

Als die Araber in Syrien eindrangen, war ihre einzige Kunstgattung die Dichtung. Man glaubte, daß Mohammed die Bildhauerei und Malerei als Komplicen der Götzenbildnerei, und die Musik sowie prächtige Seiden und Gold- und Silberzierat als epikureische Entartung verboten habe; und wenn diese Verbote auch mit der Zeit ihre Wirksamkeit verloren, so führten sie doch dazu, daß die muselmanische Kunst dieser Zeit sich fast ganz auf Architektur, Keramik und die dekorativen Künste beschränkte. Die Araber selbst, die noch kurz zuvor Nomaden oder Händler gewesen waren, hatten kein reifes Kunstgeschick; sie waren sich ihrer Beschränktheit bewußt, stellten Künstler und Handwerker aus Byzanz, Ägypten, Syrien, Mesopotamien, Iran und Indien an und übernahmen deren Kunstformen und -überlieferungen. Der Felsendom in Jerusalem und die Moschee Walid II. in Damaskus sind rein byzantinisch, selbst in ihrer Ausstattung. Weiter im Osten wurden die alten assyrischen und babylonischen Ziegeldekorationen und die geläufigen armenischen und nestorianischen Kirchenformen übernommen, und in Persien erkannte der Islam, nachdem er die sassanidische Kunst und Literatur stark zerstört hatte, die Vorteile der gebündelten Säule, des Spitzbogens, des Gewölbes und des geometrischen und Blumenzierstiles, der schließlich in der Arabeske zur vollen Blüte kam. Das Ergebnis war nicht eine einfache Nachahmung, sondern eine prachtvolle Synthese, die der Entlehnung volle Berechtigung verlieh. Von der Alhambra in Spanien bis zum Tadsch Mahal in Indien überwand die islamische Kunst alle Begrenzungen des Ortes und der Zeit, kümmerte sich nicht um Rassen- und Blutsunterschiede, entwickelte einen einzigartigen und doch mannigfaltigen Charakter und gab dem Menschengeist in unübertroffen feinsinniger und verschwenderischer Weise Ausdruck.

Die muselmanische Architektur war wie der größte Teil der Architektur des Mittelalters fast völlig religiös; die Behausungen der Menschen waren für eine kurze Lebenszeit berechnet, das Gotteshaus aber sollte, wenigstens innen, ein Gegenstand ewigwährender Schönheit sein. Wir hören aber doch von Brücken, Wasserleitungen, Brunnen, Reservoirs, Thermen, Festungen und von mit Türmen versehenen Mauern, die von Baumeistern erstellt worden waren, welche in den ersten Jahrhunderten nach den arabischen Eroberungen in vielen Fällen Christen, in den späteren Jahrhunderten aber vorwiegend Muselmanen waren; von diesen Bauten ist nicht viel erhalten. Die Kreuzritter stießen auf ausgezeichnete militärische Bauten in Aleppo, Baalbek und andernorts im islamischen Osten, erlernten den Gebrauch von Schießscharten in Mauern und übernahmen von ihren Gegnern manche Idee für den Ausbau ihrer eigenen unvergleichlichen Burgen und Festungen. Der Alcázar von Sevilla und die Alhambra in Granada waren Festungen und Paläste in einem.

Von den Palästen der Umayyaden ist wenig erhalten; eine Ausnahme macht ein Landhaus in Qusayr Amra in der Wüste östlich des Toten Meeres, wo die Ruinen Badeanlagen

---

* Dieser Abschnitt schuldet besonderen Dank dem von Arthur Upham Pope herausgegebenen *Survey of Persian Art*, vor allem den von Pope selbst verfaßten Kapiteln. Sein hingebungsvolles Wirken auf diesem Gebiete ist wie dasjenige James H. Breasteds über Ägypten ein bleibendes Denkmal gewissenhafter Forschungsarbeit und charakteristischer Menschenliebe.

mit Gewölben und Wände mit Fresken zeigen. Der Palast des Adud ad-Dawla in Schiraz soll 360 Räume gehabt haben, je einen für jeden Tag des Jahres, und jeder einzelne in einer besonderen Farbenkombination gehalten; einer der größten Säle war eine zweistöckige, mit Arkaden und Gewölben versehene Bibliothek; «kein Buch, gleich über welchen Gegenstand», berichtet ein begeisterter Muselmane, «von dem hier nicht ein Exemplar zu finden wäre»[124]. Scheherezades Schilderungen von Bagdads Herrensitzen sind Märchenerzählungen, sie lassen aber doch auf eine reiche Innenausstattung schließen[125]. Reiche Leute besaßen nicht nur Paläste in der Stadt, sondern auch Villen auf dem Lande; selbst in der Stadt verfügten sie über Ziergärten; um die Landsitze herum wurden diese Gärten zu «Paradiesen» – Parkanlagen mit Quellen, Bächen, Brunnen, einem Teich aus Ziegeln, seltenen Blumen, Schatten-, Obst- und Nußbäumen; meistens wiesen sie noch einen Pavillon auf, der den Aufenthalt im Freien ohne den quälenden Sonnenglast gestattete. In Persien gab es eine Blumenreligion; man feierte Rosenfeste mit prunkhaften Schaustellungen; die Rosen von Schiraz und Firuzabad waren weltberühmt; Rosen mit hundert Blättern waren gern entgegengenommene Gaben an Kalifen oder Könige[126].

Die Häuser der Armen waren damals wie heute viereckige Bauten aus sonnengetrockneten Ziegeln, die mit Lehm verbunden wurden; das Dach war eine Mischung aus Lehm, Halmen, Ästen, Palmblättern und Stroh. Bessere Häuser hatten einen Innenhof mit einem Wasserbecken, wohl auch einem Baum; manchmal besaßen sie zwischen Hof und Wohnräumen auch einen Gang mit hölzernen Säulen. Die Häuser waren selten gegen die Straße gerichtet oder geöffnet; sie waren Festungen der Zurückgezogenheit, für Sicherheit und Frieden gebaut. Manche hatten Geheimtüren für eine rasche Flucht vor Verhaftung oder Überfall oder für den unauffälligen Zutritt eines oder einer Geliebten[127]. Außer in den armseligsten Häusern gab es in allen Wohnstätten eine gesonderte Frauenabteilung, manchmal mit eigenem Hof. Reiche Häuser besaßen eine komplizierte Flucht von Baderäumen, die meisten Behausungen hatten aber keine Kanalisation; das Wasser wurde hereingetragen, die Abfälle wurden hinausgetragen. Elegante Häuser hatten wohl auch zwei Stockwerke, einen zentralen Aufenthaltsraum mit Kuppel und an der Hofseite einen Balkon im zweiten Stock. Mit Ausnahme der ärmsten Häuser hatten alle ein Fenstergitter (*maschrabiyyah*), ein aus Holz geschnitztes Gitterwerk, das Licht ohne Hitze hereinließ und den Insassen gestattete, ungesehen hinauszusehen; diese Gitter wiesen oft feine Schnitzereien auf und dienten den Stein- oder Metallgittern der Paläste und Moscheen als Vorbilder. Einen Kamin gab es nicht; geheizt wurde mit tragbaren Kohlenbecken, in denen Holzkohle glühte. Die Wände waren getüncht und gewöhnlich bunt bemalt. Der Fußboden wurde mit handgewobenen Teppichen belegt. Es ließen sich manchmal ein paar Stühle finden, der Muselmane zog aber die Kauerstellung vor. An drei Seiten war der Fußboden in Wandnähe um etwa einen Fuß erhöht und bildete, mit Kissen ausgestattet, einen *diwan*. Besondere Schlafzimmer gab es nicht; das Bett bestand, wie im heutigen Japan, aus einer Matratze, die tagsüber zusammengerollt in einem Schrank verwahrt wurde. Die Ausstattung war einfach: einige Vasen, Gerätschaften, Lampen und vielleicht eine Büchernische. Der Orientale ist reich in der Einfachheit seiner Bedürfnisse.

Dem armen und frommen Muselmanen genügte es, wenn die Moschee schön war. Auf sie wurden viel Arbeitskraft und viele Dirhems verwendet; in ihr verbanden sich Kunst und

Handwerk zu einem reichen Teppich, der Allah zu Füßen gelegt wurde und dessen Schönheit und Pracht alle Menschen genießen konnten. Gewöhnlich lag die Moschee, jedermann leicht zugänglich, in der Nähe des Marktplatzes. Von außen gesehen machte der Bau nicht immer einen großen Eindruck; mit Ausnahme der Fassade war er oft von den angrenzenden Gebäuden nicht zu unterscheiden und oft mit ihnen auch fest verbunden; selten wurde ein edleres Baumaterial als Ziegelstein mit einer Stuckauflage verwendet. Ihre Funktion bestimmte die Form der Moschee: ein viereckiger Hof zur Aufnahme der Gemeinde; in der Mitte ein Wasserbecken und ein Brunnen für Waschungen; ringsum eine Säulenhalle mit Arkaden für Schutz, Schatten und Schulen; und an der nach Mekka gerichteten Seite des Hofes die eigentliche Moschee, gewöhnlich ein eingefriedeter Teil der Säulenhalle. Auch sie war rechteckig, damit die Gläubigen in langen Reihen, das Gesicht gegen Mekka gewendet, Platz finden konnten. Das Gebäude konnte von einer Kuppel gekrönt sein, die fast stets aus Ziegelsteinen erbaut wurde, wobei eine Schicht immer ein wenig die untere Schicht überlappte und die Unebenheiten mit Stuck ausgeglichen wurden[128]. Wie in der sassanidischen und byzantinischen Architektur wurde der Übergang vom rechteckigen Unterbau zu der runden Kuppel durch Gewölbezwickel oder Stützbogen hergestellt. Kennzeichnender für die Moscheebauweise war das Minarett (*manara*, «Leuchtturm»); es waren wahrscheinlich die syrischen Muselmanen, die es aus dem babylonischen *ziggurat* und dem Glockenturm der christlichen Kirchen entwickelten; die Perser übernahmen die Rundform von Indien, und die afrikanischen Muselmanen ließen sich im Grundriß von dem viereckigen Pharos von Alexandrien beeinflussen[129]; vielleicht beeinflußten die vier Ecktürme des alten Tempelgebietes von Damaskus die Form[130]. In dieser Frühzeit war das Minarett einfach und meistens unverziert; erst in den folgenden Jahrhunderten kam es zu seiner feinen Schlankheit, seinen zierlichen Balkonen und dekorativen Arkaden und seiner mit Faiencen besetzten Oberfläche, die Fergusson zu dem Ausruf bewogen, das Minarett sei die «anmutigste Turmbauweise der Welt»[131].

Die beste und mannigfaltigste Ausschmückung blieb dem Inneren der Moschee vorbehalten: Mosaike und glänzende Ziegel an Fußboden und *mihrab*; in Form und Färbung ausgezeichnetes Glas in Wänden und Lampen; reiche Teppiche und Gebetsdecken auf dem Steinboden; Täfelungen aus buntfarbigem Marmor an den unteren Paneelen der Wände; hübsche Friese aus arabischen Schriftzeichen rings um *mihrabs* oder Nischen; zarte Holz- und Elfenbeinschnitzereien oder anmutige Metallarbeiten an Türen, Decken, Kanzeln und Gittern. ... Die Kanzel (*minbar*) selbst bestand aus sorgsam geschnitztem Holz mit Inlaids aus Ebenholz oder Elfenbein. Nahebei stand die *diqqa*, ein Lesepult auf Säulchen, das den Koran trug; das Buch selbst war natürlich ein Werk der kalligraphischen und Miniaturkunst. Zum Zeichen der *qibla*, der Richtung von Mekka, war eine Nische in die Wand eingelassen, möglicherweise in Nachahmung der christlichen Apsis. Dieser *mihrab* wurde ausgebaut, bis er fast zu einem Altar oder einer Kapelle wurde, und die muselmanischen Künstler entfalteten ihre ganze Geschicklichkeit, um ihn mit Faiencen oder Mosaiken, Friesen oder Reliefs, mit Blumen- und Schriftformen und bunten Mustern auf Backstein, Stuck, Marmor, Terrakotta oder Ziegel zu verschönern.

Diesen Ornamentreichtum haben wir wahrscheinlich dem semitischen Verbot der künstlerischen Darstellung von Menschen und Tieren zu verdanken: Wie zum Ausgleich erfand oder übernahm der muselmanische Künstler eine übergroße Vielfalt an nichtdarstellenden Formen. Einen Ausweg suchte er zunächst in geometrischen Figuren, in Linie, Winkel, Quadrat, Kubus, Polygon, Kegel, Spirale, Ellipse, Kreis, Kugel; er wiederholte sie unermüdlich in zahlreichen Kombinationen und entwickelte sie weiter zu Wirbeln, Randverzierungen, Netzwerken, *entrelacs* und Sternen; daraufhin ging er zu pflanzlichen Formen über und bildete in mancherlei Material Kränze, rankende Pflanzen oder Rosetten aus Lotus-, Akanthus- oder Palmranken oder -blättern; im zehnten Jahrhundert verschmolz er alle diese Formen zur Arabeske, und zu alledem fügte er als einzigartiges und bedeutendes Ornament noch die arabische Schrift hinzu. Gewöhnlich ging er von der kufischen Schreibweise aus, zog die Buchstaben in die Höhe oder dehnte sie seitwärts aus oder versah sie mit Schnörkeln und Punkten und verwandelte das Alphabet in ein Kunstwerk. Als die religiösen Verbote an Kraft verloren, ließ er neue Dekorationsmotive dazutreten: Er stellte die Vögel der Luft, die Tiere des Feldes oder seltsame zusammengesetzte Lebewesen dar, die nur in seiner launigen Phantasie ein Dasein hatten. Sein Sinn für das Dekorative führte zu einer Bereicherung von jeder Kunstform – des Mosaiks, der Miniatur, der Keramik, der Wirkkunst, der Teppichknüpferei, und fast in jedem Falle zeigte die Zeichnung die disziplinierte Einheitlichkeit einer vorherrschenden Form oder eines dominierenden Motives, die sich vom Mittelpunkt aus gegen den Rand zu oder vom Anfang bis zum Ende weiterentwickelten, wie in der Ausarbeitung eines musikalischen Themas. Kein Material vermochte dieser Zierkunst zu widerstehen; Holz, Metall, Stuck, Stein, Terrakotta, Glas, Ziegel und Faience wurden zu den Ausdrucksmitteln dieser Poesie abstrakter Formen, wie sie noch keine Kunst, nicht einmal die chinesische, je erreicht hatte.

Mit diesen Schmuckformen entstanden in Arabien, Palästina, Syrien, Mesopotamien, Transoxianien, Indien, Ägypten, Tunesien, Sizilien, Marokko und Spanien eine unendliche Kette von Moscheen, in denen die männliche Kraftfülle des Äußeren stets durch die weibliche Anmut und Feinheit der inneren Ausschmückung ausgewogen war. Die Moscheen von Medina, Mekka, Jerusalem, Ramleh, Damaskus, Kufa, Basra, Schiraz, Nischapur und Ardebil; die Dschafarmoschee in Aleppo, die Ibn-Tulun-Moschee und die Moschee el-Azhar im alten Kairo, die Große Moschee von Tunis, die Sidi-Oqba-Moschee von Qairwan, die Blaue Moschee von Córdoba – wir können nicht mehr und nicht weniger tun, als sie aufzuzählen, denn von den Hunderten gleichartiger Moscheen, die in dieser Zeit erbaut wurden, sind nur noch ein Dutzend als solche kenntlich; alle übrigen hat die kritiklose Zeit durch Erdbeben, Vernachlässigung oder Krieg dem Erdboden gleichgemacht.

Allein Persien – doch nur ein Bruchteil des islamischen Bereiches – hat der neueren Forschung einen derartig unerwarteten Reichtum an architektonischer Pracht beschert, daß man von einem bedeutenden Ereignis unserer Wiederentdeckung der Vergangenheit sprechen kann*. Die Aufdeckung hatte eine zu lange Verzögerung erfahren; bereits waren

* Im Jahre 1925 ermächtigte Reza Chan, der spätere Schah von Persien, Arthur Upham Pope, die Moscheen Persiens, die bisher den Nicht-Muselmanen verschlossen gewesen waren, zu betreten, um photographische Aufnahmen des Inneren zu machen. Das Ergebnis war eine epochale Entdeckung der technischen und künstlerischen Vortrefflichkeit der persischen Architektur.

zahlreiche Meisterwerke der persischen Architektur zerbröckelt. Muqaddasi stellte die Moschee von Fasa derjenigen von Medina und die Moschee von Turschiz der Großen Moschee von Damaskus gleich; die Moschee von Nischapur mit ihren Marmorsäulen, Goldziegeln und reichgemeißelten Wänden galt als eines der Wunder der Zeit, und «keine Moschee in Chorasan oder Sistan kam an Schönheit» der Moschee von Herat «gleich»[132]. Wir erhalten eine schwache Vorstellung von dem Reichtum und der Werthöhe der persischen Architektur im neunten und zehnten Jahrhundert durch die Stuckreliefs und die gemeißelten Säulen und Kapitelle des *mihrab* der Gemeindemoschee von Nayin, die heute größtenteils zerstört ist, und durch die zwei schönen Minaretts, die in Damghan erhalten sind. Die Freitagsmoschee in Ardistan (1055) hat heute noch einen *mihrab* und ein Portal von großer Schönheit und viele Elemente, die später in der Gotik wieder in Erscheinung treten sollten, aufzuweisen: Spitzbögen, Gewölbezwickel mit gebogenen Rippen, Kreuzgewölbe und eine Wölbung mit Rippen[133]. Das Baumaterial dieser Moschee wie der meisten persischen Moscheen und Paläste war, wie in Altsumer und Altmesopotamien, der Backstein; Stein war selten und teuer, Lehm und Hitze gab es gerade genug; und doch gestaltete der persische Künstler Backsteinlagen mit Licht und Schatten, neuartigen Mustern und verschiedenen Anordnungen zu einer solchen Vielfalt der Ornamentierung um, wie sie dieser bescheidene Stoff nie zuvor gekannt hatte. An besonderen Stellen, beispielsweise an Portalen, *minbars* und *mihrabs*, brachte der persische Keramiker über der Backsteinschicht buntfarbige Mosaike und die prächtigsten Ziegel an, und im elften Jahrhundert ließ er helle Flächen durch buntglänzende Faiencen noch stärker aufleuchten. Auf diese Weise diente im Islam jede Kunstgattung demütig und stolz der Moschee.

Die Bildhauerei, die keine Statuen herstellen durfte, weil eine Wiederkehr der Götzenbildnerei befürchtet wurde, widmete sich ganz dem Zierrelief. Steine wurden mit viel Geschick behauen, und Stuck wurde vor dem Erhärten mit der Hand zu mannigfaltigen Mustern und Gestalten geformt. Erhalten ist ein eindrucksvolles Stück. In Mschatta, in der syrischen Wüste östlich des Jordans, begann Walid II. (um 743) einen Winterpalast, den er nie vollendete; an der unteren Fassadenfläche entlang lief ein in Stein gehauenes Fries von außergewöhnlicher Schönheit – Dreiecke, Rosetten und Borten, mit Blumen, Früchten, Vögeln, Tieren und langgezogenen Arabesken verschlungen; dieses Meisterwerk wurde 1904 nach Berlin gebracht und hat den Zweiten Weltkrieg heil überstanden. Holzschnitzer verschönten Fenster, Türen, Gitter, Balkone, Decken, Tische, Singpulte, Kanzeln und *mihrabs* mit vorzüglichem Schnitzwerk, wie es noch an einem Paneel aus Takrit im *Metropolitan Museum of Art* in New York zu sehen ist. Elfenbein- und Knochenschnitzer verzierten Moscheen, Korane, Möbelstücke, Geräte und Menschen mit Schnitzereien und eingelegten Arbeiten; aus dieser Zeit ist uns ein einziges Stück erhalten geblieben – ein Schachturm in Elephantenform (im Nationalmuseum Florenz), der unsicher dem neunten Jahrhundert und einem Schachspiel zugeschrieben wird, welches Harun Karl dem Großen schenkte[134]. Die Feinschmiede des Islam legten sich die Technik der Sassaniden zu, stellten große Bronze-, Messing- oder Kupferlampen, Eimer, Schüsseln, Becher, Pokale, Becken und Pfannen her, gossen das Metall humorvoll in Tierformen – Löwen, Drachen, Sphinxe,

Pfauen und Tauben; manchmal ziselierten sie vortreffliche Muster ein, wie in der gleichsam mit Spitzen überzogenen Lampe des *Art Institute* von Chicago. Einige Handwerker füllten eingeritzte Muster mit Silber oder Gold aus und stellten «damasziertes» Metall her – eine Kunst, die in Damaskus geübt wurde, aber nicht dort ihren Ursprung hatte[135]. Die Schwerter von Damaskus wurden aus hochtemperiertem Stahl hergestellt und mit Reliefs geschmückt oder mit Arabesken, Schriften oder anderen Mustern aus Gold- oder Silberfäden ausgelegt. Die Feinschmiede des Islam standen durchaus auf der Höhe ihrer Kunst.

Als der Eroberungsdrang der Muselmanen einem kulturellen Absorptionsprozeß wich, fand sich die mohammedanische Keramik in Asien, Afrika und Spanien als Erbe von fünf verschiedenen keramischen Traditionen: der ägyptischen, griechisch-römischen, mesopotamischen, persischen und chinesischen. Sarre entdeckte in Samarra Tang-Keramiken, darunter auch Porzellan, und frühislamisch-persische Töpferwaren wurden ganz offen chinesischen Vorbildern nachgeformt. Mittelpunkte des Töpfergewerbes entwickelten sich in Bagdad, Samarra, Rayy und in vielen anderen Städten. Im zehnten Jahrhundert stellten die persischen Töpfer so gut wie jede Art der Keramik mit Ausnahme des Porzellans her und verwandten jede Form vom Handspucknapf bis zur Riesenvase, die groß genug war, um «zumindest einen der Vierzig Räuber in sich aufzunehmen»[136]. In ihrer Glanzzeit zeigte die persische Keramik eine Zartheit der Auffassung, eine Leuchtkraft der Farben, eine Verfeinerung der Ausführung, die einzig und allein von den Chinesen und Japanern übertroffen wurde; sechs Jahrhunderte lang blieb sie diesseits des Pamir unübertroffen[137]. Bei den Persern war sie eine besonders beliebte und arteigene Kunst; Adlige sammelten eifersüchtig ihre Meisterwerke, und Dichter wie al-Ma'arri und Omar Chayyam entnahmen ihr manches Gleichnis für ihre Philosophie. Wir hören von einem Festmahl im neunten Jahrhundert, bei dem auf das Geschirr, welches die Tafel zierte, Gedichte verfaßt wurden[138].

In diesem Jahrhundert zeichneten sich die Töpfer von Samarra und Bagdad durch die Herstellung – vielleicht sogar durch die Erfindung – von Geschirr mit Metallglanz aus: Die Verzierung wurde mit einem Metalloxyd auf die Glasur des Tones aufgetragen, worauf das Gefäß in einem rauchigen und gedämpften Feuer ein zweites Mal gebrannt wurde, wodurch die Farbschicht in eine dünne Metallschicht umgewandelt wurde, welche der Glasur einen irisierenden Schimmer verlieh. Auf diese Weise wurden hübsche einfarbige und noch hübschere mehrfarbige Gefäße in gold, grün, braun, gelb und rot und mit unzähligen fast verfließenden Farbtönen hergestellt. Die Lüstriertechnik wurde auch auf die altmesopotamische Kunst der Zierziegel übertragen. Die vollen Farben dieser Würfel und ihre harmonische Verbindung gaben den Portalen oder *mihrabs* unzähliger Moscheen und mancher Palastwand eine einzigartige Pracht. In der verwandten Kunst der Glasschmelzerei erbten die Muselmanen die Fertigkeiten von Ägypten und Syrien. Prächtige Lampenschirme wurden aus Glas hergestellt und mit Medaillons, Inschriften oder pflanzlichen Mustern verziert, und vielleicht war es bereits in dieser Zeit, daß Syrien die Kunst des Buntglasschmelzes einführte, die im dreizehnten Jahrhundert zur höchsten Vollkommenheit gelangen sollte.

Wenn wir uns den überaus reichen und allgegenwärtigen Gebrauch von Malerei und Bildhauerei in katholischen Kathedralen und deren Bedeutsamkeit als Träger der christlichen Religion und Glaubensgeschichte vor Augen halten, fällt uns das Fehlen der darstellenden Künste im Islam doppelt auf. Der Koran hatte die Bildhauerei untersagt (v, 92), hatte aber hinsichtlich der Malerei keine Vorschriften erlassen. Eine Überlieferung, die auf Aischa zurückgeführt wurde, berichtet jedoch, daß der Prophet sich auch gegen Bilder ausgesprochen habe[139]. Das muselmanische Recht sowohl schiitischer wie auch sunnitischer Prägung setzte sich für das doppelte Verbot ein. Zweifellos stand Mohammed unter dem Einfluß des Zweiten Gebotes und der mosaischen Lehre und zum Teil auch der Vorstellung, daß der Künstler, der lebenden Dingen Gestalt gibt, sich die Funktionen des Schöpfers anmaße. Einige Theologen gaben dem Verbot eine mildere Form und gestatteten das Abbilden unbelebter Dinge; andere drückten gegenüber der Darstellung von Tier- und Menschengestalten auf Gegenständen, die nur zum weltlichen Gebrauch bestimmt waren, ein Auge zu. Gewisse Umayyadenkalifen hielten sich an das Verbot überhaupt nicht mehr; um 712 schmückte Walid I. seinen Sommerpalast in Qusayr Amra mit hellenistischen Fresken aus, auf denen Jäger, Tänzerinnen, badende Frauen und er selbst auf einem Throne abgebildet waren[140]. Die Abbasidenkalifen täuschten Frömmigkeit vor, besaßen aber in ihren Privaträumen Wandgemälde; al-Mutasim stellte Künstler, wahrscheinlich Christen, an, um Jagdszenen, Priester und nackte Tänzerinnen auf die Wände seines Palastes in Samarra zu malen, und al-Mutawakkil, der die Ketzer verfolgte, gestattete byzantinischen Malern, an diese Fresken ein neues Fresko anzuschließen, auf dem christliche Mönche und eine christliche Kirche dargestellt waren[141]. Mahmud von Ghazni schmückte seinen Palast mit Bildern von sich selbst, seinen Heeren und seinen Elefanten, und sein Sohn Masud bedeckte noch kurz bevor er von den Seldschuken entthront wurde die Wände seiner Räume in Herat mit Szenen, die sich auf persische oder indische Handbücher der erotischen Technik stützten[142]. Nach einer Erzählung standen im Hause eines Wesirs zwei Künstler in einem Wettbewerb der realistischen Darstellung: Ibn Aziz unternahm es, eine Tänzerin so zu malen, als ob sie aus der Wand herauskäme; al-Qasir machte sich an eine schwierigere Aufgabe – die Tänzerin so zu malen, als ob sie in die Wand hineinginge. Beiden gelang ihr Vorhaben so gut, daß der Wesir ihnen Ehrengewänder und viel Gold schenkte[143]. Es gäbe noch von vielen solchen Verletzungen des Verbotes zu berichten; besonders in Persien wurden lebende Dinge in jeder Gattung der bildenden Kunst in fröhlichem Überschwang abgebildet. Das Verbot – das so sehr die Unterstützung des Volkes fand, daß es manchmal zur Verstümmelung oder Zerstörung von Kunstwerken kam – zögerte aber die Entwicklung der islamischen Malerei hinaus, beschränkte sie weitgehend auf das abstrakte Ornament, verhinderte die Porträtmalerei fast vollständig (wir hören aber doch von vierzig Bildnissen des Avicenna) und bewirkte, daß die Künstler restlos von der Gönnerschaft der Kalifen oder der Adligen abhingen.

Aus dieser Zeit sind keine Wandgemälde außer denjenigen von Qusayr Amra und Samarra erhalten; sie weisen eine seltsame und unfruchtbare Verbindung von byzantinischen Malweisen und sassanidischen Motiven auf. Wie zum Ausgleich zählen die islamischen Miniaturen zu den schönsten der Geschichte. Auf diesem Gebiet stützte sich die Kunst auf die volle Nutzung eines mannigfaltigen – byzantinischen, sassanidischen und chinesischen – Erbgutes, und eifrige Hände setzten eine Kunst von einer so innigen Schönheit fort, daß man fast Gutenberg wegen seiner Erfindung gram werden möchte. Wie die Kammermusik im heutigen Europa, so war im mittelalterlichen Islam die Illumination von Handschriften mit Miniaturen eine Kunst für die dünne adlige Oberschicht; nur Reiche konnten Künstler anstellen und in der hingebungsvollen Armut halten, die diese geduldig erschaffenen Meisterwerke erzeugte. Auch hier war die Darstellung den Zierzwecken unterworfen; Perspektive und Modellierung wurden in voller Absicht vernachlässigt; ein Motiv oder eine Form im Mittelpunkt – etwa eine geometrische Figur oder eine einzelne Blume – wurde in hundert Variationen weitergesponnen, bis fast jeder Zoll, ja selbst der Rand der Seite mit Linien überzogen waren, so fein, daß sie wie gestochen scheinen. In weltlichen Werken konnten in Jagd-, Scherz- und Liebesszenen Männer, Frauen und Tiere auftreten, aber immer war das Ornamentale die Hauptsache, das phantasievolle Spiel einer zarten Linie, das Verfließen harmonischer Farben, die kühle Vollkommenheit einer abstrakten Schönheit, einem friedvollen Geiste zugedacht. Kunst ist Bedeutsames, das mit Empfindung gestaltet wird; die Empfindung muß sich einer Disziplinierung unterwerfen, und die Gestaltung muß Gliederung und Sinn aufweisen, auch wenn der Sinn nicht mit Worten zu fassen ist. Das ist die Kunst der Illumination wie der tiefsten Musik.

Die Kalligraphie war ein integrierender Bestandteil der Illumination; man muß schon auf China zurückgehen, um eine so enge Verquickung von Schrift und Zeichnung zu finden. Von Kufa waren die kufischen Buchstaben gekommen, von ungelenker Eckigkeit und roher Schärfe; die Kalligraphen umkleideten dieses magere Gerippe mit Vokal-, Flexions-, prosodischen und diakritischen Zeichen und kleinen Pflanzenschnörkeln; in dieser Gestalt wurde die kufische Schrift zum vielgebrauchten Bestandteil der architektonischen Ausschmückung. Zur Kursivschrift erwies sich jedoch die Nakschi-Form des arabischen Alphabetes als reizvoller; ihre abgerundeten Schriftzeichen und die gewunden horizontale Zügigkeit waren an und für sich schon dekorativ; auf der ganzen Welt gibt es keine Schrift und keinen Druck, der ihr an Schönheit gleichkäme. Im zehnten Jahrhundert hatte sie außer in der monumentalen oder keramischen Beschriftung allerorts die Überhand über die kufische Schrift gewonnen; die meisten muselmanischen Schriften, die uns aus dem Mittelalter erhalten sind, zeigen die Nakschi-Schrift. Diese Werke sind größtenteils Korane. Dieses heilige Buch abzuschreiben, war an sich schon eine fromme Tat, die auf göttlichen Lohn rechnen konnte; eine Illustration mit Bildern galt als Sakrileg; als edelste Kunst galt es jedoch, alles an die Ausgestaltung der Handschrift zu setzen. Während die Miniaturisten schlechtbezahlte Handwerker waren, wurden die Kalligraphen als gesuchte Künstler mit königlichen Geschenken überschüttet und zählten Könige und Staatsmänner zu den Ihren. Eine hingeworfene Zeile von Meisterhand war ein unbezahlbarer Schatz; bereits im zehnten Jahrhundert gab es Bücherliebhaber, die ganz in ihren Sammlungen von prächtigen Manuskripten aufgingen, welche mit blauen, schwarzen, violetten, roten und goldenen Tinten auf Pergament geschrieben waren. Es sind uns aus dieser Zeit nur ganz wenige derartige Bände erhalten; der älteste ist ein Koran in der Bibliothek von Kairo aus dem Jahre 784. Wenn wir noch hinzufügen, daß diese Werke in das weichste und stärkste

Leder gebunden und mit unübertroffener Meisterschaft gepunzt oder geprägt wurden und der Einband an sich schon in vielen Fällen mit einer eleganten Zeichnung versehen war, können wir ohne Übertreibung sagen, daß die islamischen Bücher vom neunten bis zum achtzehnten Jahrhundert die schönsten sind, die je erschienen. Wessen Bücher können heute in solchen Prachtausgaben erscheinen?

Zu der Verschönerung des islamischen Lebens verquickten sich alle Künste wie die Verschnörkelungen eines dekorativen Themas. Beispielsweise wurden die Muster der Illumination und Kalligraphie in Wirkwaren verwoben, in Töpferwaren gebrannt und über Portalen und *mihrabs* angebracht. Wenn die mittelalterliche Kultur zwischen Künstlern und Handwerkern einen geringen Unterschied machte, so nicht, um dem Künstler von seinem Wert zu nehmen, sondern um dem Handwerker eine größere Würde zu geben; es war Ziel jedes Gewerbes, eine Kunst zu werden. Für den Alltagsgebrauch stellten die Weber wie die Töpfer unscheinbare Erzeugnisse her; manchmal aber fand ihr Geschick und ihre Geduld einen Ausdruck, ihre Träume Gestalt in Gewändern oder Vorhängen, Teppichen oder Decken, Stickereien oder Brokaten, die auf manche Lebenszeit gewebt, mit der Zartheit einer Miniatur angelegt und mit den im Osten so beliebten leuchtenden Farben gefärbt waren. Byzantinische, koptische, sassanidische und chinesische Stoffe waren bereits berühmt, als die Muselmanen Syrien, Persien, Ägypten und Transoxianien eroberten; der Islam war lerneifrig, und wenngleich der Prophet sich gegen Seidenstoffe ausgesprochen hatte, stellten muselmanische Fabriken das sündhafte Gewebe bald in gewagten Mengen für Männer und Frauen her, welche nicht nur für ihre Seele, sondern auch für ihren Leib Vergebung suchten. Ein «Ehrengewand» war das wertvollste Geschenk, das ein Kalif seinen Anhängern für geleistete Dienste zu vergeben hatte. Die Muselmanen wurden im mittelalterlichen Seidenhandel führend. Persischer Seiden-*taftah* wurde als Taft für europäische Damen eingekauft. Schiraz war seiner Wollstoffe, Bagdad seiner Baldachine* und Moiréseiden, Chorasan seiner Sofadecken (arabisch *suffah*), Tyrus seiner Teppiche, Buchara seiner Gebetsteppiche, Herat seiner Goldbrokate wegen berühmt. Kein einziges Erzeugnis dieser Zeit ist dem Zahn der Zeit entronnen; auf ihre Schönheit können wir nur auf Grund späterer Produkte sowie der Zeugnisse zeitgenössischer Schriftsteller schließen. Eine Eintragung in den Archiven des Harun al-Raschid besagt: «400 000 Goldstücke, der Preis eines Ehrengewandes für Dschafar, den Sohn des Wesirs Yahya[144].»

VIII. DIE MUSIK

Die Musik galt wie die Bildhauerei im Islam zunächst als sündhaft[145]. Der Koran verbot sie nicht; wenn wir aber einer zweifelhaften Überlieferung glauben dürfen, verdammte der Prophet, den die Gesänge und Tänze lüsterner Frauen in Schrecken versetzten, die Musikinstrumente als Werkzeuge des Teufels bei seinem Muezzinruf. Die Theologen und alle

* Von *Baldaq*, dem mittelalterlichen Namen für Bagdad.

vier strenggläubigen Rechtsschulen waren auf die Musik nicht gut zu sprechen, da sie das Feuer der Leidenschaften entfache; einige räumten aber großmütig ein, daß sie nicht an und für sich sündhaft sei. Das Volk, das sich in seinem Verhalten stets gesünder zeigt als in seinen Glaubensbekenntnissen, behauptete in einem Sprichwort: «Wein ist wie der Leib, Musik wie die Seele, Freude ist ihr Abkömmling[146].» Musik begleitete das Leben des Muselmanen in allen Stufen und erfüllte 1001 arabische Nächte mit Liedern der Liebe, des Kampfes und des Todes. In jedem Palast und in vielen Herrensitzen waren Spielleute angestellt, die Lieder der Dichter oder ihre eigenen Gesänge vorzutragen. Nach dem überraschenden Urteil eines Historikers, der in diesen Dingen zuständig ist, «läßt die Pflege, die die Araber der Musik in allen ihren Zweigen angedeihen lassen, die Anerkennung der Kunst in der Geschichte jedes anderen Landes bedeutungslos erscheinen»[147]. Das westliche Ohr vermag höchstens nach langer Gewöhnung die Eigenart der arabischen Musik zu schätzen – ihre Vorliebe für die endlose Entwicklung einer Melodie (Tonarabesken) anstelle von Harmonie und Kontrapunkt, die Unterteilung der Töne in Drittel- statt in Halbtöne, ihre in Aufbau und Rhythmus grellen und überladenen Formen. Uns erscheint sie in ihren Wiederholungen öde, kläglich monoton, gestaltlos unheimlich; den Arabern scheint die europäische Musik in Zahl und Feinheit ihrer Tonschattierungen mangelhaft und in ihrer unnötigen Kompliziertheit und monumentalen Lautstärke vulgär zu sein. Die besinnliche Zartheit der arabischen Musik übt auf die Seele des Muselmanen eine große Wirkung aus. Sa'adi erzählt von einem Knaben, der eine «so klagende Melodie sang, daß die Vögel in ihrem Fluge innehielten»[148]; in al-Ghazzalis Definition ist die Ekstase «der Zustand, der beim Lauschen von Musik entsteht»[149]; ein arabisches Buch widmet ein eigenes Kapitel den Menschen, die in Ohnmacht fielen oder gar starben, während sie muselmanischer Musik zuhörten, und die Religion, die zuerst gegen die Musik war, übernahm sie später für das berauschende Derwischritual.

Die muselmanische Musik hatte zunächst die altsemitischen Formen und Weisen, entwickelte sich dann durch die Berührung mit griechischen Tonarten, die selbst asiatischen Ursprungs waren, und erfuhr starke persische und indische Einflüsse. Eine musikalische Notenschrift und viel Musiktheorie wurden von den Griechen übernommen; al-Kindi, Avicenna und die Brüder der Lauterkeit schrieben lange Abhandlungen zu dem Thema; al-Farabis *Großes Buch der Musik* ist das hervorragendste mittelalterliche Werk zur Musiktheorie – «allem, was uns aus griechischen Quellen erhalten ist, ebenbürtig, wenn nicht gar überlegen»[150]. Bereits im siebenten Jahrhundert hatten die Muselmanen Längezeichen für die Musik (die in Europa vor 1190 offenbar unbekannt waren)[151] – ihre Notenschrift bezeichnete nicht nur die Tonhöhe, sondern auch die Dauer jeder Note.

Von unzähligen Musikinstrumenten waren die wichtigsten die Laute, die Leier, die Bandola, der Psalter und die Flöte, wozu manchmal zur Verstärkung noch Hörner, Zimbeln, Tamburine, Kastagnetten und Trommeln eingesetzt wurden. Die Leier war eine kleine Harfe. Die Laute glich unserer Mandoline, besaß einen langen Hals und einen gebogenen Resonanzboden aus kleinen zusammengeleimten Segmenten aus Ahornholz; die Darmsaiten wurden mit den Fingern gezupft. Es gab Lauten in einem Dutzend Größen und Abarten. Die große Laute wurde nach dem griechischen *kithara qitara* genannt; unsere

Worte *Guitarre* und *Laute* (arabisch *al-ud*) stammen aus dem Arabischen. Einige Saiteninstrumente wurden mit einem Bogen gespielt, und die Orgel war sowohl in der pneumatischen wie der hydraulischen Abart bekannt. Gewisse muselmanische Städte, wie zum Beispiel Sevilla, waren wegen ihrer Instrumentenbauer bekannt, deren Instrumente alles im zeitgenössischen Islam Gebaute bei weitem übertrafen[152]. Die Instrumentalmusik war fast immer zur Begleitung oder Einleitung von Gesangsvorträgen bestimmt. Gewöhnlich wurden nicht mehr als vier bis fünf Instrumente gleichzeitig gespielt, wir vernehmen aber auch von großen Orchestern[153], und eine Überlieferung will wissen, daß der medinische Musiker Suraydsch erstmals einen Taktstock benutzte[154].

Trotz der leidenschaftlichen Musikliebe der Muselmanen war die Stellung der Musiker, sofern sie nicht berühmte Virtuosen waren, eine niedrige. Nur wenige Männer der Oberschicht ließen sich zum Studium der berauschenden Kunst herab. In reichen Häusern wurde das Musizieren von Sklavinnen besorgt, und eine Rechtsschule vertrat den Standpunkt, daß das Testament eines Musikers vor Gericht keine Rechtskraft besitzen könne[155]. Auch der Tanz war fast ausschließlich besonders ausgebildeten und angestellten Sklavinnen vorbehalten; oft war er erotisch, oft künstlerisch; der Kalif Amin leitete persönlich ein Ballett mit zahllosen tanzenden und singenden Mädchen, das die ganze Nacht über dauerte. Die Berührung der Araber mit den Griechen und Persern brachte den Musikern eine Verbesserung ihrer gesellschaftlichen Stellung. Umayyaden- und Abbasidenkalifen überhäuften die großen Darsteller ihrer Zeit mit großen Summen. Suleiman I. stiftete Preise von nicht weniger als 20 000 Silberstücken für einen Wettbewerb der Musiker von Mekka; Walid II. hielt Gesangsturniere ab, bei denen der erste Preis aus 300 000 Silberstücken bestand[156]; vermutlich sind diese Zahlen nach Art der Orientalen übertrieben. Mahdi lud den Sänger Siyat aus Mekka an seinen Hof, weil «seine Musik die Seele stärker erhitzte und erschauern machte als ein heißes Bad»; Harun al-Raschid nahm Siyats Schüler Ibrahim al-Mawsili (das heißt von Mosul) in seinen Dienst auf, gab ihm 150 000 Dirhems, dazu noch monatlich 10 000 Dirhems und 100 000 für ein einziges Lied[157]. Harun war von der Musik so sehr eingenommen, daß er – ganz gegen die Gewohnheit seines Standes – das Talent seines jüngeren Halbbruders Ibrahim ibn al-Mahdi, der eine Stimme von gewaltiger Kraft und von drei Oktaven Umfang besaß, förderte; die Zeit scheint sich schelmisch im Kreis zu drehen, wenn wir erfahren, daß al-Mahdi der Anführer einer romantischen Musikrichtung gegen die klassische Schule des Ischaq, Sohn des Ibrahim al-Mawsili, war[158]. Ischaq war, wie allgemein anerkannt wurde, der größte Musiker, den der Islam je hervorbrachte. Al-Mamun pflegte von ihm zu sagen: «Nie sang er vor mir, ohne daß ich mich bereichert fühlte[159].»

Wir erhalten ein hübsches Bild von der muselmanischen Gesellschaft und den Wellen, die die Musik in der muselmanischen Seele schlug, von einer Erzählung des Muchariq, eines Schülers von Ibrahim al-Mawsili; wir brauchen durchaus nicht alles zu glauben, um ihre Ausdruckskraft zu spüren:

> Nachdem ich die ganze Nacht mit dem Kalifen gezecht hatte, bat ich, an die frische Luft gehen zu dürfen ... Er gewährte mir die Bitte. Auf dem Spaziergang sah ich eine Maid, deren Gesicht der aufgehenden Sonne glich. Sie trug einen Korb, und ich folgte ihrem

Schritt. Bei einem Obstverkäufer hielt sie an und kaufte etwas Obst, und da sie bemerkte, daß ich ihr folgte, wandte sie sich um und schalt mich mehrere Male; ich aber folgte ihr trotzdem, bis sie an einem großen Tor ankam ... Als sie eingetreten war und das Tor sich hinter ihr geschlossen hatte, hockte ich, ganz von Sinnen ob ihrer großen Schönheit, gegenüber dem Hause nieder ... Die Sonne ging unter, und immer noch hockte ich dort; und schließlich kamen zwei hübsche Jünglinge auf Eseln geritten und klopften an die Tür und wurden eingelassen und ich trat mit ihnen ein; der Herr des Hauses hielt mich für einen Freund der beiden, und sie meinten, ich sei ein Freund von ihm. Ein Mahl wurde aufgetragen und wir aßen und wuschen uns die Hände und wurden mit Duftstoffen besprengt. Der Herr des Hauses sagte darauf den beiden Jünglingen: «Wünschet ihr, daß ich die Soundso rufe?» und nannte den Namen eines Mädchens. Sie entgegneten: «Wenn du uns die Gunst erweisen willst, sehr gern.» Da ließ er sie rufen, und sie trat ein und sieh, es war das Mädchen, das ich gesehn ... Eine Magd ging ihr mit der Laute voran und legte sie ihr in den Schoß. Wein wurde hereingetragen, und sie sang, derweilen wir tranken und vor Entzücken erschauerten. «Von wem ist dieses Lied?» frugen sie. Das Mädchen entgegnete: «Von meinem Herren Muchariq.» Darauf sang sie ein zweites Lied, und das war auch von mir; derweilen zechten die anderen ausgiebig; sie aber sah mich zweifelnd an, bis ich die Geduld verlor und ihr zurief, sie möge ihr Bestes hergeben; da sie sich aber bemühte, überanstrengte sie ihre Stimme und ich sagte: «Du hast einen Fehler gemacht»; sie aber warf zornig die Laute von sich und rief: «Nimm sie selbst und laß uns hören!» Ich entgegnete «Wohlan!» und nahm die Laute und stimmte sie genau und sang darauf das erste Lied, das sie zuvor gesungen hatte; da sprangen alle auf und küßten mir das Haupt. Da sang ich das zweite Lied und das dritte, und sie wurden fast wahnsinnig vor Begeisterung.

Der Herr des Hauses frug seine Gäste, wer ich sei, und sie sagten ihm, sie wüßten es nicht; da kam er zu mir und küßte mir die Hand und sagte: «Bei Allah, mein Herr, wer bist du?» Ich entgegnete: «Bei Allah, ich bin der Sänger Muchariq.» «Und um wessentwillen», frug er und küßte mir beide Hände, «bist du hierhergekommen?» Ich entgegnete: «Als Schmarotzer» – und ich berichtete ihm von dem Vorfall mit dem Mädchen. Da sah er seine Genossen an und frug sie: «Saget mir bei Allah, wisset ihr nicht, daß ich 30 000 Dirhems für das Mädchen gab und alle Angebote auf sie ausgeschlagen habe?» Sie entgegneten: «Wahr sprichst du.» Und er sagte: «Ihr seid mir Zeugen, daß ich sie ihm schenke.» «Und wir», sagten sie, «werden dir zwei Drittel des Preises erstatten.» Auf diese Weise kam ich in den Besitz des Mädchens, und als ich am Abend von ihm schied, beschenkte er mich noch mit reichen Gewändern und anderen Gaben, und ich nahm alles mit. Und als ich an den Orten vorbeikam, da das Mädchen mich gescholten hatte, sagte ich zu ihr: «Wiederhole deine Worte»; sie aber schämte sich und wollte nicht. Ich nahm das Mädchen bei der Hand und ging mit ihr zum Kalifen. Er war ob meiner langen Abwesenheit zornig; als ich ihm aber meine Geschichte erzählte, war er überrascht und lachte und befahl, der Herr des Hauses und seine beiden Freunde sollten vor ihn gebracht werden, damit er sie belohnen könne; dem ersteren gab er vierzigtausend Dirhems, jedem der beiden Freunde dreißigtausend und mir hunderttausend, und ich küßte ihm die Füße und nahm Abschied von ihm[160].

SECHSTES KAPITEL

DER WESTLICHE ISLAM

[641–1086]

I. DIE EROBERUNG VON NORDAFRIKA

Der Vordere Orient war nur ein Teil des islamischen Bereiches. Ägypten erstand unter den Muselmanen in altem Pharaonenglanz; Tunis, Sizilien und Marokko erhielten unter arabischer Führung wieder ein ordentliches Staatswesen, und Qairwan, Palermo und Fez erlebten vorübergehend eine Glanzzeit; das maurische Spanien war ein Höhepunkt in der Geschichte der Zivilisation, und zu einer späteren Zeit bauten die Moguln, die muselmanischen Herrscher Indiens, «wie Riesen und gaben ihren Bauten den letzten Schliff wie Juweliere».

Während Chalid und andere Eroberer den Osten unterwarfen, brach Amr ibn al-As nur sieben Jahre nach Mohammeds Tode von Gaza in Palästina aus auf, eroberte Pelusium und Memphis und marschierte auf Alexandrien. Ägypten besaß Häfen und Flottenstützpunkte, und die arabische Macht bedurfte einer Flotte; Ägypten führte Getreide nach Konstantinopel aus, und Arabien brauchte Getreide. Die byzantinische Regierung hatte schon seit Jahrhunderten in Ägypten arabische Söldner als Polizisten eingesetzt; diese waren für die Eroberer kein Hindernis. Die monophysitischen Christen Ägyptens hatten unter der Verfolgung der Byzantiner zu leiden gehabt; sie empfingen die Muselmanen mit offenen Armen, halfen ihnen bei der Einnahme von Memphis und führten sie nach Alexandrien. Als sich diese Stadt nach dreiundzwanzigmonatiger Belagerung (641) ergab, schrieb Amr an den Kalifen Omar: «Unmöglich ist es, die Reichtümer dieser Stadt aufzuzählen oder ihre Schönheit zu beschreiben; ich will nur bemerken, daß sie viertausend Paläste, vierhundert Thermen und vierhundert Theater besitzt[1].» Amr verhinderte die Plünderung, er zog die Besteuerung vor. Die theologischen Streitpunkte der christlichen Sekten vermochte er nicht zu verstehen; er untersagte den Monophysiten die Rache an ihren orthodoxen Widersachern und brach den Brauch von Jahrhunderten, indem er die Glaubensfreiheit für alle verkündete.

War es Amr, der die alexandrinische Bibliothek zerstörte? Die früheste Erwähnung findet diese Geschichte bei Abd al-Latif (1162–1231), einem muselmanischen Naturwissenschaftler[2]; vollständiger findet sie sich bei Bar-Hebraeus (1226–1286), einem getauften Juden aus Ostsyrien, der unter dem Namen Abu'l-Faradsch einen Abriß der Weltgeschichte verfaßte. Nach seiner Darstellung bat Johannes Philoponos, ein alexandrinischer Grammatiker, den Amr, ihm die Handschriften der Bibliothek zu überlassen; Amr schrieb um die Genehmigung an Omar; der Kalif soll geantwortet haben: «Stimmen diese griechischen Schriften mit dem Buche Gottes überein, so sind sie wertlos und brauchen nicht aufbewahrt zu werden; stimmen sie nicht überein, so sind sie gefährlich und sollen vernichtet werden»; die Sage verkürzt diese wahrscheinlich bereits legendäre Antwort weiter: «Verbrenne die Bibliotheken, denn sie sind in einem einzigen Buche enthalten» – dem Koran. Nach Bar-Hebraeus soll Amr den Inhalt der Bibliothek an die städtischen Bäder verteilt haben, deren viertausend Heizöfen sechs Monate lang mit Papyrus- und Pergamentrollen beheizt worden sein sollen (642). Gegen diese Darstellung ist zu bemerken, daß (1) ein großer Teil der Bibliothek bereits im Jahre 392 unter dem Patriarchen Theophilos als Folge christlichen Glaubenseifers zerstört worden war[3]; (2) die Überreste so sehr unter Feindseligkeit und Nachlässigkeit zu leiden hatten, daß «bis 642 der größte Teil der Büchersammlung verschwunden war»[4]; und (3) kein einziger christlicher Geschichtsschreiber den Vorfall während der ganzen fünfhundert Jahre, die zwischen seinem angeblichen Ereignis und dem ersten Bericht verflossen, erwähnt, obwohl einer von ihnen, der Erzbischof Eutychios von Alexandrien die Einnahme Alexandriens durch die Araber 933 eingehend beschreibt[5]. Die ganze Angelegenheit wird heute allgemein in das Reich der Fabel verwiesen. Auf jeden Fall war die allmähliche Auflösung der alexandrinischen Bibliothek ein tragisches Ereignis von einiger Bedeutung, denn sie soll in ihren Beständen die vollständigen veröffentlichten Werke von Aischylos, Sophokles, Polybios, Livius, Tacitus und vielen anderen enthalten haben, die uns nur in verstümmelter Form erhalten sind, weiter die vollständigen Texte der Vorsokratiker, von denen nur noch Bruchstücke bestehen, und griechische, römische und ägyptische geschichtliche, wissenschaftliche, literarische und philosophische Werke zu Tausenden.

Amr war Ägypten ein guter Verwalter. Ein Teil der drückenden Steuern wurde auf die Instandhaltung der Kanäle und Deiche und die Wiederöffnung eines 130 Kilometer langen Kanales zwischen dem Nil und dem Roten Meer verwandt; damit war ein Schiffsverkehr zwischen Mittelmeer und Indischem Ozean möglich[6]. (Dieser Kanal erstickte im Jahre 723 erneut im Sand und wurde wieder aufgegeben.) Amr gründete eine neue Hauptstadt an der Stelle, an der er 641 sein Lager aufgeschlagen hatte; sie wurde, offenbar nach dem arabischen Wort für Zelt al-Fustat genannt; das waren die Anfänge der Stadt Kairo. Von dort aus herrschten die muselmanischen Statthalter zwei Jahrhunderte lang (661–868) für die Kalifen von Damaskus oder Bagdad über Ägypten.

Jede Eroberung schafft neue Grenzen, die stets gefährdet sind und darum nach neuen Eroberungen rufen. Um das muselmanische Ägypten gegen Flankenangriffe aus dem byzantinischen Kyrene zu schützen, drang ein Heer von 40000 Muselmanen durch die Wüste nach Basra vor, nahm es ein und marschierte bis in die Nähe von Karthago. Der Feldherr der Mohammedaner pflanzte seinen Speer etwa 130 Kilometer südlich des heutigen Tunis im Sande auf, erstellte ein Lager und gründete damit eine der bedeutenderen Städte des Islam, Qairwan – «Ruheplatz». In der Erkenntnis, daß die Eroberung von Karthago den Muselmanen die Beherrschung des Mittelmeeres und einen offenen Seeweg nach Spanien eintragen würde, sandte der griechische Kaiser Truppen und eine Flotte aus; die Berber vergaßen für einen Augenblick ihren Haß auf Rom und beteiligten sich an der Verteidigung der Stadt; erst im Jahre 698 gelang die Unterwerfung von Karthago. Bald danach war ganz Nordafrika bis zum Atlantischen Ozean erobert. Die Berber ließen sich, beinahe auf Grund ihrer eigenen Bedingungen, zur Annahme der Muselmanenherrschaft und bald darauf auch des mohammedanischen Glaubens bewegen. Afrika wurde in drei Provinzen aufgeteilt: Ägypten mit der Hauptstadt al-Fustat, Ifriqiya mit der Hauptstadt Qairwan, Maghreb (Marokko) mit der Hauptstadt Fez.

Ein Jahrhundert lang erkannten diese Provinzen die östlichen Kalifen als Oberherren an. Die Transport- und Verbindungsschwierigkeiten stiegen aber durch die Verlegung des Kalifates nach Bagdad um so mehr, und die afrikanischen Provinzen wurden eine nach der anderen unabhängige Königreiche. Eine Idrisidendynastie (789–974) herrschte in Fez, eine Aghlabidendynastie (800–909) in Qairwan und eine Tulunidendynastie (869–905) in Ägypten. Diese uralte Kornkammer, die nicht mehr von fremden Herren ihrer Erzeugnisse beraubt wurde, erlebte eine kleine Renaissance. Ahmad ibn Tulun (869–884) eroberte Syrien für Ägypten, gründete eine neue Hauptstadt in Qatai (einer Vorstadt von al-Fustat), förderte Kunst und Bildung, erbaute Paläste, Thermen, ein Krankenhaus und die große Moschee, die heute noch als sein Grabmal steht. Sein Sohn Chumarawayh (884–895) übertrug diese Tatkraft auf ein Luxusleben, ließ die Wände seines Palastes mit Gold auslegen und besteuerte sein Volk, um sich ein Schwimmbecken aus Quecksilber zulegen zu können, auf dem sein Bett aus aufgeblasenen Ledermatratzen sanft dahingleiten und ihm den ersehnten Schlaf bringen konnte. Vierzig Jahre nach seinem Tode trat eine türkische Dynastie an die Stelle der Tuluniden, die der Ikschididen (935–969). Diese nordafrikanischen Monarchien, die nicht im Blut und den Überlieferungen des Volkes wurzelten, mußten ihre Herrschaft auf die militärische Macht und auf überlegene Führereigenschaften bauen, und sobald sie in ihrem kriegerischen Eifer nachließen, schmolz auch ihre Macht dahin.

Die bedeutendste afrikanische Dynastie kräftigte ihre militärische Macht, indem sie sie mit einem beinahe fanatischen religiösen Glauben verband. Um 905 tauchte Abu Abdallah in Tunesien auf, predigte die ismailitische Lehre von den sieben Imams, verkündete die baldige Ankunft des Mahdi, des Erlösers, und erhielt einen solchen Zuzug begeisterter Berber, daß er die Herrschaft der Aghlabiden in Qairwan stürzen konnte. Um die Erwartungen, die er erweckt hatte, zu erfüllen, ließ er den Obeidallah ibn Muhammad aus Arabien kommen, einen angeblichen Enkel des Ismailipropheten Abdallah, begrüßte ihn als den Mahdi, machte ihn zum König (909) und endete bald auf Geheiß dieses Königs auf der Richtstätte. Obeidallah behauptete von der Fatima abzustammen und gab der Dynastie ihren Namen.

Unter den Aghlabiden und Fatimiden gewann Nordafrika den Wohlstand wieder, den es in der Glanzzeit Karthagos und unter dem kaiserlichen Rom besessen hatte. In der Frühzeit ihrer Kraftentfaltung legten die muselmanischen Eroberer im neunten Jahrhundert drei Straßen von 2400 bis 3200 Kilometer Länge durch die Sahara zum Tschadsee und bis Timbuktu an; im Norden und Westen gründeten sie Häfen in Bône, Oran, Ceuta und Tanger; ein befruchtender Handel verband den Sudan mit dem Mittelmeer und den östlichen Islam mit Marokko und Spanien. Muselmanische Flüchtlinge aus Spanien brachten die Kunst der Lederbearbeitung nach Marokko; Fez blühte als Zentrum des Handelsaustausches mit Spanien und erlangte seiner Farbstoffe, Parfüme und krempenlosen zylindrischen roten Kopfbedeckungen wegen Berühmtheit.

Im Jahre 969 entrissen die Fatimiden Ägypten den Händen der Ikschididen und dehnten bald darauf ihre Herrschaft über Arabien und Syrien aus. Der Fatimidenkalif Muizz verlegte seinen Regierungssitz nach Qahira (Kairo): Wie Qatai ein nordöstlicher Ausläufer von Fustat gewesen war, so war Qahira («die Siegreiche») ein nordöstlicher Ausläufer von Qatai und nahm seinen Anfang, wie seine Vorgänger, als Militärlager. Unter Muizz (953 bis 975) und seinem Sohne Aziz (975–996) reorganisierte der Wesir Yaqub ibn Qillis, ein zum Islam übergetretener Jude von Bagdad, die Verwaltung Ägyptens und machte die Fatimiden zu den reichsten Herrschern ihrer Zeit. Raschida, eine Schwester des Muizz, hinterließ bei ihrem Tode 2 700 000 Dinar und nicht weniger als 12 000 Gewänder; seine Schwester Abda hinterließ 3000 Silbervasen, 400 golddamaszenierte Dolche und Schwerter, 30 000 sizilianische Gewebe und einen wahren Hort an Schmuckstücken[7]. Aber nichts läßt uns so leicht im Stich wie der Erfolg. Der nächste Kalif, al-Hakim (996–1021), verlor halb den Verstand ob seiner Macht und seines Reichtums. Er ließ mehrere Wesire ermorden, verfolgte die Christen und Juden, ließ viele Kirchen und Synagogen niederbrennen und die Kirche des Heiligen Grabes in Jerusalem zerstören; die Ausführung dieses Befehles war mit ein auslösender Grund für die Kreuzzüge. Wie um die Laufbahn des Caligula zu wiederholen, ließ er sich zum Gott ausrufen und schickte Missionare aus, die seinen Kult unter dem Volke verbreiten sollten; als einige dieser Priester ermordet wurden, nahm er die Christen und Juden wieder in seine Gunst auf und ließ ihre Kultstätten neu aufbauen. Er wurde im Alter von sechsunddreißig Jahren ermordet.

Trotz dieser fürstlichen Vorrechte seiner Herrscher gedieh Ägypten als Bindeglied des Handels zwischen Europa und Asien. Immer mehr Kaufleute von Indien und China fuhren am Golf von Persien vorbei und das Rote Meer und den Nil hinauf nach Ägypten; Bagdads Reichtum und Macht schwanden dahin, Kairo wurde immer reicher und mächtiger. Nasir-i-Chosru, der die neue Hauptstadt im Jahre 1047 aufsuchte, spricht von 20 000 Häusern, meist aus Backsteinen erbaut, mit fünf bis sechs Stockwerken, und von ebensovielen Kaufläden, die «mit Gold, Juwelen, Stickereien und Satins so angefüllt waren, daß kaum mehr Platz zum Sitzen verblieb»[8]. Die Hauptstraßen waren gegen die Sonne abgedeckt und nachts von Lampen erleuchtet. Die Preise wurden von der Regierung festgelegt, und wenn einer die Preisvorschriften überschritt und dabei ertappt wurde, mußte er auf einem Kamel durch die Stadt reiten, eine Glocke läuten und sein Verbrechen öffentlich bekennen[9]. Es gab viele Millionäre; ein Kaufmann, ein Christ, ernährte während fünf Hungerjahren, die durch den niederen Wasserstand des Nils verursacht worden waren, die gesamte Bevölkerung auf seine Kosten, und Yaqub ibn Qillis hinterließ ein Vermögen von mehr als dreißig Millionen Dollar Geldwert[10]. Solche Leute taten es den Fatimidenkalifen im Bau von Moscheen, Bibliotheken und Schulen und in der Förderung von Kunst und Wissenschaften gleich. Trotz gelegentlicher Grausamkeiten, verschwenderischem Luxus und der üblichen Ausbeutung der Arbeitskraft und der gehörigen Zahl von Kriegen war die Regierung der Fatimiden im großen und ganzen fruchtbar und liberal und könnte hinsichtlich des Wohlstandes und der Kulturstufe mit jedem Zeitalter der ägyptischen Geschichte in Wettbewerb treten[11].

Der Reichtum der Fatimiden erreichte seinen Höhepunkt während der langen Regierungszeit des Mustansir (1036–1094), des Sohnes einer sudanesischen Sklavin. Er ließ sich einen Vergnügungspavillon bauen und führte ein Leben der Musik, des Weines und des Nichtstuns; «das ist angenehmer», pflegte er zu sagen, «als auf den Schwarzen Stein zu starren, dem Geleier des Muezzin zuzuhören und unsauberes Wasser (aus Mekkas heiligem Brunnen von Zemzem) zu trinken»[12]. Im Jahre 1067 rebellierten seine türkischen Truppen; sie stürmten seinen Palast und schleppten als Beute kostbare Kunstschätze, große Mengen Schmuck und fünfundzwanzig Kamellasten von Manuskripten hinweg; ein Teil dieser Handschriften diente den türkischen Offizieren als Brennstoff zur Beheizung ihrer Häuser, während hervorragende Ledereinbände an die Sklaven zur Reparatur ihrer Schuhe gingen. Bei dem Tode des Mustansir zerfiel das Fatimidenreich; seine einst mächtige Armee zerfiel in die sich befehdenden Parteien der Berber, Sudanesen und Türken; Ifriqiya und Marokko hatten sich bereits aus dem Staatsverband gelöst, Palästina erhob sich, Syrien ging verloren. Als Saladin im Jahre 1171 den letzten Fatimidenkalifen entthronte, folgte wieder einmal, wie schon so oft, ein ägyptisches Herrscherhaus seinen Vorgängern über Macht und Lebensgenuß in den Verfall.

II. DIE ISLAMISCHE ZIVILISATION IN AFRIKA: 641–1058

Die Höfe von Kairo, Qairwan und Fez wetteiferten miteinander in der Förderung von Baukunst, Malerei, Musik, Dichtung und Philosophie. Aber fast alle noch erhaltenen Handschriften des islamischen Nordafrika aus dieser Zeit sind in Bibliotheken vergraben, die der westlichen Gelehrsamkeit kaum erst erschlossen sind; von den Kunstgewerben sind viele zugrundegegangen, und nur die Moscheen verkünden die Lebenskraft und den Geist dieser Zeit. In Qairwan steht noch die Sidi-Oqba-Mosche, erstmals 670 erbaut und siebenmal restauriert; in der jetzigen Form datiert sie großenteils aus dem Jahre 838; die Rundbögen ihrer Kreuzgänge sind von Hunderten von korinthischen Säulen getragen, die aus den Ruinen von Karthago stammen; ihre Kanzel ist ein Meisterstück der Holzschnitzerei, ihr *mihrab* ist ein Prachtwerk aus Porphyr und Fayence; ihr eckiges massives Minarett – das älteste der Welt[13] – übermittelte den Minaretten des Westens ein syrisches Stilelement. Diese Moschee ließ Qairwan zur vierten heiligen Stätte des Islam werden, eines der «vier Tore zum Paradies». An Heiligkeit und Großartigkeit standen ihr die Moscheen von Fez und Marrakesch, von Tunis und Tripolis nur wenig nach.

In Kairo gab es Moscheen ohne Zahl und von gewaltigen Ausmaßen; heute noch zieren dreihundert diese reizvolle Großstadt. Die Moschee des Amr, im Jahre 642 begonnen, wurde im zehnten Jahrhundert umgebaut; von den ursprünglichen Bestandteilen ist außer den schönen korinthischen Säulen, die geschickterweise von den römischen und byzantinischen Ruinen gerettet worden waren, nichts erhalten. Die Moschee des Ibn Tulun (878) zeigt, wie angenommen wird, noch die ursprüngliche Gestalt und Ausstattung. Eine hohe mit Schießscharten versehene Mauer umfaßt ihren geräumigen Hof; im Inneren finden sich Spitzbögen, die ältesten in Ägypten mit Ausnahme des Bogens des Nilometers (865), eines Baues, der auf einer Nilinsel errichtet worden war und zum Messen des Wasserstandes des Nils diente; wahrscheinlich kam diese anmutige und praktische Bogenform von Ägypten aus über Sizilien und durch Vermittlung der Normannen in die Gotik[14]. Das zigguratförmige Minarett und das gewölbeüberdachte Grabmal des Ibn Tulun zeigen Hufeisenbögen – die nicht gerade zu den schönsten Kennzeichen der muselmanischen Kunst zählen. Ibn Tulun soll die Absicht gehabt haben, die Bögen von dreihundert Säulen aus aufsteigen zu lassen; als er aber erfuhr, die Säulen seien nur durch den Abbruch christlicher und römischer Bauten zu beschaffen, soll er statt dessen den Entschluß gefaßt haben, die Bögen auf massive Backsteinpfeiler aufzulegen[15]; auch hierin mag die Moschee dem gotischen Stile ein charakteristisches Element übermittelt haben. Schließlich wurden, wie um den Bau zu einem Schrittstein für Chartres zu machen, einige Fenster mit farbigem Glas versehen, andere mit Steingittern in Rosetten- oder Sternform oder in anderen geometrischen Mustern; diese Fenster sind jedoch unsicheren Datums.

In den Jahren 970–972 erbaute Dschauhar, der zum Islam übergetretene christliche Sklave, welcher Ägypten für die Fatimiden erobert hatte, die Moschee al-Azhar («die Strahlende»); ein Teil des ursprünglichen Gebäudes steht noch; auch hier finden sich Spitzbögen, die von 380 Marmor-, Granit- oder Porphyrsäulen aus aufsteigen. Die Moschee des al-Hakim (990–1012) ist ein Steinbau, der zum größten Teil noch erhalten ist, wenn auch außer Gebrauch und in Verfall; einen leichten Begriff von ihrer mittelalterlichen Pracht erhält man noch durch die Betrachtung der eleganten Stuckarabesken und der schönen kufischen Inschrift des Frieses. Einst strahlten diese Moscheen, die heute so abweisend wie Festungen wirken (und zweifellos so beabsichtigt waren), im Glanze von hervorragenden Schnitzereien und Inschriften, Mosaiken und mit Ziegeln ausgelegten *mihrabs* und von Leuchtern, die heute zu seltenen Kostbarkeiten von Museen gehören. Die Moschee des Ibn Tulun wies 18000 Lampen auf, von denen viele aus buntfarbigem emailliertem Glas bestanden[16].

Die geringeren Künste wurden im islamischen Nordafrika mit muselmanischer Geduld und Feinheit ausgeübt. Lüsterziegel erscheinen in der Moschee von Qairwan. Nach der Schilderung des Nasir-i-Chosru (1050) waren die Töpferwaren von Kairo «so zart und durchscheinend, daß die außen aufgelegte Hand von der Innenseite zu sehen war»[17]. Ägyptische und syrische Glaswaren behielten ihre altüberlieferte vorzügliche Qualität bei. Bergkristallgeschirr aus der Fatimidenzeit, das sich über ein Jahrtausend erhalten hat, zählt zu den Schätzen der Museen von Venedig und Florenz und des Louvres. Holzschnitzer entzückten das Auge mit ihrer Arbeit an Moscheentoren, Kanzeltäfelungen, *mihrabs* und Fenstergittern. Von ihren koptischen Untertanen übernahmen die ägyptischen Muselmanen die Kunst, Büchsen, Schreine, Tische und andere Gegenstände mit Einlagen oder Intarsien aus Holz, Elfenbein, Knochen oder Perlmutter zu verzieren. Als türkische Söldner die Kammern des al-Mustansir ausplünderten, fielen ihnen Tausende von goldenen Gegenständen in die Hände – Schreibgerät, Schachfiguren, Vasen, Vögel, mit Edelsteinen besetzte künstliche Bäume ...[18]. Zu dem Beutegut zählten mit Goldfäden durchwirkte Seidenbrokatvorhänge mit den Bildnissen und Lebensbeschreibungen berühmter Herrscher. Ebenfalls von den Kopten lernten die Muselmanen das Verfahren, Stoffe mittels hölzerner Stempel mit Mustern zu bestempeln und zu bedrucken; dieses Verfahren kam offenbar durch die Kreuzritter von dem islamischen Ägypten nach Europa und trug wohl zur Ausbildung der Buchdruckerkunst bei. Europäische Kaufleute bewerteten die Stoffe der Fatimiden höher als alle anderen und erzählten sich ehrfurchtsvoll von Geweben, die in Kairo und Alexandrien hergestellt wurden und so fein waren, daß man ein ganzes Gewand durch einen Fingerring ziehen konnte[19]. Wir vernehmen von luxuriösen Fatimidenteppichen und von Zelten aus Velvet, Satin, Damast, Seide und Goldstoff, die mit Malereien verziert waren; ein für Yazuri, einen Wesir des al-Mustansir, verfertigtes Zelt erforderte die Arbeit von 150 Menschen während mehr als neun Jahren, kostete 30 000 Dinar und zeigte Bilder aller damals bekannten Tiergattungen mit Ausnahme des *homo lupus*. Von der Fatimidenmalerei sind einzig einige bruchstückhafte Fresken im Arabischen Museum in Kairo erhalten. Miniaturen sind aus dem fatimidischen Ägypten keine erhalten, aber Maqrizi, der im fünfzehnten Jahrhundert eine Geschichte der Malerei schrieb, berichtet, daß die Bibliothek der Fatimidenkalifen Hunderte reich illuminierter Handschriften, darunter 2400 Korane, enthielt.

Zu al-Hakims Zeit umfaßte die Kalifenbibliothek in Kairo 100 000 Bände; zu al-Mustansirs Zeit 200 000. Es heißt, daß die Handschriften kostenlos an alle verantwortungsbewußten Jünger der Gelehrsamkeit ausgeliehen wurden. Im Jahre 988 bewog der Wesir Yaqub ibn Qillis den Kalifen Aziz, an 35 Studenten der al-Azhar-Moschee Stipendien für Unterweisung und Lebensunterhalt auszugeben; damit nahm die älteste jetzt noch bestehende Universität ihren Anfang. Mit zunehmender Entwicklung zog diese Madrasa Schüler aus dem ganzen islamischen Bereich an, wie die Universität Paris ein Jahrhundert später Studenten aus ganz Europa anlockte. Kalifen, Wesire und reiche Bürger stifteten Jahr für Jahr weitere Stipendien, und in unserer Zeit weist die al-Azhar 10 000 Studenten und 300 Professoren auf[20]. Selten findet man auf einer Weltreise einen hübscheren Anblick als die Studentengruppen in den Kreuzgängen dieser tausendjährigen Moschee, jede Gruppe im Halbkreis um einen sitzenden Gelehrten hockend. Berühmte Wissenschaftler des ganzen Islam kamen hierher, um Unterricht in Grammatik, Rhetorik, Mathematik, Dichtkunst, Logik, Theologie, Hadith, koranischer Exegese und Rechtskunde zu erteilen. Die Studenten hatten keine Gebühren zu entrichten, die Lehrer erhielten keine Besoldung. Da die berühmte Universität von staatlichen Unterstützungen und privater Gutherzigkeit abhing, neigte sie zu einer immer eifrigeren Strenggläubigkeit, und ihre weisunggebenden *ulama* (Gelehrten) wirkten hemmend auf Literatur, Philosophie und Wissenschaft der Fatimidenzeit. Wir hören unter dieser Dynastie nichts von bedeutenden Dichtern.

Al-Hakim gründete in Kairo einen Dar al-Hikmah («Bau der Weisheit»); sein Hauptzweck war die Unterweisung in ismailitischer Theologie; zu seinem Lehrplan gehörten aber auch Astronomie und Medizin. Al-Hakim stellte die Mittel zu einem Observatorium bereit und unterstützte Ali ibn Yunus (†1009), wohl den bedeutendsten muselmanischen Astronomen. Nach siebzehnjährigen Beobachtungen vollendete Yunus die «Hakimitischen Tafeln» der Gestirnsbewegungen und -gezeiten und präzisierte die Werte des Neigungswinkels der Ekliptik, des Vorschreitens der Tag- und Nachtgleichen und der Sonnenparallaxe.

Am hellsten strahlt in der muselmanisch-ägyptischen Wissenschaft der Name des Muhammad ibn al-Haitham, im mittelalterlichen Europa Alhazen genannt. Im Jahre 965 in Basra geboren, erwarb er sich dort einen guten Ruf als Mathematiker und Baumeister. Al-

Hakim, der vernommen hatte, daß al-Haitham einen Plan zur Regulierung der jährlichen Nilüberschwemmungen ausgearbeitet hatte, berief ihn nach Kairo. Der Plan erwies sich als undurchführbar, und al-Haitham mußte sich vor dem unberechenbaren Kalifen verbergen. Wie alle mittelalterlichen Denker war er von dem Versuche des Aristoteles, eine vernunftgemäße Synthese des Wissens zu geben, fasziniert und verfaßte mehrere Kommentare zu den Werken des Philosophen; keines ist erhalten geblieben. Wir kennen al-Haitham hauptsächlich durch sein *Kitab al-Manazir*, sein *Buch der Optik;* von allen Geisteserzeugnissen des Mittelalters ist es vielleicht in Methode und Denkweise das wissenschaftlichste. Al-Haitham untersuchte die Lichtbrechung in durchsichtigen Medien wie Luft und Wasser und war so nahe an der Erfindung des Vergrößerungsglases, daß Roger Bacon, Witelo und andere Europäer drei Jahrhunderte später ihre eigenen Fortschritte in Richtung auf Mikroskop und Teleskop auf sein Werk gründeten. Er verwarf die euklidische und ptolemäische Theorie, daß das Sehen durch einen Strahl zustande komme, der das Auge verlasse und das Objekt erreiche; nach seiner Ansicht «geht die Gestalt des wahrgenommenen Objektes in das Auge über und wird in diesem durch den durchsichtigen Körper» – die Linse – «weitergegeben»[21]. Er bemerkte die Auswirkung der Atmosphäre auf die anscheinende Vergrößerung des Umfanges von Sonne und Mond bei der Annäherung an den Horizont; deckte auf, daß durch die atmosphärische Lichtbrechung das Sonnenlicht uns auch dann noch erreicht, wenn die Sonne bereits neunzehn Grad unter den Horizont gesunken ist, und berechnete auf Grund dieser Beobachtung die Höhe der Atmosphäre auf rund sechzehn Kilometer. Er untersuchte die gegenseitige Beziehung zwischen dem Gewicht und der Dichte der Atmosphäre und der Auswirkung der Dichte der Atmosphäre auf das Gewicht von Gegenständen. Er ging mit komplizierten mathematischen Formeln dem Problem der Wirkung von Lichtstrahlen auf sphärische und parabolische Spiegel und beim Durchgang durch Brenngläser zu Leibe. Er beobachtete die halbmondförmige Gestalt des Sonnenbildes während Sonnenfinsternissen auf der gegenüberliegenden Wand beim Durchtritt durch ein kleines Loch in den Fensterläden; es handelt sich dabei um die erste bekannte Erwähnung der Dunkelkammer, der *camera obscura*, von der die ganze Photographie ausgeht. Der Einfluß von al-Haitham auf die europäische Wissenschaft läßt sich schwerlich übertreiben. Ohne ihn hätte man vielleicht nie etwas von einem Roger Bacon vernommen; in dem Teile seines *Opus maius*, der sich mit Optik befaßt, zitiert oder erwähnt ihn Bacon auf Schritt und Tritt, und der sechste Teil stützt sich fast ausschließlich auf die Entdeckungen des Kairoer Physikers. Noch die Lichtstudien eines Kepler und eines Leonardo gingen von al-Haithams Werk aus.

Die auffälligste Auswirkung der Eroberung Nordafrikas durch die Araber war das allmähliche, aber fast völlige Verschwinden des Christentums. Die Berber traten nicht nur zum Islam über, sie wurden sogar seine fanatischsten Verteidiger. Zweifellos waren wirtschaftliche Erwägungen beteiligt: Nichtmuselmanen hatten eine Kopfsteuer zu bezahlen, und Konvertiten waren eine Zeitlang von ihr befreit. Als der arabische Statthalter von Ägypten im Jahre 744 diese Steuerbefreiung bot, gingen 24000 Christen zum Islam über[22]. Gelegentliche, aber heftige Christenverfolgungen mögen viele zur Annahme des herrschenden Glaubens umgestimmt haben. In Ägypten baute sich eine koptische Minderheit

Kirchen wie Festungen, übte ihren Kult im Geheimen und hielt sich tapfer bis zum heutigen Tage. Aber die einst überfüllten Kirchen von Alexandrien, Kyrene, Karthago und Hippo leerten sich und zerfielen; das Gedenken der Athanasios, Kyrillos und Augustin schwand dahin, und die Dispute zwischen Arianern, Donatisten und Monophysiten wichen dem Streit zwischen sunnitischen und ismailitischen Mohammedanern. Die Fatimiden kräftigten ihre Macht, indem sie die Ismailiten in einer Großloge mit komplizierten Einweihungsriten und hierarchischen Stufenfolgen zusammenfaßten; die Mitglieder dieser Loge wurden zur politischen Spionage und Intrige eingesetzt; die Lebensart des Ordens ging auf Jerusalem und Europa über und beeinflußte stark den Aufbau, das Ritual und die Gewandung der Tempelritter, der Illuminaten und der anderen westlichen Geheimbrüderschaften. Der amerikanische Geschäftsmann wird von Zeit zu Zeit ein eifriger Mohammedaner, der auf seine Geheimlehre, seinen marokkanischen Fez und seinen muselmanischen Tempel stolz ist.

III. DER ISLAM IM MITTELMEERBEREICH: 649–1071

Nach der Eroberung von Syrien und Ägypten wurde es den Führern der Muselmanen bald klar, daß sie die Küste ohne Flotte kaum würden halten können. Bald eroberten ihre Kriegsschiffe Cypern und Rhodos und schlugen die byzantinische Flotte (652, 655). Korsika wurde 809, Sardinien 810, Kreta 823, Malta 870 besetzt. Im Jahre 827 lebte der alte Kampf zwischen Griechenland und Karthago um Sizilien wieder auf; die Aghlabidenkalifen von Qairwan sandten Expedition um Expedition, und die Eroberung ging mit gemächlichem Blutvergießen und Raub vor sich. Palermo fiel 831, Messina 843, Syrakus 878, Taormina 902. Als die Fatimidenkalifen die Macht der Aghlabiden übernahmen (909), fiel ihnen Sizilien als Teil ihres Erbes zu. Als die Fatimiden ihren Regierungssitz nach Kairo verlegten, gab sich der Statthalter von Sizilien, Husein al-Kalbi, eine fast völlige Unabhängigkeit und gründete die Kalbitendynastie, unter der die muselmanische Kultur in Sizilien ihren Höhepunkt erreichte.

Durch die Herrschaft über das Mittelmeer bestärkt, sahen die Sarazenen nun mit einem gierigen Auge auf die Städte Süditaliens. Da die Seeräuberei zu den ehrbaren Gewerben der damaligen Zeit gehörte und Christen und Muselmanen muselmanische oder christliche Küstenstriche überfielen, um Ungläubige beizutreiben und als Sklaven zu verkaufen, begannen Sarazenenflotten im neunten Jahrhundert, meistens von Tunesien oder Sizilien aus, italienische Häfen anzugreifen. Im Jahre 841 nahmen die Muselmanen Bari, die wichtigste byzantinische Flottenbasis in Südostitalien. Im folgenden Jahre folgten sie einer Einladung des Lombardenherzogs von Benevent, ihm gegen Salerno beizustehen, fegten Italien hinauf und wieder hinab und plünderten auf ihrem Wege Felder und Klöster. 846 landeten elfhundert Muselmanen in Ostia, marschierten bis vor die Tore Roms, plünderten ungehindert die Vorstädte und die Kirchen St. Peter und St. Paul und kehrten in aller Muße zu ihren Schiffen zurück. Papst Leo IV. übernahm in der Einsicht, daß keine bürgerliche Autorität die Verteidigung Italiens zu organisieren vermochte, die Führerschaft, verband sich mit Amalfi, Neapel, Gaeta und Rom und ließ eine Kette quer durch den Tiber legen, um feindliche Schiffe aufzuhalten. Im Jahre 849 unternahmen die Sarazenen einen erneuten Versuch, die Zitadelle der westlichen Christenheit zu erobern. Die vereinigte italienische Flotte, vom Papst gesegnet, stellte sich ihnen zur Schlacht und brachte ihnen eine vernichtende Niederlage bei – eine Szene, die Raphael in den Stanzen des Vatikan wiedergegeben hat. Im Jahre 866 kam Kaiser Ludwig II. von Deutschland nach Italien herab und trieb die marodierenden Muselmanen Süditaliens auf Bari und Tarent zurück. 884 waren sie völlig von der Halbinsel vertrieben.

Ihre Überfälle gingen aber weiter, und Süditalien machte ein Menschenalter täglich neuer Angst durch. Im Jahre 876 plünderten die Muselmanen die Campagna; Rom war so sehr gefährdet, daß der Papst den Sarazenen eine jährliche Bestechungssumme von 25 000 *mancusi* zahlte, um sie in Frieden zu erhalten[23]. 884 ließen sie das große Kloster von Monte Cassino in Flammen aufgehen; in sporadischen Überfällen verwüsteten sie das Aniotal; schließlich wurden sie von den vereinigten Streitkräften des griechischen und deutschen Kaisers und der Städte von Süd- und Mittelitalien am Gariglano besiegt (916), und ein tragisches Jahrhundert der Invasionen nahm ein Ende. Italien, vielleicht gar die ganze Christenheit, war in höchster Gefahr gewesen; wäre Rom den Sarazenen in die Hände gefallen, so wären sie weiter auf Venedig vorgestoßen, und nach der Einnahme von Venedig wäre Konstantinopel zwischen zwei Zusammenballungen muselmanischer Gewalt eingekeilt gewesen. Solcherart lag der Glaube von Milliarden Menschen auf der Waagschale.

Inzwischen hatte sich die vielsprachige Kultur Siziliens mit der Anmut der Gewohnheit den neuen Eroberern ergeben und einen muselmanischen Anstrich angenommen. Sizilianer, Griechen, Langobarden, Juden, Berber und Araber mischten sich in den Straßen der muselmanischen Hauptstadt, des antiken Panormus, arabischen Balerm, italienischen Palermo, untereinander; alle waren sie religiös erbitterte Gegner, zeigten aber in ihrem Zusammenleben nicht mehr als den sizilianischen Durchschnitt an Leidenschaftlichkeit, Poesie und Verbrechertum. In Palermo traf Ibn Hawqal um 970 mehr als dreihundert Moscheen und dreihundert Schullehrer an, die bei den Einwohnern in hoher Achtung standen, «obgleich», wie der Geograph sagt, «die Schullehrer wegen ihrer geistigen Unzulänglichkeit und ihrem Mangel an Gehirn bekannt sind»[24]. Da Sonne und Regen zusammenwirkten, um Sizilien eine üppige Vegetation zu geben, war die Insel ein landwirtschaftliches Paradies, und die schlauen Araber ernteten die Früchte einer wohlgeleiteten Volkswirtschaft. Palermo wurde ein Hafen des Handelsaustausches zwischen dem christlichen Europa und dem muselmanischen Nordafrika; bald war es eine der reichsten Städte des Islam. Die muselmanische Vorliebe für schöne Kleider, leuchtenden Schmuck und die Kunst der Dekoration führte zu einem Leben des *otium cum dignitate* – der würdevollen Muße. Der sizilianische Dichter Ibn Hamdis (etwa 1055–1132) schildert die wildbewegten Stunden der palermischen Jugend: die mitternächtlichen Feste, den lustigen Überfall auf ein Nonnenkloster, um von einer überraschten, aber liebenswürdigen Nonne Wein zu erstehen, das übermütige Durcheinander von Männern und Frauen im Feiern, «wenn der König der Lustbarkeit die Sorge verscheucht» und Sängerinnen mit schlanken Fingern auf der Laute klimpern und «wie der strahlende Mond auf den Weidenstämmen» tanzen[25].

Es gab Tausende von Poeten auf der Insel, denn die Mauren liebten Witz und Rhythmus, und Sizilien bot reiche Themen. Es gab auch Gelehrte, denn Palermo konnte sich einer Universität rühmen, und bedeutende Ärzte, denn die muselmanische Medizin Siziliens beeinflußte die Ärzteschule von Salerno[26]. Die Pracht des normannischen Sizilien war zur Hälfte ein arabischer Nachklang, ein orientalisches Vermächtnis der Handwerkskünste und Handwerker an eine junge Kultur, die von jeder Rasse oder Religion zu lernen bestrebt war. Die Eroberung der Insel durch die Normannen (1060–1091) half der Zeit, die Spuren des Islam in Sizilien zum Verschwinden zu bringen; Graf Roger war stolz darauf, daß er «Sarazenenstädte, Schlösser, Burgen und Paläste, die mit einer wunderbaren Kunstfertigkeit erbaut worden waren», dem Erdboden gleichmachte[27]. Der muselmanische Stil hinterließ aber doch seinen Stempel auf dem Palast von La Ziza und auf der Decke der Capella Palatina; in dieser Kapelle des Palastes der Normannenkönige dient die maurische Ornamentierung dem Heiligtum Christi.

IV. DER SPANISCHE ISLAM: 711–1086

1. KALIFEN UND EMIRE

Als erste eroberten die Mauren, nicht die Araber, Spanien. Tariq war Berber, und sein Heer umfaßte 7000 Berber neben 300 Arabern. Sein Name wird jetzt noch von dem Felsen getragen, an dessen Fuße seine Streitkräfte an Land gingen; die Mauren nannten ihn Gebel al-Tariq – Felsen des Tariq – die Europäer verdichteten den Namen zu Gibraltar. Tariq war von Musa ibn Nusayr, dem arabischen Statthalter von Nordafrika, nach Spanien gesandt worden. Im Jahre 712 setzte Musa mit 10 000 Arabern und 8000 Mauren über, belagerte und nahm Sevilla und Mérida, tadelte den Tariq, weil er seine Befehle überschritten habe, versetzte ihm einen Peitschenhieb und ließ ihn ins Gefängnis werfen. Der Kalif Walid berief Musa zurück und ließ Tariq wieder frei, worauf dieser seinen Eroberungszug wieder aufnahm. Musa hatte seinen Sohn Abd al-Aziz zum Statthalter von Sevilla ernannt; Suleiman, Walids Bruder, verdächtigte den Abd al-Aziz, er wolle sich zum unabhängigen Herrscher Spaniens machen, und ließ ihn ermorden. Das Haupt wurde dem Suleiman, der nun in Damaskus Kalif war, überbracht; er ließ es dem Musa bringen, der nur bat: «Überlasse mir das Haupt, daß ich ihm die Augen schließe.» Noch im gleichen Jahre starb Musa vor Kummer[28]. Wir dürfen ruhig annehmen, daß dieser Bericht nur eine blutige Sage ist.

Die Sieger behandelten die Besiegten mit Milde, beschlagnahmten nur die Ländereien aktiver Widerstandskämpfer, erhoben keine höheren Steuern als die Westgotenkönige und gewährten dem religiösen Kult eine Freiheit, die in Spanien selten zu finden war. Sobald sie auf der Halbinsel festen Fuß gefaßt hatten, überwanden die Muselmanen die Pyrenäen und drangen in Gallien ein, in der festen Absicht, aus Europa eine Provinz von Damaskus zu machen. Zwischen Tours und Poitiers, tausend Meilen nördlich von Gibraltar, stießen sie auf die vereinigte Streitmacht von Eudes, dem Herzog von Aquitanien, und Karl, dem Herzog von Austrasien. Nach siebentägigem Ringen wurden die Muselmanen in einer der entscheidendsten Schlachten der Geschichte besiegt (732); wiederum wurde der Glaube von ungezählten Millionen durch den Ausgang eines Krieges entschieden. Von da an hieß Karl Carolus Martellus, Charles Martel, Karl der Hammer. Im Jahre 735 erneuerten die Muselmanen ihren Versuch und eroberten Arles; 737 nahmen sie Avignon und brandschatzten das Rhônetal bis Lyon. 759 vertrieb Pippin der Kurze sie endgültig aus Südfrankreich; die vierzig Jahre, die sie dort zugebracht hatten, dürften zu der ungewöhnlichen religiösen Duldsamkeit der Languedoc, ihrer buntfarbigen Fröhlichkeit, ihrer Freude an Gesang und verbotener Liebe beigetragen haben.

Die Kalifen von Damaskus unterschätzten Spanien; bis 756 war es lediglich die «Provinz Andalusien» und wurde von Qairwan aus regiert. Im Jahre 755 ging jedoch eine romantische Gestalt in Spanien an Land, die keine andere Waffe hatte als ihr königliches Blut und bestimmt war, ein Herrscherhaus zu gründen, welches an Reichtum und Macht mit den Kalifen von Bagdad in Wettbewerb treten sollte. Als 750 die Abbasiden befahlen, alle Prinzen der Umayyadenfamilie umzubringen, war Abd-er-Rahman, der Enkel des Kalifen Hischam, der einzige Umayyade, der entkam. Von Dorf zu Dorf gehetzt, durchschwamm er den breiten Euphrat, durchquerte Palästina, Ägypten und Nordafrika und gelangte schließlich nach Marokko. Die Nachrichten von der Abbasidenrevolution hatten den Parteihader zwischen Arabern, Syrern, Persern und Mauren in Spanien verschärft; eine umayyadentreue Arabergruppe, die befürchtete, daß der Abbasidenkalif ihnen das Recht auf die von Umayyadenstatthaltern verliehenen Güter und Titel absprechen würde, forderte den Abd-er-Rahman auf, sich an ihre Spitze zu setzen. Er kam und wurde zum Emir von Cordoba ernannt (756). Er schlug eine von al-Mansur zu seiner Absetzung ausgeschickte Armee und sandte das Haupt ihres Anführers nach Mekka, damit man es dort vor einem Palast aufhänge.

Vielleicht waren es diese Ereignisse, die Europa davor bewahrten, Mohammed zu verehren: Das muselmanische Spanien, das durch den Bürgerkrieg geschwächt war und keine Hilfe von außen mehr bekam, gab seine Eroberungen auf und zog sich sogar aus Nordspanien zurück. Vom neunten bis zum elften Jahrhundert war die Halbinsel in einen muselmanischen und einen christlichen Teil aufgespalten; die Grenzlinie verlief von Coimbra über Zaragoza und am Ebro entlang. Der muselmanische Süden, dem Abd-er-Rahman I. und seine Nachfolger schließlich den Frieden brachten, blühte in Reichtum, Dichtung und Kunst auf. Abd-er-Rahman II. (822–852) genoß die Früchte dieser Blüte. Trotz aller Grenzkriege mit den Christen, aller Aufstände seiner Untertanen und aller Normannenüberfälle auf seine Küsten fand er doch die Zeit, Córdoba mit Palästen und Moscheen zu verschönern, lohnte die Dichter reichlich für ihre Kunst und vergab Übeltätern mit einer liebenswürdigen Nachsicht, die an der sozialen Unruhe, welche auf seine Regierung folgte, mit die Schuld tragen dürfte.

Abd-er-Rahman III. (912–961) ist die hervorragendste Gestalt dieser Umayyadendynastie in Spanien. Als er mit 21 Jahren an die Macht kam, fand er «Andaluz» zerrissen von Rassenhaß, Religionsfeindschaft, aufflackerndem Räuberunwesen und den Bemühungen von Sevilla und Toledo, sich von Córdoba unabhängig zu machen. Obgleich ein Mann von großer Verfeinerung, der seiner Großmut und Lebensart wegen berühmt war, packte er mit fester Hand zu, brachte die aufrührerischen Städte zur Vernunft und zwang arabische Adlige nieder, die wie ihre französischen Zeitgenossen in den Genuß einer Feudalherrschaft auf ihren reichen Gütern gelangen wollten. Er lud zu seinen Beratungen Männer verschiedenen Glaubensbekenntnisses, richtete seine Bündnisse so ein, daß er zwischen seinen Nachbarn und Feinden eine ausgeglichene Macht aufrechterhalten konnte, und widmete sich den Regierungsgeschäften mit napoleonischem Eifer und Detailwissen. Er war es, der die Feldzüge seiner Generäle ersann, die Invasionen des Sancho von Navarra zurückwies, Sanchos Hauptstadt einnahm und zerstörte und während seiner ganzen Regierungszeit ein weiteres Vordringen der Christen vereitelte. Im Jahre 929 nahm er den Titel eines Kalifen – Befehlshabers der Gläubigen und Verteidigers des Glaubens – an, da er sich so mächtig wie jeder andere Herrscher seiner Zeit wußte und erkannte, daß der Kalif von Bagdad ein Spielzeug seiner türkischen Leibwache geworden war. Bei seinem Tode hinterließ er in seiner eigenen Handschrift eine bescheidene Schätzung des Menschenlebens:

> Ich habe nun mehr denn fünfzig (mohammedanische) Jahre in Sieg und Frieden regiert ... Reichtum und Ehre, Macht und Vergnügungen sind mir zuteil geworden, und keine irdische Segnung scheint zu meiner Glückseligkeit gefehlt zu haben. In dieser Lage habe ich emsig die Tage reinen und echten Glückes gezählt, die mir zugefallen sind. Es sind ihrer vierzehn gewesen. O Mensch! setze dein Vertrauen nicht auf diese Welt![29]

Sein Sohn Hakam II. (961–976) zog geschickt Nutzen aus diesem halben Jahrhundert glückloser Regierungstüchtigkeit. Da er vor äußeren Gefahren und inneren Aufständen sicher war, widmete er sich ganz der Verschönerung von Córdoba und anderen Städten; er baute Moscheen, Schulen, Krankenhäuser, Märkte, Badeanstalten und Armenhäuser[30], machte aus der Universität von Córdoba die bedeutendste Bildungsstätte seiner Zeit und unterstützte Hunderte von Dichtern, Künstlern und Gelehrten. Der muselmanische Geschichtsschreiber al-Maqqari schreibt:

> Der Kalif Hakam übertraf alle seine Vorgänger in seiner Liebe zu Dichtung und Wissenschaft, die er in eigener Person pflegte und förderte ... er machte Andaluz zu einem großen Markt, auf dem die literarischen Erzeugnisse aller Breiten alsbald zum Verkaufe gebracht wurden. Er beschäftigte Agenten, die ihm in fernen Ländern Bücher sammeln mußten, und übermittelte ihnen große Summen Geldes, bis die Zahl der solcherart nach Andaluz verbrachten Bücher ins Unberechenbare ging. Gleicherweise pflegte er berühmten Verfassern im Osten Geldgeschenke zu machen, die Veröffentlichung von Werken zu fördern oder deren erste Exemplare zu erwerben. Als er erfuhr, daß Abu'l-Faradsch von Isfahan ein Buch namens *Kitab ul-Aghani* geschrieben habe, sandte er ihm 1000 Dinar reinen Goldes, worauf der Verfasser ihm ein Exemplar des Werkes zustellte, ehe es noch im Irak veröffentlicht worden war[31].

Während der gelehrte Kalif sich den Annehmlichkeiten des Lebens hingab, oblagen die Staatsgeschäfte, ja sogar die Führung der nationalen Politik, seinem geschickten jüdischen Ministerpräsidenten Hasdai ben Schaprut, und die Führung seiner Armee einem hervorragenden und skrupellosen Feldherrn, der unter dem Namen Almanzor noch den Stoff für manches christliche Drama und manche Romanze liefern sollte. Sein eigentlicher Name war Muhammad ibn Abi Amir. Er entstammte einer alten arabischen Familie, die mehr Stammbaum als Geld besaß; seinen Lebensunterhalt verdiente er sich, indem er Gesuche für Leute, die zu dem Kalifen gelangen wollten, schrieb; er erhielt eine Anstellung in dem Büro des obersten *qadi*, des Generalstaatsanwaltes, und wurde im Jahre 967 als Sechsundzwanzigjähriger mit der Vermögensverwaltung von al-Hakams ältestem Sohne, einem anderen Abd-er-Rahman, betraut. Er machte sich bei der Mutter des jungen Mannes, der Königin Subh, beliebt, gewann ihr Herz mit höflichen Reden und Komplimenten und machte mit seiner unermüdlichen Geschicklichkeit großen Eindruck auf sie; bald war er auch ihr Vermögensverwalter, und noch kein Jahr später war er Direktor der Prägestätte. Seinen Freunden gegenüber erwies er sich nun auf einmal so freigebig, daß Neider ihn der Unterschlagung und Vergeudung anklagten. Al-Hakam verlangte, er solle sich vor Gericht rechtfertigen; Ibn Abi Amir wußte sehr wohl, daß ihm das nicht gelingen würde, bat einen reichen Freund, ihm die fehlende Summe vorzustrecken, und ging so triumphierend aus dem Prozeß hervor, daß der Kalif ihm gleichzeitig mehrere gewinnbringende Posten übertrug. Als Hakam starb, sicherte Abi Amir die Nachfolgerschaft Hakams Sohn Hischam II. (976–1009; 1010–1013), indem er in eigener Person dafür sorgte, daß ein anderer Thronanwärter ums Leben kam. Eine Woche später war er Wesir[32].

Hischam II. war ein Schwächling, in keiner Weise fähig, die Regierungsgewalt auszuüben; von 978 bis 1002 war Ibn Abi in jeder Hinsicht Kalif, nur nicht dem Namen nach. Seine Feinde beschwerten sich mit vollem Recht, er sei der Philosophie mehr zugetan als dem muselmanischen Glauben; um sie zum Schweigen zu bringen, lud er die strenggläubigen Theologen ein, aus al-Hakams großer Bibliothek alle Bücher auszumerzen und zu verbrennen, die auf irgendeine Weise dem sunnitischen Glaubensbekenntnis zuwiderliefen, und durch diesen Akt eines heimtückischen Wandalismus gewann er sich einen nutzbringenden Ruf der Frömmigkeit. Zur gleichen Zeit sicherte er sich die Unterstützung der Intellektuellen, indem er heimlich die Philosophen schützte, Literaten an seinem Hofe aufnahm und einen Schwarm von Dichtern um sich scharte, denen er staatliche Stipendien gewährte und die ihn auf seinen Feldzügen begleiteten und seine Siege besangen. Für seinen Palast und seine Regierungsämter baute er sich eine neue Stadt, Zahira, einen Ableger von Córdoba, während der junge Kalif, der sorgsam dazu erzogen worden war, sich ganz in die Theologie zu versenken, in der früheren Residenz blieb, beinahe wie ein vernachlässigter Gefangener. Um seine Stellung zu festigen, stellte Ibn Abi Amir sein Heer neu auf, und zwar hauptsächlich aus Berbern und christlichen Söldnern, die den Arabern feindlich gesinnt waren und keine Verpflichtung gegenüber dem Staatswesen empfanden, sondern Ibn Abi Amirs Freigebigkeit und Takt mit persönlicher Anhänglichkeit und Treue lohnten. Als der christliche Staat León einen gegen ihn gerichteten Aufstand unterstützte, vernichtete er die Rebellen, brachte den Leonesen eine kräftige Niederlage bei und kehrte im Triumph in seine Hauptstadt zurück; von da an trug er den Namen al-Mansur, «der Siegreiche». Der Verschwörungen gegen ihn gab es viele, er entwand sich ihnen aber mit einer alles durchdringenden Spionage und mit rechtzeitigen Morden. Sein Sohn Abdallah nahm an einer der Verschwörungen teil, wurde entdeckt und enthauptet. Wie Sulla ließ auch al-Mansur keine für ihn vollbrachte Tat unbelohnt, keine gegen ihn vollbrachte Tat ungerächt.

Das Volk verzieh ihm seine Verbrechen, weil er andere Verbrechen wirkungsvoll unterdrückte und reich und arm gleicherweise eine unparteiische Gerechtigkeit widerfahren ließ; nie zuvor war man an Gut und Leben in Córdoba so sicher gewesen. Auch seine Gegner konnten nicht umhin, seine Beharrlichkeit, seine Intelligenz und seinen Mut zu bewundern. Eines Tages, als er gerade zu Gericht saß, fühlte er einen heftigen Schmerz an seinem Bein; er ließ einen Arzt kommen, der zum Ausbrennen riet; ohne die Gerichtsverhandlung zu unterbrechen, ließ al-Mansur sein Fleisch ausbrennen, ohne das geringste Zeichen des Unbehagens von sich zu geben; al Maqqari berichtet: «Die Anwesenden merkten nichts, bis der Geruch verbrannten Fleisches zu ihnen drang[33].» Um sich noch beliebter zu machen, ließ er die Moschee von Córdoba erweitern, wobei er sich der Arbeitskraft christlicher Gefangener bediente; er verschmähte es nicht, selbst Schaufel und Hacke zu schwingen und Meißel und Säge in die Hand zu nehmen. Da er sich bewußt wurde, daß Staatsmänner, die mit Erfolg Kriege führen, berechtigter- oder unberechtigtermaßen sowohl von den Mitmenschen als auch von der Nachwelt hoch in Ehren gehalten werden, nahm er den Krieg gegen León wieder auf, eroberte dessen Hauptstadt, machte sie dem Erdboden gleich und metzelte deren Bevölkerung nieder. Beinahe jedes Frühjahr brach er zu einem neuen Feldzug gegen den ungläubigen Norden auf, und nie kehrte er ohne Sieg zurück. Im Jahre 997 nahm und zerstörte er die Stadt Santiago di Compostela, ließ ihre berühmte Kirche des heiligen Jakobus völlig niederreißen und zwang christliche Gefangene, die Tore und Glocken der Kirche bei seinem triumphalen Einzug in Córdoba auf den Schultern zu tragen[34]. (In späteren Jahren kehrten die Glocken auf dem Rücken muselmanischer Kriegsgefangener nach Compostela zurück.)

Obgleich al-Mansur nun de facto Herrscher über das muselmanische Spanien war, fühlte er sich doch nicht befriedigt; er wollte es auch dem Namen nach sein und eine Dynastie gründen. Im Jahre 991 trat er sein Amt seinem achtzehnjährigen Sohne Abd-al-Malik ab, ließ die Namen *sayid* (Herr) und *malik karim* (edler König) zu seinen anderen Titeln treten und herrschte mit absoluter Gewalt. Es war sein Wunsch gewesen, den Tod auf dem Schlachtfeld zu finden, und so hatte er in Erwartung dieses Ereignisses stets sein Leichentuch auf seine Feldzüge mitgenommen. Im Jahre 1002 drang er, 61 Jahre alt, in Kastilien ein, eroberte Städte, zerstörte Klöster, verwüstete Felder. Auf dem Rückmarsch erkrankte er; er wies die Ärzte von seinem Krankenlager, ließ seinen Sohn kommen und teilte ihm mit, daß er noch während der nächsten zwei Tage sterben müsse. Als Abd-al-Malik weinte, sagte al-Mansur: «Das ist ein Zeichen, daß das Reich bald zerfallen wird[35].» Nach einem Menschenalter brach das Kalifat von Córdoba zusammen.

Die Geschichte des maurischen Spaniens nach al-Mansur ist ein wirres Durcheinander von kurzwährenden Regierungen, Rassenfehden und Klassenkämpfen. Die Berber, die nun in dem Reich, das sie mit ihren Waffen erobert hatten, verarmt und verachtet in die dürren Ebenen der Estremadura oder die kalten Berge von León verdrängt worden waren, erhoben sich immer wieder gegen den herrschenden arabischen Adel. Die ausgebeuteten Arbeiter der Städte haßten ihre Arbeitgeber und wechselten sie sporadisch in mörderischen Aufständen. Alle Klassen und Stände waren sich jedoch in einem Haß einig – dem Haß gegen die Amiridenfamilie, die Erben des al-Mansur, die unter seinem Sohne die Regierungsämter und die persönlichen Vorteile der Macht fast völlig an sich gerissen hatten. Im Jahre 1008 starb Abd-al-Malik; die Nachfolgerschaft in seinem Amt als Ministerpräsident übernahm sein Bruder Abd-er-Rahman Schanddschul. Schanddschul trank in aller Öffentlichkeit Wein und stand mit der Sünde keineswegs auf schlechtem Fuße; das Bechern war ihm lieber als das Regieren; im Jahre 1009 verlor er seinen Thron in einer Revolution, an der sich fast alle Parteien beteiligten. Die Massen der Aufständischen entledigten sich aller Zügel, plünderten die Amiridenpaläste in Zahira und brannten sie nieder. Im Jahre 1012 eroberten und plünderten die Berber Córdoba, metzelten die halbe Bevölkerung nieder, trieben die restlichen Einwohner in die Verbannung und machten Córdoba zu einer berberischen Hauptstadt. Mit einer solchen Kürze stellt ein christlicher Geschichtsschreiber die Französische Revolution des islamischen Spaniens dar.

Selten nur findet sich der Eifer der Zerstörung mit der Geduld des Wiederaufbaus gepaart. Unter der Berberherrschaft nahmen Unordnung, Räuberunwesen und Arbeitslosigkeit rasch zu; Städte, die bisher Córdoba untertan gewesen waren, sagten sich los und verweigerten die Tributzahlungen, und sogar die Besitzer der großen Landgüter machten sich auf ihren Ländereien völlig unabhängig. Allmählich erholten sich die Córdobaner, die noch am Leben geblieben waren, wieder; im Jahre 1023 vertrieben sie die Berber aus ihrer Hauptstadt und übertrugen den Thron an Abd-er-Rahman V. Das Proletariat von Córdoba, das in der Rückkehr zum alten Regime keinen Vorteil sah, stürmte den Kalifenpalast und rief einen seiner Führer, Muhammad al-Mustakfi, zum Kalifen aus (1023). Muhammad ernannte einen Weber zum Ministerpräsidenten. Der Weber wurde ermordet, der proletarische Kalif vergiftet, und im Jahre 1027 setzten der Ober- und der Mittelstand gemeinsam Hischam III. auf den Thron. Vier Jahre darauf war das Heer an der Reihe; es erschlug Hischams Ministerpräsidenten und forderte von Hischam die Abdankung. Ein Rat der führenden Bürger, der erkannte, daß die Thronstreitigkeiten eine geordnete Regierungsführung unmöglich machten, schaffte das spanische Kalifat ab und ersetzte es durch einen Staatsrat. Ibn Dschahwar wurde zum ersten Konsul gewählt und regierte die neue Republik in Weisheit und Gerechtigkeit.

Es war aber zu spät. Die politische Autorität und die kulturelle Führerschaft waren endgültig dahin. Gelehrsamkeit und Dichtung waren durch den Bürgerkrieg abgeschreckt worden, hatten das «Juwel der Welt» verlassen und sich an die Höfe von Toledo, Granada und Sevilla geflüchtet. Das muselmanische Spanien zerfiel in dreiundzwanzig *taifas*, Stadtstaaten, die zu sehr mit Ränkespiel und Streit beschäftigt waren, um die allmähliche Aufsaugung des mohammedanischen durch das christliche Spanien noch aufhalten zu können. Granada gedieh unter der geschickten Ministerschaft (1038–1073) des Rabbi Samuel Halevi, den die Araber Ismail ibn Naghdela nannten. Toledo erklärte sich 1035 von Córdoba unabhängig und ergab sich fünfzig Jahre darauf der Christenherrschaft.

Sevilla trat die Nachfolgerschaft von Córdobas Glanz und Ruhm an. Es gab Leute, die Sevilla schöner fanden als die Hauptstadt; man liebte die Stadt ihrer Gärten, Palmen und Rosen wegen und um einer Munterkeit und Fröhlichkeit willen, die stets mit Musik, Tanz und Gesang bereitstand. In Voraussicht des Sturzes von Córdoba machte sie sich 1023 selbständig. Der Oberrichter von Sevilla, Abu'l-Qasim Muhammad, trieb einen Mattenflechter auf, der Hischam II. ähnlich sah, begrüßte ihn als Kalifen, brachte ihn standesgemäß unter, hielt ihn unter seiner Leitung und bewog Valencia, Tortosa und sogar Córdoba dazu, ihn anzuerkennen; mit diesem einfachen Trick gründete der schlaue Jurist die kurze Abbadidendynastie. Bei seinem Tode (1042) trat sein Sohn Abbad al-Mutadid die Nachfolge an, herrschte siebenundzwanzig Jahre lang mit Geschick und Grausamkeit über Sevilla und dehnte seinen Machtbereich aus, bis halb Spanien ihm Tribut zahlte. Sein Sohn al-Mutamid (1068–1091) erbte im Alter von sechsundzwanzig Jahren das Reich, nicht aber den Ehrgeiz und die Grausamkeit des Vaters. Al-Mutamid war der bedeutendste Dichter des muselmanischen Spaniens. Die Gesellschaft von Dichtern und Musikern zog er der Gesellschaft von Politikern und Generälen vor; seinen tüchtigen Rivalen in der Dichtkunst teilte er mit neidloser Hand Belohnungen aus; es schien ihm nicht zu viel, ein Epigramm mit 1000 Dukaten zu bezahlen[36]. Er fand an den Dichtungen des Ibn Ammar großen Gefallen und machte ihn zum Wesir. Es kam ihm zu Ohren, daß eine junge Sklavin, Rumaykiyya, ausgezeichnete Verse improvisierte; er kaufte sie, ehelichte sie, und liebte sie leidenschaftlich bis zu seinem Tode, ohne indes die übrigen Schönheiten seines Harems zu vernachlässigen. Rumaykiyya erfüllte den Palast mit ihrem Lachen und zog ihren Herrn und Gemahl in einen Strudel der Ausgelassenheit hinein; Theologen gaben ihr die Schuld für die Kühle, die ihr Gatte der Religion bezeigte, und für die fast vollständige Leere der Moscheen der Stadt. Und doch verstand es al-Mutamid, nicht nur zu lieben und zu singen, sondern auch zu regieren. Als Córdoba von Toledo angegriffen wurde und ihn um seine Hilfe anging, schickte er Truppen, die die Stadt vor Toledo retteten und Sevilla unterwarfen. Der Dichter-König stand während eines stets gefährdeten Menschenalters an der Spitze einer Zivilisation, die nicht minder glänzend war als Bagdads Zivilisation unter Harun und Córdobas Zivilisation unter al-Mansur.

2. DIE ZIVILISATION IM MAURISCHEN SPANIEN

«Nie wurde Andalusien mit so viel Milde, Gerechtigkeit und Weisheit regiert wie von seinen arabischen Eroberern[37].» Das ist das Urteil eines bedeutenden christlichen Orientalisten, dessen Begeisterung vielleicht einige Abstriche an seinem Lobe notwendig macht; nach den erforderlichen Einschränkungen ist das Urteil jedoch stichfest. Die Emire und Kalifen Spaniens waren so grausam, wie Machiavelli es für die Stabilität der Regierung für notwendig erachtete; manchmal waren sie von einer barbarischen und gefühllosen Grausamkeit, wie im Falle des Mutadid, der die Schädel seiner toten Feinde als Blumentöpfe benutzte, oder des poetischen Mutamid, der einen Jugendfreund, der ihn schließlich verriet und beschimpfte, in Stücke hauen ließ[38]. Diesen vereinzelten Fällen hält al-Maqqari unzählige Beispiele der Gerechtigkeit, Großzügigkeit und Verfeinerung der Umayyadenherrscher Spaniens gegenüber[39]. Der Vergleich mit den zeitgenössischen Griechenkaisern fällt zugunsten der Muselmanen aus, und gegenüber dem engherzigen Westgotenregime, das ihnen voraufgegangen war, bedeuteten sie eine entschiedene Verbesserung. In der Führung der öffentlichen Angelegenheiten erwiesen sie sich in dieser Zeit als die fähigsten Herrscher des Westens. Die Gesetze waren vernünftig und menschlich und wurden von einem gut organisierten Richterstand angewandt. Die Unterworfenen wurden in ihren innenpolitischen Angelegenheiten größtenteils nach eigenen Gesetzen und von ihren eigenen Beamten regiert[40]. Die Städte verfügten über gute Polizeikräfte; Märkte, Maße und Gewichte wurden wirksam überwacht. Ein regelmäßiger Volkszählungsdienst zeichnete die Volks- und Vermögenszahlen auf. Im Vergleich zu den Steuerlasten in Rom und Byzanz war die Besteuerung vernünftig. Die Einnahmen des cordobanischen Kalifates erreichten unter Abd-er-Rahman III. 12 045 000 Golddinar, eine Summe, die wahrscheinlich die gesamten Staatseinkünfte der lateinischen Christenheit überstieg[41]; diese Einkünfte waren nicht so sehr hohen Steuern zuzuschreiben, als der guten Organisation und der Fortschrittlichkeit von Ackerbau, Handel und Gewerbe[42].

Für die einheimische Bauernschaft wirkte sich die Eroberung durch die Araber vorübergehend als Segen aus. Die übergroßen Güter der westgotischen Adligen wurden aufgeteilt, und die Leibeigenen erhielten den Grund übereignet[43]. Die Kräfte, die in diesen Jahrhunderten auf das Lehnswesen hinarbeiteten, waren jedoch auch in Spanien wirksam, wenn ihnen dort auch mehr Widerstand als in Frankreich entgegengebracht wurde; die führenden Araber legten sich nun ihrerseits große Landstriche zu und ließen sie von Pächtern bebauen, die kaum etwas anderes als Leibeigene waren. Die Sklaven wurden von den Mauren* etwas besser behandelt als von ihren vorherigen Besitzern[44], und die Sklaven von Nichtmuselmanen konnten leicht die Freiheit erhalten, wenn sie sich nur zum Islam bekannten. Die Araber überließen die eigentliche landwirtschaftliche Arbeit größtenteils den Unterworfenen; sie benutzten jedoch die modernsten landwirtschaftlichen Handbücher, und unter ihrer Führung errang die agronomische Wissenschaft in Spanien einen bedeutenderen Vorsprung vor derjenigen im christlichen Europa[45]. Die langsamen Ochsen, die bislang in Spanien als Zug- und Pflugtiere allgemein gebraucht worden waren, wurden durch Maulesel, Esel und Pferde ersetzt. Die Kreuzung spanischer mit arabischen Pferderassen ergab den «edlen Hengst» des arabischen Reiters und des spanischen Caballero. Das muselmanische Spanien übermittelte dem christlichen Europa aus Asien die Kultur von Reis, Buchweizen, Zuckerrohr, Granatäpfeln, Baumwolle, Spinat, Spargel, Seide, Bananen, Kirschen, Orangen, Zitronen, Quitten, Pampelmusen, Pfirsichen, Datteln, Feigen, Erdbeeren, Ingwer, Myrrhe[46]. Der Weinbau zählte zu den bedeutenderen Erwerbszweigen der Mauren, denen die Religion den Wein verbot. Handelsgärtnereien, Olivenhaine und Obstpflanzungen ließen einige Gebiete Spaniens – insbesondere rings um Córdoba, Granada und Valencia – zu «Gartenplätzen der Welt» werden. Die Insel Mallorca, von den Mauren im achten Jahrhundert eingenommen, wurde unter ihrer Bebauung zu einem Paradies der Früchte und Blumen, das von der Dattelpalme beherrscht wurde, welche später ihrer Hauptstadt den Namen gab.

Die spanischen Bergwerke machten die Mauren mit Gold, Silber, Zinn, Kupfer, Eisen, Blei, Alaun, Schwefel, Quecksilber reich. Korallen wurden an den andalusischen Küsten gewonnen, Perlen an den katalanischen Küsten gefischt, Rubinen in Baja und Malaga gefunden. Die Metallurgie war gut entwickelt; Murcia war seiner Eisen- und Messingwaren, Toledo seiner Schwerter, Córdoba seiner Schilde wegen berühmt. Das Handwerk blühte. Córdoba erzeugte das Korduan, feines Ziegenleder; allein in Córdoba gab es 13 000

* So werden wir die muselmanische – teilweise arabische, größtenteils berberische – Bevölkerung Nordafrikas und Nordspaniens bezeichnen.

Weber; maurische Teppiche, Kissen, Seidenvorhänge, Halstücher und Divane fanden überall eifrige Käufer. Nach al-Maqqari[47] erfand Ibn Firnas von Córdoba im neunten Jahrhundert die Brille, komplizierte Chronometer und eine Flugmaschine. Eine Handelsflotte von über tausend Schiffen brachte die Erzeugnisse Spaniens nach Afrika und Asien, und Segler aus hundert Häfen drängten sich in den Häfen von Barcelona, Almería, Cartagena, Valencia, Málaga, Cádiz und Sevilla. Der Staat unterhielt einen regelmäßigen Postdienst. Die amtliche Münzprägung von Golddinars, Silberdirhems und Kupferfals bewahrte eine im Vergleich zu den Währungen des zeitgenössischen lateinischen Christentums verhältnismäßig große Stabilität; aber auch diese maurischen Münzen nahmen an Gewicht, Lauterkeit und Kaufkraft allmählich ab.

Die wirtschaftliche Ausbeutung ging hier in gleicher Weise wie anderswo vor. Araber, die große Landgüter besaßen, und Kaufleute, welche Erzeuger und Verbraucher gleichermaßen ausquetschten, saugten den ganzen Reichtum des Landes auf. Die Reichen lebten größtenteils auf ihren Landsitzen und überließen die Städte einer proletarischen Bevölkerung aus Berbern, «Renegados» (zum Islam übergetretenen Christen), «Mozárabes» (Nichtmohammedanern, welche die muselmanische Lebensart und die arabische Sprache angenommen hatten) und einigen Palasteunuchen, slawischen Offizieren und Wachtsoldaten und Haussklaven. Die Kalifen von Córdoba, die keine Möglichkeit sahen, der Ausbeutung ein Ende zu machen, ohne gleichzeitig die freie Unternehmung zu hemmen, gingen einen Kompromiß ein, indem sie ein Viertel ihres Grundeinkommens auf die Unterstützung der Armen verwandten[48].

Der verzweifelte Glaube der Bedürftigen verlieh den *faqihs*, den Theologen des Gesetzes, eine heimliche Macht. Neuerungen in Religion und Sitte stießen auf eine so heftige Ablehnung bei dem Volk, daß Häresie und Spekulation sich an dunklen Orten und hinter dunklen Worten verbergen mußten; die Philosophie wurde zum Schweigen gebracht, sofern sie nicht die ehrenwertesten Schlußfolgerungen vorbrachte. Die Abkehr vom Islam wurde mit dem Tode bestraft. Die Kalifen von Córdoba waren selbst oft Männer mit liberalen Ansichten, aber sie verdächtigten die ägyptischen Fatimidenkalifen, daß sie Fahrende Schüler als Spione einsetzten, und unterstützten gelegentlich die *faqihs* in der Verfolgung des unabhängigen Denkens. Andererseits billigten die maurischen Behörden allen nichtmuselmanischen Religionen volle Kultfreiheit zu. Die Juden, die von den Westgoten verfolgt und gehetzt worden waren, hatten die Muselmanen bei der Eroberung Spaniens unterstützt; sie lebten nun – bis zum zwölften Jahrhundert – in Frieden mit den Eroberern, kamen zu Reichtum und Bildung und stiegen manchmal zu hohen Staatsstellen auf. Die Christen hatten auf dem Weg zum politischen Vorzug größere Widerstände zu überwinden, und trotzdem gelang manchen der Aufstieg. Die männlichen Christen waren wie alle männlichen Personen der zwangsweisen Beschneidung unterworfen, die als Maßnahme zur Volksgesundheit galt; im übrigen unterstanden sie ihrem eigenen westgotisch-römischen Recht und besaßen selbstgewählte Verwaltungskörper[49]. Als Gegenleistung für die Befreiung vom Kriegsdienst hatten die freien und dienstfähigen männlichen Christen eine Landsteuer zu zahlen, die normalerweise 48 Dirhem im Jahre für die Reichen, 24 Dirhem für Angehörige des Mittelstandes, 12 Dirhem für Handarbeiter betrug[50]. Muselmanen und Christen gingen unbehindert Mischehen ein; dann und wann feierten sie gemeinsam einen christlichen oder mohammedanischen Feiertag oder benutzten das gleiche Bauwerk als Kirche und Moschee[51]. Einige Christen fügten sich dem Brauche des Landes und legten sich einen Harem zu oder ergaben sich der Päderastie[52]. Kleriker und Laien aus dem christlichen Europa kamen als Studenten, Besucher oder Reisende frei und ungehindert nach Córdoba, Toledo oder Sevilla. Ein Christ beklagt sich über die Auswirkungen in Worten, die an die althebräische Kritik an den hellenisierenden Juden erinnert:

> Meine Mitchristen finden ihren Gefallen an den Dichtwerken und Romanzen der Araber; sie studieren die Werke der mohammedanischen Theologen und Philosophen, nicht um sie zu widerlegen, sondern um sich einen korrekten und eleganten arabischen Stil anzueignen ... Ach, die begabtesten jungen Christen kennen keine andere Literatur und Sprache als die arabische; gierig lesen und studieren sie arabische Bücher; sie geben viel Geld aus, um sich ganze Bibliotheken arabischer Werke zuzulegen; allüberall singen sie das Lob des arabischen Wissens[53].

Auf die Anziehungskraft, die der Islam auf die Christen ausübte, können wir aus einem Briefe des Jahres 1311 schließen, in welchem die Zahl der mohammedanischen Bevölkerung von Granada zu dieser Zeit mit 200 000 angegeben wird, welche *mit Ausnahme von 500* samt und sonders Nachkommen von zum Islam bekehrten Christen waren[54]. Oft gaben Christen ihrer Vorliebe für die muselmanische vor der christlichen Herrschaft Ausdruck[55].

Das Bild zeigt aber auch eine andere Seite, die mit der Zeit immer dunkler wurde. Zwar waren die Christen frei, nicht aber die Kirche. Ihr Grundbesitz war auf Grund einer Verfügung, die sich gegen aktive Widerstandskämpfer richtete, größtenteils eingezogen worden; viele Kirchen waren zerstört worden, neue durften nicht gebaut werden[56]. Die muselmanischen Emire übernahmen von den Westgotenkönigen das Recht, Bischöfe zu ernennen und abzusetzen, ja sogar das Recht, Kirchenkonzile einzuberufen. Die Emire verkauften Bischofsämter an die Meistbietenden, auch wenn diese Skeptiker oder gar weltliche Wüstlinge waren. Christliche Priester waren auf den Straßen Beschimpfungen durch Muselmanen ausgesetzt. Muselmanische Theologen gaben ungehindert ihre Kommentare zu den Ungereimtheiten ab, die sie in der christlichen Theologie zu finden glaubten, für Christen war es aber gefährlich, in gleicher Münze heimzuzahlen.

Bei so spannungsgeladenen Beziehungen konnte ein unbedeutender Vorfall sich leicht zu einer größeren Tragödie auswachsen. Ein hübsches Mädchen von Córdoba, von dem uns nur der Vorname Flora bekannt ist, war das Kind einer Mischehe. Als ihr mohammedanischer Vater starb, entschloß sie sich, Christin zu werden. Sie entzog sich der Vormundschaft ihres Bruders und floh zu Christen, wurde von ihm zurückgeholt und geschlagen, beharrte auf ihrer Apostasie und wurde dem muselmanischen Gericht übergeben. Der *qadi*, der sie zum Tode hätte verurteilen können, befahl ihre Auspeitschung. Wieder entkam sie zu Christen; dort traf sie einen jungen Priester, Eulogius, der eine leidenschaftliche geistige Zuneigung zu ihr faßte. Während sie sich in einem Kloster verborgen hielt, gelang es Perfectus, einem anderen Priester, die Märtyrerschaft zu erlangen, indem er einigen Muselmanen sagte, was er von Mohammed hielt; sie hatten ihm versprochen, ihn nicht zu verraten, aber seine Schmähungen waren so heftig gewesen, daß sie sich entsetzten und ihn bei den Behörden denunzierten. Perfectus hätte sich mit einem Widerruf retten können; statt dessen gab er vor dem Richter erneut seiner Überzeugung Ausdruck, daß Mohammed der «Diener des Teufels» sei. Der Richter schickte ihn auf einige Monate ins Gefängnis, da er noch auf eine Sinnesänderung hoffte; sie erfolgte nicht, und Perfectus wurde zum Tode verurteilt. Bei dem Gang zum Schafott verfluchte er den Propheten als «Betrüger, Ehebrecher, Kind der Hölle». Die Muselmanen frohlockten über seine Enthauptung, die Christen von Córdoba trugen ihn mit großem Gepränge als Heiligen zu Grabe (850)[57].

Sein Tod entfachte den Religionshaß auf beiden Seiten. Es bildete sich eine Schar von christlichen «Zeloten» unter Führung des Eulogius; sie waren entschlossen, den Mohammed öffentlich zu schmähen und das Märtyrertum freudig als paradiesische Verheißung entgegenzunehmen. Isaak, ein Mönch von Córdoba, ging zum *qadi* und gab seinem Wunsche nach Bekehrung Ausdruck; als aber der Richter voller Freude die mohammedanische Lehre zu erklären begann, unterbrach ihn der Mönch: «Euer Prophet hat euch belogen und betrogen. Verflucht sei er, der so viele Unglückselige mit sich zur Hölle herabgezogen hat!» Der *qadi* tadelte ihn und fragte ihn, ob er getrunken habe; der Mönch entgegnete: «Ich bin durchaus bei Sinnen. Verurteile mich zum Tode.» Der *qadi* ließ ihn einkerkern, bat aber doch Abd-er-Rahman II. um die Erlaubnis, ihn als Wahnsinnigen entlassen zu dürfen; der Kalif, über das prunkhafte Begräbnis des Perfectus erzürnt, befahl seine sofortige Hinrichtung. Zwei Tage später brach Sancho, ein fränkischer Soldat der Leibwache, in aller Öffentlichkeit in Schmähungen gegen Mohammed aus; er wurde enthauptet. Am folgenden Sonntag erschienen sechs Mönche vor dem *qadi*, verfluchten Mohammed und verlangten nicht nur nach dem Tode, sondern «nach euren heftigsten Foltern»; sie wurden enthauptet. Ein Priester, ein Dekan und ein Mönch folgten ihrem Beispiel. Die Zeloten jubelten, aber viele Christen – Priester wie Laien – verurteilten diese Sucht nach der Märtyrerschaft. «Der Sultan gestattet uns, unsere Religion auszuüben», sagten sie zu den Zeloten, «und unterdrückt uns nicht; warum dann diesen fanatischen Eifer?[58]» Ein Konzil christlicher Bischöfe, von Abd-er-Rahman einberufen, tadelte die Zeloten und drohte ihnen mit Gegenmaßnahmen, falls sie ihre Agitation fortsetzten. Eulogius beschimpfte die Mitglieder des Konzils als Feiglinge.

Inzwischen hatte Flora, deren Glaubenseifer durch die Bewegung der Zeloten nur um so heftiger entfacht worden war, das Kloster verlassen und war mit einem anderen Mädchen, Maria, vor den *qadi* gegangen; dort behaupteten alle beide, Mohammed sei «ein Ehebrecher, Betrüger, Schurke» und der Islam sei eine «Erfindung des Teufels». Der *qadi* ließ sie ins Gefängnis bringen. Die Beschwörungen ihrer Freunde hatten sie schon so weit gebracht, daß sie widerrufen wollten, als Eulogius sie wieder zum Märtyrertum umstimmte. Sie wurden enthauptet (851), und Eulogius, der dadurch sehr ermutigt wurde, rief nach neuen Märtyrern. Priester, Mönche und Frauen begaben sich an den Hof, schmähten Mohammed und erhielten die Enthauptung (852). Eulogius selbst gelangte sieben Jahre später zum Märtyrertum. Nach seinem Tode kam die Bewegung zum Verschwinden. Wir vernehmen aus der Zeit zwischen 859 und 983 von zwei Fällen von Märtyrertum, hernach überhaupt von keinem mehr unter der Muselmanenherrschaft in Spanien[59].

Bei den Muselmanen nahm der religiöse Eifer in gleichem Maße ab, wie der Reichtum zunahm. Trotz der Strenge des muselmanischen Gesetzes erhob sich im elften Jahrhundert eine Welle der Skepsis. Nicht nur, daß die milden Ketzereien der Mutaziliten schließlich doch in Spanien Fuß faßten; es bildete sich sogar eine Sekte, die alle Religionen für falsch erklärte und sich über Gebote, Gebet, Fasten, Wallfahrten und Almosengeben nur lustig machte. Eine andere Gruppe wandte sich gegen jede Dogmatik und setzte sich für eine rein ethische «Universalreligion» ein. Es gab auch Agnostiker; sie erklärten: «Die Lehren der Religion sind vielleicht richtig, vielleicht sind sie falsch; wir setzen uns nicht für sie und auch nicht gegen sie ein, wir vermögen es einfach nicht zu entscheiden; aber unser Gewissen läßt es nicht zu, daß wir Lehren annehmen, deren Richtigkeit sich nicht beweisen läßt»[60]. Die Theologen schlugen kräftig zurück; als im elften Jahrhundert das Unglück über den spanischen Islam kam, erklärten sie, daran sei die Religionslosigkeit schuld, und als der Islam eine Zeitlang wieder gedieh, geschah es unter Herrschern, die ihre Macht abermals auf den religiösen Glauben stützten und den Streit zwischen Religion und Philosophie zu einer Vergnügung des Palastlebens machten.

Trotz aller Philosophen zeichneten leuchtende Kuppeln und vergoldete Minarette die tausend Städte und Städtchen aus, die das muselmanische Spanien im zehnten Jahrhundert zum zivilisiertesten Lande Europas, wahrscheinlich der ganzen Welt machten. Córdoba war unter al-Mansur eine hochzivilisierte Stadt, die nur von Bagdad und Konstantinopel übertroffen wurde. In dieser Stadt soll es nach al-Maqqari 200 077 Häuser, 60 300 Paläste, 600 Moscheen und 700 Thermen gegen haben[61]; diese Statistik ist ein wenig orientalisch. Besucher bestaunten den Reichtum der Oberschicht und den Wohlstand, der nach ihrer Ansicht außergewöhnlich allgemein verbreitet war; jede Familie vermochte sich einen Esel zu halten; nur Bettler konnten nicht reiten. Die Straßen waren gepflastert und mit erhöhten Gehsteigen versehen; nachts waren sie beleuchtet; man konnte fünfzehn Kilometer weit an einer ununterbrochenen Häuserreihe vorbei bei dem Lichte von Straßenlaternen reisen[62]. Über den stillfließenden Guadalquivir spannten arabische Brückenbauer eine große Steinbrücke mit siebzehn Bogen, ein jeder fünfzig Spannen weit. Eine der ersten Unternehmungen des Abd-er-Rahman war der Bau einer Wasserleitung, die Córdobas Häuser, Gärten, Brunnen und Bäder reichlich mit Wasser versorgte. Die Stadt war um ihrer Lustgärten und Promenaden willen berühmt.

Abd-er-Rahman I., der sich nach der Umgebung seiner Jugend sehnte, ließ in Córdoba einen Garten anlegen, wie ihn die Villa besessen hatte, in welcher er bei Damaskus seine Knabenzeit verbracht hatte, und baute darin den «Palast des Rissafah». Spätere Kalifen ließen weitere Bauwerke dazutreten, denen die Phantasie der Muselmanen blumige Namen gab: Blumenpalast ... Palast der Liebhaber ... der Zufriedenheit ... des Diadems. Córdoba besaß wie später Sevilla seinen Alcázar (*al-qasr*, Burg, von lateinisch *castrum*), eine Mischung von Palast und Festung. Nach der Beschreibung muselmanischer Geschichtsschreiber kamen diese Herrenhäuser an Pracht und Schönheit denjenigen des neronischen Rom gleich: majestätische Portale, Marmorsäulen, Mosaikböden, vergoldete Decken und eine Innenausstattung von einer Verfeinerung, wie sie nur die muselmanische Kunst geben konnte. Die Paläste der Kalifenfamilie, der Herren und Magnaten von Grund und Handel, erstreckten sich kilometerweit an den Ufern des stattlichen Flusses. Eine Konkubine hinterließ Abd-er-Rahman III. ein großes Vermögen; er wollte es als Lösegeld für alle seine Krieger verwenden, die im Kriege gefangen worden waren; stolz berichteten die Sucher, sie hatten keine auftreiben können; worauf die Lieblingsfrau des Kalifen, Zahra, vorschlug, eine Vorstadt und einen Palast zum Gedenken ihres Namens zu errichten. 25 Jahre lang (936–961) mühten sich 10 000 Bauarbeiter und 1500 Lasttiere um die Verwirklichung ihres Traumes. Der Kalifenpalast al-Zahra, der fünf Kilometer südöstlich Córdobas entstand, war verschwenderisch in Anlage und Ausstattung; 1200 Marmorsäulen stützten ihn; in seinem Harem hatten 6000 Frauen Platz; die Wände und die Decke des Audienzsaales waren aus Gold und Marmor verfertigt, dessen acht Türen mit Elfenbein, Ebenholz und Edelsteinen ausgelegt, sein Becken war mit Quecksilber gefüllt, das auf seiner wogenden Oberfläche die Sonnenstrahlen tanzen ließ. Al-Zahra wurde zum Wohnsitz eines Adels, der wegen der Anmut und Feinheit seiner Sitten, der Verfeinerung seines Geschmackes und des Umfangs seiner geistigen Interessen berühmt war. Am entgegengesetzten Ende der Stadt erbaute al-Mansur (978) einen rivalisierenden Palast, al-Zahira, um den sich ebenfalls eine Vorstadt mit Herren, Dienern, Bänkelsängern, Dichtern und Kurtisanen scharte. Beide Vorstädte wurden in der Revolution von 1010 völlig niedergebrannt.

Normalerweise hatte das Volk nichts gegen den Luxus seiner Fürsten einzuwenden, wenn sie nur dem Allah Weihestätten errichteten, die an Pracht und Umfang ihre Paläste übertrafen. Die Römer hatten in Córdoba einen Janustempel erbaut; die Christen hatten an dessen Stelle eine Kathedrale gesetzt; Abd-er-Rahman I. kaufte den Christen den Grund ab, ließ die Kirche niederreißen und setzte an ihre Stelle die Blaue Moschee; 1238 verwandelte die Reconquista die Moschee wieder in eine Kathedrale; solcherart wankt das Gute, das Wahre, das Schöne mit den Wechselfällen des Krieges. Das Bauvorhaben gab dem Abd-er-Rahman Trost in seinen kummerreichen Jahren; er zog von seinem Vorortspalast in seinen Stadtpalast um, um die Arbeiten überwachen zu können, und hatte die Hoffnung, noch vor dem Tode die Gemeinde in dankbarem Gebet in diese neue und majestätische Moschee führen zu können. Er starb im Jahre 788, zwei Jahre nach der Grundsteinlegung; sein Sohn al-Hischam setzte das Werk fort; zwei Jahrhunderte lang fügte jeder Kalif ein Stück zu, bis es zu al-Mansurs Zeit eine Fläche von 225 auf 140 Metern bedeckte. Außen war eine Mauer aus Ziegel- und Natursteinen mit Strebepfeilern zu sehen, mit unregelmäßigen Türmen und einem massigen Minarett, das an Umfang und Schönheit alle anderen Minarette dieser Zeit übertraf, so daß es zu den unzähligen «Weltwundern» gezählt wurde[63]. Neunzehn Portale, überdeckt von Hufeisenbögen mit elegant in Stein gemeißelten pflanzlichen und geometrischen Mustern, führten in den Hof der Waschungen, heute der Patio de los Naranjos, der Orangenhof. In diesem rechteckigen mit bunten Ziegeln gepflasterten Hof standen vier Brunnen, jeder aus einem massiven Marmorblock gehauen, der so groß war, daß siebzig Ochsen nötig waren, um ihn vom Steinbruch herzuziehen. Die eigentliche Moschee war ein Wald von 1290 Säulen, die das Innere in elf Längs- und einundzwanzig Seitenschiffe aufteilten. Von den Säulenkapitellen gingen vielgestaltige Bögen aus, teils halbkreisförmige, teils zugespitzte, teils hufeisenförmige, die meisten mit abwechslungsweise rot und weiß gehaltenen keilförmigen Gewölbesteinen.

Die aus den Ruinen des römischen und westgotischen Spanien herbeigeholten Jaspis-, Porphyr-, Alabaster- und Marmorsäulen vermittelten durch ihre Zahl den Eindruck eines unbegrenzten und verwirrenden Raumes. Die hölzerne Decke war mit Kartuschenornamenten verziert und trug Inschriften aus dem Koran. Zweihundert Leuchten hingen von ihr herab und trugen siebentausend Lampen mit parfümiertem Öl, das aus umgedrehten christlichen Glocken zugeführt wurde, welche ebenfalls von der Decke herabhingen. Boden und Wände waren mit Mosaiken verziert; einige waren aus emailliertem Glas in reichen Farben, oft mit Silber und Gold, gebrannt; nach tausendjähriger Abnutzung leuchten diese Würfel immer noch wie Juwelen in den Kathedralenmauern. Ein Bezirk war als Heiligtum abgegrenzt; er war mit silbernen und emaillierten Ziegeln bepflastert, von prächtigen Türen behütet, mit Mosaiken verziert, von drei Gewölben überwölbt und durch ein hervorragend geschnitztes hölzernes Gitter abgeschirmt. In diesem Allerheiligsten standen *mihrab* und *minbar*, auf die die Künstler ihr reifstes Können angewandt hatten. Der *mihrab* war eine achtkantige mit Gold ausgelegte Mauernische, prächtig mit emaillierten Mosaiksteinchen, marmornem Maßwerk und goldenen Inschriften auf karminrotem und blauem Untergrund verziert, und von einer Reihe schlanker Säulen mit Kleeblattbögen gekrönt, die an Schönheit in der gotischen Kunst ihresgleichen suchen. Die Kanzel galt als die schönste ihrer Art; sie war aus 37 000 Täfelchen aus Elfenbein und edlen Hölzern – Ebenholz, Zitronenholz, Aloe, rotem und gelbem Sandelholz – verfertigt, die alle von Gold- und Silbernägeln zusammengehalten wurden und von Edelsteinen durchsetzt waren. Auf diesem *minbar* ruhte, in einem juwelenüberzogenen Etui, das von einem golddurchwirkten roten Seidentuch bedeckt war, ein Koran, den der Kalif Othman selbst geschrieben und sterbend mit seinem Blut genetzt hatte. Uns, die wir lieber unsere Theater mit vergoldetem und messingenem Zierat ausschmücken als unsere Kathedralen mit Edelsteinen und Gold auskleiden, will die Verzierung der Blauen Moschee übertrieben erscheinen; die Wände vom Blute ausgebeuteter Generationen befleckt, die Säulen von einer verwirrenden Vielzahl, der Hufeisenbogen strukturell ebenso schwach und ästhetisch ebenso abstoßend wie Dickleibigkeit auf krummen Beinen. Andere hatten jedoch eine andere Ansicht: Al-Maqqari (1591 bis 1632) hielt diese Moschee für «unübertroffen an Umfang, Schönheit und Ausstattung, an geschmackvoller Anordnung des Zierats, an der Kühnheit der Ausführung»[64]; und selbst in verminderter christlicher Gestalt wurde sie noch «nach allgemeiner Ansicht als die schönste muselmanische Kultstätte der Welt» eingestuft[65].

Es gab eine allgemeine Redensart im muselmanischen Spanien: «Wenn ein Musiker in Córdoba stirbt, schickt man seine Instrumente zum Verkauf nach Sevilla, und wenn ein Reicher in Sevilla stirbt, werden seine Bücher zum Verkauf nach Córdoba gesandt[67].» Denn Córdoba war im zehnten Jahrhundert Mittel- und Gipfelpunkt des spanischen Geisteslebens, wenn auch Toledo, Granada und Sevilla an der geistigen Regsamkeit der Zeit teilhatten. Nach der Schilderung muselmanischer Geschichtsschreiber waren die maurischen Städte wahre Bienenkörbe von Dichtern, Gelehrten, Juristen, Ärzten und Wissenschaftlern; bei al-Maqqari füllen ihre Namen sechzig Seiten[67]. Es gab zahlreiche Primar schulen, die jedoch Schulgeld forderten; Hakam II. richtete 27 weitere Schulen zur Ko stenfreien Unterrichtung der Armen ein. Knaben und Mädchen gingen gleicherweise zur Schule; verschiedene maurische Damen zeichneten sich in Literatur oder Kunst aus[68]. Die höhere Bildung wurde von unabhängigen Lehrern vermittelt, die in den Moscheen ihre Vorlesungen hielten; ihre Kurse bildeten zusammen die locker gefügte Universität von Córdoba, die im zehnten und elften Jahrhundert an Ruf nur den gleichartigen Einrichtungen von Kairo und Bagdad nachstand. Höhere Schulen wurden auch in Granada, Toledo, Sevilla, Murcia, Almeria, Valencia und Cádiz gegründet[69]. Die Technik der Papierherstellung wurde von Bagdad eingeführt, und die Bücher nahmen an Umfang und Zahl zu. Das muselmanische Spanien besaß siebzig Bibliotheken; reiche Leute stellten ihre marokkanischen Bucheinbände zur Schau, und Bibliophile sammelten seltene oder schön illuminierte Bücher. Der Gelehrte al-Hadram wurde bei einer Auktion in Córdoba ständig übersteigert, als er ein bestimmtes Buch erwerben wollte, bis der Preis des Buches schließlich dessen Wert erheblich überstieg. Der erfolgreiche Bieter erklärte, in seiner Bibliothek sei eine freie Stelle, in die das Buch gerade hineinpassen würde. «Ich war dermaßen verblüfft», sagt al-Hadram dazu, «daß ich ihm nur noch sagen konnte: ‚Der bekommt die Nuß, der keine Zähne hat.‘[70]»

Männer der Gelehrsamkeit wurden im muselmanischen Spanien mit Ehrfurcht behandelt und in dem naiven Glauben, daß Wissen und Weisheit ein und dasselbe seien, um Rat angegangen. Theologen und Grammatiker liefen zu Hunderten herum; der Rhetoriker, Philologen, Lexikographen, Anthologisten, Historiker, Biographen Zahl war übergroß. Abu Muhammad Ali ibn Hazm (994–1064) diente nicht nur den letzten Umayyaden als Wesir, sondern war daneben noch Theologe und Historiker von großer Gelehrsamkeit. In seinem *Buch der Religionen und Sekten* behandelt er die jüdische, zarathustrische und christliche Religion und die hauptsächlichsten Abarten der mohammedanischen Religion in einer der ersten Arbeiten zur vergleichenden Religionsgeschichte der Welt. Wenn wir wissen wollen, was ein gebildeter Muselmane von dem mittelalterlichen Christentum hielt, brauchen wir nur einen Absatz seines Buches zu lesen:

> Es gibt keinen Grund, sich je über den menschlichen Aberglauben zu wundern. Die größten und zivilisiertesten Völker sind ihm unterworfen ... Es gibt so viele Christen, daß Gott allein sie zu zählen vermag, und sie können sich kluger Fürsten und berühmter Philosophen rühmen. Und doch glauben sie, daß einer drei sei und drei einer; daß einer von den dreien der Vater, der andere der Sohn, der dritte der Heilige Geist, der Vater der Sohn und doch nicht der Sohn, ein Mensch Gott und doch nicht Gott sei; sie glauben, der Messias habe seit allem Anbeginn existiert und sei doch erschaffen. Eine christliche Sekte, die der Monophysiten, welche Hunderttausende von Mitgliedern zählt, glaubt, der Weltenschöpfer sei gegeißelt, geschlagen, gekreuzigt worden, und drei Tage lang sei das Weltall führerlos gewesen[71].

Ibn Hazan glaubte seinerseits, daß jedes Wort des Korans wahr sei[72].

Wissenschaft und Philosophie verkümmerten im muselmanischen Spanien weitgehend infolge der Furcht, sie könnten dem Volksglauben Abbruch tun. Maslama ibn Ahmad († 1007) aus Madrid und Córdoba paßte die astronomischen Tabellen des al-Chwarizmi den spanischen Verhältnissen an. Ein ihm nicht mit Bestimmtheit zuzuweisendes Werk beschreibt die vielen Experimente, mit denen sich die Alchimie in Chemie verwandelte – nämlich bei der Erzeugung von Quecksilberoxyd aus Quecksilber. Ibrahim al-Zarqali (um 1029–1087) aus Toledo erwarb sich einen internationalen Ruf mit der Verbesserung astronomischer Instrumente; Kopernikus zitiert sein Werk über das Astrolabium; seine astronomischen Beobachtungen waren die besten seiner Zeit und gestatteten ihm, zum erstenmal die Bewegung des Sonnenapogäums in bezug auf die Sterne zu beweisen; seine «Toledanischen Tabellen» der Planetenbewegungen standen in ganz Europa in Gebrauch. Abu'l-Qasim al-Zahrawi (936–1013), Leibarzt von Abd-er-Rahman III., stand bei der Christenheit als Abulcasis in hohen Ehren; er steht an der Spitze der muselmanischen Chirurgenschaft; seine medizinische Enzyklopädie, *al-Tasrif*, enthielt drei Bücher über die Chirurgie, die in lateinischer Übersetzung auf viele Jahrhunderte das chirurgische Standardwerk bildeten. Córdoba wurde in dieser Zeit von Europäern, die sich operieren lassen mußten, bevorzugt. Wie jede zivilisierte Stadt hatte auch sie ihre runde Zahl an Quacksalbern und geldhungrigen Ärzten aufzuweisen. Ein gewisser Harrani behauptete, ein geheimes Heilmittel gegen Eingeweidestörungen gefunden zu haben und verkaufte es für fünfzig Dinar pro Fläschchen an Narren, die es sich leisten konnten[73].

«Wir unterlassen es», schreibt al-Maqqari, «alle die Dichter zu erwähnen, die unter Hischam II. und al-Mansur gediehen, denn ihrer gab es so viele wie Sand am Meer[74].» Zu ihnen zählte auch die Prinzessin Wallada († 1087); ihr Haus in Córdoba war ein richtiggehender Salon der französischen Aufklärung; geistreiche Köpfe, Gelehrte und Dichter versammelten sich um sie; sie knüpfte mit anderthalb Dutzend von ihnen Liebesbeziehungen an und schrieb über ihre Liebeleien mit einer Freiheit, die Madame Récamier entsetzt hätte. Ihre Freundin Mugha übertraf sie an persönlicher Schönheit und dichterischer Zügellosigkeit. In dem Andalusien dieser Tage war fast jedermann ein Dichter, der bei jeder passenden und unpassenden Gelegenheit Reime von sich gab. Die Kalifen nahmen an dieser Beschäftigung teil, und es kam nur selten vor, daß ein maurischer Fürst an seinem Hofe nicht einen Dichter gehabt hätte, der nicht nur geehrt, sondern auch besoldet gewesen wäre. Diese fürstliche Gönnerschaft schlug nicht nur zum Guten, sondern auch zum Bösen aus; die Poesie, die uns aus dieser Zeit erhalten ist, zeigt sich allzuoft als künstlich, geziert, unlebendig, mit mühsamen Vergleichen und gesuchten Einfällen belastet. Das Thema war die fleischliche oder platonische Liebe; in Spanien nahmen die muselmanischen Sänger wie im Osten Methoden, Lebensstimmung und Weltanschauung der Troubadours vorweg[75].

Aus dieser flimmernden Milchstraße holen wir uns einen einzigen Stern heraus: Said ibn Dschudi, den Sohn des Präfekten von Córdoba; ein ausgezeichneter Krieger, ein in der Regel beständiger Liebhaber, ein Meister aller guten Eigenschaften, die nach muselmanischem Urteil den vollkommenen Edelmann ausmachten: Er besaß Freigebigkeit, Mut, gutes Aussehen, Beredsamkeit, dichterisches Talent und Kraft und war in den Künsten des Reitens, Fechtens, Speerwerfens und Bogenschießens wohlbewandert[76]. Er war sich nie im klaren, was ihm besser gefiel – die Liebe oder der Krieg. Empfänglich für die geringste Berührung einer Frau, verliebte er sich immer wieder bis über beide Ohren in einer Weise, die Beständigkeit und Fortdauer verhieß. Wie ein guter Troubadour liebte er die am innigsten, von der er am wenigsten zu sehen bekommen hatte; seine glühendste Ode ist an Jehane gerichtet, von der er nur eine Lilienhand gesehen hatte. Er war ein freimütiger Epikureer und hatte den Eindruck, daß die Beweisführung immer dem Moralisten obliege. «Am süßesten schmeckt das Leben», stellt er fest, «wenn der Weinbecher die Runde macht, wenn nach einem Streit die Liebenden Versöhnung feiern, sich umarmen, wieder Frieden halten. Ich durcheile den Kreis der Freuden wie ein tobendes Pferd, wenn es durchgeht. Keine Begierde, die ich nicht befriedigte! So wenig ich wanke, wenn der Engel des Todes am Tage der blutigen Schlacht über meinem Haupte schwebt, so leicht vermögen zwei strahlende Augen mich zu bewegen[77].» Die anderen Krieger verübelten es ihm manchmal, wenn er ihre Frauen verführte; ein Offizier ertappte ihn *in situ* und erschlug ihn (897).

Ein heroischeres Ende nahm ein bedeutenderer Dichter, al-Mutamid, der Emir von Sevilla. Wie andere Fürsten des zerfallenden Spaniens hatte er mehrere Jahre lang Alfons VI. von Kastilien Tribut gezahlt, um die Christen bei Frieden zu halten. Eine Bestechungssumme hinterläßt aber stets einen Saldo, der auf Abruf zahlbar ist. Von seinem Opfer hinreichend für die Kriegführung mit Finanzen ausgerüstet, stürzte sich Alfons 1085 auf Toledo, und al-Mutamid erkannte, daß Sevilla als nächste Stadt drankommen könnte. Die Stadtstaaten des muselmanischen Spanien waren nun durch Klassenkämpfe und gegenseitige Kriege dermaßen geschwächt, daß sie keinen richtigen Widerstand mehr leisten konnten. Aber jenseits des Mittelmeeres war eine neue muselmanische Dynastie entstanden; sie hieß Almoravidendynastie nach dem *marabout*, dem Schutzheiligen Nordwestafrikas; sie gründete sich auf den religiösen Fanatismus und hatte fast aus jedem Manne einen Krieger Allahs gemacht, so daß ihre Heere mit Leichtigkeit ganz Marokko erobert hatten. In diesem Augenblick erhielt der Almoravidenkönig Yusuf ibn Taschfin, ein Mann von Mut und Schlauheit, eine Aufforderung von den Fürsten Spaniens, sie von dem christlichen Drachen Kastiliens zu erretten. Yusuf setzte sein Heer über die Meerenge über, erhielt Zuzug aus Málaga, Granada und Sevilla und traf bei Zallaka, in der Nähe von Badajoz, auf Alfons' Streitmacht (1086). Alfons sandte eine höfliche Botschaft an Yusuf. «Morgen, Freitag, ist euer Feiertag, und Sonntag ist der unsrige; ich schlage darum vor, daß wir am Sonnabend zum Kampfe schreiten.» Yusuf willigte ein; Alfons griff am Freitag an; al-Mutamid und Yusuf kämpften gut, die Muselmanen feierten ihren Festtag mit einem siegreichen Gemetzel, und Alfons kam mit knapper Not mit 500 Mann davon. Yusuf setzte Spanien in Erstaunen, indem er ohne Beute nach Nordafrika zurückkehrte.

Vier Jahre darauf kam er wieder. Al-Mutamid hatte ihm nahegelegt, die Macht des Alfons, der sich für einen neuen Angriff rüstete, ganz zu zerstören. Yusuf führte einen unentschiedenen Kampf gegen die Christen und legte sich die Herrschaftsgewalt über das ganze muselmanische Spanien zu. Die Armen hießen ihn willkommen, da sie jederzeit neuen Herren vor den alten den Vorzug gaben; die Intellektuellen widersetzten sich ihm, da er die religiöse Reaktion bedeutete; die Theologen empfingen ihn mit offenen Armen. Er nahm Granada ohne einen einzigen Schwertstreich und gewann sich das Entzücken des Volkes, indem er alle nicht vom Koran vorgeschriebenen Steuern aufhob (1090). Al-Mutamid und andere Emire vereinten sich zu einer Liga gegen ihn und schlossen ein heiliges Bündnis mit

Alfons. Yusuf belagerte Córdoba; dessen Bevölkerung lieferte ihm die Stadt aus. Er belagerte Sevilla; al-Mutamid kämpfte heldenhaft, verlor seinen Sohn im Kampf, brach vor Kummer zusammen und ergab sich. Bis 1091 fiel ganz Andalusien mit Ausnahme von Zaragoza in Yusufs Hände, und das muselmanische Spanien, von Marokko aus regiert, war wiederum eine Provinz von Afrika.

Al-Mutamid wurde als Gefangener nach Tanger geschickt. Bei seinem Aufenthalt in dieser Stadt schickte ihm ein Lokalpoet, Husri, einige Lobesverse zu und bat um eine Gabe. Der zugrundegerichtete Emir besaß nunmehr weiter nichts als 35 Dukaten; diese sandte er dem Husri mit vielen Entschuldigungen wegen der Geringheit der Gabe. Er wurde nach Aghmat in der Nähe von Marokko gebracht und lebte dort noch einige Zeit in Ketten, stets in Not, immer noch, bis zu seinem Tode (1095), dichtend.

SIEBENTES KAPITEL

GLANZ UND NIEDERGANG DES ISLAM

[1058–1258]

I. DER ISLAMISCHE OSTEN: 1058–1250

Nach dem Tode des Tughril Beg (1063) wurde sein sechsundzwanzigjähriger Neffe Alp Arslan Sultan der Seldschuken. Nach der Schilderung eines wohlgesinnten muselmanischen Geschichtsschreibers war er groß gewachsen.

Sein Schnurrbart war so lang, daß er beim Schießen die beiden Enden hochzubinden pflegte; niemals verfehlten seine Pfeile ihr Ziel. Er trug einen so hohen Turban, daß man gerne behauptete, von der Turbanspitze bis zu den Schnurrbartenden sei eine Entfernung von sechs Fuß. Er war ein starker und gerechter Herrscher, meistens großherzig, rasch bereit, Tyrannei oder Erpressung von seiten seiner Amtsleute zu bestrafen, und außerordentlich freigebig gegenüber den Armen. Er widmete sich auch dem Studium der Geschichte und lauschte aufmerksam den Berichten der Chronisten über frühere Könige und ließ sich aus Werken vorlesen, welche Licht auf ihren Charakter, ihre Einrichtungen und ihre Regierungsweise warfen.[1]

Trotz dieser gelehrtenhaften Neigungen machte Alp Arslan seinem Namen – «löwenherziger Held» – alle Ehre mit der Eroberung von Herat, Armenien, Georgien und Syrien. Der griechische Kaiser Romanos IV. stellte ein Heer von 100 000 schlecht disziplinierten Soldaten der verschiedensten Herkunft auf, um sich den 15 000 kampferprobten Kriegern Arslans zu stellen. Der Seldschukenführer machte ein vorteilhaftes Friedensangebot; Romanos wies es verächtlich ab, stellte sich bei Manzikert in Armenien zum Kampf, focht tapfer inmitten seiner hasenfüßigen Truppen, wurde geschlagen und gefangengenommen und vor den Sultan gebracht. «Wie hättest du dich verhalten», fragte Arslan, «wenn das Glück deinen Waffen günstig gewesen wäre?» «Ich hätte deinen Leib mit manchem Peitschenhieb bedacht», war die Antwort des Romanos. Arslan behandelte ihn mit großer Freundlichkeit, setzte ihn auf das Versprechen eines gebührenden Lösegeldes hin frei und entließ ihn mit reichen Geschenken[2]. Ein Jahr später starb Arslan durch das Messer eines Mörders.

Sein Sohn Malik Schah (1072–1092) war der bedeutendste der Seldschukensultane. Während sein Feldherr Suleiman die Eroberung von Kleinasien abschloß, nahm er selbst Transoxianien bis Buchara und Kaschgar ein. Sein tüchtiger und treuer Ministerpräsident, Nizam al-Mulk, trug seiner und Arslans Regierungszeit viel von dem Glanze ein, den die Barmakiden zur Zeit Harun al-Raschids Bagdad gegeben hatten. Dreißig Jahre lang organisierte und überwachte Nizam die Verwaltung und Politik und das Finanzwesen des Staates, förderte Handel und Gewerbe, verbesserte die Straßen, Brücken und Herbergen und sorgte für die Sicherheit aller Straßenbenützer. Er hatte eine offene Hand für Künstler,

Dichter, Wissenschaftler, errichtete großartige Bauten in Bagdad, gründete und subventionierte in dieser Stadt eine berühmte höhere Schule und leitete und finanzierte den Bau der Großen Domkammer der Freitagsmoschee in Isfahan. Offenbar auf seine Anregung hin, beauftragte Malik Schah den Omar Chayyam und andere Astronomen mit der Neugestaltung des persischen Kalenders. Nach einer alten Sage sollen Nizam, Omar und Hasan ibn al-Sabbah als Schulkameraden einander gelobt haben, in späterer Zeit an jedem Glücksfall auch die anderen teilhaben zu lassen; wie so viele tugendhaften Geschichten ist auch diese wahrscheinlich legendär, da Nizam 1017 geboren wurde, während sowohl Omar als auch Hasan 1123–1124 starben und keine Anzeichen vorliegen, daß einer von ihnen hundert Jahre alt geworden wäre[3].

Als Fünfundsiebzigjähriger legte Nizam seine Philosophie der Staatsführung in einem der bedeutendsten persischen Prosawerke, dem *Siyasat-name* – «Buch der Regierungskunst» – nieder. Er war ein eifriger Befürworter der religiösen Strenggläubigkeit sowohl des Volkes wie des Herrschers, hielt keine Regierungsform für gesichert, die sich nicht auf religiöse Grundlagen stützte, und leitete von der Religion das göttliche Recht und die göttliche Herrschaftsgewalt des Sultans ab. Zur gleichen Zeit ersparte er seinem göttlichen Monarchen einige menschliche Ratschläge über die Pflichten des Herrschers nicht. Er müsse jedes Übermaß an Weingenuß und jede Leichtfertigkeit meiden, jede Korruption oder Tyrannei im Beamtenstand aufdecken und zweimal wöchentlich Audienz abhalten, wobei auch dem niedrigsten Untertanen Gelegenheit geboten sein solle, Gesuche und Beschwerden vorzubringen. Nizam war human, aber intolerant; er bedauerte es sehr, daß Christen, Juden und Schiiten Regierungsämter bekleideten, und wandte sich mit besonderer Heftigkeit gegen die Sekte der Ismailiten, da sie nach seiner Ansicht die Einheit des Staates bedrohte. Im Jahre 1092 trat ein Ismailit mit einem vorgeblichen Bittgesuch an ihn heran und stieß ihm einen Dolch in die Brust.

Der Mörder war Mitglied einer der seltsamsten Sekten der Geschichte. Um 1090 setzte sich ein Ismailitenführer – der gleiche Hasan ibn al-Sabbah, den die Legende mit Omar und Nizam zusammenbringt – in den Besitz der Felsenfestung Alamut («Adlerhorst») in Nordpersien und führte von dieser dreitausend Meter hoch gelegenen Burg aus Feldzüge des Mordes und Terrors gegen Widersacher und Verfolger des Ismailitenglaubens. Nizam behauptet in seinem Buche, die Schar des Hasan stamme in direkter Folge von den kommunistischen Mazdakiten des sassanidischen Persien ab. Sie war eine Geheimbrüderschaft mit verschiedenen Initiationsstufen und einem Großmeister, den die Kreuzritter mit «der Alte vom Berge» benannten. Zu der niedrigsten Stufe des Ordens gehörten die *fidais*, die gehalten waren, ohne Zögern und ohne Skrupel jedem Befehle ihres Führers Folge zu leisten. Nach Marco Polo, der 1271 durch Alamut kam, hatte der Meister hinter der Festung einen Garten anlegen lassen, den er wie das mohammedanische Paradies mit «Frauen und Jungfrauen, die nach Herzenslust mit den Männern tändelten», bevölkerte. Wer in den Orden eintreten wollte, erhielt Haschisch zu trinken; sobald er betäubt war, wurde er in den Garten gebracht; wenn ihm die Sinne wiederkamen, wurde ihm berichtet, er sei im Paradiese. Nach fünf mit Wein, Weib und gutem Essen verbrachten Tagen wurde er wiederum mit Haschisch betäubt und aus dem Garten fortgetragen. Erwachend fragte er nach dem verlorenen Paradiese und erhielt zur Antwort, er würde wieder darin eingehen, und diesmal auf immer und ewig, wenn er dem Meister getreulich gehorchte oder in seinen Diensten das Leben verlöre[4]. Die Jünglinge, die der Aufforderung Folge leisteten, wurden *haschischiyun* genannt; von dieser Bezeichnung stammt das Wort *assassin*. Hasan herrschte in Alamut während 35 Jahren, machte es zu einem Zentrum des Mordes, der Bildung und der Kunst. Die Organisation blieb nach seinem Tode noch lange bestehen; sie nahm weitere Burgen ein, kämpfte gegen die Kreuzritter und soll auf Befehl von Richard Löwenherz den Konrad von Montferrat ermordet haben[5]. Im Jahre 1256 nahmen die Mongolen unter Hulagu Alamut und andere Stützpunkte der Assassinen ein; von da an wurden die Ordensmitglieder als nihilistische Feinde der Gesellschaftsordnung verfolgt und umgebracht. Der Orden vermochte sich aber doch als religiöse Sekte zu erhalten und wurde mit der Zeit friedlich und ehrbar; seine eifrigen Anhänger in Indien, Persien, Syrien und Afrika erkennen den Agha Khan als ihr Haupt an und führen alljährlich ein Zehntel ihrer Einkünfte an ihn ab[6].

Malik Schah starb wenige Monate nach seinem Wesir. Seine Söhne kämpften miteinander um die Nachfolge, und in dem Durcheinander, das sich daraus ergab, brachten die Muselmanen keinen geschlossenen Widerstand gegen die Kreuzzüge mehr auf. Der Sultan Sindschar stellte in Bagdad die Seldschukenherrschaft in ihrem alten Glanz wieder her (1117–1157) und förderte die Literatur, die dadurch erneut gedieh; nach seinem Tode zerfiel jedoch das Seldschukenreich in unabhängige Fürstentümer mit Fürsten und sich gegenseitig bekriegenden Kleinkönigen. In Mosul gründete einer von Malik Schahs kurdischen Sklaven, Zangi, im Jahre 1127 die Atabeg-Dynastie (Atabeg – «Fürstenvater»), die sich heftig gegen die Kreuzritter wehrte und ihren Herrschaftsbereich über Mesopotamien ausdehnte. Zangis Sohn Nur-ud-din Mahmud (1146–1173) eroberte Syrien, machte Damaskus zu seiner Hauptstadt, herrschte in Gerechtigkeit und Umsicht und entriß Ägypten den Händen der sterbenden Fatimiden.

Die gleiche Dekadenz, welche die Abbasiden unter die Herrschaft der Buwayhiden und Seldschuken gebracht hatte, ließ zwei Jahrhunderte spater die Kalifen von Kairo zu der Rolle von Schiitenpriestern in einem Staate, der in Wirklichkeit von ihren Militärwesiren regiert wurde, absinken. In einem vielköpfigen Harem untergetaucht, von Eunuchen und Sklaven umhegt, von Luxus und Konkubinen verweichlicht, gestatteten die Fatimiden ihren Ministerpräsidenten, den Titel von Königen anzunehmen und nach ihrem Ermessen über die Ämter und persönlichen Vorrechte der Regierungsgewalt zu verfügen. 1164 bewarben sich zwei Männer um dieses königliche Wesirat. Der eine, Schawar, ging den Nur-ud-din um Hilfe an; dieser sandte ihm eine kleine Streitmacht unter Schirkuh. Schirkuh erschlug Schawar und machte sich selbst zum Wesir. Bei dem Tode des Schirkuh (1169) folgte ihm sein Neffe al-Malik al-Nasir Salah ed-din Yusuf ibn Ayyub – das heißt der König, der Verteidiger, die Ehre des Glaubens, Joseph, Sohn des Hiob –, uns unter dem Namen Saladin bekannt, auf den Thron.

Er war in Tekrit am oberen Tigris geboren worden (1138) und kurdischer, also nichtsemitischer Abstammung. Sein Vater Ayyub hatte es zum Statthalter gebracht, zuerst von Baalbek unter Zangi, dann von Damaskus unter Nur-ud-din. Saladin, der in diesen Städten an den Höfen aufgewachsen war, hatte in der Staatsführungs- und Kriegskunst eine gründliche Ausbildung erfahren. Er verband aber damit eine strenggläubige Frömmigkeit, ein eifriges Studium der Theologie und eine beinahe asketische Lebenshaltung; die Muselmanen zählen ihn zu ihren größten Heiligen. Seine Kleidung bestand zur Hauptsache aus einem rauhen wollenen Tuch, er trank stets nur Wasser, und seine geschlechtliche Enthaltsamkeit (nach einiger anfänglicher Zügellosigkeit) erweckte alles, nur nicht den Nachahmungstrieb seiner Zeitgenossen. Als er mit Schirkuh nach Ägypten geschickt wurde, zeichnete er sich als Krieger so sehr aus, daß ihm der Befehl über Alexandrien übertragen wurde, das er erfolgreich gegen die Franken verteidigte (1167). Mit dreißig Jahren wurde er Wesir und widmete sich ganz der Erneuerung des strenggläubigen Mohammedanertums in Ägypten. Im Jahre 1171 ließ er den Namen des schiitischen Fatimidenkalifen in den öffentlichen Gebeten durch denjenigen des Abbasidenkalifen, der zu dieser Zeit lediglich der orthodoxe Hohepriester in Bagdad war, ersetzen. Al-Adid, der letzte Fatimide, lag krank in seinem Palast und merkte von dieser geistlichen Revolution nichts; Saladin sorgte dafür, daß keinerlei Nachrichten zu ihm drangen, damit der Tunichtgut «in Frieden sterben» könne. Das tat der Kalif denn auch bald, und da kein Nachfolger ernannt worden war, nahm die Fatimidendynastie damit ein stilles Ende. Saladin vertauschte selbst das Amt des Wesirs mit demjenigen eines Statthalters und erkannte Nur-ud-din als seinen Souverän an. Beim Betreten des Kalifenpalastes in Kairo fand er zwölftausend Insassen vor, mit Ausnahme der männlichen Verwandten des Kalifs alles Frauen; er stieß auch auf ein derart riesenhaftes Vermögen an Schmuck, Inneneinrichtungen, Elfenbein- und Glaswaren und anderen Kunstwerken, daß wohl kaum ein anderer Würdenträger dieser Zeit ihm hätte die Waage halten können. Saladin behielt nichts von alledem für sich selbst, übergab den Palast seinen Truppenführern und setzte in den Räumen des Wesirs sein Leben einer glückhaften Einfachheit fort.

Beim Tode des Nur-ud-din (1173) weigerten sich die Provinzstatthalter, seinen elfjährigen Sohn als König anzuerkennen, und Syrien stand erneut am Rande des Chaos. Unter dem Vorwande, daß die Kreuzritter sich in den Besitz des Landes setzen würden, kam Saladin mit einer Streitmacht von 700 Reitern aus Ägypten und machte sich in schnellen Feldzügen zum Herrn von Syrien. Bei der Rückkehr nach Ägypten nahm er den Königstitel an und begründete damit die Ayyubidendynastie (1175). Sechs Jahre später brach er wiederum auf, verlegte seine Residenz nach Damaskus und eroberte Mesopotamien. Dort entfaltete er, wie auch in Kairo, die enge Strenggläubigkeit seiner Religiosität. Er erbaute mehrere Moscheen, Krankenhäuser, Klöster und Theologieschulen *(madrasas)*. Er förderte die Baukunst, suchte die weltliche Wissenschaft zu behindern und teilte Platons Verachtung der Poesie. Alle Mißstände, die ihm zu Ohren kamen, wurden schnellstens abgestellt, und die Steuern wurden gesenkt, während gleichzeitig die öffentlichen Arbeiten eine Ausweitung erfuhren und alle Regierungstätigkeiten mit Eifer und Könnerschaft durchgeführt wurden. Der Islam rühmte sich der Rechtschaffenheit und Gerechtigkeit seiner Herrschaft, und die Christenheit erkannte ihn als einen ungläubigen Edelmann an.

Wir halten uns nicht im einzelnen bei dem Gewirr örtlicher Dynastien auf, die nach seinem Tode (1193) den östlichen Islam aufspalteten. Seine Söhne ließen sein Können vermissen, und die Ayyubidendynastie erlosch bereits nach drei Generationen (1260). In Ägypten gedieh sie bis 1250 und erreichte ihren Höhepunkt unter dem aufgeklärten Malik al-Kamil (1218–1238), dem Freunde Friedrichs II. In Kleinasien gründeten die Seldschuken (1077–1327) das Sultanat von «Rum» (Rom) und ließen eine Zeitlang Konya (das Iconium des Paulus) zum Mittelpunkt einer gelehrt-literarischen Kultur werden. Kleinasien, das seit Homer halb griechisch gewesen war, verlor nun seinen hellenistischen Charakter und wurde so türkisch wie Turkestan; dort hat heute noch die Türkei ihren prekären Sitz in einer einst hettitischen Hauptstadt. Ein unabhängiger Türkenstamm beherrschte Chwarizm (1077–1231) und weitete seinen Machtbereich vom Ural bis zum Persischen Meerbusen aus. In diesem Zustande der politischen Zersplitterung traf Dschingis Khan den asiatischen Islam an.

Aber auch in diesen Jahren des Niedergangs war der Islam in Dichtung, Wissenschaft und Philosophie führend in der Welt und nahm es in der Regierungskunst mit den Hohenstaufen auf. Die Seldschukensultane – Tughril Beg, Alp Arslan, Malik Schah, Sindschar gehören zu den besten Monarchen des Mittelalters; Nizam al-Mulk zählt zu den bedeutendsten Staatsmännern; Nur-ud-din, Saladin und al-Kamil waren Richard I., Ludwig IX. und Friedrich II. ebenbürtig. Alle diese muselmanischen Herrscher, ja selbst die kleineren Könige, setzten die Förderung der Literatur und Kunst der Abbasiden fort; an ihren Höfen werden wir Dichter wie Omar, Nizami, Sa'adi und Dschalal ud-din Rumi antreffen, und wenn die Philosophie auch unter einer vorsichtigen Strenggläubigkeit dahinschwand, so gedieh die Baukunst glanzvoller als je zuvor. Die Seldschuken und Saladin verfolgten die muselmanischen Häresien, waren aber gegenüber Christen und Juden so nachsichtig, daß byzantinische Geschichtsschreiber von christlichen Gemeinden berichten, welche die Seldschukenherrscher um Hilfe gegen die Unterdrückung byzantinischer Statthalter anriefen[7]. Unter der Führung der Seldschuken und Ayyubiden erlebte Westasien wiederum eine Blüte an Körper und Geist. Damaskus, Aleppo, Mosul, Bagdad, Isfahan, Rayy, Herat, Amida, Nischapur und Merw gehörten in dieser Zeit zu den schönsten und kultiviertesten Städten der Welt des weißen Mannes. Es war ein strahlender Verfall.

II. DER ISLAMISCHE WESTEN: 1086–1300

Im Jahre 1249 verschied al-Salih, der letzte ägyptische Sultan der Ayyubidenlinie. Seine Witwe und frühere Sklavin Schadschar-al-Durr ließ die Ermordung ihres Stiefsohnes zu und rief sich zur Königin aus. Um ihre männliche Ehre zu retten, wählten die Muselmanenführer von Kairo einen anderen ehemaligen Sklaven, Aybak, zum Mitregenten. Sie ehelichte ihn, fuhr jedoch fort, die Herrschaftsgewalt auszuüben, und als er eine Unabhängigkeitserklärung abgeben wollte, ließ sie ihn im Bade ermorden (1257). Sie selbst wurde kurz darauf von Aybaks Sklavinnen mit Holzschuhen bearbeitet, bis sie ihren Geist aufgab.

Aybak hatte lange genug gelebt, um die Mamelukendynastie zu begründen. *Mameluk* bedeutet «jemandem gehörig»; die Bezeichnung wurde auf weiße Sklaven angewandt, gewöhnlich auf die kräftigen und furchtlosen Türken oder Mongolen, die von den Ayyubidensultanen als Leibwachen eingesetzt wurden. Wie in Rom und Bagdad, so stellte auch in Kairo die Leibwache den König. 267 Jahre lang (1250–1517) herrschten die Mameluken über Ägypten, zeitweise auch über Syrien (1271–1516); sie röteten ihre Hauptstadt mit dem Blute Ermordeter und verschönten sie mit Werken der Kunst; ihr Mut rettete Syrien und Ägypten – und sogar Europa – vor den Mongolen, die sie bei Ain-Dschalut schlugen (1260). Weniger allgemeine Anerkennung fanden sie, als sie Palästina vor den Franken retteten und den letzten christlichen Krieger aus Asien vertrieben.

Der größte und skrupelloseste Mamelukenherrscher war al-Malik Baibars (1260–1277). Als türkischer Sklave geboren, hatte er sich durch Mut und Geschick auf eine hohe Kommandostelle in der ägyptischen Armee emporgearbeitet. Er war es, der Ludwig IX. 1250 bei Mansura schlug, und zehn Jahre darauf kämpfte er mit tapferer Könnerschaft unter dem Sultan Qutuz bei Ain-Dschalut. Er ermordete Qutuz auf dem Rückweg nach Kairo, rief sich zum Sultan aus und nahm mit gewinnender Anmut den Triumph entgegen, den die Stadt seinem siegreichen Opfer zugedacht hatte. Er nahm wiederholt und stets mit Erfolg den Krieg gegen die Kreuzritter auf; wegen dieser kühnen Feldzüge hält ihn die muselmanische Überlieferung fast so sehr in Ehren wie Harun und Saladin. Nach der Darstellung eines zeitgenössischen christlichen Chronisten war er im Frieden «nüchtern, keusch, gerecht zu seinem Volke und auch zu christlichen Untertanen freundlich»[8]. Er versah Ägypten mit einem so guten Regierungssystem, daß selbst die Unfähigkeit seiner Nachfolger es nicht fertigbrachte, die Mameluken vom Throne zu bringen, bis sie 1517 von den ottomanischen Türken gestürzt wurden. Er gab Ägypten ein starkes Heer und eine Flotte, säuberte seine Häfen, Straßen und Kanäle und baute die Moschee, die seinen Namen trägt.

Ein weiterer türkischer Sklave setzte Baibars' Sohn ab und wurde Sultan al-Mansur Sayf-al-Din Qalaun (1279–1290). Die Geschichte erinnert sich seiner hauptsächlich wegen des großen Krankenhauses, das er in Kairo errichtet hatte und das er mit jährlichen Subsidien in Höhe von einer Million Dirhems ausstattete. Sein Sohn Nasir (1293–1340) wurde dreimal auf den Thron gesetzt, aber nur zweimal entthront; er baute Wasserleitungen, Thermen, Schulen, Klöster und dreißig Moscheen; grub mit 100 000 Zwangsarbeitern einen Kanal, der Alexandrien mit dem Nil verband und gab ein Beispiel der mamelukischen Lebensart, indem er zur Hochzeit seines Sohnes 20 000 Tiere schlachten ließ. Wenn Nasir durch die Wüste reiste, trugen vierzig Kamele einen Garten mit fruchtbarer Erde auf ihren Rücken, damit er jeden Tag frisches Gemüse genießen konnte[9]. Er leerte den Staatssäckel und verurteilte seine Nachfolger zu einem langsamen Niedergang der Mamelukenmacht.

Diese Sultane hinterlassen nicht den günstigen Eindruck, den wir von den Seldschuken und Ayyubiden gewinnen. Sie unternahmen wohl bedeutende öffentliche Arbeiten, aber zumeist auf Kosten von Bauern und Proletariern, die bis an die Grenzen des menschlich Erträglichen ausgebeutet wurden, und für eine Regierung, die weder der Nation noch einem Adel in irgendeiner Weise verantwortlich war; der Mord war die einzige bekannte Art der Abberufung. Gleichzeitig besaßen diese brutalen Herrscher jedoch einen guten Geschmack und einen offenen Sinn für Literatur und Kunst. Die Mamelukenzeit ist die

Glanzzeit der mittelalterlichen ägyptischen Baukunst. Kairo war zu dieser Zeit (1250–1300) die reichste Stadt westlich des Indus[10]. Märkte, auf denen alles zum Leben Notwendige und alles Überflüssige in überreichem Maß zu haben war; der große Sklavenmarkt, auf dem man Männer und Mägde kaufen und verkaufen konnte; kleine Kaufläden, die sich in die Mauern einnisteten und mit Waren zu sehr dehnbaren Preisen überladen waren; Straßen, auf denen sich ein lebhafter Verkehr von Menschen und Tieren abwickelte und Straßenverkäufer und Karren lärmten, Gassen, die absichtlich eng (wegen des Schattens) und gewunden (für die Verteidigung) gehalten waren; Wohnstätten, die sich hinter strengen Fassaden verbargen, Zimmer, die kühl und dunkel blieben, auch wenn es auf der Straße noch so heiß und hell und laut war, und von einem Innenhof oder Gartengehege frische Luft empfingen; üppige Innenausstattungen mit Wandbehängen, Teppichen, Stickereien und Kunstwerken; Männer, die Haschisch kauten, um in einen traumreichen Rausch zu verfallen; Frauen, die in der *zenana* schwatzten oder von einem Erkerfenster aus verstohlen flirteten; Musik von tausend Lauten und seltsame Konzerte in der Zitadelle; öffentliche Parkanlagen, die nach Blumen und fröhlichem Picknicken dufteten; Kanäle und der große Fluß, von Fracht- und Passagierschiffen und Lustbooten übersät: Das war das Kairo des mittelalterlichen Islam.

Inzwischen erlebte in Nordafrika eine Reihe von Dynastien ihre Blütezeit. Zayriden (972–1148) und Hafsiden (1228–1534) herrschten über Tunesien; Hammadiden (1007–1152) regierten in Algerien; Almoraviden (1056–1147) und Almohaden (1130–1269) hatten die Gewalt in Marokko in Händen. In Spanien eigneten sich die Almoraviden, einst die frugalen Krieger Afrikas, schnell die luxuriöse Lebensart der cordobanischen und sevillanischen Fürsten an, an deren Stelle sie sich gesetzt hatten. Die Kriegsdisziplin wich der Sanftmut des Friedens; als Wertmesser für den Menschen und als Ziel aller Wünsche galt nicht mehr die Tapferkeit, sondern das Geld; die Frauen errangen sich durch ihre Anmut und ihre Reize eine Gewalt, der sich nur noch die Macht der Philosophen, welche die paradiesischen Freuden verhießen, an die Seite stellen ließ. Die Beamtenschaft wurde korrupt, und die Staatsführung, die unter Yusuf ibn Taschfin (1090–1106) ausgezeichnet gewesen war, ließ bereits unter seinem Sohne Ali (1106–1143) erheblich an Wert nach. Mit abnehmender Sorgfalt in der Staatsführung nahm das Räuberunwesen zu; die Straßen wurden unsicher; der Handel erlahmte, der Reichtum schwand dahin. Die Könige des katholischen Spaniens ergriffen die Gelegenheit und fielen über Córdoba, Sevilla und andere Städte des maurischen Spaniens her. Wiederum wandten sich die Muselmanen an Afrika um Befreiung.

Dort hatte im Jahre 1121 eine religiöse Revolution eine neue Sekte zu Macht und Gewaltsamkeit gebracht. Abdallah ibn Tumart wandte sich sowohl gegen den Anthropomorphismus der Strenggläubigen, als auch gegen den Rationalismus der Philosophen; er forderte die Rückkehr zu der Einfachheit in Religion und Leben und verkündete schließlich, er sei der Mahdi, der vom schiitischen Glaubensbekenntnis verheißene Messias. Die barbarischen Stämme des Atlasgebirges scharten sich um ihn, bildeten unter dem Namen «Almohaden», Unitarier, eine Gemeinschaft, stürzten die Almoravidenherrscher in Marokko und fanden es ein leichtes, in Spanien das gleiche zu tun. Unter den Almohadenemiren Abd al-Mumin (1145–1163) und Abu Yaqub Yusuf (1163–1184) kehrten Ordnung und Wohlstand in Andalusien wieder ein; Literatur und Gelehrsamkeit erhoben erneut ihr Haupt, und die Philosophen genossen unter der stillschweigenden Voraussetzung, daß sie ihre Werke in unverständlicher Sprache abfaßten, staatlichen Schutz. Aber Abu Yusuf Yaqub (1184–1199) gab den Theologen nach, verdammte die Philosophie und ließ alle philosophischen Werke verbrennen. Sein Sohn Muhammad al-Nasir (1199–1214) kümmerte sich weder um Philosophie noch um Religion; er vernachlässigte die Regierungsgeschäfte, spezialisierte sich auf Vergnügungen und erlitt durch die vereinigten Heere des christlichen Spaniens 1212 bei Las Navas de Tolosa eine vernichtende Niederlage. Das Spanien der Almohaden zersplitterte in kleine unabhängige Staatsgebilde, die eines um das andere von den Christen erobert wurden – Córdoba 1236, Valencia 1238, Sevilla 1248. Die bedrängten Mauren zogen sich nach Granada zurück, wo die Sierra Nevada, die «Verschneite Kette» einigen Schutz bot und gut bewässerte Weinberge und Oliven- und Orangenhaine standen. Eine Folge von umsichtigen Herrschern hielt Granada und seine Schutzgebiete Jerez, Jaén, Almería und Málaga gegen wiederholte Angriffe der Christen; Handel und Gewerbe lebten wieder auf, die Kunst blühte, das Volk gewann wieder seinen alten Ruf wegen seiner buntfröhlichen Gewandung und seiner lustigen Feiern, und das kleine Königreich hielt sich bis 1492 als letzter europäischer Halt einer Kultur, die jahrhundertelang Andalusien der Menschheit zur Ehre hatte gereichen lassen.

III. STREIFLICHTER ZUR ISLAMISCHEN KUNST: 1058–1250

In dieser Zeit der Beherrschung Spaniens durch die Berber ließ das muselmanische Spanien die Alhambra in Granada und den Alcázar und die Giralda in Sevilla entstehen. Der neue architektonische Stil wird oft Moriscostil genannt, da er von Marokko übernommen wurde; die Grundzüge stammten aber aus Syrien und Persien und zeichnen den Tadsch Mahal in Indien in gleicher Weise aus; so ausgedehnt und ergiebig war der Bereich der muselmanischen Kunst. Es war ein weiblicher Stil, der nicht mehr wie im Falle der Moscheen von Damaskus, Córdoba und Kairo nach einer eindrucksvollen Kraftfülle strebte, sondern nach einer zarten Schönheit, bei der die gesamte Könnerschaft von der Ausschmückung in Anspruch genommen wurde und der Bildhauer den Baumeister in den Schatten stellte.

Die Almohaden waren begeisterte Bauherren. Zunächst bauten sie zu Verteidigungszwecken und umgaben ihre wichtigsten Städte mit mächtigen Wällen und Türmen wie dem Torre de Oro, dem «Goldturm», der den Guadalquivir bei Sevilla bewachte. Der dortige Alcázar ist eine Mischung von Festung und Palast und zeigt der Welt eine einfache, grobschlächtige Außenseite. Von dem toledanischen Architekten Dschalubi für Abu Yaqub Yusuf (1181) entworfen, wurde er nach 1248 zur bevorzugten Residenz der christlichen Könige; er wurde mehrmals instand gesetzt, restauriert oder erweitert, so von Peter I. (1353), Karl V. (1526) ... und Isabella (1833); in der heutigen Gestalt ist er vorwiegend christlich in der Herkunft, aber vorwiegend maurisch – oder christlich-maurisch *(«mudéjar»)* – in Ausführung und Stil.

Der gleiche Abu Yaqub Yusuf, der den Alcázar begann, erbaute 1171 die große Moschee von Sevilla, von der nichts mehr erhalten ist. Im Jahre 1196 erstellte der Architekt Dschabir das wunderbare Minarett der Moschee, das heute den Namen Giralda trägt. Die christlichen Eroberer machten aus der Moschee eine Kirche (1235); 1401 wurde sie niedergerissen und an ihrer Stelle – zum Teil aus ihrem Baumaterial – die geräumige Kathedrale von Sevilla erbaut. Von der Giralda sind die unteren 70 Meter ursprüngliches Bauwerk, die oberen 25 Meter christliche Zutat (1568), die jedoch mit dem maurischen Unterteil wunderbar harmoniert. Die oberen zwei Drittel sind mit Balkonen und Arkaden und spitzenartigem Gitterwerk aus Stein und Stuck reich verziert. Auf der Spitze steht die machtvolle Bronzefigur des Glaubens (1568), die ein schlechtes Symbol für die stets religiöse Geistesart Spaniens ist, da sie sich mit dem Winde dreht; daher der spanische Name Giralda – die sich Drehende *(gira)*. Nicht minder schöne Türme wurden von den Mauren in Marraqesch (1069) und Rabat (1197) errichtet.

In Granada befahl Muhammad ibn al-Ahmar (1232–1273) im Jahre 1248 den Bau von Spaniens berühmtestem Bauwerk, der Alhambra, das heißt der «Roten». Als Standort wurde eine von tiefen Schluchten begrenzte Felsenspitze gewählt, von der aus man auf zwei Flüsse, den Darro und den Genil, hinabblickte. Der Emir fand dort bereits eine Festung aus dem neunten Jahrhundert, die Alcazaba, vor; er erweiterte sie, erstellte die großen Außenmauern der Alhambra und die ersten Paläste und hinterließ überall sein bescheidenes Motto: «Es gibt keinen Eroberer außer Allah.» Der gewaltige Bau ist wiederholt erweitert und renoviert worden, von Christen wie von Mauren. Karl V. fügte seinen eigenen Renaissancepalast im vierkantigen Renaissancestil ein, einen feierlichen, unzusammenhängenden und unvollendeten Bau. Gemäß den Grundsätzen der Kriegsbaukunst, die im östlichen Islam entwickelt wurden, entwarf der unbekannte Baumeister die Anlage zuerst als eine Festung mit einem Fassungsvermögen von 40 000 Mann[11]. Der mehr auf Luxus bedachte Geschmack der folgenden beiden Jahrhunderte verwandelte die Burg allmählich in eine Anhäufung von Herrensitzen und Palästen, die sich fast alle durch die unübertreffliche Feinheit des in farbigem Stuck, Ziegel oder Naturstein aufgeprägten oder eingemeißelten Zierats von pflanzlichen oder geometrischen Ornamenten auszeichnen. Im Myrtenhof spiegelt ein Teich das Blätterwerk und den bunten Säulengang wider. Dahinter steht der Comares-Turm mit seinen Stützmauern; dort fanden die Belagerten ein letztes und uneinnehmbares Réduit. Im Inneren des Turmes befindet sich der reichverzierte Ambassadorensaal. Hier saßen die Emire von Granada auf dem Throne, während ausländische Gesandte die Kunst und den Reichtum des winzigen Königreiches bestaunten; hier sann Karl V., während er den Blick von einem Balkonfenster aus über die Haine, Gärten und Flüsse unter sich schweifen ließ: «Wie unglückselig der Mensch, der all das verlor![12]» In dem Patio de los Leones, dem Haupthof, bewacht ein Dutzend ungestalter Löwen einen majestätischen Alabasterbrunnen; die schlanken Säulen und blumenreichen Kapitelle der Arkade ringsum, die Archivolten aus Stalaktit, die kufischen Schriftzüge, die von der Zeit gedämpften Farbtöne der Filigranarabesken lassen diesen Hof zum Meisterstück des Moriscostiles werden. Es kann sein, daß die Mauren in ihrer Begeisterung und ihrem Luxusstreben zu weit gingen und die Eleganz übertrieben; wo alles ornamental ist, da werden Augen und Seele selbst der Schönheit und Könnerschaft überdrüssig. Die Zartheit des Zierates hinterläßt ein Gefühl der Gebrechlichkeit und opfert den Eindruck der Sicherheit und Festigkeit, den die Architektur vermitteln sollte. Und doch hat all dies Zuckerwerk ein Dutzend Erdbeben überstanden; die Decke des Ambassadorensaales stürzte ein, das übrige blieb jedoch erhalten. Im ganzen genommen zeigt diese malerische Zusammenstellung von Gärten, Palästen, Brunnen und Balkonen zugleich den Höhepunkt und den Verfall der maurischen Kunst in Spanien an: einen Reichtum, der in Extravaganz entartet ist, eine Eroberungskraft, die sich in ein Streben nach dem behaglichen Leben verwandelt hat, einen Schönheitssinn, der von Kraft und Größe zu Eleganz und Anmut abgeglitten ist.

Im zwölften Jahrhundert kehrte die Welle maurischer Kunst von Spanien nach Nordafrika zurück, und Marraqesch, Fez, Tlemcen, Tunis, Sfax und Tripolis erreichten den Höhepunkt ihres Glanzes mit prächtigen Palästen, schimmernden Moscheen und labyrinthischen Elendsvierteln. In Ägypten und dem Osten kam durch die Seldschuken, Ayyubiden und Mameluken eine neue Mannhaftigkeit in die islamische Kunst. Im Südosten von Kairo errichteten Saladin und dessen Nachfolger mit Hilfe der Zwangsarbeit gefangener Kreuzfahrer die gewaltige Zitadelle, wahrscheinlich in Nachahmung der Burgen, die die Franken in Syrien bauten. In Aleppo erbauten die Ayyubiden die Große Moschee und Zitadelle und in Damaskus das Mausoleum für Saladin. In dieser Zeit verwandelte eine architektonische Umwälzung im ganzen östlichen Islam den alten Moscheebaustil mit dem Hof in den Madrasabaustil der Schulmoschee. Da es immer mehr Moscheen gab, war es nicht mehr notwendig, sie mit einem großen Innenhof für eine zahlreiche Gemeinde auszustatten, und der steigende Bedarf an Schulen erforderte neue Erleichterungen für das Bildungsstreben. Von der eigentlichen Moschee aus – die nun fast immer von einer beherrschenden Kuppel gekrönt war – erstreckten sich vier Flügel oder Querschiffe, alle vier mit eigenem Minarett, einem reich dekorierten Portal und einem geräumigen Vortragssaal. Normalerweise besaß jede der vier strenggläubigen Rechtsschulen ihren eigenen Flügel; wie ein wahrheitsliebender Sultan sagte, war es erstrebenswert, alle vier Schulen zu unterstützen, damit man auf jeden Fall wenigstens eine fand, die gewillt war, die Tätigkeit der Regierung zu rechtfertigen. Diese Umwälzung des Grundrisses wurde von den Mameluken in Moscheen und Grabmälern fortgesetzt, welche fest in Stein gebaut, von massiven Toren aus damaszierter Bronze behütet, von buntfarbenen Fenstern beleuchtet und mit leuchtkräftigen Mosaiken, bemalten Stuckskulpturen und so dauerhaften Ziegeln verziert wurden, wie sie nur der Islam hervorzubringen vermochte.

Von hundert Baudenkmälern der Seldschuken ist kaum eines erhalten. In Armenien die Moschee von Ani; in Konya das prachtvolle Portal der Diwrigimoschee, die riesengroße Moschee des Ala-ud-din, der ausgehöhlte Säulenvorbau und die stickereiartige Fassade der Sirtdscheli-Madrasa; in Mesopotamien die Große Moschee von Mosul und die Mustansir-Moschee in Bagdad; in Persien der Turm des Tughril Beg in Rayy, das Grabmal des Sindschar in Merw, der blendende *mihrab* der Alaviyan-Moschee in Hamadan, das Rippengewölbe und die einzigartigen Stützbögen der Freitagsmoschee in Qasvin und am gleichen Orte die großen Bögen und der *mihrab* der Haydaria-Moschee: Das sind nur einige wenige der Bauten, die noch erhalten sind, um Zeugnis abzulegen von dem Können der Seldschukenbaumeister und dem Geschmack der Seldschukenkönige. Noch schöner als sie alle – in Persien nur von dem späteren Grabmal des Imam Riza in Maschhad erreicht – ist das Meisterwerk der Seldschukenzeit, die Masdschid-i-Dschami, die Freitagsmoschee in Isfahan. Wie Chartres und Notre Dame trägt sie die Zeichen der Arbeit und des Charakters vieler Jahrhunderte: 1088 begonnen, wurde sie mehrmals restauriert oder erweitert und erhielt ihre heutige Gestalt erst 1612. Die größere der mächtigen Backsteinkuppeln trägt aber die Inschrift des Nizam al-Mulk und das Datum 1088. Der Vorbau und die Portale des Heiligtums – eines ist 24 Meter hoch – sind mit mosaikartigen Fayencen verziert, die in der ganzen Kunstgeschichte schwerlich ihresgleichen finden werden. Die inneren Hallen sind mit Rippengewölben, zusammengesetzten Stützbögen und Spitzbögen, die von massiven Pfeilern ausgehen, versehen. Der *mihrab* (1310) weist ein Stuckrelief mit Wein- und Lotosblättern und kufischen Schriftzeichen auf, die im Islam unübertroffen sind.

Bauwerke dieser Art lassen die Ansicht, die Türken seien Barbaren gewesen, einfach lächerlich erscheinen. Geradeso, wie die Herrscher und Wesire der Seldschuken zu den besten Staatsmännern der Geschichte gehören, zählen die Baumeister der Seldschuken zu den besten und mutigsten Architekten eines Zeitalters des Glaubens, das sich durch massige und kühne Grundrisse auszeichnet. Gegen die persische Vorliebe für das Ornamentale war die heroische Wesensart des Seldschukenstiles ein Gegengewicht, und die Verbindung der beiden Grundstimmungen führte zu einer architektonischen Glanzzeit in Kleinasien, Irak und Iran, die zeitlich mit dem Aufblühen der Gotik in Frankreich seltsam zusammenfiel. Statt die Moschee in einem Winkel eines Hofes zu verbergen, wie es die Araber getan hatten, gaben ihr die Seldschuken eine kühne und prächtige Fassade, ließen sie höher emporsteigen und in eine runde oder kegelförmige Kuppel auslaufen, die dem ganzen Bauwerk die Einheit gab. Spitzbogen, Gewölbe und Kuppel waren in ihrer Zusammenstellung nun vollkommen[13].

Alle Künste erlebten im Islam in dieser seltsamen Zeit von Glanz und Niedergang ihre höchste Blüte. Schöne Töpferwaren scheinen bei den Persern zu den unerläßlichen Annehmlichkeiten des Lebens gezählt zu haben; nur selten hat sich die Keramik in so verschiedenartiger Weise ausgezeichnet[14]. Die Verfahren der Metallglanzdekoration, der einfarbigen oder vielfarbigen Malerei auf oder unter der Glasur, der Emaillierung, der Ziegel-, Fayence- und Glasherstellung führten nun zur Vollendung, was sie von Ägypten, Mesopotamien, den Sassaniden und Syrien ererbt hatten. Dazu kam noch ein chinesischer Einfluß, besonders in der Figurenmalerei, der sich aber im persischen Stil nicht beherrschend auswirkte. Porzellan wurde von China eingeführt; das seltene Vorkommen von Kaolin im Vorderen und Mittleren Orient hielt jedoch die muselmanischen Keramiker davon ab, ebenfalls diese durchsichtigen Tonwaren herzustellen. Im zwölften, dreizehnten und vierzehnten Jahrhundert blieben die persischen Tonwaren aber doch unübertroffen – überlegen in der Vielgestaltigkeit der Form, der Feinheit der Proportionen, der Leuchtkraft und Schönheit der Verzierung, der Anmut und Zartheit der Linienführung[15].

Im großen und ganzen verdienten die Nebenkünste im Islam kaum diesen herabsetzenden Namen. Aleppo und Damaskus erzeugten in dieser Zeit zerbrechliche Wunderwerke aus Glas mit emaillierten Mustern, und Kairo stellte für Moscheen und Paläste Glaslampen her, die heute zu den gesuchtesten Stücken der Kunstsammler gehören*. Der Fatimidenschatz, den Saladin verausgabte, enthielt Tausende von Kristall- und Sardonyxvasen von einer Kunstfertigkeit, die uns heute nicht mehr erreichbar zu sein scheint. Die alte assyrische Kunst der Metallarbeit stieg nun in Syrien und Ägypten zu ungeahnten Höhen auf; von dort aus gelangte sie im fünfzehnten Jahrhundert nach Venedig[17]. Kupfer, Bronze, Messing, Silber und Gold wurden gegossen und gehämmert und zu Werkzeugen, Waffen, Schilden, Lampen, Becken, Eimern, Schalen, Spiegeln, astronomischen Instrumenten, Blumenvasen, Kerzenleuchtern, Federbüchsen, Tintenbechern, Kohlenbecken, Duftstoffbrennern, Tierfiguren, Koranbehältern, Feuerböcken, Schlüsseln, Scheren ... verarbeitet, fein graviert und ziseliert und oft mit Edelmetallen oder -steinen ausgelegt. Messingtische wurden reich mit Mustern überzogen und prachtvolle Metallgitter wurden für Weihestätten, Tore und Grabmäler verfertigt. Ein 1066 datierter silberner Präsentierteller mit eingravierten Ibichen und Gänsen und dem Namen des Alp Arslan, jetzt im Boston Museum of Fine Arts, ist als «das hervorragendste Silberwerkstück der islamischen Epoche» der persischen Kunst und als das «wichtigste Einzelstück aus der Seldschukenzeit» beurteilt worden[18].

Die Bildhauerei blieb eine abhängige Kunst, auf Reliefs und Bilderwerke in Stein und Stuck, auf ornamentale Schriften und Arabesken beschränkt; es konnte vorkommen, daß ein unbesorgter Herrscher von sich oder seiner Frau oder einer Sängerin eine Statue anfertigen ließ, aber solche Figuren waren heimliche Sünden, die selten dem Auge der Öffentlichkeit zugänglich gemacht wurden. Die

* Für einen kleinen sarazenischen Krug aus emailliertem Glas zahlten die Rothschilds in den vierziger Jahren unseres Jahrhunderts 13 650 Dollar[16].

Holzschnitzerei gedieh dagegen vorzüglich. Türen, Kanzeln, *mihrabs*, Lesepulte, Gitter, Decken, Tische, Gitterfenster, Schränke, Schachteln, Kämme wurden mit hölzernem Spitzenwerk überzogen oder in mühsamer Arbeit von Drechslern, welche mit übergeschlagenen Beinen ihre Drehbänke mit einer Beugung bedienten, gedreht. Eine noch unglaublichere Geduld erzeugte Seiden, Satins, Brokate, Stickereien, golddurchwirkte Samte, Wandgehänge, Zelte und Teppiche, die so fein gewoben waren und so berückende Muster zeigten, daß die Welt in Staunen und Neid geriet. Marco Polo, der um 1270 durch Kleinasien kam, sah dort «die schönsten Teppiche der Welt»[19]. John Singer Sargent war von einem gewissen Perserteppich der Ansicht, er sei «mehr wert als alle je gemalten Gemälde»[20]; und doch sind die noch erhaltenen persischen Teppiche nach dem Urteil der Fachleute nur unvollkommene Stücke einer Kunst, in der Persien seit Jahrhunderten in der Welt führend ist. Nur zerfetzte Bruchstücke sind von den iranischen Teppichen der Seldschukenzeit erhalten; Darstellungen von ihnen auf Miniaturen der Mongolenzeit lassen aber auf ihre hervorragende Schönheit und Güte schließen.

Die Malerei war im Islam als Miniaturmalerei eine Hauptkunst und als Wand- und Porträtmalerei immer weniger eine Nebenkunst. Der Fatimidenkalif Amir (1101–1130) stellte Künstler an, die ihm seine Räume in Kairo mit den Porträts zeitgenössischer Dichter ausstatten mußten[21]; das alte Verbot der «geschnitzten Bildnisse» wurde offenbar immer weniger ernst genommen. Die Seldschukenmalerei erreichte ihren Höhepunkt in der Transoxiana, wo die Vorurteile der Sunniten gegen die darstellende Kunst durch die Entfernung abgeschwächt waren, und türkische Handschriften sind voll von Bildnissen ihrer Helden. Wir besitzen keine mit Sicherheit datierbare Seldschukenminiatur mehr, aber die Glanzzeit dieser Kunst in der nachfolgenden Mongolenzeit des östlichen Islam läßt wenig Zweifel bestehen, daß sie zur Seldschukenzeit bereits in Blüte stand. Geschickte Geister und Hände verfertigten immer schönere Korane für seldschukische, ayyubidische oder mamelukische Moscheen, Klöster, Würdenträger und Schulen und gravierten auf die Leder- oder Lackeinbände Muster von der Zartheit von Spinnweben. Reiche Leute gaben ein kleines Vermögen aus, um sich von Künstlern die schönsten Bücher anfertigen zu lassen, die man je gefunden hat. Ein Stab von Papiermachern, Kalligraphen, Malern und Buchbindern arbeitete in manchen Fällen siebzehn Jahre lang an einem einzigen Band. Das Papier mußte vom besten sein; Pinsel wurden aus den weißen Nackenhaaren von Katzen gebunden, die nicht über zwei Jahre alt sein durften; blaue Tinte wurde manchmal aus gepulvertem Lapislazuli hergestellt und konnte ihr Gewicht in Gold kosten, und flüssiges Gold galt nicht als zu wertvoll für manche Linien oder Buchstaben des Musters oder Textes. «Die Einbildungskraft kann die Freude nicht erfassen, die die Vernunft aus einer schöngezogenen Linie schöpft», sagt ein persischer Dichter[22].

IV. DAS ZEITALTER DES OMAR CHAYYAM: 1038–1122

Den Künstlern dieser Zeit kamen die Dichter und Gelehrten an Zahl offenbar gleich. Kairo, Alexandrien, Jerusalem, Baalbek, Aleppo, Damaskus, Mosul, Emesa, Tus, Nischapur und viele andere Städte konnten sich ihrer höheren Schulen rühmen; allein Bagdad besaß 1064 deren dreißig. Ein Jahr später ließ Nizam al-Mulk eine weitere dazutreten, die Nizamiya; 1234 gründete der Kalif Mustansir nochmals eine, die in Umfang, Bauart und Ausstattung alle anderen übertraf; ein Reisender sah in ihr das schönste Bauwerk der ganzen Stadt. Es enthielt vier verschiedene Rechtsschulen, in denen qualifizierte Studenten kostenfrei Unterricht, Nahrung und ärztliche Pflege und dazu noch monatlich einen Golddinar für besondere Auslagen erhielten; zu der Schule gehörte ein Spital, ein Badehaus und eine Bibliothek, die den Studenten und Angestellten kostenfrei offenstanden. In einigen

Fällen nahmen wohl auch Frauen am Unterricht teil, denn wir hören von einer *schaicha* – einer Professorin –, zu deren Vorlesungen wie zu denen der Aspasia oder Hypatia große Zuhörerscharen strömten (um 1178)[23]. Die Bibliotheken waren jetzt an Zahl und Inhalt größer als je im Islam; allein das muselmanische Spanien besaß siebzig öffentliche Bibliotheken. Grammatiker, Lexikographen, Enzyklopädisten und Historiker hatten weiterhin ein gutes Auskommen. Die Kollektivbiographie war ein Steckenpferd und die Stärke der Muselmanen: Ibn al-Qifti († 1248) beschrieb das Leben von 414 Philosophen und Wissenschaftlern; Ibn Abi Usaybia (1203–1270) leistete 400 Ärzten den gleichen Dienst; Muhammad Awfi brachte (1228) eine Enzyklopädie von 300 persischen Dichtern zustande, ohne Omar Chayyam darin zu erwähnen; und Muhammad ibn Challikan (1211–1282) übertraf alle anderen von einem einzigen Verfasser stammenden Werke dieser Art mit seinen *Kurzbiographien berühmter Männer*, kurzen anekdotischen Lebensbeschreibungen von 865 hervorragenden Mohammedanern. Für ein Buch, das ein so weites Gebiet behandelt, ist es bemerkenswert genau in seinen Aufstellungen; Ibn Challikan fand es trotzdem notwendig, sich wegen seiner Unvollkommenheiten zu entschuldigen; in seinem Nachwort schreibt er: «Gott läßt es nicht zu, daß neben dem Koran ein anderes Buch fehlerlos ist.» Muhammad al-Schahrastani behandelt in einem *Buch der Religionen und Sekten* (1128) die führenden Religionen, Glaubensbekenntnisse und Weltanschauungen der Welt und gibt einen kurzen Abriß ihrer Geschichte; kein zeitgenössischer Christ wäre imstande gewesen, ein so gelehrtes und unparteiisches Werk zu verfassen.

Im Roman kamen die Muselmanen nie über die episodenhafte pikareske Wucherung von Märchen und Sagen, die nur durch das andauernde Vorkommen einer bestimmten Einzelperson eine gewisse Einheit erhalten, hinaus. Nach dem Koran, der *Tausendundeinen Nacht* und den Bidpaifabeln genossen im Islam die *Maqamat (Unterredungen)* des Abu Muhammad al-Hariri (1054–1122) von Basra die größte Beliebtheit. Darin werden in gereimter arabischer Prosa die Abenteuer des reizenden Schelmes Abu Zaid dargestellt, der seine Streiche, Verbrechen und Blasphemien mit liebenswürdigem Humor, gewiegter Gewandtheit und einer verlockenden Weltanschauung sühnt:

> Gehorche nicht dem Narren, der dir der Rose Schönheit versagen will, wenn in voller Blüte sie dir zusteht; strebe deinem Ziele nach, auch wenn es dein Vermögen zu übersteigen scheint; sollen die Leute sagen, was sie wollen; nimm die Freuden und segne sie![24]

Fast jeder gebildete Muselmane schrieb nun Gedichte, und fast jeder Herrscher förderte die Dichtkunst. Wenn wir dem Ibn Chaldun glauben dürfen, waren an den Almoraviden- und Almohadenhöfen in Afrika und Spanien Hunderte von Dichtern zu finden[25]. Bei einem Dichterwettstreit in Sevilla gewann el-Aama el-Toteli (das heißt der Blinde Dichter von Tudela) den Wettpreis mit Zeilen, in denen die halbe Poesie der Welt enthalten ist:

> Lacht sie, so zeigen sich Perlen; nimmt den Schleier sie ab, erstrahlet der Mond; zu klein ist die Welt, genügend Platz ihr zu bieten; und doch schließet mein Herz sie ganz in sich ein.[26]

Die anderen Dichter sollen ihre Gedichte unverlesen zerrissen haben. In Kairo besang Zuheyr noch die Liebe, als sein Haar schon längst weiß geworden war. Im Östlichen Islam erhöhte die Aufsplitterung des Reiches in kleine Königreiche die Zahl und den Wetteifer der Mäzene und förderte die Literatur wie im Deutschland des neunzehnten Jahrhunderts. Persien war die dichterreichste Nation. Anwari von Chorasan (Blütezeit 1185) reimte eine Zeitlang am Hofe des Sindschar, den er an Lob und Preis nur sich selbst nachstellte.

> Meine Seele ist kühn wie das Feuer, meine Zunge so schnell wie das Wasser, mein Geist vom Verstande geschärft, meine Dichtung lauter von Makel. Ach! es gibt keinen Gönner, der wert meines Lobes, keine Maid, die meiner Lieder würdig sich zeigte![27]

Nicht minder selbstbewußt war sein Zeitgenosse Chagani (1106–1185), dessen Arroganz seinen Erzieher zu einem genealogischen Seitenhieb veranlaßte:

> Mein lieber Chagani, so geschickt du auch bist im Schmieden der Verse, nimm einen Rat doch von mir: Laß einen älteren Dichter deinen Spott niemals fühlen; dein Vater könnte er sein, ohne daß du es weißt.[28]

Europa kennt die persische Dichtkunst hauptsächlich durch Omar Chayyam; Persien zählt ihn zu seinen Wissenschaftlern und betrachtet seine Vierzeiler als die gelegentliche Zerstreuung «eines der bedeutendsten Mathematiker des Mittelalters»[29]. Abu'l-Fath Umar Chayyam ibn Ibrahim wurde 1038 in Nischapur geboren. Sein Beiname bedeutet «Zeltmacher», sagt aber nichts über sein oder seines Vaters Gewerbe aus; Berufsnamen hatten zu Omars Zeiten ihre wörtliche Bedeutung verloren, wie bei uns die Schmidts, Schneiders, Müllers und Meiers. Die Geschichte weiß über sein Leben wenig zu berichten, zeichnet aber mehrere Werke von ihm auf. Seine *Algebra*, 1857 ins Französische übersetzt, zeitigte erhebliche Fortschritte sowohl gegenüber al-Chwarizmi als auch gegenüber den Griechen; seine Teillösung kubischer Gleichungen ist als «wohl der höchste Gipfelpunkt der mittelalterlichen Mathematik» beurteilt worden[30]. In einem anderen Werke über die Algebra (einem Manuskript in der Bibliothek von Leiden) befaßt er sich kritisch mit den Postulaten und Definitionen des Eukleides. Im Jahre 1074 beauftragte der Sultan Malik Schah ihn und andere mit der Umgestaltung des persischen Kalenders. Das Ergebnis war ein Kalender, der alle 3770 Jahre die Korrektur von einem Tag erfordert – womit er ein wenig genauer als unserer ist, der die Korrektur eines Tages alle 3330 Jahre nötig macht[31]; wir können die Wahl der nächsten Zivilisation überlassen. Die mohammedanische Religion zeigte sich stärker als die muselmanische Wissenschaft, und Omars Kalender konnte sich gegenüber Mohammeds Kalender nicht durchsetzen. Der Ruf des Astronomen zeigt sich in einer Anekdote, die von Nizami-i-Arudi, der ihn in Nischapur gekannt hatte, berichtet wird:

> Im Winter des Jahres 508 (1114–1115) sandte der König einen Boten nach Merw und befahl dem dortigen Statthalter, Umar al-Chayyami den Auftrag zu erteilen, eine günstige Zeit für die Jagd zu ergründen ... Umar befaßte sich zwei Tage lang mit der Angelegenheit, wählte sorgfältig die günstigste Zeit aus und ging persönlich, den Aufbruch des Königs zu überwachen. Als der König ein kurzes Stück geritten war, überzog sich der Himmel, ein Wind fing an zu blasen und Schnee und Nebel kamen dazu. Alle fingen an zu lachen und der König wollte umkehren. Aber Umar sagte: «Befürchtet nichts, noch in dieser Stunde werden die Wolken weichen, und fünf Tage lang wird nicht ein Tropfen fallen.» Der König setzte seinen Ritt fort, und die Wolken verzogen sich, die fünf Tage waren ganz trokken, und nicht eine einzige Wolke war zu sehen.[32]

Der *rubaiyah*, «Vierzeiler» (von *rubai*, «aus vier zusammengesetzt») ist in seiner persischen Gestalt ein vierzeiliges Gedicht mit der Reimfolge *aaba*. Er ist ein Epigramm im griechischen Sinne, als Ausdruck eines abgerundeten Gedankens in gedrängter dichterischer Form. Seine Herkunft ist unbekannt, er bestand aber schon längst vor Omar. In der persischen Literatur sind diese Vierzeiler niemals Bestandteil eines längeren Gedichtes, sondern ein in sich geschlossenes Ganzes, so daß persische *rubaiyat*-Sammler sie nicht nach ihrem Inhalt, sondern nach der alphabetischen Reihenfolge des Endbuchstabens der reimenden Silben anordnen[33]. Es gibt Tausende von persischen Vierzeilern, deren Verfasser zumeist unbekannt sind; mehr als 1200 werden dem Omar zugeschrieben, viele dieser Zuweisungen sind jedoch fraglich. Die älteste persische Handschrift der *Rubaiyat* des Omar (in der Bodleian Library in Oxford) ist erst 1460 verfertigt worden und enthält 158 Strophen in alphabetischer Reihenfolge[34]. Mehrere Vierzeiler konnten auf Omars Vorläufer zurückverfolgt werden – einige auf Abu Zaid, einer auf Avicenna[35]; außer in einigen wenigen Fällen ist es kaum möglich, mit Sicherheit zu behaupten, daß Omar bestimmte Vierzeiler, die ihm zugeschrieben werden, wirklich selbst geschrieben hat[36].

Der deutsche Orientalist von Hammer war der erste Europäer, der (1818) auf Omars *rubaiyat* aufmerksam machte. 1859 übersetzte Edward Fitzgerald 75 dieser Vierzeiler in ein markiges Englisch von einzigartiger Schönheit. Die Erstausgabe fand nur wenige Käufer, obgleich sie nur einen Penny kostete; die beharrliche Neuausgabe erweiterter Fassungen hatte aber schließlich den Erfolg, daß aus dem Mathematiker einer der meistgelesenen Dichter der Welt wurde. Von den 110 Vierzeilern, die Fitzgerald übersetzt hat, sind – nach dem Urteil von Kennern des Originales – 49 getreue Nachbildungen vereinzelter Vierzeiler des persischen Textes; 44 sind jeweils aus Teilen von zwei oder mehr Vierzeilern zusammengestellt; zwei «spiegeln den Geist des Originalgedichtes vollständig wieder»; sechs stammen von Vierzeilern, die manchmal in Omars Text eingefügt werden, wahrscheinlich aber nicht von ihm gedichtet sind; bei zweien hat sich Fitzgerald durch die Lektüre des Hafiz beeinflussen lassen; drei sind in keinem erhaltenen Text des Omar nachzuweisen, und offenbar von Fitzgerald selbst verfaßt; in seiner zweiten Ausgabe hat er sie nicht mehr aufgenommen[37]. Für die Strophe LXXXI –

O Thou, who man of baser earth didst make,
And e'en with Paradise devise the snake,
For all the sin wherewith the face of man
Is blackened, man's forgiveness give – and take!

läßt sich bei Omar keine entsprechende Textstelle finden[38]. Im übrigen zeigt der Vergleich von Fitzgeralds Übersetzung mit einer wörtlichen Übersetzung des persischen Textes, daß Fitzgerald stets Omars Geist wiedergibt und dem Original so weit entspricht, wie man von einer so poetischen Wiedergabe billigerweise erwarten kann. Die darwinische Lebensanschauung von Fitzgeralds Zeit ließ es nicht zu, daß er Omars liebenswürdigen Humor erkannte, und veranlaßte ihn, die antitheologischen Wesenszüge stärker hervorzuheben. Aber persische Autoren, die nur ein Jahrhundert nach Omar lebten, schilderten ihn bereits in einer Art, die mit Fitzgeralds Auslegung vollkommen übereinstimmt. Nach Mirsad al-Ibad (1223) war er ein «unglückseliger Philosoph, Atheist und Materialist», nach al-Qiftis *Geschichte der Philosophen* (1240) «in Astronomie und Philosophie ohne seinesgleichen», aber weitgehend ein Freidenker, den nur die Klugheit bewog, seine Zunge im Zaume zu halten; al-Scharazuri stellt ihn im dreizehnten Jahrhundert als den schlechtgelaunten Anhänger des Avicenna dar und verzeichnet zwei philosophische Werke des Omar, die heute verloren sind. Einige Sufis suchten in Omars Vierzeilern eine mystische Allegorie, der Sufi Nadschmud-din-Razi brandmarkt ihn jedoch als den Erzfreidenker seiner Zeit[39].

Möglicherweise unter dem Einfluß der Wissenschaft, vielleicht unter dem Einfluß der Gedichte des al-Ma'arri verwarf Omar die Theologie mit geduldiger Verachtung und rühmte sich, er habe Gebetsteppiche aus der Moschee gestohlen[40]. Dem Fatalismus des muselmanischen Glaubens beugte er sich; bar der Hoffnung auf ein Leben nach dem Tode verfiel er in einen Pessimismus, der seinen Trost in Gelehrsamkeit und Wein suchte. Einige Strophen erheben den Rausch fast zu einer Weltanschauung:

Bis einst ich muß ins ew'ge Nichts versinken,
laß ich des Lebens Lust mir freundlich winken.
Solang ich war und bin und werde sein,
trank ich und trinke ich und werd' ich trinken.

Seit Mond und Venus ihre Bahnen gehn,
hat man was Beßres nicht als Wein gesehn.
Mich wunderts nur, daß jemand Wein verkauft!
Was kann er Beßres denn dafür erstehn?[41]

Wenn wir aber beachten, wie viele Perser ähnliche Lobeshymnen auf die Trunkenheit singen, so fragen wir uns doch, ob diese bacchische Frömmigkeit am Ende nicht eine Pose und dichterische Ausgeburt ist, wie die bald gemischt-, bald gleichgeschlechtlichen Liebeleien des Horaz.

Wahrscheinlich vermitteln uns solche zusammenhanglosen Vierzeiler eine ganz falsche Vorstellung von Omars Leben; in seinen fünfundachtzig Lebensjahren spielten sie zweifellos nur eine untergeordnete Rolle. Wir dürfen ihn uns nicht als einen Trunkenbold vorstellen, der durch die Straßen wankt, sondern als einen betagten Gelehrten, der sich in aller Geruhsamkeit mit kubischen Gleichungen, ein paar Konstellationen und Himmelskarten und gelegentlichem Bechern mit wissenschaftlichen Kollegen, «wie die Sterne auf dem Grase verstreut», begnügt. Er scheint die Blumen mit der ganzen Inbrunst eines Volkes, das auf einem versengten Boden lebt, geliebt zu haben, und wenn wir Nizami-i-Arudi trauen dürfen, wurde ihm sein Wunsch, dort zu liegen, wo Blumen blühten, erfüllt.

> Im Jahre 506 (1112–1113) hatten Umar Chayyami und Muzaffar-i-Isfizari in der Stadt Balch Wohnung genommen ... und zwar im Hause des Emirs Abu Sa'd, und ich hatte mich der Versammlung angeschlossen. Bei dieser freundschaftlichen Zusammenkunft hörte ich den Wahrheitsquell (Omar) sagen: «Meine Grabstätte wird ein Ort sein, an dem Bäume zweimal im Jahre ihre Blüten regnen lassen.» Das schien mir unmöglich, wenn ich auch wußte, daß so einer niemals müßige Worte spricht.
>
> Als ich im Jahre 530 (1135) nach Nischapur kam, waren etwa dreizehn Jahre vergangen, seitdem dieser bedeutende Mensch seinen Leib dem Staube übergeben ... Ich suchte sein Grab auf ... Das Grab lag an einer Gartenmauer, von Birn- und Pfirsichbäumen überragt; und auf sein Grab waren so viele Blüten gefallen, daß die Erde ganz von ihnen überdeckt

war. Da gedachte ich der Worte, die er in Balch gesprochen hatte, und die Tränen kamen mir in die Augen, denn auf der ganzen Erde, in allen Regionen der bewohnten Welt, habe ich seinesgleichen nicht gesehen.[42]

V. DAS ZEITALTER DES SA'ADI: 1150–1291

Fünf Jahre nach Omars Tod wurde in Gandzha, dem heutigen Kirowabad bei Tiflis, ein Mann geboren, der als Dichter in Persien eine weit größere Berühmtheit erlangte. Gerade als ob er ein Gegenstück zu Omar sein wollte, führte Ilyas Abu Muhammad, später unter dem Namen Nizami bekannt, ein Leben echter Frömmigkeit, enthielt sich streng des Weingenusses und widmete sich ganz der Kindererziehung und der Dichtung. Seine Liebesdichtung *Layla und Madschnun* (1188) hat von allen Liebesgeschichten der persischen Dichtung die größte Beliebtheit gewonnen. Qays Madschnun (das heißt der Wahnsinnige) verliebt sich in Layla, die von ihrem Vater gezwungen wird, einen anderen Mann zu heiraten; Madschnun wird von der Enttäuschung wahnsinnig und zieht sich in die Wildnis zurück; nur wenn er Laylas Namen hört, kehrt ihm für kurze Zeit die Vernunft zurück. Sie kommt als Witwe zu ihm, stirbt aber bald darauf, und der Romeo Qays gibt sich auf ihrem Grabe den Tod. Die Übersetzung vermag die melodiöse Innigkeit des Originales nicht wiederzugeben.

Selbst die Mystiker sangen von Liebe, sie versichern jedoch feierlich, daß die Inbrunst, die sie darstellen, nur ein Symbol der Liebe zu Gott sei. Muhammad ibn Ibrahim, in der Literatur als Farid al-Din Attar («Perle des Glaubens, Drogist») bekannt, wurde (1119) in Nischapur geboren und erhielt seinen letzten Namen als Parfümverkäufer. Einem Rufe der Religion folgend verließ er seinen Laden und trat in ein Sufikloster ein. Seine vierzig Bücher, alle in arabischer Sprache, enthalten 200 000 Verszeilen. Sein berühmtestes Werk war der *Mantiq al-Tayr*, das «*Gespräch der Vögel*». Dreißig Vögel (das heißt Sufis) wollen gemeinsam den König aller Vögel, Simurgh (Wahrheit) suchen. Sie kommen durch sechs Täler: das Tal der Suche, der Liebe, des Wissens, der Loslösung (von allen persönlichen Begierden), der Vereinheitlichung (in dem sie wahrnehmen, daß alle Dinge eins sind) und der Verwirrung (infolge des Verlustes des Gefühls für die individuelle Existenz). Drei Vögel erreichen das siebente Tal, das Tal der Auslöschung (des Selbstes), und klopfen an der Türe des verborgenen Königs an. Der königliche Haushofmeister legt jedem die Aufzeichnung seiner Taten vor; sie werden von Scham überwältigt und stürzen in den Staub. Von diesem Staube aber erheben sie sich wiederum als Lichtgestalten, und jetzt nehmen sie wahr, daß sie selbst und Simurgh (das Wort bedeutet «dreißig Vögel») ein und dasselbe sind. Sie verlieren sich nunmehr in Simurgh, wie Schatten in der Sonne verschwinden. In anderen Werken legt Attar seinen Pantheismus unmittelbarer dar: Die Vernunft kann Gott nicht erkennen, denn sie kann nicht zum Verständnis ihrer selbst gelangen; die Liebe und die Ekstase führen aber zu Gott, denn er ist die wesenhafte Realität und Macht in allen Dingen, die alleinige Quelle jeder Tat und Bewegung, Geist und Leben der Welt. Keine Seele ist wahrhaft glücklich, ehe sie als Teil in diesem Geiste als dem Ganzen aufgegangen ist; die Sehnsucht nach dieser Vereinigung ist die einzig wahre Religion; die Selbstauslöschung in dieser Vereinigung ist die einzig wahre Ethik[43]. Die Strenggläubigen brandmarkten diese Vorstellungen als Ketzerei; eine Volksmenge stürmte Attars Haus und brannte es nieder. Er selbst war jedoch verhältnismäßig unzerstörbar; nach der Überlieferung soll er 110 Jahre gelebt haben. Vor dem Tode soll er seine Hände segnend auf das Haupt eines Kindes gelegt haben, das ihn als Meister preisen und seinen Ruhm übertreffen sollte.

Dschalal-ud-Din Rumi (1201–1273) war von Balch gebürtig, verbrachte aber den größten Teil seines Lebens in Konya. Ein mysteriöser Sufi, Schams-i-Tabrizi, kam als Prediger dorthin, und Dschalal war von seinen Predigten so bewegt, daß er den berühmten Orden der Mawlawi, der Tanzenden Derwische, gründete, die Konya noch heute als ihre Hauptstadt anerkennen. In einem verhältnismäßig kurzen Leben schrieb Dschalal mehrere hundert Gedichte. Die kürzeren, die er in seinem *Divan*, dem *Liederbuch*, zusammenfaßte, zeichnen sich durch eine Gefühlstiefe und Aufrichtigkeit und eine bei allem Bilderreichtum natürliche Sprache aus, die sie an die Spitze aller seit den Psalmen verfaßten religiösen Dichtung setzen. Dschalals Hauptwerk, *Mathnawi-i-Ma'nawi (Geistliche Gesänge)*, ist eine weitschweifige Darlegung des Sufismus, ein religiöses Epos, das an Umfang alles übertrifft, was wir von «Homer» kennen. Es weist Stellen von großer Schönheit auf, aber auch etwas Schönes stellt, mit Worten beladen, keine ewigwährende Freude dar. Das Thema ist wiederum die All-Einheit.

> Einer klopfte an der Geliebten Tür, und eine Stimme frug von innen: «Wer bist du?» – und er entgegnete: «Ich.» Da sprach die Stimme: «Dieses Haus wird nicht dich und mich zusammen aufnehmen», und die Türe blieb verschlossen. Da ging der Liebende in die Wüste und fastete und betete in Einsamkeit. Nach einem Jahre kehrte er zurück und klopfte abermals an die Tür. Und wiederum frug die Stimme: «Wer bist du?» Und der Liebende sprach: «Du selbst!» Und die Tür ward ihm geöffnet.[44]

> Ich sah mich suchend nach ihm um. Er war nicht am Kreuze. Ich ging zum Götzentempel, der alten Pagode; keine Spur von ihm fand sich dort ... Ich richtete meine Suche auf die Kaaba; er war nicht in jener Zufluchtsstätte von alt und jung. Ich frug Ibn Sina (Avicenna) nach seinem Stand; er war nicht in Ibn Sinas Bereich. Ich schaute in mein eigenes Herz. Dort sah ich ihn. Er war an keinem anderen Ort.[45]

Das Bild, das du im Schönheitsglanz gesehen,
hat seinen Ursprung nur im Unbestand;
doch schwand das Bild, das Urbild wird bestehen:
drum löse mutig deines Grames Band!
Das Abbild, das durch Wonne ließ empfinden,
die holde Rede, die dein Ohr entzückt,
o traue nicht, wenn sie so schnell entschwinden:
sind sie durch Dauer nimmer doch beglückt!
Kann jener heilige Urquell nicht versiegen,
wird auch der kleine Quell nicht wasserleer;
wenn beide keinem Wechsel unterliegen,
wo stammt denn deine stete Klage her?
Du sollst den Quell in deiner Seele schauen.
in ird'schen Dingen aber Bäche sehen.
Der Dauer sollst du dieses Quells vertrauen,

aus dem die Bäche willenlos entstehen.
Seit dem verhängnisvollen Augenblicke,
als du betreten dieses Daseins Welt,
ward dir, durch das allwaltende Geschicke,
zum Klimmen eine Leiter hingestellt.
Du warst vom Anbeginne ohne Leben,
dann hauchtest du ein Pflanzenleben ein;
ein tierisch Leben ward dir dann gegeben;
kann diese Wahrheit dir verborgen sein?
Bald hat sich der Mensch aus dir entfaltet,
der zu dem Glauben Wissenschaft gesellt ...
Und bist du lang genug ein Mensch gewesen,
wirst du ein Engel in der Engel Reih'n ...
Selbst Engelslust darf dich zurück nicht halten,
und tauchen sollst du kühn in jene Flut,
wo sich dein Tropfen wird zum Meer gestalten,
das hundert Ozeane faßt voll Glut.[46]

Und schließlich Sa'adi. Sein wirklicher Name ist natürlich viel länger – Muscharrif ud-Din ibn Muslih ud-Din Abdallah. Sein Vater nahm einen Posten am Hofe des Atabeg Sad ibn Zangi in Schiraz ein; als sein Vater starb, adoptierte ihn der Atabeg, und Sa'adi fügte dem muselmanischen Brauche gemäß den Namen seines Gönners zu seinem eigenen. Die Daten seines Lebens sind umstritten – 1184–1283[47], 1184–1291[48], 1193–1291[49]; auf jeden Fall rundete er beinahe das Jahrhundert ab. «In meiner Jugend», berichtet er, «war ich übermäßig religiös gesinnt ... gewissenhaft fromm und enthaltsam[50].» Nach Abschluß der Studien an der Nizamiya-Schule in Bagdad (1226) brach er zu den außergewöhnlichen Wanderungen auf, die ihn während dreißig Jahren durch den ganzen Nahen und Mittleren Orient, Indien, Äthiopien, Ägypten und Nordafrika führten. Er lernte jede Mühsal und Entbehrung, alle Stufen der Armut kennen; er jammerte, weil er keine Schuhe besaß, bis er einem Mann ohne Füße begegnete, «worauf ich der Vorsehung dankte, weil sie mir so wohlgesinnt war»[51]. In Indien stellte er den Mechanismus eines wundertätigen Idoles bloß und tötete den darin versteckten Brahmanen, welcher der Gott der Maschinerie war; in seinen späteren ausgelassenen Dichtungen empfahl er ein gleiches Vorgehen gegenüber allen Quacksalbern:

Ward kund des Frevlers Tun dir, ohne Säumen
mußt, wenn du's kannst, du aus dem Weg ihn räumen;
denn wenn am Leben bleibt der Bösewicht,
daß du noch ferner lebest, will er nicht ...
Ganz tötet' ich den Schändlichen mit Steinen:
Vom Toten kann nicht Kunde mehr erscheinen.[52]

Er kämpfte gegen die Kreuzritter, wurde von den «Ungläubigen» gefangengenommen und gegen ein Lösegeld wieder freigelassen. Voller Dankbarkeit heiratete er die Tochter des Mannes, der das Lösegeld entrichtet hatte. Sie erwies sich als eine unerträgliche Zänkerin. «Die Locke der Schönen ist eine Fußkette für den Verstand», schrieb er[53]. Er ließ sich von ihr scheiden, begegnete anderen Ringellocken, legte sich mehr Ketten zu. Seine zweite Frau überlebte er, zog sich mit fünfzig Jahren in eine Gartenklause in Schiraz zurück und verbrachte dort die restlichen fünfzig Jahre seines Lebens.

Er hatte gelebt, und nun begann er zu schreiben; alle seine bedeutenderen Werke sollen nach seinem Rückzug vom tätigen Leben entstanden sein. Das *Pandname* ist ein *Buch der Weisheit;* der *Divan* ist eine Sammlung von Kurzgedichten, meist in persischer, manchmal in arabischer Sprache, einige fromm, andere obszön. Der *Bustan (Obstgarten)* legt in didaktischen Versen Sa'adis allgemeine Weltanschauung dar, von Stellen voll zarter Sinnlichkeit auflockernd durchsetzt:

> Voll Ruh und Wonne war mein Lebenstag,
> da jenes Mondgesicht im Arm mir lag;
> doch als sein Haupt ich sah voll Schlaf sich wiegen,
> sprach ich: Ach! die Zypresse will sich biegen;
> laß auf das Auge noch den Schlaf nicht fall'n,
> wie Rosen lächle, sprich wie Nachtigall'n;
> was schläfst du Plage jetzt mir zum Verdrusse?
> O komm und biete den Rubin zum Kusse.
> Da wachte trunken sie vom Schlaf und sprach:
> Du nennest Plage mich, und rufst mich wach.[54]

Der *Gulistan (Rosengarten*, 1258) ist ein buntgewürfeltes Gemisch lehrreicher Anekdoten mit dazwischengestreuter erbauender Poesie.

> Ein ungerechter König fragte einen frommen Mann: Welches unter den guten Werken ist für mich das vorzüglichste? Für dich, antwortete dieser, ist es der Mittagsschlaf, daß du indessen einen Augenblick wenigstens die Leute nicht plagest.[55] Zehn Derwische liegen unter einer Decke, aber zwei Könige haben nicht Raum in einem Lande.[56] Suchst du Glück und Reichtum, o so strebe nur nach Genügsamkeit.[57] Der Fromme, der die Kränkung fühlt, ist noch ein seichtes Wasser.[58] Nie gibt jemand seinen Mangel an Bildung so sehr zu erkennen, als wenn er zu sprechen anfängt, während noch ein anderer spricht und mit seiner Rede nicht zu Ende ist.[59] Hast du ein Verdienst und siebzig Fehler, das Verdienst nur wird der Freund betrachten.[60] ... eile nicht! befolge meinen Rat, geh mit Bedacht. Zwei Strecken rennt das Pferd des Arabers, doch das Kamel geht langsam Tag und Nacht.[61] ... lernet etwas Tüchtiges, denn auf den Besitz und Reichtum der Welt kann man nicht bauen ... wenn auch der Talentvolle seinen Reichtum verliert, so grämt er sich nicht, denn das Talent ist an und für sich ein Reichtum.[62] Des Lehrers Streng' ist besser als Vaters Liebeshand.[63] Wenn aus der ganzen Welt verschwindet der Verstand, kein Einz'ger ist, der sich für unverständig achte.[64]* Die Zunge, sie verrät des Menschen Schande, die Leichtigkeit die Mandel ohne Kern.[65]

Sa'adi war ein Philosoph, verwirkte sich aber den Namen eines Philosophen, indem er verständliche Dinge schrieb. Seine Weltbetrachtung war gesünder als diejenige des Omar; er hatte Verständnis für die Tröstungen des Glaubens und wußte den Stachel des Wissens mit den einfachen Segnungen eines angenehmen und gütigen Lebens zu mildern; Sa'adi machte alle Tragödien der menschlichen Komödie durch und bestand doch auf einem hundertjährigen Leben. Er war aber nicht nur Philosoph, sondern auch Dichter: Er war emp-

---

* Vgl. die ersten Zeilen von Descartes' *Discours de la méthode:* «Der gesunde Verstand ist die bestverteilte Sache der Welt, denn jedermann meint, damit so gut versehen zu sein, daß selbst diejenigen, die in allen übrigen Dingen sehr schwer zu befriedigen sind, doch gewöhnlich mehr Verstand haben wollen als sie wirklich haben.»

fänglich für Gestalt und Beschaffenheit jeder Schönheit von den «Zypressengliedern» einer Frau bis zu dem Sterne, der auf einen Augenblick den Abendhimmel für sich allein besitzt, und fähig, der Weisheit und der Plattheit mit Kürze, Feingefühl und Anmut Ausdruck zu geben. Nie fehlte es ihm an einem erläuternden Vergleich oder einer fesselnden Redewendung. «Bei Unwürd'gen haftet die Erziehung wie die Nuß auf einem Kuppeldach»[66]; «ein Freund und ich, wir waren wie zwei Mandelkerne in einer Schale verbunden»[67]; «stiege statt des Brotes auf den Tisch zu ihm die Sonne nieder, bis zur Auferstehung sähe keiner je das Taglicht wieder», heißt es von einem geizigen Kaufmann[68]. Letzten Endes blieb Sa'adi trotz seiner Weisheit der Dichter, der seine Weisheit von ganzem Herzen zugunsten des bereichernden Sklaventums der Liebe preisgab.

VI. DIE WISSENSCHAFT DER MUSELMANEN: 1057–1258

Muselmanische Gelehrte teilten die mittelalterlichen Völker in zwei Gruppen ein – in Völker, die sich mit Wissenschaft befaßten, und Völker, die das nicht taten. Zu der ersten Gruppe zählten sie die Inder, Perser, Babylonier, Juden, Griechen, Ägypter und Araber. Diese Völker bildeten nach ihrer Ansicht die Weltelite; die anderen, von denen die Chinesen und Türken noch die besten seien, seien eher als Tiere denn als Menschen anzusehen[69]. Das Urteil versündigte sich vor allem gegen die Chinesen.

Die Muselmanen zeigten sich auch in diesem Zeitraum als unbedingte Meister der Wissenschaft. In der Mathematik wurden die bedeutendsten Fortschritte in Marokko und Aserbeidschan erzielt; hierin zeigte sich abermals die Weite des islamischen Bereiches. 1229 veröffentlichte Hasan al-Marraquschi (das heißt von Marraqesch) Sinustafeln für jeden Grad sowie Sinus-versus-, Sinus-arcus- und Cotangens-arcus-Tabellen. Ein Menschenalter später gab Nasir ud-Din al-Tusi (das heißt von Tus) die erste Abhandlung heraus, in welcher die Trigonometrie als selbständige Wissenschaft und nicht als Anhängsel der Astronomie behandelt wurde; dieses *Kitab schakl al-qatta* fand auf diesem Gebiet keinen Nebenbuhler, bis Regiomontanus zwei Jahrhunderte später sein *De Triangulis* veröffentlichte. Möglicherweise war die chinesische Trigonometrie, die in der zweiten Hälfte des dreizehnten Jahrhunderts in Erscheinung tritt, arabischen Ursprungs[70].

Das hervorragendste Werk der Physik war in dieser Zeit das *Kitab mizan al-hikmah (Buch der Waage der Weisheit)*, das um 1122 von einem griechischen Sklaven aus Kleinasien, Abu'l-Fath al-Chuzini, verfaßt wurde. Es enthielt eine Geschichte der Physik, formulierte die Hebelgesetze, stellte Tabellen für das spezifische Gewicht vieler Flüssigkeiten und Festkörper auf und schlug eine Gravitationstheorie vor, in der die Schwerkraft als eine universelle Kraft dargestellt wurde, die alle Dinge zum Erdmittelpunkt anzieht[71]. Wasserräder, die auch den Griechen und Römern bekannt gewesen waren, wurden von den Muselmanen verbessert; die Kreuzfahrer sahen solche Räder, die Wasser vom Orontes hochschöpften, und führten sie in Deutschland ein[72]. Die Alchimisten gediehen; sie kannten, wie al-Latif bemerkt, «300 Arten, die Menschen an der Nase herumzuführen»[73]. Ein gewisser Alchimist bezog von Nur-ud-Din ein beträchtliches Darlehen für alchimistische Forschungen und machte sich aus dem Staube; ein Witzkopf legte, offenbar ohne sich Tadel zuzuziehen, eine Liste von Narren an, an deren Spitze er Nur-ud-dins Namen setzte, und erklärte, er werde, falls der Alchimist zurückkehren sollte, den Namen des Sultans streichen und an dessen Stelle denjenigen des Alchimisten setzen[74].

1081 konstruierte Ibrahim al-Sahdi von Valencia den ältesten bekannten Himmelsglobus, eine Messingkugel mit einem Durchmesser von 209 Zentimetern; auf ihrer Oberfläche gravierte er, in ihrer jeweiligen Größenordnung, 1015 Sterne in 47 Sternbildern ein[75]. Die Giralda von Sevilla war nicht nur ein Minarett, sondern auch ein Observatorium (1190); in ihm machte Dschabir ibn Aflah die Beobachtungen, die er in seinem Buche *Islah al-madschisti* (*Korrektur des Almagest*, 1240) niederlegte. Die gleiche Reaktion gegen die ptolemäische Astronomie zeichnet die Werke des Abu Ischaq al-Bitrudschi (Alpetragius) von Córdoba aus, der Kopernikus den Weg bereitete, indem er vernichtende Kritik an der Theorie der Epizykel und Mittelpunktsabweichungen übte, mittels derer Ptolemaios die Bahnen und Bewegungen der Sterne zu erklären versucht hatte.

Das Zeitalter brachte zwei Geographen von mittelalterlichem Weltruf hervor. Abu Abdallah Muhammad al-Idrisi wurde in Ceuta geboren (1100), studierte in Córdoba und schrieb auf Geheiß König Rogers II. von Sizilien in Palermo sein *Kitab al-Rudschari (Buch des Roger)*. Darin teilte er die Erde in sieben Klimazonen und jede Zone in zehn Unterabteilungen ein; jeden einzelnen der siebzig Unterteile versah er mit einer detaillierten Landkarte; diese Karten waren die Bestleistung der mittelalterlichen Kartographie, in Vollständigkeit, Genauigkeit und Umfang unübertroffen. Wie die meisten muselmanischen Wissenschaftler sah al-Idrisi die Kugelgestalt der Erde als Selbstverständlichkeit an. In die Ehre, der größte mittelalterliche Geograph zu sein, teilt sich mit ihm Abu Abdallah Yagut (1179–1229). In Kleinasien als Grieche geboren, wurde er im Kriege gefangengenommen und als Sklave verkauft; der Kaufmann von Bagdad, der ihn erwarb, ließ ihm eine gute Bildung zuteil werden und setzte ihn frei. Er reiste viel, zuerst als Kaufmann, dann als Geograph, für den alle Orte mit ihrer Unterschiedlichkeit in Bevölkerung, Kleidung und Lebensart eine große Anziehungskraft besaßen. Er war erfreut, in Merw zehn Bibliotheken vorzufinden, von denen eine 12 000 Bände besaß; die urteilsfähigen Kuratoren gestatteten ihm, nicht weniger als 200 Bücher auf einmal nach Hause mitzunehmen; wer Bücher als das Lebensblut großer Männer lieben gelernt hat, wird ein Gefühl für die verstaubte Freude haben, die er an diesen Geistesschätzen empfand. Er zog nach Chiwa und Balch weiter; dort geriet er beinahe den Mongolen in die Finger, die mordend und sengend vordrangen; er floh, arm, aber mit seinen Manuskripten ausgerüstet, durch Persien nach Mosul. Während er sich als Abschreiber sein kärgliches Brot verdiente, beendete er sein *Mu'dscham al-Buldan* (1228) – eine umfangreiche geographische Enzyklopädie, die in gedrängter Form nahezu das gesamte mittelalterliche Wissen vom Erdball enthielt. Yaqut behandelt fast alles – Astronomie, Physik, Archäologie, Ethnographie, Geschichte; er führt die Koordinaten der Städte an und schildert Leben und Werke ihrer berühmten Männer. Selten hat ein Mensch so viel Liebe für die Erde aufgebracht.

Die Botanik, die seit Theophrastos fast in Vergessenheit geraten war, erlebte bei den Muselmanen dieser Zeit ihre Wiederauferstehung. Al-Idrisi schrieb ein Kräuterbuch, legte aber den Nachdruck eher auf das botanische als auf das rein medizinische Interesse von 360 Pflanzen. Abu'l-Abbas von Sevilla (1216) zog sich den Beinamen al-Nabati, «Botaniker» zu, indem er das Pflanzenleben vom Atlantik bis zum Roten Meer untersuchte. Abu Muhammad ibn Baitar von Málaga (1190–1248) trug die gesamte islamische Botanik in einem gewaltigen Werk von außergewöhnlicher Gelehrsamkeit zusammen, das bis ins sechzehnte Jahrhundert die größte Autorität auf botanischem Gebiet beibehielt und seinen Verfasser zum bedeutendsten Botaniker und Pharmakologen des Mittelalters stempelt[76]. Ibn al-Awan von Sevilla (1190) errang eine gleich hervorragende Stellung in der Agronomie; sein Kitab *al-Falaha (Bauernbuch)* untersucht Bodenarten und Düngemittel, beschreibt den Anbau von 585 Pflanzen und fünfzig Obstbäumen, bespricht verschiedene Pfropfverfahren und Symptome und Heilung von Pflanzenkrankheiten. Das Buch ist die vollständigste Abhandlung der ackerbaukundlichen Wissenschaft des gesamten Mittelalters[77].

In diesem Zeitraum (wie auch im vorangehenden) brachten die Muselmanen die führenden Ärzte Asiens, Afrikas und Europas hervor. Sie zeichneten sich besonders in der Augenheilkunde aus, wohl weil Augenkrankheiten im Nahen Osten mit solcher Häufigkeit auftreten; dort wurde, wie auch anderswo, mehr Geld auf die Heilung als auf die Vorbeugung aufgewendet. Staroperationen wurden häufig vorgenommen. Chalifah ibn-abi'l-Mahasin von Aleppo (1256) war sich seiner Geschicklichkeit so bewußt, daß er es unternahm, einen Einäugigen am Grauen Star zu operieren[78]. Ibn Baitars *Kitab al-Dschami* machte medizinisch-botanische Geschichte; es führte 1400 Pflanzen, Nahrungsmittel und Drogen auf, darunter 300 neue; analysierte ihre chemische Zusammensetzung und Heilkraft und fügte treffende Beobachtungen über ihre therapeutische Verwendungsmöglichkeit hinzu. Der größte Name dieser Glanzzeit der muselmanischen Medizin ist aber Abu Marwan ibn Zuhr (1091–1162) von Sevilla; in Europa war er unter dem Namen Avenzoar bekannt. Er stellt die dritte von sechs Generationen berühmter Ärzte der gleichen Familie dar, die alle Leuchten ihres Berufes waren. Sein *Kitab al-Tasir*, das *Buch der Vereinfachung in Therapie und Diät*, entstand auf Ersuchen seines Freundes Averroes, der (selbst der größte Philosoph dieser Zeit) in ihm den größten Arzt seit Galenos sah. Ibn Zuhrs Stärke liegt in der klinischen Beschreibung; er hat klassische Untersuchungen zu den Mediastinaltumoren, der Pericarditis, der Intestinaltuberkulose und der Pharyngealparalyse hinterlassen[79]. Übersetzungen des Tasir ins Hebräische und Lateinische übten einen tiefen Einfluß auf die europäische Medizin aus.

Der Islam war auch in der Ausstattung und Leistungsfähigkeit seiner Krankenhäuser führend in der Welt. Ein von Nur-ud-din 1160 in Damaskus gegründetes Spital gewährte während dreier Jahrhunderte kostenfrei Behandlung und Arznei; während 267 Jahren sollen die Feuer nie erloschen sein[80]. Ibn Dschubair, der 1184 nach Bagdad kam, bestaunte das große Bimaristan Adadi, ein Spital, das einem Königspalast gleich am Tigrisufer stand; in diesem Krankenhaus wurden den Patienten Kost und Medizin kostenfrei verabreicht[81]. In Kairo begann 1285 der Sultan Qalaun mit dem Bau des Maristan al-Mansur, des größten Krankenhauses des Mittelalters. Innerhalb einer geräumigen rechteckigen Einfriedung standen vier Gebäude rings um einen mit Arkaden geschmückten und von Brunnen und Bächen gekühlten Hof. Es gab getrennte Abteilungen für verschiedene Krankheiten und für Rekonvaleszenten, dazu Laboratorien, eine Apotheke, Ambulatorien, Diätküchen, Bäder, eine Bibliothek, eine Kapelle, einen Vorlesungssaal und bemerkenswert angenehme Unterkünfte für Irrsinnige. Die Behandlung war für Männer und Frauen, Reiche und Arme, Sklaven und Freie gleicherweise kostenfrei, und jeder Genesende erhielt bei seinem Austritt eine Geldsumme, damit er nicht sofort die Arbeit wieder aufnehmen mußte. Gegen Schlaflosigkeit gab es eine sanfte Musik, berufsmäßige Geschichtenerzähler und vielleicht auch das eine oder andere Geschichtswerk[82]. In allen größeren Städten des Islam bestanden Asyle für die Pflege Irrsinniger.

VII. AL-GHAZZALI UND DIE WIEDERGEBURT DER RELIGION

Trotz aller dieser Fortschritte der Wissenschaft kämpfte die alte Strenggläubigkeit darum, sich die Treue der Gebildeten zu erhalten. Der Konflikt zwischen Religion und Wissenschaft führte viele zur Skepsis, einige zum offenen Atheismus. Al-Ghazzali teilte die muselmanischen Denker in drei Kategorien ein: die Theisten, die Deisten und die Materialisten – und brandmarkte alle drei Kategorien gleicherweise als Ungläubige. Die Theisten anerkennten Gott und die Unsterblichkeit, aber sie leugneten die Schöpfung und die Wiederauferstehung des Leibes und sähen in Himmel und Hölle nur geistige Zustände; die Deisten anerkennten eine Gottheit, verwärfen jedoch die Unsterblichkeit und hielten die Welt für eine Maschine, die von selber laufe; die Materialisten verwärfen die Vorstellung eines Gottes vollständig. Die locker organisierte Bewegung der Dahriyya bekannte sich zu einem offenen Agnostizismus; mehrere dieser ungläubigen Thomasse ließen ihr Haupt dem Scharfrichter. «Ihr quält euch für nichts und wieder nichts», erklärte Isbahan ibn Qara einem frommen Fastenden während des Ramadan; «der Mensch ist wie ein Getreidekorn, das keimt und wächst und sodann niedergemäht wird und für immer dahin ist ... Eßt und trinkt![83]»

Als Reaktion gegen diese sich ausbreitende Skepsis brachte die mohammedanische Religion ihren größten Theologen, den Augustin und Kant des Islam, hervor. Abu Hamid al-Ghazzali wurde 1058 in Tus geboren, verlor früh seinen Vater und wurde von einem Freund, einem Sufi, aufgezogen. Er studierte Recht, Theologie und Philosophie; mit dreiunddreißig wurde er auf den Rechtslehrstuhl des Nizamiyakollegs in Bagdad berufen; bald war der ganze Islam von seiner Beredsamkeit, Gelehrsamkeit und dialektischen Beweglichkeit hingerissen. Nach vier Jahren dieses ruhmreichen Lebens warf ihn eine geheimnisvolle Krankheit nieder. Appetit und Verdauung ließen ihn im Stich, eine Zungenlähmung entstellte seine Sprache, und ein geistiger Zusammenbruch setzte ein. Ein kluger Arzt diagnostizierte seinen Fall als psychisch. Tatsächlich hatte al-Ghazzali, wie er später in seiner bemerkenswerten Selbstbiographie gestand, den Glauben an die Fähigkeit der Vernunft, den mohammedanischen Glauben zu sanktionieren, verloren, und die Heuchelei seiner stronggläubigen Lehren wurde ihm unerträglich. 1094 verließ er Bagdad, wie er vorgab, zu einer Pilgerfahrt nach Mekka; in Wirklichkeit begab er sich in die Einsamkeit, wo er Stille, Kontemplation und Frieden suchte. Da er in der Wissenschaft keine Stütze für seinen zerbröckelnden Glauben finden konnte, kehrte er sich von der äußeren Welt ab und der inneren Welt zu; dort glaubte er eine unmittelbare und unstoffliche Wahrheit zu finden, die dem Glauben an ein geistiges All eine feste Grundlage bot. Er unterwarf die Sinneswahrnehmung – auf der der Materialismus zu ruhen schien – einer kritischen Untersuchung; warf den Sinnen vor, sie ließen die Sterne winzig klein scheinen, während sie in Wirklichkeit, um noch aus dieser Entfernung sichtbar zu sein, erheblich größer als die Erde sein mußten; aus einer großen Zahl gleichartiger Beispiele schloß er, daß die Sinneswahrnehmung an sich kein sicherer Wahrheitsbeweis sein könne. Die Vernunft sei höher zu stellen, da sie einen Sinn mit Hilfe des anderen berichtige; letzten Endes stütze aber auch sie sich auf die Sinneswahrnehmung. Ob es wohl im Menschen eine Art des Wissens gebe, einen Führer zur Wahrheit, der verläßlicher sei als die Vernunft? Al-Ghazzali meinte ihn in der introspektiven Meditation des Mystikers gefunden zu haben: Der Sufi komme dem verborgenen Kern der Wirklichkeit näher als der Philosoph; das höchste Wissen liege in der Betrachtung des Wunders der Seele, bis Gott im Selbst erscheine und das Selbst in der Schau eines allumfassenden Einen aufgehe und verschwinde[84].

In dieser Geistesart verfaßte al-Ghazzali sein einflußreichstes Buch – *Tahafut al-Filasifa (Die Vernichtung der Philosophie)*. Alle Künste der Vernunft wurden gegen die Vernunft eingesetzt. Mittels einer «transzendenten Dialektik», die so scharfsinnig ist wie die kantsche, argumentiert der muselmanische Mystiker, daß die Vernunft zu einem allgemeinen Zweifel führe, zu einem geistigen Niedergang, einer sittlichen Entartung, einem gesellschaftlichen Zusammenbruch. Sieben Jahrhunderte vor Hume führt al-Ghazzali die Vernunft auf das Prinzip der Kausalität und die Kausalität auf die reine Abfolge zurück: Wir nähmen nichts anderes wahr, als daß B regelmäßig auf A folge, nicht daß A die Ursache von B sei. Philosophie, Logik und Wissenschaft vermöchten die Existenz Gottes oder die Unsterblichkeit der Seele nicht zu beweisen; nur die unmittelbare Innenschau könne uns den Glauben an sie sicherstellen, diesen Glauben, ohne den keine sittliche Ordnung und darum auch keine Zivilisation bestehen bleiben könne[85].

Zuletzt kehrte al-Ghazzali über den Mystizismus zu allen Ansichten der Strenggläubigkeit zurück. Die alten Ängste und Hoffnungen der Jugendzeit strömten wieder auf ihn ein, und er behauptete, den Blick und die Drohungen einer strengen Gottheit nahe über seinem Haupte zu verspüren. Er predigte erneut die Schrecken der mohammedanischen Hölle und forderte ihre Verkündigung, da dies für die Volksmoral notwendig sei[86]. Er bekannte sich wiederum zu Koran und Hadith. In seinem *Ihya Ulum al-Din (Wiedergeburt der Religionswissenschaft)* verkündete und verteidigte er seine erneuerte Strenggläubigkeit mit der ganzen Beredsamkeit und Feurigkeit seiner Jugendzeit; niemals hatten die Skeptiker und Philosophen im Islam einen so heftigen Gegner gefunden. Bei seinem Tode (1111) war die Welle des Unglaubens abgewendet. Die ganze Strenggläubigkeit nahm ihre Zuflucht zu ihm; selbst christliche Gottesgelehrte waren froh, in seinen übersetzten Werken eine so kräftige Verteidigung der Religion und eine Darlegung der Frömmigkeit zu finden, wie sie seit Augustin niemand mehr geschrieben hatte. Trotz Averroes mußte sich nach al-Ghazzali die Philosophie in die entferntesten Winkel des islamischen Bereiches zurückziehen; die wissenschaftlichen Bestrebungen siechten dahin, und der Geist des Islam vergrub sich immer mehr im Koran und in der Hadith.

Die Bekehrung des al-Ghazzali zur Mystik war ein großer Sieg für den Sufismus. Die strenggläubige Richtung söhnte sich nun mit dem Sufismus aus, der auf eine Zeit die Theologie völlig für sich in Beschlag nahm. Die Mullahs – gelehrte Exponenten von Recht und Lehre der Muselmanen – beherrschten immer noch das offizielle Rechts- und Religionswesen, aber das Gebiet des religiösen Denkens ging ganz an die Sufimönche und -heiligen über. In seltsamer Gleichzeitigkeit mit dem Aufstieg der Franziskaner im Christentum bildete sich im Islam des zwölften Jahrhunderts ein neues Mönchstum aus. Fromme Sufis verließen nun Herd und Familie und nannten sich *dervisch* oder *faqir* – nach einer persischen und einer arabischen Bezeichnung für einen armen Teufel oder Bettler. Die einen suchten mit Gebet und Meditation, die anderen mit asketischer Selbstverleugnung, wieder andere mit der Erschöpfung, die einem wilden Tanze folgt, das Selbst zu überschreiten und zu einer wundertätigen Vereinigung mit Gott zu gelangen.

Ihre Lehre erhielt ihre Formulierung in den 150 Büchern des Muhyi al-Din ibn al-Arabi (1165 bis 1240) – eines spanischen Muselmanen, der sich in Damaskus niedergelassen hatte. Die Welt sei nie erschaffen worden, lehrte al-Arabi, denn sie sei lediglich die äußere Seite dessen, was der inneren Anschauung als Gott erscheint. Die Geschichte sei die Entwicklung Gottes zur Selbstbewußtheit, die er schließlich im Menschen erreiche. Die Hölle sei nicht ewigwährend; letzten Endes würden alle erlöst. Die Liebe sei im Irrtum befangen, wenn sie sich auf irdische und vorübergehende Gestalten richte; es sei Gott, der in dem Geliebten erscheine, und der wahre Liebende werde in jeder schönen Gestalt den Schöpfer aller Schönheit finden und lieben. Vielleicht in Erinnerung an einige Christen aus der Zeit des Hieronymus lehrte al-Arabi: «Wer da liebt und bis zum Tode keusch bleibet, der stirbt als Märtyrer», und gelange zu der höchsten Frömmigkeit und Hingabe. Viele verheiratete Derwische erklärten, sie lebten mit ihren Frauen in dieser Keuschheit[87].

Durch die Geschenke des Volkes kamen einige mohammedanische religiöse Orden zu Reichtum und willigten in den Lebensgenuß ein. Ein syrischer Scheich beklagt sich um 1250: «Ehedem waren die Sufis eine Menschenklasse, in der Welt zerstreut, aber in Wirklichkeit gesammelt; jetzt sind es Leute, äußerlich gesammelt, aber innerlich zerstreut»[88]. Das Volk hatte für diese heiligen Weltlinge ein nachsichtiges Lächeln, überschüttete aber die wahrhaft Frommen mit seiner Verehrung, schrieb ihnen Wundertaten und -kräfte zu, betrachtete sie als Heilige, feierte ihren Geburtstag, betete um ihre Vermittlung vor Allah und pilgerte zu ihren Gräbern. Die mohammedanische war wie die christliche eine Religion, die sich entwickelte und anpaßte – worüber sich ein wiedergeborener Mohammed oder Christus entsetzt hätte.

Mit dem Triumph der Strenggläubigkeit schwand die Toleranz. Von Harun al-Raschid an wurde das «Gebot des Omar», das früher nicht beachtet worden war, in zunehmendem Maße befolgt. In der Theorie, wenn auch nicht immer in der Praxis, wurde nun von den Nichtmuselmanen das Tragen einer unterschiedlichen Kleidung mit gelben Streifen verlangt; sie durften nicht auf Pferden reiten, wohl aber einen Esel oder Maulesel benutzen; sie durften keine neuen Kirchen oder Synagogen bauen, dagegen die alten instandhalten; außerhalb der Kirche durfte kein Kreuz gezeigt werden, Glocken durften nicht geläutet werden; die Kinder von Nichtmuselmanen waren in muselmanischen Schulen nicht zugelassen, konnten aber ihre eigenen Schulen besuchen: Das ist heute noch gesetzliche Vorschrift im Islam – wenn sie auch nicht überall befolgt wird[89]. Es gab aber im zehnten Jahrhundert doch 45 000 Christen in Bagdad[90]; christliche Leichenzüge zogen unbelästigt durch die Straßen[91]; und immer noch wurden Proteste der Muselmanen gegen die Verwendung von Christen und Juden in hohen Dienststellen laut. Selbst in der Hitze und Bedrohung der Kreuzzüge konnte sich Saladin gegenüber den Christen seines Reiches großzügig erweisen.

VIII. AVERROES

Im muselmanischen Spanien erhielt sich die Philosophie noch eine Weile, indem sie ihre schüchternen Versuche der Kritik mit Beteuerungen der Rechtgläubigkeit durchsetzte, und das Denken fand eine stets gefährdete Freiheit an den Höfen von Herrschern, die sich privat an den Spekulationen ergötzten, die sie dem Volke als schädlich vorenthielten. Der Almoravidenfürst von Zaragoza wählte sich zum Beispiel den Abu Bekr ibn Baddscha zum Minister und Freund, der um 1106 in dieser Stadt geboren worden war. Avempace, wie er von Europa genannt wurde, hatte bereits in seiner Jugendzeit große wissenschaftliche, medizinische, philosophische, musikalische und dichterische Leistungen vollbracht. Ibn Chaldun berichtet, der Statthalter habe einige Verse des Gelehrten dermaßen bewundert, daß er gelobte, der Dichter solle in seiner Gegenwart stets auf Gold gehen; worauf ibn Baddscha, der nicht wollte, daß er durch dieses Gelübde weniger willkommen sein sollte, in jeden Schuh eine Goldmünze steckte. Als Zaragoza den Christen in die Hände fiel, floh der Dichter-Wissenschaftler-Minister nach Fez, wo er in Elend bei Muselmanen lebte, die ihn des Atheismus beschuldigten. Er starb im Alter von dreißig Jahren, angeblich durch Gift. Seine verlorengegangene Abhandlung über die Musik galt in der Literatur des westlichen Islam als Meisterwerk in der Darstellung dieses schwierigen Gegenstandes. Sein berühmtestes Werk, *Führer für die Einsamen*, nahm ein Grundthema der arabischen Philosophie wieder auf. Der menschliche Verstand ist nach ibn Baddscha aus zwei Teilen zusammengesetzt, dem «stofflichen Intellekt», der mit dem Körper verkoppelt ist und mit diesem abstirbt, und dem «aktiven Intellekt», der unpersönlichen Weltseele, die in alle

Menschen eingeht und allein unsterblich ist. Das Denken sei die höchste Funktion des Menschen; durch das Denken und nicht durch die mystische Ekstase könne man zur Kenntnis des aktiven Intellektes, das heißt Gottes, gelangen und sich mit ihm vereinen. Das Denken sei jedoch ein gefährliches Unternehmen, sofern es nicht in Schweigen geschehe. Der Weise werde in stiller Abgeschiedenheit leben, sich von allen Doktoren und Rechtsan wälten und allem Volke fernhalten; gegebenenfalls würden einige wenige Philosophen eine Gemeinschaft bilden, um in duldsamer Kameradschaft nach Wissen zu streben, fern der tollen Menge[92].

Abu Bekr (Europas Abubacer) ibn Tufail (1107?–1185) setzte den Gedankengang des Ibn Baddscha fort und kam nahe an eine Verwirklichung seiner Ideale. Auch er war Wissenschaftler, Dichter, Arzt und Philosoph. Er wurde Leibarzt und Wesir des Kalifen Abu Yaqub Yusuf in Marraqesch, der Almohadenhauptstadt von Marokko; er brachte es fertig, den größten Teil seines wachen Daseins in der königlichen Bibliothek zu verbringen, und fand die Zeit, neben rein fachlichen Werken den aufsehenerregendsten philosophischen Liebesroman der mittelalterlichen Literatur zu verfassen. Den Titel entnahm er Ibn Sina; möglicherweise hat das Buch (über die 1708 erschienene englische Übersetzung von Ockley) zur Entstehung von Defoes *Robinson Crusoe* geführt.

Hayy ibn Yaqzan («Munter, Sohn des Wachsam»), der dem Roman den Namen gibt, wird als Kind auf eine unbewohnte Insel verschlagen. Er wird von einer Geiß aufgezogen, wächst an Verstandeskraft und Geschicklichkeit, verfertigt sich Schuhe und Kleider aus Tierhäuten, beschäftigt sich mit den Sternen, seziert lebende und tote Tiere und «gelangt auf diese Weise zum höchsten Wissen, das die gelehrtesten Naturforscher je erreicht haben[93]». Von der Naturwissenschaft geht er auf die Philosophie und Theologie über, beweist sich selbst die Existenz eines allmächtigen Schöpfers, übt Askese, enthält sich des Fleischgenusses und erreicht eine ekstatische Vereinigung mit dem aktiven Intellekt[94]. Zu dieser Zeit ist Hayy neunundvierzig Jahre alt und reif für ein Publikum. Glücklicherweise läßt sich ein Mystiker namens Asal auf der Suche nach Einsamkeit auf der Insel absetzen. Er stößt auf Hayy, der erstmals die Existenz des Menschengeschlechts entdeckt; Asal lehrt ihn sprechen und stellt zu seinem Entzücken fest, daß Hayy ohne fremde Hilfe zur Kenntnis Gottes gelangt ist. Er gesteht Hayy, daß die Volksreligion des Landes, von dem er, Asal, gekommen ist, eine rohe Religion sei und beklagt es, daß ein Mindestmaß an Gesittung lediglich durch Paradiesesverheißungen und Höllendrohungen erreicht worden sei. Hayy entschließt sich auszuziehen, um dieses unwissende Volk zu einer höheren und philosophischeren Religion zu bekehren. Er gelangt zu dem Volk und predigt auf dem Marktplatz seinen Pantheismus. Das Volk hört entweder nicht auf ihn oder versteht ihn nicht. Hayy kommt zu dem Schluß, daß Mohammed mit der Anschauung recht hatte, das Volk könne nur durch eine Religion mit Mythen, Wundern, Zeremonien und übernatürlichen Strafen und Belohnungen zu einer anständigen Gesellschaftsordnung gebracht werden. Er entschuldigt sich ob seiner Einmischung, kehrt zu seiner Insel zurück und lebt dort mit Asal in täglichem Zusammensein mit friedlichen Tieren und dem aktiven Intellekt; und «solcherart fuhren sie fort, Gott zu dienen, bis sie starben».

Es war ein seltener Fall von Eifersuchtslosigkeit, daß Ibn Tufail um 1153 einen jungen

Rechtsanwalt und Arzt in die Gunst des Abu Yaqub Yusuf einführte, nämlich den Abu al-Walid Muhammad ibn Ruschd (1126–1198), den das mittelalterliche Europa Averroes benannte – die einflußreichste Gestalt der islamischen Philosophie. Sein Großvater und sein Vater waren beide zu ihrer Zeit Oberrichter von Córdoba gewesen und hatten ihm die ganze Bildung zukommen lassen, die die alte Hauptstadt zu vergeben hatte. Einer seiner Schüler hat uns überliefert, wie nach Averroes' eigener Darstellung sein Zusammentreffen mit dem Emir verlaufen sein soll:

> Als ich dem Fürsten der Gläubigen vorgestellt wurde, traf ich ihn allein mit Ibn Tufail, welcher ... mein Lob vor ihm sang mit Komplimenten, die ich nicht verdiente ... Der Emir begann die Unterhaltung mit der Frage: «Welche Meinung hatten die Philosophen vom Himmel? Ist er ewig, oder hatte er einen Anfang?» Ich war äußerst bestürzt und verwirrt und suchte nach Ausflüchten, um nicht antworten zu müssen ... aber der Emir, der mein Unbehagen bemerkte, wandte sich Ibn Tufail zu und begann sich mit ihm über diese Frage zu unterhalten und brachte Platons und Aristoteles' und anderer Philosophen Ansichten und die Einwände der muselmanischen Theologen gegen diese Ansichten vor, und das alles mit einer Vollständigkeit, die ich nicht einmal von einem berufsmäßigen Philosophen erwartet hatte. Der Emir beschwichtigte mich und prüfte mein Wissen. Als ich mich zurückgezogen hatte, sandte er mir eine Summe Geldes, ein Reitpferd und ein kostbares Ehrengewand.[95]

Im Jahre 1169 wurde Averroes zum Oberrichter von Sevilla, 1172 von Córdoba ernannt. Zehn Jahre darauf berief ihn Abu Yaqub nach Marraqesch, damit er ihm dort als Hofarzt diene; diesen Posten behielt er bei, als (1184) Yaqub al-Mansur die Nachfolgerschaft des Yaqub übernahm. 1194 wurde er nach Lucena bei Córdoba verbannt, da das Volk sich gegen seine Häresien auflehnte. 1198 wurde ihm Verzeihung gewährt und die Verbannung aufgehoben, aber im gleichen Jahre starb er. Sein Grab ist in Marraqesch noch zu sehen.

Seine medizinischen Arbeiten sind ob seines philosophischen Ruhmes fast in Vergessenheit geraten; er war aber doch «einer der bedeutendsten Ärzte seiner Zeit», der erste, der die Funktion der Retina erklären konnte und erkannte, daß eine Erkrankung an Pokken zur Immunität gegen diese Krankheit führt[96]. Seine Enzyklopädie der medizinischen Wissenschaft (*Kitab al-Kulliyat fi-l-tibb*) wurde ins Lateinische übersetzt und stand bei den christlichen Universitäten weithin in Gebrauch. Zu gleicher Zeit sprach der Emir Abu Yaqub den Wunsch aus, jemand möge eine klare und verständliche Darstellung der Philosophie des Aristoteles schreiben, und Ibn Tufail empfahl Averroes, diese Aufgabe zu übernehmen. Die Anregung wurde mit Freuden aufgenommen, denn Averroes war bereits zu dem Schlusse gekommen, daß in den Werken des Stagiriten bereits die gesamte Philosophie vorliege und lediglich der Erläuterung bedürfe, um in jeder Epoche zeitgerecht zu sein*. Er entschloß sich, zu jedem Hauptwerk des Aristoteles zunächst eine Zusammenfassung, dann einen kurzen Kommentar und schließlich einen eingehenden Kommentar für fortgeschrittene Studenten zu verfassen – ein Lehrverfahren nach zunehmender Schwierigkeit, wie es an muselmanischen Universitäten üblich war. Unglücklicherweise konnte er nicht griechisch, so daß er sich auf arabische Übersetzungen von syrischen Übertragungen des Aristoteles stützen mußte; seine Geduld, sein Scharfsinn und seine durchdringenden

* Santayana verfährt in seinem *The Life of Reason* nach dem gleichen Grundsatz.

Analysen trugen ihm in ganz Europa den Namen «Kommentator» ein und ließen ihn unmittelbar an die Spitze der muselmanischen Philosophie aufsteigen, an Rang nur dem großen Avicenna unterlegen.

Zu diesen Schriften ließ er mehrere eigene Werke über Logik, Physik, Psychologie, Metaphysik, Theologie, Recht, Astronomie und Grammatik und eine Erwiderung zu al-Ghazzalis *Vernichtung der Philosophie* unter dem Titel *Vernichtung der Vernichtung (Tahafut al-Tahafut)* treten. Er vertrat, wie später auch Francis Bacon, die Ansicht, ein Weniges an Philosophie könne einen wohl zum Atheismus verleiten, ein unbehindertes Studium würde jedoch zu einer besseren Verständigung zwischen Religion und Philosophie führen. Denn wenn auch ein Philosoph die Dogmen «des Korans, der Bibel und anderer offenbarter Bücher»[97] nicht wörtlich nehmen könne, so habe er doch die Erkenntnis, daß sie unerläßlich seien zur Entwicklung einer gesunden Frömmigkeit und Moral bei einem Volke, das von den wirtschaftlichen Aufgaben des Alltagslebens so gequält werde, daß es keine Zeit finde, mehr als nur in gelegentlicher, oberflächlicher und gefährlicher Weise über die ersten und letzten Dinge nachzusinnen. Daher werde der reife Philosoph kein Wort gegen den altüberkommenen Glauben äußern oder auch nur dazu ermutigen[98]. Dem Philosophen sollte seinerseits volle Freiheit zur Wahrheitssuche gelassen werden; er sollte aber seine Erörterungen auf den Kreis und das Verständnis der Gebildeten beschränken und keine Propaganda bei dem gemeinen Volke machen[99]. In symbolischer Auslegung ließen sich die Lehren der Religion mit den Ergebnissen von Wissenschaft und Philosophie durchaus in Einklang bringen[100]; eine derartige Auslegung heiliger Texte durch Symbol und Allegorie sei auch von Priestern seit Jahrhunderten gepflegt worden. Averroes lehrt nicht ausdrücklich, sondern nur zwischen den Zeilen, was christliche Kritiker ihm vorwerfen, nämlich, daß ein Satz in der Philosophie (bei den Gebildeten) Gültigkeit haben könne, während er in der Religion (und in der Moral) falsch (schädlich) sein könne[101]. Man darf darum die eigentliche Meinung des Averroes nicht in den kleineren Abhandlungen suchen, die er für ein allgemeineres Publikum verfaßte, sondern in seinen ausführlicheren Kommentaren zu Aristoteles.

Er definiert die Philosophie als «Erforschung des Sinnes des Daseins» in der Absicht, den Menschen zu bessern[102]. Die Welt sei ewig; die Himmelsbewegungen hätten niemals einen Anfang gehabt und würden niemals ein Ende nehmen; die Schöpfung sei ein Mythos.

> Die Anhänger des Schöpfungsgedankens sind der Ansicht, daß die Wirkkraft (Gott) ein Neues schaffe, ohne zu seiner Erschaffung eines bereits bestehenden Stoffes zu bedürfen ... Diese Einbildung ist es, welche die Theologen der drei heute bestehenden Religionen zu der Behauptung bewogen hat, aus nichts könne etwas entstehen.[103] ... Die Bewegung ist ewig und ununterbrochen; jede Bewegung hat ihre Ursache in einer voraufgehenden Bewegung. Ohne Bewegung gibt es keine Zeit. Wir können uns eine Bewegung ohne Anfang oder ohne Ende nicht vorstellen.[104]

Gott sei aber doch der Schöpfer der Welt in dem Sinne, als sie in jedem Augenblick allein durch seine erhaltende Kraft bestehe und sozusagen eine beständige Schöpfung durch die göttliche Wirksamkeit durchmache[105]. Gott sei Ordnung, Kraft und Seele des Weltalls.

Von dieser höchsten Ordnung und Intelligenz emaniere eine Ordnung und Intelligenz im System der Planeten und Sterne. Der Intelligenz des niedrigsten Himmelskreises (desjenigen des Mondes) entstamme der tätige oder wirksame Intellekt, der in Körper und Geist des Einzelmenschen eingehe. Der menschliche Geist bestehe aus zwei Elementen. Das eine sei der passive oder stoffliche Intellekt – eine Denkfähigkeit und -möglichkeit, die einen Teil des Körpers bilde und mit ihm sterbe (das Nervensystem?). Das zweite sei der tätige Intellekt – ein göttlicher Zustrom, der den passiven Intellekt zu tatsächlichem Denken aktiviere. Dieser tätige Intellekt besitze keine Individualität; er sei bei allen Menschen der gleiche, und er allein sei unsterblich[106]. Averroes vergleicht die Einwirkung des tätigen Intellektes auf den individuellen oder leidenden Intellekt mit der Wirkung der Sonne, deren Licht die Dinge erhelle, jedoch überall und jederzeit eins bleibe[107]. Und wie Feuer nach einem brennbaren Körper lecke, so strebe der individuelle Intellekt nach der Vereinigung mit dem tätigen Intellekt. In dieser Vereinigung werde der menschliche Geist gottgleich, denn er enthalte das gesamte Weltall potentiell im Zugriff seines Denkens; die Welt und ihr Inhalt hätten ja gar keine Existenz für uns und keine Bedeutung, es sei denn durch den Geist, der sie begreift[108]. Nur die Wahrnehmung der Wahrheit durch die Vernunft könne den Geist zu der Vereinigung mit Gott führen, die nach der Meinung der Sufis durch asketische Selbstbeherrschung oder berauschenden Tanz erreichbar sei. Averroes hat für Mystik nichts übrig. Sein Begriff eines Paradieses ist die ruhige und freundliche Weisheit des Weisen[109].

Zu diesem Schluß war auch Aristoteles gekommen; natürlich geht die Theorie des tätigen und leidenden Intellektes (*nus poietikos* und *nus pathetikos*) auf Aristoteles' *De Anima* (III, 5) in der Auslegung des Alexandros von Aphrodisias und des Themistios von Alexandrien zurück, in die Emanationstheorie der Neoplatoniker umgewandelt und in einer Philosophendynastie über al-Farabi, Avicenna und Ibn Baddscha übermittelt. Hier, an ihrem Ende, ist die arabische Philosophie wie an ihrem Beginn ein neoplatonistisch aufgezogener Aristoteles. Während aber Aristoteles' Lehren bei den meisten muselmanischen und christlichen Philosophen nach den Bedürfnissen der Theologie zurechtgestutzt wurden, werden bei Averroes mohammedanische Dogmen auf ein Mindestmaß zurückgeführt, um mit Aristoteles in Übereinstimmung gebracht zu werden. Infolgedessen übte Averroes im Christentum einen größeren Einfluß aus als im Islam. Seine muselmanischen Zeitgenossen verfolgten ihn, die muselmanische Nachwelt vergaß ihn und ließ es zu, daß der größte Teil seiner Werke in arabischer Fassung verlorenging. Juden erhielten viele in hebräischer Übersetzung und Maimonides folgte den Fußstapfen des Averroes in dem Versuche, Religion und Philosophie in Einklang zu bringen. Im christlichen Bereich nährten die aus dem Hebräischen ins Lateinische übersetzten Kommentare die Ketzereien des Siger von Brabant und den Rationalismus der Schule von Padua und bedrohten den christlichen Glauben in seinen Grundfesten. Thomas von Aquin schrieb seine *Summae*, um sich der averroistischen Flutwelle entgegenzustemmen; er folgte aber doch dem Averroes in der Methode seiner Kommentare, in verschiedenen Ausdeutungen des Aristoteles, in der Wahl der Materie als des *principium individuationis*, in der symbolischen Auslegung anthropomorpher Bibeltexte, in der Anerkennung der Möglichkeit einer ewigen Welt, in der Verwerfung der Mystik als einer hinreichenden Grundlage der Theologie und in der Erkenntnis, daß einige Dogmen der Religion jenseits der Vernunft stehen und nur dem Glauben zugänglich sind[110]. Roger Bacon stufte den Averroes gleich hinter Aristoteles und Avicenna ein und sagte in seiner charakteristischen übertreibenden Weise: «Der Philosophie des Averroes stimmen heute (um 1270) alle weisen Menschen einmütig zu[111].»

Im Jahre 1150 befahl der Kalif Mustandschid in Bagdad, alle philosophischen Werke des Avicenna und der Brüder der Lauterkeit zu verbrennen. 1194 ließ der Emir Abu Yusuf Yaqub al-Mansur, der damals in Sevilla war, alle Werke des Averroes mit Ausnahme einiger naturwissenschaftlicher Schriften verbrennen; er untersagte seinen Untertanen das Studium der Philosophie und hieß sie, alle philosophischen Werke, denen sie je begegnen sollten, ins Feuer werfen. Diese Anweisungen wurden von dem Volke eifrig befolgt, da es sich gegen Angriffe auf einen Glauben, der ihm die liebste Tröstung in seinem geplagten Leben war, heftig empörte. Etwa zu dieser Zeit wurde Ibn Habib hingerichtet, weil er sich mit Philosophie befaßte[112]. Nach 1200 wich der Islam allem spekulativen Denken aus. Mit sinkender politischer Macht suchte das Muselmanentum immer mehr die Hilfe von Theologen und Anwälten der Strenggläubigkeit. Diese Hilfe wurde gewährt, aber auf Kosten des unabhängigen Denkens. Doch auch so genügte diese Hilfeleistung nicht, um das Staatsgefüge zu erhalten. In Spanien drangen die Christen von Stadt zu Stadt weiter vor, bis den Muselmanen nur noch Granada verblieb. Im Osten nahmen die Kreuzritter Jerusalem ein, und 1258 eroberten und zerstörten die Mongolen Bagdad.

IX. DAS ANRÜCKEN DER MONGOLEN: 1219–1258

Wieder einmal bestätigte die Geschichte den Satz, daß das Wohlleben der Zivilisation die Eroberung durch Barbaren herbeiruft. Die Seldschuken hatten dem östlichen Islam neue Kraft eingeflößt; aber auch sie waren dem Wohlleben verfallen und hatten nicht verhindern können, daß das Reich des Malik Schah in selbständige Königreiche auseinandergefallen war, die zwar kulturell in Blüte standen, aber militärisch machtlos waren. Religiöser Fanatismus und rassische Gegensätze splitterten das Volk in Sekten auf, die sich bitter bekämpften und jeden gemeinsamen Widerstand gegen die Kreuzzüge unmöglich machten.

Inzwischen wurden die Mongolen auf den Ebenen und Wüsten Nordwestasiens durch ein hartes Leben und eine primitive Fruchtbarkeit groß. Sie wohnten in Zelten oder lebten im Freien, folgten ihren Herden in neue Weidegründe, kleideten sich in Ochsenfelle und widmeten sich ausgiebig den Kriegskünsten. Diese neuen Hunnen waren, wie ihre Stammesgenossen vor acht Jahrhunderten, Meister in der Handhabung von Dolch und Schwert und im Bogenschießen von ihren fliegenden Hengsten aus. Wenn wir dem christlichen Missionar Giovanni de Piano Carpini glauben dürfen, «aßen sie alles, sogar Läuse»[113]; es machte ihnen so wenig aus, sich von Ratten, Katzen, Hunden und Menschenblut zu ernähren, wie unseren kultiviertesten Zeitgenossen, Aale und Schnecken zu verzehren. Dschingis Khan (1167–1227) – das heißt der «Große König» – disziplinierte sie mit strengen Gesetzen, bis sie eine unwiderstehliche Macht wurden, und führte sie in der Eroberung Innerasiens von der Wolga bis zur chinesischen Mauer an. Während der Abwesenheit des Dschingis Khan von seiner Hauptstadt Karakorum erhob sich ein Mongolenhäuptling gegen ihn und bildete ein Bündnis mit Ala al-Din Muhammad, dem Schah des unabhängigen Staates Chwarizm. Dschingis unterdrückte den Aufstand und sandte dem Schah ein Friedensangebot. Das Angebot wurde angenommen; kurz darauf wurden aber zwei mongolische Kaufleute in der Transoxiana von Muhammads Statthalter in Otrar als Spione festgenommen und hingerichtet. Dschingis forderte die Auslieferung des Statthalters; Muhammad lehnte das Ansinnen ab, ließ den Anführer der mongolischen Gesandtschaft enthaupten und schickte die anderen Gesandten ohne ihre Bärte wieder zurück. Dschingis erklärte den Krieg, und der Mongoleneinbruch in den Islam begann (1219).

Ein Heer unter Führung von Dschudschi, dem Sohne des Khan, schlug Muhammads 400 000 Mann bei Dschand; der Schah floh nach Samarkand; 160 000 Mann seines Heeres blieben tot auf der Walstatt liegen. Ein anderes Heer, von Dschingis' Sohn Dschagatai angeführt, nahm und plünderte Otrar. Ein drittes Heer unter Dschingis selbst brannte Buchara nieder, schändete Tausende von Frauen und metzelte 30 000 Menschen nieder. Samarkand und Balch ergaben sich ihm, mußten aber doch die Plünderung und ein fürchterliches Gemetzel erleiden; noch ein volles Jahrhundert hernach lagen diese Städte, wie Ibn Batuta vermeldet, größtenteils in Trümmern. Dschingis' Sohn Tule führte 70 000 Mann quer durch Chorasan und plünderte und verwüstete unterwegs jede Stadt. Die Mongolen ließen Gefangene in ihrer Vorhut marschieren und zwangen sie, entweder gegen ihre Volksgenossen vorne zu kämpfen oder von hinten niedergemacht zu werden. Merw fiel durch Verrat und wurde eingeäschert; seine Bibliotheken, der Stolz des Islam, gingen in Flammen auf; die Einwohner durften mit ihren Habseligkeiten durch die Tore aus der Stadt hinausgehen, nur um dann um so eingehender beraubt und niedergemetzelt zu werden; dieses Gemetzel dauerte (wie muselmanische Historiker behaupten) dreizehn Tage und kostete 1 300 000 Menschen das Leben[114]. Nischapur leistete lange tapferen Widerstand, unterlag aber dann doch (1221); jeder Mann, jede Frau, jedes Kind wurde niedergemacht, nur 400 künstlerisch begabte Handwerker wurden am Leben gelassen und in die Mongolei verschickt; die Häupter der Erschlagenen wurden zu einer gespenstischen Pyramide aufgeschichtet. Die schöne Stadt Rayy wurde mitsamt ihren 3000 Moscheen und berühmten Keramikbrennereien in Trümmer gelegt, ihre gesamte Bevölkerung (wie ein muselmanischer Geschichtsschreiber berichtet) getötet[115]. Muhammads Sohn Dschalal ud-Din stellte eine neue Armee von Türken auf, stellte sich dem Dschingis am Indus zur Schlacht, wurde geschlagen und floh nach Delhi. Herat, das sich gegen seinen mongolischen Statthalter aufgelehnt hatte, wurde mit der Hinrichtung von 60 000 Bürgern bestraft. Diese wilde Grausamkeit gehörte zur Kriegswissenschaft der Mongolen; sie suchten damit die Herzen ihrer späteren Gegner mit lähmendem Schrecken zu erfüllen und den Unterlegenen jede Lust an einem Aufstand zu nehmen. Diese Politik war mit Erfolg gekrönt.

Dschingis kehrte nun in die Mongolei zurück, erfreute sich an seinen 500 Gattinnen und Konkubinen und starb im Bett. Sein Sohn und Nachfolger Ügetai schickte eine Horde von 300 000 Mann aus, den Dschalal ud-Din zu fangen, der bei Diarbekr ein neues Heer aufgestellt hatte; Dschalal wurde besiegt und fiel, und die Mongolen, die keinen Widerstand mehr fanden, durchzogen sengend und mordend Aserbeidschan, das nördliche Mesopotamien, Georgien und Armenien (1234). Auf die Nachricht hin, daß unter Führung der Assassinen ein neuer Aufstand im Iran ausgebrochen sei, führte Hulagu, ein Enkel des Dschingis, ein Mongolenheer über Samarkand und Balch, zerstörte die Assassinenburg in Alamut und wandte sich gegen Bagdad.

Al-Mustasim Billah, der letzte Abbasidenkalif des Ostens, war ein Gelehrter, ein peinlich genauer Kalligraph, ein Mann von beispielhafter Sanftheit, der sich ganz der Religion, den Büchern und der Mildtätigkeit weihte; das war ganz ein Gegner nach Hulagus Geschmack. Der Mongole beschuldigte den Kalif, er habe Aufständischen Schutz gewährt und sei einem Hilfeversprechen im Kampf gegen die Assassinen nicht nachgekommen; als Strafe verlangte er die Unterwerfung des Kalifen unter den Großen Khan und die vollständige Demilitarisierung von Bagdad. Al-Mustasim entgegnete mit einer prahlerischen Weigerung. Nach einmonatiger Belagerung sandte al-Mustasim Geschenke und ein Übergabeangebot an Hulagu. Von einem Versprechen, es würde ihnen Milde zuteilwerden, verlockt, ergaben er und seine zwei Söhne sich den Mongolen. Am 12. Februar 1258 drang Hulagu mit seinen Truppen in Bagdad ein und begann mit einem vierzigtägigen Plündern und Morden; 800 000 Einwohner sollen ums Leben gekommen sein. Tausende von Gelehrten, Wissenschaftlern und Dichtern sollen diesem unterschiedslosen Gemetzel zum Opfer gefallen sein; Bibliotheken und Schatzsammlungen, die in Jahrhunderten zusammengetragen worden waren, wurden im Laufe einer Woche ausgeplündert oder zerstört; die Bücher wurden zu Hunderttausenden verbrannt. Schließlich wurde der Kalif mitsamt seiner Familie hingerichtet, nachdem er noch gezwungen worden war, das Versteck seiner verborgenen Reichtümer preiszugeben[116]. Damit nahm das Abbasidenkalifat in Asien ein Ende.

Hulagu kehrte nun in die Mongolei zurück. Sein Heer blieb zurück und machte sich unter der Führung anderer Feldherren an die Eroberung Syriens. In Ain Dschalut stieß es auf eine ägyptische Armee unter den Mamelukenführern Qutuz und Baibars und wurde vernichtend geschlagen (1260). Überall im islamischen Bereich und in Europa jubelten die Menschen aller Religionen; der lähmende Zauber des Schreckens war gebrochen. Im Jahre 1303 machte eine entscheidende Schlacht bei Damaskus der mongolischen Bedrohung ein Ende und bewahrte Syrien den Mameluken, wohl auch Europa den Christen.

Niemals in der Geschichte hatte eine Kultur einen dermaßen vernichtenden Schlag erhalten. Die Eroberung Roms durch die Barbaren hatte sich über zwei Jahrhunderte erstreckt, und zwischen jedem Schlag hatte eine Atempause die Möglichkeit neuer Erholung gegeben, und die germanischen Eroberer hatten das sterbende Reich, an dessen Zerstörung sie beteiligt waren, respektiert und teilweise sogar zu erhalten getrachtet. Die Mongolen dagegen kamen und gingen in einem Zeitraum von vierzig Jahren; sie kamen nicht als Eroberer, um zu bleiben, sondern um zu rauben und zu morden und ihre Beute in die Mongolei zu bringen. Als ihre blutige Flutwelle abebbte, hinterließ sie eine tödlich verwundete Wirtschaft, zerstörte oder versandete Kanäle, Schulen und Bibliotheken in Trümmern und Asche, Regierungen, die zu aufgespalten, arm und schwach waren, um eine Herrschergewalt ausüben zu können, und eine entzweigespaltene und seelisch erschütterte Bevölkerung. Epikureisches Wohlleben, physische und geistige Erschöpfung, militärische Unfähigkeit und Feigheit, religiöses Sektenwesen und Kulturfeindlichkeit, politische Korruption und Anarchie, die alle mitsammen noch vor dem Angriff von außen zum stückweisen Zusammenbruch geführt hatten – das, und nicht irgendein Klimaumschwung stürzte Westasien von der Weltherrschaft herab in bittere Not, stieß zahllose blühende und hochkultivierte Städte in Syrien, Mesopotamien, Persien und Transoxianien und im Kaukasus in die Armut und Tatenlosigkeit der heutigen Zeit hinein.

X. ISLAM UND CHRISTENTUM

Der Aufstieg und Verfall der islamischen Zivilisation ist eine der bedeutenderen Erscheinungen der Geschichte. Fünf Jahrhunderte lang, von 700 bis 1200, war der Islam nach Macht, Ordnung, Ausdehnung der Regierungsgewalt, Verfeinerung der Sitten, Lebensstandard, humaner Gesetzgebung und religiöser Toleranz, Literatur, Wissenschaft, Medizin und Philosophie führend in der Welt. In der Architektur mußte er im zwölften Jahrhundert die Palme an die Kathedralen Europas abtreten, und die gotische Bildhauerei fand an dem durch Verbote gehemmten Islam keinen Nebenbuhler. Die muselmanische Kunst erschöpfte sich im Dekorativen und litt an der Enge der Ausdrucksmöglichkeiten und der Eintönigkeit der Stilformen; innerhalb dieser selbstgesteckten Grenzen ist sie jedoch nie übertroffen worden. Im Islam fanden Kunst und Kultur eine weitere Verbreitung im Volk als bei der mittelalterlichen Christenheit; Könige waren Kalligraphen, und Kaufleute wie auch Ärzte konnten Philosophen sein.

In der geschlechtlichen Moral stand in diesen Jahrhunderten das Christentum wahrscheinlich höher als der Islam, wenn auch der Unterschied nicht gewaltig gewesen sein wird; die christliche Einehe, so sehr sie auch in der Praxis umgangen wurde, hielt doch den Geschlechtstrieb in Grenzen und führte allmählich zu einer Verbesserung der Stellung der Frau, während der Islam das Gesicht der Frau mit Purdah und Schleier verdunkelte. Die Kirche vermochte die Scheidungen zu begrenzen, und die homosexuellen Abirrungen scheinen im Renaissanceitalien niemals die Verbreitung und die Freiheit gefunden zu haben, die ihnen zwar nicht vom mohammedanischen Gesetz, wohl aber von der muselmanischen Lebensart gewährt wurden. Die Muselmanen scheinen die wahreren Edelleute gewesen zu sein als ihre christlichen Standesgenossen; sie hielten ihr Wort öfter, bezeigten den Unterlegenen größere Milde und ließen sich selten Grausamkeiten zuschulden kommen, wie sie 1099 bei der Eroberung von Jerusalem von den Christen begangen wurden. Das christliche Recht behielt das Gottesgericht mit Zwiekampf, Wasser- und Feuerprobe bei, während das muselmanische Recht eine fortschrittliche Rechtsprechung und ein aufgeklärtes Gerichtswesen entwickelte. Die mohammedanische Religion, wenn auch weniger ursprünglich als die hebräische, weniger umfassend im Eklektizismus als die christliche, bewahrte ihr Glaubensbekenntnis einfacher und reiner, weniger dramatisch und farbenfreudig, als die christliche und machte geringere Zugeständnisse an den natürlichen

Polytheismus der Menschheit. Sie glich dem Protestantentum insofern, als sie die Hilfsstellung und den Spielraum, die die mittelländische Religion der Einbildungskraft und den Sinnen gewährte, verschmähte; in ihrer Paradiesesvorstellung beugte sie sich aber doch der Sinnenfreudigkeit des Volkes. Sie hielt sich von der Priesterherrschaft frei, verfiel aber in eine enge und abstumpfende Strenggläubigkeit gerade in dem Zeitpunkt, da das Christentum in die überschwenglichste Zeit der katholischen Philosophie eintrat.

Der Einfluß des Christentums auf den Islam beschränkte sich fast vollständig auf Religion und Krieg. Wahrscheinlich christlichen Vorbildern entstammten Mystizismus, Mönchswesen und Heiligenverehrung der Mohammedaner. Gestalt und Lebensgeschichte Jesu rührten an die muselmanische Seele und fanden mitfühlenden Ausdruck in der muselmanischen Dichtung und Kunst[117].

Der Einfluß des Islam auf das Christentum war vielgestaltig und riesenhaft. Vom Islam übernahm das christliche Europa Nahrungsmittel, Getränke, Arzneimittel, Drogen, Waffen, Wappen, Kunstmotive und -richtungen, gewerbliche und Handelsartikel und -verfahren, Schiffahrtsgesetze und seemännische Bräuche und oft auch die Bezeichnungen für diese Dinge – *Orange*, *Limone*, *Zucker*, *Sirup*, *Sorbet*, *Julap*, *Elixier*, *azur*, *Arabeske*, *Matratze*, *Sofa*, *Musselin*, *Satin*, *Fustian*, *Basar*, *Karawane*, *Scheck*, *Tarif*, *Traffik*, *douane*, *Magazin*, *Barke*, *Kabel*, *Admiral*. Das Schachspiel kam über den Islam von Indien nach Europa und nahm unterwegs persische Ausdrücke auf; *schachmatt* stammt von dem persischen *schah mat* – «der König ist tot». Einige unserer Musikinstrumente zeigen in ihrem Namen den semitischen Ursprung an – *Laute*, *Guitarre*, *Tamburin*. Poesie und Musik der Troubadours kamen vom muselmanischen Spanien nach der Provence, vom muselmanischen Sizilien nach Italien, und arabische Reiseschilderungen von Himmel- und Höllenfahrten mögen ihren Anteil an der Ausbildung der *Göttlichen Komödie* haben. Indische Fabeln und Zahlzeichen kamen in arabischem Gewand oder arabischer Form nach Europa. Die muselmanische Wissenschaft erhielt oder erweiterte die griechische Mathematik, Physik, Chemie, Astronomie und Medizin und vermittelte dieses griechische Vermächtnis, stark bereichert, an Europa; arabische wissenschaftliche Ausdrücke – *Algebra*, *zero*, *Ziffer*, *Azimut*, *alembic*, *Zenith*, *Almanach* – sind immer noch in europäischen Sprachen lebendig. Die muselmanische Medizin war ein halbes Jahrtausend lang führend in der Welt. Die muselmanische Philosophie bewahrte und verderbte Aristoteles für das christliche Europa. Avicenna und Averroes waren Leuchten aus dem Osten für die Scholastiker, die sie nur noch den Griechen hintanstellten.

Das Rippengewölbe ist älter im Islam als in Europa[118], wenn wir auch den Weg, den es in die gotische Kunst nahm, nicht mehr zurückverfolgen können. Christliche Kirch- und Glockentürme verdanken viel dem Minarett[119], und das Maßwerk gotischer Fenster ist vielleicht auf das zugespitzte Bogenwerk der Giralda zurückzuführen[120]. Die Erneuerung der keramischen Kunst in Italien und Frankreich ist der Einwanderung muselmanischer Töpfer im zwölften Jahrhundert und den Besuchen italienischer Töpfer im muselmanischen Spanien zugeschrieben worden[121]. Venezianische Goldschmiede und Glasbläser, italienische Buchbinder, spanische Waffenschmiede erlernten ihre Technik von muselmanischen Handwerkern[122]; fast in ganz Europa suchten Weber im Islam Modelle und Muster. Selbst im Gartenbau machte sich ein persischer Einfluß spürbar.

Wir werden später sehen, durch welche Kanäle diese Einflüsse sich breitmachten: durch den Handel und die Kreuzzüge; durch unzählige Übersetzungen aus dem Arabischen ins Lateinische; durch die Besuche von Gelehrten wie Gerbert, Michael Scot und Adelard von Bath im muselmanischen Spanien; durch christliche Jünglinge, die von ihren Eltern an spanische Höfe geschickt wurden, um dort eine ritterliche Erziehung zu erhalten[123] – denn die muselmanischen Adligen galten als «Ritter und Edelleute, wenn auch Mauren»[124]; durch die tägliche Berührung von Christen mit Muselmanen in Syrien, Ägypten, Sizilien und Spanien. Jedes Fortschreiten der Christen in Spanien ließ eine neue Flut von islamischer Literatur, Wissenschaft, Philosophie und Kunst in das Christentum eindringen. Beispielsweise förderte die Einnahme von Toledo 1085 die astronomischen Kenntnisse der Christen ganz gewaltig und erhielt die Lehre von der Kugelgestalt der Erde lebendig[125].

Unter diesen Entlehnungen schwelte ein unaufhörlicher Haß. Außer dem Brot ist der Menschheit nichts so kostbar wie der religiöse Glaube, denn der Mensch lebt nicht vom Brot allein, sondern auch von dem Glauben, der ihm Hoffnung läßt. Darum trifft der tiefste Haß denjenigen, der ihn in seiner Nahrung und seinem Glauben zu treffen sucht. Drei Jahrhunderte lang erlebte das Christentum das Vordringen des Islam, mußte zusehen, wie er ein christliches Land und Volk nach dem anderen eroberte und verschlang, fühlte seinen Würgegriff am christlichen Handelsverkehr und mußte die Christen Ungläubige schelten lassen. Schließlich brach der schwelende Konflikt offen aus: Die rivalisierenden Zivilisationen stießen in den Kreuzzügen aufeinander, und die Besten in Ost oder West erschlugen die Besten in West oder Ost. Die ganze mittelalterliche Geschichte zurück läßt sich diese gegenseitige Feindseligkeit verfolgen, wobei eine dritte Religion, die der Juden, zwischen beide streitende Parteien zu liegen kam und von beiden Schwertern getroffen wurde. Der Westen verlor die Kreuzzüge, gewann aber den Religionskrieg. Alle christlichen Krieger wurden aus dem Heiligen Lande des Judentums und Christentums vertrieben; aber der Islam, in seinem verspäteten Siege ausgeblutet und von den Mongolen ausgeplündert, verfiel in eine finstere Zeit der Kulturfeindlichkeit und Armut, während der geschlagene Westen an seinem Streben heranreifte, seine Niederlage vergaß, begierig von dem Feinde lernte, Kathedralen in den Himmel steigen ließ, sich in den weiten Ozean der Vernunft hinauswagte, seine rohen neuen Sprachen in die Sprachen eines Dante, Chaucer und Villon umwandelte und frohgemut in die Renaissance eintrat.

Der Durchschnittsleser wird erstaunt sein, daß der Überblick über die islamische Zivilisation eine solche Länge erhalten hat, und der Gelehrte wird dessen völlig unangemessene Kürze bedauern. Nur zu den großen Höhepunkten der Geschichte hat eine Gesellschaft in einem gleichen Zeitraum so viele große Männer – in Staatsführung, Erziehung und Bildung, Literatur, Philologie, Geographie, Geschichte, Mathematik, Astronomie, Chemie, Philosophie und Medizin – wie im Islam in den vier Jahrhunderten zwischen Harun al-Raschid und Averroes hervorgebracht. Zum Teil nährte sich diese glänzende Aktivität von der griechischen Hinterlassenschaft; großenteils war sie aber, besonders auf staatsmännischem, dichterischem und künstlerischem Gebiet, ursprünglich und unschätzbar. In einem gewissen Sinne bedeutet diese Glanzzeit des Islam eine Erholung des Nahen Orients von der

Griechenherrschaft; sie reichte nicht nur auf das sassanidische und achaimenidische Persien, sondern auch auf das Judäa des Salomon, das Assyrien des Assurbanipal, das Babylon des Hammurabi, das Akkad des Sargon, das Sumerien unbekannter Könige zurück. Solcherart macht sich die Kontinuität der Geschichte wieder geltend: Trotz Erdbeben, Epidemien, Hungersnöten, stürmischer Völkerwanderungen und katastrophaler Kriege gehen die wesentlichen Vorgänge der Zivilisation nicht verloren; jüngere Kulturen nehmen sie wieder auf, entreißen sie dem verheerenden Brande, setzen sie zunächst nachahmend, dann neuschöpferisch fort, bis neue Jugendkraft und neuer Geist in das Menschengeschlecht eindringen kann. So wie Menschen Glieder voneinander sind und Generationen in der Keimbahn der Familie nur Augenblicke darstellen, so sind auch Zivilisationen Elemente in einem größeren Ganzen, dessen Name Geschichte lautet; sie sind Stufen in dem Leben der Menschheit. Die Zivilisation ist vielfachen Ursprungs – sie ist das Ergebnis der Zusammenarbeit von vielen Völkern, Ständen und Religionen, und niemand, der ihre Geschichte verfolgt, kann blinder Rassenfanatiker oder Frömmler sein. Darum empfindet sich der Gelehrte, so eng er mit seinem Heimatlande verbunden ist, doch als Bürger des geistigen Landes, das keinen Haß und keine Grenzen kennt; er verdient schwerlich den Namen eines Gelehrten, wenn er in seine Forschungen politische oder rassische Vorurteile oder religiöse Feindseligkeit hineinträgt; und er entbietet seine dankbare Ehrerbietung einem jeden Volke, das die Fackel des Geistes getragen und sein Vermächtnis vermehrt hat.

BIBLIOGRAPHIE

ABBOTT, F., The Common People of Ancient Rome. New York, 1911.

ABBOTT, NABIA, Two Queens of Baghdad. University of Chicago Press, 1946.

ACTON, Lord, The History of Freedom. London, 1907.

ABU BEKR IBN TUFAIL, The History of Hayy ibn Yaqzan. Übers. von Ockley, New York, o. J.

ADAMS, B., Law of Civilization and Decay. New York, 1921.

ALI, MAULINA MUHAMMAD, The Religion of Islam. Lahore, 1936.

ALI TABARI, The Book of Religion and Empire. New York, 1922.

AMEER ALI, SYED, The Spirit of Islam. Calcutta, 1900.

AMMIANUS MARCELLINUS, Works. Loeb Libr., 1935. 2 Bde. (dt. Übers. in der Osiander-Schwabschen Sammlung).

ANDRAE, TOR, Mohammed. Übers. von Menzel, New York, 1936.

ARNOLD, SIR T. W., Painting in Islam. Oxford, 1928.

– The Preaching of Islam. New York, 1913.

– und GUILLAUME, A., The Legacy of Islam. Oxford, 1931.

ASIN Y PALACIOS, M., Islam and the Divine Comedy. London, 1926.

AUGUSTIN, Des Heiligen Kirchenvaters Augustinus Aurelianus ausgewählte Briefe. Übers. von A. Hoffmann (Bibliothek der Kirchenväter). Kempten und München, 1917.

– Des Heiligen Kirchenvaters Augustinus Aurelianus 22 Bücher über den Gottesstaat. Übers. von A. Schröder (Bibliothek der Kirchenväter). Kempten und München, 1911.

AUGUSTUS, Kaiser, Meine Taten. Hrsg. von F. Gottanka. München, 1943.

AUSONIUS, Poems. Loeb Libr. 2 Bde.

AVERROËS, A Decisive Discourse on ... the Relation Between Religion and Philosophy, and An Exposition of the Methods of Argument Concerning the Doctrines of the Faith. Baroda, o.J.

AVICENNA, Canon Medicinae. Venedig, 1608.

BACON, ROGER, Opus maius, übers. von Burke. University of Pennsylvania Press, 1928. 2 Bde.

AL-BALADHURI, ABU-L ABBAS AHMAD, Origins of the Islamic State, übers. von Hitti. Columbia University Press, 1916.

BARNES, H. E., Economic History of the Western World. New York, 1942.

BARON, S. W., Social and Religious History of the Jews. Columbia University Press, 1937. 3 Bde.

– Hrsg., Essays on Maimonides. Columbia University Press, 1941.

BECKER, C. H., Christianity and Islam. London, 1909.

BEDA, VEN., Ecclesiastical History of England. Hrsg. von King. Loeb Libr.

AL-BIRUNI, Chronology of Ancient Nations. Übers. von Sachau. London, 1879.

– India. London, 1910. 2 Bde.

BOER, T. J. DE, History of Philosophy in Islam. London, 1903.

BOETHIUS, Trost der Philosophie. Lat. und dt. von E. Gothbein. Zürich, 1949.

BOISSIER, G., La fin du paganisme. Paris, 1913. 2 Bde.

BOUCHIER, E. S., Life and Letters in Roman Africa. Oxford, 1913.

BREHAUT, E., An Encyclopedist of the Dark Ages. New York, 1912.

BRIFFAULT, R., The Mothers. New York, 1927. 3 Bde.

BRIGHT, W., Age of the Fathers. New York, 1903. 2 Bde.

BROWNE, E. G., Arabian Medicine. London, 1921.

– Literary History of Persia. Cambridge University Press, 1929. 3 Bde.

BUKHSH, Studies: Indian and Islamic. London, 1927.

Bulletin of the Iranian Institute. New York.

BURCKHARDT, JACOB, Die Zeit Konstantins des Großen. Leipzig, 1929.
BURTON, SIR R. F., Personal Narrative of a Pilgrimage to al-Medinah and Meccah. London, 1893.
BURY, J. B., History of the Eastern Roman Empire. London, 1912.
– History of the Later Roman Empire. London, 1923. 2 Bde.
– Life of St. Patrick. London, 1905.

CALVERT, A. F., Cordova. London, 1907.
Cambridge Ancient History, 1924. 12 Bde.
Cambridge Medieval History, 1924f. 8 Bde.
CAMPBELL, D., Arabian Medicine. London, 1926. 2 Bde.
CAPES, W. W., University Life in Ancient Athens. New York, 1922.
CARTER, T. F., The Invention of printing in China. New York, 1925.
CASSIODORUS, Letters. Hrsg. von Hodgkin. London, 1886.
CASTIGLIONE, A., History of Medicine. New York, 1941.
Catholic Encyclopedia. New York, 1912. 16 Bde.
CHARDIN, SIR J., Travels in Persia. London, 1927.
CLAPHAM, J. H. und POWER, EILEEN, Cambridge Economic History of Europe. Bd. I. Cambridge University Press, 1944.
CLAUDIAN, Dichtungen. Übers. von Georg Freiherr von Wedekind. Darmstadt, 1868.
COLLINGWOOD, R. G. und J. L. MAYRES, Roman Britain. Oxford, 1937.
CRESWELL, K. A., Early Muslim Architecture. Oxford, 1932.
CUMONT, F., Oriental Religions in Roman Paganism. Chicago, 1911.
CUTTS, E. L., St. Jerome, London, S. P. C. K., o.J.
CYPRIAN, Des heiligen Kirchenvaters Caecilius Cyprianus Traktate. Übers. von Julius Baer (Bibliothek der Kirchenväter). Kempten und München, 1918.

DALTON, O. M., Byzantine Art and Archeology. Oxford, 1911.
DAVIS, H. W. C., Hrsg., Medieval England. Oxford, 1928.
– und W. M. WEST, Readings in Ancient History. Boston, 1912.
DAWSON, CHRISTOPHER, The Making of Europe. New York, 1932.
DENNIS, G., Cities and Cemeteries of Etruria. Everyman Libr. 2 Bde.
DE VAUX, BARON CARRA, Les Penseurs de l'Islam. Paris, 1921. 5 Bde.
DE WULF, M., History of Medieval Philosophy. London, 1925. 2 Bde.
DHALLA, M. N., Zoroastrian Civilization. Oxford, 1922.
DIEHL, C., Byzantine Portraits. New York, 1926.
– Manuel d'art Byzantin. Paris, 1910.
DIEULAFOY, M., Art in Spain and Portugal. New York, 1913.
DILL, SIR S., Roman Society in the Last Century of the Western Roman Empire. London, 1905.
DILLON, E., Glass. New York, 1907.
DIMAND, M. S., Handbook of Muhammadan Art. New York, 1944.
DOPSCH, A., Grundlagen der europäischen Kulturentwicklung. 2. Aufl., Wien, 1923/24, 2 Bde.
DOUGHTY, CHAS. M., Travels in Arabia Deserta. New York, 1923. 2 Bde.
DOZY, R., Spanish Islam. New York, 1913.
DRAPER, J. W., History of the Intellectual Development of Europe. New York, 1876. 2 Bde.
DUCHESNE, L., Early History of the Christian Church. London, 1933. 3 Bde.
DUDDEN, F. H., Gregory the Great. London, 1905. 2 Bde.
DUHEM, P., Le système du monde. Paris, 1913. 5 Bde.

EINHARD, Das Leben Karls des Großen. Dt. von J. Bühler. Leipzig, 1924.
Encyclopaedia Britannica. 14. Aufl.
EUNAPIOS, Lives of the Sophists, in Philostratus. Everyman Libr.

Eusebios, Kirchengeschichte. Übers. von Haeuser (Bibliothek der Kirchenväter). München, 1932.
– Des Eusebius Pamphili vier Bücher über das Leben des Kaisers Konstantin und des Kaisers Konstantin Rede an die Versammlung der Heiligen. Übers. von P. Johannes Maria Pfättisch, in Band I der Ausgewählten Schriften (Bibliothek der Kirchenväter). Kempten und München, 1913.
– Praeparatio evangelica. Oxford, 1843.

Farmer, H. G., History of Arabian Music. London, 1929.
Fenollosa, E. F., Epochs of Chinese and Japanese Art. New York, 1921. 2 Bde.
Fergusson, J. History of Architecture in All Countries. London, 1874. 2 Bde.
Figgis, J. N., Political Aspects of St. Augustine's City of God. London, 1921.
Finkelstein, L., Akiba. New York, 1936.
Finlay, G., Greece under the Romans. Everyman Libr.
Firdusi, Epic of the Kings, wiedererzählt von Helen Zimmern. New York, 1883.
– Sha Nameh, in Gottheil, R., Literature of Persia. New York. Bd. I.
Fisher, H. L., The Medieval Empire. London, 1898. 2 Bde.
Frank, T., Hrsg., Economic Survey of Ancient Rome. Baltimore, 1933/34. 5 Bde.
Frazer, Sir J., Adonis, Attis, Osiris. London, 1907.
Friedländer, L., Roman Life and Manners under the Early Empire. London, o.J. 4 Bde. (Darstellungen aus der Sittengeschichte Roms. Leipzig, 1862–1871 u. ö.)
Frontinus: Frontini, I., strategematon libri iv. Ed. Gundermann (Teubner). Leipzig, 1888.
– De aquae ductu urbis Romae comentarius. Ed. F. Krohn (Teubner). Leipzig, 1922.
Fronto: M. C. Frontonis et M. Aurelii imperatoris epistulae. Recens. S. A. Naber. Leipzig, 1867.
Funk, F. X., Manual of Church History. London, 1910. 2 Bde.

Gaius, Die Institutionen des Gaius. Übers. von J. Lammeyer. Paderborn, 1929.
Gardner, Alice, Julian, Philosopher and Emperor. New York, 1895.
Garrison, F., History of Medicine. Philadelphia, 1929.
al-Ghazali, Abu Hamid, Some Religious and Moral Teachings. Übers. von Nawab Ali. Baroda, 1920.
Gibbon, Ed., Decline and Fall of the Roman Empire. Everyman Libr. 6 Bde. Hrsg. von J. B. Bury. London, 1900. 7 Bde.
Gildas, Werke, in Giles, Six Chronicles.
Gilson, E., Reason and Revelation in the Middle Ages. New York, 1938.
Glover, T. R., The Conflict of Religions in the Early Roman Empire. London, 1932.
– Life and Letters in the Fourth Century. New York, 1924.
Gottfried von Monmouth, British History, in Giles, Six Chronicles.
Gottheil, R. J., Hrsg., Literature of Persia. New York, 1900. 2 Bde.
Graetz, H., History of the Jews. Übers. von Bella Löwy. Philadelphia, 1891 f. 6 Bde. (Geschichte der Juden. 1853–1874 11 Bde., Neuausgabe 1911–1923 12 Bde.)
Gregor von Tours, History of the Franks. Übers. von Brehaut. New York, 1916. (Dt. Übers. von S. Hellmann. 3. Aufl. Leipzig, 1911–1913.)
Gregorovius, Ferdinand, Der Kaiser Hadrian. 2. Aufl., Stuttgart, 1884.
Griechische Anthologie. Metrisch übers. von G. Thudichum. Stuttgart, 1867–70. 9 Bde.
Grunebaum, G. von, Medieval Islam. University of Chicago Press, 1946.
Gruner, O. C., Treatise on the Canon of Medicine of Avicenna. London, 1930.
Guignebert, C., Christianity Past and Present. New York, 1927.
Guillaume, A., The Traditions of Islam. Oxford, 1924.
Guizot, F., History of Civilization. London, 1898. 3 Bde.

Hadzsits, G., Lucretius and His Influence. London, 1935.
Harrison, Jane, Prolegomena to the Study of Greek Religion. Cambridge U. P., 1922.
Hastings, J., Hrsg., Encyclopedia of Religion and Ethics. New York, 1928. 12 Bde.
Haverfield, F., The Roman Occupation of Britain. Oxford, 1924.
Heath, Sir Thos., History of Greek Mathematics. Oxford, 1921. 2 Bde.
Hefele, C. J., History of the Christian Councils. Edinburgh, 1894. 5 Bde.
Heitland, W., Agricola. Cambridge University Press, 1921.
Hell, Jos., The Arab Civilization. Cambridge University Press, 1926.
Herodian, Herodians Geschichte des römischen Kaisertums seit Mark Aurel. Übers. von Adolf Stahr (Langenscheidtsche Bibliothek). 3. Aufl. Berlin, o.J.
Hieronymus, Ausgewählte Schriften. Kempten und München, 1914–1936. 3 Bde.
– Jerome, Select Letters (Loeb Library).
Himes, N., Medical History of Contraception. Baltimore, 1936.
Hitti, P. K., History of the Arabs. London, 1937.
Hodgkin, T., Italy and Her Invaders. Oxford, 1892. 7 Bde.
Home, G., Roman Britain. London, 1926.
Houtsma, M., Hrsg., Encyclopedia of Islam. London, 1908–1924.
Hurgrönje, C., Mohammedanism. New York, 1916.
Husik, I., History of Medieval Jewish Philosophy. New York, 1930.
Hyde, Douglas, Literary History of Ireland. London, 1899.

Ibn Chaldun, Les prolégomènes, ins Französische übers. von M. de Slane. Paris, 1934, 3 Bde.
Ibn Challikan, M., Vies des hommes illustres de l'islamisme, franz. Übers. von M. de Slane. Paris, 1843. 2 Bde.
Inge, W. R., Philosophy of Plotinus. London, 1929. 2 Bde.
Irving, W., Life of Mahomet. Everyman Libr.
Iuvenalis, Satiren. Übers. von W. Hertzberg und W.-S. Teuffel (Osiander-Schwabsche Sammlung). 2. Aufl., Stuttgart, 1886.

Josephus, Flavius, Geschichte des Jüdischen Krieges. Übers. von Heinrich Clementz. Berlin und Wien, 1923.
– Des Flavius Josephus Jüdische Altertümer. Übers. von Heinrich Clementz. Berlin und Wien, 1923. 2 Bde.
– Des Flavius Josephus Kleinere Schriften. Übers. von Heinrich Clementz. Berlin, 1924.
Joyce, P., Short History of Ireland. London, 1924.
Julian, Works. Loeb Libr. 3 Bde. (Dt. Übers. der Reden von Asmus. Leipzig, 1908.)
Justiniani Institutionum Libri Quattuor. Hrsg. von Moyle. Oxford University Press, 1888. 2 Bde. (Dt. Übers. Lemgo, 1765.)

Kellogg, J. H., Rational Hydrotherapy. Battle Creek, Michigan, 1928.
Klausner, Joseph, Jesus von Nazareth. Seine Zeit, sein Leben und seine Lehre. 2. Aufl. Berlin, 1934.
– Von Jesus zu Paulus. Jerusalem, 1950.
Der Koran. Übertr. durch Lazarus Goldschmidt. Berlin, 1916.
Krüger, Gustav, Das Dogma von der Dreieinigkeit und Gottmenschheit in seiner geschichtlichen Entwicklung. Tübingen, 1905.
Lane, Edw., Arabian Society in the Middle Ages. London, 1838.
Lane-Poole, S., Cairo. London, 1895.
– Saladin. London, 1920.

LANE-POOLE, S.
– Speeches and Table Talk of the Prophet Mohammad. London, 1882.
– Studies in a Mosque. London, 1883.
LEA, H. C., Historical Sketch of Sacerdotal Celibacy. Boston, 1884.
– Superstition and Force. Philadelphia, 1892.
LECKY, W. E., History of European Morals. New York, 1926. 2 Bde.
LESTRANGE, G., Gaghdad during the Abbasid Caliphate. Oxford, 1924.
– Palestine under the Moslems. Boston, 1890.
LOT, F., The End of the Ancient World. New York, 1931.
LOUIS, PAUL, Ancient Rome at Work. New York, 1927.
LOWIE, R., Are We Civilized? New York, 1929.

MACDONALD, D. B., Aspects of Islam. New York, 1911.
– Development of Muslim Theology, Jurisprudence, and Constitutional Theory. New York, 1903.
– Religious Attitude and Life in Islam. Chicago, 1909.
MACROBII, Opera accedunt integra. London, 1694.
MAHAFFY, J. P., Old Greek Education. New York, o.J.
AL-MAQQARI, AHMED, History of the Mohammedan Dynasties in Spain. Übers. von de Gayangos. London, 1840. 2 Bde.
MARC AUREL, Selbstbetrachtungen. Übers. von O. Kiefer. Jena, 1920.
MARGOLIOUTH, D. S., Cairo, Jerusalem, and Damascus. New York, 1907.
– Mohammed and the Rise of Islam. New York, 1905.
AL-MASUDI, ABU-L HASAN, Meadows of Gold and Mines of Gems. Übers. von Sprenger, London, 1841.
McCABE, J., St. Augustine and His Age. New York, 1903.
MICHELET, J. DE, History of France. New York, 1880. 2 Bde.
MIGEON, G., Les arts musulmans. Paris, 1922. 2 Bde.
MILMAN, H., History of Latin Christianity. New York, 1860. 8 Bde.
MOMMSEN, TH., Provinces of the Roman Empire. New York, 1887. 2 Bde. (5. Bd. der Römischen Geschichte.)
MONROE, P., Source Book of the History of Education for the Greek and Roman Period. New York, 1932.
MUIR, SIR W., The Caliphate. London, 1891.
– Life of Mohammed. Edinburgh, 1912.
MÜLLER-LYER, F., Evolution of Modern Marriage. New York, 1930.
MUNRO, D. C., und SELLERY, G. C., Medieval Civilization. New York, 1926.
MURRAY, A. S., History of Greek Sculpture. London, 1890. 2 Bde.

NENNIUS, History of the Britons, in Giles, Six Chronicles.
NEPOS, CORNELIUS, Lebensbeschreibungen. Übers. von J. Sibelis (Langenscheidtsche Bibliothek). Berlin, 1911.
NICHOLSON, R. A., Literary History of the Arabs. Cambridge University Press, 1930.
– Studies in Islamic Mysticism. Cambridge University Press, 1921.
– Studies in Islamic Poetry. Cambridge University Press, 1921.
– Translations of Eastern Poetry and Prose. Cambridge University Press, 1922.
O'LEARY, DELACY, Arabic Thought and its Place in History. London, 1922.
ORIGENES, Des Origenes acht Bücher gegen Celsus. Übers. von Paul Koetschau (Bibliothek der Kirchenväter). München, 1926f. 2 Bde.
– Über die Grundlehren der Glaubenswissenschaft. Wiederherstellungsversuch von Karl Fr. Schnitzer. Stuttgart, 1835.

OVID, Ovids Werke. Übers. von R. Suchier, E. Klußmann und A. Berg (Langenscheidtsche Bibliothek). 6. Aufl. Berlin, o.J. 3 Bde.
– Briefe der Leidenschaft – Heroides. Lateinisch und deutsch. Übers. von Wolfgang Gerlach (Tusculum). München, 1939.
– Festkalender. Übers. von E. F. Metzger (Osiander-Schwabsche Sammlung). Stuttgart, 1838ff. 5 Bändchen. 6.–10. Bändchen der Werke.
– Liebes-Elegien/Kunst zu lieben/Heilmittel gegen die Liebe. Übers. von W. Herztberg (Osiander-Schwabsche Sammlung). Stuttgart, o.J.

PALMER, E. H., The Caliph Haroun Alraschid. New York, o.J.
PAULUS DIACONUS, History of the Langobards. Übers. von Foulke. University of Pennsylvania, 1907.
Persian Art, Souvenir of the Exhibition at Burlington House. London, 1931.
PHILBY, H. ST. JOHN, A Pilgrim in Arabia. Golden Cockerel Press, o.J.
PICKTHALL, MARMADUKE, The Meaning of the Glorious Koran. New York, 1930.
PIRENNE, HENRI, Medieval Cities. Princeton, 1939. Mohammed and Charlemagne. New York, 1930. (Dt. Übers. unter dem Titel Geburt des Abendlandes. Amsterdam, 1939.)
POLO, MARCO, Travels. Hrsg. von Komroff. New York, 1926.
POPE, A. U., Iranian and Armenian Contributions to the Beginnings of Gothic Architecture. Bulletin of the Asia Institute. New York, 1946.
– Masterpieces of Persian Art. New York, 1945.
– Survey of Persian Art. Oxford University Press, 1928. 6 Bde.
PROKOPIOS, Anekdoten. Dt. von A. Fuchs. Wien, 1946.
– Buildings. Loeb Libr.
– Vandalen- und Gotenkrieg. Dt. von D. Coste. Leipzig, 1913–1922.

QUENNELL, M., Everyday Life in Roman Britain. New York, 1925.

RAWLINSON, G., The Seventh Great Oriental Monarchy. London, 1876.
RENAN, E., Averroès et l'averroïsme. Paris, o.J.
– Marc Aurèle. Paris, o.J.
RIEFSTAHL, R., The Parish-Watson Collection of Mohammedan Potteries. New York, 1922.
RIHANI, A., The Quatrains of Abu-l Ala. London. 1904.
RIVOIRA, G., Moslem Architecture. Oxford, 1918.
ROBERTSON, J. M., Short History of Free Thought. London, 1914. 2 Bde.

SA'ADI, The Gulistan, in Gottheil, R., Literature of Persia, Bd. II. (Dt. Übers. von K. H. Graf, Leipzig, 1846.)
– The Rose Garden (Gulistan). Übers. von L. Cranmer-Byng. London, 1919.
SALADIN, H., und MIGEON, G., Manuel d'art musulman. Paris, 1907. 2 Bde.
SALIBA, D., Etude sur la métaphysique d'Avicenne. Paris, 1926.
SALLUST, Das Jahrhundert der Revolution. Übers. von Heinrich Weinstock. Stuttgart, 1955.
SARRE, F., Die Kunst des alten Persien. Berlin, 1925.
SARTON, G., Introduction to the History of Science. Baltimore, 1930f. 3 Bde. in 5.
SCHNEIDER, H., The History of World Civilization. New York, 1931. 2 Bde.
SHOTWELL, J. T., und LOOMIS, L. R., The See of Peter. Columbia University Press, 1927.
SIDONIUS APOLLINARIS, Poems and Letters. Loeb Libr. 2 Bde.
SINGER, C., Hrsg., Studies in the History and Method of Science. Oxford, 1917f. 2 Bde.
SMITH, MARGARET, Hrsg., The Persian Mystics: Attar. London, 1932.

Sokrates, Ecclesiastical History. London, 1892.
Sozomenos, Ecclesiastical History. London, 1855.
Speculum, a Journal of Medieval Studies. Cambridge, Mass.
Stevens, C. E., Sidonius Apollinaris. Oxford, 1933.
Strzygowski, J., Origin of Christian Church Art. Oxford, 1923.
Sumner, W. G., Folkways. Boston, 1906.
Sykes, Sir P., History of Persia. London, 1921. 2 Bde.
Babylonischer Talmud. Übers. von Lazarus Goldschmidt. Berlin, 1929ff. 12 Bde.

Tacitus, Sämtliche Werke. Übers. von Wilhelm Bötticher. Wien, 1935.
– Germania und die wichtigsten antiken Stellen über Deutschland. München, 1932.
Taine, H., Essai sur Tite Live. Paris, 1874
Tarn, W., Hellenistic Civilization. London, 1927.
Taylor, H. O., The Classical Heritage of the Middle Ages. New York, 1911.
Tertullian, Ausgewählte Schriften des Septimius Tertullianus. Übers. von Heinrich Kellner (Bibliothek der Kirchenväter). Kempten, 1871f. 2 Bde.
Thompson, Sir E., Introduction to Greek and Latin Palaeography. Oxford, 1912.
Thompson, J. W., Economic and Social History of the Middle Ages, 300–1300. New York, 1928.
– Economic and Social History of Europe in the Later Middle Ages, New York, 1931.
Thorndike, L., A History of Magic and Experimental Science during the first thirteen centuries of our era. 3. Aufl. New York, 1943. Bd. I.
Tibull: Tibulls Elegien. Lateinisch und deutsch. Übers. von Werner Fraustadt (Tusculum). München, 1940.
Tisdall, W., Original Sources of the Qur'an.
Toynbee, A. J., A Study of History. Oxford, 1935ff. Bis 1944. 3 Bde.
Tornay, S. C., Averroës' Doctrine of the Mind. Philadelphia Review, Mai 1943.
Trench, R., Plutarch. London, 1874.

Ueberweg, F., History of Philosophy. New York, 1871. 2 Bde. (Grundriß der Geschichte der Philosophie. 12. Aufl. Berlin, 1923–1928. 5 Bde.)
Usher, A. P., History of Mechanical Inventions. New York, 1929.
al-Utbl, Abul-Nasr, Memoirs of the Emir Sabaktagin and Mahmud of Ghazna. Übers. von Reynolds. London, 1858.

Varro, M., Buch von der Landwirtschaft. Übers. von G. Große. Halle, 1788.
Vergil, Rudolf Alexander Schröder, Vergil/Horaz deutsch. Berlin und Frankfurt am Main, 1952. (Band 5 der Gesammelten Werke.)
Vitruv, Zehn Bücher über Architektur des Marcus Vitruvius Pollio. Übers. von J. Prestel. Straßburg, 1912ff.
Voltaire, Essay on the Manners and Morals of Europe, in Works, Bd. XIII. New York, 1901.

Waddell, Helen, Medieval Latin Lyrics. New York, 1942.
Waern, C., Medieval Sicily. London, 1910.
Westermarck, E., Origin and Development of the Moral Ideas. London, 1917f. 2 Bde.
Wherry, E. M., Commentary on the Qur'an, with Sale's tr. and notes. London, 1896. 4 Bde.
Wilhelm von Malmesbury, Chronicle of the Kings of England. London, 1883.

ANMERKUNGEN

I. BUCH, 1. KAPITEL

[1] Plinius d. Ä., III. Buch, Absatz 6. – [2] Varro, I. Buch, Absatz 2. – [3] Plinius d. Ä., III. Buch, Absatz 6. – [4] Seneca, *Briefe*, S. 51. – [5] in Reid, J., *Municipalities of the Roman Empire*, S. 3. – [6] Mau, A., *Pompeii*, S. 491; Boissier, *Rome and Pompeii*, S. 430. – [7] Boissier, *La Religion Romaine*, Bd. II, S. 296. – [8] Mau, S. 148, 226. – [9] ebd., S. 16.

I. BUCH, 2. KAPITEL

[1] Cicero, 2. Rede gegen Verres, III. Buch, Absatz 207. – [2] Plutarch, «*Politische Lehren*», S. 32, in *Von der Ruhe des Gemütes*. – [3] Boissier, *L'Afrique romaine*, S. 181f.; Davis, W. S., *Influence of Wealth in Imperial Rome*, S. 200. – [4] Iuvenalis, VII. Buch, Absatz 148 (Hertzberg/Teuffel). – [5] *Des Apulejus sogenannter Goldener Esel*, S. 35. – [6] Strabon, *Erdbeschreibung*, III. Buch, Absatz 3, 7. – [7] Appian, *Römische Geschichten*, IV. Buch, Absatz 7. – [8] Strabon, IV. Buch, Absatz 4, 5. – [9] Caesar, *Der Gallische Krieg*, V. Buch, Absatz 34. – [10] Ammian, *Römische Geschichte*, XV. Buch, Absatz 12. – [11] Caesar, VI. Buch, Absatz 14. – [12] Sidonius Apollinaris, XXIII. Buch, Absatz 37. – [13] Mommsen, Th., Bd. V, S. 99f. – [14] ebd., Bd. III, S. 300. – [15] Tacitus, *Annalen*, XIV. Buch, Absatz 32. – [16] ebd., *Agricola*, S. 21. – [17] Strabon, IV. Buch, Absatz 5, 2. – [18] Tacitus, *Germania*, S. 14. – [19] Strabon, VII. Buch, Absatz 1, 2. – [20] Seneca, *Vom Zorn*, I. Buch, Absatz 11.

I. BUCH, 3. KAPITEL

[1] In Trench, R., *Plutarch*, S. 41. – [2] in Glover, T. R., *The Conflict of Religions in the Early Roman Empire*, S. 85. – [3] Plutarch, *Moralische Schriften*, «Gesundheitsvorschriften», S. 4, 11, 18, 19 (Bähr). – [4] ebd., «Pflichten von Ehegatten», in *Von der Ruhe des Gemütes*, S. 97. – [5] ebd., «Von der Gemütsruhe», IX. Buch, Absatz 20 (Apelt). – [6] Dion Chrysostomos, XII. Buch, Absatz 5. – [7] Apuleius, S. 295. – [8] Philostratos, *Lebensbeschreibungen der Sophisten*, II. Buch, Absatz 10. – [9] Epiktet, *Diatriben*, III. Buch, Absatz 22 (Capelle). – [10] ebd., Fragment, I. Buch (Capelle). – [11] ebd., *Handbüchlein der Moral*, S. 11 (Capelle). – [12] *Diatriben*, I. Buch, Absatz 12 (Capelle). – [13] ebd., I. Buch. – [14] ebd., II. Buch, Absatz 6 (Schultheß). – [15] ebd. – [16] ebd., 5. Buch (Capelle). – [17] *Handbüchlein der Moral*, S. 8 (Capelle). – [18] *Diatriben*, I. Buch, Absatz 6 (Capelle). – [19] ebd., 9. – [20] ebd., II. Buch, Absatz 8. – [21] ebd., I. Buch, Absatz 29 (Schultheß). – [22] ebd., III. Buch, Absatz 24. – [23] ebd., I. Buch, Absatz 16 (Capelle). – [24] *Handbüchlein der Moral*, S. 33 (Capelle). – [25] Fragment, S. 22 (Capelle). – [26] *Diatriben*, II. Buch, Absatz 16 (Schultheß). – [27] ebd., I. Buch, Absatz 9 (Capelle). – [28] Lukian, *Menippus*, S. 3 (Pauly). – [29] ebd., *Ikaromenippus*, S. 25, in *Parodien und Burlesken*. – [30] ebd., *Der überführte Jupiter*, S. 6, in *Parodien*. – [31] ebd., *Der tragische Jupiter*, S. 53 (Pauly). – [32] ebd., *Totengespräche*, S. 10, in *Parodien*. – [33] ebd., *Hermotimus*, Schluß, in *Parodien*. – [34] ebd., *Charon*, S. 2 (Pauly). – [35] *Ikaromenippus*, S. 17, in *Parodien*. – [36] *Charon*, S. 24 (Pauly). – [37] *Menippus*, S. 21 (Pauly).

I. BUCH, 4. KAPITEL

[1] Josephus, *Gegen Apion*, II. Buch, Absatz 11. – [2] Dion Chrysostomos, XXXII. Buch, Absatz 69. – [3] Philon, *Quod Deus sit immutabilis*, S. 12. – [4] ebd., *Über die Verwirrung der Sprachen*, S. 28. – [5] Sarton, G., *Introduction to the History of Science*, Bd. I, S. 274. – [6] Ammian, XXII. Buch, Absatz 16–19. – [7] in Friedländer, 173. – [8] in Thorndyke, L., *A History of Magic and Experimental Science*,

Bd. I, S. 118, 152. – [9] Doughty, G., *Travels in Arabia Deserta*, Bd. I, S. 40. – [10] *Anthologia Graeca*, V. Buch, Absatz 171 (Meleagros). – [11] ebd., 147. – [12] ebd., VII. Buch, Absatz 476. – [13] ebd., Absatz 168 (Antipatros von Thessalonike). – [14] ebd., Absatz 324 (anonym). – [15] ebd., IX. Buch, Absatz 570 (Philodemos). – [16] Philostratos, *Leben des Apollonius von Tyana*, IV. Buch, Absatz 7. – [17] Aelius Aristeides, XVII. Buch, Absatz 8, in Frank, T., *Economic Survey of Ancient Rome*, Bd. IV, S. 750. – [18] Philostratos, *Lebensbeschreibungen der Sophisten*, I. Buch, Absatz 25. – [19] Appian, *Römische Geschichten*, XII. Buch, Absatz 4. – [20] ebd., 7. – [21] Strabon, I. Buch, Absatz 1, 22–23. – [22] Dion Chrysostomos, X. Buch, Absatz 20. – [23] in Bigg, C., *Neoplatonism*, S. 70. – [24] Cumont, F., *Oriental Religions in Roman Paganism*, S. 55. – [25] Philostratos, *Apollonius*, I. Buch, Absatz 34, 36. – [26] ebd., IV. Buch, Absatz 3.

I. BUCH, 5. KAPITEL

[1] Frank, Bd. IV, S. 197. – [2] Josephus, *Geschichte des Jüdischen Krieges*, I. Buch, Absatz 21, 13. – [3] ebd., *Jüdische Altertümer*, XV. Buch, Absatz 11, 5. – [4] ebd., Absatz 7, 4. – [5] ebd., XVII. Buch, Absatz 5, 3. – [6] Klausner, Joseph, *Jesus von Nazareth*, S. 193. – [7] Josephus, *Gegen Apion*, I. Buch, Absatz 12. – [8] ebd., *Jüdischer Krieg*, II. Buch, Absatz 8, 14. – [9] Philon, *Quod omnis homo*, S. 86; *Hypothetica*, II. Buch, Absatz 4 und 12. – [10] Josephus, *Jüdischer Krieg*, II. Buch, Absatz 8, 10. – [11] ebd. – [12] Philon nach Eusebios, *Praeparatio evangelica*, VIII. Buch, Absatz 7. – [13] Babylonischer Talmud, Abot, I. Buch, Absatz 42, Shab, 31 a. – [14] Abot, II. Buch, Absatz 4. – [15] Buch der Weisheit, II. Buch. – [16] ebd., V. Buch. – [17] Jesaja, Kapitel 9, Vers 5. – [18] ebd., 53, 3–12. – [19] Tacitus, *Historien*, V. Buch, Absatz 9. – [20] Josephus, *Jüdischer Krieg*, II. Buch, Absatz 14, 1. – [21] ebd., Absatz 18, 2. – [22] ebd., V. Buch, Absatz 11, 1. – [23] Strabon nach Josephus, *Altertümer*, XIV. Buch, Absatz 7, 2. – [24] Philon, *Legatio ad Caium*, S. 36. – [25] Finkelstein, L., *Akiba*, S. 276.

II. BUCH, 1. KAPITEL

[1] Josephus, *Altertümer*, XVIII. Buch, Absatz 3, 3. – [2] Sueton, «Claudius», S. 25. – [3] Apostelgeschichte, Kapitel 18, Vers 2. – [4] Klausner, *Von Jesus zu Paulus*, S. 249. – [5] Lukas, Kapitel 3, Vers 1, 23. – [6] ebd., Kapitel 2, Vers 1–2. – [7] Matthäus, Kapitel 13, Vers 55. – [8] Johannes, Kapitel 7, Vers 15. – [9] Lukas, Kapitel 4, Vers 14–15. – [10] Jesaja, Kapitel 61, Vers 1–2. – [11] Lukas, Kapitel 4, Vers 20–22. – [12] Matthäus, Kapitel 7, Vers 1. – [13] Lukas, Kapitel 7, Vers 47. – [14] Markus, Kapitel 10, Vers 16. – [15] Matthäus, Kapitel 13, Vers 57. – [16] Markus, Kapitel 5, Vers 41. – [17] Lukas, Kapitel 10, Vers 4. – [18] Johannes, Kapitel 18, Vers 36. – [19] Lukas, Kapitel 17, Vers 21. – [20] Markus, Kapitel 14, Vers 25; Matthäus, Kapitel 10, Vers 23. – [21] ebd., Kapitel 16, Vers 28. – [22] Markus, Kapitel 13, Vers 30. – [23] ebd., Kapitel 13, Vers 32. – [24] Matthäus, Kapitel 24, Vers 6–12. – [25] ebd., Kapitel 19, Vers 21. – [26] Apostelgeschichte, Kapitel 2, Vers 44. – [27] Matthäus, Kapitel 22, Vers 21. – [28] ebd., Kapitel 25, Vers 14. – [29] Lukas, Kapitel 19, Vers 26. – [30] Matthäus, Kapitel 20, Vers 15. – [31] ebd., Kapitel 24, Vers 46. – [32] ebd., Kapitel 11, Vers 12. – [33] Lukas, Kapitel 18, Vers 29; Matthäus, Kapitel 19, Vers 12. – [34] Levitikus, Kapitel 19, Vers 18. 33–34. – [35] Klagelieder, Kapitel 3, Vers 30; Jesaja, Kapitel 50, Vers 6. – [36] Matthäus, Kapitel 10, Vers 5. – [37] Johannes, Kapitel 4, Vers 22. – [38] Matthäus, Kapitel 15, Vers 24. – [39] ebd., Kapitel 8, Vers 4. – [40] ebd., Kapitel 23, Vers 3. – [41] ebd., Kapitel 5, Vers 17. – [42] Lukas, Kapitel 16, Vers 17. – [43] Matthäus, Kapitel 23, Vers 1–33; 21, 31. – [44] Apostelgeschichte, Kapitel 1, Vers 6–7. – [45] Matthäus, Kapitel 19, Vers 17. – [46] ebd., Kapitel 26, Vers 39. – [47] Daniel, Kapitel 7, Vers 13. – [48] Matthäus, Kapitel 12, Vers 8. – [49] ebd., Kapitel 16, Vers 16. – [50] Lukas, Kapitel 19, Vers 37–40. – [51] Johannes, Kapitel 12, Vers 13. – [52] ebd., Kapitel 11, Vers 50. – [53] ebd., Kapitel 13, Vers 33–34; Kapitel 14, Vers 1–2. – [54] Markus, Kapitel 14, Vers 61–62. – [55] Matthäus, Kapitel 27, Vers 11. – [56] Johannes, Kapitel 18, Vers 37–38. – [57] Lukas, Kapitel 23, Vers 27. – [58] Cicero, *2. Rede gegen Verres*, V. Buch, Absatz 64. – [59] Markus, Kapitel 15, Vers 32. – [60] Johannes, Kapitel 19, Vers 25; Markus, Kapitel 15, Vers 40. – [61] Johannes, Kapitel 19, Vers 30; Matthäus, Kapitel 27, Vers 50; Lukas, Kapitel 23, Vers 48. – [62] Markus, Kapitel 16, Vers 1; Matthäus, Kapitel 28, Vers 8–9; Lukas, Kapitel 24,

Vers 16–31. – [63] Matthäus, Kapitel 28, Vers 17. – [64] Johannes, Kapitel 21, Vers 6. – [65] Lukas, Kapitel 24, Vers 52–53.

II. BUCH, 2. KAPITEL

[1] I. Brief Petrus, Kapitel 4, Vers 7–8. – [2] I. Brief Johannes, Kapitel 2, Vers 18. – [3] Apostelgeschichte, Kapitel 2, Vers 46. – [4] ebd., Kapitel 4, Vers 32–35. – [5] ebd., Kapitel 6, Vers 11. – [6] ebd., Kapitel 7, Vers 51–53. – [7] ebd., Kapitel 8, Vers 3. – [8] I. Brief Petrus, Kapitel 1, Vers 1–4. 8. – [9] Eusebios, *Kirchengeschichte*, III. Buch, Absatz 1. – [10] Apostelgeschichte, Kapitel 22, Vers 3. – [11] II. Korinther, Kapitel 12, Vers 7. – [12] Galater, Kapitel 5, Vers 12. – [13] II. Korinther, Kapitel 11, Vers 1. – [14] Apostelgeschichte, Kapitel 9, Vers 2. – [15] ebd., Kapitel 9, Vers 3–9. – [16] ebd., Kapitel 9, Vers 18. – [17] ebd., Kapitel 15, Vers 1. – [18] Galater, Kapitel 2, Vers 11. – [19] Apostelgeschichte, Kapitel 17, Vers 18. – [20] ebd., Kapitel 17, Vers 23–31. – [21] ebd., Kapitel 18, Vers 15–17. – [22] ebd., Kapitel 21, Vers 20–24. – [23] ebd., Kapitel 28, Vers 28. – [24] Kolosser, Kapitel 3, Vers 15–16. – [25] II. Korinther, Kapitel 3, Vers 6. – [26] I. Korinther, Kapitel 15, Vers 33. – [27] Titus, Kapitel 1, Vers 15. – [28] Timotheus, Kapitel 6, Vers 10; die Briefe an Titus und Timotheus werden jedoch in ihrer Echtheit angezweifelt. – [29] I. Korinther, Kapitel 9, Vers 19–23. – [30] Frazer, Sir J., *The Scapegoat*, S. 210, 413. – [31] I. Korinther, Kapitel 15, Vers 51. – [32] ebd., Kapitel 1, Vers 24. – [33] Kolosser, Kapitel 1, Vers 16–17. – [34] Hebräer, Kapitel 11, Vers 1; wahrscheinlich nicht von Paulus. – [35] Galater, Kapitel 3, Vers 28. – [36] I. Korinther, Kapitel 13. – [37] ebd., Kapitel 9, Vers 5. – [38] ebd., Kapitel 6, Vers 15–20. – [39] ebd., Kapitel 7, Vers 20–22. – [40] Römer, Kapitel 13. Vers 1. – [41] II. Timotheus, Kapitel 4, Vers 9. 6. – [42] Philipper, Kapitel 3, Vers 20; Kapitel 4, Vers 5. – [43] I. Korinther, Kapitel 7, Vers 29–31. – [44] II. Thessaloniker, Kapitel 2, Vers 4. – [45] Apostelgeschichte, Kapitel 17, Vers 7. – [46] Eusebios, *Kirchengeschichte*, III. Buch, Absatz 1. – [47] Offenbarung, Kapitel 6, Vers 8. – [48] *ebd.*[1] *Kapitel 7, Vers 14.* – [49] ebd., Kapitel 20, Vers 15; Kapitel 21, Vers 8. – [50] ebd., Kapitel 19, Vers 17–18. – [51] ebd., Kapitel 22, Vers 1–5; Kapitel 21, Vers 4. – [52] Johannes, Kapitel 1, Vers 5.

II. BUCH, 3. KAPITEL

[1] I. Korinther, Kapitel 11, Vers 7–10. – [2] Lukian, *Der Tod des Peregrinus*, S. 13 (Pauly). – [3] Tertullian, *Apologeticum*, S. 39. – [4] Jakobus, Kapitel 5, Vers 1–4; Kapitel 2, Vers 5. – [5] Tertullian, I. Buch, Absatz c., 46. – [6] in Hammerton, J., *Universal History of the World*, Bd. IV, S. 2179. – [7] Tertullian, I. Buch, Absatz c., 37. – [8] Friedländer, S. 938. – [9] Origenes, *Gegen Celsus*, IV. Buch, Absatz 11, 23; III. Buch, Absatz 44. – [10] Porphyrios, *Leben Plotins*, Absatz 1, in *Plotins Schriften*. – [11] ebd., Absatz 14. – [12] Plotin, *Enneaden*, VI. Buch, Absatz 9. – [13] ebd., V. Buch, Absatz 1, 10. – [14] ebd., I. Buch, Absatz 6, 9. – [15] in Lake, K., *The Apostolic Fathers*, Bd. I, S. 23. – [16] Tertullian, *Apologeticum*, S. 30. – [17] ebd., S. 17. – [18] ebd., *Über die Schauspiele*, S. 30. – [19] ebd., *De cultu feminarum*. – [20] ebd., *Vom menschlichen Leibe Christi*, S. 5. – [21] *Cambridge Ancient History*, Bd. XII, S. 593. – [22] Eusebios, *Kirchengeschichte*, VI. Buch, Absatz 2. – [23] Gibbon, Bd. I, S. 467. – [24] Hieronymos, *Briefe*, XXXIII. Buch. – [25] Origenes, *Über die Grundlehren der Glaubenswissenschaft*, IV. Buch, Absatz 2. – [26] Matthäus, Kapitel 16, Vers 18.

II. BUCH, 4. KAPITEL

[1] *Kaisergeschichte*: Spartianus, «Severus», XVIII. Buch. – [2] Herodian, *Geschichte des römischen Kaisertums seit Mark Aurel*, III. Buch, Absatz 15. – [3] Lot, F., *End of the Ancient World*, S. 10. – [4] *Kaisergeschichte*: Lampridius, «Alexander Severus», XXXIX. Buch. – [5] ebd., XX. Buch. – [6] ebd., XXIX. Buch. – [7] ebd., XXXIII Buch. – [8] Herodian, VI. Buch, Absatz 2. – [9] in Rostovtzeff, M., *Social and Economic History of the Roman Empire*, S. 399. – [10] *Kaisergeschichte*: «Alexander Severus». – [11] Heliodor, *Aithiopika*, I. Buch. – [12] Longos, *Daphnis und Chloe*, S. 38. – [13] nach Burckhardt, Jacob, *Die Zeit Konstantins des Großen*, S. 54. – [14] Rostovtzeff, S. 474. – [15] Paul-Louis, *Ancient Rome at Work*, S. 283ff. – [16] Frank, Bd. V, S. 312.

II. BUCH, 5. KAPITEL

[1] Tertullian, *Apologeticum*, S. 4. – [2] ebd., S. 5. – [3] Plinius d. J., in *Briefe des Altertums*, S. 286ff. – [4] nach einem Bericht, der den Kirchen von den Ältesten der Kirche zu Smyrna zugestellt wurde, zitiert von Lake, Bd. II, S. 321. – [5] Tertullian, I. Buch, Absatz c., 1. – [6] Eusebios, *Kirchengeschichte*, VIII. Buch, Absatz 17. – [7] Tertullian, I. Buch, Absatz c., 50. – [8] Eusebios, *Über das Leben des Kaisers Konstantin*, I. Buch, Absatz 28. – [9] *Kaisergeschichte:* Lampridius, «Heliogabalus», XXXIV. Buch. – [10] Duchesne, Mon. L., *Early History of the Christian Church*, Bd. II., S. 99. – [11] Eusebios, *Konzil von Nikaia*, S. 6. – [12] ebd., *Konstantin*, II. Buch, Absatz 65, 68, 69, 71. – [13] *Konzil von Nikaia*, S. 6. – [14] ebd., S. 15. – [15] nach Krüger, G., *Das Dogma von der Dreieinigkeit und Gottmenschheit in seiner geschichtlichen Entwicklung*, S. 195. – [16] Gibbon, Bd. VI, S. 553. – [17] Lactantius, *Auszug aus den göttlichen Unterweisungen*, S. 49. – [18] Eusebios, *Konstantin*, I. Buch, Absatz 5.

Epilog zum Ersten und Zweiten Buch: [1] Reid, J. S., in *Cambridge Medieval History*, Bd. I, S. 54. – [2] Cyprian, *An Demetrianus*, S. 3. – [3] bei Eusebios, *Kirchengeschichte*, VII. Buch, Absatz 21.

III. BUCH, 1. KAPITEL

[1] Ammian, XXI. Buch, Absatz 16. – [2] Gibbon, *Decline and Fall of the Roman Empire*, Bd. II, S. 78. – [3] Sozomenos, *Kirchengeschichte*, II. Buch, Absatz 3. – [4] Lot, *End of the Ancient World*, S. 71; Bury, *History of the Later Roman Empire*, Band I, S. 87. – [5] *Cambridge Medieval History*, Bd. IV, S. 748. – [6] ebd., Bd. I. S. 593. – [7] Munro und Sellery, *Medieval Civilization*, S. 87, nennt 30 000; Bury spricht von 70 000. – [8] Dudden, *Gregory the Great*, Bd. I, S. 129. – [9] Duchesne, *Early History of the Christian Church*, Bd. II, S. 127. – [10] Sokrates, *Kirchengeschichte*, I. Buch, Absatz 37–38. – [11] ebd., II. Buch, Absatz 7–11. – [12] Boissier, *La fin du paganisme*, Bd. I, S. 68; Duchesne, Bd. II, S. 250. – [13] Boissier, Bd. I, S. 82. – [14] Eunapios, *Sophistenleben*, engl. Übers., S. 487. – [15] Capes, *University Life in Ancient Athens*, S. 66. – [16] Boissier, Bd. I, S. 178. – [17] Wright, *Einleitung zu Eunapios*, S. 333. – [18] vgl. Inge, *Philosophy of Plotinus*, Bd. I, S. 11. – [19] Murray, *History of Greek Sculpture*, Bd. I, S. 100. – [20] Boissier, Bd. I, S. 96. – [21] Ammian, XXII. Buch, Absatz 5; Duchesne, Bd. II, S. 262. – [22] Boissier, Bd. I, S. 102. – [23] Sokrates, III. Buch, Absatz 1. – [24] Julian, *Briefe an die Athener*, 278 D-280C; Ammian, XVI. Buch, Absatz 11–12. – [25] Ammian, XVI. Buch, Absatz 53; Duchesne, Bd. II, S. 199. – [26] Ammian, XVIII. Buch, Absatz 1. – [27] ebd., XVI. Buch, Absatz 10. – [28] Boissier, Bd. I, S. 107. – [29] Ammian, XXV. Buch, Absatz 4. – [30] Julian, *Misopogon*, 338 B. – [31] Sokrates, III. Buch, Absatz 1; Ammian, XXII. Buch, Absatz 4. – [32] *Misopogon*, 340 B. – [33] Ammian, XVI. Buch, Absatz 1. – [34] Gardner, *Julian, Philosopher and Emperor*, S. 260. – [35] Ammian, XXII. Buch, Absatz 7. – [36] Eunapios, S. 477. – [37] Julian, Brief 441, in Loeb Libr.-Ausg., Bd. III, S. 7. – [38] Julian, *An Edicius*, 23, in Loeb Libr.-Ausg., Bd. III. – [39] Julian, *Gegen die Galiläer*, 89 A bis 94 A, 106 DE, 168 B, 351 D, 238 A, 319 D. – [40] Julian, *An den Kyniker Herakleios*, 205 C. – [41] ebd., 217 B. – [42] ebd., 237 B. – [43] Ammian, XXII. Buch, Absatz 12. – [44] Boissier, Bd. I, S. 140. – [45] Julian, *Brief an einen Priester*, 305 B; *An Arsacius*. – [46] Julian, *An den Hohepriester Theodoros*, S. 16. – [47] *Brief an einen Priester*, 290 D. – [48] Ammian, XXII. Buch, Absatz 10. – [49] Sozomenos, V. Buch, Absatz 18. – [50] Boissier, Bd. I, S. 122. – [51] Julian, Brief 10; Boissier, Bd. I, S. 127. – [52] Julian, *Misopogon*, 368 C. – [53] Ammian, XXII. Buch, Absatz 13. – [54] Sozomenos, VI. Buch, Absatz 2. – [55] Ammian, XXV. Buch, Absatz 3. – [56] Milman, *History of Latin Christianity*, Bd. I, S. 112; Sihler, *From Augustus to Augustine*, S. 217. – [57] Theodoret, III. Buch, Absatz 28, in Lecky, *History of European Morals*, Bd. II, S. 261. – [58] Duchesne, Bd. II, S. 268.

III. BUCH, 2. KAPITEL

[1] Dopsch, *Economic and Social Foundations of European Civilization*, S. 89. – [2] Wilhelm von Melmesbury, *Chronicle of the Kings of England*, I. Buch, Absatz 4. – [3] Lea, *Superstition and Force*, S. 451. – [4] Boissier, Bd. II. S. 180. – [5] Rostovtzeff, *Social and Economic History of the Roman Empire*, S. 479. – [6] Dill, *Roman Society in the Last Century of the Roman Empire*, S. 297. – [7] Jordanes, *Geschichte*

der Goten, S. 247. – [8] Thompson, *Economic and Social History of the Middle Ages*, S. 106. – [9] Jordanes, S. 26f.; Gibbon, Bd. III, S. 38. – [10] Ammian, XXXI. Buch, Absatz 13. – [11] Sokrates, IV. Buch, Absatz 31. – [12] Broglie, *St. Ambrose*, S. 120ff. – [13] Gibbon, Bd. III, S. 168. [14] Bury, *History of the Later Roman Empire*, Bd. I, S. 129; Gibbon, Bd. III, S. 175. – [15] Pirenne, Henri, *Medieval Cities*, S. 36. – [16] Louis, *Ancient Rome at Work*, S. 231. – [17] Boissier, Bd. I, S. 417; Dill, S. 228, 272. – [18] Salvianus, *De Gubernatione Dei*, V. Buch, Absatz 7. – [19] Boissier, Bd. II, S. 416. – [20] ebd. – [21] Louis, Paul, S. 235. – [22] Hodgkin, *Italy and Her Invaders*, Bd. I, S. 423. – [23] vgl. Augustin, Ep. 232. – [24] Salvian, IV. Buch, Absatz 15; VII. Buch *passim;* und Auszüge in Heitland, *Agricola*, S. 423, Boissier, Bd. II, S. 410, 420, und Bury, *Later Roman Empire*, S. 307. – [25] Dill, S. 56. – [26] Symmachus, Ep. VI. Buch, Absatz 42; II. Buch, Absatz 46; in Dill, S. 150. – [27] Friedländer, *Roman Life and Manners under the Early Empire*, Bd. II, S. 12. – [28] Lot, S. 178; Dill, S. 58; Friedländer, Bd. II, S. 29. – [29] Ammian, XIV. Buch, Absatz 6. – [30] Symmachus, Ep. III, Vers 43. – [31] Ammian, XXII. Buch, Absatz 10. – [32] ebd., XXI. Buch, Absatz 1; Thorndike, *History of Magic and Experimental Science*, Bd. I, S. 285. – [33] Ammian, XVI. Buch, Absatz 1. – [34] Macrobius, *Opera accedunt integrae*, Saturnalia, *ad fin.* – [35] ebd., I. Buch, Absatz 11. – [36] Claudian, *Dichtungen.* – [37] Voltaire, *Works*, Bd. XIII, S. 77. – [38] Boissier, Bd. II, S. 180. – [39] Shotwell und Loomis, *The See of Peter*, S. 675. – [40] Symmachus, Ep. X, Vers 3, in Boissier, Bd. II, S. 224. – [41] Boissier, Bd. II, S. 280. – [42] Jordanes, S. 167f. – [43] Prokop, *Gotenkrieg*, III. Buch, Absatz 3, 25. – [44] Jordanes, S. 168. – [45] Prokop, III. Buch, Absatz 5. – [46] Jordanes, S. 181. – [47] ebd., S. 254f. – [48] Prokop, III. Buch, Absatz 4. – [49] Gibbon, Bd. III, S. 461; Sihler, S. 302.

III. BUCH, 3. KAPITEL

[1] Paulus, I. Korinther, Kapitel VII, Vers 38. – [2] Gibbon, Bd. II, S. 318; Lecky, *History of European Morals*, Bd. II, S. 49; Duchesne, Bd. II, S. 189. – [3] Robertson, *Short History of Free Thought*, S. 242; Bury, *History of the Eastern Roman Empire*, S. 352f. – [4] Hefele, *History of the Christian Councils*, Bd. III, S. 12. – [5] Milman, Bd. I, S. 281f. – [6] Davis, *Medieval England*, S. 128. – [7] Ammian, XXVII. Buch, Absatz 3. – [8] Gibbon, Bd. II, S. 485. – [9] Ammian, XXVII. Buch, Absatz 3; Duchesne, Bd. II, S. 364. – [10] Cutts, *St. Jerome*, S. 30f. – [11] Hieronymus, *Briefe*, XXII. Buch, Absatz 30. – [12] ebd., XXXVIII. Buch, Absatz 3; XXII. Buch, Absatz 13, 27. – [13] Hieronymus, Ep., CXVII. Buch, Absatz 7. – [14] ebd., XXII. Buch, Absatz 14. – [15] ebd. – [16] Ep. CVII. Buch, Absatz 3. – [17] Ep. XXII. Buch, Absatz 21. – [18] Ep. XXIII. Buch. – [19] Adv. Jovin, I. Buch, Absatz 2. – [20] Ep. XXII. Buch, Absatz 5, 17, 25. – [21] Duchesne, Bd. III, S. 74. – [22] ebd., S. 446. – [23] Cutts, S. 150. – [24] Hieronymus, Ep., X. Buch, Absatz 17. – [25] Sokrates, IV. Buch, Absatz 30. – [26] Broglie, S. 10ff. – [27] Augustin, *Bekenntnisse*, IX. Buch, Absatz 7. – [28] Davis und West, *Readings in Ancient History*, Bd. II, S. 297. – [29] Guizot, *History of Civilization*, Bd. I, S. 341. – [30] Gr egor von Tours, *History of the Franks*, S. 15. – [31] Guizot, *History of Civilization*, Bd. II, S. 69. – [32] Duchesne, Bd. II, S. 391. – [33] Lecky, *Morals*, Bd. II, S. 107. – [34] Cutts, S. 137. – [35] Lecky, Bd. I c. – [36] ebd., S. 210. – [37] ebd., S. 107, 158. – [38] Boissier, Bd. II, S. 55. – [39] Hieronymus, Ep. CXXV. Buch, Absatz 11. – [40] Lecky, Bd. II, S. 115. – [41] ebd., S. 109. – [42] Sozomenos, VI. Buch, Absatz 33. – [43] Lecky, Bd. II, S. 110; Nöldeke, *Sketches from Eastern History*, S. 212f. – [44] Lecky, Bd. II, S. 118. – [45] Taylor, *Classical Heritage of the Middle Ages*, S. 78. – [46] ebd.; Glover, *Life and Letters in the Fourth Century*, S. 349. – [47] Gibbon, Bd. III, S. 75. – [48] Sokrates, VI. Buch, Absatz 3. – [49] Bury, *Later Roman Empire*, Bd. I, S. 138f. – [50] Sokrates, VI. Buch, Absatz 4/5. – [51] Clapham and Power, S. 116. – [52] McCabe, *St. Augustine and His Age*, S. 228. – [53] ebd., S. 35. – [54] Augustin, *Bekenntnisse*, II. Buch, Absatz 3. – [55] ebd., VI. Buch, Absatz 3. – [56] Augustin, *Gottesstaat*, II. Buch, Absatz 14. – [57] *Bekenntnisse*, V. Buch, Absatz 8. – [58] *Encyclopaedia Britannica*, Bd. II, S. 682. – [59] McCabe, *Augustine*, S. 254. – [60] *Catholic Encyclopedia*, Bd. II, S. 88; Augustin, *Briefe*, Einl., XVI. bis XVIII. Buch. – [61] Augustin, Ep. 86. – [62] Ep. 93. – [63] Ep. 173. – [64] Ep. 204. – [65] Ep. 103, 133. – [66] *Gottesstaat*, V. Buch, Absatz 9; VI. Buch, Absatz 22, 27. – [07] Sermo, S. 289. – [68] Sermo, S. 165. – [69] Duchesne, Bd. III, S. 143. – [70] Sermo, S. 131. – [71] Ep. 181 A. – [72] Komment. zum Johannesevang., XXIX. Buch, Absatz 6; Sermo, S. 43. – [73] *Cambridge*

Medieval History, Bd. I, S. 581. – [74] *De Trinitate*, I. Buch, Absatz 1. – [75] *De vera religione*, XXIV. Buch, Absatz 45. – [76] Solil. I. Buch, Absatz 7. – [77] *Bekenntnisse*, XIII. Buch, Absatz 16. – [78] *Gottesstaat*, IV. Buch, Absatz 27. – [79] *De libero arbitrio*, II. Buch, Absatz 16. – [80] *De Gen. ad litt.*, VII. Buch, Absatz 28; De Wulf, *History of Medieval Philosophy*, Bd. I, S. 118; *Catholic Encyclopedia*, Bd. II, S. 90. – [81] De Wulf, Bd. I, S. 117. – [82] *Bekenntnisse*, XI. Buch. – [83] De Trin., X. Buch, Absatz 10. – [84] ebd., VIII. Buch, Absatz 6; *Bekenntnisse*, X. Buch, Absatz 6. – [85] *De bono coniugali*, X. Buch; Figgis, *Political Aspects of St. Augustine's City of God*, S. 76; Lea, *Sacerdotal Celibacy*, S. 47. – [80] Bekenntnisse, X. Buch, Absatz 30. – [87] ebd., VII. Buch, Absatz 14; X. Buch, Absatz 6, 22; XIII. Buch, Absatz 9. – [88] *Gottesstaat*, VI. Buch, Absatz 9. – [89] Philipper, III. Kapitel, Vers 20; Epheser, II. Kapitel, Vers 19. – [90] Figgis, S. 46. – [91] Marc Aurel, *Selbstbetrachtungen*, IV. Buch, Absatz 23. – [92] *Gottesstaat*, XV. Buch, Absatz 1. – [93] ebd., I. Buch, Absatz 34. – [94] ebd., XIX. Buch, Absatz 7; XX. Buch, Absatz 9. – [95] Boissier, Bd. II, S. 331, – [96] Augustin, *Letters*, S. 38. – [97] Komment. zu Psalm CXXII. – [98] Funk, *Manual of Church History*, Bd. I, S. 198. – [99] Frazer, *Adonis, Attis, Osiris*, S. 315. – [100] ebd., S. 306. – [101] Boissier, Bd. II, S. 118. – [102] Renan, *Marc Aurèle*, S. 629. – [103] Duchesne, Bd. III, S. 11. – [104] ebd., S. 16. – [105] Lecky, *Morals*, Bd. II, S. 61. – [106] ebd., S. 72. – [107] ebd., S. 83. – [108] ebd., S. 81. – [109] Fisher, *The Medieval Empire*, Bd. I, S. 14. – [110] Guignebert, *Christianity Past and Present*, S. 151. – [111] Ambrosius, Ep. 2 in Boissier, Bd. II, S. 424.

III. BUCH, 4. KAPITEL

[1] *Cambridge Ancient History*, Bd. XII, S. 287. – [2] Haverfield, *The Roman Occupation of Britain*, S. 220; Home, *Roman Britain*, S. 104. – [3] Quennell, *Everyday Life in Roman Britain*, S. 103. – [4] [4] Mommsen, *Provinces of the Roman Empire*, Bd. I, S. 211. – [5] Beda, *Ecclesiastical History*, V. Buch, Absatz 24. – [6] Gildas, *Chronicle*, XXIII. Buch, *Anglo-Saxon Chronicle*, S. 25. – [7] Beda, I. Buch, Absatz 15; *Anglo-Saxon Chronicle*, S. 26. – [8] Collingwood und Myres, *Roman Britain*, S. 320. – [9] Gottfried von Monmouth, *British History*, VII–XI. Buch. – [10] Wilhelm von Malmesbury, *Chronicle*, S. 11. – [11] Collingwood, S. 324. – [12] Joyce, *Short History of Ireland*, S. 123; Hyde, *Literary History of Ireland*, S. 77. – [13] Hyde, S. 19. – [14] Lecky, *Morals*, Bd. II, S. 253. – [15] Joyce, S. 123. – [16] Briffault, *The Mothers*, Bd. III, S. 230. – [17] Hyde, S. 71. – [18] ebd., S. 83. – [19] Aus dem «*Voyage of Brand*» (7. Jh.), in Hyde, S. 96f. – [20] Beda, I. Buch, Absatz 13; Bury, *Life of St. Patrick*, S. 54. – [21] Duchesne, Bd. III, S. 425. – [22] Bury, *Patrick*, S. 172. – [23] Nennius, *History of the Britons*, S. 11. – [24] Bury, *Patrick*, S. 121. – [25] Ausonius, *Poems, Commemoratio Professorum Burdigalensium*. – [26] Waddell, *Medieval Latin Lyrics*, S. 32. – [27] Ausonius, *Poems, Parentalia*, X. Buch. – [28] ebd., XXII. Buch, Absatz 23f. – [29] Stevens, *Sidonius Apollinaris*, S. 68f. – [30] Guizot, *History of Civilization*, Bd. I, S. 343. – [31] Dill, *Last Century*, S. 206. – [32] Stevens, S. 134ff. – [33] ebd., S. 160f. – [34] Sidonius Apollinaris, *Poems and Letters*, I. Buch, Absatz 2. – [35] Francke, *Die Kulturwerte der dt. Lit.*, Bd. I, S. 11. – [36] Sidonius, in Lacroix, *Manners, Customs, and Dress*, S. 514. – [37] Gibbon, Bd. IV, S. 65. – [38] Gregor von Tours, VIII. Buch, Absatz 9. – [39] Lea, *Superstition and Force*, S. 318. – [40] Sophokles, *Antigone*, 11. Bild, Vers 264–267. – [41] Gibbon, Bd. IV, S. 70. – [42] Schoenfeld, *Women of the Teutonic Nations*, S. 41; Dill, *Roman Society in the Merovingian Age*, S. 47. – [43] Salisches Gesetz, XIV. und XLI. Buch, in Ogg, *Source Book of Medieval History*, S. 63ff. – [44] Schoenfeld, S. 40. – [45] Brittain, *Women of Early Christianity*, S. 203. – [46] Lot, S. 397. – [47] Gregor von Tours, II. Buch, Absatz 37. – [48] ebd. – [49] ebd., II. Buch, Absatz 40. – [50] ebd., II. Buch, Absatz 43. – [51] ebd., V. Buch, Absatz 132–136; VI. Buch, Absatz 165. – [52] Dill, *Merovingian Age*, S. 279. – [53] Gregor von Tours, VII. Buch, Absatz 178; X. Buch, Absatz 246. – [54] ebd., IV. Buch, Absatz 100. – [55] Michelet, *History of France*, Bd. I, S. 107. – [56] Gregor, Einl., S. XXII. Buch. – [57] Gregor, I. Buch, Absatz 5. – [58] ebd., II. Buch, Prolog. – [59] ebd., Einleitung, S. 24. – [60] Guizot, *History of Civilization*, Bd. I, S. 58. – [61] Lecky, *Morals*, Bd. II, S. 204. – [62] Isidor von Sevilla, *Etymologien*, in Brehaut, *An Encyclopedist of the Dark Ages*, S. 215. – [63] Dieulafoy, *Art in Spain and Portugal*, S. 54. – [64] Mahaffy, *Old Greek Education*, S. 52. – [65] Thompson, *Economic History of the Middle Ages*, S. 120. – [66] Cassiodorus, *Letters of*, *Variae*,

II. Buch, Absatz 27. – [67] Prokop, V. Buch, Absatz 1. 26. – [68] sie ist nur Bruchstückweise bei Jordanes erhalten. – [69] Milman, Bd. I, S. 433. – [70] ebd., S. 439. – [71] Cassiodorus, *Variae*, II. Buch, Absatz 6; III. Buch, Absatz 28. – [72] Milman, Bd. I, S. 442. – [73] Boethius, *Trost der Philosophie*, II. Buch, Absatz 3. – [74] ebd., Absatz 4. – [75] ebd., III. Buch, Absatz 10. – [76] Prokop, V. Buch, Absatz 1.

III. BUCH, 5. KAPITEL

[1] *Justiniani Institutionum libri quattuor*, Einleitung, Bd. I, S. 63. – [2] Prokop, *Über die Bauten*, I. Buch, Absatz 7. – [3] Prokop, *Anekdota*, VIII. Buch, Absatz 24. – [4] John Malalas, in Bury, *Later Roman Empire*, Bd. II, S. 24. – [5] Prokop, *Anekdota*, XV. Buch, Absatz 11. – [6] ebd., *Kriegsgeschichte*, I. Buch, Absatz 24. – [7] ebd., *Bauten*, I. Buch, Absatz 11. – [8] Diehl, *Byzantine Portraits*, S. 58. – [9] Prokop, *Anekdota*, XI. Buch. – [10] ebd., IX. Buch, Absatz 50. – [11] Bury, *Later Roman Empire*, Bd. II, S. 29. – [12] Prokop, *Anekdota*, XVII. Buch, Absatz 5. – [13] Diehl, *Portraits*, S. 70. – [14] Bouchier, *Life and Letters in Roman Africa*, S. 107. – [15] Prokop, *Kriegsgeschichte*, IV. Buch, Absatz 6. – [16] ebd., VII. Buch, Absatz 1. – [17] ebd., Absatz 5–8. – [18] Lot, S. 267. – [19] Gibbon, Bd. IV, S. 359. – [20] Lot, S. 267. – [21] *Iustiniani Inst.*, Proemium. – [22] Cod. I, XIV. Buch, Absatz 34. – [23] Cod. IV, XLIII. Buch, Absatz 21. – [24] Cod. XI, XLVIII. Buch, Absatz 21; LXIX. Buch, Absatz 4. – [25] Bury, *Later Roman Empire*, Bd. II, S. 406; Milman, Bd. I, S. 501. – [26] Prokop, *Kriegsgeschichte*, VII. Buch, Absatz 32. – [27] Gibbon, Bd. V, S. 43. – [28] Prokop, *Bauten*, I. Buch, Absatz 1.

III. BUCH, 6. KAPITEL

[1] Frank, *Economic Survey of Ancient Rome*, Bd. IV, S. 152. – [2] Rostovtzeff, *History of the Ancient World*, Bd. II, S. 353f. – [3] Prokop, *History*, VIII. Buch, Absatz 17. – [4] Lopez, R. S. in *Speculum*, Bd. XX, I. Buch, Absatz 3, 7, 19. – [5] ebd., Absatz 10–12. – [6] Novella 122 in Bury, *Later Roman Empire*, Bd. II, S. 356. – [7] Dalton, *Byzantine Art*, S. 50. – [8] Bury, S. 257. – [9] Diehl, *Manuel d'art Byzantin*, S. 248. – [10] Prokop, *Anekdota*, XVII. Buch, Absatz 24. – [11] Himes, *Medical History of Contraception*, S. 92ff. – [12] Bossier, *La fin du paganisme*, Bd. I, S. 168. – [13] Gibbon, Bd. I, S. 283. – [14] Schneider, *History of World Civilization*, Bd. II, S. 640. – [15] Castiglione, *History of medicine*, S. 252; Garrison, *History of Medicine*, S. 123. – [16] Throndike, *History of Magic and Experimental Science*, Bd. I, S. 147. – [17] O'Leary, *Arabic Thought*, S. 53. – [18] Himes, S. 95. – [19] Thorndike, Bd. I, S. 504. – [20] Augustin, *Bekenntnisse*, VII. Buch, Absatz 6. – [21] Heath, *History of Greek Mathematics*, Bd. II, S. 528. – [22] Sokrates, VII. Buch, Absatz 15. – [23] Lecky, *Morals*, Bd. II, S. 315. – [24] Bury, *Later Roman Empire*, Bd. I, S. 217. – [25] Duchesne, Bd. III, S. 210. – [26] Sokrates, VII. Buch, Absatz 15. – [27] Gregor von Nazianz, *Panegyrikos auf den hl. Basileios*, in Monroe, *Source Book of the History of Education for the Greek and Roman Period*, S. 305. – [28] Bury, *Later Roman Empire*, Bd. I, S. 377. – [29] Diehl, *Manuel*, S. 218. – [30] *Hero und Leander*, Schlußverse. – [31] *Griech. Anthologie*, 8. Bde. – [32] Sokrates, VII. Buch, Absatz 48. – [33] Prokop, *Geschichte*, VIII. Buch, Absatz 32; V. Buch, Absatz 3. – [34] Finlay, *Greece under the Romans*, S. 195. – [35] Strzygowski, *Origin of Christian Church Art*, S. 4ff. – [36] Prokop, *Bauten*, I. Buch, Absatz 10. – [37] ebd., I. Buch, Absatz 1. – [38] ebd. – [39] ebd., I. Buch, Absatz 3. – [40] Dalton, S. 258. – [41] Lot, S. 143. – [42] Diehl, *Manuel*, S. 249; Dalton, S. 579; Lot, S. 146. – [43] Boethius, IX. Buch.

III. BUCH, 7. KAPITEL

[1] Ammian, XXII. Buch, Absatz 6. – [2] ebd. – [3] Dhalla, *Zoroastrian Civilization*, S. 371. – [4] Rawlinson, *Seventh Great Oriental Monarchy*, S. 29. – [5] Prokop, *Pers. Krieg*, IX. Buch, Absatz 19. – [6] Bury, *Later Roman Empire*, Bd. I, S. 92. – [7] Ammian, XXIII. Buch, Absatz 6. – [8] Talmud, Berachoth, 8 b. – [9] Dhalla, S. 301f. – [10] Ameer Ali, *Spirit of Islam*, S. 188. – [11] Macrobius, *Saturnalia*, VII. Buch, Absatz 1. – [12] Gottheil, *Literature of Persia*, Bd. I, S. 159. – [13] Sykes, *History of Persia*, Bd. I, S. 466. – [14] Gottheil, Bd. I, S. 166. – [15] Dhalla, S. 377. – [16] ebd., S. 305. – [17] Browne, *Literary History of Persia*, Bd. I, S. 107. – [18] Sarton, *Introduction to the History of Science*, Bd. I,

S. 435. – [19] Browne, *Arabian Medicine*, S. 23. – [20] Dhalla, S. 354. – [21] ebd., S. 362. – [22] ebd., S. 274; Bury, *Later Roman Empire*, Bd. I, S. 91. – [23] Rawlinson, *Seventh Great Oriental Monarchy*, S. 636. – [24] Bright, *Age of the Fathers*, Bd. I, S. 202. – [25] Sykes, Bd. I, S. 414. – [26] Lowie, *Are We Civlized?* S. 37. – [27] Pope, *Survey of Persian Art*, Bd. I, S. 755. – [28] Dhalla, S. 356. – [29] Pope, S. 761. – [30] Baron, *Social and Religious History of the Jews*, Bd. I, S. 256. – [31] Ammian, XXIII. Buch, Absatz 6. – [32] Pope, S. 716. – [33] Browne, *Literary History*, Bd. I, S. 127. – [34] Ibn Chaldun, *Prolégomènes*, Bd. I, S. 80. Rawlinson, S. 61, schreibt diesen Ausspruch Ardashir I. zu. – [35] Eunapios, S. 466. – [36] *Cambridge Ancient History*, Bd. XII, S. 112. – [37] Sykes, Bd. I, S. 403. – [38] Rawlinson, S. 141. – [39] Browne, *Literary History*, Bd. I, S. 171. Sykes, Bd. I, S. 449, datiert dieses Massaker in die ersten Jahre Chosrus I. – [40] Pipe, S. 755. – [41] Prokop, *Kriegsgeschichte*, II. Buch, Absatz 9. – [42] De Vaux, *Les penseurs de l'Islam*, Bd. I, S. 92. – [43] Rawlinson, S. 446. – [44] Sykes, Bd. I, S. 460. – [45] Prokop, *Geschichte*, I. Buch, Absatz 26. – [46] Mommsen, *Provinces*, Bd. II, S. 47. – [47] Graetz, *History of the Jews*, Bd. III, S. 18. – [48] Sykes, Bd. I, S. 480f. – [49] Pope, S. 524. – [50] Creswell, *Early Muslim Architecture*, Bd. I, S. 101. – [51] Dieulafoy, *Art in Spain*, A. 13. – [52] ebd.; Pope, *Iranian and Armenian Contributions to the Beginnings of Gothic Architecture*, S. 130. – [53] Theophylactus Simocatta, in Rivoira, *Moslem Architecture*, S. 114. Herzfeld betrachtet den Palast in Ktesiphon als Werk Schapurs I. – [54] Gottheil, Bd. I, S. 167. – [55] Arnold, *Painting in Islam*, S. 62. – [56] Pipe, Survey, Bd. I, S. 717; Dieulafoy, S. 21. – [57] Ackerman, in *Bulletin of the Iranian Institute*, Dez. 1946, S. 42. – [58] Pope, *Introduction to Persian Art*, S. 144, 168. – [59] Sykes, Bd. I, S. 465. – [60] Pope, *Masterpieces of Persian Art*, S. 182. – [61] Pope, *Introduction*, S. 64. – [62] Fenollosa, *Epochs of Chinese and Japanese Art*, Bd. I, S. 21. – [63] Riefstahl, *The Parish – Watson Collection of Mohammedan Patteries*, S. 8; Pope, *Survey*, Bd. I, S. 799; Lot, S. 141. – [64] Sir Percy Sykes, in Hammerton, *Universal History of the World*, Bd. IV, S. 2318. – [65] Beispiele in Sarre, *Die Kunst des alten Persien*, S. 143. – [66] Pope, *Introduction*, S. 100. – [67] Pope, *Survey*, Bd. I, S. 775. – [68] Dhalla, S. 273. – [69] Sykes, Bd. I, S. 490. – [70] Browne, *Literary History*, Bd. I, S. 194. – [71] Sykes, Bd. I, S. 490. – [72] ebd., S. 498.

IV. BUCH, 1. KAPITEL

[1] Burton, Hrsg., *Thousand Nights and a Night*, Bd. I, VII. Buch. – [2] Hell, *The Arab Civilization*, S. 7; Dawson, *The Making of Europe*, S. 136. – [3] *Encyclopaedia Britannica*, Bd. II, S. 184. – [4] Doughty, *Travels in Arabia Deserta*, Bd. I, XX. Buch. – [5] Margoliouth, *Mohammed and the Rise of Islam*, S. 29; Nöldeke, *Sketches*, S. 7. – [6] Burton, *Personal Narrative of a Pilgrimage to al-Medinah and Meccah*, Bd. II, S. 93. – [7] Blunt, A. und W. S., *The Seven Golden Odes of Pagan Arabia*, S. 43. – [8] übers. von F. Rückert. – [9] Koran, IX. Sure, Vers 98; übers. von Pickthall, *The Meaning of the Glorious Koran*. – [10] Sale, in Wherry, *Commentary on the Qur'an*, mit Sales Übers., Bd. I, S. 43. – [11] Herodot, III. Buch, Absatz 8. – [12] Ali Tabari, *Book of Religion and Empire*, Prolog, IX. Buch, Margoliouth, *Mohammed*, S. 59; Muir, *Life of Mohammed*, S. 512. – [13] Browne, *Literary History of Persia*, Bd. I, S. 261. – [14] al-Tabari, Abu Jafar Muhammad, *Chronique*, Teil III, Kap. XLVI, S. 202. – [15] Pickthall, S. 2. – [16] Browne, *Literary History*, Bd. I, S. 247. – [17] Tisdall, *Original Sources of the Koran*, S. 264, nach Ibn Ishaq; Lane-Poole, *Speeches and Table Talk of the Prophet Mohammed*, XXIV. Buch. – [18] Nicholson, *Translations of Eastern Poetry and Prose*, S. 38ff., vgl. *Koran*, XCVI. Buch. – [19] Muir, *Life*, S. 51. – [20] Koran, XLIII. Sure, Vers 3; LVI. Sure, Vers 76; LXXXV. Sure, Vers 22. – [21] ebd., II. Sure, Vers 91. – [22] ebd., LXXXVII. Sure, Vers 6. – [23] Ali Maulana Muhammad, *The Religion of Islam*, S. 174. – [24] Macdonald, *Religious Attitude and Life in Islam*, S. 42. – [25] Margoliouth, *Mohammed*, S. 45. – [26] Dozy, *Spanish Islam*, S. 15. – [27] Hell, S. 19. – [28] Sale in Wherry, Bd. I, S. 80. – [29] al-Baladhuri, Abu-l Abas, *Origins of the Islamic State, I. Buch*, Absatz 1. – [30] Ameer Ali, Syed, *Spirit of Islam*, S. 54. – [31] Muir, *Life*, S. 214, 234. – [32] ebd., S. 236. – [33] ebd., S. 238. – [34] ebd. – [35] Andrae, *Mohammed*, S. 206; Muir, S. 245f., nach Ibn Hisham and al-Tabari. – [36] Ameer Ali, *Spirit of Islam*, S. 58f. – [37] Muir, S. 252f. – [38] al-Baladhuri, I. Buch, Asatz 2. – [39] ebd., I. Buch, Absatz 4. – [40] Ameer Ali, S. 94. – [41] Andrae, S. 238. – [42] Koran, II. Sure, Vers 100; Macdonald, *Development of Muslim Theology, Jurisprudence, and*

Constitutional Theory, S. 69. – [43] Koran, XLI. Sure, Vers 6. – [44] ebd., XXXIII. Sure, Vers 37. – [45] Andrae, S. 267. – [46] Koran, XXXIII. Sure, Vers 51. – [47] Muir, S. 77, 244. – [48] Koran, XXXIII. Sure, Vers 51. – [49] Muir, S. 201. – [50] Bukhsh, *Studies, Indian and Islamic*, S. 6. – [51] Muir, S. 511. – [52] Lane-Poole, *Speeches*, XXX. Buch. – [53] Ameer Ali, *Spirit of Islam*, S. 110. – [54] Bukhsh, *Studies*, S. 6. – [55] Irving, *Life of Mahomet*, S. 238. – [56] Margoliouth, S. 105; Irving, S. 231. – [57] Koran, XXXI. Sure, Vers 18. – [58] Sa'adi, *Gulistan*, S. 83. – [59] Margoliouth, S. 458. – [60] Gibbon, Bd. V, S. 254. – [61] Margoliouth, S. 466.

IV. BUCH, 2. KAPITEL

[1] zum Beispiel IV. Sure. – [2] Lane-Poole, *Speeches*, S. 180. – [3] Koran, XLIV. Sure, Vers 51; XXXV. Sure, Vers 33. – [4] ebd., XLVII. Sure, Vers 15; LXXVI. Sure, Vers 14–15. – [5] ebd., LV. Sure, Vers 56–58; LXXVIII. Sure, Vers 33; XXXVII. Sure, Vers 47. – [6] ebd., LVI. Sure, Vers 17. – [7] Margoliouth, S. 69. – [8] Lane-Poole, S. 157. – [9] ebd., S. 158. – [10] Ali, Maulana, *Religion of Islam*, S. 587. – [11] Lane-Poole, S. 161, 163. – [12] ebd., S. 162. – [13] ebd. – [14] Ali, Maulana, S. 390. – [15] Koran, LV. Sure, Vers 10; LV. Sure, Vers 31–32. – [16] Ali, Maulana, S. 655. – [17] Koran, XXXIII. Sure, Vers 53. – [18] Ali, S. 602. – [19] Koran, XX. Sure, Vers 232; Ali, S. 632. – [20] ebd., S. 684. – [21] Pickthall, S. 594 n. – [22] Lane-Poole, S. 161. – [23] Koran, XXXI. Sure, Vers 14; XLVI. Sure, Vers 15. – [24] Ameer Ali, S. 183. – [25] Lane-Poole, S. 167. – [26] zitiert in Muir, *Life*, S. 520. – [27] Lane-Poole, S. 159. – [28] ebd. – [29] Sale, in Wherry, Bd. I, S. 122. – [30] vgl. Deut., XVIII. Kapitel, Vers 15–18; Hag., II. Kapitel, Vers 7; Hohelied, II. Kapitel, Vers 3, XXI. Kapitel, Vers 7; Joh., XVI. Kapitel, Vers 12/13. – [31] Talmud, Pirke Aboth, II. Buch, Absatz 18. – [32] Nöldeke, *Sketches*, S. 44. – [33] vgl. Koran, V. Sure, Vers 35 mit Talmud, Sanh. II. Buch, Absatz 5; Koran II. Sure, Vers 183 mit Ber., I. Buch, Absatz 2; und Nöldeke, S. 31. – [34] Lane-Poole, XL. Buch. – [35] Bevan, *Legacy of Israel*, S. 147; Hitti, *History of the Arabs*, S. 125. – [36] Baron, *Social and Religious History of the Jews*, Bd. I, S. 335ff. – [37] Hurgrönje, *Mohammedanism*, S. 65.

IV. BUCH, 3. KAPITEL

[1] *Cambridge Medieval History*, Bd. II, S. 331. – [2] Burton, *Personal Narrative*, Bd. I, S. 149. – [3] Finlay, *Greece under the Romans*, S. 367. – [4] Muir, *The Caliphate*, S. 56. – [5] ebd., S. 57. – [6] ebd., S. 198. – [7] Hitti, S. 176. – [8] Gibbon, Bd. V, S. 296. – [9] Macdonald, *Development of Muslim Theology*, S. 23. – [10] Hitti, S. 197 – [11] Sykes, *History of Persia*, Bd. I, S. 538. – [12] Hell, S. 59f. – [13] Muir, *Caliphate*, S. 376; Hitti, S. 222. – [14] Dozy, S. 161; Hitti, S. 227. – [15] Muir, *Caliphate*, S. 428ff.; Hitti, S. 285. – [16] Nöldeke, S. 132. – [17] Sa'adi, *Gulistan*, S. 21. – [18] Burton, *The Thousand Nights and a Night*, Bd. I, S. 186. – [19] Palmer, *The Caliph Haroun Al-raschid*, S. 30, 78. – [20] Arnold, *Painting in Islam*, S. 16. – [21] Abbott, *Two Queens of Baghdad*, S. 183. – [22] Muir, *Caliphate*, S. 482. – [23] Palmer, S. 221. – [24] ebd., S. 35; Abbott, S. 113. – [25] Palmer, S. 81f. – [26] Ibn Chaldun, *Les Prolégomènes*, Bd. I, S. 26. – [27] Hitti, S. 300. – [28] Einhard, *Leben Karls des Großen*, XVI. Buch, Absatz 3. – [29] Palmer, S. 121. – [30] Nicholson, *Translations of Eastern Poetry and Prose*, S. 64. – [31] Utbi, Abul-Nasr Muhammad, *Historical Memoirs of the Emir Sabaktagin and Mahmud of Ghazni*, Kap. 50, S. 466. – [32] Saladin und Migeon, *Manuel d'art Musulman*, Bd. I, S. S. 441.

IV. BUCH, 4. KAPITEL

[1] Lestrange, *Palestine under the Moslems*, nach Masudi, II. Buch, Absatz 438. – [2] Hitti, S. 351. – [3] Milman, *History of Latin Christianity*, Bd. III., S. 65f. – [4] Lane, *Arabian Society in the Middle Ages*, S. 117. – [5] Usher, *History of Mechanical Inventions*, S. 128f. – [6] De Vaux, *Les Penseurs d'Islam*, Bd. I, S. 8. – [7] Barnes, *Economic History of the Western World*, S. 111. – [8] Renard, *Life and Work in Prehistoric Times*, S. 113. – [9] Hitti, S. 344. – [10] Thompson, *Economic and Social History of the Middle Ages*, S. 373. – [11] Ibn Chaldun, *Les Prolégomènes*, S. 416. – [12] Hitti, S. 348. – [13] Muir, *Caliphate*, S. 501. – [14] Hitti, S. 344. – [15] Hurgrönje, S. 128. – [16] Browne, *Literary History*, Bd. I, S. 323. –

[17] ebd., S. 318. – [18] Dawson, S. 158. – [19] Browne, Bd. I, S. 323; Muir, *Caliphate*, S. 510. – [20] Nöldeke, S. 146ff. – [21] Arnold, *Painting in Islam*, S. 104. – [22] Guillaume, *The Traditions of Islam*, S. 13. – [23] ebd., S. 134ff.; Becker, *Christianity and Islam*, S. 62. – [24] Guillaume, S. 47ff., 77. – [25] Margoliouth, *Mohammed* S. 80. – [26] Guillaume, S. 80. – [27] Sykes, Bd. I, S. 521. – [28] Andrae, S. 101. – [29] Sale, in Wherry, Bd. I, S. 172. – [30] Ali, Maulana, S. 730. – [31] Philby, *A Pilgrim in Arabia*, S. 40. – [32] Doughty, Bd. I, S. 59. – [33] Burton, *Pilgrimage*, Bd. I, S. 325. – [34] Ali, Maulana, S. 522. – [35] Burton, *Pilgrimage*, Bd. II, S. 63; Sale, in Wherry, Bd. I, S. 185. – [36] Graetz, *History of the Jews*, Bd. III, S. 87; Hitti, S. 234. – [37] Lestrange, *Palestine*, S. 212; Arnold und Guillaume, *The Legacy of Islam*, S. 81. – [38] Baron, *History*, Bd. I, S. 319. – [39] Guillaume, S. 132. – [40] *Catholic Encyclopedia*, Bd. VIII, S. 459. – [41] Becker, S. 32. – [42] Hitti, S. 685; Sarton, *Introduction to the History of Science*, Bd. II, Teil I, S. 80. – [43] Westermarck, *Origin and Development of the Moral Ideas*, Bd. II, S. 476. – [44] Kremer, A. von, *Kulturgeschichte des Orients unter den Khalifen*, S. 52. – [45] Abbott, S. 98. – [46] Lane, *Arabian Society*, S. 219f. – [47] Bukhsh, *Studies*, S. 83. – [48] Hitti, S. 239. – [49] Ali, Maulana, S. 390. – [50] Lane-Poole, *Saladin*, S. 147. – [51] Macdonald, *Aspects of Islam*, S. 294; Ameer Ali, *Spirit of Islam*, S. 362. – [52] Müller-Lyer, *Evolution of Modern Marriage*, S. 42. – [53] Lane-Poole, *Saladin*, S. 217. – [54] ebd., S. 251; Sumner, *Folkways*, S. 353. – [55] Lane, *Arabian Society*, S. 221. – [56] ebd., S. 223. – [57] Hitti, S. 342. – [58] Bukhsh, *Studies*, S. 88. – [59] Abbot, S. 137, 149. – [60] Bukhsh, S. 84. – [61] al-Ghazzali, Abu Hamid, *Kimiya'e Saadat*, engl. Übers. von Field, S. 93. – [62] Himes, *Medical History of Contraception*, S. 136. – [63] Lane-Poole, *Saladin*, S. 415. – [64] Guillaume, *Traditions*, S. 115. – [65] Westermarck, *Moral Ideas*, Bd. I, S. 94. – [66] Sale in Wherry, Bd. I, S. 168. – [67] Hitti, S. 338. – [68] De Vaux, Bd. II, S. 272f.; Chardin, *Travels in Persia*, S. 198. – [69] Muir, *Caliphate*, S. 374. – [70] ebd., S. 519. – [71] Lane, *Saladin*, S. 285. – [72] Bury, *History of the Eastern Roman Empire*, S. 236. – [73] Hurgrönje, S. 98. – [74] Macdonald, *Muslim Theology*, S. 84; Guillaume, S. 69; Burton, *Personal Narrative*, Bd. I, S. 148, 167. – [75] Arnold und Guillaume, *Legacy*, S. 305. – [76] Macdonald, *Theology*, S. 66. – [77] Muir, *Caliphate*, S. 170. – [78] Lestrange, *Palestine*, S. 24. – [79] Hitti, S. 236f. – [80] Lestrange, S. 120. – [81] ebd., S. 342. – [82] ebd., S. 301. – [83] ebd., S. 295ff., 342, 348, 353, 361, 377. – [84] ebd., S. 265. – [85] ebd., S. 237. – [86] Creswell, *Early Muslim Architecture*, Bd. I, S. 137; Rivoira, *Moslem Architecture*, S. 110. – [87] Yaqub, II. Buch, Absatz 587, in Lestrange, S. 262. – [88] Lane, *Saladin*, S. 184. – [89] Baron, Bd. I, S. 320. – [90] Abulfeda, in Rowbotham, *The Troubadours and the Courts of Love*, S. 16. – [91] Lestrange, *Baghdad during the Abbasid Caliphate*, S. 253. – [92] Lane, *Arabian Society*, S. 203. – [83] Lane-Poole, *Studies in a Mosque*, S. 185.

IV. BUCH, 5. KAPITEL

[1] Ameer Ali, *Spirit of Islam*, S. 331. – [2] Lane, *Saladin*, S. 86. – [3] Lane-Poole, *Cairo*, S. 183. – [4] Hitti, S. 409. – [5] Macdonald, *Aspects of Islam*, S. 289, 301. – [6] Bukhsh, *Studies*, S. 195. – [7] Carter, *The Invention of Printing in China*, Einl. und S. 85; Thompson, *Introduction to Greek and Latin Paleography*, S. 34; Barnes, *Economic History*, S. 113. – [8] Bukhsh, S. 49f. – [9] ebd., S. 197. – [10] Gibbon, Bd. V, S. 411. – [11] Browne, *Literary History*, Bd. I, S. 275. – [12] Pope, *Masterpieces of Persian Art*, S. 151. – [13] Sarton, Bd. I, S. 662. – [14] Gibbon, Bd. V, S. 198. – [15] al-Tabari, *Chronique*, I. Buch, Absatz 1. – [16] ebd., I. Buch, Absatz 17. – [17] ebd., I. Buch, Absatz 118. – [18] Sarton, Bd. I, S. 637. – [19] De Vaux, Bd. I, S. 78. – [20] Ibn Chaldun, Bd. I, S. 78. – [21] Sarton, Bd. I, S. 530. – [22] Arnold und Guillaume, *Legacy*, S. 385. – [23] Sarton, Bd. I, S. 602. – [24] Bukhsh, S. 168. – [25] De Vaux, Bd. II, S. 76. – [26] ebd., S. 78. – [27] al-Biruni, Abu Rayhan Muhammad, *Chronology of Ancient Nations*, Einl., XIII. Buch. – [28] al-Biruni, *India*, Bd. I, S. 3. – [29] de Boer, *History of Philosophy in Islam*, S. 146. – [30] De Vaux, Bd. II, S. 217; Arnold und Guillaume, S. 395. – [31] al-Biruni, *India*, Bd. I, S. 198. – [32] Bukhsh, S. 181. – [33] Sarton, Bd. I, S. 707. – [34] ebd., S. 693. – [35] Lane, *Arabian Society*, S. 54f. – [36] Ibn Chaldun, Bd. III, S. 250ff. – [37] Thompson, *Economic and Social History*, S. 358. – [38] von Grunebaum, *Medieval Islam*, S. 331. – [39] Ameer Ali, *Spirit of Islam*, S. 392. – [40] Kellogg, *Rational Hydrotherapy*, 1928, S.24. – [41] ebd. – [42] Lane, *Arabian Society*, S. 56. – [43] Garrison, *History of Medicine*, 1929, S. 137. – [44] Arnold und Guillaume, S. 336.

– [45] Bukhsh, S. 197. – [46] Hitti, S. 364. – [47] ebd. – [48] Campbell, *Arabian Medicine*, S. 66f. – [49] Sarton, Bd. I, S. 609. – [50] Ibn Challikan, Muhammad, *Biographies*, Bd. I, S. 440. – [51] ebd., S. 443. – [52] Draper, *History of the Intellectual Development of Europe*, Bd. I, S. 411. – [53] Johannes, I. Kapitel, Vers 1–3. – [54] Bukhsh, S. 59. – [55] Boer, S. 101; Arnold und Guillaume, S. 255. – [56] Aristoteles, *De Anima*, III. Buch, Absatz 5. – [57] Macdonald, *Muslim Theology*, S. 150. – [58] Barhebraeus, in Grunebaum, S. 182; Hitti, S. 353; Muir, *Caliphate*, S. 521. – [59] Ameer Ali, *Spirit of Islam*, S. 408. - [60] Dawson, S. 155. – [61] Ibn Challikan, Bd. III, S. 308. – [62] O'Leary, *Arabic Thought and its Place in History*, S. 153. – [63] Ueberweg, *History of Philosophy*, Bd. I, S. 412. – [64] De Vaux, Bd. IV, S. 12ff. – [65] Boer, S. 123. – [66] ebd., S. 81f. – [67] Husik, *History of Medieval Jewish Philosophy*, XXXIX. Buch. – [68] Saliba, *Etude sur la metaphysique d'Avicenne*, S. 21. – [69] ebd., S. 106, 114, 121, 151; *Hastings Encyclopedia of Religion and Ethics*, Bd. XI, S. 275f.; Boer, S. 136. – [70] Saliba, S. 170; Gruner, *Treatise on the Canon of Medicine of Avicenna*, Einl., S. 9. – [71] Boer, S. 138ff. – [72] Saliba, S. 208. – [73] Ameer, Ali, S. 395. – [74] Boer, S. 144. – [75] al-Baladhuri, I. Buch, Absatz 6; Bacon, Roger, *Opus Maius*, übers. von Burke, Bd. I, S. 15. – [76] Saliba, S. 27. – [77] Arnold und Guillaume, S. 311. – [78] *Avicennae Canon Medicinae*, S. 118. – [79] Nicholson, *Mystics of Islam*, S. 7. – [80] Ibn Chaldun, Bd. III, S. 106. – [81] Browne, *Literary History*, Bd. I, S. 426. – [82] Hitti, S. 435. – [83] Nicholson, *Studies in Islamic Mysticism*, S. 4f. – [84] Macdonald, *Religious Attitude*, S. 169ff.; Nicholson, *Studies in Mysticism*. S. 78. – [85] ebd., S. 25. – [86] Arnold und Guillaume, S. 219. – [87] Hitti, S. 438. – [88] Browne, Bd. II, S. 261. – [89] Nicholson, *Studies in Mysticism*, S. 6ff. – [90] ebd., *Translations of Eastern Poetry*, S. 98ff. – [91] in Browne, Bd. II, S. 265. – [92] Nicholson, *Mysticism*, S. 28ff., 38. – [93] Browne, Bd. I, S. 404; Dawson, S. 158. – [94] Hitti, S. 443. – [95] Browne, Bd. I, S. 404. – [96] al-Masudi, Abu-l Hasan, *Meadows of Gold*, franz. Übers., Bd. IV, S. 89. – [97] Lane-Poole, *Cairo*, S. 154. – [98] Nicholson, *Studies in Islamic Poetry*, S. 48. – [99] ebd., *Translations*, S. 33. – [100] De Vaux, Bd. IV, S. 252. – [101] übers. von J. v. Hammer. – [102] Browne, Bd. I, S. 369. – [103] Nicholson, *Islamic Poetry*, S. 133ff. – [104] Rihani, *The Quatrains of Abu'l 'Ala* (al Ma'arri), VII. Buch. – [105] Nicholson, *Literary History*, S. 319. – [106] ebd., *Islamic Poetry*, S. 148. – [107] ebd., S. 102, 145; Rihani, S. 120. – [108] Nicholson, *Islamic Poetry*, S. 108ff. – [109] ebd., S. 191f. – [110] ebd., S. 121. – [111] ebd., *Translations*, S. 102. – [112] ebd., *Islamic Poetry*, S. 150. – [113] ebd., S. 160. – [114] ebd., S. 161ff. – [115] ebd., *Translations*, S. 102. – [116] ebd., *Islamic Poetry*, S. 119. – [117] ebd., S. 127. – [118] ebd., *Translations*, S. 102. – [119] ebd., *Islamic Poetry*, S. 140. – [120] Browne, Bd. II, S. 120. – [121] Firdusi, *The Epic of Kings*, S. 4. – [122] Firdusi, *The Shah Nameh*, in Gottheil, Hrsg., *The Literature of Persia*, Bd. I, S. 54. – [123] ebd., S. 156, übers. von Atkinson. Matthew Arnold hat die Geschichte in Sohrab and Rustum wiedererzählt. – [124] Pope, *Survey of Persian Art*, Bd. II, S. 975. – [125] vgl. «The Nazarene Broker's Story», in Burton, *Thousand Nights and a Night*, Bd. I, S. 270. – [126] Pope, *Survey*, Bd. II, S. 1439. – [127] Lane-Poole, *Saladin*, S. 29. – [128] Lane, *Arabian Society*, S. 54ff. – [129] Pope, Bd. II, S. 927; Hell, S. 109. – [130] Creswell, Bd. I, S. 329. – [131] Lane, *Arabian Society*, S. 58. – [132] Pope, Bd. II, S. 975. – [133] Pope, Bd. IV, S. 317ff. – [134] Pope, *Introduction to Persian Art*, S. 200. – [135] Arnold und Guillaume, S. 117. – [136] Pope, Bd. II, S. 1447. – [137] Fenollosa, *Epochs of Chinese and Japanese Art*, Bd. I, S. 21; Pope, *Survey*, Bd. I, S. 2. – [138] Pope, Bd. II, S. 1468. – [139] Guillaume, S. 128. – [140] *Encyclopaedia Britannica*, Bd. XV, S. 654. – [141] ebd.; Hitti, S. 420. – [142] Arnold, *Painting in Islam*, S. 85. – [143] ebd., S. 21. – [144] Lane, *Arabian Society*, S. 117. – [145] ebd., S. 15. – [146] Hitti, S. 274. – [147] Farmer, in Arnold und Guillaume, S. 358. – [148] Sa'adi, *Gulistan*, S. 80. – [149] Arnold und Guillaume, S. 359. – [150] Farmer, in Arnold und Guillaume, S. 367. – [151] ebd., S. 372. – [152] ebd., S. 361; Farmer, *History of Arabian Music*, S. 154. – [153] Farmer, in Arnold und Guillaume, S. 359. – [154] Hitti, S. 214. – [155] Farmer, S. 31. – [156] ebd., S. 112. – [157] ebd., S. 60ff.; Lane-Poole, *Cairo*, S. 156. – [158] *Farmer*, S. 120. – [159] ebd., S. 124. – [160] Lane, *Arabian Society*, S. 172ff.

IV. BUCH, 6. KAPITEL

[1] Gibbon, Bd. V, S. 344. – [2] Sarton, Bd. I, S. 466; Bd. II, S. 599. – [3] Ueberweg, Bd. I, S. 409. – [4] Tarn, *Hellenistic Civilization*, S. 217; Sarton, Bd. I, S. 466. – [5] Gibbon, Bd. V, S. 346. –

[6] Munro und Sellery, *Medieval Civilization*, S. 170. – [7] Lane-Poole, *Cairo*, S. 65. – [8] Browne, Bd. II, S. 223. – [9] Hitti, S. 625. – [10] Browne, Bd. II, S. 223; Margoliouth, *Cairo, Jerusalem, and Damascus*, S. 46. – [11] Nöldeke, S. 3. – [12] Hitti, S. 626. – [13] Arnold und Guillaume, S. 163. – [14] Pope, *Iranian and Armenian Contributions to the Beginnings of Gothic Architecture*, S. 237. – [15] Lane, *Arabian Society*, S. 54f. – [16] Lane-Poole, *Cairo*, S. 44, 60. – [17] Pope, Bd. II, S. 1488. – [18] Arnold und Guillaume, S. 116. – [19] Dimand, *Handbook of Muhammadan Art*, S. 255; Arnold, *Painting in Islam*, S. 127. – [20] Margoliouth, *Cairo*, S. 69. – [21] Arnold und Guillaume, S. 333. – [22] Arnold, *The Preaching of Islam*, S. 102. – [23] Pirenne, Henri, *Mohammed and Charlemagne*, S. 160f. – [24] Hitti, S. 605. – [25] Waern, *Medieval Sicily*, S. 20. – [26] Arnold und Guillaume, S. 241. – [27] Waern, S. 25. – [28] Calvert, *Moorish Remains in Spain*, S. 239. – [29] al-Maqqari, *History of the Mohammedan Dynasties in Spain*, II. Buch, Absatz 146. – [30] ebd., VI. Buch, Absatz 6. – [31] ebd. – [32] Dozy, S. 458ff. – [33] Maqqari, VII. Buch, Absatz 1. – [34] Dozy, S. 516. – [35] ebd., S. 511. – [36] Calvert, *Seville*, S. 11. – [37] Lane-Poole, *Story of the Moors in Spain*, S. 43. – [38] Dozy, S. 633, 689. – [39] vgl. Maqqari, VI. Buch, Absatz 3. – [40] Dozy, S. 234. – [41] Gibbon, Bd. V, S. 276. – [42] Chapman, *History of Spain*, S. 50. – [43] ebd., S. 41; Dozy, S. 236; Lane-Poole, *Moors*, S. 50. – [44] Chapman, S. 41. – [45] Clapham und Power, *Cambridge Economic History of Europe*, S. 136; Barnes, *Economic History*, S. 114. – [46] Clapham, S. 354f.; Thompson, *Economic and Social History*, S. 547. – [47] *Cambridge Medieval History*, Bd. III, S. 432. – [48] Pirenne, *Les grands courants de l'histoire universelle*, Bd. II, S. 117. – [49] ebd., S. 19. – [50] Arnold, *Preaching*, S. 134; Dozy, S. 235. – [51] Chapman, S. 49, 58. – [52] Dozy, S. 268. – [53] ebd. – [54] Arnold, *Preaching*, S. 144. – [55] Dozy, S. 235; Lane-Poole, *Moors*, S. 47. – [56] Rivoira, *Moslem Architecture*, S. 240. – [57] Dozy, S. 278. – [58] ebd., S. 286. – [59] Arnold, *Preaching*, S. 141. – [60] Dozy, S. 534. – [61] Maqqari, III. Buch, Absatz 1. – [62] Thompson, *Economic and Social History*, S. 549. – [63] Maqqari, III. Buch, Absatz 2. – [64] ebd., III. Buch, Absatz 1. – [65] Calvert, *Moorish Remains*, S. 189. – [66] Calvert, *Cordova*, S. 107. – [67] Maqqari, II. Buch, Absatz 139–200. – [68] Dozy, S. 455; Chapman, S. 50. – [69] Pirenne, Bd. II, S. 20. – [70] Maqqari, II. Buch, Absatz 3. – [71] Dozy, S. 576. – [72] Sarton, Bd. I, S. 713. – [73] Dozy, S. 281. – [74] Maqqari, VII. Buch, Absatz 1. – [75] Arnold und Guillaume, S. 186. – [76] Dozy, S. 326. – [77] ebd.

IV. BUCH, 7. KAPITEL

[1] Browne, Bd. II, S. 176. – [2] ebd., S. 177; Gibbon, Bd. V, S. 17. – [3] Browne, Bd. II, S. 190. – [4] Marco Polo, *Travels*, I. Buch, Absatz 24. – [5] Ameer Ali, *Spirit of Islam*, S. 313. – [6] Hitti, S. 446. – [7] Thompson, *Economic and Social History*, S. 391; Arnold, *Preaching*, S. 96. – [8] Wilhelm von Tripoli, in Lane-Poole, *Cairo*, S. 84. – [9] Hitti, S. 679. – [10] Adams, *Law of Civilization and Decay*, S. 128. – [11] Irving, *The Alhambra*, S. 47. – [12] Lane-Poole, *Moors*, S. 225. – [13] Pope, *Introduction*, S. 30; Pope, *Survey*, Bd. II, S. 1043. – [14] vgl. Migeon, *Les arts musulmans*, Bd. II, S. 11. – [15] Fry, in *Persian Art: Souvenir of the Exhibition of Persian Art at Burlington House*, XIX. Buch. – [16] Dillon, *Glass*, S. 165. – [17] Lane, *Arabian Society*, S. 200. – [18] Pope, *Masterpieces*, S. 65. – [19] Dimand, *Handbook*, S. 280. – [20] Zeitschrift *Time*, 23. Jan. 1939. – [21] Arnold, *Painting*, S. 127. – [22] *New York Times Book Review*, 19. Mai 1940, S. 2. – [23] Bukhsh, S. 96. – [24] Nicholson, *Translations*, S. 116. – [25] Ibn Chaldun, Bd. III, S. 438. – [26] ebd., S. 426. – [27] Browne, Bd. II, S. 375. – [28] ebd., S. 392. – [29] Sarton, Bd. I, S. 759. – [30] ebd., Bd. II, S. 8. – [31] ebd., Bd. II, S. 246. – [32] Browne, Bd. II, S. 246. – [33] Nicholson, *Islamic Poetry*, S. 4f. – [34] Weir, *Omar Khayyam the Poet*, S. 21. – [35] Browne, Bd. II, S. 108. – [36] ebd., S. 256. – [37] Heron-Allen, in Houtsma, Hrsg., *Encyclopedia of Islam*, Bd. III, S. 988. – [38] Weir, S. 16; Nicholson, *Islamic Poetry*, S. 5. – [39] Browne, Bd. II, S. 249. – [40] Quatrain CXV des Bodleian MS., in Weir, S. 36. – [41] Weir, S. 71. – [42] Browne, Bd. II, S. 247. – [43] Smith, Hrsg., *The Persian Mystics: Attar*, S. 20ff. – [44] Dschalal ud-Din Rumi, *Selected Poems from the Divani Shamsi Tabriz*, hrsg. und übers. von Nicholson, S. 107. – [45] ebd., S. 71. – [46] ebd., S. 47. – [47] Sarton, Bd. II, S. 872. – [48] Browne, Bd. II, S. 521. – [49] Sa'adi, *Rose Garden*, S. 12. – [50] ebd., Gulistan, S. 67. – [51] ebd., S. 109. – [52] Bostan, S. 93. – [53] Gulistan, S. 86. – [54] Bostan, S. 46. – [55] Gulistan, S. 31. – [56] ebd., S. 21. – [57] ebd., S. 82. – [58] ebd., S. 92. – [59] ebd., S. 130. – [60] ebd., S. 140. – [61] ebd., S. 166. – [62] ebd., S. 170. – [63] ebd., S. 173. – [64] ebd., S. 203. –

[65] ebd., S. 205. – [66] ebd., S. 22. – [67] ebd., S. 141. – [68] ebd., S. 103. – [69] Grunebaum, S. 39. – [70] Sarton, Bd. II, S. 12. – [71] ebd., S. 216. – [72] ebd., S. 27; S. 632. – [73] ebd., Bd. II, S. 31. – [74] Margoliouth, *Cairo*, S. 220. – [75] Sarton, Bd. II, S. 1014. – [76] ebd., Bd. II, S. 51; S. 663. – [77] ebd., Bd. II, S. 424. – [78] Hitti, S. 686. – [79] Sarton, Bd. II, S. 232. – [80] Garrison, S. 136. – [81] Lestrange, *Baghdad*, S. 104. – [82] Garrison, S. 136; Hell, S. 117; Lane-Poole, *Cairo*, S. 34; Margoliouth, *Cairo*, S. 124ff.; Hitti, S. 677. – [83] Baron, *Essays on Maimonides*, S. 112. – [84] al-Ghazzali, *Some Religious and Moral Teachings*, S. 138. – [85] al-Ghazzali, *Destruction of Philosophy*, S. 155f. – [86] Macdonald, *Muslim Theology*, S. 239. – [87] Asin y Palacios, *Islam and the Divine Comedy*, S. 273ff. – [88] Sa'adi, *Gulistan*, S. 79. – [89] Muir, *Caliphate*, S. 146. – [90] Arnold, *Painting*, S. 54. – [91] Becker, S. 31. – [92] Boer, S. 175; Duhem, *Le système du monde*, Bd. IV, S. 522, 526; Macdonald, *Muslim Theology*, S. 250. – [93] Abu Bekr ibn Tufail, *History of Havy ibn Yaqzan*, S. 68. – [94] ebd., S. 99, 139. – [95] Renan, *Averroes et l'averroisme*, S. 16. – [96] Sarton, Bd. II, S. 305. – [97] Averroës, *Exposition of the Methods of Argument Concerning the Doctrines of the Faith*, S. 230. – [98] ebd., *A Decisive Discourse on the Relation between Religion and Philosophy*, S. 52. – [99] ebd., *Exposition*, S. 190; *Discourse*, S. 50f.; Gilson, *Reason and Revelation in the Middle Age*, S. 40f. – [100] Averroës, *Exposition*, S. 193. – [101] Sarton, Bd. II, S. 358. – [102] Averroës, *Discourse*, S. 14. – [103] Kommentar zu Aristoteles' *Metaphysik*, XII. Buch, in Renan, S. 108. – [104] Kommentar zu Aristoteles' *Physik*, VIII. Buch, in Renan, S. 112; Duhem, Bd. IV, S. 549. – [105] De Vaux, Bd. IV, S. 70. – [106] Kommentar zu Aristoteles' *De Anima*, III. Buch, in Renan, S. 122; Duhem, Bd. IV, S. 573. – [107] *Destruction of the Destruction*, in Renan, S. 137. – [108] in Renan, S. 143. – [109] ebd., S. 146. – [110] Arnold und Guillaume, S. 277ff.; Tornay, *Averroës' Doctrine of the Mind*, *Philosophical Review*, Mai 1943, S. 282; De Vaux, Bd. IV, S. 71; Duhem, Bd. IV, S. 566. – [111] Bacon, *Opus maius*, I. Buch, Absatz 6; De Vaux, Bd. IV, S. 87. – [112] Renan, S. 32. – [113] in Browne, Bd. II, S. 440. – [114] ebd., S. 439. – [115] Pope, *Survey*, Bd. II, S. 1542. – [116] Lestrange, *Baghdad*, S. 350; Browne, Bd. II, S. 460. – [117] vgl. Arnold, *Painting*, S. 99. – [118] Pope, *Survey*, Bd. II, S. 1044. – [119] Burton, *Personal Narrative*, S. 90ff. – [120] Arnold und Guillaume, S. 169. – [121] *Encyclopaedia Britannica*, Bd. XVIII, S. 339. – [122] Arnold und Guillaume, S. 121; Pope, *Introduction*, S. 241; *Encyclopaedia Britannica*, Bd. XV, S. 657. – [123] Dennis, *Cities and Cemeteries of Etruria*, Bd. I, S. 37. – [124] Browne, Bd. II, S. 432. – [125] Arnold und Guillaume, S. 93.

PERSONENVERZEICHNIS

B

I

J

N

Q

R

T

U

V

W

QUELLENVERZEICHNIS DER ABBILDUNGEN

Hirmer-Fotoarchiv – Hirmer Verlag, München: Bildseiten 2, 4, 6, 7, 8; Holle Bildarchiv, Baden-Baden: Bildseiten 1, 3, 5

Farbtafeln:
Hirmer Fotoarchiv – Hirmer Verlag, München: Bildseiten 5, 6, 7; Holle Bildarchiv, Baden-Baden: Bildseiten 1, 2, 3, 4, 8